KB085957

묵자

묵자

묵자 지음 | 최환 옮김

❀ 을유문화사

을유사상고전
묵자

발행일 2019년 7월 25일 초판 1쇄

지은이 묵자
옮긴이 최환
펴낸이 정무영
펴낸곳 (주)을유문화사

창립일 1945년 12월 1일
주소 서울시 마포구 월드컵로16길 52-7
전화 02-733-8153
팩스 02-732-9154
홈페이지 www.eulyoo.co.kr

ISBN 978-89-324-4004-0 04150
ISBN 978-89-324-4000-2 (세트)

• 값은 뒤표지에 표시되어 있습니다.
• 옮긴이와의 협의하에 인지를 붙이지 않습니다.
• 이 책은 동양고전연구회의 지원으로 발간되었습니다.

옮긴이 서문

묵가(墨家)는 유가(儒家)와 함께 선진(先秦) 시기에는 이른바 '현학(顯學)'
으로서 대단히 인기를 누렸으며, 아울러 묵자(墨子)는 흔히 공자(孔子)와
나란히 거론되어지는 중국 문화사상의 중요 인물 중 하나이다. 이런 묵가
학파가 한대(漢代)의 '독존유술(獨尊儒術)' 이후에 거의 그 종적이 끊어졌
다가 청대(淸代) 건륭(乾隆)·가경(嘉慶) 이후에 이르러서야 비로소 묵학(墨
學)을 연구하는 자가 점차 많아지기 시작하였다. 그러나 그것에 대한 연구
는 유(儒)·도(道)·불(佛)의 사상 연구에 비하면 여전히 턱없이 부족하다고
할 수 있을 것이다.

이러한 현상은 한국에서도 마찬가지이다. 한국에서의 『묵자(墨子)』에 대
한 역주(譯註) 관련 성과를 보더라도 유가학파의 주요 고전 전적(典籍)들에
비해 엄청난 차이를 보이고 있다. 이는 『묵자』의 역주 작업이 앞으로도 계
속되어 더 많은 한국어 역주본이 나오기를 희망한다는 말의 다름 아니다.
역주본이 많아진다는 것은 그것에 대한 연구 성과의 축적인 동시에 번역이
나 주석 내용에 대한 지금까지의 여러 학설들을 하나로 근접(近接)시키는
중요한 자료의 집적(集積)이라고 하지 않을 수 없다.

중국이나 한국에서 묵가에 대한 연구가 유가에 비해 활발하지 않았던
것은 유가의 세력이 너무 컸던 탓도 있었겠지만 『묵자』라는 책의 난도(難度)
가 너무 높았던 것도 하나의 원인이라 할 수 있다. 이렇듯 이 책은 텍스트 자
체의 부족함 ─ 결장(缺章)·탈자(脫字)·탈구(脫句)·연문(衍文)·오자(誤字)·

전도구(顚倒句) 등 — 과 벽자(僻字) 등으로 말미암아 해독(解讀)하기가 결코 쉽지 않다. 그러나 다행히 지금까지 중국·타이완·한국·일본 등지에서 적지 않은 교감본(校勘本)·백화번역본(白話飜譯本)·역주본들이 나와 있어 해독에 많은 도움을 주고 있다.

본 역주본에서도 이러한 책들을 참고하여 역주 작업을 진행하였는데, 문장의 전후 소통과 독자의 수월한 해독이라는 역주자(譯註者) 나름대로의 원칙을 세우고 거기에 적합한 견해나 학설을 인용하고 활용하였다. 물론 역주자의 개인적인 견해를 첨가하기도 하였다.

사실 묵가는 우리 언어생활 속에도 편린(片鱗)이 보인다. 그 대표적인 낱말이 '자신의 의견이나 주장을 끝까지 굳게 지킨다'라는 의미를 지닌 '묵수(墨守)'로, 이는 바로 '묵적지수(墨翟之守)'라는 말을 줄인 것이다. 직역하자면 '묵자의 수비'라는 이 '묵수'와 반대의 뜻을 지닌 '묵공(墨攻)'이라는 말이 있는데, 이는 2007년에 나온 한국·중국·일본·홍콩 합작 영화의 제목이다. '묵가의 공격'이라는 말은 어떤 의미에서 반어적인 의미를 지녔다고 할 수 있는데, 이는 '공격이 곧 수비'라는 뜻을 지니고 있는 묵가의 비공(非攻) 사상, 즉 반전론(反戰論)을 얘기하는 것이다. 당시 이 영화는 한국에서도 상영되었지만 흥행에 참패했다. 만약에 '묵공'이라는 영화 제목의 문화적 배경을 이해했다면 이 멋진 영화는 흥행에 성공할 수 있었을지도 모른다. 이렇듯 우리에게 묵가는 유가보다는 확실히 생소하다.

본 역주는 묵가에 대한 이러한 생소함으로부터 벗어나 좀 더 친숙함으로 나아가기 위한 작업 중의 하나이다. 그래서 번역 문장은 가능한 한 쉽게 풀어서 썼으며, 당연히 어려운 글자와 낱말들에 대해서는 대부분 주를 달았는데 간혹 주를 달지 않은 것은 문장 속에서 그 뜻이 충분히 드러나게 하였다. 아울러 지금까지의 연구 성과를 토대로 그중에서 문장 해독상에서의 원활한 소통에 가장 적합한 견해나 학설을 선택하여 교감 관련 주도 함께 달았다.

본 역주본의 원문과 표점(標點)은 기본적으로 아래의 책을 참고하였다.

이생룡 주역(李生龍 注譯) / 이진흥 교열(李振興 校閱), 『신역묵자독본

(新譯墨子讀本)』, 대북: 삼민서국(臺北: 三民書局), 2000년(초판2쇄)

그리고 중요한 주(註)도 이 책에서 많이 인용하였다. 이 밖에도 본 역주본에서는 아래와 같은 자료들을 참고하여 역주 및 교감 작업을 진행하였다.

손이양 찬(孫詒讓 撰), 『정본묵자한고(定本墨子閒詁)』(상·하책), 대북: 세계서국(臺北: 世界書局), 1980년(10판)

주재주·제서단 역주(周才珠·齊瑞端 譯注), 『묵자전역(墨子全譯)』, 귀양: 귀주인민출판사(貴陽: 貴州人民出版社), 1995년

손이해·견장송 역주(孫以楷·甄長松 譯注), 『묵자전역(墨子全譯)』, 성도: 파촉서사(成都: 巴蜀書社), 2000년

이어숙 주역(李漁叔 註譯), 『묵자금주금역(墨子今註今譯)』, 대북: 대만상무인서관(臺北: 臺灣商務印書館), 2002년(초판9쇄)

김학주 역저(金學主 譯著), 『신완역 묵자(新完譯 墨子)』(상·하), 서울: 명문당(明文堂), 2003년

왕환표 찬(王煥鑣 撰), 『묵자집고(墨子集詁)』(상·하책), 상해: 상해고적출판사(上海: 上海古籍出版社), 2005년

왕유안·손탁채·곽진단 편저(王裕安·孫卓彩·郭震旦 編著), 『묵자대사전(墨子大詞典)』, 제남: 산동대학출판사(濟南: 山東大學出版社), 2006년

뇌일동 저(雷一東 著), 『묵경교해(墨經校解)』, 제남: 제로서사(濟南: 齊魯書社), 2006년

담가건·손중원 주역(譚家健·孫中原 注譯), 『묵자금주금역(墨子今注今譯)』, 북경: 상무인서관(北京: 商務印書館), 2009년

필원 교주(畢沅 校注) / 오욱민 교점(吳旭民 校點), 『묵자(墨子)』, 상해: 상해고적출판사(上海: 上海古籍出版社), 2014년

진고용 저(陳高傭 著), 『묵변금해(墨辯今解)』, 북경: 상무인서관(北京: 商務印書館), 2016년

특히 주(注)에서 인용한 자료들에 대해서는 일일이 출처를 밝히지 않았

다. 너무 번잡한 것을 피하기 위해서이기도 하며 아울러 모든 인용 자료가 위에서 열거한 책들로부터 나왔기 때문이다.

본 『묵자』 역주본은 은사이신 이장우 영남대 명예교수님과 동양고전연구소 고(故) 조호철 이사장님의 물심양면의 지원하에 완성된 것이다. 두 분 선생님께는 감사할 따름이다. 역주 작업 중에 생긴 여러 가지 일로 약속했던 시간보다 출간이 엄청 늦어지게 되었다. 이 점, 위의 두 분 선생님과 을유문화사에 진심으로 양해 말씀을 드린다. 그리고 후반부 번역에 실질적으로 도움을 준 남민수 선생에게 깊은 감사의 뜻을 전한다. 아울러 원문의 독음 작업을 해 준 대학원 박사반 김현주, 전순남, 이현지 선생에게 심심한 사의를 표한다. 특히 김현주 선생은 전체 원고를 두 번이나 꼼꼼히 읽어 주어 많은 부분을 수정 보완하는 데 도움을 주었다. 박사 학위 논문을 준비하면서 이렇게 열심히 도와준 김 선생에게 다시 한번 감사의 마음을 전한다. 사실 완벽한 번역은 거의 없다. 본 역주본도 기존의 선배 학자들의 역주본과 마찬가지로 학자들의 묵가나 『묵자』 연구와 독자들의 『묵자』 해독에 조금이라도 도움이 되었으면 하는 바람이다. 그리고 선배 제현의 아낌없는 질정을 간절히 바랄 뿐이다.

2019년 7월
영남대 막하재(莫下齋)에서
최환 쓰다

차례

권 1

친사 제1편

(親士第一)

入國[1] 而不存[2]其士,
입 국 이 부 존 기 사

군주가 한 나라를 다스리는 데 그 나라 안의 어진 선비를 아껴 주지 않는다면,

則亡國矣.
즉 망 국 의

그 나라는 망하게 될 것이다.

見賢而不急,
견 현 이 불 급

어진 이를 발견하고 즉시 기용하지 않는다면,

則緩[3]其君矣.
즉 완 기 군 의

그 군주의 일을 태만하게 하는 것이다.

非賢無急,
비 현 무 급

어진 이가 아니면 급난(急難)을 해결할 수 없으며,

非士無與慮國.
비 사 무 여 려 국

어진 선비가 아니면 국정(國政)을 도모할 수 없다.

緩賢忘士,
완 현 망 사

어진 이를 소홀히 하고 어진 선비를 잊어버리고도

---

1 입국(入國): 조정에 들어가 관리 노릇을 하다. 여기서는 군주가 나라를 다스린다는 의미로 쓰였다.
2 존(存): 아껴 주다. 그 입장이 되어 돌보아 주거나 생각해 주다.
3 완(緩): 여기서는 태만(怠慢)의 의미로 쓰였다.

而能以其國存者,
이 능 이 기 국 존 자

나라를 보전할 수 있었던 군주는

未曾有也.
미 증 유 야

일찍이 없었다.

昔者文公⁴出走而正⁵天下,
석 자 문 공 출 주 이 정 천 하

옛날 진(晉)나라 문공은 나라 밖으로 도망갔으나 천하의 맹주가 되었고,

桓公⁶去國而霸諸侯,
환 공 거 국 이 패 제 후

제(齊)나라 환공은 부득이 나라를 떠났으나 제후들을 제패하였으며,

越王句踐⁷遇吳王之醜,
월 왕 구 천 우 오 왕 지 추

월왕 구천은 오왕 부차(夫差)에게 굴욕을 당하고도

而尙攝⁸中國之賢君,
이 상 섭 중 국 지 현 군

여전히 중원의 나라들을 위협하는

---

4 문공(文公): 진(晉) 문공을 가리키는데, 기원전 636년부터 기원전 628년까지 재위하였다. 성은 희(姬)이며 이름은 중이(重耳)이다. 그의 아버지인 진 헌공(獻公)의 애첩 여희(驪姬)가 어린 아들인 해제(奚齊)를 태자로 세우기 위해 원래 태자였던 신생(申生)을 죽이고, 아울러 다른 공자(公子)들도 모해(謀害)하였다. 중이는 19년 동안 나라 밖으로 도망 다니다가 후에 진(秦) 목공(穆公)의 힘을 빌려 진(晉)나라로 돌아왔다. 그는 어진 인재를 잘 기용하였기 때문에 진나라로 돌아와 정권을 빼앗을 수 있었다. 오래지 않아 그는 또한 성복(城濮) 전쟁에서 초(楚)나라 군대를 대파하고, 아울러 춘추오패(春秋五霸) 중의 한 사람이 되었다.

5 정(正): 장(長)과 같은 뜻으로, '우두머리가 되다'라는 의미이다. 여기서는 진 문공이 제후의 맹주가 되었다는 의미이다.

6 환공(桓公): 제(齊) 환공을 가리키는데, 기원전 685년부터 기원전 643년까지 재위하였다. 성은 강(姜)이며 이름은 소백(小白)으로, 제 양공(襄公)의 동생이다. 그는 양공이 무도(無道)하여 거(莒)나라로 도망쳤다가 양공이 피살된 후에 귀국하여 정권을 탈취하였다. 그는 어진 승상인 관중(管仲)을 기용하여 내정을 개혁하고 국력을 부강하게 하여 춘추 시기에 첫 번째 패주가 되었다.

7 구천(句踐): 춘추 말기 월나라의 군주로, 담집(菼執)이라고도 칭한다. 기원전 497년부터 기원전 465년까지 재위하였다. 구천은 그의 아버지가 일찍이 오(吳)나라 왕 합려(闔閭)에게 패하자, 아버지의 설욕을 위해 합려를 패배시켰다. 후에 합려의 아들 부차(夫差) 또한 아버지의 복수를 위해 구천을 대패시켰다. 구천은 어쩔 수 없어 무릎을 꿇고 강화를 요청하였다. 후에 그는 어진 선비인 범려(范蠡)와 문종(文種)을 기용하여 '와신상담(臥薪嘗膽)' 발분(發憤)하여 부국강병을 도모한 끝에 드디어 오나라를 멸망시키고 패주가 되었다.

8 섭(攝): 섭(懾)과 통하는데, '위협하다' 또는 '두려워하다'라는 의미를 지니고 있다.

어진 군주가 되었으니,

三子之能達名成功於天下也,
삼 자 지 능 달 명 성 공 어 천 하 야

이 세 군주가 명성을 얻고 천하에 공을 이룰 수 있었던 것은

皆於其國抑而大醜也.
개 어 기 국 억 이 대 추 야

모두 그 나라에서 큰 굴욕을 참을 수 있었기 때문이다.

太上[9]無敗,
태 상 무 패

군주에게 가장 좋은 것은 실패하지 않는 것이고,

其次敗而有以成,
기 차 패 이 유 이 성

그다음은 실패를 하더라도 그것으로 성공할 방법을 얻는 것이다.

此之謂用民.
차 지 위 용 민

이것을 두고 사람을 잘 쓴다고 하는 것이다.

吾聞之曰:
오 문 지 왈

나는 일찍이

"非無安居也,
비 무 안 거 야

"편안한 거처가 없는 것이 아니라

我無安心也;
아 무 안 심 야

스스로 편안한 마음이 없는 것이며,

非無足財也,
비 무 족 재 야

충분한 재산이 없는 것이 아니라

我無足心也."
아 무 족 심 야

스스로 만족하는 마음이 없는 것이다"라는 말을 들었다.

是故君子自難而易彼,
시 고 군 자 자 난 이 이 피

이 때문에 군자는 자신에게는 엄하고 다른 사람에게는 관대하나,

衆人自易而難彼.
중 인 자 이 이 난 피

일반인들은 자신에게는 관대하나 다른 사람에게는 엄하다.

---

9   태상(太上): '가장 좋다'라는 의미이며, 뒤의 기차(其次)와 상대되는 말이다.

君子進[10]不敗其志,
군 자 진　불 패 기 지

군자는 어떤 자리에 기용되었을 때도 자신의 원래 뜻을 바꾸지 않으며,

內[11]究其情;
내　구 기 정

뜻을 이루지 못했을 때는 그 원인을 탐구한다.

雖雜庸民,
수 잡 용 민

비록 평범한 백성들과 섞여 있더라도

終無怨心,
종 무 원 심

끝내 원망하는 마음이 없는데,

彼有自信者也.
피 유 자 신 자 야

이는 그에게는 자신이 있기 때문이다.

是故爲其所難者,
시 고 위 기 소 난 자

이 때문에 자신에게 엄하게 하는 자는

必得其所欲焉;
필 득 기 소 욕 언

반드시 그가 바라는 것을 얻게 된다.

未聞爲其所欲,
미 문 위 기 소 욕

자신이 좋아하는 일만 하면서

而免其所惡者也.
이 면 기 소 오 자 야

자신이 싫어하는 결과를 피하였다는 사실은 들어 본 적이 없다.

是故偪臣[12]傷君,
시 고 핍 신　상 군

이 때문에 권신(權臣)은 군주를 속이고

諂下傷上.
첨 하 상 상

아첨하는 신하는 군주를 다치게 한다.

君必有弗弗[13]之臣,
군 필 유 불 불　지 신

군주에게는 반드시 감히 진실을 말하고 자신의 잘못을 바로잡아 주는 신하가 있어야 하며,

10　진(進): 뜻을 얻다. 좀 더 구체적으로 말하면, 어떤 자리에 기용된다는 의미이다.

11　내(內): 유월(兪樾)은 내(內)는 퇴(枘)로, 바로 퇴(退)자라고 하였다. 앞의 진(進)과 반대되는 의미로, 뜻을 얻지 못한다는 의미를 가리킨다.

12　핍신(偪臣): 권세가 커 군주를 위협하는 신하를 가리키는데, 권신(權臣)을 말한다. 여기서 핍(偪)은 핍(逼)과 통한다.

13　불불(弗弗): 불불(咈咈)과 같은데, '직간(直諫)하는 것', 또는 '군주의 뜻을 어기면서 진실을 주장하는 것'.

上必有詻詻¹⁴之下.
상 필 유 액 액　　지 하

윗사람에게는 감히 직언과
간언(諫言)을 하는 부하가 있어야 한다.

分議者延延¹⁵,
분 의 자 연 연

다른 의견을 지닌 사람은 반복하여
쟁론을 하며,

而支苟¹⁶者詻詻,
이 지 구　자 액 액

군주에게 충성하는 사람도 감히
직언을 해야만

焉¹⁷可以長生保國.
언　가 이 장 생 보 국

비로소 백성을 오래도록 먹여 살리고
나라를 보전할 수 있을 것이다.

臣下重其爵位而不言,
신 하 중 기 작 위 이 불 언

신하가 자신의 작위를 중요하게
생각하여 자신의 의견을 말하지
않으며,

近臣則暗¹⁸,
근 신 즉 음

가까운 신하도 침묵하고

遠臣則唫¹⁹,
원 신 즉 금

먼 신하도 입을 다문다면,

怨結於民心,
원 결 어 민 심

원한은 백성들의 마음속에 맺히고

諂諛在側,
첨 유 재 측

아첨하는 신하들은 군주 주변에
모이며,

善議障塞,
선 의 장 색

좋은 의견은 막히게 되어,

---

14 액액(詻詻): 악악(諤諤)과 같은데, '감히 직언과 간언을 하는 것'.

15 연연(延延): 원래는 '매우 많다'라는 뜻인데, 여기서는 '길다'라는 의미로, '반복하여 쟁론을 하다'라는 뜻을 나타내고 있다.

16 지구(支苟): 이 두 자에 대해서는 여러 학자들의 설이 분분한데, 본 역주는 그중에서 왕수남(王樹枏)의 치경(致敬)설을 따랐다. 치경(致敬)은 '군주에게 충성하고 존경하며, 감히 간쟁(諫諍)을 하다'라는 뜻이다.

17 언(焉): 내(乃) 혹은 재(才)와 통하는데 '비로소'라는 뜻이다.

18 음(暗): 음(瘖)과 같은데, '말을 할 수 없음(벙어리)'을 의미한다.

19 금(唫): 금(噤)과 같은데, '입을 다물고 말을 하지 않는 것'을 의미한다.

則國危矣.
즉 국 위 의

나라는 위험에 빠지게 될 것이다.

桀紂[20]不以其無天下之士邪?
걸 주 불 이 기 무 천 하 지 사 야

하(夏)나라 걸왕과 상(商)나라 주왕에게는 천하의 어진 선비가 없지 않았는가?

殺其身而喪天下.
살 기 신 이 상 천 하

그 결과 자신들은 살해되고 천하를 잃어버리고 말았다.

故曰:
고 왈

그래서

歸[21]國寶不若獻賢而進士.
귀 국 보 불 약 헌 현 이 진 사

나라에 보물을 바치는 것보다 어진 선비를 추천하는 것이 더 낫다고 말한다.

今有五錐,
금 유 오 추

지금 송곳이 다섯 개 있다면

此其銛[22],
차 기 섬

그중 가장 뾰족한 것이

銛者必先挫;
섬 자 필 선 좌

반드시 먼저 절단될 것이다.

有五刀,
유 오 도

칼이 다섯 개 있다면

此其錯[23],
차 기 착

그중 가장 날카로운 것이

錯者必先靡[24].
착 자 필 선 미

반드시 먼저 닳을 것이다.

---

20 걸주(桀紂): 걸은 하(夏)나라의 마지막 임금으로, 황음무도하였으며 상(商)나라 탕왕(湯王)에게 패하여 남방으로 도망쳤다가 죽었다. 주는 상나라 마지막 임금으로, 수(受)라고도 하며 제신(帝辛)이라고도 칭한다. 걸왕과 함께 유명한 폭군 중의 한 사람으로, 어진 신하인 비간(比干)과 매백(梅伯)을 죽였다. 후에 목야(牧野)에서 주(周)나라 무왕(武王)에게 패하고 분신자살하였다.

21 귀(歸): 궤(饋)와 같은데 '선사하다', '증정하다'라는 의미이다.

22 섬(銛): 날카롭다. 예리하다.

23 착(錯): 착(錯)은 마(磨: 갈다)의 의미가 있는데, 칼은 숫돌에 간 후에야 날카롭게 된다. 여기서 착(錯)은 '날카롭다'라는 의미로 쓰였다.

是以甘井近²⁵竭,
시 이 감 정 근 갈

그러므로 가장 달콤한 샘물이 먼저
마를 것이고,

招木²⁶近伐,
초 목 근 벌

가장 높은 나무가 먼저 베어질 것이며,

靈龜近灼,²⁷
영 귀 근 작

가장 영험한 거북이 먼저 태워져
점치는 데 사용되고,

神蛇近暴.²⁸
신 사 근 포

가장 신령스러운 뱀이 먼저 햇빛에
말려져 기우제에 사용될 것이다.

是故比干²⁹之殪其抗也,
시 고 비 간 지 에 기 항 야

비간의 죽음은 그가 강직하였기
때문이고,

孟賁³⁰之殺其勇也,
맹 분 지 살 기 용 야

맹분이 피살된 것은 그가 용맹했기
때문이며,

西施³¹之沈其美也,
서 시 지 침 기 미 야

서시가 강물에 빠져 죽은 것은 그녀가

---

24 미(靡): 마(磨)와 통하는데, 여기서는 '닳다'라는 의미이다.

25 근(近): 뒤이어 나오는 세 개의 근(近)도 같다. 유월은 네 개의 근(近) 자는 모두 선(先) 자의 잘 못이라고 하였다.

26 초목(招木): 필원(畢沅)은 초(招)와 교(喬)는 음이 비슷하여 두 글자는 서로 통한다고 여겼다. 그래서 초목(招木)은 교목(喬木)으로, '높고 크게 자란 나무'를 가리킨다.

27 영귀근작(靈龜近灼): 옛날에는 거북이 껍데기를 불로 지져 그 갈라진 무늬를 보고 길흉을 점 쳤다.

28 신사근포(神蛇近暴): 옛날에는 신령스런 뱀을 잡아 햇볕에 내놓고 비 내리기를 기원하였다. 여기서 포(暴)는 폭(曝)과 같은데, '햇볕에 쬐다'라는 의미이다.

29 비간(比干): 은나라 주왕(紂王)의 숙부. 그가 여러 차례 직언과 간언을 하였기 때문에 주왕이 그의 심장을 도려내어 죽였다.

30 맹분(孟賁): 전국(戰國) 시기 위(衛)나라의 용사(勇士)로, 그 힘이 소뿔을 뽑을 수 있었다. 그 는 일찍이 진(秦) 무왕(武王)에게 투신(投身)하였다가 후에 무왕에게 살해되었다.

31 서시(西施): 춘추 시기 월(越)나라의 미인. 월왕 구천이 오왕 부차가 여자를 좋아하는 것을 알 고 부차에게 서시를 바쳤는데, 후에 그녀는 부차가 가장 총애하는 비(妃)가 되었다. 부차가 서 시의 아름다움에 빠진 나머지 정치를 소홀히 하여 마침내 오나라는 월나라에 멸망하였다. 전 설에 의하면, 오나라가 멸망하자 범려와 함께 오호(五湖)로 들어갔다고 한다. 또 한 가지 설은 오나라가 멸망한 후에 강에 빠트려져 죽임을 당했다고 한다.

아름다웠기 때문이고,

吳起³²之裂其事也.
오 기 지 렬 기 사 야

오기가 수레로 몸을 찢는 형을 받은 것은 그가 공(功)이 많았기 때문이다.

故彼人者,
고 피 인 자

그래서 이 사람들을 보면

寡不死其所長,
과 불 사 기 소 장

자신의 장점 때문에 죽지 않은 사람이 매우 적다.

故曰太盛難守也.
고 왈 태 성 난 수 야

그러므로 지나치게 성하면 지키기가 어렵다고 하는 것이다.

故雖有賢君,
고 수 유 현 군

그래서 설사 현명한 군주이더라도

不愛無功之臣;
불 애 무 공 지 신

공이 없는 신하는 사랑하지 않으며,

雖有慈父,
수 유 자 부

설사 자애로운 아버지이더라도

不愛無益之子.
불 애 무 익 지 자

무익한 자식은 사랑하지 않는다.

是故不勝其任而處其位,
시 고 불 승 기 임 이 처 기 위

이 때문에 자신의 책임을 감당하지 못하면서 그 자리에 있는 사람은

非此位之人也;
비 차 위 지 인 야

그 자리에서 물러날 사람이다.

不勝其爵而處其祿,
불 승 기 작 이 처 기 록

자신의 벼슬을 감당하지 못하면서 그 봉록(俸祿)을 받고 있는 자는

---

32 오기(吳起): 전국시대 초기 군사가로, 위(衛)나라 사람이다. 용병에 뛰어났는데, 처음에는 노(魯)나라 장군에 임명되었다가 이어서 위(魏)나라 장군에 임명되어 전공(戰功)을 누차 세웠다. 후에 초(楚)나라로 가서 초 도왕(悼王)을 보좌하고 변법(變法)을 실행하여 초나라를 부강하게 하였다. 초 도왕이 죽은 후 그는 구(舊)귀족에게 살해되었다. 앞의 맹분과 이곳의 오기는 모두 묵자 이후의 사람들로, 이들은 아마도 뒷사람이 끼워 넣은 예인 듯하다.

非此祿之主也.
비 차 록 지 주 야

그 봉록을 받아서는 안 되는 사람이다.

良弓難張,
양 궁 난 장

좋은 활은 잡아당기기가 어렵지만

然可以及高入深;
연 가 이 급 고 입 심

화살을 높이 다다를 수 있게 하며 깊이 들어갈 수 있게 한다.

良馬難乘,
양 마 난 승

좋은 말은 타기가 어렵지만

然可以任重致遠;
연 가 이 임 중 치 원

무거운 것을 싣고 멀리까지 다다를 수 있다.

良才難令,
양 재 난 령

좋은 인재는 부리기가 어렵지만

然可以致君見尊.
연 가 이 치 군 견 존

군주로 하여금 존경을 받을 수 있도록 한다.

是故江河不惡小谷之滿己也,
시 고 강 하 불 오 소 곡 지 만 기 야

이 때문에 큰 강은 개울물이 자신에게 흘러 들어와 차는 것을 싫어하지 않으니,

故能大;
고 능 대

커질 수가 있다.

聖人者,
성 인 자

성인은

事無辭也,
사 무 사 야

어려운 일을 사양하지 않고

物無違也,
물 무 위 야

사물의 규율을 위배하지 않으니,

故能爲天下器.
고 능 위 천 하 기

천하의 그릇이 될 수 있다.

是故江河之水,
시 고 강 하 지 수

큰 강의 물은

非一源之水也;
비 일 원 지 수 야

하나의 수원(水源)으로부터 온 것이 아니며,

千鎰[33]之裘,
천 일   지 구

천금이나 되는 갖옷은

非一狐之白[34]也.
비 일 호 지 백 　 야

한 마리 여우의 겨드랑이 털로 만든
것이 아니다.

夫惡有同方取不取同而己者乎?[35]
부 오 유 동 방 취 불 취 동 이 기 자 호

어찌 자기와 방식이 같은 사람은 쓰지
않고 자기와 뜻이 같은 사람만을
쓰겠는가?

蓋非兼王之道也.
개 비 겸 왕 지 도 야

이것은 천하를 두루 사랑하는 임금의
도리가 아니다.

是故天地不昭昭[36],
시 고 천 지 불 소 소

그래서 천지는 환하나 그 환함을
드러내지 않으며

大水不潦潦[37],
대 수 불 로 로

큰 물은 세차게 흐르지만 그 세참을
드러내지 않고

大火不燎燎[38],
대 화 불 료 료

큰 불은 밝지만 그 빛남을 드러내지
않으니,

大德不堯堯[39]者,
대 덕 불 요 요 　 자

큰 덕을 지녔으나 그 높음을 드러내지
않는 사람이

---

33 일(鎰): 무게의 단위로, 20량(兩) 혹은 24량의 황금이 1일이 된다.

34 일호지백(一狐之白): 여우 겨드랑이 아래에는 한 줌의 순백색 털이 있는데, 가볍고 따뜻하다.
한 마리가 아닌 많은 여우의 겨드랑이 털로 만든 갖옷은 대단히 귀할 수밖에 없다.

35 부오유동방취불취동이기자호(夫惡有同方取不取同己者乎): 이 문장은 아마 베끼는 과
정 중에 앞뒤가 바뀐 것 같다. 유월은 "부오유동방불취, 이취동기자호(夫惡有同方不取, 而
取同己者乎!)"라야만 뒤의 문장인 "개비겸왕지도야(蓋非兼王之道也)"에 이어져 뜻이 통한
다고 하였다.

36 소소(昭昭): 빛이 밝은 모양.

37 노로(潦潦): 물의 세력이 큰 모양.

38 요료(燎燎): 빛이 밝은 모양.

39 요요(堯堯): 높은 모양.

乃千人之長也.
내 천 인 지 장 야

곧 천 사람의 우두머리가 될 수 있다.

其直如矢,
기 직 여 시

만약 그 사람이 곧기가 화살 같고

其平如砥,
기 평 여 지

평평하기가 숫돌과 같으면,

不足以覆萬物.
부 족 이 복 만 물

만물을 포용할 수 없다.

是故溪陜[40]者速涸,
시 고 계 협   자 속 학

그러므로 너무 좁은 개울물은 빨리
마르고,

逝[41]淺者速竭,
서   천 자 속 갈

너무 얕은 흐름은 빨리 바닥을
드러내며,

墝埆[42]者其地不育,
요 각   자 기 지 불 육

돌이 드러난 척박한 땅에는 식물이
자라지 않는다.

王者淳[43]澤不出宮中,
왕 자 순   택 불 출 궁 중

왕의 두터운 은택이 궁중을 벗어나지
못한다면

則不能流國矣.
즉 불 능 류 국 의

그의 덕은 전국으로 퍼져 나갈 수 없을
것이다.

---

40 협(陜): 협(狹)과 같은데 '좁다'라는 의미이다.
41 서(逝): 내의 흐름을 나타낸다.
42 요각(墝埆): 교학(磽确)과 같은데, 돌이 드러나 보이는 척박한 땅을 가리킨다.
43 순(淳): 두텁다.

수신 제2편
(修身第二)

君子戰雖有陳[1], _{군 자 전 수 유 진}	군자는 전쟁을 함에 있어 비록 진법(陣法)이 있으나
而勇爲本焉; _{이 용 위 본 언}	용기가 근본이 된다.
喪雖有禮, _{상 수 유 례}	상을 치름에 있어 비록 예의(禮儀)가 있으나
而哀爲本焉; _{이 애 위 본 언}	슬픔이 근본이 된다.
士雖有學, _{사 수 유 학}	선비는 비록 학식이 있으나
而行[2]爲本焉. _{이 행 위 본 언}	덕행이 근본이 된다.
是故置本[3]不安者[4], _{시 고 치 본 불 안 자}	그러므로 뿌리가 튼튼하게 심어져 있지 않으면
無務[5]豐末[6]; _{무 무 풍 말}	가지와 잎을 무성하게 할 수 없다.

---

1 진(陳): 진(陣)과 같은데 전쟁할 때의 진법(陣法)을 말한다.

2 행(行): 여기서는 덕행을 의미한다.

3 치본(置本): 치(置)는 '심다', 본(本)은 '뿌리'의 의미이다.

4 자(者): 유월은 이 자(者) 자를 연문(衍文)이라고 하였다.

5 무(務): 여기서는 '추구하다'라는 의미를 지니고 있다. 뒤에 이어 나오는 네 개의 수(務) 또한 같은 의미이다.

近者不親,
근 자 불 친

가까운 사람들과 친하지 않으면

無務來遠;
무 무 래 원

멀리 있는 사람들을 불러 모을 수
없다.

親戚[7]不附,
친 척 불 부

부모조차도 따르지 않으면

無務外交;
무 무 외 교

대외적으로 넓게 사람들을 사귈 수
없다.

事無終始,
사 무 종 시

일을 함에 있어 시작만 있고 끝이
없으면

無務多業;
무 무 다 업

많은 일을 할 수 없다.

舉物而闇[8],
거 물 이 암

물건을 들고도 그것이 무엇인지
모르면(사물의 이치를 모르면)

無務博聞.
무 무 박 문

많이 보고 들을 수 없다.

是故先王之治天下也,
시 고 선 왕 지 치 천 하 야

그래서 선왕들은 천하를 다스림에
있어

必察邇[9]來遠.
필 찰 이 래 원

반드시 좌우를 살피어 멀리 있는
사람들을 불러왔다.

君子察邇而邇修者也.
군 자 찰 이 이 이 수 자 야

군자는 좌우를 살피어 자신을
수양하였다.

---

6 풍말(豐末): 많은 가지와 잎.
7 친척(親戚): 여기서는 부모를 의미한다. 『묵자』 중에 '친척'이 '부모'를 의미하는 경우가 적지 않
   다.
8 암(闇): 암(暗)과 같은데 '이해하지 못하다'의 의미이다.
9 이(邇): '가까이', '좌우'의 의미이다.

見不修行,
_{견 불 수 행}

수행을 하지 않으려는 자를 보거나

見毁,
_{견 훼}

비난받는 자를 보고서는

而反之身者也,
_{이 반 지 신 자 야}

자신을 반성하였다.

此以怨省而行修矣.
_{차 이 원 성 이 행 수 의}

이렇게 하여 다른 사람의 원망(怨望)을 줄이고 자신의 품행을 수행할 수 있었다.

譖慝[10]之言,
_{참 특 지 언}

다른 사람을 비방하려는 사악한 말은

無入之耳;
_{무 입 지 이}

귀에 담지 않으며,

批扞[11]之聲,
_{비 한 지 성}

다른 사람을 공격하는 소리는

無出之口;
_{무 출 지 구}

입에서 내지 않는다.

殺傷人之孩[12],
_{살 상 인 지 해}

다른 사람을 죽이거나 상해(傷害)하려는 생각은

無存之心,
_{무 존 지 심}

마음에 두지 않는다.

雖有詆訐[13]之民,
_{수 유 저 알 지 민}

이렇게 하면 설사 다른 사람을 헐뜯으려는 사람이 있더라도

無所依矣.
_{무 소 의 의}

그 사람은 어디에도 기댈 데가 없게 된다.

是故君子力事日彊,
_{시 고 군 자 력 사 일 강}

그래서 군자는 힘써 일하여 날로

---

10 참특(譖慝): 참(譖)은 참(讒)과 같은데 참언(讒言)을 뜻한다. 특(慝)은 사악함을 의미한다.
11 비한(批扞): 다른 사람을 공격하다, 또는 헐뜯다.
12 해(孩): 왕개운(王闓運)은 해(孩)는 핵(核)과 같은데, '생각'이라는 뜻이라고 하였다.
13 저알(詆訐): 위의 비한(批扞)과 비슷한 의미이다.

강해지게 하고,

願欲¹⁴日逾¹⁵,
원 욕 일 유

그 뜻을 날로 원대하게 하며,

設壯¹⁶日盛.
설 장 일 성

사업은 날로 번성하게 한다.

君子之道也,
군 자 지 도 야

군자의 도리는

貧則見廉,
빈 즉 현 렴

가난할 때 청렴함을 나타내고

富則見義,
부 즉 현 의

부유할 때 의로움을 나타내며,

生則見愛,
생 즉 현 애

산 자에 대해서는 자애로움을
나타내고

死則見哀,
사 즉 현 애

죽은 자에 대해서는 슬픔을 나타내는
것이다.

四行者不可虛假,
사 행 자 불 가 허 가

이 네 가지 품행은 거짓일 수 없으며,

反之身者也.
반 지 신 자 야

그것으로 자신을 반성하게 된다.

藏於心者,
장 어 심 자

마음속에 두는 것은

無以竭愛;
무 이 갈 애

마르지 않는 사랑이며,

動於身者,
동 어 신 자

행동으로 나타내는 것은

無以竭恭;
무 이 갈 공

마르지 않는 공경이며,

出於口者,
출 어 구 자

입으로 나오는 것은

無以竭馴¹⁷.
무 이 갈 순

마르지 않는 선량한 말이다.

---

14 원욕(願欲): 지향(志向). 뜻.

15 유(逾): 원대(遠大)하다.

16 설장(設壯): 장예지(張銳之)는 "장(壯)은 장(裝)과 같은데, 설장(設裝)은 설비와 같은 말로, 사업의 설비가 날로 번성하는 것을 말한다."라고 하였다. 즉, 사업 또는 공업(功業)의 뜻이다.

17 순(馴): 선(善)과 통하는데 '선량하다'라는 뜻이다.

暢之四支[18],
창 지 사 지

그것들이 사지에까지 뻗치고

接之肌膚,
접 지 기 부

살갗에까지 미쳐,

華髮墮顚[19],
화 발 휴 전

머리가 희어지고 정수리의 머리카락이
빠질 때까지

而猶弗舍者,
이 유 불 사 자

버리지 않아야 하는데,

其唯聖人乎!
기 유 성 인 호

오로지 성인만이 그렇게 할 수 있을
것이다!

志不彊者智不達,
지 불 강 자 지 부 달

의지가 굳건하지 않은 사람은 지혜에
통달하지 못하며,

言不信者行不果.
언 불 신 자 행 불 과

말하는 데에 신용이 없는 사람은
행동이 과감하지 못하다.

據財不能以分人者,
거 재 불 능 이 분 인 자

재물을 가지고도 다른 사람들에게
나누어 주지 못하는 사람은

不足與友;
부 족 여 우

친구로 사귈 만한 자가 못 되며,

守道不篤,
수 도 부 독

도리를 지키는 것이 독실하지 않고

偏物不博,[20]
편 물 불 박

하나의 이치에만 편집(偏執)하여 널리
통하지 못하며

辯[21]是非不察者,
변 시 비 불 찰 자

시비의 분별을 분명히 살피지 못하는

---

18 사지(四支): 사지(四肢).
19 휴전(墮顚): 휴(墮)는 원래 '무너지다'라는 뜻인데, 여기서는 '빠지다'의 의미로 쓰였다. 전(顚)
    은 '정수리'의 뜻이다.
20 편물불박(偏物不博): 장순일은 편(徧)과 편(偏)은 옛날에 통용되었는데, 편물불박(偏物不
    博)은 사리에 편집하여 널리 통할 수 없음을 말한다고 하였다.

사람은

不足與游.
부족여유

교유할 만한 자가 못 된다.

本不固者末必幾[22],
본불고자말필기

근본이 견고하지 못하면 끝이 반드시
위태로워질 것이며,

雄[23]而不修者,
웅　이불수자

용감하면서도 수양을 하지 않는
사람은

其後必惰,
기후필타

후에 반드시 나태해질 것이고,

原濁者流不淸,
원탁자류불청

근원이 흐리면 그 흐름이 맑지 않을
것이며,

行不信者名必耗.
행불신자명필모

행동이 성실하지 않은 사람은 그
명성에 반드시 손해를 입을 것이다.

名不徒生,
명부도생

명성은 아무 까닭 없이 생기는 것이
아니고,

而譽不自長,
이예부자장

영예는 스스로 자라나는 것이 아니다.

功成名遂,
공성명수

공을 이루어야 명예가 이룩되니,

名譽不可虛假,
명예불가허가

명예는 거짓일 수가 없으며

反之身者也.
반지신자야

자신에 대해 반성을 해야만 얻어지는
것이다.

務言而緩行,
무언이완행

말하는 데 힘쓰고 행동하는 데 늦으면

雖辯必不聽;
수변필불청

비록 말을 잘한다 하더라도 분명

21　변(辯): 변(辨)과 통하는데 '분별하다'라는 뜻이다.
22　기(幾): 위태하다.
23　웅(雄): 용감하다.

아무도 듣지 않을 것이며,

多力而伐功,
다 력 이 벌 공

많은 힘을 들여 일을 하고 그 공을
자랑한다면

雖勞必不圖[24].
수 로 필 부 도

비록 수고하였더라도 분명 그것을
취하지 않게 될 것이다.

慧者心辯而不繁說,
혜 자 심 변 이 불 번 설

지혜로운 사람은 마음속으로
분명하니 번거로이 말을 하지 않으며,

多力而不伐功,
다 력 이 불 벌 공

많은 힘을 들여 일을 하더라도 그 공을
자랑하지 않는다.

此以名譽揚天下.
차 이 명 예 양 천 하

이 때문에 명예가 천하에 떨치게 되는
것이다.

言無務爲多而務爲智,
언 무 무 위 다 이 무 위 지

말은 많이 할 필요가 없이 지혜를
추구해야 하며,

無務爲文而務爲察.
무 무 위 문 이 무 위 찰

꾸밈을 구하지 않고 밝게 살펴야 한다.

故彼智無察[25],
고 피 지 무 찰

그래서 지혜도 없으며 밝게 살필 수도
없는 사람이

在身而情[26],
재 신 이 정

태만까지 하다면

反其路者也.
반 기 로 자 야

군자의 요구와 배치될 것이다.

善無主於心者不留,
선 무 주 어 심 자 불 류

선함이 내심으로부터 나오지 않으면

---

24 도(圖): 취하다. 얻다.

25 피지무찰(彼智無察): 피무지무찰(彼無智無察)이라고 되어 있는 판본도 있다. 필원은 피(彼)
를 비(非)의 잘못으로 보았다. 비지무찰(非智不察)은 의미상에서 피무지무찰(彼無智無察)
과 거의 같다고 할 수 있다.

26 정(情): 손이양(孫詒讓)은 마땅히 타(惰)로 해야 하는데, 글자 형태가 비슷하여 생긴 잘못이라
고 하였다.

오래 머무를 수 없으며,

行莫辯於身者不立.
행 막 변 어 신 자 불 립

행위가 자신에 대한 시비를 분별하지
못하면 안정되게 성립될 수 없다.

名不可簡而成也,
명 불 가 간 이 성 야

명성은 함부로 이룰 수 없으며,

譽不可巧而立也,
예 불 가 교 이 립 야

영예는 기교를 취함으로써 얻을 수
없으니,

君子以身戴行²⁷者也.
군 자 이 신 대 행   자 야

군자는 몸소 실천한다.

思利尋²⁸焉,
사 리 심   언

이익을 중요하게 생각하며

忘名忽焉,
망 명 홀 언

명예를 잊고 소홀히 하면서

可以爲士於天下者,
가 이 위 사 어 천 하 자

천하의 어진 선비가 될 수 있었던 자는

未嘗有也.
미 상 유 야

일찍이 없었다.

---

27 이신대행(以身戴行): 여기서 대(戴)는 재(載)와 같다. 이신재행(以身載行)은 '몸소 실천하
다'라는 뜻이다.
28 심(尋): 중요하다. 중요하게 여기다.

소염 제3편
(所染第三)

子墨子[1]言見染絲者而歎,
자 묵 자 언 견 염 사 자 이 탄

묵자께서 실에 물을 들이는 것을 보고 탄식하며

曰:
왈

말씀하셨다.

"染於蒼則蒼,
염 어 창 즉 창

"푸른 물감으로 물들이면 푸른색으로 되고,

染於黃則黃,
염 어 황 즉 황

노란 물감으로 물들이면 노란색이 되니,

所入者變,
소 입 자 변

넣는 물감이 바뀌면

其色亦變,
기 색 역 변

그 색깔 또한 변한다.

五入必[2]而已則爲五色矣[3],
오 입 필 이 이 즉 위 오 색 의

다섯 개의 서로 다른 물감 통에 넣은 후에는 다섯 가지 서로 다른 색깔이 된다.

---

1 자묵자(子墨子): 묵자 제자들의 묵자에 대한 존칭. 어떤 사람의 성 앞에 자(子) 자를 붙여 그 사람이 자신들의 스승임을 나타낸다.

2 필(必): 필원은 어떤 판본에는 필(必) 자가 없다고 하였다.

3 이이즉위오색의(而已則爲五色矣): 이생룡(李生龍)은 『여씨춘추(呂氏春秋)』「당염(當染)」의 이 구절에는 즉(則) 자가 없으니 마땅히 연문이라고 하였다.

故染不可不慎也!"
고 염 불 가 불 신 야

그러므로 물들이는 것은 신중하게 하지 않을 수 없다!"

非獨染絲然也,
비 독 염 사 연 야

실에 물을 들이는 것만이 그런 것이 아니라

國亦有染.
국 역 유 염

나라의 임금 또한 신하의 영향을 받는다.

舜[4]染於許由[5]·伯陽[6],
순 염 어 허 유   백 양

순임금은 허유와 백양의 영향을 받았고,

禹[7]染於皐陶[8]·伯益[9],
우 염 어 고 요   백 익

우임금은 고요와 백익의 영향을 받았으며,

湯[10]染於伊尹[11]·仲虺[12],
탕 염 어 이 윤   중 훼

탕임금은 이윤과 중훼의 영향을 받았으며,

武王[13]染於太公[14]·周公[15].
무 왕 염 어 태 공   주 공

무왕은 태공과 주공의 영향을 받았다.

4　순(舜): 중국의 전설상의 임금. 요(堯)임금으로부터 나라를 물려받은 성군(聖君).

5　허유(許由): 요임금 때의 현인(賢人). 요임금이 그에게 천하를 양보했으나 받지 않고 기산(箕山) 아래에 은거하며 밭을 갈고 살았다.

6　백양(伯陽): 순임금 때의 현인. 순임금의 일곱 친구 중의 한 명.

7　우(禹): 전설상 하(夏)나라의 첫 번째 임금. 일찍이 순임금의 명을 받고 홍수를 다스리는 데 공을 세워 순임금에게 천자 자리를 물려받은 성군.

8　고요(皐陶): 순임금 때 형법을 관장했던 관리였는데, 후에 우임금에 의해 후계자로 뽑혔으나 일찍 죽는 바람에 즉위하지 못하였다.

9　백익(伯益): 순임금 때 산택(山澤)·목렵(牧獵)을 관장하는 관리에 임명되었으며, 후에는 또한 우임금을 도와 치수에 공을 세워 일찍이 우임금의 후계자로도 뽑혔다.

10　탕(湯): 하나라 걸(桀)왕을 쳐부수고 상(商)나라의 첫 번째 임금이 된 성군.

11　이윤(伊尹): 전설상 그는 요리사 출신으로, 탕임금의 처(妻)가 시집올 때 함께 따라온 노예였으나, 후에 탕임금의 대신(大臣)이 되었다. 이름은 지(摯)이다.

12　중훼(仲虺): 탕임금 때의 대신이자 현신(賢臣).

此四王者, 차 사 왕 자	이 네 임금은
所染當, 소 염 당	영향을 받은 것이 합당하였기에
故王天下, 고 왕 천 하	천하를 다스리게 되었고
立爲天子, 입 위 천 자	천자로 즉위하게 되어
功名蔽天地. 공 명 폐 천 지	그 공로와 명성이 천지를 뒤덮었다.
擧天下之仁義顯人, 거 천 하 지 인 의 현 인	천하에서 어질고 의로우며 명성이 높은 사람을 들자면
必稱此四王者. 필 칭 차 사 왕 자	반드시 이 네 임금을 들게 되었다.
夏桀染於干辛[16]·推哆[17], 하 걸 염 어 간 신 　 추 치	하나라 걸왕은 간신과 추치의 영향을 받았으며,
殷紂染於崇侯[18]·惡來[19], 은 주 염 어 숭 후 　 악 래	은나라 주왕은 숭후와 악래의 영향을 받았고,
厲王[20]染於厲公長父[21]·榮夷終[22], 여 왕 　 염 어 려 공 장 보 　 영 이 종	

13　무왕(武王): 주(周)나라 문왕(文王)의 아들로, 아버지의 뜻을 계승하여 상나라의 폭군 주(紂) 왕을 치고 서주(西周) 왕조를 세웠다.

14　태공(太公): 강태공(姜太公)으로, 이름은 상(尙)이다. 늙어서 주나라 무왕을 만났으며, 무왕 을 도와 상나라 주왕을 멸망시키는 데 공을 세웠다.

15　주공(周公): 이름은 단(旦)이며, 무왕의 동생으로, 무왕을 도와 상나라를 멸망시켰다. 무왕이 죽었으나 성왕(成王)이 아직 어린 관계로 주공이 섭정을 하여 주나라의 통치를 공고히 하였다.

16　간신(干辛): 양신(羊辛)이라고도 하는데, 하나라 걸왕 때의 간신이다.

17　추치(推哆): 걸왕 때의 간신으로, 용기와 힘이 있는 사람이었다고 한다. 「명귀 하」 편에서 추치 는 "산 외뿔소와 호랑이의 몸을 찢고 손가락질로 사람을 죽일 수 있었다"라고 하였다.

18　숭후(崇侯): 이름은 호(虎)이며 주왕 때의 간신이다.

19　악래(惡來): 주왕 때의 역사(力士)이면서 간신으로, 상나라가 망할 때 피살되었다.

20　여왕(厲王): 이름은 호(胡)이며 서주의 임금이다. 포악한 정치를 하다 쫓겨나 죽었다.

21　여공장보(厲公長父): 괵공장보(虢公長父)라고도 하는데, 주나라 여왕의 간신이다.

22　영이종(榮夷終): 영이공(榮夷公)으로, 주나라 여왕의 권신(權臣)이다. 여왕의 전제 통치를 도운 관계로 백성들의 반항을 불러일으켰다.

여왕은 여공장보와 영이종의 영향을
받았으며,

幽王[23] **染於傅公夷**[24]·**蔡公穀**[25].
유왕 염 어 부 공 이 채 공 곡

유왕은 부공이와 채공곡의 영향을
받았다.

此四王者,
차 사 왕 자

이 네 임금은

所染不當,
소 염 부 당

영향을 받은 것이 합당하지 않았기에

故國殘身死,
고 국 잔 신 사

그 나라는 망하고 자신은 죽게 되어

爲天下僇[26].
위 천 하 륙

천하 사람들에게 모욕을 당하였다.

擧天下不義辱人,
거 천 하 불 의 욕 인

천하에서 의롭지 못하고 욕된 사람을
들자면

必稱此四王者.
필 칭 차 사 왕 자

반드시 이 네 임금을 들게 되었다.

齊桓染於管仲[27]·**鮑叔**[28],
제 환 염 어 관 중 포 숙

제나라 환공은 관중과 포숙의 영향을
받았고,

晉文染於舅犯[29]·**高偃**[30],
진 문 염 어 구 범 고 언

진나라 문공은 구범과 고언의 영향을

---

23 유왕(幽王): 서주의 마지막 군주로, 이름은 관생(官湦)이다. 주나라 여왕의 손자로, 폭정을 일
삼았다. 또한 포사(褒姒)를 총애하여 신후(申后)와 태자 의구(宜臼)를 폐(廢)하였다. 후에 신
후(申侯)가 서주를 멸망시키면서 유왕을 여산(驪山) 아래에서 살해하였다.

24 부공이(傅公夷): 미상.

25 채공곡(蔡公穀): 미상.

26 육(僇): 욕(辱)와 통하는데 '욕먹다'라는 의미이다.

27 관중(管仲): 관중경(管仲敬)이라고 하며, 이름은 이오(夷吾)로, 제나라 환공의 어진 재상이
다. 포숙과의 우의로 유명하다.

28 포숙(鮑叔): 포숙아(鮑叔牙)라고도 하며, 제나라의 어진 대부(大夫)로, 관중을 재상으로 추
천하였다.

29 구범(舅犯): 구범(咎犯)이라고도 하는데, 이름은 고언(孤偃)으로, 진(晉)나라 문공의 외삼촌
이다. 일찍이 문공을 따라 도망갔다가 돌아와 그의 패업을 도왔다.

받았으며,

楚莊[31]染於孫叔[32]·沈尹[33],
　초 장　　염 어 손 숙　　심 윤

초나라 장왕은 손숙과 심윤의 영향을
받았고,

吳闔閭[34]染於伍員[35]·文義[36],
　오 합 려　　염 어 오 원　　문 의

오나라 합려는 오원과 문의의 영향을
받았으며,

越句踐染於范蠡[37]·大夫種[38].
월 구 천 염 어 범 려　　대 부 종

월나라 구천은 범려와 대부 문종의
영향을 받았다.

此五君者,
차 오 군 자

이 다섯 국군(國君)은

所染當,
소 염 당

영향을 받은 것이 합당하였기에

故霸諸侯[39],
고 패 제 후

제후들 중에서 패자가 되었으며,

功名傳於后世.
공 명 전 어 후 세

공명이 후세에까지 전해지게 되었다.

30　고언(高偃): 곽언(郭偃) 또는 복언(卜偃)이라고도 하는데, 진나라의 대부이다. 『한비자(韓非子)』「남면(南面)」에 "곽언이 진나라의 제도를 바꾸지 않았다면, 진나라 문공은 패업을 이루지 못했다"라고 하였다.

31　초장(楚莊): 초나라 장왕으로, 성은 미(羋), 이름은 여(旅)이다. 목왕(穆王)의 아들이다.

32　손숙(孫叔): 성은 위(蔿), 이름은 오(敖)이며, 손숙은 자(字)이다. 초나라의 영윤(令尹)으로, 일찍이 초나라 장왕을 도와 진(晉)나라 군사를 크게 무찌르고 패업을 이루게 하였다.

33　심윤(沈尹): 초나라 심현(沈縣)의 대부로, 이름은 경(莖)이다. 『한시외전(韓詩外傳)』에서는 그를 심영윤(沈令尹)으로 칭하였는데, 이것으로 보아 아마도 초나라의 영윤을 역임한 것 같다.

34　오합려(吳闔閭): 오나라 임금 합려로, 합려(闔廬)라고도 하며, 이름은 광(光)이다. 월(越)나라 구천(句踐)에게 패하여 죽었다.

35　오원(伍員): 자가 자서(子胥)로, 오나라의 대부이다. 일찍이 합려를 도와 오나라 왕 요(僚)를 죽이고 왕위를 탈취하게 하였다.

36　문의(文義): 『여씨춘추(呂氏春秋)』에는 문지의(文之儀)로 되어 있다. 오나라의 대부이다.

37　범려(范蠡): 자가 소백(少伯)으로, 월나라 대부이다. 초나라 완(宛) 사람이다. 일찍이 월왕 구천을 도와 월나라를 흥성하게 하고 오나라를 멸망시켰다.

38　대부종(大夫種): 월나라의 대부 문종(文種)으로, 자가 자금(子禽) 또는 소금(少禽)이다. 초나라 영(郢) 사람이다. 범려와 함께 월왕 구천을 보좌하여 오나라를 멸망시켰다.

39　패제후(霸諸侯): 이상 다섯 임금을 '춘추오패(春秋五霸)'라 한다.

范吉射[40]染於長柳朔[41]·王胜[42],　　범길역은 장류삭과 왕승의 영향을
범 길 역　염 어 장 류 삭　　왕 승　　받았고,

中行寅[43]染於籍秦[44]·高强[45],　　중항인은 적진과 고강의 영향을
중 항 인　염 어 적 진　　고 강　　받았으며,

吳夫差[46]染於王孫雒[47]·太宰嚭[48],
오 부 차　염 어 왕 손 락　　태 재 비

　　　　　　　　　　　　오나라 부차는 왕손락과 태재비의

　　　　　　　　　　　　영향을 받았으며,

智伯搖[49]染於智國[50]·張武[51],　　지백요는 지국과 장무의 영향을
지 백 요　염 어 지 국　　장 무　　받았고,

中山尙[52]染於魏義[53]·偃長[54],　　중산상은 위의와 언장의 영향을
중 산 상　염 어 위 의　　언 장

---

40 범길역(范吉射): 춘추 말 진(晉)나라 경(卿)이었던 범헌자앙(范獻子殃)의 아들 소자(昭子)
　　로, 진나라 경(卿)들의 내홍(內訌) 중에 조간자(趙簡子)에게 패하였다.

41 장류삭(長柳朔): 범길역의 가신으로, 장류삭(張柳朔)이라고도 한다.

42 왕승(王胜): 범길역의 가신으로, 왕생(王生)이라고도 한다.

43 중항인(中行寅): 중항문자(中行文子). 순인(荀寅), 순문자(荀文子)라고도 한다. 춘추 말 진
　　(晉)나라 경이었던 중항목자(中行穆子)의 아들이다. 진나라 경들의 내홍 중에 조간자에게 패
　　하였다.

44 적진(籍秦): 중항인의 가신.

45 고강(高强): 중항인의 가신.

46 오부차(吳夫差): 오나라 합려의 아들로, 뒤에 월나라 구천에게 멸망하였다.

47 왕손락(王孫雒): 오나라 임금 부차의 신하. 왕손락(王孫駱), 공손락(公孫雒), 왕손웅(王孫
　　雄), 공손웅(公孫雄) 등이라고도 한다.

48 태재비(太宰嚭): 오나라 부차 때의 태재로, 백비(伯嚭)를 일컫는다. 재물을 탐하고 남을 헐뜯
　　기 좋아했는데, 일찍이 오자서(伍子胥)를 참소하여 죽게 하였다.

49 지백요(智伯搖): 지백요(智伯瑤)라고도 하는데, 지양자(智襄子)로, 지백(智伯)이라고도
　　칭한다. 처음에는 진(晉)나라에서 세력이 가장 큰 경대부(卿大夫)였으나, 후에는 한(韓)·위
　　(魏)·조(趙)나라에 멸망하였다.

50 지국(智國): 지백국(智伯國)을 말하며, 지백요의 가신이다.

51 장무(張武): 장무자(長武子)를 말하며, 지백요의 가신이다.

52 중산상(中山尙): 중산은 나라 이름으로, 춘추 시기의 선우(鮮虞)이다. 상은 그 나라의 임금 이
　　름인데, 바로 중산환공(中山桓公)이다. 중산은 위나라에 망하였는데, 후에 나라를 되찾았으
　　나 다시 조나라에 망하였다.

받았으며,

宋康⁵⁵染於唐鞅⁵⁶·佃不禮⁵⁷.
송 강 염 어 당 앙　전 불 례

송나라 강왕은 당앙과 전불례의
영향을 받았다.

此六君者,
차 륙 군 자

이 여섯 국군은

所染不當,
소 염 부 당

영향을 받은 것이 합당하지 않았기에

故國家殘亡,
고 국 가 잔 망

나라는 망하고

身爲刑戮,
신 위 형 륙

자신은 형벌을 받았으며,

宗廟破滅,
종 묘 파 멸

종묘는 파멸되고

絶無後類,
절 무 후 류

후손이 끊기게 되었으며,

君臣離散,
군 신 리 산

임금과 신하는 흩어지고

民人流亡,
민 인 류 망

백성들은 거처를 잃어버리고
떠돌아다니게 되었다.

擧天下之貪暴苛擾者,
거 천 하 지 탐 포 가 요 자

천하에서 탐욕스럽고 횡포하며
백성들을 가혹하고 귀찮게 한 사람을
들자면

必稱此六君也.
필 칭 차 륙 군 야

반드시 이 여섯 국군을 들게 되었다.

---

53 위의(魏義): 미상.

54 언장(偃長): 미상.

55 송강(宋康): 송(宋)나라 강왕(康王) 언(偃)으로, 강은 시호이다. 전국 시기 송나라 임금으로,
제(齊)나라 민왕(湣王)에게 망하였다.

56 당앙(唐鞅): 송나라 강왕의 재상이다.

57 전불례(佃不禮): 『사기(史記)』「조세가(趙世家)」에는 전불례(田不禮)로 되어 있다. 송나라
신하로, 사람됨이 잔인하고 교만하였다.

凡君之所以安者何也?
범 군 지 소 이 안 자 하 야

대개 임금이 안정되게 나라를 다스릴
수 있는 원인은 무엇인가?

以其行理也,
이 기 행 리 야

올바른 도리를 행하기 때문이다.

行理性[58]於染當.
행 리 성 어 염 당

올바른 도리의 행함은 합당한 영향을
받는 것으로부터 나온다.

故善爲君者,
고 선 위 군 자

그러므로 국군 노릇을 잘하는 사람은

勞於論[59]人,
노 어 론 인

인재를 선택하는 데에는 수고를 많이
하지만,

而佚於治官;
이 일 어 치 관

관리를 다스리는 데에는 한가하고
안일하다.

不能爲君者,
불 능 위 군 자

국군 노릇을 잘하지 못하는 사람은

傷形費神,
상 형 비 신

신체를 손상시키고 정신을 소모하게
하며

愁心勞意,
수 심 로 의

슬퍼하고 걱정하나,

然國逾[60]危,
연 국 유 위

나라는 더욱 위태롭게 되고

身逾辱.
신 유 욕

자신은 더욱 욕을 먹게 된다.

此六君者,
차 륙 군 자

이 여섯 국군은

非不重其國,
비 부 중 기 국

자신의 나라를 소중히 하지 않은 것도
아니고

愛其身也,
애 기 신 야

자신의 몸을 사랑하지 않은 것도

---

58 성(性): 필원은 성(性)을 생(生)으로 해야 한다고 하였다.
59 논(論): 고유(高誘)는 논(論)은 택(擇)과 같다고 하였다.
60 유(逾): 유(愈)와 같은데 '더욱'이라는 의미이다.

아니나,

以不知要故也.
이 부 지 요 고 야

나라를 다스리는 요령을 몰랐던
것이다.

不知要者,
부 지 요 자

나라를 다스리는 요령을 몰랐던 것은

所染不當也.
소 염 부 당 야

합당하지 않은 영향을 받았기
때문이다.

非獨國有染也,
비 독 국 유 염 야

나라에만 영향을 받는 것이 있는 게
아니라

士亦有染.
사 역 유 염

선비에게도 영향을 받는 것이 있다.

其友皆好仁義,
기 우 개 호 인 의

그 친구들이 모두 어짊과 의로움을
좋아하고

淳謹畏令,
순 근 외 령

순박하고 근신하며 법령을
두려워하면,

則家日益,
즉 가 일 익

그 선비의 집안은 날로 부유해지고

身日安,
신 일 안

본인은 날로 편안해지며,

名日榮,
명 일 영

명성은 날로 영화로워지고

處官得其理矣,
처 관 득 기 리 의

벼슬자리에서도 도리에 맞게 일을 하게
된다.

則段干木[61]·禽子[62]·傅說[63]之徒是也.
즉 단 간 목   금 자   부 열   지 도 시 야

---

61 단간목(段干木): 위(魏)나라 사람. 공자(孔子) 제자인 자하(子夏)의 제자로, 위나라 문후(文
    侯)의 스승이다.
62 금자(禽子): 묵자의 제자인 금골리(禽滑釐)를 말한다.

단간목·금자·부열과 같은 무리가 그런 사람이다.

其友皆好矜奮,
기 우 개 호 궁 분

그 친구들이 모두 오만하게 뽐내기를 좋아하며 법을 무시하고

創作[64]比周[65],
창 작 비 주

자기 뜻대로 행동하며 친하게 어울리어 사적인 붕당을 이루면

則家日損,
즉 가 일 손

그 선비의 집안은 날로 쇠퇴해지고

身日危,
신 일 위

본인은 날로 위태로워지며,

名日辱,
명 일 욕

명성은 날로 욕되게 되고

處官失其理矣,
처 관 실 기 리 의

벼슬자리에서도 도리에 맞지 않게 일을 하게 된다.

則子西[66]·易牙[67]·豎刁[68]之徒是也.
즉 자 서   역 아   수 조   지 도 시 야

자서·역아·수조 같은 무리가 그런 사람이다.

『詩』[69]日:
시   왈

『시경(詩經)』에서

"必擇所堪[70],
필 택 소 감

"반드시 적실 곳을 잘 선택해야 하고

---

63 부열(傅說): 은(殷)나라 고종(高宗) 무정(武丁)의 어진 신하. 일찍이 부암(傅巖)에서 담장을 쌓았기 때문에 부열이라 하였다.

64 창작(創作): 법을 무시하고 자기 뜻대로 행동하는 것을 의미한다.

65 비주(比周): 친하게 어울리어 사적(私的)인 붕당을 이루는 것을 뜻한다.

66 자서(子西): 춘추 시기 초(楚)나라의 대부 투의신(鬪宜申)이다.

67 역아(易牙): 제나라 환공의 근신(近臣)이다.

68 수조(豎刁): 제나라 환공의 근신이다.

69 시(詩): 이곳에서 인용한 2구(句)는 지금 전하는 『시경(詩經)』에는 보이지 않는 일시(逸詩)이다.

70 감(堪): 점(湛)과 통하는데 '적시다'라는 뜻이다.

必謹所堪"者,
필 근 소 감 자

반드시 적시는 것에 조심해야 한다"라
한 것은

此之謂也.
차 지 위 야

바로 이를 두고 한 말이다.

법의 제4편

(法儀第四)

子墨子曰:
자 묵 자 왈

묵자께서 말씀하셨다.

"天下從事者,
천 하 종 사 자

"천하에서 어떤 일에 종사하는 사람은

不可以無法儀,
불 가 이 무 법 의

법도가 없어서는 안 되니,

無法儀而其事能成者無有也.
무 법 의 이 기 사 능 성 자 무 유 야

법도가 없이 그 일을 이룰 수 있는
사람은 없다.

雖至[1]士[2]之爲將相者,
수 지 사 지 위 장 상 자

비록 장수나 재상인 사람이더라도

皆有法;
개 유 법

모두 법도가 있다.

雖至百工從事者,
수 지 백 공 종 사 자

비록 각종 일에 종사하는
공인(工人)이더라도

亦皆有法.
역 개 유 법

또한 모두 법도가 있다.

百工爲方以矩,
백 공 위 방 이 구

공인들은 굽은 자로 방형을 그리고,

爲圓以規,
위 원 이 규

그림쇠로 원형을 그리며,

---

1 지(至): 여기서는 시(是)와 같은 뜻으로 쓰였다. 다음의 수지백공종사자(雖至百工從事者)
   중의 지(至)도 같다.
2 사(士): 여기서는 일반적인 사람을 두루 지칭하고 있다.

直以繩, 직 이 승	먹줄로 직선인지를 재고,
正以縣.[3] 정 이 현	추 달린 줄로 수직으로 바른지를 재며 수평의(水平儀)로 평평한지를 잰다.
無[4]巧工·不巧工, 무 교 공 불 교 공	교묘한 기술을 지닌 공인이든 기술이 없는 공인이든 상관없이
皆以此五者爲法. 개 이 차 오 자 위 법	모두 이 다섯 가지로 법도를 삼는다.
巧者能中之, 교 자 능 중 지	교묘한 기술을 지닌 공인은 그 다섯 가지 법도에 맞게 할 수 있으며,
不巧者雖不能中, 불 교 자 수 불 능 중	기술이 없는 공인도 비록 그 다섯 가지 법도에 맞게 할 수 없더라도
放依[5]以從事, 방 의 이 종 사	그 법도를 모방하고 따라 한다면
猶逾己. 유 유 기	오히려 자신이 마음대로 하는 것보다 나을 수 있다.
故百工從事, 고 백 공 종 사	그러므로 각종 일에 종사하는 공인들은
皆有法所[6]度. 개 유 법 소 도	모두 법도가 있어야 한다.
今大者治天下, 금 대 자 치 천 하	지금 크게는 천하를 다스리고
其次治大國, 기 차 치 대 국	그 다음으로 대국을 다스리는데,

---

3 정이현(正以縣): 현(縣)은 현(懸)의 본자(本字)로, 여기서는 추가 달린 줄(수직을 측정할 때 쓰는 공구)의 의미로 쓰였다. 그리고 정이현(正以縣) 뒤에 평이수(平以水) 세 자가 탈락되었는데, 이 세 자를 넣으면 뒤의 '이 다섯 가지'(此五者)와 문맥이 맞게 된다.

4 무(無): 여기서는 무론(無論), 즉 '~이든지 상관없이', '~을 막론하고'라는 의미이다.

5 방의(放依): 여기서의 방(放)은 방(倣)과 같은데, '모방하다'라는 의미이다. 방의(倣依)는 '모방하여 따르다'라는 뜻이다.

6 소(所): 이 소(所)는 빼야 한다. 다음의 이무법소도(而無法所度) 중의 소(所)도 없애야 한다.

| 而無法所度,
이 무 법 소 도 | 법도가 없으면 |
| 此不若百工辯⁷也."
차 불 약 백 공 변 야 | 이는 오히려 공인들의 총명한 지혜보다 못하다." |

然則奚以爲治法而可? 연 즉 해 이 위 치 법 이 가	그렇다면 무엇으로 치국의 법도를 삼으면 될까?
當⁸皆法其父母奚若? 당 개 법 기 부 모 해 약	만약에 모두 자신의 부모를 법도로 삼으면 어떠할까?
天下之爲父母者衆, 천 하 지 위 부 모 자 중	천하에 부모 노릇을 하는 사람은 많지만
而仁者寡, 이 인 자 과	어진 사람은 적다.
若皆法其父母, 약 개 법 기 부 모	만약 모두 자신의 부모를 법도로 삼으면
此法不仁也. 차 법 불 인 야	이 법도는 어질지 못하다.
法不仁, 법 불 인	법도가 어질지 못하면
不可以爲法. 불 가 이 위 법	법도로 삼을 수 없다.
當皆法其學⁹奚若? 당 개 법 기 학 해 약	만약에 모두 자신의 스승을 법도로 삼으면 어떠할까?
天下之爲學者衆, 천 하 지 위 학 자 중	천하에 스승 노릇을 하는 사람은 많지만

---

7 변(辯): 명지(明智), 즉 '총명한 지혜'라는 뜻이다. 마종곽(馬宗霍)은 변(辯) 자는 명지(明智)로 해석해야 한다고 하였다.
8 당(當): 왕인지(王引之)는 당(當)은 당(儻)과 같다고 하였다. 당(儻)은 '만약'이라는 뜻이다.
9 학(學): 여기서는 스승의 의미로 쓰였다.

而仁者寡, <small>이 인 자 과</small>	어진 사람은 적다.
若皆法其學, <small>약 개 법 기 학</small>	만약 모두 자신의 스승을 법도로 삼으면
此法不仁也. <small>차 법 불 인 야</small>	이 법도는 어질지 못하다.
法不仁, <small>법 불 인</small>	법도가 어질지 못하면
不可以爲法. <small>불 가 이 위 법</small>	법도로 삼을 수 없다.
當皆法其君奚若? <small>당 개 법 기 군 해 약</small>	만약에 모두 자신의 임금을 법도로 삼으면 어떠할까?
天下之爲君者衆, <small>천 하 지 위 군 자 중</small>	천하에 임금 노릇을 하는 사람은 많지만
而仁者寡, <small>이 인 자 과</small>	어진 사람은 적다.
若皆法其君, <small>약 개 법 기 군</small>	만약 모두 자신의 군주를 법도로 삼으면
此法不仁也. <small>차 법 불 인 야</small>	이 법도는 어질지 못하다.
法不仁, <small>법 불 인</small>	법도가 어질지 못하면
不可以爲法. <small>불 가 이 위 법</small>	법도로 삼을 수 없다.
故父母·學·君三者, <small>고 부 모 학 군 삼 자</small>	그러므로 부모·스승·임금 이 세 종류의 사람은
莫可以爲治法. <small>막 가 이 위 치 법</small>	치국의 법도로 삼을 수 없다.
然則奚以爲治法而可? <small>연 즉 해 이 위 치 법 이 가</small>	그렇다면 무엇을 치국의 법도로 삼으면 될까?

故曰莫若法天.
고 왈 막 약 법 천

하늘을 법도로 삼는 것보다 더 좋은 것은 없다고 한다.

天之行廣而無私,
천 지 행 광 이 무 사

하늘의 행함은 광대하면서도 사사로움이 없고,

其施厚而不德[10],
기 시 후 이 부 덕

그 베푸는 은택은 두터우면서도 공덕으로 여기지 않으며,

其明久而不衰,
기 명 구 이 불 쇠

그 밝음은 오래가면서도 쇠하지 않는다.

故聖王法之.
고 성 왕 법 지

그래서 성군들은 하늘을 법도로 삼았다.

旣以天爲法,
기 이 천 위 법

기왕에 하늘을 법도로 삼는다면

動作有爲必度[11]於天,
동 작 유 위 필 탁 어 천

모든 동작과 행위는 반드시 하늘의 뜻으로 가늠해야 하는데,

天之所欲則爲之,
천 지 소 욕 즉 위 지

하늘이 원하는 것이면 하고,

天之所不欲則止.
천 지 소 불 욕 즉 지

하늘이 원하지 않는 것이면 멈춘다.

然而天何欲何惡者也?
연 이 천 하 욕 하 오 자 야

그렇다면 하늘은 무엇을 원하고 무엇을 싫어할까?

天必欲人之相愛相利,
천 필 욕 인 지 상 애 상 리

하늘은 반드시 사람들이 서로 사랑하고 서로 이롭게 하는 것을 원하지,

而不欲人之相惡相賊也.
이 불 욕 인 지 상 오 상 적 야

사람들이 서로 미워하고 서로 해롭게 하는 것을 원하지 않는다.

---

10 덕(德): 여기서는 동사의 용법으로 쓰였는데, '공덕(功德)으로 여기다'라는 뜻이다.

11 탁(度): 가늠하다, 짐작하다.

奚以知天之欲人之相愛相利,
해 이 지 천 지 욕 인 지 상 애 상 리

무엇으로 하늘은 사람들이 서로
사랑하고 서로 이롭게 하는 것을
원하지,

而不欲人之相惡相賊也?
이 불 욕 인 지 상 오 상 적 야

사람들이 서로 미워하고 서로 해롭게
하는 것을 원하지 않는다는 것을
아는가?

以其兼而愛之 · 兼而利之也.
이 기 겸 이 애 지   겸 이 리 지 야

하늘은 모든 사람들을 두루 사랑하고
모든 사람들을 두루 이롭게 하기
때문이다.

奚以知天兼而愛之 · 兼而利之也?
해 이 지 천 겸 이 애 지   겸 이 리 지 야

무엇으로 하늘이 모든 사람들을 두루
사랑하고 모든 사람들을 두루 이롭게
한다는 것을 아는가?

以其兼而有之 · 兼而食之也.
이 기 겸 이 유 지   겸 이 식 지 야

하늘은 모든 사람들을 두루 소유하고
모든 사람들에게 두루 먹을 것을 주기
때문이다.

今天下無¹²大小國,
금 천 하 무   대 소 국

지금 천하의 크고 작은 나라를
막론하고

皆天之邑也;
개 천 지 읍 야

모든 나라들은 하늘이 다스리는
고을이다.

人無幼長貴賤,
인 무 유 장 귀 천

아이·어른 그리고 귀하고 천한 사람을
막론하고

皆天之臣也.
개 천 지 신 야

모든 사람들은 하늘의 신하이다.

---

12 무(無): 같은 편의 주 4 참조. 바로 뒤에 나오는 무(無) 자 또한 같다.

此以莫不犓羊[13],
차 이 막 불 추 양

이 때문에 사람들은 모두 소·양

豢[14]犬豬,
환 견 저

그리고 개·돼지를 기르며,

絜[15]爲酒醴粢[16]盛,
결 위 주 례 자 성

술과 제수용 곡물을 정결하게 담아 놓고

以敬事天,
이 경 사 천

공경스럽게 하늘에 제사를 올리는데,

此不爲兼而有之·兼而食之邪?
차 불 위 겸 이 유 지 겸 이 식 지 야

이것은 하늘이 모든 사람들을 두루 소유하고 모든 사람들에게 두루 먹을 것을 주기 때문이 아닌가?

天苟兼而有食之,
천 구 겸 이 유 식 지

하늘이 진실로 모든 사람들을 두루 소유하고 모든 사람들에게 두루 먹을 것을 주는데,

夫奚說不欲人之相愛相利也!
부 해 설 불 욕 인 지 상 애 상 리 야

어째서 사람들이 서로 사랑하고 서로 이롭게 하는 것을 원하지 않는다고 말하겠는가!

故曰愛人利人者,
고 왈 애 인 리 인 자

그래서 다른 사람을 사랑하고 다른 사람을 이롭게 하는 사람에게

天必福之;
천 필 복 지

하늘은 반드시 복을 내리며,

惡人賊人者,
오 인 적 인 자

다른 사람을 미워하고 다른 사람을 해롭게 하는 사람에게

天必禍之.
천 필 화 지

하늘은 반드시 화를 내린다고 한다.

---

13 추양(犓羊): 추(犓)는 소와 양에게 먹이는 풀. 여기서는 동사의 용법으로 쓰여 '풀을 먹여 기르다'라는 의미이다. 양(羊) 자 앞에 우(牛) 자가 있어야 한다.

14 환(豢): 곡물을 먹여 기르다.

15 결(絜): 결(潔)과 같은데 '정결하다'라는 뜻이다.

16 자(粢): 제사에 쓰는 서직(黍稷). 즉 제수용 곡물.

曰殺不辜者,
왈 살 불 고 자

그래서 무고한 자를 죽인 사람은

得不祥焉.
득 불 상 언

반드시 불길한 결과를 얻는다고 한다.

夫奚說人爲其相殺而天與禍乎?
부 해 설 인 위 기 상 살 이 천 여 화 호

무엇으로써 사람들이 서로 죽이면 하늘이 그들에게 화를 내린다고 말하겠는가?

是以知天欲人相愛相利,
시 이 지 천 욕 인 상 애 상 리

이것으로 하늘은 사람들이 서로 사랑하고 서로 이롭게 하는 것을 원하지,

而不欲人相惡相賊也.
이 불 욕 인 상 오 상 적 야

사람들이 서로 미워하고 서로 해롭게 하는 것을 원하지 않는다는 것을 알 수 있다.

昔之聖王禹·湯·文[17]·武,
석 지 성 왕 우 탕 문 무

옛날의 성군인 우임금, 탕임금, 문왕, 무왕은

兼愛天下之百姓,
겸 애 천 하 지 백 성

천하의 백성들을 두루 사랑하였으며,

率以尊天事鬼,
솔 이 존 천 사 귀

그들을 거느리고 하늘을 존중하며 귀신을 받들어

其利人多,
기 리 인 다

사람들을 이롭게 하는 것이 많았다.

故天福之,
고 천 복 지

그래서 하늘은 그들에게 복을 내려

使立爲天子,
사 립 위 천 자

그들을 천자의 자리에 오르게 하니,

---

17 문(文): 주(周)나라 문왕(文王)으로, 무왕(武王)의 아버지이다. 천명(天命)을 받았으나 천하를 통일시키지 못하고 죽은 성군이다.

天下諸侯皆賓[18]事之.
천하제후개빈 사지

천하의 제후들은 모두 그들을
공경스럽게 받들었다.

暴王桀·紂·幽·厲,
폭왕걸 주 유 려

폭군인 걸왕, 주왕, 유왕, 여왕은

兼惡天下之百姓,
겸 오 천하지백성

천하의 백성들을 두루 미워하였으며,

率以詬[19]天侮鬼,
솔 이 후 천 모 귀

그들을 거느리고 하늘을 욕하며
귀신을 업신여기어

其賊人多,
기 적 인 다

사람들을 해롭게 하는 것이 많았다.

故天禍之,
고 천 화 지

그래서 하늘은 그들에게 화를 내려

使遂失其國家,
사 수 실 기 국 가

그들이 자신들의 국가를 잃어버리게
하였으며,

身死爲僇[20]於天下,
신 사 위 륙 어 천 하

천하에 그들을 처형하여 죽게
하였는데

後世子孫毀之,
후 세 자 손 훼 지

후세 자손들이 그들을 비난하는 것이

至今不息.
지 금 불 식

지금까지도 멈추지 않는다.

故爲不善以得禍者,
고 위 불 선 이 득 화 자

그러므로 나쁜 짓을 하여 화를 입은
사람들로는

桀·紂·幽·厲是也;
걸 주 유 려 시 야

걸왕, 주왕, 유왕, 여왕이 있으며,

愛人利人以得福者,
애 인 리 인 이 득 복 자

사람들을 사랑하고 사람들을 이롭게
하여 복을 입은 사람들로는

禹·湯·文·武是也.
우 탕 문 무 시 야

우임금, 탕임금, 문왕, 무왕이 있다.

---

18 빈(賓): 여기서는 경(敬)의 뜻이다.
19 후(詬): 욕하다.
20 육(僇): 육(戮)과 같은데 '처형하다'라는 의미이다.

愛人利人以得福者有矣,
애 인 리 인 이 득 복 자 유 의

그래서 사람들을 사랑하고 사람들을
이롭게 하여 복을 입은 사람도 있지만,

惡人賊人以得禍者亦有矣.
오 인 적 인 이 득 화 자 역 유 의

사람들을 미워하고 사람들을 해롭게
하여 화를 입은 사람도 있다.

칠환 제5편

(七患第五)

子墨子曰:
자 묵 자 왈

묵자께서 말씀하셨다.

"國有七患.
국 유 칠 환

"나라에는 일곱 가지 환난(患難)이
있다.

七患者何?
칠 환 자 하

그 일곱 가지 환난이 무엇인가?

城郭溝池¹不可守,
성 곽 구 지 불 가 수

성곽이나 해자로 지킬 수 없으면서

而治宮室,
이 치 궁 실

궁실을 건설하는 것이

一患也;
일 환 야

첫째 환난이다.

邊²國至境四鄰莫救,
변 국 지 경 사 린 막 구

적국(敵國)이 공격하여 변경에
이르렀지만 사방의 이웃 나라에서
구해 주지 않는 것이

二患也;
이 환 야

둘째 환난이다.

先盡民力無用之功,
선 진 민 력 무 용 지 공

먼저 백성들의 힘을 쓸데없는 일에 써
버리고

---

1   구지(溝池): 성을 지키기 위해 성 주변에 파 놓은 도랑이나 연못으로, 해자(垓字)라고도 한다.
2   변(邊): 적(適) 자의 잘못이며, 적(適)은 적(敵)과 같다.

賞賜無能之人,
상사무능지인

능력 없는 사람에게 상을 내리며,

民力盡於無用,
민력진어무용

백성들의 힘을 쓸데없는 일에 다 써 버리고

財寶虛於待客,
재보허어대객

재물을 손님 접대하는 데 비워 버리는 것이

三患也;
삼환야

셋째 환난이다.

仕者持祿[3],
사자지록

벼슬하는 사람은 봉록을 지키기만 하고,

游者愛佼,[4]
유자애교

유세하고 다니면서 벼슬하지 않는 사람은 사적으로 친구 사귀기를 좋아하며,

君修法討[5]臣,
군수법토신

군주는 법률을 제정하여 신하를 징벌하고,

臣懾而不敢拂[6],
신섭이불감불

신하는 겁이 나 감히 거스르지 못하는 것이

四患也;
사환야

넷째 환난이다.

君自以爲聖智而不問事,
군자이위성지이불문사

군주가 스스로 성인답고 지혜롭다고 생각하여 나라의 대사(大事)를 물어보지도 않고,

---

3 지록(持祿): 봉록(俸祿)을 유지하다, 지키다.

4 유자애교(游者愛佼): 유자(游者)는 '유세하고 다니면서 벼슬을 하지 않는 사람'을 가리킨다. 교(佼)는 교(交)와 같은데, 애교(愛交)는 '친구 사귀는 것을 좋아하다'라는 의미이다. 이생룡은 애사교(愛私交), 즉 '사적으로 사귀기를 좋아하다'라는 의미로 보았다.

5 토(討): 죄를 들어 토벌하다, 징벌하다.

6 불(拂): 여기서 불(拂)은 '거스르다', '위반하다'의 의미로 쓰였다.

自以爲安彊而無守備,
자 이 위 안 강 이 무 수 비

스스로 나라가 안정되고 강성하다고 여겨 방비를 하지 않으며,

四鄰謀之不知戒,
사 린 모 지 부 지 계

사방의 이웃 나라들이 그 나라를 치려고 도모하여도 경계할 줄을 모르는 것이

五患也;
오 환 야

다섯째 환난이다.

所信者不忠,
소 신 자 불 충

신임하는 사람이 충성스럽지 않고

所忠者不信.
소 충 자 불 신

충성스러운 사람이 신임을 받지 못하는 것이

六患也;
육 환 야

여섯째 환난이다.

畜⁷種菽粟⁸不足以食之,
축 종 숙 속 부 족 이 식 지

저장하고 파종한 식량은 백성들이 먹기에 부족하고,

大臣不足以事⁹之,
대 신 부 족 이 사 지

대신들은 그 직위에 임용되기에 부족하며,

賞賜不能喜,
상 사 불 능 희

상을 내려도 사람들을 기쁘게 할 수 없고,

誅罰不能威,
주 벌 불 능 위

처벌을 해도 사람들을 두렵게 할 수 없는 것이

七患也.
칠 환 야

일곱째 환난이다.

以七患居國,
이 칠 환 거 국

이 일곱 가지 환난이 한 나라에 있다면

必無社稷;
필 무 사 직

그 나라는 반드시 망할 것이다.

---

7 축(畜): 축(蓄)과 같은데 '축적하다'라는 뜻이다.

8 숙속(菽粟): 넓은 의미로 '식량'을 가리킨다.

9 사(事): 사(使)와 통하는데, '임용하다', '부리다', '심부름시키다'라는 의미이다.

以七患守城,
이 칠 환 수 성

이 일곱 가지 환난을 지닌 채 성을 지키면

敵至國傾.
적 지 국 경

적이 이르자마자 그 나라는 망하고 말 것이다.

七患之所當,
칠 환 지 소 당

이 일곱 가지 환난에 직면한다면

國必有殃.
국 필 유 앙

그 나라에는 반드시 재앙이 있을 것이다.

凡五穀者,
범 오 곡 자

오곡은

民之所仰[10]也,
민 지 소 앙   야

백성들이 생존을 위해 의지하는 것이며,

君之所以爲養也.
군 지 소 이 위 양 야

군주가 자신을 공양(供養)하기 위한 것이다.

故民無仰則君無養,
고 민 무 앙 즉 군 무 양

그러므로 백성들이 생존을 위해 의지할 것이 없다면 군주도 공양할 것이 없으며,

民無食則不可事.
민 무 식 즉 불 가 사

백성들이 먹을 것이 없으면 일을 할 수 없다.

故食不可不務也,
고 식 불 가 불 무 야

그러므로 먹을 것에 대해서는 힘쓰지 않을 수 없고,

地不可不力也,
지 불 가 불 력 야

토지에 대해서는 힘써 경작하지 않을 수 없으며,

---

10 앙(仰): 여기서는 '의뢰하다', '의지하다'라는 의미로 쓰였다.

用不可不節也.
용 불 가 부 절 야

쓰는 것에 대해서는 절약하지 [않을 수] 없는 것이다.

五穀盡收,
오 곡 진 수

오곡이 풍부하게 거두어지면

則五味盡御[11]於主,
즉 오 미 진 어 어 주

온갖 맛을 지닌 음식을 군주에게 바쳐 먹게 할 수 있지만,

不盡收則不盡御.
부 진 수 즉 부 진 어

오곡을 풍부하게 거두지 못하면 모든 것을 다 바치지 못하게 된다.

一穀不收謂之饉,
일 곡 불 수 위 지 근

한 가지 곡식을 거두지 못하는 것을 '근(饉)'이라 말하고,

二穀不收謂之旱[12],
이 곡 불 수 위 지 한

두 가지 곡식을 거두지 못하는 것을 '한(旱)'이라 말하며,

三穀不收謂之凶,
삼 곡 불 수 위 지 흉

세 가지 곡식을 거두지 못하는 것을 '흉(凶)'이라 말하고,

四穀不收謂之饋[13],
사 곡 불 수 위 지 궤

네 가지 곡식을 거두지 못하는 것을 '궤(饋)'라 말하며,

五穀不收謂之饑.
오 곡 불 수 위 지 기

다섯 가지 곡식(오곡)을 모두 거두지 못하는 것을 '기(饑)'라 말한다.

歲饉,
세 근

'근'이 든 해는

則仕者大夫[14]以下,
즉 사 자 대 부 이 하

대부 이하의 벼슬아치는

皆損祿五分之一;
개 손 록 오 분 지 일

모두 봉록의 5분의 1을 줄이고,

---

11 어(御): 바치다. 진상하다.
12 한(旱): 유월은 이 자를 한(罕) 자의 잘못이라 보았는데, 한(罕)은 '수확이 적음'을 의미한다.
13 궤(饋): 궤(匱)와 통하는데 '궁핍하다', '모자라다'라는 뜻이다.
14 대부(大夫): 귀족의 작위명(爵位名)이자 관직명으로, 그 지위는 경(卿) 아래이면서 사(士) 위에 있었다.

，   '한'이 들면

則損五分之二;
즉 손 오 분 지 이

5분의 2를 줄이며,

凶,
흉

'흉'이 들면

則損五分之三;
즉 손 오 분 지 삼

5분의 3을 줄이고,

饋,
궤

'궤'가 들면

則損五分之四;
즉 손 오 분 지 사

5분의 4를 줄이며,

饑,
기

'기'가 들면

則盡無祿稟食[15]而已矣.
즉 진 무 록 품 사 　 이 이 의

봉록을 없애고 먹여 주기만 하면 된다.

故凶饑存乎國,
고 흉 기 존 호 국

그러므로 나라에 흉년이 들면

人君徹[16]鼎食[17]五分之五[18],
인 군 철 　 정 식 　 오 분 지 오

군주는 정식(鼎食)의 5분의 3을
치우고,

大夫徹縣[19],
대 부 철 현

대부들은 좌우에 걸어 놓은 편종과
같은 악기들을 치우며,

士不入學,
사 불 입 학

선비들은 학교에 들어가지 않고,

君朝之衣不革制,
군 조 지 의 불 혁 제

군주의 조복(朝服)은 고쳐 만들지
않으며,

15　품사(稟食): 관에서 먹여 주는 것. 품(稟)은 '봉록으로 주는 쌀'을 의미한다.

16　철(徹): 철(撤)과 같은데 '치우다', '없애다'라는 뜻이다.

17　정식(鼎食): 정(鼎)에 담긴 음식을 늘어놓고 먹는다는 의미로, 귀족의 호화롭고 사치스러운
　　생활을 가리키기도 한다.

18　오분지오(五分之五): 손이양은 5분의 5는 뜻이 통하지 않으니 아마도 5분의 3으로 해야 할
　　것 같다고 하였다.

19　현(縣): 현(懸)과 같은데 '걸다'라는 의미이다. '좌우에 걸어 놓은 편종(編鐘)과 같은 악기'를 가
　　리킨다.

諸侯之客,
제후지객

四鄰之使,
사린지사

雍食²⁰而不盛,
옹식 이불성

徹驂騑,²¹
철참비

塗不芸,²²
도불운

馬不食粟²³,
마불식속

婢妾不衣帛,
비첩불의백

此告不足之至也.
차고부족지지야

今有負其子而汲者,
금유부기자이급자

隊²⁴其子於井中,
추 기자어정중

제후의 □
사방 이웃 □ 사신들을
접대하는 음□ □성하지 않게 하고,
참마(驂馬)와 비□馬)를 없애고 두
마리의 말로만 수□ 끌며,
도□는 수리하지 않고,
□게는 식량을 먹이지 않으며,
□첩(婢妾)□게는 비단옷을 입히지
않는다.

이것으로 나라가 지극히 궁핍함을
백성들에게 알린다.

지금 자신의 아이를 업고 물을 긷는
사람이 있는데,

잘못하여 그 아이를 우물 속으로
빠뜨렸다면

---

20 옹식(雍食): 옹(雍)은 옹(饔)과 같은데 조찬(早餐)을 의미한다. 그리고 식(食)은 손(飧)과 같□은데 만찬(晚餐)을 뜻한다. 여기서는 '접대하는 음식'을 의미한다.

21 철참비(徹驂騑): 옛날에 여섯 마리의 말이 수레를 끄는 경우가 있었는데, 중간에서 끌채를 끄□는 두 마리 말을 복마(服馬), 즉 좌복(左服)·우복(右服)이라 하고, 복마 바깥의 말을 참마(驂□馬), 즉 좌참(左驂)·우참(右驂)이라 하였으며, 참마 바깥의 말을 비마(騑馬), 즉 좌비(左騑)·□우비(右騑)라 하였다. 여기서 철참비(徹驂騑)란 '좌·우참과 좌·우비를 치우고 단지 두 마리□의 말로 수레를 몰다'라는 뜻이다.

22 도불운(塗不芸): 도(塗)는 도(途)와 같은데 '길'을 의미한다. 운(芸)은 '수리하다'라는 의미이□다.

23 속(粟): 넓은 의미로 '식량'을 가리킨다.

24 추(隊): 추(墜)의 본자.

母必從而道²⁵之.
모필종이도 지

今歲凶·民饑·道餓,
금세흉 민기 도아

重其此疾於隊,²⁶
중기 차 질 어 추

其可無祭邪?
기 가 무 찰 아

故時年歲善,
고 시 년 세 선

則民仁且良;
즉 민 인 차 량

時年歲凶,
시 년 세 흉

則民吝且惡.
즉 민 린 차 악

夫民何常此之有?
부 민 하 상 차 지 유

爲者疾,²⁷
위 자 질

食者衆,
식 자 중

則歲無豐.
즉 세 무 풍

故曰財不足則反之時,
고 왈 재 부 족 즉 반 지 시

그 어머니드시 그 아이를 쫓아
구해 낸다.

지금 이 들고 백성들은 굶주리며
길에 어 죽은 자가 있으니,

그 은 자신의 아이를 우물에
빠뜨 것보다 더 심한데,

어찌 끼지 않을 수가 있겠는가?

러므로 좋은 해를 만나면

들은 어질고 선량하지만,

흉 만나면

백성들 인색하고 흉악해진다.

백성들의 이러한 품성이 어찌 변하지
않을 수 있겠는가?

일하는 사람이 적고

먹는 사람이 많으면

풍년이 있을 수 없다.

그러므로 재산이 부족하면 생산의
시기가 적당했는지를 반성해야 하며,

---

25 도(道): 도(導)와 같은데 '인도하다'라는 의미이다. 여기서는 '견인하다', '끌어올리다'라는 뜻으로 쓰였다.

26 중기자차구어추(重其子此疾於隊): 왕인지는 이 구(句)를 차구중어추기자(此疾重於隊其子)로 바꿔야 한다고 했다. 여기서 구(疾)는 병(病)의 의미로, '흉년의 고통'을 말한다. 이 구의 의미는 '그 고통은 자신의 아이를 우물에 빠뜨린 것보다 더 심하다'이다.

27 위자질(爲者疾): 유월은 질(疾)은 과(寡)가 되어야 한다고 하였는데, 위자과(爲者寡)는 '일하는 사람이 적다'라는 뜻이다.

食不足則反之用²⁸.
식 부 족 즉 반 지 용

식량이 부족하면 사용할 때
절약했는지를 반성해야 한다고 했(

故先民²⁹以時生財,
고 선 민 이 시 생 재

그래서 옛 현인들은 시기에 맞춰
재물을 생산했으며,

固本而用財,
고 본 이 용 재

기반을 공고히 해 놓고 지출을
절약했으니

則財足.
즉 재 족

재물이 풍족했던 것이다.

故雖上世之聖王,
고 수 상 세 지 성 왕

그래서 비록 옛날의 성군이라
하더라도

豈能使五穀常收,
기 능 사 오 곡 상 수

어찌 오곡을 항상 풍부하게 거둬들일
수 있었고

而旱水不至哉?
이 한 수 부 지 재

가뭄과 수재를 만나지 않을 수
있었겠는가?

然而無凍餓之民者,
연 이 무 동 아 지 민 자

그렇지만 그때 오히려 추위에 얼고
굶주린 백성들이 없었던 것은

何也?
하 야

어째서인가?

其力時急,
기 력 시 급

그들은 시기에 따라 노력을 하면서

而自養儉也.
이 자 양 검 아

자신의 봉양(奉養)에도
검약(儉約)하였기 때문이다.

故「夏書」³⁰曰'禹七年水',
고 하 서 왈 우 칠 년 수

그래서 『서경』 「하서」에서는 '우임금

---

28 용(用): 용도(用度). 식량이나 지출을 절약하는 것을 가리킨다.

29 선민(先民): 옛 현인(賢人)을 일컫는다.

30 하서(夏書): 『서경(書經)』은 「우서(虞書)」,「하서」,「상서(商書)」,「주서(周書)」로 나뉘어 있다.

때에는 7년 동안 수재가 있었다'라고
하였으며,

「殷書」[31]曰'湯五年旱',
은 서　왈 탕 오 년 한

『서경』「상서」에서는 '탕임금 때에는
5년 동안 가뭄이 들었다'라고
하였는데,

此其離[32]凶餓甚矣.
차 기 리　흉 아 심 의

이것은 그들이 만난 흉년이나 기근
등의 재해가 심각했음을 말한다.

然而民不凍餓者,
연 이 민 부 동 아 자

그렇지만 백성들이 추위에 얼지 않고
굶주리지 않았던 것은

何也?
하 야

어째서인가?

其生財密[33],
기 생 재 밀

그들이 생산한 재물은 많았지만

其用之節也.
기 용 지 절 야

재물을 사용하는 데에는 절약했기
때문이다.

故倉無備粟,
고 창 무 비 속

그러므로 창고에 식량이 준비되어
있지 않으면

不可以待凶饑.
불 가 이 대 흉 기

흉년이나 기근 등의 재해를 대비할 수
없다.

庫無備兵,
고 무 비 병

창고에 병기(兵器)가 준비되어 있지
않으면

雖有義不能征無義.
수 유 의 불 능 정 무 의

비록 정의로운 목적이 있다 하더라도

---

31 은서(殷書): 『서경』의 「상서」를 가리킨다.
32 이(離): 이(罹)와 같은데 '만나다', '당하다', '걸리다'라는 의미이다.
33 밀(密): 많음을 일컫는다.

정의롭지 못한 나라를 정벌할 수 없다.

城郭不備全,
<small>성 곽 불 비 전</small>

성곽이 완전하게 갖추어져 있지 않으면

不可以自守.
<small>불 가 이 자 수</small>

스스로를 지킬 수 없다.

心無備慮,
<small>심 무 비 려</small>

마음속에 우려스러운 일에 대한
준비가 되어 있지 않으면

不可以應卒[34].
<small>불 가 이 응 졸</small>

졸지에 일어나는 일에 대처할 수 없다.

是若慶忌[35]無去之心[36],
<small>시 약 경 기 무 거 지 심</small>

이는 마치 용기와 힘이 있었던 경기가
경계하는 마음을 없애지 않았더라면

不能輕出.
<small>불 능 경 출</small>

가볍게 밖으로 나갈 수 없었던 것과
같다.

夫桀無待湯之備,
<small>부 걸 무 대 탕 지 비</small>

걸왕은 탕임금을 대응할 준비가
없었기 때문에

故放;
<small>고 방</small>

쫓겨났으며,

紂無待武之備,
<small>주 무 대 무 지 비</small>

주왕은 무왕을 대응할 준비가 없었기
때문에

故殺.
<small>고 살</small>

살해되었다.

桀·紂貴爲天子,
<small>걸 주 귀 위 천 자</small>

걸왕과 주왕이 귀하게 천자가 되어

---

34 졸(卒): 졸(猝)과 같은데, 여기서는 '졸지에 일어나는 일'을 가리킨다.

35 경기(慶忌): 오(吳)나라 왕 요(僚)의 아들로, 용기와 힘이 있었다. 합려(闔閭)가 오나라 왕 요를 살해하자 경기는 위(衛)나라로 도망갔다. 합려는 경기가 보복할까 봐 두려워 그를 죽이려고 했는데, 자객 요리(要離)를 거짓으로 경기에게 투신하도록 했다. 요리는 자청하여 그의 손을 자르고 그의 아내를 죽이면서까지 위나라 경기에게 몸을 의탁하여 그의 신임을 얻었다. 요리는 경기와 함께 오나라에 이르러 강 중류(中流)를 건너면서 경기를 살해하였다.

36 무거지심(無去之心): 거(去) 다음에 비(備) 자가 빠져 있다. 여기서 비(備)는 '경계(警戒)하다'라는 의미로 쓰였다.

富有天下,
부 유 천 하

부유하게 천하를 소유하였으나

然而皆滅亡於百里之君³⁷者何也?
연 이 개 멸 망 어 백 리 지 군 　 자 하 야

모두 백 리 안의 군주에게 멸망했던
것은 어째서인가?

有富貴而不爲備也.
유 부 귀 이 불 위 비 야

부귀는 있었지만 대비를 하지 않았기
때문이다.

故備者國之重也.
고 비 자 국 지 중 야

그래서 모든 일에 대비하는 것은
나라의 중대사이다.

食者國之寶也,
식 자 국 지 보 야

식량은 나라의 보물이고

兵者國之爪也,
병 자 국 지 조 야

병기는 나라의 발톱이며,

城者所以自守也,
성 자 소 이 자 수 야

성곽은 그 자체로써 스스로 나라를
보위하는 것이다.

此三者,
차 삼 자

이 세 가지는

國之具也.
국 지 구 야

나라에서 반드시 구비해야 할
것들이다.

故曰以其極賞,
고 왈 이 기 극 상

그래서 말하노니, 가장 높은 상을

以賜無功,
이 사 무 공

공이 없는 사람에게 내리고,

虛其府庫,
허 기 부 고

국고를 텅 비게 하면서까지

以備車馬衣裘奇怪³⁸,
이 비 거 마 의 구 기 괴

수레·말·옷·갖옷과 희귀하고 진기한

---

37 백리지군(百里之君): 여기서는 탕임금과 무왕을 가리킨다. 『맹자(孟子)』 「공손추(公孫丑)」
   에 "탕왕은 겨우 사방 70리의 땅을 기반으로 하였고, 문왕은 겨우 사방 100리의 땅을 기반으
   로 하였다"라는 말이 있듯이, 상(商)나라와 주(周)나라의 땅은 처음에는 작았기 때문에 당시
   군주를 백리지군이라 하였다.
38 기괴(奇怪): 여기서는 희귀하고 진기한 기물(器物)을 뜻한다.

기물을 갖추며,

苦其役徒,
고 기 역 도

백성들을 고생되게 사역시켜

以治宮室觀樂[39],
이 치 궁 실 관 락

궁실과 유락을 관상하는 장소를
만들며,

死又厚爲棺椁[40],
사 우 후 위 관 곽

죽어서는 또한 두껍게 관과 겉관을
만들고

多爲衣裘,
다 위 의 구

많은 옷과 갖옷을 지으며,

生時治臺榭,
생 시 치 대 사

살았을 때 누대(樓臺)와 정자(亭子)를
만들고

死又修墳墓,
사 우 수 분 묘

죽어서 또한 분묘를 크게 만드니,

故民苦於外,
고 민 고 어 외

백성들은 밖에서 고생하고

府庫單[41]於內,
부 고 단 어 내

국고는 안에서 텅 비게 된다.

上不厭其樂,
상 불 염 기 락

위에 있는 사람은 그 향락을 싫증내지
않고,

下不堪其苦.
하 불 감 기 고

아래에 있는 사람은 그 고통을
감내하지 못한다.

故國離[42]寇敵則傷,
고 국 리 구 적 즉 상

그래서 나라는 외적(外敵)의 침입을
당하기만 하면 손상을 입으며,

民見[43]凶饑則亡,
민 견 흉 기 즉 망

백성들은 흉년이나 기근 등의 재해를

---

39 관락(觀樂): 유락(遊樂)을 관상(觀賞)하는 장소.
40 곽(椁): 곽(槨)과 같은데 '외관(外棺)' 즉 '겉관'을 가리킨다.
41 단(單): 탄(殫)과 같은데 '다 쓰다'라는 뜻이다.
42 이(離): 같은 편의 주 32와 같다.
43 견(見): 여기서는 '당하다'(수동)의 뜻이다.

당하기만 하면 죽음에 이르게 된다.

此皆備不具之罪也.
차 개 비 불 구 지 죄 야

이것은 모두 대비가 부족한 죄과(罪過)이다.

且夫食者,
차 부 식 자

또한 식량은

聖人之所寶也.
성 인 지 소 보 야

성인이 가장 아끼는 것이다.

故『周書』[44]曰:
고 주 서 왈

그래서 『주서』에서는

'國無三年之食者,
국 무 삼 년 지 식 자

'나라에 3년 동안 먹을 식량이 없으면

國非其國也;
국 비 기 국 야

나라는 그의 나라가 아니며,

家無三年之食者,
가 무 삼 년 지 식 자

집안에 3년 동안 먹을 식량이 없으면

子非其子也.'
자 비 기 자 야

자식 또한 그의 자식이 아니다'라고 한 것이다.

此之謂國備."
차 지 위 국 비

이렇듯 식량은 곧 나라의 가장 근본적인 대비이다."

---

44 주서(周書): 주대(周代)의 일서(逸書). 한대(漢代) 이전의 책으로 『일주서(逸周書)』 또는 『급총주서(汲冢周書)』라고도 한다.

사과 제6편

(辭過第六)

子墨子曰:
자 묵 자 왈

묵자께서 말씀하셨다.

"古之民,
고 지 민

"옛날 백성들이

未知爲宮室時,
미 지 위 궁 실 시

집 짓는 것을 몰랐을 때에는

就陵阜而居,
취 릉 부 이 거

언덕에 의지하여 거주하거나

穴而處,
혈 이 처

동굴 속에서 살았는데,

下潤濕傷民,
하 윤 습 상 민

바닥이 습하여 그들의 건강을 해쳤다.

故聖王作爲宮室.
고 성 왕 작 위 궁 실

그래서 성군이 집을 짓게 되었다.

爲宮室之法,
위 궁 실 지 법

집을 짓는 원칙은

曰:
왈

다음과 같았다.

'室高[1]足以辟[2]潤濕,
실 고 족 이 피 윤 습

'집 기초의 높이는 습기를 피할 수
있으면 되고,

邊足以圉[3]風寒,
변 족 이 어 풍 한

사방의 벽은 바람과 추위를 막을 수

---

1   실고(室高): 손이양은 '집 기초의 높이'를 말한다고 하였다.

2   피(辟): 피(避: 피하다)와 통한다.

있으면 되며,

上足以待⁴雪霜雨露,
<small>상 족 이 대 설 상 우 로</small>

위의 지붕은 눈·서리·비·이슬을 막을 수 있으면 되고,

宮牆之高足以別男女之禮.'
<small>궁 장 지 고 족 이 별 남 녀 지 례</small>

집 담장의 높이는 남녀의 예의를 분별할 수 있으면 된다.'

謹⁵此則止,
<small>근 차 즉 지</small>

단지 이와 같을 뿐이라서

凡費財勞力,
<small>범 비 재 노 력</small>

재물과 노동력을 쓰고도

不加利者,
<small>불 가 리 자</small>

이익이 되지 않는 일은

不爲也.
<small>불 위 야</small>

하지 않았다.

役⁶,
<small>역</small>

규정에 의거한 부역으로

修其城郭,
<small>수 기 성 곽</small>

성곽을 짓는다면

則民勞而不傷;
<small>즉 민 로 이 불 상</small>

백성들은 비록 고생을 하지만 상해(傷害)를 입지 않으며,

以其常正⁷,
<small>이 기 상 정</small>

조세 기준에 의거하여

收其租稅,
<small>수 기 조 세</small>

세금을 징수한다면

則民費而不病.
<small>즉 민 비 이 불 병</small>

백성들은 비록 돈을 쓰지만 생활이 고통스럽고 곤궁해지지 않는다.

民所苦者非此也,
<small>민 소 고 자 비 차 야</small>

백성들이 괴로워하는 것은 이것들이

---

3 어(圉): 어(禦)와 같은데 '막다'라는 의미이다.

4 대(待): 왕인지는 대(待)는 '막다'의 뜻이라고 하였다.

5 근(謹): 근(僅)과 통하는데 '단지'라는 뜻이다.

6 역(役): 뒤의 이기상정, 수기조세, 즉민비이불병(以其常正, 收其租稅, 則民費而不病)에 비춰 보아 역(役) 자 앞에 이기상(以其常) 세 자가 빠져 있다.

7 정(正): 정(征)과 같은데 '세금을 징수하다'라는 의미이다.

아니라,

苦於厚作斂於百姓.
고 어 후 작 렴 어 백 성

그들에게 과다하게 부역을 시키고
그들로부터 지나치게 세금을 징수하는
것 때문에 괴로워하는 것이다.

是故聖王作爲宮室,
시 고 성 왕 작 위 궁 실

이 때문에 성군이 집을 짓는 것은

便於生,
편 어 생

삶에 편리함을 주기 위해서이지,

不以爲觀樂也;
불 이 위 관 락 야

보고 즐기기 위해서가 아니었다.

作爲衣服帶履,
작 위 의 복 대 리

의복과 허리띠와 신발을 만드는 것은

便於身,
편 어 신

몸에 편리함을 주기 위해서이지,

不以爲辟怪[8]也.
불 이 위 벽 괴 야

기이한 복장을 만들어 괴이함을
드러내기 위해서가 아니었다.

故節於身,
고 절 어 신

그래서 절약은 먼저 성군 스스로 하고

誨於民,
회 어 민

그것으로 백성들을 가르쳤다.

是以天下之民可得而治,
시 이 천 하 지 민 가 득 이 치

그것으로써 천하의 백성들은 다스려질
수 있었으며,

財用可得而足.
재 용 가 득 이 족

재부(財富)도 충족될 수 있었다.

當今之主,
당 금 지 주

지금의 군주들이

其爲宮室則與此異矣.
기 위 궁 실 즉 어 차 이 의

궁실을 짓는 것은 이와는 다르다.

必厚作斂於百姓,
필 후 작 렴 어 백 성

반드시 백성들에게 과다하게 부역을
시키고 그들로부터 지나치게 세금을
징수하며,

---

8 벽괴(辟怪): 벽(辟)은 벽(僻)과 같다. 여기서 벽괴(僻怪)는 '기이한 복장'을 가리킨다.

暴奪民衣食之財,
포 탈 민 의 식 지 재

백성들이 입고 먹는 데 쓰는 돈을
잔혹하게 빼앗아,

以爲宮室臺榭曲直之望[9]·靑黃刻鏤之飾.
이 위 궁 실 대 사 곡 직 지 망   청 황 각 루 지 식

그것으로 다양한 모습의 웅장한
궁실과 누대와 정자를 지으며, 청색과
황색 등 여러 가지 색깔과 조각으로
장식을 한다.

爲宮室若此,
위 궁 실 약 차

궁실을 이와 같이 지으니

故左右皆法象[10]之.
고 좌 우 개 법 상   지

그들 좌우의 사람들은 모두 그들을
본받게 된다.

是以其財不足以待凶饑,
시 이 기 재 부 족 이 대 흉 기

이 때문에 그들의 재부는 흉년과
기근에 대비하거나

振[11]孤寡,
진   고 과

고아와 과부를 구제하기에는 부족하게
된다.

故國貧而民難治也.
고 국 빈 이 민 난 치 야

그래서 나라는 가난해지고 백성들은
다스리기가 어렵게 되는 것이다.

君實欲天下之治而惡其亂也,
군 실 욕 천 하 지 치 이 오 기 란 야

군주가 확실히 천하가 다스려지기를
바라고 혼란을 싫어한다면

當爲宮室不可不節.
당 위 궁 실 불 가 부 절

마땅히 궁실 짓는 것에 대해 절제하지
아니할 수 없다.

---

9 곡직지망(曲直之望): 여기서 곡직(曲直)은 곡절(曲折)을 의미하는데, '다양한 모습'이라 해석
   할 수 있으며, 망(望)은 '웅장한 건물'을 가리킨다.
10 법상(法象): 본뜨다.
11 진(振): 진(賑)과 통하는데 '구제하다'라는 의미이다.

古之民,
고 지 민

옛날 백성들이

未知爲衣服時,
미 지 위 의 복 시

의복 짓는 것을 몰랐을 때에는

衣皮帶茭[12],
의 피 대 교

짐승 가죽을 옷으로 입고 풀 노끈을
띠로 묶었는데,

冬則不輕而溫,
동 즉 불 경 이 온

겨울에는 가볍지 않으면서 따뜻하지도
않고

夏則不輕而凊[13].
하 즉 불 경 이 청

여름에는 가볍지 않으면서 시원하지도
않았다.

聖王以爲不中人之情,
성 왕 이 위 부 중 인 지 정

성군은 그것이 인정에 맞지 않는다고
생각하여

故作誨婦人,
고 작 회 부 인

부인들을 가르쳐

治絲麻,
치 사 마

명주실과 삼실을 삼게 하고

梱[14]布絹,
곤 포 견

무명과 비단을 짜게 하여

以爲民衣.
이 위 민 의

백성들의 옷을 만들게 하였다.

爲衣服之法:
위 의 복 지 법

의복을 짓는 원칙은 다음과 같았다.

'冬則練帛之中[15],
동 즉 련 백 지 중

'겨울에는 비단으로 지은 내의를 입어

足以爲輕且煖;
족 이 위 경 차 난

가볍고 따뜻하면 되며,

夏則絺綌[16]之中,
하 즉 치 격 지 중

여름에는 가늘고 굵은 갈포로 만든
속옷을 입어

---

12 교(茭): 풀 노끈 혹은 새끼.

13 청(凊): 시원하다.

14 곤(梱): 손이양은 이 곤(梱)은 곤(捆)이 돼야 할 것 같으며, 또한 곤(梱)의 가차자(假借字)라고
하였다. 이 곤(梱)은 곤(捆)과 통하는데, '옷감을 짜다(織)'라는 의미이다.

15 중(中): 중의(中衣)로, 옛날의 내의를 가리킨다.

足以爲輕且淸.
족 이 위 경 차 청

가볍고 시원하면 된다.'

謹此則止.
근 차 즉 지

단지 이와 같을 뿐이었다.

故聖人之爲衣服,
고 성 인 지 위 의 복

그래서 성인이 의복을 짓는 것은

適身體,
적 신 체

몸에 적합하고

和肌膚而足矣,
화 기 부 이 족 의

피부에 쾌적하면 족하였지,

非榮耳目而觀愚民也.
비 영 이 목 이 관 우 민 야

그것으로 귀와 눈을 화려하게 하고
어리석은 백성들에게 보이기 위해서가
아니었다.

當是之時,
당 시 지 시

그 당시에는

堅車良馬不知貴也,
견 거 량 마 부 지 귀 야

견고한 수레와 좋은 말이 귀한 줄
몰랐으며,

刻鏤文采不知喜也.
각 루 문 채 부 지 희 야

조각과 화려한 문양이나 색채를
좋아할 줄 몰랐다.

何則?
하 즉

왜냐하면,

其所道[17]之然.
기 소 도 지 연

그것은 성인들이 그렇게 이끌어 낸
결과이다.

故民衣食之財,
고 민 의 식 지 재

백성들이 입고 먹는 재물이

家足以待旱水凶饑者何也?
가 족 이 대 한 수 흉 기 자 하 야

집집마다 모두 가뭄과 장마 그리고
흉년과 기근에 대비할 수 있었던 것은
어째서인가?

---

16 치격(絺綌): 치(絺)는 칡의 섬유로 짠 고운 베, 즉 세갈포(細葛布)이며, 격(綌)은 거친 갈포이
    다. 또는 그것으로 짠 옷, 즉 칡 베옷을 가리키기도 한다.
17 도(道): 도(導)와 같은데 '인도(引導)하다'라는 뜻이다.

得其所以自養之情[18],
득 기 소 이 자 양 지 정

백성들이 스스로 부양하는 도리를
알고 있었으며,

而不感於外也.
이 불 감 어 외 야

또한 바깥세상의 영향을 받지 않았기
때문이다.

是以其民儉而易治,
시 이 기 민 검 이 이 치

그래서 백성들은 검소하여 다스리기가
쉬웠으며,

其君用財節而易贍也.
기 군 용 재 절 이 이 섬 야

군주는 재물을 절약하여 쉽게
풍족해졌다.

府庫實滿,
부 고 실 만

국고는 가득 차게 되어

足以待不然[19],
족 이 대 불 연

의외의 변고에 충분히 대비할 수
있었으며,

兵革不頓[20],
병 혁 부 돈

병기와 갑옷은 부서지지 않고

士民不勞,
사 민 불 로

백성들은 수고롭지 않아

足以征不服,
족 이 정 불 복

복종하지 않는 나라를 충분히 정벌할
수 있었다.

故霸王之業可行於天下矣.
고 패 왕 지 업 가 행 어 천 하 의

그래서 패왕의 위업을 천하에 실행할
수 있었다.

當今之主,
당 금 지 주

지금의 군주들이

其爲衣服則與此異矣,
기 위 의 복 즉 여 차 이 의

의복을 짓는 것은 이와 다르다.

冬則輕煖[21],
동 즉 경 난

겨울에 입는 것은 가볍고 따뜻하며

---

18 자양지정(自養之情): 자기 스스로 부양하는 도리.

19 불연(不然): '의외의 변고', '비상사태'를 가리킨다.

20 돈(頓): 부서지다. 무너지다.

21 난(煖): 난(煗)과 같은데 난(暖: 따뜻하다)의 의미이다.

夏則輕凊,
하 즉 경 청

여름에 입는 것은 가볍고 시원한
의복으로,

皆已具矣,
개 이 구 의

이들 모두는 본래 이미
갖추어졌는데도

必厚作斂於百姓,
필 후 작 렴 어 백 성

반드시 백성들로부터 재물을 많이
징수하고,

暴奪民衣食之財,
포 탈 민 의 식 지 재

백성들의 입고 먹는 재물을 잔혹하게
빼앗아

以爲錦繡文采靡曼²²之衣,
이 위 금 수 문 채 미 만　　지 의

문양과 채색으로 수놓은 비단으로
화려한 옷을 짓고,

鑄金以爲鉤,
주 금 이 위 구

금으로 옷의 띠고리를 주조하며,

珠玉以爲珮²³,
주 옥 이 위 패

주옥으로 패물(佩物)을 만든다.

女工作文采,
여 공 작 문 채

여공들은 문양과 채색이 있는 옷감을
짓고

男工作刻鏤,
남 공 작 각 루

남공들은 정밀한 조각품을 제작하여

以爲身服.
이 위 신 복

옷과 장신구를 만든다.

此非云益煖之情也,
차 비 운 익 난 지 정 야

이는 더욱 따뜻하게 하기 위한
것이라고는 말할 수 없는데,

單²⁴財勞力,
단　 재 노 력

재물을 써 버리고 힘을 소진하여

畢²⁵歸之於無用也.
필　 귀 지 어 무 용 야

모두 쓸데없는 것이 되고 만다.

---

22 미만(靡曼): 아름답다, 화려하다.
23 패(珮): 패(佩)와 같은데 '패물(佩物)'을 뜻한다.
24 단(單): 탄(殫)과 통하는데 '허비하다'라는 의미이다.
25 필(畢): 전부, 모두.

以此觀之,
이 차 관 지

이것으로 본다면,

其爲衣服,
기 위 의 복

그들이 의복을 짓는 것은

非爲身體,
비 위 신 체

신체를 위해서가 아니고

皆爲觀好.
개 위 관 호

모두 보기 좋게 하기 위해서이다.

是以其民淫僻[26]而難治,
시 이 기 민 음 벽 이 난 치

그래서 백성들은 간교하여 다스리기가
어렵게 되며,

其君奢侈而難諫也.
기 군 사 치 이 난 간 야

군주는 사치해져서 간언(諫言)하기가
어렵게 된다.

夫以奢侈之君,
부 이 사 치 지 군

사치스런 군주가

御[27]好淫僻之民,
어 호 음 벽 지 민

간교한 백성들을 다스리게 되었으니,

欲國無亂,
욕 국 무 란

나라를 어지럽지 않게 하려는 것은

不可得也.
불 가 득 야

불가능하다.

君實欲天下之治而惡其亂,
군 실 욕 천 하 지 치 이 오 기 란

군주가 확실히 천하가 다스려지기를
바라고 혼란을 싫어한다면,

當爲衣服不可不節.
당 위 의 복 불 가 부 절

반드시 의복 짓는 것에 대해 절제하지
않을 수 없다.

古之民,
고 지 민

옛날 백성들이

未知爲飮食時,
미 지 위 음 식 시

음식을 만들 줄 몰랐을 때에는

素食[28]而分處[29],
소 식 이 분 처

초목의 열매를 먹고 각자 먹을 것을

---

26 음벽(淫僻): 간교하다.

27 어(御): 여기서는 '다스리다'라는 뜻으로 쓰였다.

구하며 고정적인 거처가 없었다.

故聖人作誨,
<small>고 성 인 작 회</small>

그러므로 성인들은

男耕稼樹藝,
<small>남 경 가 수 예</small>

남자들에게 경작하고 심는 방법을
가르쳐 주어

以爲民食.
<small>이 위 민 식</small>

백성들이 먹을 것을 마련하게 하였다.

其爲食也,
<small>기 위 식 야</small>

그들이 먹을 것을 만든 것은

足以增氣充虛,
<small>족 이 증 기 충 허</small>

단지 기운을 증가시키고 허기를 채울
수 있으며

彊體適腹而已矣.
<small>강 체 적 복 이 이 의</small>

몸을 강건하게 하고 배를 채울 수 있게
할 따름이었다.

故其用財節,
<small>고 기 용 재 절</small>

그러므로 그들은 사용하는 재물을
절약하였으며

其自養儉,
<small>기 자 양 검</small>

자신의 공양(供養)을 검소하게
하였으니,

民富國治.
<small>민 부 국 치</small>

백성들은 부유해지고 나라는
안정되었다.

今則不然,
<small>금 즉 불 연</small>

지금은 그렇지 않으니,

厚作斂於百姓,
<small>후 작 렴 어 백 성</small>

백성들로부터 재물을 많이 징수하여

以爲美食芻豢[30],
<small>이 위 미 식 추 환</small>

가축으로 미식을 만들고

---

28 소식(素食): '초목의 열매를 먹는 것'을 뜻한다.
29 분처(分處): '각자 먹을 것을 구하며 고정적인 거처가 없는 것'을 뜻한다. 여기서 분(分)은 '각
   자'의 의미로 쓰였다.
30 추환(芻豢): 추(芻)는 '풀을 먹는 소나 양 같은 짐승', 환(豢)은 '곡식을 먹는 개나 돼지 같은 짐
   승'을 가리킨다. 여기서는 그와 같은 가축을 일컫는다.

蒸炙魚鼈,
증 자 어 별

물고기와 자라를 찌고 구워 요리를
만들며,

大國累百器,
대 국 루 백 기

큰 나라의 군주는 백 가지 요리를 담은
식기를 차리고

小國累十器,
소 국 루 십 기

작은 나라의 제후는 열 가지 요리를
담은 식기를 차리며,

前方丈,
전 방 장

먹는 사람 앞의 10자 평방 내에 요리를
가득 차리니,

目不能徧[31]視,
목 불 능 편 시

눈으로는 그것을 다 볼 수 없고

手不能徧操,
수 불 능 편 조

손으로는 그것을 다 잡을 수 없고

口不能徧味,
구 불 능 편 미

입으로는 그것을 다 맛볼 수 없으며,

冬則凍冰,
동 즉 동 빙

남은 요리는 겨울이면 얼어 못쓰게
되고

夏則飾饐[32].
하 즉 식 의

여름이면 상하게 된다.

人君爲飮食如此,
인 군 위 음 식 여 차

군주가 음식을 이와 같이 하고서
먹으니

故左右象之,
고 좌 우 상 지

좌우의 신하들도 그것을 본받는다.

是以富貴者奢侈,
시 이 부 귀 자 사 치

그래서 부귀한 사람들은 사치하며,

孤寡者凍餒.
고 과 자 동 뇌

고아나 과부와 같은 사람은 추위에
떨고 굶주리게 된다.

---

31 편(徧): 편(遍)과 통하는데 '두루'라는 의미이다.

32 식의(飾饐): 홍이훤(洪頤煊)은 식의(飾饐)는 애의(餲饐)가 돼야 한다고 하였다. 식의(餲饐)
는 '음식물이 상하다'라는 의미이다.

雖欲無亂,
<small>수 욕 무 란</small>

비록 혼란함이 없기를 바란다 하더라도

不可得也.
<small>불 가 득 야</small>

불가능하다.

君實欲天下治而惡其亂,
<small>군 실 욕 천 하 치 이 오 기 란</small>

군주가 확실히 천하가 다스려지기를 바라고 혼란을 싫어한다면,

當爲飮食不可不節.
<small>당 위 음 식 불 가 부 절</small>

마땅히 음식 만드는 것에 대해 절제하지 않을 수 없다.

古之民,
<small>고 지 민</small>

옛날 백성들이

未知爲舟車時,
<small>미 지 위 주 거 시</small>

배와 수레를 만들 줄 몰랐을 때에는

重任不移,
<small>중 임 불 이</small>

무거운 물건을 옮기지 못하고

遠道不至,
<small>원 도 부 지</small>

먼 곳에 이르지 못하였다.

故聖王作爲舟車,
<small>고 성 왕 작 위 주 거</small>

그러므로 성군은 배와 수레를 만들어

以便民之事.
<small>이 편 민 지 사</small>

백성들의 일을 편리하게 해 주었다.

其爲舟車也,
<small>기 위 주 거 야</small>

그들이 만든 배와 수레는

全固輕利,
<small>전 고 경 리</small>

안전하고 견고하며 가볍고 편리하여

可以任重致遠,
<small>가 이 임 중 치 원</small>

무거운 짐을 싣고 멀리까지 갈 수 있었다.

其用財少,
<small>기 용 재 소</small>

그들은 재물을 적게 쓰고도

而爲利多,
<small>이 위 리 다</small>

이익을 많이 얻었는데,

是以民樂而利之.
<small>시 이 민 락 이 리 지</small>

이 때문에 백성들은 그것을 즐겁게 이용하였다.

法令不急而行,
법 령 불 급 이 행

법령이 재촉할 필요 없이 자연히 행해졌으며,

民不勞而上足用,
민 불 로 이 상 족 용

백성들이 수고롭지 않게 되었고 군주가 이용하기에 충분하였다.

故民歸之.
고 민 귀 지

그래서 백성들이 그 군주에게 귀의(歸依)하였다.

當今之主,
당 금 지 주

지금의 군주가

其爲舟車與此異矣.
기 위 주 거 여 차 이 의

배와 수레를 만드는 것은 이와 다르다.

全固輕利皆已具,
전 고 경 리 개 이 구

안전하고 견고하며 가볍고 편리한 것은 모두 이미 갖추어졌으나

必厚作斂於百姓,
필 후 작 렴 어 백 성

반드시 백성들에게 많은 재물을 징수하여

以飾舟車,
이 식 주 거

배와 수레를 장식하는데,

飾車以文采,
식 거 이 문 채

수레는 문양과 채색으로 장식하며,

飾舟以刻鏤.
식 주 이 각 루

배는 조각을 하여 장식한다.

女子廢其紡織而修文采,
여 자 폐 기 방 직 이 수 문 채

여자들이 방직의 일을 그만두고 문양과 채색으로 장식하는 일을 하기 때문에

故民寒;
고 민 한

백성들은 추위에 떨게 된다.

男子離其耕稼而修刻鏤,
남 자 리 기 경 가 이 수 각 루

남자들이 경작하는 일을 떠나 조각으로 장식하는 일을 하기 때문에

故民饑.
고 민 기

백성들은 굶주리게 된다.

人君爲舟車若此,
인 군 위 주 거 약 차

군주가 배와 수레를 이와 같이 만드니

故左右象之,
고 좌 우 상 지

좌우의 신하들이 모두 그것을
본받는다.

是以其民饑寒並至,
시 이 기 민 기 한 병 지

그래서 그 백성들은 굶주림과 추위를
함께 겪게 되며

故爲姦衺33.
고 위 간 사

간사한 일을 하게 된다.

姦衺多則刑罰深,
간 사 다 즉 형 벌 심

간사한 일을 하는 사람이 많아지면
형벌이 무거워지며,

刑罰深則國亂.
형 벌 심 즉 국 란

형벌이 무거워지면 나라는
어지러워진다.

君實欲天下之治而惡其亂,
군 실 욕 천 하 지 치 이 오 기 란

군주가 확실히 천하가 다스려지기를
바라고 혼란을 싫어한다면,

當爲舟車不可不節.
당 위 주 거 불 가 부 절

마땅히 배와 수레를 만드는 것에 대해
절제하지 않을 수 없다.

凡回於天地之間,
범 회 어 천 지 지 간

하늘과 땅 사이에서 순환하거나

包於四海之內,
포 어 사 해 지 내

사해 내에 포함된 모든 사물은

天壤之情,34
천 양 지 정

자연이 부여한 천성과

陰陽之和,
음 양 지 화

음양의 조화가

莫不有也,
막 불 유 야

존재하지 않음이 없으니,

雖至聖不能更也.
수 지 성 불 능 경 야

비록 가장 위대한 성인이라 하더라도
그것을 바꿀 수 없다.

---

33 사(衺): 사(邪)와 같다.
34 천양지정(天壤之情): '자연이 부여한 천성'을 말한다.

何以知其然?
하 이 지 기 연

어떻게 그러한 것임을 아는가?

聖人有傳,
성 인 유 전

성인의 책과 전기(傳記)에 기재된 것이
있는데,

天地也,
천 지 야

천지라고 하면

則曰上下;
즉 왈 상 하

곧 상하로 칭하며,

四時也,
사 시 야

사계절이라고 하면

則曰陰陽;
즉 왈 음 양

곧 음양으로 칭하고,

人情³⁵也,
인 정 야

사람의 성별이라고 하면

則曰男女;
즉 왈 남 녀

곧 남녀로 칭하며,

禽獸也,
금 수 야

금수라고 하면

則曰牡牝³⁶雄雌也.
즉 왈 모 빈 웅 자 야

곧 수컷과 암컷으로 칭한다고 하였다.

眞天壤之情,
진 천 괴 지 정

확실히 자연이 부여한 천성은

雖有先王不能更也.
수 유 선 왕 불 능 경 야

비록 선왕이 있다 하더라도 바꿀 수
없다.

雖上世至聖,
수 상 세 지 성

비록 상대(上代)의 가장 위대한
성인이더라도

必蓄私³⁷不以傷行³⁸,
필 축 사 불 이 상 행

반드시 축첩을 하였지만 그의 품행을
상하게 하지는 않았다.

---

35 인정(人情): 여기서는 '사람의 성별(性別)'을 가리킨다.
36 모빈(牡牝): 수컷과 암컷. 뒤의 웅자(雄雌)와 같은 의미이다. 원래는 짐승류의 수컷과 암컷을
    모빈(牡牝)이라 하고 조류의 수컷과 암컷을 웅자(雄雌)라 하였는데, 후에는 짐승류의 수컷과
    암컷 역시 웅자(雄雌)라 하였다.
37 축사(蓄私): 축첩(蓄妾)하다.
38 행(行): 여기서는 '품행(品行)'을 의미한다.

故民無怨,
_{고 민 무 원}

그러므로 백성들은 원망하는 말이 없었다.

宮無拘女[39],
_{궁 무 구 녀}

궁중에는 구금된 여자가 없었으므로

故天下無寡夫[40].
_{고 천 하 무 과 부}

천하에는 홀아비가 없었다.

內無拘女,
_{내 무 구 녀}

궁내에는 구금된 여자가 없었으며,

外無寡夫,
_{외 무 과 부}

궁 바깥에는 홀아비가 없었으니

故天下之民衆.
_{고 천 하 지 민 중}

천하의 백성들이 많아지게 되었다.

當今之君,
_{당 금 지 군}

지금의 군주들은

其蓄私也,
_{기 축 사 야}

축첩을 하는 것이

大國拘女累千,
_{대 국 구 녀 루 천}

큰 나라에서는 구금된 여자가 천 명이나 되며,

小國累百,
_{소 국 루 백}

작은 나라에서는 백 명이나 된다.

是以天下之男多寡無妻,
_{시 이 천 하 지 남 다 과 무 처}

이 때문에 천하의 남자들은 홀아비로 아내 없는 사람이 많아지게 되었으며,

女多拘無夫,
_{여 다 구 무 부}

여자들은 구금되어 남편 없는 사람이 많아지게 되었다.

男女失時,
_{남 녀 실 시}

남녀들이 결혼하고 자식을 낳고 기르는 시기를 놓쳐 버렸으니

故民少.
_{고 민 소}

백성들이 적어지게 된 것이다.

---

39 구녀(拘女): 여기서 구(拘)는 '구금(拘禁)'을 뜻하는데, 구녀(拘女)는 궁내에 '구금된 여자', 즉 '궁녀'를 가리킨다.
40 과부(寡夫): 홀아비. 고대에는 남편이 없거나 혹은 아내가 없는 사람을 모두 과(寡)로 칭할 수 있었다.

君實欲民之衆而惡其寡,
_{군 실 욕 민 지 중 이 오 기 과}

군주가 진실로 백성들이 많아지기를
바라고 적어지기를 싫어한다면,

當蓄私不可不節.
_{당 축 사 불 가 부 절}

마땅히 축첩을 절제하지 않을 수 없다.

凡此五者,
_{범 차 오 자}

이 다섯 가지에 대해

聖人之所儉節也,
_{성 인 지 소 검 절 야}

성인들은 검약하고 절제하지만,

小人之所淫佚[41]也.
_{소 인 지 소 음 일 야}

소인들은 사치하고 방종한다.

儉節則昌,
_{검 절 즉 창}

검약하고 절제하면 그 나라는
창성하며,

淫佚則亡,
_{음 일 즉 망}

사치하고 방종하면 그 나라는
멸망하기에

此五者不可不節.
_{차 오 자 불 가 부 절}

이 다섯 가지는 절제하지 않을 수 없다.

夫婦節而天地和,
_{부 부 절 이 천 지 화}

부부가 절제하는 바가 있으면 하늘과
땅이 조화롭게 되고,

風雨節而五穀孰[42],
_{풍 우 절 이 오 곡 숙}

바람과 비가 적당하게 조절되면
오곡이 잘 익으며,

衣服節而肌膚和."
_{의 복 절 이 기 부 화}

의복을 절제하여 입으면 피부가
쾌적하게 된다."

---

41 음일(淫佚): 사치하고 방종(放縱)하다.
42 숙(孰): 숙(熟)의 본자로, '익다'라는 의미이다.

삼변 제7편

(三辯第七)

程繁[1]問於子墨子曰: 정 번 문 어 자 묵 자 왈	정번이 묵자께 여쭈었다.
"夫子[2]曰: 부 자 왈	"선생님께서
'聖王不爲樂.' 성 왕 불 위 악	'성군은 음악을 만들지 않는다'라고 하셨습니다.
昔諸侯倦於聽治, 석 제 후 권 어 청 치	옛날 제후들은 정무(政務)를 처리하다가 권태로우면
息於鐘鼓之樂; 식 어 종 고 지 악	종(鐘)이나 북으로 연주하는 음악을 들으며 휴식을 취하였습니다.
士大夫倦於聽治, 사 대 부 권 어 청 치	사대부들은 정무를 처리하다가 권태로우면
息於竽瑟[3]之樂; 식 어 우 슬 지 악	우(竽)나 슬(瑟)로 연주하는 음악을 들으며 휴식을 취하였습니다.

---

1   정번(程繁): 묵자와 동시대 사람으로, 유가와 묵가를 함께 닦았던 학자.

2   부자(夫子): 남자 혹은 연장자에 대한 존칭 또는 학생의 선생님에 대한 칭호. 여기서는 정번이
    묵자를 그렇게 칭한 것이다.

3   우슬(竽瑟): 우(竽)는 '황관취주악기(簧管吹奏樂器)'로, '생황(笙簧) 비슷한 피리의 일종'이
    다. 슬(瑟)은 '25현(弦)으로 된 현악기'를 말한다.

農夫春耕夏耘,
농부춘경하운

농부들은 봄에 밭 갈고 여름에 김매며

秋斂冬藏,
추렴동장

가을에 거둬들이고 겨울에
저장하고서는

息於聆缶⁴之樂.
식어령부지악

영(瓴)과 부(缶)로 두드려 내는
음악으로 휴식을 취하였습니다.

今夫子曰:
금부자왈

지금 선생님께서

'聖王不爲樂',
성왕불위악

'성군은 음악을 만들지 않는다'라고
하셨는데,

此譬之猶馬駕而不稅⁵,
차비지유마가이불탈

이는 비유하면 말을 수레에 매기만
하고 풀어 주지 않으며

弓張而不弛,
궁장이불이

활줄을 당기기만 하고 놓지 않는 것과
같으니,

無乃⁶非有血氣者之所不能至邪?"
무내 비유혈기자지소불능지야

아마 혈기가 있는 사람은 할 수 없는
것이 아닌지요?"

子墨子曰:
자묵자왈

묵자께서 말씀하셨다.

"昔者堯舜有茅茨⁷者,
석자요순유모자자

"옛날 요순 시대에 전악(典樂)인
제기(第期)라는 자가 있었는데,

且以⁸爲禮,
차이위례

그가 지은 음악은 잠시 예로만
사용되었고

---

4 영부(瓴缶): 영(瓴)은 영(瓴)이 되어야 한다. 영(瓴)과 부(缶)는 원래 질그릇으로, 영(瓴)은 '양
   옆에 귀가 달린 그릇'이고 부(缶)는 '배가 불룩하고 그 가운데에 목이 좁은 아가리가 있는 그릇,
   즉 장군을 말한다. 이들은 모두 타악기로도 사용되었다.

5 탈(稅): 탈(脫)과 같은데 '풀다'라는 의미이다. 여기서는 '말을 수레로부터 풀다'라는 뜻이다.

6 무내(無乃): 아마, 대개.

且以爲樂; _{차 이 위 악}	잠시 음악으로만 사용되었습니다.
湯放桀於大水[9], _{탕 방 걸 어 대 수}	탕임금은 걸왕을 대수(大水)로 내쫓아
環天下自立以爲王, _{환 천 하 자 립 이 위 왕}	천하를 통일하고 스스로 왕이 되어
事成功立, _{사 성 공 립}	왕으로서의 사업을 완성하고 공을 세웠으니,
無大後患, _{무 대 후 환}	나라에 큰 후환이 없었습니다.
因先王之樂, _{인 선 왕 지 악}	그리고 선왕의 음악을 이어받고
又自作樂, _{우 자 작 악}	또 스스로 새로운 음악을 만들어
命曰'護[10]', _{명 왈 호}	'호'라 명명하였으며,
又修「九招」[11]; _{우 수 구 초}	순임금의 악장인 「구초」도 정리하였습니다.
武王勝殷殺紂, _{무 왕 승 은 살 주}	무왕은 은나라에 승리하고 주왕을 죽여
環天下自立以爲王, _{환 천 하 자 립 이 위 왕}	천하를 통일하고 스스로 왕이 되어

---

7 모자(茅茨): 필원은 모자(茅茨)는 구본(舊本)에 제기(第期)로 되어 있는데, 지금은 『태평어람
(太平御覽)』에 의거하여 고쳤다고 하였다. 유창(劉昶)은 『태평어람』에는 모자(茅茨)로 되어
있으며, 구본에는 제기(第期)로 되어 있는데, 이 둘은 형·음·의가 모두 비슷하지 않다. 게다가
모자(茅茨) 아래 자(者)가 쓸데없이 붙어 있는데, 역시 통하지 않는다. 아마도 제기(第期)는
인명으로, 자(者) 자와 연결이 되며, 전악(典樂: 고대에 음악을 관장하던 벼슬)인 질기와 같은
사람인 듯하다. 여기서 질기(質虁)라 하지 않고 제기(第期)라 한 것은 다른 단어로 들린 결과
일 것이다'라고 하였다.

8 차이(且以): 유창은 차이(且以)라는 것은 '잠시'라는 뜻이며, '최초', '시작'을 일컫는다고 하였
다.

9 대수(大水): 연못 이름.

10 호(護): 호(濩)라고도 한다. 탕임금이 이윤(伊尹)에게 명하여 「대호(大護)」를 짓게 하였다. 이
는 전설 중의 악장(樂章) 이름이다.

11 구초(九招): 구소(九韶)라고도 하는데, 순임금 때의 악장 이름이라고 전해진다.

事成功立,
<small>사 성 공 립</small>
왕으로서의 사업을 완성하고 공을
세웠으니,

無大後患,
<small>무 대 후 환</small>
나라에 큰 후환이 없었습니다.

因先王之樂,
<small>인 선 왕 지 악</small>
그리고 선왕의 음악을 이어받고

又自作樂,
<small>우 자 작 악</small>
또 스스로 새로운 음악을 만들어

命曰'象12';
<small>명 왈 상</small>
'상'이라 명명하였습니다.

周成王因先王之樂,
<small>주 성 왕 인 선 왕 지 악</small>
주나라 성왕은 선왕의 음악을
이어받고

又自作樂,
<small>우 자 작 악</small>
또 스스로 새로운 음악을 만들어

命曰'騶虞13'.
<small>명 왈 추 우</small>
'추우'라 명명하였습니다.

周成王之治天下也,
<small>주 성 왕 지 치 천 하 야</small>
주나라 성왕이 천하를 다스린 것은

不若武王;
<small>불 약 무 왕</small>
무왕만 못하였고,

武王之治天下也,
<small>무 왕 지 치 천 하 야</small>
무왕이 천하를 다스린 것은

不若成湯14;
<small>불 약 성 탕</small>
상나라 탕임금만 못하였으며,

成湯之治天下也,
<small>성 탕 지 치 천 하 야</small>
상나라 탕임금이 천하를 다스린 것은

不若堯舜.
<small>불 약 요 순</small>
요임금과 순임금만 못하였습니다.

故其樂逾繁者,
<small>고 기 악 유 번 자</small>
그러므로 그들의 음악이 번잡할수록

其治逾寡.
<small>기 치 유 과</small>
그들의 치적은 적었습니다.

自此觀之,
<small>자 차 관 지</small>
이로부터 본다면,

---

12 상(象): 주나라 무왕이 만든 무곡(舞曲)이라고 전해진다.

13 추우(騶虞): 추오(鄒吾)라고도 하는데, 주나라 성왕이 지은 악장 이름이다.

14 성탕(成湯): 상탕(商湯)을 가리킨다.

樂非所以治天下也."
악 비 소 이 치 천 하 야

음악은 천하를 다스리는 데 사용할 수 있는 것이 아닙니다."

程繁曰:
정 번 왈

정번이 물었다.

"子曰:[15]
자 왈

"선생님께서

'聖王無樂',
성 왕 무 악

'성군에게는 음악이 없다'라고 하셨는데,

此亦樂已,
차 역 악 이

이것들 역시 음악입니다.

若之何其謂'聖王無樂'也?"
약 지 하 기 위 성 왕 무 악 야

그런데 어떻게 '성군에게는 음악이 없다'라고 말씀하십니까?"

子墨子曰:
자 묵 자 왈

묵자께서 말씀하셨다.

"聖王之命[16]也,
성 왕 지 명 야

"성군의 명령은

多寡之.[17]
다 과 지

번다한 음악을 감소시키려고 하는 것입니다.

食之利也,
식 지 리 야

음식은 사람에게 유익함이 있으나

以知饑而食之者智也,
이 지 기 이 식 지 자 지 야

배가 고프고 먹는 것을 아는 것이 지혜로운 것이며,

因爲無智矣.[18]
인 위 무 지 의

배가 고프면서도 먹는 것을 모르는

---

15 자왈(子曰): 본 편의 처음에 나오는 부자왈(夫子曰)과 같다고 볼 수 있다. 그러므로 부자왈(夫子曰)로 하는 것이 맞다.

16 명(命): 의미상 영(令)과 같다.

17 다과지(多寡之): 왕환표(王煥鑣)는 아마도 탈락이나 잘못이 있는 것 같은데, 문장의 뜻으로 보면 그 원문은 다자과지(多者寡之)가 되어야 할 것 같다고 하였다.

18 인위무지의(因爲無智矣): 왕환표는 이 구절 앞에 한 구절이 탈락한 것 같다고 하면서, 그 원문을 부지기이식자, 고위무지의(不知饑而食者, 固爲無智矣)라고 추정하였다.

것은 정말 지혜롭지 못한 것입니다.

今聖有樂而少,
금 성 유 악 이 소

지금의 성군에게는 음악이 있기는
하지만 그 수량이 적으므로

此亦無也."
차 역 무 야

이는 음악이 없는 것과도 같습니다."

권 2

상현 상 제8편

(尙賢上第八)

子墨子言曰:
자 묵 자 언 왈

묵자께서 말씀하셨다.

"今者王公大人[1]爲政於國家者,
금 자 왕 공 대 인 위 정 어 국 가 자

"지금 나라의 정치를 맡고 있는 왕공대인들은

皆欲國家之富,
개 욕 국 가 지 부

모두 나라가 부유해지고

人民之衆,
인 민 지 중

백성들이 많아지며

刑政之治,
형 정 지 치

형사(刑事)·정무(政務)가 잘 다스려지기를 바란다.

然而不得富而得貧,
연 이 부 득 부 이 득 빈

그러나 나라는 부유해지지 않고 오히려 가난해지고

不得衆而得寡,
부 득 중 이 득 과

백성들은 많아지지 않고 오히려 적어지며

不得治而得亂,
부 득 치 이 득 란

형사·정무는 잘 다스려지지 않고 오히려 어지러워지는데,

則是本失其所欲,
즉 시 본 실 기 소 욕

이것은 근본적으로 그들이 희망하는

---

1 왕공대인(王公大人): 군주 및 최고급 관리들을 일컫는다.

	것을 잃어버린 것이며
得其所惡, <small>득 기 소 오</small>	그들이 싫어하는 것을 얻은 것이다.
是其故何也?” <small>시 기 고 하 야</small>	이것은 무슨 연고인가?”

子墨子言曰: <small>자 묵 자 언 왈</small>	묵자께서 말씀하셨다.
“是在王公大人爲政於國家者, <small>시 재 왕 공 대 인 위 정 어 국 가 자</small>	“그 원인은 나라의 정치를 맡고 있는 왕공대인들이
不能以尙賢事能²爲政也. <small>불 능 이 상 현 사 능 위 정 야</small>	현명한 사람들을 숭상하고 능력 있는 사람들을 임용하여 정치를 하지 못하는 데에 있다.
是故國有賢良之士³衆, <small>시 고 국 유 현 량 지 사 중</small>	그러므로 나라에 현명한 사람들이 많으면
則國家之治厚⁴; <small>즉 국 가 지 치 후</small>	그 나라의 정치는 흥성할 것이며,
賢良之士寡, <small>현 량 지 사 과</small>	현명한 사람들이 적으면
則國家之治薄⁵. <small>즉 국 가 지 치 박</small>	그 나라의 정치는 쇠미해질 것이다.
故大人之務, <small>고 대 인 지 무</small>	그러므로 왕공대인의 중요한 임무는
將⁶在於衆賢而已.” <small>장 재 어 중 현 이 이</small>	마땅히 현명한 사람을 많게 하는 데에 있을 뿐이다.”

---

2 상현사능(尙賢事能): 상현(尙賢)은 '현명한 사람', 즉 '인재를 숭상하다'라는 의미이다. 사능 (事能)은 '능력 있는 사람을 임용하다'라는 뜻인데, 여기서 사(事)는 사(使)와 통하며 사환(使 喚), 임용(任用)의 의미를 지니고 있다.

3 사(士): 사(士)는 '성년 남자'를 일컫기도 하는데, 여기서는 '사람'을 지칭한다.

4 후(厚): 여기서는 '흥성하다'의 의미이다.

5 박(薄): 여기서는 '쇠미해지다'의 의미이다.

6 장(將): 여기서는 '마땅히', '응당'의 의미로 쓰였다.

曰:
_왈

어떤 사람이

"然則衆賢之術⁷將奈何哉?"
_{연 즉 증 현 지 술 장 내 하 재}

"그렇다면 어떻게 현명한 사람을 많게 할 수 있겠습니까?"라고 물었다.

子墨子言曰:
_{자 묵 자 언 왈}

묵자께서 말씀하셨다.

"譬若欲衆其國之善射御之士⁸者,
_{비 약 욕 증 기 국 지 선 사 어 지 사 자}

"예를 들어 그 나라에 활쏘기와 수레 몰기를 잘하는 사람들이 많아지기를 바란다면,

必將富之,
_{필 장 부 지}

반드시 그들을 부유하게 해 주고

貴之,
_{귀 지}

귀하게 해 주며

敬之,
_{경 지}

존경해 주고

譽之,
_{예 지}

칭찬해 주어야 한다.

然后⁹國之善射御之士,
_{연 후 국 지 선 사 어 지 사}

그렇게 한 후에야 나라에 활쏘기와 수레 몰기를 잘하는 사람들이

將可得而衆也.
_{장 가 득 이 증 야}

많아지게 될 것이다.

況又有賢良之士,
_{황 우 유 현 량 지 사}

하물며 현명한 사람이 있어,

厚乎德行,
_{후 호 덕 행}

심후한 덕행과

辯乎言談,
_{변 호 언 담}

뛰어난 언담과

博乎道術¹⁰者乎!
_{박 호 도 술 자 호}

넓은 학식을 갖추고 있다면야!

---

7   술(術): 여기서는 '방법'의 의미로 쓰였다.

8   사어지사(射御之士): 사(射)는 '활쏘기', 어(御)는 '수레 몰기'를 가리킨다. 여기서 사(士)는 활쏘기와 수레 몰기와 같은 '기능과 특기를 지닌 사람'을 뜻한다.

9   후(后): 후(後) 자가 되어야 한다. 이 뒤에 나오는 연후(然后)도 마찬가지이다.

此固國家之珍,
차 고 국 가 지 진

이들은 본래 나라의 보배이자

而社稷之佐也,
이 사 직 지 좌 야

사직의 조력자로,

亦必且富之,
역 필 차 부 지

또한 반드시 그들을 부유하게 해 주고

貴之,
귀 지

귀하게 해 주며

敬之,
경 지

존경해 주고

譽之,
예 지

칭찬해 주어야 한다.

然后國之良士,
연 후 국 지 량 사

그렇게 한 후에야 나라에 현명한 사람들이

亦將可得而衆也.
역 장 가 득 이 중 야

또한 많아지게 될 것이다.

是故古者聖王之爲政也, 言曰:
시 고 고 자 성 왕 지 위 정 야 언 왈

그러므로 옛날 성군이 정치를 할 때

'不義不富,
불 의 불 부

'의롭지 않은 자는 부유하게 해 주지 않으며,

不義不貴,
불 의 불 귀

의롭지 않은 자는 귀하게 해 주지 않고,

不義不親,
불 의 불 친

의롭지 않은 자는 친밀하게 해 주지 않으며,

不義不近.'
불 의 불 근

의롭지 않은 자는 가까이하지 않는다'라고 하였다.

是以國之富貴人聞之,
시 이 국 지 부 귀 인 문 지

그래서 나라의 부귀한 사람들이 이 말을 듣고

皆退而謀曰:
개 퇴 이 모 왈

모두 물러나 상의한 후에

---

10 도술(道術): 여기서는 '여러 가지 학문' 또는 '학식(學識)'이라는 뜻이다.

'始我所恃者,
시 아 소 시 자

富貴也,
부 귀 야

今上擧義[11]不辟[12]貧賤,
금 상 거 의 불 피 빈 천

然則我不可不爲義.'
연 즉 아 불 가 불 위 의

親者聞之,
친 자 문 지

亦退而謀曰:
역 퇴 이 모 왈

'始我所恃者親也,
시 아 소 시 자 친 야

今上擧義不辟疏,
금 상 거 의 불 피 소

然則我不可不爲義.'
연 즉 아 불 가 불 위 의

近者聞之,
근 자 문 지

亦退而謀曰:
역 퇴 이 모 왈

'始我所恃者近也,
시 아 소 시 자 근 야

今上擧義不避遠,
금 상 거 의 불 피 원

'처음 우리가 믿었던 것은

부귀였다.

지금 군주께서는 가난하고 천한 것을
가리지 않고 의로운 사람을 등용하고
계시니,

우리는 의로움을 행하지 않을 수가
없다'라고 하였다.

친한 사람들이 이 말을 듣고,

또한 물러나 상의한 후에

'처음 우리가 믿었던 것은
친밀함이었다.

지금 군주께서는 소원(疏遠)함을
가리지 않고 의로운 사람을 등용하고
계시니,

우리는 의로움을 행하지 않을 수가
없다'라고 하였다.

가까운 사람들이 이 말을 듣고,

또한 물러나 상의한 후에

'처음 우리가 믿었던 것은
친근(親近)함이었다.

지금 군주께서는 관계가 먼 것을

---

11 거의(擧義): 의로운 사람을 등용하다.

12 피(辟): 피(避)와 통한다.

가리지 않고 의로운 사람을 등용하고
계시니,

然則我不可不爲義.'
연 즉 아 불 가 불 위 의

우리는 의로움을 행하지 않을 수가
없다'라고 하였다.

逮至¹³遠鄙郊外¹⁴之臣,
체 지 원 비 교 외 지 신

멀리 떨어진 지방의 신하들이나

門庭庶子,¹⁵
문 정 서 자

궁중을 지키는 관원들이나

國中¹⁶之衆,
국 중 지 중

도성 안의 백성들이나

四鄙¹⁷之萌人¹⁸聞之,
사 비 지 맹 인 문 지

사방 멀리 떨어진 곳의 농민들에
이르기까지 이 말을 듣고

皆競爲義.
개 경 위 의

모두 다투어 의로움을 행한다.

是其故何也?
시 기 고 하 야

이는 무슨 연고인가?

曰:上之所以使下者,
왈 상 지 소 이 사 하 자

군주가 신하를 부릴 때는 의로움을
행한다는

一物¹⁹也;
일 물 야

하나의 표준이 있으며,

下之所以事上者,
하 지 소 이 사 상 자

신하가 군주를 섬길 때도 의로움을

---

13 체지(逮至): ~에 이르다.

14 원비교외(遠鄙郊外): 비(鄙)는 원래 '공경대부(公卿大夫)의 식읍(食邑)'을 뜻한다. 여기서
원비교외(遠鄙郊外)는 '멀리 떨어진 지방'을 가리킨다.

15 문정서자(門庭庶子): 문정(門庭)은 '궁중'을 가리킨다. 서자(庶子)는 '제후의 동족(同族) 및
경대부의 적장자(嫡長子) 이외의 아들들'을 말한다. 여기서 문정서자(門庭庶子)는 '궁중을
지키는 관원'을 말하는데, 고대에는 궁중을 지키는 관원들 대부분이 공경대부의 아들로 충당
되었기 때문에 이런 이름이 붙여졌다.

16 국중(國中): 도성(都城) 안.

17 사비(四鄙): 사방 멀리 떨어진 곳.

18 맹인(萌人): 맹(萌)은 맹(氓)과 같다. 맹인(氓人)은 '밭을 가는 농민'을 가리킨다.

19 일물(一物): 여기서 물(物)은 '일(事)'을 일컫는데, '표준'이라는 의미로 번역할 수 있다. 일물
(一物)은 '의로움을 행한다(爲義)는 하나의 표준'이라는 의미이다.

행한다는

一術²⁰也.
일 술   야

하나의 방법이 있기 때문이라고
하였다.

譬之富者有高牆深宮,
비 지 부 자 유 고 장 심 궁

이는 비유하면 부귀한 사람이 높은
담장에 깊숙한 저택을 가지고 있는데,

牆立旣, ²¹
장 립 기

담장을 세운 후에

謹²²上爲鑿一門,
근   상 위 착 일 문

그 위에다 단지 하나의 문만을 뚫어
놓았을 때,

有盜人入,
유 도 인 입

도적이 들어오면

闔其自入²³而求之,
합 기 자 입 이 구 지

그 문을 닫고 그 도적을 찾으면

盜其無自出.
도 기 무 자 출

도적은 스스로 나가지 못하게 되는
것과 같다.

是其故何也?
시 기 고 하 야

이는 무슨 연고인가?

則上得要也.
즉 상 득 요 야

군주가 이미 요령을 터득했기
때문이다.

故古者聖王之爲政,
고 고 자 성 왕 지 위 정

그러므로 옛날 성군이 정치를 할 때

列德²⁴而尙賢.
열 덕 이 상 현

덕이 있는 사람에게 직위를 배정해

---

20 일술(一術): 여기서 술(術)은 '방법'이라는 의미로 번역할 수 있다. 일술(一術)은 '의로움을 행
    한다는 하나의 방법이라는 의미이다.
21 장립기(牆立旣): 원문이 잘못 바뀌어 있는데, 장기립(牆旣立)이라 해야 맞다.
22 근(謹): 근(僅)과 통하는데 '단지'라는 뜻이다.
23 기자입(其自入): 문(門)을 가리킨다.
24 열덕(列德): 여기서 열(列)은 '직위를 배정하다'라는 의미로 쓰였다. 열덕(列德)은 '덕이 있는
    사람에게 직위를 배정해 주다'라는 뜻이다.

주고 현명한 사람들을 숭상하였다.

雖在農與工肆之人,
_{수 재 농 여 공 사 지 인}

비록 농업이나 상공업에 종사하는 사람들이라 하더라도

有能則擧之,
_{유 능 즉 거 지}

능력이 있으면 등용하여

高予之爵,
_{고 여 지 작}

높은 작위(爵位)를 주고

重予之祿,
_{중 여 지 록}

후한 봉록(俸祿)을 주며

任之以事,
_{임 지 이 사}

정사(政事)를 맡기어

斷予之令.
_{단 여 지 령}

정령(政令)을 결단할 권한을 주었다.

曰:
_왈

그러니

'爵位不高,
_{작 위 불 고}

'작위가 높지 않으면

則民弗敬,
_{즉 민 불 경}

백성들이 공경하지 않고,

蓄祿不厚,
_{축 록 불 후}

봉록이 후하지 않으면

則民不信,
_{즉 민 불 신}

백성들이 신임하지 않으며,

政令不斷,
_{정 령 부 단}

정령을 결단하지 못하면

則民不畏.'
_{즉 민 불 외}

백성들이 두려워하지 않는다'라고 하였다.

擧三者授之賢者,
_{거 삼 자 수 지 현 자}

이 세 가지를 현명한 사람에게 주는 것은

非爲賢賜也,
_{비 위 현 사 야}

현명함 때문에 주는 것이 아니라

欲其事之成.
_{욕 기 사 지 성}

정사를 잘 처리하기를 바라서이다.

故當是時,
_{고 당 시 시}

그래서 이때에는

以德就列[25],
이 덕 취 열

덕의 고저(高低)로써 어떤 직위에
임명하였으며,

以官服事[26],
이 관 복 사

관직의 대소(大小)로써 일을 맡는
권력을 주었고,

以勞殿[27]**賞**,
이 로 전 상

공로의 다소(多少)로써 상을
정하였으며,

量功而分祿.
양 공 이 분 록

공훈을 헤아려 봉록을 분배하였다.

故官無常貴,
고 관 무 상 귀

그래서 관리는 영원히 존귀(尊貴)할 수
없었으며

而民無終賤,
이 민 무 종 천

백성들 역시 영원히 비천(卑賤)할 수
없었으니,

有能則舉之,
유 능 즉 거 지

능력이 있으면 등용되었고

無能則下之.
무 능 즉 하 지

능력이 없으면 그 직위에서 해임되었다.

舉公義[28],
거 공 의

모두가 의로움이 있다고 공인하는
사람을 등용하였고

辟[29]**私怨.**
피 사 원

사적(私的)인 원한으로 그 직에서
해임하지 않았다.

此若[30]**言之謂也.**
차 약 언 지 위 아

이것이 곧 앞에서 말한 의미이다.

故古者堯舉舜於服澤[31]**之陽,**
고 고 자 요 거 순 어 복 택 지 양

그래서 옛날 요임금은 복택의

---

25 취열(就列): 어떤 직위에 나아가다. 어떤 직위에 취임하다.
26 복사(服事): 일을 맡을 권리를 주다.
27 전(殿): 정(定)하다.
28 공의(公義): 모두가 의로움이 있다고 공인하는 사람.
29 피(辟): 여기서는 '없애다', '피하다'라는 의미로 쓰였다.
30 차약(此若): 여기서 약(若)은 차(此)와 같다. 그러므로 차약(此若)은 차(此)와 같다.

북쪽에서 순임금을 등용하여

授之政,
수 지 정

그에게 정사를 맡기니

天下平;
천 하 평

천하가 태평해졌다.

禹擧益[32]於陰方之中,
우 거 익 어 음 방 지 중

우임금은 음방에서 백익을 등용하여

授之政,
수 지 정

그에게 정사를 맡기니

九州[33]成;
구 주 성

구주가 안정되었다.

湯擧伊尹於庖廚之中,
탕 거 이 윤 어 포 주 지 중

탕임금은 부엌에서 이윤을 등용하여

授之政,
수 지 정

그에게 정사를 맡기니

其謀[34]得;
기 모 득

자신의 계책이 실현될 수 있었다.

文王擧閎夭[35]·泰顚於罝罔[36]之中,
문 왕 거 굉 요 태 전 어 저 망 지 중

주나라 문왕은 짐승이나 물고기를
잡는 사람들 중에서 굉요와 태전을
등용하여

授之政,
수 지 정

정사를 맡기니

西土服.
서 토 복

서쪽의 작은 나라들이 항복하였다.

---

31 복택(服澤): 아래의 음방(陰方)과 함께 지명이다. 그러나 그곳이 어디인지는 알 수 없다.

32 익(益): 백익(伯益).

33 구주(九州): 전설 중 중국 상고(上古)의 행정 구역으로, 후에는 '중국(中國)'을 대신 칭하는 데
   사용되었다. 즉, 우임금이 전국을 기주(冀州)·연주(兗州)·청주(靑州)·서주(徐州)·양주(揚
   州)·형주(荊州)·예주(豫州)·옹주(雍州)·양주(梁州)로 나눈 것이다.

34 모(謀): 탕임금이 하(夏)나라를 멸망시키는 계책.

35 굉요(閎夭): 뒤의 태전(泰顚)과 함께 주나라 문왕의 대신이다. 그러나 그들의 자세한 사적은
   알 수 없다.

36 저망(罝罔): 저(罝)는 짐승을 잡는 그물이며, 망(罔)은 망(網)과 같은데 물고기를 잡는 그물이
   다.

故當是時,
_{고 당 시 시}

그래서 이때에는

雖在於厚祿尊位之臣,
_{수 재 어 후 록 존 위 지 신}

비록 후한 봉록과 높은 지위를 누리는 신하들이라 할지라도

莫不敬懼而施[37],
_{막 불 경 구 이 시}

공경하고 두려워하며 경계(警戒)하지 않을 수 없었으며,

雖在農與工肆之人,
_{수 재 농 여 공 사 지 인}

비록 농업이나 상공업에 종사하는 사람들이라 할지라도

莫不競勸而尙意[38].
_{막 불 경 권 이 상 의}

서로 경쟁하고 권면하면서 덕을 숭상하지 않을 수 없었다.

故士者所以爲輔相承嗣[39]也.
_{고 사 자 소 이 위 보 상 승 사 야}

그러므로 현명한 사람들은 군주를 보좌하는 대신과 군주의 계승인으로 쓰일 수가 있었다.

故得士則謀不困,
_{고 득 사 즉 모 불 곤}

그래서 현명한 사람들을 얻으면 계책이 곤궁해지지 않고

體不勞,
_{체 불 로}

몸도 수고롭지 않게 되며,

名立而功成,
_{명 립 이 공 성}

명성을 얻고 공이 이루어지며,

美章[40]而惡不生,
_{미 장 이 악 불 생}

아름다움은 드러나고 악함은 생기지 않게 된다.

則由得士也."
_{즉 유 득 사 야}

이는 모두 현명한 사람들을 얻었기

---

37 시(施): 유월은 척(惕)으로 읽어야 한다고 여겼는데, 척(惕)은 '경계(警戒)'의 뜻이다.

38 의(意): 손이양은 이 글자는 덕(悳) 자인데, 형태가 비슷하여 잘못 썼다고 여겼다. 덕(悳)은 덕(德)의 본자이다.

39 보상승사(輔相承嗣): 보상(輔相)은 '군주를 보좌하는 대신'을 가리키며, 승사(承嗣)는 '계승인'을 말한다.

40 장(章): 창(彰)과 통하는데 '드러나다'라는 뜻이다.

때문이다.”

是故子墨子言曰:
_{시 고 자 묵 자 언 왈}

그러므로 묵자께서는 말씀하셨다.

“得意賢士不可不擧,
_{득 의 현 사 불 가 불 거}

“군주가 천하를 다스리는 데 순탄할
때에도 현명한 사람들을 등용하지
않을 수 없으며,

不得意賢士不可不擧.
_{부 득 의 현 사 불 가 불 거}

순탄하지 않을 때에도 현명한
사람들을 등용하지 않을 수 없다.

尙[41]欲祖述[42]堯舜禹湯之道,
_{상 욕 조 술 요 순 우 탕 지 도}

만약 요·순·우·탕임금 같은 성군의
도를 계승하고 싶으면

將不可以不賢.
_{장 불 가 이 불 상 현}

현명한 사람을 숭상하지 않을 수 없다.

夫尙賢者,
_{부 상 현 자}

무릇 현명한 사람을 숭상하는 것은

政之本也.”
_{정 지 본 야}

정치의 근본이다.”

---

41 상(尙): 당(儻)과 같은데 '만약'이라는 의미이다.
42 조술(祖述): 계승하다, 따르다.

상현 중 제9편

(尙賢中第九)

子墨子言曰:

자 묵 자 언 왈

묵자께서 말씀하셨다.

"今王公大人之君¹人民,

금 왕 공 대 인 지 군 인 민

"지금의 왕공대인들이 백성들을 통치하고

主社稷,

주 사 직

사직을 주재하며

治國家,

치 국 가

국가를 다스리는 것을

欲修²保而勿失,

욕 수 보 이 물 실

오래도록 유지하고 잃어버리지 않으려고 하면서

故³不察尙賢爲政之本也."

고 불 찰 상 현 위 정 지 본 야

어찌 현명한 사람들을 숭상하는 것이 정치의 근본이 됨을 살피지 않는가."

何以知尙賢之爲政本也?

하 이 지 상 현 지 위 정 본 야

현명한 사람들을 숭상하는 것이 정치의 근본이 됨을 어떻게 알겠는가?

曰: 自⁴貴且智者,

왈 자 귀 차 지 자

고귀하고 지혜로운 사람들이

---

1 군(君): 동사로 쓰여, '통치하다', '다스리다'라는 의미이다.
2 수(修): 여기서는 '길다(長)'라는 의미로 쓰였다.
3 고(故): 필원은 고(故)는 본래 호(胡)였다고 하였다. 호(胡)는 '어찌'라는 뜻이다.
4 자(自): 유(由)의 뜻으로, '~으로'·'~으로써'라는 의미로 쓰였다.

爲政乎愚且賤者,
위 정 호 우 차 천 자

어리석고 비천한 사람들을 다스리게
되면

則治;
즉 치

국가는 안정되며,

自愚賤者[5],
자 우 천 자

어리석고 비천한 사람들이

爲政乎貴且智者,
위 정 호 귀 차 지 자

고귀하고 지혜로운 사람들을 다스리게
되면

則亂.
즉 란

국가는 어지러워진다고 하였다.

是以知尙賢之爲政本也.
시 이 지 상 현 지 위 정 본 야

이것으로써 현명한 사람들을
숭상하는 것이 정치의 근본이 됨을 알
수 있다.

故古者聖王,
고 고 자 성 왕

그래서 옛날 성군들은

甚尊尙賢而任使能,
심 존 상 현 이 임 사 능

현명한 사람들을 대단히
존숭(尊崇)하고 능력 있는 사람들을
임용하였는데,

不黨父兄,
부 당 부 형

부형들의 편을 들지도 않았고,

不偏貴富,
부 편 귀 부

부귀한 사람들에게 치우치지도
않았으며,

不嬖[6]顔色.
부 폐 안 색

미색을 편애하지도 않았다.

賢者擧而上之,
현 자 거 이 상 지

현명한 사람을 등용하여 윗자리에
앉히고

富而貴之,
부 이 귀 지

부유하고 귀하게 하며

---

5   자우천자(自愚賤者): 앞의 자귀차지지자(自貴且智者)에 근거하면 우천(愚賤) 중간에 차(且)
    자가 탈락되었다.
6   폐(嬖): 총애하다, 편애하다.

以爲官長;

이 위 관 장

관부(官府)의 우두머리로 삼았다.

不肖者抑而廢之,

부 초 자 억 이 폐 지

못난 사람을 억제하여 파면하고,

貧而賤之,

빈 이 천 지

가난하고 비천하게 하며,

以爲徒役.

이 위 도 역

노복으로 삼았다.

是以民皆勸其賞,

시 이 민 개 근 기 상

이 때문에 백성들은 모두 성군의 상을 타도록 서로 권면하였고

畏其罰,

외 기 벌

성군의 벌을 받는 것을 두려워하며

相率而爲賢.

상 솔 이 위 현

서로 다투어 현명한 사람이 되었다.

者[7]以賢者衆,

자 이 현 자 중

이 때문에 현명한 사람들은 많아지고,

而不肖者寡,

이 부 초 자 과

못난 사람들은 적어졌는데,

此謂進[8]賢.

차 위 진 현

이것을 현명한 사람들을 등용하는 것이라고 한다.

然後聖人聽其言,

연 후 성 인 청 기 언

그런 뒤에야 성인은 그들의 말을 듣고

跡其行,

적 기 행

그들의 행위를 체험하며

察其所能,

찰 기 소 능

그들의 능력을 살펴

而愼予官,

이 신 여 관

신중하게 관직을 주었는데,

此謂事能.

차 위 사 능

이것을 능력 있는 사람들을 임용하는 것이라고 한다.

故可使治國者,

고 가 사 치 국 자

그래서 국가를 다스리는 사람으로 하여금

---

7   자(者): 유월은 시(是) 자의 잘못이라고 여겼다.
8   진(進): 이끌어 들이다, 등용하다.

使治國;
사 치 국

국가를 다스릴 수 있게 하였고,

可使長官者,
가 사 장 관 자

관부를 주관하는 사람으로 하여금

使長官;
사 장 관

관부를 주관할 수 있게 하였으며,

可使治邑者,
가 사 치 읍 자

고을을 다스리는 사람으로 하여금

使治邑.
사 치 읍

고을을 다스릴 수 있게 하였다.

凡所使治國家·官府·邑里,
범 소 사 치 국 가 관 부 읍 리

국가·관부·고을을 다스리는 데 쓰이는
사람들은

此皆國之賢者也.
차 개 국 지 현 자 야

모두 국가의 현명한 사람들이다.

賢者之治國也,
현 자 지 치 국 야

현명한 사람들은 국가를 다스림에
있어

蚤⁹朝晏¹⁰退,
조 조 안 퇴

일찍 조정에 나가고 늦게 퇴근하며,

聽獄治政,
청 옥 치 정

옥사(獄事)를 심리·판결하고
정무(政務)를 처리하는데,

是以國家治而刑法正.
시 이 국 가 치 이 형 법 정

이 때문에 국가는 안정되고 형법은
바로잡히게 된다.

賢者之長官也,
현 자 지 장 관 야

현명한 사람들은 관부를 주관함에
있어

夜寢夙興,
야 침 숙 흥

밤늦게 자고 아침 일찍 일어나며,

收斂關市·山林·澤梁之利,
수 렴 관 시 산 림 택 량 지 리

관문과 시장, 산림과 못과 하천에서

---

9 조(蚤): 조(早)와 통하는데 '이르다'라는 의미이다.
10 안(晏): 여기서는 '늦다'라는 뜻이다.

얻어지는 이익을 거둬들여

以實官府,
<small>이 실 관 부</small>

관부를 충실하게 하는데,

是以官府實而財不散.
<small>시 이 관 부 실 이 재 불 산</small>

이 때문에 관부는 충실해지고 재물은 흩어지지 않는다.

賢者之治邑也,
<small>현 자 지 치 읍 야</small>

현명한 사람들은 고을을 다스림에 있어

蚤出莫¹¹入,
<small>조 출 모 입</small>

일찍 집에서 나와 늦게 집으로 들어가며,

耕稼·樹藝·聚菽粟,
<small>경 가 수 예 취 숙 속</small>

경작하고 재배하여 식량을 모으는데,

是以菽粟多而民足乎食.
<small>시 이 숙 속 다 이 민 족 호 식</small>

이 때문에 식량은 많아지고 백성들은 먹을 것이 풍족해진다.

故國家治則刑法正,
<small>고 국 가 치 즉 형 법 정</small>

그래서 국가는 안정되고 형법은 바로잡히게 되며,

官府實則萬民富.
<small>관 부 실 즉 만 민 부</small>

관부가 충실해지면 만백성이 부유해진다.

上有以絜爲酒醴粢盛,
<small>상 유 이 결 위 주 례 자 성</small>

위로는 술과 제수용 곡물을 정결하게 담아 놓고

以祭祀天鬼;
<small>이 제 사 천 귀</small>

하늘과 귀신을 제사 지내며,

外有以爲皮幣¹²,
<small>외 유 이 위 피 폐</small>

밖으로는 귀중한 선물을 마련하여

與四鄰諸侯交接;
<small>여 사 린 제 후 교 접</small>

사방 이웃의 제후들과 교류하며,

---

11 모(莫): 모(暮)와 통하는데 '늦다'라는 의미이다.

12 피폐(皮幣): 피(皮)는 '짐승 가죽으로 만든 갖옷', 폐(幣)는 '비단'을 가리키는데, 옛날에는 이것들을 귀중한 선물로 여겼다.

內有以食飢息勞,
내 유 이 식 기 식 로

안으로는 굶주린 자들을 먹여 주고 피로한 자들을 쉬게 하여

將養¹³其萬民,
장 양 기 만 민

만백성을 공양(供養)하며,

外有以¹⁴懷¹⁵天下之賢人.
외 유 이 회 천 하 지 현 인

천하의 현명한 사람들을 따르게 한다.

是故上者天鬼富之,
시 고 상 자 천 귀 부 지

이 때문에 위에서는 하늘과 귀신이 그를 부유하게 하고,

外者諸侯與¹⁶之,
외 자 제 후 여 지

밖에서는 제후들이 그와 우호적이며,

內者萬民親之,
내 자 만 민 친 지

안에서는 만백성이 그와 친근하고

賢人歸之.
현 인 귀 지

현명한 사람들이 그에게 귀의한다.

以此謀事則得,
이 차 모 사 즉 득

이것으로 일을 도모하면 틀림이 없을 것이며,

舉事則成,
거 사 즉 성

거사를 하면 성공할 수 있을 것이고,

入守則固,
입 수 즉 고

들어와 지키면 견고할 것이며,

出誅則強.
출 주 즉 강

나가서 정벌하면 강대할 것이다.

故唯昔三代聖王:
고 유 석 삼 대 성 왕

그래서 옛날 삼대의 성군인

堯·舜·禹·湯·文·武之所以王天下·正¹⁷諸侯者,
요 순 우 탕 문 무 지 소 이 왕 천 하 정 제 후 자

요임금, 순임금, 우임금, 탕임금, 문왕,

---

13 장양(將養): 공양(供養)하다, 보양(保養)하다.

14 외유이(外有以): 아래의 "내자만민친지, 현인귀지(內者萬民親之, 賢人歸之: 안에서는 만백성이 그와 친근하고, 현명한 사람들이 그에게 귀의(歸依)한다)"라는 구절로부터 보면 이 세 자는 연문이 되는데, 삭제해야 한다.

15 회(懷): 여기서는 '따르다'의 의미로 쓰였다.

16 여(與): 여기서는 '친선적이다', '우호적이다'라는 뜻으로 쓰였다.

17 정(正): 장(長)의 의미인데 '우두머리가 되다'라는 동사로 쓰였다.

무왕이 천하의 왕 노릇을 하고
제후들의 우두머리가 되었던 까닭은

此亦其法已.
차 역 기 법 이

현명한 사람들을 숭상하는 법칙을
실행했기 때문이다.

旣曰若[18]法,
기 왈 약 법

이미 이러한 법칙을 이야기했지만

未知所以行之術,
미 지 소 이 행 지 술

그것을 실행하는 방법을 알지 못하면

則事猶若未成,
즉 사 유 약 미 성

그 일은 아직 성공하지 못한 것과 같다.

是以必爲置三本.
시 이 필 위 치 삼 본

이 때문에 반드시 세 가지 기본 원칙을
둬야 한다.

何謂三本?
하 위 삼 본

세 가지 기본 원칙이란 무엇을
말하는가?

曰: 爵位不高,
왈 작 위 불 고

작위가 높지 않으면

則民不敬也;
즉 민 불 경 야

백성들이 존경하지 않는다는 것과,

蓄祿不厚,
축 록 불 후

봉록이 많지 않으면

則民不信也;
즉 민 불 신 야

백성들이 믿지 않는다는 것과,

政令不斷,
정 령 부 단

정령을 결단할 권력이 없으면

則民不畏也.
즉 민 불 외 야

백성들이 두려워하지 않는다는
것이라고 했다.

故古聖王高予之爵,
고 고 성 왕 고 여 지 작

그래서 옛날 성군들은 현명한
사람들에게 높은 작위를 주었고

---

18 약(若): 차(此)의 뜻이다.

重予之祿,
중 여 지 록
많은 봉록을 주었으며,

任之以事,
임 지 이 사
그들에게 일을 맡기면서

斷予之令.
단 여 지 령
정령을 결단할 권력을 주었다.

夫豈爲其臣賜哉,
부 기 위 기 신 사 재
이러한 것들이 어찌 신하들을 위해
하사한 것이었겠는가?

欲其事之成也.
욕 기 사 지 성 야
그들의 일이 이루어지기를 바랐기
때문이다.

『詩』[19]曰:
시   왈
『시경(詩經)』에서

"告女[20]憂恤[21],
고 여 우 휼
"그대들에게 국가의 우환을 알리고,

誨女予爵,
회 여 여 작
그대들에게 작위 주는 일을 가르치네.

孰能執熱,
숙 능 집 열
누가 뜨거운 것을 잡은 후에

鮮不用濯!"
선 불 용 탁
손을 물에 담그지 않을 수
있겠는가!"라고 하였다.

則此語古者國君諸侯之不可以不執善[22]承嗣輔佐[23]也.
즉 차 어 고 자 국 군 제 후 지 불 가 이 부 집 선   승 사 보 좌   야
즉, 이 말은 옛날 군주와 제후들이
왕위 계승자 및 보좌하는 대신들과

---

19 시(詩): 『시경』. 여기서 인용한 시구는 『시경』 「대아(大雅)」의 「상유(桑柔)」에서 나왔는데, 통행
    본 『시경』에는 "고이우휼, 회이서작, 수능집열, 서불이탁(告爾憂恤, 誨爾序爵, 誰能執熱, 逝
    不以濯)"으로 되어 있다.
20 여(女): 여(汝)와 같은데 '너', '당신'의 뜻이다.
21 우휼(憂恤): 우환(憂患).
22 집선(執善): '친선(親善)'과 같은 말이다.
23 승사보좌(承嗣輔佐): 승사(承嗣)는 '왕위 계승자'를 가리키며, 보좌(輔佐)는 '보좌하는 대신
    (大臣)'을 가리킨다.

친밀하게 지내지 않을 수 없었다는 것을 나타낸다.

譬之猶執熱之有濯也,
_{비 지 유 집 열 지 유 탁 야}

비유하면 뜨거운 것을 잡은 후에 손을 물에 담그고

將²⁴休其手焉.
_{장　휴 기 수 언}

마땅히 그 손을 쉬게 해야 하는 것과 같다.

古者聖王唯母²⁵得賢人而使之,
_{고 자 성 왕 유 무　득 현 인 이 사 지}

옛날 성군들은 오로지 현명한 사람들을 임용하여,

般²⁶爵以貴之,
_{반　작 이 귀 지}

그들에게 작위를 주어 귀하게 하였으며,

裂地以封之,
_{열 지 이 봉 지}

땅을 분할하여 그들에게 봉해 주어

終身不厭.
_{종 신 불 엽}

평생토록 싫증나지 않게 하였다.

賢人唯母得明君而事之,
_{현 인 유 무 득 명 군 이 사 지}

현명한 사람들은 오로지 영명(英名)한 군주를 얻어 섬기면서

竭四肢之力以任君之事,
_{갈 사 지 지 력 이 임 군 지 사}

온몸의 힘을 다하여 군주의 일을 맡으면서도

終身不倦.
_{종 신 불 권}

평생토록 피곤함을 느끼지 않았다.

若有美善則歸之上,
_{약 유 미 선 즉 귀 지 상}

만약 아름답고 훌륭한 일이 있으면 그 공을 군주에게 돌렸으니,

是以美善在上而所怨謗在下.
_{시 이 미 선 재 상 이 소 원 방 재 하}

아름답고 훌륭한 일은 군주에게 있게 되고 백성들의 원망과 비방은

---

24 장(將): 여기서는 '마땅히', '응당'의 뜻으로 쓰였다.
25 무(母): 어조사로서 뜻이 없다.
26 반(般): 반(頒)과 통하는데 '나누어 주다'라는 의미이다.

신하들에게 돌아갔다.

寧樂在君,
_{영 락 재 군}

안녕과 즐거움은 군주에게 있었으며,

憂慼在臣.
_{우 척 재 신}

근심은 신하들에게 있었다.

故古者聖王之爲政若此.
_{고 고 자 성 왕 지 위 정 약 차}

옛날 성군들의 정치는 이와 같았다.

今王公大人亦欲效人以尙賢使能爲政,
_{금 왕 공 대 인 역 욕 효 인 이 상 현 사 능 위 정}

지금의 왕공대인들 또한 옛사람들을
본받아 현명한 사람들을 숭상하고
능력 있는 사람들을 임용하는 정치를
희망하면서,

高予之爵,
_{고 여 지 작}

높은 작위는 주나

而祿不從也.
_{이 록 부 종 야}

상응하는 봉록은 주지 않는다.

夫高爵而無祿,
_{부 고 작 이 무 록}

작위가 높으면서 봉록이 없으면

民不信也.
_{민 불 신 야}

백성들이 믿지 않는다.

曰:
_왈

그들은

"此非中實[27]愛我也,
_{차 비 중 실 애 아 야}

"이는 진정으로 나를 사랑하는 것이
아니라

假藉而用我也."
_{가 차 이 용 아 야}

나를 빌려서 쓸 뿐이다"라고 말한다.

夫假藉之民,
_{부 가 차 지 민}

그렇게 빌려 쓰이는 백성들이

---

27 중실(中實): 진심으로, 성심성의로, 진정으로.

將豈能親其上哉!
장 기 능 친 기 상 재

어찌 그들의 군주를 가까이할 수 있겠는가!

故先王言曰:
고 선 왕 언 왈

그래서 선왕들이 말했다.

"貪於政者,
탐 어 정 자

"권리를 독점하는 사람은

不能分人以事;
불 능 분 인 이 사

일을 다른 사람에게 나누어 줄 수 없으며,

厚於貨者,
후 어 화 자

재물을 소중히 여기는 사람은

不能分人以祿."
불 능 분 인 이 록

봉록을 다른 사람에게 나누어 줄 수 없다."

事則不與,
사 즉 불 여

일을 나누어 주지 않고

祿則不分,
록 즉 불 분

봉록을 나누어 주지 않는다면,

請問天下之賢人將何自至乎王公大人之側哉?
청 문 천 하 지 현 인 장 하 자 지 호 왕 공 대 인 지 측 재

묻겠는데 천하의 현명한 사람들이 어떻게 스스로 왕공대인들 곁에 이르겠는가?

若苟[28]賢者不至乎王公大人之側,
약 구 현 자 부 지 호 왕 공 대 인 지 측

만약 현명한 사람들이 왕공대인들의 곁에 이르지 않는다면

則此不肖者在左右也.
즉 차 불 초 자 재 좌 우 아

못난 자들만이 그들의 좌우에 있게 될 것이다.

不肖者在左右,
불 초 자 재 좌 우

못난 자들이 좌우에 있게 되면

---

28 약구(若苟): 구(苟)는 약(若)과 같은 의미이며, 약구(若苟)는 '만약'이라는 뜻이다.

則其所譽不當²⁹賢,
즉 기 소 예 부 당 현

그들이 칭찬하는 대상은 진정으로
현명한 사람이 아니며,

而所罰不當暴,
이 소 벌 부 당 포

그들이 벌하는 대상은 진정으로
포악한 사람이 아니니,

王公大人尊此以爲政乎國家,
왕 공 대 인 존 차 이 위 정 호 국 가

왕공대인들이 이러한 사람들을
존숭하여 그들로 하여금 국가를
다스리게 한다면,

則賞亦必不當賢,
즉 상 역 필 부 당 현

상을 주는 대상 역시 반드시 진정으로
현명한 사람이 아닐 것이며,

而罰亦必不當暴.
이 벌 역 필 부 당 포

벌주는 대상 역시 반드시 진정으로
포악한 사람이 아닐 것이다.

若苟賞不當賢而罰不當暴,
약 구 상 부 당 현 이 벌 부 당 포

만약 상을 주는 대상이 진정으로
현명한 사람이 아니고 벌을 주는
대상이 진정으로 포악한 사람이
아니면,

則是爲賢者不勸而爲暴者不沮矣.
즉 시 위 현 자 불 권 이 위 포 자 불 저 의

현명한 사람들을 권면하지 못하고
포악한 사람들을 저지(沮止)하지
못한다.

是以入則不慈孝³⁰父母,
시 이 입 즉 부 자 효 부 모

이 때문에 집에 들어와서는
부모들에게 효성스럽지 못하고,

出則不長弟³¹鄉里³²,
출 즉 부 장 제 항 리

밖으로 나가서는 고을의 어른들이나

---

29 당(當): 여기서는 '부합하다'라는 의미로 쓰였다.
30 자효(慈孝): 여기서 자효(慈孝)는 '효순(孝順)'의 뜻이다.
31 장제(長弟): 제(弟)는 제(悌)와 같다. 장제(長悌)는 '형제가 서로 존중하다' 혹은 '존경하다'라
    는 의미이다.

118 권2

형제들을 존경하지 않으며,

居處無節,
거 처 무 절

거처에 절도가 없게 되고,

出入無度,
출 입 무 도

출입에 법도가 없게 되며,

男女無別.
남 녀 무 별

남녀 간에 분별이 없게 된다.

使治官府則盜竊,
사 치 관 부 즉 도 절

이러한 사람들로 하여금 관부를 다스리게 하면 재물을 훔칠 것이며,

守城則倍畔[33],
수 성 즉 배 반

성을 지키게 하면 배반할 것이다.

君有難則不死,
군 유 난 즉 불 사

그들은 군주에게 어려움이 있어도 죽음을 맹서하고 구하지 않을 것이며,

出亡則不從,
출 망 즉 부 종

군주가 외국으로 도망을 가더라도 따라가지 않을 것이다.

使斷獄則不中,
사 단 옥 즉 부 중

그들로 하여금 옥사를 심리하고 판결하게 하면 법에 의거하여 적절하게 처리하지 않으며,

分財則不均.
분 재 즉 불 균

재물을 나눠 주도록 하면 균등하게 나누지 않는다.

與謀事不得,
여 모 사 부 득

그들과 일을 도모하더라도 이룰 수 없으며,

擧事不成,
거 사 불 성

거사를 하더라도 성공하지 못한다.

入守不固,
입 수 불 고

그들이 들어와 지키면 견고하지 못할 것이며,

---

32 향리(鄕里): 여기서는 '고을의 어른들이나 형제들'을 가리킨다.
33 배반(倍畔): 배반(背叛)과 통한다.

出誅不强.
출 주 불 강

나가서 정벌하면 강대하지 못할
것이다.

故雖[34]昔者三代暴王:
고 수 석 자 삼 대 폭 왕

그래서 옛날 삼대의 폭군인

桀·紂·幽·厲之所以失措[35]其國家,
걸 주 유 려 지 소 이 실 조 기 국 가

걸왕, 주왕, 유왕, 여왕이 국가를
잃어버리고

傾覆其社稷者,
경 복 기 사 직 자

사직을 망쳐 버린 까닭은

已[36]此故也.
이 차 고 야

바로 이 때문이었다.

何則?
하 즉

왜냐하면

皆以明小物[37]而不明大物也.
개 이 명 소 물 이 불 명 대 물 야

모두 작은 일에 밝았지 큰일에는 밝지
못했기 때문이다.

今王公大人,
금 왕 공 대 인

지금의 왕공대인들은

有一衣裳不能制也,
유 일 의 상 불 능 제 야

옷 한 가지를 제작할 수 없어

必藉良工;
필 차 량 공

반드시 기술이 뛰어난 재봉공의
도움을 받는다.

有一牛羊不能殺也,
유 일 우 양 불 능 살 야

소나 양 한 마리 잡을 수 없어

必藉良宰.
필 차 량 재

반드시 기술이 뛰어난 백정의 도움을
받는다.

---

34 수(雖): 유(唯)와 통한다.
35 실조(失措): 상실하다.
36 이(已): 이(以)와 통한다.
37 물(物): 여기서 물(物)은 '일' 혹은 '사리(事理)'를 가리킨다.

故當若之二物者,
고 당 약 지 이 물 자

그래서 이와 같은 두 가지 일에
대해서는

王公大人未知³⁸以尙賢使能爲政也.
왕 공 대 인 미 지 이 상 현 사 능 위 정 야

왕공대인들도 모두 현명한 사람들을
숭상하고 능력 있는 사람들을
임용하여 정치를 할 줄 안다.

逮至其國家之亂,
체 지 기 국 가 지 란

그러나 국가의 혼란이나

社稷之危,
사 직 지 위

사직의 위기에 이르러서는

則不知使能以治之.
즉 부 지 사 능 이 치 지

능력 있는 사람들을 임용하여 국가를
다스릴 줄 모른다.

親戚則使之,
친 척 즉 사 지

그들은 친척들을 임용하고

無故富貴·面目佼好³⁹則使之.
무 고 부 귀 면 목 교 호 즉 사 지

국가에 공도 없이 부귀해졌거나
용모가 아름다운 사람들을 임용한다.

夫無故富貴·面目佼好則使之,
부 무 고 부 귀 면 목 교 호 즉 사 지

국가에 공도 없이 부귀해졌거나
용모가 아름다운 사람들을
임용한다면,

豈必智且有慧哉!
기 필 지 차 유 혜 재

어찌 그들에게 반드시 지혜로움이
있겠는가!

若使之治國家,
약 사 지 치 국 가

만약 그들로 하여금 국가를 다스리게
한다면,

則此使不智慧者治國家也,
즉 차 사 부 지 혜 자 치 국 가 야

이는 지혜롭지 못한 사람들로 하여금

---

38 미지(未知): 다른 판본에 개지(皆知)라 하였는데, 이 경우가 맞는 것으로 보인다. 문장의 뜻으
로 보아 미지(未知)는 통하지 않는다.

39 면목교호(面目佼好): 교(佼)는 교(姣)와 통하는데 '아름답다'라는 뜻이다. 면목교호(面目佼
好)는 '용모가 아름답다'라는 의미이다.

국가를 다스리게 하는 것이다.

國家之亂旣可得而知已.
국 가 지 란 기 가 득 이 지 이

이렇게 되면 국가의 혼란은 이미 알 수 있는 것이다.

且夫王公大人有所愛其色而使[40],
차 부 왕 공 대 인 유 소 애 기 색 이 사

게다가 왕공대인들은 그들의 미색을 좋아하기 때문에 그들을 임용하게 되며,

其心不察其知[41]而與其愛.
기 심 불 찰 기 지 이 여 기 애

마음속으로 그들의 지혜는 살피지 않고 그 총애하는 자에게 관직을 주게 된다.

是故不能治百人者,
시 고 불 능 치 백 인 자

이 때문에 일백 명도 다스릴 수 없는 사람을

使處乎千人之官;
사 처 호 천 인 지 관

일천 명을 다스리는 관직에 앉히며,

不能治千人者,
불 능 치 천 인 자

일천 명도 다스릴 수 없는 사람을

使處乎萬人之官.
사 처 호 만 인 지 관

일만 명을 다스리는 관직에 앉힌다.

此其何故也?
차 기 하 고 야

이렇게 하게 되는 까닭은 무엇인가?

曰: 處若官者,
왈 처 약 관 자

이러한 관직에 있는 사람은

爵高而祿厚.
작 고 이 록 후

작위가 높고 봉록이 많다.

故愛其色而使之焉.
고 애 기 색 이 사 지 언

그래서 그의 미색을 좋아하기 때문에 그를 임용하는 것이라고 하였다.

夫不能治千人者,
부 불 능 치 천 인 자

일천 명도 다스릴 수 없는 사람을

---

40 사(使): 손이양은 사(使) 다음에 지(之) 자가 빠졌다고 여겼다.
41 지(知): 지(智)와 통한다.

使處乎萬人之官,
<small>사 처 호 만 인 지 관</small>

일만 명을 다스리는 관직에 앉힌다면

則此官什倍也.
<small>즉 차 관 십 배 야</small>

이 관직은 그의 재능을 10배나
초과하는 것이다.

夫治之法將日至者也,
<small>부 치 지 법 장 일 지 자 야</small>

치국(治國)의 조치는 매일 부단히
시행하는 것으로

日以治之,
<small>일 이 치 지</small>

그들 또한 매일 그 조치를 시행하는데,

日不什修[42],
<small>일 불 십 수</small>

하루의 시간을 그들을 위해 10배
연장할 수는 없다.

知以治之,
<small>지 이 치 지</small>

그들은 단지 지혜로써 조치를
시행하는데,

知不什益.
<small>지 불 십 익</small>

지혜 또한 그들을 위해 10배 증가시킬
수 없다.

而予官什倍,
<small>이 여 관 십 배</small>

그런데 그에게 그의 재능을 10배나
초과하는 관직을 준다면,

則此治一而棄其九矣.
<small>즉 차 치 일 이 기 기 구 의</small>

그는 단지 10분의 1만을 다스리고
10분의 9는 버리게 되는 것이다.

雖日夜相接以治若官,
<small>수 일 야 상 접 이 치 약 관</small>

비록 밤낮을 이어 관부의 일을
다스리더라도

官猶若不治.
<small>관 유 약 불 치</small>

관부의 일은 여전히 다스려지지
않는다.

此其何故也?
<small>차 기 하 고 야</small>

이렇게 되는 까닭은 무엇인가?

則王公大人不明乎以尙賢使能爲政也.
<small>즉 왕 공 대 인 불 명 호 이 상 현 사 능 위 정 야</small>

---

42 수(修): 장(長)의 의미이다.

그것은 왕공대인들이 현명한
사람들을 숭상하고 재능 있는
사람들을 임용하여 정치를 해야 하는
것을 잘 모르기 때문이다.

故以尙賢使能爲政而治者,
고 이 상 현 사 능 위 정 이 치 자

그러므로 현명한 사람들을 숭상하고
재능 있는 사람들을 임용하여 정치를
함으로써 국가를 다스리는 것은

夫若言⁴³之謂也;
부 약 언   지 위 야

내가 앞에서 말한 것과 같으며,

以下賢爲政而亂者,
이 하 현 위 정 이 란 자

현명한 사람들을 무시하고 정치를
하여 국가의 혼란을 초래하게 된다는
것도

若吾言之謂也.
약 오 언 지 위 야

내가 앞에서 말한 것과 같다.

今王公大人,
금 왕 공 대 인

지금의 왕공대인들이

中實將欲治其國家,
중 실 장 욕 치 기 국 가

진정으로 그들의 국가를 다스리려
하고

欲修保而勿失,
욕 수 보 이 물 실

오래도록 보전하여 잃지 않기를
바란다면,

胡不察尙賢爲政之本也?
호 불 찰 상 현 위 정 지 본 야

어찌하여 현명한 사람들을 숭상하는
것이 정치의 근본임을 살피지 않는가?

且以尙賢爲政之本者,
차 이 상 현 위 정 지 본 자

게다가 현명한 사람들을 숭상하는
것이 정치의 근본이 된다는 것이

---

43 부약언(夫若言): 장순일은 "아마도 약부언(若夫言)으로 되어야 할 것 같다. 부(夫)는 일을 가
    리키는 단어이며, 약(若)은 여(如)와 같다. 앞 문장에서 말한 바와 같다는 것을 말한다"라고 하
    였다.

亦豈獨子墨子之言哉!
역 기 독 자 묵 자 지 언 재

또한 어찌 묵자 한 사람만의 말이겠는가!

此聖王之道,
차 성 왕 지 도

이것은 성군의 도리이며,

先王之書『距年』⁴⁴之言也.
선 왕 지 서 거 년 지 언 야

선왕의 책인 『거년』에 나오는 말이다.

傳⁴⁵曰:
전 왈

고서에서

"求聖君哲人,
구 성 군 철 인

"성군과 지혜로운 사람을 찾아

以裨輔而⁴⁶身."
이 비 보 이 신

그대를 보좌토록 하라"라고 하였다.

「湯誓」⁴⁷曰:
탕 서 왈

『상서』「탕서」에서

"聿⁴⁸求元聖⁴⁹,
율 구 원 성

"마침내 대성인을 찾아

與之戮力同心,
여 지 륙 력 동 심

그와 더불어 힘을 다하고 마음을 같이하여

以治天下."
이 치 천 하

천하를 다스렸다"라고 하였다.

則此言聖⁵⁰之不失以尙賢使能爲政也.
즉 차 언 성 지 불 실 이 상 현 사 능 위 정 야

이 말들은 성군들은 현명한 사람들을 숭상하고 능력 있는 사람들을

---

44 거년(距年): 아마도 실전(失傳)된 고서(古書)의 편명(篇名)인 것 같다. 「상현 하」에서는 수년(豎年)이라 하였다.

45 전(傳): 여기서 전(傳)은 '고서'를 가리키는데, 고대의 경(經) 이외의 저작을 모두 전(傳)으로 칭할 수 있다.

46 이(而): 이(爾)와 통하는데 '너, '당신'이라는 의미이다.

47 탕서(湯誓): 『상서(尙書)』의 편명. 그러나 지금 전하는 『상서』「탕서」 중에는 이 말이 없다. 『위고문상서(僞古文尙書)』「탕고(湯誥)」에는 앞 여덟 자가 보이는데, 후인이 『묵자』의 이곳 인용문을 끌어다 보충한 것이다.

48 율(聿): 마침내, 드디어.

49 원성(元聖): 대성인(大聖人).

50 성(聖): 성(聖) 다음에 왕(王) 자가 탈락되어 있다.

임용하여 정치하는 것을 버리지
않았음을 말하고 있다.

故古者聖王唯能審以尙賢使能爲政,
고 고 자 성 왕 유 능 심 이 상 현 사 능 위 정

그래서 옛날 성군들은 신중하게
현명한 사람들을 숭상하고 능력 있는
사람들을 임용하여 정치를 할 수
있었으며,

無異物雜焉,
무 이 물 잡 언

다른 일들이 끼어들지 않아

天下皆得其利.
천 하 개 득 기 리

천하가 모두 그렇게 하여 얻어지는
이익을 얻게 되었던 것이다.

古者舜耕歷山[51],
고 자 순 경 력 산

옛날 순임금은 역산에서 밭을 갈고,

陶[52]河瀕[53],
도 하 빈

황하 가에서 질그릇을 제작하며,

漁雷澤[54],
어 뢰 택

뇌택에서 고기잡이를 하고 있었는데,

堯得之服澤之陽,
요 득 지 복 택 지 양

요임금이 복택의 북쪽에서 그를 찾아

擧以爲天子,
거 이 위 천 자

천자로 등용하고

與接天下之政,
여 접 천 하 지 정

그에게 천하의 정치를 맡겨서

治天下之民.
치 천 하 지 민

천하의 백성들을 다스리게 하였다.

---

51 역산(歷山): 옛 산 이름으로, 산동성(山東省)에 있다. 그러나 구체적 소재지에 대한 견해는 일
치하지 않는다.
52 도(陶): 여기서는 동사로 쓰였는데, '질그릇을 제작하다'라는 뜻이다.
53 하빈(河瀕): 빈(瀕)은 빈(濱)과 같다. 하빈(河瀕)은 '황하(黃河) 가'를 말한다.
54 뇌택(雷澤): 지금의 산동성 하택(菏澤) 동북쪽에 있었다.

伊摯[55], _{이 지}	이윤은
有莘[56]氏女之私臣[57], _{유 신 씨녀지사신}	유신씨 딸이 시집갈 때 따라갔던 노복으로
親爲庖人[58], _{친 위 포 인}	친히 요리사 노릇을 하였는데,
湯得之, _{탕 득 지}	탕임금이 그를 찾아
舉以爲己相, _{거 이 위 기 상}	자신의 재상으로 등용하고
與接天下之政, _{여 접 천 하 지 정}	그에게 천하의 정치를 맡겨서
治天下之民. _{치 천 하 지 민}	천하의 백성들을 다스리게 하였다.
傳說被褐[59]帶索, _{부 열 피 갈 대 소}	부열은 거친 베옷을 입고 새끼로 허리띠를 하고
庸築[60]乎傅巖[61], _{용 축 호 부 암}	부암에서 고용되어 담을 쌓고 있었는데,
武丁得之, _{무 정 득 지}	무정이 그를 찾아
舉以爲三公[62], _{거 이 위 삼 공}	삼공에 등용하고

---

55 이지(伊摯): 이윤(伊尹)을 말한다. 지(摯)는 그의 이름이다.

56 유신(有莘): 옛날 나라 이름으로, 지금의 산동성 조현(曹縣)에 있었다. 탕임금이 유신씨의 딸에게 장가들었다.

57 사신(私臣): 여기서는 '시집갈 때 따라가는 노복'을 뜻한다.

58 포인(庖人): 요리사.

59 피갈(被褐): 피(被)는 피(披)와 같은데, '입다', '걸치다'라는 뜻이다. 갈(褐)은 '거친 베옷'을 말한다.

60 용축(庸築): 용(庸)은 용(傭)과 같으며, 축(築)은 '담을 쌓다'라는 뜻이다.

61 부암(傅巖): 지명으로, 지금의 산서성(山西省) 평륙(平陸) 동쪽에 있었다. 부험(傅險)이라고도 하는데, 지금의 이름은 은현사(隱賢社)이다.

62 삼공(三公): 천자의 재상. 천자를 보좌하여 군정(軍政) 대권을 장악한 최고 관리를 말한다. 주대(周代)에는 태사(太師)·태부(太傅)·태보(太保)를 삼공이라 하였다.

接天下之政,
접 천 하 지 정

그에게 천하의 정치를 맡겨서

治天下之民.
치 천 하 지 민

천하의 백성들을 다스리게 하였다.

此何故始賤卒而貴,
차 하 고 시 천 졸 이 귀

이들은 무슨 까닭으로 처음에는 천한
신분이었다가 끝내는 귀한 신분이
되었으며,

始貧卒而富?
시 빈 졸 이 부

또한 처음에는 가난했다가 끝내는
부유해졌는가?

則王公大人明乎以尙賢使能爲政.
즉 왕 공 대 인 명 호 이 상 현 사 능 위 정

바로 왕공대인들이 현명한 사람들을
숭상하고 능력 있는 사람들을
임용하여 정치를 하는 것에 밝았기
때문이다.

是以民無飢而不得食,
시 이 민 무 기 이 부 득 식

이 때문에 백성들은 굶주리면서도
양식을 구하지 못하거나

寒而不得衣,
한 이 부 득 의

추우면서도 옷을 구하지 못하거나

勞而不得息,
노 이 부 득 식

수고를 하면서도 쉬지를 못하거나

亂而不得治者.
난 이 부 득 치 자

혼란하면서도 다스려지지 못하는 일이
없었다.

故古聖王以⁶³審以尙賢使能爲政,
고 고 성 왕 이　 심 이 상 현 사 능 위 정

그래서 옛날 성군들은 신중하게
현명한 사람들을 숭상하고 능력 있는
사람들을 임용하여 정치를 하였는데,

---

63 이(以): 이 이(以) 자는 없애야 한다.

而取法於天.
이 취 법 어 천

하늘에서 그 법도를 취하였다.

雖⁶⁴天亦不辯⁶⁵貧富·貴賤·遠邇·親疏,
수 천 역 불 변 빈 부 귀 천 원 이 친 소

오로지 하늘만이 빈부와 귀천, 원근과 친소를 분별하지 않고

賢者舉而尙之,
현 자 거 이 상 지

현명한 사람들을 등용하고 숭상하였으며,

不肖者抑而廢之.
불 초 자 억 이 폐 지

못난 사람들을 억제하고 쫓아내었다.

然則富貴爲賢⁶⁶,
연 즉 부 귀 위 현

그렇다면 부귀를 누리면서도 선정을 하여

以得其賞者誰也?
이 득 기 상 자 수 야

하늘의 상을 받았던 자들은 누구인가?

曰: 若昔者三代聖王:
왈 약 석 자 삼 대 성 왕

옛날 삼대의 성군인

堯·舜·禹·湯·文·武者是也.
요 순 우 탕 문 무 자 시 야

요임금, 순임금, 우임금, 탕임금, 문왕, 무왕과 같은 분들이라고 하겠다.

所以得其賞何也?
소 이 득 기 상 하 야

그들이 상을 받았던 까닭은 무엇인가?

曰: 其爲政乎天下也,
왈 기 위 정 호 천 하 야

그들은 천하에 대해 정치를 하면서

兼而愛之,
겸 이 애 지

모든 사람들을 두루 사랑하고

從而利之,
종 이 리 지

나아가 모두를 이롭게 해 주었으며,

又率天下之萬民以尙⁶⁷尊天·事鬼.
우 솔 천 하 지 만 민 이 상 존 천 사 귀

---

64 수(雖): 유(唯)와 같은데 '오로지'라는 뜻이다.

65 변(辯): 변(辨)과 통하는데 '분별하다'라는 의미이다.

66 부귀위현(富貴爲賢): 뒤에 나오는 부귀위포(富貴爲暴)와 비교해 보면 '부귀하면서도 선정을 하다'라는 의미로 해석할 수 있다.

또한 천하의 만백성을 거느리고서
하늘을 존경하고 귀신을 섬겼기
때문이다.

愛利萬民,
<small>애 리 만 민</small>

만백성을 사랑하고 이롭게 하였기에

是故天鬼賞之,
<small>시 고 천 귀 상 지</small>

하늘과 귀신이 그들에게 상을 주고

立爲天子,
<small>입 위 천 자</small>

천자로 세워

以爲民父母,
<small>이 위 민 부 모</small>

백성들의 부모가 되게 하였는데,

萬民從而譽之曰'聖王',
<small>만 민 종 이 예 지 왈 성 왕</small>

만백성은 그 때문에 그들을 칭찬하며
'성군'이라고 하였으니

至今不已.
<small>지 금 불 이</small>

지금까지도 끊이지 않는다.

則此富貴爲賢,
<small>즉 차 부 귀 위 현</small>

이것이 부귀를 누리면서도 선정을 하여

以得其賞者也.
<small>이 득 기 상 자 야</small>

하늘의 상을 받은 것이다.

然則富貴爲暴,
<small>연 즉 부 귀 위 포</small>

그렇다면 부귀를 누리면서도 포악하여

以得其罰者誰也?
<small>이 득 기 벌 자 수 야</small>

하늘의 벌을 받았던 자들은 누구인가?

曰: 若昔者三代暴王:
<small>왈 약 석 자 삼 대 폭 왕</small>

옛날 삼대의 폭군인

桀·紂·幽·厲者是也.
<small>걸 주 유 려 자 시 야</small>

걸왕, 주왕, 유왕, 여왕과 같은
이들이라고 하겠다.

何以知其然也?
<small>하 이 지 기 연 야</small>

어떻게 그들이 그렇게 되었는지
아는가?

曰: 其爲政乎天下也,
<small>왈 기 위 정 호 천 하 야</small>

그들은 천하에 대해 정치를 하면서

---

67 상(尙): 뒤의 후천모귀(詬天侮鬼) 구절과 대구(對句)로 보면, 이 상(尙) 자는 없애는 것이 맞
다. 장순일도 『묵자집해(墨子集解)』에서 상(尙) 자를 없앴다.

兼而憎之,
_{겸 이 증 지}

모든 사람들을 두루 미워하고

從而賊[68]之,
_{종 이 적 지}

나아가 모두를 해쳤으며,

又率天下之民以詬天侮鬼.
_{우 솔 천 하 지 민 이 후 천 모 귀}

또한 천하의 백성들을 거느리고서
하늘을 욕하고 귀신을 모욕하였기
때문이다.

賊傲[69]萬民,
_{적 오 만 민}

만백성을 해치고 죽였기에

是故天鬼罰之,
_{시 고 천 귀 벌 지}

하늘과 귀신이 그들에게 벌을 내려

使身死而爲刑戮,
_{사 신 사 이 위 형 륙}

그들의 몸은 사형을 당하고

子孫離散,
_{자 손 리 산}

자손들은 흩어지고

家室喪滅,
_{가 실 상 멸}

집안은 멸망하고

絶無後嗣,
_{절 무 후 사}

후손은 끊기게 되었는데,

萬民從而非之曰'暴王',
_{만 민 종 이 비 지 왈 폭 왕}

만백성이 그 때문에 그들을 비난하며
'폭군'이라고 하였으니

至今不已.
_{지 금 불 이}

지금까지도 끊이지 않는다.

則此富貴爲暴,
_{즉 차 부 귀 위 포}

이것이 부귀를 누리면서도 포악하여

而以得其罰者也.
_{이 이 득 기 벌 자 아}

하늘의 벌을 받은 것이다.

然則親而不善,
_{연 즉 친 이 불 선}

그렇다면 하늘과 친하면서도 그
행위가 착하지 않아

---

68 적(賊): 여기서는 '해를 입히다'라는 의미로 쓰였다.
69 적오(賊傲): 여기서 오(傲)는 살(殺) 자의 잘못이다. 이 두 자의 고문(古文) 형태가 비슷하여
   잘못 쓴 것이다. 적오(賊傲)는 '해치고 죽이다'라는 뜻이다.

以得其罰者誰也?
이 득 기 벌 자 수 야

하늘의 벌을 받았던 자들은 누구인가?

曰: 若昔者伯鯀[70],
왈 약 석 자 백 곤

옛날 백곤 같은 사람은

帝之元子,[71]
제 지 원 자

천제(天帝)의 자랑스러운
아들이었지만

廢帝之德庸[72],
폐 제 지 덕 용

천제의 공덕을 폐기하였기 때문에

既乃刑於羽[73]之郊,
기 내 형 어 우 지 교

우산(羽山)의 들판에서 형벌을
받았는데,

乃熱照無有及也,
내 열 조 무 유 급 야

그곳은 해와 달이 비치지 않는
곳이었으며,

帝亦不愛.
제 역 불 애

천제 또한 그를 사랑하지 않았다고
한다.

則此親而不善以得其罰者也.
즉 차 친 이 불 선 이 득 기 벌 자 야

이것이 친하면서도 그 행위가 착하지
않아 하늘의 벌을 받은 것이다.

然則天之所使能者誰也?
연 즉 천 지 소 사 능 자 수 야

그렇다면 하늘이 임용한 능력 있는
자들은 누구인가?

曰: 若昔者禹·稷[74]·皐陶[75]是也.
왈 약 석 자 우 직 고 요 시 야

옛날 우임금과 후직(后稷)과 고요 같은

---

70 백곤(伯鯀): 우임금의 아버지로, 요임금의 명령을 받들어 치수(治水)를 하였으나 실패하여 피
살되었다고 전한다.

71 제지원자(帝之元子): 혹자는 제(帝)가 순임금을 가리킨다고 여겼다. 사서(史書)에 의하면,
곤(鯀)은 전욱(顓頊)의 아들이며, 순임금은 전욱의 6대손이라 하였다. 그래서 원자(맏아들)
설은 통하지 않는다. 장순일은 '원자'를 '연장자'의 의미로 보았는데, 이 역시 문제가 있는 견해
이다. 아래 문장으로부터 보면 제(帝)는 '천제(天帝)'를 가리킨다. 그래서 제지원자(帝之元
子)는 '하늘의 자랑스러운 아들'이라고 할 수 있다. 묵자는 여기서 주로 하늘을 존중하고 현명
한 사람들을 숭상하는 것을 강조한 반면, 사서에 의거하여 사실은 캐지 않았다.

72 덕용(德庸): 공덕(功德).

73 우(羽): 우산(羽山)을 가리키는데 지금의 산동성(山東省) 봉래(蓬萊)에 있었다.

사람들이라고 하겠다.

何以知其然也?
하 이 지 기 연 야

어떻게 그들이 그렇게 되었는지
아는가?

先王之書「呂刑」[76]道之曰:
선 왕 지 서 여 형 도 지 왈

선왕의 책인 『상서』 「여형」에 그것에
대해 말하였다.

"皇帝[77]淸問[78]下民,
황 제 청 문 하 민

"천제(天帝)께서 아래의 백성들에게
자세하게 물으시니,

有辭[79]有苗[80],
유 사 유 묘

백성들은 유묘족(有苗族)에 대해
원망하는 말을 하였다.

曰群后[81]之肆[82]在下,
왈 군 후 지 사 재 하

천제께서 제후 및 그 아래 백관들에게

明明不常,[83]
명 명 불 상

밝은 덕을 지닌 사람들을 분명하게
임용하고 상규에 구애받지 말며,

鰥寡不蓋,[84]
환 과 불 개

홀아비나 과부라도 현명하고 덕이
있는 사람은 덮어 두지 말 것이니,

---

74 직(稷): 후직(后稷)으로, 이름은 기(棄)이다. 주(周)나라 사람들의 선조(先祖)이다. 요임금 때
    농관(農官)으로, 경작에 뛰어났다.

75 고요(皐陶): 요임금의 사법관(司法官).

76 여형(呂刑): 『상서』 중의 편명. 그러나 여기에 인용된 문장은 통행본과 약간 다른 점이 있다.

77 황제(皇帝): 정현(鄭玄)은 요임금이라 여겼다. 위에서의 "연즉천지소사능자수야(然則天之
    所使能者誰也?: 그렇다면 하늘이 임용한 능력 있는 자들은 누구인가?)"라는 구절에 의거하
    면 '황제'는 '하늘'로 이해되어야 한다. 여기서 황제는 바로 '천제(天帝)'라고 볼 수 있다.

78 청문(淸問): 상세하게 묻다.

79 사(辭): 원망(怨望)하는 말.

80 유묘(有苗): 고대의 부족 이름. 묘(苗), 삼묘(三苗)라고도 칭하였다.

81 군후(群后): 제후.

82 사(肆): 체(逮)와 같은데, 급(及: 및, 이르다)의 의미를 지니고 있다. 여기서는 '및'이라는 의미로
    보면 된다.

83 명명불상(明明不常): 여기서 명명(明明)은 '밝은 덕을 지닌 사람들을 분명하게 임용하다'라
    는 의미이며, 불상(不常)은 '상규(常規)에 구애받지 않다'라는 뜻이다.

德威維威,
덕 위 유 위

덕이 높음으로써 세워진 위엄이
진정한 위엄이며,

德明維明.
덕 명 유 명

덕이 높음으로써 갖추어진
영명(英明)함이 진정한 영명함이라고
하셨다.

乃名三后⁸⁵,
내 명 삼 후

이에 백이(伯夷)와 우임금과 후직에게
명령하여

恤功⁸⁶於民.
휼 공 어 민

백성들의 일을 걱정토록 하셨다.

伯夷降典⁸⁷,
백 이 강 전

백이는 법전을 제정하여

哲⁸⁸民維刑,
철 민 유 형

형법으로써 백성들을 제어하였으며,

禹平水土,
우 평 수 토

우임금은 물과 땅을 다스려

主名⁸⁹山川.
주 명 산 천

산천의 이름을 제정하였으며,

稷降⁹⁰播種,
직 융 파 종

후직은 파종의 방법을 전수하여

農殖⁹¹嘉穀.
농 식 가 곡

좋은 곡식을 심는 데 힘썼다.

三后成功,
삼 후 성 공

백이와 우임금과 후직의 성공은

---

84 환과불개(鰥寡不蓋): 환(鰥)은 '늙어서 아내가 없는 사람' 즉 '홀아비'를 말하며, 과(寡)는 '늙
   어서 남편이 없는 사람' 즉 '과부'를 가리킨다. 환과불개(鰥寡不蓋)는 '홀아비나 과부라도 현명
   하고 덕이 있는 사람은 덮어 두지 않는다'라는 뜻이다.

85 명삼후(名三后): 여기서 명(名)은 '명령하다'라는 뜻으로 쓰였다. 삼후(三后)는 아래에 나오
   는 '백이(伯夷)와 우임금과 후직'을 가리킨다.

86 휼공(恤功): 여기서 휼(恤)은 '우려하다', 공(功)은 '일'이라는 뜻으로 쓰였다.

87 백이강전(伯夷降典): '백이'는 '순임금의 신하'이다. 강전(降典)은 '법전을 제정하다'라는 뜻이
   다.

88 철(哲): 철(哲)은 절(折)과 같은데 '제어하다'라는 의미이다.

89 주명(主名): 이름을 제정하다.

90 융(隆): 옛날에 융(隆)은 강(降)과 통하였는데, 강(降)은 '전수하다'라는 뜻이다.

91 농식(農殖): 농(農)은 '힘쓰다', 식(殖)은 '심다'라는 뜻이다.

維假⁹²於民."

維假⁹²於民." ←

維假⁹²於民."
유 가 어 민

백성들의 이익에 매우 큰 공헌을
하였다."

則此言三聖人者,
즉 차 언 삼 성 인 자

이는 세 성인이

謹其言,
근 기 언

그들의 말을 삼가고

愼其行,
신 기 행

그들의 행동은 신중히 하며

精其思慮,
정 기 사 려

그들의 생각을 정련되게 하여,

索天下之隱事遺利,
색 천 하 지 은 사 유 리

천하의 숨어 있는 일과 잃어버린
이익을 찾아내어

以上事天,
이 상 사 천

위로 하늘을 섬긴다면,

則天鄉⁹³其德,
즉 천 향 기 덕

하늘은 그들의 덕을 누려서

下施之萬民,
하 시 지 만 민

아래로 만백성에게 베풀어

萬民被其利,
만 민 피 기 리

만백성이 그 이익을 입음이

終身無已.
종 신 무 이

종신토록 그치지 않았다는 것을
말하고 있다.

故先王之言曰:
고 선 왕 지 언 왈

그래서 선왕은

"此道⁹⁴也,
차 도 야

"이 도리를

大用之,
대 용 지

큰 곳에 사용하면

天下則不窕⁹⁵;
천 하 즉 부 조

천하는 부족하지 않고,

---

92 가(假): '하(瑕)'와 통하는데 '크다'라는 의미이다.
93 향(鄕): 향(亨)과 통하는데 '누리다'라는 뜻이다.
94 차도(此道): 현명한 사람들을 숭상하고 능력 있는 사람들을 임용하는 도리.

小用之,
소 용 지

則不困;
즉 불 곤

작은 곳에 사용하면

곤궁해지지 않으며,

修⁹⁶用之,
수 용 지

則萬民被其利,
즉 만 민 피 기 리

終身無已.”
종 신 무 이

길게 사용하면

만백성이 그 이익을 입음이

종신토록 그치지 않는다”라고 하였다.

「周頌」⁹⁷道之曰:
주 송 도 지 왈

『시경』「주송」에서 말하였다.

“聖人之德,
성 인 지 덕

若天之高,
약 천 지 고

若地之普⁹⁸,
약 지 지 보

其有昭於天下也.
기 유 소 어 천 하 야

若地之固,
약 지 지 고

若山之承⁹⁹,
약 산 지 승

不坼¹⁰⁰不崩.
불 탁 불 붕

若日之光,
약 일 지 광

“성인의 덕행이

하늘과 같이 높고

땅과 같이 넓게

천하에 드러나네.

땅과 같이 단단하고

산과 같이 이어져 있어

갈라지지도 않고 무너지지도 않네.

해와 같이 빛나고

---

95 조(窕): 부족하다. 결핍되다.

96 수(修): 길다.

97 주송(周頌): 『시경』 중의 「주송」을 일컫는데, 여기에 인용된 시구는 통행본 『시경』 속에는 보이지 않는다. 아마도 일시(逸詩)일 것이다. 유월은 이 시구에 잘못이 있다고 보고 마땅히 “성인지덕소어천하, 약천지고, 약지지보, 약지지고, 약산지승, 불탁불붕, 약일지광, 약월지명, 여천지동상(聖人之德昭於天下, 若天之高, 若地之普, 若地之固, 若山之承, 不坼不崩, 若日之光, 若月之明, 與天地同常)”으로 바꿔야 한다고 하였다.

98 보(普): 넓고 크다.

99 승(承): 끊이지 않고 이어져 있다.

100 탁(坼): 갈라지다.

若月之明,
약 월 지 명

달과 같이 밝아

與天地同常."
여 천 지 동 상

천지와 함께 영원하네."

則此言聖人之德,
즉 차 언 성 인 지 덕

이는 성인의 덕행이

章明博大,
장 명 박 대

현저하고도 넓고 크며

埴固[101],
식 고

견고하여

以修[102]久也.
이 수 구 야

장구(長久)하다는 것을 말하고 있다.

故聖人之德,
고 성 인 지 덕

그래서 성인의 덕행은

蓋總乎天地者也.
개 총 호 천 지 자 야

대개 천지의 미덕(美德)을 총합하고
있는 것이다.

今王公大人欲王天下,
금 왕 공 대 인 욕 왕 천 하

지금의 왕공대인들이 천하의 왕
노릇을 하고

正[103]諸侯,
정 제 후

제후들을 거느리고 싶어 하는데

夫無德義,
부 무 덕 의

덕행과 도의가 없다면

將何以哉?
장 하 이 재

무엇으로 이 바람을 실현하겠는가?

其說將必挾震威強.
기 설 장 필 협 진 위 강

그들은 반드시 자신들의 위세와
강권으로 협박해야 한다고 말한다.

今王公大人將焉取挾震[104]威強哉?
금 왕 공 대 인 장 언 취 협 진 위 강 재

---

101 식고(埴固): 식(埴)은 원래 '찰흙'을 가리킨다. 식고(埴固)는 인신(引伸)되어 '견고하다'라는
     뜻으로 쓰였다.
102 수(修): 길다.
103 정(正): 여기서는 '우두머리가 되다'라는 의미이다. 같은 편의 주 17 참조.
104 진(震): 진(振)과 같다.

지금의 왕공대인들은 어떻게 자신들의 위세와 강권으로 협박하는 이 방식을 취하였는가?

傾者¹⁰⁵民之死也.
경 자　　민 지 사 야

이 방식은 백성들을 죽음으로 몰고 말 것이다.

民生爲甚欲,
민 생 위 심 욕

백성들이란 생존은 매우 바라지만

死爲甚憎,
사 위 심 증

죽음은 몹시 싫어한다.

所欲不得而所憎屢至,
소 욕 부 득 이 소 증 루 지

바라는 것은 얻지 못하고 싫어하는 것이 누차 닥치게 되는데,

自古及今,
자 고 급 금

옛날부터 지금까지

未有嘗能有以此王天下·正諸侯者也.
미 유 상 능 유 이 차 왕 천 하　정 제 후 자 야

이렇게 하여 천하의 왕 노릇을 하고 제후들을 거느릴 수 있었던 경우는 일찍이 없었다.

今大人欲王天下,
금 대 인 욕 왕 천 하

지금의 왕공대인들이 천하의 왕 노릇을 하고,

正諸侯,
정 제 후

제후들을 거느리고 싶어 하며,

將欲使意得乎天下,
장 욕 사 의 득 호 천 하

자신의 바람을 천하에 실현하고,

名成乎後世,
명 성 호 후 세

자신의 이름을 후세에 전하고 싶어 한다면,

故¹⁰⁶不察尙賢爲政之本也?
고　　불 찰 상 현 위 정 지 본 야

어찌 현명한 사람들을 숭상하는 것이

---

105 자(者): 손이양은 자(者)는 저(諸)를 간략하게 쓴 것이라고 하였다. 저(諸)는 지어(之於)와 같다.

106 고(故): 호(胡)와 통하는데 '어찌'라는 의미이다.

정치의 근본임을 살피지 않는〈

此聖人之厚行也.
차 성 인 지 후 행 야

이것이 곧 성인들의 높고 깊은
덕행이다.

상현 하 제10편

(尙賢下第十)

子墨子言曰:
자 묵 자 언 왈

　묵자께서 말씀하셨다.

"天下之王公大人皆欲其國家之富也,
천 하 지 왕 공 대 인 개 욕 기 국 가 지 부 야

　"천하의 왕공대인들은 모두 그들의
　국가가 부유해지고

人民之衆也,
인 민 지 중 야

　백성들이 많아지고

刑法之治也,
형 법 지 치 야

　형법이 잘 다스려지기를 바란다.

然而不識以尙賢爲政其國家百姓,
연 이 불 식 이 상 현 위 정 기 국 가 백 성

　그러나 현명한 사람들을 숭상하는
　것으로 그들의 국가와 백성들을
　다스릴 줄 모르니,

王公大人本失尙賢爲政之本也.
왕 공 대 인 본 실 상 현 위 정 지 본 야

　왕공대인들은 본래부터 현명한
　사람들을 숭상하는 것으로 정치를
　한다는 근본을 잃어버렸다.

若苟王公大人本失尙賢爲政之本也,
약 구 왕 공 대 인 본 실 상 현 위 정 지 본 야

　만약 왕공대인들이 본래부터 현명한

사람들을 숭상하는 것으로 정치를 한다는 근본을 잃어버렸다면,

則不能毋¹擧物示之乎?
즉 불 능 무 거 물 시 지 호

사례를 들어서 그들에게 보여 줄 수가 없겠는가?

今若有一諸侯於此,
금 약 유 일 제 후 어 차

지금 만약 한 제후가 여기에 있는데,

爲政其國家也,
위 정 기 국 가 야

그의 국가를 다스리면서

曰: '凡我國能射御之士,
왈 범 아 국 능 사 어 지 사

'우리나라의 활 잘 쏘고 수레 잘 모는 사람들에게

我將賞貴之,
아 장 상 귀 지

나는 상을 주고 그들을 존귀(尊貴)하게 할 것이며,

不能射御之士,
불 능 사 어 지 사

활 못 쏘고 수레 못 모는 사람들에게

我將罪賤之.'
아 장 죄 천 지

나는 그 죄에 대해 나무라고 그들을 빈천(貧賤)하게 할 것이다'라고 하였다 하자.

問於若國²之士,
문 어 약 국 지 사

이 나라 사람들 중에

孰喜孰懼?
숙 희 숙 구

누가 기뻐하고 누가 두려워하겠는지를 묻는다면,

我以爲必能射御之士喜,
아 이 위 필 능 사 어 지 사 희

나는 반드시 활 잘 쏘고 수레 잘 모는 사람들은 기뻐할 것이며,

不能射御之士懼.
불 능 사 어 지 사 구

활 못 쏘고 수레 못 모는 사람들은 두려워할 것이라고 생각한다.

---

1 무(毋): 어조사로 뜻이 없다.

2 약국(若國): 이 나라.

我賞³因而誘之矣,
아 상 인 이 유 지 의

나는 진일보하여 추론을 시도하면서

曰: '凡我國之忠信之士,
왈 범 아 국 지 충 신 지 사

'우리나라의 충성스럽고 믿음이 있는 사람들에게

我將賞貴之;
아 장 상 귀 지

나는 상을 주고 그들을 존귀하게 할 것이며,

不忠信之士,
불 충 신 지 사

충성스럽지 못하고 믿음이 없는 사람들에게

我將罪賤之.'
아 장 죄 천 지

나는 그 죄에 대해 나무라고 그들을 빈천하게 할 것이다'라고 하자.

問於若國之士,
문 어 약 국 지 사

이 나라 사람들 중에

孰喜孰懼?
숙 희 숙 구

누가 기뻐하고 누가 두려워하겠는지를 묻는다면,

我以爲必忠信之士喜,
아 이 위 필 충 신 지 사 희

나는 반드시 충성스럽고 믿음이 있는 사람들은 기뻐할 것이며,

不忠不信之士懼.
불 충 불 신 지 사 구

충성스럽지 못하고 믿음이 없는 사람들은 두려워할 것이라고 생각한다.

今惟毋⁴以尙賢爲政其國家百姓,
금 유 무 이 상 현 위 정 기 국 가 백 성

지금 현명한 사람들을 숭상하는 것으로 그들의 국가와 백성들을 다스려,

---

3 상(賞): 손이양은 상(賞)은 상(嘗)으로 되어야 한다고 하였다. 여기서 상(嘗)은 '시도하다', '시험삼아 해 보다'라는 의미를 가지고 있다. 『묵자』에는 상(嘗) 자를 대부분 상(賞)으로 잘못 쓰고 있다.

4 유무(惟毋): 어조사로 뜻이 없다.

使國⁵爲善者勸,
사 국 위 선 자 권

나라 안의 선한 행동을 하는 사람들을 권면(勸勉)하고

爲暴者沮,
위 폭 자 저

포악한 짓을 하는 사람들을 제지(制止)하면서,

大以爲政於天下,
대 이 위 정 어 천 하

크게는 이것으로 천하를 다스려

使天下之爲善者勸,
사 천 하 지 위 선 자 권

천하의 선한 행동을 하는 사람들을 권면하고

爲暴者沮.
위 폭 자 저

포악한 짓을 하는 사람들을 제지한다.

然昔吾所以貴堯·舜·禹·湯·文·武之道者,
연 석 오 소 이 귀 요 순 우 탕 문 무 지 도 자

그렇다면 우리가 옛날의 요임금, 순임금, 우임금, 탕임금, 문왕, 무왕의 도를 존귀하게 여기는

何故以哉?
하 고 이 재

까닭은 무엇인가?

以其唯毋臨衆發政而治民,
이 기 유 무 림 중 발 정 이 치 민

그들은 군중을 대면하여 정령(政令)을 발하고 백성들을 다스리는 데에 있어

使天下之爲善者可而⁶勸也,
사 천 하 지 위 선 자 가 이 권 야

천하의 선한 행동을 하는 사람들을 권면할 수 있고

爲暴者可而沮也.
위 폭 자 가 이 저 야

포악한 짓을 하는 사람들을 제지할 수 있기 때문이다.

然則此尙賢者也,
연 즉 차 상 현 자 야

그러하니 현명한 사람들을 숭상한다는 이 일은

---

5 국(國): 아래 구절 중의 사천하지위선자권(使天下之爲善者勸)에 의거하면, 국(國) 자 다음에 지(之) 자가 탈락되었다고 볼 수 있다.
6 가이(可而): 여기서 이(而)는 이(以)와 같으므로 가이(可而)는 가이(可以)와 같다.

與堯·舜·禹·湯·文·武之道同矣.
여 요 순 우 탕 문 무 지 도 동 의

> 요임금, 순임금, 우임금, 탕임금, 문왕,
> 무왕의 도와 같은 것이다.

而今天下之士君子[7],
이 금 천 하 지 사 군 자

> 지금 천하의 관리들은

居處言語皆尙賢,
거 처 언 어 개 상 현

> 평소 이야기를 할 때에는 모두 현명한
> 사람들을 숭상하는 것을 알고 있으나,

逮至其臨衆發政而治民,
체 지 기 림 중 발 정 이 치 민

> 그들이 군중을 대면하여 정령(政令)을
> 발하고 백성들을 다스리는 데에
> 이르러서는

莫知尙賢而使能,
막 지 상 현 이 사 능

> 현명한 사람들을 숭상하며 능력 있는
> 사람들을 임용하는 것을 모르니,

我以此知天下之士君子,
아 이 차 지 천 하 지 사 군 자

> 나는 이 때문에 천하의 관리들이

明於小而不明於大也.
명 어 소 이 불 명 어 대 야

> 작은 일에는 밝으나 큰일에는 밝지
> 못하다는 사실을 알게 되었다.

何以知其然乎?
하 이 지 기 연 호

> 어떻게 그들이 그러했음을 아는가?

今王公大人,
금 왕 공 대 인

> 지금 왕공대인들은

有一牛羊之財[8]不能殺,
유 일 우 양 지 재 불 능 살

> 소나 양이 한 마리 있으나 잡을 수
> 없으면

必索良宰;
필 색 량 재

> 반드시 기술이 좋은 백정을 찾으며,

有一衣裳之財不能制,
유 일 의 상 지 재 불 능 제

> 옷감이 한 가지 있으나 옷을 만들 수

---

7   사군자(士君子): 여기서는 '관리(官吏)'를 가리킨다.
8   재(財): 필원은 재(材)와 같다고 하였다.

없으면

必索良工.
필색량공

반드시 기술이 좋은 재봉공을 찾을
것이다.

當王公大人之於此也,
당왕공대인지어차야

왕공대인들은 이러한 때에

雖有骨肉之親·無故富貴·面目美好者,
수유골육지친 무고부귀 면목미호자

비록 골육의 친척이나 공이 없이
부귀를 누리는 사람들이나 용모가
아름다운 사람들이 있더라도,

實知其不能也,
실지기불능야

그들이 그러한 일들을 할 수 없음을
확실히 안다면

不使之也,
불사지야

반드시 그들을 부리지 않을 것이다.

是何故?
시하고

이것은 무엇 때문인가?

恐其敗財也.
공기패재야

그들이 그러한 물건들을 망칠까 봐
두려워서이다.

當王公大人之於此也,
당왕공대인지어차야

왕공대인들은 이러한 때에

則不失尙賢而使能.
즉불실상현이사능

현명한 사람들을 숭상하고 능력 있는
사람들을 임용하는 것을 잊어버리지
않고 있는 것이다.

王公大人有一罷馬⁹不能治,
왕공대인유일피마 불능치

왕공대인들은 병든 말이 한 마리
있으나 치료할 수 없으면

必索良醫;
필색량의

반드시 기술이 좋은 의사를 찾으며,

---

9 피마(罷馬): 피(疲)와 통하는데 '피로하다'라는 뜻이다. 여기서 피마(疲馬)는 '피로하여 병이
   든 말'이라는 의미이다.

一危弓不能張,
일 위 궁 불 능 장

당기기 어려운 활이 하나 있는데 당길 수가 없으면

必索良工.
필 색 량 공

반드시 기술이 좋은 장인(匠人)을 찾을 것이다.

當王公大人之於此也,
당 왕 공 대 인 지 어 차 야

왕공대인들은 이러한 때에

雖有骨肉之親 · 無故富貴 · 面目美好者,
수 유 골 육 지 친   무 고 부 귀   면 목 미 호 자

비록 골육의 친척이나 공이 없이 부귀를 누리는 사람들이나 용모가 아름다운 사람들이 있더라도,

實知其不能也,
실 지 기 불 능 야

그들이 그러한 일들을 할 수 없음을 확실히 안다면,

必不使.
필 불 사

반드시 그들을 부리지 않을 것이다.

是何故?
시 하 고

이것은 무엇 때문인가?

恐其敗財也.
공 기 패 재 야

그들이 그러한 물건들을 망칠까 봐 두려워서이다.

當王公大人之於此也,
당 왕 공 대 인 지 어 차 야

왕공대인들은 이러한 때에

則不失尙賢而使能.
즉 불 실 상 현 이 사 능

현명한 사람들을 숭상하고 능력 있는 사람들을 임용하는 것을 잊어버리지 않고 있는 것이다.

逮至其國家則不然,
체 지 기 국 가 즉 불 연

그들의 국가를 다스림에 있어서는 그렇지 않다.

王公大人骨肉之親 · 無故富貴 · 面目美好者,
왕 공 대 인 골 육 지 친   무 고 부 귀   면 목 미 호 자

왕공대인들은 골육의 친척이나 공이 없이 부귀를 누리는 사람들이나

용모가 아름다운 사람들이면

則擧之,
즉 거 지

모두 등용한다.

則王公大人之親其國家也,
즉 왕 공 대 인 지 친 기 국 가 야

이처럼 왕공대인들이 그들의 국가를 사랑하는 것은

不若親其一危弓·罷馬·衣裳·牛羊之財與!
불 약 친 기 일 위 궁　피 마　의 상　우 양 지 재 여

당기기 어려운 활이나 병든 말 그리고 옷이나 소·양을 사랑하는 것만 못하다.

我以此知天下之士君子皆明於小,
아 이 차 지 천 하 지 사 군 자 개 명 어 소

나는 이 때문에 천하의 관리들이 작은 일에는 밝으나

而不明於大也.
이 불 명 어 대 야

큰일에는 밝지 못하다는 사실을 알게 되었다.

此譬猶瘖者而使爲行人[10],
차 비 유 음 자 이 사 위 행 인

이것은 비유하면 벙어리를 사신으로 임용하며

聾者而使爲樂師.
농 자 이 사 위 악 사

귀머거리를 악사로 임용하는 것과 같다.

是故古之聖王之治天下也,
시 고 고 지 성 왕 지 치 천 하 야

이 때문에 옛날의 성군들이 천하를 다스리는 데에 있어,

其所富,
기 소 부

그들이 부유하게 해 준 사람들이나

其所貴,
기 소 귀

귀하게 해 준 사람들은

---

10 행인(行人): 옛날에 외국으로 파견되어 나간 사신을 행인(行人)이라 불렀다.

未必王公大人骨肉之親·無故富貴·面目美好者也.
미 필 왕 공 대 인 골 육 지 친　무 고 부 귀　면 목 미 호 자 야

반드시 왕공대인들의 골육 친척이나
공이 없이 부귀를 누리는 사람들이나
용모가 아름다운 사람들은 아니었다.

是故昔者舜耕於歷山,
시 고 석 자 순 경 어 력 산

옛날 순임금은 역산에서 밭을 갈고

陶於河瀕,
도 어 하 빈

황하 가에서 질그릇을 굽고

漁於雷澤,
어 어 뇌 택

뇌택에서 고기잡이를 하고

灰[11]於常陽[12],
회 어 상 양

항산의 북쪽에서 장사를 하였는데,

堯得之服澤之陽,
요 득 지 복 택 지 양

요임금이 복택의 북쪽에서 그를 얻어

立爲天子,
입 위 천 자

천자로 세우고

使接天下之政,
사 접 천 하 지 정

그에게 천하의 정치를 맡겨서

而治天下之民.
이 치 천 하 지 민

천하의 백성들을 다스리게 하였다.

昔伊尹爲莘氏[13]女師僕[14],
석 이 윤 위 신 씨　녀 사 복

옛날 이윤은 유신씨 딸이 시집갈 때
따라갔던 노복으로,

使爲庖人,
사 위 포 인

요리사 노릇을 하였는데,

湯得而擧之,
탕 득 이 거 지

탕임금이 그를 얻어

立爲三公,
입 위 삼 공

삼공으로 삼고

使接天下之政,
사 접 천 하 지 정

그에게 천하의 정치를 맡겨서

---

11 회(灰): 유월은 회(灰)는 아마도 판(反) 자의 잘못인 것 같으며, 판(反)은 판(販)의 가차자(假借字)라고 하였다. 판(販)은 '장사하다'라는 의미이다.

12 상양(常陽): 필원은 아마도 항산(恒山)의 북쪽인 것 같다고 하였다.

13 신씨(莘氏): 유신씨(有莘氏)를 가리킨다.

14 사복(師僕): 유월은 "사(師)는 마땅히 사(私)가 되어야 하는데, 소리로 인한 잘못이다. 복(僕)은 신(臣)과 같다"라고 하였다. 사신(私臣)은 '시집갈 때 따라가는 노복'을 뜻한다.

治天下之民.
치 천 하 지 민

천하의 백성들을 다스리게 하였다.

昔者傅說居北海之洲[15],
석 자 부 열 거 북 해 지 주

옛날 부열은 북해지주의

園土[16]之上,
환 토 지 상

감옥에 살면서

衣褐帶索,
의 갈 대 삭

베옷을 입고 새끼로 허리띠를 하고

庸築於傅巖之城,
용 축 어 부 암 지 성

부암의 성을 쌓는 일에 고용되었는데,

武丁得而擧之,
무 정 득 이 거 지

무정이 그를 등용하여

立爲三公,
입 위 삼 공

삼공으로 삼고

使之接天下之政,
사 지 접 천 하 지 정

그에게 천하의 정치를 맡겨서

而治天下之民.
이 치 천 하 지 민

천하의 백성들을 다스리게 하였다.

是故昔者堯之擧舜也,
시 고 석 자 요 지 거 순 야

그러므로 옛날 요임금이 순임금을
등용한 것이나

湯之擧伊尹也,
탕 지 거 이 윤 야

탕임금이 이윤을 등용한 것이나

武丁之擧傅說也,
무 정 지 거 부 열 야

무정이 부열을 등용한 것이

豈以爲骨肉之親·無故富貴·面目美好哉?
기 이 위 골 육 지 친 무 고 부 귀 면 목 미 호 재

어찌 골육의 친척이나 공이 없이
부귀를 누리는 사람들이나 용모가
아름다운 사람들이었기
때문이겠는가?

惟法其言,
유 법 기 언

오직 그들의 말을 법도로 삼고

用其謀,
용 기 모

그들의 계책을 이용하며

---

15 북해지주(北海之洲): 옛 지명.

16 환토(園土): 감옥.

行其道,
<small>행 기 도</small>

그들의 도를 실행함으로써,

上可而利天,
<small>상 가 이 리 천</small>

위로는 하늘을 이롭게 할 수 있었고

中可而利鬼,
<small>중 가 이 리 귀</small>

중간으로는 귀신을 이롭게 할 수
있었으며

下可而利人,
<small>하 가 이 리 인</small>

아래로는 사람들을 이롭게 할 수가
있었기 때문이다.

是故推而上之.
<small>시 고 추 이 상 지</small>

그래서 현명한 사람들을 높이
받들었던 것이다.

古者聖王旣審尙賢欲以爲政,
<small>고 자 성 왕 기 심 상 현 욕 이 위 정</small>

옛날의 성군들은 이미 현명한
사람들을 숭상하는 것으로 정치를 할
줄 알았기 때문에

故書之竹帛,
<small>고 서 지 죽 백</small>

그러한 사실을 죽편과 비단에다 쓰고

琢之槃盂[17],
<small>탁 지 반 우</small>

쟁반과 사발에다 새겨

傳以遺後世子孫.
<small>전 이 유 후 세 자 손</small>

후세의 자손들에게 전하여 남겨
주었다.

於先王之書「呂刑」之書然.
<small>어 선 왕 지 서 여 형 지 서 연</small>

선왕의 책인 『상서』「여형」에 다음과
같이 쓰여 있다.

王曰:
<small>왕 왈</small>

선왕이 말하였다.

'於[18]!
<small>오</small>

'아!

來!
<small>래</small>

오시오!

---

17 반우(槃盂): 반(槃)은 반(盤)과 같은데 '쟁반'이라는 뜻이다. 우(盂)는 '사발'이라는 의미이다.
18 오(於): 여기서는 감탄사로 쓰였다.

| 有國有土, | 나라를 가지고 있거나 봉지(封地) |
| 유 국 유 토 | 가지고 있는 자들이여! |

| 告女¹⁹訟刑²⁰, | 그대들에게 공정한 형법을 알려 |
| 고 여 송 형 | 주겠소. |

告女¹⁹訟刑²⁰,
고 여 송 형

그대들에게 공정한 형법을 알려 주겠소.

在今而²¹安百姓,
재 금 이 안 백 성

지금 그대들이 백성들을 편안하게 하려면,

女何擇?
여 하 택

그대들은 무엇을 선택해야겠소?

言人²²?
언 인

현명한 사람들이 아니겠소?

何敬?
하 경

무엇을 공경해야겠소?

不刑?
불 형

형벌이 아니겠소?

何度²³?
하 탁

무엇을 헤아려야겠소?

不及²⁴?'
불 급

현명한 사람들을 숭상하는 요구에 도달하는 것이 아니겠소?'

能擇人而敬爲刑,
능 택 인 이 경 위 형

현명한 사람들을 선택할 수 있고 형벌을 공경히 사용하면

堯·舜·禹·湯·文·武之道可及也.
요 순 우 탕 문 무 지 도 가 급 야

요임금, 순임금, 우임금, 탕임금, 문왕, 무왕의 도에 도달할 수 있다.

---

19 여(女): 여(汝)와 같다.
20 송형(訟刑): 송(訟)은 공(公)과 통한다. 공형(公刑)은 '공정한 형법'을 뜻한다.
21 이(而): 이(爾)와 통하는데 여(汝)와 같이 2인칭이다.
22 하택언인(何擇言人): 『상서』에서는 하택비인(何擇非人)이라 하였는데, 언(言)은 부(否)의 잘못이며, 부(否)는 비(非)와 같다. 여기서 인(人)은 '현명한 사람'을 가리킨다.
23 탁(度): 헤아리다, 사고하다.
24 급(及): '현명한 사람들을 숭상하는 요구에 도달하다'라는 의미이다.

何也?
하 야

그것은 왜인가?

則以尙賢及之.
즉 이 상 현 급 지

현명한 사람들을 숭상하는 것으로 그들에게 미치려고 했기 때문이다.

於先王之書『豎年』之言然,
어 선 왕 지 서 수 년 지 언 연

선왕의 책인 『수년』에 다음과 같이 쓰여 있다.

曰: '晞[26]夫聖·武·知[27]人,
왈 희 부 성 무 지 인

'성인·무사·지혜로운 자들을 찾아

以屛輔[28]而身.'
이 병 보 이 신

그대 자신을 보좌하게 하라'라고 하였다.

此言先王之治天下也,
차 언 선 왕 지 치 천 하 야

이것은 선왕들이 천하를 다스리는 데에 있어

必選擇賢者以爲其群屬[29]輔佐.
필 선 택 현 자 이 위 기 군 속 보 좌

반드시 현명한 사람들을 선택하여 그 신하들의 보좌로 삼았음을 말하는 것이다.

曰: 今也天下之士君子,
왈 금 야 천 하 지 사 군 자

지금 천하의 관리들은

皆欲富貴而惡貧賤.
개 욕 부 귀 이 오 빈 천

모두 부귀해지기를 바라면서 빈천함을 싫어한다.

曰: 然.
왈 연

그렇다.

女何爲而得富貴而辟貧賤?
여 하 위 이 득 부 귀 이 피 빈 천

그러면 당신은 어떻게 부귀함을 얻고 빈천함을 피할 수 있겠는가?

---

25 수년(豎年):「상현 중」주 44 참조
26 희(晞): 희(睎) 자로 해야 하는데 '바라보다', '바라다'라는 의미이다.
27 지(知): 지(智)와 같다.
28 병보(屛輔): 병(屛)은 비(裨)와 통하는데 '돕다'라는 뜻이다. 즉, 병보(屛輔)는 '보좌하다'라는 의미이다.
29 군속(群屬): 각종 고급 관원, 여러 신하들.

莫若爲賢.
막 약 위 현

현명한 사람이 되는 것보다 ~~~
것이 없다.

爲賢之道將奈何?
위 현 지 도 장 내 하

현명한 사람이 되는 도리는 어떠한
것인가?

曰: 有力者疾以助人,
왈 유 력 자 질 이 조 인

역량이 있는 사람은 재빨리 남을 돕고

有財者勉以分人,
유 재 자 면 이 분 인

재물이 있는 사람은 힘써 그것을
남에게 나눠 주고

有道者勸以敎人.
유 도 자 권 이 교 인

높은 도덕성이 있는 사람은 힘써 남을
가르치면 된다.

若此則飢者得食,
약 차 즉 기 자 득 식

이와 같이 되면 굶주린 자들은 먹을
것을 얻을 수 있고,

寒者得衣,
한 자 득 의

추운 자들은 옷을 얻을 수 있으며,

亂者得治.
난 자 득 치

어지러운 것들은 다스려질 수 있다.

若飢則得食,
약 기 즉 득 식

만약 굶주린 자들이 먹을 것을 얻을 수
있고,

寒則得衣,
한 즉 득 의

추운 자들이 옷을 얻을 수 있으며,

亂則得治,
난 즉 득 치

어지러운 것들이 다스려질 수 있다면

此安30生生31.
차 안 생 생

이는 곧 천하의 사람들이 생계를
유지할 수 있게 되는 것이다.

今王公大人其所富,
금 왕 공 대 인 기 소 부

지금의 왕공대인들이 부유하게 해 준

---

30 안(安): 내(乃)와 같은데 '곧', '이에'라는 뜻이다.
31 생생(生生): 생존. 생계를 유지하다.

사람들이나

其所貴,
기 소 귀

귀하게 해 준 사람들은

皆王公大人骨肉之親·無故富貴·面目美好者也.
개 왕 공 대 인 골 육 지 친   무 고 부 귀   면 목 미 호 자 야

모두 왕공대인들의 골육 친척이나

공이 없이 부귀를 누리는 사람들이나

용모가 아름다운 사람들이다.

今王公大人骨肉之親·無故富貴·面目美好者,
금 왕 공 대 인 골 육 지 친   무 고 부 귀   면 목 미 호 자

지금 왕공대인들의 골육 친척이나

공이 없이 부귀를 누리는 사람들이나

용모가 아름다운 사람들이

焉故[32]必知[33]哉!
언 고   필 지   재

어떻게 반드시 지혜로울 수 있겠는가!

若不知,
약 부 지

만약 지혜롭지 않은데

使治其國家,
사 치 기 국 가

그들로 하여금 국가를 다스리게
한다면,

則其國家之亂可得而知也.
즉 기 국 가 지 란 가 득 이 지 야

그 국가가 혼란에 빠질 것임은
분명하게 알 수 있을 것이다.

今天下之士君子,
금 천 하 지 사 군 자

지금 천하의 관리들은

皆欲富貴而惡貧賤.
개 욕 부 귀 이 오 빈 천

모두 부귀해지기를 바라고 빈천함을
싫어한다.

然女何爲而得富貴,
연 여 하 위 이 득 부 귀

그러면 어떻게 부귀함을 얻고

而辟貧賤哉?
이 피 빈 천 재

빈천함을 피할 수 있겠는가?

---

32 언고(焉故): 하고(何故)와 같은데, '무엇 때문에', '어째서'라는 의미이다.

33 지(知): 지(智)와 통한다.

曰: 莫若爲王公大人骨肉之親 · 無故富貴 · 面目美好者,
왈 막약위왕공대인골육지친 무고부귀 면목미호자

왕공대인들의 골육 친척이나 공이 없이 부귀를 누리는 사람이나 용모가 아름다운 사람이 되는 것보다 더 좋은 것이 없다고 하겠다.

此非可學能者也.
차 비 가 학 능 자 야

이들은 배워서 될 수가 없다.

使³⁴不知辯³⁵,
사 부지변

만약 분별할 줄 모르면

德行之厚若禹 · 湯 · 文 · 武,
덕 행 지 후 약 우 탕 문 무

설사 덕행의 심후(深厚)함이 우임금· 탕임금·문왕·무왕과 같더라도

不加得也.
불 가 득 야

임용될 수 없을 것이다.

王公大人骨肉之親,
왕 공 대 인 골 육 지 친

왕공대인들의 골육 친척이면

躄³⁶ · 瘖 · 聾,
벽 음 롱

절름발이·벙어리·귀머거리이면서

暴爲桀 · 紂,
포 위 걸 주

포악하기가 걸왕·주왕과 같더라도

不加失也.
불 가 실 야

그 직위를 잃어버리지 않을 것이다.

是故以賞不當賢,
시 고 이 상 부 당 현

그래서 상을 받는 자는 진정 현명한 사람이 아니며,

罰不當暴,
벌 부 당 포

벌을 받는 자 역시 진정 포악한 사람이 아니다.

其所賞者已無故矣,
기 소 상 자 이 무 고 의

그들이 상을 주는 사람은 공이 없으며,

其所罰者亦無罪.
기 소 벌 자 역 무 죄

그들이 벌을 주는 사람 역시 죄가 없다.

---

34 사(使): 만약, 가령.
35 변(辯): 변(辨)과 통하는데 '분별하다'라는 뜻이다.
36 벽(躄): 절름발이.

是以使百姓皆攸心³⁷解體,
시 이 사 백 성 개 유 심 해 체

그리하여 백성들의 마음을 흩어지게
하고,

沮以爲善,
저 이 위 선

그들이 착한 짓을 하는 것을
저애(沮礙)하며,

垂³⁸其股肱之力,
수 기 고 굉 지 력

그들로 하여금 수족(手足)으로 힘쓰는
일을 포기토록 하여

而不相勞來³⁹也;
이 불 상 노 래 야

다른 사람들을 힘써 돕지도 않을
것이다.

腐臭餘財,
부 취 여 재

남는 재물이 썩어 냄새가 나더라도

而不相分資也;
이 불 상 분 자 야

서로 그 재물을 나누어 주지 않을
것이다.

隱慝⁴⁰良道,
은 닉 량 도

훌륭한 도를 숨긴 채

而不相教誨也.
이 불 상 교 회 야

서로 가르쳐 주지 않을 것이다.

若此,
약 차

이와 같이 되면

則飢者不得食,
즉 기 자 부 득 식

굶주린 자들은 먹을 것을 얻을 수
없으며,

寒者不得衣,
한 자 부 득 의

추운 자들은 옷을 얻을 수 없으며,

亂者不得治.
난 자 부 득 치

어지러운 것들은 다스려질 수 없다.

推而上之以.⁴¹
추 이 상 지 이

---

37 유심(攸心): 왕환표는 유(攸)는 아마 산(散) 자의 형태로 인한 잘못인 것 같다고 하였다.

38 수(垂): 사(舍)로 되어야 한다.

39 노래(勞來): 왕환표는 내(來)는 내(勑)와 통한다고 하였다. 노래(勞勑)는 '힘써 돕다'라는 뜻이다.

40 닉(慝): 닉(匿) 자의 이문(異文)으로, '숨다'라는 뜻이다.

是故昔者堯有舜,
시 고 석 자 요 유 순

그래서 옛날 요임금에게는 순이 있었고,

舜有禹,
순 유 우

순임금에게는 우가 있었으며,

禹有皐陶,
우 유 고 요

우임금에게는 고요가 있었고,

湯有小臣[42],
탕 유 소 신

탕임금에게는 이윤이 있었으며,

武王有閎夭·泰顚·南宮括[43]·散宜生[44],
무 왕 유 굉 요 태 전 남 궁 괄 산 의 생

무왕에게는 굉요, 태전, 남궁괄, 산의생이 있어서

而天下和,
이 천 하 화

천하는 평화로웠고

庶民阜[45].
서 민 부

백성들은 풍족하였다.

是以近者安之,
시 이 근 자 안 지

이 때문에 가까운 곳에 있는 사람들은 안정을 얻게 되었으며,

遠者歸之.
원 자 귀 지

먼 곳에 있는 사람들은 그에게로 귀의(歸依)하게 되었다.

日月之所照,
일 월 지 소 조

해와 달이 비치는 곳,

舟車之所及,
주 거 지 소 급

배와 수레가 닿는 곳,

雨露之所漸[46],
우 로 지 소 점

비와 이슬이 내리는 곳,

---

41 추이상지이(推而上之以): 이 다섯 자는 연문으로, 삭제해야 한다.

42 소신(小臣): '이윤(伊尹)'을 가리킨다.

43 남궁괄(南宮括): 무왕의 신하. 자세한 사적은 알 수 없다.

44 산의생(散宜生): 서주(西周) 초에 문왕의 신하였으나, 후에 무왕을 도와 주왕(紂王)을 멸망시켰다.

45 부(阜): 풍족하다.

46 점(漸): 적시다, 젖다.

粒食[47]之所養,
입식 지소양

양식으로 살아가는 곳에서

得此莫不勸譽.
득 차 막 불 권 예

이러한 현명한 사람들을 얻으면 권면(勸勉)하거나 칭찬하지 않는 사람이 없을 것이다.

且今天下之王公大人士君子,
차 금 천 하 지 왕 공 대 인 사 군 자

지금 천하의 왕공대인들과 관리들이

中實將欲爲仁義,
중 실 장 욕 위 인 의

진심으로 인의를 행하고 싶어 하며,

求爲上士[48],
구 위 상 사

현명한 사람들을 구하여

上欲中聖王之道,
상 욕 중 성 왕 지 도

위로는 성군들의 도에 부합되기를 바라며,

下欲中國家百姓之利,
하 욕 중 국 가 백 성 지 리

아래로는 국가와 백성들의 이익에 부합되기를 바란다면

故尙賢之爲說,
고 상 현 지 위 설

현명한 사람들을 숭상해야 한다는 설에 대해서

而不可不察此者也.
이 불 가 불 찰 차 자 야

잘 살피지 않을 수 없다.

尙賢者,
상 현 자

현명한 사람들을 숭상하는 것은

天鬼百姓之利,
천 귀 백 성 지 리

하늘과 귀신 그리고 백성들에게 이익이 되며,

而政事之本也!"
이 정 사 지 본 야

정사(政事)의 근본이다!"

---

47 입식(粒食): 식립(食粒)이다. 여기서 입(粒)은 '곡식'을 가리킨다. 식립(食粒)은 '양식을 먹다'라는 의미이다.

48 상사(上士): 도덕이 고상한 현명한 사람.

권 3

상동 상 제11편
(尙同上第十一)

子墨子言曰:
자 묵 자 언 왈

묵자께서 말씀하셨다.

"古者民始生,
고 자 민 시 생

"옛날 인간들이 막 생겨나

未有刑政之時,
미 유 형 정 지 시

형법(刑法)과 정무(政務)가 없었을
때에는

蓋其語人異義[1].
개 기 어 인 이 의

대개 그들이 하는 말은 사람마다
도리가 달랐다.

是以一人則一義,
시 이 일 인 즉 일 의

이 때문에 한 사람이면 곧 한 가지
도리가 있었으며,

二人則二義,
이 인 즉 이 의

두 사람이면 곧 두 가지 도리가
있었으며,

十人則十義,
십 인 즉 십 의

열 사람이면 곧 열 가지 도리가
있었으니

其人茲[2]衆,
기 인 자 중

사람이 많아질수록

---

1   의(義): 여기서는 '도리', '견해', '의견'이라는 뜻으로 쓰였다.
2   자(茲): 자(滋)와 통하는데 '더욱'이라는 의미이다.

其所謂義者亦茲衆.
기 소 위 의 자 역 자 중

그들이 말하는 도리 또한 많아졌다.

是以人是其義,
시 이 인 시 기 의

이 때문에 사람들은 자신의 도리는
옳다고 하면서

以非人之義,
이 비 인 지 의

다른 사람의 도리는 틀렸다고
하였으니,

故交相非也.
고 교 상 비 야

그래서 서로 비난하게 되었다.

是以內者父子兄弟作怨惡,
시 이 내 자 부 자 형 제 작 원 오

이 때문에 가정 내부에서는 부자나
형제간에 원망하고 미워하게 되어

離散不能相和合.
이 산 불 능 상 화 합

마음이 흩어져 서로 화합할 수 없게
되었다.

天下之百姓,
천 하 지 백 성

천하의 백성들은

皆以水火毒藥相虧害,
개 이 수 화 독 약 상 휴 해

모두 물과 불과 독약으로 서로 해치니

至有餘力不能以相勞,
지 유 여 력 불 능 이 상 노

남는 힘이 있더라도 서로 도와주지
못하고,

腐殕³餘財不以相分,
부 후 여 재 불 이 상 분

남아도는 재물이 썩어 빠져도 서로
나누어 주지 않으며,

隱匿良道不以相教,
은 닉 량 도 불 이 상 교

훌륭한 도를 숨긴 채 서로 가르쳐 주지
않는 지경에 이르게 되어

天下之亂,
천 하 지 란

천하의 혼란은

若禽獸然.
약 금 수 연

마치 금수와 같았다.

---

3 후(殕): 썩다.

夫明虖[4]天下之所以亂者,
부 명 호 천 하 지 소 이 란 자

천하가 혼란해지는 까닭을 밝혀 보면

生於無政長[5].
생 어 무 정 장

통치자가 없기 때문이다.

是故選天下之賢可者[6],
시 고 선 천 하 지 현 가 자

그래서 천하의 현명하고 능력이 있는
사람을 선발하여

立以爲天子.
입 이 위 천 자

천자로 내세운다.

天子立,
천 자 립

천자가 세워졌어도

以其力爲未足,
이 기 력 위 미 족

그의 역량으로는 부족하기에

又選擇天下之賢可者,
우 선 택 천 하 지 현 가 자

또 천하의 현명하고 능력이 있는
사람을 선발하여

置立之以爲三公.
치 립 지 이 위 삼 공

삼공으로 내세운다.

天子三公旣以[7]立,
천 자 삼 공 기 이 립

천자와 삼공이 이미 세워졌어도

以天下爲博大,
이 천 하 위 박 대

천하가 넓고 크기 때문에

遠國異土之民,
원 국 이 토 지 민

먼 나라 다른 지역의 백성들이나

是非利害之辯[8],
시 비 리 해 지 변

시비·이해의 분별에 대해

不可一二[9]而明知,
불 가 일 이 이 명 지

하나하나 분명하게 알 수 없었다.

故畫[10]分萬國[11],
고 화 분 만 국

그래서 많은 제후국으로

---

4 호(虖): 호(乎)와 같다.
5 정장(政長): 정(政)은 정(正)과 같은데, 정장(政長)은 '통치자' 혹은 '행정 장관'을 가리킨다.
6 현가자(賢可者): 현명하고 능력이 있는 사람.
7 이(以): 이(已)와 같다.
8 변(辯): 변(辨)과 통한다.
9 일이(一二): '일일(一一)'의 잘못이다.
10 화(畫): 획(劃)과 통한다.
11 만국(萬國): 많은 제후국.

획분(劃分)하고

立諸侯國君.
입 제 후 국 군

제후국의 국군(國君)을 세운다.

諸侯國君旣已立,
제 후 국 군 기 이 립,

제후국의 국군이 이미 세워졌어도

以其力爲未足,
이 기 력 위 미 족,

그의 역량으로는 부족하기에

又選擇其國之賢可者,
우 선 택 기 국 지 현 가 자,

또 그 제후국의 현명하고 능력이 있는 사람들을 선발하여

置立之以爲正長.
치 립 지 이 위 정 장,

각급 행정 장관으로 내세운다.

正長旣已具,
정 장 기 이 구,

각급 행정 장관들이 이미 갖추어졌으면,

天子發政於天下之百姓,
천 자 발 정 어 천 하 지 백 성,

천자는 천하의 백성들에게 정령을 발포하여

言曰:
언 왈

말한다.

'聞善而[12]不善,
문 선 이 불 선,

'좋은 것을 듣든 나쁜 것을 듣든

皆以告其上.
개 이 고 기 상.

모두 위에다 보고하라.

上之所是,
상 지 소 시,

위에서 옳다고 여기는 것은

必皆是之;
필 개 시 지

반드시 모두 옳다고 여기며,

所非,
소 비

그르다고 여기는 것은

必皆非之.
필 개 비 지.

반드시 모두 그르다고 여겨라.

上有過則規諫之,
상 유 과 즉 규 간 지

위에서 과오가 있으면 그것을 올바르게 간(諫)하며,

---

12 이(而): 여(與)와 같다.

下有善則傍[13]薦之.
하 유 선 즉 방 천 지

아래에서 선행이 있으면 ⊃
추천하라.

上同而不下比[14]者,
상 동 이 불 하 비 자

모든 것을 위와 일치시키고 아래와
결탁하지 않는 자,

此上之所賞,
차 상 지 소 상

이자는 위에서 상을 주고

而下之所譽也.
이 하 지 소 예 야

아래에서 칭찬할 것이다.

意若[15]聞善而不善,
의 약 문 선 이 불 선

만약 좋은 것이든 나쁜 것이든 듣고도

不以告其上,
불 이 고 기 상

위에다 보고하지 않으며,

上之所是,
상 지 소 시

위에서 옳다고 여기는 것을

弗能是,
불 능 시

옳다고 여기지 못하고

上之所非,
상 지 소 비

그르다고 여기는 것을

弗能非,
불 능 비

그르다고 여기지 못하며,

上有過弗規諫,
상 유 과 불 규 간

위에서 과오가 있어도 올바르게
간하지 않고,

下有善弗傍薦,
하 유 선 불 방 천

아래에 선행이 있어도 조사하여
추천하지 않으며,

下比不能上同者,
하 비 불 능 상 동 자

아래와 결탁하여 위와 일치시키지
못하는 자,

此上之所罰,
차 상 지 소 벌

이자는 위에서 벌을 주고

而百姓所毀也.'
이 백 성 소 훼 야

백성들이 비난할 것이다.'

---

13 방(傍): 방(訪)과 통하는데 '조사하다', '탐문하다'라는 의미이다.
14 비(比): 무리를 짓다, 결탁하다.
15 의약(意若): 만약.

以此爲賞罰,
상 이 차 위 상 벌

위에서는 이 정령에 의거하여 상벌을
행사(行使)하는 데에

甚明察以審信.
심 명 찰 이 심 신

대단히 밝게 살피며 깊은 믿음이 있다.

是故里長16者,
시 고 이 장 자

그래서 이장은

里之仁人也.
이 지 인 인 야

마을에서 가장 어진 사람이다.

里長發政里之百姓,
이 장 발 정 리 지 백 성

이장은 마을의 백성들에게 정령을
발포하여

言曰:
언 왈

말한다.

'聞善而不善,
문 선 이 불 선

'좋은 것을 듣든 나쁜 것을 듣든

必以告其鄕長.
필 이 고 기 향 장

반드시 향장에게 보고하라.

鄕長之所是,
향 장 지 소 시

향장이 옳다고 여기는 것은

必皆是之;
필 개 시 지

반드시 모두 옳다고 여기며,

鄕長之所非,
향 장 지 소 비

그르다고 여기는 것은

必皆非之.
필 개 비 지

반드시 모두 그르다고 여겨라.

去若17不善言,
거 약 불 선 언

그대들의 선하지 않은 말을 버리고

學鄕長之善言.
학 향 장 지 선 언

향장의 선한 말을 배우며,

去若不善行,
거 약 불 선 행

그대들의 선하지 않은 행동을 버리고

學鄕長之善行.
학 향 장 지 선 행

향장의 선한 행동을 배우라.

---

16 이장(里長): 아래 문장에서 보면 향장(鄕長)의 하속(下屬)이다.

17 약(若): 너, 당신, 그대.

則鄉何說以亂哉?'
즉 향 하 설 이 란 재

그렇게 한다면 고을이 어떻게 혼란해질 수 있겠는가?'

察鄉之所治者何也?
찰 향 지 소 치 자 하 야

고을이 다스려지는 까닭이 무엇인지 살펴보면,

鄉長唯能壹同鄉之義,
향 장 유 능 일 동 향 지 의

향장이 오로지 고을의 의견을 통일할 수 있기 때문에

是以鄉治也.
시 이 향 치 야

고을이 다스려지는 것이다.

鄉長者,
향 장 자

향장은

鄉之仁人也.
향 지 인 인 야

고을에서 가장 어진 사람이다.

鄉長發政鄉之百姓,
향 장 발 정 향 지 백 성

향장은 고을의 백성들에게 정령을 발포하여

言曰:
언 왈

말한다.

'聞善而不善者,
문 선 이 불 선 자,

'좋은 것을 듣든 나쁜 것을 듣든

必以告國君.
필 이 고 국 군

반드시 국군에게 보고하라.

國君之所是,
국 군 지 소 시

국군이 옳다고 여기는 것은

必皆是之;
필 개 시 지

반드시 모두 옳다고 여기며,

國君之所非,
국 군 지 소 비

그르다고 여기는 것은

必皆非之.
필 개 비 지

반드시 모두 그르다고 여겨라.

去若不善言,
거 약 불 선 언

그대들의 선하지 않은 말을 버리고

學國君之善言,
학 국 군 지 선 언

국군의 선한 말을 배우며,

去若不善行,
거 약 불 선 행

그대들의 선하지 않은 행동을 버리고

國君之善行.
국군지선행

국군의 선한 행동을 배우라.

則國何說以亂哉?'
즉국하설이란재

그렇게 한다면 나라가 어떻게
혼란해질 수 있겠는가?'

察國之所以治者何也?
찰국지소이치자하야

나라가 다스려지는 까닭이 무엇인지
살펴보면,

國君唯能壹同國之義,
국군유능일동국지의

국군이 오로지 나라의 의견을 통일할
수 있기 때문에

是以國治也.
시이국치야

나라가 다스려지는 것이다.

國君者,
국군자

국군은

國之仁人也.
국지인인야

나라에서 가장 어진 사람이다.

國君發政國之百姓,
국군발정국지백성

국군은 나라의 백성들에게 정령을
발포하여

言曰:
언왈

말한다.

'聞善而不善,
문선이불선

'좋은 것을 듣든 나쁜 것을 듣든

必以告天子.
필이고천자

반드시 천자에게 보고하라.

天子之所是,
천자지소시

천자가 옳다고 여기는 것은

皆是之;
개시지

반드시 모두 옳다고 여기며,

天子之所非,
천자지소비

그르다고 여기는 것은

皆非之.
개비지

반드시 모두 그르다고 여겨라.

去若不善言,
거약불선언

그대들의 선하지 않은 말을 버리고

學天子之善言,
학 천 자 지 선 언

천자의 선한 말을 배우며,

去若不善行,
거 약 불 선 행

그대들의 선하지 않은 행동을 버려.

學天子之善行,
학 천 자 지 선 행

천자의 선한 행동을 배우라.

則天下何說以亂哉?'
즉 천 하 하 설 이 란 재

그렇게 한다면 천하가 어떻게
혼란해질 수 있겠는가?'

察天下之所以治者何也?
찰 천 하 지 소 이 치 자 하 야

천하가 다스려지는 까닭이 무엇인지
살펴보면,

天子唯能壹同天下之義,
천 자 유 능 일 동 천 하 지 의

천자가 오로지 천하의 도리를 통일할
수 있기 때문에

是以天下治也.
시 이 천 하 치 야

천하가 다스려지는 것이다.

天下之百姓皆上同[18]於天子,
천 하 지 백 성 개 상 동　　 어 천 자

천하의 백성들은 모두 천자의 도리와
통일되는 것을 숭상하나

而不上同於天,
이 불 상 동 어 천

하늘의 도리와 통일되는 것을
숭상하지 않으므로,

則菑[19]猶未去也.
즉 재 유 미 거 야

재난이 여전히 가시지 않고 있는
것이다.

今若天飄風[20]苦雨[21],
금 약 천 표 풍　 고 우

지금 만약 하늘이 폭풍과 장맛비를

溱溱[22]而至者,
진 진　 이 지 자

많이 오게 한다면,

---

18 상동(上同): 상동(尙同)과 같은데, '사회 각 계층의 생각·뜻·의견·도리가 국군 및 천자와 통일
　　되는 것을 숭상하다'라는 의미이다.
19 재(菑): 재(災)와 같다.
20 표풍(飄風): 폭풍.
21 고우(苦雨): 장맛비.
22 진진(溱溱): 바람과 비가 많은 모양.

此天之所以罰百姓之不上同於天者也."
차 천 지 소 이 벌 백 성 지 불 상 동 어 천 자 야

이것은 백성들이 하늘의 도리와
통일되는 것을 숭상하지 않는 것을
하늘이 징벌하기 때문인 것이다."

是故子墨子言曰:
시 고 자 묵 자 언 왈

그래서 묵자께서 말씀하셨다.

"古者聖王爲五刑[23],
고 자 성 왕 위 오 형

"옛날 성군들은 다섯 가지 형벌을
제정하여

請[24]以治其民,
청 이 치 기 민

확실히 그의 백성들을 다스렸으니,

譬若絲縷之有紀[25],
비 약 사 루 지 유 기

비유를 하면 실타래에 실마리가 있고

罔罟[26]之有綱,
망 고 지 유 강

그물에 벼리가 있는 것과 같아서,

所連收[27]天下之百姓不尙同其上者也."
소 련 수 천 하 지 백 성 불 상 동 기 상 자 야

천하의 백성들이 그들의 윗사람의
도리와 통일되는 것을 숭상하지 않는
것을 규제하는 데 사용하였다."

---

23 오형(五刑): 이마에 먹으로 글자를 새기는 묵형(墨刑), 코를 베는 의형(劓刑), 발꿈치를 베는
    비형(剕刑), 거세하는 궁형(宮刑), 사형을 시키는 대벽(大辟).
24 청(請): 손이양은 청(請)은 성(誠)과 통한다고 하였는데, 여기서는 '확실하다'라는 뜻으로 쓰였
    다.
25 기(紀): 단서(端緒), 즉 실마리.
26 망고(罔罟): 망(罔)은 망(網)과 같으며, 고(罟)도 망(網: 그물)의 총칭이다.
27 소련수(所連收): 유월은 소(所) 다음에 이(以) 자가 탈락되었다고 하였다. 연수(連收)는 '제어
    하다'라는 뜻이다.

상동 중 제12편
(尙同中第十二)

子墨子曰:
자 묵 자 왈

묵자께서 말씀하셨다.

"方今之時,
방 금 지 시

"지금,

復古之民始生,
복 고 지 민 시 생

옛날 인간들이 처음 생겨나

未有正長之時,
미 유 정 장 지 시

통치자가 없었을 때로 돌아가 보면,

蓋其語曰'天下之人異義'.
개 기 어 왈 천 하 지 인 이 의

대개 그들은 '천하의 사람들은 각기
서로 다른 도리가 있다'라고 말했다.

是以一人一義,
시 이 일 인 일 의

이 때문에 한 사람이면 한 가지 도리가
있었고,

十人十義,
십 인 십 의

열 사람이면 열 가지 도리가 있었으며,

百人百義,
백 인 백 의

백 사람이면 백 가지 도리가 있었으니,

其人數玆衆,
기 인 수 자 중

사람이 많아질수록

其所謂義者亦玆衆.
기 소 위 의 자 역 자 중

그들이 말하는 도리 또한 많아졌다.

是以人是其義,
시 이 인 시 기 의

이 때문에 사람들은 자신의 도리는
옳다고 하면서

非人之義,
비 인 지 의

다른 사람의 도리는 틀렸다고
하였으니,

故相交非[1]也.
고 상 교 비 야

그래서 서로 비난하게 되었다.

內之父子兄弟作怨讐,
내 지 부 자 형 제 작 원 수

가정 내부에서는 부자나 형제간에
원수가 되어

皆有離散之心,
개 유 리 산 지 심

모두 마음이 흩어져

不能相和合.
불 능 상 화 합

서로 화합할 수 없게 되었다.

至乎舍餘力不以相勞,
지 호 사 여 력 불 이 상 로

남는 힘이 있더라도 내버려 두고 서로
도와주지 못하고,

隱匿良道不以相教,
은 닉 량 도 불 이 상 교

훌륭한 도리를 숨긴 채 서로 가르쳐
주지 않으며,

腐朽餘財不以相分,
부 후 여 재 불 이 상 분

남아도는 재물이 썩어 빠져도 서로
나누어 주지 않는 지경에 이르게 되어

天下之亂也,
천 하 지 란 야

천하는 혼란스럽게 되고

至如禽獸然.
지 여 금 수 연

심지어 금수와 같게 되었다.

無君臣上下長幼之節,
무 군 신 상 하 장 유 지 절

임금과 신하, 윗사람과 아랫사람,
어른과 어린아이 사이의 예절과

父子兄弟之禮,
부 자 형 제 지 례

부자와 형제 사이의 예의가 없으니,

是以天下亂焉.
시 이 천 하 란 언

이 때문에 천하는 혼란스럽게 되었다.

明乎民之無正長以一同天下之義,
명 호 민 지 무 정 장 이 일 동 천 하 지 의

---

1 상교비(相交非):「상동 상」편에 의거하여 교상비(交相非)라고 하는 것이 맞다.

백성들이 통치자 없이 천하의 도리를
통일시키려고 하면

而天下亂也,
이 천 하 란 야

천하가 혼란스럽게 된다는 사실을
알았기에

是故選擇天下賢良聖知辯慧之人,
시 고 선 택 천 하 현 량 성 지 변 혜 지 인

천하의 현명하고 덕행이 있으며
총명하고 예지가 있으며 분명하게
판별하고 지혜롭게 살피는 사람을
선택하여

立以爲天子
입 이 위 천 자

천자로 내세워,

使從事乎一同天下之義.
사 종 사 호 일 동 천 하 지 의

천하의 도리를 통일시키는 일에
종사하도록 하였다.

天子旣以立矣,
천 자 기 이 립 의

천자가 이미 세워졌으나,

以爲唯其耳目之請[2],
이 위 유 기 이 목 지 청

오직 그의 귀와 눈으로만 정황(情況)을
파악하기에는 한계가 있어

不能獨一同天下之義.
불 능 독 일 동 천 하 지 의

혼자서는 천하의 도리를 통일시킬 수
없었다.

是故選擇天下贊閱[3]賢良聖知[4]辯慧[5]之人,
시 고 선 택 천 하 찬 열 현 량 성 지 변 혜 지 인

그래서 천하의 현명하고 덕행이 있으며

---

2 청(請): 정(情)으로 하는 것이 맞다. 고대에는 청(請) 자와 정(情) 자의 형태가 비슷하여 통용을
많이 하였다.

3 찬열(贊閱): 앞의 문장 시고선택천하현량성지변혜지인(是故選擇天下賢良聖知辯慧之
人)에 의거하면 이 두 자는 아마도 연문(衍文)인 듯하다.

4 지(知): 지(智)와 통한다.

5 변혜(辯慧): 여기서 변(辯)은 변(辨)과 통한다. 변혜(辯慧)는 '분명하게 판별하고 지혜롭게 살
피다'라는 뜻으로 쓰였다.

총명하고 예지가 있으며 분명하게
판별하고 지혜롭게 살피는 사람들을
선택하여

置以爲三公,
치 이 위 삼 공

삼공의 자리에 앉히고

與從事乎一同天下之義.
여 종 사 호 일 동 천 하 지 의

함께 천하의 도리를 통일시키는 일에
종사하였다.

天子三公旣已立矣,
천 자 삼 공 기 이 립 의

천자와 삼공이 이미 세워졌으나

以爲天下博大,
이 위 천 하 박 대

천하는 넓고 크며

山林遠土之民,
산 림 원 토 지 민

산림 속이나 먼 지방의 백성들까지

不可得而一也,
불 가 득 이 일 야

통일시킬 수 없으니,

是故靡分[6]天下,
시 고 미 분 천 하

이 때문에 천하를 획분하여

設以爲萬諸侯國君,
설 이 위 만 제 후 국 군

여러 제후국의 국군들을 두어

使從事乎一同其國之義.
사 종 사 호 일 동 기 국 지 의

그 나라의 도리를 통일시키는 일에
종사하도록 하였다.

國君旣已立矣,
국 군 기 이 립 의

국군이 이미 세워졌으나

又以爲唯其耳目之請,
우 이 위 유 기 이 목 지 청

또한 오직 그의 귀와 눈으로만 정황을
파악하기에는 한계가 있어

不能一同其國之義.
불 능 일 동 기 국 지 의

혼자서는 그 나라의 도리를 통일시킬
수 없었다.

是故擇其國之賢者,
시 고 택 기 국 지 현 자

이 때문에 그 나라 안의 현명한
사람들을 선택하여

---

6   미분(靡分): 여기서 미(靡)는 역(歷)의 오자(誤字)인데, 역(歷)은 이(離)와 같은 뜻이다. 그래
      서 미분(靡分)은 '나누다', '분산하다'라는 뜻을 지닌다.

置以爲左右將軍大夫[7],
치 이 위 좌 우 장 군 대 부

좌우경대부 자리에 앉혔으며,

以遠[8]至乎鄉里之長,
이 원 지 호 향 리 지 장

향리의 우두머리에 이르기까지

與從事乎一同其國之義.
여 종 사 호 일 동 기 국 지 의

함께 그 나라의 도리를 통일시키는
일에 종사하였다.

天子 · 諸侯之君 · 民之正長,
천 자 제 후 지 군 민 지 정 장

천자, 제후국의 국군, 백성들의
우두머리가

旣已定矣,
기 이 정 의

이미 정해지면,

天子爲發政施敎曰:
천 자 위 발 정 시 교 왈

천자는 정령을 발포하고 백성들에게
가르침을 베풀면서 말한다.

'凡聞見善者,
법 문 견 선 자

'좋은 것을 들어도

必以告其上;
필 이 고 기 상

반드시 위에다 보고하고,

聞見不善者,
문 견 불 선 자

나쁜 것을 들어도

亦必以告其上.
역 필 이 고 기 상

반드시 위에다 보고하라.

上之所是,
상 지 소 시

위에서 옳다고 여기는 것은

亦必是之;
역 필 시 지

반드시 옳다고 여기며,

上之所非,
상 지 소 비

위에서 그르다고 여기는 것도

亦必非之.
역 필 비 지

반드시 그르다고 여겨라.

---

7 장군대부(將軍大夫): 손이양은 '장군'은 '경(卿)'을 말한다고 하였다. 그러므로 장군대부(將軍大夫)는 '경대부(卿大夫)'를 일컫는다.

8 원(遠): 손이양은 원(遠)은 체(逮)가 되어야 하는데, 형태가 비슷하여 생긴 잘못이라고 하였다. 체(逮)는 '미치다'라는 의미이다.

己有善傍薦之,
기 유 선 방 천 지

자신의 주위에 선행이 있으면
조사하여 추천하며,

上有過規諫之.
상 유 과 규 간 지

위에서 과오가 있으면 그것을
올바르게 간하라.

尙同義[9]其上,
상 동 의 기 상

위와 통일시키려는 것을 숭상하고

而毋有下比之心.
이 무 유 하 비 지 심

아래와 결탁하려는 마음을 지녀서는
안 된다.

上得則賞之,
상 득 즉 상 지

위에서 그런 사람을 알게 되면 상을
주고

萬民聞則譽之.
만 민 문 즉 예 지

만백성이 들으면 칭찬할 것이다.

意若聞見善,
의 약 문 견 선

만약 좋은 것을 듣고 보고도

不以告其上,
불 이 고 기 상

위에다 보고하지 않고

聞見不善,
문 견 불 선

나쁜 것을 듣고 보고도

亦不以告其上,
역 불 이 고 기 상

위에다 보고하지 않으며,

上之所是不能是,
상 지 소 시 불 능 시

위에서 옳다고 여기는 것을 옳다고
여기지 않고

上之所非不能非,
상 지 소 비 불 능 비

그르다고 여기는 것을 그르다고
여기지 않으며,

己有善不能傍薦之,
기 유 선 불 능 방 천 지

자신의 주위에 선행이 있어도
조사하여 추천하지 못하고

上有過不能規諫之,
상 유 과 불 능 규 간 지

위에서 과오가 있어도 올바르게
간하지 못하며,

---

9 의(義): 어조사 호(乎)의 오자.

下此而非其上者,
_{하 차 이 비 기 상 자}

아래와 결탁하여 위를 비난하는 자,

上得則誅罰之,
_{상 득 즉 주 벌 지}

위에서 그런 사람을 알게 되면 벌을 주고

萬民聞則非毀之.'
_{만 민 문 즉 비 훼 지}

만백성이 들으면 비난할 것이다.'

故古者聖王之爲刑政賞譽也,
_{고 고 자 성 왕 지 위 형 정 상 예 야}

그래서 옛날 성군들은 형법과 정령을 제정하여 상벌을 행사하였는데,

甚明察以審信.
_{심 명 찰 이 심 신}

대단히 밝게 살폈으며 깊은 믿음이 있었다.

是以擧天下之人,
_{시 이 거 천 하 지 인}

그래서 천하의 사람들은

皆欲得上之賞譽,
_{개 욕 득 상 지 상 예}

모두 위의 상과 칭찬을 바라나,

而畏上之毀罰.
_{이 외 상 지 훼 벌}

위의 비난과 벌은 두려워한다.

是故里長順天子政,
_{시 고 리 장 순 천 자 정}

이 때문에 이장은 천자의 정령을 따르고

而一同其里之義.
_{이 일 동 기 리 지 의}

그 마을의 의견을 통일시킨다.

里長旣同其里之義,
_{이 장 기 동 기 리 지 의}

이장이 이미 그 마을의 의견을 통일시켰으면,

率其里之萬民,
_{솔 기 리 지 만 민}

그 마을의 만백성을 거느리고

以尙同乎鄕長,
_{이 상 동 호 향 장}

향장의 의견과 통일시키기를 숭상하면서

曰:
_왈

말한다.

'凡里之萬民,
_{범 리 지 만 민}

'마을의 만백성은

皆尙¹⁰同乎鄕長,
개 상 동 호 향 장

모두 위로는 향장과 통일되고

而不敢下比.
이 불 감 하 비

아래와는 감히 결탁하지 않는다.

鄕長之所是,
향 장 지 소 시

향장이 옳다고 여기는 것도

必亦是之;
필 역 시 지

반드시 옳다고 여기며,

鄕長之所非,
향 장 지 소 비

향장이 그르다고 여기는 것도

必亦非之.
필 역 비 지

반드시 그르다고 여겨라.

去而不善言,
거 이 불 선 언

선하지 않은 말을 버리고

學鄕長之善言;
학 향 장 지 선 언

향장의 선한 말을 배우며,

去而不善行,
거 이 불 선 행

선하지 않은 행동을 버리고

學鄕長之善行.
학 향 장 지 선 행

향장의 선한 행동을 배우라.

鄕長固鄕之賢者也,
향 장 고 향 지 현 자 야

향장은 본래 고을의 현명한 사람으로,

擧鄕人以法鄕長,
거 향 인 이 법 향 장

전 고을의 사람들이 향장을 본받으니,

夫鄕何說而不治哉?'
부 향 하 설 이 불 치 재

고을이 어찌 다스려지지 않는다고
말하겠는가?'

察鄕長之所以治鄕者,
찰 향 장 지 소 이 치 향 자

향장이 고을을 다스리는 까닭이

何故之以也?
하 고 지 이 야

무엇인지 살펴보면,

曰: 唯以其能一同其鄕之義,
왈 유 이 기 능 일 동 기 향 지 의

오로지 향장이 그 고을의 의견을
통일시킬 수 있기 때문에

是以鄕治.
시 이 향 치

고을이 다스려진다는 것이다.

---

10 상(尙): 다음에 나오는 문장 상동호국군(上同乎國君), 상동호천자(上同乎天子)에 의거하면
   상(上)이 맞다.

鄉長治其鄉,
_{향 장 치 기 향}

향장이 그 고을을 다스림에 있어

而鄉既已治矣,
_{이 향 기 이 치 의}

그 고을이 이미 다스려졌으면,

有¹¹率其鄉萬民,
_{유 솔 기 향 만 민}

또한 그 고을의 만백성을 거느리고

以尙同乎國君,
_{이 상 동 호 국 군}

국군의 의견과 통일시키기를
숭상하면서

曰:
_왈

말한다.

'凡鄉之萬民,
_{범 향 지 만 민}

'고을의 만백성은

皆上同乎國君,
_{개 상 동 호 국 군}

모두 위로는 국군과 통일되고

而不敢下比.
_{이 불 감 하 비}

아래와는 감히 결탁하지 않는다.

國君之所是,
_{국 군 지 소 시}

국군이 옳다고 여기는 것도

必亦是之;
_{필 역 시 지}

반드시 옳다고 여기며,

國君之所非,
_{국 군 지 소 비}

국군이 그르다고 여기는 것도

必亦非之.
_{필 역 비 지}

반드시 그르다고 여겨라.

去而不善言,
_{거 이 불 선 언}

선하지 않은 말을 버리고

學國君之善言;
_{학 국 군 지 선 언}

국군의 선한 말을 배우며,

去而不善行,
_{거 이 불 선 행}

선하지 않은 행동을 버리고

學國君之善行.
_{학 국 군 지 선 행}

국군의 선한 행동을 배우라.

國君固國之賢者也,
_{국 군 고 국 지 현 자 야}

국군은 본래 나라의 현명한 사람으로,

擧國人以法國君,
_{거 국 인 이 법 국 군}

온 나라의 사람들이 국군을 본받으니,

---

11 유(有): 우(又)와 같으며 '또한'이란 뜻이다.

夫國何說而不治哉?'
<small>부 국 하 설 이 불 치 재</small>

나라가 어찌 다스려지지 않는다고
말하겠는가?'

察國君之所以治國,
<small>찰 국 군 지 소 이 치 국</small>

국군이 나라를 다스리는데

而國治者,
<small>이 국 치 자</small>

그 나라가 다스려지는

何故之以也?
<small>하 고 지 이 야</small>

까닭이 무엇인지 살펴보면,

曰: 唯以其能一同其國之義,
<small>왈   유 이 기 능 일 동 기 국 지 의</small>

오로지 국군이 그 나라의 의견을
통일시킬 수 있기 때문에

是以國治.
<small>시 이 국 치</small>

나라가 다스려진다는 것이다.

國君治其國,
<small>국 군 치 기 국</small>

국군이 그 나라를 다스림에 있어

而國旣已治矣,
<small>이 국 기 이 치 의</small>

그 나라가 이미 다스려졌으면,

有率其國之萬民,
<small>유 솔 기 국 지 만 민</small>

또한 그 나라의 만백성을 거느리고

以尙同乎天子,
<small>이 상 동 호 천 자</small>

천자의 의견과 통일시키기를
숭상하면서

曰:
<small>왈</small>

말한다.

'凡國之萬民上同乎天子,
<small>범 국 지 만 민 상 동 호 천 자</small>

'나라의 만백성은 모두 위로는 천자와
통일되고

而不敢下比.
<small>이 불 감 하 비</small>

아래와는 감히 결탁하지 않는다.

天子之所是,
<small>천 자 지 소 시</small>

천자가 옳다고 여기는 것도

必亦是之;
<small>필 역 시 지</small>

반드시 옳다고 여기며,

天子之所非,
<small>천 자 지 소 비</small>

천자가 그르다고 여기는 것도

必亦非之.

필 역 비 지

반드시 그르다고 여겨라.

去而不善言,

거 이 불 선 언

선하지 않은 말을 버리고

學天子之善言;

학 천 자 지 선 언

천자의 선한 말을 배우며,

去而不善行,

거 이 불 선 행

선하지 않은 행동을 버리고

學天子之善行.

학 천 자 지 선 행

천자의 선한 행동을 배우라.

天子者

천 자 자

천자는

固天下之仁人也,

고 천 하 지 인 인 야

본래 천하의 어진 사람으로,

擧天下之萬民以法天子,

거 천 하 지 만 민 이 법 천 자

온 천하의 만백성이 천자를 본받으니,

夫天下何說而不治焉?'

부 천 하 하 설 이 불 치 언

천하가 어찌 다스려지지 않는다고
말하겠는가?'

察天子之所以治天下者,

찰 천 자 지 소 이 치 천 하 자

천자가 천하를 다스리는 까닭이

何故之以也?

하 고 지 이 아

무엇인지 살펴보면,

曰: 唯以其能一同天下之義,

왈 유 이 기 능 일 동 천 하 지 의

오로지 천자가 천하의 의견을
통일시킬 수 있기 때문에

是以天下治.

시 이 천 하 치

천하가 다스려진다는 것이다.

夫旣尙同乎天子,

부 기 상 동 호 천 자

이미 천자와 통일되는 것을 숭상하나

而未上同乎天者,

이 미 상 동 호 천 자

하늘과 통일되는 것을 숭상하지
않으면

則天菑將猶未止也.

즉 천 재 장 유 미 지 야

하늘이 재난을 멈추지 않을 것이다.

故當若天降寒熱不節,

고 당 약 천 강 한 열 부 절

그래서 만약 하늘이 추위와 더위를

	계절에 맞지 않게 내리게 하고,
雪霜雨露不時, 설 상 우 로 불 시	눈·서리·비·이슬을 때에 맞지 않게 내리게 하며,
五穀不孰[12], 오 곡 불 숙	오곡은 익지 않고,
六畜不遂[13], 육 축 불 수	여러 가축들은 자라지 않으며,
疾菑戾疫[14], 질 재 려 역	질병과 재난과 전염병이 유행하고,
飄風苦雨, 표 풍 고 우	폭풍과 장맛비가
荐臻[15]而至者, 천 진 이 지 자	심하게 내린다면,
此天之降罰也, 차 천 지 강 벌 야	이는 하늘이 내리는 벌로,
將以罰下人之不尙同乎天者也. 장 이 벌 하 인 지 불 상 동 호 천 자 야	아래의 사람들이 하늘과 통일되는 것을 숭상하지 않는 것에 대해 벌을 주려는 것이다.
故古者聖王, 고 고 자 성 왕	그래서 옛날 성군들은
明天鬼之所欲, 명 천 귀 지 소 욕	하늘과 귀신이 바라는 것을 밝히고
而避天鬼之所憎, 이 피 천 귀 지 소 증	하늘과 귀신이 싫어하는 것을 피하게 하여,
以求興天下之害.[16] 이 구 흥 천 하 지 해	천하의 이익을 구하고 천하의 재해를 없앴다.

---

12 숙(孰): 숙(熟)의 본자이다.

13 수(遂): 여기서는 '자라다'의 뜻이다.

14 여역(戾疫): 여기서 여(戾)는 여(癘)와 통한다. 여역(癘疫)은 '전염병'을 의미한다.

15 천진(荐臻): 천(荐)은 천(薦)과 같은데, 여기서는 '무겁다', '심하다' 또는 '거듭', '연거푸'라는 의
미를 지니고 있다. 진(臻)은 '이르다'라는 뜻이다.

是以率天下之萬民,
시 이 솔 천 하 지 만 민

이 때문에 천하의 만백성

齊戒[17]沐浴,
재 계 목 욕

목욕재계한 다음

潔爲酒醴粢盛[18],
결 위 주 례 자 성

정결하게 술과 제수용 곡물을
장만하여

以祭祀天鬼.
이 제 사 천 귀

하늘과 귀신에게 제사를 지냈다.

其事鬼神也,
기 사 귀 신 야

그들은 귀신을 섬김에 있어

酒醴粢盛,
주 례 자 성

술과 제수용 곡물을

不敢不蠲潔[19],
불 감 불 견 결

감히 정결하게 하지 않으면 안 되었고,

犧牲不敢不腯肥[20],
희 생 불 감 불 돌 비

소나 양과 같은 제물(祭物)은 살찌지
않은 것을 감히 사용하지 않았으며,

珪璧幣帛不敢不中度量,
규 벽 폐 백 불 감 부 중 도 량

옥(玉)과 비단은 감히 법도에 맞지
않으면 안 되었고,

春秋祭祀不敢失時幾[21],
춘 추 제 사 불 감 실 시 기

봄과 가을의 제사는 감히 시기를
놓치지 않았으며,

聽獄不敢不中,
청 옥 불 감 부 중

옥사(獄事)의 다스림은 감히 적절하지
않음이 없었고,

分財不敢不均,
분 재 불 감 불 균

재물을 나눔에 있어 감히 균등하지

16　이구흥천하지해(以求興天下之害): 이립(李笠)은 이구흥(以求興) 뒤에 천하지리, 제(天下
　　之利, 除) 다섯 자가 탈락되었다고 하였다. 이 구는 이구천하지리, 제천하지해(以求天下之
　　利, 除天下之害)라고 하는 것이 맞다.

17　재계(齊戒): 제(齊)는 다른 한 판본에 재(齋)로 되어 있다.

18　자성(粢盛): 제사에 쓰는 서직(黍稷), 제수(祭需)용 곡물.

19　견결(蠲潔): 견(蠲)은 결(潔)과 같은 뜻이다.

20　돌비(腯肥): 돌(腯)은 '살찌다'라는 뜻으로, 비(肥)와 같은 의미이다.

21　시기(時幾): 시기(時期)와 같다.

않음이 없었으며,

居處不敢怠慢.
거 처 불 감 태 만

평소 거처함에 있어 감히 태만하지
않았다.

曰: 其爲正長若此,
왈 기 위 정 장 약 차

통치자들이 이와 같다면,

是故上者天鬼有厚乎其爲政長也,
시 고 상 자 천 귀 유 후 호 기 위 정 장 야

위의 하늘과 귀신은 통치자들을
후하게 대할 것이며,

下者萬民有便利乎其爲政長也.
하 자 만 민 유 편 리 호 기 위 정 장 야

아래의 만백성은 통치자들에게
편리함을 줄 것이라고 했다.

天鬼之所深厚而能强從事焉,
천 귀 지 소 심 후 이 능 강 종 사 언

하늘과 귀신이 그들을 후하게 대하고
그들이 힘써 일을 처리할 수 있다면,

則天鬼之福可得也.
즉 천 귀 지 복 가 득 야

하늘과 귀신이 내리는 복을 받을 수
있을 것이다.

萬民之所便利而能强從事焉,
만 민 지 소 편 리 이 능 강 종 사 언

만백성이 그들을 편리하게 하고
그들이 힘써 일을 처리할 수 있다면,

則萬民之親可得也.
즉 만 민 지 친 가 득 야

만백성의 사랑을 얻을 수 있을 것이다.

其爲政若此,
기 위 정 약 차

그들은 정치를 이와 같이 하였기
때문에

是以謀事得,
시 이 모 사 득

도모하는 일은 뜻대로 되었고,

擧事成,
거 사 성

일을 처리하면 성공을 하였으며,

入守固,
입 수 고

들어가 수비하면 견고하였고,

出誅勝者,
출 주 승 자

나가서 정벌하면 승리하였는데,

何故之以也?
하 고 지 이 야

이것은 무슨 까닭인가?

曰: 唯以尙同爲政者也.
왈 유 이 상 동 위 정 자 야

오로지 의견 통일을 숭상하는 것으로
정치를 하였기 때문이라고 하겠다.

故古者聖王之爲政若此."
고 고 자 성 왕 지 위 정 약 차

그래서 옛날 성군들의 정치는 모두
이와 같았다."

今天下之人曰:
금 천 하 지 인 왈

지금 천하의 사람들이 말한다.

"方今之時,
방 금 지 시

"지금,

天下之正長猶未廢乎天下也,
천 하 지 정 장 유 미 폐 호 천 하 야

천하의 통치자들이 아직 천하에서
없어지지 않았는데,

而天下之所以亂者,
이 천 하 지 소 이 란 자

천하가 혼란스러운 것은

何故之以也?"
하 고 지 이 야

무슨 까닭인가?"

子墨子曰:
자 묵 자 왈

묵자께서 말씀하셨다.

"方今之時之以²²正長,
방 금 지 시 지 이 정 장

"지금 통치자가 된 사람들은

則本與古者異矣,
즉 본 여 고 자 이 의

근본적으로 옛날 통치자와는 다르다.

譬之若有苗之以五刑²³然.
비 지 약 유 묘 지 이 오 형 연

비유를 하면 유묘족이 다섯 가지
형벌을 사용한 것과 같다.

昔者聖王制爲五刑²⁴,
석 자 성 왕 제 위 오 형

옛날 성군들은 다섯 가지 형벌을

---

22 이(以): 위(爲)와 같다. '되다'의 뜻이다.

23 오형(五刑): 여기서의 오형(五刑)은 아래 문장의 오살지형(五殺之刑)을 가리키는데, 『상서』
「여형」에 의거하면 월(刖: 발꿈치를 베는 형벌), 의(劓), 이(刵: 귀를 베는 형벌), 탁(椓: 음부를
썩히는 형벌), 경(黥: 얼굴에 입묵하는 형벌)을 일컫는다. 이것은 유묘족이 백성들을 진압하고
살육(殺戮)하는 데 사용한 형벌이었다.

24 오형(五刑): 「상동 상」주 23 참조.

제정하여

以治天下,
이 치 천 하

천하를 다스렸는데,

逮至有苗之制五刑,
체 지 유 묘 지 제 오 형

유묘족이 다섯 가지 형벌을 제정함에
이르러서는

以亂天下.
이 란 천 하

천하가 혼란스럽게 되었다.

則此豈刑不善哉?
즉 차 기 형 불 선 재

이것이 어찌 형벌이 좋지 않았기
때문이겠는가?

用刑則不善也.
용 형 즉 불 선 야

형벌을 사용하는 것이 좋지 않았기
때문이다.

是以先王之書「呂刑」之道曰:
시 이 선 왕 지 서 여 형 지 도 왈

이 때문에 선왕의 책인 『상서』
「여형」에서

'苗民否用練折則刑[25],
묘 민 부 용 련 절 즉 형

'유묘족의 백성들은 착한 도를
사용하여 형법을 제정하지 않고

唯作五殺之刑,
유 작 오 살 지 형

단지 다섯 가지 죽이는 형벌만을
만들고서

曰法.'
왈 법

법이라고 하였다'라고 하였다.

則此言善用刑者以治民,
즉 차 언 선 용 형 자 이 치 민

이것은 형벌을 잘 사용하는 자는
그것으로 백성들을 다스리고,

不善用刑者以爲五殺.
불 선 용 형 자 이 위 오 살

형벌을 잘 사용하지 못하는 자는
그것으로 다섯 가지 죽이는 짓을 함을
말한다.

---

25 부용련절즉형(否用練折則刑): 『상서』「여형」에서는 불용령제이형(弗用靈制以刑)으로 되
어 있다. 부(否)는 불(弗)과 같은데 불(不)의 의미이다. 연(練)은 영(靈)과 같은데 '선하다'라는
뜻이다. 절(折)은 제(制)와 같은데 '제작하다'라는 의미이다. 즉(則)은 이(以)와 같다.

則此豈刑不善哉?
즉 차 기 형 불 선 재

이것이 어찌 형벌이 좋지 않았 때문이겠는가?

用刑則不善.
용 형 즉 불 선

형벌을 사용하는 것이 좋지 않았기 때문이다.

故遂以爲五殺.
고 수 이 위 오 살

그래서 마침내 다섯 가지 죽이는 짓을 하게 되었다.

是以先王之書「術令」[26]之道曰:
시 이 선 왕 지 서 술 령 지 도 왈

이 때문에 선왕의 책인 『상서』 「술령」에서

'惟口出好興戎.'
유 구 출 호 흥 융

'입은 좋은 일을 말할 수도 있으며 전쟁을 일으킬 수도 있다'라고 말하였다.

則此言善用口者出好,
즉 차 언 선 용 구 자 출 호

이것은 입을 잘 사용하는 자는 좋은 일을 말하지만,

不善用口者以爲讒賊寇戎.
불 선 용 구 자 이 위 참 적 구 융

입을 잘 사용하지 못하는 자는 입으로 남을 헐뜯고 남에게 해를 입히며 반란이나 전쟁을 일으킴을 말한다.

則此豈口不善哉?
즉 차 기 구 불 선 재

이것이 어찌 입이 좋지 않았기 때문이겠는가?

用口則不善也,
용 구 즉 불 선 야

입을 사용하는 것이 좋지 않았기 때문에

故遂以爲讒賊寇戎.
고 수 이 위 참 적 구 융

마침내 남을 헐뜯고 남에게 해를 입히며 반란이나 전쟁을 일으키게 되는 것이다.

---

26 술령(術令): 손이양은 술령(術令)은 설명(說命)의 가차라고 여겼다. 「설명(說命)」은 『상서』의 한 편이다. 다음에 인용한 구절은 『상서』 「대우모(大禹謨)」에 보인다.

古者之置正長也,
고 고 자 지 치 정 장 야

그래서 옛날에는 통치자를 두어

將以治民也.
장 이 치 민 야

백성들을 다스렸다.

譬之若絲縷之有紀,
비 지 약 사 루 지 유 기

비유를 하면 실타래에 실마리가 있고

而罔罟之有綱也,
이 망 고 지 유 강 야

그물에 벼리가 있는 것과 같아서,

將以運役²⁷天下淫暴,
장 이 운 역 천 하 음 포

그것으로 천하의 포악(暴惡)한 사람들을 제어하여

而一同其義也.
이 일 동 기 의 야

그들의 의견을 통일시킨다.

是以先王之書「相年」²⁸之道曰:
시 이 선 왕 지 서 상 년 지 도 왈

이 때문에 선왕의 책인 『상서』 「상년」에서 말하였다.

'夫建國設都,
부 건 국 설 도

'나라를 세우고 도읍을 건설하여

乃作后王²⁹君公³⁰,
내 작 후 왕 군 공

천자와 제후를 임명한 것은

否用泰³¹也;
부 용 태 야

그들로 하여금 직위를 이용하여 교만하게 지내도록 한 것이 아니다.

輕³²大夫師長³³,
경 대 부 사 장

경대부와 관리들의 우두머리를 임명한 것은

否用佚³⁴也,
부 용 일 야

그들로 하여금 직위를 이용하여 음일하게 지내도록 한 것이 아니다.

---

27 운역(運役):「상동 상」편에서 연수(連收)라고 하였는데, '제어하다'라는 뜻으로 쓰였다.

28 상년(相年):『상서』의 편명이다.

29 후왕(后王): 천자.

30 군공(君公): 제후.

31 부용태(否用泰): 여기서 부(否)는 비(非)의 뜻이며, 태(泰)는 교태(驕泰), 즉 '교만하다'라는 뜻이다.

32 경(輕): 경(卿)이 맞다.

33 사장(師長): 관리들의 우두머리.

34 일(佚): 음일(淫佚)하다.

維辯³⁵使治天均.'
유 변 사 치 천 균

오로지 직책을 나누어 주어 천~
균등하게 다스리도록 한 것이다.'

則此語古者上帝鬼神之建設國都,
즉 차 어 고 자 상 제 귀 신 지 건 설 국 도

이것은 옛날 하느님과 귀신이 나라와
도읍을 건설하여

立正長也,
입 정 장 야

통치자를 세운 것은

非高其爵,
비 고 기 작

그들에게 높은 작위와

厚其祿,
후 기 록

후한 봉록을 주어

富貴佚³⁶而錯³⁷之也,
부 귀 일 이 착 지 야

부귀하고 음일하게 지내도록 하게 한
것이 아니라,

將以爲萬民興利除害,
장 이 위 만 민 흥 리 제 해

그것으로 만백성의 이익을 일으키고
피해를 없애며,

富貴貧寡,
부 귀 빈 과

가난하고 모자라는 사람들을
부유하게 하며,

安危治亂也.
안 위 치 란 야

위태로운 것을 안정되게 하고
혼란스러운 것을 다스리게 한 것임을
말한다.

故古者聖王之爲若此.
고 고 자 성 왕 지 위 약 차

그래서 옛날 성군들은 이와 같이
하였던 것이다.

---

35 변(辯): 변(辨)과 같은데, 여기서는 '나누다'라는 뜻으로 쓰였다.

36 일(佚): 「상동 하」편에 의거하면, 이 글자 앞에 유(游) 자가 있어야 한다. 유일(游佚)은 '음일하다'라는 의미이다.

37 착(錯): 조(措)와 통하는데 '조치하다'라는 뜻이다.

今王公大人之爲刑政則反此.
왕공대인지위형정즉반차

지금 왕공대인들의 형법과 정령은
이와 반대이다.

政以爲便譬[38],
정 이 위 편 비

정치는 아첨하는 신하들이 하며,

宗於[39]父兄故舊,
종 어 부 형 고 구

종족·부형·친구들을

以爲左右,
이 위 좌 우

좌우의 신하로 삼아

置以爲正長.
치 이 위 정 장

그들을 우두머리로 둔다.

民知上置正長之非正[40]以治民也.
민 지 상 치 정 장 지 비 정 이 치 민 야

백성들은 위에서 우두머리를 둔 것이
백성들을 다스리기 위해서가 아님을
안다.

是以皆比周隱匿,
시 이 개 비 주 은 닉

이 때문에 모두 서로 사사로이
결탁하고

而莫肯尙同其上.
이 막 긍 상 동 기 상

사실을 숨겨 그 위와 통일되는 것을
숭상하려 하지 않는다.

是故上下不同義.
시 고 상 하 부 동 의

그래서 위와 아래는 의견이 같지 않다.

若苟上下不同義,
약 구 상 하 부 동 의

만약 위와 아래가 의견이 같지 않다면,

賞譽不足以勸善,
상 예 부 족 이 권 선

상과 칭찬으로도 선함을 권장할 수
없고

而刑罰不足以沮暴.
이 형 벌 부 족 이 저 포

형벌로도 포악함을 막을 수 없다.

何以知其然也?
하 이 지 기 연 야

무엇으로 그렇게 됨을 아는가?

---

38 편비(便譬): 여기서 비(譬)는 폐(嬖)와 통하는데, 편폐(便嬖)는 '총애하는 신하', '아첨하는 신
하'라는 뜻이다.
39 종어(宗於): 손이양은 종어(宗於)는 아마도 종족(宗族)의 잘못인 것 같다고 하였다.
40 정(正): 연문으로, 삭제되어야 한다.

曰:
왈

다음과 같이 대답하였다.

上唯毋[41]立而爲政乎國家,
상 유 무 립 이 위 정 호 국 가

위에서 그들을 세워 국가 정치를
맡기고

爲民正長,
위 민 정 장

백성들의 우두머리로 삼았는데,

曰人可賞吾將賞之.
왈 인 가 상 오 장 상 지

사람들이 상을 줄 만하다고 하면 나는
그에게 상을 줄 것이라고 했다.

若苟上下不同義,
약 구 상 하 부 동 의

만약 위와 아래가 의견이 같지 않다면,

上之所賞,
상 지 소 상

위에서 상을 주어도

則衆之所非,
즉 중 지 소 비

사람들은 상을 받은 이 사람을 비난할
것이다.

曰人衆與處,
왈 인 중 여 처

이 사람은 사람들과 함께 살면서

於衆得非.
어 중 득 비

오히려 사람들의 비난을 받는다고
했다.

則是雖使得上之賞,
즉 시 수 사 득 상 지 상

그러면 이 사람에게 비록 위의 상을
받게 한다 하더라도

未足以勸乎!
미 족 이 권 호

그의 선함을 권면할 수는 없을 것이다!

上唯毋立而爲政乎國家,
상 유 무 립 이 위 정 호 국 가

위에서 그들을 세워 국가 정치를
맡기고

爲民正長,
위 민 정 장

백성들의 우두머리로 삼았는데,

曰人可罰吾將罰之.
왈 인 가 벌 오 장 벌 지

사람들이 벌을 줄 만하다고 하면 나는
그에게 벌을 줄 것이라고 했다.

---

41 유무(唯毋): 어기사로 뜻이 없다.

若苟上下不同義,
약구상하부동의

만약 위와 아래가 의견이 같지 않다면,

上之所罰,
상지소벌

위에서 벌을 주어도

則衆之所譽.
즉중지소예

사람들은 벌을 받은 이 사람을 칭찬할
것이다.

曰人衆與處,
왈인중여처

이 사람은 사람들과 함께 살면서

於衆得譽.
어중득예

오히려 사람들의 칭찬을 받는다고
했다.

則是雖使得上之罰,
즉시수사득상지벌

그러면 이 사람에게 비록 위의 벌을
받게 한다 하더라도

未足以沮乎!
미족이저호

그의 선하지 않은 행동을 막을 수는
없을 것이다.

若立而爲政乎國家,
약립이위정호국가

만약 그들을 세워 국가 정치를 맡기고

爲民正長,
위민정장

백성들의 우두머리로 삼았는데,

賞譽不足以勸善,
상예부족이권선

상과 칭찬으로도 선함을 권장할 수
없고

而刑罰不沮暴[42],
이형벌부저포

형벌로도 포악함을 막을 수 없다면,

則是不與鄕[43]吾本言民'始生未有正長之時'同乎!
즉시불여향 오본언민시생미유정장지시동호

이전에 내가 말한, 인간들이 '처음
생겨나 통치자가 없었을 때'와 같지
않은가?

若有正長與無正長之時同,
약유정장여무정장지시동

만약 우두머리가 있을 때나

---

42 부저포(不沮暴): 앞의 구절에 의거하면 부족이저포(不足以沮暴)가 되어야 맞다.
43 향(鄕): 향(向)과 통하는데 '이전'이라는 뜻이다.

우두머리가 없을 때가 같다면,

則此非所以治民·一衆之道.
즉 차 비 소 이 치 민 일 중 지 도

이는 백성들을 다스리고 사람들의 도리를 통일하는 방법이 아닐 것이다.

故古者聖王唯而審以尙同,
고 고 자 성 왕 유 이 심 이 상 동

그래서 옛날 성군들은 오로지 의견 통일을 숭상하는 것을 잘 살펴서

以爲正長,
이 위 정 장

그들의 우두머리가 되었기에

是故上下情請[44]爲通.
시 고 상 하 정 청 위 통

위와 아래의 정(情)이 통하게 되었다.

上有隱事遺利,
상 유 은 사 유 리

위에서 겉으로 드러나지 않은 좋은 일이나 남겨진 이익이 있으면

下得而利之;
하 득 이 리 지

아래에서는 그것을 얻어 이익으로 삼는다.

下有蓄怨積害,
하 유 축 원 적 해

아래에서 원한이나 폐해가 축적되어 있으면

上得而除之.
상 득 이 제 지

위에서는 그것을 알고 없애 준다.

是以數千萬里之外,
시 이 수 천 만 리 지 외

이 때문에 수천만 리 밖에서

有爲善者,
유 위 선 자

착한 일을 한 사람이 있다면,

其室人未遍知,
기 실 인 미 편 지

그 집안의 사람들도 두루 알지 못하고

鄕里未遍聞,
향 리 미 편 문

그 고을 사람들도 두루 듣지 못했어도

天子得而賞之.
천 자 득 이 상 지

천자는 그것을 알고 그에게 상을 준다.

數千萬里之外,
수 천 만 리 지 외

수천만 리 밖에서

---

44 청(請): 연문으로, 삭제되어야 한다.

有爲不善者,
_{유 위 불 선 자}

착하지 않은 일을 하는 사람이 있다면,

其室人未遍知,
_{기 실 인 미 편 지}

그 집안의 사람들도 두루 알지 못하고

鄕里未遍聞,
_{향 리 미 편 문}

그 고을 사람들도 두루 듣지 못했어도,

天子得而罰之.
_{천 자 득 이 벌 지}

천자는 그것을 알고 그에게 벌을 준다.

是以擧天下之人,
_{시 이 거 천 하 지 인}

이 때문에 온 천하의 사람들은

皆恐懼振動惕慄,
_{개 공 구 진 동 척 률}

모두 두려워 벌벌 떨면서

不敢爲淫暴,
_{불 감 위 음 포}

감히 포악한 짓을 하지 못하고,

曰天子之視聽也神.
_{왈 천 자 지 시 청 야 신}

천자께서 보고 들으심은 신(神)과
같다고 한다.

先王之言曰:
_{선 왕 지 언 왈}

선왕이 말하였다.

'非神也,
_{비 신 야}

'신과 같은 것이 아니다.

夫唯能使人之耳目助己視聽,
_{부 유 능 사 인 지 이 목 조 기 시 청}

오로지 사람들의 귀와 눈으로 자신이
보고 듣는 것을 돕게 하고,

使人之吻⁴⁵助己言談,
_{사 인 지 문　조 기 언 담}

사람들의 입으로 자신이 말하는 것을
돕게 하며,

使人之心助己思慮,
_{사 인 지 심 조 기 사 려}

사람들의 마음으로 자신이 생각하는
것을 돕게 하고,

使人之股肱助己動作.'
_{사 인 지 고 굉 조 기 동 작}

사람들의 팔다리로 자신의 행위를
돕게 할 수 있기 때문이다.'

助之視聽者衆,
_{조 지 시 청 자 중}

보고 듣는 것을 돕는 사람이 많으면

則其所聞見者遠矣;
_{즉 기 소 문 견 자 원 의}

천자가 듣고 보는 것이 멀리까지

---

45 문(吻): 여기서는 '입'이라는 의미로 쓰였다.

미친다.

助之言談者衆,　　　　　　　　말하는 것을 돕는 사람이 많으면
조 지 언 담 자 중

則其德音之所撫循⁴⁶者博矣;　천자가 어루만지고 위로하는 덕음이
즉 기 덕 음 지 소 무 순　자 박 의　넓게 미친다.

助之思慮者衆,　　　　　　　　생각하는 것을 돕는 사람이 많으면
조 지 사 려 자 중

則其談⁴⁷謀度速得矣;　　　　천자가 일을 꾀하거나 헤아리는 것이
즉 기 담　모 탁 속 득 의　　　빨라진다.

助之動作者衆,　　　　　　　　행위를 돕는 사람이 많으면,
조 지 동 작 자 중

卽其擧事速成矣.　　　　　　천자가 하는 일이 빨리 이루어진다.
즉 기 거 사 속 성 의

故古者聖人之所以濟⁴⁸事成功,
고 고 자 성 인 지 소 이 제　사 성 공

　　　　　　　　　　　　　　그래서 옛날 성인들이 일을 성취시키고
　　　　　　　　　　　　　　공을 이루어

垂名於後世者,　　　　　　　후세에 이름을 남기게 된 까닭은
수 명 어 후 세 자

無他故異物焉,　　　　　　　다른 기이한 이유가 있어서가
무 타 고 이 물 언　　　　　　아니었다.

曰唯能以尙同爲政者也.　　오로지 의견 통일을 숭상하는 것으로
왈 유 능 이 상 동 위 정 자 야　정치를 하였기 때문이다.

是以先王之書「周頌」之道之曰:
시 이 선 왕 지 서　주 송　지 도 지 왈

　　　　　　　　　　　　　　이 때문에 선왕의 책인 『시경』

46　무순(撫循): 어루만지며 위로하다.
47　담(談): 연문으로, 삭제되어야 한다.
48　제(濟): 여기서는 '이루다', '성취하다'라는 뜻으로 쓰였다.

「주송」에서

‘載⁴⁹來見彼王⁵⁰,

재 래 견 피 왕

‘처음으로 군왕을 뵙고

聿求厥章.’⁵¹

율 구 궐 장

그의 법제를 구하네’라고 말하였다.

則此語古者國君諸侯之以春秋來朝聘⁵²天子之廷,

즉 차 어 고 자 국 군 제 후 지 이 춘 추 래 조 빙 천 자 지 정

이는 옛날 제후국의 국군이 봄·가을로
천자의 궁전에 와서 천자를 알현하고

受天子之嚴敎,

수 천 자 지 엄 교

천자의 엄한 가르침을 받고

退而治國,

퇴 이 치 국

돌아가 자신의 나라를 다스렸는데,

政之所加,

정 지 소 가

그가 시행하는 정령은

莫敢不賓⁵³.

막 감 불 빈

누구도 감히 복종하지 않음이
없었다는 말이다.

當此之時,

당 차 지 시

이때에는

本無有敢紛天子之敎者.

본 무 유 감 분 천 자 지 교 자

본래 천자의 가르침을 감히 어지럽게
하는 자가 없었다.

『詩⁵⁴』曰:

시 왈

『시경』「소아(小雅)」에서

‘我馬維駱⁵⁵,

아 마 유 락

‘나의 말은 갈기 검은 흰 말,

六轡沃若⁵⁶,

육 비 옥 약

여섯 고삐 윤이 나네.

---

49 재(載): 여기서는 ‘처음’이라는 뜻으로 쓰였다.

50 피왕(彼王): 『시경』에는 원래 벽왕(辟王)으로 되어 있는데, ‘군왕’이라는 뜻이다.

51 율구궐장(聿求厥章): 율(聿)은 발어사(發語詞)이고, 궐(厥)은 ‘그’라는 뜻이며, 장(章)은 ‘법제(法制)’라는 의미이다.

52 조빙(朝聘): 제후가 내조(來朝)하여 천자를 알현하다.

53 빈(賓): 여기서는 ‘복종하다’라는 뜻으로 쓰였다.

54 시(詩): 여기서 인용하고 있는 구절은 『시경』「소아(小雅)」의 「황황자화(皇皇者華)」에 보인다.

55 낙(駱): 검은 말갈기를 지닌 흰 말.

載[57]馳載驅,
재　치재구

달리고 달려가서

周爰咨度.'[58]
주 원 자 탁

면밀히 묻네'라고 하였다.

又曰:
우 왈

또

'我馬維騏[59],
아 마 유 기

'나의 말은 검푸른 무늬가 있는 말,

六轡若絲[60].
육 비 약 사

여섯 고삐 실처럼 부드럽네.

載馳載驅,
재 치 재 구

달리고 달려가서

周爰咨謀.'
주 원 자 모

치밀하게 상의하네'라고 한 것은

卽此語也.
즉 차 어 야

바로 이것을 말한 것이다.

古者國君諸侯之聞見善與不善也,
고 자 국 군 제 후 지 문 견 선 여 불 선 야

옛날 제후국의 국군들이 선한 것과
선하지 않은 것을 듣거나 보면

皆馳驅以告天子.
개 치 구 이 고 천 자

모두 달려가 천자에게 고하였다.

是以賞當賢,
시 이 상 당 현

이 때문에 상은 현명한 사람에게
돌아갔고

罰當暴,
벌 당 포

벌은 포악한 사람에게 돌아갔으며,

不殺不辜,
불 살 불 고

무고한 사람을 죽이지 않았고

不失有罪.
불 실 유 죄

죄 있는 사람을 놓치지 않았다.

56　옥약(沃若): 윤택한 모양.

57　재(載): 이 구절에 나오는 두 개의 재(載)는 모두 어기사로 쓰였다.

58　주원자탁(周爰咨度): 주(周)는 '면밀하다', '치밀하다'라는 의미이며, 원(爰)은 어기사이며, 자탁(咨度)은 '묻고 헤아리다'라는 뜻이다.

59　기(騏): 검푸른색의 무늬가 있는 말.

60　약사(若絲):『시경』에는 원래 여사(如絲)로 되어 있다.

則此尚同之功也."
즉 차 상 동 지 공 야

이것이 곧 의견 통일을 숭상하는 것의
효과이다."

是故子墨子曰:
시 고 자 묵 자 왈

묵자께서 말씀하셨다.

"今天下之王公大人士君子,
금 천 하 지 왕 공 대 인 사 군 자

"지금 천하의 왕공대인과 관리들이

請⁶¹將欲富其國家,
청　장 욕 부 기 국 가

진실로 그들의 국가를 부유하게 하고,

衆其人民,
중 기 인 민

그들의 백성들을 많게 하며,

治其刑政,
치 기 형 정

그들의 형법과 정령을 올바르게
다스리고,

定其社稷,
정 기 사 직

그들의 사직을 안정되게 하기를
원한다면,

當若尚同之⁶²不可不察,
당 약 상 동 지　불 가 불 찰

마땅히 의견 통일을 숭상해야 한다는
견해를 살피지 않을 수 없을 것이다.

此之本也."
차 지 본 야

이것은 정치의 근본이다."

---

61 청(請): 왕념손(王念孫)은 청(請)은 성(誠) 자라고 하였는데, '진실로'라는 뜻이다.
62 지(之): 지(之) 다음에 설(說) 자가 빠졌다.

상동 하 제13편
(尙同下第十三)

子墨子言曰:
_{자 묵 자 언 왈}

목자께서 말씀하셨다.

"知[1]者之事,
_{지 자 지 사}

"지혜로운 사람은 일을 함에 있어

必計國家百姓[2]所以治者而爲之,
_{필 계 국 가 백 성 소 이 치 자 이 위 지}

반드시 국가와 백성들이 다스려지는
까닭을 고려하여 그 일을 하며,

必計國家百姓之所以亂者而辟[3]之.
_{필 계 국 가 백 성 지 소 이 란 자 이 피 지}

반드시 국가와 백성들이 어지러워지는
까닭을 고려하여 그 일을 피한다.

然計國家百姓之所以治者何也?
_{연 계 국 가 백 성 지 소 이 치 자 하 야}

그러면 국가와 백성들이 다스려지는
까닭을 고려한다는 것은 무엇인가?

上之爲政,
_{상 지 위 정}

위에서의 정치가

得下之情則治,
_{득 하 지 정 즉 치}

아래의 정황을 파악하면 다스려지는

---

1 지(知): 지(智)와 같다.
2 성(姓): 아래 문장에 의거하면, 성(姓)자 다음에 지(之)자가 있는 것 같다.
3 피(辟): 피(避)와 통한다.

것이며,

不得下之情則亂.
_{부 득 하 지 정 즉 란}

아래의 정황을 파악하지 못하면
어지러워지는 것이다.

何以知其然也?
_{하 이 지 기 연 야}

어떻게 그러함을 아는가?

上之爲政,
_{상 지 위 정}

위에서의 정치가

得下之情,
_{득 하 지 정}

아래의 정황을 파악한다는 것은

則是明於民之善非也.
_{즉 시 명 어 민 지 선 비 야}

백성들의 선하고 선하지 않음에
밝다는 의미이다.

若苟明於民之善非也,
_{약 구 명 어 민 지 선 비 야}

만약 진실로 백성들의 선하고 선하지
않음에 밝다면,

則得善人而賞之,
_{즉 득 선 인 이 상 지}

선한 사람을 파악하여 그에게 상을
주고

得暴人而罰之也.
_{득 폭 인 이 벌 지 야}

포악한 사람을 파악하여 그에게 벌을
주게 된다.

善人賞而暴人罰,
_{선 인 상 이 폭 인 벌}

선한 사람이 상을 받고 포악한 사람이
벌을 받게 되면

則國必治.
_{즉 국 필 치}

나라는 반드시 다스려질 것이다.

上之爲政也,
_{상 지 위 정 야}

위에서의 정치가

不得下之情,
_{부 득 하 지 정}

아래의 정황을 파악하지 못한다는
것은

則是不明於民之善非也.
_{즉 시 불 명 어 민 지 선 비 야}

백성들의 선하고 선하지 않음에 밝지
못하다는 의미이다.

若苟不明於民之善非,
_{약 구 불 명 어 민 지 선 비}

만약 진실로 백성들의 선하고 선하지

않음에 밝지 못하다면,

則是不得善人而賞之,
즉 시 부 득 선 인 이 상 지

선한 사람을 파악하여 그에게 상을
주지 못하고

不得暴人而罰之.
부 득 폭 인 이 벌 지

포악한 사람을 파악하여 그에게 벌을
주지 못한다는 것이다.

善人不賞而暴人不罰,
선 인 불 상 이 폭 인 불 벌

선한 사람이 상을 받지 못하고 포악한
사람이 벌을 받지 못하게 되는데,

爲政若此,
위 정 약 차

정치가 이렇게 되면

國衆[4]必亂.
국 중 필 란

나라와 백성들은 반드시 어지러워질
것이다.

故賞[5]不得下之情,
고 상 부 득 하 지 정

그래서 상과 벌이 아래의 정황에
부합할 수 없게 되니,

而不可不察者也."
이 불 가 불 찰 자 야

이것은 반드시 살피지 않을 수 없는
것이다."

然計得下之情將奈何可?
연 계 득 하 지 정 장 내 하 가

그러면 아래의 정황을 고려하여
파악하자면 어떻게 하면 되겠는가?

故子墨子曰:
고 자 묵 자 왈

그래서 묵자께서 말씀하셨다.

"唯能以尙同一義爲政,
유 능 이 상 동 일 의 위 정

"오로지 의견 통일을 숭상하여 한 가지
도리로써 정치를 할 수 있으면

然後可矣."
연 후 가 의

되는 것이다."

---

4 국중(國衆): 국가와 백성들.
5 상(賞): 문맥상으로 보아 상(賞) 다음에 벌(罰) 자가 탈락되었다.

何以知尙同一義之可而6爲政於天下也?
하 이 지 상 동 일 의 지 가 이 위 정 어 천 하 야

　　　　　　　　　　　　의견 통일을 숭상하여 한 가지
　　　　　　　　　　　　도리로써 천하에 정치를 할 수 있음을
　　　　　　　　　　　　어떻게 아는가?

然胡不審稽古之治7爲政之說乎!
연 호 불 심 계 고 지 치 위 정 지 설 호

　　　　　　　　　　　　어째서 옛날 처음 정치할 때의 원칙을
　　　　　　　　　　　　분명하게 살피지 않는가!

古者,
고 자

　　　　　　　　　　　　옛날

天之始生民,
천 지 시 생 민

　　　　　　　　　　　　하늘이 처음으로 백성들을 생겨나게
　　　　　　　　　　　　하여

未有正長也,
미 유 정 장 야

　　　　　　　　　　　　우두머리가 없었을 때에는

百姓爲人8.
백 성 위 인

　　　　　　　　　　　　백성들은 각자 위주였다.

若苟百姓爲人,
약 구 백 성 위 인

　　　　　　　　　　　　만약 진실로 백성들이 각자 위주이면,

是一人一義,
시 일 인 일 의

　　　　　　　　　　　　한 사람이면 한 가지 도리가 있었고,

十人十義,
십 인 십 의

　　　　　　　　　　　　열 사람이면 열 가지 도리가 있었으며,

百人百義,
백 인 백 의

　　　　　　　　　　　　백 사람이면 백 가지 도리가 있었고,

千人千義,
천 인 천 의

　　　　　　　　　　　　천 사람이면 천 가지 도리가 있게
　　　　　　　　　　　　되는데,

逮至人之衆不可勝計也,
체 지 인 지 중 불 가 승 계 야

　　　　　　　　　　　　사람의 수가 헤아릴 수도 없을 만큼
　　　　　　　　　　　　많아지게 되면,

6　이(而): 이(以)와 같다.

7　치(治): 유월은 치(治) 자는 바로 시(始) 자의 잘못이라고 하였다.

8　인(人): 왕환표는 인(人)은 아마도 주(主)가 되어야 할 것 같다고 하였다.

則其所謂義者,
즉 기 소 위 의 자

이른바 그 도리라는 것도

亦不可勝計.
역 불 가 승 계

헤아릴 수가 없게 된다.

此皆是其義,
차 개 시 기 의

이는 모두 자신의 도리는 맞다고
여기며,

而非人之義,
이 비 인 지 의

다른 사람의 도리는 틀리다고 여긴다.

是以厚者有鬪,
시 이 후 자 유 투

이 때문에 심한 자는 투쟁을 일으키며,

而薄者有爭.
이 박 자 유 쟁

심하지 않은 자는 다툼을 일으킨다.

是故天下之欲同一天下之義也.
시 고 천 하 지 욕 동 일 천 하 지 의 야

그러므로 천하는 천하의 도리를
통일시키기를 바란다.

是故選擇賢者,
시 고 선 택 현 자

그래서 현명한 사람을 선택하여

立爲天子.
입 위 천 자

천자로 세운 것이다.

天子以其知[9]力爲未足獨治天下,
천 자 이 기 지 력 위 미 족 독 치 천 하

천자는 그의 지혜와 역량이 홀로
천하를 다스리기에 부족하므로

是以選擇其次立爲三公.
시 이 선 택 기 차 립 위 삼 공

그다음 사람들을 선택하여 삼공으로
세운 것이다.

三公又以其知力爲未足獨左右天子也,
삼 공 우 이 기 지 력 위 미 족 독 좌 우 천 자 야

삼공 또한 그들의 지혜와 역량이 홀로
천자를 보좌하기에는 부족하므로

是以分國建諸侯.
시 이 분 국 건 제 후

나라를 나누어 제후를 세우게 된다.

---

9 지(知): 지(智)와 같다.

諸侯又以其知力爲未足獨治其四境之內也,
제 후 우 이 기 지 력 위 미 족 독 치 기 사 경 지 내 야

제후들 또한 그들의 지혜와 역량이
홀로 그 나라의 사방 경내를
다스리기에는 부족하므로

是以選擇其次立爲卿之宰[10].
시 이 선 택 기 차 립 위 경 지 재

그다음 사람들을 선택하여 경과
재상을 세우게 된다.

卿之宰又以其知力爲未足獨左右其君也,
경 지 재 우 이 기 지 력 위 미 족 독 좌 우 기 군 야

경과 재상 또한 그들의 지혜와 역량이
홀로 그 국군을 보좌하기에
부족하므로

是以選擇其次立而爲鄉長家君[11].
시 이 선 택 기 차 립 이 위 향 장 가 군

그다음 사람들을 선택하여
향장(鄉長)과 가군(家君)을 세우게
된다.

是故古者天子之立三公 · 諸侯 · 卿之宰 · 鄉長家君,
시 고 고 자 천 자 지 립 삼 공　　　제 후　　경 지 재　　향 장 가 군

그래서 옛날 천자가 삼공, 제후, 경과
재상, 향장과 가군을 세웠던 것은

非特[12]富貴游佚而擇[13]之也,
비 특　　부 귀 유 일 이 택　　지 야

단지 그들을 부유하게 해 주고
편안하게 해 주려고 설치한 것이
아니라,

將使助治亂[14]刑政也.
장 사 조 치 란　　형 정 야

형법과 정령을 다스리는 데 도움을

---

10 경지재(卿之宰): 여기서 지(之)는 여(與)와 같다. 즉 경지재(卿之宰)는 경여재(卿與宰)로,
　　'제후에 소속된 두 종류의 고급 관원'을 일컫는다.

11 가군(家君): 춘추(春秋) 시대 경대부 봉지(封地)의 말단 관원.

12 특(特): 여기서는 '단지', '다만'이라는 뜻으로 쓰였다.

13 택(擇): 「상동 중」편에서는 조(措)라 하였는데 '설치하다'라는 뜻이다.

주기 위해서였다.

故古者建國設都,
고 고 자 건 국 설 도

그래서 옛날에 나라를 세우고 도읍을 건설하고서

乃立后王君公,
내 립 후 왕 군 공

곧 천자와 제후를 세우고

奉以[15]卿士師長,
봉 이 경 사 사 장

경사와 관리들의 우두머리를 임용한 것은

此非欲用說[16]也,
차 비 욕 용 열 야

그들을 기쁘게 해 주고 싶어서가 아니라,

唯辯[17]而使助治天明[18]也.
유 변 이 사 조 치 천 명 야

단지 그들에게 직책을 나누어 주어 하늘의 밝은 도리가 다스려지는 데 도움을 주기 위해서였다.

今此何爲人上而不能治其下,
금 차 하 위 인 상 이 불 능 치 기 하

지금은 왜 사람들의 위에 있으면서도 그 아래를 다스리지 못하고,

爲人下而不能事其上?
위 인 하 이 불 능 사 기 상

사람들의 아래에 있으면서도 그 위를 섬기지 못하는가?

則是上下相賊也.
즉 시 상 하 상 적 야

이는 위와 아래가 서로 해치려고 하기 때문이다.

何故以然?
하 고 이 연

무슨 연고로 그렇게 되었는가?

則義不同也.
즉 의 부 동 야

의견이 같지 않았기 때문이다.

---

14 치란(治亂): 난(亂)에는 의미가 없다.
15 봉이(奉以): 임용하다.
16 열(說): '기쁘다'는 뜻의 열(悅)과 같다.
17 변(辯): 변(辨)과 같은데 '나누다'라는 의미이다.
18 천명(天明): 하늘의 밝은 도리.

若苟義不同者有黨,
약 고 의 부 동 자 유 당

만약 진실로 의견이 같지 않은
사람들이 붕당을 결성하였는데

上以若人爲善,
상 이 약 인 위 선

위에서 그러한 사람들을 선하다 하여

將賞之,
장 상 지

상을 주려고 하면,

若人唯[19]使得上之賞,
약 인 유 사 득 상 지 상

그러한 사람들은 비록 위의 상을 받을
수는 있어도

而辟[20]百姓之毀,
이 피 백 성 지 훼

오히려 백성들의 비난을 피할 수는
없다.

是以爲善者,
시 이 위 선 자

이 때문에 선한 일을 하는 자가

必未可使勸.
필 미 가 사 권

반드시 격려를 받게 되는 것은 아니다.

見有賞也.
견 유 상 야

설사 상을 받는 것을 보았다 하더라도.

上以若人爲暴,
상 이 약 인 위 포

위에서 그러한 사람들을 포악하다
하여

將罰之,
장 벌 지

벌을 주려고 하면,

若人唯使得上之罰,
약 인 유 사 득 상 지 벌

그러한 사람들은 비록 위의 벌을 받을
수는 있어도

而懷百姓之譽,
이 회 백 성 지 예

오히려 백성들의 칭찬을 받는다.

是以爲暴者,
시 이 위 폭 자

이 때문에 포악한 짓을 하는 자가

必未可使沮.
필 미 가 사 저

반드시 그만두는 것은 아니다.

見有罰也.
견 유 벌 야

설사 벌을 받는 것을 보았다 하더라도.

---

19 유(唯): 수(雖)와 통하는데 '비록'이라는 의미이다.

20 피(辟): 피(避)와 통한다. 아마도 피(辟) 앞에 불(不) 자가 탈락된 것 같다.

故計上之賞譽,
고 계 상 지 상 예

그래서 위의 상과 칭찬을 고려해

不足以勸善,
부 족 이 권 선

선한 일을 권장하기에는 부족하며,

計其毀罰,
계 기 훼 벌

그의 비난과 벌을 고려해 보면

不足以沮暴.
부 족 이 저 포

포악한 짓을 제지하기에는 부족하다.

此何故以然?
차 하 고 이 연

이것은 무슨 연고로 그렇게 되었는가?

則義不同也.
즉 의 부 동 야

의견이 같지 않았기 때문이다.

然則欲同一天下之義,
연 즉 욕 동 일 천 하 지 의

그렇다면 천하의 의견을 같게 하려면

將奈何可?
장 내 하 가

어떻게 해야 하는가?

故子墨子言曰:
고 자 묵 자 언 왈

그래서 묵자께서 말씀하셨다.

"然胡不賞使家君試用家君,[21]
연 호 불 상 사 가 군 시 용 가 군

"그러면 어째서 가군에게 일찍이
시험삼아

發憲布令其家[22],
발 헌 포 령 기 가

다음과 같은 법령을 그의 봉읍(封邑)에
발포하도록 하지 않는가?

曰: '若見愛利家者,
왈   약 견 애 리 가 자

'만약 봉읍을 사랑하고 이롭게 하는
자를 보면

必以告;
필 이 고

반드시 그를 고하고,

若見惡賊家者,
약 견 오 적 가 자

만약 봉읍을 미워하고 해치는 자를
보더라도

---

21 연호불상사가군시용가군(然胡不賞使家君試用家君): 왕념손은 상(賞)은 상(嘗)이 되어야
    한다고 하였다. 상(嘗)은 '일찍이'의 뜻이다. 또 사가군(使家君) 세 자는 연문이라고 하였다.
22 가(家): 경대부의 채지(采地), 식읍(食邑), 봉읍(封邑).

必以告.
적필이고

반드시 그를 고하라.

若見愛利家以告,
약견애리가이고

만약 봉읍을 사랑하고 이롭게 하는 자를 보고 그를 고한다면,

亦猶愛利家者也,
역유애리가자야

그러한 자 또한 봉읍을 사랑하고 이롭게 하는 자와 같아서

上得且賞之,
상득차상지

위에서 그를 알게 되면 그에게 상을 주며,

衆聞則譽之;
중문즉예지

모든 사람들이 듣게 되면 그를 칭찬하게 된다.

若見惡賊家不以告,
약견오적가불이고

만약 봉읍을 미워하고 해치는 자를 보고 그를 고하지 않는다면,

亦猶惡賊家者也,
역유오적가자야

그러한 자 또한 봉읍을 미워하고 해치는 자와 같아서

上得且罰之,
상득차벌지

위에서 그를 알게 되면 그에게 벌을 주며,

衆聞則非之.'
중문즉비지

모든 사람들이 듣게 되면 그를 비난하게 된다.'

是以遍²³若家之人,
시이편 약가지인

이 때문에 이 봉읍의 사람들은

皆欲得其長上²⁴之賞譽,
개욕득기장상 지상예

모두 가군의 상과 칭찬을 받기를 원하며,

辟²⁵其毁罰.
피 기훼벌

가군의 비난과 징벌을 피하게 되기를

---

23 편(遍): 전부.
24 장상(長上): 여기서는 '가군(家君)'을 가리킨다.
25 피(辟): 피(避)와 통한다.

바란다.

是以善言之,
시 이 선 언 지

이 때문에 선한 것도 말해 주고

不善言之,
불 선 언 지

선하지 않은 것도 말해 준다.

家君得善人而賞之,
가 군 득 선 인 이 상 지

가군은 선한 사람을 발견하게 되면
그에게 상을 주고

得暴人而罰之.
득 폭 인 이 벌 지

포악한 사람을 발견하게 되면 그에게
벌을 준다.

善人之賞,
선 인 지 상

선한 사람이 상을 받고

而暴人之罰,
이 폭 인 지 벌

포악한 사람이 벌을 받게 되면

則家必治矣.
즉 가 필 치 의

봉읍은 반드시 다스려지게 된다.

然計若家之所以治者何也?
연 계 약 가 지 소 이 치 자 하 야

그러면 그 봉읍이 다스려지는 까닭을
고려해 보면 무엇 때문인가?

唯以尙同一義爲政故也.
유 이 상 동 일 의 위 정 고 야

오로지 의견 통일을 숭상하여 한 가지
도리로써 정치를 하였기 때문이다.

家旣已治,
가 기 이 치

봉읍이 이미 다스려졌다면

國之道盡此已邪?
국 지 도 진 차 이 야

치국(治國)의 도(道)도 모두 여기에서
끝이 난 것인가?

則未也.
즉 미 야

아직 그렇지 않다.

國之爲家數也甚多,
국 지 위 가 수 야 심 다

나라 안에는 봉읍의 수가 또한 대단히
많은데,

此皆是其家,
차 개 시 기 가

각 봉읍은 모두 자신의 봉읍이 옳다고

하고

而非人之家,
이 비 인 지 가

다른 사람의 봉읍은 비난하게 된다.

是以厚者有亂,
시 이 후 자 유 란

이 때문에 심한 자는 혼란을 일으키며,

而薄者有爭.
이 박 자 유 쟁

심하지 않은 자는 다툼을 일으킨다.

故又使家君總其家之義,
고 우 사 가 군 총 기 가 지 의

그러므로 또한 가군에게 그의 봉읍의
의견을 총괄하게 하여

以尙同於國君.
이 상 동 어 국 군

국군과의 의견 통일을 숭상하게 해야
한다.

國君亦爲發憲布令於國之衆,
국 군 역 위 발 헌 포 령 어 국 지 중

국군 또한 나라 사람들에게 다음과
같은 법령을 발포한다.

曰: '若見愛利國者,
왈   약 견 애 리 국 자

'만약 나라를 사랑하고 이롭게 하는
자를 보면

必以告;
필 이 고

반드시 그를 고하고,

若見惡賊國者,
약 견 오 적 국 자

만약 나라를 미워하고 해치는 자를
보더라도

亦必以告.
역 필 이 고

반드시 그를 고하라.

若見愛利國以告者,
약 견 애 리 국 이 고 자

만약 나라를 사랑하고 이롭게 하는
자를 보고 그를 고한다면,

亦猶愛利國者也,
역 유 애 리 국 자 야

그러한 자 또한 나라를 사랑하고
이롭게 하는 자와 같아서

上得且賞之,
상 득 차 상 지

위에서 그를 알게 되면 그에게 상을
주며,

衆聞則譽之;
중 문 즉 예 지

모든 사람들이 듣게 되면 그를

칭찬하게 된다.

若見惡賊國不以告者,
약 견 오 적 국 불 이 고 자

만약 나라를 미워하고 해치는 자를
보고 그를 고하지 않는다면,

亦猶惡賊國者也,
역 유 오 적 국 자 야

그러한 자 또한 나라를 미워하고
해치는 자와 같아서

上得且罰之,
상 득 차 벌 지

위에서 그를 알게 되면 그에게 벌을
주며,

衆聞則非之.'
중 문 즉 비 지

모든 사람들이 듣게 되면 그를
비난하게 된다.'

是以遍若國之人,
시 이 편 약 국 지 인

이 때문에 이 나라의 사람들은

皆欲得其長上²⁶之賞譽,
개 욕 득 기 장 상   지 상 예

모두 국군의 상과 칭찬을 받기를
원하며,

避其毀罰.
피 기 훼 벌

국군의 비난과 징벌을 피하게 되기를
바란다.

是以民見善者言之,
시 이 민 견 선 자 언 지

이 때문에 백성들이 보고 선한 것도
말해 주고

見不善者言之,
견 불 선 자 언 지

선하지 않은 것도 말해 준다.

國君得善人而賞之,
국 군 득 선 인 이 상 지

국군은 선한 사람을 발견하게 되면
그에게 상을 주고

得暴人而罰之.
득 폭 인 이 벌 지

포악한 사람을 발견하게 되면 그에게
벌을 준다.

善人賞而暴人罰,
선 인 상 이 폭 인 벌

선한 사람이 상을 받고 포악한 사람이

---

26 장상(長上): 여기서는 '국군'을 가리킨다.

벌을 받게 되면

則國必治矣. _{즉 국 필 치 의}	나라는 반드시 다스려지게 된다.
然計若國之所以治者何也? _{연 계 약 국 지 소 이 치 자 하 야}	그러면 그 나라가 다스려지는 까닭을 고려해 보면 무엇 때문인가?
唯能以尙同一義爲政故也. _{유 능 이 상 동 일 의 위 정 고 야}	오로지 의견 통일을 숭상하여 한 가지 도리로써 정치를 할 수 있었기 때문이다.

國旣已治矣, _{국 기 이 치 의}	나라가 이미 다스려졌다면
天下之道盡此已邪? _{천 하 지 도 진 차 이 야}	천하를 다스리는 도(道)도 모두 여기에서 끝이 난 것인가?
則未也. _{즉 미 야}	아직 그렇지 않다.
天下之爲國數也甚多, _{천 하 지 위 국 수 야 심 다}	천하에는 나라의 수가 대단히 많은데,
此皆是其國, _{차 개 시 기 국}	각 나라는 모두 자신의 나라가 옳다고 하고
而非人之國. _{이 비 인 지 국}	다른 나라는 비난하게 된다.
是以厚者有戰, _{시 이 후 자 유 전}	이 때문에 심한 자는 전쟁을 일으키며,
而薄者有爭. _{이 박 자 유 쟁}	심하지 않은 자는 다툼을 일으킨다.
故又使國君選²⁷其國之義, _{고 우 사 국 군 선　기 국 지 의}	그러므로 또한 국군에게 그의 나라의 의견을 총괄하게 하여
以尙同於天子. _{이 상 동 어 천 자}	천자와의 의견 통일을 숭상하게 해야

---

27 선(選): 총(總) 자의 잘못이다. 총(總)은 '총괄하다'의 뜻이다.

한다.

天子亦爲發憲布令於天下之衆,
천자역위발헌포령어천하지중

천자 또한 천하 사람들에게 다음과
같은 법령을 발포한다.

曰: '若見愛利天下者,
왈 약견애리천하자

'만약 천하를 사랑하고 이롭게 하는
자를 보면

必以告;
필이고

반드시 그를 고하고,

若見惡賊天下者,
약견오적천하자

만약 천하를 미워하고 해치는 자를
보더라도

亦以告.
역이고

반드시 그를 고하라.

若見愛利天下以告者,
약견애리천하이고자

만약 천하를 사랑하고 이롭게 하는
자를 보고 그를 고한다면,

亦猶愛利天下者也,
역유애리천하자야

그러한 자 또한 천하를 사랑하고
이롭게 하는 자와 같아서

上得則賞之,
상득즉상지

위에서 그를 알게 되면 그에게 상을
주며,

衆聞則譽之.
중문즉예지

모든 사람들이 듣게 되면 그를
칭찬하게 된다.

若見惡賊天下不以告者,
약견오적천하불이고자

만약 천하를 미워하고 해치는 자를
보고 그를 고하지 않는다면,

亦猶惡賊天下者也,
역유오적천하자야

그러한 자 또한 천하를 미워하고
해치는 자와 같아서

上得且罰之,
상득차벌지

위에서 그를 알게 되면 그에게 벌을
주며,

聞則非之.'
문 즉 비 지

모든 사람들이 듣게 되면 그를
비난하게 된다.'

是以遍天下之人,
시 이 편 천 하 지 인

이 때문에 천하의 사람들은

皆欲得其長上之賞譽,
개 욕 득 기 장 상 지 상 예

모두 천자의 상과 칭찬을 받기를
원하며,

避其毀罰,
피 기 훼 벌

천자의 비난과 징벌을 피하게 되기를
바란다.

是以見善不善者告之.
시 이 견 선 불 선 자 고 지

이 때문에 선한 것과 선하지 않은 것을
보면 그것을 고한다.

天子得善人而賞之,
천 자 득 선 인 이 상 지

천자는 선한 사람을 발견하게 되면
그에게 상을 주고

得暴人而罰之.
득 폭 인 이 벌 지

포악한 사람을 발견하게 되면 그에게
벌을 준다.

善人賞而暴人罰,
선 인 상 이 폭 인 벌

선한 사람이 상을 받고 포악한 사람이
벌을 받게 되면,

天下必治矣.
천 하 필 치 의

천하는 반드시 다스려지게 된다.

然計天下之所以治者何也?
연 계 천 하 지 소 이 치 자 하 야

그러면 천하가 다스려지는 까닭을
고려해 보면 무엇 때문인가?

唯而[28]以尙同一義爲政故也.
유 이   이 상 동 일 의 위 정 고 야

오로지 의견 통일을 숭상하여 한 가지
도리로써 정치를 할 수 있었기
때문이다.

---

28 이(而): 능(能)과 통한다. '할 수 있다'의 뜻이다.

天下旣已治,
_{천 하 기 이 치}

천하가 이미 다스려졌으면

天子又總天下之義,
_{천 자 우 총 천 하 지 의}

천자는 또한 천하의 의견을 총괄하여

以尙同於天.
_{이 상 동 어 천}

하늘과의 의견 통일을 숭상해야 한다.

故當尙同之爲說也,
_{고 당 상 동 지 위 설 야}

그러므로 위의 의견과 통일시키는 것을 숭상하는 것, 즉 상동(尙同)을 하나의 학설로 삼아

尙[29]用之天子,
_{상 용 지 천 자}

위로 천자에 적용시키면

可以治天下矣;
_{가 이 치 천 하 의}

천하를 다스릴 수 있게 되고,

中用之諸侯,
_{중 용 지 제 후}

중간으로 제후에게 적용시키면

可而[30]治其國矣;
_{가 이 치 기 국 의}

그 나라를 다스릴 수 있게 되며,

小用之家君,
_{소 용 지 가 군}

작게는 가군에게 적용시키면

可而治其家矣.
_{가 이 치 기 가 의}

그 봉읍을 다스릴 수 있게 된다.

是故大用之,
_{시 고 대 용 지}

그래서 큰 방면에서 그것을 이용하면

治天下不窕[31];
_{치 천 하 부 조}

천하를 다스려도 모자라지 않으며,

小用之,
_{소 용 지}

작은 방면에서 그것을 이용하면

治一國一家而不橫[32]者,
_{치 일 국 일 가 이 불 횡 자}

한 나라나 한 봉읍을 다스려도 막히지 않는데,

若道之謂也."
_{약 도 지 위 야}

이는 상동의 도를 두고 말한 것이다."

---

29 상(尙): 상(上)과 같다.
30 가이(可而): 가이(可以)와 같다. '할 수 있다'의 뜻이다.
31 조(窕): 여기서는 '차지 않다', '모자라다'라는 뜻으로 쓰였다.
32 횡(橫): 여기서는 '꽉 차서 막히다'라는 의미로 쓰였다.

曰治天下之國若治一家,
고왈치천하지국약치일가

그러므로 천하의 나라들을 다스리는 것은 한 봉읍을 다스리는 것과 같으며,

使天下之民若使一夫.
사 천 하 지 민 약 사 일 부

천하의 백성들을 부리는 것은 한 남자를 부리는 것과 같다고 하였다.

意³³獨子墨子有此,
의 독 자 묵 자 유 차

설마 유독 묵자만이 이러한 주장을 하고

而先王無此其有邪?
이 선 왕 무 차 기 유 야

선왕들은 이러한 주장을 하지 않았겠는가?

則亦然也.
즉 역 연 야

선왕들 또한 이러한 주장을 하였다.

聖王皆以尙同爲政,
성 왕 개 이 상 동 위 정

성군들이 모두 의견 통일을 숭상하는 것으로 정치를 하였기에

故天下治.
고 천 하 치

천하가 다스려지게 되었다.

何以知其然也?
하 이 지 기 연 야

무엇으로 그렇게 됨을 아는가?

於先王之書也「大誓」³⁴之言然,
어 선 왕 지 서 야 대 서 지 언 연

선왕의 책인 『상서』「태서」에 그렇게 말하였으니,

曰: "小人³⁵見姦巧乃聞,
왈 소 인 견 간 교 내 문

"백성들은 간교한 사람을 보면 곧 위에다 보고해야 하며,

不言也,
불 언 야

만약 정황을 알고서 보고하지 않고

發³⁶罪鈞³⁷"
발 죄 균

발각이 되면 간교한 사람과 같은 죄로

---

33 의(意): 여기서는 '설마', '아마'의 뜻으로 쓰였다.
34 대서(大誓): 태서(泰誓)로, 『상서』의 편명이다. 그러나 지금 전해지는 판본에는 여기서 인용된 구절이 보이지 않는다.
35 소인(小人): 여기서는 '지위가 낮은 사람들', 즉 '평민 백성들'을 일컫는다.
36 발(發): 여기서는 '발각되다'라는 의미로 쓰였다.
37 균(鈞): 여기서는 '같다'라는 뜻으로 쓰였다.

다스려진다"라고 한 것이다.

此言見淫辟[38]不以告者,
<small>차 언 견 음 벽 불 이 고 자</small>

이것은 사악한 짓을 보고도 그것을 고하지 않는 자는

其罪亦猶淫辟者也.
<small>기 죄 역 유 음 벽 자 야</small>

그 죄가 또한 사악한 사람과 같다는 것을 말한다.

故古之聖王治天下也,
<small>고 고 지 성 왕 치 천 하 야</small>

그러므로 옛날의 성군들은 천하를 다스리는 데에 있어서

其所差論[39],
<small>기 소 차 론</small>

사람을 잘 선택하였는데,

以自左右羽翼者皆良,
<small>이 자 좌 우 우 익 자 개 량</small>

자신의 좌우에서 보좌하는 자들은 모두 현명하였고,

外爲之人,[40]
<small>외 위 지 인</small>

바깥에서 일하는 사람들 중에는

助之視聽者衆.
<small>조 지 시 청 자 중</small>

성군들이 보고 듣는 것을 도와주는 자들이 많았다.

故與人謀事,
<small>고 여 인 모 사</small>

그러므로 사람들과 일을 도모할 때에

先人得之;
<small>선 인 득 지</small>

다른 사람들보다 먼저 결과를 얻게 되고,

與人擧事,
<small>여 인 거 사</small>

사람들과 일을 할 때에

先人成之;
<small>선 인 성 지</small>

다른 사람들보다 먼저 성공하게 되며,

光[41]譽令[42]聞,
<small>광 예 령 문</small>

광범위한 명예와 훌륭한 명성은

---

38 벽(辟): 벽(僻)과 통하는데 '사악(邪惡)하다'라는 의미이다.
39 차론(差論): 선택하다.
40 외위지인(外爲之人): 바깥에서 일하는 사람들.

人發之.
인 발 지

다른 사람들보다 먼저 떨치게 되었다.

唯信身⁴³而從事,
유 신 신   이 종 사

오로지 성실한 몸가짐으로 종사하였기에

故利若此.
고 리 약 차

그 이익은 이와 같았다.

古者有語焉,
고 자 유 어 언

옛말에

曰: "一目之視也,
왈   일 목 지 시 야

"한 눈으로 보는 것은

不若二目之視也;
불 약 이 목 지 시 야

두 눈으로 보는 것만 못하고,

一耳之聽也,
일 이 지 청 야

한 귀로 듣는 것은

不若二耳之聽也;
불 약 이 이 지 청 야

두 귀로 듣는 것만 못하며,

一手之操也,
일 수 지 조 야

한 손으로 잡는 것은

不若二手之强也."
불 약 이 수 지 강 야

두 손으로 잡는 것보다 강하지 못하다"라고 하였다.

夫唯能信身而從事,
부 유 능 신 신 이 종 사

오로지 성실한 몸가짐으로 종사할 수 있었기에

故利若此.
고 리 약 차

그 이익은 이와 같았다.

是故古之聖王之治天下也,
시 고 고 지 성 왕 지 치 천 하 야

그래서 옛날의 성군들이 천하를 다스리는데,

千里之外有賢人焉,
천 리 지 외 유 현 인 언

천 리 밖에 현명한 사람이 있어

其鄕里之人皆未之均聞見也,
기 향 리 지 인 개 미 지 균 문 견 야

그의 향리 사람들도 모두 듣거나 보지 못하였으나,

---

41 광(光): 광(廣)과 통한다.

42 영(令): 여기서는 '좋다', '아름답다'라는 의미로 쓰였다.

43 신신(信身): 김학주(金學主)는 '진실한 몸가짐'으로 번역하였다.

聖王得而賞之.
성왕득이상지

성군들은 그것을 알고 그에게 〔상을〕 주었다.

千里之內有暴人焉,
천리지내유폭인언

천 리 안에 포악한 사람이 있어

其鄕里未之均聞見也,
기향리미지균문견야

그의 향리 사람들도 모두 듣거나 보지 못하였으나,

聖王得而罰之.
성왕득이벌지

성군들은 그것을 알고 그에게 벌을 주었다.

故唯母以聖王爲聰耳明目與?
고유무이성왕위총이명목여

그런데 설마 성군들이 그렇게 귀나 눈이 밝은 것인가?

豈能一視而通見千里之外哉!
기능일시이통견천리지외재

어찌 한 번 보고 천 리 바깥까지 모두 볼 수 있었겠는가!

一聽而通聞千里之外哉!
일청이통문천리지외재

어찌 한 번 듣고 천 리 바깥까지 모두 들을 수 있었겠는가!

聖王不往而視也,
성왕불왕이시야

성군들이 직접 가서 보지도 않았으며

不就而聽也,
불취이청야

듣지도 않았으나,

然而使天下之爲寇亂盜賊者,
연이사천하지위구란도적자

천하의 혼란을 일으키고 도둑질하는 자들로 하여금

周流[44]天下無所重足[45]者,
주류 천하무소중족 자

천하를 주유하여도 발 디딜 곳이 없도록 한 것은

何也?
하야

어째서인가?

其以尙同爲政善也.
기이상동위정선야

그것은 의견 통일을 숭상하는

---

44 주류(周流): 주유(周遊)하다.
45 중족(重足): 여기서 중(重)은 종(踵)과 통한다. 중족(重足)은 '발을 디디다'라는 뜻이다.

것으로써 정치를 잘하였기 때문이다.

是故子墨子曰:
시 고 자 묵 자 왈

그래서 묵자께서 말씀하셨다.

"凡使民尙同者,
범 사 민 상 동 자

"백성들에게 의견 통일을 숭상하도록 하려는 자가

愛民不疾[46],
애 민 부 질

백성들을 사랑하는 데 힘쓰지 않으면,

民無可使.
민 무 가 사

백성들을 부릴 수가 없다.

曰: 必疾愛而使之,
왈   필 질 애 이 사 지

반드시 힘써 백성들을 사랑해야만 비로소 그들을 부릴 수 있고,

致信而持[47]之,
치 신 이 지   지

그들에게 믿음을 나타내어야만 비로소 그들을 도울 수 있으며,

富貴以道[48]其前,
부 귀 이 도   기 전

부귀로써 그들을 앞에서 인도하고,

明罰以率其後.
명 벌 이 솔 기 후

정확한 벌로써 뒤에서 이끌어 주어야 한다고 하였다.

爲政若此.
위 정 약 차

이와 같이 정치를 한다면

唯[49]欲毋與我同,
유   욕 무 여 아 동

비록 나와 의견이 같지 않기를 바란다 하더라도

將不可得也."
장 불 가 득 야

그렇게 될 수가 없을 것이다."

---

46 질(疾): 여기서는 '힘쓰다'라는 의미로 쓰였다.

47 지(持): 여기서는 '돕다'라는 뜻으로 쓰였다.

48 도(道): 도(導)와 같은데 '인도(引導)하다'라는 뜻이다.

49 유(唯): 수(雖)와 통하는데, '비록'이라는 뜻이다.

是以子墨子曰:
시 이 자 묵 자 왈

이 때문에 묵자께서 말씀하셨다.

"今天下王公大人士君子,
금 천 하 왕 공 대 인 사 군 자

"지금 천하의 왕공대인들과 관리들이

中情[50]將欲爲仁義,
중 정 장 욕 위 인 의

성심으로 인의를 실천하기를 바란다면,

求爲上士,
구 위 상 사

훌륭한 선비를 구하여

上欲中聖王之道,
상 욕 중 성 왕 지 도

위로는 성군의 도에 부합되도록 해야
하며,

下欲中國家百姓之利.
하 욕 중 국 가 백 성 지 리

아래로는 국가와 백성의 이익에
부합되도록 해야 한다.

故當尙同之說,
고 당 상 동 지 설

그러므로 의견 통일을 숭상하는 것, 즉
상동의 학설에 대해

而不可不察,
이 불 가 불 찰

잘 살피지 않을 수 없으니,

尙同爲政之本,
상 동 위 정 지 본

그것은 정치의 근본이자

而治要也."
이 치 요 야

다스림의 요령(要領)인 것이다."

---

50 중정(中情): 여기서 정(情)은 성(誠)과 통한다. 중정(中情)은 '성심으로', '충심으로'라는 뜻이
다.

권 4

겸애 상 제14편

(兼愛上第十四)

聖人以治天下爲事者也,
성 인 이 치 천 하 위 사 자 야

성인은 천하를 다스리는 것을 사업으로 삼는 자로,

必知亂之所自起,
필 지 란 지 소 자 기

반드시 혼란이 일어나게 된 근원을 알아야

焉[1]能治之;
언 능 치 지

비로소 천하를 다스릴 수 있다.

不知亂之所自起,
부 지 란 지 소 자 기

혼란이 일어나게 된 근원을 모르면

則不能治.
즉 불 능 치

천하를 다스릴 수 없다.

譬之如醫之攻[2]人之疾者然,
비 지 여 의 지 공 인 지 질 자 연

예를 들면, 마치 의사가 사람의 병을 치료하는 것과 같은데,

必知疾之所自起,
필 지 질 지 소 자 기

반드시 병이 나게 된 근원을 알아야

焉能攻之;
언 능 공 지

비로소 병을 치료할 수 있다.

不知疾之所自起,
부 지 질 지 소 자 기

병이 나게 된 근원을 모르면

則弗能攻.
즉 불 능 공

병을 치료할 수 없다.

---

1 언(焉): 여기서는 '곧', '비로소'라는 의미로 쓰였다.

2 공(攻): 여기서는 '치료하다'라는 뜻으로 쓰였다.

治亂者何獨不然?
치 란 자 하 독 불 연

혼란을 다스리는 것만 어찌 유독
그렇지 않겠는가?

必知亂之所自起,
필 지 란 지 소 자 기

반드시 혼란이 일어나게 된 근원을
알아야

焉能治之;
언 능 치 지

비로소 천하를 다스릴 수 있다.

不知亂之所自起,
부 지 란 지 소 자 기

혼란이 일어나게 된 근원을 모르면

則弗能治.
즉 불 능 치

천하를 다스릴 수 없다.

聖人以治天下爲事者也,
성 인 이 치 천 하 위 사 자 야

성인은 천하를 다스리는 것을
사업으로 삼는 자로,

不可不察亂之所自起.
불 가 불 찰 란 지 소 자 기

혼란이 일어나게 된 근원을 살피지
아니할 수 없다.

當³察亂何自起?
당 찰 란 하 자 기

일찍이 혼란이 어디에서 일어나게
되었는지를 살펴보면,

起不相愛.
기 불 상 애

서로 사랑하지 않는 데서 일어난다.

臣子之不孝君父,
신 자 지 불 효 군 부

신하와 자식이 자신의 임금과
아버지에게 효순(孝順)하지 않는 것이

所謂亂也.
소 위 란 야

이른바 혼란이다.

子自愛不愛父,
자 자 애 불 애 부

자식은 자신을 사랑하면서 자신의
아버지를 사랑하지 않기 때문에

故虧父而自利;
고 휴 부 이 자 리

아버지에게 손해를 입히면서 자신을
이롭게 한다.

---

3 당(當): 상(嘗)과 통하는데 '일찍이'라는 뜻이다.

弟自愛不愛兄,
제 자 애 불 애 형

아우는 자신을 사랑하면서 자신
형을 사랑하지 않기 때문에

故虧兄而自利;
고 휴 형 이 자 리

형에게 손해를 입히면서 자신을 이롭게
한다.

臣自愛不愛君,
신 자 애 불 애 군

신하는 자신을 사랑하면서 자신의
임금을 사랑하지 않기 때문에

故虧君而自利,
고 휴 군 이 자 리

임금에게 손해를 입히면서 자신을
이롭게 하니,

此所謂亂也.
차 소 위 란 야

이것이 이른바 혼란이다.

雖⁴父之不慈子,
수 부 지 부 자 자

설사 아버지가 아들에게 자애롭지
않고,

兄之不慈弟,
형 지 부 자 제

형이 아우에게 자애롭지 않으며,

君之不慈臣,
군 지 부 자 신

임금이 신하에게 자애롭지 않더라도

此亦天下之所謂亂也.
차 역 천 하 지 소 위 란 야

이것 역시 천하의 이른바 혼란이다.

父自愛也不愛子,
부 자 애 야 불 애 자

아버지가 자신을 사랑하면서도 자식을
사랑하지 않기 때문에

故虧子而自利;
고 휴 자 이 자 리

자식에게 손해를 입히면서 자신을
이롭게 한다.

兄自愛也不愛弟,
형 자 애 야 불 애 제

형이 자신을 사랑하면서도 아우를
사랑하지 않기 때문에

故虧弟而自利;
고 휴 제 이 자 리

아우에게 손해를 입히면서 자신을
이롭게 한다.

---

4 수(雖): 여기서는 '설사'라는 뜻으로 쓰였다.

自愛也不愛臣,
자 애 야 불 애 신

임금이 자신을 사랑하면서도 신하를
사랑하지 않기 때문에

故虧臣而自利.
고 휴 신 이 자 리

신하에게 손해를 입히면서 자신을
이롭게 한다.

是何也?
시 하 야

이는 어째서인가?

皆起不相愛.
개 기 불 상 애

모두 서로 사랑하지 않는 데서
일어나는 것이다.

雖至天下之爲盜賊者亦然,
수 지 천 하 지 위 도 적 자 역 연

비록 천하의 도적들에 이르러서까지도
그러한데,

盜愛其室不愛其⁵異室,
도 애 기 실 불 애 기 이 실

도적은 그의 집을 사랑하면서 다른
집을 사랑하지 않기 때문에

故竊異室以利其室;
고 절 이 실 이 리 기 실

다른 집의 물건을 훔쳐 그의 집을
이롭게 한다.

賊愛其身不愛人,
적 애 기 신 불 애 인

도적은 그 자신을 사랑하면서 남을
사랑하지 않기 때문에

故賊人以利其身.
고 적 인 이 리 기 신

남을 해침으로써 그 자신을 이롭게
한다.

此何也?
차 하 야

이는 어째서인가?

皆起不相愛.
개 기 불 상 애

모두 서로 사랑하지 않는 데서
일어나는 것이다.

雖至大夫之相亂家⁶,
수 지 대 부 지 상 란 가

대부들이 서로 남의 봉읍을 혼란하게
하고

---

5 기(其): 아래의 다른 문장 불애이가(不愛異家), 불애이국(不愛異國)에 근거하면 이 기(其)
   자는 연문으로, 삭제해야 한다.

諸侯之相攻國者亦然.
제 후 지 상 공 국 자 역 연

제후들이 서로 남의 나라를 공격하는 데에 이르러서까지도 그러하다.

大夫各愛其家,
대 부 각 애 기 가

대부들은 각기 그들의 봉읍을 사랑하면서

不愛異家,
불 애 이 가

남의 봉읍을 사랑하지 않기 때문에

故亂異家以利其家;
고 란 이 가 이 리 기 가

남의 봉읍을 혼란하게 함으로써 그의 봉읍을 이롭게 한다.

諸侯各愛其國,
제 후 각 애 기 국

제후들은 각기 그들의 나라를 사랑하면서

不愛異國,
불 애 이 국

남의 나라를 사랑하지 않기 때문에

故攻異國以利其國,
고 공 이 국 이 리 기 국

남의 나라를 공격함으로써 그의 나라를 이롭게 한다.

天下之亂物具此而已矣.
천 하 지 란 물 구 차 이 이 의

천하의 혼란을 일으키는 것들은 모두 여기에 있을 뿐이다.

察此何自起?
찰 차 하 자 기

이것이 어디에서 일어나게 되었는지를 살펴보면,

皆起不相愛.
개 기 불 상 애

모두 서로 사랑하지 않는 데서 일어난다.

若使天下兼相愛,
약 사 천 하 겸 상 애

만약 천하의 사람들로 하여금 두루 서로 사랑하게 하며,

愛人若愛其身,
애 인 약 애 기 신

남을 사랑하기를 그 자신을 사랑하는

---

6   가(家): 「상동 하」주 22 참조.

것과 같게 한다 해도

猶有不孝者乎?
유 유 불 효 자 호

불효하는 자가 있겠는가?

視父兄與君若其身,
시 부 형 여 군 약 기 신

부형과 임금 보기를 그 자신과 같이 하는데,

惡施不孝?
오 시 불 효

어찌 불효를 저지르겠는가?

猶有不慈者乎?
유 유 부 자 자 호

그래도 자애롭지 않은 자가 있겠는가?

視弟子與臣若其身,
시 제 자 여 신 약 기 신

아우·자식과 신하 보기를 그 자신과 같이 하는데,

惡施不慈?
오 시 부 자

어찌 자애롭지 않은 짓을 하겠는가?

故不孝不慈亡[7]有.
고 불 효 부 자 무 유

그러므로 불효와 자애롭지 않음이 없어지게 된다.

猶有盜賊乎?
유 유 도 적 호

그래도 도둑이 있겠는가?

故[8]視人之室若其室,
고 시 인 지 실 약 기 실

남의 집 보기를 자신의 집과 같이 하는데

誰竊?
수 절

누가 훔치겠는가?

視人身若其身,
시 인 신 약 기 신

남의 몸 보기를 자신의 몸과 같이 하는데

誰賊?
수 적

누가 해치겠는가?

故盜賊亡有.
고 도 적 무 유

그러므로 도둑이 없어지게 된다.

猶有大夫之相亂家·諸侯之相攻國者乎?
유 유 대 부 지 상 란 가   제 후 지 상 공 국 자 호

---

7 무(亡): 무(無)와 같다.

8 고(故): 손이양은 고(故) 자는 아마도 연문인 것 같다고 하였다.

그래도 대부들이 서로 남의 봉읍을
혼란하게 하며, 제후들이 서로 남의
나라를 공격하는 일이 있겠는가?

視人家若其家,
시 인 가 약 기 가

남의 봉읍 보기를 자신의 봉읍과 같이
하는데

誰亂?
수 란

누가 혼란하게 하겠는가?

視人國若其國,
시 인 국 약 기 국

남의 나라 보기를 자신의 나라와 같이
하는데

誰攻?
수 공

누가 공격을 하겠는가?

故大夫之相亂家·諸侯之相攻國者亡有.
고 대 부 지 상 란 가　제 후 지 상 공 국 자 무 유

그러므로 대부들이 서로 남의 봉읍을
혼란하게 하며, 제후들이 서로 남의
나라를 공격하는 일이 없어지게 된다.

若使天下兼相愛,
약 사 천 하 겸 상 애

만약 천하의 사람들로 하여금 두루
서로 사랑하게 한다면,

國與國不相攻,
국 여 국 불 상 공

나라와 나라는 서로 공격하지 않고

家與家不相亂,
가 여 가 불 상 란

봉읍과 봉읍은 서로 혼란되지 않으며,

盜賊無有,
도 적 무 유

도둑은 없어질 것이고,

君臣父子皆能孝慈,
군 신 부 자 개 능 효 자

임금, 신하, 아버지, 자식은 모두
효순하고 자애로울 수 있을 것이다.

若此則天下治.
약 차 즉 천 하 치

이와 같이 된다면 천하는 다스려질
것이다.

故聖人以治天下爲事者,
고 성 인 이 치 천 하 위 사 자

성인은 천하를 다스리는 것을
사업으로 삼는 자로서

惡得不禁惡而勸愛?
오 득 불 금 오 이 권 애

어찌 증오를 금하고 사랑을 권하지 않을 수 있겠는가?

故天下兼相愛則治,
고 천 하 겸 상 애 즉 치

그러므로 천하의 사람들이 두루 서로 사랑하게 되면 다스려지고

交相惡則亂,
교 상 오 즉 란

서로 미워하게 되면 혼란스러워진다.

故子墨子曰"不可以不勸愛人"者,
고 자 묵 자 왈 불 가 이 불 권 애 인 자

그러므로 묵자께서 "남을 사랑하라고 권하지 않을 수 없다"라고 말씀하신 것은

此也.
차 야

이 때문이다.

겸애 중 제15편

(兼愛中第十五)

子墨子言曰: <small>자 묵 자 언 왈</small>	묵자께서 말씀하셨다.
"仁人之所以爲事者, <small>인 인 지 소 이 위 사 자</small>	"어진 사람들이 일을 하는 원칙은
必興天下之利, <small>필 흥 천 하 지 리</small>	반드시 천하의 이익을 일으키고
除去天下之害, <small>제 거 천 하 지 해</small>	천하의 해를 제거하는 것이니,
以此爲事者也." <small>이 차 위 사 자 야</small>	이것을 일의 원칙으로 삼는다."
然則天下之利何也? <small>연 즉 천 하 지 리 하 야</small>	그렇다면 천하의 이익은 무엇이며
天下之害何也? <small>천 하 지 해 하 야</small>	천하의 해는 무엇인가?
子墨子言曰: <small>자 묵 자 언 왈</small>	묵자께서 말씀하셨다.
"今若國之與國之相攻, <small>금 약 국 지 여 국 지 상 공</small>	"지금 만약 나라와 나라가 서로 공격하고,
家之與家之相篡, <small>가 지 여 가 지 상 찬</small>	봉읍과 봉읍이 서로 찬탈(篡奪)하며,
人之與人之相賊, <small>인 지 여 인 지 상 적</small>	사람과 사람이 서로 해치고,
君臣不惠忠, <small>군 신 불 혜 충</small>	임금과 신하가 서로 은혜롭고 충성스럽지 않으며,

父子不慈孝,
부 자 부 자 효

아버지와 자식이 서로 자애롭고
효성스럽지 않고,

兄弟不和調,
형 제 불 화 조

형과 아우가 서로 화목하고 조화롭지
않다면

此則天下之害也."
차 즉 천 하 지 해 야

이것이 곧 천하의 해이다."

然則崇¹此害亦何用²生哉?
연 즉 숭 차 해 역 하 용 생 재

그렇다면 이러한 해는 또한 어떻게
생겨나는지 살펴보자.

以不相愛生邪?³
이 불 상 애 생 야

서로 사랑하기 때문에 생겨나는
것인가?

子墨子言:
자 묵 자 언

묵자께서 말씀하셨다.

"以不相愛生.
이 불 상 애 생

"서로 사랑하지 않는 데서 생겨난다.

今諸侯獨知愛其國,
금 제 후 독 지 애 기 국

지금 제후들은 단지 자신의 나라만을
사랑할 줄 알고

不愛人之國,
불 애 인 지 국

남의 나라를 사랑하지 않는데,

是以不憚舉其國以攻人之國.
시 이 불 탄 거 기 국 이 공 인 지 국

이 때문에 자신의 나라를 동원하여
남의 나라를 공격하는 데 꺼리지
않는다.

今家主獨知愛其家,
금 가 주 독 지 애 기 가

지금 봉읍의 경대부들은 단지 자신의
봉읍만을 사랑할 줄 알고

---

1 숭(崇): 유월은 숭(崇) 자는 뜻이 없는데, 곧 찰(察) 자의 잘못이라고 하였다.

2 용(用): 여기서 용(用)은 이(以)와 같다.

3 이불상애생야(以不相愛生邪): 아래 문장의 의미로부터 보면 이상애생야(以相愛生邪)라
고 하는 것이 맞다. 이 문장은 반어문(反語文)으로 쓰였다.

而不愛人之家,
이 불 애 인 지 가

남의 봉읍을 사랑하지 않는데,

是以不憚舉其家以篡人之家.
시 이 불 탄 거 기 가 이 찬 인 지 가

이 때문에 자신의 봉읍을 동원하여 남의 봉읍을 찬탈하는 데 꺼리지 않는다.

今人獨知愛其身,
금 인 독 지 애 기 신

지금 사람들은 단지 자신의 몸만을 사랑할 줄 알고

不愛人之身,
불 애 인 지 신

남의 몸을 사랑하지 않는데,

是以不憚舉其身以賊人之身.
시 이 불 탄 거 기 신 이 적 인 지 신

이 때문에 자신의 몸을 이용하여 남의 몸을 해치는 데 꺼리지 않는다.

是故諸侯不相愛則必野戰,
시 고 제 후 불 상 애 즉 필 야 전

그러므로 제후들이 서로 사랑하지 않으면 반드시 들판에서 전쟁을 하게 되고,

家主不相愛則必相篡,
가 주 불 상 애 즉 필 상 찬

봉읍의 경대부들이 서로 사랑하지 않으면 반드시 서로 찬탈하게 되며,

人與人不相愛則必相賊,
인 여 인 불 상 애 즉 필 상 적

사람과 사람이 서로 사랑하지 않으면 반드시 서로 해치게 되고,

君臣不相愛則不惠忠,
군 신 불 상 애 즉 불 혜 충

임금과 신하가 서로 사랑하지 않으면 은혜롭고 충성스럽지 않게 되며,

父子不相愛則不慈孝,
부 자 불 상 애 즉 부 자 효

아버지와 자식이 서로 사랑하지 않으면 자애롭고 효성스럽지 않게 되고,

兄弟不相愛則不和調.
형 제 불 상 애 즉 불 화 조

형과 아우가 서로 사랑하지 않으면 화목하고 조화롭지 않게 된다.

天下之人皆不相愛,
천 하 지 인 개 불 상 애

천하의 사람들이 모두 서로 사랑하지

않으면

強必執⁴弱,
강 필 집 약

강한 자는 반드시 약한 자를 제압할 것이고,

富必侮貧,
부 필 모 빈

부유한 자는 반드시 가난한 자를 업신여길 것이며,

貴必敖⁵賤,
귀 필 오 천

귀한 자는 반드시 천한 자에게 오만하게 굴 것이고,

詐必欺愚.
사 필 기 우

사기꾼은 반드시 어리석은 자를 속이게 될 것이다.

凡天下禍篡怨恨,
범 천 하 화 찬 원 한

천하의 모든 재화(災禍)와 찬탈 그리고 원한이

其所以起者,
기 소 이 기 자

일어나는 까닭은

以不相愛生也,
이 불 상 애 생 야

서로 사랑하지 않기 때문이다.

是以仁者非之."
시 이 인 자 비 지

이 때문에 어진 사람들은 그러한 것을 비난한다."

既以⁶非之,
기 이 비 지

이미 그러한 것을 비난한다면

何以易之?
하 이 역 지

무엇으로써 그러한 것을 바꾸어야 하는가?

子墨子言曰:
자 묵 자 언 왈

묵자께서 말씀하셨다.

4　집(執): 여기서는 '제압하다', '제어하다'라는 뜻으로 쓰였다.
5　오(敖): 오(傲)와 통한다. '오만하다'의 뜻이다.
6　이(以): 이(已)와 통한다. '이미'의 뜻이다.

"以兼相愛·交相利之法易之."
이 겸 상 애 　 교 상 리 지 법 역 지

"두루 서로 사랑하고 서로 이롭게 하는 방법으로써 그러한 것을 바꾸어야 한다."

然則兼相愛·交相利之法將⁷奈何哉?
연 즉 겸 상 애 　 교 상 리 지 법 장 　 내 하 재

그렇다면 두루 서로 사랑하고 서로 이롭게 하는 방법은 마땅히 어떻게 해야 하는 것인가?

子墨子言:
자 묵 자 언

묵자께서 말씀하셨다.

"視人之國若視其國,
시 인 지 국 약 시 기 국

"남의 나라 보기를 자신의 나라 보는 것처럼 하고,

視人之家若視其家,
시 인 지 가 약 시 기 가

남의 봉읍 보기를 자신의 봉읍 보는 것처럼 하며,

視人之身若視其身.
시 인 지 신 약 시 기 신

남의 몸 보기를 자신의 몸 보는 것처럼 하는 것이다.

是故諸候相愛則不野戰,
시 고 제 후 상 애 즉 불 야 전

그래서 제후들이 서로 사랑하게 되면 들판에서 전쟁을 하지 않게 되고,

家主相愛則不相簒,
가 주 상 애 즉 불 상 찬

봉읍의 경대부들이 서로 사랑하게 되면 서로 찬탈하지 않게 되며,

人與人相愛則不相賊,
인 여 인 상 애 즉 불 상 적

사람과 사람이 서로 사랑하게 되면 서로 해치지 않게 되고,

君臣相愛則惠忠,
군 신 상 애 즉 혜 충

임금과 신하가 서로 사랑하게 되면 서로 은혜롭고 충성스럽게 되며,

父子相愛則慈孝,
부 자 상 애 즉 자 효

부모와 자식이 서로 사랑하게 되면

---

7 장(將): 여기서는 '마땅히', '응당'이라는 뜻으로 쓰였다.

서로 자애롭고 효성스럽게 되고,

兄弟相愛則和調.
형 제 상 애 즉 화 조

형과 아우가 서로 사랑하게 되면 서로
화목하고 조화롭게 된다.

天下之人皆相愛,
천 하 지 인 개 상 애

천하의 사람들이 모두 서로 사랑하게
되면

强不執弱,
강 부 집 약

강한 자는 약한 자를 제압하지 않을
것이고,

衆不劫寡,
중 불 겁 과

숫자가 많은 자들은 적은 자들의 것을
강탈하지 않을 것이며,

富不侮貧,
부 불 모 빈

부유한 자는 가난한 자를 업신여기지
않을 것이고,

貴不敖賤,
귀 불 오 천

귀한 자는 천한 자에게 오만하게 굴지
않을 것이며,

詐不欺愚.
사 불 기 우

사기꾼은 어리석은 자를 속이지 않을
것이다.

凡天下禍篡怨恨可使毋起者,
범 천 하 화 찬 원 한 가 사 무 기 자

천하의 모든 재화(災禍)와 찬탈 그리고
원한이 일어나지 않도록 할 수 있는
것은

以相愛生也,
이 상 애 생 야

서로 사랑하는 것으로 가능하다.

是以仁者譽之."
시 이 인 자 예 지

이 때문에 어진 사람들은 그러한 것을
칭찬한다."

然而今天下之士君子曰:
연 이 금 천 하 지 사 군 자 왈

그러나 지금 천하의 관리들은 말한다.

"然.
연

乃若[8]兼則善矣,
내 약 겸 즉 선 의

雖然,
수 연

天下之難物[9]于故[10]也."
천 하 지 난 물 우 고 야

子墨子言曰:
자 묵 자 언 왈

"天下之士君子,
천 하 지 사 사 군 자

特[11]不識其利,
특 불 식 기 리

辯[12]其故[13]也.
변 기 고 야

今若夫[14]攻城野戰,
금 약 부 공 성 야 전

殺身爲名,
살 신 위 명

此天下百姓之所皆難也,
차 천 하 백 성 지 소 개 난 야

苟君說[15]之,
구 군 열 지

則士衆能爲之.
즉 사 중 능 위 지

"그렇다.

두루 사랑한다는 것〔兼愛〕은 좋은
일이다.

그렇지만

그것은 천하의 가장 어려운 일이다."

묵자께서 말씀하셨다.

"천하의 관리들은

단지 겸애의 좋은 점을 알지 못하고

그것의 도리를 분별하지 못할
따름이다.

지금 성을 공격하고 들판에서 전쟁을
하는 것으로 말하면,

자신을 죽여 명성을 구하는 것은

천하의 백성들이 모두 어렵게
생각하는 것이다.

만약 군주가 그것을 좋아한다면

신하들은 그것을 할 수 있다.

---

8 내약(乃若): 문두어조사(文頭語助詞).

9 난물(難物): 난사(難事), 즉 '어려운 일'이라는 의미이다.

10 우고(于故): 유월은 우고(于故) 두 자는 연문이라고 하였다.

11 특(特): 여기서는 '단지'라는 뜻으로 쓰였다.

12 변(辯): 변(辨)과 같다.

13 고(故): 여기서는 '연고(緣故)', '도리'라는 의미로 쓰였다.

14 약부(若夫): ~로 말하면, ~에 관해서는.

15 열(說): 열(悅)과 통한다.

況於兼相愛,
황 어 겸 상 애

두루 서로 사랑하고

交相利,
교 상 리

서로 이롭게 하는 일은

則與此異.
즉 여 차 이

그것과 다르다.

夫愛人者,
부 애 인 자

남을 사랑하게 되면

人必從而愛之;
인 필 종 이 애 지

남도 반드시 따라서 그를 사랑하게
되고,

利人者,
이 인 자

남을 이롭게 하면

人必從而利之;
인 필 종 이 리 지

남도 반드시 따라서 그를 이롭게 하며,

惡人者,
오 인 자

남을 미워하게 되면

人必從而惡之;
인 필 종 이 오 지

남도 반드시 따라서 그를 미워하게
되고,

害人者,
해 인 자

남을 해치게 되면

人必從而害之.
인 필 종 이 해 지

남도 반드시 따라서 그를 해치게 된다.

此何難之有!
차 하 난 지 유

이것에 무슨 어려움이 있겠는가!

特上弗以爲政,
특 상 불 이 위 정

단지 위에서 그것으로 정치를 하지
않으면

士[16]不以爲行故也.
사 불 이 위 행 고 야

관리들도 그것으로 행위의 준칙을
삼지 않을 뿐이다.

昔者晉文公好士之惡衣,
석 자 진 문 공 호 사 지 악 의

옛날 진나라 문공은 관리들이 질이
좋지 않은 옷을 입는 것을 좋아하였다.

故文公之臣皆牂羊之裘[17],
고 문 공 지 신 개 장 양 지 구

그래서 문공의 신하들은 모두 암양의

---

16 사(士): 사군자(士君子)를 가리킨다.

가죽으로 만든 갖옷을 입고,

韋[18]以帶劍,
위 이 대 검

가공한 소가죽으로 칼을 차고,

練帛[19]之冠,
연 백 지 관

거친비단 관을 쓰고

入以見於君,
입 이 현 어 군

들어가서는 임을 알현하고,

出以踐於朝.
출 이 천 어 조

나와서는 조정(朝廷)을 걸어 다녔다.

是其故何也?
시 기 고 하 야

그렇게 한 까닭은 무엇인가?

君說之,
군 열 지

임금이 그런 것을 좋아했기 때문에

故臣爲之也.
고 신 위 지 야

신하들도 그렇게 했던 것이다.

昔者楚靈王[20]好士細要[21],
석 자 초 령 왕 호 사 세 요

옛날 초나라 영왕은 관리들의 가는
허리를 좋아해서

故靈王之臣皆以一飯爲節,
고 령 왕 지 신 개 이 일 반 위 절

영왕의 신하들은 모두 하루 한 끼의
밥으로 절식(節食)을 했으며,

脅息[22]然後帶,
협 식 연 후 대

가슴으로 숨을 쉬면서 허리를 최대한
줄인 후에야 허리띠를 졸라 매었고,

扶牆然後起.
부 장 연 후 기

벽을 짚은 후에야 일어났다.

比期年,[23]
비 기 년

1년이 되자

---

17 장양지구(牂羊之裘): 암양의 가죽으로 만든 갖옷.

18 위(韋): 가공한 소가죽.

19 연백(練帛): 대백(大帛)이라고 하는데, 가공한(잿물에 삶은 뒤 물에 빨아 말린) 명주로, 거친
비단의 일종이다.

20 초령왕(楚靈王): 춘추 시대 초나라의 왕으로, 기원전 540년에 즉위하여 12년간 재위하였다.

21 요(要): 요(腰)와 통한다. '허리'라는 뜻이다.

22 협식(脅息): 협(脅)은 겨드랑이, 즉 가슴의 측면을 가리키는데, 협식(脅息)은 '가슴으로 숨을
쉬면서 허리를 최대한 줄이는 것'을 나타낸다.

23 비기년(比期年): 비(比)는 '미치다(及)'의 뜻으로 쓰였으며, 기년(期年)은 '1년'을 뜻한다.

有鬵黑之色²⁴,
유 리 흑 지 색

是其佝飲也?
시 기 구 음 야

君說之
군 열 지

故臣敢也
고 신 감 야

昔越王句踐好之勇,
석 월 왕 구 천 호 지 용

敎馴²⁵其臣和合之²⁶,
교 순 기 신 화 합 지

焚舟失火,
분 주 실 화

試其士曰:
시 기 사 왈

'越國之寶盡在此!'
월 국 지 보 진 재 차

越王親自鼓其士而進之.
월 왕 친 자 고 기 사 이 진 지

士聞鼓音,
사 문 고 음

破碎²⁷亂行,
파 쇄 란 행

조정 신하들의 ... 모두 검고 마르게 되었다

그렇게 한 까닭은 무엇인가?

임금이 그를 좋아했기 때문에

...들도 ...게 했던 것이다.

옛 월왕 구천은 관리들의 용감함을 좋아했는데

그의 하늘을 가르치기 위해 그들을 집합시... 후에

고의로에 불을 붙이고

시험 삼아 ...고의 관리들에게

'월나라의 ...은 모두 여기에 있다!'라고 하였다.

...나라 왕이 친히 북을 치면서 관리들에게 그 배 안으로 들어가게 하였다.

관리들은 북소리를 듣고

대오를 무너뜨리며 어지러이 달려가

---

24 여흑지색(鬵黑之色): 얼굴이 검고 마른 모양을 형용한다. 여흑(鬵黑)은 '짙은 검은색'이라는 의미이다.

25 순(馴): 가르치다는 뜻의 훈(訓)과 통한다.

26 화합지(和合之): 이생룡은 '그들을 집합시키다(集合他門)'의 뜻이라고 하였다.

27 파쇄(破碎): 손이양은 쇄(碎)는 쉬(萃)와 통한다고 하였다. 쉬(萃)는 '대오(隊伍)', '대열(隊列)'의 뜻을 나타낸다. 여기서의 파쇄(破碎)는 '대오를 무너뜨리다'라는 의미를 지니고 있다.

蹈火而死者左右百人有餘,
도 화 이 사 자 좌 우 백 인 유 여

불에 뛰어들어 죽은 자가 좌우의
신하들만 백여 명이나 되었는데,

越王擊金²⁸而退之."
월 왕 격 금   이 퇴 지

월나라 왕은 이때서야 비로소 징을 쳐
그들을 물러나게 하였다."

是故子墨子言曰:
시 고 자 묵 자 언 왈

그러므로 묵자께서 말씀하셨다.

"乃若夫少食惡衣,
내 약 부 소 식 악 의

"적게 먹고 나쁜 옷을 입고

殺身而爲名,
살 신 이 위 명

자신을 죽여 명성을 구하는데,

此天下百姓之所皆難也.
차 천 하 백 성 지 소 개 난 야

이는 천하의 백성들이 모두 어렵게
생각하는 것이다.

若苟君說之,
약 구 군 열 지

만약 군주가 그것을 좋아한다면

則衆能爲之.
즉 중 능 위 지

신하들은 그것을 할 수 있다.

況兼相愛·交相利,
황 겸 상 애   교 상 리

하물며 두루 서로 사랑하고 서로
이롭게 하는 일은

與此異矣.
여 차 이 의

그것과 다르다.

夫愛人者,
부 애 인 자

남을 사랑하게 되면

人亦從而愛之;
인 역 종 이 애 지

남도 반드시 따라서 그를 사랑하게
되고,

利人者,
이 인 자

남을 이롭게 하면

人亦從而利之;
인 역 종 이 리 지

남도 반드시 따라서 그를 이롭게 하며,

惡人者,
오 인 자

남을 미워하게 되면

---

28 금(金): 여기서는 징(鉦)의 의미로 쓰였다.

人亦從而惡之;
인 역 종 이 오 지

남도 반드시 따라서 그를 미워하게
되고,

害人者,
해 인 자

남을 해치게 되면,

人亦從而害之.
인 역 종 이 해 지

남도 반드시 따라서 그를 해치게 된다.

此何難之有焉,
차 하 난 지 유 언

이것에 무슨 어려움이 있겠는가.

特士[29]不以爲政而士不以爲行故也."
특 사 불 이 위 정 이 사 불 이 위 행 고 야

단지 위에서 그것으로 정치를 하지
않으면 관리들도 그것으로 행위의
준칙을 삼지 않을 뿐이다."

然而今天下之士君子曰:
연 이 금 천 하 지 사 군 자 왈

그러나 지금 천하의 관리들은 말한다.

"然.
연

"그렇다.

乃若兼則善矣.
내 약 겸 즉 선 의

두루 사랑한다는 것은 좋은 일이다.

雖然,
수 연

그렇지만

不可行之物也,
불 가 행 지 물 야

그것은 여전히 행할 수 없는 일로,

譬若挈[30]太山[31]而越河濟[32]也."
비 약 설 태 산 이 월 하 제 야

이를테면 태산(泰山)을 들고
황하(黃河)·제수(濟水)를 건너는 것과
같다."

子墨子言:
자 묵 자 언

묵자께서 말씀하셨다.

---

29 사(士): 위의 문장에 근거하면 사(士)는 상(上)이 되어야 한다.

30 설(挈): 들다.

31 태산(太山): 태산(泰山)을 가리킨다.

32 하제(河濟): 하(河)는 황하(黃河), 제(濟)는 제수(濟水)를 가리킨다.

“是非其譬也.
시 비 기 비 야

　　“이것은 그것에 합당하지 않은 비유이다.

夫挈太山而越河濟,
부 설 태 산 이 월 하 제

　　태산을 들고 황하·제수를 건너려면

可謂畢劫[33]有力矣,
가 위 필 겁　유 력 의

　　강하고 힘이 있어야 된다고 할 수 있겠지만,

自古及今,
자 고 급 금

　　옛날부터 지금까지

未有能行之者也.
미 유 능 행 지 자 야

　　실행할 수 있는 사람이 없었다.

況乎兼相愛·交相利,
황 호 겸 상 애　교 상 리

　　두루 서로 사랑하고 서로 이롭게 하는 일은

則與此異,
즉 여 차 이

　　이것과는 다른 것으로,

古者聖王行之.
고 자 성 왕 행 지

　　옛날 성군들은 이미 실행한 적이 있었다.

何以知其然?
하 이 지 기 연

　　무엇으로 그러했음을 아는가?

古者禹治天下,
고 자 우 치 천 하

　　옛날 우임금이 천하를 다스릴 적에

西爲西河[34]·漁竇[35],
서 위 서 하　　어 두

　　서쪽으로 서하와 어두를 다스리어

以泄渠孫皇[36]之水;
이 설 거 손 황　지 수

　　거손황의 물을 빠지게 하였다.

33　필겁(畢劫): 손이양은 "겁(劫)은 아마도 할(刧)의 잘못인 것 같다. 『광운』18힐(黠)에 할(刧)은 힘을 쓴다는 뜻이라고 하였다"라고 썼다. 필할(畢刧)은 힘이 있는 모양을 형용하는 말로, 「겸애하」편에 나오는 필강(畢强)과 같은 의미로 쓰였다.

34　서하(西河): 전국 시대에는 위(魏) 땅에 속하였다. 지금의 섬서성(陝西省) 동부의 황하 서안(西岸) 지역.

35　어두(漁竇): 장순일은 『수경주(水經注)』에 근거하여 이어간(鯉魚澗)이라 여겼는데, 그 지역은 황하 남안(南岸)의 산서성 경내에 있다고 하였다.

36　거손황(渠孫皇): 이생룡은 거손황(渠孫皇)을 옛 물 이름으로 여겼다. 왕환표는 거(渠)와 손황(孫皇)은 옛 물 이름으로, 모두 서하 흑수 유역에 있었다고 하였다. 또 거(渠)·손(孫)·황(皇) 세 개를 각각 옛 물 이름으로 여기는 사람도 있다.

北爲防³⁷原³⁸·泒³⁹,　　　　　　　북쪽으로 원수(原水)와 고수(泒水)의
북 위 방 원　고　　　　　　　　　　　물을 제방으로 막아

注后之邸⁴⁰,　　　　　　　　　후지저와
주 후 지 저

嘑池之竇⁴¹,　　　　　　　　　호타하(嘑沱河)로 흘러들게 하였으며,
호 지 지 두

洒⁴²爲底柱⁴³,　　　　　　　저주산에서 나누어 흐르게 하고,
쇄　 위 저 주

鑿爲龍門⁴⁴,　　　　　　　　　용문산을 파서
착 위 용 문

以利燕⁴⁵·代⁴⁶·胡⁴⁷·貉⁴⁸與西河之民;
이 리 연　대　호　맥　 여 서 하 지 민

　　　　　　　　　　　　　　　　연나라, 대나라, 호, 맥과 서하의
　　　　　　　　　　　　　　　　백성들을 이롭게 하였다.

東方⁴⁹漏之陸⁵⁰,　　　　　　　동쪽으로 대륙(大陸)을 통해 홍수를
동 방　루 지 륙

37　방(防): 제방.

38　원(原): 옛 물 이름.

39　고(泒): 옛 물 이름.

40　후지저(后之邸): 옛 지명. 지금의 산서성 태원(太原) 기현(祁縣) 동쪽에 있었다.

41　호지지두(嘑池之竇): 필원은 호타하(嘑沱河)로, 지금의 산서성 번치현(繁峙縣)에서 시작된
　　다고 하였다.

42　쇄(洒): 여기서는 '물의 흐름을 나누다(분류)'라는 의미로 쓰였다.

43　저주(底柱): 산 이름으로, 삼문산(三門山)이라고 한다. 지금의 하남성(河南省) 섬현(陝縣)
　　동북쪽 황하 가운데에 있다.

44　용문(龍門): 산 이름으로, 지금의 산서성 하진현(河津縣) 서북쪽과 섬서성 한성시(韓城市)
　　동북쪽에 있다. 황하는 여기에 이르러 양안(兩岸)이 절벽으로 이루어진 곳으로 흐르게 되는
　　데, 형상이 마치 문과 비슷하여 붙여진 이름이다. 우문구(禹門口)라고도 한다.

45　연(燕): 옛 나라 이름. 왕환표는 연나라는 지금의 하북성(河北省) 북부와 요령성(遼寧省) 서
　　부에 있었다고 하였다.

46　대(代): 옛 나라의 이름. 왕환표는 대나라는 지금의 하북성 울현(蔚縣) 동북쪽에 있었다고 하
　　였다.

47　호(胡): 옛 북방의 부족 이름. 이생룡은 '흉노(匈奴)'라고 하였다.

48　맥(貉): 맥(貊)이라고도 하며, 옛 동북쪽의 부족 이름.

49　방(方): 앞뒤 문장에 의거하면 위(爲)가 되어야 맞다.

50　지륙(之陸): 손이양은 대륙(大陸)이 되어야 한다고 했다. 대륙(大陸)은 지명으로, 하북성 거
　　록현(巨鹿縣)에 있다.

	빠지게 하고,
防孟諸之澤[51], <small>방 맹 저 지 택</small>	맹저택(孟諸澤)에 제방을 쌓아
灑[52]爲九澮[53], <small>사 위 구 회</small>	아홉 개의 하천으로 나누어 흐르게 하여,
以楗[54]東土之水, <small>이 건 동 토 지 수</small>	동쪽 땅의 물을 제한시킴으로써
以利冀州[55]之民; <small>이 리 기 주 지 민</small>	기주의 백성들을 이롭게 하였다.
南爲江[56]·漢[57]·淮[58]·汝[59], <small>남 위 강 한 회 여</small>	남쪽으로 장강(長江), 한수(漢水), 회하(淮河), 여수(汝水)를 다스리어
東流之, <small>동 류 지</small>	동쪽으로 흐르게 하여

---

51 맹저지택(孟諸之澤): 맹저택(孟諸澤)으로, 옛 하남성 상구(商丘) 동북쪽의 호택(湖澤) 이름. 맹저(孟豬), 망저(望諸), 맹저(盟諸) 등으로도 불린다.

52 사(灑): 앞의 주 42 쇄(洒)와 같은 뜻.

53 구회(九澮): 회(澮)는 원래 '봇도랑'이라는 의미를 지니고 있다. 여기서의 구회(九澮)는 '아홉 개의 하천'이라는 뜻이다.

54 건(楗): 원래 '문빗장', '방죽(물을 막기 위해 대나 나무를 세우고 풀과 흙으로 메운 둑)'이라는 뜻을 지니고 있다. 여기서는 '제한하다'라는 의미로 쓰였다.

55 기주(冀州): 이른바 구주(九州) 중의 하나로, 지금의 황하 중하류의 중원(中原) 지역에 있었다.

56 강(江): 장강(長江). 옛날부터 장강을 강(江)으로 칭하였는데, 후에 '江'으로써 큰 하천의 통칭으로 삼은 것은 장강에서 비롯된다. 장강의 발원지는 당고랍산맥(唐古拉山脈)의 주봉인 격랍단동설산(格拉丹東雪山) 서남측인 타타하(沱沱河)이다. 청해(青海)·서장(西藏)·사천(四川)·운남(雲南)·호북(湖北)·호남(湖南)·강서(江西)·안휘(安徽)·강소(江蘇) 등의 성(省)을 거치면서 상해시(上海市)에서 동해(東海)로 흘러들어 간다. 총길이 6,300킬로미터로, 중국에서 가장 긴 강이자 세계에서 세 번째 긴 강이다.

57 한(漢): 한수(漢水). 한강(漢江)이라고도 하며, 장강의 가장 긴 지류이다. 섬서성 영강현(寧康縣)에서 발원하여 호북성을 거쳐 무한시(武漢市)에서 장강으로 흘러들어 간다.

58 회(淮): 회하(淮河). 하남성 동백산(桐柏山)에서 발원하여 동쪽으로 하남·안휘 등의 성을 거쳐 강소성(江蘇省)에 이르러 홍택호(洪澤湖)로 흘러들어 간다. 총길이는 1,000킬로미터이다.

59 여(汝): 옛 물 이름으로, 여수(汝水)를 가리킨다. 하남성 노산현(魯山縣)에서 발원하여 보풍(寶豐)·양성(襄城)·언성(郾城)·상채(上蔡)·여남(汝南)을 거쳐 회하로 흘러들어 간다.

注五湖⁶⁰之處,
주 오 호　　지 처

오호 지역으로 흘러들게 함으로써

以利荊⁶¹·楚·干⁶²·越⁶³與南夷之民.
이 리 형　초　간　월　여 남 이 지 민

형, 초, 오(吳), 월과 남이의 백성들을
이롭게 하였다.

此言禹之事,
차 언 우 지 사

이것은 우임금의 일을 말하는 것으로,

吾今行兼矣.
오 금 행 겸 의

우리들이 지금 행해야 할 겸애인
것이다.

昔者文王之治西士,
석 자 문 왕 지 치 서 사

옛날 문왕이 서쪽 땅을 다스릴 적에,

若日若月,
약 일 약 월

마치 해와 달처럼

乍光⁶⁴于四方于西土,
사 광　우 사 방 우 서 토

서쪽 땅에서 사방에 빛을 비추었으니,

不爲大國侮小國,
불 위 대 국 모 소 국

큰 나라라고 해서 작은 나라를
업신여기지 않았고,

不爲衆庶侮鰥寡,
불 위 중 서 모 환 과

많은 사람들이라고 해서 외로운
홀아비나 과부를 업신여기지
않았으며,

不爲暴勢奪穡人⁶⁵黍⁶⁶·稷⁶⁷·狗·彘⁶⁸.
불 위 포 세 탈 색 인　서　직　구 체

포악한 세력은 농사짓는 사람들의

---

60 오호(五湖): 태호(太湖)의 다른 이름.
61 형(荊): 초(楚)나라. 지금의 호북성(湖北省)·호남성(湖南省) 남쪽 일대.
62 간(干): 오(吳)나라. 지금의 강소성 남부와 절강성(浙江省) 북부 일대.
63 월(越): 지금의 강소성·절강성 일대.
64 사광(乍光): 여기서 사(乍)는 작(作)과 통한다. 작광(作光)은 '빛을 비추다'라는 뜻이다.
65 색인(穡人): 농사짓는 사람.
66 서(黍): 메기장.
67 직(稷): 차기장. 여기서 서직(黍稷)은 '농작물'을 일컫는다.
68 체(彘): 돼지. 여기서 구체(狗彘)는 '가축'을 일컫는다.

농작□빼앗지 않았다□

天屑臨⁶⁹文王慈,
천 설 임 문 왕 자

하늘이 자함을 살피시니,

是以老而無子者,
시 이 노 이 무 자 자

늙어서□는 사람도

有所得終其壽;
유 소 득 종 기 수

그의 명□□수 있고,

連獨⁷⁰無兄弟者,
연 독 무 형 제 자

곤고 외□□제가 없는 사람도

有所雜於生人之閒;
유 소 잡 어 생 인 지 한

□람들 사이에 섞여 생활할 수
□며,

少失其父母者,
소 실 기 부 모 자

□서 부모를 여읜 사람도

有所放依⁷¹而長.
유 소 방 의 이 장

□지하여 성장할 수 있었다.

此⁷²文王之事,
차 문 왕 지 사

□것은 문왕의 일을 말하는 것으로,

則吾今行兼矣.
즉 오 금 행 겸 의

우리들이 지금 행해야 할 겸애인
것이다.

昔者武王將事⁷³泰山隧⁷⁴,
석 자 무 왕 장 사 태 산 수

옛날 무왕이 태산에 제사 지내러
갔는데

傳曰:
전 왈

축문에서 말하였다.

'泰山,
태 산

'태산이시여!

---

69 설임(屑臨): 여기서 설(屑)은 '돌아보다'라는 의미로 쓰였으며, 임(臨)은 '살펴보다'라는 뜻으로 쓰였다.
70 연독(連獨): 곤궁하고 외롭다. 여기서 연(連)은 '어렵다'라는 뜻으로 쓰였다.
71 방의(放依): 의지하다.
72 차(此): 앞뒤 문장에 의거하면 차(此) 자 다음에 언(言) 자가 있어야 한다.
73 사(事): 여기서는 '제사 지내다'라는 의미로 쓰였다.
74 수(隧): 왕환표는 이 수(隧) 자를 뒤의 전(傳)에 붙여서 읽으면서, 수(隧)는 아마도 수(遂) 자의
잘못인 것 같다고 하였다. 수(遂)는 '그래서'라는 뜻이다.

有道曾孫[75]周王有事,
유 도 증 손　주 왕 유 사

大事[76]既獲,
대 사　기 획

仁人□作[77],
인 인　작

以祇□夏[79],
이 지　하

蠻夷醜貉[80],
만 이 추 맥

雖有周親[81],
수 유 주 친

不若仁人,
불 약 인 인

萬方有罪,
만 방 유 죄

維于一人,'
유 어 일 인

此言武王之事,
차 언 무 왕 지 사

吾今行兼矣."
오 금 행 겸 의

... 있는 저 주나라 왕이 여기에 와서

...사를 올립니다.

지금 주왕(紂王)을 정벌한 일은 이미

승리를 얻었으며,

많은 어진 사람들이 일어나

저를 도움으로써 중원(中原)과

만이의 오랑캐와 여러 맥의 부족들을

구제하였습니다.

...록 지극히 친한 사람이 있더라도

...ㄴ 사람만 못합니다.

...의 백성들에게 죄가 있다면

...서 한 사람이 책임지겠습니다.'

...이 무왕의 일을 말하는 것으로,

우리가 지금 행해야 할 겸애인

것이다.

---

75 유도증손(有道曾孫): 제사 지낼 때 쓰는 용어. 무왕이 주왕(紂王)을 정벌하면서, 주(紂)는 무
도(無道)하고 자신은 '유도(有道)'하다고 여겼다. 증손(曾孫)은 천자와 제후가 제사 지낼 때
쓰는 겸칭(謙稱)이다.

76 대사(大事): 주왕(紂王)을 정벌한 일을 가리킨다.

77 작(作): 여기서는 '일어나다'라는 뜻으로 썼다.

78 지(祇): 진(振)과 통하는데 '구제하다'라는 뜻이다.

79 상하(商夏): 화하(華夏), 중원(中原)을 가리킨다. 맥족(貉族)은 아홉 종류나 되기 때문

80 추맥(醜貉): 여기서 추(醜)는 '많다'라는 의미로 쓰였다.
에 추맥(醜貉)이라고 하였다.

81 주친(周親): 여기서 주(周)는 지(至)와 통한다. 주친(周親)은 '지극히 친한 사람'을 일컫는다.

是故子墨子言曰:
시 고 자 묵 자 언 왈

그러므로 묵자께서 말씀하셨다.

"今天下之君子,
금 천 하 지 군 자

"지금 천하의 군자들이

忠⁸²實欲天下之富,
충   실 욕 천 하 지 부

내심으로 확실히 천하의 부유함을 바라고

而惡其貧,
이 오 기 빈

가난함을 싫어하며,

欲天下之治,
욕 천 하 지 치

천하가 다스려지는 것을 바라고

而惡其亂,
이 오 기 란

어지러워지는 것을 싫어한다면,

當兼相愛·交相利,
당 겸 상 애 교 상 리

마땅히 두루 서로 사랑하고 서로 이롭게 해야 한다.

此聖王之法,
차 성 왕 지 법

이는 성군의 법도이며

天下之治道也,
천 하 지 치 도 야

천하를 다스리는 도리로,

不可不務爲也."
불 가 불 무 위 야

힘써 행하지 않으면 안 되는 것이다."

---

82 충(忠): 중(中)과 같다. '내심(內心)'을 가리킨다.

겸애 하 제16편
(兼愛下第十六)

子墨子言曰:
자묵자언왈

묵자께서 말씀하셨다.

"仁人之事者,
인인지사자

"어진 사람의 일은

必務求興天下之利,
필무구흥천하지리

반드시 천하의 이익을 일으키고

除天下之害."
제천하지해

천하의 해를 제거하는 것을 힘써
추구하는 것이다."

然當今之時,
연당금지시

그러나 지금 시점에서

天下之害孰爲大?
천하지해숙위대

천하의 해는 무엇이 가장 크겠는가?

曰:
왈

묵자께서 대답하셨다.

"若大國之攻小國也,
약대국지공소국야

"이를테면 큰 나라가 작은 나라를
공격하고,

大家之亂小家也,
대가지란소가야

큰 봉읍이 작은 봉읍을 어지럽게 하며,

强之劫弱,
강지겁약

강한 자가 약한 자를 강탈하고,

衆之暴寡,
중지포과

많은 사람들이 적은 사람들에게
포학(暴虐)하게 굴며,

詐之謀愚,
사 지 모 우

사기꾼이 어리석은 자를 속이고,

貴之敖¹賤,
귀 지 오 천

귀한 자가 천한 자에게 오만하게 구는 것과 같은 것으로,

此天下之害也.
차 천 하 지 해 야

이것이 천하의 해이다.

又與²爲人君者之不惠也,
우 여 위 인 군 자 지 불 혜 야

또한 군주 된 자가 은혜롭지 않고,

臣者之不忠也,
신 자 지 불 충 야

신하 된 자가 충성스럽지 않으며,

父者之不慈也,
부 자 지 부 자 야

아버지 된 자가 자애롭지 않고,

子者之不孝也,
자 자 지 불 효 야

자식 된 자가 효성스럽지 않은 것과 같은 것으로,

此又天下之害也.
차 우 천 하 지 해 야

이것 역시 천하의 해이다.

又與今人³之賤人,
우 여 금 인 지 천 인

또한 지금의 천한 사람들이

執其兵刃·毒藥·水·火,
집 기 병 인 독 약 수 화

칼, 독약, 물, 불을 가지고

以交相虧賊,
이 교 상 휴 적

서로 손해를 입히고 해를 끼치는 것과 같은 것으로,

此又天下之害也.
차 우 천 하 지 해 야

이것 역시 천하의 해이다.

姑嘗本原若衆害之所自生.
고 상 본 원 약 중 해 지 소 자 생

잠시 시험 삼아 이러한 많은 해들이 어디에서 생겨나는지 그 근원을 캐어 보자.

此胡自生?
차 호 자 생

이것은 어디에서 생겨나는가?

此自愛人利人生與?
차 자 애 인 리 인 생 여

이것은 남을 사랑하고 남을 이롭게

---

1 오(敖): 오(傲)와 통한다. '오만하다'라는 뜻이다.

2 여(與): 여기서 여(與)는 여(如)와 같다.

3 인(人): 연문으로, 마땅히 삭제해야 한다.

하는 것으로부터 생겨나는 것인가?

即必曰非然也,
즉 필 왈 비 연 야

그렇지 않다고 반드시 대답할 것이며,

必曰從惡人賊人生.
필 왈 종 오 인 적 인 생

남을 미워하고 남을 해치는
것으로부터 생겨난다고 반드시 대답할
것이다.

分名乎天下惡人而賊人者,
분 명 호 천 하 오 인 이 적 인 자

천하에서 남을 미워하고 남을 해치는
자들을 분별하여 이름을 붙인다면,

兼⁴與?
겸   여

두루 서로 사랑하는 것이라고
하겠는가?

別⁵與?
별   여

아니면 차별하여 서로 미워하는
것이라고 하겠는가?

即必曰別也.
즉 필 왈 별 야

차별하여 서로 미워하는 것이라고
반드시 대답할 것이다.

然即之交別⁶者,
연 즉 지 교 별 자

그렇다면 차별하여 서로 미워하는
것은

果生天下之大害者與!
과 생 천 하 지 대 해 자 여

과연 천하의 큰 해를 생기게 하는
근원이다!

是故別非也."
시 고 별 비 야

그래서 차별하여 서로 미워하는 것은
잘못된 것이다."

---

4 겸(兼): 겸상애(兼相愛)로, '두루 서로 사랑하는 것'을 가리킨다.
5 별(別): 별상오(別相惡)로, '차별하여 서로 미워하는 것'을 가리킨다.
6 교별(交別): 사람과 사람 사이에 서로 관심이 없고 자신만을 돌보며, 심지어 서로 미워하고 서로 해를 끼치는 것을 일컫는다.

子墨子曰:
자묵자왈

묵자께서 말씀하셨다.

"非人者必有以易之,
비 인 자 필 유 이 역 지

"남을 비난하는 사람은 반드시 그것을 대신할 것이 있어야 하는데,

若非人而無以易之,
약 비 인 이 무 이 역 지

만약 남을 비난하면서 그것을 대신할 것이 없다면

譬之猶以水救火[7]也,
비 지 유 이 수 구 화 야

마치 물로써 물을 구하고 불로써 불을 구하는 것과 같은 것으로,

其說將必無可焉."
기 설 장 필 무 가 언

그의 견해는 반드시 옳다고 할 수 없을 것이다."

是故子墨子曰:
시 고 자 묵 자 왈

그러므로 묵자께서 말씀하셨다.

"兼以易別.
겸 이 역 별

"두루 서로 사랑하는 것으로 차별하여 서로 미워하는 것을 대신해야 한다.

然卽兼之可以易別之故何也?
연 즉 겸 지 가 이 역 별 지 고 하 야

그렇다면 두루 서로 사랑하는 것으로써 차별하여 서로 미워하는 것을 대신할 수 있는 까닭은 무엇인가?

曰:
왈

말하건대,

藉[8]爲人之國,
자 위 인 지 국

만약 남의 나라를 대하는 것을

若爲其國,
약 위 기 국

자신의 나라를 대하는 것과 같이 한다면,

夫誰獨擧其國以攻人之國者哉?
부 수 독 거 기 국 이 공 인 지 국 자 재

누가 또한 자신의 나라를 동원하여

---

7 이수구화(以水救火): 유월은 이수구수, 이화구화(以水救水, 以火救火)가 되어야 한다고 하였다.
8 자(藉): 여기서는 '만약'의 뜻으로 쓰였다.

남의 나라를 공격하겠는가?

爲彼者由⁹爲己也.
위 피 자 유 위 기 야

남의 나라를 공격하는 것은 자신의
나라를 공격하는 것과 같기 때문이다.

爲人之都,
위 인 지 도

만약 남의 도성(都城)을 대하는 것을

若爲其都,
약 위 기 도

자신의 도성을 대하는 것과 같이
한다면,

夫誰獨擧其都以伐人之都者哉?
부 수 독 거 기 도 이 벌 인 지 도 자 재

누가 또한 자신의 도성을 동원하여
남의 도성을 정벌하겠는가?

爲彼猶爲己也.
위 피 유 위 기 야

남의 도성을 정벌하는 것은 자신의
도성을 정벌하는 것과 같기 때문이다.

爲人之家,
위 인 지 가

만약 남의 봉읍을 대하는 것을

若爲其家,
약 위 기 가

자신의 봉읍을 대하는 것과 같이
한다면,

夫誰獨擧其家以亂人之家者哉?
부 수 독 거 기 가 이 란 인 지 가 자 재

누가 또한 자신의 봉읍을 동원하여
남의 봉읍을 어지럽게 하겠는가?

爲彼猶爲己也.
위 피 유 위 기 야

남의 봉읍을 어지럽게 하는 것은
자신의 봉읍을 어지럽게 하는 것과
같기 때문이다.

然卽國·都不相攻伐,
연 즉 국   도 불 상 공 벌

그렇다면 나라와 나라, 도성과 도성이
서로 공격이나 정벌을 하지 않으며,

---

9   유(由): 유(猶)와 통한다. '~와 같다'라는 뜻이다.

人家不相亂賊,
인 가 불 상 란 적

사람과 사람, 봉읍과 봉읍이 서로 해치거나 어지럽게 하지 않는다면,

此天下之害與?
차 천 하 지 해 여

이것은 천하의 해인가?

天下之利與?
천 하 지 리 여

천하의 이익인가?

卽必曰天下之利也.
즉 필 왈 천 하 지 리 야

천하의 이익이라고 반드시 대답할 것이다.

姑嘗本原若衆利之所自生,
고 상 본 원 약 중 리 지 소 자 생

잠시 시험 삼아 이러한 많은 이익들이 어디에서 생겨나는지 그 근원을 캐어 보자.

此胡自生?
차 호 자 생

이것은 어디에서 생겨나는가?

此自惡人賊人生與?
차 자 오 인 적 인 생 여

이것은 남을 미워하고 남을 해치는 것으로부터 생겨나는 것인가?

卽必曰非然也,
즉 필 왈 비 연 야

그렇지 않다고 반드시 대답할 것이며,

必曰從愛人利人生.
필 왈 종 애 인 리 인 생

남을 사랑하고 남을 이롭게 하는 것으로부터 생겨난다고 반드시 대답할 것이다.

分名乎天下愛人而利人者,
분 명 호 천 하 애 인 이 리 인 자

천하의 남을 사랑하고 남을 이롭게 하는 자들을 분별하여 이름을 붙인다면,

別與?
별 여

차별하여 서로 미워하는 것이라고 하겠는가?

兼與?
겸 여

아니면 두루 서로 사랑하는 것이라고 하겠는가?

卽必曰兼也.
즉 필 왈 겸 야

두루 서로 사랑하는 것이라고 반드시

대답할 것이다.

然卽之交兼[10]者,
연 즉 지 교 겸　자

그렇다면 두루 서로 사랑하는 것은

果生天下之大利者與!"
과 생 천 하 지 대 리 자 여

과연 천하의 큰 이익을 생기게 하는 근원이다!"

是故子墨子曰:
시 고 자 묵 자 왈

그러므로 묵자께서 말씀하셨다.

"兼是也.
겸 시 야

"두루 서로 사랑하는 것은 옳은 것이다.

且鄕[11]吾本言曰:
차 향　오 본 언 왈

또한 조금 전에 내가 본래

'仁人之事者,
인 인 지 사 자

'어진 사람의 일은

必務求興天下之利,
필 무 구 흥 천 하 지 리

반드시 천하의 이익을 일으키고

除天下之害.'
제 천 하 지 해

천하의 해를 제거하는 것을 힘써 추구하는 것이다'라고 말하였다.

今吾本原兼之所生,
금 오 본 원 겸 지 소 생

지금 내가 두루 서로 사랑하는 것이 낳게 되는 효과를 캐 보니

天下之大利者也;
천 하 지 대 리 자 야

그것은 천하의 큰 이익이며,

吾本原別之所生,
오 본 원 별 지 소 생

차별하여 서로 미워하는 것이 낳게 되는 효과를 캐 보니

天下之大害者也."
천 하 지 대 해 자 야

그것은 천하의 큰 해이다."

是故子墨子曰:
시 고 자 묵 자 왈

그러므로 묵자께서

"別非而兼是."者,
별 비 이 겸 시　자

"차별하여 서로 미워하는 것은 잘못된

---

10 교겸(交兼): 즉 교상애(交相愛), 겸상애(兼相愛)로, 사람들 상호 간에 모두 남을 대하기를 자신과 같이 하여 서로 사랑하는 것을 일컫는다.

11 향(鄕): 향(嚮)과 통하는데 '오래지 않다'라는 의미이다.

것이며, 두루 서로 사랑하는 것
것이다"라고 하신 것은

出乎若方¹²也.
출 호 약 방 야

이러한 도리로부터 나왔다.

今吾將正求與¹³天下之利而取之,
금 오 장 정 구 여 천 하 지 리 이 취 지

지금 나는 천하의 이익을 일으키는
것을 추구하고 아울러 그것을 취하기
위해

以兼爲正¹⁴.
이 겸 위 정

두루 서로 사랑하는 것으로써 정치를
할 것이다.

是以聰耳明目相與¹⁵視聽乎,
시 이 총 이 명 목 상 여 시 청 호

이 때문에 사람들은 밝은 귀와 밝은
눈으로 서로 보고 듣는 데 도움을 줄
것이고,

是以股肱畢强¹⁶相爲動宰¹⁷乎,
시 이 고 굉 필 강 상 위 동 재 호

강하고 힘 있는 팔다리로 서로
행동하는 데 도움을 줄 것이며,

而有道肆¹⁸相敎誨.
이 유 도 사 상 교 회

도의로써 힘써 서로 가르쳐 줄 것이다.

是以老而無妻子者,
시 이 로 이 무 처 자 자

이 때문에 늙어서 아내와 자식이 없는
사람은

---

12 약방(若方): 여기서 약(若)은 차(此)와 같은 의미이며, 방(方)은 '도리', '법칙'이라는 뜻으로 쓰였다.

13 여(與): 흥(興)이 되어야 맞다.

14 정(正): 정(政)과 통한다.

15 여(與): 아래 문장의 상위동재(相爲動宰)에 의거하면 위(爲)가 되어야 맞다.

16 필강(畢强): 「겸애 중」편에서는 필겁(畢劫)이라 하였는데, 그 의미가 같다. 「겸애 중」주 33 참조.

17 재(宰): 손이양은 거(擧)가 되어야 한다고 하였다.

18 사(肆): 힘써, 부지런히.

所侍養以終其壽;
소 시 양 이 종 기 수

시중들고 부양하는 사람이 있어 그의
수명을 다할 수 있으며,

幼弱孤童之無父母者,
유 약 고 동 지 무 부 모 자

어리고 약한 부모 없는 고아들은

有所放依以長其身.
유 소 방 의 이 장 기 신

의지할 곳이 있어 그의 몸을 자라게 할
수 있을 것이다.

今唯毋[19]以兼爲正,
금 유 무 이 겸 위 정

지금 두루 서로 사랑하는 것으로써
정치를 한다면

卽若其利也.
즉 약 기 리 야

바로 그 이익은 이와 같을 것이다.

不識天下之士[20],
불 식 천 하 지 사

천하의 사람들이

所以皆聞兼而非者,
소 이 개 문 겸 이 비 자

모두 두루 서로 사랑하는 것에 관한
말을 듣고 그것을 비난하는데,

其故何也?
기 고 하 야

그 까닭이 무엇인지 모르겠다.

然而天下之士非兼者之言,
연 이 천 하 지 사 비 겸 자 지 언

그러나 천하의 사람들이 두루 서로
사랑하는 것에 관한 말을 비난함이

猶未止也.
유 미 지 야

아직 끊이지 않고 있다.

曰:
왈

그들은

"卽善矣.
즉 선 의

"겸애는 좋기는 하다.

雖然,
수 연

비록 그러하지만

豈可用哉?"
개 가 용 재

그것을 어떻게 이용할 수

---

19 유무(唯毋): 어기사로 뜻이 없다.

20 사(士): 여기서는 '사람[人]'을 두루 지칭한다.

있겠는가?"라고 말한다.

子墨子曰:
자묵자왈

묵자께서 말씀하셨다.

"用而不可,
용 이 불 가

"이용할 수 없다면

雖我亦將非之.
수 아 역 장 비 지

비록 나라고 하더라도 그것을 비난할 것이다.

且焉有善而不可用者?
차 언 유 선 이 불 가 용 자

그런데 어찌 좋으면서 이용할 수 없는 것이 있겠는가?

姑嘗兩[21]而進之.
고 상 량   이 진 지

잠시 시험 삼아 두루 서로 사랑하는 것과 분별하여 서로 미워하는 것의 두 방면으로부터 진일보하여 이 문제를 설명해 보겠다.

誰[22]以爲二士,
수   이 위 이 사

가령 두 사람이 있는데,

使其一士者執別,
사 기 일 사 자 집 별

한 사람에게는 분별하여 서로 미워하는 것을 견지하게 하고,

使其一士者執兼.
사 기 일 사 자 집 겸

다른 한 사람에게는 두루 서로 사랑하는 것을 견지하게 해 보자.

是故別士之言曰:
시 고 별 사 지 언 왈

그중에서 분별하여 서로 미워하는 것을 견지하는 사람은

'吾豈能爲吾友之身若爲吾身,
오 기 능 위 오 우 지 신 약 위 오 신

'내가 어찌 내 친구의 몸 대하기를 내 몸 대하는 것과 같이 하며,

爲吾友之親若爲吾親!'
위 오 우 지 친 약 위 오 친

내 친구의 부모 대하기를 내 부모 대하는 것과 같이 할 수

---

21 양(兩): 겸(兼)과 별(別)을 가리킨다.

22 수(誰): 설(設)이 되어야 한다. 설(設)은 '가설하다', '가정하다'라는 뜻으로 쓰였다.

있겠는가?'라고 말한다.

是故退睹[23]其友,
시 고 퇴 도   기 우

그래서 그는 물러나 친구를 대함에 있어

飢卽[24]不食,
기 즉   불 사

굶주리고 있어도 먹여 주지 않고,

寒卽不衣,
한 즉 불 의

추위에 떨고 있어도 옷을 입혀 주지 않으며,

疾病不侍養,
질 병 불 시 양

병이 나 있어도 돌봐 주지 않고,

死喪不葬埋.
사 상 부 장 매

죽어도 장사 지내 주지 않는다.

別士之言若此,
별 사 지 언 약 차

분별하여 서로 미워하는 것을 견지하는 사람의 말은 이와 같으며,

行若此.
행 약 차

행동 또한 이와 같다.

兼士之言不然,
겸 사 지 언 불 연

두루 서로 사랑하는 것을 견지하는 사람의 말은 그렇지 않으며,

行亦不然.
행 역 불 연

행동 또한 그렇지 않다.

曰:
왈

그는 이렇게 말한다.

'吾聞爲高士於天下者,
오 문 위 고 사 어 천 하 자

'나는 천하에서 성품이 고상한 사람이 되려면

必爲其友之身若爲其身,
필 위 기 우 지 신 약 위 기 신

반드시 내 친구의 몸 대하기를 내 몸 대하는 것과 같이 해야 하고,

爲其友之親若爲其親,
위 기 우 지 친 약 위 기 친

내 친구의 부모 대하기를 내 부모 대하는 것과 같이 해야 하며,

---

23 도(睹): 여기서는 '대하다'라는 뜻으로 쓰였다.
24 즉(卽): 즉(則)과 통한다.

然後可以爲高士於天下.'
연 후 가 이 위 고 사 어 천 하

그렇게 한 후에야 천하에서 성품이 고상한 사람이 될 수 있을 것이라고 들었다.'

是故退睹其友,
시 고 퇴 도 기 우

그래서 그는 물러나 친구를 대함에 있어

飢則食之,
기 즉 사 지

굶주리고 있으면 먹여 주고,

寒則衣之,
한 즉 의 지

추위에 떨고 있으면 옷을 입혀 주며,

疾病侍養之,
질 병 시 양 지

병이 나 있으면 돌봐 주고,

死喪葬埋之.
사 상 장 매 지

죽으면 장사를 지내 준다.

兼士之言若此,
겸 사 지 언 약 차

두루 서로 사랑하는 것을 견지하는 사람의 말은 이와 같으며,

行若此.
행 약 차

행동 또한 이와 같다.

若之二士者,
약 지 이 사 자

이 두 사람의 경우는

言相非而行相反與.
언 상 비 이 행 상 반 여

말이 서로 달라서 행동이 서로 반대되는 것이다.

當[25]使若[26]二士者,
당   사 약   이 사 자

시험 삼아 이 두 사람으로 하여금

言必信,
언 필 신

말에는 반드시 신용이 있게 하고

行必果,
행 필 과

행동은 반드시 결과가 있게 하여,

使言行之合猶合符節[27]也,
사 언 행 지 합 유 합 부 절   야

그들의 언행이 마치 부절이 들어맞는 것과 같이 하여

---

25 당(當): 손이양은 당(當)은 아마도 상(嘗)의 차자(借字)인 것 같다고 하였다. 상(嘗)은 '시험 삼다'라는 의미로 쓰였다.

26 약(若): 차(此)와 같은 의미이다.

無言而不行也.
무 언 이 불 행 야

실행되지 않는 말이 없다고 하자.

然卽敢問,
연 즉 감 문

그렇다면 감히 물어보겠다.

今有平原廣野於此,
금 유 평 원 광 야 어 차

지금 여기에 평원과 광야가 있고,

被²⁸甲嬰²⁹冑將往戰,
피 갑 영 주 장 왕 전

어떤 사람이 갑옷을 걸치고 투구를
쓰고 그곳으로 전쟁을 하러 가는데,

死生之權³⁰未可識也;
사 생 지 권 미 가 식 야

그가 죽고 사는 확률은 알 수가 없다.

又有君大夫³¹之遠使於巴³²·越·齊³³·荊,
우 유 군 대 부 지 원 사 어 파 월 제 형

또한 왕의 대부가 멀리 파, 월, 제,
형나라에 사신으로 가게 되었는데,

往來及否未可識也,
왕 래 급 부 미 가 식 야

그가 돌아올 수 있을지는 알 수가
없다.

然卽敢問:
연 즉 감 문

그렇다면 감히 물어보겠다.

不識將惡也³⁴,
불 식 장 오 야

장차 누구를 택하여

家室³⁵,
가 실

집안을 보호하고,

---

27 부절(符節): 부신(符信)이라고도 한다. 목편(木片) 또는 죽편(竹片)에 글을 쓰고 증인(證印)
    을 찍은 후에 두 쪽으로 쪼개어, 한 조각은 상대자에게 주고 다른 한 조각은 자기가 보관하였다
    가 후일에 서로 맞추어 증거로 삼는 것으로, 옛날 사신으로 가는 사람이 증표로 지녔다. 금속이
    나 옥석(玉石)으로 된 것도 있었다.
28 피(被): 피(披)와 통하는데 '걸치다'라는 의미이다.
29 영(嬰): 여기서는 '가(加)하다'라는 뜻으로 쓰였다. 즉, '쓰다'라는 뜻이다.
30 권(權): '확률'이란 뜻의 기(機)가 되어야 한다.
31 군대부(君大夫): 봉지(封地)가 있는 대부.
32 파(巴): 옛 나라 이름. 지금의 중경시(重慶市) 북부 일대.
33 제(齊): 지금의 산동성 일대.
34 장오야(將惡也): 유월은 오(惡) 다음에 종(從) 자가 탈락되었다고 하였다. 장오종야(將惡從
    也)는 장하종야(將何從也)와 같은데, 이것은 '장차 (그 두 사람 중) 누구를 택할 것인가?'라는
    뜻이다.

奉承親戚[36], 봉 승 친 척	부모님을 봉양하며,
提挈妻子, 제 설 처 자	아내와 자식을 데려와
而寄託之? 이 기 탁 지	맡길 것인가?
不識於兼之有是乎? 불 식 어 겸 지 유 시 호	두루 서로 사랑하는 것을 견지하는 사람에게 맡기는 것이 맞는지,
於別之有是乎? 어 별 지 유 시 호	아니면 분별하여 서로 미워하는 것을 견지하는 사람에게 맡기는 것이 맞는지 알 수 없다.
我以爲當其於此也, 아 이 위 당 기 어 차 야	내 생각으로는 이러한 상황에 처했을 때,
天下無愚夫愚婦, 천 하 무 우 부 우 부	천하의 어리석은 남녀는 물론
雖非兼之人, 수 비 겸 지 인	비록 두루 서로 사랑하는 것을 비난하는 사람이라 할지라도
必寄託之於兼之有是也. 필 기 탁 지 어 겸 지 유 시 야	반드시 두루 서로 사랑하는 것을 견지하는 사람에게 맡길 것이다.
此言而非兼, 차 언 이 비 겸	이것은 말로는 두루 서로 사랑하는 것을 비난하면서도
擇卽取兼, 택 즉 취 겸	선택을 할 때는 두루 서로 사랑하는 것을 견지하는 사람을 취하는 것이니,
卽此言行費[37]也. 즉 차 언 행 비 야	곧 말과 행동이 어긋나는 것이다.

---

35 가실(家室): 왕환표는 옛 판본들에 근거하여 가실(家室) 앞에 아마 장고비(將固庀) 세 자가 있었던 것 같다고 하였다. 여기서 고비(固庀)는 '보호하다'라는 뜻이다.

36 친척(親戚): 옛날에는 부모를 친척(親戚)이라 칭하였다.

37 비(費): 불(拂)과 통하는데 '위배하다', '어긋나다'라는 의미이다.

識天下之士,
식 천 하 지 사

천하의 사람들이

所以皆聞兼而非之者,
소 이 개 문 겸 이 비 지 자

모두 두루 서로 사랑하는 것에 관한
말을 듣고 그것을 비난하는데,

其故何也?"
기 고 하 야

그 까닭이 무엇인지 모르겠다."

然而天下之士非兼者之言,
연 이 천 하 지 사 비 겸 자 지 언

그러나 천하의 사람들이 두루 서로
사랑하는 것에 관한 말을 비난함이

猶未止也.
유 미 지 야

아직 끊이지 않고 있다.

曰:
왈

그들은

"意[38]可以擇士,
억 가 이 택 사

"아마 일반 사람을 이렇게 선택할 수는
있으나

而不可以擇君乎?"
이 불 가 이 택 군 호

군주를 이렇게 선택할 수는 없을
것이다!"라고 말한다.

"姑嘗兩而進之,
고 상 량 이 진 지

"잠시 시험 삼아 두루 서로 사랑하는
것과 분별하여 서로 미워하는 것의 두
방면으로부터 진일보하여 이 문제를
설명해 보겠다.

誰[39]以爲二君,
수 이 위 이 군

가령 두 군주가 있는데,

使其一君者執兼,
사 기 일 군 자 집 겸

한 군주에게는 분별하여 서로
미워하는 것을 견지하게 하고,

使其一君者執別.
사 기 일 군 자 집 별

다른 한 군주에게는 두루 서로

---

38 억(意): 여기서는 '아마'라는 뜻으로 쓰였다.

39 수(誰): 설(設)의 잘못이다. 설(設)은 '가령'이라는 뜻이다.

사랑하는 것을 견지하게 해 ㅗ

是故別君之言曰:
시 고 별 군 지 언 왈

그중에서 분별하여 서로 미워하는 것을 견지하는 군주는 이렇게 말한다.

'吾惡能爲吾萬民之身,
오 오 능 위 오 만 민 지 신

'내가 어찌 나의 만백성의 몸 대하기를

若爲吾身!
약 위 오 신

내 몸 대하는 것과 같이 할 수 있겠는가!

此泰[40]非天下之情也.
차 태 비 천 하 지 정 야

이것은 너무나 천하의 정리(情理)에 맞지 않는다.

人之生乎地上之無幾何也,
인 지 생 호 지 상 지 무 기 하 야

사람은 세상에 태어나 얼마 가지 못하니,

譬之猶駟馳而過隙也.'
비 지 유 사 치 이 과 극 야

이를테면 네 마리의 말이 끄는 수레가 틈을 지나가는 것처럼 빠르다.'

是故退睹其萬民,
시 고 퇴 도 기 만 민

그래서 그는 물러나 그의 백성들을 대함에 있어

飢卽不食,
기 즉 불 사

굶주리고 있어도 먹여 주지 않고,

寒卽不衣,
한 즉 불 의

추위에 떨고 있어도 옷을 입혀 주지 않으며,

疾病不侍養,
질 병 불 시 양

병이 나 있어도 돌봐 주지 않고,

死喪不葬埋.
사 상 부 장 매

죽어도 장사 지내 주지 않는다.

別君之言若此,
별 군 지 언 약 차

분별하여 서로 미워하는 것을 견지하는 군주의 말은 이와 같으며,

行若此.
행 약 차

행동 또한 이와 같다.

---

40 태(泰): 태(大)와 통하는데 '너무'라는 의미이다.

君之言不然,
군 지 언 불 연

두루 서로 사랑하는 것을 견지하는
군주의 말은 그렇지 않으며,

行亦不然.
행 역 불 연

행동 또한 그렇지 않다.

曰:
왈

그는 이렇게 말한다.

'吾聞爲明君於天下者,
오 문 위 명 군 어 천 하 자

'나는 천하에서 영명한 군주가 되려면

必先萬民之身,
필 선 만 민 지 신

반드시 먼저 만백성의 몸을 고려한
후에

後爲其身,
후 위 기 신

자신의 몸을 고려해야 하며,

然後可以爲明君於天下.'
연 후 가 이 위 명 군 어 천 하

그렇게 한 후에야 천하에서 영명한
군주가 될 수 있을 것이라고 들었다.'

是故退睹其萬民,
시 고 퇴 도 기 만 민

그래서 그는 물러나 그의 만백성을
대함에 있어

飢卽食之,
기 즉 사 지

굶주리고 있으면 먹여 주고,

寒卽衣之,
한 즉 의 지

추위에 떨고 있으면 옷을 입혀 주며,

疾病侍養之,
질 병 시 양 지

병이 나 있으면 돌봐 주고,

死喪葬埋之.
사 상 장 매 지

죽으면 장사를 지내 준다.

兼君之言若此,
겸 군 지 언 약 차

두루 서로 사랑하는 것을 견지하는
군주의 말은 이와 같으며,

行若此.
행 약 차

행동 또한 이와 같다.

然卽交⁴¹若之二君者,
연 즉 교 약 지 이 군 자

이 두 군주의 경우는

言相非而行相反與.
언 상 비 이 행 상 반 여

말이 서로 달라서 행동이 서로

---

41 연즉교(然卽交): 위의 문장에 의거하면 이 세 자는 연문으로, 삭제해야 한다.

반대되는 것이다.

常⁴²使若二君者,
_{상 사 약 이 군 자}

시험 삼아 이 두 군주로 하여금

言必信,
_{언 필 신}

말에는 반드시 신용이 있게 하고

行必果,
_{행 필 과}

행동은 반드시 결과가 있게 하여,

使言行之合,
_{사 언 행 지 합}

그들의 언행이

猶合符節也,
_{유 합 부 절 야}

마치 부절이 들어맞는 것과 같이 하여

無言而不行也.
_{무 언 이 불 행 야}

실행되지 않는 말이 없다고 하자.

然卽敢問,
_{연 즉 감 문}

그렇다면 감히 물어보겠다.

今歲有癘疫,
_{금 세 유 려 역}

금년에 전염병이 유행하고,

萬民多有勤苦凍餒,
_{만 민 다 유 근 고 동 뇌}

만백성은 부지런히 힘쓰면서도 헐벗고 굶주리며

轉⁴³死溝壑中者,
_{전 사 구 학 중 자}

떠돌아다니다 계곡에 떨어져 죽은 자가

旣已衆矣.
_{기 이 중 의}

이미 많다고 하자.

不識將擇之二君者,
_{불 식 장 택 지 이 군 자}

두 군주 중에서 선택하는 데에

將何從也?
_{장 하 종 아}

장차 누구를 택할 것인가?

我以爲當其於此也,
_{아 이 위 당 기 어 차 야}

내 생각으로는 이러한 상황에 처했을 때,

天下無愚夫愚婦,
_{천 하 무 우 부 우 부}

천하의 어리석은 남녀는 물론

---

42 상(常): 상(嘗)과 통하는데, '시험 삼아'란 뜻이다.

43 전(轉): 전전(輾轉)하다.

非兼者,
유비겸자

비록 두루 서로 사랑하는 것을
비난하는 사람이라 할지라도

必從兼君是也.
필 종 겸 군 시 야

반드시 두루 서로 사랑하는 것을
견지하는 군주를 따를 것이다.

言而非兼,
언 이 비 겸

이것은 말로는 두루 사랑하는 것을
비난하면서도

擇卽取兼,
택 즉 취 겸

선택을 할 때는 두루 서로 사랑하는
것을 견지하는 군주를 취하는 것이니,

此言行拂也.
차 언 행 불 야

곧 말과 행동이 어긋나는 것이다.

不識天下所以皆聞兼而非之者,
불 식 천 하 소 이 개 문 겸 이 비 지 자

천하의 사람들이 모두 두루 서로
사랑하는 것에 관한 말을 듣고 그것을
비난하는데,

其故何也?"
기 고 하 야

그 까닭이 무엇인지 모르겠다."

然而天下之士非兼者之言也,
연 이 천 하 지 사 비 겸 자 지 언 야

그러나 천하의 사람들이 두루 서로
사랑하는 것에 관한 말을 비난함이

猶未止也.
유 미 지 야

아직 끊이지 않고 있다.

曰:
왈

그들은 말한다.

"兼卽仁矣,
겸 즉 인 의

"두루 서로 사랑하는 것은 곧 어질고

義矣.
의 의

의로운 것이다.

雖然,
수 연

그렇지만

豈可爲哉?
기 가 위 재

어찌 실행할 수 있겠는가?

吾譬兼之不可爲也,
오 비 겸 지 불 가 위 야

내가 두루 서로 사랑하는 것을 [할] 수 없음을 비유로 들면,

猶挈泰山以超江河也.
유 설 태 산 이 초 강 하 야

마치 태산을 들고 장강(長江)이나 황하(黃河)를 건너는 것과 같다.

故兼者直⁴⁴顧之也,
고 겸 자 직 원 지 야

그러므로 두루 서로 사랑하는 것은 단지 바라는 것일 뿐,

夫豈可爲之物哉?"
부 기 가 위 지 물 재

어찌 실행할 수 있는 일이겠는가?"

子墨子曰:
자 묵 자 왈

묵자께서 말씀하셨다.

"夫挈泰山以超江河,
부 설 태 산 이 초 강 하

"태산을 들고 장강이나 황하를 건너는 일은

自古之及今,
자 고 지 급 금

옛날부터 지금까지

生民而來,
생 민 이 래

사람이 생겨난 이래

未嘗有也.
미 상 유 야

일찍이 없었다.

今若夫⁴⁵兼相愛,
금 약 부 겸 상 애

지금 두루 서로 사랑하고

交相利,
교 상 리

서로 이롭게 하는 것으로 말하자면,

此自先聖六王⁴⁶者親行之."
차 자 선 성 육 왕 자 친 행 지

이는 옛날 성인인 네 임금이 친히 그것을 실행하였다."

何知先聖六王之親行之也?
하 지 선 성 육 왕 지 친 행 지 아

어떻게 옛날 성인인 네 임금이 친히 그것을 실행하였음을 아는가?

---

44 직(直): 지(只)와 통하는데 '단지'라는 뜻이다.

45 약부(若夫): 「겸애 중」 주 14 참조.

46 육왕(六王): 아래 문장에서 서술된 내용으로 보아 사왕(四王)이 맞다. 바로 다음 문장도 마찬가지이다.

墨子曰:
묵자왈

"吾非與之幷世同時,
오비여지병세동시

"나는 그들과 같은 시대에 살면서

親聞其聲,
친문기성

친히 그들의 소리를 듣고

見其色也.
견기색야

그들의 안색을 본 것은 아니다.

以其所書於竹帛,
이기소서어죽백

그들이 죽백에 쓰거나

鏤於金石,
누어금석

금석에 새기거나

琢於盤盂[47],
탁어반우

쟁반과 사발에 새긴 것이

傳遺後世子孫者知之.
전유후세자손자지지

후세 자손들에게 전해져서 알게
되었다.

「泰誓」曰:
태서왈

『서경』「태서」에서

‘文王若日若月,
문왕약일약월

‘문왕은 해와 달과 같이

乍[48]照,
사조

빛을 발하여

光于四方·于西土.’
광우사방 우서토

사방과 서쪽 땅에 비추었네’라고
하였다.

卽此言文王之兼愛天下之博大也,
즉차언문왕지겸애천하지박대야

즉, 이것은 문왕이 천하를 두루
사랑하는 것이 넓고 컸음을

譬之日月兼照天下之無有私也."
비지일월겸조천하지무유사야

해와 달이 사사로움 없이 천하를 두루
비추는 것에 비유해서 말한 것이다."

---

47 반우(盤盂): 반(盤)은 반(槃)과 같다. 반우(盤盂)는 쟁반과 사발.

48 사(乍): 작(作)과 통한다. '발출하다'라는 뜻이다.

卽此文王兼也,
_{즉 차 문 왕 겸 야}

즉, 이것은 문왕의 두루 서로 사랑하는 것으로,

雖⁴⁹子墨子之所謂兼者,
_{수 자 묵 자 지 소 위 겸 자}

묵자께서 말씀하신 이른바 두루 서로 사랑하는 것이라는 것은

於文王取法焉.
_{어 문 왕 취 법 언}

문왕으로부터 법도를 취한 것이다.

且不唯「泰誓」爲然,
_{차 불 유 태 서 위 연}

또한 『서경』「태서」만이 그렇게 기록한 것이 아니라

雖「禹誓」⁵⁰卽亦猶是也.
_{수 우 서 즉 역 유 시 야}

『서경』「우서」역시 그러하다.

禹曰:
_{우 왈}

우임금이 말하였다.

"濟濟⁵¹有⁵²衆,
_{제 제 유 중}

"많은 사람들이여

咸聽朕言,
_{함 청 짐 언}

모두 나의 말을 들어라.

非惟小子,
_{비 유 소 자}

내가

敢行稱亂⁵³,
_{감 행 칭 란}

감히 전쟁을 일으키려는 것이 아니라,

蠢⁵⁴玆有苗,
_{준 자 유 묘}

여기 유묘가 소동을 벌여

用⁵⁵天之罰.
_{용 천 지 벌}

하늘의 벌을 집행하려는 것이다.

---

49 수(雖): 손이양은 수(雖)는 유(唯)와 통한다고 하였다. 유(唯)는 조사로 쓰였다.

50 우서(禹誓): 『서경』의 편명. 현재의 『서경』에는 「우서」편이 없다. 『위고문상서』의 「대우모(大禹謨)」가 이곳에 보이는 글들을 바탕으로 만들어진 것 같다.

51 제제(濟濟): 많은 모양.

52 유(有): 어조사.

53 칭란(稱亂): 칭(稱)은 거(擧)와 통하는데, 거란(擧亂)은 '전쟁을 일으키다'라는 뜻이다.

54 준(蠢): 준동(蠢動)하다. 소동(騷動)을 벌이다.

55 용(用): 여기서는 '집행하다'라는 뜻으로 쓰였다.

若予既[56]率爾群對諸群[57],
약 여 기 솔 이 군 대 제 군

이에 나는 즉시 그대들 여러 제후국의 국군(國君)을 이끌고

以征有苗."
이 정 유 묘

유묘를 정벌하러 간다."

禹之征有苗也,
우 지 정 유 묘 야

우임금이 유묘를 정벌한 것은

非以求以[58]重富貴,
비 이 구 이 중 부 귀

부귀를 더하거나

干[59]福祿,
간 복 록

복록을 구하거나

樂耳目也,
낙 이 목 야

귀와 눈을 즐겁게 하기 위해서가 아니라,

以求興天下之利,
이 구 흥 천 하 지 리

천하의 이익을 일으키고

除天下之害.
제 천 하 지 해

천하의 해를 제거하기 위해서였다.

即此禹兼也.
즉 차 우 겸 야

즉 이것은 우임금의 두루 서로 사랑하는 것으로,

雖子墨子之所謂兼者,
수 자 묵 자 지 소 위 겸 자

묵자께서 말씀하신 이른바 두루 서로 사랑하는 것이라는 것은

於禹求[60]焉.
어 우 구 언

우임금으로부터 법도를 취한 것이다.

且不唯「禹誓」爲然,
차 불 유 우 서 위 연

또한 『서경』 「우서」만이 그렇게 기록한 것이 아니라,

---

56 기(既): 왕환표는 기(既)는 즉(即)의 가차자라고 하였다.

57 군대제군(群對諸群): 손이양은 군봉제군(群封諸君)으로 보았는데, 봉(封)과 대(對)의 형태가 비슷하여 생긴 잘못이라고 하였다. 군봉제군은 '제후국의 여러 국군'을 가리킨다.

58 이(以): 연문으로, 삭제해야 한다.

59 간(干): 구하다.

60 구(求): 앞뒤 문장에 의거하면 취법(取法)으로 해야 맞다.

雖「湯說」[61]卽亦猶是也.
수 탕 설 즉 역 유 시 야

『서경』「탕설」역시 그러하다.

湯曰:
탕 왈

탕임금이 말하였다.

"惟予小子履[62],
유 여 소 자 리

"저 이(履)는

敢用玄牡[63],
감 용 현 모

감히 검은 황소를 제물로 써서

告於上天后[64]曰:
고 어 상 천 후 왈

천제(天帝)와 토지신(土地神)께
고합니다.

'今天大旱,
금 천 대 한

'지금 하늘에서는 큰 가뭄을
내리시는데,

卽當[65]朕身履.
즉 당 짐 신 리

이 죄는 저 이(履)가 혼자 책임져야
합니다.

未知得罪於上下[66],
미 지 득 죄 어 상 하

제가 하늘과 땅에 죄를 지었는지는
모르겠으나

有善不敢蔽,
유 선 불 감 폐

선한 것이 있어도 감히 숨기지 않고,

有罪不敢赦.
유 죄 불 감 사

죄가 있어도 감히 용서하지
않겠습니다.

簡在[67]帝心.
간 재 제 심

이 모든 것은 천제(天帝)의 마음에

---

61 탕설(湯說): 『위고문상서』에 「탕서(湯誓)」편이 있다. 그러나 여기에 나오는 문장은 보이지 않는다. 원래의 「탕서」문장은 아마도 이미 산일(散逸)된 것 같다.

62 이(履): 탕임금의 이름.

63 현모(玄牡): 검은 황소.

64 고어상천후(告於上天后): 손이양은 『태평어람』 83에 『제왕기재(帝王紀載)』를 인용하였는데, 이 문장을 고어상천후토(告於上天后土)라 하였다. 아마도 이 후(后) 다음에 토(土) 자가 탈락된 것 같다'라고 하였다. 여기서 산천(上天)은 상제(上帝), 후토(后土)는 '토지신(土地神)'을 가리킨다.

65 당(當): 담당하다, 책임지다.

66 상하(上下): '하늘과 땅'을 가리킨다.

67 간재(簡在): 존재하다.

존재합니다.

萬方有罪,
만방유죄

온 세상 사람들에게 죄가 있다면

卽當朕身,
즉당짐신

저 자신이 책임을 지겠지만,

朕身有罪,
짐신유죄

저 자신에게 죄가 있다고 하더라도

無及萬方.”
무급만방

온 세상 사람들에게는 연루되지 않게
해 주십시오.'”

卽此言湯貴爲天子,
즉차언탕귀위천자

곧 이것은 탕임금이 천자라는 귀한
몸으로

富有[68]天下,
부유 천하

천하를 차지하고 있지만,

然且不憚以身爲犧牲,
연차불탄이신위희생

자신이 희생되는 것을 꺼리지 않고

以祠說于上帝鬼神.
이사설우상제귀신

천제와 귀신에게 제사를 지내며
기도하였음을 말한다.

卽此湯兼也.
즉차탕겸야

즉, 이것은 탕임금의 두루 서로
사랑하는 것으로,

雖子墨子之所謂兼者,
수자묵자지소위겸자

묵자께서 말씀하신 이른바 두루 서로
사랑하는 것이라는 것은

於湯取法焉.
어탕취법언

탕임금으로부터 법도를 취한 것이다.

且不惟「誓命」[69]與「湯說」爲然,
차불유 서명 여 탕설 위연

또한 「우서」와 「탕설」만이 그렇게
기록한 것이 아니라

---

68 부유(富有): 차지하다.

69 서명(誓命): 위의 문장에 의거하면 우서(禹誓)로 해야 한다.

『周詩』⁷⁰卽亦猶是也.
주시   즉 역 유 시 야

『周詩』曰:
주시   왈

"王道蕩蕩⁷¹,
왕도탕탕

不偏不黨;
불 편 부 당

王道平平,
왕도평평

不黨不偏.
부 당 불 편

其直若矢,
기 직 약 시

其易⁷²若底⁷³.
기 이   약 지

君子之所履,
군 자 지 소 리

小人之所視."
소 인 지 소 시

若吾言非語道之謂也,⁷⁴
약 오 언 비 어 도 지 위 야

古者文·武爲正⁷⁵,
고 자 문   무 위 정

均分賞賢罰暴,
균 분 상 현 벌 포

『주시』역시 그러하다.

『주시』에서 말하였다.

"왕도는 넓어

한쪽으로 치우치지 않으며,

왕도는 공평하여

한쪽으로 기울지 않네.

그 곧기는 화살과 같으며,

평평하기는 숫돌과 같네.

이것은 군자들이 실행하는 것이며,

소인들이 쳐다보고 따르는 것이다."

그러므로 이 말은 두루 서로 사랑하는
것의 도리를 이르는 것이다.

옛날 문왕과 무왕은 정치를 함에 있어

현명한 사람에게 상을 주고 포악한
사람에게 벌을 주는 것이
공평하였으며,

---

70 주시(周詩): 『시경(詩經)』을 가리키는데, 현재의 『시경』에는 다음과 같은 시가 없다. 앞 네 구
   는 『상서』 「홍범(洪範)」에 보이며, 뒤 네 구는 『시경』 「대동(大東)」에 보인다.

71 탕탕(蕩蕩): 광활(廣闊)한 모양.

72 이(易): 여기서는 '평평하다'라는 뜻으로 쓰였다.

73 지(底): 지(砥)와 같은데 '숫돌'이라는 의미이다.

74 약오언비어도지위야(若吾言非語道之謂也): 왕환표는 이 구절은 본래 고악언, 어겸도지위
   야(故若言, 語兼道之謂也)로 되었을 것이라고 하였다.

75 정(正): 정(政)과 통한다.

勿有親戚[76]弟兄之所阿[77].
물 유 친 척 　 제 형 지 소 아

부모와 형제에 대해서도 사사로움이 없었다.

卽此文·武兼也.
즉 차 문 　 무 겸 야

즉, 이것은 문왕과 무왕의 두루 서로 사랑하는 것으로,

雖子墨子之所謂兼者,
수 자 묵 자 지 소 위 겸 자

묵자께서 말씀하신 이른바 두루 서로 사랑하는 것이라는 것은

於文·武取法焉.
어 문 　 무 취 법 언

문왕과 무왕으로부터 법도를 취한 것이다.

不識天下之人[78],
불 식 천 하 지 인

천하의 사람들이

所以皆聞兼而非之者,
소 이 개 문 겸 이 비 지 자

모두 두루 서로 사랑하는 것에 관한 말을 듣고 그것을 비난하는데,

其故何也?
기 고 하 야

그 까닭이 무엇인지 모르겠다.

然而天下之非兼者之言,
연 이 천 하 지 비 겸 자 지 언

그러나 천하의 사람들이 두루 서로 사랑하는 것을 비난함이

猶未止,
유 미 지

아직 끊이지 않고 있다.

曰:
왈

그들은

"意[79]不忠[80]親之利,
억 　 불 충 　 친 지 리

"아마 부모의 이익에 부합되지 않고,

而害爲孝乎?"
이 해 위 효 호

효도하는 데에 해를 끼칠 것이다"라고

---

76 친척(親戚): 같은 편의 주 36 참조.

77 아(阿): 사사롭다.

78 인(人): 앞뒤 문장에 의거하면 사(士)로 해야 한다.

79 억(意): 같은 편의 주 38 참조.

80 충(忠): 중(中)이 되어야 한다. 여기서는 '부합하다'라는 의미로 쓰였다.

말한다.

子墨子曰:
_{자 묵 자 왈}

묵자께서 말씀하셨다.

"姑嘗本原之孝子之爲親度⁸¹者.
_{고 상 본 원 지 효 자 지 위 친 탁 자}

"잠시 시험 삼아 효자가 부모를 위해
헤아리는 것을 따져 보자.

吾不識孝子之爲親度者,
_{오 불 식 효 자 지 위 친 탁 자}

나는 효자가 부모를 위해 헤아리는
것이

亦欲人愛利其親與?
_{역 욕 인 애 리 기 친 여}

남도 그의 부모를 사랑하고 이롭게 해
주기를 바라는 것인지,

意⁸²欲人之惡賊其親與?
_{억 욕 인 지 오 적 기 친 여}

그렇지 않으면 남이 그의 부모를
미워하고 해를 끼치기를 바라는
것인지 모른다.

以說⁸³觀之,
_{이 설 관 지}

일반적인 도리로써 본다면

卽欲人之愛利其親也.
_{즉 욕 인 지 애 리 기 친 야}

남이 그의 부모를 사랑하고 이롭게
하도록 바랄 것이다.

然卽吾惡先從事卽得此?
_{연 즉 오 오 선 종 사 즉 득 차}

그렇다면 내가 먼저 무엇을 해야 이
바람을 실현할 수 있겠는가?

若我先從事乎愛利人之親,
_{약 아 선 종 사 호 애 리 인 지 친}

이를테면 내가 먼저 남의 부모를
사랑하고 이롭게 한 후에

然後人報我愛⁸⁴利吾親乎?
_{연 후 인 보 아 애 리 오 친 호}

남이 나에게 보답하는 것으로 나의
부모를 사랑하고 이롭게 하도록

---

81 탁(度): 헤아리다.
82 억(意): 억(抑)과 통하는데 '혹은', '그렇지 않으면'이라는 뜻이다.
83 설(說): 여기서는 '도리'라는 의미로 쓰였다.
84 애(愛): 뒤의 문장에 의거하면, 애(愛) 앞에 이(以)가 있어야 한다.

하겠는가?

意我先從事乎惡[85]人之親,
억 아 선 종 사 호 오　인 지 친

그렇지 않으면 내가 먼저 남의 부모를
미워하고 해친 후에

然後人報我以愛利吾親乎?
연 후 인 보 아 이 애 리 오 친 호

남이 나에게 보답하는 것으로 나의
부모를 사랑하고 이롭게 하도록
하겠는가?

卽必吾先從事乎愛利人之親,
즉 필 오 선 종 사 호 애 리 인 지 친

반드시 내가 먼저 남의 부모를
사랑하고 이롭게 한 후에

然後人報我以愛利吾親也.
연 후 인 보 아 이 애 리 오 친 야

남이 나에게 보답하는 것으로 나의
부모를 사랑하고 이롭게 하도록 할
것이다.

然卽之交孝子者,
연 즉 지 교 효 자 자

그렇다면 이러한 상호 효자가 되는
상황이

果不得已乎,
과 부 득 이 호

과연 마지못해

毋[86]先從事愛利人之親者與?
무　선 종 사 애 리 인 지 친 자 여

내가 먼저 남의 부모를 사랑하고
이롭게 하는 것인가?

意以天下之孝子爲遇[87]而不足以爲正乎?
억 이 천 하 지 효 자 위 우　이 부 족 이 위 정 호

그렇지 않으면 천하의 효자들이
어리석어 바르게 할 수 없어서인가?

姑嘗本原之先王之所書,
고 상 본 원 지 선 왕 지 소 서

잠시 시험 삼아 선왕의 책을 따져 보면,

「大雅」[88]之所道曰:
대 아　지 소 도 왈

『시경』「대아」의 「억(抑)」편에서

85　오(惡): 앞의 문장에 의거하면, 오(惡) 뒤에 적(賊)이 있어야 한다.

86　무(毋): 어기사로 뜻이 없다.

87　우(遇): 손이양은 우(遇)는 마땅히 우(愚)가 되어야 하는데, 동성(同聲) 가차자라고 하였다.

88　대아(大雅):『시경』중「대아」를 가리키는데, 여기서는「대아」의「억(抑)」편을 인용하였다.

'無言而不讐[89],

무언이불수

無德而不報,

무덕이불보

投我以桃,

투아이도

報之以李'.

보지이리

'대답하지 않는 말은 없고,

보답하지 않는 은덕은 없다네.

내게 복숭아를 던져 주면,

그에게 좋은 오얏으로 갚는다네'라고

읊었다.

卽此言愛人者必見愛也,

즉차언애인자필견애야

而惡人者必見惡也.

이오인자필견오야

즉, 이것은 남을 사랑하는 사람은

반드시 사랑을 받게 되며,

남을 미워하는 사람은 반드시 미움을

받게 됨을 말하는 것이다.

不識天下之士,

불식천하지사

所以皆聞兼而非之者,

소이개문겸이비지자

其故何也?

기고하야

천하의 사람들이

모두 두루 서로 사랑하는 것에 관한

말을 듣고 그것을 비난하는데,

그 까닭이 무엇인지 모르겠다.

意以爲難而不可爲邪?

억이위난이불가위야

嘗有難此而可爲者.

상유난차이가위자

昔荊靈王[90]好小要[91],

석형령왕 호소요

아니면 그들은 어려워서 실행할 수

없다고 여기는 것인가?

일찍이 이보다 어려웠으나 실행할 수

있었던 예가 있었다.

옛날 초나라 영왕이 가는 허리를

좋아하여,

---

89 수(讐): 여기서는 '대답하다'라는 의미로 쓰였다.

90 형령왕(荊靈王): 초나라 영왕.

91 요(要): 요(腰)와 통한다.

當靈王之身,
당 령 왕 지 신

영왕 시대의

荊國之士飯不逾乎一,
형 국 지 사 반 불 유 호 일

초나라 관리들은 하루 한 끼 이상 밥을
먹지 않았으니,

固據而後興,
고 거 이 후 흥

지팡이에 단단히 의지한 후에야
일어날 수 있었으며,

扶垣而後行.
부 원 이 후 행

담을 짚은 후에야 걸어갈 수 있었다.

故約食[92]爲其[93]難爲也,
고 약 식 위 기 난 위 야

그러므로 절식(節食)은 대단히 하기
어려운 것이나

然後[94]爲而靈王說[95]之.
연 후 위 이 령 왕 열 지

많은 사람들이 행하여 영왕이
기뻐하였다.

未踰[96]於世而民可移也,
미 유 어 세 이 민 가 이 야

세상은 변하지 않았는데 민풍(民風)이
바뀔 수 있었던 것은

卽求以鄕[97]其上也.
즉 구 이 향 기 상 야

곧 그들의 윗사람에게 영합되기를
바랐기 때문이다.

昔者越王句踐好勇,
석 자 월 왕 구 천 호 용

옛날 월나라 임금 구천이 용감한 것을
좋아하여

敎其士臣三年,
교 기 사 신 삼 년

그의 신하들을 3년 동안 가르쳤으나,

以其知[98]爲未足以知之也,
이 기 지 위 미 족 이 지 지 야

그의 지혜로는 그것의 효과를 알 수
없다고 여겨

---

92 약식(約食): 절식(節食)하다.
93 기(其): '대단히'란 뜻의 심(甚)이 되어야 한다.
94 후(後): 손이양은 후(後)는 아마 중(衆)이 되어야 할 것 같다고 하였다.
95 열(說): 열(悅)과 통한다.
96 유(踰): 유(渝)와 통하는데, '바꾸다', '변하다'라는 뜻이다.
97 향(鄕): 향(向)과 통하는데, 여기서는 '영합하다'라는 의미로 쓰였다.
98 지(知): 지(智)와 통한다.

焚舟失火,
분 주 실 화

배에다 불을 지르고

鼓而進之,
고 이 진 지

북을 치면서 그들을 나아가게
하였는데,

其士偃前列,
기 사 언 전 렬

그의 병사들이 앞 대열에서 넘어지며

伏水火而死有不可勝數也.
복 수 화 이 사 유 불 가 승 수 야

물과 불 위에 엎드려 죽은 자가 헤아릴
수가 없었다.

當此之時,
당 차 지 시

이때,

不鼓而退也,
불 고 이 퇴 야

북 치는 것을 멈추고 후퇴하게 하지
않았다면

越國之士可謂顫⁹⁹矣.
월 국 지 사 가 위 전 의

월나라 병사들은 모두 죽었을 것이다.

故焚身爲其難爲也,
고 분 신 위 기 난 위 야

그러므로 자기 몸을 불태운다는 것은
대단히 하기 어려운 일이나,

然後爲之,
연 후 위 지

많은 사람들이 행하여

越王說之.
월 왕 열 지

월나라 임금이 기뻐하였다.

未踰於世而民可移也,
미 유 어 세 이 민 가 이 야

세상은 변하지 않았는데 민풍이 바뀔
수 있었던 것은

卽求以鄕其上也.
즉 구 이 향 기 상 야

곧 그들의 윗사람에게 영합되기를
바랐기 때문이다.

昔者晉文公好苴服¹⁰⁰,
석 자 진 문 공 호 저 복

옛날 진나라 문공이 거친 옷을
좋아하여,

當文公之時,
당 문 공 지 시

문공이 재위할 때

---

99 전(顫): 탄(彈)과 통하는데 '다하다'라는 뜻이다.
100 저복(苴服): 저(苴)는 조(粗)와 통하는데, 저복(苴服)은 '거친 옷'을 일컫는다.

國之士,
진국지사

진나라 관리들은

大布之衣,
대포지의

모두 거친 베옷과

牂羊之裘,
장양지구

암양 가죽의 갖옷을 입고,

練帛之冠,
연백지관

거친 비단 관을 쓰고,

且苴之屨,
차저지구

거친 신을 신고

入見文公,
입현문공

들어가서는 문공을 알현하고,

出以踐之朝.
출이천지조

나와서는 조정을 걸어 다녔다.

故苴服爲其難爲也,
고저복위기난위야

거친 옷을 입는다는 것은 대단히
어려운 일이나,

然後爲而文公說之.
연후위이문공열지

많은 사람들이 행하여 문공이
기뻐하였다.

未踰於世而民可移也,
미유어세이민가이야

세상은 변하지 않았는데 민풍이 바뀔
수 있었던 것은

卽求以鄕其上也.
즉구이향기상야

곧 그들의 윗사람에게 영합되기를
바랐기 때문이다.

是故約食·焚舟[101]·苴服,
시고약식 분주 저복

이 때문에 절식하고 자기의 몸을
불태우고 거친 옷을 입는다는 것은

此天下之至難爲也,
차천하지지난위야

천하에서 지극히 행하기 어려운
일들이지만

然後爲而上說之,
연후위이상열지

많은 사람들이 행하여 윗사람이
기뻐하였으니,

---

101 주(舟): 앞의 문장에 의거하면 신(身)이 되어야 한다.

未踰於世而民可移也.
미 유 어 세 이 민 가 이 야

세상은 변하지 않았는데 민풍은
수 있었다.

何故也?
하 고 야

무슨 까닭인가?

卽求以鄕其上也.
즉 구 이 향 기 상 야

곧 그들의 윗사람에게 영합되기를
바랐기 때문이다.

今若夫兼相愛·交相利,
금 약 부 겸 상 애　교 상 리

지금 두루 서로 사랑하고 서로 이롭게
하는 것으로 말하자면,

此其有利且易爲也,
차 기 유 리 차 이 위 야

이것은 유리하고 실행하기도 쉬우며,

不可勝計也,
불 가 승 계 야

그 예가 헤아릴 수도 없이 많지만

我以爲則無有上說之者而已矣.
아 이 위 즉 무 유 상 열 지 자 이 이 의

나는 그것을 좋아하는 윗사람이
없었을 뿐이라고 생각한다.

苟有上說之者,
구 유 상 열 지 자

만약 윗사람이 그것을 좋아하여

勸之以賞譽,
권 지 이 상 예

상과 명예로 권면하고

威之以刑罰,
위 지 이 형 벌

형벌로 위협한다면,

我以爲人之於就兼相愛交相利也,
아 이 위 인 지 어 취 겸 상 애 교 상 리 야

내 생각으로는 사람들이 두루 서로
사랑하고 서로 이롭게 하는 것으로
나아갈 것이다.

譬之猶火之就上,
비 지 유 화 지 취 상

비유하자면 불이 위로 타고

水之就下也,
수 지 취 하 야

물이 아래로 흐르는 것과 같으니,

不可防止於天下.
불 가 방 지 어 천 하

천하에서는 그 세력을 제지할 수 없을
것이다.

兼者聖王之道也,
겸 자 성 왕 지 도 야

그러므로 두루 서로 사랑하는
것이라는 것은 성군의 도이자

王公大人之所以安也,
왕 공 대 인 지 소 이 안 야

왕공대인들이 편안해질 수 있는
근거이며,

萬民衣食之所以足也.
만 민 의 식 지 소 이 족 야

만백성이 입고 먹는 데 풍족할 수 있게
하는 근거이다.

故君子莫若審兼而務行之,
고 군 자 막 약 심 겸 이 무 행 지

그러므로 군자가 두루 서로 사랑하는
것을 밝게 살펴 힘써 그것을 실행하는
것보다 더 나은 것이 없다.

爲人君必惠,
위 인 군 필 혜

임금이 된 자는 반드시 은혜로워야
하고,

爲人臣必忠,
위 인 신 필 충

신하가 된 자는 반드시 충성스러워야
하며,

爲人父必慈,
위 인 부 필 자

아버지가 된 자는 반드시 자애로워야
하고,

爲人子必孝,
위 인 자 필 효

자식이 된 자는 반드시 효성스러워야
하며,

爲人兄必友[102],
위 인 형 필 우

형이 된 자는 반드시 우애로워야 하고,

爲人弟必悌[103].
위 인 제 필 제

아우가 된 자는 반드시 공경스러워야
한다.

故君子莫[104]若欲爲惠君·忠臣·慈父·孝子·友兄·悌弟,
고 군 자 막 약 욕 위 혜 군 충 신 자 부 효 자 우 형 제 제

---

102 우(友): 여기서는 '동생과 우애롭다'라는 뜻으로 쓰였다.
103 제(悌): 형이나 웃어른을 공경하다.
104 막(莫): 연문으로, 삭제해야 한다.

그러므로 군자가 만약 은혜로운
임금이나 충성스런 신하나 자애로운
아버지나 효성스런 자식이나 우애로운
형이나 공경스런 아우가 되기를
원한다면,

當若兼之,
당 약 겸 지

마땅히 이와 같이 두루 서로 사랑하는
것을

不可不行也.
불 가 불 행 야

실행하지 않을 수 없다.

此聖王之道,
차 성 왕 지 도

이것은 성군의 도이며,

而萬民之大利也."
이 만 민 지 대 리 야

만백성의 큰 이익이다."

권 5

비공 상 제17편
(非攻上第十七)

今有一人, _{금 유 일 인}	지금 한 사람이 있는데,
入人園圃[1], _{입 인 원 포}	남의 과수원에 들어가
竊其桃李, _{절 기 도 리}	그의 복숭아나 자두를 훔치면,
衆聞則非之, _{중 문 즉 비 지}	모든 사람들이 듣고 그를 비난하며
上爲政者得則罰之. _{상 위 정 자 득 즉 벌 지}	위에서 정치를 하는 사람들이 그를 잡으면 처벌을 할 것이다.
此何也? _{차 하 야}	이것은 어째서인가?
以虧人自利也. _{이 휴 인 자 리 야}	남에게 손해를 입히면서 자신을 이롭게 하기 때문이다.
至攘[2]人犬豕雞豚者, _{지 양 인 견 시 계 돈 자}	남의 개나 돼지나 닭을 훔치는 자에 대해 말하자면,
其不義又甚入人園圃竊桃李. _{기 불 의 우 심 입 인 원 포 절 도 리}	그 불의함이 또한 남의 과수원에 들어가 복숭아나 자두를 훔치는

---

1 원포(園圃): 과수원과 채소밭의 통칭.

2 양(攘): 훔치다.

것보다 더 심하다.

是何故也?
시 하 고 야

이것은 무슨 까닭인가?

以虧人愈多,
이 휴 인 유 다

남에게 손해를 입히는 것이 더욱 많고

其不仁玆³甚,
기 불 인 자 심

그 어질지 못함이 더욱 심하여

罪益厚.
죄 익 후

죄가 더욱 무거워지기 때문이다.

至入人欄廄⁴,
지 입 인 란 구

남의 마구간에 들어가

取人馬牛者,
취 인 마 우 자

남의 말이나 소를 훔치는 자에 대해 말하자면,

其不仁義又甚攘人犬豕雞豚.
기 불 인 의 우 심 양 인 견 시 계 돈

그 어질고 의롭지 못함이 또한 남의 개나 돼지나 닭을 훔치는 것보다 더 심하다.

此何故也?
차 하 고 야

이것은 무슨 까닭인가?

以其虧人愈多.
이 기 휴 인 유 다

그가 남에게 손해를 입히는 것이 더욱 많기 때문이다.

苟虧人愈多,
구 휴 인 유 다

만약 남에게 손해를 입히는 것이 더욱 많고

其不仁玆甚,
기 불 인 자 심

그 어질지 못함이 더욱 심하면,

罪益厚.
죄 익 후

죄는 더욱 무거워진다.

至殺不辜人也,
지 살 불 고 인 야

무고한 사람을 죽여

扡⁵其衣裘,
타 기 의 구

그의 옷을 벗겨 가고,

---

3 자(玆): 자(滋)와 같은데 '더욱'이라는 뜻이다.

4 난구(欄廄): 마구간.

5 타(扡): 타(拖), 타(扝)와 같은데 '끌다', '벗기다'라는 의미이다.

取戈劍者,
취 과 검 자

그의 창이나 칼을 훔치는 자에 말하자면,

其不義又甚入人欄廐取人馬牛.
기 불 의 우 심 입 인 란 구 취 인 마 우

그 불의함이 또한 남의 마구간에 들어가 남의 말이나 소를 훔치는 것보다 더 심하다.

此何故也?
차 하 고 야

이것은 무슨 까닭인가?

以其虧人愈多.
이 기 휴 인 유 다

그가 남에게 손해를 입히는 것이 더욱 많기 때문이다.

苟虧人愈多,
구 휴 인 유 다

만약 남에게 손해를 입히는 것이 더욱 많고

其不仁茲甚矣,
기 불 인 자 심 의

그 어질지 못함이 더욱 심하면,

罪益厚.
죄 익 후

죄는 더욱 무거워진다.

當此,
당 차

이러한 상황들을 당했을 때,

天下之君子皆知而非之,
천 하 지 군 자 개 지 이 비 지

천하의 군자들은 모두 그것을 비난하며

謂之不義.
위 지 불 의

불의라고 말한다.

今至大爲[6]攻國,
금 지 대 위 공 국

지금 가장 큰 불의인 남의 나라를 공격하는 것은,

則弗知非,
즉 불 지 비

비난할 줄 모르고 오히려

從而譽之,
종 이 예 지

그것을 좇아 칭찬하면서

---

6   위(爲): 뒤의 문장에 의거하면, 위(爲) 뒤에 불의(不義)가 있어야 한다.

義.
지 의

의롭다고 말한다.

此可謂知義與不義之別乎?
차 가 위 지 의 여 불 의 지 별 호

이것은 의로움과 불의를 분별할 줄
안다고 말할 수 있겠는가?

殺一人,
살 일 인

한 사람을 죽이면

謂之不義,
위 지 불 의

그것을 불의라고 말하며

必有一死罪矣.
필 유 일 사 죄 의

반드시 한 번의 죽을죄가 있게 된다.

若以此說往,
약 이 차 설 왕

만약 이렇게 추론한다면,

殺十人十重[7]不義,
살 십 인 십 중 불 의

열 사람을 죽이면 열 배의 불의가 되고

必有十死罪矣;
필 유 십 사 죄 의

반드시 열 번의 죽을죄가 있게 된다.

殺百人百重不義,
살 백 인 백 중 불 의

백 사람을 죽이면 백 배의 불의가 되고

必有百死罪矣.
필 유 백 사 죄 의

반드시 백 번의 죽을죄가 있게 된다.

當此,
당 차

이러한 상황들을 당했을 때,

天下之君子皆知而非之,
천 하 지 군 자 개 지 이 비 지

천하의 군자들은 모두 그것을 비난할
줄 알며

謂之不義.
위 지 불 의

불의라고 말한다.

今至大爲不義攻國,
금 지 대 위 불 의 공 국

지금 가장 큰 불의인 남의 나라를
공격한다면,

則弗知非,
즉 불 지 비

비난할 줄 모르고 오히려

從而譽之,
종 이 예 지

그것을 좇아 칭찬하면서

---

7   십중(十重): 열배.

謂之義,
위 지 의
의롭다고 말하는데,

情⁸不知其不義也.
정 부 지 기 불 의 야
확실히 그것이 불의임을 알지 못한다.

故書其言以遺後世.
고 서 기 언 이 유 후 세
그래서 그들의 말을 적어 후세에
남기게 된다.

若知其不義也,
약 지 기 불 의 야
만약 그들의 불의를 안다면

夫奚說書其不義以遺後世哉?
부 해 설 서 기 불 의 이 유 후 세 재
그 불의함을 적어 후세에 남기는 것을
어떻게 설명하겠는가?

今有人於此,
금 유 인 어 차
지금 여기에 한 사람이 있는데,

少見黑曰黑,
소 견 흑 왈 흑
검은 것을 조금 보고는 검다고 말하고

多見黑曰白,
다 견 흑 왈 백
검은 것을 많이 보고는 희다고
말한다면,

則以此人不知白黑之辯矣;⁹
즉 이 차 인 부 지 백 흑 지 변 의
반드시 이 사람은 흰 것과 검은 것의
분별을 모른다고 할 것이다.

少嘗苦曰苦,
소 상 고 왈 고
쓴 것을 조금 맛보고는 쓰다고 말하고

多嘗苦曰甘,
다 상 고 왈 감
쓴 것을 많이 맛보고는 달다고
말한다면,

則必以此人爲不知甘苦之辯矣.
즉 필 이 차 인 위 부 지 감 고 지 변 의

반드시 이 사람은 단 것과 쓴 것의
분별을 모른다고 할 것이다.

今小爲非,
금 소 위 비
지금 작게 그릇된 짓을 하면

---

8 정(情): 성(誠)과 통하는데 '확실히', '진실로'라는 뜻이다.

9 즉이차인부지백흑지변의(則以此人不知白黑之辯矣): 이 구절은 뒤의 문장에 의거하면, 즉
   필이차인위부지백흑지변의(則必以此人爲不知白黑之辯矣)로 해야 한다. 변(辯)은 변(辨)
   과 통한다.

知而非之;
지 이 비 지

大爲非攻國,
대 위 비 공 국

그것을 비난할 줄 아나,

남의 나라를 공격하는 큰 잘못을
한다면

則不知非,
즉 부 지 비

비난할 줄 모르고 오히려

從而譽之,
종 이 예 지

그것을 좇아 칭찬하면서

謂之義.
위 지 의

의롭다고 말한다.

此可謂知義與不義之辯乎?
차 가 위 지 의 여 불 의 지 변 호

이것은 의로움과 불의를 분별할 줄
안다고 말할 수 있겠는가?

是以知天下之君子也,
시 이 지 천 하 지 군 자 야,

이 때문에 천하의 군자들이

辯義與不義之亂也.
변 의 여 불 의 지 란 야

의로움과 불의를 분별하는 데 혼란을
일으키고 있음을 알 수 있다.

비공편
(하편)

子墨子言曰:
자 묵 자 언 왈

"古者[1] 王公大人,
고 자 왕 공 대 인

爲政於國家者,
위 정 어 국 가 자

情[2]欲譽之審[3],
정 욕 예 지 심

賞罰之當,
상 벌 지 당

刑政之不過失."
형 정 지 불 과 실

─께서 말씀하셨다.

─금의 왕공대인이

─가 정치를 함에 있어

─확실히 꾸중과 칭찬을 신중하게 하고

상과 벌을 알맞게 주려고 한다면

형법(刑法)과 정령(政令)에 과실이

없다."

그러므로 묵자께서 말씀하셨다.

"옛말에

是故子墨子曰:
시 고 자 묵 자 왈

"古者有語:
고 자 유 어

---

1 고자(古者): 왕념손은 고자(古者)는 마땅히 금자(今者)가 되어야 한다고 하였다.
2 정(情): 성(誠)과 통한다. '확실히'란 뜻이다.
3 예지심(譽之審): 손이양은 "예(譽) 앞에 훼(毁) 자가 있으나, 현재 통행본에는 빠져 있어 문장
   의 뜻이 분명하지 않다"라고 하였다. 훼(毁)는 '꾸짖다'라는 뜻이며, 심(審)은 '잘 살피다', '신중
   하다'라는 뜻이다.

而不得,
이 이부득

則以往知來
즉 이왕지래

以見⁴知隱□
이 현 지은

謀若此
모약차

可得而知矣.
가 득 이 지 의

今師徒⁵唯毋⁶興起
금 사도 유무 흥이

冬行恐寒,
동 행 공 한

夏行恐暑.
하 행 공 서

此不可以冬夏爲者也.
차 불 가 이 동 하 위 자 야

春則廢民耕稼樹藝,
춘 즉 폐 민 경 가 수 예

秋則廢民穫斂⁷.
추 즉 폐 민 확 렴

今唯毋廢一時⁸.
금 유 무 폐 일 시

...으나 결과를 얻을 수

...써 미래의 일을 미루어

...ㅁ로써 숨겨진 일을 미루어 안'라 하였다.

...일을 도모함이 이와 같으면

...결과를 분명히 알 수 있다.

...ㅁ 군대를 출정시키려는데,

...에 행하면 추위가 두렵고

...에 행하면 더위가 두렵다.

...겨울과 여름에 출정시킬 수 ...이유이다.

...봄에 ...시키면 백성들이 경작하고 재배하...농사일을 망치게 되고

가을에 ...정시키면 백성들의 추수를 망치게된다.

지금 한 철만 망쳐도

---

4 현(見): 현(現)과 같다.
5 사도(師徒): '군대'를 가리킨다.
6 유무(唯毋): 어기사로 뜻이 없다.
7 염(斂): 앞의 문장에 의거하면, 염(斂) 뒤에 차불가이춘추위자야(此不可以春秋爲者也) 구절이 있어야 한다.
8 일시(一時): 한 계절.

則百姓飢寒凍餒而死者,
즉 백 성 기 한 동 뇌 이 사 자

백성들이 굶주리고 헐벗어 얼거나 굶어 죽는 자가

不可勝數.
불 가 승 수

얼마나 많을지 이루 다 셀 수가 없을 것이다.

今嘗計軍上[9],
금 상 계 군 상

지금 시험 삼아 군대의 출정을 계산해 보자.

竹箭羽旄幄幕,
죽 전 우 모 악 막

화살, 깃발, 장막과

甲盾撥[10]劫[11],
갑 순 발 겁

갑옷, 방패, 큰 방패, 칼자루를

往而靡弊[12]腑冷[13]不反[14]者,
왕 이 미 폐 부 랭 불 반 자

가지고 나가서 부서지고 썩어서 되가지고 돌아오지 못하는 것들이

不可勝數;
불 가 승 수

헤아릴 수 없이 많을 것이다.

又與[15]矛戟戈劍乘車,
우 여 모 극 과 검 승 거

또한 이를테면 세모진 창, 갈라진 창, 긴 창, 칼, 수레로

其列住[16]碎折靡弊而不反者,
기 렬 주 쇄 절 미 폐 이 불 반 자

열을 지어 나가서 부서지고 부려져 되가지고 돌아오지 못하는 것들이

不可勝數;
불 가 승 수

헤아릴 수 없이 많을 것이다.

---

9   상(上): 손이양은 상(上) 자는 잘못으로, 아마도 출(出)로 해야 할 것 같다고 하였다.

10   발(撥): 큰 방패.

11   겁(劫): 손이양은 부(釽)로 해야 한다고 했는데, '칼자루'라는 뜻이다.

12   미폐(靡弊): 부서지다.

13   부랭(腑冷): 필원은 부(腑)는 부(腐) 자의 이체자라고 하였다. 냉(冷)은 난(爛)과 음이 서로 비슷한데, 난(爛)이 되어야 한다. 부란(腐爛)은 '썩다'라는 뜻이다.

14   반(反): 반(返)과 통하는데 '돌아오다'라는 의미이다.

15   우여(又與): 우여(又如)와 같다.

16   열주(列住): 아마도 열왕(列往)인 것 같다. '출정할 때 무기들로 열을 지어 나가다'라는 뜻이다.

其¹⁷牛馬肥而往,
여기 우마비이왕

이를테면 소와 말들은 살쪄서
나갔다가

瘠而反,
척 이 반

말라서 돌아오거나

往死亡而不反者,
왕 사 망 이 불 반 자

죽어서 돌아오지 못하는 것들이

不可勝數;
불 가 승 수

헤아릴 수 없이 많을 것이다.

與其涂¹⁸道之修遠,
여기도 도지수원

이를테면 길이 멀어

糧食輟絶而不繼,
양 식 철 절 이 불 계

양식이 끊겨 보급이 안 되니,

百姓死者,
백 성 사 자

죽는 백성들이

不可勝數也;
불 가 승 수 야

헤아릴 수 없이 많을 것이다.

與其居處之不安,
여 기 거 처 지 불 안

이를테면 거처가 불안하고

食飯之不時,
식 반 지 불 시

밥 먹는 때가 일정하지 않으며

飢飽之不節,
기 포 지 부 절

굶주림과 배부름에 절제가 없으니,

百姓之道疾病而死者,
백 성 지 도 질 병 이 사 자

길에서 병이 나 죽는 백성들이

不可勝數;
불 가 승 수

헤아릴 수 없이 많을 것이다.

喪師多不可勝數,
상 사 다 불 가 승 수

죽은 군사들이 헤아릴 수 없이 많으며,

喪師盡不可勝計.
상 사 진 불 가 승 계

군사들이 전멸하는 경우도 셀 수 없을
것이다.

則是鬼神之喪其主后¹⁹,
즉 시 귀 신 지 상 기 주 후

귀신들이 그들을 제사 지내 줄

---

17 여기(與其): '이를테면'이란 뜻의 여기(如其)와 같다.
18 도(涂): 도(途)와 같은데 '길'이라는 의미이다.
19 주후(主后): 주후(主後)로, '후대에 제사를 주관하는 사람'을 가리킨다. 즉, '후사(後嗣)'를 말한다.

사람들을 잃어버리는 경우

亦不可勝數."
역 불 가 승 수

또한 헤아릴 수 없이 많을 것이다."

國家發政,
국 가 발 정

국가가 정령을 발하여

奪民之用,
탈 민 지 용

백성들의 재물을 빼앗고

廢民之利,
폐 민 지 리

백성들의 이익을 파괴하는 것이

若此甚衆.
약 차 심 중

대단히 많다.

然而何爲爲之²⁰?
연 이 하 위 위 지

그런데 왜 전쟁을 하는가?

曰²¹:
왈

대답은

"我貪伐勝之名,
아 탐 벌 승 지 명

"나는 전쟁 승리의 명예와

及得之利,
급 득 지 리

전쟁으로부터 얻게 되는 이익을
탐하기 때문에

故爲之."
고 위 지

전쟁을 한다"라고 한다.

子墨子言曰:
자 묵 자 언 왈

묵자께서 말씀하셨다.

"計其所自勝,
계 기 소 자 승

"그 자신의 승리를 계산해 보면

無所可用也;
무 소 가 용 야

쓸 만한 곳이 없다.

計其所得,
계 기 소 득

얻은 이익을 계산해 보면

反不如所喪者之多.
반 불 여 소 상 자 지 다

오히려 잃어버린 것보다 많지 않다.

今攻三里之城,
금 공 삼 리 지 성

지금 3리 크기의 내성(內城)과

---

20 하위위지(何爲爲之): 위하위지(爲何爲之)와 같다.
21 왈(曰): 전쟁을 일으키는 사람이 대답하는 말이다.

七里之郭[22],
칠 리 지 곽

7리 크기의 외성(外城)을 공격한다고
하자.

攻此不用銳,
공 차 불 용 예

이러한 곳을 공격하는데 예리한
병기(兵器)를 사용하지 않고,

且無殺而徒得此然也?
차 무 살 이 도 득 차 연 야

게다가 사람들을 죽이지 않고서
이러한 곳을 거저 차지할 수 있겠는가?

殺人多必數於萬,
살 인 다 필 수 어 만

사람들을 죽이는 것만 해도 많게는
반드시 만 단위의 수가 될 것이고

寡必數於千,
과 필 수 어 천

적어도 반드시 천 단위의 수는 될
것이니,

然後三里之城·七里之郭且可得也.
연 후 삼 리 지 성 칠 리 지 곽 차 가 득 야

그렇게 된 후에야 3리 크기의 내성과
7리 크기의 외성을 차지할 수 있다.

今萬乘之國[23],
금 만 승 지 국

지금 만승의 대국에는

虛[24]數於千,
허 수 어 천

허성(虛城)이 천 단위의 수나 되어

不勝而入;
불 승 이 입

일일이 다 들어가 차지할 수 없으며,

廣衍[25]數於萬,
광 연 수 어 만

광활한 들이 만 단위의 수나 되어

不勝而辟[26].
불 승 이 벽

일일이 다 개척할 수 없다.

---

22 곽(郭): 외성(外城)을 가리키는데, 앞의 성(城)은 '내성(內城)'을 일컫는다.

23 만승지국(萬乘之國): 여기서 승(乘)은 '네 마리의 말이 모는 전차(戰車)'를 가리킨다. 만승지
    국(萬乘之國)은 '1만 대의 전차 장비를 구비하고 있는 나라,' 즉 '대국(大國)'을 일컫는다.

24 허(虛): 허성(虛城)을 가리킨다. '허성'은 공성(空城)으로, 인구가 많지 않은 도시를 일컫는다.
    필원은 허(虛)는 허(墟)의 정자(正字)라고 하였다. '허성(墟城)'은 '황폐화된 성'을 가리키는데,
    의미상에 있어 이 역시 통한다고 할 수 있다.

25 광연(廣衍): 연(衍)은 '낮고 평탄한 땅'을 가리킨다. 여기서 광연(廣衍)은 '광활한 들'을 일컫는
    다.

然則土地者,
연 즉 토 지 자

그렇다면 토지는

所有餘也;
소 유 여 야

남음이 있으나,

王民²⁷者,
왕 민 자

백성들은

所不足也.
소 부 족 야

부족하다.

今盡王民之死,
금 진 왕 민 지 사

지금 백성들을 모두 죽게 하고

嚴下上之患,
엄 하 상 지 환

아래위 사람들의 걱정을 더욱 심하게 하면서

以爭虛城,
이 쟁 허 성

허성을 다툰다는 것은

則是棄所不足,
즉 시 기 소 부 족

부족함을 포기하고

而重所有餘也.
이 중 소 유 여 야

남음이 있는 것을 증가시키는 것이다.

爲政若此,
위 정 약 차

이와 같은 정치는

非國之務者也."
비 국 지 무 자 야

나라의 중요한 일이 아니다."

飾攻戰者言曰:
식 공 전 자 언 왈

전쟁을 비호하는 사람들은 이렇게 말한다.

"南則荊·吳之王,
남 즉 형 오 지 왕

"남쪽으로는 초나라·오나라의 왕,

北則齊·晉之君,
북 즉 제 진 지 군

북쪽으로는 제나라·진나라의 왕들이

始封於天下之時,
시 봉 어 천 하 지 시

천하에서 처음 나라를 봉해 받았을 때

---

26 벽(辟): 벽(闢)과 통하는데 '개척하다'라는 뜻이다.

27 왕민(王民): 왕념손은 "왕민(王民) 두 자는 뜻이 통하지 않는다. 사민(士民)의 잘못이다. 사민과 토지는 대구(對句)이다. 아래 문장의 왕민(王民)도 마찬가지이다"라고 하였다. 여기서 사민(士民)은 '백성들'을 말한다.

土城之方[28]未至有數百里也; 그들의 토지 면적은 수백 리에 이르지
토성지방 미지유수백리야 못하였으며,

人徒之衆, 사람들의 수도
인도지중

未至有數十萬人也. 수십만 명에 달하지 못하였다.
미지유수십만인야

以攻戰之故, 전쟁 때문에
이공전지고

土地之博至有數千里也; 토지의 면적은 수천 리에 이르렀으며,
토지지박지유수천리야

人徒之衆至有數百萬人. 사람들의 수도 수백만 명에 달하였다.
인도지중지유수백만인

故當攻戰而不可爲也."[29] 그래서 전쟁에 대해 비난할 수 없다."
고당공전이불가위야

子墨子言曰: 묵자께서 말씀하셨다.
자묵자언왈

"雖四五國則得利焉, "비록 너덧 나라가 이익을 얻었지만
수사오국즉득리언

猶謂之非行道也. 그래도 실행해야 할 도리가 아니라고
유위지비행도야 생각한다.

譬若醫之藥[30]人之有病者然. 비유를 하면 의사가 약으로 병자를
비약의지약 인지유병자연 치료하는 것과 같다.

今有醫於此, 지금 여기에 의사가 있어,
금유의어차

和合其祝藥[31]之于天下之有病者而藥之,
화합기축약 지우천하지유병자이약지

외상을 치료하는 약물을 조제하여
천하의 병자들에게 약으로

---

28 방(方): 주위, 사방.

29 고당공전이불가위야(故當攻戰而不可爲也): 손이양은 "아래 문장에서 고당공전이불가불
비(故當攻戰而不可不非)라고 하였는데, 이 문장은 마땅히 고당공전이불가비(故當攻戰而
不可非也)라고 해야 한다"라고 하였다.

30 약(藥): 동사로, '약으로 병을 치료하다'라는 뜻이다.

사용한다고 하자,

萬人食此,
만 인 식 차

만 명이 이 약을 먹고

若醫四五人得利焉,
약 의 사 오 인 득 리 언

만약 너덧 명만이 치료에 효과를
얻었다 해도

猶謂之非行藥也.
유 위 지 비 행 약 야

그래도 사용할 약이 아니라고
생각한다.

故孝子不以食其親,
고 효 자 불 이 사 기 친

그래서 효자는 그것을 부모에게
먹이지 않으며

忠臣不以食其君.
충 신 불 이 사 기 군

충신은 그것을 임금에게 먹이지
않는다.

古者封國於天下,
고 자 봉 국 어 천 하

옛날 천하에 나라들이 봉해졌으니,

尙[32]者以耳之所聞,
상 자 이 이 지 소 문

시대가 먼 것은 귀로 듣고

近者以目之所見,
근 자 이 목 지 소 견

시대가 가까운 것은 눈으로 보았는데,

以攻戰亡者,
이 공 전 망 자

전쟁으로 망한 자들이

不可勝數.
불 가 승 수

헤아릴 수 없이 많았다.

何以知其然也?
하 이 지 기 연 야

어떻게 그러함을 아는가?

東方有莒[33]之國者,
동 방 유 거 지 국 자

동쪽에 거(莒)라는 나라가 있었는데,

其爲國甚小,
기 위 국 심 소

그 나라는 대단히 작았고

---

31 축약(祝藥): 외상을 치료하는 약물(藥物).
32 상(尙): 상(上)과 통하는데 여기서는 '멀다'라는 의미이다.
33 거(莒): 서주(西周) 때 제후국 이름. 지금의 산동성 거현(莒縣)에 있었는데, 기원전 431년에 초나라에 멸망하였다.

於大國之閒,

<small>어 대 국 지 간</small>

큰 나라들 사이에 끼여 있었으며

不敬事於大,

<small>불 경 사 어 대</small>

큰 나라를 공경하고 섬기지 않았으니,

大國亦弗之從而愛利.

<small>대 국 역 불 지 종 이 애 리</small>

큰 나라들 또한 그 나라를 따르지
않고 자신들의 이익만을 도모하였다.

是以東者越人夾削其壤地,

<small>시 이 동 자 월 인 협 삭 기 양 지</small>

이 때문에 동쪽에서는 월나라
사람들이 양쪽으로 그 나라의 땅을
깎아 먹었으며,

西者齊人兼而有之.

<small>서 자 제 인 겸 이 유 지</small>

서쪽으로는 제나라 사람들이 그
나라의 땅을 겸병(兼倂)하여
점유하였다.

計莒之所以亡於齊越之間者,

<small>계 거 지 소 이 망 어 제 월 지 간 자</small>

거나라가 제나라와 월나라 사이에서
망한 까닭을 따져 보면

以是攻戰也.

<small>이 시 공 전 야</small>

전쟁 때문이었다.

雖南者陳³⁵·蔡³⁶,

<small>수 남 자 진 채</small>

남쪽으로는 진나라와 채나라가

其所以亡於吳越之閒者,

<small>기 소 이 망 어 오 월 지 간 자</small>

오나라와 월나라 사이에서 망한 까닭

亦以攻戰.

<small>역 이 공 전</small>

또한 전쟁 때문이었다.

雖北者且不一著何³⁷,

<small>수 북 자 저 불 일 저 하</small>

북쪽으로 사(柤)나라와 부저하나라가

---

34 간(閒): 여기서는 '끼다'라는 뜻으로 쓰였다. 간(閒)은 간(間)의 본자(本字)이다.

35 진(陳): 춘추 시대 제후국 이름. 지금의 하남성 회양(淮陽) 및 안휘성 박주(亳州) 일대에 있었
는데, 기원전 479년에 초나라에 멸망하였다.

36 채(蔡): 주(周)나라 때 제후국 이름. 처음에는 신채(新蔡: 지금의 하남성)에 있었는데, 후에 주
래(州來: 지금의 안휘성 수현(壽縣)으로 옮겼다. 기원전 447년에 초나라에 멸망하였다.

37 저불일저하(且不一著何): 왕환표는 "구본(舊本)에 의하면 마땅히 저일부저하(且一不著何)
라고 해야 한다. 저(且)는 즉 사(柤)로, 나라 이름인데 소재를 고증할 수 없다. 일(一)은 아마 이
(以) 음의 와전인 것 같다. 이(以)는 여(與)의 뜻이다. 부저하(不著何)는 나라 이름으로, 부저
하(不屠何)라고도 하는데 고성(古城)은 지금의 요령성 경내에 있었다"라고 하였다.

其所以亡於燕·代·胡·貊之閒者,
기 소 이 망 어 연 대 호 맥 지 간 자

연나라, 대나라, 호족, 맥족 사이에서 망한 까닭

亦以攻戰也."
역 이 공 전 야

또한 전쟁 때문이었다."

是故子墨子言曰:
시 고 자 묵 자 언 왈

그러므로 묵자께서 말씀하셨다.

"古者王公大人,
고 자 왕 공 대 인

"옛날 왕공대인들은

情欲得而惡失,
정 욕 득 이 오 실

확실히 얻기는 바라면서 잃기는 싫어하였으며

欲安而惡危,
욕 안 이 오 위

안정은 바라면서 위험은 싫어하였으므로,

故當攻戰而不可不非."
고 당 공 전 이 불 가 불 비

전쟁에 대해 비난하지 않을 수 없다."

飾攻戰者之言曰:
식 공 전 자 지 언 왈

전쟁을 비호하는 사람들은 이렇게 말한다.

"彼不能收用彼衆,
피 불 능 수 용 피 중

"그들은 그들의 많은 백성들을 거두어 이용할 수 없었기 때문에

是故亡.
시 고 망

멸망하였다.

我能收用我衆,
아 능 수 용 아 중

우리는 우리의 많은 백성들을 거두어 이용할 수 있으니,

以此攻戰於天下,
이 차 공 전 어 천 하

그들을 이용하여 천하에서 전쟁을 한다면

誰敢不賓服[38]哉?"
수 감 불 빈 복 재

누가 감히 복종하지 않겠는가?"

子墨子言曰:
자 묵 자 언 왈

묵자께서 말씀하셨다.

雖能收用子之衆,
자수능수용자지중

"그대들이 비록 그대들의 많은 백성들을 거두어 이용할 수 있다고 하지만

子豈若古者吳闔閭哉?
자기약고자오합려재

그대들이 어찌 옛날 오나라 왕 합려만 하겠느냐?

古者吳闔閭敎七年,
고자오합려교칠년

옛날 오나라 왕 합려는 7년 동안 병사를 훈련시켜

奉[39]甲執兵[40],
봉 갑 집 병

그들에게 갑옷을 걸치게 하고 병기를 들게 하여

奔三百里而舍[41]焉,
분삼백리이사 언

3백 리를 달려가 쉬게 하였으며,

次[42]注林[43],
차 주림

주림에 주둔한 다음

出於冥隘[44]之徑,
출 어명애 지경

명애의 좁고 험한 길을 지나

戰於柏擧[45],
전 어백거

백거에서 싸워

中[46]楚國而朝宋與及魯[47].
중 초국이조송여급노

초나라를 쳐부수고 송나라와 노나라로 하여금 조공을 바치게 하였다.

---

38 빈복(賓服): 복종하다.

39 봉(奉): 여기서는 '입다'라는 뜻으로 쓰였다.

40 병(兵): '병기(兵器)'를 일컫는다.

41 사(舍): 여기서는 '휴식하다'라는 의미로 쓰였다.

42 차(次): 여기서는 '주둔하다', '머물다'라는 뜻으로 쓰였다.

43 주림(注林): 옛날 지명인데 고증할 수 없다.

44 명애(冥隘): 명(冥)은 민(黽), 민(澠), 맹(鄳)이라고도 하며, 애(隘)는 애(阨)·새(塞)라고도 한다. 명애는 지금의 하남성 신양(信陽) 서남쪽의 평정관(平靖關)이다.

45 백거(柏擧): 옛날 초나라 지명으로, 지금의 호북성 마성(麻城) 경내에 있었다.

46 중(中): 여기서는 '쳐부수다', '점령하다'라는 뜻으로 쓰였다.

47 급노(及魯): 이 두 자는 위치가 서로 바뀌었으며, 급(及)은 다음 구절에 속하여 급지부차지신(及至夫差之身)이 되어야 한다.

至夫差之身,
지 부 차 지 신

부차의 시대에 이르러

北而攻齊,
북 이 공 제

북쪽으로 제나라를 공격하였으니,

舍於汶[48]上,
사 어 문 상

문수(汶水)에서 쉬었다가

戰於艾陵[49],
전 어 애 릉

애릉에서 싸워

大敗齊人而葆[50]之大山[51];
대 패 제 인 이 보 지 대 산

제나라 사람들을 크게 패하게 하여, 그들로 하여금 태산(泰山)으로 물러나 목숨을 지키게 하였다.

東而攻越,
동 이 공 월

동쪽으로 월나라를 공격하였으니,

濟三江五湖[52],
제 삼 강 오 호

강과 호수를 건너

而葆之會稽[53].
이 보 지 회 계

월나라 사람들로 하여금 회계산으로 물러나 목숨을 지키게 하였다.

九夷[54]之國莫不賓服.
구 이 지 국 막 불 빈 복

구이의 나라들이 복종하지 않음이 없었다.

於是退不能賞孤[55],
어 시 퇴 불 능 상 고

이때 그는 물러나 전쟁고아들에게 상을 주지 않으며,

施舍群萌[56],
시 사 군 맹

많은 백성들에게 은덕을 베풀지 않고,

---

48 문(汶): 문수(汶水)를 가리키는데, 지금의 산동성 서부의 대문하(大汶河)이다. 지금 산동성 경내에는 문상현(汶上縣)이 있다.

49 애릉(艾陵): 옛날 지명으로, 지금의 산동성 태안(泰安) 동남쪽에 있었다.

50 보(葆): 보(保)와 같은데 '지키다'라는 의미이다.

51 대산(大山): 태산(泰山)을 일컫는다.

52 삼강오호(三江五湖): 강과 호수를 총칭할 때 쓴다.

53 회계(會稽): 회계산으로, 지금의 절강성 소흥(紹興)에 있다.

54 구이(九夷): 동방에 있었던 소수민족 국가들.

55 상고(賞孤): 전쟁에서 나라를 위해 죽은 자의 자녀에게 상을 주다.

56 군맹(群萌): 여기서 맹(萌)은 맹(氓)과 통하는데, 군맹(群氓)은 '많은 백성들'이라는 뜻이다.

恃其力, _{시 기 력}	스스로 그의 힘을 믿으며
伐[57]其功, _{벌 기 공}	그의 공을 과시하고
譽其志, _{예 기 지}	그의 지혜를 칭찬하면서
怠於敎, _{태 어 교}	교화를 태만히 하였으며,
遂築姑蘇之臺[58], _{수 축 고 소 지 대}	드디어 고소대를 짓기 시작하여
七年不成. _{칠 년 불 성}	7년이 되어도 완성하지 못했다.
及若此, _{급 약 차}	이러한 지경에 이르자
則吳有離罷[59]之心. _{즉 오 유 리 피 지 심}	오나라 사람들의 마음은 그로부터 흩어져 멀어지게 되었다.
越王句踐視吳上下不相得, _{월 왕 구 천 시 오 상 하 불 상 득}	월나라 왕 구천이 오나라의 위아래 사람들이 서로 화합하지 못하는 것을 보고
收其衆以復其讐, _{수 기 중 이 복 기 수}	그의 많은 백성들을 모아 원수를 갚았는데,
入北郭, _{입 북 곽}	북쪽의 외성으로 들어가
徙大內[60], _{사 대 내}	큰 배로 옮겨 간 후에
圍王宮, _{위 왕 궁}	왕궁을 포위하니,

---

57 벌(伐): 여기서는 '과시하다'라는 의미로 쓰였다.

58 고소지대(姑蘇之臺): 고소대(姑蘇臺)로, 지금의 소주(蘇州)에 있는 누대(樓臺)인데, 춘추시대 오나라 왕이 세웠다.

59 이피(離罷): 여기서 피(罷)는 피(披)의 가차자로, 산(散)과 같은 뜻이다. 피(罷)는 원래 피(疲)와 통하는데, '피곤하다', '지치다'라는 의미이다. 후자 역시 뜻이 통한다.

60 사대내(徙大內): 왕념손은 "사대내(徙大內) 세 자는 뜻이 통하지 않는다. 대내(大內)는 마땅히 대주(大舟)가 되어야 한다. 예서(隸書) 주(舟) 자가 어떤 경우에는 자(自)가 되는데, 내(內)와 서로 비슷하여 생긴 잘못이다"라고 하였다.

而吳國以亡.
이 오 국 이 망

옛날 진나라에 여섯 장군이 있었는데

昔者晉有六將軍[61],
석 자 진 유 륙 장 군

而智伯莫爲强焉.
이 지 백 막 위 강 언

지백이 가장 강대하였다.

計其土地之博,
계 기 토 지 지 박

그는 자신이 가진 광대한 토지와

人徒之衆,
인 도 지 중

많은 백성들을 계산하여

欲以抗諸候,
욕 이 항 제 후

그것으로 제후들에게 대항하여

以爲英名,
이 위 영 명

명성을 얻으려고 하였다.

攻戰之速,
공 전 지 속

그는 속전속결(速戰速決)의 방법을
이용하였다.

故差論[62]其爪牙[63]之士,
고 차 론 기 조 아 지 사

그래서 자신의 용맹한 병사를 뽑고

皆列[64]其車舟之衆,
개 열 기 거 주 지 중

자신의 수레와 배를 배열하여

以攻中行氏而有之.
이 공 중 행 씨 이 유 지

그것으로 중항문자를 공격하고
그곳을 점령하였다.

以其謀爲旣已足矣,
이 기 모 위 기 이 족 의

그는 자신의 모략(謀略)이 이미
충분하다고 여겨

又攻茲[65]范氏而大敗之,
우 공 자 범 씨 이 대 패 지

또한 범길역을 공격하여 그를 크게
패배시켰다.

---

61 육장군(六將軍): 진(晉)나라의 한강자(韓康子)·조양자(趙襄子)·위환자(魏桓子)·범길역
(范吉射)·중항문자(中行文子)·지백(智伯)을 가리킨다.

62 차론(差論): 선택하다.

63 조아(爪牙): 용감한 병사에 비유한 말.

64 개열(皆列): 왕념손은 "개(皆)는 비(比)가 되어야 한다. 「천지」편의 비열기주거지졸(比列其
舟車之卒)이 그 증거이다. 하편의 개열(皆列)도 마찬가지이다"라고 하였다. 비열(比列)은
'배열하다'라는 의미이다.

65 자(茲): 손이양은 자(茲)자는 연문인 것 같다고 하였다.

三家[66]以爲一家而不止,
<small>삼 가 이 위 일 가 이 부 지</small>

그는 세 사람을 하나로 합병한 것에 멈추지 않고

又圍趙襄子於晉陽[67].
<small>우 위 조 양 자 어 진 양</small>

또 조양자를 진양에서 포위하였다.

及若此,
<small>급 약 차</small>

이와 같은 지경에 이르자

則韓·魏亦相從而謀曰:
<small>즉 한 위 역 상 종 이 모 왈</small>

한강자와 위환자가 또한 함께 상의하며 말하였다.

古者有語:
<small>고 자 유 어</small>

옛말에

'脣亡則齒寒.'
<small>순 망 즉 치 한</small>

'입술이 없어지면 이빨이 시리다'라고 하였다.

趙氏朝亡,
<small>조 씨 조 망</small>

조 씨가 아침에 망하면

我夕從之;
<small>아 석 종 지</small>

우리는 저녁에 그를 따라 망할 것이며,

趙氏夕亡,
<small>조 씨 석 망</small>

조 씨가 저녁에 망하면

我朝從之.
<small>아 조 종 지</small>

우리는 아침에 그를 따라 망할 것이다.

『詩』[68]曰:
<small>시 왈</small>

『시경』에

'魚水不務[69],
<small>어 수 불 무</small>

'물고기가 물속에서 빠르게 도망가지 못하는데

陸將何及乎!'
<small>육 장 하 급 호</small>

육지에 잡혀 온다고 어찌 늦지 않겠는가!'라고 하였다.

---

66 삼가(三家): 지백·중항씨·범씨를 가리킨다.

67 진양(晉陽): 고대 북방의 유명한 도시이다. 지금의 산서성 태원에 있었다.

68 시(詩): 여기서 인용한 시는 『시경』에 보이지 않는데, 일시(逸詩)일 것이다.

69 무(務): 손이양은 "무(務)는 목(鶩) 자와 통한다. 『회남자(淮南子)』「주술훈(主術訓)」에는 어득수이목(魚得水而鶩)이라고 하였는데, 고유(高誘)의 주에서는 '목(鶩)은 빠르다의 뜻'이라고 하였다"라고 하였다. 목(鶩)은 무(騖) 자와 같다.

是以三主之君,
시 이 삼 주 지 군

이 때문에 세 군주는

一心戮力⁷⁰辟門除道,
일 심 륙 력 벽 문 제 도

한 마음으로 힘을 다하여 성문을 열고
도로를 청소하며

奉甲興士,
봉 갑 흥 사

갑옷을 걸치게 하고 병사를
일으켰으니,

韓·魏自外,
한 위 자 외

한강자와 위환자는 바깥으로부터

趙氏自內,
조 씨 자 내

조양자는 안으로부터

擊智伯大敗之."
격 지 백 대 패 지

지백을 공격하여 그를 크게
패배시켰다."

是故子墨子言曰:
시 고 자 묵 자 언 왈

그러므로 묵자께서 말씀하셨다.

"古者有語曰:
고 자 유 어 왈

"옛말에

'君子不鏡⁷¹於水而鏡於人.
군 자 불 경 어 수 이 경 어 인

'군자는 물에다 자신을 비추지 않고
사람에다 자신을 비춘다.

鏡於水,
경 어 수

물에다 자신을 비추면

見面之容;
견 면 지 용

얼굴 모습을 보게 되며,

鏡於人,
경 어 인

사람에다 자신을 비추면

則知吉與凶.'
즉 지 길 여 흉

길과 흉을 알게 된다'라고 하였다.

今以攻戰爲利,
금 이 공 전 위 리

지금 전쟁을 이익으로 여긴다면

---

70 육력(戮力): 힘을 다하다.
71 경(鏡): 여기서는 동사로서 '비추다'라는 뜻으로 쓰였다.

蓋[72]嘗鑒之於智伯之事乎？　어찌 지백의 일을 거울로 삼으려 하지
개　상감지어지백지사호　　　　않는가?

此其爲不吉而凶,　　　　　　이 일이 길하지 않고 흉하다는 것은
차기위불길이흉

旣可得而知矣."　　　　　　이미 알 수 있는 것이다."
기가득이지의

---

72 개(蓋): 어찌 ~하지 않는가?('何不 ~?'과 같음)

비공 하 제19

(非攻下第十九)

子墨子言曰: 자 묵 자 언 왈	묵자께서 말씀하셨다.
"今天下之所譽善者, 금 천 하 지 소 예 선 자	"지금 천하가 칭송하는 선행에 대해
其說將[1]何哉? 기 설 장 하 재	마땅히 어떻게 해석해야 하는가?
爲其上中天之利, 위 기 상 중 천 지 리	그것이 위로는 하늘의 이익에 부합되고,
而中中鬼之利, 이 중 중 귀 지 리	가운데로는 귀신의 이익에 부합되며,
而下中人之利, 이 하 중 인 지 리	아래로는 사람의 이익에 부합되기 때문에
故譽之與? 고 예 지 여	칭송하는 것인가?
意亡[2]非爲其上中天之利, 억 무 비 위 기 상 중 천 지 리	그렇지 않으면 그것이 위로는 하늘의 이익에 부합되지 않고,
而中中鬼之利, 이 중 중 귀 지 리	가운데로는 귀신의 이익에 부합되지

1 　장(將): 여기서는 '마땅히'라는 뜻으로 쓰였다.
2 　억무(意亡): 여기서 억(意)은 억(抑)과 통하며, 무(亡)는 무(無)와 통하는데 어기사이다. 여기
　　서 억무(意亡)는 '그렇지 않으면'이라는 뜻으로 쓰였다.

而下中人之利,
이 하 중 인 지 리

아래로는 사람의 이익에 부합되지 않기 때문에

故譽之與?
고 예 지 여

칭송하는 것인가?

雖使[3]下愚之人,
수 사 하 우 지 인

설사 가장 어리석은 사람이라 하더라도

必曰:
필 왈

반드시

將爲其上中天之利,
장 위 기 상 중 천 지 리

'그것이 위로는 하늘의 이익에 부합되고,

而中中鬼之利,
이 중 중 귀 지 리

가운데로는 귀신의 이익에 부합되며,

而下中人之利,
이 하 중 인 지 리

아래로는 사람의 이익에 부합되기 때문에

故譽之.'
고 예 지

칭송한다'라고 할 것이다.

今天下之所同義者,
금 천 하 지 소 동 의 자

지금 천하가 공동으로 준수하는 도의(道義)는

聖王之法也.
성 왕 지 법 야

성군의 법칙이다.

今天下之諸侯,
금 천 하 지 제 후

그러나 지금 천하의 제후들은

將猶多皆免[4]攻伐并兼,
장 유 다 개 면 공 벌 병 겸

오히려 대부분 모두 힘을 다하여 다른 나라와 전쟁을 하고 그 나라를 합병시키려고 하는데,

則是有譽義之名,
즉 시 유 예 의 지 명

이것은 도의의 명의만을 칭송하는

---

3 수사(雖使): '설사 ~이라 하더라도'라는 의미이다.
4 면(免): 면(勉) 자의 생략 형태로, '힘을 다하다'라는 뜻이다.

것이지

而不察其實也.
<small>이 불 찰 기 실 야</small>

그것의 실질을 밝게 살피지 못한
것이다.

此譬猶盲者之與人同命白黑之名,
<small>차 비 유 맹 자 지 여 인 동 명 백 흑 지 명</small>

이것은 비유를 하면 맹인이 다른
사람들과 함께 희고 검다는 명칭을
부르기는 하나,

而不能分其物也,
<small>이 불 능 분 기 물 야</small>

희고 검은 물건을 분별할 수 없는 것과
같으니

則豈謂有別哉?
<small>즉 기 위 유 별 재</small>

어찌 분별했다고 말할 수 있겠는가?

是故古之知[5]者之爲天下度[6]也,
<small>시 고 고 지 지 자 지 위 천 하 탁 야</small>

그러므로 옛날의 지혜로운 사람들이
천하를 위해 도모할 때에는

必順[7]慮其義,
<small>필 순 려 기 의</small>

반드시 그 도의에 맞는지를 신중하게
생각한

而後爲之行,
<small>이 후 위 지 행</small>

후에야 실행하게 된다.

是以動則不疑,
<small>시 이 동 즉 불 의</small>

이 때문에 행동을 하게 되더라도
의혹이 없고,

速通成得其所欲[8]而順天鬼百姓之利,
<small>속 통 성 득 기 소 욕 이 순 천 귀 백 성 지 리</small>

멀고 가까운 일들 모두 그가 바라는
대로 얻을 수 있으며, 하늘과 귀신과

---

5 지(知): 지(智)와 통한다.
6 탁(度): 헤아리다.
7 순(順): 신(愼)과 뜻이 통하는데, '신중하다'라는 뜻이다.
8 속통성득기소욕(速通成得其所欲): 손이양은 이 구절을 원이함득기소욕(遠邇咸得其所欲)으로 해야 한다고 하였다.

사람의 이익에 따르게 되었다.

則知者之道也.
즉 지 자 지 도 야

이것이 곧 지혜로운 사람의 도(道)인 것이다.

是故古之仁人有天下者,
시 고 고 지 인 인 유 천 하 자

그러므로 옛날 천하를 소유했던 어진 사람들은

必反大國之說⁹,
필 반 대 국 지 열

반드시 큰 나라와 서로 기쁘게 지내고,

一天下之和,
일 천 하 지 화

천하를 평화롭게 통일시켰으며,

總四海之內.
총 사 해 지 내

온 세상 사람들을 단결시켰다.

焉¹⁰率天下之百姓,
언 솔 천 하 지 백 성

이에 천하의 백성들을 거느리고

以農¹¹臣事上帝山川鬼神.
이 농 신 사 상 제 산 천 귀 신

그들에게 농사짓도록 하여 천제, 산천, 귀신을 섬기게 하였다.

利人多,
이 인 다

사람을 이롭게 한 것도 많으며

功故¹²又大,
공 고 우 대

공로 또한 컸다.

是以天賞之,
시 이 천 상 지

이 때문에 하늘이 그에게 상을 주고

鬼富之,
귀 부 지

귀신은 그를 부유하게 해 주었으며

人譽之,
인 예 지

사람들은 그를 칭송하였으니,

使貴爲天子,
사 귀 위 천 자

귀하게는 그를 천자가 되게 하고

富有天下,
부 유 천 하

부유하게는 천하를 차지하게 하며

---

9 반대국지열(反大國之說): 여기서 반(反)은 교(交)로 해야 한다.

10 언(焉): '이에'의 뜻으로, 의미상 내(乃)와 같다.

11 농(農): 여기서는 '농업 생산에 종사하다', 즉 '농사짓다'라는 의미이다.

12 고(故): 연문으로, 삭제해야 한다.

名參[13]乎天地,
명 참 호 천 지

이름을 천지와 나란히 하게 하여,

至今不廢.
지 금 부 폐

지금까지도 없어지지 않고 있다.

此則知者之道也,
차 즉 지 자 지 도 야

이것은 곧 지혜로운 자의 도이며

先王之所以有天下者也.
선 왕 지 소 이 유 천 하 자 야

선왕들이 천하를 소유했던 까닭이다.

今王公大人·天下之諸侯則不然,
금 왕 공 대 인 · 천 하 지 제 후 즉 불 연,

지금 왕공대인들과 천하의 제후들은
그렇지 않다.

將必皆差論其爪牙之士,
장 필 개 차 론 기 조 아 지 사

반드시 그들은 모두 자신의 용맹한
병사를 뽑고

皆列其舟車之卒伍,
개 열 기 주 거 지 졸 오

자신의 배와 수레의 대오를
배열시키며

於此爲堅甲利兵,
어 차 위 견 갑 리 병

여기에 견고한 갑옷과 예리한
병기들을 준비해서

以往攻伐無罪之國.
이 왕 공 벌 무 죄 지 국

죄 없는 나라를 정벌하러 간다.

入其國家邊境,
입 기 국 가 변 경

그 나라의 변경을 침입하여

芟刈[14]其禾稼,
삼 예 기 화 가

그들의 농작물을 베어 버리고,

斬其樹木,
참 기 수 목

그들의 나무들을 잘라 버리며,

墮[15]其城郭,
타 기 성 곽

그들의 성곽을 무너뜨려

---

13 참(參): 여기서는 '나란히 하다', '정립하다'라는 뜻으로 쓰였다.
14 삼예(芟刈): 풀 따위를 베다.
15 타(墮): 휴(隳)와 같은데, '무너뜨리다', '무너지다'라는 뜻이다.

以湮¹⁶其溝池¹⁷,
이 인 기 구 지

해자(垓字)를 묻어 버리고,

攘殺其牲牷¹⁸,
양 살 기 생 전

그들의 가축을 빼앗고 죽이며,

燔潰¹⁹其祖廟,
번 궤 기 조 묘

그들의 종묘(宗廟)를 불질러 버리고,

勁殺²⁰其萬民,
경 살 기 만 민

그들의 만백성을 찔러 죽이며,

覆²¹其老弱,
복 기 로 약

그들의 노약자들을 죽이고,

遷其重器,
천 기 중 기

그들의 중요한 기물을 빼앗아 간다.

卒²²進而柱乎鬪²³,
졸 진 이 주 호 투

갑자기 공격하여 목숨을 걸고
싸우면서

曰'死命爲上,
왈 사 명 위 상

'전사하는 것이 가장 좋고

多殺次之,
다 살 차 지

많이 죽이는 것이 그다음이며

身傷者爲下.
신 상 자 위 하

몸에 부상을 입는 것이 가장 좋지
않다.

又况失列北橈²⁴乎哉,
우 황 실 렬 배 요 호 재

또한 하물며 대열을 이탈하여 패하여

---

16 인(湮): 메우다, 묻다.

17 구지(溝池): 성을 빙 둘러 판 호(濠). 해자(垓字). 성지(城池).

18 생전(牲牷): 생(牲)은 '소·말·양·돼지·개·닭의 여섯 가지 가축'을 가리키며, 전(牷)은 '사지를 다 갖춘 짐승'혹은 '순색(純色)의 짐승'을 일컫는다. 여기서 생전(牲牷)은 '가축'을 두루 지칭하는 말이다.

19 번궤(燔潰): 번(燔)은 '불사르다'라는 뜻이며, 궤(潰)는 '무너지다'라는 의미이다.

20 경살(勁殺): 찔러 죽이다.

21 복(覆): 멸망시키다.

22 졸(卒): 졸(猝)과 같은데 '갑작스럽다'라는 뜻이다.

23 주호투(柱乎鬪): 주(柱)는 마땅히 극(極)이 되어야 한다. 호(乎)는 연문으로, 삭제해야 한다. 극투(極鬪)는 '목숨을 걸고 싸우다'라는 의미이다.

24 실렬배요(失列北橈): 실렬(失列)은 '대열을 이탈하다'라는 뜻이며, 배요(北橈)의 배(北)는 '패배하다'라는 의미로 쓰였고, 요(橈)는 '구부러지다(曲)'라는 뜻으로 역시 '패하다'라는 의미이다.

도망치는 자들임에야?

罪死無赦',
죄 사 무 사

이들을 결코 사면(赦免)하지 않고
사형에 처한다'라고 말함으로써

以譚²⁵其衆.
이 탄 기 중

많은 병사들을 두려워하게 한다.

夫無²⁶兼國覆軍,
부 무 겸 국 복 군

그들은 다른 나라를 겸병하고 다른
나라의 군대를 소멸시키며

賊虐萬民,
적 학 만 민

다른 나라의 만백성을 해치고
학대함으로써

以亂聖人之緖²⁷.
이 란 성 인 지 서

성인의 사업을 어지럽힌다.

意將以爲利天乎?
억 장 이 위 리 천 호

어쩌면 이렇게 함으로써 하늘을
이롭게 한다고 여기는 것일까?

夫取天之人,
부 취 천 지 인

하늘의 사람을 징용(徵用)하여

以攻天之邑,
이 공 천 지 읍

하늘의 도읍을 공격하니,

此刺殺天民,
차 자 살 천 민

이것은 하늘의 백성들을 찔러 죽이고,

剝振²⁸神之位,
박 진 신 지 위

귀신의 지위를 박탈하고,

傾覆社稷,
경 복 사 직

사직을 뒤엎고,

攘殺其犧牲,
양 살 기 희 생

그들의 희생을 빼앗아 죽이는 것으로,

則此上不中天之利矣.
즉 차 상 부 중 천 지 리 의

이것은 위로는 하늘의 이익에
부합되지 않는다.

---

25 탄(譚): 탄(憚)으로, '두려워하다'라는 뜻이다.
26 무(無): 어기사로 뜻이 없다.
27 서(緖): 일, 사업.
28 진(振): 왕념손은 진(振)은 백(抓) 자의 잘못이라고 하였다. 백(抓)은 '찢어지다[裂]'라는 의미
이다.

將以爲利鬼乎?
장 이 위 리 귀 호

어쩌면 이렇게 함으로써 귀신을
이롭게 한다고 여기는 것일까?

夫殺之人²⁹,
부 살 지 인

하늘의 사람들을 죽이고,

滅鬼神之主³⁰,
멸 귀 신 지 주

귀신의 제주(祭主)를 없애며,

廢滅先王³¹,
폐 멸 선 왕

선왕들의 후예를 포기하고,

賊虐萬民,
적 학 만 민

만백성을 해치고 학대하며,

百姓離散,
백 성 리 산

백성들을 흩어지게 하니,

此則中不中鬼之利矣.
차 즉 중 부 중 귀 지 리 의

이것은 가운데로는 귀신의 이익에
부합되지 않는 것이다.

意將以爲利人乎?
억 장 이 위 리 인 호

아마 이렇게 함으로써 사람을 이롭게
한다고 여기는 것일까?

夫殺之人爲利人也博³²矣.
부 살 지 인 위 리 인 야 박   의

하늘의 사람들을 죽여 사람들을
이롭게 하는 이러한 이익은 변변치
못한 것이다.

又計其費此³³,
우 계 기 비 차

또한 전쟁의 비용을 계산해 보면,

爲周³⁴生之本,
위 주   생 지 본

삶의 근본을 해치며

竭天下百姓之財用,
갈 천 하 백 성 지 재 용

백성들의 재물을 소모시키는 것이

不可勝數也,
불 가 승 수 야

헤아릴 수 없이 많으니,

---

29 살지인(殺之人): 마땅히 살천지인(殺天之人)이 되어야 한다. 뒤에서도 마찬가지이다.

30 주(主): 여기서는 '제주(祭主)'를 가리킨다.

31 선왕(先王): 문장의 의미상 '선왕들의 후예'를 말한다.

32 박(博): 유월은 박(博)은 아마도 '적다'라는 뜻의 박(薄)이 되어야 할 것 같다고 하였다.

33 차(此): 이어숙(李漁叔)은 차(此)는 자(貲)와 같으며, 비자(費貲)는 행군에 드는 비용이라고
    하였다.

34 주(周): '해치다'는 뜻의 해(害)가 되어야 한다.

則此下不中人之利矣.
즉 차 하 부 중 인 지 리 의

이것은 아래로는 사람의 이익에
부합되지 않는 것이다.

今夫師者之相爲不利者也,
금 부 사 자 지 상 위 불 리 자 야

지금 군대에서 불리하다고 여기는
것으로,

曰: 將不勇,
왈 장 불 용

장수가 용감하지 않고,

士不分[35],
사 불 분

사병이 분발하지 않고,

兵不利,
병 불 리

병기가 예리하지 않고,

教不習,
교 불 습

훈련이 성숙되지 않고,

師不衆,
사 부 중

군대의 사람 수가 많지 않고,

率[36]不利[37]和,
솔 불 리 화

장수들은 서로 화합하지 않고,

威不圉[38],
위 불 어

위험을 받아도 제어하지 못하고,

害[39]之不久,
해 지 불 구

포위를 해도 오래가지 못하고,

爭之不疾,
쟁 지 부 질

싸움은 재빠르지 않고,

孫[40]之不强,
손 지 불 강

인심을 묶는 것이 강하지 않고,

植心不堅,
식 심 불 견

결심은 굳세지 못하고,

---

35 분(分): 분(忿) 또는 분(奮)이 되어야 할 것 같다.

36 솔(率): 여기서는 장솔(將率), 즉 장수(將帥)를 가리킨다.

37 이(利): 유월은 이(利)는 화(和) 자의 잘못으로, 연문이라고 하였다.

38 어(圉): 어(御)와 통하는데 '제어하다'라는 뜻이다.

39 해(害): 손이양은 해(害)는 아마도 위(圍)가 되어야 할 것 같은데, 형태가 비슷하여 생긴 잘못
이라고 하였다.

40 손(孫): 손이양은 손(孫)은 뜻이 없으며, 아마도 계(系)가 되어야 할 것 같다고 하였다. 계(系)
는 '인심을 묶다'라는 의미로 쓰였다.

與國諸侯疑;
여 국 제 후 의

제후국과 서로 의심하는 것이라고
말한다.

與國諸侯疑,
여 국 제 후 의

제후국과 서로 의심하게 되면

則敵生慮⁴¹,
즉 적 생 려

적대적인 심리가 생기게 되며

而意羸⁴²矣.
이 의 리 의

의지가 약해진다.

偏⁴³具此物,
편 구 차 물

이러한 불리한 상황들이 두루
존재하면서

而致從事焉,
이 치 종 사 언

전쟁에 종사하게 되면

則是國家失卒⁴⁴,
즉 시 국 가 실 졸

그 국가는 근본을 잃게 되며

而百姓易務⁴⁵也.
이 백 성 역 무 야

백성들은 본업을 잃게 된다.

今不嘗觀其說好攻伐之國?
금 불 상 관 기 열 호 공 벌 지 국

지금 시험 삼아 전쟁을 좋아하는
국가들을 보지 않겠는가?

若使中⁴⁶興師,
약 사 중 흥 사

만약 중등 규모의 전쟁을 일으키려면

君子⁴⁷,
군 자

고위급의 지휘자,

庶人⁴⁸也,
서 인 야

경대부의 서자(庶子)는

---

41 적생려(敵生慮): 왕환표는 아마도 본래는 생적려(生敵慮)로 되어 있었던 것 같다고 하였다.

42 이(羸): 여위다, 약해지다.

43 편(偏): 편(徧)과 같은데 '두루'라는 뜻이다.

44 졸(卒): 본(本)이 되어야 한다.

45 역무(易務): '직업을 바꾸다'라는 의미인데, 문장의 의미상 '본업을 잃어버리다'로 번역하는 것이 더 나을 것 같다.

46 중(中): 여기서는 '중등 규모'라는 뜻으로 쓰였다.

47 군자(君子): 손이양은 군자(君子) 뒤에 수백(數百)이 탈락되었다고 하였다. 여기서 군자(君子)는 '고위급의 통치자', '귀족'을 일컫는다.

48 서인(庶人): '서자(庶子)'를 가리킨다. 여기서 서자(庶子)는 '제후의 동족 및 경대부 적장자(嫡長子) 이외의 아들들'을 일컫는다.

必且數千,
필 차 수 천

반드시 수천 명이 있어야 하며

徒⁴⁹倍十萬,
도　배 십 만

일반 병사는 더더욱 십만 명이나
있어야 한다.

然後足以師而動矣.
연 후 족 이 사 이 동 의

그런 후에야 비로소 군대를 조직하여
출동할 수 있다.

久者數歲,
구 자 수 세

오래 걸리는 경우에는 수년,

速者數月,
속 자 수 월

빠르면 수개월이 걸리는데,

是上不暇聽治,
시 상 불 가 청 치

이때 윗사람은 정치를 할 겨를이 없고,

士不暇治其官府,
사 불 가 치 기 관 부

관리들은 그의 관부를 다스릴 겨를이
없으며,

農夫不暇稼穡,
농 부 불 가 가 색

농부들은 농사지을 겨를이 없고,

婦人不暇紡績⁵⁰織紝⁵¹,
부 인 불 가 방 적　직 임

부인들은 실을 뽑고 피륙을 짤 겨를이
없으니,

則是國家失卒,
즉 시 국 가 실 졸

그 국가는 근본을 잃게 되고

而百姓易務也.
이 백 성 역 무 야

백성들은 본업을 잃게 된다.

然而又與⁵²其車馬之罷弊⁵³也,
연 이 우 여　기 거 마 지 피 패　야

또한 이를테면 그들의 수레와 말은
부서지고 지치게 되며,

幔幕帷蓋,
만 막 유 개

장막과 휘장 등

三軍⁵⁴之用,
삼 군　지 용

삼군의 용품과

---

49 도(徒): 여기서는 '보병(步兵)'을 가리킨다.
50 방적(紡績): 실을 뽑는 일.
51 직임(織紝): 피륙을 짜는 일, 길쌈.
52 우여(又與): 우여(又如)와 같다.
53 피폐(罷弊): 지치고 부서지다.

甲兵之備,
갑병지비
갑옷이나 병기 등 장비들은

五分而得其一,
오 분 이 득 기 일
5분의 1만 건져도

則猶爲序疏[55]矣.
즉 유 위 서 소   의
많이 남는 편이다.

然而又與其散亡道路[56],
연 이 우 여 기 산 망 도 로
또한 이를테면 길에서 헤어지고
잃어버린 사람들은

道路遼遠,
도 로 료 원
길은 요원(遙遠)하고

糧食不繼偫[57],
양 식 불 계 제
양식은 충당되지 않아

食飲之[58]時,
식 음 지   시
음식을 제때에 먹지 못하게 되니,

廁役[59]以此飢寒凍餒疾病,
측 역   이 차 기 한 동 뇌 질 병
노역자들이 이 때문에 굶주리고
추위에 떨며 병에 걸려

而轉死溝壑中者,
이 전 사 구 학 중 자
떠돌아다니다가 계곡에 굴러 떨어져
죽는 사람들이

不可勝計也.
불 가 승 계 야
헤아릴 수 없이 많을 것이다.

此其爲不利於人也,
차 기 위 불 리 어 인 야
이것은 사람에 대해 불리하며

天下之害厚矣.
천 하 지 해 후 의
천하에 끼치는 해가 대단히 크다.

---

54 삼군(三軍): 군대의 편제를 가리키는데, 상·중·하 혹은 좌·중·우로 나누어진다.

55 서소(序疏): 손이양은 "서소(序疏) 두 자의 뜻이 통하지 않는데, 아마도 후여(厚餘)가 되어야 할 것 같다. 모두 형태 때문에 생긴 잘못이다. 후여(厚餘)는 많이 남는다는 뜻이다"라고 하였다.

56 산망도로(散亡道路): 아마도 도로(道路) 뒤에 자(者) 자가 탈락된 것 같다.

57 제(偫): 유월은 아마도 『묵자』 원문에는 본래 양식불제(糧食不偫)로 되어 있을 것 같은데, 불제(不偫)는 잇지 못한다는 뜻이라고 하였다.

58 지(之): 불(不)이 되어야 한다.

59 측역(廁役): 왕인지는 서역(廝役)이 되어야 한다고 하였다. 서역은 '종'이라는 뜻이다. 여기서는 '노역자'의 뜻으로 쓰였다.

而王公大人,
이 왕 공 대 인

그렇지만 왕공대인들은

樂而行之.
낙 이 행 지

그것을 즐겨 실행한다.

則此樂賊滅天下之萬民也,
즉 차 락 적 멸 천 하 지 만 민 야

이것은 곧 천하의 만백성을 해치고
멸망시키기를 즐기는 것이 되니,

豈不悖哉!
기 불 패 재

어찌 상리(常理)에 어긋나는 것이
아니겠는가!

今天下好戰之國,
금 천 하 호 전 지 국

지금 천하에 전쟁을 좋아하는 나라로

齊·晉·楚·越,
제 진 초 월

제나라, 진나라, 초나라, 월나라가
있는데,

若使此四國者得意於天下,
약 사 차 사 국 자 득 의 어 천 하

만약 이 네 나라로 하여금 천하에서
뜻을 얻게 하여

此皆十倍其國之衆,
차 개 십 배 기 국 지 중

이 네 나라가 모두 그 인구가 현재보다
10배로 증가하더라도

而未能食其地也.
이 미 능 식 기 지 야

그 나라 땅을 모두 다 경작하여 먹고
살 수는 없을 것이다.

是人不足而地有餘也.
시 인 부 족 이 지 유 여 야

이것은 곧 인구가 부족하고 토지가
남아도는 경우이다.

今又以爭地之故,
금 우 이 쟁 지 지 고

그런데도 지금 또 토지를 쟁탈하는
까닭에

而反相賊也,
이 반 상 적 야

오히려 서로 해치게 된다.

然則是虧不足,
연 즉 시 휴 부 족

그러하니 이것은 부족한 것을 더 덜게
하면서

而重有餘也."
이 중 유 여 야

남는 것을 더 더하는 것이 된다."

今謷⁶⁰夫好攻伐之君,
금 답　부 호 공 벌 지 군

지금 전쟁을 좋아하는 군주는

又飾其說以非子墨子曰:
우 식 기 설 이 비 자 묵 자 왈

또 그들의 이론을 비호하면서 묵자를 비난하며 말한다.

"以攻伐之爲不義,
이 공 벌 지 위 불 의

"그대는 전쟁을 불의로 여기는데,

非利物⁶¹與?
비 리 물 여

그것은 이익이 있는 일이 아니겠는가?

昔者禹征有苗,
석 자 우 정 유 묘

옛날 우임금은 유묘족을 정벌하였고

湯伐桀,
탕 벌 걸

탕임금은 걸왕을 정벌하였으며

武王伐紂,
무 왕 벌 주

무왕은 주왕을 정벌하였는데,

此皆立爲聖王,
차 개 립 위 성 왕

이들은 모두 성군으로 불렸다.

是何故也?"
시 하 고 야

이것은 무슨 까닭인가?"

子墨子曰:
자 묵 자 왈

묵자께서 말씀하셨다.

"子未察吾言之類,
자 미 찰 오 언 지 류

"당신은 내 말 중에서 어떤 종류의 전쟁인지를 자세히 살피지 못하여

未明其故者也,
미 명 기 고 자 야

그 까닭을 분명히 알지 못한다.

彼非所謂攻,
피 비 소 위 공

그들의 정벌은 이른바 공(攻)이 아니라

謂誅也.
위 주 야

주(誅)라고 말해야 한다.

昔者三苗⁶²大亂,
석 자 삼 묘　대 란

옛날 유묘족이 대란을 일으켰을 때,

天命殛⁶³之.
천 명 극 지

하늘은 그들을 처형하라고

---

60 답(謷): 체(逮)와 통하는데 '이르다'라는 뜻이다.

61 물(物): 여기서는 '일'이라는 의미로 쓰였다.

62 삼묘(三苗): 고대의 부족 이름. 묘(苗)·유묘(有苗)라고도 칭하였다.

63 극(殛): 죽이다, 처형하다.

명령하였다.

日妖宵出, <small>일 요 소 출</small>	당시 해는 괴이하게도 밤에 출현하고,
雨血三朝, <small>우 혈 삼 조</small>	사흘이나 피 비가 내렸으며,
龍生于廟, <small>용 생 우 묘</small>	용이 묘당에서 출현하고,
犬哭乎市, <small>견 곡 호 시</small>	개가 시장에서 짖었으며,
夏冰, <small>하 빙</small>	여름에 얼음이 얼고,
地坼及泉, <small>지 탁 급 천</small>	땅이 갈라져 샘물 있는 곳까지 미쳤으며,
五穀變化, <small>오 곡 변 화</small>	오곡이 변화가 생겨
民乃大振[64]. <small>민 내 대 진</small>	백성들은 이에 크게 놀랐다.
高陽[65]乃命玄宮[66], <small>고 양 내 명 현 궁</small>	고양이 이에 현궁에서 우임금에게 명령을 하니,
禹親把天之瑞令[67], <small>우 친 파 천 지 서 령</small>	우임금은 친히 하늘의 부신(符信)을 지니고
以征有苗. <small>이 정 유 묘</small>	유묘족을 정벌하였다.
四電誘祗[68], <small>사 전 유 지</small>	당시 천둥과 번개가 갑자기 치고

---

64 진(振): 진(震)과 같은데 '놀라다'라는 뜻이다.
65 고양(高陽): 전욱(顓頊)으로, 순임금의 육세조(六世祖)이다.
66 내명현궁(乃命玄宮): 내명우어현궁(乃命禹於玄宮)으로 해야 한다. 현궁(玄宮)은 '고양이 거처했던 궁'이다.
67 서령(瑞令): 옥(玉)으로 만든 부신(符信).
68 사전유지(四電誘祗): 뇌전패진(雷電詩振)으로 해야 한다. 패(詩)는 발(勃)과 통하며 '갑자기'라는 의미이고, 진(振)은 진(震)과 통한다. 그러므로 발진(勃震)은 '갑자기 진동하다'라는 뜻이다.

有神人面鳥身,
_{유 신 인 면 조 신}
사람의 얼굴에 새의 몸을 지닌 신이

若瑾[69]以侍,
_{약 근   이 시}
옥홀을 받들고 시종(侍從)하면서

搹矢有苗之祥,[70]
_{액 시 유 묘 지 상}
유묘족의 장군을 죽여 버리니,

苗師大亂,
_{묘 사 대 란}
유묘족의 군대가 크게 혼란을 일으켜

後乃遂幾[71].
_{후 내 수 기}
후에 곧 쇠락하게 되었다.

禹旣已克有三苗,
_{우 기 이 극 유 삼 묘}
우임금이 이미 유묘족을 정복하여

焉[72]磨[73]爲山川,
_{언   마   위 산 천}
이에 산천을 나누고

別物上下,
_{별 물 상 하}
사물의 상하의 위치를 구분하였으며,

卿制大極,[74]
_{경 제 대 극}
사방을 향유하고 제어하여

而神民不違,
_{이 신 민 불 위}
신과 사람들이 서로 어기지 않으니,

天下乃靜.
_{천 하 내 정}
천하가 이에 안정되었다.

則此禹之所以征有苗也.
_{즉 차 우 지 소 이 정 유 묘 야}
이것이 곧 우임금이 유묘족을 정벌한 까닭이다.

遝至乎夏王桀,
_{답 지 호 하 왕 걸}
하나라 임금 걸에 이르러

---

69 약근(若瑾): 봉규(奉珪)의 잘못이다. 봉규는 '옥홀(玉笏)을 받들다'라는 뜻이다.

70 액시유묘지상(搹矢有苗之祥): 액(搹)은 원래 '조르다', '막다'라는 의미로, 여기서는 '액살(搹殺: 목 졸라 죽이다)'로서 '액살(扼殺: 눌러 죽이다)'과 뜻이 비슷하다. 장순일은 시(矢)는 실(失)이 되어야 한다고 했다. 상(祥)은 장(將)의 잘못이다.

71 기(幾): '쇠미(衰微)하다', '쇠퇴(衰退)하다'라는 뜻으로 쓰였다.

72 언(焉): '이에'라는 뜻으로 쓰였다.

73 마(磨): 역(曆)이 되어야 한다. 역(曆)은 이(離)와 같다. 즉, '분리하다', '나누다'라는 뜻이다.

74 경제대극(卿制大極): 손이양은 아마도 향제사극(鄕制四極)이 되어야 할 것 같다고 하였다. 향(鄕)은 향(饗)의 생략된 자로, '향유(享有)하다'라는 뜻이다.

天有酷命[75],　　　　하늘에서 엄한 명령이 내려졌는데,
천 유 혹 명

日月不時,　　　　　당시 해와 달이 제때에 출몰하지 않고,
일 월 불 시

寒暑雜至,　　　　　추위와 더위가 엇갈려 닥쳤으며,
한 서 잡 지

五穀焦死,　　　　　오곡이 말라 죽고,
오 곡 초 사

鬼呼國[76],　　　　귀신들이 나라 안에서 울부짖었으며,
귀 호 국

鶴[77]鳴十夕餘.　　학이 10여 일 밤이나 울었다.
학　명 십 석 여

天乃命湯於鑣宮[78]:　하늘이 이에 표궁에서 탕임금에게
천 내 명 탕 어 표 궁　　　명을 내렸다.

'用受夏之大命.　　　'내가 하나라에 내린 대명을 받들라.
용 수 하 지 대 명

夏德大亂,　　　　　하나라의 덕이 크게 문란하여
하 덕 대 란

予旣卒其命於天矣,　내 이미 하늘에서 그의 명을 끊었으니,
여 기 졸 기 명 어 천 의

往而誅之,　　　　　그대는 가서 그를 주살하여
왕 이 주 지

必使汝堪[79]之.'　　반드시 그를 응징하라.'
필 사 여 감 지

湯焉敢奉率其衆,　　탕임금은 이에 감히 명령을 받들어
탕 언 감 봉 솔 기 중　　그의 군대를 거느리고서

是以鄕[80]有夏之境.　하나라의 변경을 향해 공격하였다.
시 이 향　유 하 지 경

---

75 혹명(酷命): 손이양은 '혹(酷)'은 아마도 혹(酷)이 되어야 할 것 같다고 하였다. 혹명(酷命)은
　　'엄명(嚴命)'이라는 의미이다.

76 귀호국(鬼呼國): 귀호어국(鬼呼於國)이 되어야 한다.

77 학(鶴): 즉, 학(鶴)이다.

78 표궁(鑣宮): 옛날 궁전 이름.

79 감(堪): 감(戡)과 통하는데, '평정하다', '전쟁에 승리하다'라는 의미이다.

80 향(鄕): 향(向)과 통한다.

帝乃使陰[81]暴[82]毀有夏之城.
_{제 내 사 음 포 훼 유 하 지 성}

천제(天帝)가 이에 몰래 신을 파견하여
하나라의 성을 무너뜨리는 것을
도왔다.

少少[83]有神來告曰:
_{소 소 유 신 래 고 왈}

오래지 않아 어떤 신이 와서
탕임금에게 고하였다.

'夏德大亂,
_{하 덕 대 란}

'하나라의 기강이 크게 문란하니

往攻之.
_{왕 공 지}

가서 공격을 하시오.

予必使汝大堪[84]之.
_{여 필 사 여 대 감 지}

나는 반드시 당신으로 하여금
하나라를 크게 이길 수 있도록 하겠소.

予既受命於天,
_{여 기 수 명 어 천}

나는 이미 하늘의 명을 받았으며,

天命融[85]隆[86]火,
_{천 명 융 융 화}

하늘은 축융에게

于夏之城閒西北之隅.'
_{우 하 지 성 간 서 북 지 우}

하나라의 성 사이 서북쪽의 모퉁이에
불을 내리라고 명하셨습니다.'

湯奉桀衆以克有[87],
_{탕 봉 걸 중 이 극 유}

탕임금이 걸의 군대를 접수하여
하나라를 쳐부수고

屬[88]諸侯於薄[89],
_{촉 제 후 어 박}

박(亳) 땅에 제후들을 모아 놓고서

薦[90]章[91]天命,
_{천 장 천 명}

천명을 진술하여 밝히고

---

81 사음(使陰): 아마도 음사(陰使)로 해야 할 것 같다.
82 포(暴): '부수다'의 뜻인 폭(爆)과 통한다.
83 소소(少少): '짧은 시간'을 나타낸다.
84 감(堪): 원래 '감당하다'라는 의미인데, 여기서는 '이기다'라는 뜻으로 쓰였다.
85 융(融): '축융(祝融)'을 가리키는데, 고대 중국 신화 중 불의 신이다.
86 융(隆): 강(降)과 통하는데 '내리다'라는 의미이다.
87 유(有): 유하(有夏)로 해야 한다.
88 촉(屬): 여기서는 '회합하다'라는 뜻으로 쓰였다.
89 박(薄): 지명. 즉, 박(亳)으로, 탕임금의 도성이다. 지금의 하남성 언사현(偃師縣) 부근이었다.

通於四方,
통 어 사 방

사방으로 전달하게 하니,

而天下諸侯莫敢不賓服.
이 천 하 제 후 막 감 불 빈 복

천하의 제후들이 감히 복종하지 않을 수 없었다.

則此湯之所以誅桀也.
즉 차 탕 지 소 이 주 걸 야

이것이 곧 탕임금이 걸을 주살한 까닭이다.

逮至乎商王紂,
답 지 호 상 왕 주

상(은)나라 임금 주에 이르러

天不序⁹²其德,
천 불 서   기 덕

하늘은 더 이상 그의 덕을 향용(享用)하지 못하게 하였는데,

祀用失時,
사 용 실 시

당시 제사는 제때에 지내지 못하고,

兼夜中十日,
겸 야 중 십 일

10일 밤낮으로

雨土於薄,
우 토 어 박

박(亳) 땅에 흙비가 내렸으며,

九鼎⁹³遷止⁹⁴,
구 정   천 지

구정이 자리를 옮기고,

婦妖宵出,
부 요 소 출

여자 요괴가 밤에 나타났으며,

有鬼宵吟,
유 귀 소 음

귀신이 밤에 신음하고,

有女爲男,
유 녀 위 남

여자가 남자로 변하였으며,

天雨肉,
천 우 육

하늘에서는 고기 비가 내리고,

棘生乎國道,
극 생 호 국 도

국도 위에는 가시가 자라났으며,

---

90 천(薦): 여기서는 '진술하다', '선고하다'라는 뜻으로 쓰였다.
91 장(章): 밝히다.
92 서(序): 유월은 서(序)는 향(享) 자의 잘못이라고 하였다.
93 구정(九鼎): 우임금이 구주(九州)를 상징하는 뜻으로 만든 아홉 개의 솥.
94 지(止): 지(址)와 통하는데 '터', '자리'라는 뜻이다.

王兄⁹⁵自縱也.

주임금은 더욱 제멋대로 방종하였다.

赤鳥銜珪,

이때 붉은 새가 규옥(珪玉)을 물고

降周之岐社⁹⁶,

주나라 기산(岐山)의 신사(神社)에 내려왔는데,

曰:

그 규옥에

‘天命周文王伐殷有國.’

‘하늘이 주나라 문왕에게 은나라를 정벌하고, 그 나라를 점유하라고 명령하였다’라고 쓰여 있었다.

泰顚來賓⁹⁷,

현신(賢臣)인 태전이 와서 문왕에게 귀순하였고

河出綠圖,⁹⁸

황하에서는 부도가 떠내려 왔으며

地出乘黃⁹⁹.

땅속에서는 신마(神馬)인 승황이 나왔다.

武王踐功¹⁰⁰,

무왕이 사업을 계승하자

夢見三神曰:

꿈에 세 신(神)이 나타나 그에게

‘予旣沈漬¹⁰¹殷紂于酒德矣,

‘나는 이미 은나라 주왕으로 하여금

---

95 형(兄): 왕념손은 형(兄)은 황(況)과 같으며, 황(況)은 '더욱'이라는 뜻이라고 하였다.

96 기사(岐社): 주(周) 왕조가 기산(岐山)에 설치한 토지신사(土地神社). 임금은 여기서 토지신에게 제사를 지냈다.

97 빈(賓): 여기서는 '귀순(歸順)하다'라는 의미로 쓰였다.

98 하출록도(河出綠圖): 하(河)는 '황하(黃河)'를 가리킨다. 녹(綠)은 녹(籙)과 통한다. 녹도(籙圖)는 부도(符圖)로, 황하에서 부도가 떠내려 왔다는 이 전설은 천명에 응하여 천자가 나온다는 징조를 나타내고 있다.

99 승황(乘黃): 신마(神馬) 이름.

100 천공(踐功): 천(踐)은 찬(纘)의 가차자로, '잇다'라는 뜻이다. 천공(踐功)은 '사업을 계승하다'라는 뜻이다.

101 침지(沈漬): 깊이 빠지다.

음주에 깊이 빠지게 하였습니다.

往攻之,
왕 공 지

가서 그를 공격하면

予必使汝大堪之.'
여 필 사 여 대 감 지

나는 반드시 그대가 은나라를 크게
이길 수 있도록 해 주겠소'라고 하였다.

武王乃攻狂夫,
무 왕 내 공 광 부

무왕은 이에 미치광이 주왕을
공격하고

反商之周[102],
반 상 지 주

상나라를 무너뜨리고 주나라를
세웠다.

天賜武王黃鳥[103]之旗.
천 사 무 왕 황 조   지 기

하늘은 무왕에게 황조의 깃발을
하사하였다.

王旣已克殷,
왕 기 이 극 은

무왕은 이미 은나라를 쳐부수어

成帝之來[104],
성 제 지 래

천제가 내린 명을 완성하고

分主[105]諸神,
분 주   제 신

제후들에게 여러 신들의 제사를
나누어 지내도록 하였으며,

祀紂先王,
사 주 선 왕

주왕의 선왕들의 제사도 지내도록
하여

通維[106]四夷[107],
통 유   사 이

사방(四方)에 통고(通告)하니

---

102 반상지주(反商之周): 구본(舊本)의 어떤 것은 반상작주(反商作周)라고 되어 있다. 즉, '상
　　나라를 무너뜨리고 주나라를 세우다'라는 뜻이다.
103 황조(黃鳥): 황조(皇鳥)로, 봉황류(鳳凰類)이다. 봉황이 날면 많은 새들이 따르는데, 봉황으
　　로 깃발을 삼았다는 것은 천하의 사람들이 모여들었음을 비유한다.
104 내(來): 뇌(賚)와 통하는데 '하사하다'라는 뜻이다.
105 주(主): 주제(主祭)로, '제사를 주관하다'라는 뜻이다.
106 유(維): 어(於)와 통한다.
107 사이(四夷): 사방(四方).

則天下莫不賓,
_{이 천하 막 불 빈}

천하가 복종하지 않음이 없었다.

焉襲湯之緒.
_{언 습 탕 지 서}

이에 무왕이 탕임금의 사업을
계승하였다.

此卽武王之所以誅紂也.
_{차 즉 무 왕 지 소 이 주 주 야}

이것이 곧 무왕이 주왕을 주살한
까닭이다.

若以此三聖王者觀之,
_{약 이 차 삼 성 왕 자 관 지}

만약 이 세 성군의 예를 본다면,

則非所謂攻也,
_{즉 비 소 위 공 야}

이른바 공(攻)이 아니라

所謂誅也.”
_{소 위 주 야}

이른바 주(誅)인 것이다.”

則夫好攻伐之君,
_{즉 부 호 공 벌 지 군}

전쟁을 좋아하는 군주는

又飾其說以非子墨子曰:
_{우 식 기 설 이 비 자 묵 자 왈}

또 그들의 이론을 비호하면서 묵자를
비난하며 말한다.

“子以攻伐爲不義,
_{자 이 공 벌 위 불 의}

“그대는 전쟁을 불의로 여기는데,

非利物與?
_{비 리 물 여}

그것은 이익이 있는 일이 아니겠는가?

昔者楚熊麗[108]始討[109]此睢山[110]之間,
_{석 자 초 웅 려   시 토   차 수 산   지 간}

옛날 초나라 웅려는 수산 사이에서
처음으로 봉해졌으며,

越王繄虧[111],
_{월 왕 예 휴}

월나라 왕 예휴는

---

108 웅려(熊麗): 『사기(史記)』「초세가(楚世家)」에서 "죽웅자(鬻熊子)가 문왕(文王)을 섬겼는
   데 일찍 죽었다. 그의 아들이 웅려였다"라고 하였다. 즉, 초나라 왕실의 조상 이름.

109 토(討): 필원은 토(討) 자는 봉(封)이 되어야 한다고 하였다.

110 수산(睢山): 산 이름. 형산(荊山)의 수산(首山). 지금의 호북성 보강(保康) 경내에 있다.

111 예휴(繄虧): 이름은 무여(無餘)로, 월나라가 처음으로 봉(封)한 군주.

出自有遽[112],　　　　　　　　유거로부터 나와

始邦[113]于越.　　　　　　　　처음으로 월 땅에 나라를 세웠다.

唐叔[114]與呂尙[115]邦齊·晉.　　당숙과 여상은 각각 진나라와
　　　　　　　　　　　　　　　제나라를 세웠다.

此皆地方數百里,　　　　　　　이 나라들은 모두 처음에는 땅이 사방
　　　　　　　　　　　　　　　수백 리였는데,

今以幷國之故,　　　　　　　　지금은 다른 나라들을 병합시킨
　　　　　　　　　　　　　　　까닭에

四分天下而有之.　　　　　　　천하를 사분(四分)하여 점유하고 있다.

是故何也?"　　　　　　　　　이것은 무슨 까닭인가?"

子墨子曰:　　　　　　　　　　묵자께서 말씀하셨다.

"子未察吾言之類,　　　　　　"당신은 내 말 중에서 어떤 종류의
　　　　　　　　　　　　　　　전쟁인지를 자세히 살피지 못하여

未明其故者也.　　　　　　　　그 까닭을 분명히 알지 못한다.

古者天子之始封諸侯也,　　　　옛날 천자가 제후를 처음 봉했을 때는

萬有餘,　　　　　　　　　　　만여 나라가 되었는데,

今以幷國之故,　　　　　　　　지금은 다른 나라들을 병합시킨
　　　　　　　　　　　　　　　까닭에

112　유거(有遽): 옛날 지명으로, 고증할 수가 없다.

113　방(邦): 여기서는 '나라를 세우다'라는 의미로 쓰였다.

114　당숙(唐叔): 성은 희(姬)이고 이름은 우(虞)로, 주나라 무왕의 아들이다. 당(唐)에 처음 봉해
　　졌는데, 그 아들이 즉위한 후에 진(晉)으로 바꾸었다. 진나라의 선조이다.

115　여상(呂尙): 바로 강상(姜尙)으로 강태공(姜太公)이라고도 하는데, 제(齊)에 처음 봉해졌
　　다. 제나라의 선조이다.

萬國有餘皆滅,

만 국 유 여 개 멸

만여 나라는 모두 멸망하고

而四國獨立.

이 사 국 독 립

네 나라만 존립하게 된 것이다.

此譬猶醫之藥萬有餘人,

차 비 유 의 지 약 만 유 여 인

이것은 비유하면 만여 명에게 약을 주어 치료했으나

而四人愈也,

이 사 인 유 야

네 명만이 나았다는 것과 같다.

則不可謂良醫矣."

즉 불 가 위 량 의 의

이런 의사를 좋은 의사라고 할 수 없다."

則夫好攻伐之君又飾其說曰:

즉 부 호 공 벌 지 군 우 식 기 설 왈

전쟁을 좋아하는 군주는 또 그들의 이론을 비호하며

"我非以金玉·子女·壤地爲不足也,

아 비 이 금 옥 자 녀 양 지 위 부 족 야

"우리는 금과 옥, 백성, 땅이 부족하기 때문에 전쟁을 하는 것이 아니다.

我欲以義名立于天下,

아 욕 이 의 명 립 우 천 하

우리는 천하에 의로운 이름을 세워

以德求諸侯也."

이 덕 구 제 후 야

덕으로써 제후들의 귀순을 구하려는 것이다"라고 말한다.

子墨子曰:

자 묵 자 왈

묵자께서 말씀하셨다.

"今若有能以義名立于天下,

금 약 유 능 이 의 명 립 우 천 하

"지금 만약 천하에 의로운 이름을 세워

以德求諸侯者,

이 덕 구 제 후 자

덕으로써 제후들의 귀순을 구할 수 있는 자가 있다면,

天下之服可立而待也.

천 하 지 복 가 립 이 대 야

천하의 복종은 선 채로 기다리기만 해도 된다.

夫天下處攻伐久矣,
부 천 하 처 공 벌 구 의

천하가 전쟁에 처한 지 매우
오래되었는데,

譬若傅子[116]之爲馬然.
비 약 부 자   지 위 마 연

비유하면 어린아이를 말로 삼아 타는
것과 같다.

今若有能信效[117]先利天下諸侯者,
금 약 유 능 신 교   선 리 천 하 제 후 자

지금 만약 신의로써 서로 사귀고 먼저
천하의 제후들을 이롭게 할 수 있는
사람이 있다면,

大國之不義也,
대 국 지 불 의 야

큰 나라가 의롭지 않으면

則同憂之;
즉 동 우 지

함께 그것을 걱정할 것이고,

大國之攻小國也,
대 국 지 공 소 국 야

큰 나라가 작은 나라를 공격하면

則同救之;
즉 동 구 지

함께 그 작은 나라를 구할 것이며,

小國城郭之不全也,
소 국 성 곽 지 부 전 야

작은 나라의 성곽이 온전하지 않으면

必使修之;
필 사 수 지

반드시 그것을 수리토록 할 것이고,

布粟之絶[118],
포 속 지 절

옷감과 양식이 모자라게 되면

則委之;
즉 위 지

그것들을 대어 줄 것이며,

幣帛不足,
폐 백 부 족

돈이 부족하면

則共[119]之.
즉 공 지

그것을 공급할 것이다.

---

116 부자(傅子): 손이양은 부(傅)는 아마도 유(孺)가 되어야 할 것 같다고 하였다. 유자(孺子)는
   '어린아이'라는 의미이다.
117 신교(信效): 손이양은 교(效)를 교(交)로 읽는데, 동성가차자(同聲假借字)라고 하였다. 여
   기서 신교(信交)는 '신의(信義)로써 서로 사귀다'라는 뜻이다.
118 지절(之絶): 왕념손은 핍절(乏絶)의 잘못이라고 하였다.
119 공(共): 공(供)과 통한다.

以此效¹²⁰大國,
이 차 교   대 국

작은 나라가 이러한 원칙들로써 큰
나라와 외교를 한다면

則小國之君說.
즉 소 국 지 군 열

작은 나라의 군주는 기뻐할 것이다.

人勞我逸,
인 로 아 일

다른 사람은 고생을 하는데 나는
편안하게 지낸다면

則我甲兵强.
즉 아 갑 병 강

나의 군대는 강해질 것이다.

寬以惠,
관 이 혜

관대하게 은혜를 베풀고

緩易急,
완 역 급

느긋함으로써 급박함을 대체한다면

民必移¹²¹.
민 필 이

백성들은 반드시 귀의(歸依)하게 될
것이다.

易攻伐以治我國,
역 공 벌 이 치 아 국

전쟁에 쓸 재력(財力)을 나라를
다스리는 데에 전용(轉用)한다면

攻¹²²必倍.
공 필 배

그 효과는 반드시 배가(倍加)될 것이다.

量我師舉之費,
양 아 사 거 지 비

우리 군대의 출정 비용을 헤아려

以爭¹²³諸侯之斃¹²⁴,
이 쟁   제 후 지 폐

그것으로 피곤함에 처한 제후들을
위로한다면

則必可得而序利¹²⁵焉.
즉 필 가 득 이 서 리   언

반드시 많은 이익을 얻을 수가 있을

---

120 교(效): 교(交)가 되어야 한다. 앞의 주 117 참조..

121 이(移): '다른 곳에서 옮겨오다'라는 뜻인데, 여기서는 '귀의하다', '귀순하다'라고 번역할 수 있
다.

122 공(攻): 공(功)과 통한다.

123 쟁(爭): 구본에는 쟁(諍)으로 되어 있다. 쟁(諍)은 정(琤) 자의 잘못이다. 정(琤)은 정(靖)과 통
하는데, '위로하다', '위안하다'라는 뜻이다.

124 폐(斃): 여기서는 '피곤하다'라는 뜻으로 쓰였다.

125 서리(序利): 왕념손은 후리(厚利)의 잘못이라고 하였다.

것이다.

督¹²⁶以正,
독 이정

정도(正道)로써 백성들을 거느리고,

義其名,
의 기 명

그 이름을 의롭게 하며,

必務寬吾衆,
필무관오중

반드시 우리 백성들을 관대하게
대하는 데 힘쓰고,

信吾師,
신 오 사

우리 군대를 믿는다.

以此授¹²⁷諸侯之師,
이 차 수 제 후 지 사

이러한 원칙으로 제후들의 군대를
원조한다면

則天下無敵矣,
즉 천하무적 의

천하에 적이 없을 것이며

其爲下¹²⁸不可勝數也.
기 위 하 불 가 승 수 야

그것이 천하를 이롭게 하는 것은 이루
헤아릴 수 없이 많을 것이다.

此天下之利.
차 천 하 지 리

이것이 천하의 이익이다.

而王公大人不知而用,
이 왕 공 대 인 부 지 이 용

그러나 왕공대인들은 그 원칙들을
사용할 줄 모르니,

則此可謂不知利天下之巨務矣."
즉 차 가 위 부 지 리 천 하 지 거 무 의

이것은 천하를 이롭게 하는 큰일임을
모르는 것이라고 말할 수 있다."

是故子墨子曰:
시 고 자 묵 자 왈

그러므로 묵자께서 말씀하셨다.

"今且¹²⁹天下之王公大人士君子,
금 차 천 하 지 왕 공 대 인 사 군 자

---

126 독(督): 여기서는 '거느리다'라는 의미로 쓰였다.

127 수(授): 손이양은 수(授)자는 뜻이 통하지 않는데, 아마도 원(援)이 되어야 할 것 같다고 하였다.

128 기위하(其爲下): 기위리천하(其爲利天下)가 되어야 한다.

"지금 천하의 왕공대인들과 관리들이

中情將欲求興天下之利,
중정장욕구흥천하지리

除天下之害,
제천하지해

當若繁爲攻伐,
당약번위공벌

此實天下之巨害也.
차실천하지거해야

今欲爲仁義,
금욕위인의

求爲上士[130],
구위상사

尙[131]欲中聖王之道,
상 욕중성왕지도

下欲中國家百姓之利,
하욕중국가백성지리

故當若非攻之爲說,
고 당약비공지위설

而將不可不察者此也."
이 장불가불찰자차야

충심으로 천하의 이익을 일으키고

천하의 해를 제거하려고 하면서

빈번하게 전쟁을 한다면

이것은 실로 천하의 큰 해이다.

지금 인의를 행하고

도덕적으로 훌륭한 사람을 구하여

위로는 성군의 도에 부합되기를
원하며,

아래로는 국가 백성들의 이익에
부합되도록 원한다.

그래서 마땅히 이러한 '비공'의 주장을

자세히 살피지 아니할 수 없다."

---

129 금차(今且): 왕인지는 금차(今且)는 금부(今夫)라고 하였다.

130 상사(上士): 도덕적으로 훌륭한 사람.

131 상(尙): 상(上)과 통한다.

권 6

절용 상 제20편
(節用上第二十)

聖人爲政一國,
성인위정일국,

성인이 한 나라를 다스리게 되면

一國可倍也;
일국가배야

그 나라는 이익을 배로 늘릴 수 있다.

大之爲政天下,
대지위정천하

그것을 확대하여 천하를 다스리게
되면

天下可倍也.
천하가배야

천하는 이익을 배로 늘릴 수 있다.

其倍之,
기배지

그가 이익을 배로 늘릴 수 있는 것은

非外取地也,
비외취지야

바깥으로부터 땅을 빼앗는 것에
의지하는 것이 아니라,

因其國家,
인기국가

그 국가가

去其無用之費,
거기무용지비

쓸데없는 비용을 없앴기 때문에

足以倍之.
족이배지

배로 늘릴 수 있었던 것이다.

聖王爲政,
성왕위정

성군은 정치를 함에 있어서

其發令興事,
기발령흥사

정령을 발하고 사업을 일으키며

使民用財也,
사민용재야

백성들을 부리고 재물을 사용하는

데에

無不加用[1]而爲者,
무 불 가 용 이 위 자

실제 이익을 증가시키지 않는 일은
절대로 하지 않는다.

是故用財不費,
시 고 용 재 불 비

이 때문에 재물 사용은 낭비가 없고

民德[2]不勞,
민 덕 불 로

백성들은 수고로움이 없으며

其興利多矣.
기 흥 리 다 의

그가 일으키는 이익은 많아지게 된다.

其爲衣裘何?
기 위 의 구 하

그가 옷을 만들어 어디에
사용하였는가?

以爲冬以圉[3]寒,
이 위 동 이 어 한

그걸로 겨울에는 추위를 막고

夏以圉暑.
하 이 어 서

여름에는 더위를 막는다.

凡爲衣裳之道,
범 위 의 상 지 도

옷을 만드는 원칙은

冬加溫,
동 가 온

겨울에 따뜻함을 더하고

夏加清者芊組[4],
하 가 청 자 천 저

여름에 시원함을 더하는 것을 취하게
되는데,

不加者去之.
불 가 자 거 지

따뜻함과 시원함을 더하지 못하는
것은 버리면 된다.

其爲宮室何?
기 위 궁 실 하

그가 집을 만들어 어디에
사용하였는가?

---

1 용(用): 여기서는 '실제 이익'으로 번역할 수 있다.

2 덕(德): 득(得)과 통한다. 뒤에 나오는 것 역시 마찬가지이다.

3 어(圉): 어(御)와 통하는데, '방어(防禦)하다', '막다'라는 의미이다.

4 천저(芊組): 이생룡은 즉지(則止)의 잘못이라는 홍이훤(洪頤煊)의 설이 비교적 사실에 근접
   한 견해라고 하면서도, 상하 문장을 연계해 보면 즉취(則取)가 더 타당하다고 하였다. 또 그는
   저(組)를 취(取)로 잘못 쓰기 쉽다고도 하였다.

以爲冬以圉風寒,
이 위 동 이 어 풍 한

그걸로 겨울에는 바람과 추위[를]

夏以圉暑雨,
하 이 어 서 우

여름에는 더위와 비를 막으며,

有盜賊加固者芊組,
유 도 적 가 고 자 천 저

도적을 방비하는 데 견고함을 더하면
취하고

不加者去之.
불 가 자 거 지

견고함을 더하지 못하는 것은 버리면
된다.

其爲甲盾五兵[5]何?
기 위 갑 순 오 병 하

그가 갑옷과 방패, 그리고 각종 병기를
만들어 어디에 사용하였는가?

以爲以圉寇亂盜賊.
이 위 이 어 구 란 도 적

그걸로 외적과 도적을 막는다.

若有寇亂盜賊,
약 유 구 란 도 적

만약 외적과 도적이 있으면

有甲盾五兵者勝,
유 갑 순 오 병 자 승

갑옷과 방패, 그리고 각종 병기를 가진
자는 승리할 것이며

無者不勝.
무 자 불 승

갖지 않은 자는 승리하지 못할 것이다.

是故聖人作爲甲盾五兵.
시 고 성 인 작 위 갑 순 오 병

이 때문에 성인은 갑옷과 방패, 그리고
각종 병기를 만들었던 것이다.

凡爲甲盾五兵加輕以[6]利,
범 위 갑 순 오 병 가 경 이 리

갑옷과 방패, 그리고 각종 병기를
만드는 데 있어 가벼움과 예리함을
더할 수 있으며,

堅而難折者芊組,
견 이 난 절 자 천 저

견고하고 잘 부러지지 않는 것을
취하고,

不加者去之.
불 가 자 거 지

가벼움과 예리함을 더하지 못하는

---

5 오병(五兵): 다섯 가지의 병기를 가리키는데, 일반적으로 과(戈)·모(矛)·궁시(弓矢)·수(殳)·
   극(戟)을 말한다. 여기서는 '각종 병기'로 번역할 수 있다.

6 이(以): 여기서는 접속사 이(而)와 같은 작용을 한다.

것은 버리면 된다.

其爲舟車何?
기 위 주 거 하

그가 배와 수레를 만들어 어디에
사용하였는가?

以爲車以行陵陸,
이 위 거 이 행 릉 륙

수레를 만들어서는 산릉(山陵)과 육지
위로 타고 다니고

舟以行川谷,
주 이 행 천 곡

배를 만들어서는 내와 골짜기 물 위로
타고 다님으로써

以通四方之利.
이 통 사 방 지 리

사방으로 통하는 데 편리함을 준다.

凡爲舟車之道,
범 위 주 거 지 도

배와 수레를 만드는 원칙은

加輕以利者芊組,
가 경 이 리 자 천 저

가벼움과 편리함을 더할 수 있으면
취하고

不加者去之.
불 가 자 거 지

가벼움과 편리함을 더하지 못하는
것은 버리면 된다.

凡其爲此物也,
범 기 위 차 물 야

그가 이러한 물건들을 만드는 데에

無不加用而爲者,
무 불 가 용 이 위 자

실제 이익을 증가시키지 않는 일은
절대로 하지 않는다.

是故用財不費,
시 고 용 재 불 비

이 때문에 재물 사용은 낭비가 없고

民德不勞,
민 덕 불 로

백성들은 수고로움이 없으며

其興利多矣.
기 흥 리 다 의

그가 일으키는 이익은 많아지게 된다.

有⁷去大人⁸之好聚珠玉·鳥獸·犬馬,
유 거 대 인 지 호 취 주 옥 조 수 견 마

---

7 유(有): '또한'이란 뜻의 우(又)와 통한다.

또한 왕공대인들이 모으기 좋아하는
주옥, 새, 짐승, 개, 말 등의 소비를
없애고

以益衣裳·宮室·甲盾·五兵·舟車之數,
이 익 의 상 궁 실 갑 순 오 병 주 거 지 수

옷, 집, 갑옷, 방패, 각종 병기, 배, 수레
등의 수를 늘리게 한다면

於數倍乎!
어 수 배 호

그 수가 배로 늘 것이다!

若則不難,
약 즉 불 난

이렇게 하는 것은 어렵지 않다.

故孰爲難倍?
고 숙 위 난 배

그러면 무엇이 배로 느는 데 가장
어려운가?

唯人爲難倍.
유 인 위 난 배

오로지 인구만이 배로 늘리기가 가장
어렵다.

然人有可倍也.
연 인 유 가 배 야

그러나 인구도 배로 늘릴 수가 있다.

昔者聖王爲法曰:
석 자 성 왕 위 법 왈

옛날 성군들은 법령을 만들어
말하였다.

"丈夫⁹年二十,
장 부 년 이 십

"남자는 20세가 되면

毋敢不處家¹⁰.
무 감 불 처 가

감히 장가들지 않으면 안 된다.

女子年十五,
여 자 년 십 오

여자는 15세가 되면

毋敢不事人¹¹."
무 감 불 사 인

감히 시집가지 않으면 안 된다."

此聖王之法也.
차 성 왕 지 법 야

이것은 성군의 법령이다.

---

8 대인(大人): 국군(國君)·왕공(王公)·경대부(卿大夫) 등을 가리킨다.

9 장부(丈夫): 여기서는 '남자'를 가리킨다.

10 처가(處家): 장가들어 성가(成家)하다.

11 사인(事人): 여기서는 '시집가다'라는 뜻으로 쓰였다.

聖王既沒¹²,
성 왕 기 몰

성군들이 이미 죽자

于民次¹³也,
우 민 차 야

백성들은 멋대로 하였는데,

其欲蚤¹⁴處家者,
기 욕 조 처 가 자

일찍 장가들고자 원하는 자는

有所¹⁵二十年處家;
유 소 이 십 년 처 가

어떤 때에는 20세에 장가들었으며,

其欲晚處家者,
기 욕 만 처 가 자

늦게 장가들고자 원하는 자는

有所四十年處家.
유 소 사 십 년 처 가

어떤 때에는 40세가 되어서야
장가들었다.

以其蚤與其晚相踐¹⁶,
이 기 조 여 기 만 · 상 천

그 이른 것과 늦은 것을 평균해 보면

後聖王之法十年.
후 성 왕 지 법 십 년

성군의 법령보다 10년이나 뒤지게
된다.

若純¹⁷三年而字¹⁸,
약 순 삼 년 이 자

만약 모두 3년 만에 아이를 낳는다고
하면

子生可以二三年¹⁹矣.
자 생 가 이 이 삼 년 의

10년이면 두세 명의 아이를 낳을 수
있을 것이다.

此不惟使民蚤處家而可以倍與?
차 불 유 사 민 조 처 가 이 가 이 배 여

이것은 백성들로 하여금 일찍
장가들게 하여 인구를 배로 늘릴 수
있게 한 것이 아닌가?

---

12 몰(沒): 몰(歿)과 통하는데 '죽다'라는 의미이다.
13 차(次): 자(恣)와 통하는데 '멋대로 하다'라는 뜻이다.
14 조(蚤): '이르다'란 뜻의 조(早)와 통한다.
15 유소(有所): 왕념손은 소(所)는 시(時)와 같다고 하였다.
16 천(踐): 전(翦)이 되어야 한다. '감(減)하다'라는 의미로 쓰였다.
17 순(純): 여기서는 '모두'라는 뜻으로 쓰였다.
18 자(字): 아이를 낳다.
19 연(年): 문장의 의미로 보면 인(人)자의 잘못이다.

且²⁰不然已²¹.
차　불연이

그러나 사람들은 오히려 그렇게 하지 않는다.

今天下爲政者,
금 천 하 위 정 자

지금 천하의 위정자들이

其所以寡人之道多.
기 소 이 과 인 지 도 다

인구를 감소시키는 원인은 매우 많다.

其使民勞,
기 사 민 로

그들은 백성들을 부려 수고롭게 하며

其籍斂²²厚,
기 적 렴 후

세금을 많이 거두어

民財不足,
민 재 부 족

백성들은 재물이 부족하고

凍餓死者不可勝數也.
동 아 사 자 불 가 승 수 야

얼거나 굶어 죽는 자가 헤아릴 수 없이 많다.

且大人惟毋²³興師以攻伐鄰國,
차 대 인 유 무 흥 사 이 공 벌 린 국

또한 왕공대인들은 군사를 일으켜 이웃 나라를 공벌하니,

久者終年²⁴,
구 자 종 년

오래되면 1년 꼬박 걸리며

速者數月,
속 자 수 월

빨라도 수개월이 걸려,

男女久不相見,
남 녀 구 불 상 견

남녀가 오랫동안 서로 보지 못하게 된다.

此所以寡人之道也.
차 소 이 과 인 지 도 야

이것이 인구를 감소시키는 원인이다.

與²⁵居處不安,
어 거 처 불 안

게다가 거처가 불안하고

---

20 차(且): 여기서는 '그러나'라는 의미로 쓰였다.
21 이(已): 어조사 의(矣)와 통한다.
22 적렴(籍斂): 여기서 적(籍)은 세(稅)의 뜻으로, 적렴(籍斂)은 '세수(稅收)'의 뜻이다.
23 유무(惟毋): 여기서 어사로 뜻이 없다.
24 종년(終年): 1년 꼬박.
25 여(與): 여기서는 '게다가'로 번역할 수 있다.

飲食不時,
음식불시

음식을 제때에 먹지 못하여

作疾病死者,
작질병사자

병이 나 죽는 자,

有[26]與侵就[27]俣橐[28],
유 여침취 원탁

또한 적들에게 침탈당하여 매복
공격으로 죽은 자,

攻城野戰死者,
공성야전사자

성을 공격하다 들에서 전사한 자 등

不可勝數.
불가승수

헤아릴 수 없이 많다.

此不令[29]爲政者,
차불령 위정자

이것은 지금의 위정자들이

所以寡人之道數術[30]而起與?
소 이 과 인 지 도 수 술 이 기 여

인구를 감소시키는 각종 방법에 대해
모두 작용을 한 까닭이 아니겠는가?

聖人爲政,
성인위정

성인들의 정치에는

特[31]無此,
특 무차

유독 이러한 것이 없다.

不[32]聖人爲政,
불 성인위정

이것은 성인들의 정치가

其所以衆人之道亦數術而起與?
기 소 이 중 인 지 도 역 수 술 이 기 여

인구를 늘리는 각종 방법에 대해 모두
작용을 한 까닭이 아닌가?

故子墨子曰:
고 자 묵 자 왈

그래서 묵자께서 말씀하셨다.

---

26 유(有): 우(又)와 통한다.

27 침취(侵就): 침탈(侵奪)당하다.

28 원탁(俣橐): 원(俣)에 대해 손이양은 아마도 이것은 복(伏)의 잘못인 것 같다고 하였다. 탁(橐)에 대해서는 '불을 들고 성을 공격하는 기구'라고 하였다. 원탁은 '적들에게 매복 공격을 당하다'라는 의미이다.

29 불령(不令): 비금(非今)이 되어야 한다.

30 수술(數術): '각종 방법'으로 번역할 수 있다.

31 특(特): 단지, 유독.

32 불(不): 위의 문장에 의거하면, 불(不) 앞에 차(此) 자가 있어야 한다. 여기서 불(不)은 비(非)와 통한다.

"去無用之費,
거 무 용 지 비

聖王之道,
성 왕 지 도

天下之大利也."
천 하 지 대 리 야

"쓸데없는 비용을 없애는 것이

성군의 도이며

천하의 큰 이익이다."

절용 중 제21편
(節用中第二十一)

子墨子言曰:
자 묵 자 언 왈

묵자께서 말씀하셨다.

"古者明王聖人,
고 자 명 왕 성 인

"옛날 현명한 왕이나 성인들이

所以王天下正¹諸侯者,
소 이 왕 천 하 정   제 후 자

천하의 왕 노릇을 하고 제후의
우두머리가 될 수 있었던 까닭은

彼其愛民謹忠²,
피 기 애 민 근 충

백성들을 사랑하는 데 성의껏 하고
마음을 다했으며,

利民謹厚³,
이 민 근 후

백성들을 이롭게 하는 데 성의껏 하고
관대하게 했기 때문이다.

忠信相連,
충 신 상 련

그들의 충성스러움과 신실함이 서로
합해져

又示之以利.
우 시 지 이 리

또 백성들에게 이익을 보게 하였다.

是以終身不饜⁴,
시 이 종 신 불 염

이 때문에 백성들은 평생 그들을
싫어하지 않고

---

1 정(正): 여기서는 바로 앞의 왕(王)처럼 동사로 쓰였는데, '우두머리(長)가 되다'라는 뜻이다.
2 근충(謹忠): 성의껏 하고 마음을 다하다.
3 근후(謹厚): 성의껏 하고 관대하다.

歿世而不卷[5].
몰 세 이 불 권

죽을 때까지 그들에게 싫증 내지
않는다.

古者明王聖人,
고 자 명 왕 성 인

옛날 현명한 왕이나 성인들이

其所以王天下正諸侯者,
기 소 이 왕 천 하 정 제 후 자

천하의 왕 노릇을 하고 제후의
우두머리가 될 수 있었던 까닭은

此也."
차 야

바로 여기에 있다."

是故古者聖王,
시 고 고 자 성 왕

그러므로 옛날 성군들은

制爲節用[6]之法曰:
제 위 절 용 지 법 왈

기물(器物)을 만드는 법령을 제정하여
말하였다.

"凡天下群百工,
범 천 하 군 백 공

"천하의 각종 장인(匠人)들,

輪車·鞼鞄[7]·陶·冶·梓匠[8],
윤 거 궤 포 도 야 재 장

즉, 바퀴와 수레를 만드는 장인,
피혁(皮革)을 만드는 장인, 질그릇을
만드는 장인, 쇠로 그릇이나 기구를
만드는 장인, 목공(木工)들로 하여금

使各從事其所能."
사 각 종 사 기 소 능

각자 그들의 능력에 따라 종사하도록
한다."

曰: "凡足以奉給民用,
왈   범 족 이 봉 급 민 용

또 "백성들에게 공급하여 충분히
사용할 수 있으면

---

4   염(壓): '만족하다'라는 뜻이다. 그러나 여기서의 염(壓)은 염(厭)과 통하는데, '싫어하다'라는
    의미이다.

5   권(卷): 권(倦)과 통하는데 '싫증 내다'라는 뜻이다.

6   절용(節用): 왕환표는 절용(節用)은 기용(器用)의 잘못이라고 하였다. 기용은 '일상생활에 사
    용하는 기구'라는 의미이다.

7   궤포(鞼鞄): 피혁을 제작하는 장인.

8   재장(梓匠): 목공.

則止."
_{즉 지}

된다"라고 하였다.

諸加費不加于民利者,
_{제 가 비 불 가 우 민 리 자}

비용만 증가시키고 백성들에게 이익을
증가시키지 않는 것들은

聖王弗爲.
_{성 왕 불 위}

성군들이 모두 만들지 않았다.

古者聖王制爲飮食之法曰:
_{고 자 성 왕 제 위 음 식 지 법 왈}

옛날 성군들은 음식을 만드는 법령을
제정하여 말하였다.

"足以充虛繼氣,
_{족 이 충 허 계 기}

"배고픔을 채우고 기를 더하며

强股肱⁹,
_{강 고 굉}

팔다리를 강하게 하고

耳目聰明,
_{이 목 총 명}

귀와 눈을 밝게 할 수 있으면

則止.
_{즉 지}

그만이다.

不極¹⁰五味之調,
_{불 극 오 미 지 조}

다섯 가지 맛의 조화와

芬香之和,
_{분 향 지 화}

향기로움의 조화를 극력 추구하지
않고

不致遠國珍怪異物."
_{불 치 원 국 진 괴 이 물}

먼 나라의 진기(珍奇)하고 특이한
음식물을 구하지 않는다."

何以知其然?
_{하 이 지 기 연}

어떻게 그러함을 아는가?

古者堯治天下,
_{고 자 요 치 천 하}

옛날 요임금이 천하를 다스릴 적에

南撫交阯¹¹,
_{남 무 교 지}

남쪽으로는 교지(交阯)를

---

9   고굉(股肱): 다리와 팔, 즉 인체의 사지(四肢)를 가리킨다.

10 극(極): 여기서는 '극력(極力) 추구하다'로 번역할 수 있다.

11 교지(交阯): 교지(交趾)를 가리킨다. 옛 지명으로, 일반적으로는 오령(五嶺) 이남 지역을 가
    리키며, 전문적으로는 지금의 월남(越南)을 가리킨다.

위무(慰撫)하였고,

北降¹²幽都¹³,
북 강 유 도

북쪽으로는 유주(幽州)에 닿았으며,

東西至日所出入,
동 서 지 일 소 출 입

동서쪽으로는 해가 뜨고 지는 곳까지
이르렀으니,

莫不賓服.
막 불 빈 복

모두 복종하지 않음이 없었다.

逮至其厚愛¹⁴,
체 지 기 후 애

그 자신이 누리는 것에 이르러서는

黍稷不二¹⁵,
서 직 불 이

메기장과 차기장을 동시에 먹을 수
없고,

羹胾¹⁶不重,
갱 자 부 중

고깃국과 큰 덩어리의 고기를 동시에
먹을 수 없으며,

飯於土塯¹⁷,
반 어 토 류

토기 밥그릇에 밥을 담아 먹고,

啜於土形¹⁸,
철 어 토 형

토기 국그릇에 국을 담아 마셨으며,

斗¹⁹以酌.
두 이 작

나무 국자로 술을 퍼 마셨다.

俛²⁰仰周旋²¹威儀之禮,
부 앙 주 선 위 의 지 례

머리를 숙이고 들거나 나아가고

---

12 강(降): 왕념손은 강(降) 자는 뜻이 통하지 않는데, 제(際)가 되어야 한다고 했다. 제(際)는 '이
    르다', '닿다'라는 의미이다.

13 유도(幽都): 유주(幽州)를 가리키는데, 옛 중국의 12주(州) 중의 하나로, 지금의 하북(河北)·
    요령(遼寧) 일대를 말한다.

14 후애(厚愛): 장순일은 "그 몸이 받는 것을 말한다"라고 하였는데, 그는 후애(厚愛)를 신수(身
    受)의 잘못으로 여겼던 것 같다.

15 불이(不二): 동시에 두 가지를 먹지 못하다. 아래의 부중(不重)도 같은 뜻으로 쓰였다.

16 갱자(羹胾): 갱(羹)은 '고깃국', 자(胾)는 '큰 덩어리의 고기'를 의미한다.

17 유(塯): 똑배기.

18 토형(土形): 손이양은 형(形)은 형(鉶)의 가차자라고 하였다. 원래 형(鉶)은 '국을 담는 제기
    (祭器)'를 일컫는다.

19 두(斗): 손이양은 두(枓)의 가차자라고 하였다. 두(枓)는 원래 '술 따위를 푸는 국자 비슷한 제
    구(祭具)'를 말한다. 여기서는 '나무 국자'로 번역할 수 있다.

| | 물러나는 동작 등 위엄을 드러내는 예절은 |
| 聖王弗爲.
성 왕 불 위 | 성군들은 취하지 않았다. |

古者聖王制爲衣服之法曰:
고 자 성 왕 제 위 의 복 지 법 왈

옛날 성군들은 의복을 만드는 법령을 제정하여 말하였다.

"冬服紺緅[22]之衣,
동 복 감 추 지 의

"겨울에는 짙은 색깔의 옷을 입어

輕且暖,
경 차 난

가볍고 따뜻하게 하며,

夏服絺綌之衣,
하 복 치 격 지 의

여름에는 가늘거나 굵은 칡 베옷을 입어

輕且凊,
경 차 청

가볍고 시원하게 하면

則止."
즉 지

된다."

諸加費不加於民利者,
제 가 비 불 가 어 민 리 자

비용만 증가시키고 백성들에게 이익을 증가시키지 않는 것들은

聖王弗爲.
성 왕 불 위

성군들은 모두 만들지 않았다.

古者聖人爲猛禽狡獸暴人害民,
고 자 성 인 위 맹 금 교 수 포 인 해 민

옛날 성인들은 사납고 억센 금수(禽獸)들이 백성들을 해쳤기 때문에

---

20 부(俛): 부(俯)와 같은데 '머리를 숙이다'라는 뜻이다.
21 주선(周旋): 고대에 예(禮)를 행할 때 물러나고 나아가거나 읍하고 사양하는 동작.
22 감추(紺緅): 감(紺)은 짙은 청색에 붉은색을 띤 색깔이며, 추(緅)는 검은색에 붉은색을 띤 색깔이다. 두 가지 모두 짙은 색깔을 의미한다.

於是敎民以兵行,
어 시 교 민 이 병 행

백성들로 하여금 병기를 지니고 걷도록
하였는데,

日帶劍,
일 대 검

매일 칼을 지니고서

爲刺則入,
위 자 즉 입

그것으로 찌르면 깊게 들어가고

擊[23]則斷,
격 즉 단

자르면 절단되며

旁擊而不折,
방 격 이 부 절

다른 걸로 쳐도 부러지지 않는데,

此劍之利也.
차 검 지 리 야

이것이 칼의 이점이다.

甲爲衣則輕且利,
갑 위 의 즉 경 차 리

갑옷을 입으면 가볍고 편리하여

動則兵[24]且從,
동 즉 병 차 종

행동하게 되면 뜻대로 움직일 수
있는데,

此甲之利也.
차 갑 지 리 야

이것이 갑옷의 이점이다.

車爲服重[25]致遠,
거 위 복 중 치 원

수레는 무거운 것을 싣고 멀리까지
가는 것인데,

乘之則安,
승 지 즉 안

그것을 타면 편안하고

引之則利;
인 지 즉 리

그것을 끌면 편리하다.

安以不傷人,
안 이 불 상 인

편안함이란 사람을 다치지 않게 하는
것이고

利以速至,
이 이 속 지

편리함이란 멀리까지 이르게 하는
것인데,

---

23 격(擊): 여기서는 '자르다'라는 뜻으로 쓰였다.
24 병(兵): 손이양은 "병(兵) 자는 뜻이 없는데, 아마도 변(弁)이 되어야 할 것 같다…… 변(弁)은
변(釆)의 가차자이다"라고 하였다.
25 복중(服重): '무거운 것을 싣다'로 번역할 수 있다.

此車之利也.
차 거 지 리 야

이것이 수레의 이점이다.

古者聖王爲大川廣谷之不可濟,
고 자 성 왕 위 대 천 광 곡 지 불 가 제

옛날 성군들은 큰 하천과 넓은 계곡을 건널 수 없었기 때문에

於是利²⁶爲舟楫,
어 시 리 위 주 즙

배와 노를 제작하였는데,

足以將之則止.
족 이 장 지 즉 지

목적지에 다다를 수 있으면 되었다.

雖上者三公諸侯至,
수 상 자 삼 공 제 후 지

설사 윗자리에 있는 삼공이나 제후들이 와도

舟楫不易,
주 즙 불 역

배와 노를 바꾸지 않고

津人不飾,
진 인 불 식

뱃사공은 치장을 하지 않았는데,

此舟之利也.
차 주 지 리 야

이것이 배의 이점이다.

古者聖王制爲節葬之法曰:
고 자 성 왕 제 위 절 장 지 법 왈

옛날 성군들은 장례(葬禮)를 절제하는 법령을 제정하여 말하였다.

"衣三領²⁷,
의 삼 령

"수의(壽衣)는 세 벌을 입혀

足以朽肉;
족 이 후 육

시체의 살이 충분히 썩을 수 있도록 하고,

棺三寸,
관 삼 촌

관은 세 치 두께로 만들어

足以朽骸,
족 이 후 해

뼈가 충분히 썩을 수 있도록 하며,

堀穴²⁸深不通於泉,
굴 혈 심 불 통 어 천

묘혈(墓穴)의 깊이는 지하의 샘에 닿지

---

26 이(利): 왕념손은 이(利) 자는 뜻이 통하지 않는데, 제(制)가 되어야 한다고 하였다.

27 영(領): 여기서는 옷을 세는 단위인 '벌'이라는 뜻이다.

않도록 하고,

流²⁹不發洩則止.
유 불발설즉지

시체의 냄새가 밖으로 새어 나오지
않으면 된다.

死者旣葬,
사 자 기 장

죽은 자를 이미 장사 지낸 뒤에는

生者毋久喪用哀."
생 자 무 구 상 용 애

산 자는 너무 오래도록 상(喪)을
지키고 슬퍼하지 말라."

古者人之始生,
고 자 인 지 시 생

옛날에 인류가 처음 생겨나서

未有宮室之時,
미 유 궁 실 지 시

집이 없었을 때에는

因陵丘堀³⁰穴而處焉.
인 릉 구 굴 혈 이 처 언

언덕에다 굴을 파고 거주하였다.

聖王慮之,
성 왕 려 지

성군들은 그것을 염려하여

以爲堀穴,
이 위 굴 혈

굴을 파고 거주하는 것에 대하여

曰:
왈

말하였다.

"冬可以辟³¹風寒,
동 가 이 피 풍 한

"겨울에는 바람이나 추위를 피할 수
있지만,

逮夏,
체 하

여름이 되면

下潤濕,
하 윤 습

아래에서는 습기가 차고

上熏烝³²,
상 훈 증

위에서는 열기가 사람을 쪄

---

28 굴혈(堀穴): 여기서 굴(堀)은 굴(窟)과 통한다. 굴혈(堀穴)은 곧 '묘혈(墓穴)'을 가리킨다.
29 유(流): 필원은 아마도 기(氣)가 되어야 할 것 같다고 하였다. 여기서 기(氣)는 '시체가 부패하여 나는 냄새'를 말한다.
30 굴(堀): 여기서는 굴(堀)과 통한다.
31 피(辟): 피(避)와 통한다.

傷民之氣."
상 민 지 기

백성들의 혈기가 손상될까 봐 두렵다."

于是作爲宮室而利.
우 시 작 위 궁 실 이 리

이에 집을 만들어 사람들이
거주하기에 편리하도록 하였다.

然則爲宮室之法將奈何哉?
연 즉 위 궁 실 지 법 장 내 하 재

그렇다면 집을 짓는 원칙은
어떠하였는가?

子墨子言曰:
자 묵 자 언 왈

묵자께서 말씀하셨다.

"其旁可以圉風寒,
기 방 가 이 어 풍 한

"사방은 바람과 추위를 막을 수 있고

上可以圉雪霜雨露,
상 가 이 어 설 상 우 로

위로는 눈, 서리, 비, 이슬을 막을 수
있으며,

其中蠲[33]潔,
기 중 견 결

그 가운데는 청결하게 하여

可以祭祀,
가 이 제 사

제사를 지낼 수 있으며,

宮牆足以爲男女之別則止.
궁 장 족 이 위 남 녀 지 별 즉 지

집의 담장은 남녀를 구분 지을 수
있으면 되었다.

諸加費不加民利者,
제 가 비 불 가 민 리 자

비용만 증가시키고 백성들에게 이익을
증가시키지 않는 것들은

聖王弗爲."
성 왕 불 위

성군들은 모두 만들지 않았다."

---

32 훈증(熏烝): 즉, 훈증(熏蒸)으로, '열기가 사람을 찌는 것' 또는 '물기가 위로 증발하는 것'을 말
    한다. 형용사로서 '찌는 듯이 덥다'라는 의미도 지니고 있다.
33 견(蠲): 연(涓)과 통하는데 '청결하다'라는 뜻이다.

절용 하 제22편 결편

(節用下第二十二闕)

절장 상 제23편 결편

(節葬上第二十三闕)

절장 중 제24편 결편
(節葬中第二十四闕)

절장 하 제25편
(節葬下第二十五)

子墨子言曰:
자 묵 자 언 왈

묵자께서 말씀하셨다.

"仁者之爲天下度¹也,
인 자 지 위 천 하 탁 야

"어진 사람이 천하를 위해 고려하는 것을

辟²之無以異乎孝子之爲親度也."
벽 지 무 이 이 호 효 자 지 위 친 탁 야

비유로 들면 효자가 부모를 위해 고려하는 것과 다를 바가 없다."

今孝子之爲親度也,
금 효 자 지 위 친 탁 야

지금 효자들이 부모를 위해 고려하는 것은

將奈何哉?
장 내 하 재

어떠한가?

曰:
왈

대답은

"親貧則從事乎富之,
친 빈 즉 종 사 호 부 지

"부모님이 가난하면 그들을 부유하게 해 드릴 방법을 강구할 것이고

人民³寡則從事乎衆之,
인 민 과 즉 종 사 호 중 지

사람이 적으면 사람을 많게 할 방법을

---

1 탁(度): 고려하다, 헤아리다.

2 벽(辟): 비(譬)와 같은데 '비유하다'라는 뜻이다.

3 인민(人民): 여기서는 '인구'라는 의미로 쓰였다.

강구할 것이며

衆亂則從事乎治之."
중 란 즉 종 사 호 치 지

많은 사람들이 어지러워지면 그들을
다스릴 방법을 강구할 것이다"이다.

當其於此也,
당 기 어 차 야

그들은 이러한 일을 함에 있어서

亦有力不足·財不贍·智不智[4],
역 유 력 부 족 재 불 섬 지 부 지

또한 힘이 부족하고 재산이 넉넉지
않고 지혜로움이 부족한 뒤에야

然後已矣.
연 후 이 의

그만둔다.

無敢舍餘力[5],
무 감 사 여 력

감히 전력을 다하지 않으며

隱謀遺利,
은 모 유 리

지모(智謀)를 숨기고 재물을 남기고서

而不爲親爲之者矣.
이 불 위 친 위 지 자 의

그들의 부모를 위해 일을 처리하지는
않는다.

若三務者[6],
약 삼 무 자

이 세 가지 일은

孝子之爲親度也,
효 자 지 위 친 탁 야

효자들이 부모를 위해 고려하는
것으로,

旣[7]若此矣.
기 약 차 의

모두 이와 같이 하였다.

雖仁者之爲天下度,
수 인 자 지 위 천 하 탁

어진 사람들이 천하를 위해 고려하는
것도

亦猶此也.
역 유 차 야

역시 이와 같다.

---

4 지(智): 지(知)와 통한다.
5 사여력(舍餘力): 사(舍)는 사(捨)와 통한다. 사여력(舍餘力)은 '전력을 다하다'로 번역할 수
   있다.
6 약삼무자(若三務者): '이 세 가지 일', 즉 부(富)·중(衆)·치(治)를 가리킨다.
7 기(旣): 여기서는 '모두'라는 뜻으로 쓰였다.

曰:
왈

대답은

"天下貧則從事乎富之,
천 하 빈 즉 종 사 호 부 지

"천하가 가난하면 천하를 부유하게 하는 데 종사할 것이고

人民寡則從事乎衆之,
인 민 과 즉 종 사 호 중 지

사람이 적으면 사람을 많게 하는 데 종사할 것이며

衆而亂則從事乎治之."
중 이 란 즉 종 사 호 치 지

많은 사람들이 어지러워지면 그들을 다스리는 데 종사할 것이다"이다.

當其於此,
당 기 어 차

그들은 이러한 일을 함에 있어서

亦有力不足·財不贍·智不智,
역 유 력 부 족 재 불 섬 지 부 지

또한 힘이 부족하고 재산이 넉넉지 않고 지혜로움이 부족한 뒤에야

然後已矣.
연 후 이 의

그만둔다.

無敢舍餘力,
무 감 사 여 력

감히 전력을 다하지 않으며

隱謀遺利,
은 모 유 리

지모를 숨기고 재물을 남기고서

而不爲天下爲之者矣.
이 불 위 천 하 위 지 자 의

그들의 천하를 위해 일을 처리하지는 않는다.

若三務者,
약 삼 무 자

이 세 가지 일,

此仁者之爲天下度也,
차 인 자 지 위 천 하 탁 야

이것은 어진 사람들이 천하를 위해 고려하는 것으로,

旣若此矣.
기 약 차 의

모두 이와 같이 하였다.

今逮至昔者三代聖王旣沒,
금 체 지 석 자 삼 대 성 왕 기 몰

지금 회고해 보면 옛날 삼대의 성군들이 죽은 뒤,

天下失義.
천 하 실 의

천하는 도의를 잃어버렸다.

後世之君子,
후 세 지 군 자

후세의 군자들 중,

或以厚葬久喪以爲仁也,
혹 이 후 장 구 상 이 위 인 야

어떤 사람은 많은 돈을 들여 장사
지내고 오랫동안 상(喪)을 입는 것을
어질고

義也,
의 야

의로운 것이며

孝子之事也;
효 자 지 사 야

효자가 해야 할 일이라고 여기고 있다.

或以厚葬久喪以爲非仁義,
혹 이 후 장 구 상 이 위 비 인 의

어떤 사람은 많은 돈을 들여 장사
지내고 오랫동안 상을 입는 것을
어질거나 의로운 것이 아니며

非孝子之事也.
비 효 자 지 사 야

효자가 해야 할 일이 아니라고 여기고
있다.

曰[8]二子者,
왈 이 자 자

이 두 종류의 사람은

言則相非,
언 즉 상 비

말로는 서로 비난하며

行卽[9]相反,
행 즉 상 반

행동은 서로 반대이지만,

皆曰:
개 왈

모두

"吾上[10]祖述[11]堯舜禹湯文武之道者也."
오 상 조 술 요 순 우 탕 문 무 지 도 자 야

"나는 요, 순, 우, 탕, 문왕, 무왕의 도를
숭상하고 본받았다"라고 말한다.

而言卽相非,
이 언 즉 상 비

그러나 말로는 서로 비난하며

---

8 왈(曰): 여기서는 어조사로 뜻이 없다.

9 즉(卽): 즉(則)과 통한다.

10 상(上): 상(尙)과 통한다.

11 조술(祖述): 스승의 도를 본받아서 서술하여 밝히다.

行卽相反,
행 즉 상 반
행동은 서로 반대되므로

於此乎後世之君子,
어 차 호 후 세 지 군 자
이에 후세의 군자들은

皆疑惑乎二子者言也.
개 의 혹 호 이 자 자 언 야
모두 두 부류 사람의 말에 의혹을 품게
되었다.

若苟[12]疑惑乎之二子者言,
약 구   의 혹 호 지 이 자 자 언
만약 두 사람의 말에 의혹을 지니고
있다면,

然則姑嘗傳[13]而爲政乎國家萬民而觀之.
연 즉 고 상 전   이 위 정 호 국 가 만 민 이 관 지
잠시 시험 삼아 국가와 만백성에 대한
정치에다 초점을 돌려 관찰해 보기로
하자.

計厚葬久喪,
계 후 장 구 상
많은 돈을 들여 장사 지내고 오랫동안
상을 입는 것을 따져 보면,

奚當此三利者?
해 당 차 삼 리 자
어느 점이 앞의 세 가지 이익에
부합되는가?

我意若使法其言,
아 의 약 사 법 기 언
생각건대 만약 그들의 말을 본받고

用其謀,
용 기 모
그들의 주장을 받아들여

厚葬久喪,
후 장 구 상
많은 돈을 들여 장사 지내고 오랫동안
상을 입게 하고

實可以富貧衆寡,
실 가 이 부 빈 중 과
확실히 가난한 자를 부유하게 하고
적은 인구를 많게 하며

定危治亂乎,
정 위 치 란 호
위태로운 것을 안정시키고 어지러운
것을 다스리게 한다면,

---

12 약구(若苟): 만약.
13 전(傳): 전(轉)과 통하는데 '돌리다'라는 의미이다.

此仁也,
차 인 야

이것은 어질고

義也,
의 야

의로운 것이며

孝子之事也,
효 자 지 사 야

효자가 해야 할 일이다.

爲人謀者不可不勸也.
위 인 모 자 불 가 불 권 야

다른 사람을 위해 일을 도모하는
자라면 그것을 권하지 않을 수 없다.

仁者將興之天下,
인 자 장 흥 지 천 하

어진 사람이면 장차 그것을 천하에
실행하고

誰賈[14]而使民譽之,
수 가   이 사 민 예 지

상응하는 제도를 마련하여 백성들로
하여금 그것을 칭찬토록 하며

終勿廢也.
종 물 폐 야

끝내 폐지하지 않게 할 것이다.

意亦[15]使法其言,
억 역   사 법 기 언

만약 그들의 말을 본받고

用其謀,
용 기 모

그들의 주장을 받아들여

厚葬久喪,
후 장 구 상

많은 돈을 들여 장사 지내고 오랫동안
상을 입게 하고

實不可以富貧衆寡,
실 불 가 이 부 빈 중 과

확실히 가난한 자를 부유하게 하고
적은 인구를 많게 하며

定危理亂乎,
정 위 리 란 호

위태로운 것을 안정시키고 어지러운
것을 다스리게 할 수 없다면,

此非仁非義,
차 비 인 비 의

이것은 어질고 의로운 것이 아니며

非孝子之事也,
비 효 자 지 사 야

효자가 해야 할 일이 아니다.

---

14 수가(誰賈): 손이양은 수가(誰賈)는 뜻이 통하지 않는데, 설치(設置)의 잘못이라고 하였다.
15 억역(意亦): 의미는 억약(意若)과 같은데 '만약'이라는 의미로 쓰였다.

爲人謀者不可不沮也.
위 인 모 자 불 가 부 저 야

다른 사람을 위해 일을 도모하는
자라면 그것을 저지하지 않을 수 없다.

仁者將求除之天下,
인 자 장 구 제 지 천 하

어진 사람이라면 그것을 취소하도록
천하에 요구할 것이고

相廢而使人非之,
상 폐 이 사 인 비 지

그것을 폐지하고 사람들로 하여금
비난토록 하며

終身勿爲.
종 신 물 위

종신토록 그것을 하지 않을 것이다.

且故[16]興天下之利,
차 고 흥 천 하 지 리

그러므로 천하의 이익을 일으키고

除天下之害,
제 천 하 지 해

천하의 해를 제거하고도

令國家百姓之不治也,
영 국 가 백 성 지 불 치 야

국가와 백성들이 다스려지지 않은
적은

自古及今,
자 고 급 금

옛날부터 지금까지

未嘗之有也.
미 상 지 유 야

없었다.

何以知其然也?
하 이 지 기 연 야

어떻게 그러했음을 아는가?

今天下之士君子[17],
금 천 하 지 사 군 자

지금 천하의 군자들은

將猶多皆疑惑厚葬久喪之爲中是非利害也,
장 유 다 개 의 혹 후 장 구 상 지 위 중 시 비 리 해 야

오히려 대부분의 사람들이 많은 돈을
들여 장사 지내고 오랫동안 상을 입는
것이 시비와 이해 중의 어느 것에
부합하는지에 대해 의혹을 지니고

---

16 차고(且故): 시고(是故)가 되어야 한다.
17 사군자(士君子): 여기서는 '도덕과 학문을 지닌 군자'를 가리킨다.

있다.

故子墨子言曰:
고 자 묵 자 언 왈

그래서 묵자께서 말씀하셨다.

"然則姑嘗稽[18]之,
연 즉 고 상 계 지

"그렇다면 잠시 시험 삼아 그것에 대해 고찰해 보자.

今雖毋[19]法執厚葬久喪者言,
금 수 무 법 집 후 장 구 상 자 언

지금 많은 돈을 들여 장사 지내고 오랫동안 상을 입는 것을 견지하는 사람들의 말을 따라

以爲事乎國家."
이 위 사 호 국 가

국가에서 그것을 시행해 보고 아울러 그 결과를 보자."

此存乎王公大人有喪者,
차 존 호 왕 공 대 인 유 상 자

왕공대인들 중에 상을 당한 자가 있다면

曰棺椁[20]必重,
왈 관 곽 필 중

그들은 관과 외관(外棺)을 반드시 여러 겹으로 해야 하고,

葬埋必厚,
장 매 필 후

매장은 반드시 깊게 해야 하며,

衣衾必多,
의 금 필 다

옷과 이불은 반드시 많아야 하고,

文繡[21]必繁,
문 수 필 번

관과 외관의 장식은 반드시 화려해야 하며,

丘隴[22]必巨.
구 롱 필 거

봉분은 반드시 커야 한다고 말할 것이다.

存乎匹夫賤人死者,
존 호 필 부 천 인 사 자

보통 사람들이나 천한 사람들 중에

---

18 계(稽): 고찰하다.
19 수무(雖毋): 유무(唯母)와 같다. 어기사로 뜻이 없다.
20 곽(椁): 덧널, 외관(外棺).
21 문수(文繡): 무늬와 수. 여기서는 '관과 외관의 장식'을 말한다. 문(文)은 문(紋)과 통한다.
22 구롱(丘隴): '봉분'을 가리킨다.

죽은 자가 있다면

殆竭家室.
태 갈 가 실

그 집안의 재산을 거의 다 탕진하게 될
것이다.

乎²³諸侯死者,
호 제후사자

제후들 중에 죽은 자가 있다면

虛車府²⁴,
허 거 부

창고를 텅 비우게 될 것이며,

然後金玉珠璣²⁵比²⁶乎身,
연 후 금 옥 주 기 비 호 신

그런 뒤에는 금과 옥 그리고 여러 가지
구슬로 죽은 이의 몸을 두르고,

綸組²⁷節約²⁸,
윤 조 절 약

면(綿)으로 된 끈으로 죽은 이를
묶으며,

車馬藏乎壙²⁹.
거 마 장 호 광

수레와 말을 묘혈 속에 묻는다.

又必多爲屋幕³⁰,
우 필 다 위 옥 막

또한 반드시 장막(帳幕)을 많이
만들며,

鼎鼓几梴³¹壺濫³²,
정 고 궤 연 호 람

솥, 북, 안석(安席), 죽석(竹席),
호람(壺濫)과

戈劍羽旄³³齒³⁴革³⁵,
과 검 우 모 치 혁

창, 칼, 깃발, 상아(象牙), 가죽으로 만든

---

23 호(乎): 호(乎) 앞에 존(存) 자가 있어야 한다.
24 거부(車府): 여기서 거(車)는 고(庫) 자의 잘못이다. 고부(庫府)는 '고방(庫房)', '창고'를 일컫는다.
25 기(璣): 둥글지 않은 구슬[珠].
26 비(比): 여기서는 '두르다'라는 뜻으로 쓰였다.
27 윤조(綸組): 윤(綸)은 '사면(絲綿)'을 가리키며, 조(組)는 '끈'을 일컫는다.
28 절약(節約): 여기서는 '묶다'라는 의미로 쓰였다.
29 광(壙): '묘혈'을 가리킨다.
30 옥막(屋幕): 여기서 옥(屋)은 악(幄)을 말한다. 악막(幄幕)은 곧 '장막(帳幕)'을 일컫는다.
31 연(梴): 연(筵)과 같은데 '죽석(竹席)'을 가리킨다.
32 호람(壺濫): 고대 물이나 술 따위를 담는 그릇이나 욕조.
33 우모(羽旄): 고대 꿩 깃털이나 야크의 꼬리털로 장식한 깃발.
34 치(齒): 여기서는 '상아'를 일컫는다.

	갑옷이나 방패 같은 것들을
寑³⁶而埋之, _{침 이 매 지}	묘혈 속에 넣어 묻고서야
滿意, _{만 의}	만족할 것이다.
若送從³⁷. _{약 송 종}	상 치르는 것이 이사 가는 것과 같다.
曰天子殺殉, _{왈 천 자 살 순}	더욱이 천자는 살인하여 순장을 하는데,
衆者數百, _{중 자 수 백}	많으면 수백 명이나 되며
寡者數十. _{과 자 수 십}	적어도 수십 명은 된다.
將軍大夫殺殉, _{장 군 대 부 살 순}	장군이나 대부들도 살인하여 순장을 하는데,
衆者數十, _{중 자 수 십}	많으면 수십 명이나 되며
寡者數人. _{과 자 수 인}	적어도 수 명은 된다.
處喪之法將奈何哉? _{처 상 지 법 장 내 하 재}	상(喪)을 입는 방법은 어떠한가?
曰:哭泣不秩³⁸聲翁³⁹, _{왈 곡 읍 부 질 성 옹}	곡은 멈추지 않고 흐느껴 울며,
縗絰⁴⁰垂涕, _{최 질 수 체}	거친 삼베로 만든 상복을 걸치고 거친

---

35 혁(革): 여기서는 '가죽으로 만든 갑옷이나 방패를 뜻한다.

36 침(寑): 여기서는 '두다', '안치(安置)하다'라는 의미로 쓰였다.

37 약송종(若送從): 손이양은 이것은 「공맹」편에 의거하여 송사약사(送死若徙)가 되어야 한다
고 하였다.

38 질(秩): 질(迭)과 통하는데 '그치다'라는 의미이다.

39 옹(翁): 애(嗌)의 잘못이다. 애(嗌)는 '소리 내어 흐느끼다'라는 뜻이다.

40 최질(縗絰): 최(縗)는 '가슴 앞에 걸치는 거친 삼베로 만든 상복'이며, 질(絰)은 '머리와 허리에
묶는 삼베로 만든 띠이다.

삼베로 만든 띠를 두르고 눈물을
흘리고,

處倚廬[41],
처 의 려

초막에 거처하며,

寢苫[42]枕凷[43],
침 점 침 괴

거적자리를 깔고 흙덩이를 베고 자고,

又相率[44]强不食而爲飢,
우 상 솔 강 불 식 이 위 기

또한 서로 경쟁하며 억지로 먹지 않고
굶주리며,

薄衣而爲寒,
박 의 이 위 한

얇은 옷을 입고 추위에 떨고,

使面目陷隓[45],
사 면 목 함 추

눈은 푹 꺼지고 얼굴 피부는 주름으로
쪼그라들며,

顔色黧黑,
안 색 려 흑

얼굴색은 검게 되고,

耳目不聰明,
이 목 불 총 명

귀와 눈은 분명하게 들리지도
보이지도 않으며,

手足不勁强,
수 족 불 경 강

손과 발은 힘이 없어

不可用也.
불 가 용 야

쓸 수가 없게 된다고 한다.

又曰上士之操喪也,
우 왈 상 사 지 조 상 야

또 도덕적으로 훌륭한 사람이 상을
입을 때는

必扶而能起,
필 부 이 능 기

반드시 부축해 주어야만 일어날 수
있으며

---

41 의려(倚廬): 상중에 상주가 거처하기 위해 무덤 가까이에 지어 놓은 초막(草幕).

42 점(苫): 초석(草席), 거적자리.

43 괴(凷): 괴(塊)와 같은데 '흙덩이'라는 의미이다.

44 상솔(相率): 경쟁하다, 앞다투다.

45 함추(陷隓): 여기서 추(隓)는 추(隓)가 되어야 한다. 함추(陷隓)는 함추(陷皺)와 통하는데, '눈은 푹 꺼지고 얼굴 피부는 주름으로 쪼그라들다'라는 뜻이다.

杖而能行,
<small>장 이 능 행</small>

지팡이를 짚어야만 걸어 다닐 수 있는데,

以此共⁴⁶三年.
<small>이 차 공 삼 년</small>

이렇게 총 3년을 보내야 한다는 것이다.

若法若言,⁴⁷
<small>약 법 약 언</small>

만약 그러한 말을 따르고

行若道,
<small>행 약 도</small>

그러한 주장을 실행하며

使王公大人行此,
<small>사 왕 공 대 인 행 차</small>

왕공대인들로 하여금 실행하도록 한다면,

則必不能蚤⁴⁸朝;
<small>즉 필 불 능 조 조</small>

반드시 일찍 조회(朝會)에 나가지 못하게 될 것이다.

五官六府,⁴⁹
<small>오 관 육 부</small>

사대부에게 그것을 실행하도록 한다면, 반드시 오관과 육부를 다스리고

辟草木,⁵⁰
<small>벽 초 목</small>

황야를 개간하여

實倉廩;
<small>실 창 름</small>

창고를 채우지 못하게 될 것이다.

使農夫行此,
<small>사 농 부 행 차</small>

농부에게 그것을 실행하도록 한다면,

---

46 공(共): 총, 모두.

47 약법약언(若法若言): 앞의 약(若)은 '만약'의 뜻이며, 뒤의 약(若)은 대명사로서 '그'라는 의미로 쓰였다.

48 조(蚤): 조(早)와 통한다.

49 오관육부(五官六府): 손이양은 이 구절 앞에 사사대부행차, 즉필불능치(使士大夫行此, 則必不能治)가 탈락되었다고 하였다. 『예기(禮記)』「곡례(曲禮)」에 의거하면, 천자의 오관은 관직명으로, 사도(司徒)·사마(司馬)·사공(司空)·사사(司士)·사구(司寇)를 말하며, 천자의 육부는 중앙 행정 기구로 사토(司土)·사수(司水)·사목(司木)·사초(司草)·사기(司器)·사화(司貨)를 일컫는다.

50 벽초목(辟草木): 여기서 벽(辟)은 벽(闢)과 통한다. 벽초목은 '황야를 개간하다', '산야를 개간하다'라는 뜻이다.

則必不能蚤出夜入,
즉 필 불 능 조 출 야 입

반드시 일찍 나가 늦게 들어오면서

耕稼樹藝;
경 가 수 예

농사를 짓지 못하게 될 것이다.

使百工行此,
사 백 공 행 차

여러 장인(匠人)들로 하여금 그것을
실행하도록 한다면,

則必不能修舟車爲器皿矣;
즉 필 불 능 수 주 거 위 기 명 의

반드시 배와 수레를 수리하거나
그릇들을 만들지 못하게 될 것이다.

使婦人行此,
사 부 인 행 차

부인들로 하여금 그것을 실행하도록
한다면,

則必不能夙興夜寐,
즉 필 불 능 숙 흥 야 매

반드시 아침에 일어나 밤에 자면서

紡績織紝[51].
방 적 직 임

실을 뽑거나 베를 짜지 못하게 될
것이다.

細計厚葬,
세 계 후 장

많은 돈을 들여 장사 지내는 것의
결과를 자세히 계산해 보면,

爲多埋賦之財者也.
위 다 매 부 지 재 자 야

징수한 재물들을 많이 묻어 버리는
것이 된다.

計久喪,
계 구 상

오랫동안 상을 입는 것의 결과를
계산해 보면,

爲久禁從事者也.
위 구 금 종 사 자 야

일하는 것을 오랫동안 금지시키는 것이
된다.

財以[52]成者,
재 이 성 자

이미 이룩해 놓은 재산을

扶[53]而埋之;
부 이 매 지

갖고 가 묻어 버리며,

---

51 임(紝): 임(紝)과 같은데 '베를 짜다'라는 뜻이다.
52 이(以): '이미'란 뜻의 이(已)와 통한다.
53 부(扶): 협(挾)이 되어야 한다.

後得生者,
후 득 생 자

뒤에 얻을 수 있는 재산은

而久禁之.
이 구 금 지

오래도록 생산이 금지된다.

以此求富,
이 차 구 부

이러한 방법으로 부를 구하는 것은

此譬猶禁耕而求穫也,
차 비 유 금 경 이 구 확 야

비유컨대, 마치 경작을 금지시키고
수확을 구하는 것과 같으니,

富之說無可得焉.
부 지 설 무 가 득 언

그 부(부유하게 하는 것)에 대한 견해는
실현될 수 없는 것이다.

是故求以富家,
시 고 구 이 부 가

그러므로 이러한 방법으로 국가의
부유함을 구하는 것은

而旣已不可矣.
이 기 이 불 가 의

이미 불가능하다.

欲以衆人民,
욕 이 중 인 민

이러한 방법으로 백성들을 많아지게
하려고 한다면

意者[54]可邪?
억 자 가 야

아마 가능하겠는가?

其說又不可矣.
기 설 우 불 가 의

이러한 견해 또한 통할 수 없다.

今唯無[55]以厚葬久喪者爲政,
금 유 무 이 후 장 구 상 자 위 정

지금 많은 돈을 들여 장사 지내고
오랫동안 상을 입는 것을 주장하는
사람들이 정치를 하게 되면,

君死,
군 사

국군이 죽으면

喪之三年;
상 지 삼 년

3년을 복상(服喪)하게 하고,

---

54 억자(意者): 여기서는 '아마'라는 의미로 쓰였다.
55 유무(唯無): 여기사로 뜻이 없다.

父母死,
<small>부 모 사</small>

喪之三年;
<small>상 지 삼 년</small>

妻與後子[56]死者,
<small>처 여 후 자 사 자</small>

五[57]皆喪之三年,
<small>오 개 상 지 삼 년</small>

然後伯父叔父兄弟孼子[58]其[59],
<small>연 후 백 부 숙 부 형 제 얼 자 기</small>

族人五月,
<small>족 인 오 월</small>

姑姊甥舅皆有月數[60].
<small>고 자 생 구 개 유 월 수</small>

則毁瘠必有制矣,
<small>즉 훼 척 필 유 제 의</small>

使面目陷隳,
<small>사 면 목 함 추</small>

顏色黧黑,
<small>안 색 려 흑</small>

耳目不聰明,
<small>이 목 불 총 명</small>

手足不勁强,
<small>수 족 불 경 강</small>

부모가 죽어도

3년을 복상하게 하며,

아내와 적장자가 죽어도

또한 모두 3년을 복상하게 한다.

그 밖에 백부, 숙부, 형제, 적장자 외의 아들들은 1년,

동족(同族)은 5개월,

고모, 누이, 생질, 외삼촌은 모두 몇 개월을 복상하게 한다.

그리고 복상 중에 신체를 훼손시키고 수척하게 하는 데도 반드시 제도가 있는데,

눈은 푹 꺼지고,

얼굴 피부는 주름으로 쪼그라들며 얼굴색은 검게 되고,

귀와 눈은 분명하게 들리지도 보이지도 않으며,

손과 발은 힘이 없어

---

56 후자(後子): 적장자(嫡長子)를 가리킨다. 지위가 아버지 뒤에 있기 때문에 후자(後子)라고 하였다.

57 오(五): 우(又)자의 잘못이다.

58 얼자(孼子): 적장자 외의 아들들.

59 기(其): 기(期)와 통하는데 기년(期年), 즉 '1년을 복상하는 것'을 나타낸다.

60 월수(月數): 수월(數月)과 같다.

不可用也.
불 가 용 야

쓸 수가 없게 되어야 한다는 것이다.

又曰上士操喪也,
우 왈 상 사 조 상 야

또 도덕적으로 훌륭한 사람이 상을 입을 때는

必扶而能起,
필 부 이 능 기

반드시 그를 부축해 주어야만 일어날 수 있으며

杖而能行,
장 이 능 행

지팡이를 짚어야만 걸어 다닐 수 있는데,

以此共三年.
이 차 공 삼 년

이렇게 총 3년을 보내야 한다는 것이다.

若法若言,
약 법 약 언

만약 그러한 말을 따르고

行若道,
행 약 도

그러한 주장을 실행하며

苟其飢約,
구 기 기 약

배고픔을 견디게 하고 먹는 것을 줄이게 하여

又若此矣,
우 약 차 의

또한 위에서 말한 것처럼 한다면,

是故百姓冬不仞[61]寒,
시 고 백 성 동 불 인 한

백성들은 겨울에 추위를 견디지 못하고

夏不仞暑,
하 불 인 서

여름에 더위를 견디지 못하며,

作疾病死者,
작 질 병 사 자

병이 나 죽는 자가

不可勝計也.
불 가 승 계 야

이루 헤아릴 수 없게 될 것이다.

此其爲敗男女之交多矣.
차 기 위 패 남 녀 지 교 다 의

이는 남녀 간의 교합(交合)을 많이 방해할 것이다.

---

61 인(仞): 인(忍)과 통한다. '참다'라는 뜻이다.

以此求衆,
이 차 구 중

이러한 방법으로 백성들을 많아지게 하는 것을 강구하는 것은

譬猶使人負劍,[62]
비 유 사 인 부 검

비유컨대 칼날 위에 엎드려

而求其壽也.
이 구 기 수 야

장수를 바라는 것과 같으니,

衆之說無可得焉.
중 지 설 무 가 득 언

백성들을 많게 하는 것에 대한 견해는 실현될 수 없는 것이다.

是故求以衆人民.
시 고 구 이 중 인 민

그러므로 이러한 방법으로 백성들을 많게 하는 것을 강구하는 것은

而旣以[63]不可矣.
이 기 이 불 가 의

이미 불가능하다.

欲以治刑政,
욕 이 치 형 정

이러한 방법으로 형법과 정무를 잘 다스리려고 한다면

意者可乎?
억 자 가 호

아마 가능하겠는가?

其說又不可矣.
기 설 우 불 가 의

이러한 견해 또한 통할 수 없다.

今唯無以厚葬久喪者爲政,
금 유 무 이 후 장 구 상 자 위 정

지금 많은 돈을 들여 장사 지내고 오랫동안 상을 입는 것을 주장하는 사람들이 정치를 하게 되면,

國家必貧,
국 가 필 빈

국가는 반드시 가난해지고

人民必寡,
인 민 필 과

백성들은 반드시 적어지며

刑政必亂.
형 정 필 란

형법과 정무는 반드시 어지러워질

---

62 부검(負劍): 여기서 부(負)는 복(伏)과 통하는데 '엎드리다'라는 뜻이다. 복검(伏劍)은 '칼날 위에 엎드려 자살하다'라는 의미이다.
63 이(以): 여기서는 이(已)와 같다.

것이다.

若法若言,
약 법 약 언

만약 그러한 말을 따르고

行若道,
행 약 도

그러한 주장을 실행하여

使爲上者行此,
사 위 상 자 행 차

윗사람들로 하여금 그것을 실행하게
한다면

則不能聽治;
즉 불 능 청 치

정치를 할 수 없을 것이며,

使爲下者行此,
사 위 하 자 행 차

아랫사람들로 하여금 그것을 실행하게
한다면

則不能從事.
즉 불 능 종 사

일에 종사할 수 없을 것이다.

上不聽治,
상 불 청 치

윗사람들이 정치를 하지 못하면

刑政必亂;
형 정 필 란

형법과 정무는 반드시 어지러워질
것이며,

下不從事,
하 부 종 사

아랫사람들이 일에 종사하지 못하면

衣食之財必不足.
의 식 지 재 필 부 족

입고 먹는 것을 제공하는 재물이
반드시 부족하게 될 것이다.

若苟不足,
약 구 부 족

만약 입고 먹는 것을 제공하는 재물이
부족하게 되면

爲人弟者,
위 인 제 자

아우 된 자가

求其兄而不得,
구 기 형 이 부 득

그의 형에게 구하였으나 얻을 수 없게
되니

不弟[64]弟必將怨其兄矣;
부 제　제 필 장 원 기 형 의

형을 공경하거나 섬기지 않는

---

64 제(弟): 이 제(弟)는 제(悌)와 통하는데, '형 또는 윗사람을 공경하며 잘 섬긴다'라는 뜻이다.

아우들은 반드시 그 형을 원망할
것이며,

為人子者,
위 인 자 자

자식 된 자가

求其親而不得,
구 기 친 이 부 득

그의 부모에게 구하였으나 얻을 수
없게 되니

不孝子必是怨其親矣;
불 효 자 필 시 원 기 친 의

부모에게 효도하지 않는 자식들은
반드시 그 부모를 원망할 것이며,

為人臣者,
위 인 신 자

신하 된 자가

求之君而不得,
구 지 군 이 부 득

임금에게 구하였으나 얻을 수 없게
되니

不忠臣必且亂其上矣.
불 충 신 필 차 란 기 상 의

충성하지 않는 신하들은 반드시 그
임금을 어지럽힐 것이다.

是以僻淫邪行之民,
시 이 벽 음 사 행 지 민

이 때문에 괴팍하고 방탕하며 사악한
행동을 하는 백성들은

出則無衣也,
출 즉 무 의 야

밖에 나갈 때는 입을 옷이 없고

入則無食也,
입 즉 무 식 야

집에 들어와서는 먹을 음식이 없게
되며

內續奚吾,[65]
내 속 해 오

내심 치욕스러움이 쌓여

幷[66]為淫暴,
병 위 음 포

함께 나쁜 일을 하여도

而不可勝禁也.
이 불 가 승 금 야

금지할 수가 없게 된다.

---

65 내속해오(內續奚吾): 유월은 "아마도 내적해후(內積奚后)가 되어야 할 것 같다. 모두 글자의
잘못이다. 해후(奚后)는 혜후(謑詬)의 가차이다."라고 하였다. 혜후(謑詬)는 '치욕(恥辱)'이
라는 뜻이다.
66 병(幷): 함께.

是故盜賊衆而治者寡.
시 고 도 적 중 이 치 자 과

그러므로 도적들은 많아지고 잘 다스려지는 것들은 적어지게 된다.

夫衆盜賊而寡治者,
부 중 도 적 이 과 치 자

도적들은 많아지고 잘 다스려지는 것은 적어지게 되는

以此求治,
이 차 구 치

이런 방법으로 다스려지기를 구하는 것은

譬猶使人三睘67而毋負己也,
비 유 사 인 삼 경   이 무 부 기 야

비유컨대, 어떤 사람으로 하여금 세 바퀴를 돌게 하여 자신과 등지지 않게 하는 것과 같으니,

治之說無可得焉.
치 지 설 무 가 득 언

다스려지게 하는 것에 대한 견해는 실현될 수 없는 것이다.

是故求以治刑政,
시 고 구 이 치 형 정

그러므로 이러한 방법으로 형법과 정무를 다스리는 것을 구하는 것은

而既已不可矣,
이 기 이 불 가 의

이미 불가능하다.

欲以禁止大國之攻小國也,
욕 이 금 지 대 국 지 공 소 국 야

이러한 방법으로 큰 나라가 작은 나라를 공격한 것을 금지시키려고 한다면

意者可邪?
억 자 가 사

아마 가능하겠는가?

其說又不可矣.
기 설 우 불 가 의

이러한 견해 또한 통할 수 없다.

是故昔者聖王既沒,
시 고 석 자 성 왕 기 몰

옛날 성군들이 이미 죽은 뒤에

天下失義,
천 하 실 의

천하는 도의를 잃어버리고

---

67 경(睘): 환(還)과 같은데 '돌다'라는 의미이다.

諸侯力征.
제후력정

제후들은 무력으로 다른 나라를
정벌하였다.

南有楚·越之王,
남유초 월지왕

남쪽에는 초나라와 월나라의 왕이
있었으며

而北有齊·晉之君,
이북유제 진지군

북쪽으로는 제나라와 진나라의 왕이
있었는데,

此皆砥礪[68]其卒伍,
차개지려 기졸오

이들은 모두 자신의 군사들을
훈련시켜

以攻伐幷兼爲政於天下.
이공벌병겸위정어천하

다른 나라들을 공격하고 겸병하는
것으로 천하에서 정치를 하였다.

是故凡大國之所以不攻小國者,
시고범대국지소이불공소국자

그러므로 큰 나라가 작은 나라를
공격하지 않는 까닭은

積委[69]多,
적위 다

작은 나라라 하더라도 쌓여 있는
재물이 많고

城郭修,
성곽수

성곽이 견고하게 쌓여져 있으며

上下調和,
상하조화

위아래가 협력하고 화합하기
때문이다.

是故大國不耆[70]攻之;
시고대국불기 공지

그러므로 큰 나라는 작은 나라 공격을
좋아하지 않는다.

無積委,
무적위

쌓여 있는 재물이 없고

---

68 지려(砥礪): 본래 '숫돌'을 가리키나, 여기서는 동사로 쓰여 '훈련하다', '단련하다'라는 뜻으로
    인신(引伸)되었다.

69 적위(積委): 축적하다, 쌓다.

70 기(耆): 기(嗜)와 통하는데 '좋아하다'라는 의미이다.

城郭不修,
성곽불수

성곽이 견고하게 쌓여져 있지 않으며

上下不調和,
상하부조화

위아래가 협력하고 화합하지 않는다면

是故大國者攻之.
시고대국기공지

큰 나라는 작은 나라 공격을 좋아한다.

今唯無以厚葬久喪者爲政,
금유무이후장구상자위정

지금 많은 돈을 들여 장사 지내고
오랫동안 상을 입는 것을 주장하는
사람들이 정치를 하게 되면

國家必貧,
국가필빈

국가는 반드시 가난해지고

人民必寡,
인민필과

백성들은 반드시 적어지고

刑政必亂.
형정필란

형법과 정무는 반드시 어지러워질
것이다.

若苟貧,
약구빈

만약 나라가 가난하면

是無以爲積委也;
시무이위적위야

재물을 쌓아 놓을 수 없고,

若苟寡,
약구과

백성들이 적으면

是城郭溝渠[71]者寡也;
시성곽구거 자과야

성곽을 쌓고 해자(垓字)를 팔 사람도
적어지게 될 것이며,

若苟亂,
약구란

나라가 어지러우면

是出戰不克,
시출전불극

출전하여도 이기지 못할 것이고

入守不固.
입수불고

들어와 수비를 한다 해도 견고하지
못할 것이다.

此求禁止大國之攻小國也,
차구금지대국지공소국야

이러한 방법으로 큰 나라의 작은 나라

---

71 구거(溝渠): 여기서는 '성(城)을 빙 둘러 판 호(壕)인 해자'를 일컫는다.

공격을 금지하는 것을 구하는 것은

而旣已不可矣.
이 기 이 불 가 의

이미 불가능하다.

欲以干⁷²上帝鬼神之福,
욕 이 간 상 제 귀 신 지 복

이러한 방법으로 천제(天帝)와 귀신이
내리는 복을 구하려고 한다면

意者可邪?
억 자 가 사

아마 가능하겠는가?

其說又不可矣.
기 설 우 불 가 의

이러한 견해 또한 통할 수 없다.

今唯無以厚葬久喪者爲政,
금 유 무 이 후 장 구 상 자 위 정

지금 많은 돈을 들여 장사 지내고
오랫동안 상을 입는 것을 주장하는
사람들이 정치를 하게 되면

國家必貧,
국 가 필 빈

국가는 반드시 가난해지고

人民必寡,
인 민 필 과

백성들은 반드시 적어지며

刑政必亂.
형 정 필 란

형법과 정무는 반드시 어지러워질
것이다.

若苟貧,
약 구 빈

만약 나라가 가난하면

是粢盛⁷³酒醴不淨潔也;
시 자 성 주 례 부 정 결 야

제수(祭需)용 곡물(穀物)과 술은
정결하지 못하고,

若苟寡,
약 구 과

백성들이 적으면

是事上帝鬼神者寡也;
시 사 상 제 귀 신 자 과 야

천제와 귀신을 섬길 사람들도 적어지게
될 것이며,

若苟亂,
약 구 란

나라가 어지러우면

---

72 간(干): 구(求)하다.

73 자성(粢盛): 옛날 제기(祭器) 안에 담아 제사에 사용하는 곡물.

是祭祀不時度也.
시 제 사 불 시 도 야

제사도 때에 맞춰 지내지 못할 것이다.

今又禁止事上帝鬼神,
금 우 금 지 사 상 제 귀 신

지금 또한 천제와 귀신 섬기는 것을 금지하고

爲政若此,
위 정 약 차

이와 같이 정치를 하니,

上帝鬼神始得從上撫⁷⁴之曰:
상 제 귀 신 시 득 종 상 무 지 왈

천제와 귀신은 하늘에서 그들을 미워하며

"我有是人也,
아 유 시 인 야

"나에게 이런 사람들이 있는 것과

與無是人也,
여 무 시 인 야

이런 사람들이 없는 것 중에

孰愈?"
숙 유

어느 것이 더 좋은가?"라고 물을 것이다.

曰: "我有是人也,
왈 아 유 시 인 야

그리고 "나에게 이런 사람들이 있는 것과

與無是人也,
여 무 시 인 야

이런 사람들이 없는 것은

無擇⁷⁵也."
무 택 야

구분이 없이 마찬가지이다"라고 답할 것이다.

則惟⁷⁶上帝鬼神,
즉 유 상 제 귀 신

그러면 설사 천제와 귀신이

降之罪厲⁷⁷之⁷⁸禍罰而棄之,
강 지 죄 려 지 화 벌 이 기 지

재난(災難)과 화(禍)를 내려 그들을 징벌하고 버리더라도

則豈不亦乃其所哉!
즉 기 불 역 내 기 소 재

어찌 또한 당연한 일이 아니겠는가!

---

74 무(撫): 무(憮)와 같은데 '증오하다', '미워하다'라는 뜻이다.
75 무택(無擇): 구분이 없이 마찬가지이다.
76 유(惟): 수(雖)와 같다.
77 여(厲): 재난(災難).
78 지(之): 여기서는 '~와(與)'의 뜻으로 쓰였다.

故古聖王制爲葬埋之法,
고 고 성 왕 제 위 장 매 지 법

그래서 옛날 성군들은 매장하는 법을 제정하여

曰:
왈

말하였다.

"棺三寸,
관 삼 촌

"관은 세 치 두께로 만들어

足以朽體,
족 이 후 체

시체가 충분히 썩을 수 있도록 하며,

衣衾三領,
의 금 삼 령

옷과 이불은 각각 세 가지로 하여

足以覆惡.
족 이 복 악

보기 흉한 시체를 충분히 덮을 수 있도록 한다.

以及其葬也,
이 급 기 장 야

그리고 그것을 장사 지냄에 있어서

下毋及泉,
하 무 급 천

아래로는 지하의 샘에 닿지 않도록 하고

上毋通臭,
상 무 통 취

위로는 냄새가 새지 않도록 하며,

壟[79]若參耕之畝[80],
농 약 삼 경 지 무

묘지의 너비는 약 3척(尺)이면

則止矣.
즉 지 의

그만이다.

死者既以葬矣,
사 자 기 이 장 의

죽어서 이미 장사 지냈으면

生者必無久哭,
생 자 필 무 구 곡

산 사람은 반드시 오래도록 곡하지 말고

而疾[81]而從事,
이 질 이 종 사

속히 자신의 일에 종사하며,

人爲其所能,
인 위 기 소 능

사람마다 자신의 능력을 다하여

---

79 농(壟): 농(壠)과 같은 자로, '무덤'을 뜻한다.
80 삼경지무(參耕之畝): 여기서 삼(參)은 삼(三)이며, 삼경(參耕)은 삼척(三尺)을 뜻한다. 이 구절은 묘지의 너비가 약 3척이라는 것을 의미한다.
81 질(疾): 여기서는 '빠르다'라는 의미로 쓰였다.

以交相利也."
이 교 상 리 야

서로 이롭게 한다."

此聖王之法也.
차 성 왕 지 법 야

이것이 성군의 법이다.

今執厚葬久喪者之言曰:
금 집 후 장 구 상 자 지 언 왈

지금 많은 돈을 들여 장사 지내고 오랫동안 상을 입는 것을 주장하는 사람들은

"厚葬久喪,
후 장 구 상

"많은 돈을 들여 장사 지내고 오랫동안 상을 입는 것이

雖使不可以富貧衆寡,
수 사 불 가 이 부 빈 중 과

비록 가난한 사람을 부유하게 해 주고 적은 백성들을 많게 해 주며

定危治亂,
정 위 치 란

위태로운 나라를 안정되게 해 주고 어지러운 나라를 다스릴 수는 없지만,

然此聖王之道也."
연 차 성 왕 지 도 야

이것은 곧 성군의 도인 것이다"라고 말한다.

子墨子曰:
자 묵 자 왈

묵자께서 말씀하셨다.

"不然.
불 연

"그렇지 않다.

昔者堯北教乎八狄[82],
석 자 요 북 교 호 팔 적

옛날 요임금은 북쪽으로 여러 이민족을 교화하고

道死,
도 사

길에서 죽어

葬蛩山[83]之陰,
장 공 산 지 음

그를 공산의 북쪽 기슭에 장사 지냈는데,

---

82 팔적(八狄): 북쪽의 여러 이민족(오랑캐)을 통칭한다.
83 공산(蛩山): 공산(邛山)이라고도 하는데, 지금의 산동성 복현(濮縣)에 있다.

衣衾三領,
_{의 금 삼 령}
옷과 이불은 각각 세 가지로 하였고,

穀木⁸⁴之棺,
_{곡 목 지 관}
목질이 나쁜 곡목으로 만든 관을

葛以緘之⁸⁵,
_{갈 이 함 지}
칡덩굴로 묶었으며,

既沘⁸⁶而後哭,
_{기 범 이 후 곡}
하관(下棺)한 뒤에 곡을 하고,

滿埳⁸⁷無封⁸⁸.
_{만 감 무 봉}
묘혈을 흙으로 채우고 봉분을 쌓지 않았다.

已葬,
_{이 장}
장사 지낸 후에

而牛馬乘之.
_{이 우 마 승 지}
소와 말이 그 위에 오를 수 있었다.

舜西教乎七戎⁸⁹,
_{순 서 교 호 칠 융}
순임금은 서쪽으로 여러 이민족을 교화하고

道死,
_{도 사}
길에서 죽어

葬南己⁹⁰之市,
_{장 남 기 지 시}
그를 남기의 시장에 장사 지냈는데,

衣衾三領,
_{의 금 삼 령}
옷과 이불은 각각 세 가지로 하였고,

穀木之棺,
_{곡 목 지 관}
목질이 나쁜 곡목으로 만든 관을

---

84 곡목(穀木): 일종의 뽕나무과(科) 낙엽교목(落葉喬木)으로, 목질(木質)이 나쁜 목재를 뜻한다. 예에 의거하면, 천자의 관은 재목(梓木: 가래나무)으로 만들어야 한다.

85 갈이함지(葛以緘之): '칡덩굴로 관을 묶다'는 의미이다. 예에 의거하면, 천자의 관은 가죽으로 묶어야 한다.

86 범(沘): 필원은 범(沘)은 범(犯)이 되어야 되는데, 폄(窆) 자의 가차자라고 하였다. 폄(窆)은 '하관하다'라는 의미이다.

87 감(埳): 필원은 옛날에는 감(埳)이 없었는데, 마땅히 감(坎)이 되어야 한다고 하였다. 감(坎)은 '묘혈'을 가리킨다.

88 봉(封): '봉분(封墳)'을 가리킨다.

89 칠융(七戎): 서쪽의 여러 이민족을 통칭한다.

90 남기(南己): 옛 지명인데 고증할 수 없다. 일반적으로 순임금은 호남성 영원(寧遠)의 구의산(九嶷山)에 묻혔다고 한다.

葛以緘之, _{갈 이 함 지}	칡덩굴로 묶었으며,
已葬, _{이 장}	장사 지낸 후에
而市人乘之. _{이 시 인 승 지}	시장 사람들이 그 위에 오를 수 있었다.
禹東敎乎九夷[91], _{우 동 교 호 구 이}	우임금은 동쪽으로 여러 이민족을 교화하고
道死, _{도 사}	길에서 죽어
葬會稽之山, _{장 회 계 지 산}	그를 회계산에 장사 지냈는데,
衣衾三領, _{의 금 삼 령}	옷과 이불은 각각 세 가지로 하였고
桐棺三寸, _{동 관 삼 촌}	오동나무로 만든 관의 두께는 세 치였으며
葛以緘之. _{갈 이 함 지}	그것을 칡덩굴로 묶었다.
絞[92]之不合, _{교 지 불 합}	관목(棺木)이 교합(交合)하는 곳은 서로 맞지 않았고,
通之[93]不坎[94], _{통 지 불 감}	관을 묘혈 안으로 이끌어 들인 곳에 묘도(墓道)를 만들지 않았으며,
土[95]地之深, _{토 지 지 심}	판 땅의 깊이는
下毋及泉. _{하 무 급 천}	아래로 지하의 샘에 닿지 않았다.

---

91 구이(九夷): 동쪽의 여러 이민족을 통칭한다.

92 교(絞): 교(交)와 통하는데, '관 뚜껑과 관 몸체가 서로 교차하는 곳' 또는 '관목(棺木)이 교합
　　(交合)하는 곳'을 말한다.

93 통지(通之): 손이양은 마땅히 도지(道之)가 되어야 한다고 하였다. 도(道)는 도(導)와 같다.
　　도지(道之)는 '관을 묘혈 안으로 이끌어 들이다'라는 뜻이다.

94 불감(不坎): '관을 이끌어 들인 곳에 묘도를 만들지 않는 것'을 의미한다.

95 토(土): 굴(掘)이 되어야 한다. '파다'라는 뜻이다.

旣葬,
기 장

장사 지낸 후에는

收餘壤其上,
수 여 양 기 상

묘혈을 판 나머지 흙을 그 위에 모아

壟若參耕之畝,
농 약 삼 경 지 무

묘지의 너비를 약 3척으로 하면

則止矣.
즉 지 의

그만이었다.

若以此若三聖王者觀之,
약 이 차 약 삼 성 왕 자 관 지

만약 이상 세 성군의 상황으로부터
본다면,

則厚葬久喪非聖王之道.
즉 후 장 구 상 비 성 왕 지 도

많은 돈을 들여 장사 지내고 오랫동안
상을 입는 것은 성군의 도가 아니다.

故三王者,
고 삼 왕 자

이 세 성군은

皆貴爲天子,
개 귀 위 천 자

모두 귀하게는 천자에 이르렀으며

富有天下,
부 유 천 하

부유하게는 천하를 소유하였는데,

豈憂財用之不足哉?
기 우 재 용 지 부 족 재

어찌 재물의 부족함을
걱정하였겠는가?

以爲如此葬埋之法."
이 위 여 차 장 매 지 법

그렇지만 오히려 이와 같은 매장의
법을 제정하였던 것이다."

今王公大人之爲葬埋,
금 왕 공 대 인 지 위 장 매

지금 왕공대인들의 매장하는 법은

則異於此.
즉 이 어 차

이와 다르다.

必大棺中棺,
필 대 관 중 관

반드시 겉관과 속관이 있는데,

革闠[96]三操[97],
혁 궤 삼 조

그것을 무늬 있는 가죽 띠로 세 번
둘러 묶는다.

---

96 궤(闠): 궤(鞼)와 통하는데 '무늬 있는 가죽'이라는 뜻이다.

璧玉[98]卽[99]具,	벽옥을 갖추고,
戈劍鼎鼓壺濫,	창, 칼, 솥, 북, 호람이 있으며,
文繡素練,	무늬 있는 비단과 흰 비단을 갖추고,
大鞅[100]萬領;	옷과 이불은 각각 일만 가지나 된다.
輿馬女樂皆具,	수레와 말 그리고 여악(女樂)이 모두 갖추어져 있다.
曰必捶埞[101]差通[102],	묘도의 흙을 다지고 청소해야 하며
壟雖凡山陵[103].	봉분은 산릉처럼 높아야 한다고 말한다.
此爲輟[104]民之事,	이것이 백성들의 할 일을 멈추게 하고,
靡[105]民之財,	백성들의 재산을 낭비하게 함이
不可勝計也,	이루 헤아릴 수 없이 많다.
其爲毋用若此矣.	많은 돈을 들여 장사 지내고 오랫동안 상을 입는 것이 쓸데없음이 이와 같은

---

97 조(操): 잡(襍)이 되어야 한다. 이 잡(襍) 자는 잡(匝)과 같다. 여기서는 '둘러 묶다'라는 의미로 쓰였다.

98 벽옥(璧玉): 벽(璧)은 '평면이면서 둥글고 중간에 구멍이 난 옥'을 가리키며, 옥(玉)은 '주옥(珠玉)'을 일컫는다.

99 즉(卽): 기(旣)와 같다.

100 대앙(大鞅): 뜻이 명확하지 않다. 어떤 사람은 의금(衣衾)의 잘못이라고 하였다.

101 추제(捶埞): 여기서 추(捶)는 '찧다'라는 뜻이며, 제(埞)는 제(除)와 통한다. 추제(捶埞)는 '흙을 다지고 청소하다'의 의미이다.

102 차통(差通): 손이양은 선도(羡道)의 잘못이라고 하였는데, 선도는 여기서 '묘도'를 일컫는다.

103 농수범산릉(壟雖凡山陵): 수범(雖凡) 두 자는 문장 중에서 뜻이 통하지 않는데, 아마 잘못 쓰인 것 같다. 상·하문에 의거하면 이 구절은 '봉분이 산릉처럼 높다'라는 의미를 가진다.

104 철(輟): 정지하다, 멈추다.

105 미(靡): 소비하다, 낭비하다.

것이다.

是故子墨子曰:
시 고 자 묵 자 왈

그러므로 묵자께서 말씀하셨다.

"鄕者[106]吾本言曰,
향 자 오 본 언 왈

"이전에 나는 일찍이 말한 적이 있다.

意亦使法其言,
억 역 사 법 기 언

만약 그들의 말을 따르고

用其謀,
용 기 모

그들의 계책을 채용하여

計厚葬久喪,
계 후 장 구 상

많은 돈을 들여 장사 지내고 오랫동안
상을 입는 것을 고려해 보는 것이

請[107]可以富貧衆寡,
청 가 이 부 빈 중 과

정말로 가난한 사람을 부유하게 해
주고 적은 백성들을 많게 해 주며,

定危治亂乎,
정 위 치 란 호

위태로운 나라를 안정되게 해 주고
어지러운 나라를 다스릴 수 있다면

則仁也,
즉 인 야

그것은 어질고

義也,
의 야

의로운 것으로

孝子之事也,
효 자 지 사 야

효자의 일이 되니,

爲人謀者,
위 인 모 자

다른 사람들을 위해 일을 도모하는
자들은

不可不勸也;
불 가 불 권 야

그것을 권하지 않을 수 없다.

意亦使法其言,
억 역 사 법 기 언

만약 그들의 말을 따르고

用其謀,
용 기 모

그들의 계책을 채용하여

若人厚葬久喪,
약 인 후 장 구 상

사람들이 많은 돈을 들여 장사 지내고

---

106 향자(鄕者): 향자(向者)와 같은데 '이전', '과거'라는 뜻이다.

107 청(請): 성(誠)과 통하는데 '정말로'라는 뜻이다.

오랫동안 상을 입는다 해도

實不可以富貧衆寡,
실 불 가 이 부 빈 중 과

실제로 가난한 사람을 부유하게 해
주고 적은 백성들을 많게 해 주며,

定危治亂乎,
정 위 치 란 호

위태로운 나라를 안정되게 해 주고
어지러운 나라를 다스릴 수 없다면

則非仁也,
즉 비 인 야

그것은 어질고

非義也,
비 의 야

의로운 것이 아니며

非孝子之事也,
비 효 자 지 사 야

효자의 일이 아니니,

爲人謀者,
위 인 모 자

다른 사람들을 위해 일을 도모하는
자들은

不可不沮也.
불 가 부 저 야

그것을 저지하지 않을 수 없다.

是故求以富國家,
시 고 구 이 부 국 가

그러므로 그러한 방법으로 국가의
부유함을 구한다면

甚得貧焉;
심 득 빈 언

심히 가난해질 것이고,

欲以衆人民,
욕 이 중 인 민

그러한 방법으로 백성들을 많게
하려고 한다면

甚得寡焉;
심 득 과 언

심히 적어질 것이며,

欲以治刑政,
욕 이 치 형 정

그러한 방법으로 형법과 정무를
다스리려고 한다면

甚得亂焉;
심 득 란 언

심히 어지러워질 것이고,

求以禁止大國之攻小國也,
구 이 금 지 대 국 지 공 소 국 야

그러한 방법으로 큰 나라의 작은 나라
공격을 금지시키려고 하는 것은

既已不可矣;
이미 불가능할 것이며,

欲以干上帝鬼神之福,
그러한 방법으로 천제와 귀신의 복을
구하려고 한다면

又得禍焉.
또한 화를 입을 것이다.

上稽之堯舜禹湯文武之道而政[108]逆之,
위로는 요임금, 순임금, 우임금, 탕왕,
문왕, 무왕의 도를 고찰하며

下稽之桀紂幽厲之事,
아래로는 걸왕, 주왕, 유왕, 여왕의
일을 고찰해 보면

猶合節[109]也.
서로 잘 부합된다.

若以此觀,
만약 이것으로 본다면,

則厚葬久喪其非聖王之道也."
많은 돈을 들여 장사 지내고 오랫동안
상을 입는다는 것은 성군의 도가 아닌
것이다."

今執厚葬久喪者言曰:
지금 많은 돈을 들여 장사 지내고
오랫동안 상을 입는 것을 주장하는
사람들은 말한다.

"厚葬久喪果非聖王之道,
"많은 돈을 들여 장사 지내고 오랫동안
상을 입는 것이 과연 성군의 도가
아니라면,

---

108 정(政): 정(正)과 같다.

109 합절(合節): 부합하다. 여기서 절(節)은 부절(符節)을 가리키는데, 고대 조정에서 명령을 전
달하거나 병사 또는 장군을 파견하거나 공(功)을 기록하여 작위(爵位)를 하사할 때 이 부절
을 사용한다. 둘로 나누어진 부절을 합쳐 보고 진짜와 가짜를 확인한다.

夫胡說中國[110]之君子[111],　왜 중원의 각 제후국의 군자들은
부 호 설 중 국　지 군 자

爲而不已,　그것을 멈추지 않고
위 이 불 이

操而不擇[112]哉?"　행하며 버리지 않고 견지하는가?"
조 이 불 택　재

子墨子曰:　묵자께서 말씀하셨다.
자 묵 자 왈

"此所謂便其習而義[113]其俗者也.
차 소 위 편 기 습 이 의　기 속 자 야

　　　"그것은 이른바 그들의 습관이
　　　편리하다고 여겨 그들의 풍속을
　　　바르다고 여기는 것이다.

昔者越之東有輆沐[114]之國者,　옛날 월나라의 동쪽에 있던
석 자 월 지 동 유 해 목　지 국 자　해목이라는 나라는

其長子生,　그들의 맏아들이 태어나면
기 장 자 생

則解[115]而食之.　그 아이를 갈라서 먹었는데,
즉 해　이 식 지

謂之'宜弟[116]';　'동생을 보호하는 것'이라고 말했다.
위 지 의 제

其大父[117]死,　그들의 조부가 죽으면
기 대 부　사

負其大母[118]而棄之,　그들의 조모를 업어다 버렸는데,
부 기 대 모　이 기 지

曰鬼妻不可與居處.　귀신의 아내와 함께 살 수 없다고 했다.
왈 귀 처 불 가 여 거 처

---

110 중국(中國): 중원(中原) 지역의 각 제후국.

111 군자(君子): 여기서는 '지위가 높은 통치자'의 뜻으로 쓰였다.

112 택(擇): 석(釋)과 통하는데 '버리다'라는 의미이다.

113 의(義): 바르다, 마땅하다, 좋다.

114 해목(輆沐): 옛 나라 이름.

115 해(解): 여기서는 '(칼로) 가르다'라는 뜻이다.

116 의제(宜弟): 동생을 보호하다.

117 대부(大父): 조부(祖父).

118 대모(大母): 조모(祖母).

此上以爲政,
차 상 이 위 정

윗사람은 이런 습관으로 정치를 하며,

下以爲俗,
하 이 위 속

아랫사람은 그것을 풍속으로 삼아

爲而不已,
위 이 불 이

멈추지 않고

操而不擇,
조 이 불 택

행하며 버리지 않고 견지하였다.

則此豈實仁義之道哉?
즉 차 기 실 인 의 지 도 재

이것이 어찌 정말 인의의
도리이겠는가?

此所謂便其習而義其俗者也.
차 소 위 편 기 습 이 의 기 속 자 야

이것은 이른바 그들의 습관이
편리하다고 여겨 그들의 풍속을
바르다고 여기는 것이다.

楚之南有炎人國[119]者,
초 지 남 유 염 인 국   자

초나라의 남쪽에 염인국이라는
나라가 있었는데,

其親戚[120]死,
기 친 척   사

그들은 부모가 죽으면

朽其肉而棄之,
후 기 육 이 기 지

그 살은 썩혀서 버린 후에

然後埋其骨,
연 후 매 기 골

뼈만을 묻어야만

乃成爲孝子.
내 성 위 효 자

비로소 효자가 된다.

秦之西有儀渠[121]之國者,
진 지 서 유 의 거   지 국 자

진나라의 서쪽에 의거라는 나라가
있었는데,

其親戚死,
기 친 척 사

그들은 부모가 죽으면

聚柴薪而焚之,
취 시 신 이 분 지

땔나무를 모아서 시신을 태우고

---

119 염인국(炎人國): 옛 나라 이름. 염(炎)은 담(啖)이라고도 한다.
120 친척(親戚): 선진(先秦) 때 친척(親戚)의 함의는 부모·형제·처자를 가리킬 수도 있다. 여기
     서는 '부모'를 가리킨다.
121 의거(儀渠): 의거(義渠)라고도 하는데, 서융(西戎)의 한 지류(支流)로, 지금의 감숙성(甘肅
     省) 경양(慶陽) 및 경천(涇川) 일대에 분포하였다.

燻上謂之'登遐',[122]
훈 상 위 지 등 하

연기가 위로 올라가면 '등선(登仙)
것'이라고 했다.

然後成爲孝子.
연 후 성 위 효 자

그런 후에야 효자가 된다.

此上以爲政,
차 상 이 위 정

윗사람은 이런 습관으로 정치를 하며

下以爲俗,
하 이 위 속

아랫사람은 그것을 풍속으로 삼아

爲而不已,
위 이 불 이

멈추지 않고

操而不擇.
조 이 불 택

행하며 버리지 않고 견지하였다.

則此豈實仁義之道哉?
즉 차 기 실 인 의 지 도 재

이것이 어찌 정말 인의의
도리이겠는가?

此所謂便其習而義其俗者也.
차 소 위 편 기 습 이 의 기 속 자 야

이것은 이른바 그들의 습관이
편리하다고 여겨 그들의 풍속을
바르다고 여기는 것이다.

若以此若三國者觀之,
약 이 차 약 삼 국 자 관 지

만약 이와 같은 세 나라의 매장
습관으로부터 본다면,

則亦猶薄矣.
즉 역 유 박 의

그들의 매장 법은 또한 오히려 너무
박(薄)하다.

若以中國之君子觀之,
약 이 중 국 지 군 자 관 지

만약 중원의 각 제후국의 군자들의
방법으로부터 본다면,

則亦猶厚矣.
즉 역 유 후 의

그들의 매장 법은 또한 오히려
후(厚)하다.

如彼則大厚,
여 피 즉 대 후

저렇게 하면 너무 후하고

---

122 등하(登遐): 여기서 하(遐)는 하(霞)와 통하는데, '하늘'의 의미로 쓰였다. 등하는 후세에서 말
하는 '등선(登仙)'과 같다.

如此則大薄,
여차즉대박

이렇게 하면 너무 박하니,

然則葬埋之有節矣.
연즉장매지유절의

매장하는 데에는 절도가 있어야 한다.

故衣食者,
고 의 식 자

그래서 옷과 음식은

人之生利也,
인 지 생 리 야

산 사람에게 이익이 되는 것이지만

然且猶尙有節;
연 차 유 상 유 절

절도도 있어야 한다.

葬埋者,
장 매 자

매장하는 것은

人之死利也,
인 지 사 리 야

죽은 사람에게 이익이 되는 것인데,

夫何獨無節於此乎!"
부 하 독 무 절 어 차 호

어찌 유독 이것에만 절도가
없겠는가?"

子墨子制爲葬埋之法曰:
자 묵 자 제 위 장 매 지 법 왈

묵자께서 매장하는 법을 제정하시어
말씀하셨다.

"棺三寸,
관 삼 촌

"관은 세 치 두께로 만들어

足以朽骨;
족 이 후 골

뼈가 충분히 썩을 수 있도록 하며,

衣三領,
의 삼 령

옷은 세 가지로 하여

足以朽肉;
족 이 후 육

살이 충분히 썩을 수 있도록 한다.

掘地之深,
굴 지 지 심

땅을 파는 깊이는

下無菹[123]漏,
하 무 저 루

아래로는 습하고 물이 새지 않도록
하고

---

123 저(菹): 저(沮)와 통하는데 여기서는 '습(濕)하다'라는 뜻이다.

氣無發洩於上,
기 무 발 설 어 상

위로는 냄새가 새지 않도록 하며

壟足以期124其所,
농 족 이 기 기 소

봉분은 그 자리를 인식할 수 있으면

則止矣.
즉 지 의

그만이다.

哭往哭來,
곡 왕 곡 래

곡하면서 죽은 이를 보내고 곡하면서
돌아오는데

反從事乎衣食之財,
반 종 사 호 의 식 지 재

돌아와서는 옷과 음식의 재물을
생산하는 데 종사하며,

侗125乎祭祀,
이 호 제 사

연이어 제때에 제사를 지냄으로써

以致孝於親."
이 치 효 어 친

부모에게 효도를 다한다."

故曰子墨子之法,
고 왈 자 묵 자 지 법

그래서 묵자의 매장 법이

不失死生之利者,
불 실 사 생 지 리 자

죽은 사람이나 산 사람의 이익에
손해되지 않는다고 하는 것은

此也.
차 야

바로 이 때문이다.

故子墨子言曰:
고 자 묵 자 언 왈

그래서 묵자께서 말씀하셨다.

"今天下之士君子,
금 천 하 지 사 군 자

"지금 천하의 군자들이

中126請127將欲爲仁義,
중 청 장 욕 위 인 의

내심 진실로 인의를 행하여

求爲上士,
구 위 상 사

도덕적으로 훌륭한 사람이 되려고
한다면,

---

124 기(期): 여기서는 '인식하다', '식별하다'라는 의미로 쓰였다.
125 이(侗): 원래 '버금'의 뜻인데, 여기서는 '연이어', '연속'의 뜻으로 쓰였다.
126 중(中): 내심(內心).
127 청(請): 성(誠)과 통한다. 「상동 중」주 61, 「절장 하」주 107 참조

上欲中[128]聖王之道,
상 욕 중 성 왕 지 도

위로는 성군의 도에 부합되도록 해야 하며

下欲中國家百姓之利.
하 욕 중 국 가 백 성 지 리

아래로는 국가와 백성들의 이익에 부합되도록 해야 한다.

故當若節喪之爲政,
고 당 약 절 상 지 위 정

그러므로 마땅히 상례(喪禮)를 절제하는 것으로 정치를 하는 것에 대해

而不可不察此者也."
이 불 가 불 찰 차 자 야

자세하게 살피지 않을 수 없는 것은 바로 이 때문이다."

---

128 중(中): 부합하다. 다음 구절 중의 중(中) 또한 같다.

권 7

천지 상 제26편

(天志上第二十六)

子墨子言曰:
자 묵 자 언 왈

묵자께서 말씀하셨다.

"今天下之士君子,
금 천 하 지 사 군 자

"지금 천하의 군자들은

知小而不知大.
지 소 이 부 지 대

작은 것을 알면서 큰 것을 모른다.

何以知之?
하 이 지 지

어떻게 그러함을 아는가?

以其處家者知之.
이 기 처 가 자 지 지

그들이 가정에서 처신하는 것으로 알
수 있다.

若處家得罪於家長,
약 처 가 득 죄 어 가 장

만약 가정에서 처신하면서 가장에게
죄를 지으면

猶有鄰家所[1]避逃之.
유 유 린 가 소 피 도 지

이웃집으로 도피할 수 있다.

然且親戚[2]兄弟所知識[3],
연 차 친 척 형 제 소 지 식

그러나 부모와 형제 및 아는 사람들은

共相儆[4]戒,
공 상 경 계

함께 서로 경계(警戒)하면서

---

1 소(所): 가(可)와 같은데 '할 수 있다'라는 의미이다.

2 친척(親戚): '부모'를 가리킨다.

3 소지식(所知識): 여기서는 '아는 사람들'이라는 뜻으로 쓰였다.

4 경(儆): 경(警)과 통한다.

皆曰:
개 왈

모두 말할 것이다.

'不可不戒矣!
불 가 불 계 의

'경계하지 않을 수 없다!

不可不愼矣!
불 가 불 신 의

삼가지 않을 수 없다!

惡有處家而得罪於家長,
오 유 처 가 이 득 죄 어 가 장

어찌 가정에서 처신하면서 가장에게
죄를 지을 수

而可爲也!'
이 가 위 야

있겠는가!'

非獨處家者爲然,
비 독 처 가 자 위 연

가정에서 처신하는 것만 그러할 뿐만
아니라

雖處國亦然,
수 처 국 역 연

나라에서 처신하는 것 또한 그러하다.

處國得罪於國君,
처 국 득 죄 어 국 군

나라에서 처신하면서 임금에게 죄를
지으면

猶有鄰國所避逃之,
유 유 린 국 소 피 도 지

이웃 나라로 도피할 수 있다.

然且親戚兄弟所知識,
연 차 친 척 형 제 소 지 식

그러나 부모와 형제 및 아는 사람들은

共相儆戒,
공 상 경 계

함께 서로 경계하면서

皆曰:
개 왈

모두 말할 것이다.

'不可不戒矣!
불 가 불 계 의

'경계하지 않을 수 없다!

不可不愼矣!
불 가 불 신 의

삼가지 않을 수 없다!

誰亦有處國得罪於國君,
수 역 유 처 국 득 죄 어 국 군

어찌 나라에서 처신하면서 임금에게
죄를 지을 수

而可爲也!'
이 가 위 야

있겠는가!'

此有所避逃之者也,
차 유 소 피 도 지 자 야

이것들은 도피할 수 있는데도

相儆戒猶若此其厚,
상 경 계 유 약 차 기 후

경계하는 것이 이처럼 엄중한

況無所避逃之者,
황 무 소 피 도 지 자

하물며 도피할 수 없는 것은

相儆戒豈不愈厚,
상 경 계 기 불 유 후

서로 경계함이 더욱 엄중해야만

然後可哉?
연 후 가 재

하지 않겠는가?

且語言有之曰:
차 어 언 유 지 왈

게다가 옛말에

'焉而⁵晏日⁶焉而得罪,
언 이 안 일 언 이 득 죄

'이 밝은 대낮에 죄를 짓는다면

將惡避逃之?'
장 오 피 도 지

장차 어디로 도피할 것인가?'라고
하였다.

曰: 無所避逃之.
왈 무 소 피 도 지

도피할 수 없다고 대답할 것이다.

夫天不可爲林谷幽門⁷無人,
부 천 불 가 위 림 곡 유 문 무 인

하늘은 숲이나 계곡 그리고 외지고
사람이 없는 곳 할 것 없이

明⁸必見之.
명 필 견 지

밝게 살핌으로써 그것들을 반드시 볼
수 있을 것이다.

然而天下之士君子之於天也,
연 이 천 하 지 사 군 자 지 어 천 야

그러나 천하의 군자들은 하늘에 대해

忽然⁹不知以相儆戒,
홀 연 부 지 이 상 경 계

소홀히 하여 서로 경계할 줄을 모른다.

此我所以知天下士君子知小而不知大也.
차 아 소 이 지 천 하 사 군 자 지 소 이 부 지 대 야

이것이 내가 천하의 군자들은 작은

---

5 언이(焉而): 손이양은 "앞의 언(焉)은 어(於)와 같은 뜻으로, 언이(焉而)는 어이(於而)와 같다"라고 하였다. 이(而)는 이(爾)와 통하기 때문에 어이(於而)는 어차(於此)와 같다고 할 수 있다. 뒤의 언이(焉而)는 문장 중의 어기사이다.

6 안일(晏日): 여기서는 '밝은 대낮'을 뜻한다.

7 문(門): 손이양은 간(間)이 되어야 한다고 하였다.

8 명(明): 여기서는 '밝게 살핌'으로 번역할 수 있다.

9 홀연(忽然): 여기서는 '소홀히 하는 모양'을 나타낸다.

것을 알면서 큰 것을 모른다는 것을 아는 까닭이다.

然則天亦何欲何惡?
연 즉 천 역 하 욕 하 오

그렇다면 하늘은 또한 무엇을 바라고 무엇을 싫어하는가?

天欲義而惡不義.
천 욕 의 이 오 불 의

하늘은 정의로움을 바라고 정의롭지 않음을 싫어한다.

然則率天下之百姓以從事於義,
연 즉 솔 천 하 지 백 성 이 종 사 어 의

그러니 천하의 백성들을 거느리고 정의로운 일에 종사한다면

則我乃爲天之所欲也.
즉 아 내 위 천 지 소 욕 야

내가 곧 하늘이 바라는 일을 하는 것이 된다.

我爲天之所欲,
아 위 천 지 소 욕

내가 하늘이 바라는 일을 하면

天亦爲我所欲.
천 역 위 아 소 욕

하늘 역시 내가 바라는 일을 해 준다.

然則我何欲何惡?
연 즉 아 하 욕 하 오

그렇다면 나는 무엇을 바라고 무엇을 싫어하는가?

我欲福祿而惡禍祟[10].
아 욕 복 녹 이 오 화 수

나는 복록을 바라고 재앙을 싫어한다.

若我不爲天之所欲,
약 아 불 위 천 지 소 욕

만약 내가 하늘이 바라는 일을 하지 않고

而爲天之所不欲,
이 위 천 지 소 불 욕

하늘이 바라지 않는 일을 한다면,

然則我率天下之百姓,
연 즉 아 솔 천 하 지 백 성

나는 곧 천하의 백성들을 거느리고

---

10 수(祟): 귀신이 사람에게 내리는 화(禍).

以從事於禍崇中也.
이 종 사 어 화 수 중 야

재앙에 빠지는 일에 종사하는
된다.

然則何以知天之欲義而惡不義?
연 즉 하 이 지 천 지 욕 의 이 오 불 의

그렇다면 하늘이 정의로움을 바라고
정의롭지 않음을 싫어하는지를 어떻게
아는가?

曰: 天下有義則生,
왈 천 하 유 의 즉 생

천하에 정의로움이 있으면 살고

無義則死;
무 의 즉 사

정의로움이 없으면 죽으며,

有義則富,
유 의 즉 부

정의로움이 있으면 부유해지고

無義則貧;
무 의 즉 빈

정의로움이 없으면 가난해지며,

有義則治,
유 의 즉 치

정의로움이 있으면 다스려지고

無義則亂.
무 의 즉 란

정의로움이 없으면 어지러워진다고
하였다.

然則天欲其生而惡其死,
연 즉 천 욕 기 생 이 오 기 사

그러니 하늘은 그들이 사는 것을
바라고 죽는 것을 싫어하며,

欲其富而惡其貧,
욕 기 부 이 오 기 빈

그들이 부유해지는 것을 바라고
가난해지는 것을 싫어하며,

欲其治而惡其亂,
욕 기 치 이 오 기 란

그들이 다스려지는 것을 바라고
어지러워지는 것을 싫어한다.

此我所以知天欲義而惡不義也.
차 아 소 이 지 천 욕 의 이 오 불 의 야

이것이 내가 하늘은 정의로움을
바라고 정의롭지 않음을 싫어하는
것을 아는 까닭이다.

且夫¹¹義者政¹²也,
차 부 의 자 정 아

정의로운 것은 올바르게 하는 것으로,

無從下之政上,
무 종 하 지 정 상

아랫사람으로부터 윗사람을 올바르게
할 수 없고

必從上之政下.
필 종 상 지 정 하

반드시 윗사람으로부터 아랫사람을
올바르게 해야 한다고 한다.

是故庶人竭力從事,
시 고 서 인 갈 력 종 사

그러므로 서민들은 힘을 다해 일에
종사하기는 하지만

未得次¹³己而爲政,
미 득 차 기 이 위 정

자기 멋대로 할 수는 없으며,

有士¹⁴政之;
유 사 정 지

사인(士人)들이 그들을 올바르게 한다.

士竭力從事,
사 갈 력 종 사

사인들은 힘을 다해 일에 종사하기는
하지만

未得次己而爲政,
미 득 차 기 이 위 정

자기 멋대로 할 수 없으며,

有將軍大夫政之;
유 장 군 대 부 정 지

장군과 대부들이 그들을 올바르게
한다.

將軍大夫竭力從事,
장 군 대 부 갈 력 종 사

장군과 대부들은 힘을 다해 일에
종사하기는 하지만

未得次己而爲政,
미 득 차 기 이 위 정

자기 멋대로 할 수 없으며,

有三公諸侯政之;
유 삼 공 제 후 정 지

삼공과 제후들이 그들을 올바르게
한다.

---

11 차부(且夫): 발어사로, 진일보하여 의론을 말하는 것을 나타낸다.

12 정(政): 정(正)과 통한다. 여기서는 동사로, '올바르게 하다'라는 뜻으로 쓰였다.

13 차(次): 필원은 차(次)는 자(恣) 자의 생략된 글자라고 하였는데, '자기 멋대로 하다'라는 의미이다.

14 사(士): 지위가 서민의 위인 사인을 가리킨다.

三公諸侯竭力聽治,
삼공제후갈력청치

삼공과 제후들은 힘을 다해 정사를
처리하기는 하지만

未得次己而爲政,
미득차기이위정

자기 멋대로 할 수 없으며,

有天子政之;
유천자정지

천자가 그들을 올바르게 한다.

天子未得次己而爲政,
천자미득차기이위정

천자는 자기 멋대로 할 수 없으며,

有天政之.
유천정지

하늘이 그를 올바르게 한다.

天子爲政於三公·諸侯[15]·士·庶人,
천자위정어삼공 제후 사 서인

천자가 삼공, 제후, 장군, 대부, 사인,
서민들을 올바르게 한다는 것은

天下之士君子固明知;
천하지사군자고명지

천하의 군자들이 본래 분명히 알고
있으나,

天之爲政於天子,
천지위정어천자

하늘이 천자를 올바르게 한다는 것에
대해서는

天下百姓未得之明知也.
천하백성미득지명지야

천하의 백성들이 분명히 알지 못하고
있다.

故昔三代聖王禹湯文武,
고석삼대성왕우탕문무

그래서 옛날 하·은·주 삼대의 성군인
우임금, 탕임금, 문왕, 무왕은

欲以天之爲政於天子,
욕이천지위정어천자

하늘이 천자를 올바르게 하는 것을

明說天下之百姓,
명설천하지백성

천하의 백성들에게 분명히 설명하려고
하였다.

故莫不犓[16]牛羊,
고막불추 우양

그러므로 그들은 꼴로 소와 양을

---

15 제후(諸侯): 앞의 문장에 의거하면 이 뒤에 장군대부(將軍大夫) 네 자가 빠져 있다.

16 추(犓): 꼴을 먹여 기르다.

기르고

豢[17]犬彘,
환　견체

곡식으로 개와 돼지를 기르지 않음이 없었으며,

潔爲粢盛酒醴,
결 위 자 성 주 례

정결하게 제수용 곡물과 술을 준비하여

以祭祀上帝鬼神,
이 제 사 상 제 귀 신

천제(天帝)와 귀신에게 제사 지내어

而求祈福於天.
이 구 기 복 어 천

하늘에 복을 구하고 빌었다.

我未嘗聞天下[18]之所求祈福於天子者也,
아 미 상 문 천 하　지 소 구 기 복 어 천 자 자 야

나는 일찍이 하늘이 천자에게 복을 구하고 빌었다는 사실을 들어 본 적이 없다.

我所以知天之爲政於天子者也.
아 소 이 지 천 지 위 정 어 천 자 자 야

이것이 내가 하늘은 천자를 올바르게 한다는 사실을 아는 까닭이다.

故天子者,
고 천 자 자

천자는

天下之窮[19]貴也,
천 하 지 궁　귀 야

천하에서 최고로 귀한 사람이며

天下之窮富也.
천 하 지 궁 부 야

또한 천하에서 최고로 부유한 사람이다.

故於富且貴者,
고 어 부 차 귀 자

그러므로 부유하기도 하며 귀하기도 한 사람은

---

17 환(豢): 곡식을 먹여 기르다.

18 하(下): 연문으로, 삭제해야 한다.

19 궁(窮): 여기서는 '최고', '지극하다'라는 뜻으로 쓰였다.

當天意而不可不順.
_{당 천 의 이 불 가 불 순}

하늘의 뜻에 순종하지 않을

順天意者,
_{순 천 의 자}

하늘의 뜻에 순종하는 사람은

兼相愛,
_{겸 상 애}

두루 서로 사랑하고

交相利,
_{교 상 리}

서로 이롭게 하여

必得賞;
_{필 득 상}

반드시 하늘의 상을 받을 것이다.

反天意者,
_{반 천 의 자}

하늘의 뜻을 거스르는 사람은

別相惡,
_{별 상 오}

차별하여 서로 미워하고

交相賊,
_{교 상 적}

서로 해를 입혀

必得罰.
_{필 득 벌}

반드시 하늘의 벌을 받을 것이다.

然則是誰順天意而得賞者?
_{연 즉 시 수 순 천 의 이 득 상 자}

그렇다면 누가 하늘의 뜻에 순종하여 상을 받았으며,

誰反天意而得罰者?"
_{수 반 천 의 이 득 벌 자}

누가 하늘의 뜻에 위배되어 벌을 받았는가?"

子墨子言曰:
_{자 묵 자 언 왈}

묵자께서 말씀하셨다.

"昔三代聖王禹湯文武,
_{석 삼 대 성 왕 우 탕 문 무}

"옛날 삼대의 성군인 우임금, 탕임금, 문왕, 무왕은

此順天意而得賞也;
_{차 순 천 의 이 득 상 야}

하늘의 뜻에 순종하여 상을 받은 자들이며,

昔三代之暴王桀紂幽厲,
_{석 삼 대 지 폭 왕 걸 주 유 려}

옛날 삼대의 폭군인 걸왕, 주왕, 유왕, 여왕은

此反天意而得罰者也."
_{차 반 천 의 이 득 벌 자 야}

하늘의 뜻에 위배되어 벌을 받은 자들이다."

然則禹湯文武其得賞何以也?
연 즉 우 탕 문 무 기 득 상 하 이 야

그렇다면 우임금, 탕임금, 문왕, 무왕이 상을 받은 것은 무엇 때문인가?

子墨子言曰:
자 묵 자 언 왈

묵자께서 말씀하셨다.

"其事:
기 사

"그들의 일은

上尊天,
상 존 천

위로는 하늘을 존중하고,

中事鬼神,
중 사 귀 신

가운데로는 귀신을 섬기며,

下愛人.
하 애 인

아래로는 사람들을 사랑하였다.

故天意曰:
고 천 의 왈

그래서 하늘의 뜻은 말하였다.

'此之我所愛,
차 지 아 소 애

'이들은 내가 사랑하는 것을

兼而愛之;
겸 이 애 지

아울러 사랑하며,

我所利,
아 소 리

내가 이롭게 하는 것을

兼而利之.
겸 이 리 지

아울러 이롭게 한다.

愛人者,
애 인 자

사람들을 사랑함에 있어서는

此爲博焉,
차 위 박 언

이들이 가장 넓었으며,

利人者,
이 인 자

사람들을 이롭게 함에 있어서는

此爲厚焉.'
차 위 후 언

이들이 가장 후하였다.'

故使貴爲天子,
고 사 귀 위 천 자

그래서 그들로 하여금 귀하게는 천자가 되게 하였고,

富有天下,
부 유 천 하

부유하게는 천하를 갖게 하였으며,

業萬世子孫[20]傳稱其善,
업 만 세 자 손 전 칭 기 선

자손만대에 그들의 선함을 전하고 칭찬하였으며,

方²¹施天下, 방 시 천 하	그 사실을 천하에 널리 퍼뜨려
至今稱之, 지 금 칭 지	지금까지도 그들을 칭송하며
謂之聖王." 위 지 성 왕	성군이라고 부른다."
然則桀紂幽厲得其罰何以也? 연 즉 걸 주 유 려 득 기 벌 하 이 야	그렇다면 걸왕, 주왕, 유왕, 여왕이 벌을 받은 것은 무엇 때문인가?
子墨子言曰: 자 묵 자 언 왈	묵자께서 말씀하셨다.
"其事: 기 사	"그들의 일은
上詬天, 상 후 천	위로는 하늘을 욕하고,
中詬鬼, 중 후 귀	가운데로는 귀신을 욕하며,
下賊人. 하 적 인	아래로는 사람들을 해롭게 하였다.
故天意曰: 고 천 의 왈	그래서 하늘의 뜻은 말하였다.
'此之我所愛, 차 지 아 소 애	'이들은 내가 사랑하는 것을
別而惡之; 별 이 오 지	차별 지워 미워하며,
我所利, 아 소 리	내가 이롭게 하는 것을
交而賊之. 교 이 적 지	서로 해롭게 한다.
惡人者, 오 인 자	사람들을 미워함에 있어서는
此爲之博也, 차 위 지 박 야	이들이 가장 넓었으며,
賤²²人者, 천 인 자	사람들을 해롭게 함에 있어서는

---

20 업만세자손(業萬世子孫): 업만자손(業萬子孫)이 되어야 하는데, '만세자손(萬世子孫)'이
   라는 의미이다.
21 방(方): 필원은 방(方)은 방(旁)과 같다고 하였다. 방(旁)은 옛 방(旁) 자로, '널리', '두루'라는 뜻
   이다.

爲之厚也.'
위지후야
이들이 가장 심하였다.'

故使不得終其壽,
고 사 부 득 종 기 수
그래서 그들로 하여금 수명을 다하지 못하게 하고

不歿其世[23],
불 몰 기 세
그들의 세대를 잘 끝맺지 못하게 하여

至今毁之,
지 금 훼 지
지금까지도 그들을 비난하며

謂之暴王.
위 지 폭 왕
폭군이라고 부른다.

然則何以知天之愛天下之百姓?
연 즉 하 이 지 천 지 애 천 하 지 백 성
그렇다면 어떻게 하늘이 천하의 백성들을 사랑하는 것을 아는가?

以其兼而明之.
이 기 겸 이 명 지
하늘이 천하의 백성들을 두루 이해하고 있기 때문이다.

何以知其兼而明之?
하 이 지 기 겸 이 명 지
어떻게 하늘이 천하의 백성들을 두루 이해하고 있는 것을 아는가?

以其兼而有之.
이 기 겸 이 유 지
하늘이 천하의 백성들을 두루 소유하고 있기 때문이다.

何以知其兼而有之?
하 이 지 기 겸 이 유 지
어떻게 하늘이 천하의 백성들을 두루 소유하고 있는 것을 아는가?

以其兼而食焉.
이 기 겸 이 식 언
하늘이 천하의 백성들이 바치는 것을 두루 먹기 때문이다.

何以知其兼而食焉?
하 이 지 기 겸 이 식 언
어떻게 하늘이 천하의 백성들이

---

22 천(賤): 손이양은 천(賤)은 적(賊)의 잘못이라고 하였다.
23 몰기세(歿其世): 바로 앞의 종기수(終其壽)와 비슷한 의미로 쓰였다.

바치는 것을 두루 먹는 것을 아는가?

四海之內,
_{사 해 지 내}

온 세상의

粒食之民,
_{입 식 지 민}

곡식을 먹는 백성들은

莫不犓牛羊,
_{막 불 추 우 양}

꼴로 소와 양을 기르고

豢犬彘,
_{환 견 체}

곡식으로 개와 돼지를 기르지 않음이
없었으며,

潔爲粢盛酒醴,
_{결 위 자 성 주 례}

정결하게 제수용 곡물과 술을
준비하여

以祭祀於上帝鬼神.
_{이 제 사 어 상 제 귀 신}

천제(天帝)와 귀신에게 제사 지내기
때문이다.

天有邑人²⁴,
_{천 유 읍 인}

하늘이 백성들을 소유하고 있는데

何用²⁵弗愛也?
_{하 용 불 애 야}

어떻게 사랑하지 않겠는가?

且吾言殺一不辜者必有一不祥.
_{차 오 언 살 일 불 고 자 필 유 일 불 상}

하물며 나는 무고한 사람을 죽이면
반드시 불행한 일이 일어날 것이라고
말한 적이 있다.

殺不辜者誰也?
_{살 불 고 자 수 야}

무고한 사람을 죽이는 자는 누구인가?

則人也.
_{즉 인 야}

바로 사람이다.

予之不祥者誰也?
_{여 지 불 상 자 수 야}

그에게 불행한 일을 주는 자는
누구인가?

則天也.
_{즉 천 야}

바로 하늘이다.

---

24 읍인(邑人): '백성들'을 가리킨다.
25 하용(何用): 앞의 하이(何以)와 같다.

若以天爲不愛天下之百姓,
약 이 천 위 불 애 천 하 지 백 성

만약 하늘이 천하의 백성들을
사랑하지 않는다면

則何故以人與人相殺,
즉 하 고 이 인 여 인 상 살

무슨 연고(緣故)로 사람과 사람이 서로
죽인다고 해서

而天予之不祥?
이 천 여 지 불 상

그들에게 불행을 주겠는가?

此我所以知天之愛天下之百姓也."
차 아 소 이 지 천 지 애 천 하 지 백 성 야

이것이 내가 하늘이 천하의 백성들을
사랑하는 사실을 아는 까닭이다."

順天意者,
순 천 의 자

하늘의 뜻을 따르는 것은

義政也.
의 정 야

정의로운 정치이다.

反天意者,
반 천 의 자

하늘의 뜻에 위배되는 것은

力政也.
역 정 야

폭력의 정치이다.

然義政將奈何哉?
연 의 정 장 내 하 재

그렇다면 정의로운 정치는 어떻게 하면
되는가?

子墨子言曰:
자 묵 자 언 왈

묵자께서 말씀하셨다.

"處大國不攻小國,
처 대 국 불 공 소 국

"큰 나라의 지위에 처해 작은 나라를
공격하지 않고,

處大家不簒小家,
처 대 가 불 찬 소 가

큰 식읍(食邑)의 지위에 처해 작은
식읍을 빼앗지 않으며,

强者不劫弱,
강 자 불 겁 약

강한 자는 약한 자를 겁탈(劫奪)하지
않고,

貴者不傲賤,
귀 자 불 오 천

귀한 자는 천한 자에게 오만하지

않으며,

多²⁶詐者不欺愚.
다 사 자 불 기 우

사기 치는 자는 어리석은 자를 기만하지 않는다.

此必上利於天,
차 필 상 리 어 천

이렇게 하면 반드시 위로는 하늘에 이롭고,

中利於鬼,
중 리 어 귀

가운데로는 귀신에게 이로우며,

下利於人.
하 리 어 인

아래로는 사람들에게 이로울 것이다.

三利無所不利,
삼 리 무 소 불 리

이 세 가지의 이로움이 있으면 이롭지 않음은 없어질 것이다.

故擧天下美名加之,
고 거 천 하 미 명 가 지

그래서 천하의 모든 사람들은 그에게 아름다운 이름을 붙여

謂之聖王.
위 지 성 왕

그를 성군이라고 하는 것이다.

力政者則與此異,
역 정 자 즉 여 차 이

폭력의 정치를 하는 자는 이와 다른데,

言非此,
언 비 차

그들의 말은 이와 같지 않으며

行反此,
행 반 차

행동은 이와 상반되어

猶倖馳²⁷也.
유 행 치 야

마치 반대 방향으로 달려가는 것과 같다.

處大國攻小國,
처 대 국 공 소 국

큰 나라의 지위에 처해 작은 나라를 공격하고,

處大家篡小家,
처 대 가 찬 소 가

큰 식읍의 지위에 처해 작은 식읍을

---

26 다(多): 앞의 문장 형식으로 보아 다(多)는 연문으로, 삭제해야 한다.

27 행치(倖馳): 필원은 "행(倖)은 다른 판본에서 배(偝)라고 하였다. 배(偝)는 배(背)와 같다"라고 하였다. 배치(背馳)는 반대 방향으로 달려가다라는 의미이다.

빼앗으며,

强者劫弱,
강 자 겁 약

강한 자가 약한 자를 겁탈하고,

貴者傲賤,
귀 자 오 천

귀한 자가 천한 자에게 오만하며,

多詐欺愚.[28]
다 사 기 우

사기 치는 자가 어리석은 자를 기만한다.

此上不利於天,
차 상 불 리 어 천

이렇게 하면 위로는 하늘에 이롭지 않고,

中不利於鬼,
중 불 리 어 귀

가운데로는 귀신에게 이롭지 않으며,

下不利於人.
하 불 리 어 인

아래로는 사람들에게 이롭지 않을 것이다.

三不利無所利,
삼 불 리 무 소 리

이 세 가지의 이롭지 않음이 있으면 이로움은 없어질 것이다.

故舉天下惡名加之,
고 거 천 하 오 명 가 지

그래서 천하의 모든 사람들은 그에게 나쁜 이름을 붙여

謂之暴王."
위 지 폭 왕

그를 폭군이라고 하는 것이다."

子墨子言曰:
자 묵 자 언 왈

묵자께서 말씀하셨다.

"我有天志,
아 유 천 지

"나에게는 하늘의 뜻이 있는데,

譬若輪人[29]**之有規**[30]**,**
비 약 륜 인 지 유 규

비유하면 마치 수레의 바퀴를 만드는

---

28 다사기우(多詐欺愚): 앞의 문장 형식으로 보아 사자기우(詐者欺愚)가 되어야 한다. 앞의 다
   사자불기우(多詐者不欺愚)에서 다(多)는 연문으로, 삭제해야 한다.

29 윤인(輪人): 수레의 바퀴를 만드는 사람.

30 규(規): 그림쇠, 컴퍼스.

사람에게 그림쇠가 있고,

匠人之有矩[31].
장 인 지 유 구

목수에게 굽은 자가 있는 것과 같다.

輪匠執其規矩,
윤 장 집 기 규 구

수레의 바퀴를 만드는 사람과
목수들은 그들의 그림쇠와 굽은 자를
가지고

以度天下之方圜[32],
이 탁 천 하 지 방 원

천하의 원형(圓形)과 방형(方形)을
재면서

曰: '中者是也,
왈 중 자 시 야

'그림쇠와 굽은 자에 들어맞는 것은
바르며,

不中者非也.'
부 중 자 비 야

들어맞지 않는 것은 그르다'라고
말한다.

今天下之士君子之書,
금 천 하 지 사 군 자 지 서

지금 천하의 군자들의 책은

不可勝載,
불 가 승 재

수레에 실을 수 없을 정도로 많으며

言語不可盡計.
언 어 불 가 진 계

그들의 언론도 다 셀 수 없을 정도로
많다.

上說[33]諸侯,
상 세 제 후

위로는 제후들에게 유세하고

下說列士[34],
하 세 렬 사

아래로는 많은 관리들에게
유세하는데,

其於仁義則大相遠也.
기 어 인 의 즉 대 상 원 야

그들의 언론은 인의와는 크게 멀리
떨어져 있다.

---

31 구(矩): 굽은 자.
32 원(圜): 원(圓)과 같다.
33 세(說): 유세(遊說)하다.
34 열사(列士): 여기서는 '많은 관리'라는 뜻으로 쓰였다.

以知之?
이 지 지

어떻게 그러함을 아는가?

曰: 我得天下之明法[35]以度之."
왈 아득천하지명법 이탁지

내가 천하의 밝은 법도인 하늘의 뜻을
얻어 그것으로 그들의 언론을 재어
보고서 안다고 하겠다."

---

35 천하지명법(天下之明法): '천지(天志: 하늘의 뜻)'를 가리킨다.

천지 중 제27편
(天志中第二十七)

子墨子言曰: 자묵자언왈	묵자께서 말씀하셨다.
"今天下之君子之欲爲仁義者, 금 천 하 지 군 자 지 욕 위 인 의 자	"지금 천하의 군자들이 인의를 행하려 한다면
則不可不察義之所從出." 즉 불 가 불 찰 의 지 소 종 출	그 의가 어디로부터 나오는지를 살피지 않을 수 없다."
既曰不可以不察義之所從出, 기 왈 불 가 이 불 찰 의 지 소 종 출	이미 의가 어디로부터 나오는지를 살피지 않을 수 없다고 말했다면,
然則義何從出? 연 즉 의 하 종 출	그 의는 어디로부터 나오는가?
子墨子曰: 자 묵 자 왈	묵자께서 말씀하셨다.
"義不從愚且賤者出, 의 부 종 우 차 천 자 출	"의는 어리석고 천한 사람들로부터 나오지 않고
必自貴且知[1]者出." 필 자 귀 차 지 자 출	반드시 귀하고 지혜로운 자들로부터 나온다."
何以知義之不從愚且賤者出, 하 이 지 의 지 부 종 우 차 천 자 출	어떻게 의가 어리석고 천한

---

1   지(知): 지(智)와 통한다.

사람들로부터 나오지 않고

而必自貴且知者出也?
이 필 자 귀 차 지 자 출 야

반드시 귀하고 지혜로운 자들로부터 나오는지를 아는가?

曰: "義者, 善政也."
왈   의 자 선 정 야

"의라는 것은 좋은 정치이기 때문이다"라고 대답한다.

何以知義之爲善政也?
하 이 지 의 지 위 선 정 야

어떻게 의가 좋은 정치가 되는지를 아는가?

曰:
왈

이렇게 대답한다.

"天下有義則治,
천 하 유 의 즉 치

"천하에 의가 있으면 다스려지고

無義則亂,
무 의 즉 란

의가 없으면 어지러워지니,

是以知義之爲善政也.
시 이 지 의 지 위 선 정 야

이것으로써 의가 좋은 정치가 됨을 안다.

夫愚且賤者,
부 우 차 천 자

어리석고 천한 사람들은

不得爲政乎貴且知者,
부 득 위 정 호 귀 차 지 자

귀하고 지혜로운 사람들을 다스릴 수 없으며,

然後得爲政乎愚且賤者,[2]
연 후 득 위 정 호 우 차 천 자

귀하고 지혜로운 사람들이어야만 어리석고 천한 사람들을 다스릴 수 있다.

此吾所以知義之不從愚且賤者出,
차 오 소 이 지 의 지 부 종 우 차 천 자 출

이것은 내가 의는 어리석고 천한 사람들로부터 나오지 않고,

---

2 연후득위정호우차천자(然後得爲政乎愚且賤者): 앞뒤 문장에 의거하면 이 구절 바로 앞에 귀차지자(貴且知者)가 들어가야 한다.

而必自貴且知者出也."
이 필 자 귀 차 지 자 출 야

반드시 귀하고 지혜로운 자들이 나온다는 사실을 아는 까닭이다."

然則孰爲貴?
연 즉 숙 위 귀

그렇다면 누가 귀하고

孰爲知?
숙 위 지

누가 지혜로운가?

曰: "天爲貴,
왈   천 위 귀

"하늘이 귀하고,

天爲知而已矣.
천 위 지 이 이 의

하늘이 지혜로울 뿐이다.

然則義果自天出矣."
연 즉 의 과 자 천 출 의

그러하니 의는 과연 하늘로부터 나오는 것이다"라고 대답한다.

今天下之人曰:
금 천 하 지 인 왈

지금 천하의 사람들은 말한다.

"當若天子之貴諸侯,
당 약 천 자 지 귀 제 후

"천자가 제후보다 귀하고,

諸侯之貴大夫,
제 후 지 귀 대 부

제후가 대부보다 귀하다는 사실 같은 것은

僑³明知之.
호 명 지 지

확실하게 분명히 알고 있다.

然吾未知天之貴且知於天子也."
연 오 미 지 천 지 귀 차 지 어 천 자 야

그러나 우리는 하늘이 천자보다 귀하고 지혜롭다는 사실은 모른다."

子墨子曰:
자 묵 자 왈

묵자께서 말씀하셨다.

"吾所以知天之貴且知於天子者有矣.
오 소 이 지 천 지 귀 차 지 어 천 자 자 유 의

"내가 하늘이 천자보다 귀하고

---

3 호(僑): 필원은 "마땅히 확(碻)이 되어야 하는데, 확연히 알 수 있음을 말한다"고 하였다. 확
   (碻)은 확(確)과 같다.

지혜롭다는 사실을 아는 까닭에는
근거가 있다.

曰: 天子爲善,
왈 천자위선

그것은 천자가 선을 행하면

天能賞之;
천 능 상 지

하늘은 그에게 상을 줄 수 있으며,

天子爲暴,
천 자 위 포

천자가 포악한 짓을 행하면

天能罰之;
천 능 벌 지

하늘은 그에게 벌을 줄 수 있다는
것이다.

天子有疾病禍祟,
천 자 유 질 병 화 수

천자에게 질병이나 재앙이 있으면

必齋戒沐浴,
필 재 계 목 욕

천자는 반드시 목욕재계를 하고

潔爲酒醴粢盛,
결 위 주 례 자 성

정결하게 제수용 곡물과 술을
준비하여

以祭祀天鬼,
이 제 사 천 귀

천제와 귀신에게 제사를 지내면,

則天能除去之,
즉 천 능 제 거 지

하늘은 그의 질병과 재앙을 제거해 줄
수가 있다.

然吾未知天之祈福於天子也.
연 오 미 지 천 지 기 복 어 천 자 야

그러나 나는 하늘이 천자에게 복을
빌었다는 사실은 모른다.

此吾所以知天之貴且知於天子者.
차 오 소 이 지 천 지 귀 차 지 어 천 자 자

이것은 내가 하늘이 천자보다 귀하고
지혜롭다는 사실을 아는 까닭이다.

不止此而已矣,
부 지 차 이 이 의

이와 같을 뿐만 아니라,

又以先王之書馴[4]天明不解[5]之道也知之.
우 이 선 왕 지 서 순 천 명 불 해 지 도 야 지 지

---

4 순(馴): 훈(訓)과 통하는데 '해석하다'라는 뜻이다.

또한 선왕들의 책에서 하늘의
명철(明哲)함과 느슨하지 않은 도리를
해석하고 있는 것으로부터 하늘이
천자보다 귀하고 지혜롭다는 사실을
안다.

曰: '明哲維天,
왈 명 철 유 천

그들 책에서 '지혜가 밝은 것은
하늘이며,

臨君下土.'
임 군 하 토

그 밝음을 아래 땅에 비춘다'라고
하였다.

則此語天之貴且知於天子.
즉 차 어 천 지 귀 차 지 어 천 자

이것은 하늘이 천자보다 귀하고
지혜롭다는 사실을 말한다.

不知亦有貴知夫天者乎?
부 지 역 유 귀 지 부 천 자 호

또 하늘보다 귀하고 지혜로운 것이
있는지 모르겠다.

曰: 天爲貴,
왈 천 위 귀

하늘이 귀하고

天爲知而已矣.
천 위 지 이 이 의

하늘이 지혜로울 뿐이라고 하였다.

然則義果自天出矣."
연 즉 의 과 자 천 출 의

그렇다면 의는 정말 하늘로부터
나오는 것이다."

是故子墨子曰:
시 고 자 묵 자 왈

그래서 묵자께서 말씀하셨다.

"今天下之君子,
금 천 하 지 군 자

"지금 천하의 군자들이

中⁶實將欲遵道利民,
중 실 장 욕 준 도 리 민

내심 확실히 선왕의 도를 따르고

---

5   불해(不解): 여기서 해(解)는 해(懈)와 통한다. 불해(不懈)는 '느슨하지 않다', '게을리하지 않
    다'라는 의미이다.
6   중(中): 내심(內心).

백성들에게 이로움을 주며

本察仁義之本,
본 찰 인 의 지 본

근본적으로 인의의 본원(本源)을 살피고자 한다면,

天之意不可不愼[7]也."
천 지 의 불 가 불 신 야

하늘의 뜻을 따르지 않으면 안 된다."

既以天之意以爲不可不愼已,
기 이 천 지 의 이 위 불 가 불 신 이

하늘의 뜻을 따르지 않으면 안 되는 것으로 여긴다면,

然則天之將何欲何憎?
연 즉 천 지 장 하 욕 하 증

하늘은 무엇을 바라고 무엇을 싫어하겠는가?

子墨子曰:
자 묵 자 왈

묵자께서 말씀하셨다.

"天之意,
천 지 의

"하늘의 뜻은

不欲大國之攻小國也,
불 욕 대 국 지 공 소 국 야

큰 나라가 작은 나라를 공격하는 것,

大家之亂小家也,
대 가 지 란 소 가 야

큰 식읍이 작은 식읍을 어지럽게 하는 것,

强之暴寡,
강 지 포 과

강한 자가 약한 자에게 포악하게 구는 것,

詐之謀愚,
사 지 모 우

사기꾼이 어리석은 자를 속이는 것,

貴之傲賤,
귀 지 오 천

귀한 자가 천한 자에게 오만하게 구는 것을 바라지 않는다.

此天之所不欲也.
차 천 지 소 불 욕 야

이것을 하늘은 바라지 않는다.

不止此而已,
부 지 차 이 이

이와 같을 뿐만 아니라,

欲人之有力相營[8],
욕 인 지 유 력 상 영

사람들이 힘이 있으면 서로 도와주고

---

7 신(愼): 순(順)과 통한다.

有道相教,
_{유 도 상 교}

도리를 알고 있으면 서로 가르쳐 주며

有財相分也.
_{유 재 상 분 야}

재산이 있으면 서로 나누어 주기를 바란다.

又欲上之强⁹聽治也,
_{우 욕 상 지 강 청 치 야}

또 윗사람은 노력해서 다스리고

下之强從事也.
_{하 지 강 종 사 야}

아랫사람은 노력해서 맡은 일에 종사하기를 바란다.

上强聽治,
_{상 강 청 치}

윗사람이 노력해서 다스린다면

則國家治矣;
_{즉 국 가 치 의}

국가는 안정될 것이며,

下强從事,
_{하 강 종 사}

아랫사람이 노력해서 맡은 일에 종사한다면

則財用足矣.
_{즉 재 용 족 의}

재물이 충분하게 될 것이다.

若國家治財用足,
_{약 국 가 치 재 용 족}

만약 국가가 안정되고 재물이 충분하게 되면

則內有以潔爲酒醴粢盛,
_{즉 내 유 이 결 위 주 례 자 성}

안으로는 정결하게 제수용 곡물과 술을 준비하여

以祭祀天鬼;
_{이 제 사 천 귀}

천제와 귀신에게 제사를 지내게 될 것이며,

外有以爲環璧¹⁰珠玉,
_{외 유 이 위 환 벽 주 옥}

밖으로는 환벽 주옥들로 예물을 갖춰

以聘撓¹¹四鄰.
_{이 빙 요 사 린}

사방의 이웃 나라들과 사귀게 될

---

8 영(營): 여기서는 '돕다'라는 뜻으로 쓰였다.
9 강(强): 여기서는 '노력하다', '힘쓰다'라는 의미로 쓰였다.
10 환벽(環璧): 납작하고 가운데에 둥근 구멍이 뚫려 있는 옥.
11 빙요(聘撓): 여기서 요(撓)는 '사귀다(交)'의 뜻으로 쓰였다. 필원은 요(撓)는 교(交)와 음이 같다고 하였다.

것이다.

諸侯之冤[12]不興矣,
제 후 지 원 불 흥 의

제후들 사이에는 원한(怨恨)이 생기지 않게 될 것이며

邊境兵甲不作矣.
변 경 병 갑 부 작 의

변경에는 전쟁이 일어나지 않게 될 것이다.

內有以食飢息勞,
내 유 이 식 기 식 로

안으로는 굶주린 사람을 먹게 해 주고 노역(勞役)한 사람을 쉬게 해 주며

持養其萬民,
지 양 기 만 민

만백성을 부양해 주어,

則君臣上下惠忠,
즉 군 신 상 하 혜 충

임금과 신하 그리고 윗사람과 아랫사람은 서로 은혜를 베풀고 충성을 다할 것이며,

父子弟兄慈孝.
부 자 제 형 자 효

아버지와 아들 그리고 형과 동생은 서로 자애롭고 효성스럽게 될 것이다.

故唯毋明乎順天之意,
고 유 무 명 호 순 천 지 의

그래서 하늘의 뜻을 따라야 함을 분명히 알고

奉而光[13]施之天下,
봉 이 광 시 지 천 하

그 뜻을 받들어 천하에 그것을 넓게 베풀기만 하면,

則刑政治,
즉 형 정 치

형법과 정치는 잘 다스려지고

萬民和,
만 민 화

만백성은 화목해지며

國家富,
국 가 부

국가는 부유해지고

財用足,
재 용 족

재물은 충분해질 것이니,

---

12 원(冤): 원(怨)과 통한다.
13 광(光): 광(廣)과 통한다.

百姓皆得煖衣飽食,
<small>백 성 개 득 난 의 포 식</small>

백성들은 모두 따뜻하게 옷을 입고
배부르게 먹을 수 있으며

便寧[14]無憂."
<small>편 녕 무 우</small>

편안하여 걱정이 없을 것이다."

是故子墨子曰:
<small>시 고 자 묵 자 왈</small>

그러므로 묵자께서 말씀하셨다.

"今天下之君子,
<small>금 천 하 지 군 자</small>

"지금 천하의 군자들이

中實將欲遵道利民,
<small>중 실 장 욕 준 도 리 민</small>

내심 확실히 선왕의 도를 따르고
백성들에게 이로움을 주며

本察仁義之本,
<small>본 찰 인 의 지 본</small>

근본적으로 인의의 본원을 살피고자
한다면,

天之意不可不愼也."
<small>천 지 의 불 가 불 신 야</small>

하늘의 뜻을 따르지 않으면 안 된다."

且夫天子[15]之有天下也,
<small>차 부 천 자 지 유 천 하 야</small>

또한 하늘이 천하를 소유하고 있는
것은

辟[16]之無以異乎國君諸侯之有四境之內也.
<small>벽 지 무 이 이 호 국 군 제 후 지 유 사 경 지 내 야</small>

비유컨대 국군이나 제후들이 사방
국경 내의 땅을 소유하고 있는 것과
다를 것이 없다.

今國君諸侯之有四境之內也,
<small>금 국 군 제 후 지 유 사 경 지 내 야</small>

지금 국군이나 제후들이 사방 국경
내의 땅을 소유하고 있으면서

夫豈欲其臣國萬民[17]之相爲不利哉?
<small>부 기 욕 기 신 국 만 민 지 상 위 불 리 재</small>

---

14 편녕(便寧): 안녕(安寧)하다, 편안하다.

15 자(子): 연문으로, 삭제해야 한다.

16 벽(辟): 비(譬)와 통한다. '비유하다'라는 뜻이다.

17 신국만민(臣國萬民): '신민(臣民)'을 가리킨다.

어찌 그 나라 신민(臣民)들이 서로
이롭지 않은 일을 하기를 바라겠는가?

今若處大國則攻小國,
_{금 약 처 대 국 즉 공 소 국}

지금 만약 큰 나라의 지위에 처해 작은
나라를 공격하고

處大家則亂小家,
_{처 대 가 즉 란 소 가}

큰 식읍의 지위에 처해 작은 식읍을
어지럽게 하는 것으로

欲以此求賞譽,
_{욕 이 차 구 상 예}

하늘의 상과 칭찬 구하기를 바란다면,

終不可得,
_{종 불 가 득}

결국 구할 수 없을 것이며

誅罰必至矣.
_{주 벌 필 지 의}

징벌을 반드시 받게 될 것이다.

夫天之有天下也,
_{부 천 지 유 천 하 야}

하늘이 천하를 소유하고 있는 것도

將無已¹⁸異此.
_{장 무 이 이 차}

이것과 다를 것이 없다.

今若處大國則攻小國,
_{금 약 처 대 국 즉 공 소 국}

지금 만약 큰 나라의 지위에 처해 작은
나라를 공격하고

處大都¹⁹則伐小都,
_{처 대 도 즉 벌 소 도}

큰 성읍의 지위에 처해 작은 성읍을
정벌하는 것으로

欲以此求福祿於天,
_{욕 이 차 구 복 록 어 천}

하늘에 복록을 구하기를 바란다면,

福祿終不得,
_{복 록 종 부 득}

그 복록은 결국 얻을 수 없을 것이며

而禍祟必至矣.
_{이 화 수 필 지 의}

재앙이 반드시 이르게 될 것이다.

然有所不爲天之所欲,
_{연 유 소 불 위 천 지 소 욕}

그렇다면 하늘이 바라는 것을 하지
않고

---

18 이(已): 이(以)와 통한다.
19 도(都): 성읍(城邑). '경대부의 봉읍(封邑)'을 가리킨다.

而爲天之所不欲,
이 위 천 지 소 불 욕

하늘이 바라지 않는 것을 한다면,

則夫天亦且不爲人之所欲,
즉 부 천 역 차 불 위 인 지 소 욕

하늘 역시 사람들이 바라는 것을 해 주지 않고

而爲人之所不欲矣.
이 위 인 지 소 불 욕 의

사람들이 바라지 않는 것을 해 줄 것이다.

人之所不欲者何也?
인 지 소 불 욕 자 하 야

사람들이 바라지 않는 것이 무엇인가?

曰疾病禍崇也.
왈 질 병 화 수 야

질병과 재앙일 것이다.

若已不爲天之所欲,
약 이 불 위 천 지 소 욕

만약 하늘이 바라는 것을 하지 않고

而爲天之所不欲,
이 위 천 지 소 불 욕

하늘이 바라지 않는 것을 한다면,

是率天下之萬民以從事乎禍崇之中也.
시 솔 천 하 지 만 민 이 종 사 호 화 수 지 중 야

천하의 만백성을 이끌고 재앙의 가운데로 빠지게 하는 것이다.

故古者聖王明知天鬼之所福[20]
고 고 자 성 왕 명 지 천 귀 지 소 복

그래서 옛날 성군들은 하늘과 귀신이 내려 주는 복이 어떤 것들인지를 분명히 알고서

而辟[21]天鬼之所憎,
이 피 천 귀 지 소 증

하늘과 귀신이 미워하는 것을 피하여

以求興天下之利,
이 구 흥 천 하 지 리

천하의 이익을 일으키고

而除天下之害.
이 제 천 하 지 해

천하의 해를 제거하고자 하였다.

是以天之爲寒熱也節,
시 이 천 지 위 한 열 야 절

그러므로 하늘은 추위와 더위가 절도 있도록 하고,

四時調,
사 시 조

사계절이 조화되도록 하며,

---

20 복(福): 동사로 쓰여, '복을 내리다'라는 의미이다.

21 피(辟): 피(避)와 통한다.

陰陽22雨露也時,
음 양 우 로 야 시

흐림과 맑음 그리고 비와 이슬이 때에 맞도록 하며,

五穀孰23六畜逡,
오 곡 숙 륙 축 수

오곡이 성숙하도록 하고 육축이 번성하도록 하며,

疾菑24戾疫25凶饑則不至.
질 재 려 역 흉 기 즉 부 지

질병, 재난, 전염병, 흉년, 기근이 닥치지 않도록 한다.

是故子墨子曰:
시 고 자 묵 자 왈

그래서 묵자께서 말씀하셨다.

"今天下之君子,
금 천 하 지 군 자

"지금 천하의 군자들이

中實將欲遵道利民,
중 실 장 욕 준 도 리 민

내심 확실히 선왕의 도를 따르고 백성들에게 이로움을 주며

本察仁義之本,
본 찰 인 의 지 본

근본적으로 인의의 본원을 살피고자 한다면,

天意不可不愼也!
천 의 불 가 불 신 야

하늘의 뜻을 따르지 않으면 안 된다.

且夫天下蓋有不仁不祥26者,
차 부 천 하 개 유 불 인 불 상 자

또한 천하에는 대개 어질지도 착하지도 않은 자들이 있는데,

曰當若子之不事父,
왈 당 약 자 지 불 사 부

이를테면 자식으로서 아버지를 섬기지 않고

弟之不事兄,
제 지 불 사 형

아우로서 형을 섬기지 않으며

---

22 음양(陰陽): 여기서는 '흐림과 맑음'으로 번역하였다.
23 숙(孰): 숙(熟)의 본자(本字).
24 재(菑): 재(災)와 같다.
25 여역(戾疫): 전염병.
26 상(祥): 여기서는 '착하다'라는 뜻으로 쓰였다.

臣之不事君也.
신지불사군야

신하로서 임금을 섬기지 않는 자들 같은 것이다.

故天下之君子,
고 천 하 지 군 자

그래서 천하의 군자들은

與²⁷謂之不祥者.
여 위 지 불 상 자

모두 그들을 착하지 않은 자라고 말한다.

今夫天兼天下而愛之,
금 부 천 겸 천 하 이 애 지

지금 하늘은 천하의 사람들을 두루 사랑하고

撽遂²⁸萬物以利之,
교 수 만 물 이 리 지

만물을 육성하여 그들에게 이롭도록 해 준다.

若豪²⁹之末,
약 호 지 말

털끝 같은 작은 것이라도

非³⁰天之所爲也,
비 천 지 소 위 야

하늘이 만들지 않은 것이 없으니,

而民得而利之,
이 민 득 이 리 지

백성들이 하늘로부터 얻는 이익은

則可謂否³¹矣,
즉 가 위 부 의

대단히 많다고 할 수 있다.

然獨無報夫天,
연 독 무 보 부 천

그러나 한사코 하늘에 보답하지 않으며,

而不知其爲不仁不祥也.
이 부 지 기 위 불 인 불 상 야

그 자신이 어질지도 착하지도 않은 일을 하는 것을 모르고 있다.

此吾所謂君子明細而不明大也.
차 오 소 위 군 자 명 세 이 불 명 대 야

---

27 여(與): 거(擧)와 통하는데 '모두'라는 의미이다.

28 교수(撽遂): 여기서 교(撽)는 지(持), 즉 '지속하다'·'견지하다'라는 뜻으로 쓰였으며, 수(遂)는 '이루다'라는 의미이다. 교수(撽遂)는 '보양하여 육성하다[持養育成]'라고 번역할 수 있다.

29 호(豪): 호(毫)와 통하는데 '터럭'이라는 뜻이다.

30 비(非): 막비(莫非)가 되어야 한다. 아래도 마찬가지이다.

31 부(否): 유월은 "부(否) 자는 뜻이 통하지 않는데, 곧 '후(后)' 자의 잘못이다. '후(后)'는 '후(厚)'로 읽는다. '후(后)', '후(厚)'는 옛날에 통용되었다"라고 하였다.

이것이 내가 말한, 군자들은 세세한
일에는 밝으면서 큰일에는 밝지
못하다는 것이다.

且吾所以知天之愛民之厚者有矣,
차 오 소 이 지 천 지 애 민 지 후 자 유 의

또한 내가 하늘이 백성들을 깊게
사랑한다는 것을 아는 까닭은 여러
방면이 있는데,

曰以磨[32]爲日月星辰,
왈 이 마   위 일 월 성 신

말하자면 하늘이 해와 달과 별들을
분리하여

以昭道[33]之;
이 소 도   지

백성들을 밝게 하고
인도(引導)하였으며,

制爲四時春秋冬夏,
제 위 사 시 춘 추 동 하

사계절인 춘하추동을 만들어

以紀綱[34]之;
이 기 강   지

백성들에게 생활의 법칙으로 삼게
하였으며,

雷[35]降雪霜雨露,
뇌   강 설 상 우 로

눈·서리·비·이슬을 내려

以長遂五穀麻絲,
이 장 수 오 곡 마 사

오곡과 삼을 자라게 하여

使民得而財利之;
사 민 득 이 재 리 지

백성들로 하여금 재물과 이익을
얻도록 해 주었으며,

列爲山川溪谷,
열 위 산 천 계 곡

산과 하천과 계곡을 나열하고

---

32 마(磨): 왕념손은 "마(磨) 자는 뜻이 통하지 않는다. 마(磨)는 역(曆)이 되어야 한다. 역(曆)과
   역(歷)은 통한다······ 역(歷)은 분리하는 것을 말한다"라고 하였다.
33 소도(昭道): 밝게 하고 인도하다.
34 기강(紀綱): 법칙(法則), 상규(常規).
35 뇌(雷): 운(實)이 되어야 한다. 운(實)은 운(隕)과 통용되는데 '떨어지다'라는 의미이다.

播賦³⁶百事³⁷,
파부 백사

백관을 널리 설치하여

以臨³⁸司民之善否;
이림 사민지선부

백성들의 좋은 점과 나쁜 점을
시찰하고 관리하게 하였으며,

爲王公侯伯³⁹,
위왕공후백

제왕, 대신, 후, 백을 설치하여

使之賞賢而罰暴;
사지상현이벌포

그들로 하여금 현명한 사람에게는
상을 주고 포악한 사람들에게는 벌을
주도록 하였으며,

賊⁴⁰金木鳥獸,
적 금목조수

쇠와 나무 그리고 새와 짐승을
징수하고

從事乎五穀麻絲,
종사호오곡마사

오곡과 삼을 생산하여

以爲民衣食之財.
이위민의식지재

백성들의 입고 먹는 재물로 삼게
하였다.

自古及今,
자고급금

옛날부터 지금까지

未嘗不有此也.
미상불유차야

이러한 것들이 없었던 적이 없었다.

今有人於此,
금유인어차

지금 여기에 한 사람이 있는데,

驩⁴¹若愛其子,
환 약애기자

기쁘게 그의 아들을 사랑하며

竭力單⁴²務以利之,
갈력단 무이리지

힘을 다하여 일을 열심히 하여 그의

---

36 파부(播賦): 여기서는 '나누어 파견하다(分派)', 혹은 '널리 설치하다'라는 의미로 쓰였다.

37 백사(百事): 백관(百官).

38 임(臨): 여기서는 '시찰하다'라는 뜻으로 쓰였다.

39 왕공후백(王公侯伯): 왕(王)은 '제왕', 공(公)은 '대신(大臣)', 후(侯)는 '5등 관직의 제2등', '백(伯)은 '5등 관직의 제3등'을 가리킨다.

40 적(賊): 손이양은 마땅히 부(賦)가 되어야 하는데, 형태가 비슷하여 생긴 잘못이라고 하였다. 부(賦)는 '부과하다', '징수하다'라는 의미로 쓰였다.

41 환(驩): 환(歡) 자이다.

아들을 이롭게 한다고 하자.

其子長,
기 자 장

그 아들이 자라서

而無報子求[43]父,
이 무 보 자 구 부

아버지에게 보답을 하지 않는다면,

故天下之君子與謂之不仁不祥.
고 천 하 지 군 자 여 위 지 불 인 불 상

천하의 군자들은 모두 그들을
어질지도 착하지도 않은 자라고 말할
것이다.

今夫天兼天下而愛之,
금 부 천 겸 천 하 이 애 지

지금 하늘은 천하의 사람들을 두루
사랑하고

撒遂萬物以利之,
교 수 만 물 이 리 지

만물을 육성하여 그들에게 이롭도록
해 준다.

若豪之末,
약 호 지 말

터럭의 끝 같은 작은 것이라도

非天之所爲,
비 천 지 소 위

하늘이 만들지 않은 것이 없으니,

而民得而利之,
이 민 득 이 리 지

백성들이 하늘로부터 얻는 이익은

則可謂否矣.
즉 가 위 부 의

대단히 많다고 할 수 있다.

然獨無報夫天,
연 독 무 보 부 천

그러나 한사코 하늘에 보답하지
않으며

而不知其爲不仁不祥也.
이 부 지 기 위 불 인 불 상 야

그 자신이 어질지도 착하지도 않은
일을 하는 것을 모르고 있다.

此吾所謂君子明細而不明大也.
차 오 소 위 군 자 명 세 이 불 명 대 야

---

42 단(單): 탄(殫)과 통하는데 '다하다'라는 뜻이다.
43 자구(子求): 소시학(蘇時學)은 호(乎)의 잘못이라 하고, 왕경희(王景羲)는 우기(于其)의 잘
  못이라 하였는데, 둘의 의미는 별 차이가 없다.

이것이 내가 말한, 군자들은 세세한
일에는 밝으면서 큰일에는 밝지
못하다는 것이다.

且吾所以知天愛民之厚者,
차 오 소 이 지 천 애 민 지 후 자

또한 내가 하늘이 백성들을 깊게
사랑한다는 것을 아는 까닭은

不止此而足⁴⁴矣.
부 지 차 이 족 의

여기에 그치는 것만이 아니다.

曰殺不辜者,
왈 살 불 고 자

말하자면 무고한 사람을 죽이는 자는

天予不祥.
천 여 불 상

하늘이 그에게 징벌을 줄 것이다.

不辜者⁴⁵誰也?
불 고 자 수 야

무고한 사람을 죽이는 자는 누구인가?

曰人也.
왈 인 야

사람이다.

予之不祥者誰也?
여 지 불 상 자 수 야

그에게 징벌을 주는 자는 누구인가?

曰天也.
왈 천 야

하늘이다.

若天不愛民之厚,
약 천 불 애 민 지 후

만약 하늘이 백성들을 깊게 사랑하지
않는데,

夫胡說人殺不辜,
부 호 설 인 살 불 고

누가 무고한 사람을 죽였을 때

而天予之不祥哉?
이 천 여 지 불 상 재

하늘이 그에게 징벌을 주는 것을
어떻게 설명하겠는가?

此吾之所以知天之愛民之厚也.
차 오 지 소 이 지 천 지 애 민 지 후 야

이것이 내가 하늘이 백성들을 깊게
사랑한다는 것을 아는 까닭이다.

---

44 족(足): 아래 문장에 의거하면, 족(足)은 이(已) 자의 잘못이라고 할 수 있다.
45 불고자(不辜者): 내용으로 보아 살불고자(殺不辜者)가 되어야 한다.

且吾所以知天之愛民之厚者,
_{차 오 소 이 지 천 지 애 민 지 후 자}

또한 내가 하늘이 백성들을 깊게 사랑한다는 것을 아는 까닭은

不止此而已矣.
_{부 지 차 이 이 의}

여기에 그치는 것만이 아니다.

曰愛人利人,
_{왈 애 인 리 인}

말하자면 사람들을 사랑하고 사람들을 이롭게 해 주며

順天之意,
_{순 천 지 의}

하늘의 뜻에 순종하여

得天之賞者有之;
_{득 천 지 상 자 유 지}

하늘의 상을 받은 자가 있다.

憎人賊人,
_{증 인 적 인}

사람들을 미워하고 사람들을 해치며

反天之意,
_{반 천 지 의}

하늘의 뜻을 위반하여

得天之罰者亦有矣.
_{득 천 지 벌 자 역 유 의}

하늘의 벌을 받은 자도 있다.

夫愛人利人,
_{부 애 인 리 인}

사람들을 사랑하고 사람들을 이롭게 해 주며

順天之意,
_{순 천 지 의}

하늘의 뜻에 순종하여

得天之賞者誰也?
_{득 천 지 상 자 수 야}

하늘의 상을 받은 자들은 누구인가?

曰若昔三代聖王,
_{왈 약 석 삼 대 성 왕}

옛날 삼대의 성군인

堯舜禹湯文武者是也.
_{요 순 우 탕 문 무 자 시 야}

요임금, 순임금, 탕임금, 문왕, 무왕이 바로 그들이라 하겠다.

堯舜禹湯文武焉所從事?
_{요 순 우 탕 문 무 언 소 종 사}

요임금, 순임금, 탕임금, 문왕, 무왕은 무슨 일을 하였는가?

曰從事兼,
_{왈 종 사 겸}

그들은 모든 사람을 두루 사랑하는 일을 했지

不從事別.
_{부 종 사 별}

차별하는 일을 하지 않았다.

兼者,
_{겸 자}

모든 사람을 두루 사랑한다는 것은

處大國不攻小國,
_{처 대 국 불 공 소 국}

큰 나라의 지위에 처해 작은 나라를
공격하지 않고,

處大家不亂小家,
_{처 대 가 불 란 소 가}

큰 식읍의 지위에 처해 작은 식읍을
어지럽게 하지 않으며,

强不劫弱,
_{강 불 겁 약}

강한 자가 약한 자를 겁탈하지 않고,

衆不暴寡,
_{중 불 포 과}

수가 많은 자들이 수가 적은 자들에게
포악한 짓을 하지 않으며,

詐不謀愚,
_{사 불 모 우}

사기 치는 자가 어리석은 자를 속이지
않고,

貴不傲賤.
_{귀 불 오 천}

귀한 자가 천한 자에게 오만하게 굴지
않는 것이다.

觀其事,
_{관 기 사}

그들이 하는 일을 보면

上利乎天,
_{상 리 호 천}

위로는 하늘에 이롭게 하고,

中利乎鬼,
_{중 리 호 귀}

가운데로는 귀신을 이롭게 하며,

下利乎人,
_{하 리 호 인}

아래로는 사람들을 이롭게 하는데,

三利無所不利,
_{삼 리 무 소 불 리}

이 세 가지 이로움이 이루어지면
이롭지 않은 것이 없다.

是謂天德.
_{시 위 천 덕}

이것을 하늘의 덕이라고 한다.

聚斂天下之美名而加之焉,
_{취 렴 천 하 지 미 명 이 가 지 언}

천하의 아름다운 이름을 다 모아
그들에게 붙여 주니

曰此仁也,
_{왈 차 인 야}

이것이 곧 인이고,

義也,
의 야

의이며,

愛人利人,
애 인 리 인

사람들을 사랑하고 사람들을 이롭게
하며,

順天之意,
순 천 지 의

하늘의 뜻에 순종하여

得天之賞者也.
득 천 지 상 자 야

하늘의 상을 받는 것이다.

不止此而已,
부 지 차 이 이

이것뿐만이 아니라

書於竹帛,
서 어 죽 백

또한 그들의 명성(名聲)과 사적(事跡)을
죽편과 비단에 쓰고,

鏤之金石,
누 지 금 석

금석에 새기며,

琢之槃[46]盂,
탁 지 반 우

쟁반과 사발에 새겨

傳遺後世子孫.
전 유 후 세 자 손

후세 자손들에게 전해 주었던 것이다.

曰將何以爲?
왈 장 하 이 위

그것을 장차 무엇에 쓸 것인가?

將以識夫愛人利人,
장 이 식 부 애 인 리 인

장차 자손들에게 사람들을 사랑하고
사람들을 이롭게 하며,

順天之意,
순 천 지 의

하늘의 뜻에 순종하여

得天之賞者也.
득 천 지 상 자 야

하늘의 상을 받은 사람들을 알게 하기
위함이다.

「皇矣[47]」道之曰:
황 의 도 지 왈

『시경』「대아」의 「황의」 편에 말하였다.

'帝謂文王,
제 위 문 왕

'천제(天帝)께서 문왕에게 이르시네.

予懷明德,
여 회 명 덕

내가 그리워하는 밝은 덕을 지닌

---

46 반(槃): 반(盤)과 통한다.
47 황의(皇矣): 『시경(詩經)』「대아(大雅)」의 편명.

사람은

不大聲以色,
부 대 성 이 색

큰 소리로 자신을 나타내지 않고

不長夏[48]以革,
부 장 하 이 혁

제하(諸夏)의 우두머리지만 선왕의
법칙을 바꾸지 않으며

不識不知,
불 식 부 지

부지불식간에

順帝之則.'
순 제 지 칙

천제의 법칙을 따를 뿐이어라.'

帝善其順法則也,
제 선 기 순 법 칙 야

천제는 문왕이 천제의 법칙에
순종하는 것을 좋다고 여겼다.

故擧殷[49]以賞之,
고 거 은 이 상 지

그래서 상(商)나라를 통째로 문왕에게
상으로 주어

使貴爲天子,
사 귀 위 천 자

귀하게는 천자가 되게 하고

富有天下,
부 유 천 하

부유하기로는 천하를 소유하게 하여

名譽至今不息.
명 예 지 금 불 식

그 명성이 지금까지도 식지 않고 있다.

故夫愛人利人,
고 부 애 인 리 인

그래서 사람들을 사랑하고 사람들을
이롭게 하며

順天之意,
순 천 지 의

하늘의 뜻에 순종하여

得天之賞者,
득 천 지 상 자

하늘의 상을 받은 사람들에 대해

卽可得留[50]而已.
즉 가 득 류 이 이

알 수 있는 것이다.

---

48 하(夏): 제하(諸夏)를 가리키는데, '화하민족(華夏民族)'을 의미하며 '이적(夷狄)'과 대칭된
다.
49 은(殷): 상(商) 왕조.
50 유(留): 아래의 문장에 근거하면 지(知)가 되어야 한다.

夫憎人賊人,
부 증 인 적 인

사람들을 미워하고 사람들을 해롭게
하며

反天之意,
반 천 지 의

하늘의 뜻을 위반하여

得天之罰者誰也?
득 천 지 벌 자 수 야

하늘의 벌을 받은 자들은 누구인가?

曰若昔者三代暴王桀紂幽厲者是也.
왈 약 석 자 삼 대 폭 왕 걸 주 유 려 자 시 야

옛날 삼대의 폭군인 걸왕, 주왕, 유왕,
여왕이 바로 그들이라 하겠다.

桀紂幽厲焉所從事?
걸 주 유 려 언 소 종 사

걸왕, 주왕, 유왕, 여왕은 무슨 일을
하였는가?

曰從事別,
왈 종 사 별

그들은 모든 사람을 차별하는 일을
했지,

不從事兼.
부 종 사 겸

두루 사랑하는 일은 하지 않았다.

別者,
별 자

모든 사람을 차별한다는 것은

處大國則攻小國,
처 대 국 즉 공 소 국

큰 나라의 지위에 처해 작은 나라를
공격하고,

處大家則亂小家,
처 대 가 즉 란 소 가

큰 식읍의 지위에 처해 작은 식읍을
어지럽게 하며,

强劫弱,
강 겁 약

강한 자가 약한 자를 겁탈하고,

衆暴寡,
중 포 과

수가 많은 자들이 수가 적은 자들에게
포악한 짓을 하며,

詐謀愚,
사 모 우

사기 치는 자가 어리석은 자를 속이고,

貴傲賤.
귀 오 천

귀한 자가 천한 자에게 오만하게 구는
것이다.

觀其事,
관 기 사

그들이 하는 일을 보면

上不利乎天,
상 불 리 호 천

위로는 하늘에 이롭게 하지 않고,

中不利乎鬼,
중 불 리 호 귀

가운데로는 귀신을 이롭게 하지
않으며,

下不利乎人,
하 불 리 호 인

아래로는 사람들을 이롭게 하지
않는데,

三不利無所利,
삼 불 리 무 소 리

이 세 가지 이롭지 않음이 이루어지면
이로운 것이 없다.

是謂天賊.
시 위 천 적

이것을 하늘의 도적이라고 한다.

聚斂天下之醜名而加之焉,
취 렴 천 하 지 추 명 이 가 지 언

천하의 추악한 이름을 다 모아
그들에게 붙여 주니,

曰此非仁也,
왈 차 비 인 야

이것이 곧 불인(不仁)이고,

非義也,
비 의 야

불의(不義)이며,

憎人賊人,
증 인 적 인

사람들을 미워하고 사람들을 해롭게
하며,

反天之意,
반 천 지 의

하늘의 뜻을 위반하여

得天之罰者也.
득 천 지 벌 자 야

하늘의 벌을 받은 것이다.

不止此而已,
부 지 차 이 이

이것뿐만이 아니라,

又書其事於竹帛,
우 서 기 사 어 죽 백

또한 그들의 사적을 죽편과 비단에
쓰고,

鏤之金石,
누 지 금 석

금석에 새기며,

琢之槃盂,
탁 지 반 우

쟁반과 사발에 새겨

傳遺後世子孫.
전 유 후 세 자 손

후세 자손들에게 전해 주었던 것이다.

曰將何以爲?
왈 장 하 이 위

그것을 장차 무엇에 쓸 것인가?

將以識夫憎人賊人,
장 이 식 부 증 인 적 인

장차 자손들에게 사람들을 미워하고 사람들을 해롭게 하며

反天之意,
반 천 지 의

하늘의 뜻을 위반하고

得天之罰者也.
득 천 지 벌 자 야

하늘의 벌을 받은 사람들을 알게 하기 위함이다.

「大誓51」之道之曰:
대 서   지 도 지 왈

『상서』「태서(太誓)」에서 말하였다.

'紂越厥52夷居53,
주 월 궐   이 거

'주왕은 거만하여

不肯54事上帝,
불 긍   사 상 제

천제를 섬기려 하지 않으며,

棄厥先55神祇56不祀,
기 궐 선   신 기   불 사

그 선조들의 신령(神靈)도 버리고 제사 지내지 않으면서

乃曰吾有命,
내 왈 오 유 명

나는 천명(天命)을 받았다고 말하며

無廖僇務.57
무 료 비 무

그가 맡은 정무에 힘쓰지 않았다.

天下58.
천 하

---

51 대서(大誓): 「상동 하」주 34 참조.
52 월궐(越厥): 발어사로, 뜻이 없다.
53 이거(夷居): 거만(倨慢)하다.
54 긍(肯): 긍(肯)의 고자이다. '기꺼이 ~하려 하다'라는 뜻이다.
55 선(先): 선조(先祖).
56 신기(神祇): 하늘의 신령과 땅의 신령. 천신지기(天神地祇). 신명(神明).
57 무료비무(無廖僇務): 료(廖)는 육(戮)과 통하는데 '힘쓰다', '노력하다'라는 의미이다. 「비명 상」편에 나오는 무료피무(無廖彼務)에 근거하면, 여기의 비(僇)는 피(彼) 또는 기(其)가 되어야 한다.
58 천하(天下): 연문으로, 삭제해야 한다.

天亦縱棄[59]紂而不葆[60].'
천 역 종 기 주 이 불 보

하늘 또한 주왕을 버리고 보ㅎ ㅈ
않았다.'

察天以縱棄紂而不葆者,
찰 천 이 종 기 주 이 불 보 자

하늘이 주왕을 버리고 보호하지 않은
까닭을 살펴보면,

反天之意也.
반 천 지 의 야

그가 하늘의 뜻을 위반했기 때문이다.

故夫憎人賊人,
고 부 증 인 적 인

그래서 사람들을 미워하고 사람들을
해롭게 하며

反天之意,
반 천 지 의

하늘의 뜻을 위반하여

得天之罰者,
득 천 지 벌 자

하늘의 벌을 받는 사람들에 대해서는

既可得而知也."
기 가 득 이 지 야

가히 알 수 있는 것이다."

是故子墨子之有天之[61],
시 고 자 묵 자 지 유 천 지

그러므로 묵자께서는 하늘의 뜻을
파악하셨는데,

辟[62]人[63]無以異乎輪人之有規,
벽 인 무 이 이 호 륜 인 지 유 규

비유하면 수레의 바퀴를 만드는
사람에게 그림쇠가 있고

匠人之有矩也.
장 인 지 유 구 야

목수에게 굽은 자가 있는 것과 다를
바가 없다.

今夫輪人操其規,
금 부 륜 인 조 기 규

지금 수레의 바퀴를 만드는 사람이
그의 그림쇠를 가지고

---

59 종기(縱棄): 포기하다, 버리다.
60 보(葆): 보(保)와 같다.
61 지(之): 지(志)가 되어야 한다.
62 벽(辟): 비(譬)와 통한다.
63 인(人): 지(之)가 되어야 한다.

將以量度天下之圜⁶⁴與不圜也.
<small>장 이 량 탁 천 하 지 원　여 불 원 야</small>

천하의 둥근 것과 둥글지 않은 것을
재면서

曰: 中吾規者謂之圜,
<small>왈　중 오 규 자 위 지 원</small>

나의 그림쇠에 들어맞는 것을
둥글다고 하고,

不中吾規者謂之不圜.
<small>부 중 오 규 자 위 지 불 원</small>

나의 그림쇠에 들어맞지 않는 것을
둥글지 않다고 한다.

是以圜與不圜,
<small>시 이 원 여 불 원</small>

그래서 둥근 것과 둥글지 않은 것을

皆可得而知也.
<small>개 가 득 이 지 야</small>

모두 알 수가 있다.

此其故何?
<small>차 기 고 하</small>

이것은 그 까닭이 무엇인가?

則圜法明也.
<small>즉 원 법 명 야</small>

즉, 둥근 것의 법칙이 명확하기
때문이다.

匠人亦操其矩,
<small>장 인 역 조 기 구</small>

목수가 또한 그의 굽은 자를 가지고

將以量度天下之方與不方也.
<small>장 이 량 탁 천 하 지 방 여 불 방 야</small>

천하의 네모난 것과 네모나지 않은
것을 재면서

曰: 中吾矩者謂之方,
<small>왈　중 오 구 자 위 지 방</small>

나의 굽은 자에 들어맞는 것을
네모나다고 하고,

不中吾矩者謂之不方.
<small>부 중 오 구 자 위 지 불 방</small>

나의 굽은 자에 들어맞지 않는 것을
네모나지 않다고 한다.

是以方與不方,
<small>시 이 방 여 불 방</small>

그래서 네모난 것과 네모나지 않은
것을

皆可得而知之.
<small>개 가 득 이 지 지</small>

모두 알 수가 있다.

此其故何?
<small>차 기 고 하</small>

이것은 그 까닭이 무엇인가?

64　원(圜): '원(圓)'과 같다.

則方法明也.
즉 방 법 명 야

즉, 네모난 것의 법칙이 명확하￼
때문이다.

故子墨子之有天之意也,
고 자 묵 자 지 유 천 지 의 야

그러므로 묵자께서는 하늘의 뜻을
파악하셨는데,

上將以度天下之王公大人爲刑政也,
상 장 이 탁 천 하 지 왕 공 대 인 위 형 정 야

위로는 장차 그것으로 천하의
왕공대인들의 형법과 정치를 가늠하며

下將以量天下之萬民爲文學[65]出言談也.
하 장 이 량 천 하 지 만 민 위 문 학   출 언 담 야

아래로는 장차 그것으로 천하의
만백성의 문장과 언담을 잰다.

觀其行,
관 기 행

그들의 행위를 관찰하여

順天之意,
순 천 지 의

하늘의 뜻에 순종하면

謂之善意行;
위 지 선 의 행

그것을 좋은 행위라 하며,

反天之意,
반 천 지 의

하늘의 뜻에 위배되면

謂之不善意行.
위 지 불 선 의 행

그것을 좋지 않은 행위라 한다.

觀其言談,
관 기 언 담

그들의 언담을 관찰하여

順天之意,
순 천 지 의

하늘의 뜻에 순종하면

謂之善言談;
위 지 선 언 담

그것을 좋은 언담이라 하며,

反天之意,
반 천 지 의

하늘의 뜻에 위배되면

謂之不善言談.
위 지 불 선 언 담

그것을 좋지 않은 언담이라 한다.

觀其刑政,
관 기 형 정

그들의 형법과 정치를 관찰하여

---

65 문학(文學): '문장(文章)'을 가리킨다.

順天之意,
순 천 지 의

하늘의 뜻에 순종하면

謂之善刑政;
위 지 선 형 정

좋은 형법과 정치라 하며,

反天之意,
반 천 지 의

하늘의 뜻에 위배되면

謂之不善刑政.
위 지 불 선 형 정

그것을 좋지 않은 형법과 정치라 한다.

故置此以爲法,
고 치 차 이 위 법

그래서 이것을 두고 법도로 삼고

立此以爲儀[66],
입 차 이 위 의

이것을 세워 준칙으로 삼아

將以量度天下之王公大人·卿大夫之仁與不仁,
장 이 량 탁 천 하 지 왕 공 대 인 경 대 부 지 인 여 불 인

장차 천하의 왕공대인과 경대부들의
어질고 어질지 않음을 재려는 것이다.

譬之猶分黑白也.
비 지 유 분 흑 백 야

이것을 비유하면, 검은 것과 흰 것을
구분하는 것과 같다.

是故子墨子曰:
시 고 자 묵 자 왈

그러므로 묵자께서 말씀하셨다.

"今天下之王公大人士君子,
금 천 하 지 왕 공 대 인 사 군 자

"지금 천하의 왕공대인과 관리들이

中實將欲遵道利民,
중 실 장 욕 준 도 리 민

내심 확실히 정도(正道)를 따라
백성들을 이롭게 하고자 한다면,

本察仁義之本,
본 찰 인 의 지 본

근본적으로 인의의 본원을 살피고

天之意不可不順也.
천 지 의 불 가 불 순 야

하늘의 뜻에 순종하지 않을 수 없다.

順天之意者,
순 천 지 의 자

하늘의 뜻에 순종하는 것이

義之法也."
의 지 법 야

정의(正義)의 법칙이다."

---

66 의(儀): 준칙.

천지 하 제28편
(天志下第二十八)

子墨子言曰:
자 묵 자 언 왈

묵자께서 말씀하셨다.

"天下之所以亂者,
천 하 지 소 이 란 자

"천하가 어지러워지는 까닭은

其說將何哉?
기 설 장 하 재

무엇인가?

則是天下士君子,
즉 시 천 하 사 군 자

그것은 천하의 군자들이

皆明於小而不明於大.
개 명 어 소 이 불 명 어 대

모두 작은 것에는 밝으면서도 큰
것에는 밝지 않기 때문이다.

何以知其明於小不明於大也?
하 이 지 기 명 어 소 불 명 어 대 야

그들이 작은 것에는 밝으면서도 큰
것에는 밝지 않다는 것을 어떻게
아는가?

以其不明於天之意也.
이 기 불 명 어 천 지 의 야

그들이 하늘의 뜻에 밝지 않다는
것으로 알 수 있다.

何以知其不明於天之意也?
하 이 지 기 불 명 어 천 지 의 야

그들이 하늘의 뜻에 밝지 않다는 것을
어떻게 아는가?

以處人之家者知之.[1]
이 처 인 지 가 자 지 지

사람들이 가정에서 처신하는 것으로
알 수 있다.

人處若家得罪[2],
인 처 약 가 득 죄

지금 사람들이 만약 가정에서 처신하면서 죄를 지으면

將猶有異家所以避逃之者,
장 유 유 이 가 소 이 피 도 지 자

다른 집에 도피할 수 있으나,

然且父以戒子,
연 차 부 이 계 자

아버지는 아들에게 경계하고

兄以戒弟,
형 이 계 제

형은 동생에게 경계하면서 말한다.

曰: '戒之愼之,
왈 계 지 신 지

'경계하고 삼가라.

處人之家[3],
처 인 지 가

사람들이 가정에서 처신하면서

不戒不愼之,
불 계 불 신 지

경계하지 않고 삼가지 않는다면

而有[4]處人之國者乎?'
이 유 처 인 지 국 자 호

또한 다른 나라에서 처신할 수 있겠는가?'

今人處若國得罪[5],
금 인 처 약 국 득 죄

지금 사람들이 만약 이 나라에서 처신하면서 죄를 지으면

將猶有異國所以避逃之者矣,
장 유 유 이 국 소 이 피 도 지 자 의

다른 나라에 도피할 수 있으나,

然且父以戒子,
연 차 부 이 계 자

아버지는 아들에게 경계하고

兄以戒弟,
형 이 계 제

형은 동생에게 경계하면서 말한다.

曰: '戒之愼之,
왈 계 지 신 지

'경계하고 삼가라.

處人之國[6]者,
처 인 지 국 자

사람들이 이 나라에서 처신하면서

---

1 이처인지가자지지(以處人之家者知之): 이 구는 이인지처가자지지(以人之處家者知之)라고 해야 한다.

2 처약가득죄(處若家得罪): 「천지 상」 편에 근거하면 약처가득죄(若處家得罪)라고 해야 한다.

3 처인지가(處人之家): 이 구는 인지처가(人之處家)라고 해야 한다.

4 유(有): 가(可)가 되어야 한다.

5 처약국득죄(處若國得罪): 이 구도 약처국득죄(若處國得罪)라고 해야 한다.

不可不戒愼也!'
불 가 불 계 신 야

경계하고 삼가지 않을 수 없다!

今人皆處天下而事天,
금 인 개 처 천 하 이 사 천

지금 사람들은 모두 천하에서
처신하면서 하늘을 섬기다가

得罪於天,
득 죄 어 천

하늘에 죄를 지으면

將無所以避逃之者矣.
장 무 소 이 피 도 지 자 의

도피할 수 있는 곳이 없다.

然而莫知以相極戒⁷也,
연 이 막 지 이 상 극 계 야

그러나 아무도 서로 경계할 줄을
모른다.

吾以此知大物⁸則不知者也."
오 이 차 지 대 물 즉 부 지 자 야

나는 이것으로 천하의 사람들이
큰일에 대해서는 알지 못함을 안다."

是故子墨子言曰:
시 고 자 묵 자 언 왈

그러므로 묵자께서 말씀하셨다.

"戒之愼之,
계 지 신 지

"경계하고 삼가라.

必爲天之所欲,
필 위 천 지 소 욕

반드시 하늘이 바라는 것을 하고

而去天之所惡.
이 거 천 지 소 오

하늘이 싫어하는 것은 버려야 한다.

曰天之所欲者何也?
왈 천 지 소 욕 자 하 야

묻건대 하늘이 바라는 것이 무엇이며

所惡者何也?
소 오 자 하 야

싫어하는 것이 무엇이냐?

天欲義而惡其不義者也.
천 욕 의 이 오 기 불 의 자 야

하늘은 의를 바라고 불의를 싫어한다.

何以知其然也?
하 이 지 기 연 야

어떻게 그러함을 아는가?

---

6 처인지국(處人之國): 이 구도 인지처국(人之處國)이라고 해야 한다.
7 극계(極戒): 유월은 "극계(極戒)는 경계(儆戒)로, 극(極)은 극(亟)으로 해도 통하는데……
   『광아(廣雅)』「석고(釋詁)」에 극(亟)은 경(敬)이다'라고 하였다. 극(亟)은 경(敬)이 되므로 경
   (儆)도 된다'라고 하였다. 경(儆)은 경(警)과 통한다.
8 대물(大物): 큰일.

義者正也.
의 자 정 야

의라는 것은 올바른 것이기 때문이다.

何以知義之爲正也?
하 이 지 의 지 위 정 야

어떻게 의라는 것이 올바른 것임을
아는가?

天下有義則治,
천 하 유 의 즉 치

천하에 의가 있으면 다스려지고

無義則亂,
무 의 즉 란

의가 없으면 어지러워지니,

我以此知義之爲正也.
아 이 차 지 의 지 위 정 야

나는 이것으로 의라는 것이 올바른
것임을 안다.

然而正者,
연 이 정 자

그러나 올바른 것이란

無自下正[9]上者,
무 자 하 정 상 자

아래로부터 위를 올바르게 하는 것은
없으며

必自上正下.
필 자 상 정 하

반드시 위로부터 아래를 올바르게
한다.

是故庶人不得次[10]己而爲正,
시 고 서 인 부 득 차 기 이 위 정

그러므로 서민들은 자기 마음대로
올바르게 될 수 없고

有士正之;
유 사 정 지

사인(士人)들이 그들을 올바르게 한다.

士不得次己而爲正,
사 부 득 차 기 이 위 정

사인은 자기 마음대로 올바르게 될 수
없고

有大夫正之;
유 대 부 정 지

대부가 그들을 올바르게 한다.

大夫不得次己而爲正,
대 부 부 득 차 기 이 위 정

대부는 자기 마음대로 올바르게 될 수
없고

有諸侯正之;
유 제 후 정 지

제후가 그들을 올바르게 한다.

---

9 정(正): 동사로 쓰여, '올바르게 하다'라는 의미로 쓰였다.

10 차(次): 자(恣)와 통하는데 '임의로 하다', '멋대로 하다'라는 뜻이다.

諸侯不得次己而爲正,
제 후 부 득 차 기 이 위 정

제후는 자기 마음대로 올바르게 될 수 없고

有三公正之;
유 삼 공 정 지

삼공이 그들을 올바르게 한다.

三公不得次己而爲正,
삼 공 부 득 차 기 이 위 정

삼공은 자기 마음대로 올바르게 될 수 없고

有天子正之;
유 천 자 정 지

천자가 그들을 올바르게 한다.

天子不得次己而爲政[11],
천 자 부 득 차 기 이 위 정

천자는 자기 마음대로 올바르게 될 수 없고

有天正之.
유 천 정 지

하늘이 그를 올바르게 한다.

今天下之士君子,
금 천 하 지 사 군 자

지금 천하의 군자들은

皆明於天子之正天下也,
개 명 어 천 자 지 정 천 하 야

모두 천자가 천하를 올바르게 한다는 것은 분명히 알고 있으나,

而不明於天之正天子也.
이 불 명 어 천 지 정 천 자 야

하늘이 천자를 올바르게 한다는 것은 분명히 알지 못하고 있다.

是故古者聖人,
시 고 고 자 성 인

그러므로 옛날 성인들은

明以此說人曰:
명 이 차 설 인 왈

분명하게 이것을 사람들에게 설명하였다.

'天子有善,
천 자 유 선

'천자에게 선행이 있으면

天能賞之;
천 능 상 지

하늘은 그에게 상을 줄 수 있으며,

天子有過,
천 자 유 과

천자에게 과오가 있으면

天能罰之.'
천 능 벌 지

하늘은 그에게 벌을 줄 수 있다.'

---

11 정(政): 마땅히 정(正) 자가 되어야 한다.

子賞罰不當,
자 자 상 벌 부 당

천자의 상과 벌이 부당하고

聽獄不中,
청 옥 부 중

옥사(獄事)의 처리가 합법적이지 않으면,

天下疾病禍福[12],
천 하 질 병 화 복

하늘은 질병과 재앙을 내리고

霜露不時,
상 로 불 시

서리와 이슬을 제때에 내려 주지 않는다.

天子必且犓豢其牛羊犬彘,
천 자 필 차 추 환 기 우 양 견 체

천자는 반드시 꼴로 소와 양을 기르고 곡식으로 개와 돼지를 기르며,

絜[13]爲粢盛酒醴,
결 위 자 성 주 례

정결하게 제수용 곡물과 술을 준비하여

以禱祠祈福於天,
이 도 사 기 복 어 천

기도와 제사를 드리며 하늘에 복을 빈다.

我未嘗聞天之禱祈福於天子也,
아 미 상 문 천 지 도 기 복 어 천 자 야

나는 일찍이 하늘이 천자에게 기도를 하며 복을 빌었다는 말은 들어 본 적이 없다.

吾以此知天之重且貴[14]於天子也.
오 이 차 지 천 지 중 차 귀 어 천 자 야

나는 이것으로 하늘이 천자보다 귀하고 지혜롭다는 것을 안다.

是故義者不自愚且賤者出,
시 고 의 자 부 자 우 차 천 자 출

그러므로 의라는 것은 어리석고 천한 자들로부터 나오는 것이 아니라,

---

12 복(福): 앞의「천지 상·중」편에 근거하면 수(祟)가 되어야 한다.
13 결(絜): 결(潔)과 같다.
14 중차귀(重且貴): 앞의「천지 중」편과 바로 뒤의 문장에 근거하면, 귀차지(貴且知)가 되어야 한다.

必自貴且知者出.
필자귀차지지자출

반드시 귀하고 지혜로운 자들이
나오는 것이다.

曰誰爲知?
왈 수 위 지

묻건대 누가 지혜로우냐?

天爲知.
천 위 지

하늘이 지혜롭다.

然則義果自天出也."
연 즉 의 과 자 천 출 야

그렇다면 의는 과연 하늘로부터
나오는 것이다."

今天下之士君子之欲爲義者,
금 천 하 지 사 군 자 지 욕 위 의 자

지금 천하의 군자들이 의로움을
행하려고 한다면

則不可不順天之意矣.
즉 불 가 불 순 천 지 의 의

하늘의 뜻에 순종하지 않으면 안 된다.

曰順天之意何若?
왈 순 천 지 의 하 약

묻건대 어떻게 하늘의 뜻에
순종하는가?

曰兼愛天下之人.
왈 겸 애 천 하 지 인

천하의 사람들을 두루 사랑해야 한다.

何以知兼愛天下之人也?
하 이 지 겸 애 천 하 지 인 야

어떻게 천하의 사람들을 두루
사랑해야 하는 것을 아는가?

以兼而食之也.
이 겸 이 식 지 야

하늘이 천하의 백성들이 바치는 것을
두루 먹기 때문이다.

何以知其兼而食之也?
하 이 지 기 겸 이 식 지 야

어떻게 하늘이 천하의 백성들이
바치는 것을 두루 먹는 것을 아는가?

自古及今,
자 고 급 금

옛날부터 지금까지,

無有15遠靈孤夷16之國,
무 유   원 령 고 이   지 국

멀고도 편벽되며 의지할 데가 없는
나라 할 것 없이

---

15 무유(無有): 여기서는 '~할 것 없이'라는 뜻으로 쓰였다.

犓豢其牛羊犬彘,
추 환 기 우 양 견 체

모두 꼴로 소와 양을 기르고 곡식으로
개와 돼지를 기르며,

絜爲粢盛酒醴,
결 위 자 성 주 례

정결하게 제수용 곡물과 술을
준비하여

以敬祭祀上帝山川鬼神,
이 경 제 사 상 제 산 천 귀 신

천제와 산천과 귀신에게 공경히 제사
지내니,

以此知兼而食之也.
이 차 지 겸 이 식 지 야

이것으로 하늘이 천하의 백성들이
바치는 것을 두루 먹는 것을 안다.

苟兼而食焉,
구 겸 이 식 언

만약 천하의 백성들이 바치는 것을
두루 먹는다면

必兼而愛之.
필 겸 이 애 지

반드시 두루 그들을 사랑할 것이다.

譬之若楚·越之君,
비 지 약 초　월 지 군

비유를 하면 마치 초나라와 월나라의
임금과 같은데,

今是[17]楚王食於楚之四境之內[18],
금 시　초 왕 식 어 초 지 사 정 지 내

지금 초나라 임금은 초나라 국내
사람들이 바치는 것을 먹기 때문에

故愛楚之人;
고 애 초 지 인

초나라 사람들을 사랑한다.

越王食於越,
월 왕 식 어 월

월나라 임금은 월나라 국내 사람들이
바치는 것을 먹기 때문에

故愛越之人.
고 애 월 지 인

월나라 사람들을 사랑한다.

---

16 원령고이(遠靈孤夷): 아마도 원이고령(遠夷孤靈)이 되어야 할 것 같다. 영(靈)은 영(零)과
　　통한다. '원이고령(遠夷孤零)'은 '멀고도 편벽(偏僻)되며 의지할 바가 없다'라는 의미이다.

17 금시(今是): 왕인지는 금시(今是)는 금부(今夫)와 뜻이 같다고 하였다. 여기서 부(夫)는 발어
　　사이다.

18 사경지내(四境之內): 사방의 경계(境界) 내, 즉 국내.

今天兼天下而食焉,
금 천 겸 천 하 이 식 언

지금 하늘은 천하의 백성들이 [ ]
것을 두루 먹으니,

我以此知其兼愛天下之人也.
아 이 차 지 기 겸 애 천 하 지 인 야

나는 이것으로 하늘이 천하의
사람들을 두루 사랑하는 것을 안다.

且天之愛百姓也,
차 천 지 애 백 성 야

또한 하늘이 백성들을 사랑하는 것은

不盡[19]物[20]而止矣.
부 진 물 이 지 의

여기에만 그치는 것이 아니다.

今天下之國,
금 천 하 지 국

지금 천하의 나라들 중에서

粒食之民,
입 식 지 민

곡식을 먹고 사는 백성이

殺一不辜者,
살 일 불 고 자

무고한 사람을 한 명 죽였다면

必有一不祥.
필 유 일 불 상

반드시 한 가지 불행한 일을 당하게
된다.

曰誰殺不辜?
왈 수 살 불 고

묻건대 누가 무고한 사람을 죽였는가?

曰人也.
왈 인 야

사람이다.

孰予之不辜[21]?
숙 여 지 불 고

누가 그에게 불행한 일을 당하게
하였나?

曰天也.
왈 천 야

하늘이다.

若天之中實不愛此民也,
약 천 지 중 실 불 애 차 민 야

만약 하늘이 내심 확실히 이 백성들을
사랑하지 않는다면,

何故而人有殺不辜,
하 고 이 인 유 살 불 고

무슨 까닭으로 무고한 사람을 죽인

19 진(盡): 근(僅)과 통한다.
20 물(物): 왕념손은 물(物) 자는 뜻이 통하지 않으니, 물(物)은 물(此)가 되어야 한다고 하였다.
21 불고(不辜): 문장의 내용으로 보아 불상(不祥)이 되어야 한다.

사람에게

而天予之不祥哉?
이 천 여 지 불 상 재

하늘이 불행한 일을 내려 주겠는가?

且天之愛百姓厚矣,
차 천 지 애 백 성 후 의

하늘이 백성들을 사랑하는 것이 매우
깊고

天之愛百姓別[22]矣,
천 지 애 백 성 별 의

매우 보편적인 것임을

旣可得而知也.
기 가 득 이 지 야

알 수 있다.

何以知天之愛百姓也?
하 이 지 천 지 애 백 성 야

어떻게 하늘이 백성들을 사랑한다는
것을 아는가?

吾以賢者之必賞善罰暴也.
오 이 현 자 지 필 상 선 벌 포 야

나는 현명한 사람들이 반드시 선한
사람들에게는 상을 주고 포악한
사람들에게는 벌을 준다는 것으로
안다.

何以知賢者之必賞善罰暴也?
하 이 지 현 자 지 필 상 선 벌 포 야

어떻게 현명한 사람들이 반드시 선한
사람들에게는 상을 주고 포악한
사람들에게는 벌을 준다는 것을
아는가?

吾以昔者三代之聖王知之.
오 이 석 자 삼 대 지 성 왕 지 지

나는 옛날 삼대의 성군들을 통해
그것을 안다.

故昔也三代之聖王堯舜禹湯文武之兼愛之[23]天下也,
고 석 야 삼 대 지 성 왕 요 순 우 탕 문 무 지 겸 애 지 천 하 야

옛날 삼대의 성군들인 요임금, 순임금,
우임금, 탕임금, 문왕, 무왕은 천하를
두루 사랑하는 것으로

---

22 별(別): 왕인지는 별(別)은 편(徧)으로 읽는다고 하였다. 편(徧)은 편(遍)과 같다.
23 지(之): 연문으로, 삭제해야 한다.

從而利之,
종 이 리 지

백성들에게 이익이 되도록 하여,

移其百姓之意焉,
이 기 백 성 지 의 언

백성들의 마음을 바꾸어

率以敬上帝山川鬼神,
솔 이 경 상 제 산 천 귀 신

백성들을 이끌고 천제와 산천과
귀신을 공경하였다.

天以爲從其所愛而愛之,
천 이 위 종 기 소 애 이 애 지

하늘은, 하늘이 사랑하는 것을 따라
성군들이 백성들을 사랑하고,

從其所利而利之,
종 기 소 리 이 리 지

하늘이 이익이 되도록 하는 것을 따라
성군들이 백성들에게 이익이 되게
한다고 여겼다.

於是加其賞焉,
어 시 가 기 상 언

그래서 성군들에게 상을 내리어

使之處上位,
사 지 처 상 위

그들로 하여금 윗자리에 처하도록
하였으며

立爲天子以法也,
입 위 천 자 이 법 야

그들을 천자로 내세워 모범으로
삼았으니,

名之曰聖人,
명 지 왈 성 인

사람들은 그들을 성인이라 불렀다.

以此知其賞善之證.
이 차 지 기 상 선 지 증

이것으로 하늘이 선한 사람에게 상을
준다는 사실에 증거가 있음을 안다.

是故昔也三代之暴王桀紂幽厲之兼惡天下也,
시 고 석 야 삼 대 지 폭 왕 걸 주 유 려 지 겸 오 천 하 야

옛날 삼대의 폭군들인 걸왕, 주왕,
유왕, 여왕은 천하를 두루 미워하는
것으로

從而賊之,
종 이 적 지

백성들에게 해가 되도록 하여,

移其百姓之意焉,
이 기 백 성 지 의 언

백성들의 마음을 바꾸어

以詬侮上帝山川鬼神,
솔 이 후 모 상 제 산 천 귀 신

백성들을 이끌고 천제와 산천과 귀신을 욕보이고 모욕하였다.

天以爲不從其所愛而惡之,
천 이 위 부 종 기 소 애 이 오 지

하늘은, 하늘이 사랑하는 것을 폭군들이 따르지 않고 백성들을 미워하고,

不從其所利而賊之,
부 종 기 소 리 이 적 지

하늘이 이익이 되도록 하는 것을 폭군들이 따르지 않고 백성들에게 해가 된다고 여겼다.

於是加其罰焉,
어 시 가 기 벌 언

그래서 폭군들에게 벌을 내리어

使之父子離散,
사 지 부 자 리 산

그들로 하여금 아버지와 아들이 헤어지며

國家滅亡,
국 가 멸 망

국가가 멸망하고

抎²⁴失社稷,
운 실 사 직

사직을 잃어버려

憂以及其身.
우 이 급 기 신

근심이 그 자신에게 미치게 하였다.

是以天下之庶民²⁵屬²⁶而毀之,
시 이 천 하 지 서 민 촉 이 훼 지

그래서 천하의 백성들은 연이어 그들을 꾸짖고

業萬世子孫繼嗣,
업 만 세 자 손 계 사

자손만대에 이르러서도

毀之賁²⁷不之廢也,
훼 지 분 부 지 폐 야

그들을 꾸짖는 것이 멈춰지지 않았으니,

名之曰失王²⁸,
명 지 왈 실 왕

사람들은 그들을 폭군이라 불렀다.

---

24 운(抎): 잃어버리다.

25 서민(庶民): 여기서는 '백성들'이라 번역하는 것이 좋을 것 같다.

26 촉(屬): 여기서는 '서로 잇다', '연속하다'라는 의미로 쓰였다.

27 분(賁): 왕념손은 자(者)자의 잘못이라고 여겼다.

28 실왕(失王): 앞의 문장에 의거하면 폭왕(暴王)이 되어야 한다.

以此知其罰暴之證.
이 차 지 기 벌 포 지 증

이것으로 하늘이 포악한 사람에게 벌을 준다는 사실에 증거가 있음을 안다.

今天下之士君子,
금 천 하 지 사 군 자

지금 천하의 군자들이

欲爲義者,
욕 위 의 자

의로움을 행하려고 한다면

則不可不順天之意矣.
즉 불 가 불 순 천 지 의 의

하늘의 뜻에 순종하지 않으면 안 된다.

曰[29]順天之意者,
왈 순 천 지 의 자

하늘의 뜻에 순종하는 것은

兼也;
겸 야

백성들을 두루 사랑하는 것이며,

反天之意者,
반 천 지 의 자

하늘의 뜻을 위반하는 것은

別也.
별 야

백성들을 차별하는 것이다.

兼之爲道也,
겸 지 위 도 야

백성들을 두루 사랑하는 것으로 도리를 삼는 것은

義正[30];
의 정

곧 정의의 정치이며,

別之爲道也,
별 지 위 도 야

백성들을 차별하는 것으로 도리를 삼는 것은

力正[31].
역 정

곧 폭력의 정치이다.

曰義正者何若?
왈 의 정 자 하 약

물건대 정의의 정치는 어떠한 것인가?

曰大不攻小也,
왈 대 불 공 소 야

큰 자는 작은 자를 공격하지 않고,

---

29 왈(曰): 여기서는 문두(文頭) 발어사로, 뜻이 없다.

30 의정(義正): 여기서 정(正)은 정(政)과 같다. 의정(義正)은 '정의의 정치'로 번역할 수 있다.

31 역정(力正): 위의 의정(義正)과 반대되는 개념으로, '폭력의 정치'를 의미한다.

强不侮弱也,
강 불 모 약 야

강한 자는 약한 자를 업신여기지
않으며,

衆不賊寡也,
중 부 적 과 야

많은 자들은 적은 자들을 해치지 않고,

詐不欺愚也,
사 불 기 우 야

사기 치는 자는 어리석은 자를 속이지
않으며,

貴不傲賤也,
귀 불 오 천 야

귀한 자는 천한 자에게 오만하지 않고,

富不驕貧也,
부 불 교 빈 야

부유한 자는 가난한 자에게 교만하지
않으며,

壯不奪老也.
장 불 탈 로 야

젊은이는 노인으로부터 빼앗지
않는다는 것이다.

是以天下之庶國[32],
시 이 천 하 지 서 국

그래서 천하의 여러 나라는

莫以水火毒藥兵刃以相害也.
막 이 수 화 독 약 병 인 이 상 해 야

물·불·독약·무기로써 서로를 해치지
않는다.

若[33]事,
약 사

이렇게 하는 것은

上利天,
상 리 천

위로는 하늘을 이롭게 하고,

中利鬼,
중 리 귀

가운데로는 귀신을 이롭게 하며,

下利人,
하 리 인

아래로는 사람들을 이롭게 하니,

三利而無所不利,
삼 리 이 무 소 불 리

이 세 가지의 이로움이 있으면 이롭지
않음이 없을 것이다.

是謂天德.
시 위 천 덕

이것을 하늘의 덕이라 말한다.

---

32 서국(庶國): 여러 나라, 각 나라.
33 약(若): 여기서는 '그(其)'의 뜻으로 쓰였다.

故凡從事此者,
고 범 종 사 차 자

그래서 이렇게 하는 사람들은

聖知³⁴也,
성 지 야

모두 성인이고 지혜로운 자이고,

仁義也,
인 의 야

어질고 정의로운 자이며,

忠惠也,
충 혜 야

충성스럽고 은혜로운 자이고,

慈孝也.
자 효 야

자애롭고 효성스러운 자이다.

是故聚斂天下之善名而加之.
시 고 취 렴 천 하 지 선 명 이 가 지

그러므로 천하의 좋은 이름들을 다 모아 그들에게 붙여 준다.

是其故何也?
시 기 고 하 야

그렇게 하는 까닭은 무엇인가?

則順天之意也.
즉 순 천 지 의 야

하늘의 뜻에 순종했기 때문이다.

曰力正者何若?
왈 력 정 자 하 약

묻건대 폭력의 정치는 어떠한 것인가?

曰大則攻小也,
왈 대 즉 공 소 야

큰 자는 작은 자를 공격하고,

强則侮弱也,
강 즉 모 약 야

강한 자는 약한 자를 업신여기며,

衆則賊寡也,
중 즉 적 과 야

많은 자들은 적은 자들을 해치고,

詐則欺愚也,
사 즉 기 우 야

사기 치는 자는 어리석은 자를 속이며,

貴則傲賤也,
귀 즉 오 천 야

귀한 자는 천한 자에게 오만하고,

富則驕貧也,
부 즉 교 빈 야

부유한 자는 가난한 자에게 교만하며,

壯則奪老也.
장 즉 탈 로 야

젊은이는 노인으로부터 빼앗는다는 것이다.

是以天下之庶國,
시 이 천 하 지 서 국

그래서 천하의 여러 나라는

方以水火毒藥兵刃以相賊害也.
방 이 수 화 독 약 병 인 이 상 적 해 야

---

34 지(知): 지(智)와 같다.

물·불·독약·무기로써 서로를 해친다.

若事,
약사

이렇게 하는 것은

上不利天,
상불리천

위로는 하늘을 이롭게 하지 않고,

中不利鬼,
중불리귀

가운데로는 귀신을 이롭게 하지 않으며,

下不利人,
하불리인

아래로는 사람들을 이롭게 하지 않으니,

三不利而無所利,
삼불리이무소리

이 세 가지의 이롭지 않음이 있으면 이로움이 없을 것이다.

是謂之賊[35].
시위지적

이것을 하늘의 도적이라 말한다.

故凡從事此者,
고범종사차자

그래서 이렇게 하는 사람들은

寇亂也,
구란야

모두 반란을 일으키는 자이고,

盜賊也,
도적야

도적질을 하는 사람이며,

不仁不義,
불인불의

어질지도 정의롭지도 않는 자이고,

不忠不惠,
불충불혜

충성스럽지도 은혜롭지도 않는 자이며,

不慈不孝,
부자불효

자애롭지도 효성스럽지도 않은 자이다.

是故聚斂天下之惡名而加之.
시고취렴천하지악명이가지

그러므로 천하의 나쁜 이름들을 다 모아 그들에게 붙여 준다.

是其故何也?
시기고하야

그렇게 하는 까닭은 무엇인가?

則反天之意也.
즉반천지의야

하늘의 뜻을 위반했기 때문이다.

---

35 지적(之賊): 앞의 천덕(天德)에 상대되는 개념으로, 천적(天賊)이 되어야 한다.

故子墨子置立天之[36],
고 자 묵 자 치 립 천 지

그래서 묵자께서는 하늘의 뜻을 세워

以爲儀法,
이 위 의 법

법칙을 삼으셨으니,

若輪人之有規,
약 륜 인 지 유 규

마치 수레바퀴를 만드는 사람에게
그림쇠가 있고

匠人之有矩也.
장 인 지 유 구 야

목수에게 굽은 자가 있는 것과 같다.

今輪人以規,
금 륜 인 이 규

지금 수레바퀴를 만드는 사람은
그림쇠를 가지고서

匠人以矩,
장 인 이 구

목수는 굽은 자를 가지고서

以此知方圜之別矣.
이 차 지 방 원 지 별 의

방형과 원형의 구별을 안다.

是故子墨子置立天之,
시 고 자 묵 자 치 립 천 지

그러므로 묵자께서는 하늘의 뜻을
세워

以爲儀法.
이 위 의 법

법칙을 삼으셨다.

吾以此知天下之士君子之去義遠也.
오 이 차 지 천 하 지 사 군 자 지 거 의 원 야

나는 이것으로 천하의 군자들이
정의와는 거리가 멀리 떨어져 있음을
안다.

何以知天下之士君子之去義遠也?
하 이 지 천 하 지 사 군 자 지 거 의 원 야

어떻게 천하의 군자들이 정의와는
거리가 많이 떨어져 있음을 아는가?

今知氏[37]大國之君,
금 지 씨 대 국 지 군

지금 큰 나라의 임금들은

---

36 천지(天之): 바로 천지(天志)이다.

37 금지씨(今知氏): 유월은 "지(知) 자는 연문이다…… 씨(氏)는 시(是)로 읽어야 한다…… 금시(今是)는 바로 금부(今夫)이다'라고 하였다. '금부(今夫)'는 발어사이다.

寬者然[38]曰:
관 자 연 왈

거리낌 없이 말한다.

"吾處大國而不攻小國,
오 처 대 국 이 불 공 소 국

"내가 큰 나라의 지위에 처해 작은 나라를 공격하지 않는다면

吾何以爲大哉!"
오 하 이 위 대 재

나는 무엇으로써 내 나라를 크게 만들 수 있겠는가!"

是以差論蚤牙[39]之士,
시 이 차 논 조 아 지 사

그래서 용감한 병사를 고르고

比列其舟車之卒[40],
비 열 기 주 거 지 졸

그들의 배와 수레 부대를 배열하여

以攻罰[41]無罪之國,
이 공 벌 무 죄 지 국

죄 없는 나라를 공벌(攻伐)하고,

入其溝境[42],
입 기 구 경

그 나라의 변경으로 들어가

刈其禾稼,
예 기 화 가

벼와 농작물을 베고,

斬其樹木,
참 기 수 목

수목을 자르고,

殘其城郭,
잔 기 성 곽

성곽을 부수고,

以御[43]其溝池[44],
이 어 기 구 지

해자(垓字)를 메우고,

焚燒其祖廟,
분 소 기 조 묘

조상의 묘당(廟堂)을 불태워 버리고,

攘殺其犧牷[45],
양 살 기 희 전

제물로 쓰기 위해 기르는 짐승을

---

38 관자연(寬者然): 손이양은 여기서의 자(者)를 연문으로 보았다. 관연(寬然)은 '거리낌이 없다'라는 뜻으로 쓰였다.

39 조아(蚤牙): 조아(爪牙)이다.

40 졸(卒): 여기서는 '군대' 또는 '부대'를 가리킨다.

41 벌(罰): 손이양은 「비공 하」편을 따라 벌(伐)이 되어야 한다고 하였다.

42 구경(溝境): 변경(邊境).

43 어(御): 왕인지는 "어(御) 자는 뜻이 통하지 않는데, 어(御)는 억(抑)이 되어야 한다. 억(抑)은 막는다는 뜻이다"라고 하였다.

44 구지(溝池): 성을 보호하는 해자를 가리킨다.

45 희전(犧牷): '제물(祭物)로 쓰는 짐승'으로, '희생(犧牲)'과 비슷한 의미이다. 여기서 전(牷)은 '털이 순색인 제물'을 뜻한다.

	훔치거나 죽인다.
民之格⁴⁶者, <small>민 지 격 자</small>	백성들 중에서 반항하는 자는
則劅拔⁴⁷之; <small>즉 경 발 지</small>	목을 쳐 죽이며,
不格者, <small>불 격 자</small>	반항하지 않는 자는
則係操⁴⁸而歸, <small>즉 계 조 이 귀</small>	줄로 묶어 끌고 돌아온다.
丈夫⁴⁹以爲僕圉⁵⁰胥靡⁵¹, <small>장 부 이 위 복 어 서 미</small>	남자는 노복으로 삼아 그에게 노역을 시켰으며,
婦人以爲舂酋⁵². <small>부 인 이 위 용 추</small>	여자에게는 곡물을 찧고 퍼내는 일을 시켰다.
則夫好攻伐之君, <small>즉 부 호 공 벌 지 군</small>	전쟁을 좋아하는 임금은
不知此爲不仁義, <small>부 지 차 위 불 인 의</small>	이것이 어질지도 정의롭지도 않은 행위임을 알지 못하고
以告四鄰諸侯曰: <small>이 고 사 린 제 후 왈</small>	사방의 이웃 제후들에게
"吾攻國覆軍, <small>오 공 국 복 군</small>	"나는 어떤 나라를 공격하여 그 나라의 군대를 전멸시키고
殺將若干人矣." <small>살 장 약 간 인 의</small>	장수 여러 명을 죽였다"라고 알린다.

---

46 격(格): 다투다, 저항하다, 반항하다, 대적하다.
47 경발(劅拔): 손이양은 경발(劅拔)은 아마도 경살(劅殺)의 잘못인 것 같다고 하였다. 여기서 경(劅)은 '목을 베다'라는 의미이다.
48 계조(係操): 여기서 조(操)는 유(纍)가 되어야 한다. 계류(係纍)는 '줄로 묶다'라는 의미이다.
49 장부(丈夫): 여기서는 '남자'를 일컫는다.
50 복어(僕圉): 복(僕)은 '수레를 모는 노복'을 가리키며, 어(圉)는 '말을 기르는 노복'을 일컫는다.
51 서미(胥靡): 노역(勞役)하는 죄수.
52 용추(舂酋): 여기서 추(酋)는 요(舀)가 되어야 한다. 용요(舂舀)는 '곡물을 찧고 찧은 것을 퍼내다'라는 뜻이다.

其鄰國之君亦不知此爲不仁義也,
기 린 국 지 군 역 부 지 차 위 불 인 의 야

그 이웃 나라의 임금 역시 이것이
어질지도 정의롭지도 않은 행위임을
알지 못하고

有⁵³具其皮幣⁵⁴,
유 구 기 피 폐

또한 예물을 갖추고

發其紉處⁵⁵,
발 기 인 처

창고 안의 재물을 꺼내

使人饗⁵⁶賀焉.
사 인 향 하 언

사람을 보내 바치면서 축하를 한다.

則夫好攻伐之君,
즉 부 호 공 벌 지 군

전쟁을 좋아하는 임금은

有重⁵⁷不知此爲不仁不義也,
유 중 부 지 차 위 불 인 불 의 야

또한 더욱 이것이 어질지도 정의롭지도
않은 행위임을 알지 못하고

有書之竹帛,
유 서 지 죽 백

그것을 죽편과 비단에 적어

藏之府庫.
장 지 부 고

창고에 저장한다.

爲人後子⁵⁸者,
위 인 후 자 자

왕위를 계승하는 아들로서

必且欲順其先君之行,
필 차 욕 순 기 선 군 지 행

반드시 그의 선군(先君)의 행위를
따르기를 희망하며

曰: "何不當發吾府庫,
왈 하 부 당 발 오 부 고

"왜 우리의 창고를 열어

視吾先君之法美⁵⁹."
시 오 선 군 지 법 미

선군의 법칙을 따라 하지

---

53 유(有): 우(又)와 통한다. 아래도 같다.

54 피폐(皮幣): 예물(禮物).

55 인처(紉處): 손이양은 아마도 총(總)의 형태로 인한 잘못인 것 같다고 하였다. 총처(總處)는
'재물을 모아 저장하는 곳', 즉 '창고' 따위를 일컫는다.

56 향(饗): 향(享)과 통하는데 여기서는 '바치다'라는 의미로 쓰였다.

57 중(重): 여기서는 '더욱'이라는 뜻으로 쓰였다.

58 후자(後子): 뒤를 잇는 아들. 여기서는 '왕위를 계승하는 아들'을 일컫는다.

59 미(美): 손이양은 의(儀) 자가 잘못 쓰인 것이라고 하였다.

않는가?"라고 말한다.

必不曰文·武之爲正者若此矣,
필불왈문 무지위정자약차 의

반드시 문왕·무왕의 정치는
이러이러하다고는 말하지 않고,

曰吾攻國覆軍殺將若干人矣.
왈오공국복군살장약간인의

나는 어떤 나라를 공격하여 그 나라의
군대를 전멸시키고 장수 여러 명을
죽였다고만 말한다.

則夫好攻伐之君,
즉부호공벌지군

전쟁을 좋아하는 임금은

不知此爲不仁不義也,
부지차위불인불의야

이것이 어질지도 정의롭지도 않은
행위임을 알지 못하며,

其鄰國之君,
기린국지군

그 이웃 나라의 임금도

不知此爲不仁不義也,
부지차위불인불의야

이것이 어질지도 정의롭지도 않은
행위임을 알지 못한다.

是以攻伐世世而不已者,
시이공벌세세이불이자

그래서 전쟁은 대대손손 끊이지
않으니

此吾所謂大物則不知也.
차오소위대물즉부지야

이것이 내가 말하는, 사람들이 큰일에
대해 알지 못한다는 것이다.

所謂小物則知之者何若?
소위소물즉지지자하약

이른바 작은 일에 대해 잘 안다는 것은
어떻게 된 일인가?

今有人於此,
금유인어차

지금 어떤 사람이 여기에 있는데,

入人之場園[60],
입인지장원

다른 사람의 채소밭이나 과수원에
들어가

---

60 장원(場園): 채소밭이나 과수원.

人之桃李瓜薑者,
인 지 도 리 과 강 자

그 사람의 복숭아·자두·외·생강을
훔쳤다면,

上得且罰之,
상 득 차 벌 지

윗사람은 그를 잡아 벌을 줄 것이며

衆聞則非之,
중 문 즉 비 지

사람들은 듣고서 그를 비난할 것이다.

是何也?
시 하 야

그건 어째서인가?

曰不與[61]其勞,
왈 불 어 기 로

그것들을 기르는 데 참여하지도 않고

獲其實,
획 기 실

그 과실들을 획득하였으며,

已[62]非其有所[63]取之故.
이 비 기 유 소 취 지 고

그의 소유가 아닌데도 훔쳤기
때문이다.

而況有踰[64]於人之牆垣抯格[65]人之子女者乎?
이 황 유 유 어 인 지 장 원 저 격 인 지 자 녀 자 호

그런데 하물며 다른 사람의 집 담을
넘어 들어가 그 사람의 자녀들을 잡아
오고,

與[66]角[67]人之府庫竊人之金玉蚤㯱[68]者乎?
여 각 인 지 부 고 절 인 지 금 옥 조 루 자 호

다른 사람의 창고 벽에 구멍을 뚫어 그
사람의 금·옥·삼베·비단을 훔치며,

---

61 여(與): 참여하다.

62 이(已): 이(以)와 같다.

63 유소(有所): 소유(所有)가 되어야 한다.

64 유(踰): 유(逾)와 같다.

65 저격(抯格): 잡다, 붙잡다.

66 여(與): 앞뒤 문장을 이어주는데 우(又)와 같다. 아래도 같다.

67 각(角): 유월은 혈(穴) 자의 잘못이라고 하였다. 여기서 혈(穴)은 조동사로 쓰여, '구멍을 뚫다' 라는 의미로 쓰였다.

68 조루(蚤㯱): 왕인지는 "조루(蚤㯱)는 마땅히 포조(布㯱)가 되어야 하며…… 조(㯱)는 대부분 조(繰)의 가차자이다. 포조(布繰)는 바로 포백(布帛)이다"라고 하였다.

與踰人之欄牢竊人之牛馬者乎?
여 유 인 지 란 뢰 절 인 지 우 마 자 호

다른 사람의 외양간에 넘어 들어가
사람의 소·말을 훔치는 자들이야
어떠하겠는가?

而況有[69]殺一不辜人乎?
이 황 유　살 일 불 고 인 호

하물며 또 무고한 한 사람을 죽이는
자는 어떠하겠는가?

今王公大人之爲政也,
금 왕 공 대 인 지 위 정 야

지금 왕공대인들은 정치를 함에 있어

自殺一不辜人者,
자 살 일 불 고 인 자

무고한 한 사람을 죽인 자,

踰人之牆垣抯格人之子女者,
유 인 지 장 원 저 격 인 지 자 녀 자

다른 사람의 집 담을 넘어 들어가 그
사람의 자녀들을 잡아 오는 자,

與角人之府庫竊人之金玉蚤累者,
여 각 인 지 부 고 절 인 지 금 옥 조 루 자

다른 사람의 창고 벽에 구멍을 뚫어 그
사람의 금·옥·삼베·비단을 훔치는 자,

與踰人之欄牢竊人之牛馬者,
여 유 인 지 란 뢰 절 인 지 우 마 자

다른 사람의 외양간에 넘어 들어가 그
사람의 소·말을 훔치는 자,

與入人之場園竊人之桃李瓜薑者,
여 입 인 지 장 원 절 인 지 도 리 과 강 자

다른 사람의 채소밭이나 과수원에
들어가 그 사람의 복숭아·자두·오이·
생강을 훔치는 자에 대해

今王公大人之加罰此也,
금 왕 공 대 인 지 가 벌 차 야

벌을 가할 것이다.

雖古之堯舜禹湯文武之爲政,
수 고 지 요 순 우 탕 문 무 지 위 정

비록 옛날 요임금, 순임금, 우임금, 문왕,
무왕이 정치를 함에 있어서도

---

69 유(有): 우(又)와 통한다.

無以異此矣.
무 이 이 차 의

이와 다를 것이 없었을 것이다.

今天下之諸侯,
금 천 하 지 제 후

지금 천하의 제후들은

將猶皆侵凌攻伐兼幷,
장 유 개 침 릉 공 벌 겸 병

모두 다른 나라를 침략·공벌하여 합병하려고 하는데,

此爲[70]殺一不辜人者,
차 위   살 일 불 고 인 자

이것은 무고한 한 사람을 죽이는 것보다

數千萬矣;
수 천 만 의

수천만 배나 더 심각한 것이다.

此爲踰人之牆垣抯格人之子女者,
차 위 유 인 지 장 원 저 격 인 지 자 녀 자

이것은 다른 사람의 집 담을 넘어 들어가 그 사람의 자녀들을 잡아 오는 것과

與角人府庫竊人金玉蚤絭者,
여 각 인 부 고 절 인 금 옥 조 루 자

다른 사람의 창고 벽에 구멍을 뚫어 그 사람의 금·옥·삼베·비단을 훔치는 것에 비해

數千萬矣;
수 천 만 의

수천만 배나 더 심각한 것이다.

踰人之欄牢竊人之牛馬者,
유 인 지 란 뢰 절 인 지 우 마 자

다른 사람의 외양간에 넘어 들어가 그 사람의 소·말을 훔치는 것과

與入人之場園竊人之桃李瓜薑者,
여 입 인 지 장 원 절 인 지 도 리 과 강 자

다른 사람의 채소밭이나 과수원에 들어가 그 사람의 복숭아·자두·오이·생강을 훔치는 것에 비해

數千萬矣,
수 천 만 의

수천만 배나 더 심각한 것이다.

---

70 차위(此爲): 차어(此於)이다. 다음 문장도 같다.

而自曰義也.
이 자 왈 의 야

그러나 그들은 그것을 스스로 의로운
것이라고 말한다.

故子墨子言曰:
고 자 묵 자 언 왈

그래서 묵자께서 말씀하셨다.

"是賁[71]我[72]者,
시 분 아 자

"이것은 의로움을 어지럽히는 것으로,

則豈有以異是賁黑白甘苦之辯[73]者哉!
즉 기 유 이 이 시 분 흑 백 감 고 지 변 자 재

어찌 검은 것과 흰 것 그리고 단 것과
쓴 것의 구별을 어지럽히는 것과 다를
것이 있겠는가!

今有人於此,
금 유 인 어 차

지금 어떤 사람이 여기에 있는데,

少而示之黑謂之黑,
소 이 시 지 흑 위 지 흑

그에게 검은 것을 적게 보여 줄 때는
검다고 말하며

多示之黑謂白,
다 시 지 흑 위 백

그에게 검은 것을 많이 보여 줄 때는
희다고 말한다면,

必曰吾目亂,
필 왈 오 목 란

그는 반드시 내 눈이 어지러워져

不知黑白之別.
부 지 흑 백 지 별

검은 것과 흰 것의 구별을 알지
못한다고 할 것이다.

今有人於此,
금 유 인 어 차

지금 어떤 사람이 여기에 있는데,

能少嘗之甘謂甘,
능 소 상 지 감 위 감

그에게 단 것을 적게 맛보일 때는
달다고 말하며

---

71 분(賁): 분(紛)과 통하는데, 여기서는 '어지럽히다'라는 뜻이다.
72 아(我): 의(義)가 되어야 한다.
73 변(辯): 변(辨)과 통한다.

多嘗謂苦,
다 상 위 고

많이 맛보일 때는 쓰다고 말한다면,

必曰吾口亂,
필 왈 오 구 란

그는 반드시 내 미각이 어지러워져

不知其甘苦之味.
부 지 기 감 고 지 미

단 것과 쓴 것의 구별을 알지 못한다고 할 것이다.

今王公大人之政[74]也,
금 왕 공 대 인 지 정 야

지금 왕공대인들은 정치를 함에 있어

或殺人,
혹 살 인

어떤 사람이 사람을 죽였다면,

其國家禁之,
기 국 가 금 지

그 국가는 부월(斧鉞)의 형벌로써

此蚤越[75],
차 조 월

그것을 금지하게 한다.

有能多殺其鄰國之人,
유 능 다 살 기 린 국 지 인

그러나 어떤 사람은 이웃 나라의 사람들을 많이 죽였는데도

因以爲文[76]義,
인 이 위 문 의

대의라고 여긴다.

此豈有異蕡白黑·甘苦之別者哉?"
차 기 유 이 분 백 흑 감 고 지 별 자 재

이것은 어찌 흰 것과 검은 것, 그리고 단 것과 쓴 것의 구별을 어지럽히는 것과 다를 것이 있겠는가?"

故子墨子置天之[77],
고 자 묵 자 치 천 지

그래서 묵자께서는 하늘의 뜻을 놓고서

以爲儀法.
이 위 의 법

법칙으로 삼으셨다.

---

74 정(政): 위의 문장에 의거하면 위정(爲政)이 되어야 한다.

75 차조월(此蚤越): 왕환표는 아마 본래는 이부월(以斧鉞)이었을 것이라고 하였다. 부월(斧鉞)은 '옛날 형벌에 쓰이는 도끼'를 일컫는다.

76 문(文): 왕인지는 대(大) 자의 잘못이라고 하였다.

77 천지(天之): 즉, 천지(天志)이다.

非獨子墨子以天之志爲法也,
비 독 자 묵 자 이 천 지 지 위 법 야

오로지 묵자께서만 하늘의 뜻을
법칙으로 삼으신 것이 아니라,

於先王之書「大夏」[78]之道之然:
어 선 왕 지 서 대 하 지 도 지 연

선왕의 책인 『시경』「대아」의
「황의」에서도 이렇게 말하였다.

"帝謂文王,
제 위 문 왕

"천제께서 문왕에게 이르시네.

予懷明德.
여 회 명 덕

내가 그리워하는 밝은 덕을 지닌
사람은

毋大聲以色,
무 대 성 이 색

큰 소리로 자신을 나타내지 않고

毋長夏以革,
무 장 하 이 혁

제하(諸夏)의 우두머리지만 선왕의
법칙을 바꾸지 않으며

不識不知,
불 식 불 지

부지불식간에

順帝之則."
순 제 지 칙

천제의 법칙을 따를 뿐이어라."

此誥[79]文王之以天志爲法也,
차 고 문 왕 지 이 천 지 위 법 야

이는 문왕이 하늘의 뜻을 법칙으로
삼고

而順帝之則也.
이 순 제 지 칙 야

천제의 법칙을 따랐음을 말한다.

且今天下之士君子,
차 금 천 하 지 사 군 자

그러하니 지금 천하의 군자들은

中實將欲爲仁義,
중 실 장 욕 위 인 의

내심 확실히 인의를 행하려 하고,

求爲上士,
구 위 상 사

도덕적으로 훌륭한 사람이 되기를
바라며,

上欲中聖王之道,
상 욕 중 성 왕 지 도

위로는 성군의 도에 부합하고,

---

78 대하(大夏): 『시경』「대아(大雅)」를 가리킨다. 아(雅)는 하(夏)와 통한다. 여기서 인용한 작품
은 「황의(皇矣)」이다(「천지 중」편에 이미 나온 바 있음).

79 고(誥): 위·아래 문장에 의거하면 어(語)가 되어야 한다.

下欲中國家百姓之利者,
하 욕 중 국 가 백 성 지 리 자

아래로는 국가와 백성들의 이익에 부합되려면,

當天之志,
당 천 지 지

하늘의 뜻에 대하여

而不可不察也.
이 불 가 불 찰 야

살피지 않으면 안 된다.

天之志者,
천 지 지 자

하늘의 뜻은

義之經也.
의 지 경 야

정의의 준칙인 것이다.

권 8

명귀 상 제29편 결편

(明鬼上第二十九闕)

명귀 중 제30편 결편

(明鬼中第三十闕)

명귀 하 제31편
(明鬼下第三十一)

子墨子言曰:
자묵자언왈

"逮至昔三代聖王旣沒,
체지석삼대성왕기몰

天下失義,
천하실의

諸侯力正[1],
제후력정

是以存夫爲人君臣上下者之不惠忠也,
시이존부위인군신상하자지불혜충야

父子弟兄之不慈孝弟長貞良也,
부자제형지부자효제장정량야

正長之不强於聽治,
정장지불강어청치

묵자께서 말씀하셨다.

"옛날 삼대의 성군들이 돌아가신 뒤로

천하는 의로움을 잃어버리고

제후는 무력으로 정벌을 하였으니,

임금과 신하, 그리고 윗사람과 아랫사람 사이에는 은혜를 베풀지 않고 충성을 다하지 않았고,

아버지와 자식, 그리고 아우와 형 사이에는 자애롭지도 효성스럽지도 않았으며, 공경하지도 우애롭지도 않고 정직하고 선량하지도 않았다.

지도자들은 정무(政務)를 다스리는 데

---

1 정(正): 정(征)과 통한다.

노력하지 않았으며,

賤人之不强於從事也,
천인지불강어종사야

평민들은 자신들의 일에 종사하는 데
힘쓰지 않고,

民之爲淫暴寇亂盜賊,
민지위음포구란도적

백성들은 음란하고 난폭하며 반란을
일으키고 도둑질을 하였으며,

以兵刃毒藥水火,
이병인독약수화

병기와 독약, 그리고 물과 불로써

退²無罪人乎道路率徑³,
퇴 무죄인호도로솔경

죄 없는 사람들을 도로에서
가로막으며

奪人車馬衣裘以自利者幷作,
탈인거마의구이자리자병작

다른 사람들의 수레와 말과 의복을
빼앗아 스스로 이익을 찾는 등 여러
가지 일들이 한꺼번에 일어났는데,

由此始,
유차시

이때부터 시작하여

是以天下亂.
시이천하란

천하가 어지러워졌다.

此其故何以然也?
차기고하이연야

이렇게 된 까닭은 무엇 때문인가?

則皆以疑惑鬼神之有與無之別,
즉개이의혹귀신지유여무지별

모두 귀신이 있고 없음의 구별에
의혹을 가져

不明乎鬼神之能賞賢而罰暴也.
불명호귀신지능상현이벌포야

귀신이 현명한 사람에게 상 주고
포악한 사람을 벌줄 수 있다는 사실을
잘 알지 못했기 때문이다.

---

2 퇴(退): 아(迓)가 되어야 하는데 어(禦)와 통한다. 어(禦)는 '막다'라는 의미이다.

3 솔경(率徑): 손이양은 술경(術徑)으로 보았다. 술(術)은 '수레가 다니는 큰 길'이며, 경(徑)은 '사람이 다니는 작은 길'이다.

今若使天下之人,
금 약 사 천 하 지 인

지금 만약 천하의 사람들이

偕若⁴信鬼神之能賞賢而罰暴也,
해 약 신 귀 신 지 능 상 현 이 벌 포 야

모두 귀신이 현명한 사람에게 상 주고 포악한 사람을 벌줄 수 있다는 사실을 믿는다면

則夫天下豈亂哉!"
즉 부 천 하 기 란 재

천하가 어찌 어지러워지겠는가?"

今執無鬼者曰:
금 집 무 귀 자 왈

지금 귀신이 없다고 주장하는 사람들은

"鬼神者,
귀 신 자

"귀신은

固無有."
고 무 유

본래 없는 것이다"라고 말한다.

且暮以爲敎誨乎天下,
단 모 이 위 교 회 호 천 하

아침저녁으로 그런 말로 천하의 사람들을 가르치고

疑天下之衆,
의 천 하 지 중

천하의 사람들을 의혹케 하여

使天下之衆皆疑惑乎鬼神有無之別,
사 천 하 지 중 개 의 혹 호 귀 신 유 무 지 별

천하의 사람들로 하여금 모두 귀신이 있고 없음의 구별에 의혹을 가지게 하였는데,

是以天下亂.
시 이 천 하 란

이로 인해 천하가 어지러워졌다.

是故子墨子曰:
시 고 자 묵 자 왈

그러므로 묵자께서 말씀하셨다.

"今天下之王公大人士君子,
금 천 하 지 왕 공 대 인 사 군 자

"지금 천하의 왕공대인과 관리들이

---

4 해약(偕若): 왕인지는 해(偕)는 개(皆)와 같으며, 약(若)은 연문이라고 하였다.

苟將欲求興天下之利,
고 장 욕 구 흥 천 하 지 리

진실로 천하의 이익을 일으키고

除天下之害,
제 천 하 지 해

천하의 해악을 없애려고 한다면,

故當鬼神之有與無之別,
고 당 귀 신 지 유 여 무 지 별

귀신이 있고 없음의 구별에 대해

以爲將不可以不明察此者也."
이 위 장 불 가 이 불 명 찰 차 자 야

밝게 살피지 않을 수 없다고
생각한다."

既以鬼神有無之別,
기 이 귀 신 유 무 지 별

이미 귀신이 있고 없음의 구별에 대해

以爲不可不察已[5],
이 위 불 가 불 찰 이

살피지 않을 수 없다고 생각한다고
하였다.

然則吾爲明察此,
연 즉 오 위 명 찰 차

그렇다면 우리는 이 문제를 분명히
하기 위해

其說將奈何而可?
기 설 장 내 하 이 가

어떻게 해야 되겠는가?

子墨子曰:
자 묵 자 왈

묵자께서 말씀하셨다.

"是與天下之所以察知有與無之道者,
시 여 천 하 지 소 이 찰 지 유 여 무 지 도 자

"이것은 천하가 있고 없음을 살피어
아는 도리와 같은 것으로,

必以衆之耳目之實知有與亡[6]爲儀者也,
필 이 중 지 이 목 지 실 지 유 여 무 위 의 자 야

반드시 많은 사람의 귀와 눈이 실제로
듣고 보는 것으로써 그것의 있고
없음을 아는 표준으로 삼아야 한다.

請惑[7]聞之見之,
청 혹 문 지 견 지

진실로 어떤 사람이 그것에 대해 듣고

---

5 이(已): 어조사 의(矣)와 같다.
6 무(亡): 무(無)와 통한다.

	그것을 보았다면
則必以爲有, _{즉 필 이 위 유}	반드시 그것은 있다고 여길 것이며,
莫聞莫見, _{막 문 막 견}	그것에 대해 듣지 못하고 그것을 보지 못했다면
則必以爲無. _{즉 필 이 위 무}	반드시 그것은 없다고 여길 것이다.
若是, _{약 시}	만약에 이와 같다면,
何不嘗入一鄉一里而問之, _{하 불 상 입 일 향 일 리 이 문 지}	어찌 한 마을에 들어가 물어보지 않는가?
自古以及今, _{자 고 이 급 금}	예로부터 지금에 이르기까지
生民以來者, _{생 민 이 래 자}	사람이 생겨난 이래로,
亦有嘗見鬼神之物, _{역 유 상 견 귀 신 지 물}	또한 일찍이 귀신이라는 실체를 본 적이 있고
聞鬼神之聲, _{문 귀 신 지 성}	귀신의 소리를 들은 적이 있다면,
則鬼神何謂無乎? _{즉 귀 신 하 위 무 호}	귀신이 어찌 없다고 할 수 있겠는가?
若莫聞莫見, _{약 막 문 막 견}	만약 귀신의 실체를 보지도 못하고 귀신의 소리를 듣지도 못했다면,
則鬼神可謂有乎?" _{즉 귀 신 가 위 유 호}	귀신이 있다고 할 수 있겠는가?"
今執無鬼者言曰: _{금 집 무 귀 자 언 왈}	지금 귀신이 없다고 주장하는 사람들은 말한다.
"夫天下之爲聞見鬼神之物者, _{부 천 하 지 위 문 견 귀 신 지 물 자}	"천하에는 귀신의 실체를 듣고

---

7 청혹(請惑): 성혹(誠或)과 통한다.

보았다고 하는 사람들이

不可勝計也,
불가승계야

수도 없이 많은데,

亦孰爲聞見鬼神有無之物哉?"
역숙위문견귀신유무지물재

또 누가 귀신의 실체를 듣고
보았는가?"

子墨子言曰:
자묵자언왈

묵자께서 말씀하셨다.

"若以衆之所同見,
약이중지소동견

"만약 많은 사람들이 함께 보고

與衆之所同聞,
여중지소동문

많은 사람들이 같이 들은 것으로
친다면,

則若昔者杜伯[8]是也.
즉약석자두백시야

옛날 두백의 일이 바로 그 예이다.

周宣王[9]殺其臣杜伯而不辜,
주선왕살기신두백이불고

주나라 선왕이 그의 신하 두백을
무고(無辜)하게 죽이려고 하자

杜伯曰:
두백왈

두백이 말하였다.

'吾君殺我而不辜,
오군살아이불고

'임금님께서 무고한 저를 죽이려고
하십니다.

若以死者爲無知則止矣;
약이사자위무지즉지의

만약 죽은 자가 아무것도 모른다면
그만이지만,

若死而有知,
약사이유지

죽어서도 안다면

不出三年,
불출삼년

3년을 넘기지 않고

必使吾君知之.'
필사오군지지

반드시 임금님께서 그 사실을
아시도록 하겠습니다.'

---

8 두백(杜伯): 주나라 선왕(宣王)의 대부(大夫).
9 주선왕(周宣王): 주나라 11대 임금으로, 성은 희(姬)이고 이름은 정(靜)이다. 기원전 827년부
   터 기원전 782년까지 재위하였다.

其三年,
기 삼 년

3년째 되던 해,

周宣王合諸侯而田於圃田[10],
주 선 왕 합 제 후 이 전 어 포 전

주나라 선왕이 제후들을 모아
포전에서 사냥을 하는데

車數百乘,
거 수 백 승

수레 수백 대와

從數千,
종 수 천

따르는 자 수천 명에다

人滿野.
인 만 야

구경하는 사람들이 들에 가득하였다.

日中,
일 중

정오에

杜伯乘白馬素車,
두 백 승 백 마 소 거

두백은 백마가 끄는 흰 수레를 타고,

朱衣冠,
주 의 관

붉은 옷을 입고 붉은 관을 쓰고,

執朱弓,
집 주 궁

붉은 활을 들고,

挾朱矢,
협 주 시

붉은 화살을 끼고서

追周宣王,
추 주 선 왕

주나라 선왕을 쫓아가

射之車上,
사 지 거 상

수레 위의 임금을 쏘았는데,

中心折脊,
중 심 절 척

화살이 임금의 가슴을 맞히고 등뼈가
절단되어

殪[11]車中,
에 거 중

임금은 수레 안에 쓰러지며

伏弢[12]而死.
복 도 이 사

활집 위에 엎어져 죽었다.

當是時,
당 시 시

이때

---

10 전어포전(田於圃田): 앞의 전(田)은 전(畋)과 통하는데 '사냥하다'라는 뜻이다. 포전(圃田)은
　　옛 호택(湖澤) 이름으로, 지금의 하남성 중모(中牟) 서쪽에 있었다.

11 에(殪): 쓰러지다, 죽다.

12 도(弢): 활집.

周人從者莫不見,
주 인 종 자 막 불 견

따라갔던 주나라 사람들은 모두
보았고

遠者莫不聞,
원 자 막 불 문

멀리 있는 사람들도 그 소식을 모두
들었으며

著在周之春秋[13].
저 재 주 지 춘 추

주나라의 역사서에도 그 일이
기재되어 있다.

爲君者以敎其臣,
위 군 자 이 교 기 신

임금 된 자는 이 일로 그의 신하들을
가르치고

爲父者以譣[14]其子,
위 부 자 이 경 기 자

아버지 된 자는 이 일로 그의 자식을
경계하며

曰:
왈

말하였다.

'戒之愼之!
계 지 신 지

'경계하고 신중하여라!

凡殺不辜者,
범 살 불 고 자

무고한 사람을 죽인 자는

其得不祥,
기 득 불 상

상서롭지 못한 결과를 얻고

鬼神之誅,
귀 신 지 주

귀신의 징벌을 받는 것이

若此之憯遬[15]也!'
약 차 지 참 속 야

이처럼 빠를 것이니!'

以若書之說觀之,
이 약 서 지 설 관 지

이 책에서 말한 것으로 보아

則鬼神之有,
즉 귀 신 지 유

귀신이 있다는 사실을

豈可疑哉?
기 가 의 재

어찌 의심할 수가 있겠는가?

---

13 춘추(春秋): 고대 역사서의 통칭.

14 경(譣): 경계(警戒)하다.

15 참속(憯遬): 참(憯)은 잠(撍)과 통하는데 '빠르다'라는 뜻이다. 속(遬)은 속(速)과 같다. 참속
(憯遬)은 '빠르다'라는 뜻이다.

非惟若書之說爲然也.
_{비 유 약 서 지 설 위 연 야}

주나라 역사서에서만 그렇게 말한
것이 아니다.

昔者鄭穆公[16],
_{석 자 정 목 공}

옛날 진나라 목공이

當晝日中處乎廟,
_{당 주 일 중 처 호 묘}

대낮에 묘당에 있는데,

有神人入門而左[17],
_{유 신 인 입 문 이 좌}

귀신이 문 안으로 들어와 왼쪽을 향해
걸어왔다.

鳥身,
_{조 신}

몸은 새 모양이었고

素服三絶[18],
_{소 복 삼 절}

검은색 옷섶으로 된 흰옷을 입고
있었으며

面狀正方.
_{면 상 정 방}

얼굴 모양은 정방형이었다.

鄭穆公見之,
_{정 목 공 견 지}

진나라 목공이 그 귀신을 보고

乃恐懼犇[19],
_{내 공 구 분}

두려워서 달아나자,

神曰:
_{신 왈}

귀신이 말하였다.

'無懼!
_{무 구}

'두려워하지 마세요!

帝享[20]女[21]明德,
_{제 향 어 명 덕}

천제께서 그대의 밝은 덕을 좋게
보시고

使予錫[22]女壽十年有九,
_{사 여 석 여 수 십 년 유 구}

나를 보내어 그대에게 19년의 수명을

---

16 정목공(鄭穆公): 진목공(秦穆公)이 되어야 한다. 진나라 목공은 이름이 임호(任好)이며, 기
   원전 659년부터 기원전 621년까지 재위하였다.

17 좌(左): 여기서 좌(左)는 동사로 쓰였는데, '왼쪽을 향해 걷다'라는 의미이다.

18 삼절(三絶): 손이양은 현순(玄純)의 잘못이라고 하였는데, '검은색 옷섶'이라는 뜻이다.

19 분(犇): 분(奔)과 같다. '달아나다'라는 의미이다.

20 향(享): 여기서 향(享)은 향(向)과 통하는데, '마음이 향하다' 또는 '감상하다'의 의미로 쓰였다.

21 여(女): 여(汝)와 통한다. '너'라는 의미이다.

22 석(錫): 사(賜)와 통한다. '주다'라는 의미이다.

더하도록 하셨으며,

使若國家蕃昌,
사 약 국 가 번 창

그대의 나라가 번창하고

子孫茂,
자 손 무

자손이 번성하도록 하셨으며,

毋失.'
무 실

진나라를 잃어버리지 않게
하셨습니다.'

鄭穆公再拜稽首曰:
정 목 공 재 배 계 수 왈

진나라 목공이 두 번 절하고 머리를
조아리며

'敢問神名?'
감 문 신 명

'감히 신령님의 존함을 여쭈어 봐도
되겠습니까?'라고 말하였다.

曰: '予爲句芒[23].'
왈   여 위 구 망

'나는 구망이라 합니다'라고 하였다.

若以鄭穆公之所身見爲儀,
약 이 정 목 공 지 소 신 견 위 의

만약 진나라 목공이 친히 본 것을
준거로 삼는다면,

則鬼神之有,
즉 귀 신 지 유

귀신이 있다는 사실을

豈可疑哉?
기 가 의 재

어찌 의심할 수가 있겠는가?

非惟若書之說爲然也.
비 유 약 서 지 설 위 연 야

진나라 역사서에서만 그렇게 말한
것이 아니다.

昔者燕簡公[24]殺其臣莊子儀而不辜,
석 자 연 간 공   살 기 신 장 자 의 이 불 고

옛날 연나라 간공이 그의 신하
장자의를 무고하게 죽이려고 하자

莊子儀曰:
장 자 의 왈

장자의가 말하였다.

---

23 구망(句芒): 고대 전설 중 나무의 신으로, 소호씨(少昊氏)의 아들이라고 전한다.
24 연간공(燕簡公): 기원전 504년부터 기원전 493년까지 재위하였다.

'吾君王殺我而不辜,
오 군 왕 살 아 이 불 고

'임금님께서는 무고한 저를 죽이려고 하십니다.

死人毋知亦已,
사 인 무 지 역 이

만약 죽은 자가 아무것도 모른다면 그만이지만,

死人有知,
사 인 유 지

죽어서도 안다면

不出三年,
불 출 삼 년

3년을 넘기지 않고

必使吾君知之.'
필 사 오 군 지 지

반드시 임금님께서 그 사실을 아시도록 하겠습니다.'

期年,[25]
기 년

1년 뒤,

燕將馳祖[26],
연 장 치 조

연나라 사람들이 제사 지내려고 조택(祖澤)으로 가려고 하였다.

燕之有祖,
연 지 유 조

연나라에 조택이 있는데, 그곳에서 제사 지내는 것은

當齊之社稷[27],
당 제 지 사 직

제나라에 사직이 있고,

宋之有桑林[28],
송 지 유 상 림

송나라에 상림이 있고,

楚之有雲夢[29]也,
초 지 유 운 몽 야

초나라에 운몽이 있어 그곳에서 제사 지내는 것과 같다.

---

25 기년(期年): 1주년.

26 조(祖): 조택(祖澤)을 가리키며, 저택(沮澤)이라고도 하는데, 연나라 사람들이 제사 지내는 곳이다.

27 사직(社稷): 원래는 토신(土神)과 곡신(穀神)에게 제사 지내는 곳을 가리키는데, 여기서는 제나라의 제사 지내는 곳을 일컫는다.

28 상림(桑林): 송나라 성(城) 교외에 있던 송나라의 제사 지내는 곳으로, 지금의 하남성 상구(商丘)에 있었다.

29 운몽(雲夢): 초나라의 호택 이름으로, 지금의 호남성과 호북성 사이에 있었다. 여기서는 초나라의 제사 지내는 곳을 가리킨다.

此男女之所屬³⁰而觀也.
차 남 녀 지 소 촉   이 관 야

이곳은 남녀들이 모여 구경하는 곳이다.

日中,
일 중

정오에

燕簡公方將馳於祖塗,
연 간 공 방 장 치 어 조 도

연나라 간공이 바야흐로 조택으로 가는 길을 달리고 있었는데,

莊子儀荷朱杖而擊之,
장 자 의 하 주 장 이 격 지

장자의가 붉은 막대기를 들고 그를 쳐

殪之車上.
에 지 거 상

수레 위에서 죽게 하였다.

當是時,
당 시 시

이때

燕人從者莫不見,
연 인 종 자 막 불 견

따라갔던 연나라 사람들이 모두 보았고

遠者莫不聞,
원 자 막 불 문

멀리 있는 사람들도 그 소식을 모두 들었으며

著在燕之春秋.
저 재 연 지 춘 추

연나라의 역사서에도 그 일이 기재되어 있다.

諸侯傳而語之曰:
제 후 전 이 어 지 왈

제후들이 서로 이 일을 전하면서 이 일에 대해 말하였다.

'凡殺不辜者,
범 살 불 고 자

'무고한 사람을 죽인 자는

其得不祥,
기 득 불 상

상서롭지 못한 결과를 얻고

鬼神之誅,
귀 신 지 주

귀신의 징벌을 받는 것이

若此其憯遬也!'
약 차 기 참 속 야

이처럼 빠를 것이니!'

以若書之說觀之,
이 약 서 지 설 관 지

이 책에서 말한 것으로 보아

---

30 촉(屬): 모이다.

則鬼神之有,
_{즉 귀 신 지 유}

귀신이 있다는 사실을

豈可疑哉?
_{기 가 의 재}

어찌 의심할 수가 있겠는가?

非惟若書之說爲然也.
_{비 유 약 서 지 설 위 연 야}

연나라 역사서에서만 그렇게 말한 것이 아니다.

昔者宋文君鮑[31]之時,
_{석 자 송 문 군 포 지 시}

옛날 송나라 문공 포 때에

有臣曰祏[32]觀辜,
_{유 신 왈 축 관 고}

제사를 주관하는 사람인 관고라는 신하가 있었다.

固嘗從事於厲[33],
_{고 상 종 사 어 려}

일찍이 사당에서 제사를 지내는데,

祩子[34]杖揖[35]出與言曰:
_{주 자 장 읍 출 여 언 왈}

무당이 두 손으로 지팡이를 잡고 나와 그에게 말하였다.

'觀辜,
_{관 고}

'관고야!

是何珪璧[36]之不滿度量[37]?
_{시 하 규 벽 지 불 만 도 량}

어찌해서 제사에 사용하는 옥들이 규격에 맞지 않고,

酒醴粢盛之不淨潔也?
_{주 례 자 성 지 부 정 결 야}

술과 제수용 곡물이 정결하지 않으며,

---

31 송문군포(宋文君鮑): 송나라 문공(文公)으로, 포(鮑)는 그의 이름(일명 혁(革)이라고도 함)이다. 기원전 610년부터 기원전 589년까지 재위하였다.

32 축(祏): 손이양은 자서(字書)에 축(祏) 자가 없으니, 마땅히 축(祝) 자의 잘못이라고 여겼다. 축(祝)은 제사 의식을 주관하는 사람인 축사(祝史)를 가리킨다.

33 여(厲): 제후가 세운 사묘(祠廟), 즉 사당.

34 주자(祩子): 손이양은 주자(祩子)를 접신(接神)할 수 있는 무당이라고 여겼다. 아래의 말은 무당이 귀신을 대신해서 한 말이다. 귀신에게 제사 지낼 때 귀신이 그의 몸에 붙어 말을 한다.

35 장읍(杖揖): 읍장(揖杖)이 맞다. 여기서 읍(揖)은 '두 손으로 들다'라는 뜻이다.

36 규벽(珪璧): 고대의 옥(玉) 이름으로, 위가 둥글고 아래가 네모진 것을 규(珪)라고 하고, 바깥이 둥글고 안이 네모진 것을 벽(璧)이라고 한다. 규벽은 제사용으로 쓰인다.

37 도량(度量): 여기서는 '예제(禮制)에 규정된 규격'을 의미한다.

犧牲之不全³⁸肥?
희 생 지 부 전 비

제수용 짐승의 색깔이 순수하지 않고 살찌지 않았으며,

春秋冬夏選³⁹失時?
춘 추 동 하 선 실 시

춘하추동의 제사는 때를 놓치는가?

豈女爲之與?
기 여 위 지 여

네가 그렇게 한 것이냐?

意⁴⁰鮑爲之與?'
억 포 위 지 여

아니면 포가 그렇게 한 것이냐?'

觀辜曰:
관 고 왈

관고가 대답하였다.

'鮑幼弱在荷繈⁴¹之中,
포 유 약 재 하 강 지 중

'포는 아직 나이가 어려 강보에 싸여 있는데,

鮑何與識焉?
포 하 여 식 언

그가 어찌 알겠습니까?

官臣觀辜特⁴²爲之.'
관 신 관 고 특 위 지

관직을 맡고 있는 신하인 제가 혼자 그렇게 한 것입니다.'

袾子擧揖⁴³而槀⁴⁴之,
주 자 거 읍 이 고 지

무당은 지팡이를 들고 그를 쳐

殪之壇上.
에 지 단 상

제단 위에서 죽게 하였다.

當是時,
당 시 시

이때

宋人從者莫不見,
송 인 종 자 막 불 견

따라갔던 송나라 사람들이 모두 보았고

遠者莫不聞,
원 자 막 불 문

멀리 있는 사람들도 그 소식을 모두 들었으며

---

38 전(全): 전(牷)과 통하는데 '순색(純色)의 짐승'을 가리킨다.

39 선(選): 헌(獻)으로, '제사'를 일컫는다.

40 억(意): 억(抑)과 통하는데 선택을 나타내는 부사이다.

41 하강(荷繈): 아마도 보강(葆繈)인 것 같다. 즉, '강보(襁褓)'를 가리킨다.

42 특(特): 여기서는 '혼자'라는 의미로 쓰였다.

43 읍(揖): 장(杖)이 되어야 한다. '지팡이'라는 의미이다.

44 고(槀): 고(敲)와 같다. '후려치다'라는 의미이다.

著在宋之春秋.
저 재 송 지 춘 추

송나라의 역사서에도 그 일이
기재되어 있다.

諸侯傳而語之曰:
제 후 전 이 어 지 왈

제후들이 서로 이 일을 전하면서 이
일에 대해 말하였다.

'諸不敬愼祭祀者,
제 불 경 신 제 사 자

'제사를 공경스럽고 신중하게 지내지
않는 사람들은 모두

鬼神之誅,
귀 신 지 주

귀신의 징벌을 받는 것이

至若此其憯遫也!'
지 약 차 기 참 속 야

이처럼 빠를 것이니!'

以若書之說觀之,
이 약 서 지 설 관 지

이 책에서 말한 것으로 보아

鬼神之有,
귀 신 지 유

귀신이 있다는 사실을

豈可疑哉?
기 가 의 재

어찌 의심할 수가 있겠는가?

非惟若書之說爲然也.
비 유 약 서 지 설 위 연 야

송나라 역사서에서만 그렇게 말한
것이 아니다.

昔者齊莊君[45]之臣有所謂王里國·中里徼者,
석 자 제 장 군   지 신 유 소 위 왕 리 국   중 리 요 자

옛날 제나라 장공의 신하 중에
왕리국과 중리요라고 불리는 자들이
있었다.

此二子者,
차 이 자 자

이 두 사람에게는

訟三年而獄不斷.
송 삼 년 이 옥 부 단

3년 동안 송사(訟事)가 있었으나
판결이 나지 않았다.

---

45 제장군(齊莊君): 제나라 장공(莊公)으로, 이름은 광(光)이다. 기원전 794년부터 기원전 731
    년까지 재위하였다.

齊君由謙⁴⁶殺之恐不辜,
<small>제 군 유 겸   살 지 공 불 고</small>

제나라 임금은 두 사람을 함께
죽이려고 하니 무고하게 죽일까 봐
두려웠고,

猶謙釋之,
<small>유 겸 석 지</small>

함께 풀어 주려고 하니

恐失有罪,
<small>공 실 유 죄</small>

죄지은 자를 놓칠까 봐 두려웠다.

乃使之人⁴⁷共⁴⁸一羊,
<small>내 사 지 인   공   일 양</small>

그래서 두 사람에게 양 한 마리를
바치고

盟齊之神社,
<small>맹 제 지 신 사</small>

제나라 신사에서 맹세토록 하니,

二子許諾.
<small>이 자 허 락</small>

두 사람이 동의하였다.

於是泏洫⁴⁹㨉⁵⁰羊而㴷⁵¹其血,
<small>어 시 출 혁   아   양 이 록   기 혈</small>

그래서 양의 목을 베어 그 피를 뿌리게
하여 입가에 바르고 맹세하였다.

讀王里國之辭既已終矣,
<small>독 왕 리 국 지 사 기 이 종 의</small>

왕리국이 맹세의 글을 다 읽고 나서

讀中里徼之辭未半也,
<small>독 중 리 요 지 사 미 반 야</small>

중리요가 맹세의 글을 반도 읽지
않았는데,

羊起而觸⁵²之,
<small>양 기 이 촉   지</small>

죽은 양이 일어나 그를 뿔로 받아

折其脚,
<small>절 기 각</small>

그의 다리를 부러뜨리니,

---

46 유겸(由謙): 다음 구절에서는 유겸(猶謙)이라고 하였는데, 유(由)와 유(猶)는 모두 욕(欲)과
   통하며, 겸(謙)은 겸(兼)과 통한다.
47 지인(之人): 이인(二人)의 잘못이다.
48 공(共): 공(供)과 통한다. '바치다'라는 의미이다.
49 출혁(泏洫): 손이양은 삽혈(歃血)의 잘못이라고 하였다. 삽혈(歃血)은 옛사람들이 피를 입가
   에 바르고 신에게 맹세하는 것을 의미한다.
50 아(㨉): 왕인지는 아마도 경(剄)의 잘못인 것 같다고 하였다. 경(剄)은 '목을 베다'라는 의미이
   다.
51 녹(㴷): 쇄(灑)의 잘못이다. 쇄(灑)는 '뿌리다'라는 뜻이다.
52 촉(觸): 뿔로 받다.

祧神⁵³之⁵⁴而棄之, _{조 신 지 이 고 지}	무당이 가서 그를 쳐
殪之盟所. _{에 지 맹 소}	맹세하는 곳에서 죽게 하였다.
當是時, _{당 시 시}	이때
齊人從者莫不見, _{제 인 종 자 막 불 견}	따라갔던 제나라 사람들이 모두 보았고
遠者莫不聞, _{원 자 막 불 문}	멀리 있는 사람들도 그 소식을 모두 들었으며
著在齊之春秋. _{저 재 제 지 춘 추}	제나라의 역사서에도 그 일이 기재되어 있다.
諸侯傳而語之曰: _{제 후 전 이 어 지 왈}	제후들이 서로 이 일을 전하면서 이 일에 대해 말하였다.
'請品先⁵⁵不以其請⁵⁶者, _{청 품 선 불 이 기 청 자}	'진실을 맹세하지 않는 사람들은 모두
鬼神之誅, _{귀 신 지 주}	귀신의 징벌을 받는 것이
至若此其憯遬也.' _{지 약 차 기 찰 속 아}	이처럼 빠를 것이니!'
以若書之說觀之, _{이 약 서 지 설 관 지}	이 책에서 말한 것으로 보아
鬼神之有, _{귀 신 지 유}	귀신이 있다는 사실을
豈可疑哉?" _{기 가 의 재}	어찌 의심할 수가 있겠는가?"
是故子墨子言曰: _{시 고 자 묵 자 언 왈}	그러므로 묵자께서 말씀하셨다.

---

53 조신(祧神): 앞의 주 34 주자(袾子)와 같다.
54 지(之): 여기서는 '가다'의 뜻으로 쓰였다.
55 청품선(請品先): 왕인지는 제공맹(諸共盟)의 잘못이라고 하였다.
56 청(請): 필원은 정(情)이 되어야 한다고 하였다. 여기서 정(情)은 '진실'을 의미한다.

"雖有深谿博林,
수유심계박림

幽澗[57]毋人之所,
유간 무인지소

施行不可以不董[58],
시행불가이부동

見[59]有鬼神視之."
현 유귀신시지

"비록 깊은 계곡이나 넓은 숲속,

어둡고 궁벽하거나 사람이 없는 곳에 있더라도

행동함에 삼가지 않을 수 없다.

언제 어디서든 귀신이 나타나 주시하고 있기 때문이다."

今執無鬼者曰:
금집무귀자왈

지금 귀신이 없다고 주장하는 사람들은 이렇게 말한다.

"夫衆人耳目之請[60],
부중인이목지청

"많은 사람들이 귀와 눈으로 보고 들었다는 정황으로

豈足以斷疑哉?
기족이단의재

어찌 의혹을 끊을 수 있겠는가?

奈何其欲爲高君子[61]於天下,
내하기욕위고군자 어천하

어떻게 천하에서 고상한 선비와 군자가 되려고 하면서

而有[62]復信衆之耳目之請哉?"
이유 부신중지이목지청재

또 다시 많은 사람들이 귀와 눈으로 보고 들었다는 정황을 믿을 수 있겠는가?"

子墨子曰:
자묵자왈

묵자께서 말씀하셨다.

"若以衆之耳目之請,
약이중지이목지청

"만약에 많은 사람들이 귀와 눈으로

---

57 유간(幽澗): 유간(幽間)으로, '어둡고 궁벽(窮僻)한 곳'을 뜻한다.

58 동(董): 유월은 근(董)이 되어야 한다고 하였는데, 근(董)은 근(謹)과 통한다.

59 현(見): 현(現)과 통한다.

60 청(請): 정(情)과 통한다. 아래도 같다.

61 고군자(高君子): 고사군자(高士君子)가 되어야 한다.

62 유(有): 우(又)와 통한다.

보고 들었다는 정황을

以爲不足信也,
이 위 부 족 신 야

믿을 수 없고

不以斷疑,
불 이 단 의

의혹을 끊지 못한다고 여긴다면,

不識若昔者三代聖王堯舜禹湯文武者,
불 식 약 석 자 삼 대 성 왕 요 순 우 탕 문 무 자

옛날 삼대의 성군인 요임금, 순임금,
우임금, 탕임금, 문왕, 무왕과 같은
사람들을

足以爲法乎?
족 이 위 법 호

법도로 삼을 수 있을지 모르겠다.

故於此乎,
고 어 차 호

이것에 대해

自中人以上皆曰:
자 중 인 이 상 개 왈

중등 이상의 사람들은 모두

若昔者三代聖王,
약 석 자 삼 대 성 왕

옛날 삼대의 성군 같은 사람들이라면

足以爲法矣.
족 이 위 법 의

법도로 삼을 수 있다고 말한다.

若苟昔者三代聖王足以爲法,
약 구 석 자 삼 대 성 왕 족 이 위 법

만약 옛날 삼대의 성군 같은 사람들을
법도로 삼을 수 있다고 여긴다면

然則姑嘗上觀聖王之事.
연 즉 고 상 상 관 성 왕 지 사

위로 성군들의 일을 잠시 보기로 하자.

昔者,
석 자

옛날

武王之攻殷誅紂也,
무 왕 지 공 은 주 주 야

주나라 무왕이 은나라를 공격하여
주왕(紂王)을 주살하고

使諸侯分其祭曰:
사 제 후 분 기 제 왈

제후들에게 제사를 나누어 지내도록
하면서 말하였다.

'使親者[63]受內祀[64],
사 친 자 수 내 사

'천자와 같은 성의 제후들은 조상의

---

63 친자(親者): 천자와 성(姓)이 같은 제후를 가리킨다.

묘당을 세우고 제사를 지내도록 하며,

疏者⁶⁵受外祀⁶⁶.'
소 자 수 외 사

천자와 다른 성의 제후들은 본국의
산천에 제사를 지내도록 하라.'

故武王必以鬼神爲有,
고 무 왕 필 이 귀 신 위 유

이러하니 무왕은 반드시 귀신이
있다고 여겼다.

是故攻殷伐紂,
시 고 공 은 벌 주

그래서 은나라를 공격하여 주왕을
징벌하면서

使諸候分其祭.
사 제 후 분 기 제

제후들에게 제사를 나누어 지내도록
하였다.

若鬼神無有,
약 귀 신 무 유

만약에 귀신이 있지 않다면

則武王何祭分哉?
즉 무 왕 하 제 분 재

무왕이 어찌 제사를 나누어 지내도록
하였겠는가?

非惟武王之事爲然也.
비 유 무 왕 지 사 위 연 야

단지 무왕의 일만이 그러한 것이
아니다.

故⁶⁷聖王其賞也必於祖,
고 성 왕 기 상 야 필 어 조

옛날 성군들은 공신(功臣)에게 상을 줄
때에는 반드시 조묘(祖廟)에서
거행하였고,

其僇⁶⁸也必於社.
기 류 야 필 어 사

죄인을 죽일 때에는 반드시
신사(神社)에서 거행하였다.

---

64 내사(內祀): 조상의 묘당을 세우고 지내는 제사를 말한다.

65 소자(疏者): 천자와 성이 다른 제후를 가리킨다.

66 외사(外祀): 본국의 산천에 지내는 제사를 말한다.

67 고(故): 고(古)가 되어야 한다.

68 육(僇): 육(戮)과 통하는데 '죽이다'의 의미이다.

賞於祖者何也?
상 어 조 자 하 야

조묘에서 상을 주는 것은 무엇
때문인가?

告分之均也;
고 분 지 균 야

상을 나누어 주는 것이 공평했다는
것을 선조에게 고하기 위해서이다.

僇於社者何也?
육 어 사 자 하 야

신사에서 죽이는 것은 무엇 때문인가?

告聽[69]之中[70]也.
고 청 지 중 야

죄를 다스리는 것이 합리적이라는
것을 신령에게 고하기 위해서이다.

非惟若書之說爲然也.
비 유 약 서 지 설 위 연 야

단지 이 책에서만 그렇게 말한 것이
아니다.

且惟昔者虞夏·商·周三代之聖王,
차 유 석 자 우 하 상 주 삼 대 지 성 왕

또한 옛날 우하·상·주나라 삼대의
성군들은

其始建國營都日,
기 시 건 국 영 도 일

처음 나라를 세우고 도성을 만들 때,

必擇國之正壇[71],
필 택 국 지 정 단

반드시 나라의 중심을 택해 제단을
세우고

置以爲宗廟,
치 이 위 종 묘

종묘를 안치하였으며,

必擇木之脩茂[72]者,
필 택 목 지 수 무 자

반드시 나무들이 크고 무성하게 자란
곳을 택해

---

69 청(聽): 청옥(聽獄) 또는 치옥(治獄)으로, '죄를 다스리다', '재판하다'라는 뜻이다.
70 중(中): 여기서는 '합리적이다'라는 뜻으로 쓰였다.
71 국지정단(國之正壇): 『여씨춘추(呂氏春秋)』「신세(愼勢)」에서 "옛날의 왕은 천하의 중심을 택해 나라를 세우고, 나라의 중심을 택해 궁성을 세웠으며, 궁성의 중심을 택해 묘당을 세웠다"라고 하였다. 여기서 정단(正壇)은 '제단'을 일컫는다.
72 수무(脩茂): 크고 무성하다.

立以爲蔟位[73];
입 이 위 총 위

신사를 세웠다.

必擇國之父兄慈孝貞良者,
필 택 국 지 부 형 자 효 정 량 자

반드시 나라의 부형(父兄) 중에 자애롭고 효성스러우며 정직하고 선량한 자를 택해

以爲祝宗[74];
이 위 축 종

태축과 종백으로 삼았다.

必擇六畜之勝[75]腯[76]肥倅[77]毛,
필 택 륙 축 지 승 돌 비 쉬 모

반드시 육축 중에 충분히 살찌고 털이 순수한 것으로 택해

以爲犧牲;
이 위 희 생

제물로 삼았다.

珪璧琮璜[78],
규 벽 종 황

제사 때 쓰이는 옥인 규와 벽, 그리고 종과 황은

稱財爲度;
칭 재 위 도

나라의 재력에 걸맞게 하는 것을 원칙으로 삼아 준비하였다.

必擇五穀之芳黃,
필 택 오 곡 지 방 황

반드시 오곡 중에 향기롭고 누렇게 잘 익은 것을 택해

以爲酒醴粢盛,
이 위 주 례 자 성

술을 빚고 제수용 곡물로 삼았다.

故酒醴粢盛,
고 주 례 자 성

그래서 술과 제수용 곡물은

與歲上下[79]也.
여 세 상 하 야

그해의 수확에 따라 증감하였다.

---

73 총위(蔟位): 총(蔟)은 총(叢)과 같으며, 위(位)는 사(社)의 잘못이다. 총사(叢社)는 총사(叢祠)이다. 총사(叢祠)는 곧 신사(神祠)를 말한다.

74 축종(祝宗): 제사를 담당하는 관리인 태축(太祝)과 종백(宗伯)을 가리킨다.

75 승(勝): 성(盛)과 통한다.

76 돌(腯): 살찌다.

77 쉬(倅): 수(粹)와 통하는데, 여기서는 '털색이 순수하다'라는 의미로 쓰였다.

78 종황(琮璜): 종(琮)은 '둥근 구멍이 난 네모난 옥'이며, 황(璜)은 '반원형(半圓形)의 옥'이다. 규와 벽과 함께 모두 제사용으로 쓰이는 옥이다.

79 상하(上下): 여기서는 '증감하다'라는 의미로 쓰였다.

故古聖王治天下也,
고 고 성 왕 치 천 하 야

그러므로 옛날 성군들이 천하를 다스림에 있어

故[80]必先鬼神而後人者此也.
고 필 선 귀 신 이 후 인 자 차 야

반드시 먼저 귀신을 안배하고 후에 사람을 안배하는 것은 바로 이 때문인 것이다.

故曰官府選效[81],
고 왈 관 부 선 효

그래서 관부에서 갖추어야 할 것들로,

必先祭器祭服,
필 선 제 기 제 복

반드시 제기와 제복을 먼저 준비하여

畢藏於府,
필 장 어 부

모두 창고에 저장해 두고,

祝宗有司,
축 종 유 사

태축과 종백 등 제사를 책임진 관리들은

畢立於朝,
필 립 어 조

모두 조정에 서 있었으며,

犧牲不與昔聚群.
희 생 불 여 석 취 군

제물로 사용하는 가축은 이전의 일반 가축들과 함께 기르지 않았다고 한다.

故[82]古者聖王之爲政若此.
고 고 자 성 왕 지 위 정 약 차

옛날 성군들은 이와 같이 정치를 하였다.

古者聖王必以鬼神爲[83],
고 자 성 왕 필 이 귀 신 위

옛날 성군들은 반드시 귀신이 있다고 여겨

其務[84]鬼神厚矣,
기 무 귀 신 후 의

귀신 섬김이 독실하였으며,

---

80 고(故): 연문으로, 삭제해야 한다.
81 선효(選效): 선(選)은 선(僎)과 통하는데 '갖추다'라는 뜻이다. 효(效)도 '갖추다'라는 뜻으로 쓰였다.
82 고(故): 문장 앞에 놓는 어조사로, 뜻이 없다.
83 위(爲): 위(爲) 자 다음에 유(有) 자를 넣어야 한다.
84 무(務): 여기서는 '섬기다', '모시다'의 뜻으로 쓰였다.

又恐後世子孫不能知也,
우 공 후 세 자 손 불 능 지 야

또한 후세의 자손들이 귀신 섬김을 알
수 없을까 봐 두려워하여

故書之竹帛,
고 서 지 죽 백

그것을 죽편과 비단에 써서

傳遺後世子孫,
전 유 후 세 자 손

그들에게 전하였다.

咸⁸⁵恐其腐蠹絶滅,
함　공 기 부 두 절 멸

어떤 사람들은 썩거나 좀먹어 없어져
버려

後世子孫不得而記,
후 세 자 손 부 득 이 기

후세의 자손들이 기억할 수 없을까 봐
두려워하여

故琢之盤盂,
고 탁 지 반 우

쟁반이나 사발에다 새기고,

鏤之金石,
누 지 금 석

금석에다 새김으로써

以重之;
이 중 지

그것을 중복하였다.

有⁸⁶恐後世子孫不能敬箬⁸⁷以取羊⁸⁸,
유　공 후 세 자 손 불 능 경 군　이 취 양

또 후세의 자손들이 귀신을 경순하지
않아 상서로움을 얻을 수 없을까 봐
두려워하여

故先王之書,
고 선 왕 지 서

선왕들의 책이나

聖人一尺之帛,
성 인 일 척 지 백

성인들이 지은 한 자의 비단이나

一篇之書,
일 편 지 서

한 편의 문장 안에

語數鬼神之有也,
어 삭 귀 신 지 유 야

귀신이 있다는 사실을 여러 번
말하였으며,

---

85 함(咸): 혹(或)의 잘못이다.
86 유(有): 우(又)와 통한다.
87 경군(敬箬): 경순(敬順)하다.
88 양(羊): 상(祥)과 통한다. '상서롭다'라는 의미이다.

重有重之.

중 유 중 지

그것을 중복하고 또 중복하였다.

此其故何?

차 기 고 하

이것은 무슨 까닭인가?

則聖王務之.

즉 성 왕 무 지

곧 성군들이 귀신을 섬겼기 때문이다.

今執無鬼者曰:

금 집 무 귀 자 왈

지금 귀신이 없다고 주장하는 사람들은

'鬼神者,

귀 신 자

'귀신은

固無有.'

고 무 유

본래 없는 것이다'라고 말한다.

則此反聖王之務.

즉 차 반 성 왕 지 무

즉, 이것은 성군들이 귀신을 섬기는 것과 상반되는 것이다.

反聖王之務,

반 성 왕 지 무

성군들이 귀신을 섬기는 것과 상반되는 것은

則非所以爲君子之道也!"

즉 비 소 이 위 군 자 지 도 야

곧 군자의 도리로 삼을 수 없는 것이다."

今執無鬼者之言曰:

금 집 무 귀 자 지 언 왈

지금 귀신이 없다고 주장하는 사람들은 이렇게 말한다.

"先王之書,

선 왕 지 서

"선왕들의 책이나

愼無[89]一尺之帛,

신 무 일 척 지 백

성인들이 지은 한 자의 비단이나

一篇之書,

일 편 지 서

한 편의 문장 안에

語數鬼神之有,

어 삭 귀 신 지 유

귀신이 있다는 사실을 여러 번

---

89 신무(愼無): 왕념손은 이 두 자는 뜻이 통하지 않으므로 성인(聖人)이 되어야 한다고 하였다. 위에 있는 같은 문장에 근거하면 왕념손의 견해가 맞는 것 같다.

말하였으며

重有重之,
_{중 유 중 지}

그것을 중복하고 또 중복하였다고 하는데,

亦何書之有哉?"
_{역 하 서 지 유 재}

도대체 무슨 책에 있다는 말인가?"

子墨子曰:
_{자 묵 자 왈}

묵자께서 말씀하셨다.

"周書「大雅」[90]有之.
_{주 서 대 아 유 지}

"주나라 책인 『시경』 「대아」에 그것이 있다.

「大雅」曰:
_{대 아 왈}

「대아」의 「문왕」편에서 다음과 같이 말하였다.

'文王在上,
_{문 왕 재 상}

'문왕의 신령이 하늘에 계시니,

於[91]昭於天!
_{어 소 어 천}

아! 그 공덕, 하늘에 빛나네!

周雖舊邦,
_{주 수 구 방}

주나라는 비록 오래된 나라,

其命維新.
_{기 명 유 신}

문왕이 천명을 받고 오히려 새로워졌네.

有周不[92]顯,
_{유 주 비 현}

주나라는 위대하고 빛나며

帝命不時[93]!
_{제 명 비 시}

천제의 명 또한 위대하고 옳다네!

文王陟降[94],
_{문 왕 척 강}

문왕의 신령이 하늘과 땅 오르내리시며

---

90 주서(周書)「대아(大雅)」: 여기서 주서(周書)는 『시경(詩經)』을 가리키며, 인용한 시는 「대아」의 「문왕(文王)」편이다.

91 어(於): 감탄사.

92 비(不): 비(不)는 비(丕)와 통하는데 '크다'라는 의미이다.

93 비시(不時): 비(不)는 위와 마찬가지로 '크다'라는 의미로 쓰였으며, 시(時)는 시(是)와 통하는데 '옳다', '착하다'라는 뜻이다.

94 척강(陟降): 오르고 내리다.

在帝左右.
재 제 좌 우

천제의 좌우에 계시네.

穆穆[95]文王,
목 목 　 문 왕

부지런한 문왕,

令問[96]不已.'
영 문 　 불 이

그 아름다운 명성 끊이지 않네.'

若鬼神無有,
약 귀 신 무 유

만약에 귀신이 있지 않다면,

則文王旣死,
즉 문 왕 기 사

문왕이 이미 죽었는데

彼豈能在帝左右哉?
피 기 능 재 제 좌 우 재

그가 어찌하여 천제의 좌우에 있을 수 있겠는가?

此吾所以知周書之鬼也.
차 오 소 이 지 주 서 지 귀 야

이것이 내가 주나라 책에서 귀신을 언급하였다는 사실을 아는 까닭이다.

且周書獨鬼[97],
차 주 서 독 귀

주나라 책에서만 유독 귀신이 있다고 기재되어 있고

而商書不鬼[98],
이 상 서 불 귀

상나라 책에서는 귀신이 있다고 기재되어 있지 않으면

則未足以爲法也.
즉 미 족 이 위 법 야

그것을 근거로 삼을 수가 없다.

然則姑嘗上觀乎商書,
연 즉 고 상 상 관 호 상 서

그러하니 위로 상나라 책을 잠시 보기로 하자.

曰:
왈

그 책에서 말하였다.

'嗚呼!
명 호

'아!

95　목목(穆穆):『시경』에는 원래 미미(亹亹)로 되어 있는데, '힘쓰다', '부지런하다'라는 뜻이다.

96　영문(令問): 영(令)은 '아름답다'라는 의미이며, 문(問)은『시경』에 원래 문(聞)으로 되어 있는데, 여기서는 '명성'이라는 뜻으로 쓰였다.

97　독귀(獨鬼): 독유귀(獨有鬼)가 되어야 한다.

98　불귀(不鬼): 무귀(無鬼) 또는 불유귀(不有鬼)가 되어야 한다.

古者有夏[99],　　　　　　　　　　　옛날 하나라가
고 자 유 하

方未有禍之時,　　　　　　　　　　아직 화가 미치지 않았을 때,
방 미 유 화 지 시

百獸貞蟲[100],　　　　　　　　　　　온갖 짐승과 기어 다니는 동물
백 수 정 충

允[101]及飛鳥,　　　　　　　　　　　및 날아다니는 새들도
윤 급 비 조

莫不比方[102].　　　　　　　　　　　도리에 따르지 않는 것이 없었다.
막 불 비 방

矧佳[103]人面[104],　　　　　　　　　하물며 사람으로서
신 추 인 면

胡敢異心?　　　　　　　　　　　　어찌 감히 다른 마음을 가지겠는가?
호 감 이 심

山川鬼神,　　　　　　　　　　　　산천의 귀신들
산 천 귀 신

亦莫敢不寧.　　　　　　　　　　　역시 안녕치 않음이 없었다.
역 막 감 불 령

若能共允[105],　　　　　　　　　　만약에 공경하고 성실하다면
약 능 공 윤

佳天下之合,　　　　　　　　　　　천하가 통합되고
추 천 하 지 합

下土[106]之葆[107],'　　　　　　　　국토가 보전될 것이다.'
하 토 지 보

察山川鬼神之所以莫敢不寧者,
찰 산 천 귀 신 지 소 이 막 감 불 령 자

　　　　　　　　　　　　산천의 귀신들이 안녕치 않음이

99　유하(有夏): 하나라.

100　정충(貞蟲): 정(貞)은 정(征)이 되어야 하며, 정충(征蟲)은 파충(爬蟲)이라는 뜻이다. 여기서
　　는 '기어 다니는 동물'이라는 뜻으로 쓰였다.

101　윤(允): 이(以)와 같다.

102　비방(比方): 비(比)는 '따르다', '의지하다'라는 뜻이며, 방(方)은 '방도', '도리'라는 의미로 쓰였
　　다.

103　신추(矧佳): 신(矧)은 '하물며'라는 뜻이다. 추(佳)는 옛날 유(惟) 자이다.

104　인면(人面): 여기서는 '사람'을 가리킨다.

105　공윤(共允): 공(共)은 '공경(恭敬)하다'라는 뜻이며, 윤(允)은 '진실하다', '성실하다'라는 의미
　　이다.

106　하토(下土): 국토.

107　보(葆): 보(保)와 통한다.

없었던 까닭을 살펴보면,

以佐謀禹也.
이 좌 모 우 야

그 귀신들이 우임금을 보좌하였기
때문이다.

此吾所以知商書之鬼也.
차 오 소 이 지 상 서 지 귀 야

이것이 내가 상나라 책에서 귀신을
언급하였다는 사실을 아는 까닭이다.

且商書獨鬼,
차 상 서 독 귀

상나라 책에서만 유독 귀신이 있다고
기재되어 있고

而夏書不鬼,
이 하 서 불 귀

하나라 책에서는 귀신이 있다고
기재되어 있지 않으면,

則未足以爲法也.
즉 미 족 이 위 법 야

그것을 근거로 삼을 수가 없다.

然則姑嘗上觀乎夏書「禹誓」[108]曰:
연 즉 고 상 상 관 호 하 서 　 우 서 　 왈

그러하니 위로 하나라 책인 『상서』
「하서」의 「감서」를 잠시 보기로 하자.

'大戰於甘[109],
대 전 어 감

'감에서 큰 전쟁이 일어나자

王乃命左右六人[110],
왕 내 명 좌 우 륙 인

하나라 왕이 좌우의 육군(六軍)
장군들에게 명하여

下[111]聽誓[112]於中軍[113],
하 　 청 서 　 어 중 군

단에서 내려와 중군에 모여 훈시를

---

108 하서(夏書)·우서(禹誓): 여기서 하서(夏書)는 하나라 책 또는 『상서』 중의 「하서(夏書)」를
　　가리키며, 우서(禹誓)는 감서(甘誓)의 잘못이다. 「감서(甘誓)」는 『상서』 「하서」의 한 편이다.
　　여기서 인용한 문장은 원래 「감서」편과 약간 다르다.

109 감(甘): 옛 지명으로, 지금의 섬서성 호현(鄠縣) 서쪽에 있었다.

110 육인(六人): 육경(六卿)을 가리키는데 육군(六軍)의 장군을 말한다.

111 하(下): '단(壇)에서 내려오다'라는 뜻으로 쓰였다. 육경은 원래 왕을 수반하여 단 위에 서 있
　　는데, 지금은 왕이 명령을 내리려고 그들을 단에서 내려오게 하여 명령을 듣도록 하였다.

112 서(誓): 여기서는 그 내용으로 보아 '훈계', '훈시'라는 뜻이다.

듣도록 하였는데,

曰:
왈

그 훈시에서

有扈氏[114]威[115]侮五行[116],
유 호 씨 위 모 오 행

유호씨는 인·의·예·지·신의 오상을
모멸(侮蔑)하고,

怠棄三正[117],
태 기 삼 정

천·지·인의 정도를 태만히 하고
폐기하였는데,

天用[118]勦絶其命.
천 용 초 절 기 명

하늘이 이 때문에 그들의 생명을
끊으려 한다고 말하였다.

有[119]曰:
유 왈

그리고 또 말하였다.

日中,
일 중

정오에

今予與有扈氏爭一日之命,
금 여 여 유 호 씨 쟁 일 일 지 명

나는 유호씨와 생사를 건 일전(一戰)을
벌이려고 한다.

且爾卿大夫庶人,
차 이 경 대 부 서 인

그대 경대부와 서민들이여!

予非爾田野葆士[120]之欲也,
여 비 이 전 야 보 사 지 욕 야

나는 그들의 전야와 보옥을 욕심내는
것이 아니라

予共[121]行天之罰也.
여 공 행 천 지 벌 야

하늘이 그들에게 내리는 벌을 삼가

---

113 중군(中軍): 국왕이 친히 통솔하는 군.

114 유호씨(有扈氏): 옛 나라 이름으로, 지금의 섬서성 호현에 있었다.

115 위(威): 멸(威)이 되어야 하는데 멸(威)은 멸(蔑)과 통한다.

116 오행(五行): 원래 금(金)·목(木)·수(水)·화(火)·토(土)를 가리키는데, 이것으로 사회와 자연의 각종 현상과 변화를 비유하거나 설명한다. 여기서는 '오상(五常)', 즉 인(仁)·의(義)·예(禮)·지(智)·신(信)을 말한다.

117 삼정(三正): 천(天)·지(地)·인(人)의 정도(正道).

118 용(用): 인(因)과 통한다.

119 유(有): 우(又)와 통한다.

120 보사(葆士): 유월은 보옥(葆玉)의 잘못이라고 여겼다. 즉, 보옥(寶玉)을 가리킨다.

121 공(共): 공(恭)과 통한다.

집행하려는 것이다.

左¹²²不共¹²³于左,
좌 불 공 우 좌

수레 왼쪽의 사수가 왼쪽으로
공격하지 않고,

右¹²⁴不共于右,
우 불 공 우 우

수레 오른쪽의 사수가 오른쪽으로
공격하지 않는다면

若¹²⁵不共命;
약 불 공 명

그대들은 하늘의 명령을 삼가
집행하지 않는 것이다.

御¹²⁶非爾¹²⁷馬之政¹²⁸,
어 비 이 마 지 정

수레 모는 자가 그 말을 바르게 몰지
못한다면

若不共命.'
약 불 공 명

그대들은 하늘의 명령을 삼가
집행하지 않는 것이다.'

是以賞于祖而僇于社.
시 이 상 우 조 이 륙 우 사

이 때문에 조묘에서 상을 주고
신사에서 죄인을 죽였다.

賞於祖者何也?
상 어 조 자 하 야

조묘에서 상을 주는 것은 무엇
때문인가?

言分命之均也.
언 분 명 지 균 야

하늘의 명령을 공평하게 나누어
주었다는 것을 말한다.

僇于社者何也?
육 우 사 자 하 야

신사에서 죄인을 죽이는 것은 무엇
때문인가?

---

122 좌(左): 수레 왼쪽 사수(射手)를 가리키는데, 활과 화살을 들고 있다.
123 공(共): 공(攻)과 통한다.
124 우(右): 수레 오른쪽 사수를 가리키는데, 창을 가지고 있다.
125 약(若): 여기서는 '너희들'이라는 뜻으로 쓰였다. 다음 구절도 같다.
126 어(御): 수레를 모는 자.
127 이(爾): 기(其)가 되어야 한다.
128 정(政): 정(正)과 통한다.

言聽獄之事[129]也.
언 청 옥 지 사   야

죄를 다스리는 것이 합리적이었다는
것을 말한다.

故古聖王必以鬼神爲賞賢而罰暴,
고 고 성 왕 필 이 귀 신 위 상 현 이 벌 포

옛날 성군들은 반드시 귀신이 현명한
사람에게는 상을 주고 포악한
사람에게는 벌을 내린다고
여겼으므로,

是故賞必於祖,
시 고 상 필 어 조

이 때문에 조묘에서 상을 주고

而僇必于社.
이 륙 필 우 사

신사에서 죄인을 죽였다.

此吾所以知夏書之鬼也.
차 오 소 이 지 하 서 지 귀 야

이것이 내가 하나라 책에서 귀신을
언급하였다는 사실을 아는 까닭이다.

故尙[130]者夏書,
고 상   자 하 서

그러므로 위로는 하나라의
책으로부터

其次商周之書,
기 차 상 주 지 서

그다음으로는 상나라와 주나라의
책에서 모두

語數鬼神之有也,
어 삭 귀 신 지 유 야

귀신이 있다는 사실을 여러 번
말하였으며

重有重之,
중 유 중 지

그것을 중복하고 또 중복하였는데,

此其故何也?
차 기 고 하 야

이것은 무슨 까닭인가?

則聖王務之.
즉 성 왕 무 지

곧 성군들이 귀신을 섬겼기 때문이다.

---

129 사(事): 중(中)이 되어야 한다. 여기서는 '합리적이다'라는 뜻으로 쓰였다.
130 상(尙): 상(上)과 통한다.

以若書之說觀之,
이 약 서 지 설 관 지
이 책에서 말한 것으로 보아

則鬼神之有,
즉 귀 신 지 유
귀신이 있다는 사실을

豈可疑哉?
기 가 의 재
어찌 의심할 수가 있겠는가?

於古曰:[131]
어 고 왈
옛날 책에

'吉日丁卯[132],
길 일 정 묘
'길한 날인 정일(丁日)과 유일(酉日)에

周代祝社方[133]歲於社者考[134],
주 대 축 사 방   세 어 사 자 고
군신들이 왕을 대신하여 토지신과
사방의 신들에게 축도를 하며, 연말에
선조에게 제사를 지냄으로써

以延年壽.'
이 연 년 수
수명을 연장시킨다'라고 하였다.

若無鬼神,
약 무 귀 신
만약에 귀신이 없다면

彼豈有所延年壽哉!"
피 기 유 소 연 년 수 재
어찌 수명을 연장시킬 수가 있겠는가!"

是故子墨子曰:
시 고 자 묵 자 왈
그러므로 묵자께서 말씀하셨다.

"嘗若[135]鬼神之能賞賢如[136]罰暴也.
상 약   귀 신 지 능 상 현 어   벌 포 야

---

131 어고왈(於古曰): '고서(古書)에 ~라고 하였다'라는 뜻으로 쓰였다. 또 어고지시(於古之時)
   로 되어야 한다고 주장하는 사람도 있다. 여기서는 전자의 견해를 따랐다.

132 정묘(丁卯): 정유(丁酉)가 되어야 한다. 주나라 사람들은 자(子)에서 묘(卯)까지를 기일(忌
   日)로 삼고, 오(午)에서 유(酉)까지를 길일(吉日)로 삼았다.

133 주대축사방(周代祝社方): 용대사사방(用代祀社方)의 잘못이다. 대사(代祀)는 '군신들이
   왕을 대신하여 축도(祝禱)하는 것'을 말한다. 사(社)는 '토지신', 방(方)은 '사방(四方)의 신'을
   일컫는다.

134 세어사자고(歲於社者考): 손이양은 사자(社者)는 조약(祖若)이 되어야 한다고 여겼는데,
   '조부'라는 뜻이다. 고(考)는 '죽은 아버지'를 가리킨다. 이 말은 '연말에 선조에게 제사 지내다'
   라는 의미이다.

135 상약(嘗若): 손이양은 당약(當若)이 되어야 한다고 했다. '마땅히'라는 뜻이다.

136 여(如): 이(而)와 같다.

"귀신이 현명한 사람에게는 상을 주고 포악한 사람에게는 벌을 내릴 수 있음을 마땅히 믿어야 한다.

蓋[137]本施之國家,
개　본시지국가

이것은 본래 국가에도 시행할 수 있으며

施之萬民,
시지만민

만민에게도 시행할 수 있으니,

實所以治國家利萬民之道也.
실소이치국가리만민지도야

실로 국가를 다스리고 만민을 이롭게 하는 방도이다.

若以爲不然,[138]
약이위불연

是以吏治官府之不絜[139]廉,
시이리치관부지불결　렴

이 때문에 관리가 관부를 다스림에 깨끗하지 않고

男女之爲無別者,
남녀지위무별자

남녀가 혼란하여 분별없음을

鬼神見之;
귀신견지

귀신은 모두 볼 수 있다.

民之爲淫暴寇亂盜賊,
민지위음포구란도적

백성들이 음란하고 난폭하며 반란을 일으키고 도둑질을 하며,

以兵刃毒藥水火,
이병인독약수화

병기와 독약, 그리고 물과 불로써

退無罪人乎道路,
퇴무죄인호도로

죄 없는 사람들을 도로에서 가로막으며,

奪人車馬衣裘以自利者,
탈인거마의구이자리자

다른 사람들의 수레와 말과 의복을 빼앗아 스스로 이익을 찾는 것을

有鬼神見之.
유귀신견지

귀신은 모두 볼 수 있다.

---

137 개(蓋): 발어사로, 뜻이 없다.
138 약이위불연(若以爲不然): 왕념손은 이 구절을 연문으로 보았다.
139 결(絜): 결(潔)과 통한다.

是以吏治官府,
시 이 리 치 관 부

그래서 관리가 관부를 다스림에

不敢不絜廉,
불 감 불 결 렴

감히 깨끗하지 않을 수 없으며

見善不敢不賞,
견 선 불 감 불 상

선한 사람을 보면 상을 주지 않을 수 없고

見暴不敢不罪[140].
견 포 불 감 부 죄

난폭한 사람을 보면 벌을 주지 않을 수 없다.

民之爲淫暴寇亂盜賊,
민 지 위 음 포 구 란 도 적

백성들이 음란하고 난폭하며 반란을 일으키고 도둑질을 하며,

以兵刃毒藥水火,
이 병 인 독 약 수 화

병기와 독약, 그리고 물과 불로써

退無罪人乎道路,
퇴 무 죄 인 호 도 로

죄 없는 사람들을 도로에서 가로막으며,

奪車馬衣裘以自利者,
탈 거 마 의 구 이 자 리 자

다른 사람들의 수레와 말과 의복을 빼앗아 스스로 이익을 찾는 것이

由此止.
유 차 지

이로부터 멈추어지게 된다.

是以莫放幽閒[141],
시 이 막 방 유 간

擬乎鬼神之明顯,
의 호 귀 신 지 명 현

明有一人畏上誅罰,
명 유 일 인 외 상 주 벌

是以天下治.
시 이 천 하 치

그래서 천하가 다스려진다.

故鬼神之明,
고 귀 신 지 명

그러므로 귀신의 명찰(明察)은

---

140 죄(罪): 여기서는 '죄를 다스리다' 또는 '벌을 주다'라는 의미로 쓰였다.

141 시이막방유간(是以莫放幽閒): 손이양과 대진(戴震)은 이 구절과 다음 두 구절 모두 연문이라고 하였다.

不可爲幽閒[142]廣澤,
불 가 위 유 간 　 광 택
어둡고 궁벽한 곳이나 넓은 연못,

山林深谷,
산 림 심 곡
산속의 숲과 깊은 계곡이라고
하더라도 피할 수 없으니,

鬼神之明必知之.
귀 신 지 명 필 지 지
귀신의 명찰로 반드시 찾아 알 수 있다.

鬼神之罰,
귀 신 지 벌
귀신의 징벌은

不可爲富貴衆强,
불 가 위 부 귀 중 강
부귀하거나 세력이 강하거나

勇力强武,
용 력 강 무
용맹하거나 힘이 강하거나

堅甲利兵,
견 갑 리 병
견고한 갑옷과 예리한 병기라고
하더라도 막을 수 없으니,

鬼神之罰必勝之.
귀 신 지 벌 필 승 지
귀신이 징벌로 반드시 그것들을 이길
수 있다.

若以爲不然,
약 이 위 불 연
만약에 그렇지 않다고 생각한다면,

昔者夏王桀,
석 자 하 왕 걸
옛날 하나라 왕 걸을 보자.

貴爲天子,
귀 위 천 자
그는 귀하기로는 천자가 되었으며

富有天下,
부 유 천 하
부유하기로는 천하를 가졌으나,

上詬天侮鬼,
상 후 천 모 귀
위로는 하늘을 욕하고 귀신을
업신여겼으며

下殃傲[143]天下之萬民,
하 앙 오 　 천 하 지 만 민
아래로는 천하의 만민을 해치기도
하고 죽이기까지 하였다.

祥上帝伐元山帝行,[144]
상 상 제 벌 원 산 제 행

---

142 유간(幽閒): 여기서 간(閒)은 간(澗)과 같다. 유간(幽澗)은 같은 편의 주 57 참조.
143 앙오(殃傲): 앙살(殃殺)이 되어야 한다.

故於此乎,
고 어 차 호

그래서 이러한 상황에서

天乃使湯至[145]明罰焉.
천 내 사 탕 지   명 벌 언

하늘은 곧 탕으로 하여금 그에게
분명한 징벌을 내리게 하였다.

湯以車九兩[146],
탕 이 거 구 량

탕왕이 90량의 수레를 몰고

鳥陳雁行,[147]
조 진 안 행

조진과 안행의 진(陣)으로 벌리고서

湯乘[148]大贊[149],
탕 승   대 찬

고지인 대찬에 올라

犯遂下衆人之蟜遂,[150]
범 수 하 중 인 지 교 수

하나라 군대를 뒤쫓아 하나라 교외로
들어갔다.

王乎禽[151]推哆大戲[152].
왕 호 금   추 치 태 희

왕은 친히 손으로 추치태희를
사로잡았다.

故昔夏王桀,
고 석 하 왕 걸

그래서 옛날 하나라 왕 걸은

貴爲天子,
귀 위 천 자

귀하기로는 천자가 되었고

---

144 상상제벌원산제행(祥上帝伐元山帝行): 필원은 이 구절에 대해 '자세하지 않다'라고 하였다. 앞뒤의 내용으로 보아 이 구절을 굳이 해석하지 않아도 뜻이 통하는 것 같다.

145 지(至): 치(致)와 통한다. 뒤에 나오는 '천내사무왕치명발언(天乃使湯至明罰焉)'에서는 치(致)로 되어 있다.

146 구량(九兩): 손이양은 구십량(九十兩)의 잘못이라고 여겼다. 양(兩)은 양(輛)과 같다. 옛날에 수레 1량에 병졸 25명을 배치하였다.

147 조진안행(鳥陳雁行): 조진(鳥陳)과 안행(雁行)은 모두 군대가 포진(布陣)할 때의 진(陣) 이름이다. 여기서 진(陳)은 진(陣)과 같다.

148 승(乘): 여기서는 '오르다'라는 뜻으로 쓰였다.

149 대찬(大贊): 유월은 '고지(高地) 이름'이라고 하였다.

150 범수하중인지교수(犯遂下衆人之蟜遂): 손이양은 이 구절을 범축하중, 입지교수(犯逐夏衆, 入之郊逐)라고 교감하였다. 범축(犯逐)은 '뒤쫓다'라는 뜻, 교수(郊逐)는 '교외'라는 의미로 쓰였다.

151 호금(乎禽): 호(乎)는 수(手)가 되어야 하며, 금(禽)은 금(擒)과 통한다. '손으로 사로잡다'라는 뜻이다.

152 추치태희(推哆大戲): 하나라 걸왕의 용사(勇士)이다. 추치(推哆)라고도 한다.

富有天下;
_{부 유 천 하}
부유하기로는 천하를 가졌으며,

有勇力之人推哆大戲,
_{유 용 력 지 인 추 치 태 희}
용사 추치태희가 있어

生列¹⁵³兕虎,
_{생 렬 시 호}
살아 있는 외뿔소와 호랑이의 몸을
찢을 수 있었고

指畫¹⁵⁴殺人;
_{지 화 살 인}
손가락질로 사람을 죽일 수 있었으며,

人民之衆兆億,
_{인 민 지 중 조 억}
백성들은 많기가 억조(億兆)에 달하여

侯¹⁵⁵盈厥澤陵,
_{후 영 궐 택 릉}
그 나라의 호택(湖澤)과 언덕에 가득
찼다.

然不能以此圉¹⁵⁶鬼神之誅.
_{연 불 능 이 차 어 귀 신 지 주}
그렇지만 이러한 것들로 귀신의
주살(誅殺)을 막을 수는 없었다.

此吾所謂鬼神之罰,
_{차 오 소 위 귀 신 지 벌}
이것이 내가 말한, 귀신의 징벌은

不可爲富貴衆强·勇力强武·堅甲利兵者,
_{불 가 위 부 귀 중 강 용 력 강 무 견 갑 리 병 자}
부귀하거나 세력이 강하거나
용맹하거나 힘이 강하거나 견고한
갑옷과 예리한 병기라고 하더라도
막을 수 없다는 것으로,

此也.
_{차 야}
바로 이러한 의미이다.

且不惟此爲然.
_{차 불 유 차 위 연}
또한 단지 그것만이 그러한 것이
아니다.

---

153 열(列): 열(裂)과 통한다.
154 지화(指畫): 손가락질하다.
155 후(侯): 유(維)와 같은데 발어사이다.
156 어(圉): 어(禦)와 통한다. '막다'라는 뜻이다.

昔者殷王紂,
석 자 은 왕 주

옛날 은나라 왕 주는

貴爲天子,
귀 위 천 자

귀하기로는 천자가 되었으며

富有天下,
부 유 천 하

부유하기로는 천하를 가졌으나,

上詬天侮鬼,
상 후 천 모 귀

위로는 하늘을 욕하고 귀신을 업신여겼으며

下殃傲天下之萬民,
하 앙 오 천 하 지 만 민

아래로는 천하의 만민을 해치기도 하고 죽이기까지 하였다.

播[157]棄黎老[158],
파 기 려 로

노인들을 두루 버리고

賊誅[159]孩子,
적 주 해 자

아이들을 죽였으며,

楚毒[160]無罪,
초 독 무 죄

죄가 없는 사람들에게 포락지형을 내리고

刳剔[161]孕婦,
고 척 잉 부

임산부의 배를 칼로 갈랐으며,

庶舊鰥寡,
서 구 환 과

많은 노인과 홀아비와 과부들이

號咷[162]無告也.
호 도 무 고 야

대성통곡을 하면서도 고소할 곳이 없게 하였다.

故於此乎,
고 어 차 호

그래서 이러한 상황에서

天乃使武王致明罰焉.
천 내 사 무 왕 치 명 벌 언

하늘은 곧 무왕으로 하여금 그에게

---

157 파(播): 포(佈)와 통하는데 '두루'라는 의미이다.
158 여로(黎老): 노인.
159 적주(賊誅): 죽이다.
160 초독(楚毒): 왕념손은 분자(焚炙)가 되어야 한다고 여겼다. 즉, 포락지형(炮烙之刑)을 가리키는데, 은나라 주왕이 구리 기둥에 기름을 발라 숯불에 달군 후 죄인에게 그 위를 걷게 한 혹형(酷刑)을 말한다.
161 고척(刳剔): 칼로 가르다.
162 호도(號咷): 대성통곡하다.

분명한 징벌을 내리게 하였다.

武王以擇車¹⁶³百兩,
무 왕 이 택 거 　 백 량

무왕은 정선(精選)된 수레 백 량과

虎賁之卒¹⁶⁴四百人,
호 분 지 졸 　 사 백 인

용사 4백 명을 거느리고

先庶國節¹⁶⁵窺戎,
선 서 국 절 　 규 융

먼저 각국의 절부(節符)를 지니고
병사를 거느린 제후들과 함께

與殷人戰乎牧之野¹⁶⁶.
여 은 인 전 호 목 지 야

목야(牧野)에서 은나라 사람들과
싸웠다.

王乎禽費中¹⁶⁷・惡來,
왕 호 금 비 중 　 악 래

왕이 친히 손으로 비중과 악래를
사로잡으니

衆畔¹⁶⁸百¹⁶⁹走.
중 반 　 백 　 주

은나라 군대가 배반을 하고 모두
도망쳤다.

武王逐奔入宮,
무 왕 축 분 입 궁

무왕이 뒤를 좇아 궁중으로 들어가

萬年梓株¹⁷⁰折紂而繫之赤環¹⁷¹,
만 년 재 주 　 절 주 이 계 지 적 환

주왕의 목을 부러뜨리고 그를 붉은
수레바퀴에다 묶었으며,

---

163 택거(擇車): 정선된 수레.

164 호분지졸(虎賁之卒): 호분(虎賁)은 '용맹스럽고 날래다'라는 뜻으로, 이 말은 '용사', '무사'의
　　 뜻으로 쓰였다.

165 서국절(庶國節): '각국의 절부를 지니고 병사를 거느린 제후들'을 말한다.

166 목지야(牧之野): 목야(牧野)로, 지금의 하남성 기현(淇縣)에 있었다.

167 비중(費中): 바로 비중(費仲)이다. 비중과 다음에 나오는 '악래(惡來)', '숭후호(崇侯虎)'는
　　 모두 은나라 주(紂)의 신하로 주를 도와 포악한 짓을 일삼았다.

168 반(畔): 반(叛)과 통한다.

169 백(百): 개(皆)가 되어야 한다.

170 만년재주(萬年梓株): 의미가 자세하지 않은데, 아마 연문인 것 같다. '오래 묵은 가래나무로
　　 만든 몽둥이'라는 뜻으로 해석하는 사람도 있다. 여기서는 전자의 견해를 따랐다.

171 환(環): 환(轘)과 통하는데 '수레바퀴'를 말한다.

載之白旗,
_{재 지 백 기}

그 목을 백기에 걸어

以爲天下諸侯僇.
_{이 위 천 하 제 후 륙}

천하의 제후들이 그를 살육하였음을
나타내었다.

故昔者殷王紂,
_{고 석 자 은 왕 주}

그래서 옛날 은나라 왕 주는

貴爲天子,
_{귀 위 천 자}

귀하기로는 천자가 되었고

富有天下,
_{부 유 천 하}

부유하기로는 천하를 가졌으며,

有勇力之人費中·惡來·崇侯虎,
_{유 용 력 지 인 비 중 악 래 숭 후 호}

용사 비중·악래·숭후호가 있어

指寡¹⁷²殺人,
_{지 과 살 인}

손가락질로 사람을 죽일 수 있었으며,

人民之衆兆億,
_{인 민 지 중 조 억}

백성들은 많기가 억조에 달하여

侯盈厥澤陵,
_{후 영 궐 택 릉}

그 나라의 호택과 언덕에 가득 찼었다.

然不能以此圉鬼神之誅.
_{연 불 능 이 차 어 귀 신 지 주}

그렇지만 이러한 것들로 귀신의
주살을 막을 수는 없었다.

此吾所謂鬼神之罰,
_{차 오 소 위 귀 신 지 벌}

이것이 내가 말한, 귀신의 징벌은

不可爲富貴衆强·勇力强武·堅甲利兵者,
_{불 가 위 부 귀 중 강 용 력 강 무 견 갑 리 병 자}

부귀하거나 세력이 강하거나
용맹하거나 힘이 강하거나 견고한
갑옷과 예리한 병기라고 하더라도
막을 수 없다는 것으로,

此也.
_{차 야}

바로 이러한 의미이다.

---

172 지과(指寡): 앞의 문장에 의거하면 지화(指畵)가 되어야 한다.

且「禽艾」[173]之道之[174]曰:
차 금애 지도지 왈

또한 「금애」에서

'得璣[175]無小,
득 기 무 소

'복을 얻음에 그 착함이 아무리 작아도
상관하지 않고,

滅宗無大.'
멸 종 무 대

종족을 멸함에 그 세력이 아무리 커도
상관하지 않는다'라고 하였다.

則此言鬼神之所賞,
즉 차 언 귀 신 지 소 상

곧 이것은 귀신이 상을 내릴 때에는

無小必賞之;
무 소 필 상 지

아무리 작은 선행이라도 반드시 상을
내리며,

鬼神之所罰,
귀 신 지 소 벌

귀신이 벌을 줄 때에는

無大必罰之."
무 대 필 벌 지

아무리 큰 세력이라도 반드시 벌을
준다는 말이다."

今執無鬼者曰:
금 집 무 귀 자 왈

지금 귀신이 없다고 주장하는
사람들은 말한다.

"意[176]不忠[177]親之利,
억 불 충 친 지 리

"귀신을 믿지 않는다고 혹 부모의
이익에 부합하지 않아

而害爲孝子乎?"
이 해 위 효 자 호

효자 노릇을 하는 데 해가 되는가?"

子墨子曰:
자 묵 자 왈

묵자께서 말씀하셨다.

"古之[178]今之爲鬼,
고 지 금 지 위 귀

"옛날과 지금의 귀신은

---

173 금애(禽艾): 『일주서(逸周書)』의 편명(篇名).

174 지(之): 아마 연문인 것 같다.

175 기(璣): 기(禨)와 통하는데 '길상(吉祥)', '복(福)'이라는 의미이다.

176 억(意): 억(抑)과 통하는데 '혹(或)'이라는 뜻이다.

177 충(忠): 중(中)과 통하는데 '부합하다'라는 뜻이다.

非他也,
_{비 타 야}

별다른 것이 없으니,

有天鬼,
_{유 천 귀}

하늘의 귀신이 있고

亦有山水鬼神者,
_{역 유 산 수 귀 신 자}

산수의 귀신이 있으며

亦有人死而爲鬼者.
_{역 유 인 사 이 위 귀 자}

또 사람이 죽어 귀신이 된 것도 있다.

今有子先其父死,
_{금 유 자 선 기 부 사}

지금 그 아버지보다 먼저 죽는 자식도
있고

弟先其兄死者矣,
_{제 선 기 형 사 자 의}

그 형보다 먼저 죽는 아우도 있다.

意雖使然,
_{억 수 사 연}

비록 그렇지만

然而天下之陳物¹⁷⁹曰'先生者先死',
_{연 이 천 하 지 진 물   왈 선 왕 자 선 사}

천하의 상식은 '먼저 태어난 자가 먼저
죽는다'라고 한다.

若是,
_{약 시}

만약 이와 같다면,

則先死者非父則母,
_{즉 선 사 자 비 부 즉 모}

먼저 죽는 자는 아버지가 아니면
어머니일 것이고

非兄而姒¹⁸⁰也.
_{비 형 이 사   야}

형이 아니면 형수일 것이다.

今潔爲酒醴粢盛,
_{금 결 위 주 례 자 성}

지금 정결하게 술과 제수용 곡물을
준비하여

以敬愼祭祀,
_{이 경 신 제 사}

경건하게 제사를 지내는데,

若使鬼神請有,
_{약 사 귀 신 청 유}

만약 귀신이 정말 있다면

---

178 지(之): 연문이다.
179 진물(陳物): 상식, 속담, 격언.
180 사(姒): 여기서는 '형수'라는 뜻으로 쓰였다.

是得其父母姒兄而飮食之也,
_{시 득 기 부 모 사 형 이 음 식 지 야}

이는 그 아버지와 어머니 그리고 형과 형수가 그것을 먹을 수 있는 것이니,

豈非厚利哉?
_{기 비 후 리 재}

어찌 큰 이익이 아니겠는가?

若使鬼神請亡[181],
_{약 사 귀 신 청 무}

만약 귀신이 정말 없다면

是乃費其所爲酒醴粢盛之財耳.
_{시 내 비 기 소 위 주 례 자 성 지 재 이}

그것은 곧 술과 제수용 곡물을 준비하는 돈을 낭비할 뿐이다.

自夫[182]費之,
_{자 부 비 지}

그런데 낭비한다는 것은

非特[183]注之汙壑而棄之也,
_{비 특 주 지 오 학 이 기 지 야}

단지 그것들을 더러운 도랑에 던져 버리는 것이 아닐 뿐만 아니라,

內者宗族,
_{내 자 종 족}

안으로는 집안사람들과

外者鄕里,
_{외 자 향 리}

밖으로는 동네 사람들

皆得如[184]具飮食之.
_{개 득 여 구 음 식 지}

모두 그것들을 먹을 수도 있다.

雖使鬼神請亡,
_{수 사 귀 신 청 무}

비록 귀신이 정말 없다고 하더라도

此猶可以合驩聚衆,
_{차 유 가 이 합 환 취 중}

이것은 오히려 여러 사람들이 모여서 함께 즐기게 하고,

取親於鄕里."
_{취 친 어 향 리}

마을 사람들을 친하게 하는 것이다."

今執無鬼者言曰:
_{금 집 무 귀 자 언 왈}

지금 귀신이 없다고 주장하는 사람들은 말한다.

---

181 무(亡): 무(無)와 통한다.

182 자부(自夫): 차부(且夫)가 되어야 하는데 전환접속사이다.

183 비특(非特): '단지 ~뿐만 아니다'라는 뜻으로 다음 장에 나오는 비직(非直)도 같은 의미이다.

184 여(如): 이(而)와 같다.

"鬼神者固請無有,
귀 신 자 고 청 무 유

"귀신이라는 것은 본래 정말 없다.

是以不共[185]其酒醴粢盛犧牲之財.
시 이 불 공　　　　　　기 주 례 자 성 희 생 지 재

그래서 술과 제수용 곡물과 짐승 등의
재물을 바칠 필요가 없다.

吾非乃今[186]愛其酒醴粢盛犧牲之財乎?
오 비 내 금　　애 기 주 례 자 성 희 생 지 재 호

우리는 지금 술과 제수용 곡물과 짐승
등의 재물을 아끼려는 것이 아니다.

其所得者臣將[187]何哉?"
기 소 득 자 신 장　　하 재

그렇게 한다고 해서 장차 얻을 수 있는
것이 무엇이란 말인가?"

此上逆聖王之書,
차 상 역 성 왕 지 서

이것은 위로는 성군들의 책에
위배되며

內逆民人孝子之行,
내 역 민 인 효 자 지 행

안으로는 사람들과 효자의 행위에
저촉된다.

而爲上士於天下,
이 위 상 사 어 천 하

그러면서도 천하에서 도덕적으로
훌륭한 사람이 되려고 한다면,

此非所以爲上士之道也.
차 비 소 이 위 상 사 지 도 야

이것은 도덕적으로 훌륭한 사람이
되는 방도가 아니다.

是故子墨子曰:
시 고 자 묵 자 왈

그러므로 묵자께서 말씀하셨다.

"今吾爲祭祀也,
금 오 위 제 사 야

"지금 우리가 제사를 지내는 것은

非直注之汙壑而棄之也,
비 직 주 지 오 학 이 기 지 야

단지 그것들을 더러운 도랑에 던져
버리는 것이 아닐 뿐만 아니라

---

185 공(共): 공(供)과 통한다.
186 내금(乃今): 여금(如今)과 같다. '오늘'이라는 뜻이다.
187 신장(臣將): 손이양은 차장(且將)의 잘못이라고 하였다.

上以交¹⁸⁸鬼之福,
상 이 교 　 귀 지 복

위로는 귀신의 복을 구하고,

下以合驩聚衆,
하 이 합 환 취 중

아래로는 여러 사람들이 모여서 함께 즐기게 하며,

取親乎鄕里.
취 친 호 향 리

마을 사람들을 친하게 하는 것이다.

若神有,
약 신 유

만약 귀신이 있다면

則是得吾父母弟兄¹⁸⁹而食之也.
즉 시 득 오 부 모 제 형 　 이 식 지 야

우리 아버지와 어머니 그리고 형과 형수가 그것을 먹을 수 있는 것이니,

則此豈非天下利事也哉!"
즉 차 기 비 천 하 리 사 야 재

어찌 천하의 이로운 일이 아니겠는가?"

是故子墨子曰:
시 고 자 묵 자 왈

그러므로 묵자께서 말씀하셨다.

"今天下之王公大人士君子,
금 천 하 지 왕 공 대 인 사 군 자

"지금 천하의 왕공대인들과 관리들이

中實欲求興天下之利,
중 실 욕 구 흥 천 하 지 리

내심 진실로 천하의 이익을 일으키고

除天下之害,
제 천 하 지 해

천하의 해를 제거하려고 한다면,

當若鬼神之有也,
당 약 귀 신 지 유 야

마땅히 귀신의 존재에 대해

將不可不尊明也,
장 불 가 부 존 명 야

존중하고 확신해야 한다.

聖王之道也."
성 왕 지 도 야

이것이 성군의 도이다."

---

188 교(交): 요(邀)와 통하는데 '구하다'라는 뜻이다.

189 제형(弟兄): 위의 문장에 의거하면 사형(姒兄)이 되어야 한다.

비악 상 제32편
(非樂上第三十二)

子墨子言曰: _{자 묵 자 언 왈}	묵자께서 말씀하셨다.
"仁之事者[1], _{인 지 사 자}	"어진 사람의 일은
必務求興天下之利, _{필 무 구 흥 천 하 지 리}	반드시 천하의 이익을 일으키고
除天下之害, _{제 천 하 지 해}	천하의 해를 없애는 것에 힘쓰는데,
將以爲法乎天下. _{장 이 위 법 호 천 하}	그것을 천하의 법도로 삼는다.
利人乎, _{이 인 호}	사람에게 이익이 되면
卽爲; _{즉 위}	곧 하고,
不利人乎, _{불 리 인 호}	사람에게 이익이 되지 않으면
卽止. _{즉 지}	곧 그만둔다.
且夫仁者之爲天下度也, _{차 부 인 자 지 위 천 하 탁 야}	또한 어진 사람이 천하를 위해 생각하는데,
非爲其目之所美, _{비 위 기 목 지 소 미}	그 자신의 눈에 아름다운 것이나

---

1 인지사자(仁之事者): 손이양은 인자지사(仁者之事)가 되어야 한다고 하였다.

耳之所樂,
_{이 지 소 락}

귀에 즐거운 것이나

口之所甘,
_{구 지 소 감}

입에 단 것이나

身體之所安,
_{신 체 지 소 안}

몸에 편안한 것을 위해 하지 않는다.

以此虧奪民衣食之財,
_{이 차 휴 탈 민 의 식 지 재}

이러한 것들로 백성들이 입고 먹는 데 드는 비용을 손해 보게 하고 빼앗기 때문에

仁者弗爲也."
_{인 자 불 위 야}

어진 사람은 이러한 것들을 하지 않는다."

是故子墨子之所以非樂者,
_{시 고 자 묵 자 지 소 이 비 악 자}

그러므로 묵자께서 음악을 반대하시는 까닭은

非以大鍾² · 鳴鼓³ · 琴 · 瑟 · 竽 · 笙之聲,
_{비 이 대 종 명 고 금 슬 우 생 지 성}

대종·명고·금·슬·우·생 같은 악기 소리가

以爲不樂也;
_{이 위 불 락 야}

즐겁지 않다고 여기기 때문이 아니며,

非以刻鏤華文章之色,
_{비 이 각 루 화 문 장 지 색}

조각한 화려한 무늬의 색깔이

以爲不美也;
_{이 위 불 미 야}

아름답지 않다고 여기기 때문이 아니고,

非以犓豢⁴煎炙之味,
_{비 이 추 환 전 자 지 미}

소·양·개·돼지 고기를 볶고 구운 맛이

以爲不甘也;
_{이 위 불 감 야}

달지 않다고 여기기 때문이 아니며,

---

2 대종(大鍾): 아래에서는 거종(巨鍾)이라고 하였다.

3 명고(鳴鼓): 향고(響鼓)라고도 하는데, 쳐서 소리가 나기 때문에 붙인 이름이다.

4 추환(犓豢): 추환(芻豢)으로, 초식(草食)하는 짐승인 소·양 따위와 곡식을 먹는 짐승인 개·돼지 따위를 가리킨다.

非以高臺厚榭邃野[5]之居,
비 이 고 대 후 사 수 야 지 거

높은 누대와 큰 정자와 넓고 깊은 집에
사는 것이

以爲不安也.
이 위 불 안 야

편안하지 않다고 여기기 때문이
아니다.

雖身知其安也,
수 신 지 기 안 야

비록 몸이 그것의 편안함을 알고,

口知其甘也,
구 지 기 감 야

입이 그것의 닮을 알며,

目知其美也,
목 지 기 미 야

눈이 그것의 아름다움을 알고,

耳知其樂也,
이 지 기 락 야

귀가 그것의 즐거움을 알지만

然上考之不中聖王之事,
연 상 고 지 부 중 성 왕 지 사

위로 그것을 고찰해 보면 성군의 일에
부합하지 않으며,

下度之不中萬民之利,
하 탁 지 부 중 만 민 지 리

아래로 그것을 헤아려 보면 만민의
이익에 부합하지 않는다.

是故子墨子曰:
시 고 자 묵 자 왈

그러므로 묵자께서 말씀하셨다.

"爲樂非也.
위 악 비 야

"음악에 종사하는 것을 반대한다.

今王公大人,
금 왕 공 대 인

지금의 왕공대인이

雖無[6]造爲樂器,
수 무 조 위 악 기

악기를 만들어서

以爲事乎國家,
이 위 사 호 국 가

나라에서 음악을 연주하도록 하고
있는데,

非直掊[7]潦水[8]·折[9]壤坦[10]而爲之也,
비 직 부 로 수 절 양 탄 이 위 지 야

---

5 수야(邃野): 여기서 야(野)는 우(宇)가 되어야 한다. 수우(邃宇)는 '넓고 깊은 집'이라는 뜻이
다.
6 수무(雖無): 유무(唯母)와 같은데, 어조사로 뜻이 없다.
7 부(掊): 여기서는 '손으로 물을 뜨다'라는 뜻으로 쓰였다.
8 노수(潦水): 땅에 고인 물.

그것은 단지 땅에 고인 물을 손으로 뜨는 것과 단(壇)의 흙을 손으로 파서 취하는 것처럼 쉽게 만들어지는 것이 아니다.

將必厚措斂¹¹乎萬民,
장 필 후 조 렴 호 만 민

반드시 백성들로부터 많은 세금을 징수하여

以爲大鐘·鳴鼓·琴·瑟·竽·笙之聲.
이 위 대 종 명 고 금 슬 우 생 지 성

대종·명고·금·슬·우·생 같은 악기를 만들 수 있다.

古者聖王亦嘗厚措斂乎萬民,
고 자 성 왕 역 상 후 조 렴 호 만 민

옛날 성군은 또한 일찍이 백성들로부터 많은 세금을 징수하여

以爲舟車,
이 위 주 거

배와 수레를 만들 수 있었는데,

旣以成矣,
기 이 성 의

이미 만들고 나서

曰:
왈

말하였다.

‘吾將惡許¹²用之?
오 장 오 허 용 지

‘나는 장차 이것들을 어떻게 사용할까?

曰舟用之水,
왈 주 용 지 수

배는 물에서 사용하고

車用之陸,
거 용 지 륙

수레는 육지에서 사용하는데,

君子息其足焉,
군 자 식 기 족 언

지위가 높은 사람들은 그들의 발을 쉬게 할 수 있으며

---

9 절(折): 적(摘)과 통하는데, 여기서는 '손으로 흙을 파 취하다'라는 의미로 쓰였다.

10 양탄(壤坦): 손이양은 탄(坦)은 단(壇)으로 읽어야 한다고 하였다. 양탄(壤壇)은 단토(壇土)의 뜻이다.

11 조렴(措斂): 왕념손은 적렴(籍斂)과 같다고 하였는데, '세금을 징수하다'라는 뜻이다.

12 오허(惡許): 필원은 하소(何所)와 같다고 하였다.

小人息其肩背焉.'
소인식기견배언

지위가 낮은 사람들은 그들의 어깨와
등을 쉬게 할 수 있다.'

故萬民出財,
고만민출재

그래서 백성들이 재물을 내어

齎¹³而予之,
재 이여지

그에게 주면서도

不敢以爲慼恨¹⁴者,
불감이위척한 자

감히 원망스럽고 한스럽게 여기지 않은
것은

何也?
하 야

어째서인가?

以其反中民之利也.
이 기 반 중 민 지 리 야

그것은 오히려 백성들의 이익에
부합하였기 때문이다.

然則樂器反中民之利,
연 즉 악 기 반 중 민 지 리

그러하니 악기도 오히려 백성들의
이익에 부합하는 것이

亦若此,
역 약 차

이와 같다면

卽我弗敢非也.
즉 아 불 감 비 야

나는 감히 반대하지 않을 것이다.

然則當用樂器,
연 즉 당 용 악 기

그러하니 악기를 사용함이

譬之若聖王之爲舟車也,
비 지 약 성 왕 지 위 주 거 야

비유컨대, 성군이 배와 수레를
사용하는 것과 같다면

卽我弗敢非也.
즉 아 불 감 비 야

나는 감히 반대하지 않을 것이다.

民有三患:
민 유 삼 환

백성들에게는 세 가지 우환이 있으니,

飢者不得食,
기 자 부 득 식

굶주리는 자가 먹을 수 없고

---

13 재(齎): 주다.
14 척한(慼恨): 원한(怨恨).

寒者不得衣,
한 자 부 득 의

추위에 떠는 자가 입을 수 없으며

勞者不得息,
노 자 부 득 식

고생하는 자가 쉴 수 없는 것이다.

三者民之巨患也.
삼 자 민 지 거 환 야

이 세 가지가 백성들의 가장 큰
우환이다.

然卽[15]當[16]爲之撞巨鐘·擊鳴鼓·彈琴瑟·吹竽笙而揚干戚[17],
연 즉   당   위 지 당 거 종 · 격 명 고 · 탄 금 슬 · 취 우 생 이 양 간 척

그러하니 백성들을 위해 대종을
두드리고 명고를 치고 금과 슬을 뜯고
우와 생을 불며 방패나 도끼 모양의
무기를 들고 춤을 춘다면,

民衣食之財將安可得乎?
민 의 식 지 재 장 안 가 득 호

백성들이 입고 먹을 돈을 어디에서
얻을 수 있겠는가?

卽我以爲未必然也.
즉 아 이 위 미 필 연 야

나는 반드시 얻을 수 없을 것이라고
생각한다.

意舍此.[18]
억 사 차

잠시 이 문제에 대해서는 접어두고
말하지 않겠다.

今有大國卽攻小國,
금 유 대 국 즉 공 소 국

지금 큰 나라가 작은 나라를 공격하고,

有大家卽伐小家,
유 대 가 즉 벌 소 가

큰 식읍이 작은 식읍을 치며,

强劫弱,
강 겁 약

강한 자가 약한 자를 겁탈하고,

衆暴寡,
중 포 과

수가 많은 자들이 수가 적은 자들에게

---

15 연즉(然卽): 연즉(然則)과 같다.
16 당(當): 왕인지는 당(倘)과 같다고 하였는데, '만약'이라는 뜻이다.
17 양간척(揚干戚): 여기서 양(揚)은 '들다'라는 뜻으로 쓰였으며, 간(干)은 '방패', 척(戚)은 '도끼
    모양의 무기'를 일컫는다. 즉, '방패와 도끼 모양의 무기를 들고 춤을 춘다'라는 의미이다.
18 억사차(意舍此): 여기서 억(意)은 억(抑)과 같다. 즉, '잠시 이것에 대해서는 접어 두고 말하지
    않겠다'라는 뜻이다.

포악한 짓을 하며,

詐欺愚,
사 기 우

사기 치는 자가 어리석은 자를 속이고,

貴傲賤,
귀 오 천

귀한 자가 천한 자에게 오만하게 굴며,

寇亂盜賊並興,
구 란 도 적 병 흥

반란을 일으키고 도둑질하는 것이
함께 일어나는데

不可禁止也.
불 가 금 지 야

금지할 수가 없다.

然卽當爲之撞巨鍾·擊鳴鼓·彈琴瑟·吹竽笙而揚干戚,
연 즉 당 위 지 당 거 종 격 명 고 탄 금 슬 취 우 생 이 양 간 척

그러하니 백성들을 위해 대종을
두드리고 명고를 치고 금과 슬을 뜯고
우와 생을 불며 방패나 도끼 모양의
무기를 들고 춤을 춘다면,

天下之亂也,
천 하 지 란 야

천하의 어지러움이

將安可得而治與?
장 안 가 득 이 치 어

어떻게 다스려질 수 있겠는가?

卽我未必然也."
즉 아 미 필 연 야

나는 반드시 다스려질 수 없을
것이라고 생각한다."

是故子墨子曰:
시 고 자 묵 자 왈

그러므로 묵자께서 말씀하셨다.

"姑嘗厚措斂乎萬民,
고 상 후 조 렴 호 만 민

"백성들로부터 많은 세금을 징수하여

以爲大鐘·鳴鼓·琴·瑟·竽·笙之聲,
이 위 대 종 명 고 금 슬 우 생 지 성

대종·명고·금·슬·우·생 같은 악기를
만들어

以求興天下之利,
이 구 흥 천 하 지 리

천하의 이익을 일으키고,

除天下之害而無補也."
제 천 하 지 해 이 무 보 야

천하의 해를 제거한다고 해도 아무
도움이 되지 않을 것이다."

是故子墨子曰:
시 고 자 묵 자 왈

그러므로 묵자께서 말씀하셨다.

"爲樂非也.
위 악 비 야

"음악에 종사하는 것을 반대한다.

今王公大人,
금 왕 공 대 인

지금의 왕공대인이

唯毋處高臺厚榭之上而視之,
유 무 처 고 대 후 사 지 상 이 시 지

높은 누대와 큰 정자 위에서 보면

鐘猶是延鼎[19]也,
종 유 시 연 정 야

대종은 엎어 놓은 솥과 같으니,

弗撞擊將何樂得焉哉?
불 당 격 장 하 락 득 언 재

그것을 두드리지 않고 어떻게
즐거움을 얻을 수 있겠는가?

其說將必撞擊之,
기 설 장 필 당 격 지

그 말은 반드시 대종을 두드려야
한다는 것이다.

惟勿[20]撞擊,
유 물 당 격

두드린다면

將必不使老與遲[21]者,
장 필 불 사 로 여 지 자

반드시 노인과 어린아이를 쓰지
않아야 하는데,

老與遲者耳目不聰明,
노 여 지 자 이 목 불 총 명

노인과 어린아이는 귀와 눈이 밝지
않고

股肱不畢[22]强,
고 굉 불 필 강

손발이 민첩하고 강하지 않아

聲不和調,
성 불 화 조

두드려서 내는 소리는 조화롭지
못하고

明不轉朴.[23]
명 부 전 박

음조(音調)에 변화가 없다.

---

19 연정(延鼎): 엎은 놓은 솥. 여기서 연(延)은 언(偃)과 같은데, '엎어 놓다'라는 뜻으로 쓰였다.

20 유물(惟勿): 유무(惟毋)와 같다.

21 지(遲): 치(穉)와 통하는데 '어린아이'라는 뜻이다.

22 필(畢): 여기서는 '민첩하다'라는 뜻으로 쓰였다.

23 명부전박(明不轉朴): 유월은 명(明)은 음(音) 자의 잘못이며 박(朴)은 변(汴) 자의 잘못이라고 하였다. 변(汴)은 변(變)과 통하는데, 이 말은 '음조가 변화하지 않다'라는 뜻이다.

將必使當年[24],　　　　반드시 장년(壯年)을 쓰는데,
장 필 사 당 년

因其耳目之聰明,　　　　그들은 귀와 눈이 밝고
인 기 이 목 지 총 명

股肱之畢强,　　　　　　손발이 민첩하고 강하여
고 굉 지 필 강

聲之和調,　　　　　　　두드려서 내는 소리는 조화롭고
성 지 화 조

眉[25]之轉朴.　　　　　　음조에 변화가 있기 때문이다.
미 　 지 전 박

使丈夫爲之,　　　　　　하지만 남자들에게 그것을 시키면
사 장 부 위 지

廢丈夫耕稼樹藝之時;　남자들이 농사짓는 시기를 놓치게
폐 장 부 경 가 수 예 지 시　되며,

使婦人爲之,　　　　　　부녀들에게 그것을 시키면
사 부 인 위 지

廢婦人紡績織絍[26]之事.　부녀들이 실을 뽑고 베를 짜는 일을
폐 부 인 방 적 직 임 　 지 사　버리게 된다.

今王公大人唯毋爲樂,　지금의 왕공대인이 음악에 종사하여
금 왕 공 대 인 유 무 위 악

虧奪民衣食之財,　　　백성들이 입고 먹을 돈을 손해 보게
휴 탈 민 의 식 지 재　　하고 빼앗는데,

以拊[27]樂如此多也!"　　음악을 연주하는 것이 이렇게 많기
이 부 　 악 여 차 다 야　　때문이다!"

是故子墨子曰:　　　　그러므로 묵자께서 말씀하셨다.
시 고 자 묵 자 왈

"爲樂非也.　　　　　　"음악에 종사하는 것을 반대한다.
위 악 비 아

---

24 당년(當年): 왕념손은 장년(壯年)의 의미로 보았다.

25 미(眉): 음(音) 자의 잘못이다.

26 임(絍): 임(絍)과 같은데 '베를 짜다'라는 뜻이다.

27 부(拊): 치다, 연주하다.

今大鐘·鳴鼓·琴·瑟·竽·笙之聲既已具矣,
금 대종 명고 금 슬 우 생지성기이구의

지금 대종·명고·금·슬·우·생 같은
악기가 이미 갖추어져 있고

大人鏽²⁸然奏而獨聽之,
대 인 수 연주이독청지

왕공대인이 조용히 연주하며 홀로 그
음악을 듣는다면

將何樂得焉哉?
장 하 락 득 언 재

어떻게 즐거움을 얻을 수 있겠는가?

其說將必與賤人不與君子²⁹.
기 설 장 필 여 천 인 불 여 군 자

그것은 반드시 천한 사람들과도
들어야 하고 지위가 높은 사람들과도
들어야 한다는 말이다.

與君子聽之,
여 군 자 청 지

지위가 높은 사람들과 들으면

廢君子聽治;
폐 군 자 청 치

그들의 정치를 그만두게 할 것이며,

與賤人聽之,
여 천 인 청 지

천한 사람들과 들으면

廢賤人之從事.
폐 천 인 지 종 사

그들이 종사하는 일을 그만두게 할
것이다.

今王公大人惟毋爲樂,
금 왕 공 대 인 유 무 위 악

지금의 왕공대인은 음악에 종사하여

虧奪民之衣食之財,
휴 탈 민 지 의 식 지 재

백성들이 입고 먹을 돈을 손해 보게
하고 빼앗는데,

以拊樂如此多也!"
이 부 악 여 차 다 야

음악을 연주하는 것이 이렇게 많기
때문이다!"

是故子墨子曰:
시 고 자 묵 자 왈

그러므로 묵자께서 말씀하셨다.

---

28 수(鏽): 숙(肅)이 되어야 한다.
29 필여천인불여군자(必與賤人不與君子): 아마도 잘못이 있는 것 같은데, 아래 문장에 의거하면 불(不) 자를 없애야 한다.

"爲樂非也.
위 악 비 야

　"음악에 종사하는 것을 반대한다.

昔者齊康公[30]興樂萬[31],
석 자 제 강 공 흥 악 만

　옛날 제나라 강공은 '만'이라는
　악무(樂舞)를 일으켰는데,

萬人[32]不可衣短褐[33],
만 인 불 가 의 단 갈

　그 춤을 추는 사람들은 짧고 거친
　베옷을 입어서도 안 되고

不可食糟糠.
불 가 식 조 강

　술지게미와 겨 같은 험한 음식을
　먹어서도 안 된다.

曰食飲不美,
왈 식 음 불 미

　음식이 좋지 않으면

面目顏色不足視也;
면 목 안 색 부 족 시 야

　용모와 안색이 볼 만하지 않으며,

衣服不美,
의 복 불 미

　의복이 아름답지 않으면

身體從容醜羸[34],
신 체 종 용 추 리

　몸과 행동거지가 못생기고 야위어
　보여

不足觀也.
부 족 관 야

　볼 만하지 않다고 하였다.

是以食必梁肉[35],
시 이 식 필 량 육

　그래서 음식은 반드시 기장밥과 고기
　같은 좋은 것이어야 하며

衣必文繡,
의 필 문 수

　의복은 반드시 무늬가 있고 수를 놓은
　아름다운 것이어야 했다.

此掌[36]不從事乎衣食之財,
차 장 부 종 사 호 의 식 지 재

　이는 항상 입고 먹을 돈을 버는 데

30 　제강공(齊康公): 이름이 대(貸)로, 제나라 선공(宣公)의 아들이다. 기원전 404년부터 기원전
　　379년까지 재위하였다.

31 　악만(樂萬): 만(萬)이라고 불리는 일종의 악무(樂舞).

32 　만인(萬人): 만무(萬舞)를 추는 사람.

33 　단갈(短褐): 짧고 거친 베옷.

34 　추리(醜羸): 못생기고 야위다.

35 　양육(梁肉): 기장밥과 고기, 즉 좋은 음식.

종사하지 않게 하고

而掌食乎人者也."
이 장 식 호 인 자 야

항상 다른 사람들에게 의지하여 먹게
된다."

是故子墨子曰:
시 고 자 묵 자 왈

그러므로 묵자께서 말씀하셨다.

"今王公大人惟毋爲樂,
금 왕 공 대 인 유 무 위 악

"지금의 왕공대인은 음악에 종사하여

虧奪民衣食之財,
휴 탈 민 의 식 지 재

백성들이 입고 먹을 돈을 손해 보게
하고 빼앗는데,

以拊樂如此多也!"
이 부 악 여 차 다 야

음악을 연주하는 것이 이렇게 많기
때문이다!"

是故子墨子曰:
시 고 자 묵 자 왈

그러므로 묵자께서 말씀하셨다.

"爲樂非也.
위 악 비 야

"음악에 종사하는 것을 반대한다.

今人固與禽獸麋鹿[37]·蜚[38]鳥·貞蟲[39]異者也.
금 인 고 여 금 수 미 록   비 조 정 충 이 자 야

사람은 본래 짐승과 사슴과 나는 새와
기는 동물과는 다르다.

今之禽獸麋鹿·蜚鳥·貞蟲,
금 지 금 수 미 록   비 조 정 충

지금의 짐승과 사슴과 나는 새와 기는
동물들은

因其羽毛以爲衣裘,
인 기 우 모 이 위 의 구

그들의 깃과 털로써 옷을 삼고

因其蹄蚤[40]以爲絝[41]屨,
인 기 제 조   이 위 고 구

그들의 발톱과 손톱으로써 바지나

---

36 장(掌): 상(常)과 통한다.
37 미록(麋鹿): 순록(馴鹿). 여기서는 '사슴'이라고 번역하였다.
38 비(蜚): 비(飛)와 통한다.
39 정충(貞蟲): 파충(爬蟲)이라는 뜻이다. 「명귀 하」주 100 참조.
40 조(蚤): 조(爪)와 통한다.

신발을 삼으며

因其水草以爲飮食.
인 기 수 초 이 위 음 식

물과 풀로써 음식을 삼는다.

故唯⁴²使雄不耕稼樹藝,
고 유 사 용 불 경 가 수 예

그래서 비록 수놈이라도 농사짓지 않으며

雌亦不紡績織紝,
자 역 불 방 적 직 임

암놈 역시 실을 뽑고 베를 짜지 않으니

衣食之財固已具矣.
의 식 지 재 고 이 구 의

입고 먹을 재물이 본래 이미 갖추어져 있다.

今人與此異者也,
금 인 여 차 이 자 야

사람은 그런 동물들과 다르니

賴其力者生,
뇌 기 력 자 생

자신의 역량에 의지하면 생존할 수 있고

不賴其力者不生.
불 뢰 기 력 자 불 생

자신의 역량에 의지하지 않으면 생존할 수 없다.

君子不强聽治,
군 자 불 강 청 치

지위가 높은 사람들이 정치에 힘쓰지 않으면

卽刑政亂;
즉 형 정 란

형법과 정무가 어지러워지며,

賤人不强從事,
천 인 불 강 종 사

천한 사람들이 그들이 종사하는 일에 힘쓰지 않으면

卽財用不足.
즉 재 용 부 족

재물이 부족하게 된다.

今天下之士君子,
금 천 하 지 사 군 자

지금 천하의 관리들이

以吾言不然,
이 오 언 불 연

나의 말을 그렇지 않다고 여긴다면,

---

41 고(袴): 고(袴)의 고자(古字)로, '바지'의 뜻.
42 유(唯): 수(雖)와 통한다.

然卽姑嘗數天下分事[43],
연 즉 고 상 수 천 하 분 사

잠시 시험 삼아 천하의 여러 직분을 들어서

而觀樂之害.
이 관 악 지 해

음악의 해를 보기로 하자.

王公大人蚤[44]朝晏退,
왕 공 대 인 조 조 안 퇴

왕공대인은 아침에 조정에 나가 저녁에 물러나면서

聽獄治政,
청 옥 치 정

죄를 다스리고 정무를 처리하는데,

此其分事也;
차 기 분 사 야

이것이 그들의 직분이다.

士君子竭股肱之力,
사 군 자 갈 고 굉 지 력

관리들은 체력을 다하고

亶[45]其思慮之智,
단 기 사 려 지 지

생각의 슬기로움을 다하여

內治官府,
내 치 관 부

안으로는 관부를 다스리고

外收斂關市·山林·澤梁[46]之利,
외 수 렴 관 시 산 림 택 량 지 리

바깥으로는 관문(關門)이나 시장이나 산림이나 못에 설치한 어량에서 나오는 이익을 거둬들여

以實倉廩府庫,
이 실 창 름 부 고

관부의 창고를 채우는데,

此其分事也;
차 기 분 사 야

이것이 그들의 직분이다.

農夫蚤出暮入,
농 부 조 출 모 입

농부는 아침에 나가 저녁에 들어오면서

耕稼樹藝,
경 가 수 예

농사를 지어

多聚叔粟[47],
다 취 숙 속

양식을 많이 모으는데,

---

43 분사(分事): 본래의 직책(職責)이나 직분(職分) 혹은 의무 범위 내의 일.

44 조(蚤): 조(早)와 통한다.

45 단(亶): 손이양은 탄(殫)과 통한다고 하였는데, '다하다'라는 의미이다.

46 택량(澤梁): 못에 설치한 어량(魚梁), 즉 물을 막아 고기를 잡는 시설.

此其分事也;
차 기 분 사 야

이것이 그들의 직분이다.

婦人夙興夜寐,
부 인 숙 흥 야 매

부녀들은 일찍 일어나고 밤늦게
자면서

紡績織絍,
방 적 직 임

실을 뽑고 베를 짜

多治麻絲[48]葛緒[49]絪[50]布縿[51],
다 치 마 사 갈 서 곤 포 소

삼이나 명주실이나 칡이나 모시풀을
손질하여 베나 명주를 많이 짜는데,

此其分事也.
차 기 분 사 야

이것이 그들의 직분이다.

今惟毋在乎王公大人說[52]樂而聽之,
금 유 무 재 호 왕 공 대 인 열 악 이 청 지

지금 왕공대인이 음악을 좋아하여
들기만 한다면,

卽必不能蚤朝晏退,
즉 필 불 능 조 조 안 퇴

반드시 아침에 조정에 나가 저녁에
물러나면서

聽獄治政,
청 옥 치 정

죄를 다스리고 정무를 처리할 수 없게
된다.

是故國家亂而社稷危矣.
시 고 국 가 란 이 사 직 위 의

그래서 나라는 어지러워지고 사직은
위태로워진다.

今惟毋在乎士君子說樂而聽之,
금 유 무 재 호 사 군 자 열 악 이 청 지

지금 관리들이 음악을 좋아하여
들기만 한다면,

---

47 숙속(菽粟): 숙(菽)은 숙(菽)과 통하는데 '콩'을 가리킨다. 숙속(菽粟)은 '콩과 조'를 말하는데,
여기서는 넓은 의미에서 '양식(糧食)'을 나타낸다.

48 사(絲): 명주실.

49 서(緒): 저(紵)와 통한다. '모시풀'이라는 뜻이다.

50 곤(絪): 짜다.

51 소(縿): 생명주, 생사로 짠 명주.

52 열(說): 열(悅)과 같다.

即必不能竭股肱之力,
_{즉 필 불 능 갈 고 굉 지 력}

반드시 체력을 다하고

亶其思慮之智,
_{단 기 사 려 지 지}

생각의 슬기로움을 다하여

內治官府,
_{내 치 관 부}

안으로는 관부를 다스리고

外收斂關市·山林·澤梁之利,
_{외 수 렴 관 시 산 림 택 량 지 리}

바깥으로는 관문이나 시장이나
산림이나 못에 설치한 어량에서
나오는 이익을 거둬들여

以實倉稟府庫,
_{이 실 창 름 부 고}

관부의 창고를 채울 수 없게 된다.

是故倉稟府庫不實.
_{시 고 창 름 부 고 부 실}

그래서 관부의 창고는 부실해진다.

今惟毋在乎農夫說樂而聽之,
_{금 유 무 재 호 농 부 열 악 이 청 지}

지금 농부들이 음악을 좋아하여
듣기만 한다면,

即必不能蚤出暮入,
_{즉 필 불 능 조 출 모 입}

반드시 아침에 나가 저녁에 들어오면서

耕稼樹藝,
_{경 가 수 예}

농사를 지어

多聚叔粟,
_{다 취 숙 속}

양식을 많이 모을 수 없게 된다.

是故叔粟不足.
_{시 고 숙 속 부 족}

그래서 양식이 부족하게 된다.

今惟毋在乎婦人說樂而聽之,
_{금 유 무 재 호 부 인 열 악 이 청 지}

지금 부녀들이 음악을 좋아하여
듣기만 한다면,

即不必能夙興夜寐,
_{즉 불 필 능 숙 흥 야 매}

반드시 일찍 일어나고 밤늦게 자면서

紡績織紝,
_{방 적 직 임}

실을 뽑고 베를 짜

多治麻絲葛緒綑布縿,
_{다 치 마 사 갈 서 곤 포 소}

삼이나 명주실이나 칡이나 모시풀을
손질하여 베나 명주를 많이 짤 수 없게
된다.

是故布縿不興.
_{시 고 포 소 불 흥}

그래서 베나 명주가 생산되지 않는다.

曰: 孰爲大人之聽治而廢國家之從事[53]?
왈 숙위대인지청치이폐국가지종사

무엇이 왕공대인의 정치를 그만두게
하고 천한 사람들이 종사하는 일을
그만두게 하느냐고 묻는다면,

曰: 樂也."
왈 악야

음악이라고 대답할 것이다."

是故子墨子曰:
시 고 자 묵 자 왈

그러므로 묵자께서 말씀하셨다.

"爲樂非也.
위 악 비 야

"음악에 종사하는 것을 반대한다.

何以知其然也?
하 이 지 기 연 야

무엇으로써 그러함을 아는가?

曰先王之書,
왈 선 왕 지 서

선왕의 책이나

湯之官刑[54]有之,
탕 지 관 형 유 지

탕왕의 법률에 그 기록이 있는데,

曰:
왈

다음과 같다.

'其恒舞于宮[55],
기 항 무 우 궁

'늘 집에서 춤을 추는 것을

是謂巫風.
시 위 무 풍

무풍이라고 한다.

其刑君子出絲二衛[56],
기 형 군 자 출 사 이 위

그것에 대한 징벌로 관리들에게는
명주실 두 타래를 내게 하고,

小人否[57],
소 인 부

평민에게는 그 두 배를 내게 하거나

---

53 숙위대인지청치이폐국가지종사(孰爲大人之聽治而廢國家之從事): 이 구는 위의 문장에
   의거하면 마땅히 숙위이폐대인지청치, 천인지종사(孰爲而廢大人之聽治, 賤人之從事)가
   되어야 한다.
54 관형(官刑): 여기서는 탕왕이 만든 법률을 가리킨다.
55 궁(宮): 집.
56 이위(二衛): 필원은 위(衛)는 위(緯) 자의 가차음(假借音)이라고 하였는데, 위(緯)는 '피륙의
   가로로 짜인 실'이라는 뜻이다. 여기서 이위(二緯)는 '두 타래의 실'이라는 의미로 쓰였다.
57 부(否): 손이양은 배(倍) 자의 생략된 형태의 글자라고 하였다.

似二伯[58]. 사 이 백	명주 두 필을 벌금으로 하였다.'
黃徑[59]乃言曰: 황 경 내 언 왈	황경에서도 말하였다.
'嗚乎! 명 호	'아!
舞佯佯[60], 무 양 양	만무를 추는 사람은 많고
黃[61]言孔[62]章[63], 황 언 공 장	생황 소리는 매우 크게 울린다.
上帝弗常[64], 상 제 불 상	천제가 좋아하지 않으니
九有[65]以亡, 구 유 이 망	나라는 그 때문에 망한다.
上帝不順, 상 제 불 순	천제가 마음에 들어 하지 않아
降之百殃[66], 강 지 백 상	온갖 재앙을 내리니
其家必壞喪.' 기 가 필 괴 상	그 가족은 반드시 멸망한다.'
察九有之所以亡者, 찰 구 유 지 소 이 망 자	나라가 망한 까닭을 살펴보면
徒從飾樂也. 도 종 식 악 야	헛되이 과도한 음악에 종사했기 때문이다.
於「武觀」[67]曰: 어 무 관 왈	「오관」 편에서 말하였다.

---

58 사이백(似二伯): 사(似)는 이(以)가 되어야 하며, 백(伯)은 백(帛)과 통한다.

59 황경(黃徑): 고증할 수는 없으나 아마도 책의 편명인 것 같다.

60 무양양(舞佯佯): 여기서 무(舞)는 만무(萬舞)로, 『시경』「노송(魯頌)」의 「민궁(閟宮)」에 '만무 양양(萬舞洋洋)'이라는 말이 있다. 같은 편의 주 31 참조. 양양(佯佯)은 양양(洋洋)과 같은데 '사람이 많은 모양'을 나타낸다.

61 황(黃): 손이양은 기(其)의 잘못이라고 여겼다.

62 공(孔): 매우, 심히.

63 장(章): 창(彰)과 같은데 '현저하다', '명백하다'라는 뜻이다.

64 상(常): 상(尙)과 같은데 '좋아하다'라는 뜻으로 쓰였다.

65 구유(九有): 구주(九州)를 가리키는데 '나라'라는 뜻으로 쓰였다.

66 백상(百殃): 상(殃)은 『옥편(玉篇)』에 "서양(徐羊) 반절(半切)이며, 여자 귀신이다"라고 하였다. 백앙(百殃)과 같다. '온갖 재앙'이라는 뜻이다.

'啓[68]乃淫溢康樂,
　계　　내 음 일 강 락

'하나라 왕 계의 아들 오관은
황음(荒淫)이 지나치고 향락에 빠져

野于[69]飮食,
야 우　음 식

들판에서 먹고 마셨는데,

將將銘莧磬以力,[70]
장 장 명 현 경 이 력

삐리삐리탕탕 피리와 경쇠 소리가 함께
나고

湛濁[71]于酒,
침 탁　우 주

술에 빠져

渝[72]食于野,
투　식 우 야

되는 대로 들판에서 음식을 먹었다.

萬舞翼翼[73],
만 무 익 익

만무의 모습은 가지런하니
장관이었고,

章聞于大[74],
장 문 우 대

그 음악 소리는 분명히 하늘에
들렸으니

天用弗式[75].'
천 용 불 식

하늘은 법식에 맞지 않다고 여겼다.'

故上者天鬼弗戒[76],
고 상 자 천 귀 불 계

그래서 음악에 종사하는 것은 위로는
하늘과 귀신이 따르지 않으며,

67　무관(武觀): 오관(五觀)이다. 오관은 하(夏)나라 왕 계(啓)의 아들로, 일찍이 서하(西河)를 점
　　거하고 반란을 일으켰다. 여기서는 오관의 일을 기술한 일서(逸書)「오관」편을 가리킨다.

68　계(啓): 하나라 왕 계의 아들 오관을 가리킨다.

69　야우(野于): 우야(于野)가 되어야 한다.

70　장장명현경이력(將將銘莧磬以力): 손이양은 장장굉굉, 관경이방(將將鍠鍠, 筦磬以方)이
　　되어야 한다고 하였다. 장장굉굉(將將鍠鍠)은 음악 소리이며, 방(方)은 병(幷)으로 관경이방
　　(筦磬以方)은 '피리와 경쇠 소리가 동시에 나다'라는 의미이다.

71　침탁(湛濁): 빠지다, 탐닉하다.

72　투(渝): 손이양은 투(偸)로 읽어야 하며, 동성가차자(同聲假借字)라고 하였다. 투(偸)는 '되
　　는 대로'라는 의미이다.

73　익익(翼翼): 가지런한 모양.

74　대(大): 마땅히 천(天)이 되어야 한다.

75　식(式): 법식(法式), 상규(常規).

76　계(戒): 위의 구절에 의거하면 식(式)이 되어야 한다.

下者萬民弗利."
하 자 만 민 불 리

아래로는 만민에게 불리한 것이다."

是故子墨子曰:
시 고 자 묵 자 왈

그러므로 묵자께서 말씀하셨다.

"今天下士君子,
금 천 하 사 군 자

"지금 천하의 관리들이

請[77]將欲求興天下之利,
청   장 욕 구 흥 천 하 지 리

정말로 천하의 이익을 일으키고

除天下之害,
제 천 하 지 해

천하의 해를 없애려고 한다면,

當在樂之爲物,
당 재 악 지 위 물

음악이라는 것에 대해

將不可不禁而止也."
장 불 가 불 금 이 지 야

금지하지 않을 수 없을 것이다."

---

77 청(請): 성(誠)과 통한다.

권 9

비악 중 제33편 결편

(非樂中第三十三闕)

비악 하 제34편 결편

(非樂下第三十四闕)

비명 상 제35편

(非命上第三十五)

子墨子言曰: _{자 묵 자 언 왈}	묵자께서 말씀하셨다.
"古者王公大人, _{고 자 왕 공 대 인}	"옛날 왕공대인은
爲政國家者, _{위 정 국 가 자}	국가를 다스림에,
皆欲國家之富, _{개 욕 국 가 지 부}	모두 국가가 부유해지고
人民之衆, _{인 민 지 중}	인민이 많아지며
刑政之治. _{형 정 지 치}	형법과 정무가 다스려지기를 바랐다.
然而不得富而得貧, _{연 이 부 득 부 이 득 빈}	그러나 국가는 부유해지지 않고 가난해졌고
不得衆而得寡, _{부 득 중 이 득 과}	인민은 많아지지 않고 적어졌으며
不得治而得亂, _{부 득 치 이 득 란}	형법과 정무는 다스려지지 않고 어지러워졌으니,
則是本失其所欲, _{즉 시 본 실 기 소 욕}	본래 바라는 것을 잃어버리고
得其所惡, _{득 기 소 오}	싫어하는 것을 얻었는데,
是故何也?" _{시 고 하 야}	이것은 무슨 까닭인가?"

子墨子言曰:
자묵자언왈

묵자께서 말씀하셨다.

"執有命者以襍[1]於民間者衆.
집유명자이잡어민간자중

"운명이 있다고 주장하는 사람들이 민간에 많이 섞여 있기 때문이다.

執有命者之言曰:
집유명자지언왈

운명이 있다고 주장하는 사람들은 다음과 같이 말한다.

'命富則富,
명부즉부

'운명이 부유할 거라고 정해져 있으면 부유해지고

命貧則貧,
명빈즉빈

운명이 가난할 거라고 정해져 있으면 가난해지며,

命衆則衆,
명중즉중

운명이 많아질 거라고 정해져 있으면 많아지고

命寡則寡,
명과즉과

운명이 적어질 거라고 정해져 있으면 적어지며,

命治則治,
명치즉치

운명이 다스려질 거라고 정해져 있으면 다스려지고

命亂則亂,
명란즉란

운명이 어지러워질 거라고 정해져 있으면 어지러워지며,

命壽則壽,
명수즉수

운명이 장수할 거라고 정해져 있으면 장수하고

命夭則夭.
명요즉요

운명이 요절할 거라고 정해져 있으면 요절한다.

命[2]雖強勁何益哉?'
명 수강경하익재

비록 강한 힘이 있을지라도 무슨

---

1 잡(襍): 잡(雜)과 같다.
2 명(命): 왕인지는 명(命) 자 아래에 탈문이 있는데 고증할 수 없다고 하였다.

소용이 있겠는가?'

以上說王公大人,
이 상 세 왕 공 대 인

이 말로 위로는 왕공대인에게
유세(遊說)하고,

下以馹³百姓之從事.
하 이 조 백 성 지 종 사

아래로는 백성들의 일을 저지한다.

故執有命者不仁,
고 집 유 명 자 불 인

그래서 운명이 있다고 주장하는
사람들은 어질지 못하기 때문에

故當執有命者之言,
고 당 집 유 명 자 지 언

그들의 말에 대해

不可不明辨."
불 가 불 명 변

분명하게 변별(辨別)하지 않을 수 없다."

然則明辨此之說將奈何哉?
연 즉 명 변 차 지 설 장 내 하 재

그렇다면 이 설에 대해 분명하게
변별하자면 어떻게 해야 하는가?

子墨子言曰:
자 묵 자 언 왈

묵자께서 말씀하셨다.

"必立儀.
필 립 의

"반드시 표준을 세워야 한다.

言而母⁴儀⁵,
언 이 무 의

의론을 말하면서 표준이 없다면

譬猶運⁶鈞⁷之上而立朝夕⁸者也,
비 유 운 균 지 상 이 립 조 석 자 야

마치 회전하는 돌림판 위에서 시간을
측정하여 정하는 것과 같은 것으로,

是非利害之辨,
시 비 리 해 지 변

시비와 이해의 분별을

3　조(馹): 조(阻)와 통하는데 '저지하다'는 뜻이다.
4　무(母): 무(無)와 같다.
5　의(儀): 표준, 준칙(準則).
6　운(運): 회전하다.
7　균(鈞): 흙으로 그릇을 만들 때 사용하는 돌림판.
8　조석(朝夕): 여기서는 '시간'을 가리킨다.

不可得而明知也.
불 가 득 이 명 지 야

분명하게 알 수 없을 것이다.

故言必有三表[9]."
고 언 필 유 삼 표

그래서 의론을 말할 때 반드시 세 가지 표준[三表]이 있어야 한다."

何謂三表?
하 위 삼 표

세 가지 표준이란 무엇인가?

子墨子言曰:
자 묵 자 언 왈

묵자께서 말씀하셨다.

"有本之者,
유 본 지 자

"본원(本源)을 탐구함이 있어야 하고

有原之者,
유 원 지 자

원인을 고찰함이 있어야 하며

有用之者.
유 용 지 자

실천에 응용함이 있어야 한다.

於何本之?
어 하 본 지

어디에서 본원을 탐구하는가?

上本之於古者聖王之事.
상 본 지 어 고 자 성 왕 지 사

위로 옛날 성군의 일로부터 본원을 탐구한다.

於何原之?
어 하 원 지

어디에서 원인을 고찰하는가?

下原察百姓耳目之實.
하 원 찰 백 성 이 목 지 실

아래로 백성들의 귀와 눈으로 듣고 본 사실로부터 원인을 고찰한다.

於何用之?
어 하 용 지

어디에서 실천에 응용하는가?

廢[10]以爲刑政,
폐 이 위 형 정

그것을 형법과 정무에 응용하여

觀其中國家百姓人民之利.
관 기 중 국 가 백 성 인 민 지 리

국가와 백성의 이익에 부합하는지를 본다.

此所謂言有三表也."
차 소 위 언 유 삼 표 야

이것이 이른바 의론을 말할 때의 세 가지 표준이다."

---

9 표(表): 앞의 의(儀)와 뜻이 같다.

10 폐(廢): 왕인지는 발(發)과 통한다고 하였다.

然而今天下之士君子,
연 이 금 천 하 지 사 군 자

그러나 지금 천하의 군자들 중

或以命爲有.
혹 이 명 위 유

어떤 사람들은 운명이 있다고 여긴다.

蓋[11]嘗尙[12]觀於聖王之事?
개   상 상   관 어 성 왕 지 사

어찌 위로 성군의 일을 보려고 하지
않는가?

古者桀之所亂,
고 자 걸 지 소 란

옛날 걸왕이 어지럽게 한 천하를

湯受而治之;
탕 수 이 치 지

탕왕이 물려받아 다스렸으며,

紂之所亂,
주 지 소 란

주왕이 어지럽게 한 천하를

武王受而治之.
무 왕 수 이 치 지

무왕이 물려받아 다스렸다.

此世[13]未易民未渝[14],
차 세   미 역 민 미 투

이 사회가 바뀌지 않고 백성들도
변하지 않았는데,

在於桀紂,
재 어 걸 주

걸왕과 주왕 때에는

則天下亂;
즉 천 하 란

천하가 어지러웠으며,

在于湯武,
재 우 탕 무

탕왕과 무왕 때에는

則天下治,
즉 천 하 치

천하가 다스려졌다.

豈可謂有命哉!
기 가 위 유 명 재

어찌 운명이 있다고 말할 수 있겠는가!

然而今天下之士君子,
연 이 금 천 하 지 사 군 자

그러나 지금 천하의 군자들 중

或以命爲有.
혹 이 명 위 유

어떤 사람들은 운명이 있다고 여긴다.

---

11 개(蓋): 합(盍)과 같아서, '어찌 ~하지 아니하느냐(何不)'의 뜻이다.
12 상(尙): 상(上)과 통한다.
13 세(世): 여기서는 '사회' 또는 '세간(世間)'의 의미로 쓰였다.
14 투(渝): 변하다.

蓋嘗尙觀於先王之書?
개 상 상 관 어 선 왕 지 서

어찌 위로 선왕의 책을 보려고 하지
않는가?

先王之書,
선 왕 지 서

선왕의 책으로

所以出國家,
소 이 출 국 가

국가를 다스리고

布施百姓者,
포 시 백 성 자

백성들에게 반포하는 데 사용되는
것을

憲[15]也.
헌 야

법이라 한다.

先王之憲,
선 왕 지 헌

선왕의 법에

亦嘗有曰:
역 상 유 왈

또한 일찍이

"福不可請,
복 불 가 청

"복은 청할 수 없고,

而禍不可諱[16],
이 화 불 가 휘

화는 피할 수 없으며,

敬無益,
경 무 익

공경해도 이익이 없고,

暴無傷者乎?"
포 무 상 자 호

난폭해도 해가 없지 않는가?"라는
말이 있었다.

所以聽獄制罪者,
소 이 청 옥 제 죄 자

선왕의 책으로 형옥(刑獄)을 다스리고
죄를 정하는 것을

刑也.
형 야

형법이라 한다.

先王之刑,
선 왕 지 형

선왕의 형법에

亦嘗有曰:
역 상 유 왈

또한 일찍이

"福不可請,
복 불 가 청

"복은 청할 수 없고,

---

15 헌(憲): 법.
16 휘(諱): 위(違)와 통하는데 '피하다'라는 뜻이다.

禍不可諱,
화 불 가 휘

화는 피할 수 없으며,

敬無益,
경 무 익

공경해도 이익이 없고,

暴無傷者乎?"
포 무 상 자 호

난폭해도 해가 없지 않는가?"라는
말이 있었다.

所以整設師旅,
소 이 정 설 사 려

선왕의 책으로 군대를 정돈·배치하고

進退師徒者,
진 퇴 사 도 자

병사들을 지휘하는 것을

誓也.
서 야

서언(誓言)이라고 한다.

先王之誓,
선 왕 지 서

선왕의 서언에

亦嘗有曰:
역 상 유 왈

또한 일찍이

"福不可請,
복 불 가 청

"복은 청할 수 없고,

禍不可諱,
화 불 가 휘

화는 피할 수 없으며,

敬無益,
경 무 익

공경해도 이익이 없고,

暴無傷者乎?"
포 무 상 자 호

난폭해도 해가 없지 않는가?"라는
말이 있었다.

是故子墨子言曰:
시 고 자 묵 자 언 왈

그러므로 묵자께서 말씀하셨다.

"吾當[17]未鹽[18]數,
오 당 미 염 수

"나는 아직 다 세어 보지는 못했는데,

天下之良書不可盡計數,
천 하 지 량 서 불 가 진 계 수

천하의 훌륭한 책은 다 셀 수가 없다.

大方論數,
대 방 론 수

대체로 그 수를 논한다면

而五[19]者是也.
이 오 자 시 야

앞의 세 가지 유형일 것이다.

---

17 당(當): 손이양은 상(尙) 자의 잘못인 것 같다고 하였다. '상(尙)'은 '아직'의 뜻이다.
18 염(鹽): 필원은 진(盡) 자의 잘못이라고 하였다. '진(盡)'은 '다하다'의 뜻이다.

今雖母²⁰求執有命者之言,
금 수 무 구 집 유 명 자 지 언

지금 운명이 있다고 주장하는
사람들의 의론을 그 책에서
찾아본다면

不必得,
불 필 득

분명 찾을 수 없을 것이니

不亦可錯²¹乎?
불 역 가 착 호

운명론은 버릴 수 있는 게 아닌가?

今用執有命者之言,
금 용 집 유 명 자 지 언

지금 운명이 있다고 주장하는
사람들의 의론을 채용한다면

是覆天下之義,
시 복 천 하 지 의

천하의 도의(道義)를 뒤엎는 것이며,

覆天下之義者,
복 천 하 지 의 자

천하의 도의를 뒤엎는 자는

是立命者也,
시 립 명 자 야

운명론을 내세우는 사람들로,

百姓之誶²²也.
백 성 지 수 야

백성들이 마음 아파하는 것이다.

說百姓之誶者,
열 백 성 지 수 자

백성들이 마음 아파하는 것을
기뻐하는 자는

是滅天下之人也."
시 멸 천 하 지 인 야

바로 천하를 파괴하는 사람이다."

然則所爲欲義在上²³者,
연 즉 소 위 욕 의 재 상 자

그렇다면 의로운 사람이 윗자리에
있게 되기를 바라는 것은

何也?
하 야

무엇 때문인가?

---

19 오(五): 필원은 삼(三)이 되어야 한다고 했는데, 그것은 바로 위의 헌(憲)·형(刑)·서(誓)를 가
리킨다고 하였다.

20 수무(雖母): 유무(唯母)와 같은데, 어조사로 뜻이 없다.

21 착(錯): 조(措)와 통하는데 '방치하다', '버리다'의 뜻이다.

22 수(誶): 유월은 췌(悴)와 같다고 하였는데, '마음 아파하다'의 뜻이다.

23 의재상(義在上): 손이양은 마땅히 의인재상(義人在上)이 되어야 한다고 여겼다.

曰:
_왈

대답은 다음과 같다.

"義人在上,
_{의 인 재 상}

"의로운 사람이 윗자리에 있으면

天下必治,
_{천 하 필 치}

천하가 반드시 다스려지며,

上帝山川鬼神,
_{상 제 산 천 귀 신}

천제와 산천과 귀신도

必有幹主²⁴,
_{필 유 간 주}

반드시 제사를 주관하는 종주(宗主)가
있게 되어

萬民被其大利."
_{만 민 피 기 대 리}

만민은 큰 이익을 입게 될 것이기
때문이다."

何以知之?
_{하 이 지 지}

무엇으로 그 사실을 아는가?

子墨子曰:
_{자 묵 자 왈}

묵자께서 말씀하셨다.

"古者湯封於亳²⁵,
_{고 자 탕 봉 어 박}

"옛날 탕왕이 박 지방에 봉해졌는데,

絶長繼短,
_{절 장 계 단}

긴 땅을 잘라 짧은 땅에 이어서

方²⁶地百里,
_{방 지 백 리}

주위 백 리의 땅을 만들었으며,

與其百姓兼相愛,
_{여 기 백 성 겸 상 애}

그의 백성들과 더불어 두루 서로
사랑하고

交相利,
_{교 상 리}

서로 이롭게 하였으며,

移²⁷則分.
_{이 즉 분}

재물이 많으면 그것을 나누어 주었다.

---

24 간주(幹主): 손이양은 종주(宗主)와 같은 말로, '옛날 조상의 제사를 이어받는 종족의 장(長)'
   을 일컫는다고 하였다.
25 박(亳): 탕왕의 봉지(封地)이며, 하나라를 멸하고 이곳에 도읍을 세웠다. 지금의 하남성 상구
   (商丘) 부근에 있었다.
26 방(方): 여기서는 '주위'를 가리킨다.
27 이(移): 필원은 다(多) 자의 잘못일 수 있다고 보았다.

率其百姓, _{솔 기 백 성}	그의 백성들을 거느리고
以上尊天事鬼. _{이 상 존 천 사 귀}	하늘을 존중하며 귀신을 섬겼다.
是以天鬼富之, _{시 이 천 귀 부 지}	이 때문에 하늘과 귀신이 그를 부유하게 하였으며,
諸侯與之, _{제 후 여 지}	제후들은 그에게 귀순하였고,
百姓親之, _{백 성 친 지}	백성들은 그와 친근하였으며,
賢士歸之, _{현 사 귀 지}	현명한 사람들은 그에게 모여들었으니,
未歿其世, _{미 몰 기 세}	그가 살았을 때
而王天下, _{이 왕 천 하}	천하의 군왕이 되었으며
政[28]諸侯. _{정 제 후}	제후의 우두머리가 되었다.
昔者文王封於岐周[29], _{석 자 문 왕 봉 어 기 주}	옛날 문왕이 기주 지방에 봉해졌는데,
絶長繼短, _{절 장 계 단}	긴 땅을 잘라 짧은 땅에 이어서
方地百里, _{방 지 백 리}	주위 백 리의 땅을 만들었으며,
與其百姓兼相愛, _{여 기 백 성 겸 상 애}	그의 백성들과 더불어 두루 서로 사랑하고
交相利, _{교 상 리}	서로 이롭게 하였으며,
則[30], _즉	재물이 많으면 그것을 나누어 주었다.
是以近者安其政, _{시 이 근 자 안 기 정}	이 때문에 가까이 있는 사람들은 그의

---

28 정(政): 정(正)과 통하는데 장(長)의 뜻으로 쓰였다.

29 기주(岐周): 주(周)나라 문왕의 봉지로, 지금의 섬서성 기산(岐山)과 부풍(扶風), 두 현(縣) 지역에 있었다.

30 즉(則): 위의 문장에 의거하면 이즉분(移則分), 즉 다즉분(多則分)이 되어야 하는데, 그 앞뒤 두 자가 빠져 있다.

정치에 편안해하였으며,

遠者歸其德.
원 자 귀 기 덕

멀리 있는 사람들은 그의 덕망에
그에게 모여들었다.

聞文王者,
문 문 왕 자

문왕의 명성을 들은 사람들은

皆起而趨之.
개 기 이 추 지

모두 일어나 그에게로 달려갔다.

罷[31]不肖[32]股肱不利者,
피 불초 고 굉 불 리 자

지치고 재주가 없으며 팔다리가
불편한 자들은

處[33]而願之曰:
처 이 원 지 왈

그들이 원래 사는 곳에서

'奈何乎使文王之地及我,
내 하 호 사 문 왕 지 지 급 아

'어떻게 하면 문왕의 땅을 우리가 살고
있는 곳까지 미치게 할 수 있을까?

吾則吾利[34],
오 즉 오 리

그렇게 된다면 우리들은

豈不亦猶文王之民也哉.'
기 불 역 유 문 왕 지 민 야 재

어찌 또한 문왕의 백성이
아니겠는가?'라고 바라면서 말했다.

是以天鬼富之,
시 이 천 귀 부 지

이 때문에 하늘과 귀신이 그를
부유하게 하였고,

諸侯與之,
제 후 어 지

제후들은 그에게 귀순하였으며,

百姓親之,
백 성 친 지

백성들은 그와 친근하였고,

賢士歸之,
현 사 귀 지

현명한 사람들은 그에게 모여들었으니,

未歿其世,
미 몰 기 세

그가 살았을 때

---

31 피(罷): 피(疲)와 통하는데, '고달프다', '피로하다', '지치다', '병들고 괴로워하다'의 뜻이다.

32 불초(不肖): 여기서는 '재주가 없다'라는 의미로 쓰였다.

33 처(處): 여기서는 '원래의 곳에 처하다'라는 뜻으로 쓰였다.

34 오즉오리(吾則吾利): 유월은 앞의 오(吾) 자와 이(利) 자는 연문이라고 하였다. 즉오(則吾)는
뒤의 구절에 연결된다.

而王天下,
이 왕 천 하

천하의 군왕이 되었으며

政諸侯.
정 제 후

제후의 우두머리가 되었다.

鄉者[35]言曰:
향 자   언 왈

종전에

義人在上,
의 인 재 상

의로운 사람이 윗자리에 있으면

天下必治,
천 하 필 치

천하가 반드시 다스려지며,

上帝山川鬼神,
상 제 산 천 귀 신

천제와 산천과 귀신도

必有幹主,
필 유 간 주

반드시 제사를 주관하는 종주가 있게 되어

萬民被其大利.
만 민 피 기 대 리

만민은 큰 이익을 입게 될 것이라고 하였다.

吾用此知之."
오 용 차 지 지

나는 위의 사례들로써 이 사실을 알게 되었다."

是故古之聖王,
시 고 고 지 성 왕

그러므로 옛날 성군들은

發憲出令,
발 헌 출 령

법령을 반포하고

設以爲賞罰以勸賢,
설 이 위 상 벌 이 권 현

상벌제도를 제정하여 현인들을 권면(勸勉)하였다.

是以入則孝慈於親戚[36],
시 이 입 즉 효 자 어 친 척

그래서 사람들은 집 안에 들어가서는 부모에게 효도하고 자애로웠으며,

出則弟[37]長於鄉里,
출 즉 제   장 어 향 리

바깥에 나가서는 마을의 어른들을

---

35 향자(鄉者): 향자(向者)와 같은데 '종전(從前)'의 의미이다.
36 친척(親戚): 여기서는 '부모'를 가리킨다.
37 제(弟): 제(悌)와 통한다.

공경하였으며,

坐處有度,
좌 처 유 도

행동거지에 법도가 있었고,

出入有節,
출 입 유 절

출입에 예절이 있었으며,

男女有辨.
남 녀 유 변

남녀 분별이 있었다.

是故使治官府,
시 고 사 치 관 부

그러므로 그들에게 관부를 다스리게
하면

則不盜竊,
즉 부 도 절

도둑질을 하지 않고,

守城則不崩[38]叛,
수 성 즉 불 붕 반

성을 지키게 하면 배반을 하지 않으며,

君有難則死,
군 유 난 즉 사

군왕에게 어려움이 있으면 희생할 줄
알았고,

出亡則送.
출 망 즉 송

군왕이 도망가면 호송(護送)할 줄
알았다.

此上之所賞,
차 상 지 소 상

이것은 윗사람으로서 상을 주어야
하며

而百姓之所譽也.
이 백 성 지 소 예 야

백성들이 칭찬해야 하는 것이다.

執有命者之言曰:
집 유 명 자 지 언 왈

운명이 있다고 주장하는 사람들은
이렇게 말한다.

"上之所賞,
상 지 소 상

"윗사람으로서 상을 주는 것은

命固且賞,
명 고 차 상

운명이 본래 상을 주게 되어 있는
것이지

非賢故賞也.
비 현 고 상 야

현명하기 때문에 상을 주는 것은

---

38 붕(崩): 배(倍)와 통한다. 배(倍)는 '배반하다'의 의미를 지니고 있다.

아니다.

上之所罰,
상 지 소 벌

윗사람으로서 벌을 주는 것은

命固且罰,
명 고 차 벌

운명이 본래 벌을 주게 되어 있는
것이지

不暴故罰也."
불 포 고 벌 야

포악하기 때문에 벌을 주는 것은
아니다."

是故入則不孝慈於親戚,
시 고 입 즉 불 효 자 어 친 척

그러므로 사람들은 집 안에
들어가서는 부모에게 불효하고
자애롭지 않았으며,

出則不弟長於鄉里,
출 즉 부 제 장 어 향 리

바깥에 나가서는 마을의 어른들을
공경하지 않았으며,

坐處不度,
좌 처 부 도

행동거지에 법도를 지키지 않았고,

出入無節,
출 입 무 절

출입에 예절이 없었으며,

男女無辨.
남 녀 무 변

남녀 분별이 없었다.

是故治官府則盜竊,
시 고 치 관 부 즉 도 절

그러므로 그들로 하여금 관부를
다스리게 하면 도둑질을 하였고,

守城則崩叛,
수 성 즉 붕 반

성을 지키게 하면 배반을 하였으며,

君有難則不死,
군 유 난 즉 불 사

군왕에게 어려움이 있으면 희생할 줄
몰랐고,

出亡則不送.
출 망 즉 불 송

군왕이 도망가면 호송할 줄 몰랐다.

此上之所罰,
차 상 지 소 벌

이것은 윗사람으로서 벌을 주어야
하며

百姓之所非毀也.
백 성 지 소 비 훼 야

백성들이 비난하고 욕해야 하는

것이다.

執有命者言曰:
집 유 명 자 언 왈

운명이 있다고 주장하는 사람들은
이렇게 말한다.

"上之所罰,
상 지 소 벌

"윗사람으로서 벌을 주는 것은

命固且罰,
명 고 차 벌

운명이 본래 벌을 주게 되어 있는
것이지

不暴故罰也.
불 포 고 벌 야

포악하기 때문에 벌을 주는 것은
아니다.

上之所賞,
상 지 소 상

윗사람으로서 상을 주는 것은

命固且賞,
명 고 차 상

운명이 본래 상을 주게 되어 있는
것이지,

非賢故賞也."
비 현 고 상 야

현명하기 때문에 상을 주는 것은
아니다."

以此爲君則不義,
이 차 위 군 즉 불 의

이러한 관점으로써 군왕 노릇을 하면
정의롭지 않을 것이고

爲臣則不忠,
위 신 즉 불 충

신하 노릇을 하면 충성스럽지 않을
것이며,

爲父則不慈,
위 부 즉 부 자

아버지 노릇을 하면 자애롭지 않을
것이고

爲子則不孝,
위 자 즉 불 효

자식 노릇을 하면 효성스럽지 않을
것이며,

爲兄則不良,
위 형 즉 불 량

형 노릇을 하면 잘하지 못할 것이고

爲弟則不弟,
위 제 즉 부 제

동생 노릇을 하면 형을 공경하지 않을

것이다.

而强執此者,
이 강 집 차 자

그러니 억지로 운명론을 주장하는 것은

此特凶言之所自生,
차 특 흉 언 지 소 자 생

특히 흉악한 의론을 생겨나게 하는 근원이며

而暴人之道也.
이 폭 인 지 도 야

포악한 사람의 도리가 되는 것이다.

然則何以知命之爲暴人之道?
연 즉 하 이 지 명 지 위 폭 인 지 도

그렇다면 어째서 운명론이 포악한 사람의 도리가 되는지를 아는가?

昔上世[39]之窮民,
석 상 세   지 궁 민

옛날 고대의 가난한 사람들은

貪於飮食,
탐 어 음 식

음식을 탐하고

惰於從事,
타 어 종 사

하는 일을 게을리하였다.

是以衣食之財不足,
시 이 의 식 지 재 부 족

그래서 입고 먹을 재물이 부족하고

而飢寒凍餒之憂至,
이 기 한 동 뇌 지 우 지

굶주리며 추위에 떠는 걱정을 해야 했다.

不知曰"我罷不肖,
부 지 왈 아 피 불 초

그러나 "나는 지치고 재주가 없어

從事不疾",
종 사 부 질

일하는 것이 부지런하고 빠르지 않다"라고 말할 줄 모르고,

必曰"我命固且貧".
필 왈 아 명 고 차 빈

반드시 "내 운명이 본래 가난하게 되어 있다"라고 말한다.

昔上世暴王不忍其耳目之淫,
석 상 세 폭 왕 불 인 기 이 목 지 음

옛날 고대의 폭군들은 자신의 귀와

---

39 상세(上世): 상(上)은 상(尙)과 통하는데, 상세(尙世)는 '고대'를 가리킨다.

눈의 음욕을 참지 못하고

心塗⁴⁰之辟⁴¹,
심 도 지 벽

마음의 뜻이 편벽되었으며

不順其親戚,
불 순 기 친 척

자신의 부모에게 순종하지 않았으니,

遂以亡失國家,
수 이 망 실 국 가

끝내 국가를 망하게 하고

傾覆社稷,
경 복 사 직

사직을 무너지게 하였다.

不知曰"我罷不肖,
부 지 왈 아 피 불 초

그러나 "나는 지치고 재주가 없어

爲政不善",
위 정 불 선

정치를 잘하지 못한다"라고 말할 줄
모르고,

必曰"吾命固失之".
필 왈 오 명 고 실 지

반드시 "내 운명이 본래 나라를
잃어버리게 되어 있다"라고 말한다.

於「仲虺之告」⁴²曰:
어 중 훼 지 고 왈

『상서』「중훼지고」에서 말하였다.

"我聞於夏人,
아 문 어 하 인

"내가 듣건대 하나라 사람이

矯⁴³天命,
교 천 명

천명을 가탁하여

布命于下,
포 명 우 하

그 명을 아랫사람들에게 발포하였다.

帝伐之惡⁴⁴,
제 벌 지 오

천제가 이에 그를 미워하여

龔⁴⁵喪厥師."
공 상 궐 사

이 때문에 그의 군대를 상실하게
하였다."

---

40 심도(心塗): 왕인지는 본래 심지(心志)였다고 하였다.

41 벽(辟): 벽(僻)과 통하는데 '편벽되다'라는 뜻이다.

42 중훼지고(仲虺之告): 『상서』의 편명(篇名)으로, 원문은 이미 일실(逸失)되었다.

43 교(矯): 여기서는 '가탁하다', '위조하다'의 뜻으로 쓰였다.

44 벌지오(伐之惡): 「비명 중」 편에 식시오(式是惡)라고 인용하였는데, 여기서 식(式)은 '이에 〔於是〕'라는 의미이다.

45 공(龔): 손이양은 용(用)의 가차라고 했는데, 여기서 용(用)은 '때문에'라는 뜻이다.

此言湯之所以非桀之執有命也.
차 언 탕 지 소 이 비 걸 지 집 유 명 야

이는 탕왕이 걸왕의 운명론 주장을
비난하였음을 말하는 것이다.

於「太誓」⁴⁶曰:
어 태 서 왈

『상서』「태서」에서 말하였다.

"紂夷處⁴⁷,
주 이 처

"주왕이 오만불손하여

不肎⁴⁸事上帝鬼神,
불 긍 사 상 제 귀 신

천제와 귀신을 섬기지 않았으며

禍⁴⁹厥先⁵⁰神禔⁵¹不祀,
화 궐 선 신 지 불 사

그의 선조들과 천지의 신령을
버려두고 제사를 지내지 않았다.

乃曰吾民有命,
내 왈 오 민 유 명

그러면서 오히려 우리 백성들에게는
운명이 있다고 하면서

無廖排漏⁵²,
무 료 배 루

자신의 정무에 노력해서 종사하지 않아,

亦縱棄之而弗葆."
역 종 기 지 이 불 보

천제가 그를 버려두고 보호하지
않았다."

此言武王所以非紂執有命也.
차 언 무 왕 소 이 비 주 집 유 명 야

이는 무왕이 주왕의 운명론 주장을
비난하였음을 말하는 것이다.

今用執有命者之言,
금 용 집 유 명 자 지 언

지금 운명이 있다고 주장하는
사람들의 의론을 채용한다면,

46　태서(太誓):『상서』중의「태서(泰誓)」편으로, 원문은 이미 일실되었으며 지금 전하는 것은 후
　　인의 위작(僞作)이다.

47　이처(夷處):「천지 중」편에 이거(夷居)라고 되어 있는데, '오만불손하다'라는 의미이다.

48　긍(肎): 긍(肯)의 고자(古字)이다.

49　화(禍):「천지 중」편에 기(棄)라고 되어 있다. '기(棄)'는 '버리다'의 뜻이다.

50　선(先): '선조(先祖)'를 가리킨다.

51　신지(神禔): 지(禔)는 기(祇)가 되어야 한다. 신기(神祇)는 '신령(神靈)'을 가리킨다.

52　무료배루(無廖排漏):「천지 중」편에 무륙기무(毋僇其務)라고 되어 있는데, '그 업무에 노력
　　해서 종사하지 않다'라는 뜻이다.

則上不聽治,
즉 상 불 청 치

윗자리에 있는 사람들은 정치를 하지
않고

下不從事.
하 부 종 사

아랫자리에 있는 사람들은 자신의
일에 종사하지 않는다.

上不聽治,
상 불 청 치

윗자리에 있는 사람들이 정치를 하지
않으면

則刑政亂;
즉 형 정 란

형법과 정무는 어지러워진다.

下不從事,
하 부 종 사

아랫자리에 있는 사람들이 자신의
일에 종사하지 않으면

則財用不足.
즉 재 용 부 족

재물이 부족해진다.

上無以供粢盛酒醴,
상 무 이 공 자 성 주 례

위로는 술과 제수용 곡물을 공급하여

祭祀上帝鬼神,
제 사 상 제 귀 신

천제와 귀신에게 제사 지내지 못할
것이며,

下無以降綏[53]天下賢可之士[54],
하 무 이 강 수 천 하 현 가 지 사

아래로는 현량하여 정무를 담당할 수
있는 천하의 사람들을 편안하게 못해
줄 것이고,

外無以應待諸侯之賓客,
외 무 이 응 대 제 후 지 빈 객

밖으로는 제후의 빈객들을 응대하지
못할 것이며,

內無以食飢衣寒,
내 무 이 식 기 의 한

안으로는 배고픈 사람들을 먹이고
헐벗은 사람들에게 옷을 입혀 주고

將養[55]老弱.
장 양 로 약

노약자들을 부양할 수 없게 된다.

---

53 강수(降綏): 편안하다.

54 현가지사(賢可之士): '현량하여 정무를 담당할 수 있는 사람'을 가리킨다.

55 장양(將養): 지양(持養)이 되어야 한다. '부양하다'라는 의미이다.

故命上不利於天,
고 명 상 불 리 어 천

그러므로 운명론은 위로는 하늘에 이롭지 않고,

中不利於鬼.
중 불 리 어 귀

가운데로는 귀신에 이롭지 않으며,

下不利於人,
하 불 리 어 인

아래로는 사람들에게 이롭지 않다.

而强執此者,
이 강 집 차 자

그런데도 이것을 억지로 주장하는 것은

此特凶言之所自生,
차 특 흉 언 지 소 자 생

특히 흉악한 말이 생겨나는 근원이 되며

而暴人之道也.
이 폭 인 지 도 야

포악한 사람의 도리인 것이다.

是故子墨子言曰:
시 고 자 묵 자 언 왈

그러므로 묵자께서 말씀하셨다.

"今天下之士君子,
금 천 하 지 사 군 자

"지금 천하의 관리들은

忠[56]實欲天下之富而惡其貧,
충   실 욕 천 하 지 부 이 오 기 빈

내심 진실로 천하가 부유해지는 것을 바라고 가난해지는 것을 싫어하며,

欲天下之治而惡其亂,
욕 천 하 지 치 이 오 기 란

천하가 다스려지는 것을 바라고 어지러워지는 것을 싫어하니,

執有命者之言,
집 유 명 자 지 언

운명이 있다고 주장하는 사람들의 의론을

不可不非,
불 가 불 비

비난하지 않을 수 없다.

此天下之大害也!"
차 천 하 지 대 해 야

이것은 천하의 큰 해이다!"

---

56 충(忠): 중(中)과 같다.

비명 중 제36편

(非命中第三十六)

子墨子言曰:
자 묵 자 언 왈

묵자께서 말씀하셨다.

"凡出言談,
범 출 언 담

"의론을 말하거나

由¹文學²之爲道也,
유 문 학 지 위 도 아

문장을 짓는 데 있어서의 원칙은

則不可而不先立義法³.
즉 불 가 이 불 선 립 의 법

먼저 표준을 세우지 않을 수 없다는 것이다.

若言而無義,
약 언 이 무 의

만약 의론을 말하는 데 표준이 없으면

譬猶立朝夕於員⁴鈞之上也,
비 유 립 조 석 어 원 균 지 상 아

마치 회전하는 돌림판 위에서 시간을 측정하는 것과 같으니,

則雖有巧工,
즉 수 유 교 공

비록 기술이 교묘한 장인(匠人)이 있다고 하더라도

必不能得正焉.
필 불 능 득 정 언

반드시 정확한 결과를 얻을 수 없을 것이다.

---

1 유(由): 손이양은 위(爲)와 의미가 비슷하다고 하였다.
2 문학(文學): 여기서는 '문서(文書)', '문장'을 가리킨다.
3 의법(義法): 「비명 상」편의 의법(儀法)과 같다. 아래도 같다.
4 원(員): 「비명 상」편에서는 운(運)으로 되어 있는데, '회전하다'라는 의미로 쓰였다.

然今天下之情僞,
연 금 천 하 지 정 위

그런데 지금 천하의 진실과 거짓은

未可得而識也,
미 가 득 이 식 야

식별할 수 없다.

故使言有三法.
고 사 언 유 삼 법

그래서 의론을 말함에 있어 세 가지 표준이 있어야 한다.

三法者何也?
삼 법 자 하 야

그 세 가지 표준이란 무엇인가?

有本之者,
유 본 지 자

바로 본원을 탐구함이 있어야 하고

有原之者,
유 원 지 자

원인을 고찰함이 있어야 하며

有用之者.
유 용 지 자

실천에 응용함이 있어야 한다는 것이다.

於其本之也,
어 기 본 지 야

그 본원을 탐구하는 것은

考天鬼之志,
고 천 귀 지 지

천제·귀신의 의지와

聖王之事;
성 왕 지 사

성군의 사적을 고찰하는 것이며,

於其原之也,
어 기 원 지 야

그 원인을 고찰하는 것은

徵以先王之書;
징 이 선 왕 지 서

선왕의 책으로 증명하는 것이다.

用之奈何?
용 지 내 하

어떻게 실천에 응용하는가?

發而爲刑[5].
발 이 위 형

그것을 형사와 정무에 활용하는 것이다.

此言之三法也.
차 언 지 삼 법 야

이것이 의론을 말함에 있어서의 세 가지 표준이다.

---

5   형(刑): 앞의 문장에 의거하면 형정(刑政)이 되어야 한다. 형사와 정무.

今天下之士君子[6]或以命爲亡.
금 천 하 지 사 군 자 혹 이 명 위 무

지금 천하의 군자들 중 어떤 사람들은 운명이 있다고 여기고 어떤 사람들은 운명이 없다고 여긴다.

我所以知命之有與亡者,
아 소 이 지 명 지 유 여 무 자

우리가 운명의 있고 없음을 아는 근거는

以衆人耳目之情,
이 중 인 이 목 지 정

여러 사람들이 귀와 눈으로 듣고 보는 실제 정황으로

知有與亡.
지 유 여 무

그것의 있고 없음을 아는 것이다.

有聞之,
유 문 지

그것을 들은 적이 있거나

有見之,
유 견 지

본 적이 있으면

謂之有;
위 지 유

그것이 있다고 말할 것이다.

莫之聞,
막 지 문

그것을 들은 적이 없거나

莫之見,
막 지 견

본 적이 없으면

謂之亡.
위 지 무

그것이 없다고 말할 것이다.

然胡不嘗考之百姓之情?
연 호 불 상 고 지 백 성 지 정

그렇다면 어찌 백성들이 듣고 보는 실제 정황을 고찰해 보려고 하지 않는가?

自古以及今,
자 고 이 급 금

옛날부터 지금까지

生民以來者,
생 민 이 래 자

백성들이 생겨난 이래로

亦嘗見命之物,
역 상 견 명 지 물

또한 일찍이 운명의 실체를 본 적이 있거나

---

6   자(子): 뒤 문장의 내용에 의거하면, 자(子) 다음에 혹이명위유(或以命爲有)가 빠진 것 같다.

聞命之聲者乎?
문 명 지 성 자 호

운명의 소리를 들은 적이 있는 사람이 있었는가?

則未嘗有也.
즉 미 상 유 야

일찍이 없었다.

若以百姓爲愚不肖,
약 이 백 성 위 우 불 초

만약 백성들이 우매하고 못나

耳目之情不足因而爲法,
이 목 지 정 부 족 인 이 위 법

그들이 듣고 보는 실제 정황으로는 근거로 삼기에 부족하다면

然則胡不嘗考諸侯之傳言流語乎?
연 즉 호 불 상 고 제 후 지 전 언 류 어 호

어찌 제후들이 전하는 말을 고찰해 보려고 하지 않는가?

自古以及今,
자 고 이 급 금

옛날부터 지금까지

生民以來者,
생 민 이 래 자

백성들이 생겨난 이래로

亦嘗有聞命之聲,
역 상 유 문 명 지 성

또한 일찍이 운명의 소리를 들은 적이 있거나

見命之體者乎?
견 명 지 체 자 호

운명의 실체를 본 적이 있는 사람이 있었는가?

則未嘗有也.
즉 미 상 유 야

일찍이 없었다.

然胡不嘗考之聖王之事?
연 호 불 상 고 지 성 왕 지 사

그렇다면 어찌 성군들의 사적을 고찰해 보려고 하지 않는가?

古之聖王,
고 지 성 왕

옛날 성군들은

擧孝子而勸之事親,
거 효 자 이 권 지 사 친

효자를 천거하여 사람들에게 부모 섬기는 것을 권하였고,

尊賢良而勸之爲善,
존 현 량 이 권 지 위 선

현명하고 훌륭한 사람을 존중하여 사람들에게 착한 일 하기를

권하였으며,

發憲布令以教誨,
발 헌 포 령 이 교 회

법령을 반포함으로써 사람들을
가르쳤고,

明賞罰以勸沮.
명 상 벌 이 권 저

상과 벌을 분명하게 함으로써
사람들에게 선한 일을 권하고 악한
일을 멈추게 하였다.

若此,
약 차

이렇게 하면

則亂者可使治,
즉 란 자 가 사 치

어지러운 것은 다스려질 수 있고

而危者可使安矣.
이 위 자 가 사 안 의

위태로운 것은 안전해질 수 있다.

若以爲不然,
약 이 위 불 연

만약 그렇지 않다고 여긴다면 이전을
보라.

昔者桀之所亂,
석 자 걸 지 소 란

옛날 걸의 어지러운 정치를

湯治之;
탕 치 지

탕왕이 다스렸고,

紂之所亂,
주 지 소 란

주의 어지러운 정치를

武王治之.
무 왕 치 지

무왕이 다스렸다.

此世不渝而民不改,
차 세 불 투 이 민 불 개

이것은 세상이 변하지 않고 백성들도
바뀌지 않았는데

上變政而民易教.
상 변 정 이 민 역 교

위에서 정치를 바꾸면 백성들의
교화가 달라진다는 것이다.

其在湯武則治,
기 재 탕 무 즉 치

그것이 탕왕과 무왕의 수중에 있었을
때는 다스려졌고,

其在桀紂則亂,
기 재 걸 주 즉 란

걸과 주의 수중에 있었을 때는
어지러워졌다.

安危治亂,
_{안 위 치 란}

안전함과 위태로움, 그리고 다스려짐과 어지러움은

在上之發政也,
_{재 상 지 발 정 야}

위에서 정령(政令)을 발하기에 달려 있으니

則豈可謂有命哉!
_{즉 기 가 위 유 명 재}

어찌 운명이 있다고 말할 수 있겠는가!

夫[7]曰有命云者,
_{부 왈 유 명 운 자}

저 운명이 있다고 말하는 자들

亦不然矣."
_{역 불 연 의}

또한 그렇지 않다."

今夫有命者言曰:
_{금 부 유 명 자 언 왈}

지금 운명이 있다고 주장하는 사람들은 말한다.

"我非作之後世也,
_{아 비 작 지 후 세 야}

"우리가 그것을 후세에 만든 것이 아니라,

自昔三代有若言以傳流矣.
_{자 석 삼 대 유 약 언 이 전 류 의}

옛날 삼대 때부터 그러한 말이 있어서 전해져 내려온 것이다.

今故先生對之?"[8]
_{금 고 선 생 대 지}

지금 어찌하여 선생은 그것을 비난하는가?"

曰:
_왈

그 대답으로,

"夫有命者,
_{부 유 명 자}

"운명이 있다고 주장하는 사람들이

不志[9]昔也三代之聖善人與?
_{부 지 석 야 삼 대 지 성 선 인 여}

옛날 삼대의 성인과 선인들로부터 나온 것인지,

---

7 부(夫): 여기서는 지시대명사 역할을 하였다.

8 금고선생대지(今故先生對之): 손이양은 금호선생비지(今胡先生非之)가 되어야 한다고 했다.

9 지(志): 필원은 식(識) 자와 같다고 하였다. 이때 식(識)은 지(知)와 같은 뜻이다.

意亡[10]昔三代之暴不肖人也?"
_{억 무 석 삼 대 지 포 불 초 인 야}

그렇지 않으면 옛날 삼대의 포악하거나 못난 사람들로부터 나온 것인지 알지 못한다"라고 말하겠다.

何以知之!
_{하 이 지 지}

어떻게 그것을 아는가!

初之列士[11]桀[12]大夫,
_{초 지 렬 사 걸 대 부}

옛날 명사들과 걸출한 대부들은

愼言知行,
_{신 언 지 행}

말을 신중히 하고 실행의 중요성을 알고 있었으니,

此上有以規諫其君長[13],
_{차 상 유 이 규 간 기 군 장}

위로는 그 임금에게 충언으로 간하였으며

下有以敎順其百姓,
_{하 유 이 교 순 기 백 성}

아래로는 그 백성들에게 가르쳐 따르게 하였다.

故上得其君長之賞,
_{고 상 득 기 군 장 지 상}

그래서 위로는 그 임금의 상을 받게 되고

下得其百姓之譽.
_{하 득 기 백 성 지 에}

아래로는 그 백성들의 칭찬을 얻게 된다.

列士桀大夫聲聞不廢,
_{열 사 걸 대 부 성 문 불 폐}

명사와 걸출한 대부들의 명성이 사라지지 않고

流傳至今,
_{유 전 지 금}

지금까지 전해지게 되었다.

而天下皆曰其力也,
_{이 천 하 개 왈 기 력 야}

천하의 사람들은 모두 그들의 노력 때문이라고 말하지,

---

10 억무(意亡): '혹은', '그렇지 않으면'의 뜻이다.

11 열사(列士): 명사(名士)를 가리킨다.

12 걸(桀): 걸(傑)과 통한다. '걸출하다'라는 의미이다.

13 군장(君長): 여기서는 '임금'을 가리킨다.

必不能曰我見命焉.
필 불 능 왈 아 견 명 언

우리가 운명을 받았기 때문이라고는 절대 말하지 않을 것이다.

是故昔者三代之暴王,
시 고 석 자 삼 대 지 폭 왕

옛날 삼대의 포악한 왕들은

不繆[14]其耳目之淫,
불 규 기 이 목 지 음

그 귀와 눈의 음욕을 바로잡지 않고

不愼其心志之辟[15],
불 신 기 심 지 지 벽

그 마음의 편벽됨을 삼가지 않았으며,

外之毆[16]騁田獵畢弋[17],
외 지 구 빙 전 렵 필 익

밖으로는 말을 몰아 사냥을 하고

內沈於酒樂,
내 침 어 주 락

안으로는 술 마시고 즐기는 일에 빠져

而不顧其國家百姓之政.
이 불 고 기 국 가 백 성 지 정

그 국가와 백성들의 정무를 돌보지 않았다.

繁爲無用,
번 위 무 용

쓸데없는 일을 번다하게 하고

暴逆百姓,
포 역 백 성

백성들에게는 포악하였으며

使下不親其上,
사 하 불 친 기 상

아랫사람에게는 그들 윗사람과 친하지 않게 하였다.

是故國爲虛厲[18],
시 고 국 위 허 려

그래서 국가는 공허하게 되고

身在刑僇[19]之中.
신 재 형 류 지 중

그 자신은 처형을 당하게 된다.

不肯曰"我罷[20]不肖,
불 긍 왈 아 피 불 초

그런데도 "내가 무력하고 무능하여

---

14 규(繆): 규(糾)와 통한다. '바로잡다'라는 의미이다.

15 벽(辟): 벽(僻)과 통한다.

16 구(毆): 구(驅)의 이체자(異體字)이다.

17 필익(畢弋): 필(畢)은 '어린 토끼를 잡는 그물', 익(弋)은 '새를 잡는 데 사용하는 끈 달린 화살'로, 여기서는 모두 '사냥하다'라는 의미로 쓰였다.

18 허려(虛厲): 허(虛)는 허(墟)와 통하며, 려(厲)는 '죽어서 후사가 없는 귀신'을 가리킨다.

19 육(僇): 육(戮)과 통한다. '죽이다'라는 의미이다.

我爲刑政不善",
아 위 형 정 불 선

형법과 정무를 잘 처리하지
못했다"라고는 말하지 않고

必曰"我命故[21]且亡".
필 왈 아 명 고 차 망

반드시 "나의 운명은 본래 망하게 되어
있다"라고 말한다.

雖昔也三代之窮民,
수 석 야 삼 대 지 궁 민

옛날 삼대의 빈민들도

亦由[22]此也.
역 유 차 야

이와 같이 말하였다.

內之不能善事其親戚[23],
내 지 불 능 선 사 기 친 척

안으로는 그 부모를 잘 섬기지 못하고

外不能善事其君長,
외 불 능 선 사 기 군 장

밖으로는 그 임금을 잘 섬기지 못하며,

惡恭儉而好簡易[24],
오 공 검 이 호 간 이

공경하고 검소한 것을 싫어하고
태만하고 경솔한 짓을 좋아하며,

貪飮食而惰從事,
탐 음 식 이 타 종 사

음식을 탐하고 일을 하는 데
게을리하였으며,

衣食之財不足,
의 식 지 재 부 족

입고 먹을 비용이 부족하여

使身至有饑寒凍餒之憂,
사 신 지 유 기 한 동 뇌 지 우

스스로 굶주리고 추위에 떠는 걱정을
하기에 이르렀다.

必不能曰"我罷不肖,
필 불 능 왈 아 피 불 초

그런데도 절대로 "내가 무력하고
무능하여

我從事不疾",
아 종 사 부 질

일을 부지런하게 처리하지
못했다"라고는 말하지 않고

---

20 피(罷): 피곤하다, 무력하다.
21 고(故): 고(固)와 통한다.
22 유(由): 유(猶)와 통한다.
23 친척(親戚): 여기서는 '부모'를 가리킨다.
24 간이(簡易): 여기서는 '태만하고 경솔하다'라는 뜻으로 쓰였다.

必曰"我命固且窮".
_{필 왈 아 명 고 차 궁}

반드시 "나의 운명은 본래 가난하게 되어 있다"라고 말한다.

雖昔也三代之僞民,
_{수 석 야 삼 대 지 위 민}

옛날 삼대의 위선적인 사람들도

亦猶此也.
_{역 유 차 야}

이와 같이 말하였다.

繁飾有命,
_{번 식 유 명}

운명이 있다는 말을 번다하게 꾸며

以教衆愚樸人久矣.
_{이 교 중 우 박 인 구 의}

여러 우매하고 순박한 사람들을 가르쳐 온 지 오래되었다.

聖王之患此也,
_{성 왕 지 환 차 야}

성군들은 이것을 걱정하였다.

故書之竹帛,
_{고 서 지 죽 백}

그래서 그 사실을 죽편과 비단에다 써 놓았고

琢之金石,
_{탁 지 금 석}

금석에다 새겨 놓았다.

於先王之書「仲虺之告」曰:
_{어 선 왕 지 서 중 훼 지 고 왈}

선왕의 책인 『상서』 「중훼지고」에서 말하였다.

"我聞有夏,
_{아 문 유 하}

"내가 듣건대 하나라의

人矯天命,
_{인 교 천 명}

어떤 사람이 천명을 가탁하여

布命于下,
_{포 명 우 하}

그 명을 아랫사람들에게 발포(發布)하였다.

帝式是惡,
_{제 식 시 오}

천제가 이에 그를 미워하여

用闕25師."
_{용 궐 사}

그의 군대를 상실하게 하였다."

---

25 궐(闕): 여기서 궐(闕)은 궐(厥)이 되어야 한다. 「비명 상」편에 의거하면 상궐(喪厥)이 되어야 한다.

此語夏王桀之執有命也,
차 어 하 왕 걸 지 집 유 명 야

이것은 하나라 왕 걸이 운명이 있다고 주장한 것을

湯與仲虺共非之.
탕 여 중 훼 공 비 지

탕왕과 중훼가 함께 비난하였음을 말한다.

先王之書「太誓」之言然曰:
선 왕 지 서 태 서 지 언 연 왈

선왕의 책인『상서』「태서」에서 말하였다.

"紂夷之居,
주 이 지 거

"주왕이 오만불손하여

而不肯事上帝,
이 불 긍 사 상 제

천제를 섬기지 않았으며,

棄闕其先神而不祀也,
기 궐 기 선 신 이 불 사 야

그의 선조들과 천지의 신령을 버려두고 제사를 지내지 않았다.

曰:
왈

그러면서

'我民有命,
아 민 유 명

'우리 백성들에게는 운명이 있으니

毋僇其務.'
무 륙 기 무

그 일에 노력해서 종사할 필요가 없다'라고 말했다.

天不亦[26]棄縱而不葆."
천 불 역 기 종 이 불 보

천제가 그를 버려두고 보호하지 않았다."

此言紂之執有命也,
차 언 주 지 집 유 명 야

이것은 주가 운명이 있다고 주장한 것을

武王以「太誓」非之.
무 왕 이 태 서 비 지

무왕이 「태서」 편으로 비난하였음을 말한다.

有[27]於三代不國[28]有之曰:
유 어 삼 대 불 국 유 지 왈

또한 삼대 백국(百國)의 책에서

---

26 불역(不亦): 내용으로 봐서 불(不) 자를 빼야 한다.「비명 상」편에도 불(不) 자가 없다. 즉, 연문이다.

27 유(有): 우(又)와 통한다.

"女毋崇天之有命也."
여 무 숭 천 지 유 명 야

"너희들은 하늘이 정해 준 운명이
있다고 맹신하지 말라"라고 하였다.

命三不國[29]亦言命之無也.
명 삼 불 국   역 언 명 지 무 야

삼대 백국의 책에서도 운명이 없다고
말하고 있는 것이다.

於召公之執令亦然,[30]
어 소 공 지 집 령 역 연

소공이 운명이 있다고 주장하는 것을
비난하는 글 역시 그러한데

且[31]:
차

다음과 같이 말하였다.

"敬哉!
경 재

"공경하라!

無天命,
무 천 명

하늘이 정해 준 운명은 없다.

惟予二人,
유 여 이 인

오로지 나와 주공(周公) 두 사람은

而無造言,
이 무 조 언

헛된 말을 만들어 내지 않는다.

不自降天之哉得之."[32]
부 자 강 천 지 재 득 지

운명은 하늘로부터 내려지는 것이
아니라 스스로 얻는 것이다."

在於商·夏之詩書曰:
재 어 상   하 지 시 서 왈

하와 상나라의 시서(詩書)에서

"命者暴王作之."
명 자 폭 왕 작 지

"운명은 포악한 임금이 지어낸
것이다"라고 하였다.

---

28 삼대불국(三代不國): 손이양은 삼대백국(三代百國)이 되어야 한다고 하였다. 『수서(隋書)』
    「이덕림전(李德林傳)」에서 『묵자』를 인용하며 "나는 『백국춘추(百國春秋)』를 보았다"라고
    하였다.

29 명삼불국(命三不國): 손이양은 금삼대백국(今三代百國)이 되어야 한다고 하였다.

30 어소공지집령역연(於召公之執令亦然): 손이양은 아마도 어소공지비집명역연(於召公之
    非執命亦然)이 되어야 할 것 같다고 하였다. 소공(召公)은 주나라 무왕의 동생으로, 이름이
    석(奭)이다. 일찍이 무왕을 도와 상나라를 멸하였다. 무왕이 죽은 후에 주공(周公) 단(旦)과
    함께 어린 나이의 성왕(成王)을 보좌하였으며, 태보(太保)에 임명되었다.

31 차(且): 왈(曰)자의 잘못이다.

32 부자강천지재득지(不自降天之哉得之): 손이양은 부자천강, 자아득지(不自天降, 自我得
    之)가 되어야 할 것 같다고 하였다.

且今天下之士君子,
차 금 천 하 지 사 군 자

지금 천하의 관리들이

將欲辯是非利害之故,
장 욕 변 시 비 리 해 지 고

옳고 그름과 이롭고 해로움의 원인을 규명하려고 한다면,

當天[33]有命者,
당 천 　 유 명 자

운명이 있다고 주장하는 사람들에 대해

不可不疾非也.
불 가 부 질 비 야

극력 비난하지 않을 수 없다.

執有命者,
집 유 명 자

운명이 있다고 주장하는 사람들은

此天下之厚害也,
차 천 하 지 후 해 야

천하의 큰 해이다.

是故子墨子非也!
시 고 자 묵 자 비 야

그래서 묵자께서 반대하시는 것이다!

---

33 천(天): 필원은 부(夫)가 되어야 한다고 하였다.

비명 하 제37편
(非命下第三十七)

子墨子言曰:
자 묵 자 언 왈

묵자께서 말씀하셨다.

"凡出言談,
범 출 언 담

"의론을 말하는 데 있어

則必[1]可而不先立儀而言.
즉 필 가 이 불 선 립 의 이 언

먼저 표준을 세워 말하지 않을 수 없다.

若不先立儀而言,
약 불 선 립 의 이 언

만약 표준을 세워 말하지 않는다면

譬之猶運鈞之上而立朝夕焉也.
비 지 유 운 균 지 상 이 립 조 석 언 야

마치 회전하는 돌림판 위에서 시간을
측정하는 것과 같다.

我以爲雖有朝夕之辯,
아 이 위 수 유 조 석 지 변

내 생각에, 비록 이르고 늦음의 분별은
있지만

必將終未可得而從定也.
필 장 종 미 가 득 이 종 정 야

결과적으로는 그것으로부터 시간을
확정할 수는 없는 것 같다.

是故言有三法.
시 고 언 유 삼 법

그러므로 의론을 말함에 있어 세 가지
표준이 있어야 한다.

何謂三法?
하 위 삼 법

그 세 가지 표준이란 무엇인가?

---

1 필(必):「비명 중」편에 의거하면 불(不)이 되어야 한다.

曰: 有考²之者,
왈 유 고 지 자

바로 본원을 탐구함이 있어야 하고

有原之者,
유 원 지 자

원인을 고찰함이 있어야 하며

有用之者.
유 용 지 자

실천에 응용함이 있어야 한다는
것이다.

惡乎考之?
오 호 고 지

어떻게 본원을 탐구해야 하는가?

考先聖大王之事.
고 선 성 대 왕 지 사

옛날 성군의 사적을 고찰해야 한다.

惡乎原之?
오 호 원 지

어떻게 원인을 고찰해야 하는가?

察衆之耳目之請³.
찰 중 지 이 목 지 청

여러 사람들이 듣고 본 실정을 살펴야
한다.

惡乎用之?
오 호 용 지

어떻게 실천에 응용해야 하는가?

發而爲政乎國,
발 이 위 정 호 국

국가의 정치에 운용하고

察萬民而觀之.
찰 만 민 이 관 지

백성들이 그것을 어떻게 보는가를
살피는 데 응용해야 한다.

此謂三法也."
차 위 삼 법 야

이것을 세 가지 표준이라고 한다."

故昔者三代聖王禹湯文武方爲政乎天下之時,
고 석 자 삼 대 성 왕 우 탕 문 무 방 위 정 호 천 하 지 시

그래서 옛날 삼대의 성군인 우왕, 탕왕,
문왕, 무왕이 천하를 다스릴 적에

曰: 必務擧孝子而勸之事親,
왈 필 무 거 효 자 이 권 지 사 친

반드시 효자를 힘써 천거하여
사람들에게 부모 섬기기를 권하고,

---

2 고(考): 「비명 상」과 「비명 중」편에는 본(本)으로 되어 있는데, 고(考)의 의미는 본(本)과 같다.

3 청(請): 정(情)과 통한다.

尊賢良之人而敎之爲善.
존 현 량 지 인 이 교 지 위 선

현명하고 훌륭한 사람을 존중하여
사람들에게 착한 일을 하도록
가르치라고 하였다.

是故出政施敎,
시 고 출 정 시 교

그러므로 정령을 발하고 교화를
시행함에 있어

賞善罰暴.
상 선 벌 포

착한 사람에게는 상을 주고 포악한
사람에게는 벌을 주었다.

且以爲若此,
차 이 위 약 차

또한 이와 같이 한다면

則天下之亂也,
즉 천 하 지 란 야

천하의 어지러움이

將屬⁴可得而治也;
장 촉 가 득 이 치 야

곧 다스려질 수 있으며,

社稷之危也,
사 직 지 위 야

사직의 위기를

將屬可得而定也.
장 촉 가 득 이 정 야

곧 안정시킬 수 있다고 여겼다.

若以爲不然,
약 이 위 불 연

만약 그렇지 않다고 여긴다면

昔桀之所亂,
석 걸 지 소 란

옛날 걸왕이 어지럽게 한 천하를

湯治之;
탕 치 지

탕왕이 다스렸으며,

紂之所亂,
주 지 소 란

주왕이 어지럽게 한 천하를

武王治之.
무 왕 치 지

무왕이 다스린 사실을 보라.

當此之時,
당 차 지 시

당시

世不渝而民不易,
세 불 투 이 민 불 역

세상도 변하지 않고 백성들도 바뀌지
않았으나

上變政而民改俗.
상 변 정 이 민 개 속

위의 군주가 정치를 변하게 하자

---

4 촉(屬): 여기서는 '때마침'의 의미로 쓰였다.

백성들도 풍속을 바꾸었다.

存乎桀紂而天下亂,
존 호 걸 주 이 천 하 란

걸왕과 주왕의 수중에 있었을 때
천하는 어지러웠으며,

存乎湯武而天下治.
존 호 탕 무 이 천 하 치

탕왕과 무왕의 수중에 있었을 때
천하는 다스려졌다.

天下之治也,
천 하 지 치 야

천하가 다스려졌던 것은

湯武之力也;
탕 무 지 력 야

탕왕과 무왕의 노력이었으며,

天下之亂也,
천 하 지 란 야

천하가 어지러워졌던 것은

桀紂之罪也.
걸 주 지 죄 야

걸왕과 주왕의 죄였다.

若以此觀之,
약 이 차 관 지

만약 이러한 관점으로부터 본다면

夫安危治亂,
부 안 위 치 란

안전함과 위태로움, 그리고 다스려짐과
어지러움은

存乎上之爲政也,
존 호 상 지 위 정 야

군주의 정치 여하에 달려 있는 것이니,

則夫豈可謂有命哉!
즉 부 기 가 위 유 명 재

어찌 운명이 있다고 말할 수 있겠는가?

故昔者禹湯文武方爲政乎天下之時,
고 석 자 우 탕 문 무 방 위 정 호 천 하 지 시

그래서 옛날 우왕, 탕왕, 문왕, 무왕이
천하를 다스릴 적에

曰: 必使飢者得食,
왈 필 사 기 자 득 사

반드시 굶주린 사람에게는 먹여 주고,

寒者得衣,
한 자 득 의

추운 사람에게는 입혀 주었으며,

勞者得息,
노 자 득 식

수고로운 사람에게는 쉬도록 해 주고,

亂者得治,
난 자 득 치

어지러운 사회는 다스려지도록
하였다고 하였으니,

遂得光譽令問[5]於天下.
수 득 광 예 령 문 어 천 하

드디어 천하의 영예와 좋은 명성을 얻게 되었다.

夫豈可以爲命[6]哉?
부 기 가 이 위 명 재

이것을 어찌 그들의 운명이라고 하겠는가?

故[7]以爲其力也!
고 이 위 기 력 야

본래 그들의 노력 때문이다!

今賢良之人,
금 현 량 지 인

지금 현명하고 훌륭한 사람은

尊賢而好功[8]道術,
존 현 이 호 공 도 술

현명한 사람을 존중하고 학문 닦는 것을 좋아한다.

故上得其王公大人之賞,
고 상 득 기 왕 공 대 인 지 상

그러므로 위로는 그 왕공대인의 상을 받으며

下得其萬民之譽,
하 득 기 만 민 지 예

아래로는 그 만백성의 칭송을 받았으니,

遂得光譽令問於天下.
수 득 광 예 령 문 어 천 하

드디어 천하의 영예와 좋은 명성을 얻게 되었다.

亦豈以爲其命哉?
역 기 이 위 기 명 재

또한 어찌 그들의 운명이라고 하겠는가?

又以爲力也!
우 이 위 력 야

그들의 노력 때문이다!

然今夫有命者,
연 금 부 유 명 자

그러나 지금 운명이 있다고 주장하는 사람들이

不識昔也三代之聖善人與,
불 식 석 야 삼 대 지 성 선 인 여

옛날 삼대의 성인과 선인들로부터

---

5   영문(令問): 여기서 문(問)은 문(聞)과 통한다. 영문(令聞)은 '좋은 명성'이라는 의미이다.

6   명(命): 뒤의 문장에 의거하면 기명(其命)이 되어야 한다.

7   고(故): 고(固)와 통한다.

8   공(功): 공(攻)과 통하는데 '다스리다'라는 뜻으로 쓰였다.

나온 것인지,

意亡昔三代之暴不肖人與?
억 무 석 삼 대 지 포 불 초 인 여

그렇지 않으면 옛날 삼대의 포악하거나 못난 사람들로부터 나온 것인지 모르겠다.

若以說觀之,
약 이 설 관 지

만약 이상의 견해로부터 본다면

則必非昔三代聖善人也,
즉 필 비 석 삼 대 성 선 인 야

반드시 옛날 삼대의 성인과 선인들로부터 나온 것이 아니고,

必暴不肖人也.
필 포 불 초 인 야

반드시 포악하거나 못난 사람들로부터 나온 것이다.

然今以命爲有者,
연 금 이 명 위 유 자

그런데 지금 운명이 있다고 여기는 자들은

昔三代暴王桀紂幽厲,
석 삼 대 폭 왕 걸 주 유 려

옛날 삼대의 폭군인 걸왕, 주왕, 유왕, 여왕 같은 사람들로,

貴爲天子,
귀 위 천 자

이들은 귀하기로는 천자가 되었으며

富有天下,
부 유 천 하

부유하기로는 천하를 차지하였다.

於此乎,
어 차 호

그들은 이러한 위치에 있으면서도

不而⁹矯其耳目之欲,
불 이 교 기 이 목 지 욕

그 귀와 눈의 음욕을 바로잡지 못하고

而從¹⁰其心意之辟,
이 종 기 심 의 지 벽

그 마음의 편벽됨을 방종(放縱)하게 하였으며,

外之毆聘田獵畢弋,
외 지 구 빙 전 렵 필 익

밖으로는 말을 몰아 사냥을 하고

內湛¹¹於酒樂,
내 담 어 주 락

안으로는 술 마시고 즐기는 일에 빠져

---

9 이(而): 능(能)과 통한다.

10 종(從): 종(縱)과 같다.

而不顧其國家百姓之政,
이 불 고 기 국 가 백 성 지 정

그 국가와 백성들의 정무를 돌보지
않았으며,

繁爲無用,
번 위 무 용

쓸데없는 일을 번다하게 하고

暴逆百姓,
포 역 백 성

백성들에게는 포악하게 하여

遂失其宗廟.
수 실 기 종 묘

마침내 그들의 나라를 잃어버리게
되었다.

其言不曰"吾罷不肖,
기 언 불 왈 오 피 불 초

그런데도 그들은 "내가 무력하고
무능하여

吾聽治不强",
오 청 치 불 강

다스리는 데 노력하지 않았다"라고는
말하지 않고

必曰"吾命固將失之".
필 왈 오 명 고 장 실 지

반드시 "나의 운명은 본래 잃어버리게
되어 있다"라고 말한다.

雖昔也三代罷不肖之民,
수 석 야 삼 대 피 불 초 지 민

옛날 삼대의 무력하고 무능한
백성들도

亦猶此也.
역 유 차 야

이와 같이 말하였다.

不能善事親戚君長,
불 능 선 사 친 척 군 장

그 부모와 임금을 잘 섬기지 못하며,

甚惡恭儉而好簡易,
심 오 공 검 이 호 간 이

공경하고 검소한 것을 대단히
싫어하고 태만하고 경솔한 짓을
좋아하며,

貪飮食而惰從事,
탐 음 식 이 타 종 사

음식을 탐하고 일을 하는 데
게을리하고,

衣食之財不足,
의 식 지 재 부 족

입고 먹을 비용이 부족하여

---

11 담(湛): 즐기다, 빠지다, 탐닉하다.

是以身有陷乎飢寒凍餒之憂.
시 이 신 유 함 호 기 한 동 뇌 지 우

스스로 굶주리고 추위에 떠는 걱정에
빠지게 되었다.

其言不曰
기 언 불 왈

그런데도 그들은

"吾罷不肖,
오 피 불 초

"내가 무력하고 무능하여

吾從事不强".
오 종 사 불 강

일을 처리하는 데 노력하지
않았다"라고는 말하지 않고

又曰"吾命固將窮".
우 왈 오 명 고 장 궁

또한 "나의 운명은 본래 가난하게 되어
있다"라고 말한다.

昔三代僞民亦猶此也.
석 삼 대 위 민 역 유 차 야

옛날 삼대의 위선적인 사람들도 이와
같이 말하였다.

昔者暴王作之,
석 자 폭 왕 작 지

옛날 폭군들이 운명론을 만들었으며

窮人術[12]之,
궁 인 술 지

가난한 사람들이 그것을
계승하였는데

此皆疑衆遅[13]樸.
차 개 의 중 지 박

이것들은 모두 여러 우매하고 순박한
사람들을 미혹시켰다.

先聖王之患之也,
선 성 왕 지 환 지 야

옛날 성군들이 이것을 걱정한 것은

固在前矣.
고 재 전 의

본래 오래전 일이었다.

是以書之竹帛,
시 이 서 지 죽 백

그래서 그 사실을 죽편과 비단에다 써
놓기도 하고

鏤之金石,
누 지 금 석

금석에다 새겨 놓기도 하며

---

12 술(術): 술(述)과 통한다. 여기서는 '잇다'라는 의미로 쓰였다.

13 지(遅): 왕인지는 우(遇) 자가 되어야 한다고 하였다. 우(遇)는 우(愚)와 같다.

琢之盤盂,
탁 지 반 우
쟁반과 사발에 새겨 놓기도 하여

傳遺後世子孫.
전 유 후 세 자 손
후세 자손들에게 전해 주었다.

曰: 何書焉[14]存?
왈 하 서 언 존
어느 책에 그것이 있는가?

禹之『總德』[15]有之曰:
우 지 총 덕 유 지 왈
우왕의 『총덕』에 있는데 다음과 같이 말하였다.

"允[16]不著[17],
윤 부 저
"진실로 따르지 않는다면

惟天民不而葆,
유 천 민 불 이 보
하늘과 백성들은 그를 보호할 수 없다.

旣防[18]凶心,
기 방 흉 심
이미 방종하고 흉악한 마음이면

天加之咎,
천 가 지 구
하늘은 그에게 징벌을 줄 것이며,

不愼厥德,
불 신 궐 덕
그의 덕행을 신중히 하지 않는다면

天命焉葆?"
천 명 언 보
천명이 어떻게 보호할 수 있겠는가?"

「仲虺之告」曰:
증 훼 지 고 왈
『상서』「중훼지고」에서 다음과 같이 말하였다.

"我聞有夏,
아 문 유 하
"내가 듣건대 하나라의

人矯天命,
인 교 천 명
어떤 사람이 천명을 가탁하여

于下,
우 하
그 명을 아랫사람들에게 발포하였다.

帝式是增[19],
제 식 시 증
천제가 이에 그를 미워하여

---

14 언(焉): 어(於)와 같은 뜻으로 쓰였다.

15 총덕(總德): 옛날 일서(逸書)로, 고증할 수 없다.

16 윤(允): 진실로.

17 저(著): 손이양은 아마도 약(若) 자의 잘못인 것 같다고 하였다. 여기서 약(若)은 '따르다'라는 의미이다.

18 방(防): 방(放)과 통한다. 여기서는 방종(放縱)의 뜻으로 쓰였다.

19 증(增): 증(憎)과 통한다.

用爽²⁰厥師.”

용 상 궐 사

그의 군대를 상실하게 하였다.”

彼用無爲有,

피 용 무 위 유

그가 없는 것을 꾸며내었으므로

故謂矯.

고 위 교

가탁이라고 하였다.

若有而謂有,

약 유 이 위 유

만약 있는 것을 있다고 하였다면

夫豈爲矯哉!

부 기 위 교 재

어찌 가탁이라고 하겠는가!

昔者,

석 자

옛날

桀執有命而行,

걸 집 유 명 이 행

걸왕이 운명이 있다고 주장하면서 행동하여

湯爲「仲虺之告」以非之.

탕 위 중 훼 지 고 이 비 지

탕왕이 「중훼지고」 편을 지어 그를 비난하였다.

「太誓」之言也,

태 서 지 언 야

『상서』 「태서」에서

於去發²¹曰:

어 거 발 왈

태자 발(發)이 말하였다.

“惡乎²²君子!

오 호 군 자

“아, 군자여!

天有²³顯德,

천 유 현 덕

하늘은 밝은 덕이 있는 사람을 도우니,

其行甚章,

기 행 심 장

그 행동은 매우 분명하다.

爲鑑不遠,

위 감 불 원

그 거울로 삼을 수 있는 것은 멀리 있지 않으니

---

20 상(爽):「비명 상」편에 의거하면 상(喪)이 되어야 한다.

21 거발(去發): 유월은 태자발(太子發)의 잘못이라고 하였다. '발(發)'은 주나라 무왕(武王)의 이름이다. 「태서」가 무왕이 주왕(紂王)을 정벌할 때의 맹서의 글이기 때문에 여기서 '태자발'은 무왕 자신을 가리키는 말이다.

22 오호(惡乎): 감탄사로, 오호(嗚呼)와 같다.

23 유(有): 여기서는 우(右)와 같은데 '돕다'라는 뜻으로 쓰였다.

在彼殷王.
재 피 은 왕

바로 저 은나라의 주왕(紂王)에게 있다.

謂人有命,
위 인 유 명

그는 사람에게 운명이 있다고 하고,

謂敬不可行,
위 경 불 가 행

공경스러운 행동은 필요 없다고
하였으며,

謂祭無益,
위 제 무 익

제사는 무익하다고 하고,

謂暴無傷,
위 포 무 상

포악한 행동을 해도 해가 없다고
하였다.

上帝不常,
상 제 불 상

천제가 좋아하지 않으니

九有以亡,
구 유 이 망

나라는 그 때문에 망하였다.

上帝不順[24],
상 제 불 순

천제가 마음에 들어 하지 않아

祝[25]降其喪,
축 강 기 상

그에게 생명을 끊는 벌을 내렸다.

惟我有周,
유 아 유 주

오직 우리 주나라가

受之大帝[26]"
수 지 대 제

상나라를 물려받았다."

昔紂執有命而行,
석 주 집 유 명 이 행

옛날 주왕이 운명이 있다고
주장하면서 행동하여

武王爲「太誓」,
무 왕 위 태 서

무왕이 「태서」 편을 지어

去發以非之.
거 발 이 비 지

자신의 이름으로 그를 비난하였다.

曰: 子胡不尙[27]考之乎商周虞夏之記,
왈   자 호 불 상   고 지 호 상 주 우 하 지 기

그대는 어째서 앞 시대인

---

24 상제불순(上帝不順): 앞의 상제불상(上帝不常)부터 이 구절까지는 「비악 상」편에 보인다.
25 축(祝): 여기서는 '끊다'라는 의미로 쓰였다.
26 대제(大帝): 대상(大商)이 되어야 하는데, '상나라'를 가리킨다.
27 상(尙): 상(上)과 통한다. 바로 다음 구절의 상(尙)도 마찬가지이다.

우(虞)·하(夏)와 상(商)·주(周) 때의
기록을 고찰하지 않는가?

從十簡之篇以尚,
<small>종 십 간 지 편 이 상</small>

여러 편장의 글로부터 보면

皆無之[28],
<small>개 무 지</small>

모두 운명론의 주장이 없는데

將何若者也?
<small>장 하 약 자 야</small>

그것을 어떻게 설명할 것인가?

是故子墨子曰:
<small>시 고 자 묵 자 왈</small>

그러므로 묵자께서 말씀하셨다.

"今天下之君子之爲文學出言談也,
<small>금 천 하 지 군 자 지 위 문 학 출 언 담 야</small>

"지금 천하의 군자들이 문장을 짓고
의론을 말하는 것은

非將勤勞其惟舌[29],
<small>비 장 근 로 기 유 설</small>

그들의 목구멍과 혀를 수고롭게 하고

而利其唇呡[30]也,
<small>이 리 기 순 문 야</small>

그들의 입술을 날카롭게 하는 것이
아니라

中實將欲[31]其國家邑里萬民刑政者也.
<small>중 실 장 욕 기 국 가 읍 리 만 민 형 정 자 야</small>

내심 진실로 그들의 나라와 고을과
모든 백성들을 위해 형법과 정무를
다스리고자 하는 것이다.

今也王公大人之所以蚤朝晏退,
<small>금 야 왕 공 대 인 지 소 이 조 조 안 퇴</small>

지금 또한 왕공대인들이 아침에
조정에 나가고 저녁에 물러나면서

---

28 지(之): 운명론을 가리킨다.
29 유설(惟舌): 왕념손은 후설(喉舌)이 되어야 한다고 했다.
30 순문(唇呡): 문(呡)은 문(吻)과 같다. 순문(唇吻)은 '입술'이라는 뜻이다.
31 욕(欲): 손이양은 욕(欲) 자 다음에 위(爲) 자가 빠졌다고 하였다.

聽獄治政,
청옥치정

죄를 다스리고 정무를 처리하며

終朝均分,
종조균분

하루 종일 직분을 다하는 데에

而不敢怠倦者,
이 불 감 태 권 자

감히 태만히 하지 않는 것은

何也?
하 야

무엇 때문인가?

曰: 彼以爲强必治,
왈   피이위강필치

그것은 그들이 부지런하면 반드시
다스려지고

不强必亂;
불 강 필 란

부지런하지 않으면 반드시
어지러워지며,

强必寧,
강 필 령

부지런하면 반드시 편안해지고

不强必危,
불 강 필 위

부지런하지 않으면 반드시
위태로워지기에

故不敢怠倦.
고 불 감 태 권

감히 태만히 할 수 없다고 여기기
때문이다.

今也卿大夫之所以竭股肱之力,
금 야 경 대 부 지 소 이 갈 고 굉 지 력

지금 또한 경대부들이 체력을 다하고

殫其思慮之知,
탄 기 사 려 지 지

생각의 슬기로움을 다하여

內治官府,
내 치 관 부

안으로는 관부를 다스리고

外斂關市·山林·澤梁之利,
외 렴 관 시   산 림   택 량 지 리

밖으로는 관문이나 시장이나 산림이나
못에 설치한 어량에서 나오는 이익을
거둬들여

以實官府,
이 실 관 부

관부의 창고를 채우는 데에

而不敢怠倦者,
이 불 감 태 권 자

감히 태만히 하지 않는 것은

何也?
하 야

무엇 때문인가?

曰: 彼以爲强必貴,
왈 피 이 위 강 필 귀

그것은 그들이 부지런하면 반드시
귀하게 되고

不强必賤;
불 강 필 천

부지런하지 않으면 반드시 천하게
되며,

强必榮,
강 필 영

부지런하면 반드시 영화롭게 되고

不强必辱,
불 강 필 욕

부지런하지 않으면 반드시 욕되게
되기에

故不敢怠倦.
고 불 감 태 권

감히 태만히 할 수 없다고 여기기
때문이다.

今也農夫之所以蚤出暮入,
금 아 농 부 지 소 이 조 출 모 입

지금 또한 농부들이 아침에 나가
저녁에 들어오면서

强乎耕稼樹藝,
강 호 경 가 수 예

부지런히 농사를 지어

多聚菽粟,
다 취 숙 속

양식을 많이 모으는 데에

而不敢怠倦者,
이 불 감 태 권 자

감히 태만히 하지 않는 것은

何也?
하 야

무엇 때문인가?

曰: 彼以爲强必富,
왈 피 이 위 강 필 부

그것은 그들이 부지런하면 반드시
부유하게 되고

不强必貧;
불 강 필 빈

부지런하지 않으면 반드시 가난하게
되며,

强必飽,
강 필 포

부지런하면 반드시 배불리 먹고

不强必飢,
불 강 필 기

부지런하지 않으면 반드시 굶주리기에

故不敢怠倦.
고 불 감 태 권

감히 태만히 할 수 없다고 여기기
때문이다.

今也婦人之所以夙興夜寐,
금 야 부 인 지 소 이 숙 흥 야 매

지금 또한 부녀들이 일찍 일어나고
밤늦게 자면서

强乎紡績織紝,
강 호 방 적 직 임

부지런히 실을 뽑고 베를 짜

多治麻絲³²葛緒,
다 치 마 류   갈 서

삼이나 명주실이나 칡이나 모시풀을
손질하여

捆³³布縿,
곤   포 소

베나 명주를 많이 짜는 데에

而不敢怠倦者,
이 불 감 태 권 자

감히 태만히 하지 않는 것은

何也?
하 야

무엇 때문인가?

曰: 彼以爲强必富,
왈   피 이 위 강 필 부

그것은 그들이 부지런하면 반드시
부유하게 되고

不强必貧;
불 강 필 빈

부지런하지 않으면 반드시 가난하게
되며,

强必煖,
강 필 난

부지런하면 반드시 따뜻하게 지내게
되고

不强必寒,
불 강 필 한

부지런하지 않으면 반드시 춥게 지내게
되기에

故不敢怠倦.
고 불 감 태 권

감히 태만히 할 수 없다고 여기기
때문이다.

---

32 유(統): 왕념손은 사(絲)가 되어야 한다고 했다.
33 곤(捆): 곤(捆)은 곤(綑)과 통하며, 직(織)의 뜻이다.

今雖毋在乎王公大人,
금 수 무 재 호 왕 공 대 인

萛若[34]信有命而致行之,
궤 약 신 유 명 이 치 행 지

지금 왕공대인들이

만약 운명이 있다고 믿고서 행동을
하게 된다면

則必怠乎聽獄治政矣,
즉 필 태 호 청 옥 치 정 의

반드시 죄를 다스리고 정무를
처리하는 데에 태만히 할 것이고,

卿大夫必怠乎治官府矣,
경 대 부 필 태 호 치 관 부 의

경대부들은 반드시 관부를 다스리는
데에 태만히 할 것이며,

農夫必怠乎耕稼樹藝矣,
농 부 필 태 호 경 가 수 예 의

농부들은 반드시 농사를 짓는 데에
태만히 할 것이고,

婦人必怠乎紡績織絍矣.
부 인 필 태 호 방 적 직 임 의

부인들은 반드시 실을 뽑고 베를 짜는
데에 태만히 할 것이다.

王公大人怠乎聽獄治政,
왕 공 대 인 태 호 청 옥 치 정

왕공대인들이 죄를 다스리고 정무를
처리하는 데에 태만히 하고

卿大夫怠乎治官府,
경 대 부 태 호 치 관 부

경대부들이 관부를 다스리는 데에
태만히 한다면,

則我以爲天下必亂矣.
즉 아 이 위 천 하 필 란 의

내 생각에 천하는 반드시 어지러워질
것이다.

農夫怠乎耕稼樹藝,
농 부 태 호 경 가 수 예

농부들이 농사짓는 데에 태만히 하고

婦人怠乎紡績織絍,
부 인 태 호 방 적 직 임

부녀들이 실을 뽑고 베를 짜는 데에
태만히 한다면,

則我以爲天下衣食之財將必不足矣.
즉 아 이 위 천 하 의 식 지 재 장 필 부 족 의

내 생각에 천하의 입고 먹는 비용은

---

34 궤약(萛若): 유월은 궤(萛) 자는 자(藉) 자의 잘못이라고 하였다. 자약(藉若)은 '만약'이라는
뜻이다.

반드시 부족하게 될 것이다.

若以爲政乎天下,
약 이 위 정 호 천 하

만약에 이렇게 천하에다 정치를
한다면,

上以事天鬼,
상 이 사 천 귀

위로 하늘과 귀신을 섬기더라도

天鬼不使[35];
천 귀 불 사

하늘과 귀신은 따르지 않으며,

下以持養百姓,
하 이 지 양 백 성

아래로 백성들을 부양(扶養)하더라도

百姓不利,
백 성 불 리

백성들은 이익이 되지 않는다고 여겨

必離散不可得用也.
필 리 산 불 가 득 용 야

반드시 흩어지게 되니, 그들을 활용할
수 없게 될 것이다.

是以入守則不固,
시 이 입 수 즉 불 고

이 때문에 물러나서 수비를 하더라도
견고하지 못하고

出誅[36]則不勝.
출 주 즉 불 승

나아가 공격을 하더라도 이기지
못하게 될 것이다.

故雖[37]昔者三代暴王桀紂幽厲之所以共抎[38]其國家,
고 수 석 자 삼 대 폭 왕 걸 주 유 려 지 소 이 공 운 기 국 가

그래서 옛날 삼대의 폭군인 걸왕, 주왕,
유왕, 여왕이 그들의 나라를
잃어버리고

傾覆其社稷者,
경 복 기 사 직 자

그들의 사직이 무너지게 된 까닭은

此也."
차 야

바로 이 때문이다."

---

35 사(使): 종(從)이 되어야 한다.
36 주(誅): 주벌(誅伐), 즉 '공격'을 가리킨다.
37 수(雖): 여기서는 어조사로 쓰였다.
38 공운(共抎): 공(共)은 실(失)이 되어야 한다. 운(抎)은 '잃다'라는 의미이다. 그래서 실운(失抎)
은 '잃다'라는 뜻이 된다.

是故子墨子言曰:
시 고 자 묵 자 언 왈

그러므로 묵자께서 말씀하셨다.

"今天下之士君子,
금 천 하 지 사 군 자

"지금 천하의 관리들이

中實將欲求興天下之利,
중 실 장 욕 구 흥 천 하 지 리

내심 진실로 천하의 이익을 일으키고

除天下之害,
제 천 하 지 해

천하의 해를 제거하려고 한다면,

當若有命者之言,
당 약 유 명 자 지 언

마땅히 운명이 있다고 주장하는
자들의 말은

不可不強非也.
불 가 불 강 비 야

강하게 반대하지 않으면 안 될 것이다.

曰: 命者,
왈 명 자

운명은

暴王所作,
폭 왕 소 작

폭군들이 만든 것이며

窮人所術,
궁 인 소 술

궁한 사람들이 얘기한 것이지

非仁者之言也.
비 인 자 지 언 야

어진 사람들의 말이 아니다.

今之爲仁義者,
금 지 위 인 의 자

지금 인의를 행하는 사람들이

將不可不察而強非者,
장 불 가 불 찰 이 강 비 자

살펴서 강하게 반대하지 않으면 안
되는 까닭은

此也."
차 야

바로 이 때문이다."

비유 상 제38편 결편

(非儒上第三十八闕)

비유 하 제39편
(非儒下第三十九)

儒者曰:
유 자 왈

유가들은

"親親有術[1],
친 친 유 술

"친척을 사랑하는 데도 차등이 있고

尊賢有等."
존 현 유 등

현명한 사람을 존중하는 데도 등급이
있다"라고 말한다.

言親疏尊卑之異也.
언 친 소 존 비 지 이 야

그것은 친하고 먼 사람과 높고 낮은
사람의 다름을 말하는 것이다.

其禮曰:
기 례 왈

그들의 상례(喪禮)에는

"喪父母三年,
상 부 모 삼 년

"부모가 죽으면 삼 년,

妻·後子[2]三年,
처 후 자 삼 년

처와 적자(嫡子)가 죽으면 삼 년,

伯父·叔父·弟兄·庶子其[3],
백 부 숙 부 제 형 서 자 기

백부·숙부·형제·서자가 죽으면 일 년,

戚族人五月."
척 족 인 오 월

친척과 일가들이 죽으면 오 개월 동안
상(喪)을 입어야 한다"라고 되어 있다.

---

1 술(術): 『중용(中庸)』에서는 친친유살(親親有殺)이라고 하였는데, 왕인지는 술(術)과 살(殺)
   은 통하며 '체감(遞減)', '차등(差等)'의 의미가 있다고 여겼다.
2 후자(後子): 뒤를 이을 아들, 즉 '적자'를 가리킨다.
3 기(其): 기(期)와 통하는데, 기년(期年)으로 '1년'을 일컫는다.

若以親疏爲歲月之數,
약 이 친 소 위 세 월 지 수

만약 친하고 먼 관계로써 상을 입는
기간을 정하면

則親者多而疏者少矣,
즉 친 자 다 이 소 자 소 의

친한 사람에게는 기간을 길게 하고 먼
사람에게는 기간을 짧게 할 것이다.

是妻·後子與父同也.
시 처 후 자 여 부 동 야

그러나 여기서는 아내와 적자의 복상
기간을 부모와 같이 하였다.

若以尊卑爲歲月數,
약 이 존 비 위 세 월 수

만약 높고 낮은 관계로써 기간을
정하면

則是尊其妻子與父母同,
즉 시 존 기 처 자 여 부 모 동

그들은 아내와 아들을 부모와 같이
높이면서

而親⁴伯父·宗兄⁵而⁶卑子⁷也,
이 친 백 부 종 형 이 비 자 야

백부와 종족 내의 형들은 서자와 같이
보았으니

逆孰大焉!
역 숙 대 언

상리(常理)를 위배함이 이보다
크겠는가!

其親⁸死,
기 친 사

그들의 부모가 죽으면

列尸弗斂,
열 시 불 렴

시체를 염하지도 않고 그냥 놔두고

登堂⁹窺井¹⁰,
등 당 규 정

지붕에 오르기도 하고 우물을
들여다보기도 하며,

---

4 친(親): 왕념손은 시(視) 자의 잘못이라고 여겼다.
5 종형(宗兄): 종족(宗族) 내의 형.
6 이(而): 여(如)와 같다.
7 비자(卑子): 서자(庶子).
8 친(親): 여기서는 '부모'를 가리킨다.
9 등당(登堂): 지붕에 올라가 옷을 흔들며 영혼을 부르는 것.
10 규정(窺井): 규정(窺井)과 그다음의 '도서혈(挑鼠穴)', '탐척기(探滌器)'는 모두 '초혼(招魂)'
   의 동작이다. 손이양은 이 세 가지 모두 옛 상례(喪禮)에는 없는 것으로, 유가를 비난하는 묵자
   의 말이라고 하였다.

挑鼠穴,
<small>도 서 혈</small>

쥐구멍을 쑤시기도 하고

探滌器[11],
<small>탐 척 기</small>

대야를 찾기도 하면서

而求其人矣.
<small>이 구 기 인 의</small>

그 사람을 찾았다.

以爲實在則贛[12]愚甚矣;
<small>이 위 실 재 즉 당   우 심 의</small>

사람이 죽은 후 정말로 이러한 곳에
존재한다고 여긴다면 어리석기가
심하다고 하겠다.

如[13]其亡也必求焉,
<small>여   기 망 야 필 구 언</small>

이미 죽은 것을 알고도 반드시
찾아보는 짓은

僞亦大矣!
<small>위 역 대 의</small>

그 거짓됨이 또한 얼마나 큰가!

取[14]妻,
<small>취   처</small>

장가를 갈 때에는

身迎,
<small>신 영</small>

친히 신부를 맞이하러 가는데,

祗襜[15]爲僕,
<small>지 단   위 복</small>

검은색 옷을 입고 마치 노복과 같이
하여

秉轡[16]授綏[17],
<small>병 비   수 수</small>

말고삐를 잡고 수레의 손잡이를
신부에게 건네주며

---

11 척기(滌器): 손이나 얼굴을 씻는 대야 같은 그릇.

12 당(贛): 당(戇)과 통하는데 '어리석다'라는 의미이다.

13 여(如): 왕인지는 지(知)가 되어야 한다고 하였다.

14 취(取): 취(娶)와 통한다.

15 지단(祗襜): 치이(緇袘)로, '옷의 검은 테두리'를 가리키는데, 여기서는 '검은색 옷을 입은 것'을 말한다.

16 병비(秉轡): 비(轡)는 '수레를 끄는 말고삐'를 가리킨다. 병비(秉轡)는 '신랑이 친히 수레를 끌고 신부를 맞이하러 가는 것'을 일컫는다.

17 수수(授綏): 수(綏)는 '수레 탈 때 잡는 손잡이'를 가리킨다. 수수(授綏)는 '손잡이를 신부에게 건네주는 것'을 일컫는다.

如仰嚴親[18],
여 앙 엄 친
　　마치 부모 대하듯 공손히 한다.

昏[19]禮威儀,
혼 　례 위 의
　　혼례의 위엄 있는 의식은

如承祭祀.
여 승 제 사
　　마치 제사를 모시는 것과 같다.

顛覆上下,
전 복 상 하
　　위아래 관계가 전도(顚倒)되고,

悖逆父母,
패 역 부 모
　　부모를 거스르며,

下[20]則[21]妻子,
하 　즉 　처 자
　　부모를 아내와 자식과 같은 지위로
　　내리고

妻子上侵,
처 자 상 침
　　아내와 자식의 지위를 올려 부모의
　　지위를 침해하니,

事親若此,
사 친 약 차
　　부모를 섬김이 이와 같은데

可謂孝乎?
가 위 효 호
　　효라고 할 수 있겠는가?

儒者[22]:
유 자
　　유가들은 말한다.

"迎妻,
　영 처
　　"아내를 맞이하는 것은

妻之奉祭祀,
처 지 봉 제 사
　　아내와 함께 제사를 모시려고 하는
　　것이며,

子將守宗廟,
자 장 수 종 묘
　　아들을 낳는 것은 종묘를 지키게
　　하려고 하는 것이다.

故重之."
고 중 지
　　그러므로 아내를 맞이하는 예의가

18　엄친(嚴親): '아버지'를 일컫는데, 여기서는 '부모'를 가리킨다.

19　혼(昏): 혼(婚)과 통한다.

20　하(下): 여기서는 '내려오다'라는 의미로 쓰였다. 손이양은 바로 앞의 부모(父母) 두 자로 인해
　　하(下) 자 앞의 부모(父母) 두 자가 탈락되었다고 하였다.

21　즉(則): 즉(卽)과 통하는데 '나아가다'라는 뜻이다.

22　유자(儒者): 유자왈(儒者曰)이 되어야 한다.

중요하다."

應之曰:
응 지 왈

그것에 대해 답하겠다.

"此誣言也,
차 무 언 야

"이것은 허튼 소리이다.

其宗兄守其先宗廟數十年,
기 종 형 수 기 선 종 묘 수 십 년

그의 종족 내의 형들은 그의 선조의 종묘를 수십 년이나 지켰는데도

死喪之其[23],
사 상 지 기

죽으면 1년의 상을 입는다.

兄弟之妻,
형 제 지 처

형제의 아내는

奉其先之祭祀弗散[24],
봉 기 선 지 제 사 불 산

그의 선조의 제사를 모셨는데도 상을 입지 않는다.

則喪妻子三年,
즉 상 처 자 삼 년

아내와 아들(적자)이 죽으면 3년의 상을 입는데,

必非以守奉祭祀也.
필 비 이 수 봉 제 사 야

이것은 반드시 그들이 종묘를 지키고 제사를 모셨기 때문이 아니다.

夫憂[25]妻子以[26]大負絫[27],
부 우 처 자 이 대 부 루

아내와 아들을 우대하는 것이 이미 큰 잘못인데도

有[28]曰'所以重親也',
유 왈 소 이 중 친 야

'부모를 중시하기 때문이다'라고 한다.

爲欲厚所至私,
위 욕 후 소 지 사

이것은 지극히 사사로운 사람을 우대하려고

---

23 기(其): 기(期)와 통한다.

24 산(散): 복(服)이 되어야 한다.

25 우(憂): 옛 우(優) 자이다.

26 이(以): 이(已)와 통한다.

27 부루(負絫): 여기서 누(絫)는 누(累)와 통한다. 부루(負累)는 '잘못'이라는 뜻으로 쓰였다.

28 유(有): 우(又)와 통한다.

輕所至重,
경소지중

지극히 중요한 사람을 경시하는
것이니,

豈非大姦也哉!"
기비대간야재

어찌 매우 간사한 행위가
아니겠는가?"

有²⁹强執有命以說議曰:
유 강집유명이설의왈

또한 완고하게 운명이 있다고
주장하는 의론은 이렇게 말한다.

"壽夭貧富,
수요빈부

"장수와 단명, 빈곤과 부귀,

安危治亂,
안위치란

안전과 위험, 다스려짐과 어지러움은

固有天命,
고유천명

본래 천명에 달려 있어

不可損益.
불가손익

줄이거나 늘일 수 없다.

窮達賞罰幸否³⁰有極³¹,
궁달상벌행비 유극

궁색과 통달, 상과 벌, 행복과 불행은
이미 정해져 있어

人之知³²力,
인지지 력

사람의 지혜나 힘으로는

不能爲焉."
불능위언

바꿀 수가 없다."

群吏信之,
군리신지

많은 관리가 이것을 믿게 되면

則怠於分職;
즉태어분직

자신의 직분에 태만해질 것이며,

庶人信之,
서인신지

서민들이 이것을 믿으면

則怠於從事.
즉태어종사

자신이 하는 일에 태만해질 것이다.

---

29 유(有): 우(又)와 통한다.
30 비(否): 운수가 막힘, 불행.
31 극(極): 여기서는 '운명이 정한 수(數)', 즉 '정수(定數)'를 가리킨다.
32 지(知): 지(智)와 통한다.

吏不治則亂,
이 불 치 즉 란

관리들이 부지런히 다스리지 않으면
어지러워질 것이며,

農事緩則貧,
농 사 완 즉 빈

서민들이 농사에 부지런하지 않으면
가난해질 것이다.

貧且亂政之本,[33]
빈 차 란 정 지 본

가난해지고 어지러워지는 것은 정치의
근본을 위배하는 것이다.

而儒者以爲道[34]敎,
이 유 자 이 위 도 교

그런데도 유가들은 그것을 주장하고
가르치고 있으니

是賊天下之人者也.
시 적 천 하 지 인 자 야

이는 천하 사람들을 해치는 것이다.

且夫繁飾禮樂以淫[35]人,
차 부 번 식 례 악 이 음 인

또한 번거로운 예악으로 사람들을
미혹하고

久喪僞哀以謾[36]親,
구 상 위 애 이 만 친

오래도록 상을 입고 거짓으로
슬퍼하는 것으로 부모를 속인다.

立命緩貧[37]而高浩居[38],
입 명 완 빈 이 고 호 거

운명론을 만들어 가난을 즐기고
거만하게 행동하며

倍[39]本棄事而安怠傲,
배 본 기 사 이 안 태 오

근본을 위배하고 할 일을 폐기하고서
태만함과 거만함을 즐긴다.

---

33 빈차란정지본(貧且亂政之本): 손이양은 빈차란, 배정지본(貧且亂, 倍政之本)이 되어야 한
   다고 하였다. 여기서 배(倍)는 배(背)와 통한다.
34 도(道): 여기서는 '주장하다'라는 뜻으로 쓰였다.
35 음(淫): 여기서는 '미혹하다'라는 의미로 쓰였다.
36 만(謾): 속이다.
37 완빈(緩貧): 가난을 즐기다.
38 호거(浩居): 필원은 오거(傲倨)와 같다고 하였는데, '거만하다'라는 의미이다.
39 배(倍): 배(背)와 통한다.

貪於飮食,

탐 어 음 식

먹고 마시기를 탐하며

惰於作務,

타 어 작 무

일하는 것을 게을리하여,

陷於飢寒,

함 어 기 한

굶주림과 추위에 시달려

危於凍餒,

위 어 동 뇌

얼어 죽거나 굶어 죽을 위험에 처해
있으면서도

無以違⁴⁰之.

무 이 위 　지

그것을 피할 수가 없다.

是若人氣⁴¹,

시 약 인 기

이러한 사람들은 마치 거지와 같아,

鼸鼠⁴²藏,

혐 서 　장

두더지처럼 음식을 저장하고,

而羝羊⁴³視,

이 저 양 　시

숫양처럼 음식을 쳐다보며

豶彘⁴⁴起.

분 체 　기

불을 깐 돼지처럼 음식을 보고
뛰쳐나온다.

君子笑之.

군 자 소 지

군자들이 그들을 비웃으면

怒曰:

노 왈

그들은 화를 내면서

"散人⁴⁵焉知良儒!"

산 인 　언 지 량 유

"평범하고 무지한 사람들이 어찌
훌륭한 유생을 알겠는가?"라고
말한다.

夫夏乞麥禾,

부 하 걸 맥 화

여름에는 보리나 벼를 구걸하다가

---

40 위(違): 피하다.

41 인기(人氣): 손이양은 걸인(乞人)이 되어야 한다고 하였다.

42 혐서(鼸鼠): 두더지.

43 저양(羝羊): 숫양.

44 분체(豶彘): 분(豶)은 분(豬)이 생략된 형태로, '불을 깐 돼지'를 가리킨다. 체(彘)는 '돼지'를 가
리킨다.

45 산인(散人): 평범하고 무지한 사람.

五穀旣收,
오 곡 기 수

추수가 끝나면

大喪是隨,
대 상 시 수

부잣집의 큰 상사(喪事)를 따라다니며
그것을 치러 주는데,

子姓[46]皆從,
자 성 개 종

자손들이 모두 따라가

得厭[47]飮食,
득 염 음 식

음식을 배불리 먹는다.

畢治數喪,
필 치 수 상

몇 집의 상사를 치르고 나면

足以至矣.
족 이 지 의

충분히 살아갈 수가 있다.

因人之家翠以爲,[48]
인 인 지 가 취 이 위

다른 사람의 집으로 인해 자신을
살찌우고

恃人之野以爲尊.
시 인 지 야 이 위 존

다른 사람의 전야(田野)의 수입에
의지하여 자신을 존귀하게 한다.

富人有喪,
부 인 유 상

부잣집에 상사가 나면

乃大說,
내 대 열

곧 크게 기뻐하면서

喜曰:
희 왈

말한다.

"此衣食之端也."
차 의 식 지 단 야

"이것이 바로 입고 먹는 것의
근원이다."

儒者曰:
유 자 왈

유가들은

---

46 자성(子姓): '같은 성의 사람들', 즉 '자손'을 가리킨다.

47 염(厭): 염(壓)과 같은데 '포식하다'라는 의미이다.

48 인인지가취이위(因人之家翠以爲): 손이양은 다음 구절과 비교하여 인인지가이위취(因人之家以爲翠)가 되어야 한다고 하였다. 여기서 취(翠)는 취(膬)의 생략된 형태로, '살찌다'라는 의미이다.

"君子必服古言⁴⁹然後仁."
군자필복고언 연후인

"군자는 반드시 옛날의 말을 하고 옛날의 옷을 입어야 어진 것이다"라고 말한다.

應之曰:
응지왈

그것에 대해 답하겠다.

"所謂古之言服者,
소위고지언복자

"이른바 옛날의 말과 옷이라는 것은

皆嘗新矣.
개상신의

모두 이전에 새로운 것이었다.

而古人言之,
이고인언지

옛사람들이 그것을 말하고

服之,
복지

그것을 입었다면

則非君子也.
즉비군자야

군자가 아니었을 것이다.

然則必服非君子之服,
연즉필복비군자지복

그렇다면 반드시 군자의 옷이 아닌 것을 입고

言非君子之言,
언비군자지언

군자의 말이 아닌 것을 말해야만

而後仁乎?"
이후인호

어질다고 하겠는가?"

又曰:
우왈

또

"君子循而不作."
군자순이부작

"군자는 옛사람을 따르기만 하지 새것을 만들지는 않는다"라고 말한다.

應之曰:
응지왈

그것에 대해 답하겠다.

"古者羿⁵⁰作弓,
고자예 작궁

"옛날 예는 활을 만들었고,

---

49 복고언(服古言): 왕념손은 「공맹」 편의 필고언복연후인(必古言服然後仁) 구절에 의거하여 고언복(古言服)이 되어야 한다고 하였다.

50 예(羿): 하대(夏代) 동이족(東夷族)의 수령(首領)으로, 활을 발명하고 또 활을 잘 쏘았다고 전한다.

仔⁵¹作甲,
여 작갑

여는 갑옷을 만들었으며,

奚仲⁵²作車,
해 중 작거

해중은 수레를 만들었고,

巧垂⁵³作舟,
교 수 작주

교수는 배를 만들었다.

然則今之鮑⁵⁴函⁵⁵車匠皆君子也,
연 즉 금 지 포 함 거 장 개 군 자 야

그렇다면 지금의 피혁 장인, 갑옷 장인,
수레 장인들은 모두 군자이며,

而羿·仔·奚仲·巧垂皆小人邪?
이 예 여 해 중 교 수 개 소 인 야

예와 여와 해중과 교수는 모두
소인이란 말인가?

且其所循人必或作之,
차 기 소 순 인 필 혹 작 지

또한 그들이 따르는 것은 반드시 어떤
사람이 만든 것이니,

然則其所循皆小人道也?"
연 즉 기 소 순 개 소 인 도 야

그렇다면 그들이 따르는 것은 모두
소인의 도란 말인가?"

又曰:
우 왈

또

"君子勝不逐奔,
군 자 승 불 축 분

"군자는 싸움에서 이기면 도망가는
적을 쫓지 않고,

揜函⁵⁶弗射,
엄 함 불 사

감히 대항하지 못하는 적에게는 활을
쏘지 않으며,

---

51 여(仔): 하(夏)나라 소강(少康)의 아들 계저(季杼)로, 갑옷을 발명했다고 전한다.
52 해중(奚仲): 하나라 사람으로, 수레를 발명했다고 전한다.
53 교수(巧垂): '공수(工倕)'라고도 하는데, 요(堯)임금 때의 뛰어난 장인(匠人)으로, 배를 발명했다고 전한다.
54 포(鮑): 포(鞄)와 통하는데 '피혁 장인'을 가리킨다.
55 함(函): 갑옷 장인.

施則助之胥車⁵⁷."
시 즉 조 지 서 거

적이 패하여 도망갈 때 그들을 도와 무거운 수레를 끌어 준다"라고 말한다.

應之曰:
응 지 왈

그것에 대해 답하겠다.

"若皆仁人也,
약 개 인 인 야

"만약 모두 어진 사람들이라면

則無說而相與⁵⁸.
즉 무 설 이 상 여

서로 적대할 이유가 없다.

仁人以其取舍是非之理相告,
인 인 이 기 취 사 시 비 지 리 상 고

어진 사람들은 자신들의 취사 시비의 도리를 서로 알려 줌으로써

無故從有故也,
무 고 종 유 고 야

이유가 없는 사람은 이유가 있는 사람을 따르고

弗知從有知也,
불 지 종 유 지 야

모르는 사람은 아는 사람을 따르며

無辭必服,
무 사 필 복

도리를 말할 수 없는 사람은 반드시 복종당하며

見善必遷,
견 선 필 천

선한 것을 보면 반드시 그쪽으로 옮아가니,

何故相⁵⁹?
하 고 상

무슨 까닭으로 서로 적대하겠는가?

若兩暴交爭,
약 량 포 교 쟁

만약 포악한 두 사람이 서로 다투는데,

其勝者欲不逐奔,
기 승 자 욕 불 축 분

그중 이긴 자가 도망가는 상대방을 쫓지 않고

---

56 엄함(揜函): 엄(揜)은 엄(掩)과 같은 글자로, '가리다', '숨기다'라는 의미이며, 함(函)은 '갑옷'을 뜻한다. 여기서 '갑옷을 숨기다'라고 하는 것은 '감히 대항하지 못하다'라는 의미를 지니고 있다.

57 시즉조지서거(施則助之胥車): 손이양은 이 구절에는 탈자 내지 오자가 있다고 보고, 대체로 '적이 패하여 도망갈 때 그들을 도와 무거운 수레를 끌어 주다'라는 의미로 보았다.

58 상여(相與): 서로 적대하다.

59 상(相): 상여(相與)가 되어야 한다.

掩函弗射,
_{엄 함 불 사}

감히 대항하지 못하는 상대방에게는
활을 쏘지 않으며

施則助之胥車,
_{시 즉 조 지 서 거}

상대방이 패하여 도망갈 때 그들을
도와 무거운 수레를 끌어 주려 한다면,

雖盡能猶且不得爲君子也.
_{수 진 능 유 차 부 득 위 군 자 야}

비록 이러한 것을 다할 수 있더라도
오히려 또한 군자가 될 수는 없다.

意暴殘之國也,
_{억 포 잔 지 국 야}

혹은 포악하고 잔인한 국가가 있어

聖[60]將爲世除害,
_{성 장 위 세 제 해}

성인이 장차 세상을 위해 그 해로운
것을 없애고자

興師誅罰,
_{흥 사 주 벌}

군사를 일으켜 토벌하는데,

勝將因用儒術令士卒曰:
_{승 장 인 용 유 술 령 사 졸 왈}

승리를 한 장수가 유가의 주장을
채용하여 사병들에게

'毋逐奔,
_{무 축 분}

'도망가는 적을 쫓지 말고

掩函勿射,
_{엄 함 물 사}

감히 대항하지 못하는 적에게는 활을
쏘지 말며

施則助之胥車',
_{시 즉 조 지 서 거}

적이 패하여 도망갈 때 그들을 도와
무거운 수레를 끌어 주라'라고
명령하였다면,

暴亂之人也得活,
_{포 란 지 인 야 득 활}

난폭한 사람조차도 살아남을 수
있으니

天下害不除,
_{천 하 해 부 제}

천하의 해로움은 없어지지 않는다.

是爲群殘父母,
_{시 위 군 잔 부 모}

이것은 많은 부모들을 해롭게 하는

---

60 성(聖): 뒤에 인(人) 자가 빠졌다.

것이며

而深賤[61]世也,
이 심 천 세 야

세상을 심각하게 해치는 것으로,

不義莫大焉!"
불 의 막 대 언

그 불의함이 막대하다!"

又曰:
우 왈

또한

"君子若鐘,
군 자 약 종

"군자는 종과 같아

擊之則鳴,
격 지 즉 명

치면 울리고

弗擊不鳴."
불 격 불 명

치지 않으면 울리지 않는다"라고
말한다.

應之曰:
응 지 왈

그것에 대해 답하겠다.

"夫仁人事上竭忠,
부 인 인 사 상 갈 충

"어진 사람은 임금을 섬기는 데 있어
충성을 다하고

事親得孝[62],
사 친 득 효

부모를 섬기는 데 있어 효도에 힘쓰며,

務善則美,
무 선 즉 미

임금이 선행을 하면 찬미하고

有過則諫,
유 과 즉 간

과오가 있으면 간한다.

此爲人臣之道也.
차 위 인 신 지 도 야

이것이 신하된 자로서의 도리이다.

今擊之則鳴,
금 격 지 즉 명

지금 종처럼 치면 울리고

---

61 천(賤): 적(賊)이 되어야 한다.
62 사친득효(事親得孝): 유월은 이곳의 득(得) 자는 바로 뒤 구절인 무선즉미(務善則美)의 무(務) 자와 바뀌었다고 했다. 즉, 이 두 구절은 사친무효, 득선즉미(事親務孝, 得善則美)라고 해야 한다고 하였다.

弗擊不鳴,
불 격 불 명

치지 않으면 울리지 않는다면,

隱知豫力[63],
은 지 예 력

지혜를 숨기고 자신의 역량을 버려두고 세상을 위해 사용하지 않고서

恬漠[64]待問而後對,
염 막 대 문 이 후 대

조용히 다른 사람이 묻기를 기다린 후에야 비로소 대답을 하게 되니,

雖有君親之大利,
수 유 군 친 지 대 리

비록 임금과 부모에게 큰 이익이 있더라도

弗問不言,
불 문 불 언

묻지 않으면 말하지 않는다.

若將有大寇亂,
약 장 유 대 구 란

만약 장차 큰 혼란이 발생하려 하고

盜賊將作,
도 적 장 작

도적이 일어나려 함이

若機辟[65]將發也,
약 기 벽 장 발 야

마치 쇠뇌가 발사되려 하는 것과 같은 상황에서

他人不知,
타 인 부 지

다른 사람들은 알지 못하고

己獨知之,
기 독 지 지

자기 혼자 그것을 안다고 한다면,

雖其君親皆在,
수 기 군 친 개 재

비록 임금과 부모가 모두 있는데도

不問不言,
불 문 불 언

묻지 않으면 말하지 않는 것은

是夫大亂之賊也.
시 부 대 란 지 적 야

큰 혼란을 일으키는 도적이라 할 수 있다.

---

63 예력(豫力): 손이양은 사력(舍力)과 같다고 했다. 즉, '자신의 역량을 버려두고 세상을 위해 사용하지 않다'라는 의미이다.

64 염막(恬漠): 조용하다, 고요하다.

65 기벽(機辟): 쇠뇌의 발사 장치.

以是爲人臣不忠,
이 시 위 인 신 불 충

이러한 태도로써 처세를 하면 신하 된 자로서는 불충할 것이고,

爲子不孝,
위 자 불 효

자식 된 자로서는 불효할 것이며,

事兄不弟,
사 형 부 제

형을 섬기는 데 불경(不敬)할 것이고,

交遇人⁶⁶不貞良.
교 우 인 　 부 정 량

친구를 사귀고 남을 대하는 데 바르지 못할 것이다.

夫執後不言⁶⁷之,
부 집 후 불 언 　 지

일을 처리함에 있어 뒤로 물러서서 말하지 않는 태도를 지니며,

朝物⁶⁸,
조 물

조정의 일에 있어

見利使⁶⁹己雖⁷⁰恐後言.
견 리 사 　 기 수 　 공 후 언

자신에게 이익이 되고 편리한 것을 보면 다만 다른 사람보다 늦게 말할까 봐 걱정한다.

君若言而未有利焉,
군 약 언 이 미 유 리 언

만약 임금이 하는 말이 그에게 이익이 되지 않는다면

則高拱⁷¹下視,
즉 고 공 　 하 시

두 손을 높이 맞잡고 내려다보며

會嚘⁷²爲深,
쾌 열 　 위 심

마치 목구멍이 깊이 멘 듯 말을 못하다가

---

66 교우인(交遇人): 친구를 사귀고 남을 대하다.
67 집후불언(執後不言): 일을 처리함에 있어 뒤로 물러서서 말하지 않는 태도를 지니다.
68 조물(朝物): 손이양은 아마 탈자나 오자가 있는 것 같다고 하였다. 의미가 분명하지는 않지만 대략 '조정의 일'이라는 뜻으로 새기면 될 것 같다.
69 이사(利使): 이편(利便)이 되어야 한다.
70 수(雖): 유(唯)와 같다.
71 공(拱): 두 손을 맞잡다, 두 손을 모으다.
72 쾌열(會嚘): 쾌(會)는 쾌(噲)와 같은데 '목구멍'이라는 의미이다. 쾌열(噲嚘)은 '목이 메다'라는 뜻으로, 여기서는 '목이 메어 말을 못하다'라는 의미로 쓰였다.

曰: '唯其未之學也.'
왈 유 기 미 지 학 야

겨우 '그것은 배운 적이 없습니다'라고 말한다.

用誰[73]急,
용 수 급

비록 급한 일로 그를 쓰려고 하지만

遺行遠矣.
유 행 원 의

그는 피하여 멀리 달아나 버린다.

夫一[74]道術學業仁義者,
부 일 도 술 학 업 인 의 자

도술과 학업과 인의를 통일할 수 있는 사람은

皆大以治人,
개 대 이 치 인

모두 크게는 남을 다스릴 수 있고

小以任官,
소 이 임 관

작게는 관리에 임명될 수 있으며,

遠施周偏[75],
원 시 주 편

멀리는 두루 널리 베풀 수 있고

近以修身,
근 이 수 신

가까이는 수신할 수 있으며,

不義不處,
불 의 불 처

의롭지 않은 곳에는 처하지 않고

非理不行,
비 리 불 행

이치에 어긋나는 것은 행하지 않으며,

務興天下之利,
무 흥 천 하 지 리

천하의 이로움을 힘써 일으키고

曲直周旋[76],
곡 직 주 선

모든 조치를 동원하여 목적에 도달하며,

利則止[77],
이 즉 지

이롭지 않으면 그만둔다.

此君子之道也.
차 군 자 지 도 야

이것이 곧 군자의 도리이다.

以所聞孔某之行,
이 소 문 공 모 지 행

내가 들은 공자의 행동은

---

73 수(誰): 수(雖)가 되어야 한다.

74 일(一): 통일하다.

75 편(偏): 뜻으로 보아 편(徧)이 되어야 한다.

76 곡직주선(曲直周旋): 모든 조치를 동원하여 목적에 도달하다.

77 이즉지(利則止): 뜻으로 보아 불리즉지(不利則止)가 되어야 한다. 불(不) 자가 탈락되었다.

則本與此相反謬也."
즉 본 여 차 상 반 류 야

근본적으로 이것과는 상반된다."

齊景公[78]問晏子[79]曰:
제 경 공 문 안 자 왈

제나라 경공이 안자에게

"孔子爲人何如?"
공 자 위 인 하 여

"공자의 사람됨이 어떠하오?"라고 물었다.

晏子不對,
안 자 부 대

안자가 대답하지 않자,

公又復問,
공 우 부 문

경공이 다시 물었으나

不對.
부 대

여전히 대답하지 않았다.

景公曰:
경 공 왈

경공이 말하였다.

"以孔某語寡人者衆矣,
이 공 모 어 과 인 자 중 의

"공자에 대해 과인에게 말하는 자가 많은데,

俱以賢人也.
구 이 현 인 야

모두 그를 현인이라고 하오.

今寡人問之,
금 과 인 문 지

지금 과인이 그에 대해 물었으나

而子不對,
이 자 부 대

그대는 대답하지 않는데,

何也?"
하 야

왜 그러오?"

晏子對曰:
안 자 대 왈

안자가 대답하였다.

"嬰不肖,
영 불 초

"저는 못나서

不足以知賢人.
부 족 이 지 현 인

현인을 알아볼 수 없습니다.

雖然,
수 연

그렇지만

---

78 제경공(齊景公): 이름은 저구(杵臼)로, 기원전 547년부터 기원전 490년까지 재위하였다.

79 안자(晏子): 안영(晏嬰)이며, 자는 평중(平仲)으로, 제나라 대부. 제나라 영공(靈公)·장공(莊公)·경공을 섬긴 유명한 정치가이다.

嬰聞所謂賢人者,
_{영 문 소 위 현 인 자}

제가 들은 이른바 현인은

入人之國,
_{입 인 지 국}

남의 나라에 들어가서는

必務合其君臣之親,
_{필 무 합 기 군 신 지 친}

반드시 그 나라 임금과 신하의 관계를
친밀하게 하고

而弭⁸⁰其上下之怨.
_{이 미 기 상 하 지 원}

위아래의 원한을 없애는 데 힘쓴다고
하였습니다.

孔某之荊⁸¹,
_{공 모 지 형}

공자가 초(楚)나라에 가

知白公之謀⁸²,
_{지 백 공 지 모}

백공의 음모(陰謀)에 대해 알고서

而奉之以石乞⁸³,
_{이 봉 지 이 석 걸}

그에게 석걸을 바쳐

君身幾滅,
_{군 신 기 멸}

초나라 임금은 거의 피살될
뻔하였으며

而白公僇⁸⁴.
_{이 백 공 륙}

백공은 죽음을 당하였습니다.

嬰聞賢人得上不虛,
_{영 문 현 인 득 상 불 허}

제가 듣기로 현인은 윗사람의 신임을
얻어 그 이름을 헛되이 하지 않고,

得下不危,
_{득 하 불 위}

아랫사람의 신뢰를 얻어 그 지위가
위험에 이르게 하지 않으며,

言聽於君必利人,
_{언 청 어 군 필 리 인}

말은 임금에게 신임을 얻어 반드시

---

80 미(弭): 그치다, 중지하다, 없애다.

81 형(荊): 초(楚)나라.

82 백공지모(白公之謀): 백공은 초나라 평왕(平王)의 손자로, 이름은 승(勝)이다. 일찍이 석걸
(石乞)과 더불어 초나라에서 반란을 일으켰다. 이 일은 『좌전(左傳)』「애공 16년(哀公十六
年)」에 보인다.

83 봉지이석걸(奉之以石乞): 공자가 석걸로 하여금 백공 승의 반란에 참여토록 한 것을 가리킨
다. 이것은 묵자가 공자를 공격하는 말인데, 당시 공자는 이미 죽었기 때문에 이 말은 사실이
아니다.

84 육(僇): 죽이다.

사람들을 이롭게 하고,

教行下必於⁸⁵上,
교 행 하 필 어 상

아랫사람에게 교화를 행하여 반드시 윗사람을 이롭게 합니다.

是以言明而易知也,
시 이 언 명 이 이 지 야

이 때문에 말은 분명하고 알아듣기 쉽고

行明而易從也,
행 명 이 이 종 야

행동은 명확하고 따르기 쉽게 하며,

行義可明乎民,
행 의 가 명 호 민

의로움을 행함에 백성들에게 분명히 알 수 있게 하고,

謀慮可通乎君臣.
모 려 가 통 호 군 신

어떤 일을 도모하고 생각함에 군신들과 통할 수 있게 합니다.

今孔某深慮同⁸⁶謀以奉賊,
금 공 모 심 려 동 모 이 봉 적

지금 공자는 깊은 생각과 주밀한 모의로 역적을 돕고

勞思盡知以行邪,
노 사 진 지 이 행 사

노심초사(勞心焦思)하고 지혜를 다하여 사악함을 행하였으며,

勸下亂上,
권 하 란 상

아랫사람을 권하여 윗사람을 어지럽히게 하고

教臣殺君,
교 신 살 군

신하를 교사(敎唆)하여 임금을 살해하게 하였으니,

非賢人之行也;
비 현 인 지 행 야

이것은 현인의 행위가 아닙니다.

入人之國而與人之賊,
입 인 지 국 이 여 인 지 적

남의 나라에 들어가 그 나라의 역적을 도왔으니,

---

85 어(於): 유월은 이(利)가 되어야 한다고 했다.
86 동(同): 유월은 주(周) 자의 잘못이라고 하였다. 여기서는 '주밀하다'라는 뜻이다.

非義之類也;
비 의 지 류 야

그는 의로운 사람에 속하지 않습니다.

知人不忠,
지 인 불 충

다른 사람의 불충을 알고서도

趣87之爲亂,
취 지 위 란

그에게 어지러운 짓을 하도록
재촉하였으니,

非仁義之88也.
비 인 의 지 야

그는 어질고 의로운 사람이 아닙니다.

逃人而後謀,
도 인 이 후 모

사람들로부터 도망친 후에야 도모를
하고

避人而後言,
피 인 이 후 언

사람들을 피한 후에야 말을 하며,

行義不可明於民,
행 의 불 가 명 어 민

의로움을 행함에 백성들에게 분명히
알 수 없게 하고,

謀慮不可通於君臣,
모 려 불 가 통 어 군 신

어떤 일을 도모하고 생각함에
군신들과 통할 수 없게 합니다.

嬰不知孔某之有異於白公也,
영 부 지 공 모 지 유 이 어 백 공 아

저는 공자가 백공과 다름이 있는지를
모르겠습니다.

是以不對."
시 이 부 대

이 때문에 대답하지 않았습니다."

景公曰:
경 공 왈

경공이 말하였다.

"嗚呼!
오 호

"아!

貺89寡人者衆矣,
황 과 인 자 중 의

과인에게 가르쳐 준 것이 많소.

非夫子,
비 부 자

선생이 아니었다면

則吾終身不知孔某之與白公同也."
즉 오 종 신 부 지 공 모 지 어 백 공 동 야

---

87 취(趣): 필원은 촉(促)과 통한다고 하였다.
88 지(之): 지(之) 자 다음에 인(人) 자가 탈락되었다.
89 황(貺): 주다, 하사하다.

나는 평생 동안 공자가 백공과 같다는
사실을 몰랐을 것이오."

孔某之齊見景公,
공 모 지 제 견 경 공

공자가 제나라로 가서 경공을
만났는데,

景公說[90],
경 공 열

경공이 기뻐서

欲封之以尼谿[91],
욕 봉 지 이 니 계

이계 땅을 그에게 봉해 주기로 하고

以告晏子.
이 고 안 자

그 사실을 안자에게 알렸다.

晏子曰:
안 자 왈

안자가 아뢰었다.

"不可.
불 가

"안 됩니다.

夫儒浩居[92]而自順[93]者也,
부 유 호 거 이 자 순 자 야

유가는 오만하고 스스로 맞다고
여기는 자들로,

不可以敎下;
불 가 이 교 하

백성들을 교화할 수가 없습니다.

好樂而淫[94]人,
호 악 이 음 인

음악을 좋아하고 사람들을
미혹시키니

不可使親治;
불 가 사 친 치

친히 백성들을 다스리게 할 수는
없습니다.

立命而怠事,
입 명 이 태 사

운명론을 주장하여 할 일을 태만히
하니

---

90 열(說): 열(悅)과 같다.
91 이계(尼谿): 옛 지명으로, 이계(爾稽)라고도 한다.
92 호거(浩居): 필원은 오거(傲倨)와 같다고 하였는데, '오만하다'라는 의미이다.
93 자순(自順): 스스로 맞다고 여기다.
94 음(淫): 여기서는 '미혹하다'라는 뜻이다.

不可使守職;
불 가 사 수 직

그들에게 직책을 맡길 수는 없습니다.

宗喪[95]循哀[96],
종 상 순 애

후장(厚葬)을 주장하여 슬픔을 멈추지 않으니

不可使慈民;
불 가 사 자 민

백성들을 사랑하게 할 수 없습니다.

機服[97]勉容[98],
기 복 면 용

기이한 복장을 입고 억지로 근엄한 표정을 지으니

不可使導衆.
불 가 사 도 중

백성들을 이끌게 할 수 없습니다.

孔某盛容修飾以蠱世[99],
공 모 성 용 수 식 이 고 세

공자는 성장(盛裝)을 하고 외모를 가꿈으로써 세상 사람들을 미혹시키고,

弦歌鼓舞以聚徒,
현 가 고 무 이 취 도

현악(絃樂) 반주로 노래하고 북을 쳐 춤을 춤으로써 문도(門徒)를 모으며,

繁登降之禮以示儀,
번 등 강 지 례 이 시 의

오르고 내리는 예를 번거롭게 함으로써 예의를 드러내고,

務趨翔[100]之節以觀衆,
무 추 상 지 절 이 관 중

빨리 걷고 선회하는 등 예절 동작에 힘씀으로써 사람들에게 보이며,

博學不可使議世,
박 학 불 가 사 의 세

박학하기는 하나 그들에게 세상사를 의론하게 할 수 없고,

勞思不可以補民,
노 사 불 가 이 보 민

수고로이 생각을 하나 백성들에게

---

95 종상(宗喪): 숭상(崇喪)과 같은데, '후상(厚喪)', 즉 '후장'이라는 뜻이다.
96 순애(循哀): 수애(遂哀)와 같은데, '슬픔을 멈추지 않다'라는 의미이다.
97 기복(機服): '이복(異服)'으로, '기이한 복장'이라는 뜻이다. 여기서 기(機)는 이(異)와 통한다.
98 면용(勉容): 억지로 짓는 근엄한 표정.
99 고세(蠱世): 세상 사람들을 미혹시키다.
100 추상(趨翔): 추(趨)는 '빨리 걷다', 상(翔)은 '선회하다'라는 의미로 쓰여, '예를 행할 때의 동작'을 가리킨다.

도움을 줄 수 없으며,

累壽[101]不能盡其學,
<small>누 수　불 능 진 기 학</small>

몇 세대 동안이나 그들의 학문을 다할
수 없고,

當年[102]不能行其禮,
<small>당 년　불 능 행 기 례</small>

장년이 되어서도 그들의 예의를
실행할 수 없으며,

積財不能贍其樂,
<small>적 재 불 능 섬 기 악</small>

재물이 쌓였더라도 그들의 음악
활동에는 충분할 수 없고,

繁飾邪術以營[103]世君,
<small>번 식 사 술 이 영　세 군</small>

번다하게 꾸민 사술로 당대의
군주들을 미혹시키며,

盛爲聲樂以淫遇[104]民,
<small>성 위 성 악 이 음 우　민</small>

성대하게 음악 활동을 함으로써
어리석은 백성들을 음란하게 하니,

其道不可以期世[105],
<small>기 도 불 가 이 기 세</small>

그들의 주장은 세상 사람들에게 밝게
드러낼 수 없으며

其學不可以導衆.
<small>기 학 불 가 이 도 중</small>

그들의 학설은 사람들을 이끌 수가
없습니다.

今君封之,
<small>금 군 봉 지</small>

지금 군주께서 그에게 땅을 봉해
주시어

以利齊俗,
<small>이 리 제 속</small>

제나라의 풍속을 이롭게 하려고
하시지만

---

101 누수(累壽): 누(累)는 '포개다', '더하다'라는 뜻으로 누(累)와 같은데, 여기서 누수(累壽)는
　'몇 세대'의 의미로 쓰였다.
102 당년(當年): 여기서는 '장년(壯年)'을 일컫는다.
103 영(營): 미혹시키다.
104 우(遇): 우(愚)와 통한다.
105 기세(期世): 유월은 시세(示世)와 같다고 했는데, '세상 사람들에게 명시(明示)하다'라는 의
　미이다.

非所以導國先衆."
비 소 이 도 국 선 중

그것으로 나라와 백성들을 이끌 수는 없는 것입니다."

公曰:
공 왈

경공이

"善!"
선

"맞습니다"라고 말하였다.

於是厚其禮,
어 시 후 기 례

그래서 공자에게 두터운 예로써 대하기는 했으나

留其封,
유 기 봉

그에게 땅을 봉해 주는 것은 유보하였으며,

敬見而不問其道.
경 견 이 불 문 기 도

공경스럽게 그를 접견하기는 했으나 그의 학설에 대해서는 물어보지 않았다.

孔某乃恚,
공 모 내 애

공자는 이에 화가 나

怒於景公與晏子,
노 어 경 공 여 안 자

경공과 안자에게 분노를 느끼고

乃樹鴟夷子皮[106],
내 수 치 이 자 피

곧 치이자피를

於田常[107]之門,
어 전 상 지 문

전상의 문하가 되도록 소개하고는

告南郭惠子[108]以所欲爲,
고 남 곽 혜 자 이 소 욕 위

남곽혜자에게 자신이 하려고 하던 일을 알려주고

---

106 치이자피(鴟夷子皮): 월(越)나라 대부(大夫) 범려(范蠡)를 가리킨다. 월나라 왕 구천(勾踐)을 도와 오(吳)나라를 멸망시키고 제(齊)나라에 온 후에 이름을 치이자피(鴟夷子皮)로 바꾸었다. 사실 오나라가 망했을 때 공자는 이미 죽은 지 오래되었으니, 이 부분은 사실(史實)과 부합되지 않는다. 단지 공자를 공격하기 위해 그렇게 묘사했을 뿐이다.

107 전상(田常): 제나라 대부 진항(陳恒)을 가리킨다. 제나라 간공(簡公)을 살해하고 평공(平公)을 옹립한 후에 스스로 상국(相國)이 되어 제나라 정치를 주물렀다. 그 뒤로 제나라는 진씨(陳氏)의 나라로 변하게 된다.

108 남곽혜자(南郭惠子): 사람 이름으로, 누구인지는 알 수 없다.

歸於魯,
귀 어 로

노나라로 돌아갔다.

有頃,
유 경

오래지 않아

間¹⁰⁹齊將伐魯,
간　　 제 장 벌 로

제나라가 장차 노나라를 정벌하려
한다는 말을 듣고

告子貢¹¹⁰曰:
고 자 공　 왈

자공에게

"賜乎,
사 호

"사야!

擧大事於今之時矣!"
거 대 사 어 금 지 시 의

지금이 큰일을 할 때이다!"라고 알려
주었다.

乃遣子貢之齊,
내 견 자 공 지 제

이에 자공을 제나라에 파견하여

因南郭惠子以見田常,
인 남 곽 혜 자 이 견 전 상

남곽혜자를 통해 전상을 접견하고

勸之伐吳,
권 지 벌 오

그에게 오나라를 정벌하도록 권하게
하였으며,

以敎高·國·鮑·晏¹¹¹,
이 교 고 　 국 　 포 　 안

제나라의 귀족인 고씨, 국씨, 포씨,
안씨에게

使毋得害田常之亂,
사 무 득 해 전 상 지 란

전상의 반란을 방해하지 말도록
하였으며,

勸越伐吳.
권 월 벌 오

월나라에게도 오나라를 정벌하도록
권하였다.

三年之內,
삼 년 지 내

그리하여 3년 동안

---

109 간(間): 문(聞)이 되어야 한다.

110 자공(子貢): 공자의 제자. 위(衛)나라 사람으로, 성은 단목(端木)이며 이름은 사(賜)이다.

111 고·국·포·안(高·國·鮑·晏): 제나라의 귀족인 고씨(高氏)·국씨(國氏)·포씨(鮑氏)·안씨
(晏氏)를 가리킨다.

齊·吳破國之難,
_{제 오 파 국 지 난}

제나라와 오나라는 나라가 망할
정도의 고난을 당하였으며

伏尸以言術數[112],
_{복 시 이 언 술 수}

죽은 자는 그 수를 헤아릴 수
없었으니,

孔某之誅[113]也.
_{공 모 지 주 야}

이것은 공자의 모략(謀略)이었다.

孔某爲魯司寇[114],
_{공 모 위 로 사 구}

공자는 노나라의 사구가 되어

舍公家[115]而奉季孫[116].
_{사 공 가 이 봉 계 손}

국가의 일을 버리고 계손씨를
받들었다.

季孫相[117]魯君而走,
_{계 손 상 로 군 이 주}

계손씨가 노나라 국군(國君)을
보좌하다 죄를 지어 도망을 치다가

季系與邑人爭門關[118],
_{계 계 여 읍 인 쟁 문 관}

성문을 지키는 사람과 문빗장의 개폐
문제로 다투게 되었는데,

決植[119].
_{결 식}

공자가 그 빗장을 들어 올려 주었다.

---

112 이언술수(以言術數): 어떤 판본에는 언(言) 자가 없으며, 이(以) 자 앞에 불가(不可) 두 자가
   탈락된 것 같다. 술(術)은 술(述)과 통한다. '그 수를 헤아릴 수 없다'라는 뜻이다.

113 주(誅): 모(謀)가 되어야 한다.

114 사구(司寇): 형옥(刑獄)을 관장하는 관리. 공자는 노(魯)나라 정공(定公) 9년(기원전 501년)
   에 노나라 대사구(大司寇)가 되었다.

115 공가(公家): '국가의 일을 일컫는다.

116 계손(季孫): 계손씨(季孫氏) 또는 계씨(季氏)라고도 하는데, 노나라의 대부(大夫)로 당시
   권신(權臣)이었다.

117 상(相): 여기서는 '보좌하다'라는 뜻으로 쓰였다.

118 관(關): 여기서는 '문빗장'을 가리킨다.

119 결식(決植): 결(決)은 결(扶)과 통하는데 '들다'라는 의미이다. 식(植)은 '빗장 역할을 하는 곧
   은 나무'를 가리킨다.

孔某窮於蔡·陳之間,
공모궁어채 진지간

공자가 채나라와 진나라 사이에서 궁지에 빠졌었는데,

藜[120]羹不糂[121].
여 갱불삼

먹는 것은 쌀도 넣지 않은 명아주국이었다.

十日,
십 일

10일이 지나,

子路[122]爲享[123]豚,
자로 위향 돈

자로가 작은 돼지 한 마리를 삶아 주자

孔某不問肉之所由來而食;
공모불문육지소유래이식

공자는 고기가 어디서 났는지를 묻지도 않고 먹었다.

號[124]人衣以酤酒,
호 인의이고주

자로가 다른 사람의 옷을 빼앗아 술을 사 주자

孔某不問酒之所由來而飲.
공모불문주지소유래이음

공자는 술이 어디서 났는지를 묻지도 않고 마셨다.

哀公[125]迎孔子,
애공 영공자

애공이 공자를 맞아들였는데,

席不端弗坐,
석부단불좌

그는 좌석이 단정하지 않자 앉지 않았으며

割不正弗食.
할부정불식

썰어 놓은 것이 바르지 않자 먹지 않았다.

子路進,
자로진

자로가 들어가

---

120 여(藜): 명아주과에 속하는 일년초. 각처의 들판에서 나는데, 잎은 먹으며 줄기로는 지팡이를 만든다.

121 삼(糂): 삼(糝) 자와 같으며, '국에 쌀 또는 쌀가루를 넣다', '차지게 하다'라는 의미이다.

122 자로(子路): 공자의 제자. 노(魯)나라 사람으로, 성은 중(仲)이며 이름은 유(由)이다.

123 향(享): 필원은 팽(烹) 자라고 하였는데, 팽(烹)은 '삶다'라는 뜻이다.

124 호(號): 필원은 치(褫)의 잘못이라고 하였는데, 치(褫)는 '옷을 빼앗다'라는 의미이다.

125 애공(哀公): 노(魯)나라 애공을 가리킨다.

請曰:
청 왈

여쭈었다.

"何其與陳·蔡反也?"
하 기 여 진 채 반 야

"어찌하여 진나라와 채나라 사이에
계셨을 때와는 반대가 되십니까?"

孔某曰:
공 모 왈

공자가 말하였다.

"來!
래

"이리 오너라.

吾語女.
오 어 여

내가 너에게 말해 주마.

曩與女爲苟[126]生,
낭 여 여 위 구 생

이전에는 너와 함께 급하게 목숨을
구하였지만

今與女爲苟義."
금 여 여 위 구 의

지금은 너와 함께 급하게 의로움을
행하고자 한다."

夫飢約[127]則不辭妄取以活身,
부 기 약 즉 불 사 망 취 이 활 신

무릇 배고프고 곤궁함에 빠졌을 때는
함부로 취하여 자신을 살리는 데
사양하지 않으며,

贏飽[128]則僞行以自飾,
영 포 즉 위 행 이 자 식

포식하고도 남았을 때는 거짓된
행위로써 자신을 꾸미는데,

汚邪詐僞,
오 사 사 위

사악하고 거짓됨이

孰大於此!
숙 대 어 차

이보다 더 큰 것이 있겠는가!

孔某與其門弟子閑坐,
공 모 여 기 문 제 자 한 좌

공자가 그 문하의 제자들과 한가롭게
앉아서

---

126 구(苟): 극(亟)과 통하는데 '급하다'라는 뜻이다.

127 기약(飢約): 배고프고 곤궁하다.

128 영포(贏飽): 포식(飽食)하고도 남음이 있다.

曰:
왈

말하였다.

"夫舜見瞽叟[129],
부 순 견 고 수

"순임금님께서는 아버지인 고수를 뵈면

就然[130],
취 연

불안해하셨는데,

此時天下岌[131]乎!
차 시 천 하 급 호

이때 천하는 위태로웠다!

周公旦[132]非其人[133]也邪?
주 공 단 비 기 인 야 야

주공단께서는 어진 사람이 아니셨겠지?

何爲舍亓[134]家室而託寓[135]也?"
하 위 사 기 가 실 이 탁 우 야

어찌해서 자신의 왕실을 버리고 바깥에서 기거하셨는가?"

孔某所行,
공 모 소 행

공자가 행한 바는 모두

心術所至也.
심 술 소 지 야

마음에서 나온 것이다.

其徒屬弟子皆效孔某.
기 도 속 제 자 개 효 공 모

그 문하의 제자들은 모두 공자를 본받는다.

子貢·季路[136]輔孔悝[137]亂乎衛,
자 공 계 로 보 공 회 란 호 위

자공과 자로는 공회를 도왔으나

---

129 고수(瞽叟): 순(舜)임금의 아버지.

130 취연(就然): 축연(蹴然)과 같은데 '불안한 모양'을 뜻한다.

131 급(岌): 위태하다. 공자는 고수가 순임금의 아버지이지만 순임금의 신민(臣民)이라는 사실은 윤리상 모순이기에 천하가 위태롭다고 하였다. 여기서 묵자는 공자가 성군인 순임금을 비판한다고 여겼다.

132 주공단(周公旦): 주나라 무왕(武王)의 아우로, 무왕이 죽은 뒤 어린 성왕(成王)을 보좌하였다.

133 비기인(非其人): 손이양은 기비인(其非人)이 되어야 하며, 인(人)은 인(仁) 자와 통한다고 여겼다.

134 기(亓): 옛 기(其) 자.

135 탁우(託寓): 바깥에서 기거하다. 주공단은 어린 성왕을 보좌하였는데, 성왕이 성장한 후 권력을 그에게 돌려주었으며, 삼공(三公)의 직위도 포기하고 동쪽의 상엄(商奄)으로 가 기거하였다. 공자는 주공이 왕실을 버리고 바깥으로 나가 기거한 것을 나무란 것이다. 여기서 묵자는 공자가 주공을 비판한다고 여겼다.

오히려 위나라를 어지럽혔으며,

陽貨[138]亂乎齊,
양 화 란 호 제

양화는 노나라에서 반란을 일으키고
제나라로 도망쳤고,

佛肹[139]以中牟[140]叛,
필 힐 이 중 모 반

필힐은 중모에서 반란을 일으켰으며,

桼雕[141]刑殘,
칠 조 형 잔

칠조개는 형을 받아 장애자가
되었으니

莫大焉!
막 대 언

그들의 죄보다 더 큰 죄는 없을 것이다!

夫爲弟子後生,
부 위 제 자 후 생

제자 된 자는

其[142]師必修其言,
기 사 필 수 기 언

그 스승에 대해 반드시 그의 말씀을
배우고

法其行,
법 기 행

반드시 그의 행동을 본받아야 하며,

---

136 계로(季路): 자로(子路)의 또 다른 자.

137 공회(孔悝): 춘추 시대 위(衛)나라 정경(正卿)으로, 위나라의 대권을 장악한 인물이다. 『좌전(左傳)』 애공(哀公) 15년(기원전 408년) 기록에 의하면, 공회는 위나라 출공(出公) 형첩(荊輒)을 폐(廢)하고 출공의 아버지인 괴외(蒯聵)를 위나라 장공(莊公)으로 세웠다. 당시 자로는 위나라 읍재(邑宰: 지방 장관)였으나, 이 일을 반대하다 피살되었다. 그러나 이곳에 자공에 대한 기록은 보이지 않는다.

138 양화(陽貨): 양호(陽虎). 노(魯)나라 계씨(季氏)의 가신(家臣)으로, 어떤 사람은 그를 공자의 제자라고 여기나 공자의 제자가 아니다. 노나라 정공(定公) 8년(기원전 502년)에 그는 노나라에서 반란을 일으켰고, 다음 해에 제(齊)나라로 도망쳤으나 제나라 사람에게 붙잡혔다. 후에 진(晉)나라에 망명하였다.

139 필힐(佛肹): 진(晉)나라 중모(中牟) 지방의 읍재로, 진나라 육경(六卿)의 한 사람인 조간자(趙簡子)가 중모 지방을 정벌하자 필힐이 반란을 일으켰다. 필힐이 사람을 시켜 공자를 불렀는데, 공자는 가고 싶었으나 제자들에게 저지당하였다. 사실 필힐은 공자의 제자가 아니다.

140 중모(中牟): 지금의 하남성 학벽(鶴壁) 서쪽에 있었다.

141 칠조(桼雕): 칠(桼)은 칠(漆)과 같으며, 칠조(漆雕)는 복성(復姓)이다. 『한비자(韓非子)』「현학(顯學)」에 유가의 한 파로 칠조씨지유(漆雕氏之儒)를 들고 있다. 여기서는 이름이 개(開)인 공자의 제자를 가리킨다.

142 기(其): 앞에 어(於) 자가 있어야 된다.

力不足,
<small>역 부 족</small>

힘이 부족하고

知弗及而後已.
<small>지 불 급 이 후 이</small>

지혜가 미치지 못한 뒤에야
그만두어야 한다.

今孔某之行如此,
<small>금 공 모 지 행 여 차</small>

지금 공자의 행동이 이와 같다면

儒士則可以疑矣.
<small>유 사 즉 가 이 의 의</small>

유가 사람들을 의심할 만하다.

권 10

경 상 제40편(經上第四十)·
경설 상 제42편과 합주(經說上第四十二合注)
경 하 제41편(經下第四十一)·
경설 하 제43편과 합주(經說下第四十三合注)

경 상 제40편·경설 상 제42편

(經上第四十) (經說上第四十二)

(「경」 편은 「경설」 편과 합쳐야 그 의미를 잘 파악할 수 있다. 그래서 「경 상」 제40편은 「경설 상」
제42편과, 「경 하」 제41편은 「경설 하」 제43편과 합쳐서 역주하였음)

1.

〔經〕故¹, 所得而後成也.
　　고　소 득 이 후 성 야

〔경〕고(故)란 어떤 조건을 얻고 난
후에야 이루어지는 것이다.

〔說〕故², 小故³,
　　고　소 고

〔설〕고(故): 작은 원인,

有之不必然,
유 지 불 필 연

그것이 있다 해도 어떤 결과가 반드시
그렇게 되는 것은 아니다.

無之必不然,
무 지 필 불 연

작은 원인이 없다면 어떤 결과가
반드시 이루어지지 않는다.

體也,
체 야

부분〔體〕이란

若有端⁴.
약 유 단

마치 사물에 끝이 있는 것과 같다.

大故,
대 고

커다란 원인이란

1　고(故): 사물을 형성하는 전제 혹은 원인.

2　고(故): 「경(經)」의 표제(標題)를 제시한 것. 이러한 방식은 「경설」 편의 통상적 설명 방식으로
'경'에 나타난 용어에 대해 '설(說)'에서 다시 보충 설명하는 방식으로 구성되어 있다.

3　소고(小故): 작은 전제 조건 또는 작은 원인.

4　체야, 약유단(體也, 若有端): 체(體)는 전체와 상대되는 부분을 가리킨다. 단(端)은 끝부분을
일컫는다.

有之必然,
_{유 지 필 연}

그것이 있으면 어떤 결과가 반드시
이루어지는 것으로,

若見之成見也.[5]
_{약 견 지 성 견 야}

마치 사물을 볼 수 있는 조건이 있어야
보는 것과 같다.

2.

〔經〕體[6], 分於兼[7]也.
_{체 분 어 겸 야}

〔경〕체(體)란 전체〔兼〕에서 갈라진
것이다.

〔說〕體, 若二之一,
_{체 약 이 지 일}

〔설〕체(體): 마치 두 가지 중의 하나와
같으며

尺之端[8]也.
_{척 지 단 야}

자의 양 끝과 같다.

3.

〔經〕知[9], 材[10]也.
_{지 재 야}

〔경〕지(知)란 재능이다.

〔說〕知材, 知也者,
_{지 재 지 야 자}

〔설〕지재(知材): 앎이란 사물을 알 수
있는 능력이 있으면

所以知也而必知,
_{소 이 지 야 이 필 지}

반드시 사물을 알 수 있는 것이

若明.
_{약 명}

마치 눈이 사물을 환히 볼 수 있는

---

5 약견지성견야(若見之成見也): 첫 번째의 견(見)은 능히 보도록 하는 것 즉 사물을 볼 수 있
   는 조건을 가지는 것을 말함이다. 두 번째의 견(見)자는 본다는 뜻이다.
6 체(體): 전체에 대한 부분을 가리킨다.
7 겸(兼): 사물의 전체를 가리킨다.
8 척지단(尺之端): 척(尺)을 선(線)으로, 단(端)을 점(點)으로 보는 견해도 있다(양계초의 학
   설). 척과 단의 관계를 선과 점의 관계로 보더라도 부분과 전체라는 의미는 역시 통한다.
9 지(知): 사물을 인지할 수 있는 능력을 가리킨다.
10 재(材): 재능 또는 능력.

능력을 가진 것과 같다.

4.

〔經〕慮, 求也.
여 구 야

〔경〕여(慮)란 마음으로 추구하는
것이다.

〔說〕慮, 慮也者, 以其知有求也,
여 려 야 자 이 기 지 유 구 야

〔설〕여(慮): 사려란 마음의 인식
능력으로 추구하는 것이나

而不必得之,
이 불 필 득 지

반드시 얻을 수 있는 것은 아니니,

若睨[11].
약 예

마치 눈으로 흘겨보는 것과 같다.

5.

〔經〕知[12], 接[13]也.
지 접 야

〔경〕지(知)란 사물과 접촉하는 것이다.

〔說〕知, 知也者,
지 지 야 자

〔설〕지(知): 인식〔知〕이란 사람의 인식
능력을 가지고

以其知過[14]物而能貌[15]之,
이 기 지 과 물 이 능 모 지

사물을 인식하고 그 형체를 파악하는
것으로

若見[16].
약 견

마치 (눈으로) 사물을 보는 것과 같다.

---

11 예(睨): 흘겨보거나 쏘아본다는 뜻. 흘겨보거나 쏘아본다면 어떤 사물을 보더라도 그 사물의
    영상을 제대로 볼 수 없는 것처럼 마음속으로 추리하고 인식한 결론이 어떤 사실과 반드시 합
    치되지는 않는다는 뜻.
12 지(知): 사물을 인지하는 행위. 곧 인식(認識)을 말함.
13 접(接): 사물과 접촉하는 것을 말함.
14 과(過): 사물을 한 차례 인지하는 과정을 가리킴.
15 모(貌): 사물의 형체를 파악하는 것을 가리킴.
16 견(見): 사물을 보다.

6.

〔經〕知[17], 明也.
지　　명야

〔說〕知, 知也者,
지　지야자

　　以其知論[18]物而其知之也著,
　　이기지론　물이기지지야저

그의 아는 것으로 사물을 추론하여 그
알고 있는 것을 분명히 하는 것으로,

　　若明[19].
　　약명

〔經〕지(知)란 밝게 아는 것이다.

〔說〕지(智): 지혜라는 것은

마치 밝게 통찰하는 것과 같다.

7.

〔經〕仁, 體愛[20]也.
인　체애야

〔說〕仁, 愛己者[21]非爲用己也,
인　애기자　비위용기야

　　不若愛馬者.
　　불약애마자

〔經〕인(仁)이란 사랑을 체현하는
것이다.

〔說〕인(仁): 자기를 사랑한다는 것은
자신을 이용하기 위해서가 아니니

말을 타기 위해 말을 사랑하는 것과는
다르다.

8.

〔經〕義, 利也.
의　리야

〔經〕의(義)란 사람을 이롭게 하는

17　지(知): 지(智)와 같다.

18　논(論): 추론하다.

19　명(明):『관자(管子)』「주합(宙合)」에 "능히 통찰하는 것을 밝다고 한다[能察謂之明]"라고 하
였다.

20　체애(體愛): 여기서 체(體)는 '체현하다', '구현하다'라는 뜻.

21　애기자(愛己者) 이하의 구절:『순자(荀子)』「부국(富國)」에서 "사랑한 후에 그것을 이용하는
것은 사랑하면서도 그것을 이용하지 않는 공덕만 못하다[愛而後用之, 不如愛而不用者之
功也]"라고 하였는데 그 의미는 이 구절과 비슷하다고 하겠다.

것이다.

〔說〕義, 志以天下爲芬[22],
의 지 이 천 하 위 분

　　〔설〕의(義): 천하를 아름답게 함에
　　뜻을 두고

　　而能能利之[23],
　　이 능 능 리 지

　　있는 힘을 다해 천하를 이롭게 하나,

　　不必用.
　　불 필 용

　　세상에 반드시 등용되기를 바라지
　　않는다.

9.

〔經〕禮, 敬也.
예 경 야

　　〔경〕예(禮)란 공경하는 것이다.

〔說〕禮, 貴者公[24],
예 귀 자 공

　　〔설〕예(禮): 귀한 사람은 공(公)이라
　　부르고,

　　賤者名[25],
　　천 자 명

　　천한 사람은 그의 이름을 부르는
　　것이니,

　　而俱有敬優焉,
　　이 구 유 경 만 언

　　공경과 멸시의 뜻이 생기는 것은,

　　等異論也.
　　등 이 론 야

　　신분의 등급이 다르기 때문이다.

10.

〔經〕行, 爲[26]也.
행 위 야

　　〔경〕행(行)은 올바른 행동을 하는

---

22 분(芬): 뜻이 잘 안 통하는 글자인데, '천하를 아름답게 하다'라는 의미로 보았다. 직분(職分)이
　　나 본분(本分)과 통하는 글자라고 본 해석도 있다.
23 능능리지(能能利之): 있는 힘을 다해서 천하를 이롭게 한다.
24 공(公): 호칭의 일종, 신분이 높은 귀족을 이름 대신 공(公)으로 호칭하였다.
25 명(名): 신분이 낮은 사람은 호칭 대신 이름을 그대로 부른다. 곧 이름을 부르는 것.
26 위(爲): 『순자(荀子)』「정명(正名)」에 의하면, 위(爲)란 '정의롭게 실행하는 것을 행이라고 한
　　다(正義而爲謂之行)'라고 설명하고 있으며, 곧 올바른 행위를 하는 것이다.

것이다.

〔說〕行, 所爲不善名,
행 소 위 불 선 명

〔설〕행(行): 어떤 일을 함에 뛰어난 명성을 얻으려 하지 않는 것이

行也;
행 야

올바른 행동이다.

所爲善名,
소 위 선 명

어떤 일을 함에 훌륭한 명성을 얻는 것은

巧27也,
교 야

잔재주를 부리는 것으로,

若爲盜.
약 위 도

마치 도둑질하는 것과 같다.

11.

〔經〕實, 榮28也.
실 영 야

〔경〕실(實)이란 내면적으로 실질을 갖춤으로써 화려하게 나타나는 것이다.

〔說〕實, 其志氣之見29也.
실 기 지 기 지 현 야

〔설〕실(實): 그 뜻과 기질이 나타난 것이다.

使人如己,
사 인 여 기

다른 사람으로 하여금 마치 자기와 같이 충실하게 살도록 하는 것으로,

不若金聲玉服30.
불 약 금 성 옥 복

치장한 장신구나 의복을 꾸미는 것과는 다르다.

---

27 교(巧): 기교, 잔재주 등으로 속이는 것.
28 영(榮): 내면적 실질이 갖추어졌을 때, 밖으로 화려하게 나타난다는 뜻이다.
29 견(見): 현(現) 자와 통하는데, '나타나다'라는 뜻이다.
30 금성옥복(金聲玉服): 금성(金聲)은 원래 종소리라는 뜻이나 여기서는 옷을 치장한 장신구를 의미한다. '玉服'은 화려하게 옷을 장식하는 것으로 외형을 꾸미는 것을 뜻한다.

12.

〔經〕忠, 以爲利而强低也.
　　　충　이위리이강저야

〔經〕충(忠)이란 다른 사람을 이롭게 하면서 그 자신의 사사로운 욕심을 낮추는 것이다.

〔說〕忠, 不利弱子亥[31],
　　　충　불리약자해

〔說〕충(忠): 자신의 어린아이라 해도 이익을 꾀하지 않는 것이니,

足將入,
족　장입

발이 집 안으로 들어가려다가

止容[32].
지　용

멈추는 형상이다.

13.

〔經〕孝, 利親也.
　　　효　리친아

〔經〕효(孝)란 양친을 이롭게 하는 것이다.

〔說〕孝, 以親爲芬[33],
　　　효　이친위분

〔說〕효(孝): 온화한 모습으로 양친을 모시며

而能能[34]利親,
이능능　리친

힘닿는 한 양친을 이롭게 하되,

不必得.
불　필득

반드시 효도한다는 명성을 얻을 필요는 없다.

---

31 자해(子亥): 해(亥)는 해(孩) 자의 오기인 것 같다. 약해(弱孩)란 '어린아이'라는 뜻이다.

32 족장입, 지용(足將入, 止容): 여러 학자의 주석이 있으나 잘 이해되지 않는 구절이다. 수위송(水渭松)은 다음과 같이 설명하였다. 우(禹)임금이 홍수 다스리기에 진력하다가 자신의 집 앞을 지나가게 되었다. 우임금은 자기 아이의 울음소리를 들었으나, 문득 집으로 들어가려던 발을 멈추고 홍수를 다스리러 갔다는 것이다. 이 이야기는 묵자의 정신과 일맥상통하는 요소가 있으므로 이러한 설명도 일리가 있다고 생각한다.

33 분(芬): 향기롭고 조화로움. 곧 양친의 앞에서는 얼굴을 온화하게 한다는 뜻.

34 능능(能能): 있는 힘을 다해 노력함.

14.

〔經〕信, 言合於意[35]也.
신 언합어의 야

〔경〕신(信)이란 말하는 것이 생각하는 바와 일치하는 것이다.

〔說〕信, 不以其言之當也.
신 불이기언지당야

〔설〕신(信): 신뢰란 그 말의 합리성을 따지는 것이 아니다.

使人視城,
사인시성

得金[36].
득금

성 위에서 금을 얻을 수 있다고 했다면 사람들이 성을 살펴보고 금을 얻어야만 한다.

15.

〔經〕佴, 自作也.
이 자작야

〔경〕이(佴)란 스스로 돕는 것이다.

〔說〕佴, 與人遇,
이 여인우

人衆愊[37].
인중순

〔설〕이(佴): 다른 사람과 더불어 친밀히 지내며 사람들의 뜻을 따르는 것이다.

16.

〔經〕誷[38], 作嗛[39]也.
견 작겸 야

〔경〕견(誷)이란, 고집스럽게 어떤 일을 하지 않는다는 뜻이다.

---

35 의(意): 곧 마음속의 생각을 의미함. 언행의 일치를 말하는 것이다.

36 사인시성, 득금(使人視城, 得金): 이생룡의 구두점이 비교적 정확하다. 그러나 이렇게 구두점을 한다고 해도 사인시성(使人視城)의 앞에는 '금을 얻기 위해' 등의 말이 생략된 것으로 보인다.

37 순(愊): 조요상(曹耀湘)본에는 입중순(入衆循)으로 되어 있는데, '사람들 속으로 들어가 사람들의 뜻을 따르다'라는 뜻이다.

38 견(誷): 견(狷)의 가차자이다. 『논어』에는 "견이란 하지 않는 바가 있는 것이다(狷者有所不爲也)."라고 풀이하였다.

39 작겸(作嗛): 하지 않는 바가 있다는 뜻. 겸(嗛)은 겸(謙) 자와 통한다.

〔說〕謂, 爲是.
  _{견 위 시}

〔설〕견(謂): 옳은 일을 하는 것이다.

  爲是之台⁴⁰彼也,
  _{위 시 지 이 피 야}

옳은 일을 하되 남을 즐겁게 하기
위해서만

  弗爲.
  _{불 위}

하지는 않는다.

17.

〔經〕廉, 作⁴¹非也.
  _{염 작 비 야}

〔경〕염(廉)이란 그릇된 행동을
부끄러워하는 것이다.

〔說〕廉, 己惟爲之,
  _{염 기 유 위 지}

〔설〕염(廉): 자신이 오직 그릇된 행동을
하면

  知其覤⁴²也.
  _{지 기 치 야}

그것을 두려워할 줄 아는 것이다.

18.

〔經〕令, 不爲所作⁴³也.
  _{영 불 위 소 작 야}

〔경〕영(令)이란 자신이 직접 일을 하는
것은 아니다.

〔說〕令, 非身⁴⁴弗行.
  _{영 비 신 불 행}

〔설〕영(令): 몸소 일을 하지 않으면
실행되지 않는다.

---

40 이(台): 이(怡) 자와 통하는데, '즐거워하다'라는 뜻.
41 작(作): 작(怍)과 같은데, '부끄러워하다'라는 뜻.
42 치(覤): 시(誤)와 같은데, '두려워하다'라는 뜻.
43 불위소작(不爲所作): 필원은 다른 사람에게 그 일을 시키고 스스로 하지 않는 것을 말한다고
  하였다.
44 비신(非身): 몸소 어떤 일을 하지 않는다.

19.

〔經〕任⁴⁵, 士損己而益所爲也.
임　사손기이익소위야

〔說〕任, 爲身之所惡,
임　위신지소오

以成人之所急.
이성인지소급

〔경〕임(任)이란 선비가 자신은 피해를 보면서도 남을 이롭게 하는 것이다.

〔설〕임(任): 스스로 싫어하는 일을 함으로써

다른 사람에게 긴요한 일을 이루어 주는 것이다.

20.

〔經〕勇, 志之所以敢也.
용　지지소이감야

〔說〕勇, 以其敢於是⁴⁶也,
용　이기감어시　야

命之⁴⁷;
명지

不以其不敢於彼⁴⁸,
불이기불감어피

〔경〕용(勇)이란 마음먹은 일을 감히 할 수 있는 근거이다.

〔설〕용(勇): 그가 감히 이 일을 할 수 있으므로

용기 있다고 이름하는 것이다.

그가 감히 어떤 일을 하지 않는다고

---

45 임(任): 이생룡은 '임협(任俠)'의 뜻이라고 하였다. 즉, 의로운 일을 하는 것을 '任'이라고 본 것이다.

46 기감어시(其敢於是): 그가 감히 이 일을 할 수 있다. 역사적 사례를 들어 보면, 조(趙)나라 사신의 신분으로 진(秦)나라 조정에 들어간 인상여(藺相如)가 보배를 노리는 진왕(秦王)을 꾸짖어서 조나라의 빼앗긴 성(城)들을 돌려받은 일이 있다. 이것은 '감히 이 일을 한' 용기라고 하겠다.

47 명지(命之): 명(命)은 명명(命名)의 뜻. 그것을 용기라 부를 수 있다는 뜻.

48 기불감어피(其不敢於彼): 그가 감히 그 일을 하지 않는다. 역사적 사례를 보면, 진왕을 꾸짖어 공신(功臣)의 반열에 오른 인상여가 자신의 공을 과시하지 않고 장군 염파(廉頗) 앞에서는 늘 겸손하게 자신을 낮추었다. 이것은 인상여가 용기가 없었기 때문이 아니라 진나라의 강대한 무력 앞에서 장군 염파와 대신 인상여가 합심해야만 조나라를 보존할 수 있기 때문이었다. 이러한 인상여의 처신을 감안하면, 기불감어피(其不敢於彼)는 도리어 커다란 용기가 아닐 수 없다.

해서

害之.
해지

(용기 있다는 명성이) 손상되지는
않는다.

21.

〔經〕力, 刑之所以奮也.
역 형지소이분야

〔경〕힘(力)이란 형체가 운동하는
근거이다.

〔說〕力, 重之謂.
역 중지위

〔설〕힘(力): 그 물체의 무게를 말하는
것이다.

下,
하

(물체를) 내리거나

與[49],
여

들어 올리려면

重奮也.
중분야

그 무게만큼 힘을 써야 한다.

22.

〔經〕生, 刑[50]與知處也.
생 형 여지처야

〔경〕생(生)이란 형체와 지적 능력이
있는 것이다.

〔說〕生, 楹[51]之生,
생 영 지생

〔설〕생(生): 형체와 지적 능력이
가득해야 살 수 있지만

商[52]不可必也.
상 불가필야

늘 그러할 수는 없다.

---

49 여(與): 거(擧) 자의 생략된 형태이며, '들어 올리다'의 뜻.
50 형(刑): 형체(形)의 뜻이다.
51 영(楹): 영(盈) 자로 된 판본이 있으므로 이를 따른다.
52 상(商): 상(常)의 뜻이다. 본문의 의미는 형체와 지적 능력이 가득하지 못하면 사망하게 된다는 뜻인 것 같다.

23.

〔經〕臥⁵³, 知無知⁵⁴也.
와   지무지 야

〔經〕와(臥)란 인식하는 능력이 지각할 수 없게 되는 것이다.

〔說〕

〔설〕원문 없음

24.

〔經〕夢, 臥而以爲然.
몽 와 이 이 이 위 연

〔經〕몽(夢)이란 누워서 자면서 꿈속의 일을 그럴듯하게 여기는 것이다.

〔說〕

〔설〕원문 없음

25.

〔經〕平, 知無欲惡也.
평 지 무 욕 오 야

〔經〕평(平)이란 욕심과 증오 등이 없음을 아는 것이다.

〔說〕平, 惔然⁵⁵.
평   담 연

〔설〕평(平): 편안하고 맑은 것이다.

26.

〔經〕利⁵⁶, 所得而喜也.
이   소 득 이 희 야

〔經〕이(利)란 무언가를 얻는 바가 있어 기뻐하는 것이다.

〔說〕利, 得是而喜,
이 득 시 이 희

則是利也;
즉 시 리 야

〔설〕이(利): 어떤 것을 얻어 기쁜 것이 바로 이로움〔利〕이다.

---

53 와(臥): 누워서 잠을 자다.
54 지무지(知無知): 지(知)는 곧 지각하는 능력, 무지(無知)는 지각할 수 없다는 뜻.
55 담연(惔然): 곧 고요하고 욕심이 없는 마음의 상태를 의미하는 것이다.
56 이(利): 사람에게 이익이 되는 것.

其害也,
기 해 야
그것이 해롭다면

非是也.
비 시 야
기쁘지 않을 것이다.

27.

〔經〕害, 所得而惡也.
해 소 득 이 오 야
〔경〕해(害)란 얻은 바가 싫은 것이다.

〔說〕害, 得是而惡,
해 득 시 이 오
〔설〕해(害): 어떤 것을 얻은 것이 싫다면

則是害也.
즉 시 해 야
바로 해로움〔害〕이다.

其利也,
기 리 야
그것이 이롭다면

非是也.
비 시 야
싫어하지 않을 것이다.

28.

〔經〕治[57], 求[58]得也.
치 구 득 야
〔경〕치(治)란 일의 경중을 얻어
처리하는 것이다.

〔說〕治, 吾事治矣,
치 오 사 치 의
〔설〕치(治): 내가 일을 잘 처리하는
것이니

人有[59]治南北[60].
인 유 치 남 북
다른 사람의 일 또는 동서남북의 일을
잘 처리할 수 있다.

---

57 치(治): 일을 처리한다는 뜻.
58 구(求): 「대취」편에서 "일에 있어 경중을 헤아리는 것을 구(求)라고 한다(於事爲之中而權輕重謂之求)"라고 하였다.
59 유(有): 우(又)와 뜻이 통한다.
60 남북(南北): 동서남북을 다 포함하는 말, 사방의 뜻.

29.

〔經〕譽[61], 明美[62]也.
예 명미 야

〔經〕예(譽)란 남의 장점을 밝히는 것이다.

〔說〕譽之[63], 必其行也;
예지 필기행야

〔說〕예(譽): 반드시 그가 실행하는 것이다.

其言之忻,
기언지흔

그를 칭찬하면 기뻐할 것이며,

使人督[64]之.
사인독 지

다른 사람들로 하여금 그렇게 하도록 독려하는 것이다.

30.

〔經〕誹[65], 明惡也.
비 명악야

〔經〕비(誹)는 악한 행위를 드러내는 것이다.

〔說〕誹, 必其行也,
비 필기행야

〔說〕비(誹): 반드시 그가 나쁜 일을 한다면

其言之忻.[66]
기언지흔

그를 비난하여 부끄럽게 만드는 것이다.

---

61 예(譽): 다른 사람을 칭찬하는 것.

62 명미(明美): 다른 사람의 장점을 드러내는 것.

63 예지(譽之): 지(之) 자는 잘못 부가된 글자로 응당 삭제해야 한다.

64 독(督): 독려하다, 고무하다의 뜻.

65 비(誹): 비난하다, 비방하다.

66 기언지흔(其言之忻): 양계초(梁啓超)의 견해에 따라 흔(忻) 자를 작(作) 자의 오기로 보았다.

31.

〔經〕擧, 擬實[67]也.
거 의 실 야

〔경〕거(擧)란 사물의 실제 모습을 드러내는 것이다.

〔說〕擧, 告以文[68]名,
거 고 이 문 명

〔설〕거(擧): 그 사물의 명칭을 알려 줌으로써

擧彼實也.
거 피 실 야

그것의 실제 모습을 드러내는 것이다.

32.

〔經〕言, 出擧[69]也.
언 출 거 야

〔경〕언(言)이란 드러내려는 사물을 말로 부른 것이다.

〔說〕故言[70]也者,
고 언 야 자

〔설〕언(言): 이러한 까닭에 언(言)이라는 것은

諸口能之,
제 구 능 지

여러 사람이 입으로 말할 수 있는 것이며,

出民[71]者也.
출 민 자 야

사물의 명칭에서 나온 것이다.

民若畫俿[72]也.
민 약 화 호 야

명칭이란 마치 호랑이의 모습대로 호랑이를 묘사하는 것과 같다.

言也,
언 야

언어란

---

67 의실(擬實): 실제 사물을 드러내다, 실제 사물에 견주다.
68 문(文): 이생룡은 지(之) 자의 오기로 보았다. 그것, 그 사물.
69 출거(出擧): 사물의 명칭을 말함으로 그 사물의 모습을 묘사하는 일.
70 고언(故言): 언(言)은 경에서 언급한 언어를 지칭한다.
71 민(民): 손이양은 명(名) 자의 오기로 보았다.
72 호(俿): 호(虎) 자의 이체자(異體字)이다.

謂言猶石[73]致也.
위 언 유 석 치 야

마치 사물을 부르면 그 사물의 실제가
전달되는 것과 같다.

33.

〔經〕且, 且[74]言然[75]也.
차 차 언 연 야

〔경〕차(且)란 '장차(또는 지금 바로)'를
말한다.

〔說〕且, 自前曰且,
차 자 전 왈 차

〔설〕차(且): 일이 일어나기 전부터이면
'장차'가 되며,

自後曰已[76],
자 후 왈 이

일이 일어난 후라면 '이미'가 된다.

方然亦且.
방 연 역 차

지금 일이 지금 일어나는 경우도
'장차'가 된다.

若石者也.[77]
약 석 자 야

34.

〔經〕君, 臣萌[78]通約[79]也.
군 신 맹 통 약 야

〔경〕군(君)이란 신하와 백성에 대해
군(君)과 상반된 명칭으로 부르기로
두루 약속된 것이다.

〔說〕君, 以若[80]名者也.
군 이 약 명 자 야

〔설〕군(君): 이들에 대한 상반된

---

73 석(石): 손이양은 석(石) 자를 명(名) 자의 오기로 보았다.

74 차(且): 이 글자는 잘못 끼어든 것으로 보인다. 삭제하는 것이 타당하다.

75 연(然): '장차 ~하다' 또는 '지금 바로 ~하다'의 뜻.

76 이(已): 이미 일어나 버린 일에 쓴다.

77 약석자야(若石者也): 이 구절은 전후 맥락이 잘 통하지 않는데, 많은 학자가 잘못 끼어든 구절로 추정하고 있다. 삭제하는 것이 타당하다.

78 신맹(臣萌): 신(臣)은 신하, 맹(萌)은 백성이란 뜻.

79 통약(通約): 사회에서 보편적으로 약속된 것을 나타냄.

80 약(若): '若'은 '이것'의 뜻으로, 곧 「경(經)」에 나왔던 조맹(臣萌)을 가리키는 지시대명사이다.

명칭이다.

35.

〔經〕功, 利民也.
　　공 리민야

〔說〕功, 不[81]待時,
　　공 불 대시

　若衣裘[82].
　약 의 구

〔경〕공(功)이란 백성들을 이롭게 하는
것이다.

〔설〕공(功): 반드시 시기를 기다려야
하는데

마치 여름에는 칡옷을 겨울에는
갖옷을 입어야 하는 것과 같다.

36.

〔經〕賞, 上報下之功也.
　　상 상보하지공야

〔說〕賞, 上報下之功也[83].
　　상 상보하지공야

〔경〕상(賞)이란 윗사람이 아랫사람의
공로에 보답하는 것이다.

〔설〕상(賞): 윗사람이 아랫사람의
공로에 보답하는 것이다.

37.

〔經〕罪, 犯禁也.
　　죄 범금야

〔경〕죄(罪)란 금령(禁令)을 어기는
것이다.

81 부(不): 이생룡은 필(必)자의 오기로 보았다.

82 의구(衣裘): 이생룡은 의(衣)는 여름에 입는 칡옷을, 구(裘)는 겨울에 입는 갖옷을 의미한다고
한다.

83 상보하지공야(上報下之功也): 「설」의 구절과 「경」의 구절이 완전히 같다. 이 때문에 「설」의 구
절이 잘못된 것으로 보는 학자가 많으며, 이생룡은 「경」의 구절을 강조하기 위하여 같은 구절
을 반복했다고 풀이하였다.

〔說〕罪, 不在禁,
죄 부재금

〔설〕죄(罪): 금령(禁令)을 범한 것이
아니라면

惟害無罪,
유 해 무 죄

남에게 해를 미쳤다고 해도 죄는 없는
것이며,

殆姑[84].
태 고

죄에 이르지 않는다.

38.

〔經〕罰, 上報下之罪也.
벌 상 보 하 지 죄 야

〔경〕벌(罰)이란 윗사람이 아랫사람의
죄를 처벌하는 것이다.

〔說〕罰, 上報下之罪也[85].
벌 상 보 하 지 죄 야

〔설〕벌(罰): 윗사람이 아랫사람의 죄를
처벌하는 것이다.

39.

〔經〕同, 異而俱之於一也.
동 이 이 구 지 어 일 야

〔경〕동(同)이란 서로 다른 특성에서
일치되는 특성으로 함께 나아가는
것이다.

〔說〕侗[86], 二人俱見是楹也,
동 이 인 구 견 시 영 야

〔설〕동(侗): 두 사람이 함께 기둥을
보고 기둥이라고 여기는 것과 같고,

若事君.
약 사 군

마치 그 누구나 임금을 섬겨야 하는
것과 같다.

---

84 태고(殆姑): 손이양은 태(殆)는 태(隸)의 가차자로 보았는데, 태(隸)는 '미치다'의 뜻이다. 고
(姑)는 고(辜)와 통하는 글자이며 '죄(罪)'의 뜻이다.
85 상보하지죄야(上報下之罪也): 이생룡은 또한 강조하기 위해 똑같은 구절을 쓴 것이라고 하
였다.
86 동(侗): 동(同)과 뜻이 통하는 글자이다.

40.

〔經〕久, 彌⁸⁷異時也.
　　구 미 이 시 야

〔경〕구(久)란 서로 다른 시간들을 두루
포함하는 것이다.

〔說〕久, 古今旦莫⁸⁸.
　　구 고 금 단 모

〔설〕구(久): 옛날부터 지금까지,
아침부터 저녁까지를 두루 포함한다.

41.

〔經〕宇⁸⁹, 彌異所⁹⁰也.
　　우 미 이 소 야

〔경〕우(宇)란 서로 다른 공간을 두루
포함하는 것이다.

〔說〕宇, 東西家⁹¹南北.
　　우 동 서 가 남 북

〔설〕우(宇): 동·서·남·북의 모든
공간을 포함하는 것이다.

42.

〔經〕窮, 或有前不容尺也.
　　궁 혹 유 전 불 용 척 야

〔경〕궁(窮)이란 아마 바로 앞에 한 자의
공간도 용납할 수 없는 것이다.

〔說〕窮, 或不容尺,
　　궁 혹 불 용 척

〔설〕궁(窮): 혹 한 자의 공간도 용납할
수 없다면

有窮;
유 궁

끝이 있는 것이다.

莫不容尺,
막 불 용 척

어느 곳에서도 한 자의 공간을 용납할
수 있다면

87　미(彌): '두루'란 뜻.

88　모(莫): 모(暮)의 고체자(古體字)로, '저녁'의 뜻이다.

89　우(宇): 우(宇)란 공간적 개념이다. 반면 앞에서 나온 구(久)는 시간적 개념이다.

90　소(所): 장소나 공간의 뜻.

91　가(家): 40번「경설」의 문장과 비교해 보면, 가(家) 자는 잘못 끼어든 것 같다.

無窮也.
무 궁 야

끝이 없는 것이다.

43.

〔經〕盡, 莫不然也.
　　진 　막 불 연 야

〔경〕진(盡)이란 모든 사물이 그러하지
않음이 없는 것이다.

〔說〕盡, 但止動.
　　진 　단 지 동

〔설〕진(盡): 모든 사물은 다만 정지하는
것과 운동하는 것의 속성을 가진다.

44.

〔經〕始[92], 當時也.
　　시 　당 시 야

〔경〕시(始)란 처음으로 마주한
시간이다.

〔說〕始, 時,
　　시 　시

〔설〕시(始): 시간(時)이란

　或有久,
　혹 유 구

혹 길 수도 있고

　或無久.
　혹 무 구

혹 길지 않을 수도 있지만,

　始當無久[93].
　시 당 무 구

시(始)란 처음으로 마주한 길지 않은
시간이다.

45.

〔經〕化, 徵易[94]也.
　　화 　징 역 야

〔경〕화(化)란 징험할 수 있는 변화이다.

〔說〕化, 若䵷爲鶉[95].
　　화 　약 왜 위 순

〔설〕화(化): 개구리가 메추라기가 되는
것과 같다.

92　시(始): 시간적 의미로 시작되는 어떠한 시점이다.
93　무구(無久): 어떤 일이 시작되는 시점은 당연히 길지 않은, 짧은 시간일 것이다.
94　징역(徵易): 징(徵)은 '징험하다'의 뜻, 역(易)은 '변화'의 뜻.

46.

〔經〕損, 偏去也.
　　손 편 거 야

〔경〕손(損)이란 사물에서 일부분을 없앤 것이다.

〔說〕損, 偏也者,
　　손 편 야 자

　兼之體也.
　겸 지 체 야

　其體或去或存,
　기 체 혹 거 혹 존

　謂其存者損.
　위 기 존 자 손

〔설〕손(損): 편(偏)이라는 것은

전체(兼)의 부분(體)이다.

전체의 부분은 없어지거나 남아 있을 수 있는데,

그 남아 있는 부분을 손(損)이라고 한다.

47.

〔經〕大, 益.
　　대 익

〔경〕대(大)란 증가된 결과이다.

〔說〕

〔설〕원문 없음

48.

〔經〕儇, 积秖.
　　현 , 구 지

〔경〕현(儇)이란 직선상의 접촉점이다.

95　약왜위순(若蛙爲鶉): 개구리가 메추라기로 변화할 수 있다는 소박한 기화우주관(氣化宇宙觀)은 『장자(莊子)』 「지락(至樂)」의 말미에도 비슷한 구절이 보인다. 오늘날의 과학에 비추어 보면, 자연에 대한 이러한 소박한 관찰은 오류가 없진 않지만, 식물의 성장에 물·흙·세균 등 일정한 기본적 조건이 필요하다고 인식한 점은 매우 탁월한 견해라 하겠다.

96　편(偏):「경설」을 참조해 보면, 편(偏)은 '부분'이라는 뜻이다.

97　겸(兼): 편(偏)과 상대되는 말로 '전체'라는 뜻이다.

98　익(益): 이생룡은 익(益)에는 '증가되다'라는 의미가 있다고 보았으며, 따라서 대(大)는 '증가의 결과'라고 추정했다. 그러나 「경설」 원문이 결여되어 있기 때문에 정확한 의미를 알 수가 없다. 여기서는 이생룡의 설을 따르기로 한다.

99　현(儇): 손이양은 현(儇) 자는 환(環) 자의 잘못이라고 보았다. 곧 직선 위의 둥근 원.

〔說〕儇, 昫民[101]也.
현 구민 야

〔설〕현(儇): 원이 직선 위에서 접촉하는 점들이다.

49.

〔經〕庫[102], 易也.
고 역 야

〔경〕고(庫)란 창고에 저장된 것도 변한다는 뜻이다.

〔說〕庫, 區穴者,
고 구혈자

〔설〕고(庫): 창고의 물건을 가져가면 마치 텅 빈 동굴과 같으나

斯貌常.
사모상

창고의 형체는 예전과 같다.

50.

〔經〕動, 或從[103]也.
동 혹종 야

〔경〕동(動)이란 물체의 부분이 옮겨 가는 것이다.

〔說〕動, 偏祭從[104],
동 편제종

〔설〕동(動): 물체의 부분이 옮겨 가는 것이니

若戶樞免瑟[105].
약호추면슬

마치 움직이는 지도리, 움직이는 뱀, 움직이는 누에 같은 것이다.

---

100 지(秪): 강보창(姜寶昌)은 지(秪)는 저(柢) 자를 잘못 표기한 것인데, 저(柢)란 직선 위에 서 있는 원이 직선과 맞닿는 접촉점이라고 하였다.

101 구민(昫民): 손이양은 구저(俱氐)로 봐야 한다고 했다. 그 뜻은 「경」의 구저(秵柢)와 같다.

102 고(庫): 창고에 저장된 것.

103 혹종(或從): 혹(或)은 '부분'이라는 뜻이다. 손이양은 종(從)은 사(徙) 자의 오기라고 보았다.

104 편제종(偏祭從): 편(偏)은 혹(或)과 마찬가지로 '부분'이라는 뜻이며, 제(祭)는 『광아(廣雅)』 「석언(釋言)」에 의하면 제(際)의 뜻이다. 종(從)은 사(徙) 자의 오기이므로, 결국 '부분이 옮겨 가는 것'으로 풀이된다.

105 호추면슬(戶樞免瑟): 호추(戶樞)는 문을 움직이는 지도리를 말한다. 손이양은 면(免)은 사(蛇) 자로, 슬(瑟)은 잠(蠶) 자로 봐야 한다고 했다.

51.

〔經〕止, 以久[106]也.
　　지 이 구 야

〔說〕止, 無久[107]之不止,
　　지 무 구 　지 부 지

　當牛非馬,
　　당 우 비 마

　若矢過楹.
　　약 시 과 영

　有久[108]之不止,
　　유 구 　지 부 지

　當馬非馬,[109]
　　당 마 비 마

　若人過梁.
　　약 인 과 량

〔경〕지(止)란 일정 정도의 시간이 필요하다.

〔설〕지(止): 아주 짧은 시간은 멈춘 것이 아니라는 것은

소가 말이 아닌 것처럼 명백하며

마치 화살이 기둥을 스치듯이 순식간의 일이다.

지속되는 시간이 멈춘 것이 아니라는 것은

마치 우마가 말이 아니라는 것처럼 명백하며

마치 사람이 다리를 지나듯이 행동이 연속되는 것이다.

52.

〔經〕必, 不已[110]也.
　　필 불 이 야

〔경〕필(必)이란 서로의 주장이 끝이 없는 것이다.

---

106 이구(以久): 이구(以久)는 일정 정도의 시간을 필요로 한다는 것. 즉 멈춤(止)은 일정 정도의 시간(久)을 필요로 한다.

107 무구(無久): 구(久)가 일정 정도의 시간이라면, 무구(無久)란 아주 짧은 시간을 의미한다.

108 유구(有久): 무구(無久)와 반대이며, 어느 정도 연속적인 시간의 길이를 가진 것이다.

109 당마비마(當馬非馬): 『순자』 「정명(正名)」에 '우마비마(牛馬非馬)'라는 명제가 있으므로 당마(當馬)에 우(牛) 자를 보충하여 당우마비마(當牛馬非馬)로 보아야 한다는 견해가 있다. 우마(牛馬)라고 부를 때는 더 큰 개념이므로 마(馬)를 지칭하는 것이 아니라는 뜻.

110 불이(不已): 서로 주장하는 바가 끝이 없는 것.

〔說〕必, 謂臺執[111]者也.
필 위 대 집 자 야

〔설〕필(必): 자신의 주장을 견지하는 것이다.

若兄弟,
약 형 제

예를 들어 형제가 있는데,

一然者,
일 연 자

한 사람은 그러하다고 주장하고,

一不然者.
일 불 연 자

한 사람은 그러하지 아니하다고 주장한다.

必不必也,
필 불 필 야

반드시 그러하다는 주장과 반드시 그러하지 아니하다는 주장이 있다면,

是非必也.
시 비 필 야

시(是)와 비(非)가 반드시 있으리라.

53.

〔經〕平, 同高也.
평 동 고 야

〔경〕평(平)이란 높이가 같은 것이다.

〔說〕

〔설〕원문 없음

54.

〔經〕同長, 以𠦝[112]相盡也.
동 장 이 정 상 진 야

〔경〕동장(同長)이란 두 개의 직선이 서로 같이 끝난다는 것이다.

〔說〕同, 楗[113]與狂[114]之同長也.
동 건 여 광 지 동 장 야

〔설〕동(同): 문의 빗장과 문틀의 길이가 같은 것이다.

---

111 대집(臺執): 『이아(爾雅)』 「석명(釋名)」에 "대는 견지하다는 뜻이다〔臺, 持也〕"라는 구절이 있다. 그래서 '臺執'은 '자신의 주장을 견지하다'라는 뜻이다.

112 정(𠦝): 정(正)의 옛 글자이다.

113 건(楗): 대문 빗장.

114 광(狂): 담계보(譚戒甫)·고형(高亨) 등은 광(框) 자의 오기로 보았다. 광(框)은 '문틀'의 뜻.

55.

〔經〕中, 同長也.
　　중　동장야

〔經〕중(中)이란 원주의 어느 곳에서도 길이가 같은 것이다.

〔說〕中, 心[115],
　　중　심

〔說〕중(中): 원의 중심에서

自是往相若也.
자 시 왕 상 약 야

원주에 이르는 길이가 서로 같은 것이다.

56.

〔經〕厚[116], 有所大也.
　　후　　유 소 대 야

〔經〕후(厚)란 증대될 수 있는 것이다.

〔說〕厚, 惟無[117],
　　후　유 무

〔說〕후(厚): 오직 공간이 없어야만

所大.
소 대

증대될 수 있다.

57.

〔經〕日中[118], 丒南也.
　　일 중　　정 남 야

〔經〕일중(日中)이란 태양이 정남쪽에 있는 것이다.

〔說〕

〔說〕원문 없음

115　심(心): 『묵자』원본에는 심(心) 자가 중(中) 자 앞에 위치하고 있으나, 경에서 중(中) 자를 표제자(標題字)로 본 이상 「경설」에서도 응당 중(中) 자를 표제자로 보고, 심(心) 자를 중(中) 자 다음에 둬야 한다.

116　후(厚): 부피가 있는 것, 체적을 가진 것.

117　유무(惟無): 뒤에 나오는 두 글자 소대(所大)와 그대로 붙여서 해석하면, 경의 설명과 정반대의 의미가 되어 버리기 때문에 많은 학자가 빠진 글자가 있을 것으로 추정하고 있다. 굳이 글자를 보충하지 않는다면 어떻게 풀이할 수 있을 것인가? 무(無) 자를 공간이 없는 경우, 즉 비어야 무언가를 채워 넣을 수 있다는 조건으로 보는 해석도 생각해 볼 수 있을 것이다.

118　일중(日中): 정오(正午).

58.

〔經〕直¹¹⁹, 參也.
　　직　　　삼 야

〔說〕

〔경〕직(直)이란 세 가닥의 점으로
이루어진 것이다.

〔설〕원문 없음

59.

〔經〕圜¹²⁰, 一中同長¹²¹也.
　　환　　일 중 동 장　야

〔說〕圜, 規寫攴¹²²也.
　　환　규 사 복　　야

〔경〕환(圜)이란 하나의 원 중심에서
원주까지는 어디나 길이가 같은
것이다.

〔설〕환(圜): 컴퍼스를 교차시키면서
그린 것이다.

60.

〔經〕方, 柱隅¹²³四謹¹²⁴也.
　　방　주 우　사 환　야

〔說〕方, 矩見攴也.
　　방　구 견 복 야

〔경〕방(方)이란 네 개의 변과 네 개의
모서리를 합한 것이다.

〔설〕방(方): 곱자를 이용하여 네 개의
모서리를 교차시킨 것이다.

---

119 직(直): 직선의 뜻으로, 나무 위에 세 가닥의 점을 치고 직선을 연장하는 방법으로 목공일이었
　　을 것으로 추정된다.
120 환(圜): 원(圓)과 동일한 뜻을 가진 글자이다.
121 일중동장(一中同長): 일중(一中)이란 원의 중심을 말한다. 동장(同長)이란 그려진 원주와
　　원의 중심점은 어느 지점에서도 직선의 길이가 같다는 뜻이다.
122 복(攴): 손이양은 복(攴)을 교(交) 자의 오기로 보았다.
123 주우(柱隅): 주(柱)는 정사각형의 변을 가리키며 우(隅)는 정사각형의 모서리를 가리킨다.
124 사환(四謹): 환(謹)은 합(合)의 뜻으로, 사환(四謹)이란 '네 개의 모서리가 합쳐지다'라는 뜻.

61.

〔經〕倍, 爲二也.
배 위 이 야

〔經〕배(倍)란 두 배가 된다는 뜻이다.

〔說〕倍, 二尺與尺,
배 이 척 여 척

〔說〕배(倍): 두 자와 한 자,

但去一.
단 거 일

단지 두 자에서 한 자만큼 뺀 것이 한 자이다.

62.

〔經〕端, 體之無序而最前者也.
단 체 지 무 서 이 최 전 자 야

〔經〕단(端)이란 어떤 물체에서 순서로 보아 그보다 더 앞에 있는 것이 없는 지점이다.

〔說〕端, 是無同也.
단 시 무 동 야

〔說〕단(端): 그것과 동일한 것이 없는 지점이다.

63.

〔經〕有間[125], 中也.
유 간 중 야

〔經〕유간(有間)이란 두 물체 사이의 틈이라는 뜻이다.

〔說〕有間, 謂夾[126]之者也.
유 간 위 협 지 자 야

〔說〕유간(有間): 두 물체 사이에 끼여 있는 지점을 말한다.

64.

〔經〕間, 不及旁也.
간 불 급 방 야

〔經〕간(間)이란 양 옆의 물체에 미치지

---

125 유간(有間): '공간이 있다'라는 뜻으로, '틈'이라는 말과 같다.
126 협(夾): 위 구절에 나오는 중(中)은 두 물체 사이의 공간을 뜻하는 말인데, 협(夾)은 '두 물체 사이에 끼여 있다'라는 뜻이다.

않는 틈이다.

〔說〕間, 謂夾者也.
　간 위협자야

〔설〕간(間): 두 물체 사이에 끼인
공간을 말함이다.

尺¹²⁷前於區穴¹²⁸而後於端¹²⁹.
　척 전어구혈 이후어단

선은 면의 조성 부분이고 점으로부터
조성된다.

不夾於端與區內.
불협어단여구내

그러나 선은 점과 면 사이에 끼인 것은
아니다.

及及¹³⁰非齊¹³¹之及也.
급급 비제 지급야

동일 평면상에서 선과 선이 평행하지
않으면 서로 만나게 된다.

65.

〔經〕繩, 間虛也.
　노 간허야

〔경〕노(繩)란 물체 사이에 있는 틈이다.

〔說〕繩, 間虛也者.
　노 간허야자

〔설〕노(繩): 물체 사이에 있는 틈이다.

兩木之間,
양목지간

두 나무 사이에는

謂其無木者也.
위기무목자야

그곳에 나무가 없음을 말함이다.

66.

〔經〕盈, 莫不有也.
　영 막불유야

〔경〕영(盈)이란 있지 않는 곳이 없다는

---

127 척(尺): 기하학(幾何學)상의 선(線)을 가리킨다.
128 구혈(區穴): 구(區)는 기하학상의 면(面)을 가리킨다. 이 구절의 문맥과 대구의 각도로부터
　　보면 혈(穴)자는 응당 삭제해야 한다.
129 단(端): 기하학상의 점(點)을 가리킨다.
130 급급(及及): 척척(尺尺)의 오기로, 즉 선선(線線)이다.
131 제(齊): 제(齊)는 제평(齊平)으로, 기하학상의 평행(平行)을 가리킨다.

뜻이다.

〔說〕盈, 無盈無厚,
영 무영무후

〔설〕영(盈): 가득하지 않으면 부피가 없다.

於石無所往而不得.¹³²
어 석 무 소 왕 이 부 득

돌을 예로 들면 전체가 돌이 되지 않으면 부피〔盈〕를 얻을 수 없는 것이다.

67.

〔經〕堅白¹³³, 不相外也¹³⁴.
견 백 　 불 상 외 야

〔경〕흰 돌의 딱딱하고 흰 성질은 서로를 배척하지 않는다.

〔說〕堅白, 異處不相盈,
견 백 이 처 불 상 영

〔설〕견백(堅白): 흰 돌의 딱딱하고 흰 성질이 서로 다른 곳에 있어 돌을 가득 채우지 않는다면

相非¹³⁵,
상 비

서로 어긋나는 것이니

是相外也.
시 상 외 야

두 성질이 서로를 배척하는 것이다.

68.

〔經〕攖, 相得也.
영 상 득 야

〔경〕영(攖)이란 서로 맞닿는 것이다.

---

132 어석무소왕이부득(於石無所往而不得): 단단하고 하얀 돌(堅白石)의 사례처럼 단단하거나 하얀 성질은 돌 전체에 가득하지 않으면 안 된다는 뜻.

133 견백(堅白): 예를 들어 흰 돌이 있다면, 그 돌은 흰(白) 성질과 딱딱한(堅) 성질을 동시에 가지게 된다. '견백'은 흰색의 돌처럼 서로 다른 두 가지 성질이 하나의 물체에 존재하는 경우이다.

134 불상외야(不相外也): 곧 서로 배척하는 것이 아니다. 흰색의 돌은 '흰' 성질과 '딱딱한' 성질이 돌에 함께 있다. 따라서 두 성질이 서로 배척하여 밖으로 밀어내는 것이 아니다.

135 상비(相非): 비(非)는 '어긋나다', '서로 부정하다'의 뜻이다. 흰색의 돌이라면 흰 성질도 돌에 가득하고 딱딱한 성질도 돌에 가득해야 한다. 그렇지 않으면 서로 어긋나는 것이다.

〔說〕攖, 尺與尺俱不盡,
영 척 여 척 구 부 진

〔설〕영(攖): 한 자 길이의 선과 선은 완전히 합쳐지지 않으며,

端與端但盡,
단 여 단 단 진

점과 점은 합쳐질 수 있지만

尺與端或盡或不盡,
척 여 단 혹 진 혹 부 진

선과 점은 혹 합쳐지기도 하고, 혹 합쳐지지 않기도 한다.

堅白之攖相盡,
견 백 지 영 상 진

흰 돌의 딱딱하고 흰 성질은 만나서 완전히 합쳐지는데,

體攖,
체 영

개체가 맞닿는 것은

不相盡.
부 상 진

서로 완전히 합쳐지지 않는다.

69.

〔經〕仳[136], 有以相攖,
비 유 이 상 영

〔경〕비(仳)란 나란히 비교하는 것으로 어떤 때는 서로 맞닿게 하여 비교하고

有不相攖也.
유 불 상 영 야

어떤 때는 서로 맞닿게 하지 않고 비교한다.

〔說〕仳, 兩有端而後可.
비 양 유 단 이 후 가

〔설〕비(仳): 두 물체는 끝이 있은 후에 비교할 수 있다.

70.

〔經〕次, 無間而不攖攖[137]也.
차 무 간 이 불 영 영 야

〔경〕차(次)란 (물체의 틈이) 없으면서도

---

136 비(仳): 왕인지는 비(仳) 자와 비(比) 자는 뜻이 통하며 비(比) 자는 '병열하다'의 뜻이라고 하였다.

137 영영(攖攖): 손이양은 영영(攖攖)은 응당 상영(相攖)이 되어야 하며, 두 물체가 차례로 배열되면서 사이에 틈이 없지만 서로 맞닿지는 않았으므로 불상영(不相攖)이라고 한 것이라고 하였다.

맞닿지는 않는 것이다.

〔說〕次, 無厚而後可.
　　차　무　후　이　후　가

〔설〕차(次): 부피가 없게 된 이후에 가능하다.

71.

〔經〕法[138], 所若[139]而然也.
　　법　　소　약　이　연　야

법(法)이란 좇는 대로 그렇게 되는 것이다.

〔說〕法, 意·規·員三也俱,
　　법　의　규　원　삼　야　구

〔설〕법(法): (원을 그릴)
의도·컴퍼스·원의 세 가지가 모두 갖추어지면

可以爲法.
가　이　위　법

법칙이 될 수 있다.

72.

〔經〕佴, 所然[140]也.
　　이　소　연　야

〔경〕이(佴)란 순순히 따르는 것이다.

〔說〕佴, 然也者,
　　이　연　야　자

〔설〕이(佴): 따른다는 것은

民若法[141]也.
민　약　법　야

백성들이 법을 따르는 것이다.

73.

〔經〕說, 所以明也.
　　설　소　이　명　야

〔경〕설(說)이란 그러한 까닭을 밝히는 것이다.

---

138 법(法): 법칙.
139 소약(所若): 약(若)은 정해진 대로 좇아가는 것이다. 예를 들면, 수학적 법칙이란 명제대로 실행한다면 정답을 얻을 수 있는 것과 같다.
140 소연(所然): 손이양은 '순종하다'의 뜻에 가깝다고 하였다.
141 약법(若法): 약(若)은 '따르다'는 뜻이다. '약법'은 '법을 따르다'라는 뜻.

〔說〕 〔설〕원문 없음

74.

〔經〕彼[142], 不可兩不可也.
　　　피　　 불가량불가야

〔경〕피(彼)란 두 가지 다 옳지 않을
수는 없는 것이다.

〔說〕彼, 凡牛樞[143]非牛,
　　　피　범우추　비우

〔설〕피(彼): 대개 소 형태의 물체와
소는

兩也,
양야

두 가지인 것이니,

無以非也.
무이비야

두 가지 모두 소가 아닐 수는 없다.

75.

〔經〕辯, 爭彼也.
　　　변　쟁피야

〔경〕변(辯)이란 어떤 대상으로 다투는
것이다.

辯勝,
변승

논쟁에서 이기는 것은

當也.
당야

견해가 타당한 것이다.

〔說〕辯, 或謂之牛,
　　　변　혹위지우

〔설〕변(辯): 어떤 사람은 그것을 소라고
부르고,

或謂之非牛,
혹위지비우

어떤 사람은 그것을 소가 아닌 것으로
부른다면,

是爭彼也.
시쟁피야

이는 저 대상을 가지고 논쟁하는
것이다.

---

142 피(彼): 피(彼)는 어떤 대상을 가리키는 말이다.

143 우추(牛樞): 여기서 추(樞)의 정확한 의미는 미상이다. 손이양은 나무의 일종으로 보고 있는
데, 아마 소 모양으로 생긴 나무가 아닌가 한다.

是不俱當,[144] _{시 불 구 당}	이 경우 양쪽이 다 이길 수는 없으며,
不俱當, _{불 구 당}	양쪽이 다 이길 수 없다면,
必或不當, _{필 혹 부 당}	반드시 어느 한쪽이 타당하지 않은 것이니,
不若當犬.[145] _{불 약 당 견}	(소를) 개라고 하는 것보다 못한 것이다.

76.

〔經〕爲, 窮知而㥦[146]於欲也. _{위 궁 지 이 현　어 욕 야}	〔경〕위(爲)는 욕심에 얽매여 있는 지혜를 다 짜내는 것이다.
〔說〕爲, 欲蘿[147]其指, _{위 욕 양　기 지}	〔설〕위(爲): 그 손가락을 보존하려고 하다가,
智不知其害, _{지 부 지 기 해}	지혜로 그 일의 해로움을 알지 못하는 것은
是智之罪也. _{시 지 지 죄 야}	지혜의 허물이 된다.
若智之愼之也, _{약 지 지 신 지 야}	만약 지혜로 그 일을 신중하게 처리한다면,
無遺於其害也. _{무 유 어 기 해 야}	그 일의 해로움이 나타나지 않을 것이다.

---

144 당(當): 답게보는 '승(勝)' 자가 되어야 한다고 했다.
145 불약당견(不若當犬): 불약(不若)은 '~만 못하다'는 뜻. 당견(當犬)은 '개로 간주하다'라는 뜻인데, 앞 구절에서 소와 소 아닌 것을 예로 들고 있으므로 '소를 개로 간주하다'라는 뜻. 따라서 전체 의미는 '소를 개로 간주함만 못한 것이다'라는 뜻이 된다.
146 현(㥦): 현(懸)과 같은데, '묶다'라는 뜻이다.
147 양(蘿): 양(養)의 다른 글자.

而猶欲難之,
이 유 욕 양 지

그러나 도리어 손가락을 보존하려고 하면

則離148之.
즉 리 지

해로운 일을 당하게 된다.

是猶食脯也.
시 유 식 포 야

이것은 마치 말린 고기를 먹는 일과 같다.

騷149之利害,
소 지 리 해

누린내의 이해는

未可知也.
미 가 지 야

좋을지 나쁠지 알 수 없는 것이다.

欲而騷,150
욕 이 소

누린 냄새에도 먹고자 하는 것은

是不以所疑止所欲也.
시 불 이 소 의 지 소 욕 야

이것은 누린 냄새의 의심스러움이 먹으려는 욕심을 그치게 할 수 없는 것이다.

肺外之利害,
장 외 지 리 해

담장 밖의 이해관계는

未可知也.
미 가 지 야

알 수가 없다.

趨之而得力151,
추 지 이 득 력

담장 밖으로 쫓아가면 돈을 얻는다 해도

則弗趨也.
즉 불 추 야

곧바로 쫓아가지 않는다.

是以所疑止所欲也.
시 이 소 의 지 소 욕 야

이것은 누린 냄새를 의심하는 마음이 먹으려는 욕심을 그치게 한 것이다.

觀爲'窮知而懸於欲'之理,
관 위 궁 지 이 현 어 욕 지 리

'욕심에 매여 있는 지혜를 다

---

148 이(離): 이(罹)와 통하는 글자로 '재앙을 만나다'라는 뜻이다.

149 소(騷): 필원은 조(臊) 자와 동음자로 보았다. 곧 말린 고기에서 나는 누린 냄새를 의미한다.

150 욕이소(欲而騷): 손이양은 욕이득소(欲而得騷)라고 하여, 득(得) 자를 첨가하였다.

151 득력(得力): 손이양은 역(力)은 도(刀)가 되어야 한다고 했다. 고대에는 칼 모양의 돈, 곧 '도전(刀錢)'이 화폐로 통용되었다.

쥐어짠다'는 이치를 살펴보면,

養脯而非智也,
양 포 이 비 지 야

말린 고기를 먹는 것은 지혜롭지
않으며,

養指而非愚也,
양 지 이 비 우 야

손가락을 보존한다 해도 어리석은
일이 아니니,

所爲與所不爲相疑也,
소 위 여 소 불 위 상 의 야

해야 하는 바와 하지 말아야 할 바가
서로 의심된다면,

非謀也.
비 모 야

도모할 일이 아니다.

77.

〔經〕已[152], 成, 亡[153].
이   성 망

〔경〕이(已)란 이루어진다는 뜻도 있고
없어진다는 뜻도 있다.

〔說〕已, 爲衣,
이 위 의

〔설〕이(已): 옷을 만드는데,

成也.
성 야

옷이 다 만들어진 상태이다.

治病,
치 병

병을 치료하는데,

亡也.
망 야

병이 다 없어진 상태이다.

78.

〔經〕使, 謂[154], 故[155].
사 위   고

〔경〕사(使)란 명령을 내리고 그렇게

---

152 이(已): '일이 이미 이루어지다'라는 뜻.
153 망(亡): 무(無) 자와 뜻이 통하는 글자로, 없어진다는 뜻. 「경설」의 사례를 보면, '병이 없어지다'라는 뜻으로 쓰였다.
154 위(謂): 명령하다. 알리다.
155 고(故): 『설문해자』에서는 "고(故)는 시켜서 하게 하는 것이다(故, 使爲之也)'라고 하였다.

되도록 하는 것이다.

〔說〕使, 令謂,
　　사 령 위

〔설〕사(使): 명령하는 말이

　　謂也.
　　위 야

위(謂)이다.

　　不必成濕[156].
　　불 필 성 습

명령만으로는 일의 성패를 먼저
결정할 수 없다.

　　故也,
　　고 야

시켜서 하게 하는 것은

　　必待所爲之成也.
　　필 대 소 위 지 성 야

하려는 일이 이루어질 것을 반드시
기대하는 것이다.

79.

〔經〕名, 達·類·私[157].
　　명 달 유 사

〔경〕명(名)에는 달명(達名)·유명(類名)·
사명(私名)이 있다.

〔說〕名, 物,
　　명 물

〔설〕명(名): 사물이란

　　達也,
　　달 야

달명(達名)으로,

　　有實必待文多[158]也;
　　유 실 필 대 문 다 야

어떤 실체가 있으면 반드시 그 명칭에
의지하는 것이다.

　　命之馬,
　　명 지 마

어떤 실체를 말이라고 부른다면

　　類也,
　　유 야

유명(類名)으로,

---

156 성습(成濕): 손이양은 습(濕)은 뢰(儡) 자를 잘못 쓴 것이라고 하였다. 뢰(儡)는 '패배'의 뜻이
다. 따라서 성습(成濕)은 '성패'의 뜻이다.
157 명, 달·유·사(名, 達·類·私): 달명(達名)이란 보편적인 명칭(곧 가장 큰 범위의 명사)에 해당
하며, 유명(類名)이란 특정 부류의 명칭으로 달명보다 범위가 좁은 명사이고, 사명(私名)이
란 고유명사와 같이 그 사물만을 지칭하는 명사이다.
158 다(多): 손이양은 다(多)는 명(名) 자를 잘못 쓴 것 같다고 하였다.

若實也者必以是名也; <small>약 실 야 자 필 이 시 명 야</small>	만약 실체가 있다면 반드시 그 사물의 명칭이 있는 것이다.
命之臧, <small>명 지 장</small>	종을 종이라고 부르면
私也, <small>사 야</small>	사명(私名)으로,
是名也, <small>시 명 야</small>	이러한 명칭은
止於是實也. <small>지 어 시 실 야</small>	그 실체를 지칭함에 그치는 것이다.
聲出口, <small>성 출 구</small>	소리가 입에서 나와
俱有名, <small>구 유 명</small>	어떤 명칭이 존재함은
若姓字. <small>약 성 자</small>	마치 사람에게 성과 이름이 있는 것과 같다.

80.

〔經〕謂[159], 移·舉·加[160]. <small>위　　이 거 가</small>	〔경〕위(謂)란 사물의 명칭을 부르는 방법인데 이(移)·거(舉)·가(加)가 있다.
〔說〕謂, 灑狗犬, <small>위 쇄 구 견</small>	〔설〕위(謂): 개를 구(狗)라고 부르다가 견(犬)이라고 바꾸어 부르면
命[161]也; <small>명 야</small>	이(移)인 것이다.
狗犬, <small>구 견</small>	개를 구(狗)나 견(犬)으로 부르면
舉也; <small>거 야</small>	거(舉)인 것이다.

---

159 위(謂): 위(謂)란 사물을 부르는 호칭 같은 것으로, 이(移)·거(舉)·가(加)의 세 가지가 있다.

160 이·거·가(移·舉·加): 이(移)는 어떤 사물을 다른 명칭으로 부르는 것이며, 거(舉)는 어느 하나의 명칭을 대표로 하여 부르는 것이며, 가(加)는 사물을 부르는데 감정적 색채를 덧붙여 그 이름을 부르는 것이다.

161 명(命): 「경」의 구절을 참고하면, 명(命)은 명(命)을 잘못 쓴 것 같다.

叱狗, 　　　　　　개를 부르면서 꾸짖듯이 부르면
질 구

加也. 　　　　　　가(加)인 것이다.
가 야

81.

〔經〕知, 聞·說·親·名·實·合·爲[162].
　　　지 문 설 친 명 실 합 위

　　　　　　　　　　〔경〕지(知)에는 문지(聞知)·설지(說知)·
　　　　　　　　　　친지(親知)·명지(名知)·실지(實知)·
　　　　　　　　　　합지(合知)·위지(爲知)가 있다.

〔說〕知, 傳受之, 　　　　　　〔설〕지(知): 전수받아서 아는 것이
　　　지 전 수 지

聞也; 　　　　　　　　문(聞)이다.
문 야

方不㢓,[163] 　　　　　　드러나지 않은 것을 추리하여 아는
방 부 장 　　　　　　　것이

說也; 　　　　　　　　설(說)이다.
설 야

身觀焉, 　　　　　　몸소 관찰하여 아는 것이
신 관 언

親也; 　　　　　　　　친(親)이다.
친 야

所以謂, 　　　　　　사물에 이름을 붙여 아는 것이
소 이 위

名也; 　　　　　　　　명(名)이다.
명 야

所謂, 　　　　　　이름 붙인 대상을 아는 것이
소 위

---

162 지, 문·설·친·명·실·합·위(知, 聞·說·親·名·實·合·爲): 문(聞)이란 전수받아서 알게 된
지식이며, 설(說)은 추론하여 알게 된 지식이며, 친(親)은 몸소 관찰하여 얻은 지식이며, 명
(名)은 개념과 이론적 지식이며, 실(實)은 실제 사실에 대한 지식이며, 합(合)은 이론과 실제
가 결합된 지식이며, 위(爲)는 스스로 깨달아 행동하는 것, 곧 실천적 지식이다.
163 방부장(方不㢓): 방(方)은 추측이나 추리의 뜻이다. 부장(不㢓)은 불창(不彰)으로, '드러나
지 않다'라는 뜻이다.

實也; 실 야	실(實)이다.
名實耦,[164] 명 실 우	이름과 실제 대상을 함께 아는 것이
合也; 합 야	합(合)이다.
志行, 지 행	뜻을 세워 실행하는 것이
爲也. 위 야	위(爲)이다.

82.

〔經〕聞, 傳·親[165]. 문 전 친	〔경〕문(聞)에는 전해 들은 것〔傳聞〕과 직접 들은 것〔親聞〕이 있다.
〔說〕聞, 或告之, 문 혹 고 지	〔설〕문(聞): 어떤 사람이 알려 주어 아는 지식은
傳也; 전 야	전(傳)이다.
身觀焉, 신 관 언	몸소 관찰하여 얻은 지식은
親也. 친 야	친(親)이다.

83.

〔經〕見, 體, 盡[166]. 견 체 진	〔경〕견(見)에는 부분적으로 살펴보는 것〔體〕과 전체적으로 살펴보는

---

164 명실우(名實耦): 명실(名實)은 '명칭과 실제 대상', 우(耦)는 '결합하다'라는 뜻이다. 즉, '명칭과 실제 대상이 부합하다'라는 뜻이다.

165 전·친(傳親): 전(傳)이란 다른 사람에게 전해 들은 지식이며, 친(親)이란 스스로 관찰하여 얻은 지식이다.

166 체, 진(體, 盡): 묵자의 논리학 용어에서 체(體)는 전체의 일부를 의미하는 말이며, 진(盡)은 전체를 의미하는 말이다.

것〔盡〕이 있다.

〔說〕見, 時者[167],
   견 시 자

〔설〕견(見): 한 군데만 살펴보는 것은

體也;
체 야

부분적 관찰이다.

二者,
이 자

두 가지를 다 본다면

盡也.
진 야

전체적 관찰이다.

84.

〔經〕合, 舌·宜·必[168].
  합 정 의 필

〔경〕합(合)에는 정합(正合)·의합(宜合)·
필합(必合)이 있다.

〔說〕合, 兵立, 反中[169],
  합 병립 반중

〔설〕합(合): 화살을 쏘아 과녁에 맞히게
되면,

志工[170],
지 공

효과가 나타난 것이니

正也;
정 야

정합(正合)이다.

臧之爲,[171]
장 지 위

(종을) 종으로 부르는 것은

宜也;
의 야

의합(宜合)이다.

---

167 시자(時者): 손이양은 시(時) 자는 특(特) 자의 오기라고 지적하였다. 『광아(廣雅)』「석고(釋詁)」에서 "특(特)은 독(獨)의 뜻이다〔特, 獨也〕"라고 하였다. 정현(鄭玄)의 『의례(儀禮)』 주석에서 "특(特)은 일(一)과 같다〔特, 猶一也〕"라고 하였다.

168 합, 정·의·필(合, 舌·宜·必): 합(合)은 이름과 실제가 부합하는 것으로, 정합(正合)·의합(宜合)·필합(必合)이 있다.

169 병립, 반중(兵立, 反中): 여기서의 병(兵) 자는 의미가 불분명하다. 이 구절의 의미 맥락을 살펴보면 응당 병(並) 자로 보는 것이 맞다. 담계보는 명(名)과 실(實)은 대비되는 짝으로, 이 때문에 병립(並立)이라고 한 것이라고 하였다.

170 지공(志工): 공(工)은 공(功)의 뜻이므로 '지공(志工)'은 '효과가 나타나다'라는 뜻이다.

171 장지위(臧之爲): 장(臧)은 종 또는 하인의 뜻이다. 위(爲)는 위(謂)와 통한다. 곧 '종을 종으로 부르다'라는 뜻이다. 종을 종으로 부르는 것은 명과 실이 부합하는 것이다.

非彼必不有,
비 피 필 불 유

저것이 아니면 반드시 존재하지 않는 것은

必也;
필 야

필합(必合)이다.

聖者用而勿必.
성 자 용 이 물 필

성자는 합을 쓴다 해도 필합을 쓰지는 않는다.

必也者, 可勿疑.
필 야 자 가 물 의

필합이라는 것은 의심할 수 없는 것이다.

85.

〔經〕𤰞[172], 欲𤰞, 權利;
정 욕 정 권 리

〔경〕정(𤰞)이란 바르게 하려면 저울의 이로움을 얻는 것이다.

惡𤰞, 權害.
오 정 권 해

바르게 함이 싫다면 저울의 해로움을 얻는 것이다.

〔說〕𤰞, 權者兩[173]而勿偏.
정 권 자 량 이 물 편

〔설〕정(𤰞): 저울대는 두 가지(이로움과 해로움)에서 치우치지 않는 것이다.

86.

〔經〕爲, 存·亡·易·蕩·治·化[174].
위 존 망 역 탕 치 화

〔경〕위(爲)에는 보존하는 것, 없애 버리는 것, 사고파는 것, 닳아 없어지게

---

172 정(𤰞): 원문에는 정(𤰞)이란 표제어가 없지만 양계초의 견해를 참고하여 '정(𤰞)' 자를 부가하였다. 정(𤰞)이란 어느 쪽으로도 기울어지지 않고 올바른 방향을 가리키는 것을 의미한다.

173 양(兩): 두 가지란 곧 이로움과 해로움을 가리킨다.

174 존·망·역·탕·치·화(存·亡·易·蕩·治·化): 이 여섯 가지는 행위의 여섯 가지 형식이라 볼 수 있다. 곧 보존하는 것, 없애 버리는 것, 사고파는 것, 닳아 없어지게 하는 것, 다스리는 것, 변화하게 하는 것이다.

하는 것, 다스리는 것, 변화하게 하는
것이 있다.

〔說〕爲, 早臺[175],
　　　　위　조　대

存也;
존　야

病,
병

亡也;
망　야

買鬻,
매　죽

易也;
역　야

霄[176]盡,
소　　진

蕩也;
탕　야

順長,
순　장

治也;
치　야

鼃買,[177]
와　매

化也.
화　야

〔설〕위(爲): 갑옷과 누대를 만드는 것은

성(城)을 보존하는 것이다.

병을 다스림은

증상을 없애는 것이다.

사고파는 것은

물건을 바꾸는 것이다.

소진된다는 것은

다 없어지는 것이다.

천도(天道)에 순응하여 성장시키는
것은

다스리는 것이다.

개구리와 쥐 등은

변화한다.

---

175 조대(早臺): 손이양은 조(早)를 갑(甲)의 오기로 보았다. 갑대(甲臺)라는 것은 결국 성문 위
　　의 누대(樓臺)인데 갑옷처럼 성을 지키기 위한 도구다.
176 소(霄): 소(霄)는 소(消)와 뜻이 통한다. 『설문해자』에 "소(消)는 다하다는 뜻이다〔消, 盡也〕"
　　라고 하였다.
177 와매(鼃買): 손이양은 매(買) 자를 서(鼠) 자의 오기로 보았다. 옛사람들은 개구리나 쥐가 메
　　추라기〔鶉〕로 변할 수 있을 것으로 믿었다고 한다.

87.

〔經〕同, 重·體·合·類.
　　동　중　체　합　류

〔경〕동(同)에는
중동(重同)·체동(體同)·
합동(合同)·유동(類同)이 있다.

〔說〕同, 二名一實,
　　동　이명일실

〔설〕동(同): 하나의 실체를 두 가지의
명칭으로 부르는 것을

　重同也;
　증동야

중동(重同)이라고 한다.

　不外於兼[178],
　불외어겸

전체의 어떤 부분을 벗어나지 않는
것을

　體同也;
　체동야

체동(體同)이라고 한다.

　俱處一室,
　구처일실

모두가 한 방에 있는 것을

　合同也;
　합동야

합동(合同)이라고 한다.

　有以同,
　유이동

어떤 사물에서 같은 부분이 있는 것을

　類同也.
　유동야

유동(類同)이라고 한다.

88.

〔經〕異[179], 二·不體·不合·不類.
　　이　　이　불체　불합　불류

〔경〕이(異)에는 이(二)·불체(不體)·
불합(不合)·불류(不類)가 있다.

〔說〕異, 二必異[180],
　　이　이필이

〔설〕이(異): 두 가지가 완전히 차이 나는
것을

---

178 겸(兼): 『경』의 다른 구절에서 나타나듯이 묵자의 특유한 용어로 '전체'라는 뜻이다.
179 이(異): 차이.
180 이필이(二必異): 두 개의 완전히 차이나는 것.

二也; _{이 야}	이이(二異)라고 한다.
不連屬[181], _{불 연 속}	부분과 전체가 서로 관련이 없는 것을
不體也; _{불 체 야}	불체이(不體異)라고 한다.
不同所[182], _{부 동 소}	서로 다른 범주에 속하는 것은
不合也; _{불 합 야}	불합이(不合異)라고 한다.
不有同, _{불 유 동}	부분적으로도 같은 성질이 없는 것은
不類也. _{불 류 야}	불류이(不類異)라고 한다.

89.

〔經〕同異交得[183], 放[184]有無. _{동 이 교 득　　방 유 무}	〔경〕동이교득(同異交得)이란 유(有)와 무(無)를 비교하는 것과 같다.
〔說〕同異交得, 於富家良[185], _{동 이 교 득　어 부 가 량}	〔설〕동이교득(同異交得): 부잣집에 밥을 빌어 보아야
恕[186]有無也; _{서　유 무 야}	그 집에 있는 것과 없는 것을 안다.
比度, _{비 탁}	비교하고 헤아려 보아야
多少也; _{다 소 야}	많고 적음을 안다.
免蚓還圜,[187] _{면 인 환 원}	뱀과 지렁이 등이 꿈틀거리며 가는

---

181 불연속(不連續): 부분과 전체가 관련되지 않는 것.
182 부동소(不同所): 두 가지 명칭이 부분적으로도 같은 부분이 없는 것.
183 동이교득(同異交得): '같은 점'과 '다른 점'을 비교하여 차이를 아는 것.
184 방(放): 비(比)와 뜻이 통하는 글자이다. 비교하는 것.
185 어부가량(於富家良): 손이양은 양(良) 자를 양(食) 자의 오기로 보고, 부잣집에 밥을 빌러 가
　　다는 뜻으로 보았다.
186 서(恕): 지(恕)와 뜻이 통하는 글자로, '알다'라는 뜻이다.

것은

去就也;[188]
거 취 야

물러감과 나아감이 있는 것이다.

鳥折用桐,[189]
조 절 용 동

나무 인형을 오동나무로 만들면

堅柔也;
견 유 야

그 딱딱함과 사람의 부드러움의
차이가 있다.

劍尤早,[190]
검 우 조

칼·창과 갑옷은

死生也;
사 생 야

죽이는 것과 살리는 것이다.

處室子,[191]
처 실 자

처녀는

子母長少也;
자 모 장 소 야

그녀의 어머니와 나이가 많고 적은
차이가 있다.

兩絶勝,[192]
양 절 승

두 가지 색깔이 우위를 다투는데

白黑也;
백 흑 야

흰색과 검은색이다.

中央,
중 앙

중앙이 있으면

旁[193]也;
방   야

사방이 있다.

---

187 면인환원(免蚓還圜): 손이양은 면(免)은 '它(뱀 사)' 자의 오기로 보았다. 인(蚓)은 지렁이. 환원(還圜)은 선환(旋環)으로, 곧 '꿈틀거리며 나아가다'라는 뜻이다. 이를 종합해 보면, 뱀과 지렁이가 꿈틀거리며 나아간다는 뜻이다.

188 거취야(去就也): 거(去)는 물러감이고 취(就)는 나아감이다. 곧 뱀과 지렁이는 물러감과 나아감을 반복하며 간다는 것이다.

189 조절용동(鳥折用桐): 손이양은 조절(鳥折)은 상경(象梗)으로, 곧 사람처럼 만든 나무 인형이라고 한다. 따라서 조절용동(鳥折用桐)은 오동나무로 만든 나무 인형이라는 뜻이다.

190 검우조(劍尤早): 손이양은 우조(尤早)는 과갑(戈甲)을 잘못 쓴 것이라고 했다. 따라서 검우조(劍尤早)는 '칼·창과 갑옷'이라는 뜻이다.

191 처실자(處室子): 처자(處子), 곧 처녀의 뜻이다.

192 양절승(兩絶勝): 양(兩)은 두 가지 색깔, 절승(絶勝)은 우위를 다툰다는 뜻이다.

193 방(旁): 방(旁)은 사방의 뜻이다. 즉, 사방이 있어야 중앙의 구별이 있다는 뜻이다.

論行¹⁹⁴學實,
논 행　학 실

사람의 논설·행실·학문·명실 중에

是非也;
시 비 야

옳고 그름이 있다.

難宿¹⁹⁵,
난 숙

일찍 이루어지기 어려운 일에서

成未也;
성 미 야

이루어지는 일과 그렇지 않은 일을 알
수 있다.

兄弟,
형 제

형과 아우는

俱適¹⁹⁶也;
구 적　야

함께 화목하거나 적대시할 수 있다.

身處志往,
신 처 지 왕

몸은 이곳에 있는데 마음은 저곳으로
가는 것으로부터

存亡也.
존 망 야

몸과 마음의 있음과 없음을 알 수
있다.

霍爲姓,
곽 위 성

학으로 성을 삼더라도

故也;¹⁹⁷
고 야

사람은 예전 그대로이다.

賈¹⁹⁸宜,
고　의

가격의 적당함으로부터

貴賤也.
귀 천 야

물건의 귀천을 알 수 있다.

---

194 행(行): 원래의 원문에는 이 글자 다음에 행행(行行) 두 글자가 더 있는데, 손이양의 견해를
좇아 잘못 끼어든 글자로 판단하여 삭제하였다.

195 난숙(難宿): 숙(宿)은 숙(夙) 자와 통하는 글자로, 난숙(難宿)은 '일찍 이루어지기 어렵다'라
는 뜻이다.

196 구적(俱適): 구(俱)는 '함께'라는 뜻으로 형제가 화목함을 뜻한다. 적(適)은 적(敵)과 통하는
글자로 불화하거나 적대하는 것이다.

197 곽위성, 고야(霍爲姓, 故也): 곽(霍)은 학(鶴) 자와 같다. 학은 본래 학이며, 그것으로 성을 삼
았다고 해서 그 사람이 학은 아니라는 의미이다.

198 고(賈): 고(賈)는 가(價) 자와 통한다. 곧 '값'이라는 뜻이다.

90.

〔經〕聞, 耳之聰也.
　　　문　이지총야

〔經〕문(聞)이란 귀의 총명함으로 들어서 아는 것이다.

〔說〕……, 循所聞而得其意,
　　　　　　순 소문 이 득 기의

〔說〕……: 듣는 바에 따라 말한 사람의 뜻을 알고

心之察也.
심 지 찰 야

마음으로 사리를 통찰하는 것이다.

91.

〔經〕言, 口之利也.
　　　언　구지리야

〔經〕언(言)이란 말재주의 예리함이다.

〔說〕……, 執所言而意得見,
　　　　　　집 소언 이 의 득 견

〔說〕……, 다른 사람이 말한 바를 파악하여 그 의미를 알고

心之辯也.
심 지 변 야

마음으로 잘 말하는 것이다.

92.

〔經〕諾, 不一[199]利用.
　　　낙　불일　리용

〔經〕낙(諾)이란 다섯 가지를 이용하여 대답하는 것이다.

〔說〕諾, 超城員止[200]也.
　　　낙 초 성 원 지　야

〔說〕낙(諾): 이(詒)는 입으로만 하는

---

199 불일(不一): 불일(不一) 두 글자는 오(五) 자의 착오인 것으로 보인다. 즉 「경설」에서 제시하고 있는 다섯 가지 방법, 곧 상종(相從)·상거(相去)·선지(先知)·시(是)·가(可)를 의미하는 것이다.

200 초성원지(超城員止): 이 구절은 뜻이 불분명하여 학자들의 해설이 분분하다. 고형은 이성부정(詒誠負正)의 착오로 보았는데, 이(詒)는 입으로만 허락하는 경우이며, 성(誠)은 마음으로도 허락하는 진정한 허락이며, 부(負)는 부정하는 대답이며, 정(正)은 긍정하는 대답이라고 하였다.

허락이고, 성(誠)은 진정으로 하는
허락이며, 부(負)는 거부하는
대답이고, 정(正)은 긍정하는 대답이다.

相從,
상종

상대의 말을 따르는 것,

相去,[201]
상거

상대의 말과 서로 부합하는 것,

先知,
선지

상대의 의도를 미리 아는 것,

是,
시

상대의 말에 긍정하는 것,

可,
가

상대의 말에 찬성하는 것,

五色.[202]
오색

등의 다섯 가지이다.

正五諾,
정오락

다섯 가지 대답을 바르게 한다면,

皆人於知有說;
개인어지유설

모든 경우에 사람은 알고 있는 것에
대해 말할 수 있다.

過五諾,
과오락

다섯 가지 대답을 잘못하게 되면,

若負,
약부

대답이 어긋나는 것과 같아,

無直無說.
무직무설

대답하지 않거나 말하지 않은 것이나
마찬가지이다.

用五諾,
용오락

다섯 가지 대답을 운용하되,

若自然矣,
약자연의

만약 자연스럽게 대답할 수 있다면,

長短前後輕重援[203].
장단전후경중원

그 어조의 장단(長短)과 전후(前後)와

---

201 상거(相去): 고형은 거(去) 자를 합(合) 자의 잘못이라고 보았다. 상합(相合)이란 저 사람의
　　말과 나의 말이 서로 부합하는 것을 말한다.
202 오색(五色): 색(色)은 어기사 야(也) 자의 착오인 것 같다.
203 원(援): 장순일은 완(緩) 자의 착오로 보았다.

경중(輕重)과 완급(緩急)이 적절하게
된다.

93.

〔經〕服, 執·說.
　　　복 집 나

〔경〕복(服)에는 자신의 학설을
고집하는 것(執)과 상대방의 말을
살피는 것(說)이 있다.

〔說〕服, 執,
　　　복 집

〔설〕복(服): 각자 자신의 학설을
고집하면,

難成.
난 성

결론을 내리기 어렵다.

說,
나

상대방의 말을 살피기를

務成之,
무 성 지

열심히 하면,

則求執之.
즉 구 집 지

곧 자신의 학설을 고집하는 것이다.

94.

〔經〕法同則觀其同,[204]
　　　법 동 즉 관 기 동

〔경〕법칙이 같다면 동일한 곳을
살펴보아야 하고,

巧轉[205]則求其故[206].
교 전　　즉 구 기 고

말의 기교가 정교하게 돌아가면 곧 그
원인을 구해야 한다.

〔說〕法, 法取同,
　　　법 법 취 동

〔설〕법(法): 법칙은 동일한 이치를

---

204 법동즉관기동(法同則觀其同): 원래 이 구절은 다음에 나오는 교전(巧傳)의 구절과 순서가
바뀌어 있었으나 담계보의 견해에 따라 바로잡았다.
205 교전(巧轉): 교(巧)는 기교, 곧 말솜씨를 의미한다. 전(轉)은 말솜씨가 정묘(精妙)하게 돌아
가는 것을 뜻한다.
206 고(故): 고(故)는 원인 또는 이치라는 뜻.

구해야 하고,

觀巧傳.[207]
관 교 전

말솜씨의 기교는 정교한 곳을 살펴야
한다.

95.

〔經〕**法異, 則觀其宜.**
법 이 즉 관 기 의

〔경〕법칙이 다르게 나타나면, 그
올바른 것을 살펴보아야 한다.

〔說〕**法異**[208], **取此擇**[209]**彼,**
법 이 취 차 택 피

〔설〕법이(法異): 법칙이 다르게 나타나
이것을 취하고 저것을 버린다면,

問故觀宜.
문 고 관 의

그 원인을 따져서 올바른 것을
살펴보아야 한다.

96.

〔經〕**止**[210], **因以別道**[211].
지 인 이 별 도

〔경〕지(止)란 어떤 원인으로 인해
제한을 두고 구별하여 말하는 것이다.

〔說〕**止, 以人之有黑者,**
지 이 인 지 유 흑 자

〔설〕지(止): 사람들 중에 얼굴이 검은
사람도 있고,

有不黑者,
유 불 흑 자

(얼굴이) 검지 않은 사람도 있는데,

止黑人;
지 흑 인

검은 사람에게 제한을 둔다.

---

207 관교전(觀巧傳): 앞 구절의 법취동(法取同)과 대구를 맞추어 보면, 교관전(巧觀傳)이 되어
야 한다. 전(傳)은 전(轉)과 통하는 글자이다.
208 법이(法異): 「경설」의 원문에는 원래 이(異) 자가 없었지만, 경에 있는 이(異) 자를 보충해 주
었다.
209 택(擇): 손이양은 석(釋)과 통하는 글자라고 했다. '버리다'라는 뜻이다.
210 지(止): 제한을 두고 말하는 것.
211 인이별도(因以別道): 어떤 원인 때문에 구별해서 말하는 것.

與以有愛於人,
여 이 유 애 어 인

이런 사례와 더불어 다른 사람을
사랑하는 사람이 있고,

有不愛於人,
유 불 애 어 인

다른 사람을 사랑하지 않는 사람이
있는데,

止愛人,
지 애 인

다른 사람을 사랑하는 사람에게
제한을 둔다면,

是孰宜止?
시 숙 의 지

이런 경우 누구에게 제한을 두는 것이
의당(宜當)한가?

97.

〔經〕盂, 無非[212].
정 무 비

〔경〕정(盂)이란 다른 사람의 그릇됨을
곧바로 꾸짖지 않는 것이다.

〔說〕盂[213], 若聖人有非而不非.
정   약 성 인 유 비 이 불 비

〔설〕정(盂): 만약 성인이라면 그릇된
잘못이 있는 이도 잘못이 없는 이처럼
대하는 것이다.

---

212 무비(無非): 손이양은 성인은 다른 사람이 잘못을 저질러도 곧바로 이를 질책하지 않는 것이
라고 해석하였다. 즉, 잘못한 사람에게도 잘못을 저지르지 않는 사람처럼 대우해 주는 성인의
독특한 교정법이라고 했다.
213 정(盂):「경설」에는 이 글자가 없으나「경」에 근거하여 보충하였다.

경 하 제41편·경설 하 제43편

(經下第四十一) (經說下第四十三)

1.

〔經〕止¹, 類以行人²,
지 류 이 행 인

〔경〕지(止)라는 것은 유사한 내용으로 논변을 하는 것인데,

說³在同.
설 재 동

그 개념은 같음에 있다.

〔說〕止, 彼以此其然也,
지 피 이 차 기 연 야

〔설〕지(止): 저 사람이 이것은 그 이치가 그러하다고 여기면,

說是其然也;
설 시 기 연 야

그것은 그러하다고 말하는 것이다.

我以此其不然也,
아 이 차 기 불 연 야

내가 이것은 그 이치가 그러하지 않다고 하는 것은

疑是其然也,
의 시 기 연 야

그것이 그러함을 의심하는 것이다.

此然是必然則俱⁴.
차 연 시 필 연 즉 구

이것은 그러하다고 하면, 반드시

---

1   지(止): 상대방의 주장을 멈추게 하는 것. '논변을 그치게 하다'는 뜻.

2   유이행인(類以行人): 인(人) 자는 지(之) 자의 오기.

3   설(說): 묵자는 여러 곳에서 설(說)이라는 용어를 쓰고 있다. 요즘의 용어로 표현하자면 '개념' 내지 '표준'의 의미이다.

4   구(俱): 구(俱)는 '다 함께'라는 뜻이니, '의견이 일치되다'는 뜻이다.

의견이 일치하는 것이다.

2.

〔經〕四足·牛馬異說[5],　　　〔경〕네발이 있는 짐승이라는 명칭과
사 족　우 마 이 설　　　　　소와 말 등의 명칭은 서로 다른
　　　　　　　　　　　　　　개념인데,

　說在名之大小.　　　　　그 개념이라는 것은 명칭의 크기에
　설 재 명 지 대 소　　　　있다.

〔說〕謂四足獸,　　　　　〔설〕네발이 있는 짐승이라는 명칭은
위 사 족 수

　與牛馬異.[6]　　　　　　소와 말 등의 개별적 명칭과 다르며,
　여 우 마 이

　物盡異,　　　　　　　　사물의 명칭이 모두 다른 것은
　물 진 이

　大小也.　　　　　　　　명칭의 크고 작음 때문이다.
　대 소 야

3.

〔經〕物盡同名,[7]　　　　〔경〕사물은 모두 명칭이 같은 것이
물 진 동 명　　　　　　　　있는데

　二與鬪,[8]　　　　　　　예컨대 두 사람과 (두 사람이) 싸우는
　이 여 투　　　　　　　　것,

5　우마이설(牛馬異說): 원래의 구절은 사이설(駟異說)이지만 사(駟) 자는 사족우마(四足牛
　馬)의 네 글자를 한 글자로 합친 글자이므로, 응당 사족우마(四足牛馬)가 되어야 한다. 사족
　(四足)은 네발 달린 짐승의 '총체적 명칭(이른바 속)'이며, 소와 말은 네발 달린 짐승의 개별적
　명칭이다.
6　여우마이(與牛馬異): 원문 여생조여(與生鳥與)는 여우마이(與牛馬異)의 오기이다. 바로 뒤
　의 원문 물진여(物盡與) 역시 물진이(物盡異)의 오기이다.
7　물진동명(物盡同名): '사물(物)이나 '일(事)'은 그 기능이 서로 다르다 해도 명칭은 같은 경우
　가 있다는 뜻.

愛, _애	좋아하는 것,
食與招,[9] _{식 여 초}	먹는 것과 신에게 드리는 것,
白與視,[10] _{백 여 시}	흰색과 시력,
麗與暴, _{여 여 포}	아름다운 것과 포악한 것,
夫與履.[11] _{부 여 리}	남자와 신 등이다.
〔說〕物盡同名,[12] _{물 진 동 명}	〔설〕물진동명(物盡同名):
俱鬥, _{구 투}	(둘이) 함께 싸운다는 것은
不俱二, _{불 구 이}	둘이 함께한다는 뜻이 아니며
二與鬥也; _{이 여 투 야}	둘이 서로 싸운다는 뜻이다.
包[13]·肝·肺·子,愛也; _{포 간 폐 자 애 야}	색깔·간·폐·자식 등은 명칭이 다르지만 좋아하는 것들이다.
橘茅[14], 食與招也; _{귤 모 식 여 초 야}	귤나무와 띠풀은 (모두 먹는 것이지만) 귤은 먹는 것이고 띠풀은 제사 지내는

---

8 이여투(二與鬥): 두 사람〔二〕과 두 사람이 싸우는 것〔鬥〕). 두 사람이라는 점은 같지만, 이 경우 '둘'의 의미가 서로 다르다.

9 식여초(食與招): 「경설」의 내용을 참고하면, 귤(橘)과 띠풀(茅)은 모두 먹을 수 있는 것이지만, 전자는 그냥 '먹는 것'이고 후자는 '신(神)에게 제사를 올리는 것'이니, 기능상으로 보면 차이가 있다.

10 백여시(白與視): 「경설」의 내용을 참고하면, 백(白)은 '흰 말'의 뜻이고, 시(視)는 '시력이 뛰어난 말'의 뜻이다.

11 부여리(夫與履): 「경설」의 내용을 참고하면, '용감한 남자'라고 할 때의 '남자'와 '남편'이라고 할 때의 '남자'는 의미상 차이가 있다. 마찬가지로 팔기 위한 '신발'과 신기 위한 '신발'은 모두 '신발'이나, 의미상 차이가 있다.

12 물진동명(物盡同名): 「묵자」의 원문에는 위미동명(爲麋同名)으로 되어 있으나 이렇게 할 경우, 뜻이 잘 통하지 않는다. 따라서 「경」의 문장에 의거해 물진동명(物盡同名)으로 수정하였다.

13 포(包): 「묵자간고」에 의하면, 의당 색(色)의 오기라고 하였다.

14 모(茅): '띠풀'인데 신에게 제사 지낼 때 쓰이는 것이다.

데 쓰는 것이다.

白馬多白,
백마다백

흰 말은 흰색 털이 많은 것이지만

視馬不多視,
시마불다시

시력이 좋은 말이라고 해서 눈이 더 많은 것은 아니다.

白與視也;
백여시야

'흰' 것과 '시력 좋은' 것은 모두 말이다.

爲麗不必麗,
위려불필려

아름다운 것이 반드시 아름다운 것은 아니며,

不必麗與暴也;
불필려어포야

아름다운 것과 포악한 것이 반드시 같지는 않다.

爲非以人,
위비이인

다른 사람을 표준으로 하여 비난하는 것은,

是不爲非,
시불위비

제대로 된 비난이 아니다.

若爲夫勇不爲夫,
약위부용불위부

만약 '남자가 용감하다'라고 할 때 남자는 '남편이라는 뜻의 남자'는 아니다.

爲屨以賣衣爲屨,
위구이매의위구

신발을 만드는 것은 팔기 위함이지만, 발에 신는 것도 신발이다.

夫與屨也.
부여구야

이 두 가지는 모두 '남편'과 '신발'이다.

4.

〔經〕一[15], 偏棄之.
일   편기지

〔경〕전체인 하나는, 그것에서 부분을 버릴 수 있다.

---

15 일(一): 전체로서의 '하나'를 의미함.

〔說〕一, 一與一亡[16],
일 일여일망

〔設〕일(一): 전체인 하나와 부분인
하나에서,

不與一在,
불 여 일 재

부분인 하나가 함께하지 않고

偏去,
편 거

부분을 버리게 되면,

未[17].
미

전체인 하나는 아니다.

5.

〔經〕謂, 而固是[18]也,
위 이고시 야

〔경〕위(謂)란 '실제 사실에 부합하게
말함'이며,

說在因[19].
설 재 인

그 이치는 '사실에 부합하는 설명을
따름'에 있다.

〔說〕謂[20], 有文實也,
위 유문실야

〔설〕위(謂): 말에는 명칭과 실제 내용이
있어야 하며,

而後謂之;
이 후 위 지

그러한 이후에 그것을 말할 수 있다.

無文實[21]也,
무 문 실 야

명칭과 실제 내용이 없다면,

則無謂也,
즉 무 위 야

곧 말을 할 수 없으며,

---

16 일여일망(一與一亡): 원래 원문을 보면, 앞의 일(一) 자는 이(二)로 표기되어 있다. 이(二)는
일(一)이 중첩된 오기이다. 따라서 앞의 일(一) 자는 의당 「경설」의 제목일 것이다. 일망(一亡)
은 '전체로서의 하나'가 아닌, '부분으로서의 하나'라는 의미이다.

17 미(未): 전체로서의 '하나'가 될 수 없다는 의미.

18 고시(固是):「경설」을 참고하면, '실제 사실과 부합하는 것'이다.

19 인(因): 곧 '인순(因循)'의 뜻으로 '사실에 부합하는 설명을 따르는 것'이다.

20 위(謂): 원문에는 위(謂) 자가 없으나「경」에 근거하여 이 글자를 보충하였다.

21 문실(文實): 문실(文實)이란 명실(名實)과 같은 의미이다. 즉 문(文)은 사물의 명칭이고, 실
(實)은 그 사물의 실제 내용이다.

不若敷與美.²²
불 약 부 여 미

멋대로 부연하여 아름답게 꾸미는
것만 못할 것이다.

謂是, 則是固美也;
위 시 즉 시 고 미 야

말하는 것이 사실과 부합한다면
진실로 아름다울 것이다.

謂也²³, 則是非美;
위 야 즉 시 비 미

사실과 부합하지 않으면 곧 아름답지
않을 것이다.

無謂則報也²⁴.
무 위 즉 보 야

말을 할 수 없는 것은 말할 것 없음을
알리는 것이다.

6.

〔經〕不可偏去而二,²⁵
불 가 편 거 이 이

〔경〕전체를 부분으로 떼어 내어 둘로
만들 수 없는데,

說在見與俱²⁶,
설 재 견 여 구

그 이치는 보이는 부분과 보이지 않는
부분이 함께 있음에 있고,

一與二,²⁷
일 여 이

전체인 하나와 부분인 둘,

廣與脩.²⁸
광 여 수

넓이와 길이 등도 분리될 수 없다.

---

22 불약부여미(不若敷與美): 제멋대로 꾸며서 아름답게 수식함만 못함.

23 위야(謂也): 앞 구절의 위시(謂是)와 대조적인 표현이 나와야 하므로 위야(謂也)는 위비(謂非)의 오기이다. 즉 '사실과 부합되지 않으면'의 뜻이다.

24 보야(報也): '알리다', '말하다'의 의미.

25 불가편거이이(不可偏去而二): (하나의 전체는) 부분으로 떼어 둘로 분리할 수 없다는 뜻.

26 견여구(見與俱): 「경설」을 참고하면, 견여(見與)의 두 글자 다음에는 불견(不見)의 두 글자가 와야 한다.

27 일여이(一與二): 일(一)이 어떤 사물의 전체라면, 이(二)는 '전체(一)'에 포함되어 있는 두 가지의 측면을 말하는 것이다. 가령 바로 다음 구절에 나오는 '넓이'와 '길이'처럼 이 두 가지 개념은 하나의 사물에 함께 존재하는 것이다.

28 광여수(廣與脩): 광(廣)은 어떤 사물의 '넓이', 수(脩)는 어떤 사물의 '길이'를 의미한다. 하나의 사물에는 당연히 '넓이와 길이'가 함께 있는 법이다.

〔說〕見不見離,[29]
<small>견 불 견 리</small>

〔설〕보이는 부분과 보이지 않는 부분이 분리된다면,

一二不相盈[30],
<small>일 이 불 상 영</small>

전체인 하나와 부분인 둘이 서로 합쳐지지 못하는데,

廣脩堅白[31].
<small>광 수 견 백</small>

넓이와 길이, 굳센 성질과 흰색 등도 그러하다.

7.

〔經〕不能而不害,[32]
<small>불 능 이 불 해</small>

〔경〕어떤 일을 할 수 없어도 구애됨이 없다면,

說在害.[33]
<small>설 재 해</small>

그 이치는 구애되느냐에 있다.

〔說〕擧不重,[34]
<small>거 부 중</small>

〔설〕무거운 것은 들 수 있는데,

不與箴,[35]
<small>불 여 잠</small>

바느질하는 침은 들 수 없다고 하면,

非力之任也;
<small>비 력 지 임 야</small>

힘으로 할 수 있는 것이 아니다.

爲握者之頮倍[36],
<small>위 악 자 지 기 배</small>

손에 쥔 것이 홀수인가 짝수인가 하는

---

29 견불견리(見不見離): '보이는 것'과 '보이지 않는 것'을 분리하는 것.

30 불상영(不相盈): 서로 '하나의 전체를 이루지 못한다'는 뜻.

31 견백(堅白): 명가(名家)의 '견백론(堅白論)'에 의하면, 하나의 돌에는 '굳센 성질(堅)'과 '흰색〔白〕'이 같이 포함되어 있다. 견(堅)과 〔白〕은 각기 다른 성질이지만 하나의 돌에 구현되어 있다. 그러므로 부분과 전체는 분리될 수 없는 것이다.

32 불능이불해(不能而不害): 불능(不能)은 어떤 일을 '할 수 없다'는 뜻. 불해(不害)는 '장애 때문이 아니다'라는 뜻.

33 설재해(說在害): '그 이치는 장애됨에 있는 것이다'의 뜻.

34 거부중(擧不重): 양계초에 의하면, 거부중(擧不重)의 어순은 불, 거중(不, 擧重)으로 바뀌어야 한다고 한다. 거중(擧重)은 '무거운 것을 들다'의 뜻.

35 불여잠(不與箴): 여(與)는 거(擧) 자의 오기. 잠(箴)은 첨(鍼)과 통하는 글자이며, 바느질용의 바늘이다.

非智之任也.
비 지 지 임 야

지혜로 맞출 수 있는 것이 아니다.

若耳目[37].
약 이 목

마치 귀는 듣는 작용이며 눈은 보는 작용인 것과 같다.

8.

〔經〕異類不吡[38],
이 류 불 비

〔경〕서로 다른 부류는 비교할 수 없는데,

說在量[39].
설 재 량

그 이치는 양(量: 계량의 표준 단위)에 있다.

〔說〕異, 木與夜孰長?
이 목 여 야 숙 장

〔설〕이(異): 나무와 밤은 어느 것이 긴가?

智與粟孰多?
지 여 속 숙 다

지혜와 좁쌀은 어느 것이 많은가?

爵·親·行·賈[40],
작 진 행 고

작위·친척·행실·물건 가격,

四者孰貴?
사 자 숙 귀

이 네 가지는 어느 것이 값이 비싼가?

麋與霍孰高?[41]
미 여 곽 숙 고

고라니와 콩잎은 어느 것이 더 키가 큰가?

---

36 기배(頎倍): 기(頎)는 기(觭) 자와 같다. 즉 '홀수(奇數)'의 뜻이다. 배(倍)는 우(偶) 자의 오기로, 곧 '짝수(偶數)'의 뜻이다.

37 약이목(若耳目): 이목(耳目)의 작용과도 같다'. 즉 귀는 듣는 작용을 하고 눈은 보는 작용을 하는 것과 마찬가지다.

38 불비(不吡): 비(吡)는 비(比) 자로 보는 것이 타당하다. 불비(不比)는 '비교할 수 없다'의 뜻.

39 양(量): 양(量)이란 사물의 길이나 높이나 무게 등을 측정하는 계량의 단위를 말함이다. 같은 종류의 사물이어야만 계량의 단위를 적용할 수 있는 것이다. 사물의 종류가 다르면 계량의 단위를 적용할 수 없다.

40 고(賈): 가(價)와 뜻이 통하는 글자이다. 즉, '물건의 가격'.

蚓與瑟孰瑟?[42]
인 여 슬 숙 슬

지렁이와 슬(瑟)은 어느 것이 더
쓸쓸한 소리를 내는가?
(이상의 사물들은 계량의 단위가
다르므로 같이 비교할 수 없는 것들이다.)

9.

〔經〕偏去莫加少,[43]
편 거 막 가 소

〔경〕전체에서 부분을 떼어 내도
총량은 더 늘거나 줄지 않는다.

說在故.[44]
설 재 고

그 이치는 사물의 총량이 예전
그대로라는 점에 있다.

〔說〕偏, 俱一無變[45].
편 구 일 무 변

〔설〕편(偏): 부분을 떼어 내어도 전체인
하나는 변화가 없다.

10.

〔經〕假必誖,[46]
가 필 패

〔경〕거짓이란 반드시 사실과 어긋나는
것인데,

---

41 미여곽숙고(糜與霍孰高): 원문에는 이 문장에 이어 미여곽숙고(糜與霍孰高)가 한 번 더 반
복되고 있는데, 손이양에 의하면, 불필요하게 끼어든 문장이라고 한다. 곽(霍)은 곽(藿), 곧 '콩
잎'이라는 뜻이다.

42 인여슬숙슬(蚓與瑟孰瑟): '인(蚓)'은 인(蚓)과 통하는 글자로 '지렁이'의 뜻이다. 슬(瑟)이 두
번 나오는데, 앞에 나온 슬(瑟)은 현악기의 뜻으로 쓰인 것이고, 뒤에 나오는 슬(瑟)은 '쓸쓸하
다'의 뜻으로 쓰임.

43 편거막가소(偏去莫加少): 편거(偏去)는 전체에서 부분을 떼어 내는 것이다. 막가소(莫加少)
는 '증가되거나 줄어드는 것이 없다'는 뜻. 즉 부분을 전체에서 떼어 낸다 해도 사물의 총량은
증가되거나 줄어드는 것이 없다는 뜻.

44 설재고(說在故): 고(故)는 '예전 그대로'라는 뜻. 즉, 사물의 부분을 떼어 내도 사물의 총량은
예전 그대로라는 뜻.

45 구일무변(俱一無變): 구일(俱一)은 '전체인 하나'라는 뜻.

46 가필패(假必誖): 패(誖)는 '사실과 어긋난다'는 뜻.

說在不然.
　　설 재 불 연

그 이치는 사실이 그러하지 않음에
있다.

〔說〕假, 必非也而後假.
　설 가 필 비 야 이 후 가

〔설〕가(假): 가짜란 반드시 사실이
아니어야 가짜가 되는 것이다.

　　狗假霍也,[47]
　　구 가 곽 야

개가 곽씨 성을 빌린다 해도

　　猶氏霍也.
　　유 씨 곽 야

오히려 성씨만 곽씨일 것이다.

11.

〔經〕物之所以然,
　물 지 소 이 연

〔경〕사물이 그러하게 된 까닭,

　　與所以知之,[48]
　　여 소 이 지 지

그러하게 된 까닭을 아는 것,

　　與所以使人知之,
　　여 소 이 사 인 지 지

다른 사람에게 그러하게 된 까닭을
알게 하는 것 등이,

　　不必同.
　　불 필 동

반드시 같은 것은 아니다.

　　說在病.[49]
　　설 재 병

그 이치는 병에 대한 설명에 있다.

〔說〕物, 或傷之,
　물 혹 상 지

〔설〕물(物): 사물이 혹 상처를 입었다면

　　然也;
　　연 야

상처 때문에 그렇게 된 것이다.

　　見之,
　　견 지

그것을 보면

　　智也;
　　지 야

상처 난 줄 안다.

---

47 구가곽야(狗假霍也): 가(假)는 '빌린다', 즉 개가 '사람처럼 거짓으로 곽이라는 성씨를 빌린다
    면'의 뜻이다.
48 여소이지지(與所以知之): 그렇게 된 까닭을 아는 것.
49 설재병(說在病): 이 구절의 뜻은 '그 이치는 병에 대한 설명에 있다' 정도이지만 병에 대한 사
    례로 들고 있는 문장은 「경설」편에서 설명하고 있는 문장과 연결되는 것 같다.

告之,
고 지

그것을 남에게 알린다면

使智也.[50]
사 지 야

남들이 알게 하는 것이다.

12.

〔經〕疑,[51]
　　의

〔경〕의심스러움이란

說在逢·
설 재 봉

그 이치가 봉(逢: 의심스러운 일을 만남)·

循·
순

순(循: 형세에 따라 자연히 의문을 가짐)·

遇·
우

우(遇: 우연히 어떤 일을 만나 의문을 가짐)·

過.
과

과(過: 과거에 있었던 일인지 의심하는 경우)에 있다.

〔說〕疑: 逢爲務則士,
　　　의　봉 위 무 즉 사

〔설〕의(疑): 열심히 일을 하는 사람을 만나면 선비인가 여기며,

爲牛廬者夏寒,
위 우 려 자 하 한

(여름에) 소 외양간을 만드는 사람을 보면 여름이 추운지 의심하는데,

逢也.
봉 야

이러한 것은 의심스러움을 만난 것이다.

擧之則輕,
거 지 즉 경

그것을 들면 가벼운데,

廢之則重,[52]
폐 지 즉 중

그것을 내리면 무겁다면,

---

50 사지야(使智也): 지(智)는 지(知) 자와 통하는 글자이다. 사지(使智)는 '남들에게 알도록 하는 것'.

51 의(疑): '의심스러움', '추측함'의 뜻.

52 폐지즉중(廢之則重): '폐지(廢之)'는 '그것을 내려놓다'의 뜻.

若石羽,
_{약 석 우}
마치 돌과 깃털의 관계처럼

非有力也.
_{비 유 력 야}
돌과 깃털이 힘을 가지고 있기 때문에 무게가 있는 것은 아닌 것과 같다.

沛⁵³從削,
_{패 종 삭}
대팻밥이 (대패에 따라) 깎여 나오는 것은

非巧也,
_{비 교 야}
기교가 아니라

循也;
_{순 야}
(형세를) 따르는 것이다.

鬪者之敝⁵⁴也,
_{투 자 지 폐 야}
싸우는 사람이 지쳐 있으면,

以飮酒,
_{이 음 주}
술을 마셨기 때문인지

若以日中⁵⁵,
_{약 이 일 중}
시장에서 장사했기 때문인지

是不可智也,
_{시 불 가 지 야}
이런 것은 알 수가 없는데,

愚⁵⁶也.
_{우 야}
우연히 일어난 일이기 때문이다.

智與?
_{지 여}
원래부터 알았는가?

以已爲然也與?
_{이 이 위 연 야 여}
이미 그렇게 되었기 때문인가?

愚⁵⁷也.
_{우 야}
등등은 지나간 일을 의심하는 것이다.

---

53 패(沛): '패(沛)' 자는 '폐(柿)' 자로 의심된다. 『설문해자』에는 "폐는 나무껍질을 깎아 나오는 대팻밥이다(柿, 削木札樸)"라고 풀이하였다.

54 폐(敝): 폐(蔽)의 뜻과 같다. 즉, '피로해지다'의 뜻.

55 일중(日中): 『주역』「계사전」에 "해가 한낮일 때 시장이 열린다(日中爲市)"라고 하였으니 '일중(日中)'은 '시장' 또는 '장사하다'의 뜻이다.

56 우(愚): 『경』에 근거해 보면, 우(愚) 자는 우(遇) 자의 오기로 보인다.

57 우(愚): 『경』에 근거하면, 우(愚)는 과(過) 자의 오기로 생각된다. 과(過)는 '이미 일어난 일', 즉 과거의 일을 말한다.

13.

〔經〕合與一,
　　합 여 일

〔經〕하나로 합쳐지는 것인가,

或復否,
혹 부 부

또는 다시 합쳐지지는 않는가 하는
것은,

說在拒.
설 재 거

그 이치가 사물의 반발하는 힘에 있다.

〔說〕

〔설〕원문 없음

14.

〔經〕歐物[58]一體也,
　　구 물 　일 체 야

〔經〕분리된 사물도 하나의 덩어리인데,

說在俱一惟是[59].
설 재 구 일 유 시

그 이치는 '하나인 것〔俱一〕'과 '각각인
것〔惟是〕' 등에 있다.

〔說〕俱[60], 俱一,
　　구 　 구 일

〔설〕구(俱): '하나인 것〔俱一〕'이란,

若牛馬四足.
약 우 마 사 족

마치 '소와 말은 네발 있는 짐승이다'
같은 것이다.

唯是, 當牛馬.
유 시 　당 우 마

'각각인 것〔唯是〕'이라는 것은 소·말
같은 것이다.

數牛, 數馬,
수 우 　수 마

소를 각각 헤아리고, 말을 각각
헤아린다면,

則牛馬二;[61]
즉 우 마 이

곧 소와 말은 두 가지가 된다.

---

58 구물(歐物): 구(歐)는 구(區)와 통하는 글자로 '분리하다'의 뜻이다.
59 구일유시(俱一惟是): 구일(俱一)은 '모두가 하나'인 것, 유시(惟是)는 '각각이 옳은 것'이니 분리된 것을 의미함. 「경설」에 나오는 유시(唯是)도 당연히 유시(惟是)와 같은 의미로 생각된다.
60 구(俱): 원문에는 없으나 「경」편에 근거하여 구(俱)자를 첨가하였다.

數牛馬,[62] _{수 우 마}	소와 말이라고 헤아리면,
則牛馬一. _{즉 우 마 일}	곧 소와 말은 한 가지이다.
若數指, _{약 수 지}	마치 손가락을 헤아리는데,
指五而五一. _{지 오 이 오 일}	손가락은 다섯 개이지만 다섯 개는 하나의 손인 것과 같다.

15.

〔經〕宇或徙,[63] _{우 혹 사}	〔경〕공간과 구역이 변화하는 것은
說在; 長宇久. _{설 재 장 우 구}	그 이치는 공간이 길게 이어지면 시간도 오래된다는 점에 있다.
無久與宇 _{무 구 여 우}	시간과 공간은 (둘로) 나눌 수 없다.
〔說〕長, 宇徙而有處[64]. _{장 우 사 이 유 처}	〔설〕장(長): 공간이 변화하면 장소가 존재하게 된다.
宇, 南北在旦有在莫[65], _{우 남 북 재 단 유 재 모}	공간은 동서남북의 방위와 아침, 저녁의 시간이 존재한다.

---

61 즉우마이(則牛馬二): 소와 말을 네발짐승의 부류에 넣지 않고 따로 헤아리게 되면, '소 무리와 말 무리의 두 가지'가 된다는 뜻.

62 수우마(數牛馬): '소와 말을 한 부류로 헤아리다'는 것 즉, 네발 달린 짐승으로 분류하면 소 무리와 말 무리는 같은 한 부류이다.

63 우혹사(宇或徙): 우(宇)는 '공간'의 뜻. 곧 상하사방의 공간을 말함이다. 혹(或) 자는 『설문해자』에 "혹은 구역이다(或, 邦也)"라고 하였다. 결국 우혹(宇或)은 '공간과 지역의 뜻이다. 사(徙)는 '옮긴다'는 뜻이 있는데, 곧 '변화하다'의 의미.

64 우사이유처(宇徙而有處): '공간이 이동하면 장소가 생겨난다'. 매우 원론적인 설명이나 현대 과학의 빅뱅 우주론을 연상시킨다. 즉, 우리의 우주는 태초에 고도로 응축된 하나의 점이 대폭발하면서 현재로 팽창하고 시간과 공간이 생겼다고 한다.

65 유재모(有在莫): 의미상으로 유추해 보면, 앞 구절에 '아침(旦)'이 나오므로 대응되는 단어는 '저녁(暮)'이 와야 맞을 듯하다. 따라서 모(莫) 자는 모(暮) 자이다.

宇徙久.　　　　　　　　　　공간이 변화하면 시간도 변화한다.
우 사 구

16.

〔經〕不堅白, 說在[66]~ ;　　　〔경〕굳센 성질과 흰색은 분리할 수
불 견 백 설 재　　　　　　　　없는데, 그 이치는 ~에 있다.

堅白, 說在因[67].　　　　　　굳센 성질과 흰색은 그 이치가 상호
전 백 설 재 인　　　　　　　　의존하는 점에 있다.

〔說〕無堅得白,　　　　　　　〔설〕굳센 성질은 있고 흰색이 없다면,
무 견 득 백

必相盈也.[68]　　　　　　　　서로 가득하게 할 수가 없다.
필 상 영 야

17.

〔經〕在諸其所然未者然,　　　〔경〕여러 가지 그러함으로 아직
재 제 기 소 연 미 자 연　　　　그러하지 않은 것을 추리함에

說在於是推之.[69]　　　　　　그 이치는 그러한 이치에서 아직
설 재 어 시 추 지　　　　　　　그러하지 않은 것을 추리함에 있다.

〔說〕在[70], 堯善治,　　　　　〔설〕재(在): 요임금이 잘 다스렸다는
재　　　요 선 치　　　　　　　것은

---

66 불견백, 설재(不堅白, 說在): 불견백(不堅白)은 명가의 학설에서 나온 것으로, 굳센 것과 흰
색의 성질을 하나의 돌에서 분리할 수 없다는 뜻이다. 설재(說在) 다음에도 단어가 있었겠지
만 탈락되어 알 수가 없다.

67 설재인(說在因): 인(因)은 '상호 원인', '상호 근거'가 된다는 뜻이다. 즉 흰 돌은 굳센 성질과 흰
색이 동시에 존재해야 '흰 돌'이라 부를 수 있을 것이다.

68 필상영야(必相盈也): 이생룡은 필(必) 자가 무(無) 자가 되어야 문맥이 통한다고 보았다. 즉
'굳센 성질과 흰색이 가득할 수 없게 되다'의 뜻.

69 설재어시추지(說在於是推之): 어시추지(於是推之)에서 시(是)는 소연(所然) 즉 '이미 그러
한 것'을 가리키며, 지(之)는 미연(未然) 즉 '아직 그러하지 않은 것'을 가리킨다.

70 재(在): 장혜언(張惠言)에 의하면, '살피다'의 뜻.

自今在諸古也,⁷¹;
자 금 재 저 고 야

지금의 입장에서 옛일을 잘 살폈다는
것이다.

自古在之今,⁷²
자 고 재 지 금

옛날의 입장에서 지금을 살핀다고
하면

則堯不能治也.
즉 요 불 능 치 야

곧 요임금이라도 다스릴 수 없을
것이다.

18.

〔經〕景不徙,⁷³
경 불 사

〔경〕그림자 자체는 이동하지 않는데,

說在改爲.
설 재 개 위

그 이치는 빛이 그림자를 바뀌게 하는
것이다.

〔說〕景, 光至景亡,
경 광 지 경 망

〔설〕경(景): 빛이 이르면 그림자는
없어진다.

若在, 盡古息.⁷⁴
약 재 진 고 식

만약 그림자가 존재한다면, 빛은
언제나 멈출 것이다.

---

71 금재저고야(今在諸古也): 저(諸)는 어조사로 지어(之於)가 합쳐진 말이다. 따라서 '현재의
상황에서 옛일을 살펴본다'는 뜻.

72 자고재지금(自古在之今): 고(古)는 요임금 이전의 정치 상황을 의미하며, 금(今)은 요임금 당
시의 정치 상황을 의미한다. 즉 옛날의 상황은 현재의 입장에서 반성하고 검토해야 하며, 옛날
의 입장에서 현재의 상황을 검토한다면 실정에 맞지 않는다는 것이다.

73 경불사(景不徙): 경(景)은 영(影)과 같다. 그림자는 빛이 비추어야 생긴다. 그러므로 그림자
자체는 사물에 따라 고정되어 있다. 사물이 움직이면 빛을 가로막는 것이 없어지므로 그림자
도 없어진다. 사물의 이동에 따라 빛이 가로막히므로 그림자가 다시 생겨난다. 그러므로 그림
자 자체는 움직이는 것이 아니다.

74 진고식(盡古息): 진고(盡古)는 유월에 의하면, '언제나'의 뜻이라고 한다. 식(息)은 '멈추다'의
뜻. 즉 사물에 의해 빛이 가려지면 빛은 비추어지지 않고 멈추게 된다.

19.

〔經〕景二⁷⁵, 說在重.
경 이　설 재 중

〔經〕그림자가 두 가지인 것은 그 이치는 중복됨에 있다.

〔說〕景, 二光夾一光⁷⁶,
경 이 광 협 일 광

〔說〕경(景): 두 개의 빛 속에 하나의 빛이 끼이게 되면 겹 그림자이고,

一光者景也.
일 광 자 경 야

하나의 빛이 있으면 하나의 그림자이다.

20.

〔經〕景到⁷⁷,
경 도

〔經〕그림자가 거꾸로 되는 것은

在午有端⁷⁸與景長.
재 오 유 단　여 경 장

한 점에 빛이 교차된 것으로, 빛이 길게 비친 것이다.

說在端.
설 재 단

그 이치는 교차점에 있다.

〔說〕景, 光之人煦⁷⁹若射.
경 광 지 인 후　약 사

〔說〕경(景): 빛이 사람에 이르러 비치는 것은 화살을 쏘는 것과 같다.

下者之人也高,
하 자 지 인 야 고

아래에 있는 빛이 사람에 이르면 그림자는 또 높아지고,

---

75 경이(景二): '그림자가 둘'이라는 것은 '겹쳐진 그림자'를 의미하는 것 같다.

76 이광협일광(二光夾一光): 두 개의 빛에 다시 하나의 빛이 비치면 그림자 역시 겹친 그림자가 생기게 된다.

77 경도(景到): 경(景)은 영(影), 곧 '그림자'를 의미한다. 도(到)는 도(倒)와 통하는 글자로 '그림자가 거꾸로 비치는 것'.

78 재오유단(在午有端): 이생룡에 의하면, 오(午)는 빛이 교차하여 지나가는 것, 단(端)은 교차점을 가리킨다.

79 광지인후(光之人煦): 지(之)는 지(至)와 뜻이 통한다. 후(煦)는 조(照), 곧 '비치다'는 뜻으로 본다.

高者之人也下.
고 자 지 인 야 하

높은 곳의 빛이 사람에 이르면
그림자는 또 낮아진다.

足蔽下光,
족 폐 하 광

발이 아래의 빛을 가리면,

故成景於上;
고 성 경 어 상

그 때문에 그림자는 위에서 생긴다.

首蔽上光,
수 폐 상 광

머리가 위의 빛을 가리면,

故成景於下.
고 성 경 어 하

그 때문에 그림자는 아래에 생긴다.

在遠近有端與於光,
재 원 근 유 단 여 어 광

멀리 또는 가까이 있는 교차점에 빛을
비치면,

故景庫[80]內也.
고 경 고 내 아

그 때문에 거꾸로인 그림자가 밀실
안에 생긴다.

21.

〔經〕景迎日, 說在搏[81].
경 영 일 설 재 단

〔경〕그림자가 햇빛과 마주하는 것은
그 이치가 빛의 반사에 있다.

〔說〕景, 日之光反燭[82]人,
경 일 지 광 반 촉 인

〔설〕경(景): 햇빛이 사람에게 반사되면,

則景在人與日之間.
즉 경 재 인 여 일 지 간

곧 그림자가 사람과 해의 사이에 있다.

22.

〔經〕景之小大,
경 지 소 대

〔경〕그림자가 작거나 큰 것은

---

80 경고(景庫): 경(景)은 '거꾸로 비친 그림자'를 의미함. 고(庫)는 담계보에 의하면 굴(窟)의 의미
라고 하는데, 곧 '암실' 같은 것을 의미하는 것 같다.
81 단(搏): 단(搏)은 곧 '햇빛이 반사되는 것'을 의미한다.
82 반촉(反燭): 반촉(反燭)은 곧 '햇빛이 반사되는 것'을 의미한다.

說在地⁸³吊遠近.

설 재 이　정 원 근

그 이치는 물체가 기울어졌거나
바른지, 멀고 가까운지에 달려 있다.

〔說〕景, 木地⁸⁴, 景短大;

경 목 이　경 단 대

〔설〕경(景): 나무가 기울어져 있으면,
그림자는 짧고 크다.

木正,

목 정

나무가 바르게 서 있으면

景長小.

경 장 소

그림자는 길고 가늘다.

光⁸⁵小於木,

광　소 어 목

빛이 나무보다 작으면

則景大於木,

즉 경 대 어 목

곧 그림자는 나무보다 크고

非獨小也,

비 독 소 야

다만 빛이 작을 뿐 아니라

遠近~.

원 근

멀고 가까움이~.

23.

〔經〕臨鑑⁸⁶而立,

임 감　이 립

〔경〕물체가 오목 거울 앞에 서 있다면

景到⁸⁷.

경 도

영상은 거꾸로 비친다.

多而若少,⁸⁸

다 이 약 소

영상이 커지기도 하고 작아지기도 함은

說在寡區⁸⁹.

설 재 과 구

그 이치가 비치는 영상의 축소에 있는

---

83 이(地): 이(地)는 그 의미로 보아 사(斜), 곧 '기울어지다'의 의미로 생각된다.

84 목이(木地): 목(木)은 빛이 비치는 곳에 세워 놓은 나무를 의미한다. 이(地)는 '기울어지다'의 뜻.

85 광(光): 원래 원문은 대(大) 자이나 광(光) 자의 오기일 것이다.

86 감(鑑): 오목 거울.

87 도(到): 도(倒)와 같다. 거꾸로 비침.

88 다이약소(多而若少): 거울에 비치는 영상이 '커지기도 하고 작아지기도 하는 것'.

89 과구(寡區): 구(區)는 '거울의 평면'이라는 뜻이고, 과구(寡區)는 '거울 면에 영상이 축소되어 나타남'이라는 뜻.

것이다.

〔說〕臨, 正鑒,[90]
　　임 　정 감

〔설〕임(臨): 평면거울에는

景寡,[91]
　경 과

비친 영상이 하나뿐인데

貌能.[92]
　모 능

비친 영상의 형태,

白黑.[93]
　백 흑

빛깔의 희거나 진함,

遠近,
　원 근

멀거나 가까움,

杝正,[94]
　이 정

비스듬하거나 바로 선 모습은

異於光,
　이 어 광

광선에 따라 다르며

鑒當,[95]
　감 당

물체가 거울에 바짝 다가가면

景俱.[96]
　경 구

영상도 함께 다가간다.

就去,
　취 거

형체가 거울과 멀어지면

介[97]當俱,
　이 　당 구

또한 영상도 함께 멀어지며

俱用北[98].
　구 용 북

형체와 영상은 반대로 작용한다.

鑒者之臭[99]於鑒,
　감 자 지 취 　어 감

영상은 거울에 갖추어져 있어

---

90 정감(正鑒): '평면거울'의 뜻.
91 경과(景寡): 경(景)은 영(影)과 같다. 과(寡)는 하나인 것.
92 모능(貌能): 모태(貌態)의 오기. 형태의 뜻.
93 백흑(白黑): 거울에 비치는 광선에 따라 형체가 희미하게 또는 진하게 나타나는 것.
94 이정(杝正): 이(杝)는 사(斜)의 뜻이다.
95 당(當): 물체가 거울에 바짝 다가가는 것.
96 경구(景俱): 경(景)은 영(影)과 같다. 영상이 형체와 동작을 함께하는 것.
97 이(介): 역(亦) 자의 오기이다.
98 북(北): 배(背) 자의 뜻. 곧 형체와 영상은 반대로 비치는 것.
99 취(臭): 구(具)의 오기이다.

無所不鑒.
무 소 불 감

비추어지지 않는 것이 없으며

景之臭無數,
경 지 취 무 수

영상은 셀 수 없이 많으나

而必過正.
이 필 과 정

반드시 거울 면을 통과하며

故同處其體俱,
고 동 처 기 체 구

그 때문에 동일한 위치에 그 형체가 같이 있으나

然鑒分[100].
연 감 분

거울에 비치는 영상은 많은 것이다.

24.

〔經〕鑑位,[101]
감 위

〔경〕오목 거울은

景一小而易,[102]
경 일 소 이 역

비춰지는 영상 중 하나는 작고 거꾸로 보이고

一大而正.
일 대 이 정

하나는 크면서도 바르게 보인다.

說在中[103]之外內.
설 재 중 지 외 내

그 이치는 영상이 초점의 바깥에 있는지 안쪽에 있는지에 있다.

〔說〕鑒, 中之內,
감 중 지 내

〔설〕감(鑑): 영상이 초점의 안쪽에 있으면

鑑者近中,[104]
감 자 근 중

피사체는 초점과 멀리 있어서

則所鑒大,
즉 소 감 대

비춰지는 광선도 길고

---

100 감분(鑒分): 감분(鑒紛)과 같다. '거울에 비친 영상은 분분하다'의 뜻.

101 감위(鑑位): '오목 거울'의 뜻.

102 역(易): 정(正)의 반대. '거꾸로 비침'의 뜻.

103 중(中): '거울의 초점'.

104 감자근중(鑑者近中): 감자(鑑者)는 비춰지는 대상, 곧 '피사체'이다. 근(近)은 광학 원리에 의하면 원(遠)이 되어야 한다고 한다. 마찬가지 이치에서 다음 구절의 원중(遠中)에서 원(遠)은 근(近)의 오기로 생각된다.

景亦大; <small>경 역 대</small>	비춰지는 영상 또한 크다.
遠中,[105] <small>원 중</small>	피사체가 초점에 가까이 있으면
則所鑒小, <small>즉 소 감 소</small>	곧 비춰지는 광선이 짧아
景亦小, <small>경 역 소</small>	비춰지는 영상도 또한 작으며
而必正. <small>이 필 정</small>	영상은 반드시 바르다.
起於中緣正而長其直[106]也, <small>기 어 중 연 정 이 장 기 직 야</small>	
	거울의 초점에서 바르고 길게 광선이 뻗는다면
中之外, <small>중 지 외</small>	초점의 바깥에서는
鑒者近中, <small>감 자 근 중</small>	피사체가 초점에 가깝고
則所鑒大, <small>즉 소 감 대</small>	곧 비추는 광선도 세서
景亦大; <small>경 역 대</small>	영상 또한 크게 비춰진다.
遠中, <small>원 중</small>	피사체가 초점에서 멀면
則所鑒小, <small>즉 소 감 소</small>	곧 비추는 광선도 힘이 약하여
景亦小, <small>경 역 소</small>	영상 또한 작게 비치고
而必易, <small>이 필 역</small>	반드시 거꾸로 비치며
合於中緣正[107]而長其直也. <small>합 어 중 연 정 이 장 기 직 야</small>	바르게 길게 뻗는 광선에 부합한다.

---

105 원중(遠中): 원(遠)은 근(近)의 오기. 즉, 피사체가 거울의 초점에 가까이 있는 것.

106 기어중연정이장기직(起於中緣正而長其直): 기어중(起於中)은 초점을 따라 광선이 비치는 것, 정이장(正而長)은 피사체를 비추는 광선이 바르고 길게 이어지는 것이다.

107 중연정(中緣正): 중연정(中緣正)은 잘못 끼어든 것으로 추정된다.

25.

〔經〕鑒團,[108]
감단

〔경〕볼록 거울에는

景一.
경 일

비춰지는 영상이 하나이다.

〔說〕鑒, 鑒者近,
감 감자근

〔설〕감(鑒): 피사체가 거울에 가까우면

則所鑒大,
즉 소 감 대

곧 비춰지는 광선도 크고

景亦大;
경 역 대

비춰지는 영상 또한 크다.

亓[109]遠,
기 원

피사체가 거울에서 멀리 있으면

所鑒小,
소 감 소

비춰지는 광선도 짧고

景亦小,
경 역 소

비춰지는 영상도 작으며

而必正.
이 필 정

반드시 바른 영상이다.

景過正[110],
경 과 정

비춰지는 영상이 바르지 않은 것은

故招[111].
고 초

그 초점이 분명하지 않기 때문이다.

26.

〔經〕負而不撓[112],
부 이 불 요

〔경〕무거운 것을 얹어도 기울어지지
않음은

說在勝[113].
설 재 승

그 이치가 무게를 감당함에 있다.

---

108 감단(鑒團): 단(團)은 볼록하게 돌출된 것으로 감단(鑒團)은 '볼록 거울'의 뜻이다.

109 기(亓): 기(其)와 같다. '피사체'의 뜻.

110 과정(過正): 영상이 바르지 않은 것.

111 초(招): 초(招)는 초여(招搖)와 같다. '영상이 또렷하지 않은 것'이다.

112 불요(不撓): 요(撓)는 '한쪽으로 기울어지다'의 뜻.

113 승(勝): 물체의 무게를 '감당하다'의 뜻.

〔說〕負, 衡木[114],
　　　　부　형　목

　〔설〕부(負): 가로대 나무에

　加重焉而不撓,
　가 중 언 이 불 요

　무게를 더 얹어도 기울어지지 않는 것은

　極[115]勝重也.
　극　승 중 야

　무게 중심이 무게를 감당하기 때문이다.

　右校[116]交繩,
　우 교 교 승

　오른쪽에 이어진 나무에 밧줄을 걸어 당기면

　無加焉而撓,
　무 가 언 이 요

　무게를 더 얹지 않아도 기울어지는데

　極不勝重也.
　극 불 승 중 야

　무게 중심이 무게를 감당하지 못하기 때문이다.

27.

〔經〕衡而必𠤏,
　　　형 이 필 정

　〔경〕저울대는 반드시 올바르게 되어야 하는데

　說在得.
　설 재 득

　그 이치는 균형을 얻음에 있다.

〔說〕衡, 加重於其一旁,
　　　형　가 중 어 기 일 방

　〔설〕형(衡): 저울대의 어느 한쪽에 무게를 얹게 되면

　必捶,[117]
　필 추

　반드시 아래로 기울어지는데

　權, 重相若也相衡,
　권　중 상 약 야 상 형

　저울이란 무게가 같으면 서로 균형을 이루는 것으로

114　형목(衡木): '가로대 나무'의 뜻. 대들보 같은 것.
115　극(極): 극(極)은 중(中)과 통하며, '무게 중심'의 뜻이다.
116　우교(右校): 교(校)는 '이어 붙인 나무'의 뜻.
117　필추(必捶): 추(捶)는 '아래로 기울어지다'의 뜻.

則本短標長[118].
즉 본 단 표 장

곧 '본(本)'은 짧아지고 '표(標)'는 길어진다는 뜻이다.

兩加焉,
양 가 언

양쪽에 무게를 얹어

重相若,
중 상 약

무게가 서로 같아진다면

則標必下,
즉 표 필 하

곧 '표'는 반드시 아래로 기울어지고

標得權[119]也.
표 득 권 야

'표'가 균형을 얻게 된다.

28.

〔經〕挈與收板[120],
설 여 수 판

〔경〕끌어올림과 끌어내림은 서로 상반되는데

說在薄[121].
설 재 박

그 이치는 힘을 가함에 있다.

〔說〕挈, 有力也;
설 유 력 야

〔설〕설(挈): 끌어당김은 일정한 힘이 가해지는 것이다.

引, 無力也.
인 무 력 야

끌어내림에는 일정한 힘이 필요 없다.

不必[122]所挈之止於施[123]也.
불 필 소 설 지 지 어 시 야

끌어당기는 것을 멈춤에 반드시 힘을 가해야 되는 것은 아니다.

繩制挈之也,
승 제 설 지 야

밧줄을 만들어 그것을 끌어올리는

---

118 본단표장(本短標長): 본(本)은 저울대에서 '굵고 길이가 짧은 쪽'이며, 표(標)는 저울대에서 '가늘고 길이가 긴 쪽'을 말한다.

119 권(權): '균형'의 뜻.

120 설여수판(挈與收板): 설(挈)은 '끌어올리는 것', 수(收)는 '끌어내리는 것'이다. 판(板)은 판(仮)과 같고 반(仮)은 반(反)과 통한다.

121 박(薄): 박(迫)과 같다. 일정한 압력을 가하는 것.

122 불필(不必): 필(必)은 원문에는 심(心)으로 되어 있다. 필(必)의 오기로 생각된다.

123 시(施): 일정한 힘을 가하는 것.

	것은
若以錐刺之. 약 이 추 자 지	마치 송곳으로 그것을 찌르는 것과 같다.
挈, 長重者下, 설 장 중 자 하	끌어올리는 것은 길고 무거운 쪽은 내려가고
短輕者上. 단 경 자 상	짧고 가벼운 것은 올라간다.
上者愈得, 상 자 유 득	올라가는 것은 더욱 힘을 얻고
下者愈亡. 하 자 유 망	내려가는 쪽은 더욱 무게를 잃는다.
繩直權重相若, 승 직 권 중 상 약	밧줄이 곧고 균형과 무게가 서로 같다면
則正矣. 즉 정 의	곧 곧바르다.
收, 上者愈喪, 수 상 자 유 상	끌어내리는 것은 올라가는 것이 무게를 잃으면 잃을수록
下者愈得. 하 자 유 득	내려가는 것은 더욱더 무게를 얻게 된다.
上者權重盡, 상 자 권 중 진	올라가는 것이 균형과 무게가 없어지면
則遂挈. 즉 수 설	곧 끌어올려지게 된다.

29.

〔經〕倚者[124]不可正[125], 의 자 불 가 정	〔경〕기울어진 것은 바르게 할 수

---

124 의자(倚者): 기울어져 있는 것.
125 정(正): '교정하다', 바르게 고치다'의 뜻.

없는데

說在梯¹²⁶.
설 재 제

그 이치는 수레 사다리에 있다.

〔說〕倚, 倍拒堅舭¹²⁷,
의 배 거 견 친

〔설〕의(倚): 기울어지는 힘과 반발하는 힘이 있으면 수레를 견고하게 하며

倚焉則不正.
의 언 즉 부 정

기울어지게 되면 바르지 않다.

兩輪高,
양 륜 고

수레 사다리는 두 바퀴가 높고

兩輪爲輲¹²⁸.
양 륜 위 천

두 바퀴는 낮은 모양인데

車梯¹²⁹也,
거 제 야

수레 사다리는

重其前,
중 기 전

그 앞을 무겁게 하고

弦¹³⁰其前.
현 기 전

그 앞에는 나무 가로대가 있으며

載弦其前,
재 현 기 전

그 앞부분에 무거운 것을 싣는데

載¹³¹弦其軲¹³²,
재 현 기 고

다시 수레 채에는 정지시키는 나무판이 설치되어 있고

而縣¹³³重於其前.
이 현 중 어 기 전

그 앞에는 무거운 것을 매달아 놓는다.

是梯,
시 제

이 수레 사다리는

---

126 제(梯): 거제(車梯)와 같다. 수레 사다리는 앞바퀴와 뒷바퀴의 높이가 다르며 사다리꼴 모양이어서 형태가 곧게 평행되지 않는다.

127 배거견친(倍拒堅舭): 배(倍)는 의(倚)의 오기. 친(舭)은 제(梯)의 오기. 의거견제(倚拒堅梯)는 '기울어지는 힘과 반발하는 힘이 있으면 수레를 견고하게 고정시켜야 한다'의 뜻.

128 천(輲): 전(輇)과 통하는 글자로 수레바퀴가 낮은 수레이다.

129 거제(車梯): '수레 사다리'의 뜻. 앞의 두 바퀴는 약간 높고 뒤의 두 바퀴는 약간 낮으며 사다리꼴 모양으로 생긴 사륜거(四輪車)이다.

130 현(弦): 원(轅)의 뜻으로 '수레 채'를 말함. 수레 앞쪽에서 붙잡을 수 있는 멍에 채.

131 재(載): '다시, 또'의 뜻.

132 고(軲): 수레 채 앞부분에 설치해 놓은 일종의 나무판으로 정지시켜 놓는 도구이다.

133 현(縣): 현(懸)과 같은 뜻이다.

挈且挈¹³⁴則行.
설차설 즉행

앞에서는 끌고 뒤에서는 밀면서
나아간다.

凡重,
범중

대개 무게가 있어

上弗挈,
상 불 설

위로 끌어당길 수 없고

下弗收,
하 불 수

아래로 끌어내릴 수 없으며

旁弗劫¹³⁵,
방 불 겁

곁에서 힘을 쓰지도 않아야

則下直.
즉 하 직

아래로 곧게 간다.

扡¹³⁶, 或害之也.
타   혹 해 지 야

기울어지면 아마 장애가 된다.

沑¹³⁷,
유

아래로 내려가려 해도

梯者不得沑,
제 자 부 득 유

수레 사다리는 내려갈 수 없으니

直也.
직 야

바르기 때문이다.

今也廢尺¹³⁸於平地,
금 야 폐 척   어 평 지

이제 평지에 돌이 놓여 있으면

重不下,
중 불 하

돌이 무거우나 아래로 내려가지 않는
것은

無蹄¹³⁹也.
무 방   야

기울어짐이 없기 때문이다.

若夫繩之引𢂿也,
약 부 승 지 인 고 야

만약 수레 채의 나무판에 줄을 매어
끌어당기면

---

134 설차설(挈且挈): 앞에서는 끌고 뒤에서 밀어준다는 뜻.
135 겁(劫): 힘껏 힘을 쓰는 것이다. '끌어당기다'의 뜻.
136 타(扡): 사(斜)와 같은 뜻.
137 유(沑): 유(流)의 오기, '아래로 흐르다'의 뜻.
138 폐척(廢尺): 폐(廢)는 치(置)의 오기, 척(尺)은 석(石)의 오기.
139 방(蹄): 기(踦)의 오기이다. 곧 '기울어지다'의 뜻.

是猶自舟中引橫也.
시 유 자 주 중 인 횡 야

배에 있는 가로대 나무에 연결하여 끌어당기는 것과 같을 것이다.

30.

〔經〕堆之必柱,[140]
퇴 지 필 주

〔경〕건물을 올릴 때 반드시 기둥이 있어야 하는데

說在廢[141]材.
설 재 폐 재

그 이치는 건축 재료를 설치해야 함에 있다.

〔說〕堆, 幷[142]石𥡴[143]石耳.
퇴 병 석 루 석 이

〔설〕퇴(堆): 나란히 놓은 돌과 포개어 놓은 돌이다.

夾寑[144]者,
협 침 자

건물의 협실과 침실은

法[145]也.
법 야

돌을 포개어 놓음이다.

方石去地尺,
방 석 거 지 척

주춧돌은 땅에서 한 자 떨어지게 하고

關[146]石於其下,
관 석 어 기 하

주춧돌 아래에는 관석을 놓아둔다.

縣[147]絲於其上,
현 사 어 기 상

그 위에 밧줄을 매달고

使適至方石,
사 적 지 방 석

주춧돌에 이르도록 한다.

不下,
불 하

관석이 내려오지 않으면

---

140 퇴지필주(堆之必柱): 퇴(堆)는 건물을 올리는 것, 주(柱)는 원래 왕(往) 자인데 주(柱)의 오기로 생각된다. 주(柱)는 건물을 버티는 기둥의 뜻.

141 폐(廢): 치(置)의 오기로 생각된다.

142 병(幷): 병(幷)의 오기로 생각된다.

143 누(𥡴): 류(𥡴)와 같다.

144 침(寑): 침(寢)과 통한다.

145 법(法): 담계보에 의하면, 퇴(堆) 자가 되어야 한다.

146 관(關): 관(貫)과 같다.

147 현(縣): 현(懸)과 같다.

柱也.
_{주 야}

기둥 역할이 된다.

膠¹⁴⁸絲去石,
_{교　사 거 석}

밧줄을 돌에 묶고 움직이면

挈也.
_{설 야}

끌어올려진다.

絲絶,
_{사 절}

밧줄이 끊어진다면

引也;
_{인 야}

끌어당긴 것이다.

未變而石易,
_{미 변 이 석 이}

밧줄이 끊어지지 않는다면 돌의
방향이 바뀌는데

收也.
_{수 야}

위로 당겨지기 때문이다.

31.

〔經〕買¹⁴⁹無貴,
_{매　무 귀}

〔경〕사고파는 것에는 가격이 비싸거나
함이 없는데

說在仮¹⁵⁰其買¹⁵¹.
_{설 재 반　기 가}

그 이치는 물건의 가격이 상반됨에
있다.

〔說〕買, 刀糴¹⁵²相爲買.
_{매 도 적　상 위 가}

〔설〕매(買): 돈과 곡식은 상반되는
가격이 된다.

刀輕則糴不貴,
_{도 경 즉 적 불 귀}

돈의 가치가 낮으면 곡식은 비싸지
않으며

---

148 교(膠): 밧줄을 돌에 묶음.
149 매(買): 사고파는 것.
150 반(仮): 반(反)과 같다.
151 가(買): 가(價)와 상통하며 '물건의 가격'을 말한다.
152 도적(刀糴): 도(刀)는 도전(刀錢)을 말하며 '돈'의 뜻이다. 적(糴)은 '돈을 주고 산 쌀' 곧 '곡식'
을 말한다.

刀重則糴不易.
도 중 즉 적 불 이

돈의 가치가 높으면 곡식과 바꾸지
않는다.

王刀無變,
왕 도 무 변

나라에서 만든 돈은 변하지 않으나

糴有變.
적 유 변

곡식 값은 변동이 있다.

歲變糴,
세 변 적

그해의 곡식 값이 변동되면

則歲變刀.
즉 세 변 도

곧 돈의 가치도 변동된다.

若鬻子.
약 죽 자

마치 흉년에는 자식이라도 파는 것과
같다.

32.

〔經〕賈宜則讐[153],
가 의 즉 수

〔경〕가격이 적절하면 곧 물건이
팔리는데

說在盡[154].
설 재 진

그 이치는 안 팔리는 물건은 모두
없애는 것이다.

〔說〕賈, 盡也者,
가 진 야 자

〔설〕가(賈): 모두 없앤다고 하는 것은

盡去其所以不讐也.
진 거 기 소 이 불 수 야

그 팔리지 않는 것을 모두 없앤다는
것이다.

其所以不讐去,
기 소 이 불 수 거

그 팔리지 않는 것을 없애는 까닭에

則讐.
즉 수

곧 물건이 팔린다.

舌賈也,
정 가 야

올바른 가격이란

---

153 수(讐): 수(售)와 같다. '물건을 팔다'라는 뜻이다.
154 진(盡): 「경설」편에 의하면, 팔리지 않는 것은 모두 없애는 것이다.

宜不宜,
_{의 불 의}

상품 가격이 적절한지 그러지
않은지에 달려 있고

缶,
_정

올바른 가격이

欲不欲,
_{욕 불 욕}

상인이 팔고 싶은지 팔고 싶지
않은지에 있다면

若敗邦鬻室・嫁子.
_{약 패 방 죽 실   가 자}

마치 전쟁에 진 나라가 집도 팔고 딸도
결혼시키는 것과 같다.

33.

〔經〕無說[155]而懼,
_{무 설   이 구}

〔경〕원인을 알 수 없으면 두려움이
생기는데

說在弗必.
_{설 재 불 필}

그 이치는 반드시 일어날지 알 수
없음에 있다.

〔說〕無, 子在軍,
_{무 자 재 군}

〔설〕무(無): 자식이 군대에 있는데

不必其死生;
_{불 필 기 사 생}

그가 죽었는지 살았는지 꼭 알 수는
없다.

聞戰,
_{문 전}

전쟁이 났다는 소식이 들리면

亦不必其生;
_{역 불 필 기 생}

또 자식이 살아 있는지를 꼭 기약할
수가 없다.

前也不懼,
_{전 야 불 구}

이전에는 두렵지는 않았으나

今也懼.
_{금 야 구}

이제는 또 두려운 것이다.

---

155 무설(無說): 원인이나 이치를 알 수 없는 것.

34.

〔經〕或[156], 過名也;
<small>혹 과명야</small>

說在實.
<small>설재실</small>

〔說〕或, 知是之非此也.
<small>혹 지시지비차야</small>

有知是之不在此也,
<small>유지시지부재차야</small>

然而謂此南北,
<small>연이위차남북</small>

過而以已爲然.
<small>과이이이위연</small>

始也謂此南方,
<small>시야위차남방</small>

故今謂此南方.
<small>고금위차남방</small>

〔경〕어떤 지역은 지나간 명칭이다.

그 이치는 명칭의 실제에 있다.

〔설〕혹(或): 이 지역이 이런 명칭이 아님을 알고 있다.

어떤 경우는 이 명칭이 이곳에 있지 않음을 알지만

그러나 이곳을 남쪽 또는 북쪽으로 부르면

지나갔음에도 이미 그러한 명칭으로 부른다.

처음으로 이곳을 남쪽이라고 불렀다면

그 때문에 지금도 이곳을 남쪽이라고 부르는 것이다.

35.

〔經〕知, 知之否之[157],
<small>지 지지지부지</small>

足用也, 詩[158].
<small>족용야 패</small>

〔경〕안다는 것은 그것을 알거나 알지 못함인데,

충분히 쓸 수 있다고 함은 잘못된 것이다.

---

156 혹(或): 역(域)의 오기이며, 어떤 지역을 가리키는 것이다.
157 지지부지(知之否之): 지(知)는 어떤 일을 아는 것, 부(否)는 어떤 일을 알지 못하는 것이다.
158 패(詩): '잘못되다'의 뜻.

說在無以[159]也.
설 재 무 이   야

그 이치는 알 수 있는 방법이 없음에 있다.

〔說〕智, 論之,
지   론 지

〔설〕지(智): 어떤 것을 논의하자면

非智,
비 지

그것을 알지 못하고는

無以也.
무 이 야

논의할 방법이 없다.

36.

〔經〕謂辯[160]無勝,
위 변   무 승

〔경〕변론을 함에 양쪽 모두 이기지 못한다면

必不當[161].
필 부당

반드시 주제가 적절하지 않음이다.

說在不辯[162].
설 재 불 변

그 이치는 변론할 수 없음에 있다.

〔說〕謂, 所謂,
위   소 위

〔설〕위(謂): 논변한다는 것은

非同也,
비 동 야

같은 내용이 아니라면

則異也.
즉 이 야

곧 다른 내용이다.

同, 則或謂之狗,
동   즉 혹 위 지 구

같은 내용이란 어떤 사람이 '개(狗)'라고 부르고

其或謂之犬也.
기 혹 위 지 견 야

그것을 다른 사람도 '개(犬)'라고 부르는 경우이다.

異, 則或謂之牛,
이   즉 혹 위 지 우

다른 내용이란 어떤 사람이 '소'라고

---

159 무이(無以): '까닭을 알 수 없는 것'이다. 곧 알 수 있는 방법이 없는 것.
160 변(辯): '변론하다'의 뜻.
161 부당(不當): 논변의 주제가 '합당하지 않다'의 뜻.
162 불변(不辯): '변론할 수 없다'의 뜻.

부르는데

或謂之馬也.
혹 위 지 마 야

다른 사람은 그것을 '말'이라고 부르는
경우이다.

俱無勝,
구 무 승

변론함에 둘 다 이기지 못한다면

是不辯也.
시 불 변 야

변론할 수 없는 주제이기 때문이다.

辯也者,
변 야 자

변론을 하는 자가

或謂之是,
혹 위 지 시

어떤 이는 옳다고 했는데

或謂之非,
혹 위 지 비

어떤 이는 그르다고 했다면

當者勝也.
당 자 승 야

합당한 주장을 한 자가 이긴다.

37.

〔經〕無不讓也不可,
무 불 양 야 불 가

〔경〕늘 양보하지 않으면 안 된다 함은
불가능하다.

說在始[163].
설 재 시

그 이치는 양보하면 위태로움도
있다는 것이다.

〔說〕無讓者酒[164],
무 양 자 주

〔설〕사양할 수 없는 경우가 술의
예법인데

未讓,
미 양

사양하지 않는다면

始也.
시 야

위태롭다.

不可讓也.
불 가 양 야

사양할 수가 없다.

---

163 시(始): 태(殆)의 오기로 본다.
164 주(酒): 예절로 권하는 술의 의미.

若殆於城門與於臧¹⁶⁵也.
약 태 어 성 문 여 어 장   야

마치 성문에서 노비에게 물건을 줌이
위태로운 것과 같다.

38.

〔經〕於一¹⁶⁶,
어 일

〔경〕하나인 사물에도

有知焉,
유 지 언

아는 것이 있고

有不知焉.
유 부 지 언

알지 못하는 것이 있다.

說在存.
설 재 존

그 이치는 사물에 존재하는 성질에
있다.

〔說〕於,
어

〔설〕어(於):

石,
석

돌은

一也;
일 야

하나인데

堅白,
견 백

돌이 견고하고 흰 것은

二也,
이 야

두 가지 성질이니

而在石.
이 재 석

두 가지가 돌에 있는 것이다.

故有智焉,
고 유 지 언

그러므로 알고 있는 것도 있고

有不知焉,
유 부 지 언

알지 못하는 것도 있는 것이

可.
가

가능하다.

---

165 장(臧): 노비, 하인.
166 일(一): 「경설」편의 내용을 참고하면 '돌'의 의미이다.

39.

〔經〕有指於二而不可逃[167],
유 지 어 이 이 불 가 도

그 〔경〕사물의 두 가지 측면을 가리켜야 사물의 실제에서 벗어나지 않는데

說在以二參[168].
설 재 이 이 삼

그 이치는 '이'로써 '삼'을 유추함에 있다.

〔說〕有指,
유 지

〔설〕유지(有指):

子智是,
자 지 시

그대가 이것을 알고 있는데

有智是吾所先[169]學,
유 지 시 오 소 선 거

이것이 내가 알지 못했던 지식이라면

重.[170]
중

두 가지 측면의 지식이다.

則子知是,
즉 자 지 시

곧 그대는 이것을 알고 있는데

而不知吾之先學也,
이 부 지 오 지 선 거 야

그러나 내가 이전에 알지 못했던 것이라면

是一,
시 일

이것은 한 가지 측면의 지식으로

謂有智焉,
위 유 지 언

아는 것이 있다고 할 수도 있고

有不知焉,
유 부 지 언

알지 못하는 것이 있다고 할 수도 있고

可.
가

두 가지가 가능하다.

若智之,
약 지 지

만약 그것을 그대가 알고

則當指之智告我,
즉 당 지 지 지 고 아

곧 응당 그것을 지적하여 나에게 알려 준다면

---

167 불가도(不可逃): '벗어나지 않는다'의 뜻.

168 이이삼(以二參): 삼(參)은 삼(三)과 같다.

169 선(先): 선(先)은 무(无)의 오기이다.

170 중(重): 중(重)은 '그대가 알고 있는 것'과 '내가 알지 못했던 것'의 두 측면을 가리킨다.

則我智之.
즉 아 지 지

곧 나도 그것을 알게 된다.

兼智之,
겸 지 지

내가 아는 것과 모르는 것의 두 가지를
겸해 알면

以二也.
이 이 야

두 가지가 됨이다.

衡指之,
형 지 지

동등하게 그것을 지적해 주면

參直¹⁷¹之也.
삼 직 지 야

응당 그것은 세 가지가 된다.

若曰必獨指吾所擧,
약 왈 필 독 지 오 소 거

만약 반드시 내가 알고 있는 것만을
지적해야 한다고 말하면

毋擧吾所不擧,
무 거 오 소 불 거

내가 알지 못하는 것은 알 수 없게
되니

則者¹⁷²固不能獨指.
즉 자 고 불 능 독 지

그가 지적하는 것은 진실로 그것만
홀로 지적할 수 없다.

所欲相不傳,
소 욕 상 불 전

서로 전달하지 못한 것이 있다고 하면

意若未校¹⁷³.
의 약 미 교

그 뜻이 서로 만족스럽지 않을 것이다.

且其所智是也,
차 기 소 지 시 야

또한 자신이 아는 것이 이것인데

所不智是也,
소 부 지 시 야

자신이 알지 못하는 것도 이것이면

則是智,
즉 시 지

곧 이러한 지식은

是之不智也,
시 지 부 지 야

이것을 알지 못함도 있으니

惡得爲一?
오 득 위 일

어찌 하나 된 지식을 얻었겠는가?

---

171 직(直): 당(當)의 뜻이다.
172 즉자(則者): 즉자(則者)의 사이에 지(指)가 빠진 것으로 추정된다.
173 미교(未校): 교(校)는 열(悅)과 뜻이 통한다.

謂而有智焉,
위 이 유 지 언

알고 있다고도 할 수 있고

有不智焉.
유 부 지 언

알지 못한다고도 할 수 있다.

40.

〔經〕所知而不能指,
소 지 이 불 능 지

〔경〕알고 있는 것인데 뜻을 지적할 수
없는 것들이 있는데

說在春也·
설 재 춘 야

그 이치는 봄날·

逃臣·
도 신

달아난 신하·

狗犬·
구 견

개와 멍멍이·

遺者.[174]
유 자

잃어버린 물건 같은 예에 있다.

〔說〕所,
소

〔설〕소(所):

春也,
춘 야

봄날이란

其埶[175]固不可指也.
기 집 고 불 가 지 야

봄날의 형세를 진실로 지적할 수 없다.

逃臣不智其處,
도 신 부 지 기 처

달아난 신하는 그의 거처를 알 수
없고,

狗犬不智其名也.
구 견 부 지 기 명 야

개와 멍멍이는 그 진짜 명칭을 알 수
없다.

遺者,
유 자

잃어버린 물건은

巧弗能兩[176]也.
교 불 능 량 야

교묘한 재주로도 그물 치듯 찾을 수가
없다.

---

174 유자(遺者): '잃어버린 것'의 뜻.

175 집(埶): 세(勢)와 의미가 통용된다.

176 양(兩): 망(網)의 오기이며, '그물을 치듯이 샅샅이 찾음'의 뜻.

41.

〔經〕知狗而自謂不知犬,
지 구 이 자 위 부 지 견

〔경〕'개'는 알고 있으나 '멍멍이'는 알지
못한다고 한다면

過也.
과 야

잘못이다.

說在重[177].
설 재 중

그 이치는 '중동(重同)'에 있다.

〔說〕智,
지

〔설〕지(智):

智狗,
지 구

개〔狗〕를 아는 것은

重;
중

중동이다.

智犬,
지 견

멍멍이〔犬〕도 아는 것은

則過.
즉 과

곧 잘못이다.

不重,
부 중

두 명칭이 중동이 아니라면

則不過.
즉 불 과

곧 잘못된 점은 없다.

42.

〔經〕通[178]意後對,
통   의 후 대

〔경〕상대의 의도를 소통한 뒤에야
대답할 수 있는데

說在不知其誰謂也.
설 재 부 지 기 수 위 야

그 이치는 그가 누구에게 말하는지를
알 수 없음에 있다.

〔說〕通,
통

〔설〕통(通):

---

177 중(重): 「경설 상」편의 내용으로 미루어 보면, 하나의 실제 사물에 두 가지 명칭이 부과되는
것을 중동(重同)이라고 한다.
178 통(通): '소통하다'의 뜻.

問者曰:
문 자 왈

묻는 사람이 말한다.

"子知贏¹⁷⁹乎?"
자 지 라 호

"그대는 노새를 압니까?"

應之曰:
응 지 왈

그에게 대답하여 말한다.

"贏何謂也?"
라 하 위 야

"노새란 어떤 것을 말합니까?"

彼曰:
피 왈

그가 대답한다.

"贏施."
나 시

"노새 말입니다."

則智之.
즉 지 지

그러면 곧 그의 말을 안다.

若不問"贏何謂?",
약 불 문 라 하 위

만약 "노새란 어떤 것을
말합니까?"라고 묻지 않았는데

徑應以"弗智",
경 응 이 불 지

곧바로 대답하여 "알지 못합니다"라고
한다면

則過.
즉 과

곧 잘못이다.

且應,
차 응

또 대답하는 것은

必應問之時.
필 응 문 지 시

반드시 질문이 있을 때에 응답하며

若應長¹⁸⁰應有深淺.
약 응 장 응 유 심 천

만약 질문자에게 응답할 때는
응답하는 말의 깊음과 얕음이 있다.

43.

〔經〕所存與存者¹⁸¹,
소 존 여 존 자

〔경〕'존재하는 곳'과 '존재하는 사람'은

---

179 나(贏): 나(贏)의 이체자. 노새.
180 장(長): 기(其)의 오기이다.
181 존자(存者): 원래의 원문에는 존(存)이 탈락되어 있었다.

於存與孰存, ~182.
어 존 여 숙 존

'살고 있는 장소'와 '누가 살고
있는지'에 관해~.

〔說〕大常183中在兵人長所184.
대 상 중 재 병 인 장 소

〔설〕자연계에는 그 사람과 그가 사는
장소가 있다.

室堂,
실 당

집이라는 것은

所存也;
소 존 야

살고 있는 장소이며

其子,
기 자

그 사람이란

存者也.
존 자 야

살고 있는 사람이다.

據在者而問室堂惡可,
거 재 자 이 문 실 당 오 가

'살고 있는 사람'에 의거하여 '집이
어떠한가'라고 물으면

存也;
존 야

'살고 있는 곳'을 물음이다.

主室堂而問存者,
주 실 당 이 문 존 자

집을 위주로 하여 '살고 있는 사람'을
묻는다면

孰存也.
숙 존 야

'누가 사는지'를 묻는 것이다.

是一主存者以問所存,
시 일 주 존 자 이 문 소 존

하나는 살고 있는 사람을 위주로 사는
곳을 물은 것이요

一主所存以問存者.
일 주 소 존 이 문 존 자

하나는 사는 곳을 위주로 살고 있는
사람을 물은 것이다.

---

182 ~ : 몇 개의 결락된 글자가 있다.
183 대상(大常): 천상(天常)의 오기이다. 천상(天常)이란 '자연계'라는 뜻이다.
184 병인장소(兵人長所): 병(兵)과 장(長)은 기(其)의 오기이다.

44.

〔經〕五行[185]無常勝[186],
오 행　무 상 승

〔경〕오행은 늘 상대를 제압할 수는 없으며

說在宜.
설 재 의

그 이치는 조건의 적절함에 있다.

〔說〕五,
오

〔설〕오(五):

金·水·土·木·火,
금 수 토 목 화

금·수·토·목·화는

離[187].
이

서로에게 소속되어 있다.

然火爍[188]金,
연 화 삭 금

그러나 불이 쇠를 녹이는 것은

火多也.
화 다 야

불이 더 많기 때문이다.

金靡[189]炭,
금 미 탄

쇠가 숯불을 없애는 것은

金多也.
금 다 야

쇠가 더 많기 때문이다.

金之府[190]水,
금 지 부 수

쇠가 물을 모으는 것,

火離木.
화 리 목

불이 나무에 소속되는 것 등은

若識麋與魚之數,
약 식 미 여 어 지 수

마치 고라니와 물고기의 숫자를 인식함과 비슷하며,

惟所利.
유 소 리

오직 숫자가 많은 것이 유리한 것이다.

---

185 오행(五行): 금(金)·목(木)·수(水)·화(火)·토(土) 등 우주의 다섯 가지 기본요소.

186 승(勝): 오행이 상호 간 제어하는 성질을 말함이다. 즉, 토승수(土勝水), 수승화(水勝火), 화승금(火勝金), 금승목(金勝木), 목승토(木勝土)의 원리다. 그러나 이 원리는 조건에 따라 바뀔 수 있다. 흙(土)은 물(水)을 막을 수 있으나 물의 세력이 흙보다 클 때는 도리어 흙이 물을 이길 수 없는 것이다. 나머지 요소들도 마찬가지이다.

187 이(離): '~에 소속되다'의 뜻.

188 삭(爍): '녹이다'의 뜻.

189 미(靡): '없애다'의 뜻.

190 부(府): '모으다'의 뜻.

45.

〔經〕無欲惡之爲益損也,
무 욕 오 지 위 익 손 야

〔경〕하려는 것·싫어하는 것이 생명에
이롭거나 수명을 단축시킴 등은

說在宜[191].
설 재 의

그 이치가 적절하게 씀에 있다.

〔說〕無,
무

〔설〕무(無):

欲·惡,
욕 오

하려는 것·싫어하는 것이

傷生損壽,
상 생 손 수.

생명을 손상하거나 수명을 단축시키는
것은

說以少連[192].
설 이 소 련

그러한 이치는 적게 하고 적절히 함에
있다.

是誰[193]愛也?
시 수 애 야

이는 어느 것을 애호하는가의
문제이다.

嘗[194]多粟,
상 다 속

음식을 많이 먹을 경우,

或者欲不有能傷也?
혹 자 욕 불 유 능 상 야

어떤 사람은 음식 욕심이 몸을
손상시키는 것이 아닌가 여긴다.

若酒之於人也;
약 주 지 어 인 야

마치 술이 사람에게 미치는 영향
비슷하다.

且恕[195]人利人,
차 치 인 리 인

술은 사람을 어리석게도 이롭게도
하는데

---

191 의(宜): '적절하게 사용하다'의 뜻.
192 소련(少連): 소(少)는 '적게 하다'의 뜻, 연(連)은 적(適)과 의미가 상통하며 '적절히 하다'의
뜻.
193 수(誰): 여기서 수(誰)의 의미는 '어느 것'의 뜻이다.
194 상(嘗): 상(嚐)과 같은 의미이다.
195 치(恕): 여기서는 치(痴)와 뜻이 통한다.

愛也,
애 야

술을 애호하는 경우

則惟恕弗治也.
즉 유 치 불 치 야

오직 어리석게 만들어 다스릴 수가
없다.

46.

〔經〕損而不害,
손 이 불 해

〔경〕덜어 내어도 몸에 해롭지 않음은

說在餘196.
설 재 여

그 이치가 '지나치게 많음'에 있다.

〔說〕損,
손

〔설〕손(損):

飽者去餘,
포 자 거 여

배가 부르면 과하게 먹은 것을 덜어
내야 하고

適足不害.
적 족 불 해

적절히 먹으면 몸에 해롭지 않다.

能害, 飽,
능 해 포

몸을 해치는 경우는 지나치게 배부를
경우이다.

若傷麋之無脾197也.
약 상 미 지 무 비   야

마치 다친 고라니는 넓적다리뼈가
없지만 제사에 쓸 경우 상관없음과
마찬가지이다.

且有損而後益智198者,
차 유 손 이 후 익 지   자

또 덜어 낸 다음에는 더욱 이익이 된다
함은

若瘧199病之人於瘧也.
약 학   병 지 인 어 학 야

마치 학질을 앓는 병자가 학질을 뗀

---

196 여(餘): 음식 등이 '지나치게 많다'의 뜻.

197 상미지무비(傷麋之無脾): 비(脾)는 비(髀)의 오기로, '넓적다리뼈'를 말한다. 고대에는 제사
를 올릴 때 희생물에 흠결이 있으면 안 되었다. 그러나 사냥에서 잡은 짐승을 올릴 경우, 손상
이 없을 수가 없다. 따라서 사냥에서 얻은 짐승은 약간의 손상이 있어도 희생으로 쓴다는 것이
다. 다친 고라니를 희생으로 쓰는 것은 손이불해(損而不害)의 뜻과 상통한다.

198 지(智): 잘못 끼어든 글자로 판단된다. 삭제해야 한다.

것과 같다는 뜻이다.

47.

〔經〕知而不以五路[200],
지 이 불 이 오 로

〔경〕'앎'에는 다섯 가지 감각에 의하지 않는 것도 있는데

說在久.
설 재 구

그 이치는 오랫동안의 경험에 있다.

〔說〕智,
지

〔설〕지(智):

以目見,
이 목 견

눈으로 사물을 보고 인식하는데

而目以火見,
이 목 이 화 견

눈은 불빛의 힘을 빌려 사물을 볼 수 있으나

而火不見,
이 화 불 견

불빛이 사물을 볼 수는 없으며

惟以五路智.
유 이 오 로 지

오직 다섯 가지 감각으로 보는 것이다.

久, 不當以目見,
구 부 당 이 목 견

오랜 시간이 지나면 눈으로 보지 않아도 알 수 있는데

若以火見.
약 이 화 견

마치 불빛으로 보는 것 같다.

48.

〔經〕火[201]熱,
화 열

〔경〕불빛이 뜨거워지는 것은

---

199 학(瘧): 학(瘧)은 학(瘧)과 통한다. 즉, '학질'이다.
200 불이오로(不以五路): 오로(五路)는 오관(五官)과 같다. 눈·코·귀·입·마음 다섯 가지 감각에 의해 정보를 얻지 않는 것.

說在頓²⁰².
설 재 돈

그 이치가 잠깐의 시간에 있다.

〔說〕火, 謂火熱也,
화 위 화 열 야

〔설〕화(火): 불빛과 뜨거움을 말하는 것은

非以火之熱我²⁰³有,
비 이 화 지 열 아 유

불빛의 뜨거움이 잠깐 사이에 감지되지는 않으며

若視日.²⁰⁴
약 시 일

마치 해를 보는 것과 같다.

49.

〔經〕知其所²⁰⁵不知,
지 기 소 부 지

〔경〕그가 알지 못하는 것을 알게 됨은

說在以名取²⁰⁶.
설 재 이 명 취

그 이치는 이미 알고 있는 명칭(개념)으로 유추함에 있다.

〔說〕智,
지

〔설〕지(智):

雜所智與所不知而問之,
잡 소 지 여 소 부 지 이 문 지

알고 있는 것과 알지 못하는 것을 섞어서 그에게 묻는다면

則必曰:
즉 필 왈

반드시 대답하기를

"是所智也,
시 소 지 야

"이것은 알고 있는 것이고

是所不知也."
시 소 부 지 야

이것은 알지 못하는 것이다"라고

---

201 화(火): 원래 원문은 필(必)인데 화(火)의 오기이다.

202 돈(頓): 거(遽)의 뜻으로 잠깐의 시간이다.

203 아(我): 아(俄)와 통하며 잠깐의 시간.

204 약시일(若視日): 마치 해를 보는 듯하다는 표현은 해를 보면 강한 햇빛을 볼 수 있으나 동시에 뜨거움을 감지할 수는 없다는 것.

205 소(所): 소(所) 자 다음에는 이(以) 자가 있었으나 양계초의 견해를 참조하여 삭제하였다.

206 명취(名取): 명(名)은 이미 알고 있는 명칭(개념)의 의미이며, 취(取)는 알고 있는 개념으로 유추하여 새로운 지식을 얻는 것.

대답할 것입니다.

取去俱能之,
_{취 거 구 능 지}

알고 있는 것으로 취사선택하여
유추하면 모두 알 수가 있으니

是兩智之也.
_{시 양 지 지 야}

이것이 두 가지 측면을 아는 것입니다.

50.

〔經〕無,
_무

〔경〕무(無)는

不必待有,
_{불 필 대 유}

반드시 유(有)에 의지할 필요는 없다.

說在所謂[207].
_{설 재 소 위}

그 이치는 명칭(개념)에 있다.

〔說〕無,
_무

〔설〕무(無):

若無焉,
_{약 무 언}

만약 '무'가 존재하면

則有之而後無,
_{즉 유 지 이 후 무}

곧 '유'가 존재하고 나서야 '무'가 있는
것이니

無天陷,[208]
_{무 천 함}

'하늘이 꺼질 리 없다'는 말로
미루어도

則無之而無.
_{즉 무 지 이 무}

곧 '무'에서 '무'가 나타날 수는 없다.

51.

〔經〕擢慮[209]不疑,
_{탁 려   불 의}

〔경〕추리하여 어떤 것을 의심하지 않는

---

207 소위(所謂): 유(有)와 무(無)의 문제는 명칭(개념) 문제임을 말하는 것이다.
208 무천함(無天陷): '하늘이 꺼질 리 없다'는 말은 유(有)가 무(無)보다 먼저라는 증거이다. 하늘
　　보다 먼저 존재하는 것은 없다는 것이다.
209 탁려(擢慮): '추리하다'의 뜻.

것은

說在有無.
설 재 유 무

그 이치가 실제로 있는 것인지 없는
것인지에 있다.

〔說〕攉,
　　탁

〔설〕탁(攉):

疑,
의

의심함은

無謂也.
무 위 야

실제를 말할 수 없는 것이다.

臧[210]也今死,
장 　야 금 사

노비 '장'이 이제 죽었는데

而春[211]也得文文死也可.
이 춘 　야 득 문 문 사 야 가

노비 '춘'도 그런 병을 얻었다면 그도
죽으리라 여길 수 있다.

52.

〔經〕且然不可正,[212]
　　차 연 불 가 정

〔경〕장차 그렇게 되는 것은 당장 고칠
수는 없으나

而不害用工[213].
이 불 해 용 공

힘써 노력하는 것이 장애 되는 것은
아니다.

說在宜.
설 재 의

그 이치는 적절히 노력함에 있다.

〔說〕且,
　　차

〔설〕차(且):

猶是也.
유 시 야

'이러하다'와 같다.

且然,
차 연

'장차 그러하게 되리라'고 하면

---

210 장(臧): 노비의 이름으로 유추한다.

211 춘(春): 역시 노비의 이름으로 유추된다.

212 차연불가정(且然不可正): 차연(且然)은 '장차 그러할 것이다'의 뜻, 불가정(不可正)은 차연
(且然)의 추세를 지금 고칠 수는 없다는 뜻.

213 용공(用工): '열심히 노력하다'의 뜻.

必然. _{필 연}	'반드시 그러하게 된다'.
且已, _{차 이}	'장차 끝낼 것이다'라고 하면
必已. _{필 이}	'반드시 끝내게 된다'.
且用工而後已者, _{차 용 공 이 후 이 자}	또 열심히 노력한 이후에야 이미 이루어진다.
必用工而後已. _{필 용 공 이 후 이}	반드시 열심히 노력한 이후에야 끝낼 수 있다.

53.

〔經〕均之絶不[214], _{균 지 절 부}	〔경〕균형을 이루는 물체가 끊어지는지의 여부는
說在所均[215]. _{설 재 소 균}	그 이치가 균형을 이루고 있는지에 있다.
〔說〕均, _균	〔설〕균(均):
髮均縣[216]輕重, _{발 균 현 경 중}	머리카락에 균형을 맞추어 가볍고 무거운 물건을 매달고 나서
而髮絶, _{이 발 절}	머리카락이 끊어진다면
不均也; _{불 균 아}	균형이 맞지 않는 것이다.
均, _균	균형이 맞는다면

---

214 절부(絶不): 절부(絶否)와 의미가 같다. '끊어지는지의 여부'라는 뜻.
215 소균(所均): 「경설 하」편의 내용을 참고하면, 매달려 있는 물체가 균형을 이루는 것이라는 뜻이다.
216 현(縣): 현(懸)과 같다.

其絶也莫絶.
기 절 야 막 절

머리카락은 끊으려 해도 절대 끊을 수
없다.

54.

〔經〕堯之義也,
요 지 의 야

〔경〕요임금의 의로움은

生²¹⁷於今而處於古,
생   어 금 이 처 어 고

오늘날까지 전해지나 그는 고대에
살았다.

而異時,
이 이 시

그 시기가 다르다는 것은

說在所義二²¹⁸.
설 재 소 의 이

그 이치가 의로움의 두 가지 의미에
있다.

〔說〕堯霍,
요 곽

〔설〕요곽(堯霍):

或以名視人,
혹 이 명 시 인

어떤 경우에는 명칭으로 사람을
살펴보기도 하고

或以實視人.
혹 이 실 시 인

어떤 경우에는 실물로 그 사람을
살펴보기도 한다.

擧友'富商也',
거 우 부 상 야

친구를 소개하면서 '부유한
상인'이라고 부르는 것은

是以名視人也;
시 이 명 시 인 야

명칭으로 그 사람을 살펴보는 것이다.

指'是霍也',
지 시 곽 야

그를 가리키며 '이 사람은
곽씨이다'라고 하는 것은

是以實視人也.
시 이 실 시 인 야

실물로 그 사람을 살펴보는 것이다.

---

217 생(生): 성(聲)의 오기. '명성이 전해짐'의 뜻.

218 소의이(所義二): 요임금이 의로움을 실천한 것은 과거의 사실이나 의로움을 실천했다는 명
예는 오늘날에도 전해지기 때문에 두 가지라고 한 것이다.

堯之義也,　　　　　　요임금의 의로움은
요 지 의 야

是聲也於今,　　　　　　오늘날에도 그 명성이 전해지지만
시 성 야 어 금

所義之實處於古.　　　　의로움의 실질은 고대에 존재하였다.
소 의 지 실 처 어 고

55.

〔經〕狗, 犬也.　　　　　　〔경〕개〔狗〕는 곧 멍멍이〔犬〕이다.
구 견 야

而殺狗非殺犬也,　　　　그런데 '개를 죽인 것은 멍멍이를 죽인
이 살 구 비 살 견 야　　　　것이 아니다'라고 한다면

可.[219]　　　　　　　　옳지 않은 것이다.
가

說在重[220].　　　　　　그 이치는 '중동'에 있다.
설 재 중

〔說〕狗,　　　　　　　　〔설〕구(狗):
구

狗, 犬也.　　　　　　　개는 멍멍이이다.
구 견 야

謂之殺犬,　　　　　　　그를 가리켜 '멍멍이를 죽였다' 하는
위 지 살 견　　　　　　　것은

可.　　　　　　　　　　가능하다.
가

若兩朓[221].　　　　　　마치 양쪽 넓적다리뼈나 마찬가지이다.
약 양 비

56.

〔經〕使,　　　　　　　　〔경〕사(使)는
사

219　가(可): 의미로 보아 불가(不可)가 되어야 한다.
220　중(重): 중동(重同)의 뜻이다. 같은 사물을 다른 이름으로 부르는 것.
221　비(朓): 비(髀)와 같은 뜻이니 곧 넓적다리뼈를 말한다. 왼편의 뼈나 오른편의 뼈나 하나의 넓
　　적다리뼈에 붙어 있으니 마찬가지라는 뜻이다.

殷,²²²
은

'일을 시킴'인데

美,²²³
미

일을 시키는 것은 의로워야 하는데

說在使.
설 재 사

그 이치는 의롭게 일을 시킴에 있다.

〔說〕使,
사

〔설〕사(使):

令使也.
영 사 야

명령하여 일을 시키는 것이다.

我使我,²²⁴
아 사 아

의롭게 시키는 명령은 의롭다.

我不使,
아 불 사

의롭게 시키지 않는 명령도

亦使我.
역 사 아

또한 의롭게 시키는 것이다.

殷戈亦使,
전 과 역 사

의롭게 시키는 명령도 의로운 것이요

殷不美亦使,
전 불 미 역 사

의롭게 시키지 않는 명령도

殷.
전

일을 시키는 것이다.

57.

〔經〕荊之大,
형 지 대

〔경〕초나라의 거대한 땅은

其沈²²⁵淺也.
기 심 천 야

그 땅의 호수조차 얕고 좁아 보인다.

說在具²²⁶.
설 재 구

그 이치는 가지고 있는 국토의 규모에
있다.

---

222 은(殷): 담계보의 주장에 의하면, 은(殷)은 역(役)의 오기이며, 미(美)는 의(義)의 오기이다.

223 미(美): 의(義), 즉 '의롭게 일을 시킨다는 것'은 합리적으로 명령을 내리는 것을 말함이다.

224 아사아(我使我): 아사아(我使我) 이하의 문장은 모든 학자가 견해를 달리한다. 여기서는 담
     계보의 학설을 받아들여 '使, 令使也. 義使, 義; 義不使, 義. 使役, 義亦使義, 不義亦使義'
     의 문장으로 보고 풀이하였다.

225 심(沈): 항(沆)의 오기이다.

226 구(具): 유(有)의 오기이다.

〔說〕荊,
荊

沈,
심

荊之貝²²⁷也.
형 지 패 야

則沈淺,
즉 심 천

非荊淺也.
비 형 천 야

若易五之一.
약 이 오 지 일

〔설〕형(荊):

호수는

초나라 땅에 있다.

곧 호수가 얕고 좁아 보인다고 해서

초나라 땅이 얕고 좁은 것은 아니다.

호수 지역은 초나라의 5분의 1을
차지한다.

58.

〔經〕以楹爲搏,²²⁸
이 영 위 단

於以爲無知也,
어 이 위 무 지 야

說在意.²²⁹
설 재 의

〔經〕'기둥'을 '단'으로 여긴다면

'기둥'과 '단'에 대해 무지한 것인데

그 이치는 억측함에 있다.

〔說〕以,
이

楹之²³⁰搏也,
영 지 단 야

見之,
견 지

其於意也不易²³¹,
기 어 의 야 불 역

先智意相也.
선 지 의 상 야

〔설〕이(以):

기둥과 단은

그것을 보고도

마음속에서 그런 생각이 바뀌지
않는다면

미리 알고 있었던 마음의 형상

---

227 패(貝): 유(有)의 오기이다.
228 이영위단(以楹爲搏): 영(楹)은 '기둥'의 뜻, 단(搏)은 여러 개를 묶어 놓은 '나무 다발'이다.
229 의(意): '억측하다'의 뜻.
230 지(之): 여(與)와 같다.
231 불역(不易): '생각을 바꾸지 않다'의 뜻.

때문이다.

若楹輕於秋[232].
약 영 경 어 추

만약 기둥을 쑥대보다 가볍다고
여긴다면,

其於意也洋然[233].
기 어 의 야 양 연

그러한 것은 마음에서 망연하여
갈피를 잡지 못함이다.

59.

〔經〕意未可知.
의 미 가 지

〔경〕그 뜻을 잘 알 수 없는 것이다.

說在可用過件[234].
설 재 가 용 과 오

그 이치는 사용할 수 있음과 역순으로
함에 있다.

〔說〕段·椎·錐[235],
단 추 추

〔설〕받침대·망치·송곳 등은

俱事[236]於履,
구 사 어 리

모두 신발을 만드는 데 사용하며

可用也.
가 용 야

쓸 수가 있다.

成繪履[237]過椎,
성 회 리 과 추

무늬 있는 신발을 만드는 데는 무늬를
넣고 망치를 쓰는데

與成椎過繪履同,
여 성 추 과 회 리 동

망치를 먼저 쓰고 무늬를 신발에
넣더라도 같은 공정이니

---

232 추(秋): 추(萩)와 통하는데, '사철쑥'이라는 뜻이다.

233 양연(洋然): 망연(茫然)의 뜻.

234 가용과오(可用過件):「경설」의 내용을 참고하면 가용(可用)은 망치나 송곳 등 도구를 '사용하는 것'이다. 과오(過件)는 오(件)에 '역(逆)으로'의 뜻이 있으므로 '역순으로 일을 하는 것'이다.

235 단·추·추(段·椎·錐): 만드는 도구로 추정된다. 신발을 놓는 받침대와 망치와 송곳 등이다.

236 사(事): 용(用)과 같은 뜻이다.

237 성회리(成繪履): 회리(繪履)는 '무늬 있는 신발'을 뜻한다.

過作²³⁸也.
과 오 야

역순으로 일을 한 것이다.

60.

〔經〕一少於二而多於五,
일 소 어 이 이 다 어 오

〔경〕1은 2보다 작지만 5보다 많기도
한데

說在建位²³⁹.
설 재 건 위

그 이치는 숫자의 단위에 있다.

〔說〕一,
일

〔설〕일(一):

五有一焉,
오 유 일 언

5가 모여 1이 된다면

一有五焉,
일 유 오 언

1이 다섯 개를 가지는 것인데

十,
십

10은

二焉.
이 언

5가 두 개 모인 것이다.

61.

〔經〕非半²⁴⁰弗斲²⁴¹則不動,
비 반 불 작 즉 부 동

〔경〕어떤 곳을 더 가를 수 없다는 것은
더 쪼갤 수 없는 곳에는 움직일 수
없는 법인데

說在端²⁴².
설 재 단

그 이치는 쪼갤 수 없는 극점에 있다.

〔說〕非,
비

〔설〕비(非):

---

238 과오(過作): 오(作)는 '역순으로 진행하다'의 뜻.
239 건위(建位): '숫자의 단위'라는 뜻이다. 단 단위에서 1은 1이지만, 10자리 단위에서 1은 10의
뜻이다.
240 비반(非半): '절반으로 가를 수 없다'의 뜻.
241 불작(弗斲): 작(斲)은 작(斫)과 같다. '쪼개다'라는 뜻이다.
242 단(端): 사물을 절반씩 쪼개어 갈 때 더 쪼갤 수 없는 극점을 말함.

斬半, _{작 반}	절반씩 쪼개어
進前取也, _{진 전 취 야}	계속 앞으로 쪼개어 간다.
前則中無爲半[243]猶端也, _{전 칙 중 무 위 반 유 단 야}	앞으로 가다가 절반으로 가를 수 없는 가운뎃 점은 극점과 같다.
前後取, _{전 후 취}	앞뒤로 쪼개어 간다면
則端中也. _{즉 단 중 야}	곧 극점은 가운데에 있다.
斬必半, _{작 필 반}	반드시 절반씩 쪼개어 나가
無與非半, _{무 여 비 반}	더 절반으로 쪼갤 수 없는 곳에 이르면
不可斬也. _{불 가 작 야}	더 쪼갤 수가 없다.

62.

〔經〕可無也, _{가 무 야}	〔경〕없는 것도 있겠으나
有之而不可去, _{유 지 이 불 가 거}	어떤 것이 있었다면 없앨 수 없는 것이니
說在嘗然[244]. _{설 재 상 연}	그 이치는 일찍이 그런 것이 있었음에 있다.
〔說〕可, _가	〔설〕가(可):
無也已給[245], _{무 야 이 급}	없어졌다 함은 이미 있었다는 뜻이니
則當給不可無也. _{즉 당 급 불 가 무 야}	의당 있었던 것을 없다고 할 수는 없다.

---

243 중무위반(中無爲半): 가운데를 더 절반으로 나눌 수 없는 곳.
244 상연(嘗然): '일찍이 그런 것이 있었다'는 뜻.
245 급(給): 급(給)은 구(具)의 오기이다.

63.

〔經〕舌而不可擔²⁴⁶,
정 이 불 가 담

〔경〕올바르고 둥근 것은 흔들리게 할
수 없는데

說在摶²⁴⁷.
설 재 단

그 이치는 둥근 모양에 있다.

〔說〕正, 丸²⁴⁸,
정 환

〔설〕정(正): 둥근 공은

無所處而不中縣²⁴⁹,
무 소 처 이 불 중 현

어느 곳에 매달아도 한가운데에
달리지 않음이 없으니

摶也.
단 야

둥글기 때문이다.

64.

〔經〕宇進無近²⁵⁰,
우 진 무 근

〔경〕우주에서는 앞으로 가도
가까워지는 것은 없는데

說在敷²⁵¹.
설 재 부

그 이치는 광대하게 펼쳐져 있음에
있다.

〔說〕宇,
우

〔설〕우(宇):

偏²⁵²不可偏舉²⁵³,
구 불 가 편 거

우주의 공간은 하나하나 사례로 들 수

---

246 담(擔): 요(搖)의 뜻과 같다.

247 단(摶): 원(圓)과 같은 뜻이다.

248 환(丸): 원래 원문은 구(九)인데 환(丸)으로 교정했다. 둥근 것, 공 모양의 물건.

249 현(縣): 현(懸)과 같다.

250 무근(無近): 우주 공간에서는 원근을 구분하기 어렵다. 앞으로 나아가도 그 지점이 다가온 것일 뿐 먼 곳과 가까운 곳의 구분은 쉽지 않다.

251 부(敷): 포(布)와 같은 뜻의 글자로 '펼쳐지다'의 뜻. 우주 공간은 광대하게 펼쳐져 있어 원근의 개념이 없다. 절대적인 기준이 없기 때문이다.

252 구(偏): 구(區)와 같다. '구역'의 뜻.

253 편거(偏舉): '하나하나 사례로 들 수 없다'의 뜻.

없는 것이

宇也.
우 야
광대한 우주이다.

進行者先敷近,
진 행 자 선 부 근
우주에서 나아감은 먼저 가까운 곳이
펼쳐지고

後敷遠.
후 부 원
다음으로 더 먼 곳이 펼쳐지는 것이다.

久,
구
시간의 지속이란

有窮無窮,
유 궁 무 궁
끝이 있는 곳에서 끝이 없는 곳으로
흐름이다.

65.

〔經〕行脩以久[254],
행 수 이 구
〔경〕걸어가는 것이 길어지면 그 시간도
길어진다.

說在先後[255].
설 재 선 후
그 이치는 시간에도 선과 후가 있음에
있다.

〔說〕行,
행
〔설〕행(行):

行者必先近而後遠,
행 자 필 선 근 이 후 원
길을 간다 함은 반드시 먼저 가까운
지점에 이르고 그 후에 먼 지점에
이르니

遠近,
원 근
멀고 가까움이란

脩也.
수 야
도로의 길이이다.

---

254 수이구(脩以久): 수(脩)는 장(長)의 뜻으로 '도로가 길다'의 뜻. 구(久)는 '시간이 길어지다'의
뜻.

255 선후(先後): 시간의 '선과 후'라는 뜻.

先後,
선 후

선과 후라는 것은

久也.
구 야

시간의 길이다.

民行脩必以久也.
민 행 수 필 이 구 야

사람이 가는 길이 길어지면 시간도 길어진다.

66.

〔經〕一法者之相與[256]也,
일 법 자 지 상 여 야

〔경〕한결같은 법칙에 의해 이루어진 것은 같은 모양이며

盡類,
진 류

모두 형태가 비슷한데

若方[257]之相合也.
약 방 지 상 합 야

마치 네모꼴의 모양이 서로 부합함과 같다.

說在方.
설 재 방

그 이치는 형태가 네모 모양인 점에 있다.

〔說〕一,
일

〔설〕일(一):

方盡類,
방 진 류

네모진 모양은 모두 비슷하며

俱有法而異,
구 유 법 이 이

모두 같은 법칙으로 만들어지나 재료가 다르기도 한데

或木或石,
혹 목 혹 석

혹은 나무를 쓰거나 돌을 사용하며

不害其方之相合也.
불 해 기 방 지 상 합 야

그것이 네모 모양에 부합하면 상관이 없는 것이다.

盡類猶方也,
진 류 유 방 야

모두 모양이 비슷하다는 것은 네모

---

256 여(與): 여(如)와 같다. 모양이 동일한 것.
257 방(方): 형태가 모두 네모진 것.

모양과 같으면 되는 것이니

物俱然.
물 구 연

사물도 모두 그러하다.

67.

〔經〕**狂學**²⁵⁸**不可以知異**²⁵⁹,
　　광 거　　불 가 이 지 이

〔경〕함부로 예를 인용하면 사물의 차이를 알 수 없는데

說在有不可.
설 재 유 불 가

그 이치는 어떤 사례는 차이를 드러낼 수 없음에 있다.

〔說〕**狂,**
　　광

〔설〕광(狂):

牛與馬惟²⁶⁰**異,**
우 여 마 유　　이

소와 말은 비록 다르지만

以牛有齒·
이 우 유 치

소에는 이빨이 있고

馬有尾,
마 유 미

말에는 꼬리가 있다는 사례를 들어

說牛之非馬也,
설 우 지 비 마 야

소는 말이 아니라고 설명한다면

不可.
불 가

성립될 수 없다.

是俱有,
시 구 유

이것은 소와 말 모두 가지고 있으니

不偏²⁶¹**有偏無有.**
불 편　　유 편 무 유

어느 한쪽이 가지고 있거나 어느 한쪽이 가지고 있지 않는 것이 아니기 때문이다.

曰'牛²⁶²**與馬不類,**
왈 우　　여 마 불 류

만약 말하기를, '소와 말은 생긴 모양이

---

258 광거(狂學): 광(狂)은 난(亂)의 뜻으로 함부로 사례를 인용하는 것이다.

259 이(異): 사물의 차이, 즉 사물의 각기 '다른 특징'의 뜻.

260 유(惟): 수(雖)와 뜻이 통한다.

261 편(偏): 어느 한쪽, 곧 소나 말의 어느 한쪽을 말한다.

262 우(牛): 원래 원문에는 지(之)로 되어 있으나 정정하였다.

다른데

用²⁶³牛有角,
<small>용 우유각</small>

왜냐하면 소에는 뿔이 있고

馬無角,
<small>마 무 각</small>

말에는 뿔이 없기 때문이다, 라고 하면

是類不同也'.
<small>시 류 불 동 야</small>

이것은 생긴 모양이 다른 것이다'라고
할 수 있다.

若擧牛有角馬無角以是爲類之不同也,
<small>약 거 우 유 각 마 무 각 이 시 위 류 지 부 동 야</small>

만약 소에게 뿔이 없고 말에게 뿔이
없음을 가지고 소와 말이 한 부류로
다르지 않다고 한다면

是狂擧也,
<small>시 광 거 야</small>

이는 잘못된 인용이며

猶牛有齒,
<small>유 우 유 치</small>

마치 '소에는 이빨이 있고

馬有尾.
<small>마 유 미</small>

말에는 꼬리가 있으니 서로 다른
것이다'라고 하는 것과 같다.

68.

〔經〕牛馬之非牛,
<small>우 마 지 비 우</small>

〔경〕우마는 소가 아니라고 함은

與可之同,
<small>여 가 지 동</small>

소와 말을 같은 부류로 보는 것이며

說在兼²⁶⁴.
<small>설 재 겸</small>

그 이치는 겸하여 포괄함에 있다.

〔說〕牛,
<small>우</small>

〔설〕우-(牛):

或不非牛而非牛也可,
<small>혹 불 비 우 이 비 우 야 가</small>

우마를 어떤 경우는 소가 아닌 것도
아니고 소가 아닌 것이라 해도 되며

---

263 용(用): 인(因)과 통하는 글자이다.

264 겸(兼): 네발짐승을 통칭할 때 우마(牛馬)라고 하듯이 두 가지 개별 사물의 의미가 포괄된 것.

則或非牛或牛²⁶⁵而牛也可.
즉 혹 비 우 혹 우   이 우 야 가

또 어떤 경우는 소가 아니라거나
소라고 해도 되는 것이다.

故曰'牛馬非牛也',
고 왈 우 마 비 우 야

그러므로 '우마는 소가 아니다'라고
하는 것은

未可,
미 가

안 되며

'牛馬牛也',
우 마 우 야

'우마는 소다'라고 하는 것도

未可.
미 가

안 된다.

則或可,
즉 혹 가

그래서 혹은 되기도 하고

或不可,
혹 불 가

안 되기도 하니,

而曰'牛馬牛也未可',
이 왈 우 마 우 야 미 가

만약 '우마는 소가 안 된다'고 하는 것

亦不可.
역 불 가

역시 안 된다.

且牛不二,
차 우 불 이

또 소는 둘(우마)이 아니고

馬不二,
마 불 이

말도 둘(우마)이 아니니

而牛馬二.
이 우 마 이

우마라고 해야 둘 다인 것이다.

則牛不非牛,
즉 우 불 비 우

곧 소는 소 아님이 없고

馬不非馬,
마 불 비 마

말은 말 아님이 없으며

而牛馬非牛非馬,
이 우 마 비 우 비 마

우마라 하면 소도 아니고 말도
아니라고 말해도

無難²⁶⁶.
무 난

비난할 수는 없다.

---

265 혹우(或牛): 잘못 끼어든 글자이니 삭제해야 한다.
266 난(難): '비난하다'의 뜻.

69.

〔經〕彼彼此此,[267]
피 피 차 차

〔경〕저것은 저것이고 이것은 이것이라는 말은

與彼此同,
여 피 차 동

'피차'라는 말과 같은 것인데

說在異[268].
설 재 이

그 이치는 저것과 이것이 다름에 있다.

〔說〕彼,
피

〔설〕피(彼):

正名者彼此,
정 명 자 피 차

올바른 명칭은 저것과 이것인데

彼此可,
피 차 가

저것과 이것이 성립하려면

彼彼止於彼,
피 피 지 어 피

저것이 저것이 되려면 저것에서 그쳐야 하고

此此止於此.
차 차 지 어 차

이것이 이것이 되려면 이것에서 그쳐야 한다.

彼此不可,
피 차 불 가

저것과 이것이 성립되지 않으면

彼且此也,
피 차 차 야

저것이 또 이것이 되고

此亦可彼.
차 역 가 피

이것이 또 저것이 될 수 있다.

彼此止於彼此.
피 차 지 어 피 차

저것과 이것은 저것과 이것에서 그쳐야 한다.

若是而彼此也,
약 시 이 피 차 야

만약 이렇게 해서 저것과 이것이 성립되면

則彼彼亦且此此也.
즉 피 피 역 차 차 차 야

곧 저것은 저것일 것이고 또 이것은

---

267 피피차차(彼彼此此): 원래 원문은 순차순차(循此循此)인데 변경하였다.
268 이(異): 저것과 이것이 각기 다르다는 것.

이것일 것이다.

70.

〔經〕唱和²⁶⁹同患,
창 화 동 환

〔경〕이론을 주장하는 사람과
화답하는 사람은 근심이 동일한데

說在功²⁷⁰.
설 재 공

그 이치는 배움의 효과에 있다.

〔說〕唱無過,
창 무 과

〔설〕주장하는 사람이 과오가
없음에도

無所周²⁷¹,
무 소 주

두루 전파되지 못하는 것은

若粺²⁷².
약 패

마치 쭉정이와 같다.

和無過,
화 무 과

화답하는 사람이 과오가 없으면

使²⁷³也,
사 야

가르치는 사람을 분기시켜

不得已.²⁷⁴
부 득 이

가르침이 끝이 없다.

唱而不和,
창 이 불 화

이론을 주장하는데 화답하지
않는다면

是不學也.
시 불 학 야

이것은 배우지 않는 것이다.

智少而不學,
지 소 이 불 학

지식이 적은데도 배우지 않으면

---

269 창화(唱和): 창(唱)은 '주장하는 자', 곧 스승을 말하며, 화(和)는 '화답하는 자', 곧 제자를 말한다.

270 공(功): '효과'라는 뜻.

271 소주(所周): 두루 펴다.

272 패(粺): 패(稗)와 통하는 글자이며 '쭉정이'의 뜻.

273 사(使): 주창(主唱)하게 함. 스승으로 하여금 자기주장을 펴게 만드는 것이다.

274 부득이(不得已): 이(已)는 '끝나다'의 뜻.

必寡²⁷⁵.
필 과

반드시 배움의 효과가 적을 것이다.

和而不唱²⁷⁶,
화 이 불 창

화답이 있는데도 주장을 펴지 않으면

是不敎也.
시 불 교 야

이는 가르치지 않는 것이다.

智多而不敎,
지 다 이 불 교

지식이 많은데 가르치지 않는다면

功適息²⁷⁷.
공 적 식

가르침의 공이 끊어질 것이다.

使人奪人衣,
사 인 탈 인 의

마치 사람에게 남의 옷을 훔치게 하면

罪或輕或重.
죄 혹 경 혹 중

그의 죄가 가볍기도 하고 무겁기도 한 것과 같다.

使人予人酒,
사 인 여 인 주

사람에게 술을 권유하면

功或厚或薄.
공 혹 후 혹 박

그의 공로가 두텁거나 엷은 것과도 같다.

71.

〔經〕聞所不知若所知,
문 소 부 지 약 소 지

〔경〕알지 못하는 것을 듣는 것은 아는 것과 같은 것이니

則兩知之,
즉 양 지 지

곧 양자가 다 아는 것이며

說在告²⁷⁸.
설 재 고

그 이치는 알려 줌에 있다.

〔說〕聞,
문

〔설〕문(聞):

在外者所不知也,
재 외 자 소 부 지 아

바깥에서는 방 안의 일을 알지

---

275 과(寡): 배움의 효과가 적다는 뜻이다.
276 불창(不唱): 이론을 주장하지 않는 것.
277 식(息): 식(息)은 절(絶)과 같은 뜻이다.
278 고(告): 듣고서 아는 지식이다.

못하는데

或曰'在室者之色,
흑왈 재실자지색

어떤 사람이 '방 안에 있는 물건의 색깔이

若是其色,'
약시기색

그 색깔이다'라고 한다면

是所不智若所智也.
시 소부지 약 소지 야

이것은 알지 못하던 것을 안다고 하는 것과 같다.

猶白若黑也,
유백 약 흑 야

이것은 마치 흰색과 검은색을 놓고

誰勝?
수 승

어느 것이 좋은가 묻는 것과 같다.

是若其色也,
시 약 기 색 야

이는 만약 방 안의 색깔이

若白也,
약 백 야

흰색과 같다면

必白.
필 백

방 밖의 색깔도 반드시 흰색일 것이다.

今也智其色之若白也,
금 야 지 기 색 지 약 백 야

이제 그 색깔이 흰색과 같음을 알기에

故智其白也.
고 지 기 백 야

그러므로 그것이 흰색임을 안다.

夫名,
부 명

대개 사물의 명칭은

以所明正所不智,
이 소 명 정 소 부 지

분명히 아는 것으로 그 알지 못하는 것을 바로잡는 것이지

不以所不智疑所明.
불 이 소 부 지 의 소 명

알지 못하는 것으로 분명히 아는 것을 의심하는 것은 아니다.

若以尺,
약 이 척

마치 자를 가지고

度所不智長.
탁 소 부 지 장

알지 못하는 것의 길이를 재는 것과 같다.

外,
외

방 밖의 색깔은

親智也; 친 지 야	직접 보고 안 것이다.
室中, 실 중	방 안의 색깔은
說智也. 설 지 야	말해 주어서 안 것이다.

72.

〔經〕以言爲盡誖, 이 언 위 진 패	〔경〕말하는 것이 모두 그릇되었다고 하는 것은
誖. 패	잘못이다.
說在其言. 설 재 기 언	그 이치는 그의 말하는 내용에 있다.
〔說〕以, 실 이	〔설〕이(以):
誖, 패	말이 그릇되었다 함은
不可也. 불 가 야	성립될 수 없다는 것이다.
之人²⁷⁹之言可, 지 인 지 언 가	그 사람의 말이 옳다면
是不誖, 시 불 패	이는 그릇된 것이 아니며
則是有可也. 즉 시 유 가 야	곧 성립되는 것이다.
之人之言不可, 지 인 지 언 불 가	그의 말이 옳지 않은데
以當²⁸⁰, 이 당	타당하다고 하면
必不審. 필 불 심	반드시 살피지 못함이 있을 것이다.

---

279 지인(之人): 원래 원문은 출입(出入)인데 지인(之人)의 오기이다.
280 당(當): '타당하다'의 뜻.

73.

〔經〕唯²⁸¹吾謂非名²⁸²也則不可,
유 오위비명 야즉불가

〔경〕내가 말하는 것에 상대가
응답하게 하려면 바른 명칭이 아니면
안 될 것이니

說在仮²⁸³.
설 재 가

그 이치는 상대의 반응에 있음이다.

〔說〕唯,
유

〔설〕유(唯):

謂是霍可,
위 시 곽 가

상대를 곽씨로 부르는 것이 맞는데

而猶之非夫霍也,
이 유 지 비 부 곽 야

그러나 도리어 곽씨 아닌 성으로
부르면

謂彼是是也,
위 피 시 시 야

저 사람을 이 사람의 이름으로 부르는
것이니

不可.
불 가

성립될 수 없다.

謂者毋唯乎其謂,
위 자 무 유 호 기 위

말하는 사람이 내가 한 말에 응답하지
않아도

彼猶唯乎其謂,
피 유 유 호 기 위

저 사람이 도리어 내 말에 응답하면

則吾謂不²⁸⁴行;
즉 오 위 불 행

곧 나는 된다고 말할 것이다.

彼若不唯其謂,
피 약 불 유 기 위

저 사람이 만약 나의 말에 응답하지
않는다면

則不行也.
즉 불 행 야

곧 안 된다고 할 것이다.

---

281 유(唯): '응낙하다'의 뜻.
282 명(名): '바른 명칭'의 뜻.
283 가(仮): 반(反)과 같다.
284 불(不): 잘못 끼어든 글자로 삭제해야 한다.

74.

〔經〕無窮不害兼[285],
무 궁 불 해 겸

　　説在盈否.
　　설 재 영 부

〔說〕無,
　　무

　　南者有窮則可盡,
　　남 자 유 궁 즉 가 진

　　無窮則不可盡.
　　무 궁 즉 불 가 진

　　有窮無窮未可智,
　　유 궁 무 궁 미 가 지

　　則可盡不可盡未可智.
　　즉 가 진 불 가 진 미 가 지

　　人之盈之否未可智,
　　인 지 영 지 부 미 가 지

　　而必人之可盡,
　　이 필 인 지 가 진

　　不可盡亦未可智.
　　불 가 진 역 미 가 지

　　而必人之可盡愛也,
　　이 필 인 지 가 진 애 야

　　誖.
　　패

　　人若不盈无窮,
　　인 약 불 영 무 궁

　　則人有窮也.
　　즉 인 유 궁 야

〔경〕끝없음은 두루 사랑하는 데 장애
되지 않는데

그 이치는 사랑이 가득한지 여부에
있다.

〔설〕무(無):

남쪽에 끝이 있다면 끝에 이를 수 있고

끝이 없다면 끝에 이를 수 없을 것이다.

끝이 있는지 없는지 알 수 없으면

끝에 이를지 이를 수 없을지도 알 수가
없다.

사람이 우주에 가득한지 그 여부를 알
수가 없으니

반드시 사람들 수도 끝이 있는지

없는지를 알 수가 없다.

그러니 반드시 사람을 두루 사랑하는
것도 끝이 있을 것이다, 라는 말은

그릇된 것이다.

사람이 끝없이 공간에 가득하지
않다면

곧 사람의 수는 끝이 있는 것이다.

285　겸(兼): '겸애'의 뜻.

盡有窮無難. <small>진 유 궁 무 난</small>	모든 사람의 수가 끝이 있다면 사랑함은 어렵지 않다.
盈無窮, <small>영 무 궁</small>	끝이 없도록 가득하다면
則無窮盡也, <small>즉 무 궁 진 야</small>	끝없음은 끝날 수가 있으니
盡有窮無難. <small>진 유 궁 무 난</small>	모든 사람의 수가 끝이 있으면 사랑함은 어렵지 않다.

75.

〔經〕不知其數[286], <small>부 지 기 수</small>	〔경〕사람의 수를 다 알지는 못한다 해도
而知其盡也, <small>이 지 기 진 야</small>	그들 모두를 알 수는 있다.
說在問者[287]. <small>설 재 문 자</small>	그 이치는 모두에게 물어봄에 있다.
〔說〕不, <small>불</small>	〔설〕불(不):
不智[288]其數, <small>부 지 기 수</small>	사람들의 숫자를 알지 못한다면
惡知愛民之盡之[289]也? <small>오 지 애 민 지 진 지 야</small>	어떻게 사람 모두를 두루 사랑할 수 있는지 알겠는가?
或者遺乎其問也. <small>혹 자 유 호 기 문 야</small>	어떤 사람은 사람에게 묻는 것도 빠뜨릴 수 있다고 한다.
盡問人, <small>진 문 인</small>	사람들 모두에게 물어본다면

---

286 기수(其數): '사람의 숫자'라는 뜻.
287 문자(問者): 세상 사람 모두에게 물어보는 일.
288 부지(不智): 원래 원문의 이(二)는 부(不)로 고침. 지(智)는 지(知)의 뜻이다.
289 지(之): 원래 원문의 문(文)을 지(之)로 정정함.

則盡愛其所問;
즉 진 애 기 소 문

그 물어본 사람 모두를 사랑할 수
있다.

若不智其數,
약 부 지 기 수

만약 사람의 총수를 알지 못한다 해도

而智愛之盡之也,
이 지 애 지 진 지 야

그들 모두를 사랑할 수 있음을 아는
것은

無難.
무 난

어렵지 않다.

76.

〔經〕不知其所處,
부 지 기 소 처

〔경〕그가 있는 곳을 알지 못한다 해도

不害愛之,
불 해 애 지

그를 사랑함에 장애가 되지 않는 것은

說在喪子者.
설 재 상 자 자

그 이치가 잃어버린 아이도 사랑할 수
있음에 있다.

〔說〕

〔설〕원문 없음

77.

〔經〕仁義之爲外內也,
인 의 지 위 외 내 야

〔경〕인의에는 안과 밖이 있다고 하나

內.
내

모두 마음속에 있다.

說在仵顏[290].
설 재 오 안

그 이치는 그 주장이 멋대로인 말임에
있다.

〔說〕仁,
인

〔설〕인(仁):

仁,
인

'인'이란

---

290 오안(仵顏): 광거(狂擧), 곧 '멋대로 인용하다'와 같은 뜻.

愛也.
_{애 야}

다른 사람을 사랑하는 것이다.

義,
_의

'의(義)'란

利也.
_{이 야}

다른 사람을 이롭게 하는 것이다.

愛利,
_{애 리}

남을 사랑하고 이롭게 함은

此也.
_{차 야}

내 마음에 있다.

所愛所利,
_{소 애 소 리}

사랑받고 이로움을 받는 것은

彼也.
_{피 야}

사람들이다.

愛利不相爲外內.
_{애 리 불 상 위 외 내}

사랑하고 이로움을 주는 것은 안이니 밖이니 할 수 없다.

所愛利亦不相爲外內.
_{소 애 리 역 부 상 위 외 내}

사랑받고 이로움을 받는 것도 또 안이니 밖이니 할 수 없다.

其爲仁內也,
_{기 위 인 내 야}

사람이 인을 실천하는 것은 안이고

義外也,
_{의 외 야}

의를 실천함은 밖이며

擧愛與所利也,
_{거 애 여 소 리 야}

모든 사랑과 이로움을 받음이 그러하다고 하면

是狂擧也.
_{시 광 거 야}

이는 멋대로 인용하는 것이다.

若左目出右目入.
_{약 좌 목 출 우 목 입}

마치 왼쪽 눈은 나가게 하고 오른쪽은 들어오게 한다는 말과 같을 것이다.

78.

〔經〕學之無益也,
_{학 지 무 익 야}

〔경〕배우는 것은 이롭지 않다 함은

說在誹²⁹¹者.
_{설 재 비 자}

그 이치는 그릇된 주장임에 있다.

〔說〕學也,
学 야

以爲不知學之無益也,
이 위 부 지 학 지 무 익 야

〔설〕학야(學也):

사람들이 배우는 것이 이로움이
없음을 알지 못한다고 여기고

故告之也,
고 고 지 야

그러므로 사람들에게 알리겠다는
것은

是.
시

옳을 수는 있다.

使智²⁹²學之無益也,
사 지 학 지 무 익 야

배움은 이롭지 않다고 가르치는 것은

是教也,
시 교 야

이것도 가르침이니

以學爲無益也教,
이 학 위 무 익 야 교

배움은 이로움이 없다는 것을
가르침은

誖.
패

모순된 것이다.

79.

〔經〕誹²⁹³之可否,
비 지 가 부

不以衆寡,
불 이 중 과

說在可非.
설 재 가 비

〔경〕비난이 올바른가 하는 것은

비난을 많이 하고 적게 하고가 아니라

그 이치가 옳은 비난인가에 있다.

〔說〕誹,
비

〔설〕비(誹):

論誹之可不可,
논 비 지 가 불 가

비난하는 것이 옳은가 그른가 하는
것은

以理之可非,
이 리 지 가 비

이치에 맞는 올바른 비난이면

---

291 비(誹): 파(詩)의 오기이다.

292 사지(使智): '알도록 하는 것', 곧 '가르치다'의 뜻.

293 비(誹): 방(謗)과 같으며 '비난하다'의 뜻.

雖多誹,
_{수 다 비}

비록 많이 비난하더라도

其誹是也;
_{기 비 시 야}

그 비난은 옳다.

其理不可非,
_{기 리 불 가 비}

그 이치가 올바르지 않은 비난이면

雖少誹,
_{수 소 비}

비록 적게 비난한다 해도

非也.
_{비 야}

잘못이다.

今也謂多誹者不可,
_{금 야 위 다 비 자 불 가}

이제 비난을 많이 한다 해서 옳지
않다고 말하는 것은

是猶以長論短.
_{시 유 이 장 론 단}

이것은 마치 장점을 가지고 단점을
논의하는 것이나 마찬가지이다.

80.

〔經〕非誹者,
_{비 비 자}

〔경〕비평함을 비난하는 것은

誖.
_패

그릇된 것이다.

說在弗非.
_{설 재 불 비}

그 이치는 비평을 비난할 수 없다는
점에 있다.

〔說〕非誹,
_{비 비}

〔설〕비평함을 비난하는 것은

非己之誹²⁹⁴也.
_{비 기 지 비   야}

자신에 대한 비평을 그릇된 것이라
하는 것이다.

不非誹,
_{불 비 비}

자신에 대한 비평을 그릇된 것이라고
여기지 않는다면

非可非也,
_{비 가 비 야}

그릇된 것은 그릇된 것이라 할 수

---

294 비(誹): '비평하다'의 뜻.

있어야 한다.

不可非也,
불 가 비 야
그릇된 것이라고 할 수 없다면,

是不非誹也.
시 불 비 비 야
이는 자신에 대한 비평을 그릇된
것이라 해서는 안 되는 것이다.

81.

〔經〕物甚不甚,
물 심 부 심
〔경〕사물이 지나친가 지나치지
않은가는

說在若是.
설 재 약 시
그 이치가 사물의 옳은 표준에 있다.

〔說〕物,
물
〔설〕물(物):

甚長甚短,
심 장 심 단
사물이 지나치게 긴가 지나치게
짧은가는

莫長於是,
막 장 어 시
이보다 긴 것이 없는가

莫短於是,
막 단 어 시
이보다 짧은 것이 있는가이며,

是之是也非是也者,
시 지 시 야 비 시 야 자
이것이 옳은가 옳지 않은가는

莫甚於是.
막 심 어 시
이것보다 지나친 것이 없는 것에 달려
있다.

82.

〔經〕取下以求上也,
취 하 이 구 상 야
〔경〕아랫자리를 얻는 것은 윗자리를
구함에 있는데

說在澤.
설 재 택
그 이치는 못에 물이 고이는 원리에
있다.

〔說〕取,
취

高下以善不善爲度.
고 하 이 선 불 선 위 도

不若山,
불 약 산

澤處下善於取上,
택 처 하 선 어 취 상

下所請295,
하 소 청

上也.
상 야

〔설〕취(取):

자리의 높고 낮음은 좋은가 좋지
않은가를 척도로 삼는데

산이나

못이 아래에 있으며 윗자리를 구하는
것과는 다르며

아래에서 구하려 하는 것은

윗자리이다.

83.

〔經〕不296是與是同,
불 　 시 여 시 동

說在不州297.
설 재 부 주

〔說〕不,
불

是是298,
시 시

則是且是焉.
즉 시 차 시 언

今是是於是而不於是,
금 시 시 어 시 이 불 어 시

故是不是299.
고 시 불 시

〔경〕이것과 이것이 같은 것이 아니라는
것은

그 이치가 다르지 않음에 있다.

〔설〕불(不):

이것이 옳다는 것은

곧 이것을 긍정한다는 것이다.

이제 이것에서 이것이 옳다고 하면서
또 이것이 옳지 않다고 하면

그 때문에 이것은 옳지 않은 것이 되며

---

295 청(請): 구(求)와 같은 뜻이다.

296 불(不): 원래 원문은 시(是)이다.

297 주(州): 수(殊)의 뜻이다.

298 시시(是是): 두 번째의 시(是) 자는 원래 문(文) 자였다.

是不是,
<small>시 불 시</small>

이것이 옳지 않으면

則是而不是焉.
<small>즉 시 이 불 시 언</small>

곧 옳은 것이 옳지 않음이 된다.

今是不是於是而是於是,
<small>금 시 부 시 어 시 이 시 어 시</small>

이제 이것에서 이것이 옳지 않은데
이것이 옳다고 하면

故是與是不是同說也.
<small>고 시 여 시 부 시 동 설 야</small>

그러므로 옳은 것과 옳지 않다는 것이
같다는 이야기가 된다.

---

299 시불시(是不是): 두 번째의 시(是)는 원래 문(文) 자였다. 다음에 나오는 '금시부시(今是不是)'의 두 번째 시(是)도 마찬가지다.

권 11

대취 제44편

(大取第四十四)

天之愛人也,
천 지 애 인 야

薄於聖人之愛人也;
박 어 성 인 지 애 인 야

하늘이 사람을 사랑하는 것은

성인이 사람을 사랑하는 것보다 엷은
것 같다.

其利人也,
기 리 인 야

厚於聖人之利人也.
후 어 성 인 지 리 인 야

하늘이 사람을 이롭게 하는 것은

성인이 사람을 이롭게 하는 것보다 더
두텁다.

大人之愛小人也,
대 인 지 애 소 인 야

薄於小人之愛大人也;
박 어 소 인 지 애 대 인 야

성인이 보통 사람을 사랑하는 것은

보통 사람이 성인을 사랑하는 것보다
엷은 듯하다.

其利小人也,
기 리 소 인 야

하지만 성인이 보통 사람을 이롭게
하는 것은

厚於小人之利大人也.
후 어 소 인 지 리 대 인 야

보통 사람이 성인을 이롭게 하는
것보다 더 두텁다.

以臧[1]爲其親也而愛之;
이 장 위 기 친 야 이 애 지

후하게 치르는 장례는 그 어버이를

위함이니 그 어버이를 사랑하는
것이다.

愛²其親也;
애 기 친 야

그 어버이를 사랑하는 일인 듯하다.

以臧爲其親也而利之,
이 장 위 기 친 야 이 리 지

후한 장례를 치르는 것은 그 어버이를
위한 것이고 이롭게 하는 것 같지만

非利其親也.
비 리 기 친 야

정말로 그 어버이를 이롭게 하는 것은
아니다.

以樂³爲利其子,
이 악 위 리 기 자

화려한 음악은 그 자식을 이롭게 하기
위함이니,

而爲其子欲之,
이 위 기 자 욕 지

그 자식을 위해 그것을 하려는 것으로

愛其子也;
애 기 자 야

그 자식을 사랑해서이다.

以樂爲利其子,
이 악 위 리 기 자

화려한 음악으로 그 자식을 이롭게
하고자 하여

而爲其子求之,
이 위 기 자 구 지

그 자식을 위해 그러한 음악을
구한다면,

非利其子也.
비 리 기 자 야

정말로 그의 자식을 이롭게 하는 것이
아니다.

於所體之中
어 소 체 지 중

어떤 사물의 형체에

---

1 이장(以臧): 『설문해자』에서 "장(葬)은 장(臧)의 뜻이다."라고 하였다. 장(臧)은 후장(厚葬),
   곧 성대한 장례를 말함.

2 애(愛): 원문은 비애(非愛)의 두 글자이나 비(非) 자는 의미가 통하지 않으므로 삭제하였다.

3 악(樂): 음악, 곧 화려한 음악을 가리킴.

而權⁴輕重之謂權.
이 권 경 중 지 위 권

그 가볍고 무거움을 재는 것을
저울질함이라고 한다.

權,
권

저울질은

非爲是也,
비 위 시 야

바른 것(是)을 위한 것도 아니고

亦非爲非也.⁵
역 비 위 비 야

바르지 않은 것(非)을 위함도 아니다.

權,
권

저울질이란

正也.
정 야

올바른 표준이다.

斷指以存擘⁶,
단 지 이 존 완

손가락을 잘라 팔을 보존했다면

利之中取大,
이 지 중 취 대

이로움 가운데에서 '큰' 것을 취함이요,

害之中取小也.
해 지 중 취 소 야

해로움 가운데에서 '작은' 것을
취함이다.

害之中取小也,
해 지 중 취 소 야

해로움 가운데에서 '작은' 것을
취했다면

非取害也,
비 취 해 야

해로움을 취한 것이 아니고

取利也.
취 리 야

이로움을 취한 것이다.

其所取者,
기 소 취 자

그가 얻고자 한 이로움은

人之所執也.
인 지 소 집 야

다른 사람들이 집착하는 것이다.

遇盜人而斷指以免身,
우 도 인 이 단 지 이 면 신

도둑을 만나 손가락이 잘리고 몸이

---

4 권(權): 저울질하다.
5 역비위비야(亦非爲非也): 원문은 비비위비야(非非爲非也)이나 처음의 비(非) 자는 뜻이 통
   하도록 역(亦) 자로 고쳤다.
6 완(擘): 완(擘) 자는 완(腕), 곧 '팔'이라는 뜻이다.

피해를 면했다면

利也;
이 야
이로움이다.

其遇盜人,
기 우 도 인
그가 도둑을 만난 것은

害也.
해 야
해로움이다.

斷指與斷腕,
단 지 여 단 완
손가락을 자르거나 팔을 잘라

利於天下相若,
이 어 천 하 상 약
천하를 이롭게 하는 것이 서로
마찬가지라면

無擇也.
무 택 야
선택할 필요가 없다.

死生利若,
사 생 리 약
삶과 죽음의 이로움이 같다면,

一無擇也.
일 무 택 야
그중 하나를 선택할 필요가 없다.

殺一人以存天下,
살 일 인 이 존 천 하
한 사람을 죽여 천하를 보존하는 것은

非殺一人以利天下也;
비 살 일 인 이 리 천 하 야
한 사람을 죽여 천하를 이롭게 하는
일이 아니다.

殺己以存天下,
살 기 이 존 천 하
자기 자신을 죽여 천하를 보존하는
것은

是殺己以利天下,
시 살 기 이 리 천 하
자신을 죽여 천하를 이롭게 하는
것이다.

於事爲之中而權輕重謂之求.
어 사 위 지 중 이 권 경 중 위 지 구
일을 함에 그 경중을 헤아리는 것을
구(求)라고 한다.

求爲之, 非也.
구 위 지 비 야
구하여 이롭고자 하는 것은 잘못이다.

害之中取小,
해 지 중 취 소
해로움 중에서 작은 것을 얻는다면

求爲義,
구 위 의
의를 위해 구하는 것이지

非爲義也.
비 위 의 야

의로움을 실천하는 것은 아니다.

爲暴人語天之爲是也,
위 폭 인 어 천 지 위 시 야

포악한 자를 위해 하늘의 뜻을 말해
주는 것은 옳은 것이나,

而性⁷爲暴人歌天之爲非也.
이 성 위 폭 인 가 천 지 위 비 야

다만 포악한 자를 위해 하늘의 뜻을
찬양하는 것은 그른 것이다.

諸陳執既有所爲,
제 진 집 기 유 소 위

여러 가지 오랫동안 주장한 바를 이미
실천한 바가 있고

而我爲之陳執,
이 아 위 지 진 집

내가 오랫동안 그것을 주장하고
있으며

執之所爲,
집 지 소 위

그것을 실천할 것을 고집한다면,

因吾所爲也;
인 오 소 위 야

그러한 연유로 내가 실천한 것이다.

若諸陳執未有所爲,
약 제 진 집 미 유 소 위

만약 여러 가지 오랜 주장을 실천하지
않았음에도

而我爲之陳執,
이 아 위 지 진 집

내가 그것을 위해 오랫동안 고집하고
있으면,

陳執因吾所爲也.
진 집 인 오 소 위 야

오랫동안 고집하는 이유는 내가
실천했기 때문이다.

暴人爲我爲天之以人,
포 인 위 아 위 천 지 이 인

포악한 사람이 나를 위하고 하늘을
위하는 마음을 다른 사람에게
실천함은

非爲是也,
비 위 시 야

그가 옳기 때문이 아니며

---

7   성(性): 성(性)은 유(惟) 또는 유(唯)와 상통하는 글자.

而性不可正而正⁸之.
이 성 불 가 정 이 정 지

그의 성품이 바르지 않더라도 성품을 바로잡았기 때문이다.

利之中取大,
이 지 중 취 대

이로움 중에서 큰 것을 취하는 것은

非不得已也;
비 부 득 이 야

부득이해서 그런 것이 아니다.

害之中取小,
해 지 중 취 소

해로운 것에서 작은 것을 취하는 것은

不得已也.
부 득 이 야

부득이해서이다.

所未有而取焉,
소 미 유 이 취 언

해로움이 없는 것을 취하는 것은

是利中取大也;
시 리 중 취 대 야

이로운 것 중에 큰 것을 취하는 것이다.

於所旣有而棄焉,
어 소 기 유 이 기 언

이미 있는 해로움을 버리는 것은

是害之中取小也.
시 해 지 중 취 소 야

해로운 것 중에 작은 것을 취하는 것이다.

義可厚,
의 가 후

의로움에 따라 후하게 대우할 때는

厚之;
후 지

그를 후하게 대우하고

義可薄,
의 가 박

의로움에 따라 박대할 때는

薄之;
박 지

그를 박대하는데

謂倫列⁹.
위 윤 열

이것을 윤열(평등하게 대우함)이라고 한다.

德行·君上·老長·親戚,
덕 행 군 상 노 장 친 척

덕행 있는 이·임금·어른·친척들,

---

8   정(正): 정(正)은 '교정하다', '바로잡다'의 뜻.

9   윤열(倫列): 윤(倫)은 등급의 뜻이며, 열(列)은 '평등하게 대우하다'는 뜻이다.

此皆所厚也.
차 개 소 후 야

이런 분들은 모두 후하게 대우해야
한다.

爲長厚,
위 장 후

연장자를 후대한다고

不爲幼薄.
불 위 유 박

어린아이를 박대한다는 것은 아니다.

親厚,
친 후

어버이에게 후대해야 하면

厚;
후

후대하며

親薄,
친 박

어버이에게 박대해야 하면

薄;
박

박대하는데

親至,
친 지

후대할 경우에는 지극히 하고

薄不至.
박 부 지

박대할 경우에는 지극히 하지 않기
때문이다.

義,
의

의리를 따르면

厚親不稱行而顧行[10].
후 친 불 칭 행 이 고 행

어버이가 덕행에 어울리지 않아도
후대하는데, 덕행 있는 이와 같다고
여기기 때문이다.

爲天下厚禹,
위 천 하 후 우

천하를 위해 우임금을 후하게 대하는
것은

爲禹也.
위 우 야

우임금을 위하는 것이다.

爲天下厚愛禹,
위 천 하 후 애 우

천하를 위해 우임금을 후대하고
사랑함은

---

10 고행(顧行): 고(顧)는 유(類)의 오기. 행(行)은 덕행의 뜻.

乃爲禹之人愛[11]也.
내 위 우 지 인 애 야

곧 우임금이 사람들을 사랑했기
때문이다.

厚禹之加於天下,
후 우 지 가 어 천 하

우임금이 천하에 은덕을 더했으므로
우임금을 후대하는 것이니

而厚禹不加於天下.
이 후 우 불 가 어 천 하

우임금을 후대한다고 천하에 은덕이
더해지는 것은 아니다.

若惡盜之爲加於天下,
약 오 도 지 위 가 어 천 하

가령 도둑을 싫어하는 것은 그가
천하를 해롭게 하기 때문에

而惡盜不可於天下.
이 오 도 불 가 어 천 하

도둑을 싫어하는 것이지 천하 모든
사람이 싫다는 뜻은 아니다.

愛人不外己,
애 인 불 외 기

다른 사람을 사랑함에 자신이
제외되는 것은 아닌데

己在所愛之中.
기 재 소 애 지 중

자신도 사랑받는 이 속에 있기
때문이다.

己在所愛,
기 재 소 애

자신이 사랑받는 이 속에 있다면

愛加於己.
애 가 어 기

사랑이 자신에게도 더해지는 것이다.

倫列之愛己,
윤 열 지 애 기

윤열함으로 자신을 사랑하는 것은

愛人也.
애 인 야

다른 사람을 사랑하는 것이다.

聖人惡疾病,
성 인 오 질 병

성인은 질병을 싫어하나

不惡危難.
불 오 위 난

위태함과 어려움은 싫어하지 않는다.

---

11 인애(人愛): 애인(愛人)의 오기.

正體不動,
정 체 부 동

성인은 몸을 바르게 하여 외부에
흔들리지 않고

欲人之利也,
욕 인 지 리 야

사람을 이롭게 하고자 하며

非惡人之害也.
비 오 인 지 해 야

다른 사람이 자신을 해롭게 해도
싫어하지 않는다.

聖人不爲其室,
성 인 불 위 기 실

성인은 자신의 집을 위하지 않으며

臧之故在於臧.[12]
장 지 고 재 어 장

재물을 간직하되 국가의 창고에
간직한다.

聖人不得爲子之事.
성 인 부 득 위 자 지 사

성인은 자식을 위한 일은 하지 않는다.

聖人之法,
성 인 지 법

성인의 법도는

死亡親,
사 망 친

어버이가 돌아가시면 곧 잊고

爲天下也.
위 천 하 야

천하를 위해 일한다.

厚親, 分也;
후 친 분 야

어버이를 후하게 대우함은 본분이다.

以死亡之,
이 사 망 지

돌아가시면 곧 잊는 것은

體渴興利.
체 갈 흥 리

천하를 위해 몸이 고갈되도록 이롭게
하기 위함이다.

有厚薄而毋倫列之興利,
유 후 박 이 무 윤 열 지 흥 리

사람을 대함에 후하고 박함의 차이가
있으나 후박의 차이 없이 평등하게
이로움을 주는 것은

爲己.
위 기

자기를 위함이다.

---

12 장지고재어장(臧之故在於臧): 앞의 장(臧) 자는 장(藏) 자의 의미로 재물을 감춘다는 뜻이
고, 뒤의 장(臧)자는 창고, 곧 국고(國庫)의 뜻이다.

語經¹³: 語經也,
어경 어경야

어경(語經): 표준적인 것을 말하는 것이다.

非白馬¹⁴焉,
비백마 언

흰 말은 말이 아니라든가

執駒¹⁵焉說求之,
집구 언설구지

외로운 망아지에게는 어미가 없다는 등의 주장은 구한다고 해도

舞¹⁶說非也.
무 설비야

존재하지 않는 것이니 그릇된 것이다.

漁大之舞大,¹⁷
어대지무대

'개를 죽인 것은 개가 없는 것이다'라고 하는 것은

非也.
비야

그릇된 것이다.

(三物¹⁸必具,
삼물 필구

세 가지 사물이 반드시 갖추어진 연후에야

然後足以生.)
연후족이생

올바른 말이 되는 것이다.

臧¹⁹之愛己,
장 지애기

노비가 자신을 사랑하는 것은

非爲愛己之人也.
비위애기지인야

자신에 대한 사랑으로 다른 사람에게까지 사랑을 미치는 것은

---

13 어경(語經): 손이양은 "어경이라는 것은 언어의 표준적 도리이다"라고 하였다.

14 비백마(非白馬): 궤변학파의 주장이다. '백마는 말이 아니다[白馬非馬]'가 완전한 문장이다.

15 집구(執駒): 역시 궤변학파의 주장이다. 완전한 문장은 '외로운 망아지는 어미가 없다[孤駒未嘗有母]'이다.

16 무(舞): 무(無)의 오기.

17 어대지무대(漁大之舞大): 손이양은 '개를 죽인 것은 개가 없는 것이다[殺犬之無犬]'라는 문장을 잘못 쓴 것이라고 하였다.

18 삼물(三物): 삼물(三物) 이하의 문장은 뒤에 나오는 문장이 잘못 끼어든 것 같다. 삼물(三物)은 까닭[故]과 이치[理]와 부류[類]의 세 가지이다.

19 장(臧): 남자 노비라는 뜻.

아니다.

厚不外己,
후 불 외 기

남을 두터이 사랑하는 것은 자신이
제외되지 않는데

愛無厚薄,
애 무 후 박

사랑함에는 두텁고 엷음이 없기
때문이다.

舉己[20]**,**
거 기

자신만을 사랑하는 것은

非賢也.
비 현 야

현명한 것이 아니다.

義, 利;
의 리

의로움이란 남을 이롭게 하는 것이다.

不義, 害.
불 의 해

불의함은 남에게 해롭게 하는 것이다.

志功爲辯.[21]
지 공 위 변

마음으로 구함과 효과는 구별되는
것이다.

有有於秦馬[22]**,**
유 유 어 진 마

어떤 사람은 진나라산(産) 말을 가지고
있고

有有於馬也,
유 유 어 마 야

어떤 사람은 말을 가지고 있다면

智來者之馬也.
지 래 자 지 마 야

가지고 오는 것이 말임을 알 수 있다.

凡學愛人,[23]
범 학 애 인

대개 다른 사람을 사랑하는 것을

---

20 거기(舉己): 남자 노비가 자신만을 사랑하는 것처럼 자기를 사랑하는 것.

21 지공위변(志功爲辯): 지(志)는 구하는 것이며, 공(功)은 구해서 얻는 것, 곧 효과이다. 변(辯)
은 구별함의 뜻.

22 진마(秦馬): '진나라산(産) 말'의 뜻.

23 범학애인(凡學愛人): 이 구절은 다음 단락에 나오는 전살도, 비살도야(專殺盜, 非殺盜也)의
뒤에 있던 구절이나 의미 맥락상 앞으로 붙인 것이다.

배우는 것은

愛衆衆世[24],
애 중 중 세

한 시대의 많은 사람을 사랑하는 것과

與愛寡世相若.
여 애 과 세 상 약

한 시대의 소수의 사람들을 사랑하는
것이 서로 같다는 것이다.

兼愛之有[25]相若.
겸 애 지 유 상 약

그들을 두루 사랑한다는 점은 서로
마찬가지이다.

愛尚[26]世與愛後世,
애 상 세 여 애 후 세

고대의 사람들을 사랑하는 것과
후세의 사람들을 사랑하는 것은

一若今之世人也.
일 약 금 지 세 인 야

지금 세상의 사람들을 사랑하는
것이나 마찬가지이다.

鬼, 非人也;
귀 비 인 야

귀신은 사람이 아니지만

兄之鬼, 兄也.
형 지 귀 형 야

형님 귀신은 형님이다.

天下之利驩.
천 하 지 리 환

천하 사람들은 이로움을 기뻐하나

聖人有愛而無利,
성 인 유 애 이 무 리

성인은 세상 사람을 사랑하면서도
이로움을 취함은 없다 함은

俔日[27]之言也,
현 일 지 언 야

유가학파의 주장인데,

乃客之言也.
내 객 지 언 야

곧 다른 학파의 주장인 것이다.

天下無人,
천 하 무 인

천하에 남이란 없다는 주장은

子墨子之言也猶在.
자 묵 자 지 언 야 유 재

묵자의 말씀으로 아직도 존재한다.

---

24 중중세(衆衆世): 두 번째 나오는 중(衆)은 잘못 끼어든 글자이다. '한 시대의 많은 사람'이라는
    뜻.

25 유(有): 유(有)는 우(又)와 통하는 글자이다.

26 상(尚): 상(尚)은 상(上)과 통하는 글자이다.

27 현일(俔日): 유자(儒者)의 오기로 생각된다.

不得已而欲之,
부득이이욕지

부득이하여 하고자 한다면

非欲之也.
비욕지야

그 일을 하고 싶은 것이 아니다.

非殺臧也.[28]
비살장야

노비를 죽이고 싶어서가 아니다.

專殺盜,
전살도

제멋대로 도둑을 죽이는 것은

非殺盜也.
비살도야

모두를 위해 도둑을 죽이는 것은
아니다.

小圜之圜,
소환지환

작은 원을 이룬 원과

與大圜之圜同;
여대환지환동

큰 원을 이룬 원은 원이라는 점에서
같다.

方[29]至尺之不至也,
방 지척지부지야

거리가 한 자에 이르지 못함과

與不至鍾[30]之不至不異,
여부지종 지부지불이

천 리에 이르지 못함은 이르지 못함의
면에서는 다르지 않다.

其不至同者,
기부지동자

그것은 이르지 못함에 있어서는
같으며

遠近之謂也.
원근지위야

멀고 가까움이 다르다고 말하는
것이다.

是璜也,
시황야

이것은 황옥이다 해도

是玉也.
시옥야

옥의 종류인 것이다.

---

28 비살장야(非殺臧也): 다음에 나오는 문장으로 보아 완전한 문장은 전살장, 비살장야(專殺臧, 非殺臧也)가 되어야 할 것이다. 즉, '제멋대로 노비를 죽이는 것은 노비를 죽이고 싶어서가 아니다'라는 뜻이다.

29 방(方): 불(不) 자의 오기이다.

30 종(鍾): 천리(千里)의 오기이다.

意楹,
_{의 영}

기둥을 생각함은

非意木也,
_{비 의 목 야}

보통의 나무를 생각하는 것은 아니다.

意是楹之木也.
_{의 시 영 지 목 야}

그것은 기둥을 만드는 나무를
생각함이다.

意指之人也,
_{의 지 지 인 야}

마음으로 지목하는 사람은

非意人也.
_{비 의 인 야}

보통 사람을 생각하는 것이 아니다.

意獲[31]也,
_{의 획 야}

수확물을 생각하는 것은

乃意禽也.
_{내 의 금 야}

곧 새 같은 사냥물을 생각하는 것이다.

志功,[32]
_{지 공}

생각하는 것과 효과가

不可以相從也.
_{불 가 이 상 종 야}

서로 따르는 것은 아니다.

利人也,
_{이 인 야}

다른 사람을 이롭게 함은

爲其人也;
_{위 기 인 야}

그를 위함이다.

富人,
_{부 인}

다른 사람을 부유하게 함은

非爲其人也.
_{비 위 기 인 야}

꼭 그를 위하는 것만이 아니다.

有爲也以富人.
_{유 위 야 이 부 인}

자신을 위함도 있으므로 그를
부유하게 하는 것이다.

富人也,
_{부 인 야}

다른 사람을 부유하게 하는 것은

治人有爲鬼焉.
_{치 인 유 위 귀 언}

다른 사람을 다스리며 귀신을 위하는

---

31 획(獲): 사냥을 나가서 얻는 수확물의 뜻.

32 지공(志功): 지(志)는 생각하는 것, 공(功)은 일의 결과, 곧 효과이다.

것이다.

爲賞譽利一人,
위 상 예 리 일 인

한 사람을 칭찬하여 이롭게 하는 것은

非爲賞譽利人也,
비 위 상 예 리 인 야

사람들 모두를 칭찬하여 이롭게 하는 것은 아니지만

亦不至無貴於人.
역 부 지 무 귀 어 인

또한 사람들이 귀하지 않게 여김에 이르러서는 안 된다.

智親之一利,
지 친 지 일 리

어버이에게 한 가지 이로움만을 주는 것은

未爲孝也,
미 위 효 야

효도하는 것이 아니며

亦不至於智不爲己之利於親也.
역 부 지 어 지 불 위 기 지 리 어 친 야

또한 어버이를 이롭게 하는 일이 되지 못한다는 깨달음에 이르지 못한 것이다.

智是之[33]世之有盜也,
지 시 지 세 지 유 도 야

이 세상에 도둑이 있음을 알더라도

盡愛是世.
진 애 시 세

모두가 이 세상 사람들을 사랑할 것이다.

智是室之有盜也.
지 시 실 지 유 도 야

이 집에 도둑이 있음을 알더라도

不盡[34]是室也.
부 진 시 실 야

이 집에 있는 모두를 싫어할 수는 없다.

智其一人之盜也,
지 기 일 인 지 도 야

그중 한 사람이 도둑임을 알더라도

不盡是二人.
부 진 시 이 인

이 두 사람 모두 도둑인 것은 아니다.

---

33 지(之): 지(之)는 잘못 끼어든 글자이다.

34 진(盡): 진(盡) 자 다음에는 오(惡) 자가 와야 의미가 통할 수 있다.

雖其一人之盜,
<small>수 기 일 인 지 도</small>

비록 그중 한 사람이 도둑이라 해도

苟不智其所在,
<small>구 부 지 기 소 재</small>

정말 그가 있는 곳을 알지 못한다면

盡惡其弱[35]也.
<small>진 오 기 약 야</small>

그의 친구 모두를 싫어할 것이다.

諸聖人所先爲,
<small>제 성 인 소 선 위</small>

모든 성인이 먼저 실천하는 것은

人欲名實.
<small>인 욕 명 실</small>

사람들이 명칭과 실제를 구별하게 하는 것인데

名實不必名.
<small>명 실 불 필 명</small>

명칭과 실질이 반드시 명칭대로 되는 것은 아니다.

苟是石也白,
<small>구 시 석 야 백</small>

진실로 돌이 하얗다면

敗[36]是石也,
<small>패 시 석 야</small>

이 돌을 쪼개더라도

盡與白同.
<small>진 여 백 동</small>

모두 흰색인 점은 같다.

是石也唯[37]大,
<small>시 석 야 유 대</small>

이 돌이 비록 크다 해도

不與大同,
<small>불 여 대 동</small>

다른 돌과 크기가 같은 것은 아니다.

是有便謂焉也.
<small>시 유 편 위 언 야</small>

이러한 것을 편하게 부르는 명칭이라고 한다.

以形貌命者,
<small>이 형 모 명 자</small>

형태로 명명하는 것은

必智是之某也,
<small>필 지 시 지 모 야</small>

반드시 그것이 어떤 형태임을 알아야

焉[38]智某也.
<small>언 지 모 야</small>

곧 어떤 것인지 알 수 있다.

---

35 약(弱): 붕(朋) 자의 오기. '친구'의 뜻.

36 패(敗): '부순다'는 뜻.

37 유(唯): 수(雖) 자의 오기.

不可以形貌命者,　　　형태로서 명명할 수 없고
_{불 가 이 형 모 명 자}

唯³⁹不智是之某也,　　비록 그것이 어떤 형태인지 모른다
_{유　부 지 시 지 모 야}　　해도

智某可也.　　　어떤 개념인지는 알 수 있다.
_{지 모 가 야}

諸以居運⁴⁰命者,　　거주하거나 옮기는 것으로 명명하는
_{제 이 거 운　명 자}　　것들은

苟人⁴¹於其中者,　　만약 사람이 그 지역에 거주한다면
_{구 인　어 기 중 자}

皆是也;　　　모두 그 지역 사람이다.
_{개 시 야}

去之,　　　그곳을 떠난다면
_{거 지}

因非也.　　　그 지역 사람이 아니게 된다.
_{인 비 야}

諸以居運命者,　　거주하거나 이사하는 것으로 명명한
_{제 이 거 운 명 자}　　것이란

若鄕里齊·荊者,　　이를테면 제·형땅 같은 것이
_{약 향 리 제　형 자}

皆是;　　　모두 이런 것이다.
_{개 시}

諸以形貌命者,　　형태를 가지고 명명한 것이란
_{제 이 형 모 명 자}

若山丘室廟者,　　이를테면 산·언덕·집·묘당 같은 것이
_{약 산 구 실 묘 자}

皆是也.　　　모두 그러한 것이다.
_{개 시 야}

---

38 언(焉): 내(乃)와 통하는데, '곧'이란 뜻이다.

39 유(唯): 수(雖)와 같은 뜻이다.

40 운(運): 『이아』 「석고」에 "운(運)은 사(徙)의 뜻이다"라고 하였다. '이사하다', '옮기다'의 뜻.

41 인(人): 입(入)의 오기이다.

智與意異.
지 여 의 이

앎과 뜻은 다른 것이니

重同,[42]
중 동

중동(重同)과

具同,[43]
구 동

구동(具同)과

連同,[44]
연 동

연동(連同)과

同類之同,
동 류 지 동

같은 부류의 동일함,

同名之同,
동 명 지 동

명칭이 같은 동일함,

丘同,[45]
구 동

구동(丘同)과

鮒同,[46]
부 동

부동(鮒同)과

是之同,[47]
시 지 동

·실제와 동일한 것과

然之同,
연 지 동

그러한 상황이 동일한 것과

同根之同.
동 근 지 동

근원이 같아 동일한 것 등이 있다.

有非之異,
유 비 지 이

실제가 아닌 다른 것도 있고

有不然之異.
유 불 연 지 이

그러하지 않다고 여겨 다른 것도 있다.

有其異也,
유 기 이 야

서로 다른 것이 존재하는 까닭은

爲其同也,
위 기 동 야

사물에 같은 것이 있기 때문이다.

---

42 중동(重同): 서로 명칭이 다르나 실제로는 같은 것을 가리키는 경우이다.

43 구동(具同): 각기 서로 다른 사물이지만 큰 범주에는 같이 포함되는 경우이다.

44 연동(連同): 형체가 동일한 경우이다.

45 구동(丘同): 구(丘)는 구(區)와 같다. 구동(丘同)이란 같은 지역에 있기 때문에 명칭이 같은 것.

46 부동(鮒同): 부(鮒)는 부(附)와 같은 뜻. 부동(鮒同)은 서로 의지한다는 점에서 같은 것으로, 이를테면 부부(夫婦)라는 단어에서 남편과 아내가 같이 포함되어야 부부의 의미가 성립되는 것과 같다.

47 시지동(是之同): 시(是)는 이러한 상황, 곧 실제 상황을 의미한다. 실제와 같은 것.

爲其同也異.
위 기 동 야 이

같은 것이 있으므로 다른 사물도 있다.

一曰乃是而然[48],
일 왈 내 시 이 연

첫 번째 경우를 있는 그대로 그러한
경우라고 한다.

二曰乃是而不然,
이 왈 내 시 이 불 연

두 번째 경우를 실제는 이러하나
그러하지 않은 경우라고 한다.

三曰遷[49],
삼 왈 천

세 번째 경우를 실제는 이러하나
변화된 경우라고 한다.

四曰强[50].
사 왈 강

네 번째 경우는 실제는 이러하나
억지로 이러이러하다, 라고 하는
것이다.

子深其深,
자 심 기 심

그대들은 명실(名實)을 깊이 해야 할
경우 깊이 하고

淺其淺,
천 기 천

명실을 쉽게 해야 할 경우 쉽게
설명하고

益其益,
익 기 익

더 수식해야 할 경우 더 수식을 하고

尊[51]其尊.
존 기 존

수식을 경감해야 할 경우 더
경감시키고

察次山比[52],
찰 차 산 비

차례대로 명칭을 살펴보고 유래를
비교하면

---

48 시이연(是而然): 시(是)는 실제 상황, 연(然)은 실제 그대로인 것. 명실(名實)이 일치하는 경우이다.

49 천(遷): 원래는 실제 상황이 있었으나 지금은 상황이 바뀐 것.

50 강(强): 실제 상황과 맞지 않는데도 억지로 끼워 맞추는 것.

51 존(尊): 준(撙)과 뜻이 통하는데 '덜다', '경감하다'의 뜻.

52 산비(山比): 산(山)은 유(由)의 오기, 비(比)는 '비교하다'의 뜻.

因至優⁵³指.
인 지 우 지

이로 말미암아 그 지시하는 의미를
많이 알 수 있다.

復次,
부 차

다음으로

察聲端名⁵⁴,
찰 성 단 명

바른 명칭으로 불리는지 살펴보고

因請復正⁵⁵.
인 청 부 정

이런 것으로 인해 다시 올바르게
정정한다.

夫辭惡者,
부 사 악 자

대개 문장이 졸렬한 경우에는

人右⁵⁶以其請得焉.
인 우 이 기 청 득 언

사람들은 그가 의도하는 것이 있는
것으로 여긴다.

諸所遭執⁵⁷,
제 소 조 집

그가 감옥에 수감되어 있는데

而欲惡生者,
이 욕 오 생 자

살기가 싫다고 한다면

人不必以其請得焉.
인 불 필 이 기 청 득 언

사람들은 반드시 그의 의도를 알 수
없을 것이다.

聖人之附瀆⁵⁸也,
성 인 지 부 육 야

성인이 세상 사람을 기르는 것은

仁而無利愛,
인 이 무 리 애

인자한 마음에서 나온 것으로 이익을
위한 사랑이 아닌데

---

53 우(優): 우(優)는 다(多)와 같은 뜻.

54 단명(端名): 단정한 명칭, 곧 올바른 명칭의 뜻.

55 부정(復正): 부(復)는 '다시'의 뜻, 정(正)은 '교정하다, 정정하다'의 뜻.

56 우(右): 유(有)의 오기.

57 소조집(所遭執): 집(執)은 '붙잡다', 즉 '감옥에 수감되다'는 뜻이다.

58 부육(附瀆): 부(附)는 무(撫)와 같다. 육(瀆)은 사전에 없는 글자로 독(瀆) 자의 오기이다. 독(瀆)은 매(賣)와 발음이 같은데, 『설문해자』에는 "매는 육과 같이 발음된다[賣, 讀若育]"라고 하였다. 무육(撫育)은 '어루만져 기르다'는 뜻.

利愛生於慮.
이 애 생 어 려

이익을 위한 사랑은 구하는 마음에서 생겨난다.

昔者之慮也,
석 자 지 려 야

예전에 구하려 한 것은

非今日之慮也;
비 금 일 지 려 야

오늘 구하고자 하는 것은 아니다.

昔者之愛人也,
석 자 지 애 인 야

예전에 사람들을 사랑한 까닭은

非今之愛人也.
비 금 지 애 인 야

오늘 사람들을 사랑하는 이유는 아니다.

愛獲之愛人也,
애 획 지 애 인 야

어떤 것을 얻고자 하여 사람들을 사랑하는 것은

生於慮獲之利.
생 어 려 획 지 리

이익을 구하려는 마음에서 생겨난다.

麗獲之利,
어 획 지 리

이익을 구하려 하는 것은

非慮臧之利也,
비 려 장 지 리 야

노비의 이익을 구하려 함이 아니다.

而愛臧之愛人也,
이 애 장 지 애 인 야

노비를 사랑함도 다른 사람을 사랑하는 것이니

乃愛獲之愛人也.
내 애 획 지 애 인 야

노비가 구하는 것을 사랑함도 다른 사람을 사랑하는 것이다.

去其愛而天下利,
거 기 애 이 천 하 리

그러한 사랑을 없애 천하를 이롭게 한다고 해도

弗能去也.
불 능 거 야

없앨 수는 없다.

昔之知牆[59],
석 지 지 장

옛날의 검약에 대한 생각이

非今日之知牆也.
비 금 일 지 지 장 야

오늘의 검약에 대한 생각과 같지는

---

59 장(牆): 색(嗇)과 같은 뜻이다. 즉 인색, 검약 등의 뜻.

않다.

貴爲天子,
_{귀 위 천 자}

존귀하기가가 천자의 신분이라 해도

其利人不厚於正夫.
_{기 리 인 불 후 어 정 부}

그가 사람을 이롭게 하는 것이 보통 사람보다 더 하지는 않는다.

二子事親,
_{이 자 사 친}

두 아들이 어버이를 섬김에

或遇孰⁶⁰,
_{혹 우 숙}

한 아들은 풍년을 만났고

或遇凶,
_{혹 우 흉}

한 아들은 흉년을 만났다 해도

其親也相若,
_{기 친 야 상 약}

그들이 어버이 섬김은 마찬가지일 것이며

非彼其行益也,
_{비 피 기 행 익 야}

그(흉년을 당한 아들)의 행실이 더

非加也.⁶¹
_{비 가 야}

증가되는 것은 아니다.

外執⁶²無能厚吾利者.
_{외 집 무 능 후 오 리 자}

외부의 힘이 내가 세상 사람을 이롭게 해 주는 것을 강화하는 것은 아니다.

藉臧也死,
_{자 장 야 사}

가령 노비가 죽어

而天下害,
_{이 천 하 해}

천하가 해롭다면

吾持養臧也萬倍,
_{오 지 양 장 야 만 배}

내가 그런 이유로 노비를 만 배나 더 우대하여 기른다 해도

吾愛臧也不加厚.
_{오 애 장 야 불 가 후}

노비에 대한 나의 사랑이 더 증가될 수 없는 것이다.

---

60 숙(孰): 숙(熟)과 같다. '풍년'의 뜻.

61 비피기행익야, 비가야(非彼其行益也, 非加也): 이 두 구에 대해 손이양은 비피기행익가야 (非彼其行益加也)가 되어야 한다고 했다.

62 외집(外執): 집(執)은 세(勢)와 같다. 외부의 힘.

長人之異, _{장 인 지 이}	키가 큰 사람과
短人之同,⁶³ _{단 인 지 동}	키가 작은 사람이 같다는 것은
其貌同者也, _{기 모 동 자 야}	그들의 외모가 같으므로
故同. _{고 동}	그 때문에 같다는 것이다.
指之人也與首之人⁶⁴也異. _{지 지 인 야 여 수 지 인 야 이}	어떤 사람을 손짓하는 것과 머리로 가리키는 것은 다르다.
人之體, _{인 지 체}	사람의 몸에서
非一貌者也, _{비 일 모 자 야}	손가락과 머리는 같은 형체가 아니므로
故異. _{고 이}	그 때문에 다르다.
將劍與挺劍⁶⁵異, _{장 검 여 정 검 이}	검을 잡음과 검을 뺌은 다른데
劍⁶⁶以形貌命者也, _{검 이 형 모 명 자 야}	검법은 자세에 따라 명명하는 것이니
其形不一, _{기 형 불 일}	그 자세가 한결같지 않으므로
故異. _{고 이}	그 때문에 명칭이 다르다.
楊木之木與桃木之木也同. _{양 목 지 목 여 도 목 지 목 야 동}	버드나무라고 할 때의 나무와 복숭아나무라고 할 때의 나무는 나무라는 점에서 같다.

---

63 장인지이, 단인지동(長人之異, 短人之同): 유월은 장인지여단인야동(長人之與短人也同)
   의 구절이 되어야 한다고 하였다.

64 여수지인(與首之人): 손이양은 이수향인(以首向人)의 뜻이라고 하였다.

65 장검여정검(將劍與挺劍): 장검(將劍)은 부검(扶劍: 검을 잡다), 정검(挺劍)은 발검(拔劍: 검
   을 뽑다)의 의미이다.

66 검(劍): 앞에서 나온 장검(將劍)과 정검(挺劍)은 칼을 쥔 자세이다. 그러므로 검(劍)의 뜻은
   '검법'이다.

諸非以擧量數⁶⁷命者,
제 비 이 거 량 수 명 자
여러 종류의 수량을 헤아려 명명할 수 없는 것은

敗⁶⁸之盡是也.
패 지 진 시 야
그것을 쪼개더라도 모두 이러하다.

故一人指,
고 일 인 지
그러므로 한 사람의 손가락은

非一人也;
비 일 인 야
그 사람이 아니며

是一人之指,
시 일 인 지 지
한 사람의 손가락이 가리키는 것은

乃是一人也.
내 시 일 인 야
바로 그 사람이다.

方之一面,
방 지 일 면
네모난 것의 한 면은

非方也;
비 방 야
네모가 아니다.

方木之面,
방 목 지 면
네모난 나무의 한 면은

方木也.
방 목 야
네모난 나무이다.

以故生,⁶⁹
이 고 생
주장이란 원인으로 말미암아 생겨나고

以理長,
이 리 장
이치에 따라 발전하고

以類行也者⁷⁰,
이 류 행 야 자
유추함으로써 실천하는 것이니

三物必具,
삼 물 필 구
이 세 가지를 반드시 갖춘 연후에야

然後足以生⁷¹.
연 후 족 이 생
주장이 생길 수 있다.

---

67 거량수(擧量數): '수량을 헤아려서'의 뜻.

68 패(敗): '쪼개다', '분리하다'의 뜻.

69 이고생(以故生): 이고생(以故生)은 다음에 나오는 단락처럼 부사(夫辭)의 두 글자를 첨가해야 완전한 문장이 된다. 고(故)는 「경 상」에 의하면 어떤 일의 원인, 곧 전제가 되는 조건이다.

70 유행야자(類行也者): 야자(也者)의 어순은 자야(者也)가 되어야 한다. 유(類)는 '유추(類推)하다'라는 뜻이다.

立辭[72]而不明於其所生,
입 사 이 불 명 어 기 소 생

주장을 세우면서도 그것이 생긴 까닭을 밝게 알지 못하면

忘[73]也.
망 야

망령된 것이다.

今人非道無所行,
금 인 비 도 무 소 행

오늘날의 사람은 도리가 아닌 것은 실천할 수 없으니

唯[74]有强股肱,
유 유 강 고 굉

비록 강한 팔다리가 있다 해도

而不明於道,
이 불 명 어 도

도리에 밝지 못하다면

其困也可立而待也.
기 곤 야 가 립 이 대 야

그는 곤궁할 것이니 의지해서 서 있어야 한다.

夫辭以類行者也,
부 사 이 류 행 자 야

대개 주장함은 유추함으로써 실천하는 것이니

立辭而不明於其類,
입 사 이 불 명 어 기 류

주장을 세운다 해도 그 유추함에 밝지 못하면

則必困矣.
즉 필 곤 의

곧 반드시 곤궁해진다.

故浸淫之辭[75],
고 침 음 지 사

그러므로 음란한 주장으로 다른 사람을 감염시키는 것은

其類[76]在鼓栗[77].
기 류 재 고 율

사람들을 두렵게 하는 것과 같다.

---

71 삼물필구, 연후족이생(三物必具, 然後足以生): 이 구절은 원래 어대지무대비야(漁大之無大非也)의 다음에 있던 구절이나 문맥에 어울리도록 위치를 변경한 것이다.

72 입사(立辭): 자신의 주장을 펴는 것.

73 망(忘): 망(妄)의 오기, '망령되다'라는 뜻이다.

74 유(唯): 수(雖)와 상통하는 글자이다.

75 침음지사(浸淫之辭): 음란한 주장으로 다른 사람을 감염시킴.

76 기류(其類): 여기서는 '그것은 ~와 같다'라고 번역함.

77 고율(鼓栗): 고(鼓)는 '사람을 움직이게 하다'라는 뜻이며, 율(栗)은 율(慄)과 통하는데 '전율하다', '두렵다'라는 뜻이다.

聖人也,
성 인 야
성인이

爲天下也,
위 천 하 야
천하를 위하는 것은

其類在于追迷[78].
기 류 재 우 추 미
미혹한 것을 바로잡는 것과 같다.

或壽或卒,
혹 수 혹 졸
혹은 오래 살거나 혹은 일찍 죽는다 해도

其利天下也指若[79],
기 리 천 하 야 지 약
그들이 천하를 이롭게 함은 서로 같은 것이니

其類在譽石[80].
기 류 재 예 석
그것은 이름을 영예롭게 하는 것과 같다.

一日而百萬生,
일 일 이 백 만 생
하루에 백만 명이 태어난다 해도

愛不加厚,
애 불 가 후
사랑이 더해지는 것은 아니니

其類在惡害.
기 류 재 오 해
그것은 천하의 해(害)를 싫어하는 것과 같다.

愛二世[81]有厚薄,
애 이 세 유 후 박
전생과 현세를 사랑함에 더하고 덜함의 차이는 있으나

而愛二世相若,
이 애 이 세 상 약
전생과 현세를 사랑함은 서로 같으니

其類在蛇文[82].
기 류 재 사 문
그것은 뱀 몸의 무늬가 서로 같은 것과 같다.

愛之相若,
애 지 상 약
사랑함은 서로 같은데

---

78 추미(追迷): 필원은 "미혹한 것을 바로잡는다[言能追正迷惑]"라고 하였다.

79 지약(指若): 상약(相若)의 오기.

80 예석(譽石): 필원은 예명(譽名)의 오기라고 하였다. '이름을 영예롭게 하다'라는 뜻이다.

81 이세(二世): 전생과 현세.

82 사문(蛇文): 사문(蛇紋)과 같다. '뱀 몸의 무늬'라는 뜻.

擇而殺其一人,
택 이 살 기 일 인

그중 악인(惡人) 한 명을 택해 죽여야
한다면

其類在阬下之鼠[83].
기 류 재 갱 하 지 서

그것은 구멍 속의 쥐 한 마리를 죽이는
것과 같다.

小仁與大仁,
소 인 여 대 인

작은 어짐과 큰 어짐은

行厚相若,
행 후 상 약

실천의 두터움은 서로 같으니

其類在申[84].
기 류 재 신

그것은 논에서 나는 곡식은 논 주인의
신분과 상관없다는 것과 같다.

凡興利除害也,
범 흥 리 제 해 야

이로움을 일으키려고 해로움을
제거하는 것은

其類在漏雍[85].
기 류 재 루 옹

새는 곳을 막는 것과 같다.

厚親不稱行而類行,
후 친 불 칭 행 이 류 행

어버이의 행실이 덕행과 어울리지
않거나 덕행과 유사하나 후하게
대우함은

其類在江上井[86].
기 류 재 강 상 정

강가의 우물물이 한계가 있는 것과
같다.

不爲己之可學也,
불 위 기 지 가 학 야

자신이 배워야 할 것을 하지 않는 것은

其類在獵走[87].
기 류 재 렵 주

사냥을 하러 가는 것처럼 하고 싶은

---

83 갱하지서(阬下之鼠): 갱(阬)은 갱(坑: 동굴)과 같다. '동굴(구멍) 속의 쥐'는 악인(惡人) 한 사
람을 택해 죽이는 것은 해로운 쥐 한 마리를 죽이는 것과 같음을 비유한다.

84 신(申): 조요상은 전(田)의 오기라고 하였다. 즉, 논에서 나는 곡식은 논 주인의 신분과 상관없
다는 것을 비유.

85 루옹(漏雍): 옹(雍)은 옹(壅)과 같은데 곧 색(塞)이라는 뜻이니 새는 곳을 막는 것이다. 여기서
는 새는 것은 해(害)이고, 그것을 막는 것은 이(利)라는 의미이다.

86 강상정(江上井): 강가의 우물. 여기서는 강가의 우물물은 강물에 비해 한계가 있다는 비유이
다.

일만 하는 것과 같다.

愛人非爲譽也,
애 인 비 위 예 야

다른 사람을 사랑함에 명성을
위해서가 아닌 것은

其類在逆旅[88].
기 류 재 역 려

여관은 남에게 이로움을 주면서
자신에게도 이롭다는 것과 같다.

愛人之親若愛其親,
애 인 지 친 약 애 기 친

다른 사람의 어버이를 사랑함을 마치
자신의 어버이를 사랑하듯 하는 것은

其類在官苟[89].
기 류 재 관 구

관청 일을 집안일처럼 여기는 것과
같다.

兼愛相若,
겸 애 상 약

모든 사람을 두루 사랑하기를 같이
하면

一愛相若,
일 애 상 약

한결같이 사랑함이 서로 같은 것이니,

一愛相若,
일 애 상 약

한결같이 사랑함이 서로 같은 것은

其類在死也[90].
기 류 재 사 야

손숙오(孫叔敖)가 뱀을 죽여 다른
사람의 해침을 막은 그러한 사랑과
같은 것이다.

---

87 엽주(獵走): 사냥을 하러 가는 것처럼 하고 싶은 일만 하는 것을 비유.

88 역려(逆旅): 객사(客舍)의 뜻으로, 여관은 남에게 이로움을 주면서 자신에게도 이로운 것임을 비유.

89 관구(官苟): 조요상은 '관청의 일을 긴급히 여기는 것'이라 했는데 곧 관청 일을 집안일처럼 여기는 것을 비유.

90 사야(死也): 필원은 야(也)는 다른 판본에서 사(虵)로 돼 있다고 하였다. 사(虵)와 사(蛇)는 같은 자이다. '사사(死蛇)는 즉, '뱀을 죽이다'라는 뜻이다. 여기서는 초나라 영윤(令尹) 손숙오가 어렸을 때 밖에 놀러 나갔다가 뱀을 보고 다른 사람을 해칠까 봐 뱀을 죽여 묻은 이야기를 통해, 다른 사람을 사랑하는 것이 자신을 사랑하는 것과 같아야 한다는 의미를 말하고 있다.

소취 제45편
(小取第四十五)

夫辯者[1],
부 변 자

대개 논변한다는 것은

將以明是非之分,
장 이 명 시 비 지 분

장차 시비의 분별을 밝히고

審治亂之紀,[2]
심 치 란 지 기

다스림과 어지러움의 근원을 살피며,

明同異之處,
명 동 이 지 처

같거나 다른 곳을 분명히 하고

察名實之理,
찰 명 실 지 리

명칭과 실제의 이치를 잘 살피며,

處利害,
처 리 해

이로움과 해로움을 잘 처리하고

決嫌疑.
결 혐 의

의심스러운 것을 결정하는 일이다.

焉[3]摹略[4]萬物之然,
언 모 략 만 물 지 연

이에 만물의 그러한 연유를 탐구하고

---

1 변자(辯者): 「경 상」편에서 변(辯)이란 저 사람과 다투는 것이다(辯, 爭彼也)'라고 말한 것처럼 다른 사람과 쟁변하는 것이다.

2 심치란지기(審治亂之紀): 기(紀)는 주요한 것의 뜻도 있고 단서나 원인의 뜻도 있다. 여기서는 양자가 쟁론할 때, 쟁론의 결론을 내리기 위해서는 그 주장의 근원을 살펴야 한다는 뜻임.

3 언(焉): '이에'라는 뜻.

4 모략(摹略): 『태현경(太玄經)』의 주석에 "모는 탐색해서 따지는 것이다(摹者, 索而討之)'라고 하였다. 약(略) 자는 『광아』의 주석에 '구하다'의 뜻으로 보았다. 따라서 전체 의미는 '연구하다', '탐구하다'의 뜻에 가깝다.

論求群言之比, _{논 구 군 언 지 비}	여러 사람이 말하는 부류를 따지고 구하여,
以名舉實, _{이 명 거 실}	사물의 명칭으로 그 실제를 나타내고
以辭抒意, _{이 사 서 의}	문장으로 뜻을 진술하며,
以說出故, _{이 설 출 고}	논설로 주장을 나타내고
以類取, _{이 류 취}	비슷한 부류의 사물로 예를 들며,
以類予.[5] _{이 류 여}	비슷한 부류의 사물로 유추한다.
有諸己不非諸人[6], _{유 저 기 불 비 저 인}	자신에게 논쟁의 기술이 있다고 해서 다른 사람을 비난하지 않으며,
無諸己不求諸人[7]. _{무 저 기 불 구 저 인}	자신에게 없다고 해도 다른 사람에게 구하지 않는다.
或也者,[8] _{혹 야 자}	혹시라는 것은
不盡也. _{부 진 야}	완전하지 않다는 것이다.
假者,[9] _{가 자}	가령이라는 것은
今不然也. _{금 불 연 야}	지금은 그러하지 않다는 것이다.

---

5 이류취, 이류여(以類取, 以類予): '비슷한 부류로 예를 들며, 비슷한 부류로 유추하다'라는 뜻.

6 유저기불비저인(有諸己不非諸人): 여기서 두 개의 저(諸) 자는 모두 합음사로, 지어(之於)의 준말이다. '나에게 있는 것'이란 변론의 기술, 요즘으로 말하자면 논리학의 기술이다. 불비(不非)는 다른 사람의 변론술을 비난하지 않는다는 것.

7 무저기불구저인(無諸己不求諸人): 불구저인(不求諸人)의 속뜻은 변론술은 스스로 노력해야 하는 것이므로 '다른 사람에게 구하지 않는다'라는 뜻임.

8 혹야자(或也者): 하나의 문장에서 '혹시'로 시작되는 문장은 가정문 또는 조건문에 해당한다.

9 가자(假者): 하나의 문장에서 '가령'으로 시작되는 문장은 가정문에 해당한다.

效者[10],
효 자

본받는다는 것은

爲之法也;
위 지 법 야

그것을 법칙으로 삼는다는 것이다.

所效者,
소 효 자

본받은 것은

所以爲之法也.
소 이 위 지 법 야

사용하여 본받은 법칙이다.

故中效[11],
고 중 효

그러하므로 법칙에 들어맞는 것은

則是也;
즉 시 야

곧 옳은 것이다.

不中效,
부 중 효

법칙에 들어맞지 않는 것은

則非也.
즉 비 야

곧 그른 것이다.

此效也.
차 효 야

이것이 본받는 것이다.

辟也者,[12]
벽 야 자

비유란

擧也物而以明之也.
거 야 물 이 이 명 지 야

다른 사물을 예로 들어 그것을 밝히는
것이다.

侔也者,
모 야 자

동등함은

比辭而俱行也.
비 사 이 구 행 야

문장을 비교하면서 함께 나열하는
것이다.

援[13]也者,
원 야 자

인용이란

---

10 효자(效者): 효(效)는 하나의 표준을 그대로 따라 한다는 의미이다. 가령 혹(或)이나 가(假)로
    시작되는 주어부가 있으면 서술부도 그에 어울리는 문장이 와야 할 것이다.
11 중효(中效): 본받는 것이 들어맞는다는 것은 어떤 문법 법칙이나 논리학의 원칙대로 토론을
    전개하거나 말을 해야 한다는 의미이다. 법칙이나 원칙에 부합하지 않는다면 틀린 문장이 되
    거나 논리의 오류를 범하게 된다.
12 벽야자(辟也字): 고대에는 글자 수가 많지 않아 하나의 글자가 여러 글자의 의미를 나타냈는
    데, 이것을 고금자(古今字)라고 한다. 따라서 벽(辟)은 여기서 비(譬) 자와 통한다.
13 원(援): 『설문해자』에서 인(引)과 같은 뜻의 글자라고 하였다. 여기서는 '인용하다'라는 뜻이다.

曰子然,
_{왈 자 연}

그대가 그렇게 한다면

我奚獨不可以然也?
_{아 해 독 불 가 이 연 야}

내 어찌 홀로 그렇게 할 수
없겠는가라고 하는 것이다.

推也者,
_{추 야 자}

추리란

以其所不取之,
_{이 기 소 불 취 지}

직접 체험하지 않은 것을 가지고

同于其所取者,
_{동 우 기 소 취 자}

체험한 바와 동등하게 하는 것으로

予之也.
_{여 지 야}

그것을 유추하는 것이다.

是猶謂'也者同'也,[14]
_{시 유 위 야 자 동 야}

'그것과 마찬가지이다'라고 말하는
것은

吾豈謂'也者異'也.
_{오 기 위 야 자 이 야}

내가 어찌 '그것과 다르다'고
하겠는가라고 하는 것과 같다.

夫物有以同而不率遂[15]同.
_{부 물 유 이 동 이 불 솔 수 동}

대개 사물은 같은 부분이 있다고 해도
서술이 완전히 같은 것은 아니다.

辭之侔也,
_{사 지 모 야}

문장에 똑같은 것이 있는 것은

有所至而正.
_{유 소 지 이 정}

그 이르는 바가 정확하게 같기
때문이다.

其然也,
_{기 연 야}

그것이 그렇게 되는 것은

有所以然也.
_{유 소 이 연 야}

그렇게 되는 까닭이 있는 것이다.

---

14 시유위야자동야(是猶謂也者同也): 야자동(也者同)의 야(也) 자는 타(他) 자의 오기로 보인
다.

15 솔수(率遂): 손이양은 솔(率)과 수(遂)는 같은 뜻의 글자로 '서술하다'의 뜻인 술(述)의 의미라
고 하였다.

其然也同,
기 연 야 동

그렇게 되는 것이 같다고 해도

其所以然不必同.
기 소 이 연 불 필 동

그렇게 되는 까닭이 반드시 같은 것은 아니다.

其取之也,
기 취 지 야

그러한 문장을 고른다고 해도

有所以取之.
유 소 이 취 지

그 문장을 고른 까닭이 있으니

其取之也同,
기 취 지 야 동

그 고른 문장이 같다고 해도

其所以取之不必同.
기 소 이 취 지 불 필 동

그것을 고른 까닭이 같은 것은 아니다.

是故辟·侔·援·推之辭,
시 고 벽 모 원 추 지 사

이 때문에 비유·동등함·인용·추리의 문장은

行而異,
행 이 이

그것을 쓰면서 각기 다르게 사용하니

轉而危[16],
전 이 위

지나치게 바꾸어서 쓰면 궤변이 되고

遠而失,
원 이 실

본뜻에서 멀어지면 뜻을 잃게 되며

流而離本,
유 이 리 본

마음대로 쓰면 근본에서 멀어지게 되니

則不可不審也,
즉 불 가 불 심 야

자세히 살피지 않을 수 없고

不可常用也.
불 가 상 용 야

늘 사용해서는 안 된다.

故言多方,
고 언 다 방

그러므로 말에는 여러 가지 방법이 있으며

殊類異故,
수 류 이 고

표현의 부류가 다르면 원인도 다르기 때문에

則不可偏觀也.
즉 불 가 편 관 야

치우쳐서 살펴보면 안 될 것이다.

---

16 위(危): 궤(詭)와 통하는 글자이며, '궤변'의 뜻이다.

夫物或乃是而然,
부 물 혹 내 시 이 연

대개 사물은 혹 옳으면서 그러한 것도 있고

或是而不然.
혹 시 이 불 연

혹은 옳으나 그러하지 않은 것도 있다.

或一周而一不周,
혹 일 주 이 일 부 주

혹은 한 경우에는 두루 사용할 수 있으나 다른 한 경우에는 두루 쓸 수 없으며

或一是而一
혹 일 시 이 일

혹은 한 경우에는 옳으나 다른 한 경우에는

(不是也[17],
불 시 야

不可常用也.
불 가 상 용 야

故言多方,
고 언 다 방

殊類異故,
수 류 이 고

則不可偏觀也.)
즉 불 가 편 관 야

非也.
비 야

그릇되기도 한다.

白馬,
백 마

백마는

馬也;
마 야

말인 것이다.

乘白馬,
승 백 마

백마를 타는 것은

乘馬也.
승 마 야

말을 타는 것이다.

驪馬,[18]
여 마

검은 말은

---

17 불시야(不是也): 손이양은 불시야(不是也)부터 즉불가편관야(則不可偏觀也)까지를 연문으로 보고 삭제해야 한다고 하였다.

18 여마(驪馬):『설문해자』에 "여(驪)는 말의 질은 검은색이다[驪, 馬深黑色]"라고 하였다.

馬也; <small>마 야</small>	말인 것이다.
乘驪馬, <small>승 려 마</small>	검은 말을 타는 것은
乘馬也. <small>승 마 야</small>	말을 타는 것이다.
獲,[19] <small>획</small>	여자 노비는
人也; <small>인 야</small>	사람이다.
愛獲, <small>애 획</small>	여자 노비를 사랑함은
愛人也. <small>애 인 야</small>	사람을 사랑하는 것이다.
臧,[20] <small>장</small>	남자 노비는
人也; <small>인 야</small>	사람이다.
愛臧, <small>애 장</small>	남자 노비를 사랑함은
愛人也. <small>애 인 야</small>	사람을 사랑하는 것이다.
此乃是而然者也. <small>차 내 시 이 연 자 야</small>	이러한 예는 옳으면서 그러함의 사례들이다.
獲之親, <small>획 지 친</small>	여자 노비의 어버이는
人也; <small>인 야</small>	사람이다.
獲事其親, <small>획 사 기 친</small>	여자 노비가 그 어버이를 섬기는 것은
非事人也. <small>비 사 인 야</small>	사람을 섬기는 것이 아니다.
其弟, <small>기 제</small>	그의 동생은
美人也; <small>미 인 야</small>	미인이다.

---

19 획(獲): 여자 포로, 곧 여자 노예의 뜻.
20 장(臧): 남자 포로, 곧 남자 노예의 뜻.

愛弟, _{애 제}	동생을 사랑한다고 해서
非愛美人也. _{비 애 미 인 야}	미인을 사랑하는 것은 아니다.
車, _거	수레는
木也; _{목 야}	나무로 만든 것이다.
乘車, _{승 거}	수레를 타는 것이
非乘木也. _{비 승 목 야}	나무를 타는 것은 아니다.
船, _선	배는
木也; _{목 야}	나무로 만든 것이다.
人船, _{인 선}	사람이 배를 타는 것은
非人木也. _{비 인 목 야}	사람이 나무를 타는 것은 아니다.
盜人, _{도 인}	도둑은
人也; _{인 야}	사람이다.
多盜, _{다 도}	도둑이 많다고
非多人也; _{비 다 인 야}	사람이 많은 것은 아니다.
無盜, _{무 도}	도둑이 없다고 해서
非無人也. _{비 무 인 야}	사람이 없는 것은 아니다.
奚以明之? _{해 이 명 지}	어떻게 그것을 밝힐 것인가?
惡多盜, _{오 다 도}	도둑이 많은 것을 싫어함은
非惡多人也; _{비 오 다 인 야}	사람이 많아지는 것을 싫어하는 것이 아니다.

欲無盜,
욕 무 도

도둑이 없기를 바라는 것은

非欲無人也.
비 욕 무 인 야

사람이 없어지기를 바라는 것은
아니다.

世相與共是之.
세 상 여 공 시 지

이것은 세상 사람들이 모두 더불어
옳다고 여긴다.

若若是,
약 약 시

만약 이러한 것이 옳다면

則雖盜人人也,
즉 수 도 인 인 야

곧 비록 도둑은 사람이지만

愛盜非愛人也,
애 도 비 애 인 야

도둑을 사랑하는 것이 사람을
사랑하는 것이 아니며

不愛盜非不愛人也,
불 애 도 비 불 애 인 야

도둑을 사랑하지 않는 것이 사람을
사랑하지 않는 것이 아님을 (알 것이니)

殺盜人非殺人也,
살 도 인 비 살 인 야

도둑을 죽이는 것이 사람을 죽이는
것은 아니라 여겨도

無難盜無難[21]矣.
무 난 도 무 난   의

어려울 것은 없다.

此與彼同類,
차 여 피 동 류

이러한 것과 저러한 주장은 같은
이야기인데

世有彼而不自非也,
세 유 피 이 불 자 비 야

세상에서는 저러한 주장은 스스로
그릇되지 않다고 하면서

墨者有此而非之,
묵 자 유 차 이 비 지

묵자학파가 이러한 것을 주장하면
그릇되었다고 하니

無也故[22]焉,
무 야 고   언

다른 까닭이 있는 것이 아니라

---

21 도무난(盜無難): 손이양은 이 세 글자를 잘못 끼어든 글자로 보았다.
22 야고(也故): 야(也) 자는 타(他) 자의 오기로 생각된다. 다른 원인, 다른 까닭의 뜻.

所謂內膠[23]外閉,
소 위 내 교 외 폐

이른바 안으로는 고집을 부리고
밖으로는 닫혀 있으며

與心毋空[24]乎,
여 심 무 공 호

심장에 구멍이 없기 때문으로

內膠而不解也.
내 교 이 불 해 야

안으로 고집을 부리고 이해하지
못하는 것이다.

此乃是而不然者也.
차 내 시 이 불 연 자 야

이런 것들이 옳은데도 그러하지
않다고 하는 사례이다.

且夫讀書,
차 부 독 서

장차 책을 읽으려고 하는 것이

非好書也.[25]
비 호 서 야

책을 좋아하는 것은 아니다.

且鬪雞,
차 투 계

장차 닭싸움을 하려고 하는 것이

非鬪雞也;
비 투 계 야

닭싸움을 하는 것은 아니다.

好鬪雞,
호 투 계

닭싸움을 좋아하는 것은

好雞也.
호 계 야

닭을 좋아하는 것이다.

且入井,
차 입 정

장차 우물에 들어가려고 하는 것이

非入井也;
비 입 정 야

우물에 들어가는 것은 아니다.

---

23 교(膠): 고(固)와 같은 뜻이다.

24 심무공(心毋空): 손이양은 공(空)은 공(孔)의 의미라고 했다. 성인은 심장에 일곱 개의 구멍이
있는데, 보통 사람은 여섯 개의 구멍이 있다고 한다. 그래서 보통 사람들은 잘못된 생각에 집착
하여 소통하지 못한다는 것이다.

25 차부독서, 비호서야(且夫讀書, 非好書也): 손이양은 이 문장은 뜻이 완전하지 않으니, 아래
의 문장에 의거하여 마땅히 '차부독서, 비호서야, 호독서, 호서야(且夫讀書, 非好書也. 好讀
書, 好書也)'가 되어야 한다고 하였다. 즉, '또 글을 읽는 것이 책을 좋아하는 것은 아니다. 글을
잘 읽는 것이 책을 좋아하는 것이다'라는 뜻이 되어야 한다는 것이다.

止且入井,
지 차 입 정

장차 우물에 들어가려는 이를 제지하는 것이

止入井也.
지 입 정 야

우물에 들어가는 것을 제지한 것은 아니다.

且出門,
차 출 문

장차 문을 나서려는 것이

非出門也;
비 출 문 야

문을 나서는 것은 아니다.

止且出門,
지 차 출 문

장차 문을 나서려는 이를 제지하는 것이

止出門也.
지 출 문 야

문을 나서는 것을 제지한 것은 아니다.

若若是,
약 약 시

만약 이러한 것이 옳다면,

且夭,
차 요

장차 요절하려는 것이

非夭也;
비 요 야

요절하는 것은 아니다.

壽,²⁶
수

수명이 짧은 것이

夭也.
요 야

요절하는 것이다.

有命,
유 명

운명이 있다는 것이

非命也;
비 명 야

곧 운명은 아니다.

非執有命,
비 집 유 명

운명이 있다는 주장을 반대하는 것이

非命也,
비 명 야

운명을 반대하는 것이라 해도

無難矣.
무 난 의

무난할 것이다.

此與彼同類,
차 여 피 동 류

이러한 주장과 저러한 주장은 같은

---

26 수(壽): 이생룡은 수(壽) 자 다음에 응당 요(夭) 자가 있어야 한다고 하였다.

이야기인데

世有彼而不自非也,
세 유 피 이 불 자 비 야

세상에서 저 주장은 스스로 그릇되지 않다 하면서

墨者有此而罪[27]非之,
묵 자 유 차 이 죄 비 지

묵자학파가 이러한 것을 주장하면 그릇되었다고 하니,

無也故焉,
무 야 고 언

다른 까닭이 있는 것이 아니라

所謂內膠外閉,
소 위 내 교 외 폐

이른바 안으로는 고집을 부리고 밖으로는 닫혀 있으며

與心毋空乎,
여 심 무 공 호

심장에 구멍이 없기 때문으로

內膠而不解也.
내 교 이 불 해 야

안으로 고집을 부리고 이해하지 못하는 것이다.

是乃是而不然者也.
시 내 시 이 불 연 자 야

이런 것들이 옳은데도 그러하지 않다고 하는 사례이다.

愛人,
애 인

다른 사람을 사랑함은

待周愛人,
대 주 애 인

두루 다른 사람을 사랑한 후에야

而後爲愛人,
이 후 위 애 인

다른 사람을 사랑하는 것이 된다.

不愛人,
불 애 인

다른 사람을 사랑하지 않음은

不待周不愛人,
불 대 주 불 애 인

두루 다른 사람을 사랑하지 않음을 기다릴 필요가 없다.

不周愛,
부 주 애

두루 사랑하지 않는 것은

---

27 죄(罪): 이생룡은 연문으로 마땅히 삭제해야 한다고 보았다.

因爲不愛人矣.
인 위 불 애 인 의

다른 사람을 사랑하지 않기 때문이다.

乘馬,
승 마

말을 탄다는 것은

不待周乘馬,
불 대 주 승 마

모든 말을 두루 탄 후에야

然後爲乘馬也.
연 후 위 승 마 야

말을 탄다고는 할 수 없다.

有乘於馬,
유 승 어 마

말을 탈 수가 있으면

因爲乘馬矣.
인 위 승 마 의

말을 타는 것이 되기 때문이다.

逮至不乘馬,
체 지 불 승 마

말을 타지 않는다는 것은

待周不乘馬,
대 주 불 승 마

모든 말을 타지 않은 후에야

而後爲不乘馬.
이 후 위 불 승 마

말을 타지 않는 것이 된다.

此一周而一不周者也.
차 일 주 이 일 부 주 자 야

이것이 하나는 두루 사용할 수 있으나
다른 하나는 두루 사용할 수 없는
사례이다.

居於國,
거 어 국

어떤 나라에 사는 것은

則爲居國;
즉 위 거 국

곧 그 나라에 거주하는 것이 된다.

有一宅於國,
유 일 택 어 국

그 나라에 한 채의 집을 가진 것은

而不爲有國.
이 불 위 유 국

그 나라를 소유하는 것은 아니다.

桃之實, 桃也;
도 지 실 도 야

복숭아의 열매는 복숭아이다.

棘之實, 非棘也.
극 지 실 비 극 야

가시나무의 열매는 가시가 아니다.

問人之病,
문 인 지 병

다른 사람을 문병하는 것은

問人也;
문 인 야

위문하는 사람이다.

惡人之病,
<small>오 인 지 병</small>

다른 사람의 병을 싫어하는 것은

非惡人也.
<small>비 오 인 야</small>

그 사람을 싫어하는 것이 아니다.

人之鬼,
<small>인 지 귀</small>

사람의 귀신은

非人也;
<small>비 인 야</small>

사람이 아니다.

兄之鬼,
<small>형 지 귀</small>

형의 귀신은

兄也.
<small>형 야</small>

형이다.

祭人之鬼,
<small>제 인 지 귀</small>

사람의 귀신에게 제사 지내는 것은

非祭人也;
<small>비 제 인 야</small>

사람에게 제사 지내는 것이 아니다.

祭兄之鬼,
<small>제 형 지 귀</small>

형 귀신에게 제사 지내는 것은

乃祭兄也.
<small>내 제 형 야</small>

형에게 제사 지내는 것이다.

之馬之目盼,
<small>지 마 지 목 반</small>

말의 눈이 잘 볼 수 있다면

則爲之馬盼²⁸;
<small>즉 위 지 마 반</small>

그것은 시력 좋은 말이 된다.

之馬之目大,
<small>지 마 지 목 대</small>

말의 눈이 큰 것을

而不謂之馬大.
<small>이 불 위 지 마 대</small>

큰 말이라고 할 수는 없다.

之牛之毛黃,
<small>지 우 지 모 황</small>

소의 털이 황색이면

則謂之牛黃;
<small>즉 위 지 우 황</small>

황색의 소라고 부를 수 있다.

之牛之毛衆,
<small>지 우 지 모 중</small>

소의 털이 많은 것을

而不謂之牛衆.
<small>이 불 위 지 우 중</small>

소가 많다고 할 수는 없다.

---

28 지마반(之.馬盼): 지마(之.馬)는 시마(是.馬), 곧 '이 말'의 뜻이다. 반(盼)은 '잘 보이다'라는 뜻이다.

一馬,
_{일 마}

한 마리의 말은

馬也;
_{마 야}

말이다.

二馬,
_{이 마}

두 마리의 말도

馬也.
_{마 야}

말이다.

馬四足者,
_{마 사 족 자}

말에 네발이 있는 것은

一馬而四足也,
_{일 마 이 사 족 야}

한 마리의 말에 네발이 있다는 것이며

非兩馬而四足也.
_{비 량 마 이 사 족 야}

두 마리의 말에 네발이 있다는 것은
아니다.

一馬馬也.
_{일 마 마 야}

한 마리 말은 말이다.

馬或白者,
_{마 혹 백 자}

말 중에 흰 것이 있다는 것은

二馬而或白也,
_{이 마 이 혹 백 야}

두 마리의 말 중에 한 마리가 흰
것이지

非一馬而或白.
_{비 일 마 이 혹 백}

한 마리의 말이 있는데 그것이 희다는
것은 아니다.

此乃一是而一非者也.
_{차 내 일 시 이 일 비 자 야}

이것이 곧 하나가 옳으면 다른 하나는
그르다는 사례이다.

경주 제46편
(耕柱第四十六)

子墨子怒耕柱子[1],

자 묵 자 노 경 주 자

묵자께서 경주자에게 화를 내셨더니

耕柱子曰:

경 주 자 왈

경주자가 말했다.

"我毋兪[2]於人乎?"

아 무 유 어 인 호

"제가 다른 사람보다 나은 것이 없는지요?"

子墨子曰:

자 묵 자 왈

묵자께서 말씀하셨다.

"我將上大[3]行,

아 장 상 대 행

"내가 장차 태행산에 올라가려고 하는데

駕驥與羊[4],

가 기 여 양

천리마가 끄는 수레와 소가 끄는 수레가 있다면,

子將誰歐?"

자 장 수 구

장차 어느 것을 타고 갈 것인가?"

耕柱子曰:

경 주 자 왈

경주자가 말했다.

"將歐驥也."

장 구 기 야

"천리마를 타고 갈 것입니다."

---

1 경주자(耕柱子): 묵자의 제자.

2 유(兪): 유(愈)와 뜻이 통한다. '더 낫다', '더 좋다'의 뜻.

3 대(大): 응당 태(太)로 읽어야 한다.

4 양(羊): 응당 우(牛) 자의 잘못이라고 생각됨.

子墨子曰:
_{자 묵 자 왈}

묵자께서 말씀하셨다.

"何故歐驥也?
_{하 고 구 기 야}

"무슨 까닭에 천리마를 몰려고
하는가?"

耕柱子曰:
_{경 주 자 왈}

경주자가 말했다.

"驥足以責."[5]
_{기 족 이 책}

"천리마는 족히 책임을 맡을 수 있기
때문입니다."

子墨子曰:
_{자 묵 자 왈}

묵자께서 말씀하셨다.

"我亦以子爲足以責."
_{아 역 이 자 위 족 이 책}

"나 역시 그대가 족히 책임을 다할 수
있을 것으로 여긴다네."

巫馬子[6]謂子墨子曰:
_{무 마 자 위 자 묵 자 왈}

무마자가 묵자께 여쭈었다.

"鬼神孰與聖人明智?"
_{귀 신 숙 여 성 인 명 지}

"귀신과 성인은 누가 더 지혜가
뛰어납니까?"

子墨子曰:
_{자 묵 자 왈}

묵자께서 말씀하셨다.

"鬼神之明智於聖人,
_{귀 신 지 명 지 어 성 인}

"귀신의 밝은 지혜를 성인의 밝은
지혜와 비교하는 것은

猶聰耳明目之聾瞽也.
_{유 총 이 명 목 지 롱 고 야}

귀와 눈이 밝은 사람을 귀머거리와
맹인에 비교하는 것과 같습니다.

昔者夏后開使蜚廉折金[7]於山川,
_{석 자 하 후 개 사 비 염 절 금 어 산 천}

옛날에 하후인 계(啓)가 비렴(蜚廉)을

---

5 기족이책(驥足以責): 문법적으로 맞게 처리하려면 이기족책(以驥足責)이 되어야 할 것이다.

6 무마자(巫馬子): 필원은 여기서의 무마자가 공자의 제자인 무마기(巫馬期)를 의미하거나 그
후예일 가능성이 있다고 하였다. 아마 무마자는 유가(儒家) 계열의 사상가였을 것으로 추정
된다.

보내어 산천 사이에 묻혀 있는 금속을
개발하도록 하여

而陶鑄之於昆吾⁸;
이 도 주 지 어 곤 오

그 금속으로 곤오산에서 청동 솥을
주조하게 했습니다.

是使翁難雉乙卜於白若之龜⁹,
시 사 옹 난 치 을 복 어 백 약 지 구

백익(伯益)에게 꿩을 죽이고 그 피를
백약의 거북에게 뿌려 점을 치면서

曰:
왈

말했습니다.

'鼎成三足而方¹⁰.
정 성 삼 족 이 방

'솥이 완성되면 다리 네 개에 네모진
모양을 이루게 하소서.

不炊而自烹,
불 취 이 자 팽

불을 때지 않아도 솥이 저절로 음식을
익히고,

不擧而自臧¹¹,
불 거 이 자 장

사람이 들어서 옮기지 않아도 저절로
원래 자리에 갈무리되고,

不遷而自行,
불 천 이 자 행

운반하지 않아도 저절로 이동할 수
있도록

以祭於昆吾之虛.
이 제 어 곤 오 지 허

곤오산의 터에서 제사 지냅니다.

---

7 절금(折金): 땅에 묻힌 금속 광맥을 개발한다는 뜻. 고대에는 청동 검이나 청동 솥 등을 만들기
   위해 우선 산이나 강가 등의 노천 광맥에서 금속을 채집하고, 이를 다시 제련하여 청동으로 된
   도구들을 만들었다고 한다.

8 곤오(昆吾): 고대의 산 이름. 고대 국가의 이름이라고도 하는데, 곤오국은 현재의 하남성(河
   南省) 복양현(濮陽縣) 남쪽에 위치하였다고 한다.

9 옹난치을복어백약지구(翁難雉乙卜於白若之龜): 옹(翁)은 백익(伯益)을 가리키며, 난(難)
   은 착(斷)의 오기로 죽인다는 뜻이다. 손이양은 계(啓)가 백익에게 꿩을 죽이게 하여 그 피를
   거북에게 발라 점을 쳤다는 뜻으로 보았다.

10 삼족이방(三足而方): 청동 솥이 '네모지다(方)'는 표현으로 보아, 삼족(三足)이 아닌 사족(四
   足)으로 보아야 할 듯하다.

11 자장(自臧): 장(臧)은 장(藏)과 통하는 글자이다.

上鄉[12].' 상 향	신은 흠향하소서.'
乙又言兆之由[13]曰: 을 우 언 조 지 유 왈	이리하여 점괘의 괘사에서 말하기를,
'饗矣! 향 의	'신이 이미 흠향했노라!
逢逢白雲, 봉 봉 백 운	뭉게뭉게 흰 구름이 되어
一南一北, 일 남 일 북	한번은 남쪽으로 흐르고 한번은 북쪽으로
一西一東. 일 서 일 동	한번은 서쪽으로 한번은 동쪽으로 흘렀다.
九鼎旣成, 구 정 기 성	구정(九鼎)이 이미 완성되었으니
遷於三國.' 천 어 삼 국	장차 세 나라를 거칠 것이다'라고 하였다.
夏后氏失之, 하 후 씨 실 지	하나라가 구정을 잃어버리자
殷人受之; 은 인 수 지	은나라 사람들이 전해 받았고,
殷人失之, 은 인 실 지	은나라 사람들이 구정을 잃어버리자
周人受之. 주 인 수 지	주나라 사람들이 이어받았다.
夏后·殷·周之相受也, 하 후 은 주 지 상 수 아	이렇게 하나라·은나라·주나라가 계속 이어받아
數百歲矣. 수 백 세 의	수백 년이 지났다.
使聖人聚其良臣與其桀[14]相而謀, 사 성 인 취 기 량 신 어 기 길 상 이 모	

---

12 상향(上鄉): 상향(尚饗)과 통하는 글자. 제문의 마지막 글귀에 쓰이며 '흠향하소서'의 뜻임.

13 조지유(兆之由): 조(兆)는 거북 뼈를 가열할 때 쪼개지는 틈을 의미하며, 이를 보고 제관이 길흉을 판단한다. 유(由)는 요(繇)와 통하는 글자이다. 결국 괘사(卦辭), 점을 친 결과를 풀이한 말을 뜻한다.

성인들이 아무리 현명한 신하들을
모아 계책을 세운다 해도

豈能智數百歲之後哉?
기 능 지 수 백 세 지 후 재

수백 년 뒤의 일을 어떻게 알 수
있겠소?

而鬼神智之.
이 귀 신 지 지

그러나 귀신은 그 일을 알았소.

是故曰:
시 고 왈

이러하므로

鬼神之明智於聖人也,
귀 신 지 명 지 어 성 인 야

귀신의 밝은 지혜를 성인과 비교하는
것은

猶聰耳明目之與聾瞽也."
유 총 이 명 목 지 여 롱 고 야

귀와 눈이 총명한 사람을 귀머거리와
맹인에 비교하는 것과
마찬가지입니다."

治徒娛·縣子碩[15]問於子墨子曰:
치 도 오   현 자 석   문 어 자 묵 자 왈

치도오와 현자석이 묵자께 여쭈었다.

"爲義孰爲大務?"
위 의 숙 위 대 무

"의로움을 위해 가장 긴요하게 할 일은
무엇입니까?"

子墨子曰:
자 묵 자 왈

묵자께서 말씀하셨다.

"譬若築牆然.
비 약 축 장 연

"비유하자면 성벽을 쌓는 일과
마찬가지이다.

能築者築,
능 축 자 축

흙을 쌓을 수 있는 사람은 흙을 쌓고

能實壤者實壤,
능 실 양 자 실 양

흙을 운반할 수 있는 사람은 흙을

---

14 기걸(其桀): 걸(桀)은 걸(傑) 자와 통한다. 뛰어난 인재의 뜻.

15 치도오(治徒娛)·현자석(縣子碩): 치도오와 현자석은 묵자의 제자들로 추정된다.

운반하며

能欣者欣[16].
_{능 흔 자 흔}

측량을 할 수 있는 사람은 측량을 해야
한다.

然後牆成也.
_{연 후 장 성 야}

그런 후에야 성벽이 비로소 완성될
것이다.

爲義猶是也.
_{위 의 유 시 야}

의로움을 위하는 일도 이와
마찬가지이다.

能談辯者談辯,
_{능 담 변 자 담 변}

변론을 잘하는 사람은 변론을 하고

能說書者說書,
_{능 설 서 자 설 서}

경전을 잘 풀이하는 사람은 경전을
풀이하며

能從事者從事,
_{능 종 사 자 종 사}

일을 잘할 수 있는 사람은 일을 해야만

然後義事成也."
_{연 후 의 사 성 야}

의로움이 비로소 이루어질 것이다."

巫馬子謂子墨子曰:
_{무 마 자 위 자 묵 자 왈}

무마자가 묵자께 여쭈었다.

"子兼愛天下,
_{자 겸 애 천 하}

"선생께서 천하를 두루 사랑한다고
하시지만,

未云利也;
_{미 운 리 야}

천하에는 아직 이로움이 없었습니다.

我不愛天下,
_{아 불 애 천 하}

나는 천하를 사랑한다고 말하지
않았으며

未云[17]賊也.
_{미 운 적 야}

천하에 대해 어떤 해로움도 주지
않았습니다.

---

16 흔(欣): 왕인지는 흔(欣) 자는 희(晞) 자와 뜻이 통한다고 여겼다. 즉, '측량한다'는 뜻.
17 미운(未云): 운(云)은 유(有)와 같다.

功皆未至,
공 개 미 지

그 효과가 모두 나타나지 않았거늘

子何獨自是而非我哉?"
자 하 독 자 시 이 비 아 재

선생께서는 어째서 자신은 옳다고 하고 나는 틀리다고 하시는 것입니까?"

子墨子曰:
자 묵 자 왈

묵자께서 말씀하셨다.

"今有燎[18]者於此,
금 유 료 자 어 차

"지금 만약 어떤 사람이 여기서 불을 질렀는데

一人奉水將灌之,
일 인 봉 수 장 관 지

한 사람은 물을 들고 와서 그것을 끄려 하고

一人摻[19]火將益之,
일 인 삼 화 장 익 지

한 사람은 불을 들고 와서 불길을 더 세게 만든다면,

功皆未至,
공 개 미 지

그 효과는 아직 나타나지 않았지만

子何貴於二人?"
자 하 귀 어 이 인

그대는 이 두 사람 중에 누구를 더 귀하게 여기겠습니까?"

巫馬子曰:
무 마 자 왈

무마자가 말했다.

"我是彼奉水者之意,
아 시 피 봉 수 자 지 의

"저는 물을 들고 와 불을 끄려 하려는 사람의 생각이 옳다고 여기고,

而非夫摻火者之意."
이 비 부 삼 화 자 지 의

불을 더 세게 하려는 사람의 뜻은 그르다고 여길 것입니다."

子墨子曰:
자 묵 자 왈

묵자께서 말씀하셨다.

"吾亦是吾意,
오 역 시 오 의

"나 또한 나의 뜻이 옳다고 여기며

而非子之意也."
이 비 자 지 의 야

그대의 뜻이 그르다고 여깁니다."

---

18 요(燎): 불을 지른다는 뜻.

19 삼(摻): 삼(摻)은 조(操)와 같다. 즉, '붙잡는다'는 뜻이다.

子墨子游荊[20]耕柱子於楚.
자 묵 자 유 형 경 주 자 어 초

묵자께서 경주자를 추천하시어
경주자는 초나라로 가서 관리가
되었다.

二三子[21]過之,
이 삼 자 과 지

몇 명의 제자들이 경주자를
방문했더니,

食之三升,
식 지 삼 승

한 끼에 세 되의 밥을 지어 줄 뿐이고,

客之不厚.
객 지 불 후

손님 대접이 그리 융숭하지 않았다.

二三子復於子墨子曰:
이 삼 자 복 어 자 묵 자 왈

제자들은 되돌아와 묵자께
말씀드렸다.

"耕柱子處楚無益矣.
경 주 자 처 초 무 익 의

"경주자가 초나라에서 관리가 된 것은
우리들에게 어떤 도움도 되지
않습니다.

二三子過之,
이 삼 자 과 지

우리가 경주자를 방문했더니,

食之三升,
식 지 삼 승

그는 고작 한 끼에 세 되씩의 밥을 지어
주었을 뿐,

客之不厚."
객 지 불 후

손님 대접이 그리 융숭하지
않았습니다."

子墨子曰:
자 묵 자 왈

묵자께서 말씀하셨다.

"未可智也."
미 가 지 야

"아직은 알 수 없는 일이다."

毋幾何[22]而遺十金於子墨子,
무 기 하   이 유 십 금 어 자 묵 자

얼마 후에 경주자가 묵자께

---

20 유형(游荊): 유(游)는 다른 사람을 추천하여 관리가 되게 하는 것. 형(荊)은 잘못 끼어든 글자
   인 것 같다.
21 이삼자(二三子): 경주자와 함께 공부했던 묵자의 제자들로 추정된다.
22 무기하(毋幾何): 무(毋)는 무(無)와 같다. '얼마 지나지 않아서'의 뜻.

십 금(十金)의 돈을 보내면서

曰:
왈

말했다.

"後生不敢死[23].
후 생 불 감 사

"제자가 잘못했습니다.

有十金於此,
유 십 금 어 차

십 금의 돈이 여기 있으니

原夫子之用也."
원 부 자 지 용 야

선생님께서 사용하십시오."

子墨子曰:
자 묵 자 왈

묵자께서 말씀하셨다.

"果未可智也."
과 미 가 지 야

"과연 알 수 없는 일이구나."

巫馬子謂子墨子曰:
무 마 자 위 자 묵 자 왈

무마자가 묵자께 말씀드렸다.

"子之爲義也,
자 지 위 의 야

"선생님께서 의로움을 실행한다고
하셔도

人不見而耶[24],
인 불 견 이 야

사람들이 선생님을 따르게 할 수
없으며,

鬼不見而富[25].
귀 불 견 이 부

귀신이 선생님께 복을 내리는 것도
아닙니다.

而子爲之,
이 자 위 지

그럼에도 선생님은 의로움을
실행하시니

有狂疾!"
유 광 질

정신병이 있는 것 같습니다!"

子墨子曰:
자 묵 자 왈

묵자께서 말씀하셨다.

---

23 불감사(不敢死): '죽을죄를 지었습니다'와 비슷한 뜻이며 겸양사이다.

24 이야(而耶): 이(而)는 '그대'라는 뜻의 이(你)와 같다. 야(耶)는 복(服) 자의 착오로 생각된다.

25 이부(而富): 이(而)는 '그대'라는 뜻의 이(你)와 같다. 부(富)는 복(福) 자와 통하는 글자이며,
'귀신이 복을 내린다(降福)'는 의미이다.

"今使子有二臣[26]於此.
금 사 자 유 이 신 　 어 차

"지금 그대의 두 신하가 여기에 있다고
합시다.

其一人者見子從事,
기 일 인 자 견 자 종 사

그중 한 사람은 그대가 보면 일을 하고

不見子則不從事;
불 견 자 즉 부 종 사

그대가 보지 않으면 일을 하지
않습니다.

其一人者見子從事,
기 일 인 자 견 자 종 사

다른 한 사람은 그대가 보아도 일을
하고

不見子亦從事,
불 견 자 역 종 사

그대가 보지 않아도 일을 한다면,

子誰貴於此二人?"
자 수 귀 어 차 이 인

그대는 이 두 사람 중에서 누구를 더
귀하게 여기겠습니까?"

巫馬子曰:
무 마 자 왈

무마자가 말했다.

"我貴其見我亦從事,
아 귀 기 견 아 역 종 사

"저는 제가 볼 때도 일을 하고

不見我亦從事者."
불 견 아 역 종 사 자

제가 보지 않을 때도 일을 하는 사람을
귀하게 여깁니다."

子墨子曰:
자 묵 자 왈

묵자께서 말씀하셨다.

"然則,
연 즉

"만일 그렇다면

是子亦貴有狂疾也."
시 자 역 귀 유 광 질 아

그대도 역시 정신병이 있는 것을
귀하게 여기는 것이오."

子夏之徒問於子墨子曰:
자 하 지 도 문 어 자 묵 자 왈

자하의 제자들이 묵자께 여쭈었다.

"君子有鬥乎?"
군 자 유 투 호

"군자도 싸우는 일이 있습니까?"

---

26 신(臣): '가신(家臣)'의 뜻이다.

子墨子曰:
자 묵 자 왈

묵자께서 말씀하셨다.

"君子無鬪."
군 자 무 투

"군자는 싸우는 일이 없습니다."

子夏之徒曰:
자 하 지 도 왈

자하의 제자들이 말했다.

"狗豨猶有鬪,
구 희 유 유 투

"개와 돼지도 도리어 싸우는 일이
있거늘

惡有士而無鬪矣?"
오 유 사 이 무 투 의

어찌 선비라고 해서 싸우는 일이
없겠습니까?"

子墨子曰:
자 묵 자 왈

묵자께서 말씀하셨다.

"傷矣哉!
상 의 재

"슬프구나!

言則稱于湯·文,
언 즉 칭 우 탕 문

말만 꺼내면 은의 탕왕과 주의 문왕을
찬양하면서

行則譬於狗豨[27],
행 즉 비 어 구 희

실천하는 것은 개와 돼지에
비유하다니,

傷矣哉!"
상 의 재

슬프도다!"

巫馬子謂子墨子曰:
무 마 자 위 자 묵 자 왈

무마자가 묵자께 말씀드렸다.

"舍今之人而譽先王,
사 금 지 인 이 예 선 왕

"현 시대의 사람을 내버리고 선왕들을
칭찬하는 것은

是譽槁骨也.
시 예 고 골 야

말라 버린 뼈를 칭찬하는 것과
같습니다.

---

27 희(豨): 저(豬) 자와 같다. 『방언(方言)』에서 "남초 지방에서는 저를 희로 부른다(南楚稱豬爲
豨)"라고 하였다.

譬若匠人然,
비 약 장 인 연

비유하면 목수가

智槁木也,
지 고 목 야

죽어 버린 나무만을 알고

而不智生木."
이 부 지 생 목

살아 있는 나무는 알지 못하는 것과
같습니다."

子墨子曰:
자 묵 자 왈

묵자께서 말씀하셨다.

"天下之所以生者,
천 하 지 소 이 생 자

"천하 모든 사람이 살아갈 수 있는
까닭은

以先王之道敎也.
이 선 왕 지 도 교 야

선왕의 도로써 가르쳤기 때문입니다.

今譽先王,
금 예 선 왕

이제 선왕을 칭찬하는 것은

是譽天下之所以生也.
시 예 천 하 지 소 이 생 야

천하 모든 사람이 살아갈 수 있는
근거를 칭찬하는 것입니다.

可譽而不譽,
가 예 이 불 예

칭찬해야 할 때에 칭찬하지 않는 것은

非仁也."
비 인 야

어질지 않은 행동입니다."

子墨子曰:
자 묵 자 왈

묵자께서 말씀하셨다.

"和氏之璧²⁸·隋侯之珠²⁹·三棘六異³⁰,
화 씨 지 벽   수 후 지 주   삼 극 육 이

"화씨의 구슬, 수후의 보배, 하·은·주
세 나라에 전해진 구정(九鼎),

---

28 화씨지벽(和氏之璧): 『한비자』 「화씨편(和氏篇)」의 고사. 초(楚)나라의 변화(卞和)가 초산
(楚山)에서 얻은 옥돌(玉)을 초나라의 여왕(厲王)과 무왕(武王)에게 바쳤지만, 두 임금은 옥
돌을 알아보지 못해 각기 변화의 왼쪽 발꿈치와 오른쪽 발꿈치를 자르도록 하였다. 초나라 문
왕(文王)에 이르러, 변화가 옥돌을 안고 초산 아래에서 사흘 밤낮을 통곡하였더니, 문왕이 마
침내 옥돌의 진가를 알게 되었다고 한다. 곧 귀중한 보배라는 뜻.

此諸侯之所謂良寶也.
차 제 후 지 소 위 량 보 야

이런 것들은 제후들이 말하는 진정한
보배입니다.

可以富國家,
가 이 부 국 가

그러나 이 보배들로 나라를 부유하게
하고

衆人民,
중 인 민

백성들을 늘리며

治刑政,
치 형 정

형벌과 정치를 다스리고

安社稷乎?
안 사 직 호

사직을 편안하게 할 수 있겠습니까?

曰,
왈

그 대답은

不可.
불 가

할 수 없다는 것입니다.

所謂貴良寶者,
소 위 귀 량 보 자

이른바 진정한 보배가 귀한 까닭은

爲其可以利也.
위 기 가 이 리 야

사람들을 위해 이롭게 할 수 있기
때문입니다.

而和氏之璧·隋侯之珠·三棘六異,
이 화 씨 지 벽　수 후 지 주　삼 극 육 이

그러나 화씨의 구슬, 수후의 보배,
하·은·주에 전해진 구정 등은

不可以利人,
불 가 이 리 인

사람들을 이롭게 할 수 없으므로

是非天下之良寶也.
시 비 천 하 지 량 보 야

천하의 진정한 보배가 아닙니다.

今用義爲政於國家,
금 용 의 위 정 어 국 가

이제 '의로움'을 운용하여 나라를

29　수후지주(隋侯之珠): 『회남자』 「남명훈(覽冥訓)」의 고사. 한동(漢東)의 제후였던 수후(隋侯)가 상처 입은 큰 뱀의 상처를 치료해 주었다. 나중에 그 뱀이 야광주를 물어서 갖다 주어 수후의 은혜에 보답했다고 한다. 화씨지벽과 마찬가지로 귀중한 보배라는 뜻.

30　삼극육이(三棘六異): 손이양은 극(棘)은 핵(翮)의 오기이며, 이(異)는 익(翼)의 오기라고 하였다. 또 익(翼)은 손잡이[耳]를 뜻하므로 삼핵육익(三翮六翼)이란 여섯 개의 손잡이를 가지고 있는 청동 솥을 의미하는 것으로 곧 구정(九鼎)을 말하는데, 이것은 바로 왕권의 상징이다.

다스린다면,

人民必衆,
<small>인 민 필 중</small>

백성들은 반드시 늘어나고

刑政必治,
<small>형 정 필 치</small>

형벌과 정치가 다스려지며

社稷必安.
<small>사 직 필 안</small>

사직도 반드시 안정될 것입니다.

所爲貴良寶者,
<small>소 위 귀 량 보 자</small>

진정한 보배가 귀중한 까닭은

可以利民也.
<small>가 이 리 민 야</small>

백성들을 이롭게 할 수 있기
때문입니다.

而義可以利人.
<small>이 의 가 이 리 인</small>

그러니 의로움은 사람들을 이롭게 할
수 있습니다.

故曰:
<small>고 왈</small>

이 때문에 말합니다.

義,
<small>의</small>

의로움은

天下之良寶也."
<small>천 하 지 량 보 야</small>

천하의 진정한 보배입니다."

葉公子高[31]問政於仲尼曰:
<small>섭 공 자 고 문 정 어 중 니 왈</small>

섭공 자고가 정치에 대해 공자에게
물었다.

"善爲政者若之何?"
<small>선 위 정 자 약 지 하</small>

"정치를 잘하는 것은 어떻게 하는
것입니까?"

仲尼對曰:
<small>중 니 대 왈</small>

공자가 대답했다.

"善爲政者,
<small>선 위 정 자</small>

"정치를 잘한다는 것은

遠者近之,
<small>원 자 근 지</small>

관계가 멀었던 사람은 가까이하고

---

31 섭공자고(葉公子高): 춘추시대 초(楚)나라의 대부. 이름은 제량(諸梁), 섭(葉) 지방을 식읍으
로 가지고 있었기 때문에 섭공이라고 불렀다.

而舊者新之."
이 구 자 신 지

오랫동안 알던 사람은 새로 뽑은
신하처럼 대우하는 것입니다."

子墨子聞之曰:
자 묵 자 문 지 왈

묵자께서 그 이야기를 듣고
말씀하셨다.

"葉公子高未得其問也,
섭 공 자 고 미 득 기 문 야

"섭공 자고는 응당 물어야 할 질문을
하지 못했으며

仲尼亦未得其所以對也.
중 니 역 미 득 기 소 이 대 야

공자 역시 그 대답해야 할 요령을 얻지
못했다.

葉公子高豈不知善爲政者之遠者近也[32],
섭 공 자 고 기 부 지 선 위 정 자 지 원 자 근 야

정치를 잘하는 방법이 관계가 먼
사람은 가까이하고

而舊者新是[33]哉?
이 구 자 신 시 재

오랫동안 알던 사람은 새로 뽑은
신하처럼 대우해야 함을 섭공 자고가
어찌 몰랐겠는가?

問所以爲之若之何也,
문 소 이 위 지 약 지 하 야

섭공 자고가 물어야 했던 것은 어떻게
해야 그렇게 되는가인데,

不以人之所不智告人,
불 이 인 지 소 부 지 고 인

공자는 섭공 자고가 알지 못했던 것을
알려 주지 못하고

以所智告之.
이 소 지 고 지

오히려 섭공 자고가 이미 알고 있는
것을 알려 주었다.

故葉公子高未得其問也,
고 섭 공 자 고 미 득 기 문 야

이 때문에 섭공 자고는 응당 물어야 할
질문을 하지 못했고

---

32 야(也): 앞 구절의 부지선위정자지(不知善爲政者之)라는 구절을 살펴본다면, 지(之) 자가
   되어야 할 것으로 생각된다.

33 시(是): 앞 구절의 뜻을 감안하면, 지(之) 자가 되어야 할 것으로 생각된다.

仲尼亦未得其所以對也."
중 니 역 미 득 기 소 이 대 야

공자도 응당 대답해야 할 답을 해 주지
못한 것이다."

子墨子謂魯陽文君[34]曰:
자 묵 자 위 노 양 문 군 왈

묵자께서 노양문군에게 말씀하셨다.

"大國之攻小國,
대 국 지 공 소 국

"큰 나라가 작은 나라를 공격하는
것은

譬猶童子之爲馬也.
비 유 동 자 지 위 마 야

비유하면 마치 어린이가 말놀이를
하는 것과 같습니다.

童子之爲馬,
동 자 지 위 마

아이가 말을 타게 되면,

足用而勞.[35]
족 용 이 로

발을 쓰게 되어 매우 피로할 것입니다.

今大國之攻小國也,
금 대 국 지 공 소 국 야

이제 만일 큰 나라가 작은 나라를
공격한다면,

攻者農夫不得耕,
공 자 농 부 부 득 경

공격을 당한 나라의 농부는 농사를
지을 수 없고

婦人不得織,
부 인 부 득 직

여자들은 길쌈 일을 하지 못하게 되니,

以守爲事;
이 수 위 사

나라를 지키는 일이 각자의 일이
됩니다.

攻人者,
공 인 자

남의 나라를 공격한 나라에서도

亦農夫不得耕,
역 농 부 부 득 경

농부는 경작을 할 수 없게 되고

婦人不得織,
부 인 부 득 직

여자들은 길쌈 일을 할 수 없게 되니,

---

34 노양문군(魯陽文君): 곧 노양공(魯陽公)이며, 춘추시대 초평왕(楚平王)의 손자이다.

35 족용이로(足用而勞): 필원은 그 발을 스스로 피로하게 한다고 하였다.

以攻爲事.
이 공 위 사

남의 나라를 공격하는 일이 각자의
일이 됩니다.

故大國之攻小國也,
고 대 국 지 공 소 국 야

그러므로 큰 나라가 작은 나라를
공격하는 것은

譬猶童子之爲馬也."
비 유 동 자 지 위 마 야

비유하면 마치 어린아이들이 말놀이를
하는 것과 같습니다."

子墨子曰:
자 묵 자 왈

묵자께서 말씀하셨다.

"言足以復行者,
언 족 이 부 행 자

"말한 것을 충분히 실행할 수 있는
사람이라면,

常之;
상 지

늘 말을 해도 된다.

不足以擧行者,
부 족 이 거 행 자

말한 것을 충분히 실행할 수 없는
사람이라면,

勿常;
물 상

늘 말을 해서는 안 된다.

不足以擧行而常之,
부 족 이 거 행 이 상 지

말한 것을 충분히 실행할 수 없는데도
늘 말을 한다면,

是蕩口³⁶也."
시 탕 구 야

이것은 쓸데없는 말일 뿐이다."

子墨子使管黔游游高石子³⁷於衛,
자 묵 자 사 관 금 오 유 고 석 자 어 위

묵자께서 관금오에게 고석자를

---

36 탕구(蕩口): 쓸데없는 말을 하여 입만 아픔. 즉, 쓸데없는 말.
37 관금오유고석자(管黔游游高石子): 오(游)는 응당 오(敖)로 되어야 한다. 유(游)는 다른 사람
   의 추천으로 관리가 되는 것이다. 관금오와 고석자는 모두 묵자의 제자이다.

위나라에 추천하도록 하시어
위나라에서 관리가 되도록 하셨더니,

衛君致祿甚厚,
_{위 군 치 록 심 후}

위나라 왕은 고석자에게 높은 녹봉을
주었을 뿐만 아니라

設之於卿.
_{설 지 어 경}

경(卿)의 자리에 있도록 했다.

高石子三朝必盡言,
_{고 석 자 삼 조 필 진 언}

고석자는 세 번씩이나 조정에 가서
자기 의견을 말했지만,

而言無行者.
_{이 언 무 행 자}

그의 의견은 실행되지 않았다.

去而之齊,
_{거 이 지 제}

고석자는 위나라를 떠나 제나라로
갔다.

見子墨子曰:
_{견 자 묵 자 왈}

고석자는 묵자를 만나 뵙고
말씀드렸다.

"衛君以夫子之故,
_{위 군 이 부 자 지 고}

"위나라 왕이 선생님 덕분에

致祿甚厚,
_{치 록 심 후}

저에게 높은 녹봉을 주면서

設我於卿.
_{설 아 어 경}

경의 벼슬에 있도록 했습니다.

石三朝必盡言,
_{석 삼 조 필 진 언}

저는 세 번씩이나 조정에 가서 의견을
올렸는데,

而言無行.
_{이 언 무 행}

제 의견이 실행되지 않았습니다.

是以去之也.
_{시 이 거 지 야}

그래서 저는 위나라를 떠났습니다.

衛君無乃以石爲狂乎?"
_{위 군 무 내 이 석 위 광 호}

위나라 왕이 혹 저를 미쳤다고
생각하지 않겠습니까?"

子墨子曰:
_{자 묵 자 왈}

묵자께서 말씀하셨다.

"去之苟道,
_{거 지 구 도}

"위나라를 떠난 일이 진정으로 도리에 맞는다면

受狂何傷!
_{수 광 하 상}

미쳤다는 말을 듣더라도 무엇이 근심이겠는가!

古者周公旦非關叔[38],
_{고 자 주 공 단 비 관 숙}

옛날에 관숙이 주공단을 비난하자

辭三公,
_{사 삼 공}

주공단은 삼공의 지위를 사직하고

東處于商蓋[39].
_{동 처 우 상 개}

동쪽 상엄으로 은거했다.

人皆謂之狂.
_{인 개 위 지 광}

사람들은 모두 주공단이 미쳤다고 했다.

後世稱其德,
_{후 세 칭 기 덕}

그런데 후세 사람들은 지금까지 그의 은덕을 칭송하고

揚其名,
_{양 기 명}

그의 이름을 드높이면서

至今不息.
_{지 금 불 식}

지금에 이르기까지 칭송이 그치지 않는다.

且翟聞之:
_{차 적 문 지}

또 내가 들으니,

爲義非避毀就譽.
_{위 의 비 피 훼 취 예}

의로움을 실천하는 것은 명성의 훼손을 피해 칭찬만 구하는 것이 아니라고 한다.

去之苟道,
_{거 지 구 도}

위나라 왕을 떠나는 것이 도리에 합당하다면

---

38 관숙(關叔): 필원은 관(關)은 관(管)의 가차자이니 주공의 형제였던 '관숙(管叔)'을 말한다고 하였다.

39 상개(商蓋): 상엄(商奄). 고대의 나라 이름으로 그 소재지는 현재의 산동성 곡부시(曲阜市) 부근에 있었다.

受狂何傷!"
수 광 하 상

미쳤다는 말을 듣더라도 무슨 근심이
되겠는가!"

高石子曰:
고 석 자 왈

고석자가 말하였다.

"石去之,
석 거 지

"제가 위나라 왕을 떠난 일을

焉敢不道也?
언 감 부 도 야

어찌 감히 선생님께 알리지 않을 수
있겠습니까?

昔者,
석 자

예전에

夫子有言曰,
부 자 유 언 왈

선생님께서 말씀하시길,

'天下無道,
천 하 무 도

'천하에 도가 없으면,

仁士不處厚焉.'
인 사 불 처 후 언

어진 선비는 높이 대우받으려 하지
않는다'라고 하셨습니다.

今衛君無道,
금 위 군 무 도

지금 위나라 왕이 도가 없는데

而貪其祿爵,
이 탐 기 록 작

만약 그저 녹봉과 작위를 탐낸다면

則是我爲苟陷人長⁴⁰也."
즉 시 아 위 구 함 인 장 야

그것은 공연히 하는 일 없이 남의 밥을
먹는 것입니다."

子墨子說,
자 묵 자 열

묵자는 기뻐서

而召子禽子曰:
이 소 자 금 자 왈

자금자를 불러 말씀하셨다.

"姑聽此乎!
고 청 차 호

"잠시 이 말을 들어 보게!

夫倍義而鄕⁴¹祿者,
부 배 의 이 향 록 자

의로움을 저버리고 작록을 좇는 일은,

---

40 함인장(陷人長): 함(陷)은 담(啗) 자의 오기로 추정된다. 담(啗)은 음식을 먹는 것이다. 장(長)
    은 장(粻) 자의 생략형으로 '양식'의 뜻.
41 향(鄕): 향(鄕)은 향(向) 자와 통한다.

我常聞之矣;
아 상 문 지 의

늘 들었다네.

倍⁴²祿而鄉義者,
배 록 이 향 의 자

작록을 내버리고 의로움을 좇는 일은

於高石子焉見之也."
어 고 석 자 언 견 지 야

고석자에게서 보았네."

子墨子曰:
자 묵 자 왈

묵자께서 말씀하셨다.

"世俗之君子,
세 속 지 군 자

"세상의 군자라는 자들은

貧而謂之富則怒,
빈 이 위 지 부 즉 로

가난한데 그를 부유하다고 말하면
성을 내고

無義而謂之有義則喜,
무 의 이 위 지 유 의 즉 희

또 의롭지 않은데도 의롭다고 하면
기뻐하니,

豈不悖哉!"
기 불 패 재

어찌 어긋난 것이 아니랴!"

公孟子⁴³曰:
공 맹 자 왈

공맹자가 말했다.

"先人有則三而已矣."
선 인 유 칙 삼 이 이 의

"옛사람이 법칙으로 삼을 만한 것은
세 가지가 있을 따름이라고 했습니다."

子墨子曰:
자 묵 자 왈

묵자께서 말씀하셨다.

"孰先人而曰有則三而已矣?
숙 선 인 이 왈 유 칙 삼 이 이 의

"어떤 옛사람이 법칙으로 삼을 만한
것에는 세 가지가 있을 따름이라고
했습니까?

子未智人之先有."
자 미 지 인 지 선 유

그대는 그 옛사람보다 앞선 누군가가

---

42 배(倍): 배(倍)는 배(背) 자와 통한다.

43 공맹자(公孟子): 묵자와 서로 토론을 하던 인물로 유가 계열의 학자로 추측된다.

있었음을 모르고 있습니다."

後生有反⁴⁴子墨子而反⁴⁵者⁴⁶.
후 생 유 반   자 묵 자 이 반   자

묵자의 제자 중에서 묵자를
배반했다가 다시 되돌아온 자가
말했다.

"我豈有罪哉?
아 기 유 죄 재

"내가 어찌 죄가 있다고 하겠습니까?

吾反後."
오 반 후

나는 조금 늦게 되돌아온 것뿐입니다."

子墨子曰:
자 묵 자 왈

묵자께서 말씀하셨다.

"是猶三軍北,
시 유 삼 군 배

"이 말은 삼군(三軍)이 패전했는데

失後之人求賞也."
실 후 지 인 구 상 야

뒤로 낙오한 병사가 상을 달라고 하는
것과 같은 일이다."

公孟子曰:
공 맹 자 왈

공맹자가 말했다.

"君子不作,
군 자 부 작

"군자는 글을 새로 짓지 않고

術⁴⁷而已."
술   이 이

옛것을 서술할 따름입니다."

子墨子曰:
자 묵 자 왈

묵자께서 말씀하셨다.

"不然.
불 연

"그렇지 않습니다.

---

44 반(反): '배반하다'는 뜻이다.
45 반(反): 반(返) 자와 같다. '되돌아오다'의 뜻.
46 자(者): 자(者) 자 다음에 왈(曰) 자가 빠진 것으로 추정된다.
47 술(術): 술(術) 자는 응당 술(述) 자가 되어야 한다. 『논어』에 나오는 '옛것을 서술하였으나 창
   작하지는 않았다(술이부작(述而不作)〕'는 구절과 같은 의미로 보아야 할 것이다. 이하 주이부
   작(誅而不作)도 술이부작(述而不作)의 오기로 추정된다.

人之其⁴⁸不君子者,
인 지 기 불 군 자 자

사람들 중에서 지극히 군자답지 않은 이들은

古之善者不誅⁴⁹,
고 지 선 자 부 주

옛날의 훌륭한 말씀을 서술하지도 않고

今也善者不作.
금 야 선 자 부 작

또 지금의 훌륭한 말도 짓지 않습니다.

其次不君子者,
기 차 불 군 자 자

그다음으로 군자답지 않은 이들은

古之善者不遂⁵⁰,
고 지 선 자 불 수

옛날의 훌륭한 말씀을 서술하지 않았으나

己有善則作之,
기 유 선 즉 작 지

자신에게 훌륭한 말이 있으면 글을 지었는데,

欲善之自己出也.
욕 선 지 자 기 출 야

훌륭한 말이 자기에게서 나오기를 원했기 때문입니다.

今誅而不作,
금 주 이 부 작

지금 옛것을 서술만 하고 창작을 하지 않는다는 말은

是無所異於不好遂而作者矣.
시 무 소 이 어 불 호 수 이 작 자 의

저 서술하는 것도 글을 짓는 것도 좋아하지 않는 무리와 다를 바가 없습니다.

吾以爲古之善者則誅之,
오 이 위 고 지 선 자 즉 주 지

나는 옛날의 훌륭한 말씀은 서술해야 하고

今之善者則作之.
금 지 선 자 즉 작 지

지금의 훌륭한 말씀은 지어야 한다고 여깁니다.

---

48 기(其): 우성오(于省吾)는 기(惎) 자의 생략형 글자로 보았다. 기(惎)는 '지극하다'의 뜻이다.
49 주(誅): 응당 술(述) 자가 되어야 한다.
50 수(遂): 응당 술(述) 자가 되어야 한다.

欲善之益多也."
욕 선 지 익 다 야

"훌륭한 말은 많을수록 좋은 것입니다."

巫馬子謂子墨子曰:
무 마 자 위 자 묵 자 왈

무마자가 묵자께 말씀드렸다.

"我與子異,
아 여 자 이

"제가 선생님과 다른 점은,

我不能兼愛.
아 불 능 겸 애

저는 모든 사람을 두루 사랑할 수
없다는 점입니다.

我愛鄒人於越人,
아 애 추 인 어 월 인

저는 월나라 사람보다 추나라 사람을
더 사랑하며

愛魯人於鄒人.
애 로 인 어 추 인

추나라 사람보다 노나라 사람을 더
사랑합니다.

愛我鄉人於魯人,
애 아 향 인 어 로 인

노나라 사람보다 제 고향 사람을 더
사랑하며

愛我家人於鄉人.
애 아 가 인 어 향 인

제 고향 사람보다 저희 집안사람들을
더 사랑합니다.

愛我親於我家人,
애 아 친 어 아 가 인

저희 집안사람들보다 내 부모님을 더
사랑하며

愛我身於吾親,
애 아 신 어 오 친

제 부모님보다 저 자신을 더
사랑하는데

以爲近我也.
이 위 근 아 야

왜냐하면 저와 가깝기 때문입니다.

擊我則疾[51],
격 아 즉 질

다른 사람이 저를 때리면 아프지만

擊彼則不疾於我.
격 피 즉 부 질 어 아

제가 다른 사람을 때리면 저는 아프지
않습니다.

---

51 질(疾): 통(痛)과 통하는 글자로, '아픔을 느낀다'는 뜻.

我何故疾者之不拂[52],
아 하 고 질 자 지 불 불

제가 어째서 아파하는 다른 사람을
치지 않고

而不疾者之拂?
이 부 질 자 지 불

아프지 않는 저를 치겠습니까?

故有我有殺彼以我,
고 유 아 유 살 피 이 아

이러한 까닭에 제가 다른 사람을
죽이는 것이 저를 위하는 일일지언정

無殺我以利."
무 살 아 이 리

저를 죽여서는 다른 사람에게
이로움이 없는 것입니다."

子墨子曰:
자 묵 자 왈

묵자께서 말씀하셨다.

"子之義將匿邪,
자 지 의 장 닉 야

"그대의 이런 생각을 장차 숨길
것입니까,

意[53]將以告人乎?"
억 장 이 고 인 호

아니면 이런 생각을 다른 사람에게
알릴 것입니까?"

巫馬子曰:
무 마 자 왈

무마자가 말했다.

我何故匿我義?
아 하 고 닉 아 의

"제가 무엇 때문에 제 생각을
숨기겠습니까?

吾將以告人."
오 장 이 고 인

저는 장차 다른 사람에게 알릴
것입니다."

子墨子曰:
자 묵 자 왈

묵자께서 말씀하셨다.

"然則,
연 즉

"그렇다면,

一人說子,
일 인 열 자

만약 한 사람이 그대의 주장을
좋아한다면,

---

52 불(拂): 『설문해자』에서는 '때리다[過擊也]'라고 하였다.
53 억(意): 억(抑)과 통하는데, 선택을 나타내는 접속사이다.

一人欲殺子以利己;
일 인 욕 살 자 이 리 기

그 한 사람은 그대를 죽여서 자신을
이롭게 하려 할 것입니다.

十人說子,
십 인 열 자

만약 열 사람이 그대의 주장을
좋아한다면,

十人欲殺子以利己;
십 인 욕 살 자 이 리 기

그들 모두가 그대를 죽여 자신을
이롭게 하려고 할 것입니다.

天下說子,
천 하 열 자

만약 천하의 사람들이 그대의 주장을
좋아한다면,

天下欲殺子以利己.
천 하 욕 살 자 이 리 기

천하의 사람들이 그대를 죽여 자신을
이롭게 하려 할 것입니다.

一人不說子,
일 인 불 열 자

만약 한 사람이 그대의 주장을
좋아하지 않으면,

一人欲殺子.
일 인 욕 살 자

그 한 사람은 그대를 죽이려고 할
것입니다.

以子爲施不祥言者也;
이 자 위 시 불 상 언 자 야

왜냐하면 그대가 불길한 말을
퍼뜨린다고 여기기 때문입니다.

十人不說子,
십 인 불 열 자

만약 열 사람이 그대의 주장을
좋아하지 않으면,

十人欲殺子.
십 인 욕 살 자

그 열 사람은 그대를 죽이려 할
것입니다.

以子爲施不祥言者也;
이 자 위 시 불 상 언 자 야

왜냐하면 그대가 불길한 말을
퍼뜨린다고 여기기 때문입니다.

天下不說子,
천 하 불 열 자

만약 천하의 사람들이 그대의 주장을
좋아하지 않으면,

天下欲殺子.
천하욕살자

그들은 그대를 죽이려 할 것입니다.

以子爲施不祥言者也.
이 자 위 시 불 상 언 자 야

왜냐하면 그대가 불길한 말을
퍼뜨린다고 여기기 때문입니다.

說子亦欲殺子,
열 자 역 욕 살 자

사람들이 그대의 주장을 좋아해도
그대를 죽이려 할 것이고

不說子亦欲殺子,
불 열 자 역 욕 살 자

그대의 주장을 좋아하지 않아도
그대를 죽이려 할 것이니,

是所謂經[54]者口也,
시 소 위 경 자 구 야

이것이 이른바 사람을 죽이는 것은
입이라는 것으로

殺常之[55]身者也."
살 상 지 신 자 야

항상 자신을 죽음에 이르게 할
것입니다."

子墨子曰:
자 묵 자 왈

묵자께서 말씀하셨다.

子之言惡利也?
자 지 언 오 리 야

"그대의 주장에 어떠한 이로움이
있습니까?

若無所利而不[56]言,
약 무 소 리 이 불 언

만약 이롭지 않는데도 말을 한다면,

是蕩口也."
시 탕 구 야

쓸데없는 말일 뿐입니다."

子墨子謂魯陽文君曰:
자 묵 자 위 노 양 문 군 왈

묵자께서 노나라 양문군에게
말씀하셨다.

"今有一人於此,
금 유 일 인 어 차

"지금 여기에 어떤 사람이 있고

---

54 경(經): 경(剄)과 통하는 글자로 '목을 베다'의 뜻.

55 지(之): '이르다'의 뜻.

56 불(不): 불필요하게 삽입된 글자로, 삭제해야만 뜻이 통한다.

羊牛犓豢[57],　　　　　양과 소 등의 가축이 있는데,
양 우 추 환

維人[58]但割[59]而和[60]之,　요리사가 그 가죽을 벗기고 요리를
유 인 단 할 이 화 지　　　하여

食之不可勝食也.　　　그것을 먹는데 다 못 먹을 정도로
식 지 불 가 승 식 야　　　많다고 합시다.

見人之作餅,　　　　　그가 다른 사람이 떡을 만드는 것을
견 인 지 작 병　　　　　보고

則還[61]然竊之,　　　　놀라서 보며 그것을 가질 생각을 하며
즉 환 연 절 지

曰: '舍余食',　　　　　'내게도 떡을 먹게 해 주시오'라고
왈　사 여 식　　　　　했다면,

不知日月[62]安不足乎?　그가 맛있는 것을 충분히 먹지 못한
부 지 일 월 안 부 족 호　것일까요?

其有竊疾乎?"　　　　　아니면 그가 남의 것을 가지려는 병이
기 유 절 질 호　　　　　있는 걸까요?"

魯陽文君曰:　　　　　노나라 양문군이 말했다.
노 양 문 군 왈

"有竊疾也."　　　　　"남의 것을 가지려는 병이 있는
유 절 질 야　　　　　것입니다."

子墨子曰:　　　　　　묵자께서 말씀하셨다.
자 묵 자 왈

---

57 추환(犓豢): 추(犓)는 '소를 기르다', 환(豢)은 '가축을 기르다'의 뜻이다.

58 유인(維人): 옹인(饔人)의 오기로 추정된다. 옹인(饔人)은 '요리사'의 뜻.

59 단할(但割): 단(但)은 단(袒)의 오기로 추정되며, 단할(袒割)은 '고기의 가죽을 벗기고 고기를 자르다'의 뜻이다.

60 화(和): 화(和)는 여러 가지 재료를 넣고 조화시켜 요리를 만드는 것이다.

61 환(還): 환(䁦)과 통하는데, 경(䁦)은 '놀라서 보다'는 뜻이다.

62 일월(日月): 조요상은 응당 감비(甘肥)가 되어야 한다고 했다.

"楚四竟63之田,
초 사 경 지 전

"초나라의 사방 영토에 있는 논밭은

曠蕪而不可勝辟,
광 무 이 불 가 승 벽

광활하면서도 버려져 있어

諪靈64數千, 不可勝65.
호 령 수 천 불 가 승

이루 다 개척할 수 없을 정도로
많습니다.

見宋·鄭之閑邑66,
견 송 정 지 한 읍

그럼에도 초나라가 송나라와 정나라의
비어 있는 고을을 보고

則還然竊之,
즉 환 연 절 지

눈을 크게 뜨고 보면서 가지고 싶어
한다면,

此與彼異乎?"
차 여 피 이 호

이는 앞의 사례와 다를까요?"

魯陽文君曰:
노 양 문 군 왈

노나라 양문군이 말하였다.

"是猶彼也,
시 유 피 야

"이는 앞의 사례와 마찬가지이며

實有竊疾也."
실 유 절 질 야

진실로 남의 것을 훔치려는 병이 있는
것입니다."

子墨子曰:
자 묵 자 왈

묵자께서 말씀하셨다.

"季孫紹與孟伯常67治魯國之政,
계 손 소 여 맹 백 상 치 노 국 지 정

"계손소와 맹백상이 노나라의 정치를
함께 다스리면서

---

63 사경(四竟): 사경(四境)과 통하는 글자. 곧 '사방의 영토'를 의미함.

64 호령(諪靈): 손이양은 호허(呼虛)를 잘못 표기한 것이라고 한다. 곧 '넓고 큰 빈터'의 뜻.

65 승(勝): 필원은 승(勝) 자 다음에 용(用) 자가 부가되어야 한다고 보았다.

66 한읍(閑邑): 비어 있는 고을. 곧 더 개척의 여지가 있는 마을을 뜻함.

67 계손소여맹백상(季孫紹與孟伯常): 이생룡에 따르면 각각 노나라 계강자(季康子)와 맹무백
(孟武伯)의 후손일 가능성이 있다고 한다.

不能相信,
불 능 상 신

서로를 믿을 수 없어서

而祝於叢社[68],
이 축 어 총 사

숲속에 있는 사당에서 기도를 드리며

曰'苟使我和.'
왈 구 사 아 화

'진정 우리가 화목하게 해 주소서'라고
하였다.

是猶弇[69]其目,
시 유 엄 기 목

이는 마치 그 눈을 가리고

而祝於叢社也[70],
이 축 어 총 사 야

숲속의 사당에서 기도하면서

'若使我皆視.'
약 사 아 개 시

'진정으로 우리 모두 보게 해
주소서'라고 기도하는 것과 같다.

豈不繆哉!"
기 불 무 재

이 어찌 그릇된 것이 아니겠는가!"

子墨子謂駱滑氂[71]曰:
자 묵 자 위 락 골 리 왈

묵자께서 낙골리에게 말씀하셨다.

"吾聞子好勇."
오 문 자 호 용

"내가 듣건대 당신은 용맹을
좋아한다더군."

駱滑氂曰:
낙 골 리 왈

낙골리가 말했다.

"然.
연

"그렇습니다.

我聞其鄉有勇士焉,
아 문 기 향 유 용 사 언

저는 어떤 고을에 용사가 있다는 말을
들으면

吾必從而殺之."
오 필 종 이 살 지

반드시 가서 그를 죽입니다."

子墨子曰:
자 묵 자 왈

묵자께서 말씀하셨다.

---

68 총사(叢社): 총(叢)은 총(叢) 자와 같다. '숲속에 있는 사당'을 의미한다.
69 엄(弇): '가리다', '덮다'의 뜻.
70 야(也): 의미상으로 보아 왈(曰) 자가 되어야 한다.
71 낙골리(駱滑氂): 묵자의 제자로 매우 용맹했던 사람인 것 같다.

"天下莫不欲與⁷²其所好,
천 하 막 불 욕 여 기 소 호

度⁷³其所惡.
도 기 소 오

今子聞其鄉有勇士焉,
금 자 문 기 향 유 용 사 언

必從而殺之,
필 종 이 살 지

是非好勇也,
시 비 호 용 야

是惡勇也."
시 오 용 야

"천하에서 누구나 그가 좋아하는 바는 흥성시키고

그가 싫어하는 바는 없애지 않는 사람이 없다.

지금 그대가 어떤 고을에 용사가 있다는 말을 들으면

반드시 가서 그를 죽인다니,

이것은 용맹을 좋아하는 것이 아니라

용맹을 싫어하는 것이다."

---

72 여(與): 흥(興) 자의 오기로 생각된다.
73 도(度): 폐(廢) 자의 오기로 생각된다.

권 12

귀의 제47편
(貴義第四十七)

子墨子曰: _{자 묵 자 왈}	묵자께서 말씀하셨다.
"萬事莫貴於義. _{만 사 막 귀 어 의}	"온갖 일 중에서 의(義)보다 더 귀한 것은 없다.
今謂人曰: _{금 위 인 왈}	이제 누군가에게 말하기를,
'予子冠履, _{여 자 관 리}	'당신에게 갓과 신을 줄 것이니
而斷子之手足', _{이 단 자 지 수 족}	당신의 손과 발을 자르라'고 한다면,
子爲之乎? _{자 위 지 호}	당신은 그렇게 하겠는가?
必不爲, _{필 불 위}	반드시 그렇게 하지 않을 것이니,
何故? _{하 고}	무슨 까닭인가?
則冠履不若手足之貴也." _{즉 관 리 불 약 수 족 지 귀 야}	곧 갓과 신의 귀중함은 손과 발의 그것만 못하기 때문이다."
又曰, _{우 왈}	또 말씀하셨다.
"予子天下而殺子之身, _{여 자 천 하 이 살 자 지 신}	"내가 그대에게 천하를 줄 것이니 그대 스스로를 죽이라고 한다면

子爲之乎?
_{자 위 지 호}

당신은 그렇게 하겠는가?

必不爲,
_{필 불 위}

반드시 그렇게 하지 않을 것이니,

何故?
_{하 고}

무슨 까닭인가?

則天下不若身之貴也.
_{즉 천 하 불 약 신 지 귀 야}

곧 천하라는 것은 자기 몸의 귀중함만
못하기 때문이다.

爭一言以相殺,
_{쟁 일 언 이 상 살}

한마디 말을 놓고 다투다가 서로
죽이기도 하는 것은

是貴義於其身也.
_{시 귀 의 어 기 신 야}

의가 그 몸보다 귀중하기 때문이다.

故曰:
_{고 왈}

그래서 말한다.

萬事莫貴於義也."
_{만 사 막 귀 어 의 야}

온갖 일 중에서 의보다 더 귀한 것은
없다."

子墨子自魯卽[1]齊,
_{자 묵 자 자 로 즉 제}

묵자께서 노나라에서 제나라로 가시어

過故人.
_{과 고 인}

친구를 만났다.

謂子墨子曰:
_{위 자 묵 자 왈}

친구가 묵자께 말했다.

"今天下莫爲義,
_{금 천 하 막 위 의}

"지금 천하에는 의를 실행하는 이가
없고

子獨自苦而爲義,
_{자 독 자 고 이 위 의}

그대 홀로 스스로 힘들게 의를
실행하려고 하는데,

子不若已."
_{자 불 약 이}

자네는 그만두는 것이 낫겠네."

子墨子曰:
_{자 묵 자 왈}

묵자께서 말씀하셨다.

---

1 즉(卽): '가다', '이르다'의 뜻.

"今有人於此,
금 유 인 어 차

有子十人,
유 자 십 인

一人耕而九人處,
일 인 경 이 구 인 처

則耕者不可以不益急矣.
즉 경 자 불 가 이 불 익 급 의

何故?
하 고

則食者衆,
즉 식 자 중

而耕者寡也.
이 경 자 과 야

今天下莫爲義,
금 천 하 막 위 의

則子如²勸我者也,
즉 자 여 권 아 자 야

何故止我?"
하 고 지 아

子墨子南游於楚,
자 묵 자 남 유 어 초

見楚獻惠王,
견 초 헌 혜 왕

獻惠王以老辭³,
헌 혜 왕 이 로 사

"지금 어떤 사람이 여기에 있는데

열 명의 자식이 있다고 하자.

그중 한 사람이 농사를 짓고 나머지 아홉 명이 그저 놀고먹는다면,

농사짓는 아들은 더더욱 바쁘지 않을 수 없다네.

무슨 까닭인가?

곧 먹어야 할 사람은 많고

농사지을 사람은 적기 때문이라네.

지금 천하에는 의를 실행하는 이가 없으니

자네는 나에게 의를 권유해야 하거늘

무슨 까닭으로 나에게 그만두라고 하는가?"

묵자께서 남쪽 초나라로 여행을 가시어

초나라 혜왕을 알현하여 책을 바치고자 하셨다.

초나라 혜왕은 연로하다는 이유로

---

2   여(如): '응당', '마땅히'의 뜻.
3   현초헌혜왕, 헌혜왕이로사(見楚獻惠王, 獻惠王以老辭): 이생룡은 이 구절을 응당 현초혜
    왕, 헌서, 혜왕이로사(見楚惠王, 獻書, 惠王以老辭)로 바꾸어야 문맥이 통한다고 하였다.

사양하면서

使穆賀⁴見子墨子.
사 목 하 견 자 묵 자

목하를 보내어 묵자를 만나 뵙도록 했다.

子墨子說穆賀,
자 묵 자 세 목 하

묵자께서 목하에게 유세하셨더니

穆賀大說.
목 하 대 열

목하는 크게 기뻐하였다.

謂子墨子曰:
위 자 묵 자 왈

묵자께 말씀드렸다.

"子之言則成善矣!
자 지 언 즉 성 선 의

"선생님의 말씀은 정말 훌륭합니다.

而君王,
이 군 왕

다만 우리 임금님은

天下之大王也,
천 하 지 대 왕 야

천하의 대왕으로,

毋乃曰'賤人之所爲'
무 내 왈 천 인 지 소 위

어찌 '천한 사람이 지은 것이니'

而不用乎?"
이 불 용 호

채택할 수 있겠는가, 라고 말하지 않겠습니까?"

子墨子曰:
자 묵 자 왈

묵자께서 말씀하셨다.

"唯其可行.
유 기 가 행

"다만 실행하면 됩니다.

譬若藥然,
비 약 약 연

비유하자면 마치 약과 같이

草之本,
초 지 본

풀뿌리라 해도

天子食之以順其疾,
천 자 식 지 이 순 기 질

임금님이 그것을 먹고 병을 고칠 수 있다면,

豈曰'一草之本'而不食哉?
기 왈 일 초 지 본 이 불 식 재

어찌 '하나의 풀뿌리'일 뿐이라고 하면서 먹지 않겠습니까?

4　목하(穆賀): 초나라의 대신.

今農夫入其稅於大人,
금 농 부 입 기 세 어 대 인

지금 농부가 높은 관리에게 그 세금을
바치면

大人爲酒醴粢盛以祭上帝鬼神,
대 인 위 주 례 자 성 이 제 상 제 귀 신

높은 관리가 단술과 제삿밥을 만들어
상제와 귀신에게 제사 지내는데,

豈曰'賤人之所爲'而不享哉?
기 왈 천 인 지 소 위 이 불 향 재

어찌 '천한 백성이 만든 것'이라고
하면서 제사를 올리지 않겠습니까?

故雖賤人也,
고 수 천 인 야

그러므로 비록 천한 백성이라고 해도

上比之農,
상 비 지 농

위로는 농부에 비유할 수 있고

下比之藥,
하 비 지 약

아래로는 약초에 비유할 수 있으니

曾不若一草之本乎?
증 불 약 일 초 지 본 호

도대체 풀뿌리 하나만 못하겠습니까?

且主君亦嘗聞湯之說乎?
차 주 군 역 상 문 탕 지 설 호

또 임금님께서도 일찍이 탕임금의
이야기를 들으셨겠지요?

昔者,
석 자

옛날에

湯將往見伊尹,
탕 장 왕 견 이 윤

탕임금이 이윤을 만나고자 하여

令彭氏之子御.
영 팽 씨 지 자 어

팽씨의 아들에게 수레를 몰게
했습니다.

彭氏之子半道而問曰:
팽 씨 지 자 반 도 이 문 왈

팽씨의 아들이 반쯤 가다가
물었습니다.

'君將何之?'
군 장 하 지

'임금님께서는 어디를 가시려고
합니까?'

湯曰:
탕 왈

탕임금이 말하였다.

'將往見伊尹.'
장 왕 견 이 윤

'장차 이윤을 만나러 갈 것이다.'

彭氏之子曰:
_{팽 씨 지 자 왈}
팽씨의 아들이 말했습니다.

'伊尹,
_{이 윤}
'이윤은

天下之賤人也.
_{천 하 지 천 인 야}
천하의 미천한 백성입니다.

若君欲見之,
_{약 군 욕 견 지}
만약 임금님께서 그를 만나시겠다면

亦令召問焉,
_{역 령 소 문 언}
소환의 명령을 내려 물으십시오.

彼受賜矣.'
_{피 수 사 의}
그는 임금의 명령을 받을 것입니다.'

湯曰:
_{탕 왈}
탕임금이 말하였다.

'非女⁵所知也.
_{비 여 소 지 야}
'네가 알 수 있는 바가 아니다.

今有藥此,
_{금 유 약 차}
지금 여기에 약이 있어

食之則耳加聰,
_{식 지 즉 이 가 총}
그것을 먹으면 귀가 더 잘 들리고

目加明,
_{목 가 명}
눈이 더 밝아진다면,

則吾必說而强食之.
_{즉 오 필 열 이 강 식 지}
나는 반드시 기뻐하면서 억지로라도 그것을 먹을 것이다.

今夫伊尹之於我國也,
_{금 부 이 윤 지 어 아 국 야}
이제 이윤과 우리나라의 관계라는 것은

譬之良醫善藥也.
_{비 지 양 의 선 약 야}
비유하면 훌륭한 의사나 좋은 약과 같다.

而子不欲我見伊尹,
_{이 자 불 욕 아 견 이 윤}
그대가 나로 하여금 이윤을 직접 만나지 않게 하려는 것은

是子不欲吾善也.'
_{시 자 불 욕 오 선 야}
그대가 나를 잘되도록 바라지 않는 것이다.'

---

5 여(女): '너'란 의미의 여(汝)와 같다.

因下彭氏之子,
인 하 팽 씨 지 자

이리하여 탕임금은 팽씨의 아들을 내리게 하고

不使御.
불 사 어

수레를 몰지 못하게 했습니다.

彼苟然,
피 구 연

만일 초나라 혜왕이 탕임금처럼 할 수 있다면,

然後可也."6
연 후 가 야

이후에 천한 사람의 의견도 받아들일 수 있을 것입니다."

子墨子曰:
자 묵 자 왈

묵자께서 말씀하셨다.

"凡言凡動,
범 언 범 동

"모든 말과 모든 행동은

利於天鬼百姓者爲之;
이 어 천 귀 백 성 자 위 지

하늘과 귀신과 백성에게 이로운 것이면 그것을 해야 한다.

凡言凡動,
범 언 범 동

모든 말과 행동은

害於天鬼百姓者舍7之;
해 어 천 귀 백 성 자 사 지

하늘과 귀신 및 백성에게 해로운 것이면 그것을 버려야 한다.

凡言凡動,
범 언 범 동

모든 말과 행동은

合於三代聖王堯舜禹湯文武者爲之;
합 어 삼 대 성 왕 요 순 우 탕 문 무 자 위 지

삼대의 성왕인 요·순·우·탕·문·무왕 등과 부합되는 것이면 그것을 해야 한다.

---

6 피구연, 연후가야(彼苟然, 然後可也): 이 구절은 해석하기에 따라 여러 가지 다른 해석을 할 수 있어서, 예로부터 잘못 섞인 구절이 아닌가 하는 의문이 제기된다. 여기서는 피(彼)를 초나라 혜왕을 가리키는 대명사로 보았다.

7 사(舍): 사(舍)는 사(捨) 자와 통하는데, 곧 '버리다'의 뜻이다.

凡言凡動,
<small>범 언 범 동</small>

모든 말과 행동은

合於三代暴王桀紂幽厲者舍之."
<small>합 어 삼 대 포 왕 걸 주 유 려 자 사 지</small>

삼대의 폭군인 걸·주·유·여왕 등과
부합되는 것이라면 그것을 버려야
한다."

子墨子曰:
<small>자 묵 자 왈</small>

묵자께서 말씀하셨다.

"言足以遷行[8]者, 常之;
<small>언 족 이 천 행 자 상 지</small>

"그의 말이 나쁜 행위를 고칠 수 있는
것이라면 늘 말을 해야 한다.

不足以遷行者, 勿常.
<small>부 족 이 천 행 자 물 상</small>

그의 말이 나쁜 행위를 고칠 수 없는
것이라면 늘 말을 해서는 안 된다.

不足以遷行而常之,
<small>부 족 이 천 행 이 상 지</small>

나쁜 행위를 고칠 수 없는데도 늘 말을
한다면,

是蕩口[9]也."
<small>시 탕 구 야</small>

그것은 쓸데없는 말이다."

子墨子曰:
<small>자 묵 자 왈</small>

묵자께서 말씀하셨다.

"必去六辟[10].
<small>필 거 육 벽</small>

"반드시 여섯 가지 치우친 습관을
없애야 한다.

嘿則思,
<small>묵 즉 사</small>

침묵함은 곧 사색함이며

言則誨,
<small>언 즉 회</small>

말을 함은 가르침이고

動則事,
<small>동 즉 사</small>

움직임은 일을 하는 것이니,

---

8 천행(遷行): 나쁜 행위를 고친다.

9 탕구(蕩口): 불필요한 말, 쓸데없는 말.

10 육벽(六辟): 육벽(六僻)의 뜻으로 벽(僻)은 '편벽되다', '치우치다'의 뜻이다.

使三者代御,
_{사 삼 자 대 어}

세 가지를 교대로 잘 쓰면

必爲聖人.
_{필 위 성 인}

반드시 성인이 될 것이다.

必去喜,
_{필 거 희}

반드시 지나치게 기뻐하지 말고

去怒,
_{거 노}

지나치게 성내지 말며,

去樂
_{거 락}

지나치게 즐기지 말고

去悲
_{거 비}

지나치게 슬퍼하지 말며,

去愛
_{거 애}

지나치게 사랑하지 말고

而用仁義.
_{이 용 인 의}

인의를 써서 행동하라.

手足口耳鼻,
_{수 족 구 이 비}

손·발·입·귀·코 등을

從事於義,
_{종 사 어 의}

의로움에 따라 일하게 하면

必爲聖人."
_{필 위 성 인}

반드시 성인이 될 것이다."

子墨子謂二三子曰:
_{자 묵 자 위 이 삼 자 왈}

묵자께서 두세 명의 제자에게 말씀하셨다.

"爲義而不能,
_{위 의 이 불 능}

"의로움을 실천할 수는 없다 해도

必無排其道.
_{필 무 배 기 도}

결코 그러한 도리를 배척해서는 안 된다.

譬若匠人之斲而不能,
_{비 약 장 인 지 착 이 불 능}

비유하건대 목수가 (나무를) 잘 쪼갤 수는 없어도

無排其繩."
_{무 배 기 승}

그의 먹줄을 배척해서는 안 되는 것과 마찬가지이다."

子墨子曰:
자 묵 자 왈

묵자께서 말씀하셨다.

"世之君子,
세 지 군 자

"세상에서 군자로 불리는 자들은

使之爲一犬一彘之宰[11],
사 지 위 일 견 일 체 지 재

그에게 개 한 마리나 돼지 한 마리를 잡으라고 하면,

不能則辭之.
불 능 즉 사 지

그 일을 할 수 없으면 사양한다.

使爲一國之相,
사 위 일 국 지 상

세상의 군자라는 이에게 한 나라의 재상을 맡으라고 하면

不能而爲之,
불 능 이 위 지

그 일을 할 수 없음에도 하겠다고 하니,

豈不悖哉?"
기 불 패 재

어찌 어긋난 것이 아니겠는가?"

子墨子曰:
자 묵 자 왈

묵자께서 말씀하셨다.

"今瞽曰:
금 고 왈

"지금 장님이

'鉅[12]者白也,
거 자 백 야

'흰 것은 희고,

黔者黑也.'
검 자 흑 야

검은 것은 검다'고 했다면

雖明目者無以易之.
수 명 목 자 무 이 역 지

비록 눈이 밝은 사람이라도 그것을 바꿀 수 없다.

兼白黑,
겸 백 흑

그런데 흰 것과 검은 것을 함께 두고

使瞽取焉,
사 고 취 언

장님에게 고르도록 한다면,

---

11 재(宰): '주관하다', '다스리다'의 의미로 쓰이지만, '요리하다'는 뜻도 있다. 여기서는 '도살하다'의 뜻으로 쓰였다.

12 거(鉅): 유월은, 거(鉅)는 의당 기(豈) 자로 보아야 하며, 기(豈)는 곧 애(皚) 자와 통한다고 하였다. 애(皚)는 '눈이나 서리의 흰색'이라는 뜻이다.

不能知也.
불능지야

고를 수 없을 것이다.

故我曰瞽不知白黑者,
고 아 왈 고 부 지 백 흑 자

그러므로 내가 장님은 희고 검은 것을
고를 줄 모른다고 한 것은

非以其名也,
비 이 기 명 야

흰 것과 검은 것이라는 명칭을
모른다는 것이 아니고,

以其取也.
이 기 취 야

흰 것과 검은 것을 고르는 문제를
말함이다.

今天下之君子之名仁也,
금 천 하 지 군 자 지 명 인 야

이제 천하의 군자들이 인(仁)을 내걸고
있는데,

雖禹湯無以易之.
수 우 탕 무 이 역 지

비록 우임금과 탕임금이라도 그것을
바꿀 수 없다.

兼仁與不仁,
겸 인 여 불 인

그런데 인과 불인(不仁)을 함께
놓아두고

而使天下之君子取焉,
이 사 천 하 지 군 자 취 언

천하의 군자들에게 고르라고 한다면,

不能知也.
불능지야

고를 수 없을 것이다.

故我曰天下之君子不知仁者,
고 아 왈 천 하 지 군 자 부 지 인 자

그러므로 내가 천하의 군자들은 인을
알지 못한다고 한 것은

非以其名也,
비 이 기 명 야

그 명칭에 대해서가 아니라

亦以其取也."
역 이 기 취 야

역시 인과 불인을 고르는 문제를
말함이다."

子墨子曰:
자 묵 자 왈

묵자께서 말씀하셨다.

"今士之用身,
금 사 지 용 신

"지금 선비들이 처신하는 태도는

不若商人之用一布¹³之愼也.
불 약 상 인 지 용 일 포 지 신 야

상인들이 한 푼의 돈을 쓰는 신중함만도 못하다.

商人用一布布¹⁴,
상 인 용 일 포 포

상인이 시장에서 한 푼을 쓸 때는

不敢繼苟而讐¹⁵焉,
불 감 계 구 이 수 언

감히 함부로 물건을 사지 않으며

必擇良者.
필 택 량 자

반드시 질 좋은 것을 고른다.

今士之用身則不然,
금 사 지 용 신 즉 불 연

지금의 선비가 처신하는 것은 그렇지 아니하니

意之所欲則爲之.
의 지 소 욕 즉 위 지

마음에서 하고자 하는 것은 곧바로 그 일을 한다.

厚者入刑罰,
후 자 입 형 벌

심한 자는 형벌을 받고

薄者被毀醜.
박 자 피 훼 추

가벼운 자는 비난을 받는다.

則士之用身,
즉 사 지 용 신

그러니 선비가 처신하는 것이

不若商人之用一布之愼也."
불 약 상 인 지 용 일 포 지 신 야

상인이 한 푼의 돈을 쓰는 신중함만도 못하다."

子墨子曰:
자 묵 자 왈

묵자께서 말씀하셨다.

"世之君子,
세 지 군 자

"세상의 군자라는 이들은

欲其義之成,
욕 기 의 지 성

자신의 의로움을 이루려고 하면서

---

13 포(布): 베나 비단은 고대에는 화폐처럼 취급하였다.
14 용일포포(用一布布): 후자의 포(布)는 시(市) 자의 오기인 것 같다. 따라서 한 푼의 돈으로 시장에서 물건을 사는 것을 의미한다.
15 계구이수(繼苟而讐): 계(繼) 자는 잘못 끼어든 것 같다. 이생룡은 수(讐)는 곧 수(售)의 뜻으로 물건을 산다는 의미로 보았다. 따라서 '제멋대로 물건을 사다'라는 의미이다.

而助之修其身則慍.
_{이 조 지 수 기 신 즉 온}

자신의 몸을 닦는 것을 도와주면 성을
낸다.

是猶欲其牆之成,
_{시 유 욕 기 장 지 성}

이것은 마치 그가 담장을 만들려고
하면서

而人助之築則慍也,
_{이 인 조 지 축 즉 온 야}

다른 사람이 담장 쌓는 것을 도우면
성을 내는 것과 마찬가지이니

豈不悖哉!"
_{기 불 패 재}

어찌 어긋나지 않겠는가!"

子墨子曰:
_{자 묵 자 왈}

묵자께서 말씀하셨다.

"古之聖王,
_{고 지 성 왕}

"옛날의 성왕들은

欲傳其道於後世,
_{욕 전 기 도 어 후 세}

후세에 그 도를 전하려고 하였으니,

是故書之竹帛,
_{시 고 서 지 죽 백}

이 때문에 그것을 죽백에 기록하고

鏤之金石,
_{누 지 금 석}

그것을 금석에 새겨

傳遺後世子孫,
_{전 유 후 세 자 손}

후세 자손들에게 전하였는데,

欲後世子孫法之也.
_{욕 후 세 자 손 법 지 야}

후세 자손들이 그것을 본받기를
원했기 때문이다.

今聞先王之遺而不爲,
_{금 문 선 왕 지 유 이 불 위}

지금 선왕들이 남긴 말을 듣고
실천하지 않는 것은

是廢先王之傳也."
_{시 폐 선 왕 지 전 야}

선왕들이 전한 말씀을 폐기하는
것이다."

子墨子南游使衛,
_{자 묵 자 남 유 사 위}

묵자께서 남쪽으로 위나라에 유세를

가시는데

關¹⁶中載書甚多.
관 중 재 서 심 다

수레의 선반에 실린 책이 매우 많았다.

弦唐子¹⁷見而怪之曰:
현 당 자 견 이 괴 지 왈

현당자가 그것을 보고 이상하게 여겨 여쭈었다.

"吾夫子教公尙過曰:
오 부 자 교 공 상 과 왈

"선생님께서는 공상과에게

'揣曲直而已.'
췌 곡 직 이 이

'굽은 것인가 곧은 것인가를 헤아릴 뿐이다'라고 말씀하셨는데,

今夫子載書甚多,
금 부 자 재 서 심 다

지금 선생님께서 싣고 있는 책이 매우 많으니,

何有也?"
하 유 야

어떤 이유입니까?"

子墨子曰:
자 묵 자 왈

묵자께서 말씀하셨다.

"昔者周公旦朝讀書百篇,
석 자 주 공 단 조 독 서 백 편

"옛날에 주공 단은 아침에 백 편의 글을 읽고,

夕見漆¹⁸十士.
석 견 칠 십 사

저녁에는 칠십 명의 선비를 만났었다.

故周公旦佐相天子,
고 주 공 단 좌 상 천 자

그러므로 주공 단은 재상으로 천자를 보좌하였고,

其脩¹⁹至於今.
기 수 지 어 금

그의 다스림은 지금까지 전해지고 있다.

翟上無君上之事,
적 상 무 군 상 지 사

나는 위로는 임금을 위해 해야 할 일이 없고

---

16 관(關): 수레의 난간 부분인데 그 중간에 물건을 넣을 만한 공간이 있다고 한다.

17 현당자(弦唐子): 묵자의 제자.

18 칠(漆): 칠(漆)은 칠(七)과 통하는 글자이다.

19 수(脩): 치적, 곧 정치적인 업적이다.

下無耕農之難,
하 무 경 농 지 난

아래로는 농부처럼 농사지어야 할 어려움이 없으니,

吾安敢廢此?
오 안 감 폐 차

내 어찌 감히 독서를 폐하겠나?

翟聞之,
적 문 지

내가 듣건대,

'同歸之物,
동 귀 지 물

'사물은 똑같이 귀결되는 것이지만

信有誤者.'[20]
신 유 오 자

말로 전함에는 오류가 있다.'

然而民聽不鈞,
연 이 민 청 불 균

그러나 백성들이 듣는 것은 고르지 않으니

是以書多也.
시 이 서 다 야

책이 많아지는 것이다.

今若過之心者,
금 약 과 지 심 자

이제 만약 마음속에서

數逆[21]於精微;
수 역 어 정 미

이치를 정밀하고 세밀하게 생각해 본다면,

同歸之物,
동 귀 지 물

사물이 똑같이 귀결되는 것,

既已知其要矣.
기 이 지 기 요 의

이미 그런 요점을 알 것이다.

是以不敎以書也,
시 이 불 교 이 서 야

그러므로 책으로 가르치지 않은 것이니

而子何怪焉?"
이 자 하 괴 언

그대는 무엇이 괴이하다는 건가?"

子墨子謂公良桓子[22]曰:
자 묵 자 위 공 량 환 자 왈

묵자께서 공량환자에게 말씀하셨다.

---

20 동귀지물, 신유오자(同歸之物, 信有誤者): 손이양은 이 두 구절이 당시에 성행하던 속담으로, '이치는 비록 똑같이 귀결되나, 전해지는 말은 오류가 있을 수 있다'는 의미로 보았다.

21 수역(數逆): 수(數)는 이수(理數), 곧 '이치'의 뜻이며, 역(逆)은 '숙고하다', '생각하다'의 뜻.

22 공량환자(公良桓子): 위나라의 대부.

"衛,
_위

"위나라가

小國也,
_{소 국 야}

작은 나라로,

處於齊晉之間,
_{처 어 제 진 지 간}

제나라와 진나라 사이에 위치하고
있는 것은

猶貧家之處於富家之間也.
_{유 빈 가 지 처 어 부 가 지 간 야}

마치 가난한 집이 부잣집들 사이에
있는 것과 같습니다.

貧家而學富家之衣食多用,
_{빈 가 이 학 부 가 지 의 식 다 용}

가난한 집이 부잣집을 흉내 내어 입고
먹는 데 많이 쓴다면

則速亡必矣.
_{즉 속 망 필 의}

가난한 집은 반드시 빨리 망할
것입니다.

今簡[23]子之家,
_{금 간 자 지 가}

지금 그대의 집을 살펴보니,

飾車數百乘,
_{식 거 수 백 승}

호화롭게 장식한 수레 수백 대에

馬食菽粟者數百匹,
_{마 식 숙 속 자 수 백 필}

콩과 조를 먹이는 말이 수백 필에

婦人衣文繡者數百人,
_{부 인 의 문 수 자 수 백 인}

장식된 비단옷을 입은 수백 명의
여인을 거느리고 있는데,

吾取飾車·食馬之費,
_{오 취 식 거 식 마 지 비}

내가 장식한 수레와 말을 먹이는
비용과

與繡衣之財以畜士,
_{여 수 의 지 재 이 축 사}

비단옷을 장만하는 비용으로 선비를
기른다면,

必千人有餘.
_{필 천 인 유 여}

반드시 천 명을 넘을 것입니다.

若有患難,
_{약 유 환 난}

만약 환난이 일어난다면

---

23 간(簡): 간(簡)은 열(閱) 자와 같으며, '관찰하다', '살펴보다'의 뜻이다.

則使百人處於前, _{즉 사 백 인 처 어 전}	곧 선비 백 명에게 무리의 앞에 있도록 하고
數百於後, _{수 백 어 후}	선비 수백 명을 무리의 뒤에 있도록 할 수 있는데,
與婦人數百人處前後, _{여 부 인 수 백 인 처 전 후}	여인 수백 명을 무리의 앞과 뒤에 있도록 하는 것과
孰安? _{숙 안}	어느 쪽이 안전합니까?
吾以爲不若蓄士之安也." _{오 이 위 불 약 축 사 지 안 야}	나는 선비를 길러 안전을 도모함만 못하다고 여깁니다."

子墨子仕人於衛, _{자 묵 자 사 인 어 위}	묵자께서 어떤 사람을 위나라에 보내어 벼슬하게 하셨는데
所仕者至而反. _{소 사 자 지 이 반}	벼슬한 자가 그곳에 가서 곧바로 되돌아왔다.
子墨子曰: _{자 묵 자 왈}	묵자께서 말씀하셨다.
"何故反?" _{하 고 반}	"어째서 되돌아왔는가?"
對曰: _{대 왈}	그가 대답했다.
"與我言而不當. _{여 아 언 이 부 당}	"나에게 말한 대로 대우하지 않았습니다.
曰'待女以千盆²⁴', _{왈 대 여 이 천 분}	'너에게 천 분으로 대우하겠다'고 했는데

---

24 천분(千盆): 분(盆)은 당시 곡식을 헤아렸던 단위로 추측된다. 『순자(荀子)』의 주석에 의하면
1분은 12말 8되라고 한다.

授我五百盆,
수 아 오 백 분

나에게 오백 분만 주었기 때문에

故去之也."
고 거 지 야

그들을 떠난 것입니다."

子墨子曰:
자 묵 자 왈

묵자께서 말씀하셨다.

"授子過千盆,
수 자 과 천 분

"너에게 천 분 넘게 준다고 해도

則子去之乎?"
즉 자 거 지 호

너는 그들을 떠났겠는가?"

對曰:
대 왈

그가 대답했다.

"不去."
불 거

"떠나지 않습니다."

子墨子曰:
자 묵 자 왈

묵자께서 말씀하셨다.

"非爲其不審也,
비 위 기 불 심 야

"그렇다면 그들이 잘 대우하지 않은
것이 아니라

爲其寡也."
위 기 과 야

그들의 녹봉이 적은 것이다."

子墨子曰:
자 묵 자 왈

묵자께서 말씀하셨다.

"世俗之君子,
세 속 지 군 자

세상의 군자들은

視義士不若負粟者.
시 의 사 불 약 부 속 자

의로운 선비를 보면서 곡식을 지고
가는 이보다 못하게 여긴다.

今有人於此,
금 유 인 어 차

지금 어떤 사람이 여기에 있는데

負粟息於路側,
부 속 식 어 로 측

곡식을 짊어지고 길옆에서 쉬고 있다가

欲起而不能,
욕 기 이 불 능

일어나려 하다가 일어나지 못하면

君子見之,
군 자 견 지

군자가 그것을 보고

無長少貴賤,
무 장 소 귀 천

그가 나이가 많거나 젊거나 신분이

귀하거나 천하거나에 상관없이

必起之.
필 기 지

반드시 그를 일으킬 것이다.

何故也?
하 고 야

무슨 까닭인가?

曰義也.
왈 의 야

의로움 때문이라고 말한다.

今爲義之君子,
금 위 의 지 군 자

지금 의로움을 실천하려는 군자는

奉承先王之道以語之,
봉 승 선 왕 지 도 이 어 지

선왕의 도를 내세우고 그것을
말하지만

縱不說而行,
종 불 열 이 행

기쁘게 그것을 실천하지 않고

又從而非毀之.
우 종 이 비 훼 지

다시 그것을 따르는 사람마저
비난하고 훼방한다.

則是世俗之君子之視義士也,
즉 시 세 속 지 군 자 지 시 의 사 야

이것은 곧 세상의 군자들이 의로운
선비를 보면서

不若視負粟者也."
불 약 시 부 속 자 야

곡식을 지고 가는 사람만도 못하게
여기는 것이다."

子墨子曰:
자 묵 자 왈

묵자께서 말씀하셨다.

"商人之四方²⁵,
상 인 지 사 방

"상인들이 사방으로 돌아다니면서

市賈信徙,²⁶
시 고 신 사

시장 가격보다 두 배에서 다섯 배의
가격으로 물건을 판다면

---

25 지사방(之四方): 사방으로 가다. 곧 사방으로 다니며 물건을 파는 것이다.
26 시고신사(市賈信徙): 시(市)는 시장이며 고(賈)는 보통의 물건 값, 곧 시세를 의미한다. 이생
    룡은 신사(信徙)는 배사(倍蓰)를 잘못 쓴 것으로 보았다. 배(倍)는 두 배, 사(蓰)는 다섯 배의
    뜻이다.

雖有關梁之難,
<small>수 유 관 량 지 난</small>

비록 관문과 교량을 통과하는
어려움이 있고

盜賊之危,
<small>도 적 지 위</small>

도둑질당하는 위태로움이 있다고
해도

必爲之.
<small>필 위 지</small>

반드시 장사를 할 것이다.

今士坐而言義,
<small>금 사 좌 이 언 의</small>

이제 선비들은 앉아서 의로움을
말하며

無關梁之難,
<small>무 관 량 지 난</small>

관문과 교량을 통과하는 어려움도
없고

盜賊之危,
<small>도 적 지 위</small>

도둑질을 당할 위태로움도 없으니

此爲信徙,
<small>차 위 신 사</small>

이것은 두 배나 다섯 배의 이익을 얻어

不可勝計,
<small>불 가 승 계</small>

그 이익을 이루 다 셀 수가 없다.

然而不爲.
<small>연 이 불 위</small>

그러나 선비들은 하지 않는다.

則士之計利,
<small>즉 사 지 계 리</small>

그러하다면 선비들이 이익을 계산하는
것은

不若商人之察也."
<small>불 약 상 인 지 찰 야</small>

상인들이 살피는 것만도 못한 것이다."

子墨子北之齊,
<small>자 묵 자 북 지 제</small>

묵자께서 북쪽 제나라에 가시어

遇日者[27].
<small>우 일 자</small>

점쟁이를 만나셨다.

日者曰:
<small>일 자 왈</small>

점쟁이가 말했다.

"帝以今日殺黑龍於北方;
<small>제 이 금 일 살 흑 룡 어 북 방</small>

"상제께서 오늘은 북쪽에서 흑룡을

---

27 일자(日者): 시일(時日)의 길흉을 점치는 사람.

죽이는 날인데,

而先生之色黑,
이 선 생 지 색 흑

선생의 얼굴색이 검은색이니

不可以北.”
불 가 이 북

북쪽으로 가시면 안 됩니다.”

子墨子不聽,
자 묵 자 불 청

묵자께서는 그의 말을 듣지 않으시고

遂北,
수 북

드디어 북쪽으로 가시어

至淄水,
지 치 수

치수에 이르셨는데

不遂而反焉.
불 수 이 반 언

여행을 마치지 못하고 되돌아오셨다.

日者曰:
일 자 왈

이에 점쟁이가 말했다.

“我謂先生不可以北.”
아 위 선 생 불 가 이 북

“제가 선생은 북쪽으로 가실 수
없다고 했습니다.”

子墨子曰:
자 묵 자 왈

묵자께서 말씀하셨다.

“南之人不得北,
남 지 인 부 득 북

“당신은 남쪽 출신에게는 북쪽으로 갈
수 없다고 하고

北之人不得南,
북 지 인 부 득 남

북쪽 출신에게는 남쪽으로 갈 수
없다고 한다.

其色有黑者,
기 색 유 흑 자

그 얼굴색이 검은 사람도 있고

有白者,
유 백 자

흰 사람도 있는데,

何故皆不遂也?
하 고 개 불 수 야

무슨 까닭으로 모두에게 여행을
마치지 못할 것이라 하는가?

且帝以甲乙殺靑龍於東方,
차 제 이 갑 을 살 청 룡 어 동 방

또 상제가 갑일과 을일에 청룡을
동쪽에서 죽인다 하고

以丙丁殺赤龍於南方,
이 병 정 살 적 룡 어 남 방

병일과 정일에는 적룡을 남쪽에서

죽인다고 하며,

以庚辛殺白龍於西方,
이 경 신 살 백 룡 어 서 방

경일과 신일에는 백룡을 남쪽에서
죽인다고 하고

以壬癸殺黑龍於北方,
이 임 계 살 흑 룡 어 북 방

임일과 계일에는 흑룡을 북북쪽에서
죽인다고 말하니,

若用子之言,
약 용 자 지 언

만약 당신의 말대로 해야 한다면

則是禁天下之行者也.
즉 시 금 천 하 지 행 자 야

곧 천하의 길 가는 사람들을
금지시키는 것이네.

是圍心²⁸而虛天下也,
시 위 심   이 허 천 하 야

이것은 천하 사람들의 마음을
미신으로 둘러싸서 천하를 텅 비게
하는 것이니

子之言不可用也."
자 지 언 불 가 용 야

당신의 말은 쓸 수가 없네."

子墨子曰:
자 묵 자 왈

묵자께서 말씀하셨다.

"吾言足用矣,
오 언 족 용 의

"내 말은 충분히 쓸 수 있는 것인데,

舍言革思者,
사 언 혁 사 자

내 말은 버리고 생각을 바꾸는 자는

是猶舍穫而攗粟也.
시 유 사 확 이 군 속 야

마치 추수한 곡식은 버리고 조 이삭을
줍는 것이나 마찬가지이다.

以其言非吾言者,
이 기 언 비 오 언 자

그의 말을 가지고 내 말이
그릇되었다고 하는 자는

是猶以卵投石也.
시 유 이 란 투 석 야

이는 마치 달걀을 돌에 던지는 것과

---

28 위심(圍心): 심(心)은 세상 사람들의 마음이며, 위(圍)는 점술로 사람들의 마음을 에워싸는
    것.

같다.

盡天下之卵,
진천하지란

천하의 달걀을 모두 던져도

其石猶是也,
기석유시야

그 돌은 도리어 그대로 있을 것이니

不可毁也."
불가훼야

깰 수가 없다."

공맹 제48편
(公孟第四十八)

公孟子謂子墨子曰:
_{공 맹 자 위 자 묵 자 왈}

공맹자가 묵자께 물었다.

"君子共¹己以待,
_{군 자 공 기 이 대}

"군자는 손을 모으고 몸소 기다리다가

問言則言,
_{문 언 즉 언}

질문을 받게 되면 말을 하고,

不問焉則止.
_{불 문 언 즉 지}

질문을 받지 않으면 그만두는
것입니다.

譬若鐘然,
_{비 약 종 연}

비유하면 종과 같으니

扣則鳴,
_{구 즉 명}

두드리면 울릴 것이고

不扣則不鳴."
_{불 구 즉 불 명}

두드리지 않으면 울리지 않는
것입니다."

子墨子曰:
_{자 묵 자 왈}

묵자께서 말씀하셨다.

"是言有三物²焉,
_{시 언 유 삼 물 언}

"이 말에는 세 가지 경우가 있는데

子乃今知其一身也³,
_{자 내 금 지 기 일 신 야}

그대는 지금 그 한 가지 경우만 알고

---

1 공(共): 공(拱)과 상통하는 글자이다. 공수(拱手)란 손을 마주잡고 상대방에게 예의를 표시하는 고대 인사법이다.

又未知其所謂也.
_{우 미 지 기 소 위 야}

그 말하고자 하는 바는 모르고 있습니다.

若大人行淫暴於國家,
_{약 대 인 행 음 포 어 국 가}

만약 군주가 나라를 포악하게 다스리는데

進而諫,
_{진 이 간}

간언을 올리면

則謂之不遜;
_{즉 위 지 불 손}

그를 불손하다고 할 것입니다.

因左右而獻諫,
_{인 좌 우 이 헌 간}

좌우의 신하에 의탁하여 간언을 올리면

則謂之言議.
_{즉 위 지 언 의}

그가 논란을 불러일으킨다고 할 것입니다.

此君子之所疑惑也.
_{차 군 자 지 소 의 혹 아}

이것이 군자가 의혹스러워하는 바입니다.

若大人爲政,
_{약 대 인 위 정}

만약 군주가 정치를 하는데,

將因於國家之難,
_{장 인 어 국 가 지 난}

장차 나라에 난리가 일어날 듯한 것이

譬若機⁴之將發也然,
_{비 약 기 지 장 발 야 연}

마치 쇠뇌가 발사될 듯한 상황이면

君子之必以諫.
_{군 자 지 필 이 간}

군자는 반드시 간언해야 합니다.

然而大人之利⁵若此者,
_{연 이 대 인 지 리 약 차 자}

임금의 이익이 이와 같이 긴박하므로

雖不扣必鳴者也.
_{수 불 구 필 명 자 아}

비록 종을 울리지 않더라도 반드시

---

2   삼물(三物): 세 가지 상황. 공맹자는 '종을 치면 소리가 울리고, 종을 치지 않으면 소리가 울리지 않는다'라는 한 가지의 상황만 제시했으나 묵자는 종소리가 울릴 경우, 즉 다른 사람의 질문을 받게 될 경우 각기 다른 세 가지의 상황이 있다고 보았다.

3   기일신야(其一身也): 일신(一身)은 '한 가지 상황'이라는 뜻. 신(身)은 이(耳)의 오기로 생각된다.

4   기(機): 기(機)는 쇠뇌를 말한다. 쇠뇌는 동시에 10여 개의 화살을 쏠 수 있도록 한 기관 장치이다. 여기에 화살을 장전하여 쏘면 한꺼번에 화살이 발사된다.

올리는 것입니다.

若大人擧不義之異行,
약 대 인 거 불 의 지 이 행

만약 군주가 의롭지 못한 일을 하려고
함에

雖得大巧之經,
수 득 대 교 지 경

매우 교묘한 책략을 얻어서

可行於軍旅之事,
가 행 어 군 려 지 사

군대의 일에 적용할 수 있고

欲攻伐無罪之國,
욕 공 벌 무 죄 지 국

죄가 없는 나라를 공격하려고 하는데

有之也,
유 지 야

그런 것들이 있다면

君得之,
군 득 지

군주는 이를 얻을 수 있으니

則必用之矣.
즉 필 용 지 의

반드시 그것을 사용할 것입니다.

以廣闢土地,
이 광 벽 토 지

이런 것으로써 토지를 넓히고

著稅僞材[6].
저 세 위 재

세금과 재물을 모을 것입니다.

出必見辱,
출 필 견 욕

출정하면 반드시 욕을 당할 것이고,

所攻者不利,
소 공 자 불 리

공격받는 자는 이로울 것이 없으며

而攻者亦不利,
이 공 자 역 불 리

공격하는 자 또한 이로울 것이 없으니

是兩不利也.
시 량 불 리 야

양쪽이 이로울 것이 없습니다.

若此者,
약 차 자

만약 이런 상황이라면

雖不扣必鳴者也.
수 불 구 필 명 자 야

비록 종을 두드리지 않더라도 반드시
소리가 울리게 됩니다.

---

5 대인지리(大人之利): 대인(大人)은 '군주'의 뜻이다. 이 문장의 대인지리(大人之利)는 불필
   요한 말이 첨가된 감이 있다. 다음 구절과 연결하여 풀이한다면, '군주의 이익이 만약 이처럼
   위급하다면' 정도의 뜻이 될 것이다.

6 저세위재(著稅僞材): 우성오(千省吾)는 저(著)는 부(賦)로 읽어야 한다고 했다. 또 위(僞) 자
   는 귀(賄) 자와 상통하며, 고대에 화(貨: 재물) 자의 의미로 통용되던 글자라고 하였다.

且子曰:
차 자 왈

또 그대가

'君子共己待,
군 자 공 기 대

'군자는 손을 모으고 몸소 기다리다가

問焉則言,
문 언 즉 언

질문을 받게 되면 말을 하고,

不問焉則止.
불 문 언 즉 지

질문을 받지 않으면 그만둡니다.

譬若鐘然,
비 약 종 연

비유하면 종과 같으니

扣則鳴,
구 즉 명

두드리면 울릴 것이고,

不扣則不鳴.'
불 구 즉 불 명

두드리지 않으면 울리지 않습니다'라고
했습니다.

今未有扣,
금 미 유 구

지금 종을 두드리지도 않았는데

子而言,
자 이 언

그대가 말을 한다면,

是子之謂不扣而鳴邪?
시 자 지 위 불 구 이 명 야

이것이 그대가 말한, 두드리지
않았는데도 울리는 것입니까?

是子之所謂非君子邪?
시 자 지 소 위 비 군 자 야

이것은 그대가 말한 군자답지 않은
것이 되겠지요?"

公孟子謂子墨子曰:
공 맹 자 위 자 묵 자 왈

공맹자가 묵자께 말했다.

"實爲善人,
실 위 선 인

"진실로 선량한 이라면

孰不知?
숙 부 지

그 누가 모르겠습니까?

譬若良玉[7],
비 약 량 옥

비유하면 훌륭한 무당이

處而不出,
처 이 불 출

집 안에 있으면서 나가지 않고도

---

7 양옥(良玉): 전후 문장의 맥락을 감안해 보면, '무당'이란 '뜻의' 무(巫) 자의 오기로 보인다.

有餘糈[8].
유 여 서

풍족한 곡식을 벌어들이는 것과
같습니다.

譬若美女,
비 약 미 녀

비유하면 아름다운 여자가

處而不出,
처 이 불 출

집 안에 있으면서 나가지 않는데도

人爭九之.
인 쟁 구 지

사람들이 다투어 구혼을 하는 것과
같습니다.

行而自衒[9],
행 이 자 현

밖으로 다니며 스스로를 과시한다면

人莫之取也.
인 막 지 취 야

사람들이 그녀에게 구혼하지 않을
것입니다.

今子徧從人而說之,
금 자 편 종 인 이 세 지

지금 그대는 사람들을 두루
좇아다니며 그들에게 유세하는데,

何其勞也!"
하 기 로 야

어째서 그처럼 수고롭게 하시는지요?"

子墨子曰:
자 묵 자 왈

묵자께서 말씀하셨다.

"今夫世亂,
금 부 세 란

"지금 세상이 어지러워

求美女者衆,
구 미 녀 자 중

아름다운 여자에게 구혼하는 사람이
많으므로

美女雖不出,
미 녀 수 불 출

아름다운 여자가 비록 밖으로 나가지
않더라도

人多求之;
인 다 구 지

많은 사람이 그런 여자에게
구혼하려고 합니다.

今求善者寡,
금 구 선 자 과

이제 선량함을 구하는 자가 적으므로

---

8   서(糈): 무당이 복채로 받는 쌀.
9   자현(自衒): 스스로를 과시하다.

不強說人,
불 강 세 인

억지로 사람들에게 유세하지 않는다면

人莫之知也.
인 막 지 지 야

사람들이 그것을 알지 못합니다.

且有二生於此,
차 유 이 생 어 차

가령 여기 있는 두 사람이

善筮,
선 서

모두 훌륭한 무당이지만

一行爲人筮者,
일 행 위 인 서 자

한 사람은 다른 사람을 위해 점쳐 주러 다니고,

一處而不出者.
일 처 이 불 출 자

다른 한 사람은 집 안에 거처하며 나가지 않습니다.

行爲人筮者與處而不出者,
행 위 인 서 자 여 처 이 불 출 자

다니면서 남을 위해 점을 치는 무당과 집 안에 있으면서 나가지 않는 무당,

其糈孰多?"
기 서 숙 다

두 사람 중에 누가 복채로 받는 곡식이 많을까요?"

公孟子曰:
공 맹 자 왈

공맹자가

"行爲人筮者其筮多."
행 위 인 서 자 기 서 다

"다니면서 남을 위해 점을 쳐 주는 무당이 받는 곡식이 많겠지요"라고 대답했다.

子墨子曰:
자 묵 자 왈

묵자께서 말씀하셨다.

"仁義鈞[10].
인 의 균

"인의(仁義)의 이치도 같습니다.

行說人者,
행 세 인 자

다니면서 남에게 유세하는 자의

其功善亦多,
기 공 선 역 다

공적과 선행이 더 많을 것인데

何故不行說人也!"
하 고 불 행 세 인 야

어찌 다니면서 유세하지 않겠습니까!"

---

10 균(鈞): 균(均)자와 상통한다. 즉, '균등하다'는 뜻.

公孟子戴章甫搢忽[11],
_{공맹자대장보진홀}

공맹자가 관(冠)을 쓰고 홀(笏)을 꽂고

儒服而以見子墨子曰:
_{유복이이현자묵자왈}

선비 복장으로 묵자를 뵙고 말했다.

"君子服然後行乎?
_{군자복연후행호}

"군자는 복장을 갖춘 후에 행합니까?

其行然後服乎?"
_{기행연후복호}

아니면 행한 후에 복장을 갖춥니까?"

子墨子曰:
_{자묵자왈}

묵자께서 말씀하셨다.

"行不在服."
_{행부재복}

"행하는 것은 복장에 있지 않습니다."

公孟子曰:
_{공맹자왈}

공맹자가 물었다.

"何以知其然也?"
_{하이지기연야}

"그러한 줄 어떻게 아십니까?"

子墨子曰:
_{자묵자왈}

묵자께서 말씀하셨다.

"昔者,
_{석자}

"옛날에

齊桓公高冠博帶,
_{제환공고관박대}

제환공은 높은 관을 쓰고 넓은 띠를 매고

金劍木盾,
_{금검목순}

금속 칼과 나무 방패를 들고서

以治其國,
_{이치기국}

그 나라를 다스렸는데

其國治.
_{기국치}

나라가 잘 다스려졌습니다.

昔者,
_{석자}

옛날에

晉文公大布之衣,
_{진문공대포지의}

진문공은 거친 베옷과

牂羊之裘[12],
_{장양지구}

암양 가죽 갖옷을 입고

---

11 장보진홀(章甫搢忽): 장보(章甫)는 은나라 때의 관(冠)이며 주로 유생들이 썼던 모자라고 한다. 홀(忽)은 홀(笏) 자와 같다. 신하들이 조정에서 조회를 할 때 손에 들고 있는 수판(手板)으로 여기에 임금의 지시 사항을 잊지 않도록 기록한다.

12 장양지구(牂羊之裘): 암양의 가죽으로 만든 갖옷.

韋以帶劍,
위 이 대 검

가죽으로 만든 허리띠엔 칼을 차고

以治其國,
이 치 기 국

그 나라를 다스렸는데

其國治.
기 국 치

나라가 잘 다스려졌소.

昔者,
석 자

옛날에

楚莊王鮮冠組纓,
초 장 왕 선 관 조 영

초장왕은 화려한 관을 쓰고 비단
관끈을 매고

縫衣搏袍,
봉 의 박 포

큰 웃옷과 풍성한 용포를 입고

以治其國,
이 치 기 국

그 나라를 다스렸는데

其國治.
기 국 치

나라가 잘 다스려졌습니다.

昔者,
석 자

옛날에

越王句踐剪髮文身,
월 왕 구 천 전 발 문 신

월왕 구천은 머리를 깎고 몸에 문신을
한 채로

以治其國,
이 치 기 국

그 나라를 다스렸는데

其國治.
기 국 치

나라가 잘 다스려졌습니다.

此四君者,
차 사 군 자

이 네 명의 군주는

其服不同,
기 복 부 동

복장은 서로 달랐지만

其行猶一也.
기 행 유 일 야

그들이 행한 것은 같았습니다.

翟以是知行之不在服也."
적 이 시 지 행 지 부 재 복 야

그러므로 나 묵적은 행하는 것은
복장에 있지 않음을 아는 것입니다."

公孟子曰:
공 맹 자 왈

공맹자가 말했다.

"善!
선

"좋습니다.

吾聞之曰: _{오 문 지 왈}	저는
'宿¹³善者不祥.' _{숙 선 자 불 상}	'선한 행위를 멈추면 상서롭지 않다.'라는 말을 들었습니다.
請舍忽¹⁴, _{청 사 홀}	제가 홀을 버리고
易章甫, _{역 장 보}	관을 바꾸어 쓰고
復見夫子可乎?" _{부 현 부 자 가 호}	그대를 다시 뵈어도 되겠습니까?"
子墨子曰: _{자 묵 자 왈}	묵자께서 말씀하셨다.
"請因以相見也. _{청 인 이 상 현 야}	"이 모습으로 만납시다.
若必將舍忽·易章甫而後相見, _{약 필 장 사 홀 역 장 보 이 후 상 견}	만약 반드시 홀을 버리고 관을 바꾸어 쓴 뒤에 만난다면
然則行果在服也." _{연 즉 행 과 재 복 야}	행하는 것이 정말로 복장에 달려 있는 것이 됩니다."

公孟子曰: _{공 맹 자 왈}	공맹자가 말했다.
"君子必古言服¹⁵, _{군 자 필 고 언 복}	"군자는 반드시 옛 말씀과 옛 복장을 갖춘
然後仁." _{연 후 인}	연후에 어질다 할 것입니다."
子墨子曰: _{자 묵 자 왈}	묵자께서 말씀하셨다.
"昔者, _{석 자}	"옛날에

---

13 숙(宿): '멈추다'의 뜻이다.

14 사홀(舍忽): 곧 사홀(捨笏)이다. '홀을 버리고서'의 뜻.

15 고언복(古言服): 옛사람의 말씀을 말하고 옛사람의 복장대로 옷을 입음.

商王紂·卿士費仲,
상 왕 주 경 사 비 중
상나라 임금 주와 그의 대신 비중은

爲天下之暴人,
위 천 하 지 폭 인
천하의 포악한 사람이었고,

箕子·微子,
기 자 미 자
기자와 미자는

爲天下之聖人,
위 천 하 지 성 인
천하의 성인이었는데,

此同言而或仁或不仁也.
차 동 언 이 혹 인 혹 불 인 야
이들은 같은 시대의 말을 썼으나 어떤
이는 어질고 어떤 이는 어질지
않습니다.

周公旦爲天下之聖人,
주 공 단 위 천 하 지 성 인
주공 단은 천하의 성인이고

關叔[16]爲天下之暴人,
관 숙 위 천 하 지 폭 인
관숙은 천하의 포악한 사람인데,

此同服或仁或不仁.
차 동 복 혹 인 혹 불 인
이들은 같은 시대의 복장을 했지만
어떤 이는 어질고 어떤 이는 어질지
않습니다.

然則不在古服與古言矣.
연 즉 부 재 고 복 여 고 언 의
그렇다면 인(仁)이란 옛 복장과 옛
말씀에 있지 않습니다.

且子法周而未法夏也,
차 자 법 주 이 미 법 하 야
또 그대는 주나라를 본받고자 할
뿐이고 하나라는 본받으려 하지
않으니

子之古非古也."
자 지 고 비 고 야
그대가 말하는 옛것은 진정한 옛것이
아닙니다."

公孟子謂子墨子曰:
공 맹 자 위 자 묵 자 왈
공맹자가 묵자께 말했다.

---

16 관숙(關叔): 관숙(管叔)은 주성왕(周成王)의 자리를 노려 은나라 유민과 손잡고 반란을 일으
켰으나 주공 단(旦)에 의해 진압되었다. 「경주」주 38 참조.

"昔者聖王之列也,
석 자 성 왕 지 열 야

"옛날에는 성왕들의 서열이 있었습니다.

上聖立爲天子,
상 성 립 위 천 자

최고의 성인이 천자가 되고,

其次立爲卿·大夫.
기 차 립 위 경 대 부

그다음 가는 성인은 경과 대부가 되었습니다.

今孔子博於『詩』·『書』,
금 공 자 박 어 시 서

지금 공자께서는 『시경』과 『서경』을 널리 읽고

察於『禮』『樂』,
찰 어 예 악

『예기』와 『악기』 등에 통달했으며,

詳[17]於萬物,
상 어 만 물

만물에 밝으니

若使孔子當聖王,
약 사 공 자 당 성 왕

만약 공자께 성왕의 시대를 맞게 한다면

則豈不以孔子爲天子哉?"
즉 기 불 이 공 자 위 천 자 재

어찌 공자를 천자로 세우지 않겠습니까?"

子墨子曰:
자 묵 자 왈

묵자께서 말씀하셨다.

"夫知者,
부 지 자

"대개 지혜로운 자는

必尊天事鬼,
필 존 천 사 귀

반드시 하늘을 공경하고 귀신을 섬기며

愛人節用,
애 인 절 용

다른 사람을 사랑하고 물건을 절약해야 하는데

合焉爲知矣.
합 언 위 지 의

이런 덕목들이 합쳐져야 지혜가 되는 것입니다.

今子曰:
금 자 왈

지금 그대가

---

17 상(詳): 비(備) 자와 상통하는 글자이다.

'孔子博于『詩』·『書』,
공 자 박 우 시   서

'공자께서는 『시경』과 『서경』을 널리 읽고

察於『禮』·『樂』,
찰 어 예   악

『예기』와 『악기』 등을 통찰하고 있으며,

詳於萬物',
상 어 만 물

만물에 밝으니'

而曰可以爲天子,
이 왈 가 이 위 천 자

천자가 될 수 있다고 말하는데,

是數人之齒[18],
시 수 인 지 치

이는 다른 사람의 장부를 계산하면서

而可以爲富."
이 가 이 위 부

부자라고 여기는 것과 같습니다."

公孟子曰:
공 맹 자 왈

공맹자가

"貧富壽夭,
빈 부 수 요

"사람의 빈부와 수명은

齰然[19]在天,
색 연   재 천

엄연히 하늘에 달려 있으며

不可損益."
불 가 손 익

이를 덜거나 더할 수 없습니다."라고 말했다.

又曰:
우 왈

또

"君子必學."
군 자 필 학

"군자는 반드시 배워야 합니다."라고 말했다.

子墨子曰:
자 묵 자 왈

묵자께서 말씀하셨다.

---

18 치(齒): '새긴 것과 부합하다(契齒)'의 뜻. 옛날 사람들은 대나무에 숫자를 새겨 계산하였는데 대나무에 새긴 흔적이 마치 이빨(齒) 모양과 같았으므로 장부를 치(齒)라고 하였다. 다른 사람의 장부를 계산하면서 자신의 것처럼 여긴다는 것은 분수에 맞지 않는 생각임을 비유한 것이다.

19 색연(齰然): 색(齰)은 '위아래의 이빨이 꼭 들어맞다'의 뜻이므로 색연(齰然)은 '엄연히', '반드시' 등의 뜻으로 풀이할 수 있다. 조요상은 색(齰)은 착(鑿)과 상통하는 글자라고 하였다.

"敎人學而執有命,
교 인 학 이 집 유 명

"다른 사람에게 학문을 가르치면서 운명이 존재한다고 고집하는 것은

是猶命人葆²⁰而去亓²¹冠也.
시 유 명 인 보 이 거 기 관 야

사람에게 머리를 싸매야 한다고 하면서 모자는 벗으라고 하는 것과 마찬가지입니다."

公孟子謂子墨子曰:
공 맹 자 위 자 묵 자 왈

공맹자가 묵자께 말했다.

"有義不義,
유 의 불 의

"의롭거나 의롭지 않은 일은 존재하지만

無祥不祥."
무 상 불 상

상서롭거나 상서롭지 않은 일은 존재하지 않습니다."

子墨子曰:
자 묵 자 왈

묵자께서 말씀하셨다.

"古聖王皆以鬼神爲神明,
고 성 왕 개 이 귀 신 위 신 명

"옛날의 성왕들은 모두 귀신은 신령스러워서

而爲禍福,
이 위 화 복

화와 복이 될 수 있으며

執有祥不祥,
집 유 상 불 상

상서로움과 상서롭지 않은 것이 존재한다고 주장했습니다.

是以政治而國安也.
시 이 정 치 이 국 안 야

그래서 정치가 잘 다스려지고 나라는 편안해졌습니다.

自桀紂以下,
자 걸 주 이 하

걸왕과 주왕 이래로

皆以鬼神爲不神明,
개 이 귀 신 위 불 신 명

모두 귀신은 신령스럽지 않으며

---

20 보(葆): '머리를 싸매다'의 뜻. 보(葆)는 보(褓)와 의미가 상통함.
21 기(亓): 기(亓)는 고문의 기(其) 자이다.

不能爲禍福,
불 능 위 화 복

화와 복을 줄 수 없고

執無祥不祥,
집 무 상 불 상

상서로운 것과 상서롭지 않은 것은 존재하지 않는다고 주장했는데,

是以政亂而國危也.
시 이 정 란 이 국 위 야

이로 말미암아 정치는 어지러워지고 나라는 위험해졌습니다.

故先王之書『子亦』[22]有之曰:
고 선 왕 지 서 자 역 유 지 왈

이 때문에 선왕의 저술인 『자역』, 즉 『기자(箕子)』에서

'亓傲也出於子,
기 오 야 출 어 자

'만약 오만함이 그대에게서 나온다면

不祥.'
불 상

불길하리라.'라고 했습니다.

此言爲不善之有罰,
차 언 위 불 선 지 유 벌

그 말은 선량하지 않은 일을 하면 하늘의 벌이 있을 것이고,

爲善之有賞."
위 선 지 유 상

선량한 일을 하면 하늘의 상이 있을 것이라는 뜻입니다."

子墨子謂公孟子曰:
자 묵 자 위 공 맹 자 왈

묵자께서 공맹자에게 말씀하셨다.

"喪禮:
상 례

"상례에 의하면,

君與父母·妻·後子[23]死,
군 여 부 모 처 후 자 사

임금과 부모·아내·맏아들이 죽으면

三年喪服;
삼 년 상 복

삼 년 동안 상복을 입습니다.

伯父·叔父·兄弟期;
백 부 숙 부 형 제 기

백부·숙부·형제들의 경우에는 일 년간 상복을 입습니다.

---

22 자역(子亦): 대망(戴望)은 자역(子亦)은 기자(亓子)의 오기이며, 기자(亓子)는 기자(箕子)라는 제목의 고대 서적으로 보았다.

23 후자(後子): 뒤를 잇는 아들, 맏아들.

族人五月;
족 인 오 월

친척들이 죽으면 오 개월 동안 상복을 입고,

姑·姊·舅·甥皆有數月之喪.
고 자 구 생 개 유 수 월 지 상

고모·누나·외삼촌·조카들의 경우에도 모두 몇 달간 상복을 입습니다.

或以不喪之間,
혹 이 불 상 지 간

복상 기간이 아닐 때는

誦24『詩』三百,
송 시 삼 백

『시경』 시 삼백 편을 외우며,

弦『詩』三百,
현 시 삼 백

『시경』 시 삼백 편을 연주하거나

歌25『詩』三百,
가 시 삼 백

노래하기도 하고,

舞26『詩』三百.
무 시 삼 백

『시경』 시 삼백 편에 맞추어 춤도 춥니다.

若用子之言,
약 용 자 지 언

만약 그대의 말대로 하면,

則君子何日以聽治?
즉 군 자 하 일 이 청 치

군자는 어느 겨를에 정치를 하겠습니까?

庶人何日以從事?"
서 인 하 일 이 종 사

백성들은 어느 겨를에 생업에 종사하겠습니까?"

公孟子曰:
공 맹 자 왈

공맹자가

"國亂則治之,
국 란 즉 치 지

"나라가 어지러우면 나라를 다스리고

國治則爲禮樂.
국 치 즉 위 례 악

나라가 잘 다스려지면 예악을

---

24 송(誦): 정현은 『주례』 「대사악(大司樂)」을 주석하면서, "가락에 맞추어 읽는 것을 송(誦)이라고 한다"라고 하였다.

25 가(歌): 『주례』 「소사(小師)」의 주석에 의하면, "가(歌)란 시를 길게 읊조리는 것이다"라고 하였는데 '노래 부르는 것'이다.

26 무(舞): 여기서는 노래 부르면서 춤을 추는 것을 뜻한다.

행합니다.

國治²⁷則從事,
국 치 즉 종 사

나라가 가난해지면 생업에 종사하고

國富則爲禮樂."
국 부 즉 위 례 악

나라가 부유해지면 예악을
행합니다."라고 말했다.

子墨子曰:
자 묵 자 왈

묵자께서 말씀하셨다.

"國之治²⁸;
국 지 치

"나라의 정치는 잘 다스려져야 하는
것인데

治之廢,
치 지 폐

잘못 다스리면

則國之治亦廢.
즉 국 지 치 역 폐

나라의 정치도 망치게 됩니다.

國之富也,
국 지 부 야

그 나라가 부유해지는 것은

從事,
종 사

국민들이 생업에 종사하므로

故富也;
고 부 야

이 때문에 부유해지는 것입니다.

從事廢,
종 사 폐

생업에 종사하는 것을 그만두면

則國之富亦廢,
즉 국 지 부 역 폐

나라의 부유함 역시 없어질 것입니다.

故雖治國,
고 수 치 국

그러므로 비록 나라가 잘 다스려져도

勸之無饜²⁹,
권 지 무 염

다스림을 권장하는 일에 만족하여
게을리하지 않아야

---

27 국치(國治): 치(治) 자는 다음 구절과 연결하여 살펴보면 빈(貧) 자가 되어야 뜻이 통하게 된
    다.
28 국지치(國之治): 이생룡은 전후 문맥의 의미를 감안해 보면, 치지고치야(治之故治也)의 다
    섯 글자를 보충해 주어야 문맥이 통한다고 했다.
29 무염(無饜): 잘 다스려지는 것에 만족하여 그만두지 않는 것 즉, 잘 다스려져도 통치를 게을리
    하지 않는 것

然後可也. _{연 후 가 야}	그런 연후에 나라가 다스려지는 것입니다.
今子曰: _{금 자 왈}	지금 그대가
'國治則爲禮樂, _{국 치 즉 위 례 악}	'나라가 다스려지면 예악을 실행하고,
亂則治之.' _{난 즉 치 지}	나라가 어지러워지면 나라를 다스린다.'라고 하는 말은
是譬猶噎³⁰而穿井也, _{시 비 유 열 이 천 정 야}	비유하면 마치 목이 마른데 우물을 파거나
死而求醫也. _{사 이 구 의 야}	사람이 죽었는데 의사를 부르는 것과 마찬가지입니다.
古者三代暴王桀紂幽厲, _{고 자 삼 대 포 왕 걸 주 유 려}	옛날 하·은·주의 폭군이었던 걸왕·주왕·유왕·여왕 등은
蕍³¹爲聲樂, _{이 위 성 악}	음악을 성대하게 연주하면서
不顧其民, _{불 고 기 민}	그의 백성들을 돌보지 않다가
是以身爲刑僇³², _{시 이 신 위 형 륙}	이로 인해 그 몸은 죽임을 당하고
國爲戾虛³³者, _{국 위 려 허 자}	나라는 폐허가 되었는데,
皆從此道也." _{개 종 차 도 야}	모두 이런 길을 쫓았기 때문입니다."

---

30 열(噎): 다음 구절이 우물을 판다는 내용이므로 열(噎) 자보다는 갈(渴) 자가 되어야 뜻이 잘 통할 것이다.

31 이(蕍): 원래의 뜻은 '꽃이 활짝 피다'이나 여기서는 '성대하다'의 뜻이다.

32 형륙(刑僇): '죽이다', '살육하다'의 뜻인 육(戮) 자와 뜻이 상통한다. 즉, 죽임의 형벌을 당하는 것.

33 여허(戾虛): 여허(厲虛)와 같다. 『석문(釋文)』에는 다음과 같이 풀이하였다. "집에 거주하는 사람이 없는 것을 허(虛)라고 하고, 죽고 나서 자손이 없는 것을 여(厲)라고 한다." 즉, 사람들이 모두 없어지고 살던 곳이 폐허가 됨을 말한다. 허(戾) 자와 여(厲) 자는 뜻이 통한다.

公孟子曰:
공맹자왈

공맹자가 묵자께

"無鬼神."
무귀신

"귀신은 없습니다"라고 말했다.

又曰:
우왈

또

"君子必學祭祀."
군자필학제사

"군자는 반드시 제사 지내는 법을
배워야 합니다"라고 하였다.

子墨子曰:
자묵자왈

묵자께서 말씀하셨다.

"執無鬼而學祭禮,
집무귀이학제례

"귀신이 없다고 주장하면서 제례를
배우라고 하는 것은

是猶無客而學客禮也,
시유무객이학객례야

손님도 없는데 손님 대접하는 예의를
배우라는 것과 같으며,

是猶無魚而爲魚罟也."
시유무어이위어고야

물고기도 없는데 고기 잡는 그물을
만드는 것과 같습니다."

公孟子謂子墨子曰:
공맹자위자묵자왈

공맹자가 묵자께

"子以三年之喪爲非,
자이삼년지상위비

"그대가 삼년상을 치르는 것을 잘못된
일이라고 하신다면

子之三日之喪亦非也."
자지삼일지상역비야

그대가 삼 일 상을 치르는 것 또한
잘못입니다"라고 말했다.

子墨子曰:
자묵자왈

묵자께서 말씀하셨다.

"子以三年之喪非三日之喪,
자이삼년지상비삼일지상

"그대가 삼년상을 가지고 삼 일 상도
잘못되었다고 하는 것은

是猶倮[34]謂撅者[35]不恭也."
시유라 위궐자 불공아

벌거벗고 있는 사람이 옷을 약간 걸은
사람을 보고 공손하지 않다고 말하는

격입니다."

公孟子謂子墨子曰:
공 맹 자 위 자 묵 자 왈

공맹자가 묵자께 말했다.

"知有賢於人,
지 유 현 어 인

"아는 것이 어떤 부분에서 다른 사람보다 현명하다면

則可謂知乎?"
즉 가 위 지 호

그를 지혜롭다고 할 수 있겠습니까?"

子墨子曰:
자 묵 자 왈

묵자께서 말씀하셨다.

"愚之知有以賢於人[36],
우 지 지 유 이 현 어 인

"어리석은 사람이 어떤 부분에서 다른 사람보다 현명하다고 해서

而愚豈可謂知矣哉?"
이 우 기 가 위 지 의 재

어리석은 사람을 어찌 지혜롭다고 할 수 있겠습니까?"

公孟子曰,
공 맹 자 왈

공맹자가 말했다.

"三年之喪,
삼 년 지 상

"삼 년 동안의 상례는

學吾[37]之慕父母."
학 오 지 모 부 모

자식이 부모를 그리워하는 것을 배우는 것입니다."

子墨子曰:
자 묵 자 왈

묵자께서 말씀하셨다.

"夫嬰兒子之知,
부 영 아 자 지 지

"대개 어린아이들이 아는 것이란

獨慕父母而已.
독 모 부 모 이 이

오직 부모를 그리워할 뿐입니다.

---

34 나(倮): 나(裸) 자와 같은 글자이다.

35 걸자(撅者): 옷자락을 걷어 올린 자.

36 유이현어인(有以賢於人): 여기서 유(有)는 어떤 특정 분야의 지식을 의미한다.

37 오(吾): 이생룡은 오(吾) 자는 오자(吾子) 곧, '자식들'의 의미로 보아야 한다고 했다.

父母不可得也, _{부 모 불 가 득 야}	부모가 계시지 않는다 해도
然號而不止, _{연 호 이 부 지}	여전히 부모를 부르기를 그치지 않는데,
此兀³⁸何故也? _{차 기 하 고 야}	이것은 그 원인이 무엇 때문이겠습니까?
卽愚之至³⁹也. _{즉 우 지 지 야}	바로 어리석음이 아주 심하기 때문입니다.
然則儒者之知, _{연 즉 유 자 지 지}	그렇다면 선비의 지식이라는 것이
豈有以賢於嬰兒子哉?" _{기 유 이 현 어 영 아 자 재}	어찌 어린아이보다 현명하다 하겠습니까?"

子墨子曰問於儒者: _{자 묵 자 왈 문 어 유 자}	묵자께서 선비에게 물으셨다.
"何故爲樂?" _{하 고 위 악}	"무엇 때문에 음악 연주를 합니까?"
曰: _왈	선비가
"樂以爲樂也." _{악 이 위 락 야}	"음악 연주는 즐기기 위함입니다"라고 말했다.
子墨子曰: _{자 묵 자 왈}	묵자께서 말씀하셨다.
"子未我應⁴⁰也. _{자 미 아 응 야}	"그대는 아직 나의 질문에 대답하지 않았습니다.
今我問曰: _{금 아 문 왈}	지금 내가

---

38 기(兀): 기(其) 자와 같다.
39 우지지(愚之至): '어리석음이 극도에 이르다'의 뜻.
40 응(應): '대답하다'의 뜻.

'何故爲室?'
하 고 위 실

'무엇 때문에 집을 짓습니까?'라고
묻는데

曰:
왈

그대가

'冬避寒焉,
동 피 한 언

'겨울에 추위를 피하고

夏避暑焉,
하 피 서 언

여름에는 더위를 피하며,

室以爲男女之別也.'
실 이 위 남 녀 지 별 야

집을 지어 남녀의 구별도 하려
합니다'라고 한다면

則子告我爲室之故矣.
즉 자 고 아 위 실 지 고 의

그대가 나에게 집을 짓는 까닭을 알려
주는 것입니다.

今我問:
금 아 문

지금 내가

'何故爲樂?'
하 고 위 악

'무엇 때문에 음악 연주를
합니까?'라고 묻는데

曰:
왈

그대가

'樂以爲樂也.'
악 이 위 락 야

'음악 연주는 즐기기 위함입니다'라고
한다면,

是猶曰,
시 유 왈

이는 마치

'何故爲室',
하 고 위 실

'무엇 때문에 집을 지었습니까?'라고
물었는데

曰'室以爲室'也."
왈 실 이 위 실 야

'집을 위해서 집을 지었습니다'라고
대답하는 것이나 마찬가지입니다."

子墨子謂程子⁴¹曰:
자 묵 자 위 정 자   왈

묵자께서 정번(程繁)에게 말씀하셨다.

"儒者之道足以喪天下者,
유 자 지 도 족 이 상 천 하 자

"유가의 학설로 족히 반드시 천하를 망하게 하는 것에

四政焉.
사 정 언

네 가지 주장이 있습니다.

儒以天爲不明,
유 이 천 위 불 명

선비들은 하늘이 사리를 밝게 비추지 않으며

以鬼爲不神,
이 귀 위 불 신

귀신이 신령스럽지 않다고 여기는데,

天鬼不說,
천 귀 불 열

하늘과 귀신이 기뻐하지 않으니

此足以喪天下.
차 족 이 상 천 하

이런 주장은 반드시 천하를 망하게 할 것입니다.

又厚葬久喪,
우 후 장 구 상

또 후하게 장례를 치르며 오래 상례하자는 것과,

重爲棺槨,
중 위 관 곽

관곽을 겹으로 해야 한다는 것,

多爲衣衾,
다 위 의 금

죽은 이에게 수의를 많이 입히고,

送死若徙,
송 사 약 사

죽은 이를 전송함을 이사하듯이 하며,

三年哭泣,
삼 년 곡 읍

삼 년 동안 곡하며 지내고,

扶後起,
부 후 기

부축을 받아야 일어나고

杖後行,
장 후 행

지팡이를 짚고 길을 가며,

耳無聞,
이 무 문

귀로는 아무것도 듣지 않고

目無見,
목 무 견

눈으로는 아무것도 보지 않아야 한다 하니,

此足以喪天下.
차 족 이 상 천 하

이런 주장은 반드시 천하를 망하게 할

---

41 정자(程子): 유가.「삼변(三辯)」에 나오는 정번(程繁).

것입니다.

又弦歌鼓舞,
우 현 가 고 무

또 거문고 타고 노래 부르고 춤추게
하며,

習爲聲樂,
습 위 성 악

노래와 음악을 익히게 하니,

此足以喪天下.
차 족 이 상 천 하

이것은 반드시 천하를 망하게 할
것입니다.

又以命爲有,
우 이 명 위 유

또 운명이란 것이 있어

貧富壽夭,
빈 부 수 요

가난과 부유함, 장수와 요절,

治亂安危有極矣,
치 란 안 위 유 극 의

나라의 다스려짐과 난리 등이 모두
정해지며,

不可損益也,
불 가 손 익 야

더하거나 줄일 수 없다고 합니다.

爲上者行之,
위 상 자 행 지

윗사람이 그것을 행한다면

必不聽治矣;
필 불 청 치 의

반드시 잘 다스려지지 않을 것입니다.

爲下者行之,
위 하 자 행 지

아랫사람이 그것을 행한다면

必不從事矣,
필 불 종 사 의

반드시 일에 종사하지 않을 것입니다.

此足以喪天下."
차 족 이 상 천 하

이것은 반드시 천하를 망하게 할
것입니다."

程子曰:
정 자 왈

정번이 말했다.

"甚矣,
심 의

"심하십니다.

先生之毁儒也!"
선 생 지 훼 유 야

선생께서는 어찌 이렇게 유가를
비방하십니까!"

子墨子曰:
자 묵 자 왈

묵자께서 말씀하셨다.

儒固無此若四政者,
유 고 무 차 약 사 정 자

유가에 진실로 이 네 가지의 주장이 없는데

而我言之,
이 아 언 지

내가 그것을 말한다면

則是毀也.
즉 시 훼 야

곧 비방하는 것입니다.

今儒固有此四政者,
금 유 고 유 차 사 정 자

지금 유가에는 진실로 이 네 가지 주장이 있으니,

而我言之,
이 아 언 지

내가 그것을 말한다 해도

則非毀也,
즉 비 훼 야

곧 비방하는 것이 아니며,

告聞[42]也."
고 문 야

내가 아는 것을 알려 주는 것입니다."

程子無辭而出.
정 자 무 사 이 출

정번은 작별의 말도 없이 나갔다.

子墨子曰:
자 묵 자 왈

묵자께서 말씀하셨다.

"迷[43]之!"
미 지

"돌아오십시오!"

反,
반

정번이 되돌아온 후에

後坐,
후 좌

자리에 앉더니

進復曰:
진 부 왈

나아가 다시 말했다.

"鄉者先生之言有可聞者焉,
향 자 선 생 지 언 유 가 문 자 언

"좀 전의 선생의 말씀은 들을 만한 내용이 있었습니다.

若先生之言,
약 선 생 지 언

만약 선생의 말씀대로라면

則是不譽禹,
즉 시 불 예 우

우임금을 칭찬할 수도 없고,

---

42 고문(告聞): 문(聞)은 타인에게 듣고 아는 지식을 의미한다.
43 미(迷): 환(還)의 뜻으로 쓰였다, 돌아오다.

不毁桀紂也.”
_{불 훼 걸 주 야}

걸왕과 주왕을 비난할 수도 없습니다.”

子墨子曰:
_{자 묵 자 왈}

묵자께서 말씀하셨다.

“不然.
_{불 연}

“그렇지 않습니다.

夫應[44]孰辭[45],
_{부 응 숙 사}

상투적인 말로 대답하는 것은

稱議[46]而爲之,
_{칭 의 이 위 지}

생각하지 않고 대답할 수 있으니

敏也.
_{민 야}

기민한 것입니다.

厚攻則厚吾,
_{후 공 즉 후 오}

맹렬히 공격해 오면 나도 맹렬히
방어하고

薄攻則薄吾,
_{박 공 즉 박 오}

가볍게 공격하면 나도 가볍게 방어할
것이니

應孰辭而稱議,
_{응 숙 사 이 칭 의}

상투적인 말로 대답하고 깊이
생각하는 것은

是猶荷轅而擊蛾也.”
_{시 유 하 원 이 격 아 야}

마치 수레의 끌채를 들고 나방을 치는
것과 같습니다.”

子墨子與程子辯,
_{자 묵 자 여 정 자 변}

묵자와 정번이 변론하다가

稱於孔子.
_{칭 어 공 자}

공자에 대해 언급하게 되었다.

程子曰:
_{정 자 왈}

정번이 말했다.

“非儒,
_{비 유}

“유가를 비난하시면서

---

44 응(應): 응답하다.
45 숙사(孰辭): 상어(常語), 목사(熟辭). 숙(孰)은 숙(熟)과 통한다. 익숙한 말, 상투적인 말.
46 칭의(稱議): 손이양은 칭(稱) 앞에 불(不) 자가 있어야 한다고 말했다.

何故稱於孔子也?"
하 고 칭 어 공 자 야

어째서 공자를 언급하시는지요?"

子墨子曰:
자 묵 자 왈

묵자께서 말씀하셨다.

"是亦當而不可易者也.
시 역 당 이 불 가 역 자 야

"그의 말에도 합당한 것이 있는데 이는 바꿀 수 없습니다.

今鳥聞熱旱之憂則高,
금 조 문 열 한 지 우 즉 고

지금 새가 뜨거운 가뭄의 근심을 안다면 높이 날아 피할 것이고,

魚聞熱旱之憂則下,
어 문 열 한 지 우 즉 하

물고기가 뜨거운 가뭄의 근심을 안다면 곧 물속 깊이 내려갈 것이니,

當此,
당 차

이때를 당하여는

雖禹湯爲之謀,
수 우 탕 위 지 모

비록 우임금과 탕왕이 대책을 세운다 해도

必不能易矣.
필 불 능 역 의

반드시 그것을 바꿀 수 없습니다.

鳥魚可謂愚矣,
조 어 가 위 우 의

새와 물고기가 어리석다 하겠지만

禹湯猶云因焉.
우 탕 유 운 인 언

우임금와 탕왕이라도 도리어 그들의 행동을 따라 해야 합니다.

今翟曾無稱於孔子乎?"
금 적 증 무 칭 어 공 자 호

지금 이 묵적이 어찌 공자에 대해 말하지 않겠습니까?"

有游於子墨子之門者,
유 유 어 자 묵 자 지 문 자

어떤 사람이 묵자의 문하에 배우러 왔는데,

身體强良,
신 체 강 량

몸이 강건하고

思慮徇通
사 려 순 통

생각은 민첩해 보였으므로

欲使隨而學.
욕 사 수 이 학

묵자를 따르며 배우게 하였다.

子墨子曰:
자 묵 자 왈

묵자께서 말씀하셨다.

"姑學乎,
고 학 호

"잠시 배우도록 하게.

吾將仕子."
오 장 사 자

내가 그대를 벼슬하도록 해 주겠네."

勸於善言而學.
권 어 선 언 이 학

좋은 말로 권유하며 배우도록 했다.

其年,
기 년

한 해가 지나자

而責仕於子墨子.
이 책 사 어 자 묵 자

묵자께 벼슬하도록 해 달라고 하였다.

子墨子曰:
자 묵 자 왈

묵자께서 말씀하셨다.

"不仕子.
불 사 자

"그대를 벼슬에 나가게 할 수 없네.

子亦聞夫魯語乎?
자 역 문 부 로 어 호

그대 또한 노나라 사람 이야기를
들었겠지?

魯有昆弟五人者,
노 유 곤 제 오 인 자

노나라에 형제가 다섯인 집이
있었는데,

亓父死,
기 부 사

그 아버지가 죽었으나

亓長子嗜酒而不葬,
기 장 자 기 주 이 부 장

그 맏아들이 술을 좋아하여 장례를
치르지 않자

亓四弟曰:
기 사 제 왈

그의 네 동생이 말했다.

'子與我葬,
자 여 아 장

'형님이 우리와 함께 장례를 치르시면,

當爲子沽酒.'
당 위 자 고 주

형님께 꼭 술을 사드리겠습니다.'

勸於善言而葬.
권 어 선 언 이 장

좋은 말로 형님을 권유하여 장례를
치렀다.

已葬,
_{이 장}

장례를 치르고 나자

而責酒於其四弟.
_{이 책 주 어 기 사 제}

형은 네 동생에게 술을 사 달라고
했다.

四弟曰:
_{사 제 왈}

네 동생이 말했다.

'吾末⁴⁷予子酒矣.
_{오 말 여 자 주 의}

'우리는 형님에게 술을 사 드릴 수
없습니다.

子葬子父,
_{자 장 자 부}

형님은 형님의 아버지를 장례
지내셨고,

我葬吾父,
_{아 장 오 부}

우리는 우리 아버지를 장례 지냈으니,

豈獨吾父哉?
_{기 독 오 부 재}

어찌 우리의 아버지만이겠습니까?

子不葬,
_{자 불 장}

형님이 장례를 치르지 않는다면

則人將笑子,
_{즉 인 장 소 자}

다른 사람들이 형님을 비웃을
것입니다.

故勸子葬也.'
_{고 권 자 장 아}

그래서 형님께 장례를 치르도록
권유한 것입니다.'

今子爲義,
_{금 자 위 의}

지금 그대도 의를 실천하려 하고

我亦爲義,
_{아 역 위 의}

나 역시 의를 실천하려 하니,

豈獨我義也哉?
_{기 독 아 의 야 재}

어찌 나만을 위해 의를 실천하는
것이겠는가?

子不學,
_{자 불 학}

그대가 배우지 않는다면

則人將笑子,
_{즉 인 장 소 자}

사람들이 그대를 비웃을 것인데,

---

47 말(末): 말(末)자는 미(未)자의 잘못.

故勸子於學."
고 권 자 어 학

이런 까닭으로 그대가 학문을 하도록 권유한 것이라네."

有游於子墨子之門者,
유 유 어 자 묵 자 지 문 자

묵자의 문하에 배우러 온 사람이 있었는데

子墨子曰:
자 묵 자 왈

묵자께서 말씀하셨다.

"盍[48]學乎?"
합 학 호

"어째서 배우지 않는가?"

對曰:
대 왈

그 사람이

"吾族人無學者."
오 족 인 무 학 자

"우리 일족 중에는 배운 사람이 없습니다"라고 대답했다.

子墨子曰:
자 묵 자 왈

묵자께서 말씀하셨다.

"不然.
불 연

"그렇지 않다.

夫好美者,
부 호 미 자

아름다운 것을 좋아하는 사람이

豈曰吾族人莫之好,
기 왈 오 족 인 막 지 호

설마 우리 집안사람 중에 아름다운 것을 좋아하는 사람이 없어서

故不好哉?
고 불 호 재

나도 아름다운 것을 좋아하지 않는다고 말하겠는가?

夫欲富貴者,
부 욕 부 귀 자

부귀하게 되고 싶은 사람이

豈曰我族人莫之欲,
기 왈 아 족 인 막 지 욕

설마 우리 집안사람은 부귀해지고 싶은 사람이 없어서

故不欲哉?
고 불 욕 재

나도 그런 욕심이 없다고 말할 수

---

48 합(盍): 합(盍)은 하불(何不), 즉 '어찌 ~하지 않는가?'의 뜻이다.

있겠는가?

好美·欲富貴者,
<small>호 미 욕 부 귀 자</small>

아름다운 것을 좋아하는 것과
부귀해지고자 하는 것은

不視人猶强爲之.
<small>불 시 인 유 강 위 지</small>

다른 사람을 살피지 않고 힘써서
그것을 할 것이다.

夫義,
<small>부 의</small>

대개 의로움이란

天下之大器也,
<small>천 하 지 대 기 야</small>

천하의 큰 보배인데

何以視人?
<small>하 이 시 인</small>

어찌 다른 사람을 살피겠는가?

必强爲之!"
<small>필 강 위 지</small>

반드시 힘써서 그것을 해야 한다."

有游於子墨子之門者,
<small>유 유 어 자 묵 자 지 문 자</small>

묵자의 문하에 배우러 온 사람이
있었는데

謂子墨子曰:
<small>위 자 묵 자 왈</small>

그가 묵자께 여쭈었다.

"先生以鬼神爲明知,
<small>선 생 이 귀 신 위 명 지</small>

"선생님께서는 귀신이 밝은 지혜가
있어

能爲禍人哉福,
<small>능 위 화 인 재 복</small>

능히 사람에게 재앙을 주거나 복을 줄
수 있으며,

爲善者富之,
<small>위 선 자 부 지</small>

선한 자는 부귀함을 주고,

爲暴者禍之.
<small>위 포 자 화 지</small>

포악한 자는 재앙을 준다고 했습니다.

今吾事先生久矣,
<small>금 오 사 선 생 구 의</small>

지금 저는 선생님을 섬긴 지
오래되었는데,

而福不至,
<small>이 복 부 지</small>

복이 이르지 않고 있으니

意者先生之言有不善乎, 의 자 선 생 지 언 유 불 선 호	그 뜻은 선생님의 말씀이 훌륭하지 않은 것일까요?
鬼神不明乎? 귀 신 불 명 호	아니면 귀신이 밝지 못한 것일까요?
我何故不得福也?" 아 하 고 부 득 복 야	저는 어째서 복을 받지 못하는 것일까요?"
子墨子曰: 자 묵 자 왈	묵자께서 말씀하셨다.
"雖子不得福, 수 자 부 득 복	"설령 그대가 복을 받지 못했더라도
吾言何遽不善? 오 언 하 거 불 선	어째서 나의 말을 갑자기 훌륭하지 않다 하는가?
而鬼神何遽不明? 이 귀 신 하 거 불 명	그리고 귀신이 어찌 밝지 않다고 하는가?
子亦聞乎匿徒之刑之有刑乎?" 자 역 문 호 닉 도 지 형 지 유 형 호	그대도 형벌 받는 무리를 숨겨 준 자는 처벌받는다는 말을 들은 적이 있는가?"
對曰: 대 왈	그가 대답했다.
"未之得聞也." 미 지 득 문 야	"아직 듣지 못했습니다."
子墨子曰: 자 묵 자 왈	묵자께서 말씀하셨다.
"今有人於此, 금 유 인 어 차	"지금 어떤 사람이 여기에 있는데
什子.[49] 십 자	그대보다 열 배 재능이 뛰어나다고 치자.
子能什譽之, 자 능 십 예 지	그대는 그를 열 번 칭찬하면서

---

[49] 십자(什子): 십(什)은 열 배의 재능을 의미한다. 즉, 그대보다 열 배나 재능이 뛰어난 사람의 뜻.

而一自譽乎?" <small>이 일 자 예 호</small>	자신은 한 번만 칭찬할 수 있겠는가?"
對曰: <small>대 왈</small>	그가 대답했다.
"不能." <small>불 능</small>	"그렇게는 할 수 없습니다."
有人於此, <small>유 인 어 차</small>	"어떤 사람이 여기에 있는데
百子, <small>백 자</small>	그대보다 백 배 재능이 뛰어나다.
子能終身譽亓善, <small>자 능 종 신 예 기 선</small>	그대는 종신토록 그의 훌륭함을 칭찬하면서
而子無一乎?" <small>이 자 무 일 호</small>	그대 자신은 한 번도 칭찬하지 않을 수 있겠는가?"
對曰: <small>대 왈</small>	그가 대답했다.
"不能." <small>불 능</small>	"그렇게 할 수 없습니다."
子墨子曰: <small>자 묵 자 왈</small>	묵자께서 말씀하셨다.
"匿一人者猶有罪, <small>닉 일 인 자 유 유 죄</small>	죄인 한 사람을 은닉해도 죄가 되는데,
今子所匿者若此亓多, <small>금 자 소 닉 자 약 차 기 다</small>	지금 그대가 다른 사람의 훌륭함을 은닉한 것이 이와 같이 많으니
將有厚罪者也, <small>장 유 후 죄 자 야</small>	마땅히 큰 죄를 받을 것이거늘,
何福之求! <small>하 복 지 구</small>	어찌 복을 얻겠다고 하는가!"
子墨子有疾, <small>자 묵 자 유 질</small>	묵자께서 병에 걸리셨는데
跌鼻50進而問曰: <small>질 비 진 이 문 왈</small>	질비가 나아가 여쭈었다.

---

50 질비(跌鼻): 묵자의 제자.

"先生以鬼神爲明,
선생이귀신위명

"선생님께서 귀신은 밝아서

能爲禍福,
능위화복

화와 복을 줄 수 있는데,

爲善者賞之,
위선자상지

선한 자에게는 상을 주고

爲不善者罰之.
위불선자벌지

선하지 않은 자는 벌을 준다고
하셨습니다.

今先生聖人也,
금선생성인야

지금 선생님께서는 성인이신데

何故有疾?
하고유질

어째서 병이 나셨습니까?

意者先生之言有不善乎,
의자선생지언유불선호

그 뜻은 선생님의 말씀에도 선하지
않은 것이 있다는 말씀입니까?

鬼神不明知乎?"
귀신불명지호

아니면 귀신이 밝지 못한 것입니까?"

子墨子曰:
자묵자왈

묵자께서 말씀하셨다.

"雖使我有病,
수사아유병

"비록 나에게 병이 생겼다 해도

何遽不明?
하거불명

어찌 귀신이 밝지 않아서이겠느냐?

人之所得於病者多方,
인지소득어병자다방

사람이 병을 얻게 되는 것은 여러 가지
원인이 있으니

有得之寒暑,
유득지한서

어떤 경우는 추위와 더위로 인해 병이
생기고,

有得之勞苦,
유득지로고

어떤 경우는 힘들게 일하다가 병이
생긴다.

百門而閉一門焉,
백문이폐일문언

백 개의 문이 있는 집에 한 개의 문을
닫았다고

則盜何遽無從入?"
즉도하거무종입

도둑이 어찌 들어오지 않겠느냐?"

二三子有復於子墨子學射者,
이 삼 자 유 부 어 자 묵 자 학 사 자

제자 두세 명이 묵자께 또 활쏘기를
배우려 했다.

子墨子曰:
자 묵 자 왈

묵자께서 말씀하셨다.

"不可.
불 가

"안 되네.

夫知者必量亓力所能至而從事焉.
부 지 자 필 량 기 력 소 능 지 이 종 사 언

지혜로운 사람이라면 반드시 자신의
역량이 능히 이를 수 있는지 헤아려
보고 일을 한다네.

國士戰且扶人,
국 사 전 차 부 인

천하의 용사라도 싸우면서 다른
사람을 돕는 것은

猶不可及也.
유 불 가 급 야

다 돌볼 수 없는 법이네.

今子非國士也,
금 자 비 국 사 야

지금 그대들은 천하의 용사도 아닌데

豈能成學又成射哉?"
기 능 성 학 우 성 사 재

어찌 능히 학문을 완성하려 하면서
활쏘기도 완성할 수 있겠는가?"

二三子復於子墨子曰:
이 삼 자 부 어 자 묵 자 왈

제자 두세 명이 다시 묵자께 여쭈었다.

"告子曰:
고 자 왈

"고자가

'言義而行甚惡.'
언 의 이 행 심 악

'묵자는 의로움을 말하지만 행실은
매우 사악하다'라고 말했는데

請棄之."
청 기 지

그를 내치셔야 합니다."

子墨子曰:
자 묵 자 왈

묵자께서 말씀하셨다.

"不可,
불 가

"그렇게 할 수 없다.

稱我言以毀我行,
칭 아 언 이 훼 아 행

나를 언급해서 나의 행실을 비방하는 것은

愈於亡.
유 어 무

아예 나를 언급하지 않는 것보다 낫다.

有人於此,
유 인 어 차

어떤 사람이 여기에서

翟甚不仁[51],
적 심 불 인

이 묵적과 사이가 좋지 않은데

尊天·事鬼·愛人,
존 천 사 귀 애 인

내가 하늘을 존숭하고 귀신을 섬기며 다른 사람을 두루 사랑하는 학설을 그가 언급한다면

甚不仁,
심 불 인

설령 나와 사이가 좋지 않더라도

獨愈於亡也.
독 유 어 무 야

도리어 나를 언급조차 하지 않는 것보다 낫다.

今告子言談甚辯,
금 고 자 언 담 심 변

지금 고자는 쟁변을 아주 잘하는데,

言仁義而不吾毀.
언 인 의 이 불 오 훼

인의를 말하려 했다면 나를 비방하지 않아야 한다.

告子毀,
고 자 훼

그런데 고자가 나를 비방한다면

猶愈亡也."
유 유 무 야

도리어 언급조차 않는 것보다 낫다."

二三子復於子墨子曰:
이 삼 자 부 어 자 묵 자 왈

제자 두세 명이 다시 묵자께 말씀드렸다.

"告子勝爲仁."
고 자 승 위 인

"고자는 인을 실천함에 뛰어납니다."

子墨子曰:
자 묵 자 왈

묵자께서 말씀하셨다.

---

51 인(仁): 인(仁)은 애애(愛)와 같다. 사이가 좋다는 뜻이다.

"未必然也!
미 필 연 야

　　"반드시 그렇다고는 할 수 없다.

告子爲仁,
고 자 위 인

　　고자가 인을 실천하는 것은

譬猶跂以爲長,
비 유 기 이 위 장

　　비유하자면 발돋움해서 키를 높게
하고

隱以爲廣,
은 이 위 광

　　상체를 위로 향하게 해서 크게 보이게
하는 것과 같아서

不可久也."
불 가 구 야

　　오래 지속할 수 없다."

告子謂子墨子曰:
고 자 위 자 묵 자 왈

　　고자가 묵자께 말했다.

"我治國爲政."
아 치 국 위 정

　　"나는 나라를 다스리고 정치를 할 수
있습니다."

子墨子曰:
자 묵 자 왈

　　묵자께서 말씀하셨다.

"政者,
정 자

　　"정치라는 것은

口言之,
구 언 지

　　입으로 그것을 말한다면

身必行之.
신 필 행 지

　　몸으로는 반드시 그것을 실천해야
합니다.

今子口言之,
금 자 구 언 지

　　지금 그대는 입으로 그것을 말하면서

而身不行,
이 신 불 행

　　몸으로는 실천하지 않으니,

是子之身亂也.
시 자 지 신 란 야

　　이것은 그대의 몸을 어지럽히는
것입니다.

子不能治子之身,
자 불 능 치 자 지 신

　　그대는 그대의 몸도 다스릴 수 없는데

惡能治國政?
오 능 치 국 정

　　어찌 나라의 정치를 할 수 있겠습니까?

子姑亡,
자 고 무

子之身亂之矣."
자 지 신 란 지 의

그대는 잠시 이 생각을 접으시지요.

그대의 몸이 어지러워져 그 말을 행할
수 없을 것입니다."

권 13

노문 제49편
(魯問第四十九)

魯君¹謂子墨子曰: _{노 군 위 자 묵 자 왈}	노나라 왕이 묵자께 물었다.
"吾恐齊之攻我也, _{오 공 제 지 공 아 야}	"나는 제나라가 우리 나라를 공격해 올까 두렵습니다.
可救乎?" _{가 구 호}	우리 나라를 구할 수 있을까요?"
子墨子曰: _{자 묵 자 왈}	묵자께서 말씀하셨다.
"可. _가	"구할 수 있습니다.
昔者, _{석 자}	옛날
三代之聖王禹湯文武, _{삼 대 지 성 왕 우 탕 문 무}	삼대의 성스러운 군주 우왕·탕왕·문왕·무왕은
百里之諸侯也, _{백 리 지 제 후 야}	사방 백 리 땅의 제후였지만
說忠行義, _{열 충 행 의}	충의를 좋아하고 실천하여
取天下. _{취 천 하}	천하를 얻었습니다.
三代之暴王桀紂幽厲, _{삼 대 지 포 왕 걸 주 유 려}	삼대의 폭군 걸왕·주왕·유왕·여왕

1　노군(魯君): 손이양은 노목공(魯穆公)으로 추정하였다.

등은

讐怨行暴,
수 원 행 포
충신과 원수가 되고 포악한 짓을
행하더니

失天下.
실 천 하
천하를 잃었습니다.

吾願主君之上者,
오 원 주 군 지 상 자
바라건대 주군께서 위로는

尊天事鬼,
존 천 사 귀
하늘을 존숭하고 귀신을 섬기며

下者愛利百姓,
하 자 애 리 백 성
아래로는 백성을 사랑하고 이롭게 해
주며,

厚爲皮幣,
후 위 피 폐
후하게 예물과 폐백 등을 준비하여

卑辭令,
비 사 령
겸손한 외교적 언사로

亟徧禮四鄰諸侯,
극 편 례 사 린 제 후
사방의 제후에게 두루 예의를 차리고

敺國而以事齊,
구 국 이 이 사 제
온 나라가 제나라를 섬기도록 한다면

患可救也.
환 가 구 야
환난을 구할 수 있을 것입니다.

非此,
비 차
이런 방법이 아니면

顧²無可爲者."
고 무 가 위 자
진실로 구할 방법이 없습니다."

齊將伐魯,
제 장 벌 로
제나라가 장차 노나라를 정벌하려고
하는데

子墨子謂項子牛³曰:
자 묵 자 위 항 자 우 왈
묵자께서 항자우에게 말씀하셨다.

---

2   고(顧): 고(固)와 통하는 글자로 '진실로'의 뜻.
3   항자우(項子牛): 제나라의 장군.

"伐魯,
　벌 로

齊之大過也.
　제 지 대 과 야

昔者,
　석 자

吳王⁴東伐越,
　오 왕 동 벌 월

棲諸會稽;
　서 저 회 계

西伐楚,
　서 벌 초

葆昭王於隨;
　보 소 왕 어 수

北伐齊,
　북 벌 제

取國子⁵以歸於吳.
　취 국 자 이 귀 어 오

諸侯報其讐,
　제 후 보 기 수

百姓苦其勞,
　백 성 고 기 로

而弗爲用,
　이 불 위 용

是以國爲虛戾,
　시 이 국 위 허 려

"노나라를 정벌하는 것은

제나라의 큰 잘못입니다.

옛날

오나라 왕이 동쪽으로 월나라를
정벌하자

월나라 왕은 회계산으로 달아나
근거로 삼았습니다,

오나라 왕이 서쪽으로 초나라를
정벌하니

초소왕은·초나라 사람의 도움으로
수나라로 도망갔습니다.

오나라 왕이 북쪽으로 제나라를
정벌하고

제나라 장군 국서를 포로로 잡아
오나라로 돌아갔습니다.

제후들은 그에게 복수해야 한다고
하고

백성들은 그가 가져온 노고를
수고롭게 여겨

오나라 왕을 위해 힘쓰려 하지 않아

그래서 나라는 망하고

4　오왕(吳王): 춘추 시대 말엽의 오왕 부차(夫差).

5　국자(國子): 제나라의 장군 국서(國書).

身爲刑戮也.
신 위 형 륙 야

그 자신은 죽임을 당했습니다.

昔者,
석 자

옛날에

智伯⁶伐范氏與中行氏,
지 백 벌 범 씨 여 중 항 씨

지백이 범씨와 중항씨를 정벌하고

兼三晉之地.
겸 삼 진 지 지

세 집안의 땅을 합병했습니다.

諸侯報其讐,
제 후 보 기 수

제후들은 그 원수를 갚고자 했고,

百姓苦其勞,
백 성 고 기 로

진나라의 백성들은 그 일을 수고롭게
여겨

而弗爲用,
이 불 위 용

지백을 위해 힘을 쏟지 않았습니다.

是以國爲虛戾,
시 이 국 위 허 려

그래서 나라는 망하고

身爲刑戮用是⁷也.
신 위 형 륙 용 시 야

지백은 참형을 당했습니다.

故大國之攻小國也,
고 대 국 지 공 소 국 야

그러므로 큰 나라가 작은 나라를
공격하고

是交相賊也,
시 교 상 적 야

서로 적이 되어 싸우게 되면

禍必反⁸於國."
화 필 반 어 국

재앙이 반드시 그 나라에 되돌아오는
법입니다."

子墨子見齊大王⁹曰:
자 묵 자 현 제 태 왕 왈

묵자께서 제나라 태공을 알현하고
말씀하셨다.

---

6 지백(智伯): 지백은 춘추 시대 말 진(晉)의 대신으로 권력을 잡고 있었는데 다른 두 세력가인
   범씨와 중항씨를 정벌해 그 땅을 겸병하였다. 이른바 삼진(三晉)이란 이들 세 집안이 진나라
   의 땅을 분할 지배했음을 말한다. 「소염」 주 49 참조.

7 용시(用是): 용시(用是)는 잘못 끼어든 문장으로 삭제해야 한다.

8 반(反): 반(返)과 같은 뜻이다.

9 제태왕(齊大王): 대(大)는 태(太)와 통하는 글자로, 제태공(齊太公) 전화(田和)를 가리킨다.

“今有刀於此,
금유도어차

“지금 여기 칼이 있다고 치고,

試人之頭,
시인지두

시험 삼아 사람의 머리를 쳤는데

倅然[10]斷之,
졸연 단지

잠깐 사이에 머리가 잘렸다면

可謂利乎?”
가위리호

예리하다고 할 수 있습니까?”

大王曰:
태왕왈

태공이 대답했다.

“利.”
이

“예리합니다.”

子墨子曰:
자묵자왈

묵자께서 말씀하셨다.

“多試人之頭,
다시인지두

“칼로 여러 차례 사람의 머리를 쳤는데

倅然斷之,
졸연단지

잠깐 사이에 머리가 잘렸다면

可謂利乎?”
가위리호

예리하다고 할 수 있습니까?”

大王曰:
태왕왈

태공이 대답했다.

“利.”
이

“예리합니다.”

子墨子曰:
자묵자왈

묵자께서 말씀하셨다.

“刀則利矣,
도즉리의

“칼이 예리합니다만

孰將受其不祥[11]?”
숙장수기불상

누가 그 불길한 응보를 받을까요?”

大王曰:
대왕왈

태공이 대답했다.

刀受其利,
도수기리

“칼이 그처럼 예리하니

試者受其不祥.”
시자수기불상

칼을 시험한 사람이 그 불길한 응보를
받겠지요.”

---

10 졸연(倅然): 졸연(猝然)과 같다. '갑자기', '잠깐 동안'의 뜻.

11 불상(不祥): 상서롭지 못함. 곧 불길한 응보를 받는 것.

子墨子曰：
<small>자 묵 자 왈</small>

묵자께서 말씀하셨다.

"幷國覆軍，
<small>병 국 복 군</small>

"다른 나라를 병합하고 그 군대를 전멸시키고

賊敖[12]百姓，
<small>적 오 백 성</small>

그 백성들을 해치고 죽인다면

孰將受其不祥？"
<small>숙 장 수 기 불 상</small>

누가 장차 그 불길한 응보를 받을까요?"

大王俯仰而思之曰：
<small>대 왕 부 앙 이 사 지 왈</small>

태공이 아래 위를 쳐다보며 생각해 보더니 말했다.

"我受其不祥."
<small>아 수 기 불 상</small>

"내가 그 불길한 응보를 받겠지요."

魯陽文君[13]將攻鄭，
<small>노 양 문 군 장 공 정</small>

노양문군이 정나라를 공격하려고 했다.

子墨子聞而止之，
<small>자 묵 자 문 이 지 지</small>

묵자께서 그 이야기를 듣고 전쟁을 멈추게 하려고

謂陽文君曰：
<small>위 양 문 군 왈</small>

노양문군에게 말했다.

"今使魯四境之內，
<small>금 사 로 사 경 지 내</small>

"지금 노나라 국경 내에서

大都攻其小都，
<small>대 도 공 기 소 도</small>

큰 도시는 작은 도시를 공격하고,

大家伐其小家，
<small>대 가 벌 기 소 가</small>

큰 집안은 그 작은 집안들을 공격하여

殺其人民，
<small>살 기 인 민</small>

사람들을 죽이고,

取其牛馬狗豕布帛米粟貨財，
<small>취 기 우 마 구 시 포 백 미 속 화 재</small>

그들의 소·말·개·돼지·베·비단·

---

12 적오(賊敖): 적살(賊殺)과 같다. 곧 '해치고 죽이다'의 뜻. 오(敖)는 살(殺)의 고자(古字)이다.

13 노양문군(魯陽文君): 초평왕(楚平王)의 손자로 이름은 공손관(公孫寬)이다. 봉지가 노산의 북쪽(魯山之陽)이므로 노양문군(魯陽文君)이라고 하였다. 「경주」주 34 참조.

쌀·조·재물 등을 약탈한다면

則何若?"
즉 하 약

어떻게 하시겠습니까?"

魯陽文君曰:
노 양 문 군 왈

노양문군이 대답하였다.

"魯四境之內,
노 사 경 지 내

"노나라 국경 안은

皆寡人之臣也.
개 과 인 지 신 야

모두 과인의 백성입니다.

今大都攻其小都,
금 대 도 공 기 소 도

지금 만약 노나라 내의 큰 도시가 작은
도시를 공격하고

大家伐其小家,
대 가 벌 기 소 가

큰 집안이 작은 집안을 공격하여

奪之貨財,
탈 지 화 재

그들의 재물을 빼앗는다면

則寡人必將厚罰之."
즉 과 인 필 장 후 벌 지

과인은 반드시 그들에게 무거운
형벌을 줄 것입니다."

子墨子曰:
자 묵 자 왈

묵자께서 말씀하셨다.

"夫天之兼有天下也,
부 천 지 겸 유 천 하 야

"대개 하늘이 천하를 소유하고 있는
것은

亦猶君之有四境之內也.
역 유 군 지 유 사 경 지 내 야

대왕께서 노나라를 소유하는 것과
비슷합니다.

今擧兵將以攻鄭,
금 거 병 장 이 공 정

지금 대왕께서 군대를 일으켜 장차
정나라를 공격하려 하시니

天誅亓不至乎?"
천 주 기 부 지 호

하늘의 벌이 이르지 않겠습니까?"

魯陽文君曰:
노 양 문 군 왈

노양문군이 말했다.

"先生何止我攻鄭也?
선 생 하 지 아 공 정 야

"선생께서는 어찌 나의 정나라 공격을
제지하시는지요?

我攻鄭,
_{아 공 정}

내가 정나라를 공격하는 것은

順於天之志.
_{순 어 천 지 지}

하늘의 뜻에 따르는 것입니다.

鄭人三世殺其父,
_{정 인 삼 세 살 기 부}

정나라 사람들은 삼 대에 걸쳐 그들의
왕을 죽였으므로

天加誅焉,
_{천 가 주 언}

하늘이 천벌을 내려

使三年不全.
_{사 삼 년 부 전}

삼 년 동안 농사가 온전하지 못하게
했지요.

我將助天誅也."
_{아 장 조 천 주 야}

나는 하늘의 벌을 도우려는 것입니다."

子墨子曰:
_{자 묵 자 왈}

묵자께서 말씀하셨다.

"鄭人三世殺其父,
_{정 인 삼 세 살 기 부}

"정나라 사람들이 삼 대에 걸쳐 그들의
왕을 죽였는데

而天加誅焉,
_{이 천 가 주 언}

하늘이 천벌을 내려

使三年不全,
_{사 삼 년 부 전}

정나라에 삼 년 동안 농사가 온전하지
못했다면

天誅足矣.
_{천 주 족 의}

하늘이 주는 벌이 충분한 것입니다.

今又舉兵將以攻鄭,
_{금 우 거 병 장 이 공 정}

지금 다시 군대를 일으켜 정나라를
공격하려고 하시면서

曰'吾攻鄭也,
_{왈 오 공 정 야}

'내가 정나라를 공격하는 것은

順於天之志.'
_{순 어 천 지 지}

하늘의 뜻에 따르는 것입니다'라고
말씀하시는 것은

譬猶有人於此,
_{비 유 유 인 어 차}

비유하자면 어떤 사람이 여기 있는데

其子强梁不材[14],
_{기 자 강 량 부 재}

그 아들이 흉포하여 사람 노릇을 하지

못하므로

故其父笞之,
<small>고 기 부 태 지</small>

그 때문에 그 아버지가 매질을 하는데

其鄰家之父擧木而擊之,
<small>기 린 가 지 부 거 목 이 격 지</small>

그 이웃집 아버지가 몽둥이를 들고 나와 그 아들을 때리며

曰'吾擊之也,
<small>왈 오 격 지 야</small>

'내가 이 아이를 때리는 것은

順於其父之志,'
<small>순 어 기 부 지 지</small>

이 아이 아버지의 뜻에 따르는 것입니다'라고 말하는 것과 같으니

則豈不悖哉?
<small>즉 기 불 패 재</small>

어찌 사리에 어긋나지 않겠습니까?"

子墨子謂魯陽文君曰:
<small>자 묵 자 위 노 양 문 군 왈</small>

묵자께서 노양문군에게 말씀하셨다.

"攻其鄰國,
<small>공 기 린 국</small>

"제후들은 그 이웃 나라를 공격하고

殺其民人,
<small>살 기 민 인</small>

그 나라 백성들을 죽이고

取其牛馬·粟米·貨財,
<small>취 기 우 마 속 미 화 재</small>

그들의 소와 말, 조와 쌀, 재화 등을 빼앗고

則書之於竹帛,
<small>즉 서 지 어 죽 백</small>

그런 사실을 죽간과 비단에 기록하며

鏤之於金石,
<small>누 지 어 금 석</small>

쇠나 돌에 새기기도 하고

以爲銘於鐘鼎,
<small>이 위 명 어 종 정</small>

종과 솥 등에 새겨서

傳遺後世子孫曰:
<small>전 유 후 세 자 손 왈</small>

후세의 자손들에게

'莫若我多.'
<small>막 약 아 다</small>

'나같이 전공이 많은 사람은 없다'라고 전합니다.

---

14 강량부재(強梁不材): 강량(強梁)은 '사납고 흉포한 것', 부재(不材)는 '인재가 되지 못함'의 뜻 이니 '사람 구실을 못 하다'라고 해석할 수 있다.

今賤人也,
_{금 천 인 야}

지금 신분이 미천한 사람이

亦攻其鄰家,
_{역 공 기 린 가}

역시 그 이웃집을 습격하여

殺其鄰民,
_{살 기 린 민}

그 집안사람들을 죽이고,

取其狗豕食糧衣裘,
_{취 기 구 시 식 량 의 구}

그 집의 개·돼지·식량·옷 등을
약탈하고,

亦書之竹帛,
_{역 서 지 죽 백}

역시 그런 사실을 죽간과 비단에
기록하고,

以爲銘於席豆[15],
_{이 위 명 어 석 두}

안석과 그릇에 글을 새겨서

以遺後世子孫曰,
_{이 유 후 세 자 손 왈}

후세의 자손들에게

'莫若我多.'
_{막 약 아 다}

'나만큼 공로를 많이 세운 사람은
없다'라고 전한다면

亓可乎?"
_{기 가 호}

그것이 옳겠습니까?"

魯陽文君曰:
_{노 양 문 군 왈}

노양문군이 말했다.

"然吾以子之言觀之,
_{연 오 이 자 지 언 관 지}

"그렇군요. 내가 선생의 말씀을
살펴보니

則天下所謂可者,
_{즉 천 하 소 위 가 자}

천하에서 말하는 '옳다'는 것이

未必然也."
_{미 필 연 야}

반드시 그런 것은 아니겠군요."

子墨子謂魯陽文君曰:
_{자 묵 자 위 로 양 문 군 왈}

묵자께서 노양문군에게 말씀하셨다.

"世俗之君子,
_{세 속 지 군 자}

"세상의 군자들은

---

15 석두(席豆): 석(席)은 안석, 두(豆)는 나무 그릇을 의미한다. 즉, 일상생활에 쓰는 도구에 글을
새기고 수시로 보는 것이다.

皆知小物而不知大物.
개 지 소 물 이 부 지 대 물

모두 작은 사물은 알면서도 큰 사물은
알지 못합니다.

今有人於此,
금 유 인 어 차

지금 어떤 사람이 여기에서

竊一犬一彘,
절 일 견 일 체

한 마리의 개와 한 마리의 돼지를
훔쳤다면

則謂之不仁,
즉 위 지 불 인

그를 불인하다고 말합니다.

竊一國一都,
절 일 국 일 도

어떤 사람이 한 나라와 한 도시를
훔쳤다면

則以爲義.
즉 이 위 의

의롭다고 여깁니다.

譬猶小視白謂之白,
비 유 소 시 백 위 지 백

비유하면 흰 것을 조금 보고 그것을
희다고 하면서,

大視白別謂之黑.
대 시 백 별 위 지 흑

흰 것을 많이 보고는 그것을 구별하여
검다고 하는 것과 마찬가지입니다.

是故世俗之君子,
시 고 세 속 지 군 자

그래서 세상의 군자들이

知小物而不知大物者,
지 소 물 이 부 지 대 물 자

작은 사물은 알지만 큰 사물을
모른다고 하는 것은

此若言之謂也."
차 약 언 지 위 야

이것을 두고 한 말입니다."

魯陽文君語子墨子曰:
노 양 문 군 어 자 묵 자 왈

노양문군이 묵자께 말했다.

"楚之南有啖人之國者橋,
초 지 남 유 담 인 지 국 자 교

"초나라의 남쪽에 사람을 잡아먹는
나라 교(橋)가 있는데,

其國之長子生,
기 국 지 장 자 생

그 나라에는 맏아들이 태어나면

則鮮而食之,
즉 선 이 식 지

산 채로 아들을 잡아먹고는

謂之宜弟.
위 지 의 제

동생에게 좋다고 말합니다.

美,
미

맛있으면

則以遺其君,
즉 이 유 기 군

왕에게 고기를 주는데

君喜則賞其父.
군 희 즉 상 기 부

왕은 기뻐하면서 그 아버지에게 상을
준다고 하니,

豈不惡俗哉?"
기 불 악 속 재

어찌 나쁜 풍속이 아니겠습니까?"

子墨子曰:
자 묵 자 왈

묵자께서 말씀하셨다.

雖中國之俗,
수 중 국 지 속

비록 중국의 풍속이라도

亦猶是也.
역 유 시 야

이와 같은 것이 있습니다.

殺其父而賞其子,
살 기 부 이 상 기 자

그 아비를 죽이고 그 아들에게 상을
주니

何以異食其子而賞其父者哉?
하 이 이 식 기 자 이 상 기 부 자 재

그 아들을 잡아먹고 그 아비에게 상
주는 것과 어찌 다르겠습니까?

苟不用仁義,
구 불 용 인 의

만약 인의를 쓰지 않는다면

何以非夷人食其子也?"
하 이 비 이 인 식 기 자 야

어찌 오랑캐가 그 자식을 잡아먹는
것을 비난하겠습니까?

魯君之嬖人死,
노 군 지 폐 인 사

노나라 왕의 애첩이 죽었는데

魯君16爲之誄,
노 군 위 지 뢰

노나라 사람이 그를 위해
뇌문(추도하는 글)을 지었다.

---

16 노군(魯君): 여기서 군(君)은 인(人)을 잘못 표기한 것으로 보인다.

魯人¹⁷因說而用之.
노 인 인 열 이 용 지

노나라 왕이 기뻐하면서 그를
등용했다.

子墨子聞之曰:
자 묵 자 문 지 왈

묵자께서 그 이야기를 듣고
말씀하셨다.

誄者,
뇌 자

"뇌문이란

道死人之志也,
도 사 인 지 지 야

죽은 사람의 뜻을 칭송하는 글입니다.

今因說而用之,
금 인 열 이 용 지

지금 기뻐하면서 그를 등용하는데

是猶以來首¹⁸從服也.
시 유 이 래 수 종 복 야

이는 마치 들소로 하여금 마차를 끌게
하는 것과 같습니다."

魯陽文君謂子墨子曰:
노 양 문 군 위 자 묵 자 왈

노양문군이 묵자께 말했다.

"有語我以忠臣者,
유 어 아 이 충 신 자

"나에게 충신의 개념을 말해 준
사람이 있는데,

令之俯則俯,
영 지 부 즉 부

그에게 내려다보라고 하면 내려다보고

令之仰則仰,
영 지 앙 즉 앙

그에게 올려다보라고 하면 올려다보며,

處則靜,
처 즉 정

제자리에 있으라고 하면 조용히 있고

呼則應,
호 즉 응

그를 부르면 바로 대답하니,

可謂忠臣乎?"
가 위 충 신 호

그를 충신이라고 할 수 있겠습니까?"

子墨子曰:
자 묵 자 왈

묵자께서 말씀하셨다.

---

17 노인(魯人): 여기서 인(人)은 군(君)을 잘못 표기한 것으로 보인다.
18 내수(來首): 내(來)는 발음의 유사성에 의해 비슷한 글자로 유추하는데, 들소로 보는 경우와 살쾡이로 보는 경우가 있다.

"令之俯則俯,
영 지 부 즉 부

"그에게 내려다보라고 하면
내려다보고

令之仰則仰,
영 지 앙 즉 앙

그에게 올려다보라고 하면
올려다본다면

是似景[19]也.
시 사 경 야

이것은 그림자와 비슷합니다.

處則靜,
처 즉 정

제자리에 있으라면 조용히 있고

呼則應,
호 즉 응

그를 부르면 바로 대답한다면

是似響也.
시 사 향 야

이것은 메아리와 비슷한 것입니다.

君將何得於景與響哉?
군 장 하 득 어 경 여 향 재

왕께서는 장차 그림자와 메아리에게
무엇을 얻겠습니까?

若以翟之所謂忠臣者,
약 이 적 지 소 위 충 신 자

만약 저 묵적이 생각하는 충신이라는
것을 말해 본다면,

上有過則微[20]之以諫,
상 유 과 즉 미 지 이 간

군주가 과오를 저지르면 기회를 엿보아
간언을 드리고

己有善則訪[21]之上,
기 유 선 즉 방 지 상

자신에게 좋은 계책이 있으면
윗사람과 상의하고,

而無敢以告.
이 무 감 이 고

다른 사람에게 감히 알리지 않는
것입니다.

外匡其邪,
외 광 기 사

밖으로는 그의 사악한 것을 바로잡고

而入其善,
이 입 기 선

안으로는 군주에게 자신의 좋은
계책을 드립니다.

---

19 경(景): 영(影)과 통하며, '그림자'라는 뜻.
20 미(微): '기회를 살피다'의 뜻이다.
21 방(訪): '계책을 논의하다', '상의하다'의 뜻이다.

尙同而無下比,
상 동 이 무 하 비

군주와 뜻을 같이 하고 아랫사람과 무리 짓지 아니하며,

是以美善在上,
시 이 미 선 재 상

이렇게 함으로써 아름답고 좋은 것은 군주에게 돌리고,

而怨讐在下,
이 원 수 재 하

원망스럽고 미움받을 일은 아랫사람에게 되돌리며,

安樂在上,
안 락 재 상

편안한 일과 안락한 일은 군주에게 돌리고,

而憂慼在臣.
이 우 척 재 신

근심스러운 일과 걱정스러운 일은 신하에게 되돌립니다.

此翟之所謂忠臣者也."
차 적 지 소 위 충 신 자 아

이런 사람이 저 묵적이 말하고자 하는 충신입니다."

魯君謂子墨子曰:
노 군 위 자 묵 자 왈

노나라 군주가 묵자께 말했다.

"我有二子,
아 유 이 자

"나에게 아들이 두 명 있는데,

一人者好學,
일 인 자 호 학

한 놈은 배우는 것을 좋아하고

一人者好分人財,
일 인 자 호 분 인 재

한 놈은 다른 사람에게 재물을 나누어 주는 것을 좋아합니다.

孰以爲太子而可?"
숙 이 위 태 자 이 가

누구를 태자로 삼을 만하겠습니까?"

子墨子曰:
자 묵 자 왈

묵자께서 말씀하셨다.

"未可知也.
미 가 지 야

"알 수가 없습니다.

或所爲賞與²²爲是也.
혹 소 위 상 어   위 시 야

어쩌면 그들이 상과 영예를 위해 이렇게 할 수 있습니다.

釣者之恭,
조 자 지 공

非爲魚賜也;
비 위 어 사 야

餌鼠以蟲,
이 서 이 충

非愛之也.
비 애 지 야

吾願主君之合其志功而觀焉."
오 원 주 군 지 합 기 지 공 이 관 언

낚시꾼의 공손함은

물고기를 위하기 때문에 먹이를 주는
것은 아닙니다.

벌레를 쥐에게 먹이로 주는 자는

쥐를 사랑해서가 아닙니다.

왕께서는 그들의 동기와 결과를 함께
관찰해 보시기 바랍니다."

魯人有因子墨子而學其子者,
노 인 유 인 자 묵 자 이 학 기 자 자

其子戰而死,
기 자 전 이 사

其父讓²³子墨子.
기 부 양   자 묵 자

子墨子曰:
자 묵 자 왈

"子欲學子之子,
자 욕 학 자 지 자

今學成矣,
금 학 성 의

戰而死,
전 이 사

而子慍,
이 자 온

而猶欲糶,
이 유 욕 조

노나라에 그의 아들을 묵자께 보내
배우도록 한 사람이 있었는데,

그의 아들이 전사하자

그 아버지가 묵자를 책망했다.

묵자께서 말씀하셨다.

"그대는 그대의 아들을 배우게 하려
했는데

이제 배움이 이루어졌소.

그대의 아들이 전쟁을 하다가
죽었는데

그대가 성을 내는 것은

마치 그대가 쌀을 팔려다가

---

22 상여(賞與): 여(與)는 예(譽)와 통한다.
23 양(讓): '꾸짖다'는 뜻이다.

糴讎,
적 수

쌀이 팔리게 되자

則慍也.
즉 온 야

성을 내는 것이나 마찬가지입니다.

豈不費²⁴哉?"
기 불 비 재

어찌 어긋난 것이 아니겠습니까?"

魯之南鄙人有吳慮者,
노 지 남 비 인 유 오 려 자

노나라 남쪽 벽지에 오려라는 사람이
있었는데

冬陶夏耕,
동 도 하 경

겨울에는 질그릇을 만들고 여름에는
농사를 하면서

自比於舜.
자 비 어 순

스스로를 순임금에 비겼다.

子墨子聞而見之.
자 묵 자 문 이 견 지

묵자께서 그 이야기를 듣고 그를
만나러 갔다.

吳慮謂子墨子:
오 려 위 자 묵 자

오려가 묵자께 말했다.

"義耳義耳,
의 이 의 이

"의로움입니다. 의로움입니다.

焉用言之哉?"
언 용 언 지 재

어찌 말로 그것을 설명할 필요가
있겠습니까?"

子墨子曰:
자 묵 자 왈

묵자께서 말씀하셨다.

"子之所謂義者,
자 지 소 위 의 자

"그대가 말하는 의로움이라는 것은

亦有力以勞人,
역 유 력 이 로 인

역시 힘이 있으면 다른 사람을 힘으로
돕고,

有財以分人乎?"
유 재 이 분 인 호

재물이 있으면 다른 사람에게 재물을
나누어 주는 것입니까?"

---

24 비(費): '어긋나다'의 뜻이다.

吳慮曰:　　오려가 말했다.

"有."　　"그렇습니다."

子墨子曰:　　묵자께서 말씀하셨다.

"翟嘗計[25]之矣.　　"나도 일찍이 그 일을 따져 보았습니다.

翟慮耕而食天下之人矣,　　이 묵적 생각에 내가 농사를 지어 천하 사람들을 먹이고자 하는데

盛,　　수확이 가장 많다 해도

然後當一農之耕,　　한 농부의 수확량 정도이니

分諸天下,　　모든 천하의 사람들에게 나누어 주면,

不能人得一升粟.　　사람들이 한 되의 곡식도 얻지 못할 것입니다.

籍[26]而以爲得一升粟,　　설령 한 되의 곡식을 얻을 수 있다고 해도

其不能飽天下之飢者,　　그것은 천하의 굶주린 사람들을 배부르게 할 수 없음을

既可睹矣.　　이미 알 수 있습니다.

翟慮織而衣天下之人矣,　　나 묵적이 베를 짜서 천하의 사람들에게 입히려고 하는데

盛,　　가장 잘 짜도

然後當一婦人之織,　　아낙네 한 명이 짜는 분량일 테니

25　계(計): '헤아리다', '생각해 보다'의 뜻. 즉, 이모저모 따져 보는 것을 말한다.
26　적(籍): 자(藉)와 통하는 글자로 '설령', '가령' 등의 뜻이다.

分諸天下,
분 제 천 하

그것을 천하의 모든 사람에게 나누어 주면

不能人得尺布.
불 능 인 득 척 포

사람들이 한 자의 베도 얻을 수 없습니다.

籍而以爲得尺布,
적 이 이 위 득 척 포

설령 한 자의 베를 얻는다고 해도

其不能暖天下之寒者,
기 불 능 난 천 하 지 한 자

그것으로 천하의 추위에 떠는 사람을 따뜻이 해 줄 수 없음은

旣可睹矣.
기 가 도 의

이미 알 수 있습니다.

翟慮被堅執銳[27]救諸侯之患矣,
적 려 피 견 집 예   구 제 후 지 환 의

나 묵적이 견고한 갑옷을 입고 예리한 무기를 들고 제후들의 재난을 구원하려고 하는데

盛,
성

무장을 잘한다고 해도

然後當一夫之戰,
연 후 당 일 부 지 전

한 병사를 막을 수 있고

其不御三軍,
기 불 어 삼 군

혼자 삼군을 막을 수 없다는 것은

旣可睹矣.
기 가 도 의

이미 알 수 있습니다.

翟以爲不若誦先王之道,
적 이 위 불 약 송 선 왕 지 도

이 묵적이 이렇게 하는 것은 선왕의 도리를 외우고

而求其說,
이 구 기 설

그들의 학설을 구하며

通聖人之言,
통 성 인 지 언

성인들의 말씀에 통달하고

而察其辭,
이 찰 기 사

그들의 문장을 잘 살펴

上說王公大人,
상 세 왕 공 대 인

위로는 왕공대인들을 설득하고

---

27 피견집예(被堅執銳): 견고한 갑옷을 입고 예리한 무기를 들다.

次匹夫徒步之士.
차 필 부 도 보 지 사

그다음으로 백성들과 선비들을 설득하는 것만 못하다고 생각합니다.

王公大人用吾言,
왕 공 대 인 용 오 언

왕공대인들이 나의 말을 쓰게 되면

國必治;
국 필 치

나라가 반드시 다스려질 것이고,

匹夫徒步之士用吾言,
필 부 도 보 지 사 용 오 언

백성들과 선비들이 내 말을 쓰게 되면

行必脩.
행 필 수

그들의 행실은 반드시 닦일 것입니다.

故翟以爲雖不耕而食飢,
고 적 이 위 수 불 경 이 식 기

그러므로 이 묵적은 비록 농사지어 굶주린 이에게 먹여 주거나

不織而衣寒,
부 직 이 의 한

베를 짜서 추위에 떠는 이에게 입혀 준 일이 없지만

功賢於耕而食之·織而衣之者也.
공 현 어 경 이 식 지   직 이 의 지 자 야

공로에서는 농사지어 먹이는 이나 베 짜서 옷을 입히는 이보다 더 낫다고 생각합니다.

故翟以爲雖不耕織乎,
고 적 이 위 수 불 경 직 호

그래서 나 묵적은 비록 농사를 짓거나 베를 짜지 않지만

而功賢於耕織也."
이 공 현 어 경 직 야

공로가 농사를 짓거나 베 짜는 것보다 더 낫습니다."

吳慮謂子墨子曰:
오 려 위 자 묵 자 왈

오려가 묵자께 말했다.

"義耳義耳,
의 이 의 이

"의로움입니다, 의로움입니다.

焉用言之哉?"
언 용 언 지 재

어찌 말로 그것을 설명할 필요가 있겠습니까?"

子墨子曰:
자 묵 자 왈

묵자께서 말씀하셨다.

籍設而天下不知耕,
적 설 이 천 하 부 지 경

"가령 천하 사람들이 농사짓는 법을
모른다면

敎人耕,
교 인 경

사람들에게 농사짓는 것을 가르치는
것과

與不敎人耕而獨耕者,
여 불 교 인 경 이 독 경 자

다른 사람에게 가르쳐 주지 않고 혼자
농사짓는 것은

其功孰多?"
기 공 숙 다

그 공로가 누가 더 많겠습니까?"

吳慮曰:
오 려 왈

오려가 대답했다.

"敎人耕者其功多."
교 인 경 자 기 공 다

"다른 사람에게 농사를 가르쳐 주는
사람이 그 공이 더 많습니다."

子墨子曰:
자 묵 자 왈

묵자께서 말씀하셨다.

"籍設而攻不義之國,
적 설 이 공 불 의 지 국

"가령 의롭지 못한 나라를 공격하는데

鼓而使衆進戰,
고 이 사 중 진 전

북을 쳐서 많은 사람이 나아가 싸우게
하는 것과

與不鼓而使衆進戰而獨進戰者,
여 불 고 이 사 중 진 전 이 독 진 전 자

북을 쳐서 많은 사람이 나아가 싸우게
하지 않고 혼자 나아가 싸우는 것은

其功孰多?"
기 공 숙 다

그 공로가 누가 더 많겠습니까?"

吳慮曰:
오 려 왈

오려가 대답했다.

"鼓而進衆者其功多."
고 이 진 중 자 기 공 다

"북을 쳐서 많은 사람이 나아가게 하는
사람이 그 공이 더 많겠지요."

子墨子曰:
자 묵 자 왈

묵자께서 말씀하셨다.

天下匹夫徒步之士少知義,
천 하 필 부 도 보 지 사 쇼 지 의

"천하의 백성들과 선비들은 의로움을

아는 사람이 드무니

而教天下以義者功亦多,
이 교 천 하 이 의 자 공 역 다

천하에서 의로움을 가르치는 사람의
공도 역시 많습니다.

何故弗言哉?
하 고 불 언 재

어째서 말로 설명할 필요가 없다는
것입니까?

若得鼓而進於義,
약 득 고 이 진 어 의

만약 북을 두드려 의에 나아가게
한다면

則吾義豈不益進哉?"
즉 오 의 기 불 익 진 재

나의 의로움에도 어찌 더욱 진보가
되지 않겠습니까?"

子墨子游公尙過於越.
자 묵 자 유 공 상 과 어 월

묵자께서 공상과를 월나라로
보내셨다.

公尙過說越王,
공 상 과 세 월 왕

공상과가 월나라 군주에게
유세했는데,

越王大說,
월 왕 대 열

월나라 군주는 크게 기뻐하면서

謂公尙過曰:
위 공 상 과 왈

공상과에게 말했다.

"先生苟能使子墨子於越而教寡人,
선 생 구 능 사 자 묵 자 어 월 이 교 과 인

"선생이 정말 묵자 선생에게 월나라에
와서 과인을 가르치도록 한다면

請裂故吳之地,
청 열 고 오 지 지

옛 오나라 땅 중

方五百里,
방 오 백 리

사방 오백 리를

以封子墨子."
이 봉 자 묵 자

묵자 선생에게 식읍으로 주겠습니다."

公尙過許諾.
공 상 과 허 락

공상과가 승낙하였다.

遂爲公尙過束車[28]五十乘,
수 위 공 상 과 속 거　오 십 승

마침내 공상과가 오십 승의 마차를 몰고

以迎子墨子於魯, 曰:
이 영 자 묵 자 어 로 왈

묵자를 영접하러 노나라로 가서 말씀드렸다.

"吾以夫子之道說越王,
오 이 부 자 지 도 세 월 왕

"제가 선생님의 도로 월나라 왕에게 유세했는데

越王大說,
월 왕 대 열

월나라 왕이 크게 기뻐하며

謂過曰:
위 과 왈

저에게

苟能使子墨子至於越,
구 능 사 자 묵 자 지 어 월

'진실로 묵자 선생을 월나라에 오도록 하여

而敎寡人,
이 교 과 인

과인을 가르치게 한다면

請裂故吳之地方五百里以封子."
청 열 고 오 지 지 방 오 백 리 이 봉 자

옛 오나라 땅 사방 오백 리를 선생께 봉지로 드리겠습니다'라고 하셨습니다."

子墨子謂公尙過曰:
자 묵 자 위 공 상 과 왈

묵자께서 공상과에게 말씀하셨다.

"子觀越王之志何若?
자 관 월 왕 지 지 하 약

"그대가 살펴보니 월왕의 뜻은 어떠하던가?

意越王將聽吾言,
의 월 왕 장 청 오 언

월왕이 장차 나를 따르고

用我道,
용 아 도

우리의 도를 실행할 뜻이 있다면

則翟將往,
즉 적 장 왕

이 묵적은 월왕에게 가겠지만,

---

28 속거(束車): 속(束)은 말과 마차로 이루어진 한 세트의 수레를 의미한다.

量腹而食,
양 복 이 식

배고픔을 헤아려 양만큼 먹고

度身而衣,
탁 신 이 의

몸을 헤아려 필요한 만큼 옷을 입고

自比²⁹於群臣,
자 비 어 군 신

월왕 자신을 뭇 신하와 똑같이
여긴다면

奚能以封爲哉?
해 능 이 봉 위 재

어찌 식읍을 주겠다는 조건을 내건단
말이냐?

抑越不聽吾言,
억 월 불 청 오 언

만약 월왕이 내 말을 듣지 않고

不用吾道,
불 용 오 도

우리의 도를 실행하지 않는데도

而吾往焉,
이 오 왕 언

내가 간다면

則是我以義糶也.
즉 시 아 이 의 조 야

이는 곧 내가 의로움을 파는 것이다.

鈞之糶,
균 지 조

의로움을 누구에게나 골고루 팔려
한다면

亦於中國耳,
역 어 중 국 이

중원 지방도 있는데

何必於越哉?"
하 필 어 월 재

구태여 월나라에서 팔 필요가
있겠느냐?"

子墨子游魏越,
자 묵 자 유 위 월

묵자께서 위월을 관리로 추천하셨는데

曰:
왈

위월이 여쭈었다.

"旣得見四方之君子,
기 득 견 사 방 지 군 자

"사방의 군자들을 만나면

則將先語?"
즉 장 선 어

먼저 말해야 하는 것은 무엇인지요?"

---

29 비(比): '견주다'는 의미로 여기서는 '동등한', '똑같은'의 뜻이다.

子墨子曰:
자 묵 자 왈

묵자께서 말씀하셨다.

"凡入國,
범 입 국

"대개 그 나라에 들어가면

必擇務而從事焉.
필 택 무 이 종 사 언

반드시 해야 할 일을 가려서 일을 처리하여라.

國家昏亂,
국 가 혼 란

그 나라가 우매하고 혼란스러우면

則語之尙賢·尙同;
즉 어 지 상 현 상 동

상현과 상동의 이치를 말해 주어라.

國家貧,
국 가 빈

그 나라가 가난하다면

則語之節用·節葬;
즉 어 지 절 용 절 장

절용과 절장의 이치를 말해 주어라.

國家憙音湛湎[30],
국 가 희 음 담 면

그 나라가 음악을 좋아하고 술에 빠져 있다면

則語之非樂·非命;
즉 어 지 비 악 비 명

비악과 비명의 이치를 말해 주어라.

國家淫辟無禮,
국 가 음 벽 무 례

그 나라가 음란하고 비도덕적이며 무례하다면

則語之尊天·事鬼[31];
즉 어 지 존 천 사 귀

하늘을 받들고 귀신을 섬기는 이치를 말해 주어라.

國家務奪侵淩,
국 가 무 탈 침 릉

그 나라 사람들이 빼앗고 침략하는 데 힘쓴다면

則語之兼愛·非攻,
즉 어 지 겸 애 비 공

겸애와 비공의 이치를 말해 주어라.

故曰擇務而從事焉."
고 왈 택 무 이 종 사 언

이러한 까닭에 해야 할 일을 가려 일을 처리해야 한다고 말하는 것이다."

---

30 담면(湛湎): 술에 지나치게 탐닉하는 것.

31 존천·사귀(尊天·事鬼): 현존하는 「묵자」에는 존천(尊天)과 사귀(事鬼)라는 편명이 없고, 「천지(天志)」와 「명귀(明鬼)」편이 있는데, 이 두 편을 지칭하는 것 같다.

子墨子出曹公子而於宋,
_{자 묵 자 출 조 공 자 이 어 송}

묵자께서 조공자를 송나라에 관리로 보내셨는데

三年而反,
_{삼 년 이 반}

조공자가 3년 만에 돌아와서

睹子墨子曰:
_{도 자 묵 자 왈}

묵자를 뵙고 말씀드렸다.

"始吾游於子之門,
_{시 오 유 어 자 지 문}

"처음에 제가 선생님의 문하에서 공부할 때는

短褐之衣,
_{단 갈 지 의}

거친 베옷을 입고

藜藿之羹,
_{여 곽 지 갱}

명아주와 콩잎을 끓인 국을 먹었는데

朝得之,
_{조 득 지}

아침에는 국을 먹었으나

則夕弗得,
_{즉 석 불 득}

저녁에는 국을 먹지 못했고

祭祀鬼神[32].
_{제 사 귀 신}

귀신에게 제사 지내지도 못했습니다.

今而以夫子之敎,
_{금 이 이 부 자 지 교}

이제 선생님의 가르침을 받고

家厚於始也.
_{가 후 어 시 야}

집이 부유해졌습니다.

有家厚,
_{유 가 후}

집안이 부유해지자

謹祭祀鬼神.
_{근 제 사 귀 신}

정성스럽게 귀신에게 제사를 지냈습니다.

然而人徒多死,
_{연 이 인 도 다 사}

그러나 사람들이 많이 죽었고

六畜不蕃,
_{육 축 불 번}

여섯 가지 가축들은 번식하지 못했으며

身湛於病,
_{신 담 어 병}

제 몸은 병이 들었으니

---

32 제사귀신(祭祀鬼神): 문맥의 의미가 통하려면 제사귀신(祭祀鬼神)의 네 글자 앞에 부득(弗得) 두 글자가 와야 한다.

吾未知夫子之道之可用也.”
오 미 지 부 자 지 도 지 가 용 야

저는 선생님의 도가 쓸 수 있는 것인지
모르겠습니다.”

子墨子曰:
자 묵 자 왈

묵자께서 말씀하셨다.

“不然!
불 연

“그렇지 않다.

夫鬼神之所欲於人者多,
부 귀 신 지 소 욕 어 인 자 다

대개 귀신이 사람에게 바라는 것은
많은데

欲人之處高爵祿則以讓賢也,
욕 인 지 처 고 작 록 즉 이 양 현 야

사람의 지위가 높아지면 작록은 곧
현인에게 양보하기를 바라고

多財則以分貧也.
다 재 즉 이 분 빈 야

재물이 많으면 가난한 사람에게
나누어 주길 원한다.

夫鬼神豈唯擢季挶肺[33]之爲欲哉?
부 귀 신 기 유 탁 계 겹 폐 지 위 욕 재

귀신이 어찌 기장밥을 움켜쥐고
짐승의 폐를 낚아채는 것만
바라겠느냐?

今子處高爵祿而不以讓賢,
금 자 처 고 작 록 이 불 이 양 현

이제 그대는 지위가 높아졌는데
작록을 현인에게 양보하지 않았으니

一不祥也;
일 불 상 야

첫 번째 불길함이며,

多財而不以分貧,
다 재 이 불 이 분 빈

재물이 많은데도 가난한 사람에게
나누어 주지 않았으니

二不祥也.
이 불 상 야

두 번째 불길함이다.

今子事鬼神唯祭祀而已矣,
금 자 사 귀 신 유 제 사 이 이 의

이제 그대는 귀신 섬기는 것은 오직
제사일 뿐이라고 여기고

---

33 탁계겹폐(擢季挶肺): 손이양은 탁(擢) 자는 확(攫) 자의 오기라고 했다. 왕인지는 계(季)를 서
  (黍) 자의 오기로 보았다. 즉, '기장밥을 움켜쥐고 짐승의 폐를 낚아채는 것'의 뜻이다.

而曰: ‘病何自至哉?’
이왈 병하자지재

‘병이 어디에서 왔는가?’라고 물으니

是猶百門而閉一門焉, 曰:
시유백문이폐일문언 왈

이것은 마치 백 개의 문 중에 하나의 문을 닫고

‘盜何從入?’
도 하 종 입

‘도둑이 어디로 들어왔는가?’라고 묻는 것과 같다.

若是而求福於有怪之鬼,
약 시 이 구 복 어 유 괴 지 귀

이렇게 하여 영험한 귀신에게 복을 구한다면

豈可哉?”
기 가 재

어찌 가능하겠느냐?”

魯祝[34]以一豚祭,
노 축 이 일 돈 제

노나라 무축이 돼지 한 마리로 제사 지내면서

而求百福於鬼神.
이 구 백 복 어 귀 신

귀신에게 온갖 복을 빌었다.

子墨子聞之曰:
자 묵 자 문 지 왈

묵자께서 그 이야기를 듣고 말씀하셨다.

“是不可.
시 불 가

“이것은 불가능하다.

今施人薄而望人厚,
금 시 인 박 이 망 인 후

지금 다른 사람에게 베푸는 것은 적은데 다른 사람에게 바라는 것이 많다면

則人唯恐其有賜於己也.
즉 인 유 공 기 유 사 어 기 야

다른 사람은 그가 자신에게 주는 것을 두려워할 것이다.

今以一豚祭,
금 이 일 돈 제

지금 돼지 한 마리로 제사를 지내면서

而求百福於鬼神,
이 구 백 복 어 귀 신

귀신에게 온갖 복을 빌었으니

---

34 축(祝): 제사를 주관하는 사람으로 곧 고대의 무당이다.

唯恐其以牛羊祀也.
유 공 기 이 우 양 사 야

귀신은 그가 소와 양으로 제사 지낼까
봐 두려울 것이다.

古者聖王事鬼神,
고 자 성 왕 사 귀 신

옛날의 성스러운 왕들은 귀신을
섬기며

祭而已矣.
제 이 이 의

제사를 지냈을 뿐이다.

今以豚祭而求百福,
금 이 돈 제 이 구 백 복

지금 돼지 한 마리로 제사 지내며 온갖
복을 빌었으니

則其富不如其貧也.”
즉 기 부 불 여 기 빈 야

재물이 풍부한 것보다 재물이 부족한
것이 더 낫다.”

彭輕生子[35]曰:
팽 경 생 자 왈

팽경생자가 말했다.

“往者可知,
왕 자 가 지

“지나간 일은 알 수가 있으나

來者不可知.”
내 자 불 가 지

다가올 일은 알 수 없습니다.”

子墨子曰:
자 묵 자 왈

묵자께서 말씀하셨다.

“籍設而親在百里之外,
적 설 이 친 재 백 리 지 외

“가령 부모가 백 리 바깥에서

則遇難[36]焉,
즉 우 난 언

어려운 일을 만났는데

期以一日也,
기 이 일 일 야

하루 정도의 거리라고 한다면,

及之則生,
급 지 즉 생

시간에 맞추어 가면 부모가 살고

不及則死.
불 급 즉 사

시간에 맞추지 못하면 부모가 죽을
것이다.

---

35 팽경생자(彭輕生子): 묵자의 제자로 추측된다.
36 우난(遇難): 다음에 나오는 구절을 참조하면, 생명의 위협을 겪을 만큼 위험한 일을 당한 것이
라는 뜻.

今有固車良馬³⁷於此,
<small>금 유 고 거 량 마   어 차</small>

지금 견고한 수레와 준마가 여기에
있고

又有奴馬四隅之輪³⁸於此,
<small>우 유 노 마 사 우 지 륜   어 차</small>

또 노둔한 말과 네 대의 바퀴 달린
수레가 여기 있다고 하자.

使子擇焉,
<small>사 자 택 언</small>

그대에게 선택하라고 하면

子將何乘?"
<small>자 장 하 승</small>

그대는 어느 것을 탈 것인가?"

對曰:
<small>대 왈</small>

팽경생자가

"乘良馬固車,
<small>승 량 마 고 거</small>

"준마와 견고한 수레를 탈 것입니다,

可以速之."
<small>가 이 속 지</small>

빨리 갈 수 있기 때문입니다"라고
대답했다.

子墨子曰:
<small>자 묵 자 왈</small>

묵자께서 말씀하셨다.

"焉在矣來?"³⁹
<small>언 재 의 래</small>

"어찌 다가올 일을 모른다고 말할 수
있겠는가?"

孟山⁴⁰譽王子閭⁴¹曰:
<small>맹 산   예 왕 자 려   왈</small>

맹산이 왕자려를 칭찬하며 말했다.

"昔白公之禍⁴²,
<small>석 백 공 지 화</small>

"옛날 백승이 반란을 일으켜

執王子閭,
<small>집 왕 자 려</small>

왕자려를 붙잡고

---

37 고거량마(固車良馬): 견고한 수레와 빨리 달리는 말. 즉 속도를 내서 달릴 수 있다는 뜻이다.

38 노마사우지륜(奴馬四隅之輪): 노마(奴馬)는 노마(駑馬), 즉 빨리 달리지 못하는 말이며, 사우지륜(四隅之輪)은 네 바퀴가 달린 수레이다.

39 언재의래(焉在矣來): 노문초(盧文弨)는 언재부지래(焉在不知來), 즉 부지(不知)의 두 글자가 더해져야 의미가 통한다고 하였다.

40 맹산(孟山): 묵자의 제자로 추측된다.

41 왕자려(王子閭): 이름은 계(啓)로, 초나라 평왕(平王)의 손자로 추측된다.

斧鉞鉤要[43],
부 월 구 요

큰 도끼와 작은 도끼로 허리를
겨냥하고

直兵[44]當心,
직 병 당 심

무기로 심장을 겨냥하며

謂之曰:
위 지 왈

그에게

'爲王則生,
위 왕 즉 생

'초왕이 되면 살 것이고

不爲王則死.'
불 위 왕 즉 사

초왕이 되지 않으면 죽을 것이다'라고
말하자

王子閭曰:
왕 자 려 왈

왕자려가 다음과 같이 말했습니다.

'何其侮我也!
하 기 모 아 야

'어찌 이렇게 나를 모욕하는가?

殺我親而喜我以楚國,
살 아 친 이 희 아 이 초 국

나의 친척을 죽이고 내가 초나라를
받으면 기쁠 것인가.

我得天下而不義,
아 득 천 하 이 불 의

나는 천하를 얻는다 해도 의로운 일이
아니면

不爲也,
불 위 아

하지 않을 것인데

又況於楚國乎?'
우 황 어 초 국 호

하물며 초나라 정도이겠는가?'

遂而不爲.
수 이 불 위

끝내 왕자려는 초왕이 되지
않았습니다.

王子閭豈不仁哉?"
왕 자 려 기 불 인 재

왕자려를 어찌 어질다 하지

---

42 백공지화(白公之禍): 백공(白公)은 백승(白勝)인데 초나라 평왕의 손자였다. 초나라 소왕
(昭王)이 평왕을 죽였는데 소왕의 아들은 혜왕(惠王)이었다. 백승은 평왕의 복수를 위해 초
나라 혜왕을 폐위시키고 혜왕의 숙부였던 왕자려를 왕으로 세우려 하였다. 왕자려가 승낙하지
않자 백승은 왕자려를 죽였으나 나중에 반란이 실패하여 혜왕이 도리어 백승을 죽였다.

43 구요(鉤要): 요(要)는 요(腰)와 같다. '허리를 겨냥하다'의 뜻이다.

44 직병(直兵): 병기, 즉 칼과 창 등의 무기를 의미한다.

않겠습니까?"

子墨子曰:
자 묵 자 왈

묵자께서 말씀하셨다.

"難則難矣,
난 즉 난 의

"왕자려의 선택은 어렵기는 어려운
것이다.

然而未仁也.
연 이 미 인 야

그러나 아직 인을 실천한 것은 아니다.

若以王爲無道,
약 이 왕 위 무 도

만약 왕자려가 초혜왕이 무도하다고
여겼다면

則何故不受而治也?
즉 하 고 불 수 이 치 야

어찌하여 왕위를 받고 초나라를
다스리지 않았느냐?

若以白公爲不義,
약 이 백 공 위 불 의

만약 백승을 의롭지 않다고 여겼다면

何故不受王,
하 고 불 수 왕

어찌하여 왕위를 받지 않았고

誅白公然而反王?
주 백 공 연 이 반 왕

어찌하여 백승을 죽이고 다시
혜왕에게 왕위를 돌려주지 않았느냐?

故曰難則難矣,
고 왈 난 즉 난 의

그러므로 어렵기는 어렵지만

然而未仁也."
연 이 미 인 야

아직 인을 실천한 것은 아니다."

子墨子使勝綽[45]事項子牛,
자 묵 자 사 승 작   사 항 자 우

묵자께서 승작에게 항자우를 섬기게
하셨다.

項子牛三侵魯地,
항 자 우 삼 침 로 지

항자우가 노나라를 세 번 침략했는데

而勝綽三從.
이 승 작 삼 종

승작은 항자우를 따라 세 번
종군하였다.

---

45 승작(勝綽): 묵자의 제자.

子墨子聞之,
자 묵 자 문 지

묵자는 그 소식을 듣고

使高孫子⁴⁶請而退之, 曰:
사 고 손 자 청 이 퇴 지 왈

고손자를 항자우에게 보내어 승작을
사퇴시키도록 하면서 말했다.

"我使緯也,
아 사 작 야

"내가 승작으로 하여금 그대를
섬기도록 한 것은

將以濟驕而正嬖⁴⁷也.
장 이 제 교 이 정 폐 야

앞으로 그대의 교만함을 제지하고
잘못된 것을 바로잡기 위해서입니다.

今緯也祿厚而譎夫子,
금 작 야 록 후 이 휼 부 자

지금 승작은 그대에게 두터운 봉록을
받으면서 그대를 속이고 있는데

夫子三侵魯,
부 자 삼 침 로

그대가 노나라를 세 번 침략했는데

而緯三從,
이 작 삼 종

승작이 세 번 종군하였으니

是鼓鞭於馬靳也.
시 고 편 어 마 근 야

이것은 말의 가슴걸이에 채찍을
휘두르는 것과 같습니다.

翟聞之:
적 문 지

나는

'言義而弗行,
언 의 이 불 행

'의로움을 말만 하고 실천하지 않는
것은

是犯明也.'
시 범 명 야

밝은 지혜를 해치는 것이다'라는 말을
들었습니다.

緯非弗之知也,
작 비 불 지 지 야

승작이 이것을 몰랐던 것은 아니지만

祿勝義也."
녹 승 의 야

봉록 욕심이 의로움을 누른 것입니다."

---

46 고손자(高孫子): 묵자의 제자.

47 제교이정폐(濟驕而正嬖): 제교(濟驕)는 지교(止驕), 즉 '교만함을 제지하다'의 뜻이다. 정폐
(正嬖)는 정벽(正僻), 곧 '그릇된 일을 바로잡다'의 뜻이다.

昔者楚人與越人舟戰於江,
석 자 초 인 여 월 인 주 전 어 강

옛날에 초나라 사람과 월나라 사람이
양자강에서 해전을 벌였다.

楚人順流而進,
초 인 순 류 이 진

초나라 사람들은 강물의 흐름을 타고
전진하였고

迎流而退,
영 류 이 퇴

강물의 역류를 따라 후퇴하였는데,

見利而進,
견 리 이 진

전진할 때는 유리하였으나

見不利則其退難.
견 불 리 즉 기 퇴 난

불리할 때는 후퇴하기가 어려웠다.

越人迎流而進,
월 인 영 류 이 진

월나라 사람들은 역류를 타고
전진하였고

順流而退,
순 류 이 퇴

강물의 흐름을 타고 후퇴하였는데

見利而進,
견 리 이 진

이로울 때는 전진하였고

見不利則其退速.
견 불 리 즉 기 퇴 속

불리할 때는 신속하게 후퇴하였다.

越人因此若埶[48],
월 인 인 차 약 예

월나라 사람들은 이런 형세를 틈타

亟敗楚人.
극 패 초 인

드디어 초나라 사람을 크게 이겼다.

公輸子[49]自魯南游楚,
공 수 자 자 로 남 유 초

공수반이 노나라에서 남쪽으로
초나라로 갔는데

焉始爲舟戰之器,
언 시 위 주 전 지 기

이에 비로소 배 싸움에 쓸 병기들을
만들기 시작하여

作爲鉤强[50]之備,
작 위 구 강 지 비

구(鉤)와 강(强)을 갖추어

---

48 약예(若埶): 예(埶)는 세(勢)와 같다. 즉 '이와 같은 형세'의 뜻.

49 공수자(公輸子): 공수반(公輸盤) 또는 노반(魯般)이라고 부르는데, 전국 시대의 저명한 과학
자로 발명가의 시조 격인 사람이다. 묵자와 더불어 자주 논쟁을 벌였다. 『묵자』에서는 그의 이
름을 반(盤)으로 표기하였으나 다른 전국 시대 저작에는 반(般)이라고 하였다.

退者鉤之,
_{퇴 자 구 지}

후퇴하는 배는 구를 써서 끌어당기고

進者强之.
_{진 자 강 지}

전진하는 배는 강을 써서 밀어냈다.

量其鉤强之長,
_{양 기 구 강 지 장}

초나라 사람들은 구와 강의 길이를 잘 맞추어서

而制爲之兵.
_{이 제 위 지 병}

그들의 무기로 만들었다.

楚之兵節,
_{초 지 병 절}

초나라의 무기는 절도가 있고

越之兵不節,
_{월 지 병 부 절}

월나라의 무기는 절도가 없었으므로

楚人因此若埶,
_{초 인 인 차 약 에}

초나라 사람들은 이러한 형세를 틈타서

亟敗越人.
_{극 패 월 인}

마침내 월나라 사람들을 격파하였다.

公輸子善其巧,
_{공 수 자 선 기 교}

공수반은 자신의 기교를 뽐내면서

以語子墨子曰:
_{이 어 자 묵 자 왈}

묵자께 다음과 같이 말했다.

"我舟戰有鉤强,
_{아 주 전 유 구 강}

"나는 배 싸움을 함에 구와 강이 있는데,

不知子之義亦有鉤强乎?"
_{부 지 자 지 의 역 유 구 강 호}

선생의 의에도 구와 강 같은 병기가 있는지 모르겠군요?"

子墨子曰:
_{자 묵 자 왈}

묵자께서 말씀하셨다.

"我義之鉤强,
_{아 의 지 구 강}

"나의 의로움에도 구와 강의 작용이 있는데

---

50 구강(鉤强): 서개(徐鍇)의 『설문해자』 주석에 의하면, "고대의 병기에 구(鉤)와 양(鑲)이 있는 데, 끌어당기는 병기를 구(鉤)라 하고, 밀어내는 병기를 양(鑲)이라 한다."라는 구절이 있다. 공수반이 만들었다는 전쟁 도구는 이러한 원리를 모방했을 것으로 짐작되며, 결국 (鉤)는 상대의 배를 끌어당기고, (强)은 상대의 배를 밀어내는 작용을 하였을 것으로 짐작된다.

賢於子舟戰之鉤强.
현 어 자 주 전 지 구 강

그대가 배 싸움에서 사용하는 구와 강보다 더 뛰어난 것입니다.

我鉤强,
아 구 강

나의 구와 강이라는 것은

我鉤之以愛,
아 구 지 이 애

나의 구는 사랑이고

揣⁵¹之以恭.
췌   지 이 공

밀어낼 때는 공손함으로 합니다.

弗鉤以愛,
불 구 이 애

사랑으로 끌어당기지 않으면

則不親;
즉 불 친

가깝지 않게 됩니다.

弗揣以恭,
불 췌 이 공

공손함으로 밀어내지 않으면

則速狎⁵²;
즉 속 압

빨리 버릇없게 됩니다.

狎而不親則速離.
압 이 불 친 즉 속 리

버릇없이 구는데 가까이해 주지 않으면 빨리 멀어질 것입니다.

故交相愛,
고 교 상 애

이러한 까닭에 서로 사랑하고

交相恭,
교 상 공

서로 공손히 하는 것은

猶若相利也.
유 약 상 리 야

서로를 이롭게 하는 것입니다.

今子鉤而止人,
금 자 구 이 지 인

지금 그대가 구를 가지고 상대를 막으려 하면

人亦鉤而止子,
인 역 구 이 지 자

상대방 역시 구로 그대를 막을 것입니다.

子强而距人,
자 강 이 거 인

그대가 강으로 상대를 멀리하려고

---

51 췌(揣): '헤아리다' 등 여러 가지 뜻이 있지만 여기서는 '밀어내다'의 뜻으로 강(强)의 작용을 말한다.

52 압(狎): '장난치거나 놀리는 등 매우 친근하게 구는 것', 즉 '허물없이 구는 것'으로 여기서는 '버릇없음'을 의미한다.

하면

人亦强而距子,
인 역 강 이 거 자

상대방 역시 강으로 그대를
멀리하려고 할 것입니다.

交相鉤,
교 상 구

서로 끌어당기고

交相强,
교 상 강

서로 밀어낸다는 것은

猶若相害也.
유 약 상 해 야

서로를 해치는 것이나 마찬가지입니다.

故我義之鉤强,
고 아 의 지 구 강

그러므로 내 의로움으로 끌어당기거나
밀어내는 것은

賢子舟戰之鉤强."
현 자 주 전 지 구 강

그대가 해전에서 사용하는 구와
강보다 낫습니다."

公輸子削竹木以爲䧿[53],
공 수 자 삭 죽 목 이 위 작

공수반이 나무를 깎아 까치를
만들었는데

成而飛之,
성 이 비 지

완성하여 그것을 날렸더니

三日不下,
삼 일 불 하

삼 일이나 추락하지 않았으므로

公輸子自以爲至巧.
공 수 자 자 이 위 지 교

공수반은 스스로 지극한 기술이라
여겼다.

子墨子謂公輸子曰:
자 묵 자 위 공 수 자 왈

묵자께서 공수반에게 말씀하셨다.

"子之爲䧿也,
자 지 위 작 야

"그대가 만든 까치라는 것은

不如匠[54]之車轄.
불 여 장 지 거 할

내가 만든 수레의 비녀장만 못한

---

53 작(䧿): 작(鵲)과 같다.
54 장(匠): 적(翟)의 오류로 생각된다. 즉, 묵자 자신.

것입니다.

須臾劉⁵⁵三寸之木,
<small>수 유 유 삼 촌 지 목</small>

잠깐 사이에 세 치의 나무를 깎아서

而任五十石之重.
<small>이 임 오 십 석 지 중</small>

오십 석의 무게를 감당하게
하였습니다.

故所爲功,
<small>고 소 위 공</small>

그러므로 공로라는 것은

利於人謂之巧,
<small>이 어 인 위 지 교</small>

사람에게 이로운 것을 교묘한
재주라고 하며

不利於人謂之拙."
<small>불 리 어 인 위 지 졸</small>

사람에게 이롭지 않은 것을 졸렬한
재주라고 하는 것입니다."

公輸子謂子墨子曰:
<small>공 수 자 위 자 묵 자 왈</small>

공수반이 묵자께 말했다.

"吾未得見之時,
<small>오 미 득 견 지 시</small>

"내가 선생을 만나기 전에는

我欲得宋;
<small>아 욕 득 송</small>

송나라를 가지려고 했습니다.

自我得見之後;
<small>자 아 득 견 지 후</small>

내가 선생을 만난 이후로는

予我宋而不義,
<small>여 아 송 이 불 의</small>

나에게 송나라를 주더라도 의롭지
못한 것이면

我不爲."
<small>아 불 위</small>

나는 송나라를 받지 않겠습니다."

子墨子曰:
<small>자 묵 자 왈</small>

묵자께서 말씀하셨다.

"翟之未得見之時也,
<small>적 지 미 득 견 지 시 야</small>

"이 묵적이 그대를 만나기 전에는

子欲得宋;
<small>자 욕 득 송</small>

그대는 송나라를 가지고자 했습니다.

---

55 유(劉): 착(斸)의 오류로 생각된다. 즉, 여기서는 나무를 깎는 것.

自翟得見子之後,
_{자 적 득 견 자 지 후}

이 묵적이 그대를 만난 이후에

予子宋而不義,
_{여 자 송 이 불 의}

송나라를 그대에게 줘도 의롭지
않다면

子弗爲.
_{자 불 위}

그대는 받지 않겠다고 했습니다.

是我予子宋也.
_{시 아 여 자 송 야}

이것이 바로 내가 그대에게 송나라를
준 것입니다.

子務爲義,
_{자 무 위 의}

그대가 의로움에 힘을 쏟는다면

翟又將予子天下."
_{적 우 장 여 자 천 하}

이 묵적은 또 천하를 그대에게 줄
것입니다."

공수 제50편
(公輸第五十)

公輸盤[1]爲楚造雲梯[2]之械,
<small>공 수 반 위 초 조 운 제 지 계</small>

공수반이 초나라를 위해
'운제(雲梯)'라는 기계를 만들었는데,

將以攻宋.
<small>장 이 공 송</small>

장차 운제로 송나라를 공격하려고
하였다.

子墨子聞之,
<small>자 묵 자 문 지</small>

묵자께서 그 이야기를 듣고

起於齊,
<small>기 어 제</small>

제나라에서 출발하여

行十日十夜而至於郢,
<small>행 십 일 십 야 이 지 어 영</small>

열흘 밤낮을 걸어 초나라의 수도 영에
이르러

見公輸盤.
<small>견 공 수 반</small>

공수반을 만났다.

公輸盤曰:
<small>공 수 반 왈</small>

공수반이 물었다.

"夫子何命焉爲?"
<small>부 자 하 명 언 위.</small>

"선생께서는 어떤 가르침을

---

1 공수반(公輸盤): 복성으로 공수(公輸), 이름을 반(盤)이라고 하며, 노(魯)나라 사람으로 노반(魯班)이라고도 부른다. 「노문」주 50 참조.
2 운제(雲梯): 성을 공격하는 도구의 일종이다. 사다리 모양의 도구로 높아서 구름에 들어가는 듯했기 때문에 운제(雲梯)라고 불렀다.

주시려는지요?"

子墨子曰:

자 묵 자 왈

묵자께서 말씀하셨다.

"北方有侮臣[3],

북 방 유 모 신

"북쪽 지방에 나를 모욕한 자가 있는데

願藉子殺之."

원 차 자 살 지

그대의 도움을 받아 그를 죽이고자

합니다."

公輸盤不說.

공 수 반 불 열

공수반은 불쾌하게 여겼다.

子墨子曰:

자 묵 자 왈

묵자께서 말씀하셨다.

"請獻十金."

청 헌 십 금

"십 금의 돈을 드리겠습니다."

公輸盤曰:

공 수 반 왈

공수반이 말했다.

"吾義固不殺人!"

오 의 고 불 살 인

"나의 의로움으로는 절대로 다른

사람을 죽일 수 없습니다."

子墨子起,

자 묵 자 기

묵자께서 일어나

再拜, 曰:

재 배 왈

두 번 절을 하고 나서 말씀하셨다.

"請說之.

청 설 지

"설명을 좀 해 주십시오.

吾從北方聞子爲梯,

오 종 북 방 문 자 위 제

내가 북쪽 지방에서 들으니

선생께서는 운제를 만들어

將以攻宋.

장 이 공 송

송나라를 공격하려고 한답니다.

宋何罪之有?

송 하 죄 지 유

송나라가 무슨 죄가 있습니까?

荊國有餘於地,

형 국 유 여 어 지

초나라는 토지가 풍족하지만

而不足於民.

이 부 족 어 민

백성들은 부족합니다.

---

3   신(臣): 신(臣) 자 아래에 자(者) 자가 탈락된 것으로 보인다.

殺所不足而爭所有餘,
_{살 소 부 족 이 쟁 소 유 여}

부족한 백성들을 죽여 가면서 이미
풍족하게 가지고 있는 땅을 빼앗고자
하는 것은

不可謂智;
_{불 가 위 지}

지혜롭다고 할 수 없습니다.

宋無罪而攻之,
_{송 무 죄 이 공 지}

송나라는 죄가 없는데 그들을
공격하는 것은

不可謂仁;
_{불 가 위 인}

인(仁)이라고 할 수 없습니다.

知而不爭,
_{지 이 부 쟁}

그 사실을 알면서도 간언하지 않는
것은

不可謂忠.
_{불 가 위 충}

충(忠)이라고 할 수 없습니다.

爭而不得,
_{쟁 이 부 득}

간언해도 이루지 못한다면

不可謂强.
_{불 가 위 강}

강(强)이라고 할 수 없습니다.

義不殺少而殺衆,
_{의 불 살 소 이 살 중}

의로움 때문에 소수의 사람도 죽이지
않겠다고 하면서 많은 사람을
죽인다면

不可謂知類⁴."
_{불 가 위 지 류}

미루어 짐작하여 아는 것이라 할 수
없습니다."

公輸盤服.
_{공 수 반 복}

공수반은 묵자께 설득되었다.

子墨子曰;
_{자 묵 자 왈}

묵자께서 말씀하셨다.

"然,
_연

"그렇다면

---

4 유(類): '유추(類推)'의 뜻으로 묵자 논리학의 특유한 용어이다. 앞뒤 사리를 따져서 중요하고
   중요하지 않은 것을 구별하는 것이다.

乎不已乎[5]?"

호 불 이 호

어찌하여 운제 만드는 일을 그만두게 하지 않습니까?"

公輸盤曰:

공 수 반 왈

공수반이 대답했다.

"不可.

불 가

"안 됩니다.

吾既已言之王矣."

오 기 이 언 지 왕 의

나는 이미 초왕에게 그 일을 말씀드렸습니다."

子墨子曰:

자 묵 자 왈

묵자께서 말씀하셨다.

"胡不見我於王?"

호 불 현 아 어 왕

"어찌하여 나를 초왕께 알현시키지 않습니까?"

公輸盤曰:

공 수 반 왈

공수반이

"諾."

낙

"그렇게 하겠습니다"라고 말했다.

子墨子見王, 曰:

자 묵 자 현 왕 왈

묵자께서 초왕을 알현하고 말씀하셨다.

"今有人於此,

금 유 인 어 차

"지금 여기에 어떤 사람이 있는데,

舍其文軒[6],

사 기 문 헌

그 자신의 화려하게 장식된 수레를 내버려 두고

鄰有敝轝[7],

인 유 폐 여

이웃집에 낡아 빠진 수레가 있는데

而欲竊之;

이 욕 절 지

훔치려고 합니다.

舍其錦繡,

사 기 금 수

자신의 화려한 비단옷은 내버려 두고

鄰有短[8]褐,

인 유 단 갈

이웃집에 거친 베옷이 있는데

---

5 호(乎): 호(胡) 자로 써야 한다.
6 문헌(文軒): 화려하게 장식된 수레.
7 여(轝): 여(輿)와 같은 글자임.

공수 제50편 公輸第五十 953

而欲竊之;
이 욕 절 지

훔치려고 합니다.

舍其粱肉,
사 기 양 육

자신의 기장밥과 고기는 내버려 두고

鄰有穗糟,
인 유 강 조

이웃집에 쌀겨와 술지게미가 있는데

而欲竊之.
이 욕 절 지

훔치려고 합니다.

此爲何若人?"
차 위 하 약 인

이런 사람은 어떤 사람이겠습니까?"

王曰:
왕 왈

초왕이 대답했다.

"必爲竊疾矣."
필 위 절 질 의

"틀림없이 도둑질하는 병이 있습니다."

子墨子曰:
자 묵 자 왈

묵자께서 말씀하셨다.

"荊之地方五千里,
형 지 지 방 오 천 리

"초나라 땅은 사방 오천 리나 되고

宋之地方五百里.
송 지 지 방 오 백 리

송나라 땅은 사방 오백 리가 됩니다.

此猶文軒之與敝轝也;
차 유 문 헌 지 여 폐 여 야

이것은 마치 화려하게 장식된 수레와 낡아 빠진 수레의 관계와 같습니다.

荊有雲夢,
형 유 운 몽

초나라에는 운몽택(雲夢澤)이 있는데,

犀兕麋鹿滿之,
서 시 미 록 만 지

그곳에는 물소·외뿔소·고라니·사슴 등이 가득하며,

江漢之魚鼈黿鼉爲天下富,
강 한 지 어 별 원 타 위 천 하 부

강수(江水)와 한수(漢水)에 사는 물고기, 자라, 큰 자라, 악어 등은 천하에서 가장 풍부합니다.

宋所爲⁹無雉兔狐貍者也.
송 소 위 무 치 토 호 리 자 야

송나라는 이른바 꿩·토끼·여우조차 없는 곳입니다.

---

8   단(短): 단(祖), '거친 베옷'의 뜻이다.

9   소위(所爲): '이른바'의 뜻으로 생각된다. 위(爲)는 위(謂)이다.

此猶粱肉之與糠糟也;
차 유 양 육 지 여 강 조 야

이것은 마치 기장밥과 고기, 그리고 쌀겨와 술지게미의 관계와 같습니다.

荊有長松·文梓·楩枏10·豫章11,
형 유 장 송 문 재 편 남 예 장

초나라에는 키 큰 소나무, 무늬 있는 가래나무, 편남, 예장 등의 좋은 나무가 있는데

宋無長木.
송 무 장 목

송나라에는 키 큰 나무가 없습니다.

此猶錦繡之與短褐也.
차 유 금 수 지 여 단 갈 야

이것은 마치 비단옷과 거친 베옷의 관계와 같습니다.

臣以三事12之攻宋也,
신 이 삼 사 지 공 송 야

왕의 신하들이 송나라를 공격하는 것은

爲與此同類.
위 어 차 동 류

이러한 상황과 같은 일이라고 생각됩니다.

臣見大王之必傷義而不得."
신 견 대 왕 지 필 상 의 이 부 득

제가 보건대 대왕께서는 반드시 의로움을 잃을 것이고, 송나라를 얻지 못할 것입니다."

王曰:
왕 왈

초왕이 대답하였다.

"善哉!
선 재

"좋습니다!

雖然,
수 연

비록 그렇더라도

公輸盤爲我爲雲梯,
공 수 반 위 아 위 운 제

공수반이 나를 위해 운제를

---

10 편남(楩枏): 편(楩)은 황편목(黃楩木), 남(枏)은 장수(樟樹)를 가리키는데, 한국·타이완·일본 등 아시아 동남해 지역에서 자라는 녹나무의 일종이다. 녹나무는 키가 20미터 이상 자라는 키 큰 나무이다.

11 예장(豫章): 장목(樟木).

12 삼사(三事): 왕리(王吏).

만들었으니

必取宋.
필 취 송

반드시 송을 공격할 것입니다."

於是見公輸盤.
어 시 견 공 수 반

이리하여 공수반을 만나러 갔다.

子墨子解帶爲城,
자 묵 자 해 대 위 성

묵자께서는 허리띠를 끌러 성으로
삼고

以牒爲械,
이 첩 위 계

나무 막대기를 성을 공격하는 도구로
삼으셨는데,

公輸盤九設攻城之機變,
공 수 반 구 설 공 성 지 기 변

공수반은 여러 번 성을 공격하면서
온갖 변화를 다 썼지만

子墨子九距之.
자 묵 자 구 거 지

묵자께서는 그때마다 그의 공격을
막아 내셨다.

公輸盤之攻械盡,
공 수 반 지 공 계 진

공수반이 모든 공격 도구를 다 썼지만

子墨子之守圉有餘.
자 묵 자 지 수 어 유 여

묵자의 방어 자세는 도리어 여유가
있었다.

公輸盤詘, 而曰:
공 수 반 굴　이 왈

공수반은 패배를 시인하면서 말했다.

"吾知所以距子矣,
오 지 소 이 거 자 의

"나는 선생을 막을 수 있는 방법을
알지만

吾不言."
오 불 언

말하지 않겠습니다"라고 하였다.

子墨子亦曰:
자 묵 자 역 왈

묵자 역시

"吾知子之所以距我,
오 지 자 지 소 이 거 아

"나는 선생께서 나를 막을 수 있다는
방법을 알고 있지만

吾不言.”
오 불 언

나도 말하지 않겠습니다”라고 하셨다.

楚王問其故,
초 왕 문 기 고

초왕이 묵자께 그렇게 말한 연유를 물었다.

子墨子曰:
자 묵 자 왈

묵자께서 말씀하셨다.

“公輸子之意,
공 수 자 지 의

“공수반 선생의 의도는

不過欲殺臣.
불 과 욕 살 신

저를 죽이겠다는 것뿐입니다.

殺臣,
살 신

저를 죽이면

宋莫能守,
송 막 능 수

송나라는 지키지 못할 것이니

可攻也.
가 공 야

공격할 수 있습니다.

然臣之弟子禽滑釐[13]等三百人,
연 신 지 제 자 금 골 리 등 삼 백 인

그러나 저의 제자 금골리 등 3백여 명이

已持臣守圉之器,
이 지 신 수 어 지 기

이미 저의 방어 도구를 가지고

在宋城上而待楚寇矣.
재 송 성 상 이 대 초 구 의

송나라의 성 위에서 초나라 군대를 기다리고 있습니다.

雖殺臣,
수 살 신

비록 저를 죽인다 해도

不能絶也.”
불 능 절 야

그들을 없앨 수는 없습니다.”

楚王曰:
초 왕 왈

초왕이 말했다.

“善哉!
선 재

“훌륭합니다!

吾請無攻宋矣.”
오 청 무 공 송 의

나는 송나라를 공격하지 않겠소.”

---

13 금골리(禽滑釐): 전국 시대 초기의 사상가. 처음에는 유가인 자하(子夏)에게 학문을 배웠으나 나중에는 묵자의 제자가 되었다. 그는 묵자의 수제자 중 한 사람으로, 특히 성지(城池)의 공격 및 방어 전술을 깊이 있게 연구하였다.

子墨子歸,
자 묵 자 귀

묵자께서 돌아오시는 길에

過宋,
과 송

송나라를 지나오다가

天雨,
천 우

비를 만나게 되었다.

庇其閭中[14],
비 기 려 중

송나라의 성문에서 비를 피하고자
했더니

守閭者不內[15]也.
수 려 자 불 내 야

성문을 지키는 자가 들여보내 주지
않았다.

故曰:
고 왈

그러므로 다음과 같은 말이 있는
것이다.

"治於神者.
치 어 신 자

"신묘한 곳에서 일하는 사람은

衆人不知其功;
중 인 부 지 기 공

세상 사람들이 그의 공훈을 알지
못하며,

爭于明者,
쟁 우 명 자

밝은 곳에서 다투듯이 일하는 사람은

衆人知之."
중 인 지 지

세상 사람들이 그를 알아준다."

---

14 비기려중(庇其閭中): 비(庇)는 '덮어서 가리다'는 뜻인데, 여기서는 '성문 밑에서 비를 피하다'
는 뜻으로 사용되었다. 여(閭)는 보통 '마을의 문'이라고 풀이하고 있으나 비를 피할 정도의 규
모라면 마을의 문보다 성문으로 풀이함이 더 좋을 듯하다.
15 내(內): '받아들이다'란 뜻의 납(納)'과 통하는 글자이다.

□□ 제51편 결편
(□□第五十一闕)

권 14

비성문 제52편
(備城門 第五十二)

禽滑釐問於子墨子曰:
_{금 골 리 문 어 자 묵 자 왈}

금골리가 묵자께 물었다.

"由聖人之言,¹
_{유 성 인 지 언}

"성인이 말씀하신 대로

鳳鳥之不出,²
_{봉 조 지 불 출}

봉황새가 나타나지 않으니,

諸侯畔殷周之國³,
_{제 후 반 은 주 지 국}

제후들이 은나라와 주나라 같은
천자의 나라를 배반하고

甲兵方起於天下,
_{갑 병 방 기 어 천 하}

천하에는 전쟁이 일어나,

大攻小,
_{대 공 소}

큰 나라는 작은 나라를 공격하고

强執弱,
_{강 집 약}

강한 나라는 작은 나라를 억누르고
있으니,

吾欲守小國,
_{오 욕 수 소 국}

제가 작은 나라를 지키려고 한다면,

1　유성인지언(由聖人之言): 유(由)는 '~에 의하면'의 뜻. 성인(聖人)은 공자를 가리킴.

2　봉조지불출(鳳鳥之不出): '봉황새가 세상에 나타나지 않는구나'라는 표현은 『논어』 「자한」편
에 나온다. "공자께서 말씀하시길, 봉황새는 오지 않고, 황하에서 하도(河圖)가 나타나지 않으
니, 나도 이제 그만이구나(子曰, 鳳鳥不至, 河不出圖, 吾己矣夫)." 이 말은 곧 공자가 춘추
시대의 혼란한 시대상을 한탄한 말이다.

3　은주지국(殷周之國): 은나라, 주나라는 고대의 왕조로 모두 천자의 나라였다. 따라서 '천자의
나라'라는 뜻.

爲之奈何?" _{위 지 내 하}	어떻게 해야 하겠습니까?"
子墨子曰: _{자 묵 자 왈}	묵자께서 말씀하셨다.
"何攻之守?" _{하 공 지 수}	"어떠한 공격으로부터 그 나라를 지키겠다는 것인가?"
禽滑釐對曰: _{금 골 리 대 왈}	금골리가 대답하였다.
"今之世常所以攻者: _{금 지 세 상 소 이 공 자}	요즈음의 세상에서 늘 공격하는 수단으로는
臨·鉤·衝·梯·堙·水·穴·突·空洞·蟻傅·轒轀·軒車[4], _{임 구 충 제 인 수 혈 돌 공동 의부 분온 헌거}	임·구·충·제·인·수·혈·돌·공동· 의부·분온·헌거 등이 있습니다.
敢問守此十二者奈何?" _{감 문 수 차 십 이 자 내 하}	좀 묻겠습니다만, 이 열두 가지의 공격 수단으로부터 성을 지키려 하면 어떻게 해야 할까요?"
子墨子曰: _{자 묵 자 왈}	묵자께서 대답하셨다.
"我城池修, _{아 성 지 수}	"우리 편의 성과 해자(垓子)가 수리되어 있고,

---

4 임·구·충·제·인·수·혈·돌·공동·의부·분온·헌거(臨·鉤·衝·梯·堙·水·穴·突·空洞·蟻傅·轒轀·軒車): 임(臨)이란 높은 곳에서 아래를 공격하는 방법이다. 구(鉤)란 갈고리 달린 구름사다리로 성을 기어오르는 도구이다. 충(衝)이란 쇠뭉치를 앞에 단 수레로 성에 부딪쳐 성을 깨뜨리는 도구이다. 제(梯)란 높고 긴 사다리로 성벽을 기어오르는 도구이다. 인(堙)이란 성을 공격하기 위해 쌓은 토성이다. 수(水)란 물을 이용해서 성을 공격하는 방법이다. 혈(穴)이란 땅굴을 파고 성을 공격하는 것이다. 돌(突)이란 땅굴을 파서 성을 통과하여 공격하는 것이다. 공동(空洞)이란 성에 구멍을 뚫고 공격하는 것이다. 의부(蟻傅)란 개미떼처럼 성을 기어 올라가서 공격하는 것이다. 분온(轒轀)이란 덮개가 있어 적의 공격을 방어하면서 성을 공격할 수 있는, 네 바퀴를 가진 수레이다. 헌거(軒車)란 전투용 수레인데, 손이양은 『춘추좌씨전(春秋左氏傳)』의 소거(巢車)와 비슷할 것으로 추정하고 있다. 소거는 수레 위에 높이 올릴 수 있는 도르래와 짐칸을 설치한 수레이다.

守器具,
수 기 구

방어하는 도구가 갖추어져 있으며,

推⁵粟足,
추 속 족

땔감과 식량이 풍부하고,

上下相親,
상 하 상 친

윗사람과 아랫사람이 서로 친밀하고,

又得四鄰諸侯之救,
우 득 사 린 제 후 지 구

다시 사방의 제후들에게 구원을 얻는 것 등이

此所以持也.
차 소 이 지 야

성을 지킬 수 있는 방법이다.

且守者雖善,
차 수 자 수 선

또 방어하는 방법이 비록 뛰어나다 해도,

則猶若不可以守也.
즉 유 약 불 가 이 수 야

도리어 꼭 성을 지킬 수 있는 것은 아니다.

若君用之守者,
약 군 용 지 수 자

만약 임금이 방어하는 방법을 잘 사용한다면,

又必能乎守者,
우 필 능 호 수 자

방어하는 방법은 반드시 효과를 거둘 것이나,

不能而君用之,
불 능 이 군 용 지

(만약) 방어하는 방법이 잘 갖추어지지 않았는데 임금이 그것을 쓴다면,

則猶若不可以守也.
즉 유 약 불 가 이 수 야

도리어 꼭 성을 지킬 수는 없을 것이다.

然則守者必善,
연 즉 수 자 필 선

그러므로 방어하는 방법이 반드시 뛰어나고,

而君尊⁶用之,
이 군 존 용 지

임금이 그 방법을 준수하여 사용한다면,

---

5 추(推): 초(樵)의 오기이다. '땔감'의 뜻.

6 존(尊): 준(遵)과 통용된다. 준(遵)은 '~을 준수하다', '~을 좇다'의 뜻이다.

然後可以守也."
연 후 가 이 수 야

그런 연후에는 성을 지킬 수 있다."

凡守圍城之法厚以高,
범 수 위 성 지 법 후 이 고

대개 성을 지키는 방법은 성을 두텁고 높게 해야 하고,

壕池⁷深以廣,
호 지 심 이 광

해자와 못은 깊고도 넓어야 하며,

樓撕揗⁸,
누 시 순

망루는 수리되어야 하고,

守備繕⁹利,
수 비 선 리

방어 기구들은 예리하게 수리되어야 하며,

薪食足以支三月以上,
신 식 족 이 지 삼 월 이 상

땔감과 식량은 석 달 이상을 지탱해야 한다.

人衆以選,
인 중 이 선

인원은 많으면서 훈련되어 있어야 하고,

吏民和,
이 민 화

관리와 백성은 잘 화합하며,

大臣有功勞於上者多,
대 신 유 공 로 어 상 자 다

대신들은 임금에게 공을 세운 사람이 많고,

主信以義,
주 신 이 의

임금은 의로움으로써 신뢰를 준다면,

萬民樂之無窮.
만 민 락 지 무 궁

백성들이 방어하는 일을 끝없이 즐길 것이다.

不然,
불 연

이러한 조건을 갖추지 못했다면,

---

7 호지(壕池): 성을 방어하기 위해 성 주위에 파 놓은 인공의 강. 곧 '해자(垓子)'.

8 누시순(樓撕揗): 누(樓)는 '망루'의 뜻, 시(撕)는 작은 망루나 누각을 의미함. 순(揗)은 수(脩)와 같다.

9 선(繕): '수리하다'의 뜻.

父母墳墓在焉;
부 모 분 묘 재 언

부모의 무덤이 성 안에 있어야 한다.

不然,
불 연

이러한 조건을 갖추지 못했다면,

山林草澤之饒足利;
산 림 초 택 지 요 족 리

산림·들판·못 등에서 나는 생산물이
풍족하여 이용할 수 있어야 한다.

不然,
불 연

이러한 조건을 갖추지 못했다면,

地形之難攻易守也;
지 형 지 난 공 이 수 야

지형이 공격하기는 어렵고 방어하기는
쉬워야 한다.

不然,
불 연

이러한 조건을 갖추지 못했다면,

則有深怨於適[10]而有大功於上;
즉 유 심 원 어 적 이 유 대 공 어 상

적에게는 깊은 원한을 가지고 있으면서
임금에게 큰 공을 세운 사람이 있어야
한다.

不然,
불 연

이러한 조건을 갖추지 못하였다면,

則賞明可信,
즉 상 명 가 신

상이 분명하여 믿을 수 있고,

而罰嚴足畏也.
이 벌 엄 족 외 아

벌은 엄격하여 충분히 두려워해야
한다.

此十四者具,
차 십 사 자 구

이러한 열네 가지 조건을 갖추고
있다면,

則民亦不宜[11]上矣,
즉 민 역 불 의 상 의

백성들도 임금을 의심하지 않을
것이며,

然後城可守.
연 후 성 가 수

그런 연후에야 성을 지킬 수 있다.

十四者無一,
십 사 자 무 일

열네 가지 조건 중에 한 가지도 갖추지

---

10 적(適): 적(敵)과 상통하는 글자로 여겨진다.

11 의(宜): 의당 의(疑) 자의 뜻으로 보아야 할 것이다.

못했다면,

則雖善者不能守矣.
즉 수 선 자 불 능 수 의

비록 뛰어난 장수라 해도 성을 지킬 수 없다.

故凡守城之法,
고 범 수 성 지 법

그러므로 성을 지키는 방법은,

備城門爲縣門[12],
비 성 문 위 현 문

성문을 방어하기 위해 '현문(縣門)'이 있어야 하고,

沈機[13],
침 기

현문을 내릴 수 있는 기계가 있어야 하는데,

長二丈,
장 이 장

현문은 길이가 이 장,

廣八尺,
광 팔 척

폭이 여덟 자의 크기로 만들되,

爲之兩相如[14];
위 지 량 상 여

두 장의 문이 서로 꼭 들어맞아야 한다.

門扇數[15]令相接三寸,
문 선 수 령 상 접 삼 촌

문짝은 여러 장의 나무를 붙여 만드는데 서로 이어지는 부분을 세 치 정도로 하고,

施土[16]扇上
시 토 선 상

문짝 위에는 진흙을 바르되,

無過二寸.
무 과 이 촌

두 치 두께를 넘지 않도록 한다.

---

12 현문(縣門): 곧 현문(懸門)의 뜻으로, 문을 성에 매달아 올렸다 내렸다 할 수 있게 만든 문이다.

13 침기(沈機): 침(沈)은 침(沉)과 통하는 글자로, 내린다는 뜻이다. 곧 현문을 내렸다 올렸다 하는 도구이다.

14 상여(相如): '서로 꼭 들어맞음'의 뜻.

15 수(數): 문짝을 만들기 위해 서로 이어 붙인 여러 개의 나무 조각.

16 시토(施土): 적군이 성문을 불태우지 못하도록 진흙을 바르는 것이다.

塹中深丈五,
참 중 심 장 오

참호의 깊이는 일 장 다섯 자로 하되,

廣比扇,
광 비 선

폭은 문짝과 같게 하고,

塹長以力¹⁷爲度.
참 장 이 력 위 도

참호의 길이는 병력의 숫자를
표준으로 삼는다(곧 병력이 많으면 길게,
적으면 짧게 한다는 뜻).

塹之末爲之縣,
참 지 말 위 지 현

참호 끝에는 현문을 매달 수 있는
공간을 두되

可容一人所.
가 용 일 인 소

한 사람이 들어갈 크기로 한다.

客至,
객 지

적군이 오게 되면

諸門戶皆令鑿而幕孔¹⁸孔之.
제 문 호 개 령 착 이 모 공 공 지

모든 성문에 모두 구멍을 뚫고 천으로
덮는다.

各爲二,
각 위 이

각 성문마다 두 개의 구멍을 뚫고

幕二,
막 이

두 개의 천으로 덮되,

一鑿而繫繩, 長四尺.
일 착 이 계 승 장 사 척

하나의 구멍마다 길이 네 자 되는
밧줄을 연결해 둔다.

城四面四隅,
성 사 면 사 우

성의 사방 귀퉁이에는

皆爲高磨衛¹⁹,
개 위 고 마 서

모두 높은 망루를 설치하고,

使重室子²⁰居亓²¹上,
사 중 실 자 거 기 상

귀족의 자제들이 그 위에서 지키게

---

17 역(力): 현문이 내려가는 참호 주위에 배치한 병력으로 생각된다.
18 모공(幕孔): 모(幕)는 막(幕)의 오기. 성문에 뚫은 구멍을 가리는 덮개 같은 것이다. 천 종류로
    덮개를 만들었을 것으로 추정된다.
19 마서(磨衛): 누서(樓衛)와 같다. 고대 성벽의 사방에 세워 놓은 망루.
20 중실자(重室子): 귀족의 자제들을 말함.
21 기(亓): 기(其) 자와 같다.

하면서

候適[22],
후 적

적군의 형편을 살피게 한다.

視其能[23]狀,
시 기 태 상

적군의 태도를 살피되,

與亓進[24]左右所移處,
여 기 진 좌 우 소 이 처

그들의 공격과 후퇴 및 좌우의 이동 상황을 살피도록 하고,

失候,
실 후

잘못 살핀 자는,

斬.
참

참형에 처한다.

適人爲穴而來,
적 인 위 혈 이 래

적군이 굴을 파고 침입해 오면

我亟[25]使穴師[26]選本[27],
아 극 사 혈 사 선 본

우리 편은 긴급하게 '혈사(穴師)'로 하여금 병사들을 뽑게 하고

迎而穴之,
영 이 혈 지

적군에 맞서 굴을 파게 하며

爲之且內弩[28]以應之.
위 지 차 내 노 이 응 지

적군에게 짧은 쇠뇌를 쏘게 하여 대응한다.

民室杵[29]木瓦石,
민 실 저 목 와 석

백성들의 집에 있는 재목·기와·돌

---

22 적(適): 적(敵) 자와 같다.

23 태(能): 태(態) 자와 같다.

24 진(進): 진(進) 자 다음에 퇴(退) 자를 보충해야 완전한 단어가 될 듯하다. 즉, '진격과 후퇴'의 뜻이다.

25 극(亟): '긴급하다'의 뜻.

26 혈사(穴師): 굴속의 싸움을 지휘하는 장군 또는 장교를 가리킴.

27 본(本): 사(士)의 오기로 생각됨.

28 내노(內弩): 굴속에서 사용할 수 있도록 발사 거리가 짧은 쇠뇌.

29 저(杵): 재(材)의 오기이다.

可以蓋³⁰城之備者,
가 이 개 성 지 비 자

성을 지키는 방법에 보탬이 된다면

盡上之.
진 상 지

모두 바치게 해야 한다.

不從令者,
부 종 령 자

명령을 따르지 않는 자는

斬.
참

참형에 처한다.

昔築,
석 축

옛날의 성벽 건설은

七尺一居屬³¹,
칠 척 일 거 촉

일곱 자의 거리마다 '거촉(居屬)'을 두고

五步一壘³²,
오 보 일 루

다섯 걸음의 거리마다 흙을 담는 삼태기를 두며

五築有鍗³³.
오 축 유 제

다섯 축의 거리마다 낫을 둔다.

長斧,
장 부

긴 도끼는

柄長八尺.
병 장 팔 척

자루 길이가 여덟 자이다.

十步一長鎌,
십 보 일 장 겸

열 걸음마다 하나의 긴 낫을 두는데

柄長八尺.
병 장 팔 척

그 자루 길이는 여덟 자이다.

十步一鬥³⁴長椎,
십 보 일 투 장 추

열 걸음의 거리마다 하나의 긴

---

30 개(蓋): 익(益) 자의 오기이다. 즉 '보탬이 되다', '증가시키다'의 뜻.

31 거촉(居屬): 거촉(鋸鑼)과 같다. 『광아(廣雅)』「석기(釋器)」에서 "거는 호미이다(鋸, 鉏也)"라고 하였다. 즉, 자루가 긴 호미이다.

32 누(壘): 유(絫)와 뜻이 통하는 글자이며, 성을 쌓을 때 흙을 담아내는 도구이다. 곧 삼태기.

33 제(鍗): 손성연에 의하면, 제(鍗)는 철(銕)이 되어야 한다고 한다. 제(銕)는 이(夷)의 옛날 글자로 낫을 말한다.

34 투(鬥): 잘못 들어간 글자로 생각된다.

쇠망치를 두는데

柄長六尺,
병 장 육 척

그 자루 길이는 여섯 자이며

頭長尺,
두 장 척

그 머리 부분은 한 자의 길이인데

斧其兩端.
부 기 양 단

양 끝은 도끼 모양이다.

三步一大鋋[35],
삼 보 일 대 연

세 걸음마다 하나의 큰 창을 두는데

前長尺,
전 장 척

앞부분은 길이가 한 자이고

蚤[36]長五寸.
조 장 오 촌

끝부분은 길이가 다섯 자이다.

兩鋋交之置如平,
양 정 교 지 치 여 평

두 개의 창을 마주 보게 놓아두면
가지런해야 하며,

不如平不利,[37]
불 여 평 불 리

만약 가지런하지 않으면 쓰기가
편리하지 않다.

兌亓兩末.
태 기 양 말

그 양 끝은 날카로워야 한다.

穴隊[38]若衝隊[39],
혈 대 약 충 대

땅굴을 적군의 땅굴과 비슷하게
파려면

必審如[40]攻隊之廣狹,
필 심 여 공 대 지 광 협

반드시 적군 땅굴의 길이와 폭을 잘

---

35 연(鋋): 손성연에 의하면, 고대의 병기에는 연(鋋)이 없으므로 '작은 창'이란 뜻의 연(鋋)의 오기
라고 하였다.

36 조(蚤): 차(叉)의 가차자로 조(爪)와 뜻이 통하는 글자이다. 창의 끝부분이 예리한 것을 뜻하는
말이다.

37 불여평불리(不如平不利): 불여평(不如平)의 어순은 여불평(如不平)이 되어야 하며 여(如)
의 뜻은 '만약'에라는 뜻이다.

38 대(隊): 수(隧)와 통하는 글자로 '땅굴'의 뜻이다.

39 충대(衝隊): 적군이 파들어 오는 땅굴.

40 여(如): 지(知)가 되어야 한다.

살피고

而令邪⁴¹穿其穴,
이 령 사 천 기 혈

비스듬하게 적군 땅굴 쪽으로
팜으로써

令其廣必夷客隊⁴².
영 기 광 필 이 객 대

그 크기는 적군의 땅굴을 메꿀 수
있도록 해야 한다.

疏束樹木,
소 속 수 목

나무를 성글게 묶어,

令足以爲柴搏⁴³,
영 족 이 위 시 단

'시단(한 다발로 묶은 나무)'이 되도록
하고,

毌⁴⁴前面樹,
관 전 면 수

앞쪽의 나무들을 함께 묶되,

長丈七尺一以爲外面,
장 장 칠 척 일 이 위 외 면

나무 길이 일 장 일곱 자 한 묶음을
바깥쪽으로 삼으며,

以柴搏從⁴⁵橫施之,
이 시 단 종 횡 시 지

시단을 가로·세로로 벌려 놓되,

外面以强⁴⁶塗,
외 면 이 강 도

바깥에는 단단한 흙을 발라,

毌令土⁴⁷漏.
무 령 토 루

위쪽으로 새지 않도록 한다.

今亓廣厚能任三丈五尺之城以上.
금 기 광 후 능 임 삼 장 오 척 지 성 이 상

---

41 사(邪): 사(斜)와 통하는 글자로 땅굴을 비스듬하게 파는 것이다.

42 이객대(夷客隊): 이(夷)는 평(平)과 통하는 글자로 적군의 땅굴을 무용지물로 만든다는 뜻. 객대(客隊)는 적군의 땅굴이라는 뜻이다.

43 시단(柴搏): '나무를 묶어 놓은 나무 다발(柴捆)'이다.

44 관(毌): '꿰다', '하나로 묶다'의 의미.

45 종(從): '가로(縱)'의 뜻이다.

46 강(强): 흙의 성질이 단단한 흙이다. 진흙을 발랐을 때 빈틈없이 나무를 발라 적의 화공(火攻)을 막는 흙을 말하는 것이다.

47 토(土): 상(上)으로 보아야 한다.

그 폭과 두께는 삼 장 다섯 자 높이의
성을 감당할 수 있어야 한다.

以柴木土稍杜⁴⁸之,
이 시 목 토 초 두 지

나무와 흙, 작은 나무들로 그것을 잘
메워,

以急爲故⁴⁹.
이 급 위 고

긴급한 상황에 대비하게 한다.

前面之長短,
전 면 지 장 단

앞쪽의 길고 짧은 나무들은

豫蚤⁵⁰接之,
예 조 접 지

미리 잘 이어 붙이고

令能任塗,
영 능 임 도

진흙을 잘 바르면

足以爲堞⁵¹,
족 이 위 첩

성가퀴의 역할을 할 수 있는데,

善塗亓外,
선 도 기 외

그 바깥쪽에 진흙을 잘 발라

令毋可燒拔也.
영 무 가 소 발 야

불태우고 파괴하지 못하도록 해야
한다.

大城丈五爲閨門⁵²,
대 성 장 오 위 규 문

큰 성은 일 장 다섯 자의 규문(閨門)을
만드는데,

廣四尺.
광 사 척

폭은 네 자로 한다.

爲郭門⁵³,
위 곽 문

큰 성은 곽문(郭門)도 만드는데,

---

48 초두(稍杜): 초(稍)는 '작은 나무', 두(杜)는 '막는다'의 뜻.

49 고(故): 『광아』「석고(釋詁)」에 의하면, "고(故)는 일의 뜻이다[故, 事也]"라고 하였다.

50 예조(豫蚤): 예(豫)는 '미리'의 뜻, 조(蚤)는 조(早)와 통하는 글자이다.

51 첩(堞): 성가퀴. 성벽 위의 움푹 튀어나온 부분이다.

52 규문(閨門): 『광아(廣雅)』「석궁(釋宮)」에 "궁궐의 문에서 그 작은 것을 규라고 한다[宮中之
門, 其小者謂之閨]"는 구절이 있다. 곧 성문 안에 있는 작은 출입문을 의미한다.

郭門在外,
곽 문 재 외

곽문은 성 바깥쪽에 두며,

爲衡[54],
위 형

세로로 된

以兩木當門,
이 량 목 당 문

두 개의 나무로 성문을 지탱하게 하고,

鑿其木維敷上堞[55].
착 기 목 유 부 상 첩

그 나무에 구멍을 뚫고 밧줄에 연결해 성가퀴에 매달아 놓는다.

爲斬[56]縣[57]梁,
위 참 현 량

성 밖에 참호를 만들고 매달아 올릴 수 있는 다리를 만들며,

酓[58]穿斷城以板橋,
영 천 단 성 이 판 교

참호는 성과 단절되게 하고 판교로만 이어지게 한다.

邪[59]穿外,
사 천 외

참호는 성 밖으로 비스듬하게 파되,

以板次之,
이 판 차 지

나무판을 차례대로 늘어놓도록 하고,

倚殺[60]如城報[61].
의 쇄 여 성 보

비스듬하게 하여 성의 형세와 비슷하게 한다.

城內有傳壤[62],
성 내 유 부 양

성 안에는 부첩(附堞)을 두며

因以內壤爲外.
인 이 내 양 위 외

이러한 연유로 내첩은 부첩의 바깥에

---

53 곽문(郭門): 성의 외문(外門)이다.
54 형(衡): 즉 세로로 된 나무.
55 유부상첩(維敷上堞): 밧줄로 매어 성가퀴에 매달아 놓는 것.
56 참(斬): '참호'의 뜻이다.
57 현(縣): 현(縣)의 뜻이다.
58 영(酓): '~하게 하다(令)의 뜻이다.
59 사(邪): '비스듬하게(斜)의 뜻이다.
60 의쇄(倚殺): '비스듬하게(斜)의 뜻이다.
61 보(報): 예(埶)이니 세(勢)와 같은 뜻이다.
62 양(壤): 첩(堞) 자의 오기이다.

있다.

鑿其閒, 深丈五尺,
착 기 한 심 장 오 척

그 사이에 일 장 다섯 자의 깊이로 땅을 파고,

室⁶³以樵,
실 이 초

땔감으로 가득 채워,

可燒之以待適⁶⁴.
가 소 지 이 대 적

적이 올 때를 대비하여 태울 수 있게 한다.

令耳⁶⁵屬城,
영 이 속 성

'영이(令耳)'는 성과 이어지도록 만드는데,

爲再重樓.
위 재 중 루

그곳에 다시 높은 누각을 만든다.

下鑿城外堞內深丈五,
하 착 성 외 첩 내 심 장 오

아래쪽에는 성의 외첩 안과 통하는 깊이 일 장 다섯 자

廣丈二.
광 장 이

폭 일 장 두 자의 참호를 뚫는다.

樓若令耳.
누 약 영 이

누각은 영이와 비슷하게 만든다.

皆令有力者主敵,
개 령 유 력 자 주 적

영이에서는 모두 힘센 자로 적군을 상대하게 하며,

善射者主發,
선 사 자 주 발

화살을 잘 쏘는 자는 화살의 발사를 주로 맡고,

佐皆廣矢.⁶⁶
좌 개 광 시

궁사들을 돕는 병사는 모두 화살을 예리하게 만든다.

---

63 실(室): 질(窒)의 뜻이다.

64 적(適): 적(敵)과 상통하는 글자이다.

65 영이(令耳): 그 뜻이 분명하지 않다. 전후 문맥으로 보아 높은 망루의 일종인 것 같다.

66 좌개광시(佐皆廣矢): 광(廣) 자는 여(厲) 자의 오기이다.

治裾諸[67],
치 거 저

올타리를 수리하는 것은

延堞,
연 첩

성가퀴가 이어지도록 하고,

高六尺,
고 육 척

그 높이는 여섯 자로 하되,

部[68]廣四尺,
부 광 사 척

부(部)의 폭은 네 자로 하여,

皆爲兵弩簡格[69].
개 위 병 노 간 격

모두 무기와 쇠뇌 등을 놓을 수 있는 시렁을 만든다.

轉射機[70],
전 사 기

'전사기'라는 것은

機長六尺,
기 장 육 척

기구의 길이가 여섯 자인데,

薶[71]一尺,
매 일 척

땅속에 한 자 깊이로 묻는다.

兩材合而爲之轀[72],
양 재 합 이 위 지 온

두 개의 나무를 합쳐서 '온(轀)'을 만드는데,

轀長二尺,
온 장 이 척

온의 길이는 두 자이다.

中鑿夫之爲道臂[73],
중 착 부 지 위 도 비

가운데에서 받침대까지 구멍을 뚫고 '통비(通臂)'를 만드는데,

67　치거저(治裾諸): 거(裾)는 거(椐)의 오기이다.

68　부(部): 성가퀴에서 한 사람이 서서 방어하는 공간을 부(部)라고 한다.

69　병노간격(兵弩簡格): 병노(兵弩)는 무기와 쇠뇌, 간격(簡格)은 무기와 쇠뇌를 놓아둘 수 있는 시렁이다.

70　전사기(轉射機): 윤동양(尹桐陽)의 설에 의하면, 전후좌우로 활을 쓸 수 있는 기계 장치라고 한다.

71　매(薶): 매(埋)와 뜻이 상통한다.

72　온(轀): 전사기의 뒤편에서 균형을 잡아 주는 장치로 여겨진다.

73　도비(道臂): 도(道)는 통(通) 자가 되어야 한다. 통비(通臂)란 긴 나무로 만들어진 전사기의 지탱 장치일 것이다.

臂長至桓⁷⁴, 비 장 지 환	통비를 길게 하여 '환(桓)'에 이르도록 한다.
二十步一, 이 십 보 일	전사기는 이십 보마다 한 대씩 두는데,
令善射之者佐, 영 선 사 지 자 좌	활을 잘 쏘는 자들이 맡도록 하되,
一人皆勿離. 일 인 개 물 리	한 사람은 언제나 그곳을 떠나지 않게 한다.
城上百步一樓, 성 상 백 보 일 루	성 위에는 백 걸음마다 누각 하나씩을 만드는데,
樓四植⁷⁵, 누 사 식	누각은 네 기둥을 세우되,
植皆爲通舄⁷⁶, 식 개 위 통 석	기둥은 모두 '통석(通舄)'에 세운다.
下高丈, 하 고 장	아래층 누각은 높이 일 장이며,
上九尺, 상 구 척	위층 누각은 높이가 아홉 자인데,
廣褒各丈六尺, 광 상 각 장 육 척	폭과 길이는 각 일 장 여섯 자이고,
皆爲寧⁷⁷. 개 위 녕	모두 '영(寧)'을 만든다.
三十步一突⁷⁸, 삼 십 보 일 돌	삼십 보마다 하나의 '돌(突)'을 두는데,

---

74 환(桓): 전사기의 양쪽에 설치한 두 개의 곧은 나무.
75 식(植): 『예기』「단궁(檀弓)」편의 삼가시환영(三家視桓楹)이라는 구절에 대해 정현은 "네 군데의 기둥을 환(桓)이라고 한다[四植謂之桓]"라는 주석을 달았다. 즉, 사식(四植)은 사영(四楹)과 같은 뜻이니 '네 기둥'의 뜻이다.
76 통석(通舄): 통(通)은 '옆으로 관통하다'는 뜻이고 석(舄)은 석(碣)과 통하는 글자로 '주춧돌'의 뜻이다. 즉, 두 개의 기둥이 한꺼번에 위치할 수 있도록 길게 이어 붙인 주춧돌들이다.
77 영(寧): 영(櫺)와 통하는 글자이고, '창문'의 뜻이다.
78 돌(突): '조창(竈窓)'의 뜻으로 연기를 뺄 수 있게 한 창문이다.

九尺, _{구 척}	돌의 길이는 아홉 자에
廣十尺, _{광 십 척}	넓이는 열 자,
高八尺. _{고 팔 척}	높이는 여덟 자로 한다.
鑿廣三尺, _{착 광 삼 척}	폭은 세 자로 뚫고
表二尺, _{표 이 척}	길이는 두 자로 하여
爲寧. _{위 녕}	영을 만든다.
城上爲攢火⁷⁹, _{성 상 위 찬 화}	성 위에는 '찬화(攢火)'를 만드는데,
夫⁸⁰長以城高下爲度, _{부 장 이 성 고 하 위 도}	그 자루의 크기는 성의 높이를 표준으로 하여 맞추고,
置火亓末. _{치 화 기 말}	그 자루의 끝에는 불을 놓아둔다.
城上九尺一弩·一戟·一椎·一斧·一艾⁸¹, _{성 상 구 척 일 노 일 극 일 추 일 부 일 애}	성 위에는 아홉 자의 거리마다 쇠뇌 하나·미늘창 하나·쇠망치 하나·도끼 하나·낫 하나 등을 준비해 두며,
皆積參石⁸²·蒺藜⁸³. _{개 적 참 석 질 려}	모든 곳에 공격용 돌이나 쇠가시를

---

79 찬화(攢火): 성벽 위에서 적을 공격할 수 있게 만들어 놓은 '화공(火攻)용 도구'. 『북사(北史)』
「왕사정전(王思政傳)」에 "동위의 고악이 토산을 쌓아 성벽에 마주 세웠는데, 왕사정이 화공
용 도구를 준비하여 빠른 바람을 틈타서 토산에 던져 고악의 공격 도구를 불 질렀다. 이 찬화
(攢火)는 화찬(火攢)이라고도 하는데 적을 불태우는 데 사용된다. 그러므로 그 손잡이는 길고
반드시 성의 높이를 잘 살펴야 한다(東魏高岳築土山以臨城. 思政作火攢, 因迅風便投之
土山, 燒其攻具. 此攢火卽火攢, 用以燒敵, 故其持柄之長, 須視城之高下)'라는 구절이
있다.

80 부(夫): 부(趺)와 통하는 글자로 원래는 받침대의 뜻이지만, 여기서는 화찬(火攢)의 자루 부
분, 곧 손잡이로 생각된다.

81 애(艾): 예(刈) 자의 뜻을 빌린 글자이다. '낫'을 의미하는 글자로 추정된다.

쌓아 둔다.

渠[84]長丈六尺,
거 장장육척

'거(渠)'의 길이는 일 장 여섯 자이며,

夫[85]長丈二尺,
부 장장이척

받침대의 길이는 일 장 두 자이고,

臂[86]長六尺,
비 장육척

'비(臂)'의 길이는 여섯 자이며,

亓貍[87]者三尺,
기 매 자삼척

그 기계의 땅에 묻힌 부분은 세 자이고,

樹渠毋傅[88]堞五寸.
수거무부 첩오촌

거를 세울 때는 성가퀴에서 다섯 자보다 가까워서는 안 된다.

藉莫[89]長八尺,
자막 장팔척

'자막(藉莫)'은 길이가 여덟 자에

廣七尺,
광칠척

폭이 일곱 자인데,

亓木也,
기목야

그 지탱하는 나무는

廣五尺 ,
광오척

폭이 다섯 자이며,

---

82 참석(參石): 뇌석(礌石)과 같은 뜻이며, 성 위에서 적군에게 던지는 돌이나 나무이다.

83 질려(蒺藜): 뾰족하게 가시 모양으로 생긴 장애물로 재질에 따라 목질려(木蒺藜)와 철질려(鐵蒺藜)가 있다.

84 거(渠): 「잡수」편에서 "거(渠)의 길이는 1장 5척이고, 폭은 1장 6척이다(渠長丈六尺, 廣長丈六尺)"라고 하였으므로 원문의 장육(丈六)은 장오(丈五)의 착오로 생각된다. 거(渠)는 성을 방어하는 도구이다.

85 부(夫): 부(趺)와 통하는 글자로 거(渠)의 받침대를 의미한다.

86 비(臂): 사람의 양팔처럼 거(渠)의 균형을 유지해 주는 가로대나무인 것으로 생각된다.

87 매(貍): 매(薶)와 통하는 글자이며, 매(埋)의 뜻이다.

88 부(傅): 부(附)와 통하는 글자로 가깝다는 뜻이다. 즉, 거(渠)를 세울 때는 성가퀴와 바로 붙여서는 안 되며 다섯 치 정도의 거리를 유지해야 한다는 뜻이다.

89 자막(藉莫): 일종의 화살·돌 등을 막을 수 있도록 만든 도구이다. 막(莫)은 막(幕)과 통하는 글자이다.

中藉莒爲之橋[90],
_{중 자 저 위 지 교}

중간에 있는 자막을 두레박같이
만들고,

索亓端;
_{색 기 단}

그 양쪽 끝을 밧줄로 맨다.

適[91]攻,
_{적 공}

적군이 공격해 오면,

令一人下上[92]之,
_{영 일 인 하 상 지}

한 사람이 자막을 위아래로 움직이게
하면서

勿離.
_{물 리}

자리를 떠나지 않는다.

城上二十步一藉車[93],
_{성 상 이 십 보 일 자 거}

성 위에는 이십 보마다 자거 하나씩을
두나

當隊者[94]不用此數.
_{당 대 자 불 용 차 수}

땅굴 공격을 막는 경우는 이러한
숫자에 구애되지 않는다.

城上三十步一礱竈[95].
_{성 상 삼 십 보 일 롱 조}

성 위에는 삼십 보마다 '농조(礱竈)'
하나씩을 둔다.

---

90 자저위지교(藉莒爲之橋): 저(莒)는 막(莫)의 오기라고 한다. 교(橋)는 『곡례(曲禮)』의 정현
주석에 "교는 우물 위의 두레박이다(橋, 井上橰橰)"라고 하였다.

91 적(適): 적(敵)과 통하는 글자이다.

92 하상(下上): 상하(上下)로 된 판본도 있는데, 뜻이 비교적 순조로우므로 하상(下上)보다 상하
(上下)의 어순을 따르기로 한다.

93 자거(藉車): 「비아부」편에 나오는 현비(縣牌)와 비슷한 도구로 나무판으로 가리고 위아래로
이동시킬 수 있는 전거(戰車)인 듯하다.

94 당대자(當隊者): 대(隊)는 수(隧)와 통하는 글자로 곧 땅굴이다.

95 농조(礱竈): 농(礱) 자는 사전에 나오지 않는 글자이다. 농(壟)과 통하는 글자이며 농조(壟竈)
란 결국 땅을 파서 만든 임시 아궁이의 의미로 취사용 아궁이.

持水者必以布𤅊斗⁹⁶·革盆⁹⁷,　　물을 담아 두는 것으로는 반드시
지 수 자 필 이 포 마 두　　혁 분　　　　포마두(布𤅊斗)·혁분(革盆)을

十步一.　　　　　　　　　　열 걸음마다 하나씩 둔다.
십 보 일

柄長八尺,　　　　　　　　　자루의 길이는 여덟 자,
병 장 팔 척

斗大容二斗以上到三斗.　　　포마두의 용량은 두 말에서 세 말
두 대 용 이 두 이 상 도 삼 두　　정도의 물을 담을 수 있게 한다.

敝裕⁹⁸·新布⁹⁹長六尺,　　　폐유(敝裕)·신포(新布)는 길이 여섯 자,
폐 유　　신 포　장 육 척

中拙¹⁰⁰柄,　　　　　　　　가운데가 구부러진 자루,
중 졸　　병

長丈,　　　　　　　　　　　길이는 일 장짜리를,
장 장

十步一,　　　　　　　　　　열 걸음마다 하나씩 두고,
십 보 일

必以大繩爲箭.　　　　　　　반드시 큰 밧줄을 대나무로 삼는다.
필 이 대 승 위 전

城上十步一銚¹⁰¹.　　　　　성 위에는 열 걸음마다 하나의
성 상 십 보 일 침　　　　　　'침(銚)'을 둔다.

水瓿¹⁰²,　　　　　　　　　물 항아리는
수 부

96　포마두(布𤅊斗): 베로 만든 용기인데, 기름칠을 해서 물을 담을 수 있게 만든 도구이다.

97　혁분(革盆): 가죽으로 만든 물동이로 물을 가득 담을 수 있다.

98　유(裕): 유(裕)는 격(綌) 자의 오기로 생각된다. 격(綌)은 거친 칡으로 만든 베.

99　신포(新布): 습포(濕布), 곧 젖은 베로 불을 끄기 위한 도구이다.

100　졸(拙): 굴(詘) 자의 가차자로, 곡(曲)의 뜻이다.

101　침(銚): 『설문해자』에 의하면, "침(銚)은 삽(臿) 부류이다[銚, 臿屬]"라고 하였다. 삽(臿)은 흙을 파는 도구의 하나이다.

102　수부(水瓿): 부(瓿)은 의당 추(甄)가 되어야 하는데 추(甄)는 물을 긷는 도구이다.

容三石以上,
용 삼 석 이 상

석 섬 이상의 용량을 가진 것으로

小大相雜.
소 대 상 잡

크고 작은 것을 섞어 놓아둔다.

盆·鑢[103]各二財[104].
분 려 각 이 재

물동이와 구기는 각기 두 개씩
놓아둔다.

爲卒乾飯, 人二斗,
위 졸 건 반 인 이 두

병사들을 위해 일 인당 두 말씩의 말린
밥을 준비하는데

以備陰雨,[105]
이 비 음 우

장마철에 대비하여

面使積燥處.[106]
면 사 적 조 처

건조한 곳에 쌓아 놓는다.

令使守[107]爲城內堞外行餐[108].
영 사 수 위 성 내 첩 외 행 찬

장마철이 되면 병사들을 시켜 성 안의
병력과 성 위의 병력에 말린 밥을
보낸다.

置器備[109],
치 기 비

성 위에는 도구를 놓아두는 곳을
준비하여

殺[110]沙礫鐵.
살 사 력 철

모래·자갈·쇠 부스러기 등을 흩어

---

103 분·려(盆·鑢): 분(盆)은 물동이나 바가지 같은 것, 려(鑢)는 곧 해려(奚鑢)와 같은데 '표주박'
   의 뜻이다.

104 재(財): 「비힐」 편에 나오는 문장에 근거하면 재(才)와 통하는 글자이며, '겨우 만족시킬 수 있
   다'의 뜻이다.

105 이비음우(以備陰雨): 음우(陰雨)는 비가 계속 내리는 음산한 날씨, 곧 장마철을 의미한다.

106 면사적조처(面使積燥處): 면(面)은 이(而) 자가 잘못 표기된 것으로 보인다.

107 사수(使守): 손이양의 견해를 참고하면, '이졸(吏卒)'의 뜻이다.

108 행찬(行餐): 송반(送飯), 곧 식량의 수송을 의미한다.

109 치기비(置器備): 치기(置器)는 도구를 놓아두는 곳의 의미인데, 계속되는 문장을 살펴보면
   적군의 성 공격에 대비하여 방어 무기를 놓아두는 것이다.

110 살(殺): 살(殺)은 살(檠)과 통하는 글자인데 곧 '흩어 놓는다'는 뜻이다.

놓는다.

皆爲坏斗[111],
_{개 위 배 두}

모두 '배두(坏斗)'로 사용하며,

令陶者爲薄瓿[112],
_{영 도 자 위 박 부}

도공으로 하여금 '박부(薄瓿)'를
만들게 하여,

大容一斗以上至二斗,
_{대 용 일 두 이 상 지 이 두}

그 용량은 한 말 이상에서 두 말에
이르게 한다.

卽用取三,[113]
_{즉 용 취 삼}

그것을 만들어서 사용할 때는

祕合束堅爲斗[114].
_{비 합 속 견 위 두}

비밀리에 모아 노끈으로 묶어
'도두(陶斗)'처럼 견고하게 만든다.

城上隔棧[115],
_{성 상 격 잔}

성 위에는 '격잔(隔棧)'을 만드는데,

高丈二,
_{고 장 이}

높이는 이 장으로 하며,

剡亓一末.[116]
_{염 기 일 말}

그 끝은 예리하고 뾰족하게 만든다.

爲閨門,
_{위 규 문}

규문을 만드는데,

閨門兩扇,
_{규 문 양 선}

규문은 두 개의 문짝이 있어,

---

111 배두(坏斗): 『설문해자』에서는 '굽지 않은 기왓장'이라고 하였다. 여러 가지 공격 무기들을 담
아 둔 도자기 항아리 같은 것인 듯하다.

112 박부(薄瓿): 부(瓿)는 추(甀)와 같은 글자로 물을 긷는 도구이다.

113 즉용취삼(卽用取三): 즉(卽)은 '설치하다'의 뜻이며 삼(三)은 지(之) 자의 오기로 본다.

114 두(斗): 곧 도두(陶斗)와 같으며 일종의 공격용 무기이다.

115 격잔(隔棧): 성 위에서 지키는 병력은 부서에 따라 나뉘는데, 나무를 짜서 부서를 구분한 것
이 격잔(隔棧)이다.

116 염기일말(剡亓一末): 『설문해자』에 의하면, "염은 예리하다[剡, 銳利也]"는 뜻이다. 일(一)
은 잘못 첨가된 글자이다.

令可以各自閉也[117].
영 가 이 각 자 폐 야

각각 닫을 수 있도록 한다.

救闉池者,[118]
구 인 지 자

해자를 메운 적군을 막고자 한다면,

以火與爭,
이 화 여 쟁

불을 가지고 적군과 싸운다.

鼓橐[119],
고 탁

풀무로써 바람을 내고,

馮垣[120]外內,
풍 식   외 내

'풍식(馮垣)'의 안팎에서는,

以柴爲燔.
이 시 위 번

땔나무에 불을 붙여 적군을 태운다.

靈丁,[121]
영 정

'영정'은,

三丈一,
삼 장 일

삼 장 한 자의 길이인데,

火耳施之.
화 이 시 지

개 이빨처럼 들쭉날쭉하게 그것을
이어 붙인다.

十步一人,
십 보 일 인

열 걸음마다 병사 한 명씩을 두는데,

居柴內弩,
거 시 내 노

땔감을 놓아두고 짧은 활을 놓아두며,

弩半,[122]
노 반

땔감의 절반은,

---

117 각자폐야(各自閉也): 한쪽 문짝을 열더라도 한쪽 문짝은 닫혀 있게 하는 것이라고 한다.

118 구인지자(救闉池者): 지(池)는 성 밖에 적군의 침입을 막기 위해 파 놓은 인공 못으로 해자를 말한다. 인(闉)은 인(堙)과 같은 뜻의 글자이며, 여기서는 '해자를 메우다'의 뜻.

119 고탁(鼓橐): 탁(橐)은 바람을 내는 도구, 곧 풀무를 가리킨다. 고탁(鼓橐)은 풀무를 움직여 바람을 내는 것.

120 풍식(馮垣): 식(垣)은 원(垣)과 뜻이 통하는 글자인데, 풍원(馮垣)은 성가퀴 바깥에 위치한 비교적 낮은 담으로 적군을 방어하기 위한 시설이다.

121 영정(靈丁): 윤동양은 발음의 유사성에 근거하여 영정(靈丁)을 곧 영정(鈴釘), 창의 일종으로 보았다. 그러나 삼 장 한 자나 되는 긴 창은 존재하기 어려우므로 영정(靈丁)이 무엇을 가리키는지는 미상이다.

爲狗犀者環之.
위 구 서 자 환 지

띠풀 같은 것으로 그것을 둘러싸게
한다.

牆七步而一.
장 칠 보 이 일

성벽에는 일곱 걸음마다 한 사람의
병사를 배치한다.

救車火[123],
구 거 화

불을 끄는 것은

爲煙[124]矢射火城門上.
위 연 시 사 화 성 문 상

'연시(煙矢)'를 성문 위 불난 곳에 쏘는
것이다.

鑿扇上爲棧[125],
착 선 상 위 잔

성문 위에는 구멍을 뚫어 '잔(棧)'을
만들고

塗之,
도 지

진흙을 바른

持水麻斗·革盆救之.
지 수 마 두 혁 분 구 지

수마두(水麻斗)·혁분을 걸어 두고
불을 끈다.

門扇薄植[126],
문 선 박 식

성문·박(薄)·식(植) 등은

皆鑿半尺,
개 착 반 척

모두 반 자의 깊이로 뚫고,

一寸一涿弋,
일 촌 일 탁 익

한 치의 간격으로 하나의 쇠못을
박는데

---

122 노반(弩半): 손이양의 학설에 의하면, 노(弩)는 시(柴)를 잘못 쓴 것이라고 한다. 즉 땔감이다.

123 거화(車火): 손이양의 견해에 의하면, 거화(車火)는 의당 훈화(熏火)가 되어야 한다고 했다. 훈(熏) 자는 『설문해자』에서 '불꽃 연기가 위로 올라가는 것이다(火煙上出也)'라고 하였다.

124 연(煙): 손이양은 연(煙) 자를 표(標), 곧 불똥으로 보았다.

125 잔(棧): 손이양은 잔(棧) 자를 익(杙)과 통하는 글자이며, 익(杙)은 곧 익(弋)인데, 물건을 걸어두는 곳이라고 하였다.

126 박식(薄植): 박(薄)과 박(欂)은 통하는 글자이다. 박(欂)은 곧 기둥의 두공 부분이다. 식(植)은 곧 호식(戶植)인데, 문을 지탱하기 위해 직각으로 세운 나무를 의미한다.

弋長二寸,

익 장 이 촌

쇠못의 길이는 두 치이며,

見一寸,

견 일 촌

각 줄마다 한 치의 쇠못이 있고,

相去七寸,

상 거 칠 촌

쇠못끼리의 간격은 일곱 치로 하고,

厚塗之以備火.

후 도 지 이 비 화

두텁게 진흙을 발라 화재에 대비한다.

各一垂[127]水,

각 일 수   수

물 항아리 한 개씩을 두되,

火[128]三石以上,

화   삼 석 이 상

용량은 세 섬 이상으로 하며,

小大相雜.

소 대 상 잡

크고 작은 항아리를 섞어서 놓아둔다.

門植關[129]必環錮,

문 식 관   필 환 고

문·버팀목·문빗장 등은 반드시

견고하게 둘러야 하는데,

以錮金若鐵鍱[130]之.

이 고 금 약 철 섭   지

구리쇠나 혹은 쇠로 만든 금속 조각을

붙여 견고하게 해야 한다.

門關再重,

문 관 재 중

문빗장은 이중으로 두르고

鍱之以鐵,

섭 지 이 철

쇠로 된 구조물로 그것을 이어 붙여야

必堅.

필 견

반드시 견고해진다.

梳關[131],

소 관

나무 빗장은

關二尺,

관 이 척

길이가 두 자로

---

127 수(垂): 추(錘)와 뜻이 통하는 글자로 물을 담는 그릇, 곧 물동이의 뜻이다.

128 화(火): 용(容), 곧 '용량'의 뜻이다.

129 문식관(門植關): 문(門)은 성문, 식(植)은 문빗장을 삽입하는 양쪽 버팀목이며, 관(關)은 나무 빗장을 의미한다.

130 철섭(鐵鍱): 쇠로 만든 장식으로 나무 빗장에 부착해 문빗장을 더욱 견고하게 한다.

131 소관(梳關): 성문을 여닫는 역할을 하는 나무로 만든 문빗장이다.

梳關一覓[132],　　　　　　　하나의 열쇠 같은 역할을 하며
소 관 일 현

封以守印,[133]　　　　　　　수비 대장의 봉인을 해 놓고,
봉 이 수 인

時令人行貌[134]封及視關入桓淺深.
시 령 인 행 모　　봉 급 시 관 입 환 천 심

　　　　　　　때때로 병사로 하여금 빗장 봉인의
　　　　　　　여부 및 문빗장이 양쪽 버팀목에 어느
　　　　　　　정도로 들어가 있는지 살펴보게 한다.

門者皆無得挾斧·斤·鑿·鋸·椎.
문 자 개 무 득 협 부　근　착　거　추

　　　　　　　성문을 지키는 병사들은 큰 도끼·작은
　　　　　　　도끼·끌·톱·몽치 등을 휴대하지
　　　　　　　않는다.

城上二步一渠[135],　　　　　성 위에는 두 걸음마다 하나의
성 상 이 보 일 거　　　　　　'거(渠)'를 두며

渠立程[136],　　　　　　　　거에는 가로대 나무를 세우는데
거 입 정

丈三尺,[137]　　　　　　　　일 장 이 자의 길이에
장 삼 척

冠長十丈,[138]　　　　　　　꼭대기 길이는 십 장이며
관 장 십 장

132　일현(一覓): 현(覓)은 관(管)의 가차자이며 쇄(鎖)의 뜻이다.

133　봉이수인(封以守印): 평상시에는 문빗장에 성을 지키는 장군의 인장으로 봉인을 하여 아무
　　　나 손대지 못하게 한다는 뜻이다.

134　모(貌): 모(貌)는 시(視) 자의 뜻이다. 뒤에 나오는 환(桓)은 문빗장 양쪽의 버팀목을 의미한
　　　다.

135　거(渠): 앞의 각주에서 이미 언급한 바 있는데, 방어용의 무기로 생각된다.

136　정(程): 정(桯) 자가 되어야 한다. 정(桯) 자는 가로대 나무라는 뜻이다.

137　장삼척(丈三尺): 앞에서 이미 나온 거(渠)의 구조와 「잡수」편의 문장을 참고하면, 원문의 장
　　　삼척(丈三尺)은 장이척(丈二尺)의 오기라고 생각된다.

138　관장십장(冠長十丈): 관장(冠長)은 맨 꼭대기의 길이를 의미한다. 장(丈)은 여타 판본에는
　　　척(尺)으로 되어 있는 경우가 많으므로 십장(十丈)이 아니라 십척(十尺)이 되어야 한다.

辟長六尺.[139]
벽 장 육 척

팔죽지 길이는 여섯 자이다.

二步一荅[140],
이 보 일 답

두 걸음마다 하나의 '답(荅)'을
설치하는데,

廣九尺,
광 구 척

폭은 아홉 자에

袤十二尺.
무 십 이 척

세로 길이는 열 두자이다.

二步置連梃[141]·長斧·長椎各一物,
이 보 치 연 정 장 부 장 추 각 일 물

두 걸음의 거리마다 연정·긴 도끼·긴
뭉치 등 각 하나씩과

槍[142]二十枚,
창 이 십 매

창 스무 개 등을,

周置二步中.
주 치 이 보 중

두 걸음의 거리 이내에 두루 놓아둔다.

二步一木弩[143],
이 보 일 목 노

두 걸음마다 하나의 '목노(木弩)'를
두는데,

必射五十步以上.
필 사 오 십 보 이 상

목노는 반드시 오십 보 이상을 쏠 수
있어야 한다.

及多爲矢.
급 다 위 시

화살을 많이 만들어야 하는데

---

139 벽장육척(辟長六尺): 벽(辟) 자는 비(臂) 자와 상통하는 글자이다. 거(渠)라는 기계의 팔죽
지 부분.

140 답(荅): 윤동양의 설에 의하면, 답(荅)은 탑(塔)과 뜻이 상통하는 글자로, 적군의 동정을 살필
수 있는 망루 같은 것이라고 한다.

141 연정(連梃): 아마 나무 뭉둥이를 이어 붙인 창 비슷한 무기이며, 성벽을 올라오는 적군에게
사용하는 무기인 것 같다.

142 창(槍): 나무의 양 끝을 뽀족하게 깎아 날카롭게 만든 도구이다.

143 목노(木弩): 일종의 기계장치를 사용해서 발사하는 강궁(强弓)이다.

節毋以竹箭,[144]
절 무 이 죽 전

대나무로 화살을 만들 수 없다면

楮·趙[145]·掃[146]·楡, 可.
호 조 도 유 가

싸리나무·복숭아나무·산뽕나무·
느릅나무 등을 사용해도 된다.

蓋求齊鐵夫,[147]
개 구 제 철 부

쇠촉 있는 화살을 더 많이 구하면

播以射衛[148]及櫳樅.
파 이 사 금 급 롱 종

금(衛)과 '농종(櫳樅)'에 놓아둔다.

二步積石,
이 보 적 석

두 걸음마다 돌을 쌓되

石重千鈞[149]以上者,
석 중 천 균 이 상 자

돌의 전체 무게는 삼만 근 이상이
되도록 하고

五百枚,
오 백 매

오백 개씩 묶어 두며

毋百,
무 백

백 개 이하로는 묶지 않도록 한다.

以亢疾犁[150],
이 항 질 리

이 돌들로 적군을 방어하는
'질려(蒺藜)'로 삼거나

壁,
벽

성벽을

皆可善方[151].
개 가 선 방

모두 수리하고 방어할 수 있게 한다.

---

144 절무이죽전(節毋以竹箭): 절(節)은 즉(卽) 자의 오기로 판단된다. 즉무이죽전(卽毋以竹箭)은 '대나무로 화살을 만들 수 없으면'의 뜻이다.

145 조(趙): 손이양의 견해에 의하면, 조(趙) 자는 도(桃) 자의 오기로 판단된다.

146 도(掃): 손성연(孫星衍)의 학설에 의하면 자(樜)가 되어야 한다고 하는데, 자(樜)는 산뽕나무이다.

147 개구제철부(蓋求齊鐵夫): 개(蓋) 자는 익(盍) 자와 그 뜻이 통한다. 또 제(齊)는 재(齋)와 통하는 글자로 '축적해 두다'의 뜻이다. 부(夫)는 시(矢) 자의 오기이다.

148 사금(射衛): 금(衛)은 '목로가 지나가는 통로'의 뜻이다.

149 천균(千鈞): 1균은 30근 이므로, 약 3만 근.

150 질리(疾犁): 질려(蒺藜)와 같은 의미이다. 금속으로 남가새 가시처럼 뾰족하게 만든 장애물.

二步積苙[152],
이 보 적 립

두 걸음마다 통나무를 쌓아 두되

大一圍[153],
대 일 위

큰 것은 한 아름 굵기에

長丈,
장 장

길이는 일 장 정도로 하여,

二十枚.
이 십 매

스무 개씩을 단위로 한다.

五步一罌[154],
오 보 일 앵

다섯 걸음마다 하나의 '앵(罌)'을
두는데,

盛水有奚[155],
성 수 유 해

물을 가득 담은 '해(奚)'도 놓아둔다.

奚蠡[156]大容一斗.
해 려 대 용 일 두

'해려(奚蠡)'의 크기는 한 말의 물을
담을 수 있다.

五步積狗屍五百枚,
오 보 적 구 시 오 백 매

다섯 걸음마다 '구시(狗屍)' 오백 장을
쌓아 두는데,

狗屍長三尺,
구 시 장 삼 척

구시는 길이가 세 자이고,

喪以弟,
상 이 제

띠풀로써 감추며,

---

151 선방(善方): 선(善)과 선(繕)은 뜻이 통하는 글자로 '수선하다'의 뜻, 방(方)은 방(防) 자와 뜻
이 통한다.

152 입(苙): 납(粒)과 뜻이 통하는 글자로, 꺾어 놓은 나무를 의미한다. 전쟁 때에 성벽 아래에 있
는 적군에게 굴리기 위한 통나무이다.

153 일위(一圍): 위(圍)는 보통 사람의 두 팔을 벌리면 안을 수 있는 크기, 즉 한 아름의 뜻. 『의례』
「상복」편을 주석한 정현에 의하면, "보통 사람은 팔을 벌려 아홉 치 정도를 안는다(中人之抱
圍九寸)"고 하였다.

154 일앵(一罌): 앵(罌)은 물을 담아 놓는 단지 같은 것이다.

155 해(奚): 다음 주석에 나오는 해려(奚蠡)와 뜻이 통하는 글자로 표주박의 일종이다. 즉, 물을
담는 용기이다.

156 해려(奚蠡): 앞에 나온 해(奚)와 마찬가지로, 물을 담아 놓는 표주박 모양 용기이다.

翁亓端,
_{옹 기 단}

그 끝은 날카롭게 하고,

堅約弋.
_{견 약 익}

말뚝에 단단히 묶는다.

十步積搏[157],
_{십 보 적 단}

열 걸음마다 '시단(柴搏)'을
놓아두는데

大二圍以上,
_{대 이 위 이 상}

크기는 두 아름 이상에

長八尺者二十枚.
_{장 팔 척 자 이 십 매}

길이는 여덟 자로 만든 것 스무 개씩을
둔다.

二十五步一竈,
_{이 십 오 보 일 조}

스물다섯 걸음마다 아궁이 하나를
만들고

竈有鐵鐕[158],
_{조 유 철 잠}

아궁이에 쇠솥을 두게 하는데

容石以上者一,
_{용 석 이 상 자 일}

한 섬 이상의 솥 하나에

戒[159]以爲湯.
_{계 이 위 탕}

물을 끓일 수 있도록 준비한다.

及持沙[160],
_{급 지 사}

비축 모래도 두는데

毋下千石.
_{무 하 천 석}

천 섬 이하가 되면 안 된다.

三十步置坐侯樓[161],
_{삼 십 보 치 좌 후 루}

서른 걸음마다 '좌후루(坐侯樓)'를
설치하는데

---

157 단(搏): 시단(柴搏)과 같다. 화공용으로 쌓아 둔 나무 다발이다.

158 철잠(鐵鐕): 철(鐕)은 심(鬵)의 가차자이다. 잠(鬵)은 '커다란 솥'의 뜻이다.

159 계(戒): 비(備)의 뜻이다.

160 지사(持沙): 지(持)는 저(儲)의 뜻이다. 즉 '비축해 둔 모래'의 뜻.

樓出於堞四尺,
_{누 출 어 첩 사 척}

이 누대는 성가퀴보다 네 자가
나오도록 하며

廣三尺,
_{광 삼 척}

폭 세 자,

廣¹⁶²四尺,
_{광   사 척}

길이는 네 자에

板周三面,
_{판 주 삼 면}

삼 면에 나무판자를 설치하고

密傅¹⁶³之,
_{밀 부   지}

빈틈없이 진흙을 바르고

夏蓋亓¹⁶⁴上.
_{하 개 기   상}

여름에는 그 위에 지붕을 덮는다.

五十步一藉車¹⁶⁵,
_{오 십 보 일 자 거}

오십 걸음마다 하나의 '자거(藉車)'를
두는데

藉車必爲鐵纂¹⁶⁶.
_{자 거 필 위 철 찬}

자거는 반드시 쇠바퀴 굴대로 만든다.

五十步一井屛¹⁶⁷,
_{오 십 보 일 정 병}

오십 걸음마다 하나의 야외 변소를
두는데

周垣之,
_{주 원 지}

담벽으로 그곳을 둘러싸게 하며

高八尺.
_{고 팔 척}

높이는 여덟 자이다.

---

161 좌후루(坐侯樓): 후루(堠樓)와 같은 뜻이다. 적군의 동향을 감시하고 봉화가 오르는지 유무
　　도 살피는 높은 망루.
162 광(廣): 장(長)의 오기이다.
163 부(傅): 도(塗)와 뜻이 같으며 화재를 예방하기 위해 진흙을 바르는 것이다.
164 기(亓): 기(其)와 같은 글자이다.
165 자거(藉車): 일종의 전거(戰車)이며 사다리 수레처럼 이동이 가능한 것이다.
166 철찬(鐵纂): 찬(纂)은 반드시 쇠바퀴 굴대로 만든다.
167 정병(井屛): 정(井)은 '야외 변소'이다. 병(屛)은 '담장'의 뜻이다.

五十步一方[168],   오십 걸음마다 방(方) 하나를 마련해
오 십 보 일 방   두고

方尙[169]必爲關籥[170]守之.   방의 위쪽에는 반드시 자물쇠로
방 상 필 위 관 약 수 지   채우고 지키도록 한다.

五十步積薪,   오십 걸음마다 땔감용 나무를 쌓아
오 십 보 적 신   두는데

毋下三百石,   삼백 섬 이하로는 하지 않으며
무 하 삼 백 석

善蒙塗,   진흙을 잘 발라
선 몽 도

毋令外火能傷也.   외부에서 날아오는 불꽃에 타지
무 령 외 화 능 상 야   않도록 한다.

百步一櫳樅[171],   백 걸음마다 하나의 '농종'을
백 보 일 롱 종   설치하는데

起地高五丈,   땅에서 오 장의 높이로 하여
기 지 고 오 장

三層,   삼 층으로 만드는데
삼 층

下廣,   아래층의 폭은
하 광

前面八尺,   앞면은 여덟 자,
전 면 팔 척

後十三尺,   뒷면은 열세 자로 하며
후 십 삼 척

---

168 방(方): 방(房)의 옛날 글자이다.
169 상(尙): 상(上)과 같은 뜻이다.
170 관약(關籥): '자물쇠를 채우다'의 뜻이다.
171 농종(櫳樅): 방어 시설의 일종으로 생각된다.

亓上¹⁷²稱議衰殺¹⁷³之.
기 상 칭 의 쇠 살 지

위층의 폭은 어울리도록 줄여 나간다.

百步一木樓,
백 보 일 목 루

백 걸음마다 하나의 '목루(木樓)'를
설치하는데

樓廣前面九尺,
누 광 전 면 구 척

목루의 폭은 앞면은 아홉 자에

高七尺,
고 칠 척

높이는 일곱 자로 한다.

樓軔居垳,¹⁷⁴
누 문 거 고

망루 수레는 성벽 가까이에 두는데

出城十二尺.
출 성 십 이 척

성에서 열두 자 정도 떨어지게 한다.

百步一井,
백 보 일 정

백 걸음마다 우물 하나를 만들고

井十甕,
정 십 옹

우물에는 열 개의 항아리를 두며

以木爲繫連¹⁷⁵,
이 목 위 계 련

나무를 가지고 두레박을 만든다.

水器容四斗到六斗者百.
수 기 용 사 두 도 육 두 자 백

물그릇으로 네 말에서 여섯 말을 담는
용기 백 개를 둔다.

百步一積雜秆¹⁷⁶,
백 보 일 적 잡 간

백 걸음마다 볏짚 단 하나를 두는데

大二圍以上者五十枚.
대 이 위 이 상 자 오 십 매

크기가 두 아름 이상인 것 오십 개를

---

172 기상(亓上): 기상(其上)과 같다.
173 쇠살(衰殺): 아래층의 폭보다 크기를 줄여 나간다는 뜻이다.
174 누문거고(樓軔居垳): 문(軔)은 '팽(軿)'과 통하는 글자로 망루 수레를 말하는 것이다. 고(垳)는
    점(坫)의 오기이다. '성벽'의 의미이다.
175 위계련(爲繫連): '두레박을 만들다'의 뜻.
176 잡간(雜秆): 간(秆)은 간(稈), '볏짚'의 뜻이다.

준비해 둔다.

百步爲櫓[177],
<small>백 보 위 로</small>

백 걸음마다 방패를 두는데

櫓廣四尺,
<small>노 광 사 척</small>

방패의 폭은 네 자이고

高八尺,
<small>고 팔 척</small>

길이는 여덟 자인데

爲衝術[178].
<small>위 충 술</small>

땅굴 공격을 막는 것이다.

百步爲幽牘[179],
<small>백 보 위 유 독</small>

백 걸음마다 숨겨진 도랑을 만드는데

廣三尺高四尺者千[180].
<small>광 삼 척 고 사 척 자 천</small>

폭은 세 자에 길이 네 자 되는 도랑 천
개를 만든다.

二百步一立樓,
<small>이 백 보 일 립 루</small>

이백 걸음마다 하나의 '입루(立樓)'를
세우는데

城中廣二丈五尺二[181],
<small>성 중 광 이 장 오 척 이</small>

성내에 폭 이 장 다섯 치에

長二丈,
<small>장 이 장</small>

길이는 이 장

出柩五尺.
<small>출 추 오 척</small>

성 밖에 다섯 치 정도 나오도록
설치한다.

---

177 노(櫓): 대순(大盾), 곧 '큰 방패'의 뜻이다.
178 충술(衝術): 술(術)은 수(隧)의 오기이다. 곧 '땅굴 공격'의 뜻.
179 독(牘): 암구(闇溝)의 뜻으로 '숨겨진 도랑'을 의미한다.
180 천(千): 천(千)은 수량이 과다하므로 십(十)의 오기로 보는 견해도 있다.
181 오척이(五尺二): 이(二)는 잘못 끼어든 글자로 생각된다.

城上廣三步到四步,
_{성 상 광 삼 보 도 사 보}

성 위는 그 폭이 세 걸음에서 네 걸음 정도 되어야

乃可爲使鬥[182],
_{내 가 위 사 투}

병사들이 싸우고 행동할 수 있으며

俾倪[183]廣三尺,
_{비 에 광 삼 척}

성가퀴의 폭은 세 자,

高二尺五寸.
_{고 이 척 오 촌}

높이는 두 자 다섯 치로 하고

陛高二尺五,
_{폐 고 이 척 오}

오르내리는 계단 높이는 두 자 다섯 치로 하며

廣長各三尺,
_{광 장 각 삼 척}

폭의 길이는 각 세 자로 하는데

遠[184]廣各六尺.
_{원 광 각 육 척}

길의 폭은 각각 여섯 자이다.

城上四隅童異[185]高五尺,
_{성 상 사 우 동 이 고 오 척}

성 위 사방 모퉁이에는 높이 다섯 자의 이 층 누각을 세우고

四尉[186]舍焉.
_{사 위 사 언}

네 명의 장교가 거주하게 한다.

城上七尺一渠[187],
_{성 상 칠 척 일 거}

성 위에는 일곱 자마다 하나의 '거답(渠答)'을 세우는데

長丈五尺,
_{장 장 오 척}

그 길이는 일 장 다섯 치이고

貍[188]三尺,
_{이 삼 척}

세 자 깊이로 땅에 묻고

---

182 사투(使鬥): '전투하게 하다'의 뜻.
183 비에(俾倪): 성상녀장(城上女牆)과 같은 말이니 '성가퀴'의 뜻이다.
184 원(遠): 도(道)의 오기이다.
185 동이(童異): 중루(重樓)의 오기이다. '이 층 누각'의 뜻.
186 사위(四尉): 네 곳 이 층 누각의 경비를 책임지는 장교이다.
187 거(渠): 즉 거답(渠答)으로 일종의 방어 시설이다.
188 이(貍): 매(薶)의 오기이다. 매(薶)는 매(埋)와 통하는 글자로 '땅에 묻다'의 뜻.

去堞五寸,
_{거 첩 오 촌}
성가퀴에서 다섯 자 떨어지게 하는데

夫長丈二尺,
_{부 장 장 이 척}
받침대의 길이는 일 장 두 자이고

臂長六尺.
_{비 장 육 척}
가로대의 길이는 여섯 자이다.

半植一鑿,
_{반 식 일 착}
기둥의 절반 되는 곳에 하나의 구멍을 뚫는데

內後長[189]五寸.
_{내 후 장 　 오 촌}
내부의 직경은 다섯 치로 한다.

夫兩鑿,
_{부 양 착}
받침대는 양쪽에 구멍을 뚫고

渠夫前端下堞四寸而適.
_{거 부 전 단 하 첩 사 촌 이 적}
거답 받침대의 앞쪽 끝은 성가퀴보다 네 치 정도 낮게 하는 것이 적당하다.

貍[190]渠鑿坎.
_{이 　 거 착 감}
거답은 구덩이를 파서 묻는데

覆以瓦,
_{복 이 와}
기와 같은 것으로 구덩이를 덮고

冬日以馬夫[191],
_{동 일 이 마 부}
겨울철은 말똥으로 덮어 주며

寒皆待命.
_{한 개 대 명}
추워지면 모두 대기하며 명령을 기다린다.

若以瓦爲坎.
_{약 이 와 위 감}
기와로 구덩이를 덮어도 된다.

城上千步一表[192],
_{성 상 천 보 일 표}
성 위에는 열 걸음마다 하나의 '표(表)'를 세우는데

---

189 후장(後長): 장(長)은 잘못 끼어든 글자이며 후(後)는 경(徑)의 오기이다.
190 이(貍): 매(埋)와 같은 뜻이다.
191 부(夫): 시(矢)의 오기이다. 시(矢)는 시(屎)와 통하는 글자로 똥의 뜻이다.
192 천보일표(千步一表): 천보(千步)는 십보(十步)의 오기이다. 표(表)는 기둥처럼 생긴 구조물이다. 성 위와 성 아래로 연결되어서 성 아래에서 신호를 감지할 수 있다.

長丈,
장 장
그 길이는 일 장이고

棄水者操表搖之[193].
기 수 자 조 표 요 지
성 위에서 물을 버리는 병사는 표를 잡고 흔든다.

五十步一廁,
오 십 보 일 측
오십 걸음마다 변소 하나를 설치하는데

與下同圂[194].
여 하 동 환
장교도 하급 병사와 함께 변소를 쓴다.

之廁者,
지 측 자
변소에 가는 병사는

不得操[195].
부 득 조
무기를 휴대하지 않는다.

城上三十步一藉車[196],
성 상 삼 십 보 일 자 거
성 위에는 삼십 걸음마다 하나의 '자거'를 두는데

當隊[197]者不用.
당 대 자 불 용
땅굴 침투를 막는 병사들은 숫자에 구애될 필요가 없다.

城上五十步一道陛[198],
성 상 오 십 보 일 도 폐
성 위에는 오십 보마다 도로로 통하는 계단을 만드는데

高二尺五寸,
고 이 척 오 촌
높이는 두 자 다섯 치

長十步.
장 십 보
길이는 열 걸음 정도이다.

---

193 조표요지(操表搖之): 표(表)를 붙잡고 흔들어서 신호를 보낸다는 뜻.

194 동환(同圂): 장교나 병사가 같이 변소를 이용한다는 뜻이다.

195 부득조(不得操): 조(操)는 '무기를 휴대하다'의 뜻.

196 자거(藉車): 이동시킬 수 있는 사다리 수레이다.

197 당대(當隊): 대(隊)는 수(隧)와 같다. 곧 '땅굴로 침입하는 적을 막는 부대'이다.

198 도폐(道陛): 곧 '도로로 이어지는 계단'이다.

城上五十步一樓扡[199].
성 상 오 십 보 일 루 공

성 위에는 오십 보마다 하나의 '누서(樓扡)'를 두는데

扡勇勇必重.[200]
공 용 용 필 중

누서는 반드시 이 층으로 만든다.

土樓百步一,
토 루 백 보 일

'토루(土樓)'는 백 걸음마다 하나씩 설치하며

外門發樓,[201]
외 문 발 루

성의 외문에는 '현문(懸門)'을 두며

左右渠[202]之.
좌 우 거 지

토루의 주위에는 물도랑을 파 둔다.

爲樓加藉幕[203],
위 루 가 자 막

토루에는 자막을 설치해 두는데

棧上出之,
잔 상 출 지

나무 시렁 위로 노출하여

以救外.[204]
이 구 외

외부의 공격을 방어한다.

城上皆毋得有室[205],
성 상 개 무 득 유 실

성 위에는 쓸데없는 방을 두지 않는데

若也[206]可依匿者,
약 야 가 의 닉 자

만약 적이 몸을 숨길 수 있는 곳이 있다면

---

199 누공(樓扡): 공(扡)은 시(撕)의 오기이다. 누시(樓撕)는 '작은 망루'의 뜻이다.

200 공용용필중(扡勇勇必重): 누시필재중(樓撕必再重)의 오기이다.

201 외문발루(外門發樓): 전체 문맥으로 살펴볼 때, 발루(發樓)는 현문(懸門)의 오기로 생각된다. '외문(外門)'은 들어 올렸다 내렸다 하는 문을 설치한다고 보는 것이 타당할 것이다.

202 거(渠): 성벽을 따라 파 놓는 물도랑으로 '해자'의 뜻이다.

203 자막(藉幕): 적의 화살 공격 등을 막기 위해 설치한 일종의 천막이다.

204 이구외(以救外): 외(外)는 화살 등 외부의 공격을 의미하며 구(救)는 화살 등을 자막(藉幕)에 박히게 하는 것으로 '방어하다'의 뜻이다.

205 무득유실(毋得有室): 여기서 실(室)은 군사적 목적으로 사용되는 방이 아닌 방을 의미한다.

206 야(也): 타(他)의 오기이다. '적군'이라는 뜻.

盡除去之.
_{진 제 거 지}

모두 없애 버려야 한다.

城下州道²⁰⁷內百步一積薪,
_{성 하 주 도   내 백 보 일 적 신}

성 아래를 빙 둘러싼 도로에는 백 걸음마다 땔감 나무를 쌓아 놓는데

毋下三千石以上,
_{무 하 삼 천 석 이 상,}

삼천 석 분량보다 적게 하면 안 되며

善塗之.
_{선 도 지}

진흙을 잘 발라 둔다.

城上十人一什長,
_{성 상 십 인 일 십 장}

성 위에는 열 명당 한 명의 '십장(什長)'을 두며

屬一²⁰⁸吏士,
_{속 일   리 사}

열 명의 병사를 소속시키고

一帛尉²⁰⁹.
_{일 백 위}

백 명당 한 명의 '정위(亭尉)'를 둔다.

百步一亭,
_{백 보 일 정}

백 걸음마다 하나의 정자를 두며

高垣²¹⁰丈四尺,
_{고 원   장 사 척}

담벽 높이는 일 장 네 자이며

厚四尺,
_{후 사 척}

담벽 두께는 네 자로 하고

爲閨門兩扇,
_{위 규 문 양 선}

성문은 두 개의 문짝으로 하고

令各可以自閉.
_{영 각 가 이 자 폐}

각기 저절로 닫히도록 한다.

亭一尉,
_{정 일 위}

정자에는 한 명의 장교를 두며

---

207 주도(州道): 주도(周道)와 같다. 성벽을 따라 둘러싸고 있는 도로.

208 일(一): 일(一)은 십(十)의 오기이다.

209 백위(帛尉): 정위(亭尉)의 오기이다. 정위(亭尉)는 백장(百長), 곧 백 명을 지휘하는 장교이다.

210 고원(高垣): 원고(垣高)의 어순이 되어야 한다.

尉必取有重厚忠信可任事者.
위 필 취 유 중 후 충 신 가 임 사 자

장교는 반드시 성격이 중후하고 믿을 만하며 일을 맡길 수 있는 사람을 선택해야 한다.

二舍²¹¹共一井竈,
이 사　　공 일 정 찬

두 개의 '사(舍)'가 하나의 우물과 취사장을 쓰며

灰·康·粃·杯·馬矢²¹²,
회 강 비 배 마 시

재·겨·쭉정이·왕겨·말똥 등을

皆謹收藏之.
개 근 수 장 지

모두 조심스럽게 거두어 보관한다.

城上之備:
성 상 지 비

성 위에 갖추어야 할 장비는 다음과 같다.

渠譫²¹³·藉車·行棧·行樓·
거 섬　　자 거　행 잔　행 루

거답(渠笘)과 자거·행잔(行棧)·목루·

到·頡皐²¹⁴·連梃²¹⁵·長斧·
도　힐 고　　연 정　　장 부

도(到)·빌고(桔橰)·연정(連梃)·긴 도끼·

長椎·長兹²¹⁶·距²¹⁷·飛衝²¹⁸·
장 추　장 자　　거　비 충

긴 송곳·긴 호미·갈고리·충거(衝車)·

縣□²¹⁹·批²²⁰.
현　　비

현양(縣梁)·비(批) 등이 있다.

屈樓²²¹五十步一;
굴 루　오 십 보 일

구불구불한 망루를 오십 걸음마다

---

211 이사(二舍): 사(舍)는 십장과 정위 등이 지휘하는 부대 단위이다.

212 마시(馬矢): 마시(馬屎)와 같다. 곧 '말똥'의 뜻.

213 거섬(渠譫): 거답(渠笘)의 오기이다. 성 위에 설치한 일종의 방어 시설.

214 힐고(頡皐): 길고(桔橰)와 같으며 '도르래'의 뜻.

215 연정(連梃): 나무 창을 길게 이어 붙인 무기.

216 장자(長兹): 자(兹)는 서(鋤)와 같은 뜻이며, '긴 호미'이다.

217 거(距): 거(鉅)와 같다. '갈고리'의 뜻.

218 비충(飛衝): 충거(衝車)와 통하는 글자이며, 공격용 수레를 말함이다.

219 현□(縣□): 빠진 글자가 양(梁)이라고 추정하는 학자도 있다.

220 비(批): 어떤 무기인지 미상이나 자형으로 보아 타격하는 무기로 짐작된다.

	하나씩 두며
堞下爲爵穴[222]; 첩 하 위 작 혈	성가퀴 아래에 '작혈(爵穴)'을 뚫는다.
三尺而一爲薪皐[223], 삼 척 이 일 위 신 고	세 자마다 '신고(薪皐)' 하나씩을 두는데
二圍, 이 위	두 아름의 크기에
長四尺半, 장 사 척 반	길이는 네 자 반으로 하는데
必有潔[224]. 필 유 결	반드시 숫자를 새긴다.
瓦石, 와 석	기와와 돌은
重二升以上, 중 이 승 이 상	무게를 두 근 이상으로 하여 놓아둔다.
上.[225] 상	
城上沙, 성 상 사	성 위의 모래는
五十步一積, 오 십 보 일 적	오십 걸음마다 한 무더기씩 쌓아 둔다.
竈置鐵鐕[226]焉, 조 치 철 잠 언	아궁이에는 쇠솥을 걸어 두고
與沙同處. 여 사 동 처	모래와 같은 곳에 둔다.

---

221 굴루(屈樓): 곡루(曲樓)와 같다.

222 작혈(爵穴): 성가퀴 아래에 뚫은 구멍으로 이곳을 통해 적군을 감시하거나 쇠뇌와 활을 쏘기도 한다.

223 신고(薪皐): '시단(柴摶)'과 의미가 같으며 나무 다발을 묶어 놓은 것으로 시단보다 조금 규모가 작다.

224 결(潔): 계(契)의 뜻과 같으며 '숫자를 새기다'의 뜻이다.

225 상(上): 잘못 끼어든 글자이니 삭제해야 한다.

226 철잠(鐵鐕): '무쇠 솥'의 뜻.

木大二圍,
목 대 이 위

목재를 두 아름의 크기에

長丈二尺以上,
장 장 이 척 이 상

길이는 일 장 이 자 이상으로 하여

善耿²²⁷其本,
선 경 기 본

그 밑동을 잘 연결한 것을

名曰長從.
명 왈 장 종

'장종(長從)'이라고 한다.

五十步三十木橋,
오 십 보 삼 십 목 교

오십 걸음마다 나무 도르래를
마련하는데

長三丈,
장 삼 장

길이가 삼 장이고

毋下五十²²⁸.
무 하 오 십

길이가 오십 걸음 이하이면 안 된다.

復使卒急爲壘壁,
부 사 졸 급 위 루 벽

다시 병사들로 하여금 시급하게
누벽을 수리하게 하며

以蓋瓦復之.
이 개 와 복 지

기와로 그것을 덮게 한다.

用瓦木罌,
용 와 목 앵

기와와 나무로 독을 만드는데

容十升以上者,
용 십 승 이 상 자

용량 열 되 이상인 독을

五十步而十,
오 십 보 이 십

오십 걸음마다 열 개씩 두되

盛水,
성 수

물을 가득 채우게 하여

且用之.
차 용 지

쓰도록 한다.

五十二者十步而二²²⁹.
오 십 이 자 십 보 이 이

다섯 되 이상인 독은 열 걸음마다 두

---

227 경(耿): 연(聯)의 오기. 나무 밑동을 서로 연결하는 것이다.
228 오십(五十): 오십보(五十步)와 같다.
229 오십이자십보이이(五十二者十步而二): 오두이상자, 십보이이(五斗以上者, 十步而二)
　　의 오기이다.

개씩 둔다.

城下里中家人,
_{성 하 리 중 가 인}

성 아래에 사는 사람들은

各葆²³⁰亓左右前後,
_{각 보   기 좌 우 전 후}

각자가 자기 집의 전후좌우를
지키는데

如城上.
_{여 성 상}

성 위와 마찬가지이다.

城小人衆,
_{성 소 인 중}

성이 작고 사람이 많으면

葆離鄕老弱國中及也²³¹大城.
_{보 리 향 로 약 국 중 급 야   대 성}

노약자들은 고향을 떠나 도읍이나
다른 큰 성에 옮기도록 한다.

寇至,
_{구 지}

적군이 이르러

度必攻,
_{도 필 공}

반드시 공격할 것으로 예상되면

主人先削城編²³²,
_{주 인 선 삭 성 편}

성의 주장은 성에 붙어 있는 불필요한
시설을 제거하는데

唯勿燒.
_{유 물 소}

다만 불태워서는 안 된다.

寇在城下,
_{구 재 성 하}

적군이 성 아래에 있다면

時換吏卒署²³³,
_{시 환 리 졸 서}

때맞추어 관리와 병사의 부서를
변경하지만

---

230 보(葆): 보(保)와 같다.
231 야(也): 타(他)의 오기이다.
232 성편(城編): 성 가까이 위치한 주택이나 간이 시설 등을 말한다. 적의 엄폐물이 될 수 있으므
로 제거함.
233 환리졸서(換吏卒署): 관리와 병사들의 부서를 방어에 적합하게 변경한다는 뜻.

而毋換亓養[234].
이 무 환 기 양

그러나 취사병의 소속은 바꾸지
않는다.

養毋得上城.
양 무 득 상 성

취사병은 성 위에 오르게 하지 않는다.

寇在城下,
구 재 성 하

적군이 성 아래에 있다면

收諸盆甕,
수 제 분 옹

모든 대야와 항아리 등을 거두어

耕[235]**積之城下,**
경   적 지 성 하

성 아래에 쌓아 두게 하는데

百步一積,
백 보 일 적

백 보마다 한 무더기씩

積五百.
적 오 백

오백 개를 쌓아 둔다.

城門內不得有室,
성 문 내 부 득 유 실

성문 내에는 방이 없으며

爲周官桓吏[236]**,**
위 주 관 환 리

관리를 두어 엄밀하게 방비한다.

四尺爲倪[237]**,**
사 척 위 예

성가퀴는 네 자인데

行棧內閈.[238]
행 잔 내 한

행잔(行棧)은 안으로 닫아걸고

二關一堞.
이 관 일 첩

두 명이 관문을, 한 명은 성가퀴를
지킨다.

除城場[239]**外,**
제 성 장   외

성의 도로를 제외하고는

---

234 기양(亓養): 양(養)은 '요리사', '취사병'의 뜻이다.

235 경(耕): 적(積)과 같은 뜻이다.

236 주관환리(周官桓吏): 주관(周官)은 '관리가 엄밀히 방비하다'의 뜻이며 환리(桓吏)는 '관리를 두다'의 뜻이다.

237 예(倪): 비예(卑倪)와 같다.

238 행잔내한(行棧內閈): 한(閈)은 폐(閉)와 뜻이 통한다. 행잔(行棧)은 나무로 이루어진 성문의 일부인 듯하다.

去池百步,
거 지 백 보

해자에서 백 걸음 떨어진 곳까지

牆垣樹木小大,
장 원 수 목 소 대

담장과 나무의 작고 큰 것은

俱壞伐除去之.
구 괴 벌 제 거 지

모두 부수거나 베어서 제거한다.

寇所從來者,
구 소 종 래 자

적군이 올 수 있는 곳,

若昵道²⁴⁰俟近,
약 닐 도 혜 근

환한 도로나 지름길이 가까운 곳,

若城場,
약 성 장

성 주위의 도로 등에는

皆爲扈樓²⁴¹.
개 위 호 루

모두 큰 누각을 둔다.

立竹箭天中²⁴².
입 죽 전 천 중

대나무 화살을 만들어 물속에 세워
놓는다.

守堂下爲大樓,
수 당 하 위 대 루

수비 장군의 거처에는 큰 누각을
만드는데

高臨城.
고 림 성

높은 곳에서 성을 내려다보게 만든다.

堂下周散²⁴³,
당 하 주 산

거처에는 두루 병력을 배치하며

道中應客²⁴⁴,
도 중 응 객

외부 손님은 도로 중에서 맞이하고

客待見.
객 대 견

손님을 기다리게 했다가 접견한다.

---

239 성장(城場):『이아』「석고」에서 "장(場)은 도로이다((場, 道也)"라고 하였다.
240 닐도(昵道): 가릴 것 없이 환한 도로.
241 호루(扈樓): 대루(大樓)와 같다.
242 천중(天中): 수중(水中)의 오기이다.
243 주산(周散): 성내에 두루 분포한 방어 병력을 말함이다.
244 응객(應客): 성의 수비 장군은 직접 손님 응대를 하지 않고, 신분 확인 이후에 손님을 만나는
    것이다.

時召三老在葆宮[245]中者, 시 소 삼 로 재 보 궁 중 자	때때로 '보궁(葆宮)'에서 '삼로(三老)'를 부르는데
與計事得先[246]. 여 계 사 득 선	그들과 더불어 계책의 득실을 논의한다.
行德[247]計謀合, 행 덕 계 모 합	그들 중 대장의 계책과 부합됨이 있으면
乃入葆. 내 입 보	곧 그를 보궁에 참여시킨다.
葆入守, 보 입 수	삼로가 보궁에 들어와 방어의 일을 맡으면
無行城, 무 행 성	성을 돌아다닐 수 없으며
無離舍. 무 리 사	보궁을 떠날 수도 없다.
諸守者, 제 수 자	모든 방어 책임자는
審知卑城淺池[248], 심 지 비 성 천 지	성의 높고 낮음과 도랑의 길고 얕음을 잘 알고
而錯[249]守焉. 이 착 수 언	방어 시설을 배치해야 한다.
晨暮卒歌[250]以爲度, 신 모 졸 가 이 위 도	아침저녁으로 병사들이 북을 두드려 법도로 삼게 한다면

---

245 삼로재보궁(三老在葆宮): 삼로(三老)는 고을의 원로가 되는 노인으로 보통 고을의 교화를
담당한다. 보궁(葆宮)은 보궁(保宮)과 같은데 전후 문맥으로 미루어 작전 지휘소의 일종인
것 같다.

246 계사득선(計事得先): 선(先)은 실(失)의 오기이다. 계사득실(計事得失)은 계획의 득실을
검토하는 일.

247 행덕(行德): 덕(德)은 득(得)의 오기이다.

248 비성천지(卑城淺池): 비성(卑城)은 '성의 높고 낮음', 천지(淺池)는 '도랑의 깊고 낮음'의 뜻.

249 착(錯): 조(措)의 뜻과 같다.

250 가(歌): 고(鼓)의 오기이다.

用人少易守.
용 인 소 역 수

쓸 수 있는 병력이 적어도 방어하기
쉽다.

守法:
수 법

성을 방어하는 방법은

五十步丈夫十人·
오 십 보 장 부 십 인

오십 걸음마다 장정 열 명·

丁女²⁵¹二十人·
정 녀 이 십 인

장년 여자 스무 명·

老小十人,
노 소 십 인

노약자 열 명을 배치하며

計之五十步四十人.
계 지 오 십 보 사 십 인

합계하면 오십 걸음마다 사십 명이
된다.

城下樓卒,
성 하 루 졸

성 아래의 누각을 지키는 병사는

率²⁵²一步一人,
율 일 보 일 인

한 걸음마다 한 사람의 비율이니

二十步二十人.
이 십 보 이 십 인

스무 걸음마다 스무 명이다.

城小大以此率之,
성 소 대 이 차 율 지

성이 크건 작건 이러한 비율대로
배치하면

乃足以守圉²⁵³.
내 족 이 수 어

곧 방어하기에는 충분하다.

客馮²⁵⁴面而蛾傳之,
객 풍 면 이 아 부 지

적군이 성의 사면에 의지해 개미
떼처럼 공격하는데

主人則先之知,
주 인 즉 선 지 지

성의 장수가 미리 알고 있다면

---

251 정녀(丁女): 장년 여성의 뜻이다.
252 율(率): '비율'이나 '표준'의 뜻이다.
253 어(圉): 어(禦) 자와 같다.
254 풍(馮): 빙(憑)과 같다. '의지하다'의 뜻.

主人利,
주 인 리

방어군은 유리하고

客適²⁵⁵.
객 적

적군은 불리하게 된다.

客攻以遂²⁵⁶,
객 공 이 수

적군이 대오를 편성하여 공격함에

十萬物²⁵⁷之衆,
십 만 물 지 중

십만 명의 부대라고 해도

攻無過四隊者,
공 무 과 사 대 자

공격에 네 개의 부대를 벗어나지
못하니

上術²⁵⁸廣五百步,
상 술 광 오 백 보

상급 부대는 폭이 오백 걸음이고

中術三百步,
중 술 삼 백 보

중급 부대는 폭이 삼백 걸음이며

下術五十步.
하 술 오 십 보

하급 부대는 폭이 오십 걸음이다.

諸不盡百五²⁵⁹步者,
제 부 진 백 오 보 자

여러 부대에서 백오십 걸음의 폭이 못
되는 규모라면

主人利而客病,
주 인 리 이 객 병

방어군에 유리하고 공격군에 불리하며

廣五百步之隊,
광 오 백 보 지 대

폭이 오백 걸음이 되는 부대라면

丈夫千人,
장 부 천 인

장정 천 명,

丁女者二千人,
정 녀 자 이 천 인

장년 여성 이천 명,

老小千人,
노 소 천 인

노약자 천 명,

凡四千人,
범 사 천 인

합계 사천 명이 되어야

而足以應之,
이 족 이 응 지

적에게 충분히 대응할 수 있다.

---

255 적(適): 병(病)과 같다. 여기서는 '불리하다'의 뜻.

256 수(遂): 대(隊)의 뜻과 같다.

257 물(物): 잘못 끼어든 글자이니 삭제해야 한다.

258 술(術): 대(隊)의 오기이다.

259 백오(百五): 백오십(百五十)의 오기이다.

此守術之數也.
차 수 술 지 수 야

이것이 방어 부대에 필요한
인원수이다.

使老小不事者,
사 로 소 불 사 자

노약자로 전투에 종사할 수 없는 자는

守於城上不當術者.
수 어 성 상 부 당 술 자

성 위에서 적군과 대응하지 않는 곳을
지키게 한다.

城持²⁶⁰出必爲明塡²⁶¹,
성 지 출 필 위 명 전

성에서 장군이 나가게 되면 반드시
신분을 밝히는 깃발을 준비하여

令吏民皆智知²⁶²之.
영 리 민 개 지 지 지

관리와 백성들이 모두 그를 알게 한다.

從一²⁶³人百人以上,
종 일 인 백 인 이 상

열 명이나 백 명 이상의 병사가
뒤따르고

持出不操塡章,
지 출 부 조 전 장

장군이 나가는데 깃발을 소지하지
않거나

從人非亓故人,
종 인 비 기 고 인

따르는 병사가 익숙한 인물이 아닌데

乃亓積章²⁶⁴也,
내 기 진 장 야

부대 깃발을 소지하고 있다면

千人之將以上止之,
천 인 지 장 이 상 지 지

천 명 이상의 지휘관은 그들을
제지하고

勿令得行.
물 령 득 행

더 이상 진군하지 않게 해야 한다.

行及吏卒從之,
행 급 리 졸 종 지

그를 따라 행군하는 관리와 병사는

---

260 성지(城持): 지(持)는 장(將)의 오기이다.
261 명전(明塡): 전(塡)은 기(旗)의 오기이다. 곧 장군의 신분을 밝히는 깃발이라는 뜻이다.
262 지지(智知): 지(知)는 잘못 끼어든 글자로 의당 삭제해야 한다.
263 일(一): 일(一)은 십(十)의 오기이다.
264 진장(積章): 진(積)은 기(旗)의 오기이다. 인장이 찍힌 깃발이다.

皆斬,
개 참

모두 처형하고

具以聞於上.
구 이 문 어 상

그 내용을 상급 지휘관에게 보고한다.

此守城之重禁之.
차 수 성 지 중 금 지

이것이 성을 지킬 때의 중요한
금령이다.

夫姦之所生也,
부 간 지 소 생 야

대개 간사한 일이 생기는 까닭이니

不可不審也.
불 가 불 심 야

잘 살피지 않을 수 없다.

城上爲爵穴,
성 상 위 작 혈

성 위에는 '작혈'을 뚫는데

下堞三尺,
하 첩 삼 척

성가퀴 아래의 세 자 되는 곳에 뚫고

廣亓外,
광 기 외

그 바깥은 폭이 넓게 하며

五步一.
오 보 일

다섯 걸음마다 하나씩 둔다.

爵穴大容苴[265],
작 혈 대 용 저

작혈의 크기는 횃불이 드나들 정도로
하고

高者六尺,
고 자 육 척

높은 곳은 여섯 자

下者三尺,
하 자 삼 척

낮은 곳은 세 자로 하며

疏數自適爲之.
소 수 자 적 위 지

그 조밀한 숫자는 성에 따라 적절하게
한다.

塞[266]外塹,
새   외 참

성 밖에는 참호(해자)를 파는데

去格[267]七尺,
거 격   칠 척

'두격(杜格)'에서 일곱 자 떨어진 곳이며

---

265 저(苴): '횃불'의 뜻이다.
266 새(塞): 천(穿)의 오기이다.
267 격(格): 「비아부」편에 나오는 두격(杜格)과 같다. 방어 시설의 일종.

爲縣梁.
위 현 량

현량(들어 올릴 수 있는 다리)을 둔다.

城筮陜[268]不可塹者,
성 책 협　　불 가 참 자

성이 협소하여 참호를 만들 수 없는 곳은

勿塹.
물 참

참호를 파지 않는다.

城上三十步一聾竈[269],
성 상 삼 십 보 일 롱 조

성 위에는 삼십 걸음마다 하나의 이동 취사장을 두며

人擅苣長五節[270].
인 천 거 장 오 절

병사들은 길이 다섯 자의 횃불을 준비하게 한다.

寇在城下,
구 재 성 하

적군이 성 아래에 있다면

聞鼓音,
문 고 음

북소리를 듣고

燔苣,
번 거

횃불에 불을 붙이고

復鼓,
부 고

다시 북을 치면

內苣爵穴中,
내 거 작 혈 중

작혈에 횃불을 집어넣어

照外.
조 외

성 밖을 비춘다.

諸藉車皆鐵什[271],
제 자 거 개 철 십

여러 '자거'는 모두 쇠테를 씌우는데

藉車之柱長丈七尺,
자 거 지 주 장 장 칠 척

자거의 기둥 길이는 일 장 일곱 자이며

亓貍[272]者四尺,
기 리　　자 사 척

그 묻힌 부분은 네 자이고

---

268 책협(筮陜): 협소하다.
269 농조(聾竈): 이동식 취사장이다.
270 오절(五節): 절(節)은 척(尺)의 오기이다.
271 철십(鐵什): 철찬(鐵鑽)과 같으며 쇠로 테를 만들어 싸는 것이다.
272 기리(亓貍): 기매(其埋)와 같다.

夫長三丈以上,
부 장 삼 장 이 상

받침대 길이는 삼 장에서

至三丈五尺,
지 삼 장 오 척

삼 장 다섯 치에 이르며

馬頰²⁷³長二尺八寸,
마 협   장 이 척 팔 촌

'마협(馬頰)' 길이는 두 자 여덟 치이다.

試藉車之力而爲之困²⁷⁴,
시 자 거 지 력 이 위 지 곤

자거의 힘을 시험하면서 그 '곤(困)'을
만드는데

失²⁷⁵四分之三在上.
실   사 분 지 삼 재 상

받침대의 4분의 3은 위에 드러나 있다.

藉車,
자 거

다른 자거는

夫²⁷⁶長三尺,
부   장 삼 척

받침대 길이가 세 자이며

四二三在上,
사 이 삼 재 상

그 4분의 3은 위로 드러나 있다.

馬頰在三分中.
마 협 재 삼 분 중

마협은 그 4분의 3의 가운데에 있다.

馬頰長二尺八寸,
마 협 장 이 척 팔 촌

마협은 길이가 두 자 여덟 치이며

夫長二十四尺,
부 장 이 십 사 척

받침대 길이는 스물네 치이고

以下不用.
이 하 불 용

스물네 치 이하 되는 것은 쓰지 않는다.

治困以大車輪.
치 곤 이 대 거 륜

'곤'을 만드는 데는 큰 수레바퀴를
쓴다.

藉車桓²⁷⁷長丈二尺半.
자 거 환   장 장 이 척 반

자거의 기둥 길이는 일 장 두 자
반이다.

---

273 마협(馬頰): 말의 양 볼같이 생긴 것으로 자거의 부속품이다.

274 곤(困): 문궐(門橛), 곧 문지방 비슷하게 생긴 것으로 자거의 받침대를 이루는 일부인 것 같다.

275 실(失): 부(夫)의 오기, 자거의 받침대이다.

276 부(夫): 부(趺)와 같다. 자거의 받침대이다.

277 환(桓): '기둥'의 뜻이다.

諸藉車皆鐵什,
제 자 거 개 철 십

여러 자거는 모두 쇠테를 두르며

復車者在之.[278]
부 거 자 재 지

'후거(後車)'는 그것을 보조한다.

寇闐池[279]來,
구 인 지   래

만약 적군이 해자를 메꿀 경우에
대비하여

爲作水甬[280],
위 작 수 용

'수통'을 만들게 되는데

深四尺,
심 사 척

깊이 네 자이고

堅慕[281]貍[282]之.
견 모   리   지

단단하게 그것을 덮어서 땅속에
묻는다.

十尺一,
십 척 일

열 자 간격으로 하나씩 묻어

覆以瓦而待令.
복 이 와 이 대 령

기와로 덮고 명령을 기다린다.

以木大圍長二尺四分而早[283]鑿之,
이 목 대 위 장 이 척 사 분 이 조   착 지

굵기가 한 아름인 길이 두 자 네 치의
목재를 네 등분으로 잘라 속을 파내고

置炭火亓中而合慕之,
치 탄 화 기 중 이 합 모 지

그 안에 숯불을 넣은 다음 합치고 덮어
밀봉하고

而以藉車投之.
이 이 자 거 투 지

자거를 사용하여 그것을 투척한다.

爲疾犁[284]投,
위 질 리   투

쇠가시를 던지는 기계를 만드는데

278 부거자재지(復車者在之): 부(復)는 후(後)의 오기이다. 재(在)는 좌(佐)와 같다.
279 인지(闐池): '해자를 메꾸다'의 뜻.
280 수용(水甬): 통 속에 물을 가득 넣고 위를 흙 같은 것으로 덮어 가린, 일종의 함정인 듯하다.
281 모(慕): 역(幕)과 같다. '덮다'의 뜻.
282 이(貍): 매(埋)와 같다.
283 조(早): 중(中)과 같다.

長二尺五寸,
장 이 척 오 촌

길이가 두 자 다섯 치

大二圍以上.
대 이 위 이 상

크기는 두 아름 이상으로 한다.

涿²⁸⁵弋,
탁   익

말뚝을 박는데

弋長七寸,
익 장 칠 촌

말뚝 길이는 일곱 치에

弋間六寸,
익 간 육 촌

말뚝 간격은 여섯 치로 하여

剡²⁸⁶亓末.
섬   기 말

그 끝은 예리하게 깎아 놓는다.

狗走,²⁸⁷
구 주

'구주(狗走)'는

廣七寸,
광 칠 촌

폭 일곱 치에

長尺八寸,
장 척 팔 촌

길이 한 자 여덟 치

蚤²⁸⁸長四寸,
조   장 사 촌

날의 길이는 네 치에

犬耳²⁸⁹施之.
견 이   시 지

개의 이빨처럼 들쭉날쭉 설치한다.

子墨子曰:
자 묵 자 왈

묵자께서 말씀하셨다.

"守城之法,
수 성 지 법

"성을 방어하는 방법은

必數城中之木,
필 수 성 중 지 목

반드시 성 안의 나무를 헤아려야

---

284 질리(疾犁): '질려(蒺藜)'와 같다. '쇠가시'의 뜻.

285 탁(涿): 탁(椓)과 같다.

286 섬(剡): 예(銳)와 뜻이 통한다.

287 구주(狗走): 구시(狗屍)와 같다. 어떠한 시설인지 정확한 의미는 미상이나 설명문으로 미루어 보면 적에게 타격을 주는 함정의 일정인 듯하다.

288 조(蚤): 조(爪)와 같다. 아마 구주(狗走)에는 칼날이나 창날같이 예리한 무기를 설치한 듯하다.

289 견이(犬耳): 견아(犬牙)의 오기이다. 개의 이빨처럼 날카로운 함정을 들쭉날쭉 배열한다는 뜻.

하는데

十人之所擧爲十挈[290],
<small>십 인 지 소 거 위 십 설</small>

열 사람이 들 수 있는 나무 무게는 십 계(挈)이고

五人之所擧爲五挈,
<small>오 인 지 소 거 위 오 설</small>

다섯 사람이 들 수 있는 나무 무게는 오 계이니

凡輕重以挈爲人數.
<small>범 경 중 이 설 위 인 수</small>

대개 나무의 무게는 계로써 하며 들어 올리는 사람의 숫자도 된다.

爲薪樵[291]挈.
<small>위 신 초 설</small>

땔감의 무게도 계로 하는데

壯者有挈,
<small>장 자 유 설</small>

건장한 남자도 계라는 단위가 있고

弱者有挈,
<small>약 자 유 설</small>

약한 남자도 계라는 단위가 있으니

皆稱亓任.
<small>개 칭 기 임</small>

모두 그가 감당할 수 있는 무게를 말함이다.

凡挈輕重所爲,
<small>범 설 경 중 소 위</small>

대개 계의 무게를 재는 것은

吏[292]人各得其任.
<small>이 인 각 득 기 임</small>

사람이 각기 감당할 수 있는 정도가 된다.

城中無食,
<small>성 중 무 식</small>

성 안에 식량이 없다면

則爲大殺[293].
<small>즉 위 대 쇄</small>

곧 식량 배급을 크게 줄여야 한다.

去城門五步大塹之,
<small>거 성 문 오 보 대 참 지</small>

성문에서 다섯 걸음 떨어진 곳에 큰

---

290 설(挈): 계(契)와 의미가 상통한다. 계(契)는 숫자를 새겨 넣는 것이다. 아마 한 사람이 들어 올릴 수 있는 나무의 양을 계(契)라고 불렀던 것 같다.

291 신초(薪樵): 초(樵)는 초(樵)와 같다. 땔감으로 쓰는 나무이다.

292 이(吏): 사(使)의 오기이다.

293 쇄(殺): 감(減)과 통하는 글자이다.

참호를 파는데

高地三丈,
<small>고 지 삼 장</small>

땅에서 일 장 다섯 자의 높이로 파고

下地至[294],
<small>하 지 지</small>

땅 아래로는 지하수에 이르면 세 자
깊이에서 멈춘다.

施賊[295]其中,
<small>시 적 기 중</small>

그 속에는 뾰족한 말뚝을 설치해 놓고

上爲發梁[296],
<small>상 위 발 량</small>

위에는 현량(縣梁)을 만들어

而機巧[297]之.
<small>이 기 교 지</small>

기계 장치로 그것을 당겨 놓는다.

比傅[298]薪土,
<small>비 부 신 토</small>

나무와 진흙을 그 위에 덮고

使可道行.
<small>사 가 도 행</small>

지나갈 수 있게 만든다.

旁有溝壘,
<small>방 유 구 루</small>

성 주위에는 도랑과 흙 언덕을 만들어

毋可踰越,
<small>무 가 유 월</small>

적이 넘을 수 없도록 하며

而出佻且比,[299]
<small>이 출 조 차 비</small>

성 밖에 병력을 보내어 거짓으로
패배하여 오고

適人遂入,
<small>적 인 수 입</small>

적들이 마침내 유인되어 오면

引機發梁,
<small>인 기 발 량</small>

기계 장치로 현량을 발동시키고

適人可禽.
<small>적 인 가 금</small>

적군을 사로잡을 수 있다.

---

294 고지삼장, 하지지(高地三丈, 下地至): 왕인지의 견해에 따라 고지장오척, 하지지천, 삼척이
지(高地丈五尺, 下地至泉, 三尺而止)의 오기라고 본다.

295 적(賊): 익(杙)과 같다. 참호 안에 박아 놓은 뾰족한 말뚝이다.

296 발량(發梁): 양(梁)은 현량(縣梁)과 같다. 들어 올릴 수 있는 다리를 설치하는 것이다.

297 교(巧): 인(引)의 오기이다.

298 비부(比傅): 부(傅)는 부(敷)와 같다.

299 이출조차비(而出佻且比): 이출조전차배(而出佻戰且北)의 오기이다. 배(北)는 '패배하다'
의 뜻.

適人恐懼而有疑心,
적 인 공 구 이 유 의 심

적군은 두려워하며 의심하게 되어

因而離³⁰⁰."
인 이 리

이 때문에 성에서 철수할 것이다.

---

300 이(離): 성을 떠나가다. '철수하다'의 의미.

비고림 제53편
(備高臨第五十三)

禽子再拜再拜曰:

금 자 재 배 재 배 왈

금골리가 재배하고 재배하며 물었다.

"敢問適人[1]積土爲高,

감 문 적 인 적 토 위 고

"감히 묻고자 합니다. 적군이 흙을 높이 쌓고

以臨吾城,

이 림 오 성

우리 성을 내려다보며

薪土俱上.

신 토 구 상

나무와 진흙을 한꺼번에 올리고

以爲羊黔[2];

이 위 양 검

'양검(羊黔)'으로 삼아

蒙櫓[3]俱上,

몽 노 구 상

큰 방패로 가리고 함께 올라와

遂屬之城;

수 촉 지 성

마침내 성에서 만나게 되어

兵弩俱上,

병 노 구 상

무기와 활 등을 가지고 올라오면

爲之奈何?"

위 지 내 하

그들을 어떻게 해야 합니까?"

---

1 적인(適人): 적인(敵人)과 같다.
2 양검(羊黔): 흙이나 돌 등을 쌓아 임시로 만든 토성 같은 것이다. 공성전을 위한 발판이다.
3 몽노(蒙櫓): 노(櫓)는 '큰 방패'를 뜻한다.

子墨子曰:
자 묵 자 왈
묵자께서 말씀하셨다.

"子問羊黔之守邪?
자 문 양 검 지 수 사
"그대는 양검에 대한 방어를 묻는 것인가?

羊黔者,
양 검 자
양검을 시도하는 자는

將之拙者也.
장 지 졸 자 야
장수로서 졸렬한 사람이네.

足以勞卒,
족 이 로 졸
병사를 아주 힘들게 하지만

不足以害城.
부 족 이 해 성
성의 방어에 타격을 줄 수는 없네.

守爲臺城.
수 위 대 성
방어군이 대성을 만들고

以臨羊黔,
이 림 양 검
양검을 내려다보면서

左右出巨,
좌 우 출 거
통나무들을 좌우로 뻗게 하는데

各二十尺,
각 이 십 척
각 스무 자 길이로 하고

行城三十尺,
행 성 삼 십 척
행성은 서른 자 크기로 하는데

强弩之,
강 노 지
강한 쇠뇌를 발사하게 하고

技機藉之,
기 기 자 지
기계 장치로 발사하는 활의 힘을 빌리고

奇器□□之,
기 기   지
뛰어난 기계 장치로 그들에게 대응한다면

然則羊黔之攻敗矣.
연 즉 양 검 지 공 패 의
그렇게 하면 양검의 공격은 실패할 것이다.

備高臨⁴以連弩之車⁵,
비 고 림 이 련 노 지 거
양검의 공격에 대비하려면 '연노거(連弩車)'로써 방어하는데

材大方一方一⁶尺,
재 대 방 일 방 일 척

연노거는 그 재질이 사방 한 자의 크기이며

長稱城之薄厚.
장 칭 성 지 박 후

길이는 성의 두께에 어울리게 만든다.

兩軸⁷三輪,
양 축 삼 륜

두 개의 수레 굴대에 세 개의 수레바퀴가 달렸는데

輪居筐⁸中,
윤 거 광 중

수레바퀴는 수레 몸통의 가운데에 달고

重下上筐⁹,
중 하 상 광

수레 몸통은 아래와 위에 각기 있어 겹 구조이며

左右旁二植,
좌 우 방 이 식

좌우 양옆에는 두 개의 나무 기둥이 있는데

左右有衡¹⁰植,
좌 우 유 형 식

좌우에는 가로대 나무가 있고

衡植左右皆圜內¹¹,
형 식 좌 우 개 환 내

가로대 나무의 좌우에는 모두 둥근 빗장이 뚫려 있는데

內徑四寸.
내 경 사 촌

직경이 네 치이다.

左右縛弩皆於植,
좌 우 박 노 개 어 식

좌우에 줄로 묶은 쇠뇌는 모두 나무 기둥에 부착되고

---

4 비고림(備高臨): 고림(高臨)은 양검(羊黔)과 비슷한 말이다. 높은 곳에서 내려다보며 공격하는 것이다.

5 연노지거(連弩之車): 여러 대의 쇠뇌가 동시에 화살을 발사할 수 있는 장치가 되어 있는 수레.

6 방일(方一): 잘못 끼어든 글자로 의당 삭제해야 한다.

7 양축(兩軸): 수레의 중심이 되는 굴대와 연노를 장착하는 굴대 등 두 개의 수레 굴대가 있다.

8 광(筐): '수레의 몸통' 부분이다.

9 중하상광(重下上筐): 수레의 몸통이 위아래에 하나씩 있는 것이다.

10 형(衡): 횡(橫)과 상통하는 글자이다.

11 환내(圜內): 내(內)는 예(枘)와 상통하는 글자로 환예(圜枘)는 '둥근 쐐기'와 '둥근 빗장'.

以弦鉤弦,
이 현 구 현

'구현(鉤弦)'에 걸리게 하여

至於大弦.
지 어 대 현

큰 활줄에 이르도록 한다.

臂前後與筐齊,
비 전 후 여 광 제

쇠뇌 자루는 앞뒤로 수레 몸통과
나란히 위치하고 있는데

筐高八尺,
광 고 팔 척

수레 몸통의 높이는 여덟 자이고

弩軸去下筐二尺五寸.
노 축 거 하 광 이 척 오 촌

쇠뇌 굴대에서 수레 몸통까지는 두 자
다섯 치이다.

連弩機郭同[12]銅,
연 노 기 곽 동 동

'연노(連弩)'와 '기계 장치'는 모두
구리로 만드는데

一石三十鈞.[13]
일 석 삼 십 균

백오십 근의 구리가 쓰인다.

引弦鹿長奴[14],
인 현 록 장 노

줄은 도르래로 당기는데

筐大三圍半,
광 대 삼 위 반

수레 몸통은 세 아름 반의 크기이며

左右有鉤距[15],
좌 우 유 구 거

좌우에는 활줄 걸이가 있는데

方三寸,
방 삼 촌

사방 세 치이며

輪厚尺二寸,
윤 후 척 이 촌

수레바퀴의 두께는 한 자 두 치이고

鉤距臂博尺四寸,
구 거 비 박 척 사 촌

활줄 걸이의 몸통은 한 자 네 치에

厚七寸,
후 칠 촌

두께 일곱 치이고

---

12 기곽동(機郭同): 쇠뇌 장치가 들어 있는 부분.

13 일석삼십균(一石三十鈞): 일석삼십근(一石三十斤)의 오기이다. 일석(一石)은 백이십근
(百二十斤)이니 합계 백오십근(百五十斤)이 된다.

14 녹장노(鹿長奴): 녹로수(鹿盧收)의 오기이다. 녹로(鹿盧)는 녹로(轆轤)와 뜻이 같은 글자로
'도르래'의 뜻이다.

15 구거(鉤距): 쇠뇌의 활을 거는 활줄 걸이.

長六尺. 장 육 척	길이 여섯 자이다.
臂齊筐外, 비 제 광 외	그 손잡이는 수레 몸통 밖으로 나란히 뻗고
蚤[16]尺五寸, 조 척 오 촌	날은 한 자 다섯 치
有距, 유 거	'거(距)'가 있는데
博六寸, 박 육 촌	폭은 여섯 치
厚三寸, 후 삼 촌	두께 세 치이며
長如筐, 장 여 광	길이는 수레 몸통과 같고
有儀[17], 유 의	가늠자〔儀〕가 달려 있고
有詘勝[18], 유 굴 승	'굴승(詘勝)'이 설치되어 있어
可上下. 가 상 하	위아래로 움직일 수 있다.
爲武[19]重一石, 위 무 중 일 석	받침대는 무게가 한 석이며
以材大圍五寸. 이 재 대 위 오 촌	그 재질의 크기는 한 아름 다섯 치이다.
矢長十尺, 시 장 십 척	화살의 길이는 열 자인데
以繩□□[20]矢端, 이 승 시 단	밧줄을 화살 끝에 매어 놓았으므로
如如戈[21]射, 여 여 과 사	마치 주살로 쏘는 듯하며

---

16 조(蚤): 발톱같이 날카로운 날의 뜻이다.
17 의(儀): 쇠뇌의 정확도를 조준하는 장치이다.
18 굴승(詘勝): 쇠뇌 장치를 위아래로 움직일 수 있는 장치이다.
19 무(武): 부(跗)의 오기이다. 기계의 받침대이다.
20 □□: 결여된 글자는 계저(繫著)의 두 글자로 생각된다.
21 여여과(如如戈): 여여(如如)에서 여(如) 하나는 잘못 끼어든 글자로 삭제해야 한다. 과(戈)는 익(弋)의 오기이다. 익(弋)은 길게 줄이 달려 있는 화살이다.

以磨鹿卷收[22].
이 마 록 권 수

도르래를 이용하여 줄을
거두어들인다.

矢高弩臂三尺,
시 고 노 비 삼 척

화살은 쇠뇌 자루보다 세 자가 높으며

用弩無數,
용 노 무 수

쇠뇌를 쓸 때는 셀 수 없이 많이 써야
하므로

出[23]人六十枚,
출　인 육 십 매

사람마다 육십 개의 화살을 주는데

用小矢無留[24].
용 소 시 무 류

작은 화살을 쓰는 것은 이루 셀 수도
없다.

十人主此車.
십 인 주 차 거

열 사람이 이 수레를 주관한다.

遂具[25]寇,
수 구 구

드디어 적군을 보게 되면

爲高樓以射道[26],
위 고 루 이 사 도

높은 망루를 만들어 적절하게 활을
쏘며

城上以荅羅矢."
성 상 이 답 라 시

성 위에서 답라(천으로 덮은 방어
시설)로 적의 화살을 막는다."

22　마록권수(磨鹿卷收): 마록(磨鹿)은 녹로(轆轤)의 오기이다. 권수(卷收)는 도르래로 줄을 되
감는 것이다.
23　출(出): 시(矢)의 오기이다.
24　무류(無留): 무수(無數)의 오기이다.
25　구(具): 견(見)의 오기이다.
26　도(道): 적(適)의 오기이다.

□□ 제54편 결편
(□□第五十四闕)

□□ 제55편 결편
(□□第五十五闕)

비제 제56편
(備梯第五十六)

禽滑釐事子墨子三年,
금 골 리 사 자 묵 자 삼 년

금골리가 묵자 선생을 3년이나 섬겼는데

手足胼胝[1],
수 족 변 지

손과 발에는 굳은살이 생기고

面目黧黑,
면 목 려 흑

얼굴은 시커멓게 되었고

投身給使,
투 신 급 사

선생에게 의탁하여 온 힘을 다했으나

不敢問欲.
불 감 문 욕

감히 하고 싶은 일을 묻지 못했다.

子墨子其[2]哀之,
자 묵 자 기 애 지

묵자께서 아주 가엾게 여겨

乃管酒塊脯[3],
내 관 주 괴 포

이에 청주와 육포를 준비하고

寄于大山[4],
기 우 대 산

태산에 유람하여

昧荼[5]坐之,
매 유 좌 지

풀을 뽑아 자리를 마련하고 앉아

---

1 변지(胼胝): 손발에 '굳은살이 박이다'의 뜻이다.

2 기(其); 심(甚)의 오기이다. '매우, 대단히'의 뜻이다.

3 관주괴포(管酒塊脯): 작주절포(酌酒切脯)와 뜻이 상통한다. 청주와 정갈하게 자른 육포를 준비했다는 뜻.

4 대산(大山): 태산(泰山)과 같은 뜻이다.

5 매유(昧荼): 유(荼)는 노야기풀, 매(昧)는 멸(滅)과 뜻이 통하는 말로 '풀을 뽑다'의 뜻이다.

以樵⁶禽子.
이 초 금 자

금골리와 술을 마셨다.

禽子再拜而嘆.
금 자 재 배 이 탄

금골리는 두 번 절하고 탄식하였다.

子墨子曰:
자 묵 자 왈

묵자께서 물었다.

"亦何欲乎?"
역 하 욕 호

"또 어떤 것을 하고 싶은가?"

禽子再拜再拜曰:
금 자 재 배 재 배 왈

금골리는 거듭 절하고서 물었다.

"敢問守道⁷?"
감 문 수 도

"감히 묻겠습니다, 나라를 지키는
방법이 있습니까?"

子墨子曰:
자 묵 자 왈

묵자께서 대답하셨다.

"姑亡⁸,
고 망

"잠시 그만하게나.

姑亡.
고 망

잠시 그만하게나.

古有亓⁹術者,
고 유 기 술 자

옛날에 그런 법술을 가진 자가
있었는데

內不親民,
내 불 친 민

안으로는 백성들과 친목하지 못하고

外不約治,
외 불 약 치

밖으로는 법규를 잘 다스리지
못했으며

以少閒衆,
이 소 간 중

적은 무리로 많은 무리를 무시하고

以弱輕强,
이 약 경 강

약한 군대로 강한 군대를 가볍게
보다가

身死國亡,
신 사 국 망

자신은 죽고 나라는 멸망하여

---

6 초(樵): 초(醮)의 가차자이다. '술을 마시다'의 뜻.
7 도(道): 도(道)는 방법, 법술의 뜻이다.
8 고망(姑亡): 고무(姑無)와 같다. 무(無)는 '그 이야기는 하지 말자'의 뜻.
9 기(亓): 기(其)의 옛 글자이다.

爲天下笑.
위 천 하 소

천하의 비웃음거리가 되었네.

子亓愼之,
자 기 신 지

그대는 스스로 신중해야 하니

恐爲身薑[10]"
공 위 신 강

아마 자신의 몸도 망칠 수 있네."

禽子再拜頓首,
금 자 재 배 돈 수

금골리는 두 번 절하여 머리를 조아리며

願遂問守道.
원 수 문 수 도

드디어 나라를 지키는 방법에 대해 물었다.

曰:
왈

금골리가 물었다.

"敢問客衆而勇,
감 문 객 중 이 용

"감히 묻겠습니다, 적군이 대군을 동원하여 용감하게 몰려와

煙資[11]吾池,
연 자 오 지

우리의 해자를 메워 버리고

軍卒幷進,
군 졸 병 진

군졸들을 일제히 전진하게 하고

雲梯旣施,
운 제 기 시

'운제(雲梯)'를 이미 펼치고

攻備已具,
공 비 이 구

공격 무기들을 갖추고 있으며

武士又多,
무 사 우 다

군사들이 또 많은데

爭上吾城,
쟁 상 오 성

앞다투어 성 위에 오르려 하면

爲之奈何?"
위 지 내 하

그런 공격에 어떻게 대비합니까?"

子墨子曰:
자 묵 자 왈

묵자께서 대답하셨다.

---

10 강(薑): 강(僵)과 통하는 글자로 '실패하다'의 뜻이다.
11 연자(煙資): 인자(堙資)의 오기. 파 놓은 해자를 메워 버리는 것.

"問雲梯之守邪?
문 운 제 지 수 야

雲梯者重器也,
운 제 자 중 기 야

亓動移甚難.
기 동 이 심 난

守爲行城[12],
수 위 행 성

雜樓相見[13],
잡 루 상 견

以環亓中.
이 환 기 중

以適廣陝[14]爲度,
이 적 광 협 위 도

環中藉幕[15],
환 중 자 막

毋廣亓處.
무 광 기 처

行城之法,
행 성 지 법

高城二十尺,
고 성 이 십 척

上加堞,
상 가 첩

廣十尺,
광 십 척

左右出巨[16]各二十尺,
좌 우 출 거 각 이 십 척

高·廣如行城之法.
고 광 여 행 성 지 법

"운제 공격에 대한 방어법을 묻는 것인가?

운제라는 것은 무거운 도구이니

그것을 이동시키는 것은 아주 어렵네.

방어하는 자는 '행성(行城)'을 만들고

그 사이사이에 망루를 가설하여

행성을 둘러싸게 한다.

적절하게 폭을 헤아리고

'자막'으로 그것을 둘러싸면서

행성과 망루보다 폭을 넓게 하지 말게.

행성을 만드는 방법은

성보다 스무 자 높게 만들며

위쪽은 성가퀴를 설치하는데

폭은 열 자로 한다.

행성의 좌우에는 '거(距)'를 만드는데 각 스무 자로 하며

그 높이와 폭은 행성 만드는 법과 같다.

---

12 행성(行城): 임시로 만든 성을 말한다. 적군이 운제로 공격하게 되면 공격 지점이 우리보다 높게 되므로 방어 지점을 높이기 위해 임시 성벽을 가설하는 것이다.
13 상견(相見): 상간(相間)의 오기이다.
14 광협(廣陝): 광협(廣狹)의 오기이다.
15 자막(藉幕): 두꺼운 천막 같은 것으로 적군의 화살을 방어하는 시설이다.
16 거(巨): 거(距)와 같다. 성 밖으로 뻗게 한 횡목(橫木)인데 닭발 모양으로 생겼으며 방어군은 여기에 의지하여 적군을 공격한다.

爲爵穴煇偦[17],
_{위 작 혈 휘 서}
적을 공격하는 구멍 및 연기를 내는 구멍 등을 뚫고

施荅[18]其外,
_{시 답 기 외}
'답(荅)'을 그 밖에 시설하고

機·衝·錢·城[19],
_{기 충 전 성}
쇠뇌 장치·충거·행잔·행성 등을

廣與隊等,
_{광 여 대 등}
적의 부대 폭과 같이 설치한다.

雜亓間以鐫·劎[20],
_{잡 기 간 이 전 검}
그 사이에는 끌이니 도끼 등을 놓아두며

持衝十人,
_{지 충 십 인}
충거에는 열 명을 배치하고

執劎五人,
_{집 검 오 인}
도끼를 가진 병사 다섯 명을 배치하는데

皆以有力者.
_{개 이 유 력 자}
모두 힘이 센 자를 배치한다.

令案目[21]者視適[22],
_{영 안 목 자 시 적}
눈의 집중이 뛰어난 자에게 적군을 주시하게 하고

以鼓發之,
_{이 고 발 지}
북을 쳐서 신호를 하는데

夾而射之,
_{협 이 사 지}
그 사이에서 활을 쏘게 하는데

重而射,
_{중 이 사}
궁수를 두 겹으로 배치하여 쏘게 하고

---

17 작혈휘서(爵穴煇偦): 작혈(爵穴)은 적군을 공격하기 위해 성에 뚫은 구멍이다. 휘서(煇偦)는 훈서(燻鼠)의 오기이며, 연기를 피워 적군을 교란하기 위해 성에 뚫은 구멍이다.

18 답(荅): 적군의 화살을 방어하는 것으로 방어 시설의 하나이다.

19 기·충·전·성(機·衝·錢·城): 전(錢)은 잔(棧)의 오기이다. 방어하는 무기들의 나열인데 '노기(弩機)', '충거(衝車)', '행잔(行棧)', '행성(行城)' 등을 말함이다.

20 전·검(鐫·劎): 전(鐫)은 '끌'의 뜻이고, 검(劎)은 착(斲)의 오기이니 '도끼'의 뜻이다. 모두 적군의 운제를 파괴하기 위한 도구이다.

21 안목(案目): 안(案)은 안(按)과 같은데 지(止)의 뜻이다. 지목(止目)이란 대상을 잘 주시할 수 있는 시력을 말함이다.

22 적(適): 적(敵) 자와 같다.

披機藉之,
피 기 자 지
　　　　　　　　　　　쇠뇌 장치를 발사하면서

城上繁下矢·石·沙·炭²³以雨之,
성 상 번 하 시 석 사 탄 이 우 지

　　　　　　　　　　　성 위에서 아래를 향해 화살·돌·모래·
　　　　　　　　　　　재를 비 오듯이 던지며

薪火·水湯以濟之.
신 화 수 탕 이 제 지

　　　　　　　　　　　불붙인 섶단과 끓는 물 등으로 공격을
　　　　　　　　　　　돕게 한다.

審賞行罰,
심 상 행 벌

　　　　　　　　　　　세심하게 살펴서 상과 벌을 주며

以靜爲故,
이 정 위 고

　　　　　　　　　　　침착하게 대응함을 원칙으로 하고

從之以急,
종 지 이 급

　　　　　　　　　　　급히 공격해야 할 때는 급히 행동하게
　　　　　　　　　　　하여

毋使生慮.
무 사 생 려

　　　　　　　　　　　병사들이 다른 생각을 일으키지
　　　　　　　　　　　못하게 한다.

若此,
약 차

　　　　　　　　　　　이와 같이 한다면

則雲梯之攻敗矣.
즉 운 제 지 공 패 의

　　　　　　　　　　　운제를 이용한 공격은 실패할 것이다.

守爲行堞²⁴,
수 위 행 첩

　　　　　　　　　　　방어 측은 '행첩(行堞)'을 만드는데

堞高六尺而一等,
첩 고 륙 척 이 일 등

　　　　　　　　　　　성가퀴의 높이는 여섯 자를 한결같은
　　　　　　　　　　　표준으로 하고

施劍²⁵亓面,
시 검 기 면

　　　　　　　　　　　그 정면에는 도끼를 배치해 두는데

以機發之,
이 기 발 지

　　　　　　　　　　　도끼는 기계로 움직이게 하며

---

23 탄(炭): 회(灰)의 오기이다.
24 행첩(行堞): 행성 위에 설치하는 성가퀴.
25 시검(施劍): 검(劍)은 착(斵)의 오기이다.

衝至則去之,
_{충 지 즉 거 지}

적군의 충거가 이르면 곧 그것을
제거한다.

不至則施之.
_{부 지 즉 시 지}

충거가 오지 않으면 도끼 장치는
그대로 둔다.

爵穴三尺而一,
_{작 혈 삼 척 이 일}

'작혈'은 성가퀴의 세 자 되는 곳에
하나씩 뚫는데

蒺藜投必逐²⁶而立,
_{질 려 투 필 수 이 립}

쇠가시를 던질 수 있는 기계 장치를
적군의 대오 있는 곳에 세워 두며

以車推引之.
_{이 거 추 인 지}

이 장치는 수레를 이용하여 끌거나
밀게 한다.

裾²⁷城外,
_{거 성 외}

성 외곽에 '거(裾)'를 만드는데

去城十尺,
_{거 성 십 척}

성에서 열 자 떨어진 곳에

裾厚十尺.
_{거 후 십 척}

두께를 열 자로 하여 만든다.

伐裾,
_{벌 거}

거에 쓰이는 나무를 벨 때는

小大盡本斷之²⁸,
_{소 대 진 본 단 지}

크건 작건 모두 뿌리째 뽑아내며

以十尺爲傳²⁹,
_{이 십 척 위 전}

뽑아낸 통나무는 열 자 크기로 잘라서

雜而深埋之,
_{잡 이 심 매 지}

크고 작은 나무를 섞어 깊이 묻고

堅築,
_{견 축}

견고하게 구축하여

---

26 수(逐): 당대(當隊)의 오기이다.
27 거(裾): 거(裾)와 같은 뜻으로 성 밖에 방어용으로 만들어 놓은 나무 울타리를 의미한다.
28 본단지(本斷之): 나무를 뿌리째 뽑아낸다는 뜻이다.
29 전(傳): 단(斷)의 오기이다.

母使可拔.
무 사 가 발

뽑을 수 없도록 해야 한다.

二十步一殺,
이 십 보 일 쇄

스무 걸음마다 하나의 '쇄(殺)'를
만드는데

殺有一鬲[30],
쇄 유 일 격

쇄에는 하나의 '격(隔)'을 두며

鬲厚十尺,
격 후 십 척

격은 두께가 열 자이다.

殺有兩門,
쇄 유 량 문

쇄에는 두 개의 문을 두는데

門廣五尺.
문 광 오 척

문의 폭은 다섯 자이다.

裾門一,
거 문 일

거의 출입문은 하나인데

施淺埋,
시 천 매

얕게 묻어 놓으며

弗築,
불 축

견고하게 구축하지 않고

令易拔.
영 이 발

쉽게 뽑힐 수 있도록 한다.

城希[31]裾門而直桀[32].
성 희 거 문 이 직 걸

성 위에서 거의 문을 주시할 수 있도록
표지판을 설치해 둔다.

縣火[33],
현 화

'현화(縣火)'는

四尺一鉤樴[34],
사 척 일 구 직

네 자마다 하나씩인 갈고리 말뚝에
걸어 두며

---

30 격(鬲): 격(隔)의 오기이다. 격(隔)은 무기나 식량 등 방어 병력이 이용할 수 있는 칸막이 방 같
  은 것이다.
31 희(希): 희(睎)와 상통하는 글자로 '주시해서 보다'의 뜻이다.
32 직걸(直桀): 치갈(置楬)의 오기이다. 표지판을 설치하는 것이다.
33 현화(縣火): 현화(懸火)와 같다. 매달아 놓은 횃불이다.
34 구직(鉤樴): 갈고리가 달려 있는 말뚝이다.

五步一竈,
_{오 보 일 조}

다섯 걸음마다 아궁이 하나를 두는데

竈門有鑪炭[35].
_{조 문 유 로 탄}

아궁이 입구에는 숯불이 담긴 화로를 둔다.

令適人盡入,
_{영 적 인 진 입}

적군이 모두 성안으로 공격해 오면

輝火[36]燒門,
_{휘 화 소 문}

'휘화(輝火)'로 문을 불태우고

縣火次之.
_{현 화 차 지}

현화로 다음에 공격한다.

出載而立,
_{출 재 이 립}

병사가 탄 수레를 내보내 세우는데

亓廣終隊.
_{기 광 종 대}

그 폭은 적군 부대에 맞추어서 세운다.

兩載之閒一火,
_{양 재 지 간 일 화}

두 수레 사이에는 횃불 든 병사 하나씩을 배치하고

皆立而待鼓而然火[37],
_{개 립 이 대 고 이 연 화}

모두 서서 북소리를 기다렸다가 북소리에 일제히 불을 붙이고

卽具[38]發之.
_{즉 구 발 지}

곧 일제히 횃불을 던진다.

適人除火復攻
_{적 인 제 화 부 공}

적군이 불을 끄고 다시 공격할 경우

縣火復下,
_{현 화 부 하}

현화를 다시 계속 던진다면

適人甚病,
_{적 인 심 병}

적군은 심한 타격을 입고

故引兵而去.
_{고 인 병 이 거}

군대를 이끌고 철수한다.

則令我死士左右出穴門擊遺師,
_{즉 령 아 사 사 좌 우 출 혈 문 격 유 사}

곧 우리의 결사대 및 좌우 병력들은

---

35 노탄(鑪炭): 노(鑪)는 '화로'의 뜻이다.
36 휘화(輝火): 휘(輝)는 훈(燻)과 같다. 연기를 낼 수 있는 횃불을 말함이다.
37 연화(然火): 연화(燃火)와 같다. 횃불에 불을 붙이는 것이다.
38 구(具): 구(俱)와 뜻이 같다.

혈문에서 나가 패잔병들을
습격하는데

令賁士[39]·主將皆聽城鼓之音而出,
영 분 사　　주 장 개 청 성 고 지 음 이 출

호분의 용사 및 장군은 모두 성의
북소리를 듣고 출격하고

又聽城鼓之音而入.
우 청 성 고 지 음 이 입

다시 성의 북소리를 듣고 성으로
되돌아온다.

因素出兵施伏,
인 소 출 병 시 복

이어 평소처럼 출동시키거나 매복을
시키며

夜半城上四面鼓噪,
야 반 성 상 사 면 고 조

한밤중에 성 위 사방에서 시끄럽게
북을 쳐 대면

適人必或[40],
적 인 필 혹

적군은 반드시 의혹스러워할 것이다.

有此必破軍殺將.
유 차 필 파 군 살 장

이런 상황이면 반드시 적군을
격파하고 장수를 죽일 것이다.

以白衣爲服,
이 백 의 위 복

아군에게 흰옷을 입게 하고

以號相得,
이 호 상 득

신호를 서로 약속하여 공격하며

若此,
약 차

이와 같이 하면

則雲梯之攻敗矣."
즉 운 제 지 공 패 의

적군의 '운제'를 이용한 공격은 실패할
것이다."

---

39 분사(賁士): 호분(虎賁)의 용사를 말함인데 장군의 친위 부대이며 최정에 병사들이다.
40 혹(或): 혹(惑)의 오기이다.

□□ 제57편 결편
(□□第五十七闕)

비수 제58편

(備水第五十八)

城內塹外周道[1], 성 내 참 외 주 도	성안에 있는 참호 밖의 둘러싼 도로는
廣八步, 광 팔 보	폭이 여덟 걸음인데
備水謹度四旁高下. 비 수 근 도 사 방 고 하	적의 수공(水攻)에 대비하여 신중하게 사방의 높낮이를 조사해 둔다.
城地中偏下,[2] 성 지 중 편 하	성 안의 땅에서 움푹 기울어져 내려가는 곳이 있으면
令耳[3]亓內, 영 이 기 내	그 안에 도랑을 파서
及下地, 급 하 지	지하로 내려가게 하며
地深穿之令漏泉[4]. 지 심 천 지 령 루 천	땅을 깊이 뚫고 '누천(漏泉)'을 만든다.
置則瓦[5]井中, 치 즉 와 정 중	기울어진 기와로 우물을 수리하여

---

1 주도(周道): 성을 둘러싸고 있는 도로를 말한다.

2 성지중편하(城地中偏下): 성중지편하(城中地偏下)의 어순이 되어야 한다.

3 영이(令耳): 영(令)은 와구(瓦溝)의 의미가 있고 이(耳)는 거(㠯)의 오기인데 거(㠯)는 거(渠) 와 같으니 두 글자 모두 도랑과 연관을 가지고 있다.

4 누천(漏泉): 물이 빠지는 샘이라는 뜻인데 적군의 수공에 대비하여 지하로 깊이 통하는 샘물 을 만들어 물이 쉽게 빠지게 한 것이다.

5 측와(則瓦): 측(則)은 측(側)의 오기이다. 즉 비스듬히 기울어지게 각도가 나오는 기와이다.

우물이 막히지 않게 하고

視外水深丈以上,
시 외 수 심 장 이 상

성 밖의 수심이 일 장 이상 되는 것이
보이면

鑿城內水耳⁶.
착 성 내 수 이

성내의 도랑을 깊이 굴착한다.

幷船以爲十臨⁷,
병 선 이 위 십 림

나란히 연결된 두 대의 배가 '임(臨)'이
되는데 십 임이 하나의 부대이며

臨三十人,
임 삼 십 인

하나의 임에는 삼십 명의 병사가
타는데

人擅弩計四有方⁸,
인 천 노 계 사 유 방

병사들은 쇠뇌를 소지하는데 그중
10분의 4는 창을 소지하게 한다.

必善以船爲轒輼⁹.
필 선 이 선 위 분 온

반드시 배를 육지에서 쓰는
'분온거(轒輼車)'처럼 능숙하게
다루어야 한다.

二十船爲一隊,
이 십 선 위 일 대

스무 대의 배를 하나의 부대로 하는데

選材士有力者三十人共船,
선 재 사 유 력 자 삼 십 인 공 선

재간이 있고 힘이 센 병사 삼십 명을
함께 승선시키는데

亓二十人¹⁰,
기 이 십 인

그중 열두 명은

6　수이(水耳): 수거(水渠)의 오기이다. 즉 적의 수공으로 들어오는 물을 흘려보내기 위한 도랑
　　이다.

7　임(臨): 병선(幷船), 즉 두 척의 배를 연결한 것이 1임(臨)이 된다. 10임(臨)은 결국 수군의 한
　　부대 단위로 생각된다.

8　계사유방(計四有方): 십사추모(什四酋矛)의 오기이다.

9　분온(轒輼): 수레에 덮개를 씌워 적의 화살 공격을 막을 수 있을 뿐 아니라 여러 가지 공격 도
　　구가 갖추어져 있는 전거(戰車)이다.

人擅有方, <small>인 천 유 방</small>	창을 소지하게 하고
劒甲鞮瞀[11], <small>검 갑 제 무</small>	칼을 차고 갑옷과 투구를 쓰며
十人人擅苗.[12] <small>십 인 인 천 묘</small>	열여덟 명은 쇠뇌를 들게 한다.
先養材士, <small>선 양 재 사</small>	먼저 재간 있는 병사들을 교육시키고
爲異舍食亓父母妻子以爲質. <small>위 이 사 사 기 부 모 처 자 이 위 질</small>	그들의 부모처자는 좋은 집에 머물게 하고 잘 먹이며 인질로 삼는다.
視水可決, <small>시 수 가 결</small>	물을 터뜨릴 시기를 살피다가
以臨轒轀, <small>이 림 분 온</small>	림을 분온거처럼 쓰며 공격할 때가 되면
決外隄, <small>결 외 제</small>	외부의 제방을 터뜨리게 하고
城上爲射攲[13], <small>성 상 위 사 의</small>	성 위에서도 활과 쇠뇌 등 공격 무기를 동원하여
疾佐之. <small>질 좌 지</small>	시급히 공격을 돕는다.

---

10 기이십인(亓二十人): 앞에서 30명 중 10분의 4는 창을 든다고 했으므로 '이십(二十)'이 아니라 '십이(十二)'가 되어야 숫자가 맞게 된다.

11 제무(鞮瞀): '투구'라는 뜻이다.

12 십인인천묘(十人人擅苗): 십팔인, 인천노(十八人, 人擅弩)의 오기이다.

13 사의(射攲): 의(攲)는 기(機)의 오기이다. 기(機)는 쇠뇌 등 기계 장치를 이용한 무기라는 뜻이다.

□□ 제59편 결편
(□□第五十九闕)

□□ 제60편 결편
(□□第六十闕)

비돌 제61편
(備突第六十一)

城百步一突門[1],
_{성 백 보 일 돌 문}

성에는 백 걸음마다 하나의
돌문(突門)을 두는데

突門各爲窯竈[2],
_{돌 문 각 위 요 조}

각 돌문에는 가마 모양의 아궁이를
두며

竇入門四五尺,
_{두 입 문 사 오 척}

들어가는 문은 네다섯 자 깊이로 뚫고

爲亓門上瓦屋,
_{위 기 문 상 와 옥}

그 문 위에는 기와지붕을 설치하여

毋令水潦能入門中.
_{무 령 수 료 능 입 문 중}

물이 들어가는 문 안으로 스미지
못하게 한다.

吏主塞突門,
_{이 주 색 돌 문}

돌문의 담당 관리는 돌문을 막음에

用車兩輪,
_{용 거 량 륜}

수레의 두 바퀴를 사용하는데

以木束之,
_{이 목 속 지}

나무로 그것을 묶게 하고

塗其上,
_{도 기 상}

그 위에 진흙을 바르고

---

1 돌문(突門): 적군이 성안으로 공격해 올 경우 반격을 가하기 위해 만든 문이다. 이곳에서 연기를 내어 적군의 시야를 가리고 반격한다.

2 요조(窯竈): 가마 모양으로 만든 아궁이를 말함이다.

維³置突門內,
_{유 치 돌 문 내}

밧줄로 연결하여 돌문 안에 둔다.

使度門廣狹,
_{사 도 문 광 협}

돌문의 폭은 적절하게 크기를
맞추는데

令之入門中四五尺.
_{영 지 입 문 중 사 오 척}

들어가는 문 안에 네다섯 자의 폭으로
한다.

置窯竈,
_{치 요 조}

가마 모양의 아궁이를 설치해 두며

門旁爲橐⁴,
_{문 방 위 탁}

돌문의 곁에는 풀무를 설치하고

充竈伏柴艾.
_{충 조 복 시 애}

아궁이 안에는 섶나무와 쑥 등을 가득
채운다.

寇卽入,
_{구 즉 입}

적군이 성에 침입하면

下輪而塞之.
_{하 륜 이 색 지}

수레바퀴를 내려 돌문을 막고

鼓橐而熏之.
_{고 탁 이 훈 지}

풀무를 가동해 적군에게 연기 공격을
한다.

---

3 유(維): 수레바퀴와 돌문에 연결된 밧줄이다.
4 탁(橐): '풀무'를 말함이다. 적군이 성에 침입하면 여러 가지 탈 것을 돌문에서 태워 연기를 내
   면서 연기가 적군에게 향하도록 풀무를 움직여 바람을 낸다.

비혈 제62편
(備穴第六十二)

禽子再拜再拜,
금 자 재 배 재 배

금골리가 거듭 거듭 재배하며

曰:
왈

물었다.

"敢問古人有善攻者,
감 문 고 인 유 선 공 자

"감히 묻고자 합니다. 옛사람 중에 공격에 능숙한 자는

穴土而入,
혈 토 이 입

땅에 굴을 파고 침입하여

縛柱施火,[1]
박 주 시 화

기둥에 불붙인 섶단을 묶고 불을 질렀는데

以壞吾城,
이 괴 오 성

이렇게 우리 성이 파괴되어

城壞,
성 괴

성이 무너지게 되면

或中[2]人爲之奈何?"
혹 중 인 위 지 내 하

성 안의 사람들은 어떻게 대처해야 하겠습니까?"

子墨子曰:
자 묵 자 왈

묵자께서 대답하셨다.

---

1 박주시화(縛柱施火): '불붙인 섶단을 기둥에 묶고 방화하다'의 뜻.
2 혹중(或中): 성중(城中)의 오기이다.

"問穴土之守邪?
문 혈 토 지 수 야

"땅굴 공격을 방어하는 법을 묻는 것인가?

備穴者城內爲高樓,
비 혈 자 성 내 위 고 루

땅굴 공격에 대비하는 자는 성 안에 높은 망루를 만들고

以謹候望適人.
이 근 후 망 적 인

조심하여 적군을 살펴보아야 한다.

適人爲變,
적 인 위 변

적군의 동태에 변화가 생겨

築垣聚土非常者,
축 원 취 토 비 상 자

담을 쌓거나 흙을 돋우는데 평상시와 다르고

若彭³有水濁非常者,
약 팽 유 수 탁 비 상 자

주위에 있는 물이 흐려져 평상시와 다르다면

此穴土也.
차 혈 토 야

이것은 적군이 땅굴을 파는 것이다.

急漸⁴城內,
급 잠 성 내

아군은 시급히 성내에 참호를 파고

穴其土直⁵之.
혈 기 토 직 지

땅굴을 파서 적의 땅굴에 대비해야 한다.

穿井城內,
천 정 성 내

성내에는 우물을 파는데

五步一井,
오 보 일 정

다섯 걸음마다 하나씩 파며

傅城足高地丈五尺,
부 성 족 고 지 장 오 척

성의 기단부에서 높은 곳은 일 장 다섯 자를 파고

下地,
하 지

낮은 땅은

得泉三尺而止.
득 천 삼 척 이 지

지하수가 나오면 세 자쯤에서 파는

---

3   약팽(若彭): 여방(與旁)과 그 뜻이 상통한다.

4   급참(急漸): 참(漸)은 참(塹)과 같다.

5   직(直): 당(當)과 그 의미가 같다.

것을 그친다.

令陶者爲罌,
영 도 자 위 앵

도공으로 하여금 큰 독을 만들게
하는데

容四十斗以上,
용 사 십 두 이 상

용량은 마흔 말 이상의 크기로 하고

固順之薄鞈革,
고 순 지 박 락 혁

독의 입구는 얇은 가죽끈으로 싸서

置井中,
치 정 중

우물에 넣어 두는데

使聰耳者伏罌而聽之,
사 총 이 자 복 앵 이 청 지

청력이 뛰어난 자를 독 안에 엎드리게
하고 감청하게 하여

審知穴之所在,
심 지 혈 지 소 재

세심하게 조사하여 땅굴의 위치를
알게 되면

鑿穴迎之.
착 혈 영 지

아군도 땅굴을 뚫어 적의 땅굴을
맞이하게 한다.

令陶者爲月明[6],
영 도 자 위 월 명

도공으로 하여금 기와 독을 만들게
하는데

長二尺五寸六圍[7],
장 이 척 오 촌 륙 위

길이는 두 자 다섯 치에 폭은 여섯
아름의 크기로 한다.

中判之,
중 판 지

기와 독의 가운데를 쪼개고

合而施之穴中,
합 이 시 지 혈 중

두 조각을 합하여 땅굴 속에
시설하는데

---

6 월명(月明): 와앵(瓦罌)의 오기이다. 기와 재질로 만든 큰 독.
7 육위(六圍): 육위(六圍)의 앞에는 의당 대(大) 자가 추가되어야 한다.

偃一,[8]
_{언 일}
　　　　　　　한 조각은 아래에 뉘어 놓고

覆一.[9]
_{복 일}
　　　　　　　한 조각은 위에서 덮게 한다.

柱之外善周塗,
_{주 지 외 선 주 도}
　　　　　　　기와 기둥의 바깥은 진흙을 두루
　　　　　　　칠하고

亓傳柱者勿燒.
_{기 부 주 자 물 소}
　　　　　　　그 기둥에 부착된 곳은 불에 타지 않게
　　　　　　　한다.

柱者勿燒,[10]
_{주 자 물 소}

柱善塗亓竇際,
_{주 선 도 기 두 제}
　　　　　　　기와 독을 지탱하는 기와 기둥은
　　　　　　　테두리의 갈라진 틈도 진흙을 잘 발라

勿令泄.
_{물 령 설}
　　　　　　　새는 곳이 없도록 해야 한다.

兩旁皆如此,
_{양 방 개 여 차}
　　　　　　　땅굴 양쪽에 이와 같이 기둥을
　　　　　　　설치하고

與穴俱前.
_{여 혈 구 전}
　　　　　　　땅굴과 함께 앞으로 나아가는데

下迫地,
_{하 박 지}
　　　　　　　기둥은 아래로는 땅과 닿고

置康若[11]灰亓中,
_{치 강 약　회 기 중}
　　　　　　　땅굴 안에는 겨와 재 같은 것을 넣어
　　　　　　　두되

勿滿.
_{물 만}
　　　　　　　가득 차지 않게 한다.

---

8 언일(偃一): 커다란 기와 독을 절반씩 쪼개어 하나는 천장에, 하나는 바닥에 놓는 것이다. (偃一)은 바닥에 뉘어 놓는 조각을 의미한다.

9 복일(覆一): 언일(偃一)과 반대로 천장에 붙이는 독이다. 중간에 있는 기둥을 버티게 해서 땅굴의 붕괴를 막는 방법이다.

10 주자물소(柱者勿燒): 이 네 글자는 앞의 네 글자와 똑같다. 잘못 중복된 글자로 삭제함이 옳을 것이다.

11 강약(康若): 강여(康與)의 오기이다.

灰康長五寶[12],
<small>회 강 장 오 두</small>

재와 겨는 땅굴 안에 길게 펼쳐 두는데

左右俱雜[13]相如也.
<small>좌 우 구 잡 상 여 야</small>

주변에도 함께 이처럼 빙 둘러
펼쳐놓는다.

穴內口爲竈,
<small>혈 내 구 위 조</small>

땅굴 안의 입구에는 아궁이를 두는데

令如窯,
<small>영 여 요</small>

가마 모양으로 만들게 하며

令容七八員[14]艾,
<small>영 용 칠 팔 원 애</small>

일고여덟 개의 쑥 더미를 두는데

左右竈皆如此,
<small>좌 우 두 개 여 차</small>

부근에 있는 땅굴에도 모두 이렇게
한다.

竈用四橐.
<small>조 용 사 탁</small>

아궁이에는 네 개의 풀무를 둔다.

穴且遇,
<small>혈 차 우</small>

적의 땅굴을 만나게 되면

以頡皋[15]衝之,
<small>이 힐 고 충 지</small>

'길고(桔槹)'를 적군에게 충돌시키고

疾鼓橐熏之,
<small>질 고 탁 훈 지</small>

급히 풀무를 가동하여 적군에게
연기를 내는데

必令明習橐事者,
<small>필 령 명 습 탁 사 자</small>

반드시 풀무 일에 능숙한 자로 하여금

勿令離竈口.
<small>물 령 리 조 구</small>

아궁이 입구를 떠나지 않게 한다.

連版[16]以穴高下·廣陜爲度,
<small>연 판 이 혈 고 하 광 협 위 도</small>

'연판(連版)'은 땅굴의 높이와 폭을
적절하게 맞추어 만들며

---

12 오두(五竇): 긍두(亙竇)의 오기이다. '땅굴에 펼치다'의 뜻이다.

13 잡(雜): 잡(帀)의 뜻이다.

14 원(員): 환(丸)과 상통하는 글자이다.

15 힐고(頡皋): 길고(桔槹)와 같다. 길고(桔槹)는 원래 두레박이라는 뜻이지만 여기서는 두레박
의 원리를 이용하여 땅굴을 파는 어떤 기계 장치를 말하는 것 같다.

16 연판(連版): 여러 개의 나무를 이어 붙여 만든 장치로 땅굴이 흙으로 무너지는 것을 방지하기
위한 장치로 추정된다.

令穴者與版俱前,
영 혈 자 여 판 구 전

땅굴을 파는 병사로 하여금 연판과
함께 앞을 향하게 하고

鑿亓版令容予,
착 기 판 령 용 여

그 연판이 뚫는 곳은 창이 겨우 용납될
크기인데

參分亓疏數,
삼 분 기 소 수

세 개의 연판으로 나누고 약간의 수를
늘려야

令可以救竇.
영 가 이 구 두

땅굴을 넓힐 수가 있다.

穴則遇,
혈 즉 우

적군의 땅굴을 만나게 되면

以版當之,
이 판 당 지

연판으로 막으면서

以予救竇,
이 여 구 두

창으로는 땅굴을 뚫어서

勿令塞竇.
물 령 색 두

땅굴이 막히지 않도록 해야 한다.

竇則塞,
두 즉 색

땅굴이 막혔다면

引版而郤[17],
인 판 이 극

연판을 끌고 퇴각하는데

過一竇而塞之,
과 일 두 이 색 지

하나의 땅굴을 지나가다가 그곳이
막혔다면

鑿其竇,
착 기 두

그 땅굴을 뚫어

通亓煙,
통 기 연

그곳에 연기가 통하게 하며

煙通,
연 통

연기가 통하게 되면

疾鼓橐以熏之.
질 고 탁 이 훈 지

급히 풀무를 가동하여 연기 공격을
한다.

從穴內聽穴之左右,
종 혈 내 청 혈 지 좌 우

땅굴 내에서 땅굴 주위의 소리를 잘

---

17 극(郤): 각(郤)의 뜻으로 후퇴하는 것.

감청하다가

急絶亓前,
급 절 기 전

그 앞에 적군이 있다면 급히 굴을 막아

勿令得行.
물 령 득 행

적군이 전진하지 못하게 한다.

若集客穴,
약 집 객 혈

만약 적군의 땅굴이 모여 있는 곳이면

塞之以柴塗,
색 지 이 시 도

그곳을 나무와 진흙 등으로 막고

令無可燒版也.
영 무 가 소 판 야

연판이 타지 않도록 주의한다.

然則穴土之攻敗矣.
연 즉 혈 토 지 공 패 의

이렇게 되면 땅굴 공격은 실패할
것이다.

寇至吾城,
구 지 오 성

적군이 우리 성에 이르면

急非常也,
급 비 상 야

긴급히 비상사태를 발령하고

謹備穴.
근 비 혈

신중하게 땅굴 공격에 대비한다.

穴疑有應寇,
혈 의 유 응 구

적군이 땅굴을 파는 것으로 의심되고
적군이 이에 호응하여 공격하려
한다면

急穴.
급 혈

급히 땅굴을 파서 대비한다.

穴未得,
혈 미 득

땅굴 공격에 대비하지 못했다면

愼毋追.
신 무 추

신중히 행동하여 적군을 추격해서는
안 된다.

凡殺以穴攻者,
범 쇄 이 혈 공 자

대개 땅굴을 파서 공격해 오는 적군을
분쇄하는 방법은

二十步一置穴, <small>이 십 보 일 치 혈</small>	스무 걸음마다 하나씩 땅굴을 파고
穴高十尺, <small>혈 고 십 척</small>	땅굴의 높이는 열 자
鑿十尺, <small>착 십 척</small>	열 자의 폭으로 뚫는데
鑿如前, <small>착 여 전</small>	앞에서의 규격과 같이 해서 뚫으며
步下三尺. <small>보 하 삼 척</small>	발걸음 밑으로 세 자 정도 판다.
十步擁穴, <small>십 보 용 혈</small>	열 걸음마다 '옹혈(擁穴)'을 두는데
左右橫行, <small>좌 우 횡 행</small>	좌우로 비스듬하게 파며
高廣各十尺'殺'[18]. <small>고 광 각 십 척 살</small>	높이와 폭은 열 자 되는 '살(殺)'을 만든다.
俚[19]兩甖, <small>이 량 앵</small>	두 개의 큰 독을 묻는데
深平城, <small>심 평 성</small>	깊이는 성과 평행이 되게 하고
置板开上, <small>치 판 기 상</small>	나무판들을 그 위에 설치하며
冊[20]板以井聽. <small>책 판 이 정 청</small>	나무판들은 연결하고 우물에서 적의 땅굴을 감청한다.
五步一密[21]. <small>오 보 일 밀</small>	다섯 걸음마다 우물 하나를 둔다.
用㭐[22]若松爲穴戶, <small>용 동 약 송 위 혈 호</small>	오동나무와 소나무로 땅굴 문을

18　살(殺): 적군의 땅굴에 대비하기 위해 아군이 땅굴을 파면서 적군의 땅굴과 조우하거나 기습이 있을 경우 등을 대비하여 주 갱도 옆에 파두는 보조 갱도를 부르는 명칭이다. 옹혈 등도 이러한 보조 갱도이다.

19　이(俚): (埋)의 오기이다.

20　책(冊): 책(冊)은 연(聯)의 오기이다.

21　밀(密): 정(井)과 뜻이 통하는 글자이다.

22　동(㭐): 소시학(蘇時學)은 동(㭐)은 동(桐) 자의 잘못이라고 했다.

戶穴²³有兩蒺藜,
호 혈 유량질려

땅굴 문 안에는 두 곳의 쇠가시 두는 곳을 두며

皆長極其戶,
개 장 극 기 호

모두 땅굴 문의 길이에 맞추어 만들고

戶爲環,
호 위 환

땅굴 문에는 고리 손잡이를 만들며

壘石外埠²⁴,
누 석 외 후

포갠 돌을 올린 외벽 두께는

高七尺,
고 칠 척

높이 일곱 자로 하여

加堞亓上.
가 첩 기 상

그 위에 성가퀴를 부가한다.

勿爲陛與石,
물 위 폐 여 석

계단과 섬돌은 만들지 않고

以縣陛上下出入.
이 현 폐 상 하 출 입

매달아 놓은 사다리로 위아래를 출입한다.

具鑪橐,
구 로 탁

가마와 풀무를 준비하는데

橐以牛皮,
탁 이 우 피

풀무는 소가죽으로 만들고

鑪有兩缻²⁵,
노 유 량 부

가마는 두 개의 큰 항아리로 만드는데

以橋²⁶鼓之百十,
이 교 고 지 백 십

풀무를 십여 차례에서 백여 차례까지 가동시키면

每亦熏四十什,²⁷
매 역 훈 사 십 십

연기의 무게는 사십 근 이상이며

然炭²⁸杜之,
연 탄 두 지

숯불에 불을 붙여 가마에 넣고

---

23 호혈(戶穴): 호내(戶內)의 오기이다.
24 후(埠): 후(厚)의 오기이다.
25 부(缻): 부(缶)와 뜻이 같다. 물 항아리의 뜻.
26 교(橋): 여기서는 '풀무질하다'의 뜻이다.
27 매역훈사십십(每亦熏四十什): 무하중사십근(毋下重四十斤)의 오기이다.

滿鑪而蓋之,
만 로 이 개 지

가마 가득히 넣어서 채우고

毋令氣出.
무 령 기 출

그 열기가 새어 나오지 않도록 한다.

適人疾近五百²⁹穴,
적 인 질 근 오 백 혈

적군이 재빠르게 우리 땅굴로 근접하는데

穴高若下,
혈 고 약 하

그들의 땅굴이 약간 높거나 약간 낮게 있어서

不至吾穴,
부 지 오 혈

우리 땅굴에 이르지 않는다면

卽以伯³⁰鑿而求通之.
즉 이 백 착 이 구 통 지

곧 우리 땅굴을 비스듬하게 파서 그들의 땅굴과 통하게 해야 한다.

穴中與適人遇,
혈 중 여 적 인 우

땅굴 안에서 적군과 만나게 되면

則皆圍而毋逐,
즉 개 어 이 무 축

곧 모두 방어를 하고 적군을 뒤쫓아서는 안 되며

且戰北,
차 전 배

전투에서 패배한 척하고

以須鑪火之然也,
이 수 로 화 지 연 야

반드시 화로에 불을 붙여 반격 기회를 노리고

卽去而入甕穴殺.
즉 거 이 입 옹 혈 살

곧 퇴각하여 옹혈과 살로 달아난다.

有佊陀³¹,
유 서 찰

작은 땅굴이 있으면

爲之戶及關籥獨順³²,
위 지 호 급 관 약 독 순

그곳에 문·빗장·자물쇠·밧줄·차폐물을

---

28 연탄(然炭): 연탄(燃炭)의 오기이다. 즉 '숯불에 불을 붙여서'의 뜻이다.

29 오백(五百): 오(吾)의 오기이다.

30 백(伯): 의(倚)의 오기이다. '비스듬하게'의 뜻이다.

31 서찰(佊陀): 서찬(鼠竄)의 오기이다. '작은 동굴'의 뜻이다.

32 독순(獨順): 승멱(繩帲)의 오기이다. 밧줄과 차폐물을 말한다.

마련해 두고

得往來行亓中.
<small>득 왕 래 행 기 중</small>

그 속에 왕래할 수 있게 한다.

穴壘之中各一狗,
<small>혈 루 지 중 각 일 구</small>

땅굴 안에는 개 한 마리씩을 두는데

狗吠卽有人也.
<small>구 폐 즉 유 인 야</small>

개가 짖으면 인기척이 있는 것이다.

斬艾與柴長尺,
<small>참 애 여 시 장 척</small>

쑥과 땔감은 한 자 길이로 베어

乃置窯竈中,
<small>내 치 요 조 중</small>

가마 아궁이에 넣는데

先壘窯壁,
<small>선 루 요 벽</small>

먼저 아궁이의 벽을 잘 포개어 쌓고

迎穴爲連[33].
<small>영 혈 위 련</small>

적군의 땅굴을 맞이하는 곳에 연판을
만든다.

鑿井傅城足,
<small>착 정 부 성 족</small>

성의 기단부 가까운 곳에 우물을
파는데

三丈一,
<small>삼 장 일</small>

삼 장마다 하나씩 둔다.

視外之廣陜而爲鑿井,
<small>시 외 지 광 협 이 위 착 정</small>

성 밖의 지형이 넓거나 좁음에 따라
우물을 파는데

愼勿失.
<small>신 물 실</small>

신중히 하여 실수가 없어야 한다.

城卑穴高從穴難.
<small>성 비 혈 고 종 혈 난</small>

성은 낮은데 땅굴이 높으면 땅굴을
이용한 공격이 어렵다.

鑿井城上[34],
<small>착 정 성 상</small>

성내에 우물을 파되

---

33 연(連): 연(連)은 연판(連版)의 오기이다.

爲三四井,
위 삼 사 정

서너 개의 우물을 만들고

內新斬³⁵井中,
내 신 추 정 중

우물 속에 새 항아리를 설치하고

伏而聽之.
복 이 청 지

그 속에 엎드려 적을 감청하게 한다.

審之³⁶知穴之所在,
심 지 지 혈 지 소 재

적 땅굴의 소재를 알게 되면

穴而迎之.
혈 이 영 지

아군도 땅굴을 파서 그들에 대응한다.

穴且遇,
혈 차 우

적 땅굴을 만나게 되면

爲頡皐,
위 힐 고

길고를 만드는데

必以堅材爲夫,
필 이 견 재 위 부

반드시 견고한 나무를 가지고
받침대를 만들고

以利斧施之,
이 리 부 시 지

날카로운 도끼를 길고에 부착하고

命有力者三人,
명 유 력 자 삼 인

힘센 병사 세 명이

用頡皐衝之,
용 힐 고 충 지

길고를 움직여 적 땅굴에 부딪치며

灌以不潔³⁷十餘石.
관 이 불 결 십 여 석

겨와 재 등 불결한 물건 십여 석을 땅
위에 뿌린다.

趣³⁸伏此井中,
취 복 차 정 중

급히 우물에 엎드려

置艾亓上,
치 애 기 상

그 위에 쑥 더미

---

34 성상(城上): 성내(城內)의 오기이다.

35 추(斬): 추(甀)의 오기이다. 추(甀)는 '큰 항아리'의 뜻이다.

36 심지(審之): 지(之)는 잘못 끼어든 글자이므로 삭제해야 한다.

37 불결(不潔): 겨와 재 등의 물건으로, 바닥에 뿌려 두었다가 풀무를 이용해 날려서 적군이 눈 뜨기 어렵게 하는 것이다.

38 취(趣): 촉(促)과 같다. '급히'의 뜻이다.

七分[39],　　　　일곱 더미를 놓고
칠 분

盆蓋井口,　　　　대야로 우물 입구를 가려
분 개 정 구

毋令煙上泄,　　　연기가 빠져나가지 않도록 하며
무 령 연 상 설

旁其橐口,　　　　쑥 더미 옆 풀무 입구에서
방 기 탁 구

疾鼓之.　　　　　급하게 풀무질을 한다.
질 고 지

以車輪輼,　　　　수레바퀴로 '윤온(輪輼)'을 만드는데
이 거 륜 온

一束樵,　　　　　한 다발의 땔감을
일 속 초

染麻索塗中以束之.　진흙을 묻힌 삼베 밧줄로 묶게 한다.
염 마 삭 도 중 이 속 지

鐵鎖縣正當寇穴口,　쇠사슬은 적군 땅굴 입구 위에 걸어
철 쇄 현 정 당 구 혈 구　　두는데

鐵鎖長三丈,　　　쇠사슬 길이는 삼 장이며
철 쇄 장 삼 장

端環,　　　　　　한쪽 끝은 둥근 고리가,
단 환

一端鉤.　　　　　한쪽 끝은 갈고리가 달려 있다.
일 단 구

倜穴[40]高七尺,　　'서혈(鼠穴)'은 높이 일곱 자에
서 혈　고 칠 척

五寸廣,　　　　　폭 다섯 치이며
오 촌 광

柱閒也[41]尺,　　　기둥 사이의 간격은 일곱 자인데
주 간 야　척

39　분(分): 원(員)의 의미인데 환(丸)의 뜻과 같다.

40　서혈(倜穴): 서혈(鼠穴)의 오기이다. '땅굴'을 의미한다.

41　야(也): 칠(七)의 오기이다.

| 二尺一柱, | 굴에서 두 자마다 하나의 기둥을 |
| 이 척 일 주 | 세우고 |

| 柱下附鳥[42]. | 기둥 밑에는 주춧돌을 부착한다. |
| 주 하 부 석 | |

| 二柱共一員十一[43], | 두 개의 기둥은 하나의 '부토(負土)'를 |
| 이 주 공 일 원 십 일 | 받치는데 |

| 兩柱同質[44], | 두 기둥은 같은 주춧돌 위에 있다. |
| 양 주 동 질 | |

| 橫負土. | 부토는 세로로 놓는다. |
| 횡 부 토 | |

| 柱大二圍半. | 기둥의 크기는 두 아름 반이다. |
| 주 대 이 위 반 | |

| 必固亓負土, | 반드시 부토를 견고하게 해서 |
| 필 고 기 부 토 | |

| 無柱與柱交者. | 기둥과 기둥이 서로 맞물리지 않게 |
| 무 주 여 주 교 자 | 해야 한다. |

| 穴二窯, | 각 땅굴에는 모두 두 개의 가마를 |
| 혈 이 요 | 만드는데 |

| 皆爲穴月屋[45], | 모든 땅굴 문은 기와지붕을 덮어 |
| 개 위 혈 월 옥 | 놓으며 |

| 爲置吏·舍人[46]各一人, | 담당 관리와 사인을 각 한 사람씩 두고 |
| 위 치 리 사 인 각 일 인 | |

| 必置水. | 반드시 물을 준비해 놓는다. |
| 필 치 수 | |

---

42 부석(附鳥): 바닥에 부착한 주춧돌을 말한다.

43 원십일(員十一): 부토(負土)의 오기이다. 부토(負土)는 땅굴을 팔 때 기둥 위에 대는 판자로 흙이 무너지지 않게 지지하는 것이다.

44 질(質): 석(鳥)과 같다. 주춧돌의 뜻이다.

45 혈월옥(穴月屋): 혈문상와옥(穴門上瓦屋)의 오기이다. 땅굴 입구의 문 위에 기와지붕을 설치하는 것이다.

46 사인(舍人): 땅굴 입구를 책임지는 낮은 관리.

塞穴門以車兩走[47],
색 혈 문 이 거 량 주

땅굴 문은 수레바퀴로 막는데

爲薀,
위 온

눕힌 수레 모양이 되며

塗亓上,
도 기 상

그곳에 진흙을 바르고

以穴高下廣陝爲度,
이 혈 고 하 광 협 위 도

땅굴의 높이와 폭에 적절히 맞추어

令入穴中四五尺,
영 입 혈 중 사 오 척

땅굴 안으로 네다섯 자 들여놓고

維置之.
유 치 지

밧줄로 묶어 놓는다.

當穴者客爭伏門[48],
당 혈 자 객 쟁 복 문

맞은편 땅굴의 적군이 다투어 싸우러
오면

轉而塞之爲窯,
전 이 색 지 위 요

수레바퀴를 돌려 문을 닫으면 가마가
되는데

容三員艾者,
용 삼 원 애 자

세 더미의 쑥 더미를 준비하고

令亓突入伏尺[49].
영 기 돌 입 복 척

적군이 돌입하면 우리 군은 땅굴로
숨고

伏傳突一旁,
복 부 돌 일 방

굴속의 한쪽에 숨고

以二橐守之,
이 이 탁 수 지

두 개의 풀무를 지키면서

勿離.
물 리

그곳을 떠나지 않는다.

穴矛以鐵,
혈 모 이 철

땅굴을 파는 창은 쇠로 만드는데

長四尺半,
장 사 척 반

길이는 네 자 반이고

大如鐵服說[50],
대 여 철 복 설

크기는 '철복설'과 같은데

---

47 거량주(車兩走): 양주(兩走)는 윤(輪)과 같다. 수레바퀴란 뜻이다.

48 문(門): 투(鬥)의 오기이다.

49 복척(伏尺): 복혈(伏穴)의 오기이다.

卽刃之二矛.
_{즉 인 지 이 모}

곧 칼날이 있는 두 개의 창 모양이다.

內去竇尺,
_{내 거 두 척}

땅굴 안에서 한 자의 거리에서

邪鑿之,
_{사 착 지}

비스듬히 파면서

上穴當心,
_{상 혈 당 심}

땅굴 위는 가슴 높이가 되게 하여

穴中爲環利率[51],
_{혈 중 위 환 리 율}

땅굴 안에 '환리율'을 만드는데

穴二.
_{혈 이}

땅굴마다 두 개를 둔다.

鑿井城上[52],
_{착 정 성 상}

우물을 성 아래에 파는데

俟其身[53]井且通,
_{사 기 신 정 차 통}

우물을 파서 소통되기를 기다려

居版上,
_{거 판 상}

나무판을 위에 대고

而鑿亓一偏,
_{이 착 기 일 편}

한쪽부터 땅굴을 굴착하는데

已而移版,
_{이 이 이 판}

다 끝나면 나무판을 이동시켜

鑿一偏.
_{착 일 편}

다른 쪽을 판다.

頡皐爲兩夫[54],
_{힐 고 위 량 부}

길고에는 두 개의 받침대를 두고

而旁貍亓植,
_{이 방 리 기 식}

곁의 기둥은 땅에 묻고

而數鉤亓兩端.
_{이 수 구 기 량 단}

그 양쪽에는 몇 개의 갈고리를 매단다.

諸作穴者五十人,
_{제 작 혈 자 오 십 인}

땅을 파는 사람은 모두 오십 명인데

---

50 철복설(鐵服說): 어떤 도구의 이름인 듯한데 미상이다.
51 환리율(環利率): 땅굴을 파는 도구인 듯하나 미상이다.
52 성상(城上): 성하(城下)의 오기이다.
53 신(身): 천(穿)의 오기이다.
54 부(夫): 부(夫)는 부(趺)의 오기이다.

男女相半.
남녀상반

남녀 각 절반으로 한다.

五十人.
오십인

오십 명이다.

攻內爲傳士之口[55],
공내위전사지구

안으로 파려면 흙을 담는 도구가
있어야 하며

受六參[56],
수륙참

여섯 개의 삼태기에 흙을 담아

約枲繩以牛[57]元下,
약시승이우기하

삼베 밧줄로 그 아래쪽을 묻고

可提而與[58]投,
가제이여투

흙을 들어 던질 수 있게 하며

已則穴七人守退壘之中,
이즉혈칠인수퇴루지중

일이 끝나면 일곱 명이 땅굴을
지키도록 하고 땅굴을 물러나면서

爲大廡一,
위대무일

큰 헛간 하나를 두어

藏穴具其中.
장혈구기중

그 속에 연장들을 보관하게 한다.

難穴[59]取城外池脣木月散之什[60],
난혈 취성외지순목월산지십

적군이 굴을 파기 어렵도록 성 밖의
해자에서 나무·기와 등을 가지고 와
땅굴 부위를 덮어 두고

斬元穴,
참기혈

땅굴 밖에는 참호를 파는데

深到泉.
심도천

깊이는 지하수에 이를 정도에 이른다.

---

55 전사지구(傳士之口): 전사(傳士)는 부토(傅土)의 오기이다. 손이양은 '부토(傅土)를 지토(持土)로 써야 한다고 했다. 흙을 담는 '삼태기' 등의 도구를 말하는 것으로 생각된다.

56 육참(六參): 참(參)은 유(蔂)의 뜻으로, 유(蔂)는 흙을 담는 도구로 삼태기 같은 것이다.

57 시승이우(枲繩以牛): 마승이반(麻繩以絆)의 오기이다.

58 여(與): 거거(擧)의 오기로 생각된다.

59 난혈(難穴): 난(難)은 작(斮)과 뜻이 통한다.

60 취성외지순목월산지십(取城外池脣木月散之什): 취성외지순목와산지외(取城外池脣木瓦散之外)의 오기이다.

難近穴爲鐵鈇,
_{난 근 혈 위 철 부}

가까이에 있는 굴을 파는 데 쇠도끼를
쓰는데

金與扶林[61]長四尺,
_{금 여 부 림 장 사 척}

금속 부위와 도끼 자루를 합한 길이가
네 자 정도로

財自足.
_{재 자 족}

이 정도이면 충분하다.

客卽穴,
_{객 즉 혈}

적군이 땅굴을 파 오면

亦穴而應之.
_{역 혈 이 응 지}

아군도 땅굴을 파서 대응한다.

爲鐵鉤鉅[62]長四尺者,
_{위 철 구 거 장 사 척 자}

쇠갈고리 길이는 네 자로 해도

財[63]自足.
_{재 자 족}

그 정도면 충분하다.

穴徹[64],
_{혈 철}

적의 땅굴이 아군의 땅굴과 연결되면

以鉤客穴者.
_{이 구 객 혈 자}

땅굴로 오는 적병을 갈고리로
상대한다.

爲短矛・短戟[65]・短弩・虻矢,
_{위 단 모 단 극 단 노 맹 시}

짧은 창・짧은 극・짧은 쇠뇌・화살
등으로도

財自足,
_{재 자 족}

충분하며

穴徹以鬪.
_{혈 철 이 투}

땅굴이 연결되면 이런 무기로 싸운다.

以金劍爲難[66],
_{이 금 검 위 난}

금속 재질의 도끼는 찍는 데 사용하는

---

61 부림(扶林): 부방(鈇枋)의 오기이다.
62 철구거(鐵鉤鉅): '쇠갈고리'의 뜻이다.
63 재(財): 재(才)의 오기이다. '겨우'의 뜻.
64 혈철(穴徹): 철(徹)은 통(通)의 뜻이다. 적의 땅굴과 우리 땅굴이 연결된 것을 말함이다.
65 단극(短戟): 길이가 짧은 창의 일종이다. 창날이 무겁다.
66 금검위난(金劍爲難): 검(劍)은 착(斲)의 뜻이며 난(難)은 작(斫)의 뜻이다.

것인데

長五尺,
장 오 척
길이가 다섯 자이다.

爲銎⁶⁷木柲⁶⁸.
위 공 목 치
나무 손잡이에는 구멍을 뚫고

柲有慮枚⁶⁹,
치 유 려 매
손잡이에는 구리 등을 들쭉날쭉 장식하며

以左⁷⁰客穴.
이 좌 객 혈
적군의 땅굴에 대응함을 도울 수 있다.

戒持⁷¹罌,
계 지 앵
큰 항아리를 준비하는데

容三十斗以上,
용 삼 십 두 이 상
그 용량은 삼십 말 이상이 들어가게 하며

貍穴中,
이 혈 중
땅굴 속에 묻되

丈一,
장 일
일 장마다 하나씩 묻고

以聽穴者聲.
이 청 혈 자 성
적 땅굴에서 나는 소리를 감청한다.

爲穴,
위 혈
땅굴을 파는데

高八尺,
고 팔 척
높이는 여덟 자,

廣,
광
폭은 적절히 맞추고

善爲傅置⁷².
선 위 부 치
진흙을 잘 발라 둔다.

---

67 공(銎): '도끼 구멍'의 뜻이다.
68 목치(木柲): '나무로 만든 손잡이'의 뜻이다.
69 여매(慮枚): 여(慮)는 여(鑢)와 뜻이 통한다. 구리 같은 것으로 들쭉날쭉 손잡이를 장식한 것.
70 좌(左): 좌(佐)와 같다. '~을 돕다'의 뜻.
71 계지(戒持): 계(戒)는 비(備)와 같으며, '갖추고 있다'의 뜻이다.

具全牛交橐[73],　　불가마·소가죽으로 만든 풀무·
구 전 우 교 고

皮及坺[74],　　기와 항아리를 준비하여
피 급 오

衛穴二,　　땅굴 부근에 두 개씩 두고
위 혈 이

蓋陳靃及艾,　　콩잎·쑥잎 등을 많이 준비해 놓고
개 진 확 급 애

穴徹熏之以.　　적군의 땅굴과 연결되면 연기를 가지고
혈 철 훈 지 이　　　대응한다.

斧金爲斫[75],　　금속으로 도끼의 날을 만들고
부 금 위 작

杘長三尺,　　도끼 자루 길이는 세 자이며
치 장 삼 척

衛穴四.　　땅굴 전체에 방어용으로 네 개를 둔다.
위 혈 사

爲壘[76]衛穴四十,　　삼태기를 만드는데 땅굴 전체에 사십
위 루　위 혈 사 십　　개를 두며

屬[77]四.　　'촉(屬)'은 네 개를 둔다.
촉 사

爲斤·斧·鋸·鑿·鑺,　　손도끼·큰 도끼·톱·끌·큰 끌
위 근 부 거 착 구

財自足.　　등이면 충분하다.
재 자 족

爲鐵校[78],　　'철교(鐵校)'는 방어용으로
위 철 교

衛穴四.　　땅굴 전체에 네 개를 둔다.
위 혈 사

---

72 부치(傅置): 부식(傅埴)의 오기이다. '진흙을 바르다'의 뜻이다.
73 전우교고(全牛交橐): 구로우피택(具鑪牛皮橐)의 오기이다.
74 피급오(皮及坺): 급와부(及瓦缶)의 오기이다. '기와 독을 준비하다'의 뜻이다.
75 부금위작(釜金爲斫): 금(金)은 이금(以金)의 오기이다.
76 누(壘): 유(虆)의 뜻이다. 흙을 퍼 담는 도구.
77 촉(屬): 촉(劚)과 뜻이 통하는 글자이다. 무언가를 깎는 도구의 종류.
78 철교(鐵校): 적군을 공격하는 무기의 일종이다.

爲中櫓⁷⁹,
<small>위 중 로</small>

중간 크기의 방패를 만드는데

高十丈⁸⁰半,
<small>고 십 장 반</small>

높이는 열 자 반으로 하고

廣四尺.
<small>광 사 척</small>

폭은 네 자로 한다.

爲橫穴八櫓⁸¹,
<small>위 횡 혈 팔 로</small>

땅굴을 옆으로 막는 큰 방패를 만들고

蓋具橐枲⁸²,
<small>개 구 고 시</small>

바짝 말린 삼 줄기를 충분히

財自足,
<small>재 자 족</small>

갖추어 놓고

以燭穴中.
<small>이 촉 혈 중</small>

땅굴 안에 환히 밝힐 수 있게 한다.

蓋⁸³持醯⁸⁴,
<small>개 지 혜</small>

식초 같은 것을 많이 준비해 두고

客卽熏,
<small>객 즉 훈</small>

적군이 연기로 공격해 오면

以救目⁸⁵,
<small>이 구 목</small>

눈을 보호하게 한다.

救目分方鑿穴.
<small>구 목 분 방 고 혈</small>

눈을 보호하기 위해 방향을 나누어
땅굴을 뚫는다.

以盎⁸⁶盛醯置穴中,
<small>이 익 성 해 치 혈 중</small>

대야에 식초를 가득 담아 땅굴 속에
놓아두는데

---

79 중로(中櫓): 중간 크기의 방패를 말한다.

80 십장(十丈): 십척(十尺)의 오기이다.

81 팔로(八櫓): 대로(大櫓)의 오기이다. '큰 방패'의 뜻이다.

82 고시(橐枲): 바짝 말린 삼 줄기의 뜻이다.

83 개(蓋): 익(益)의 오기이다.

84 혜(醯): 해(醢)와 통한다. 식초같이 신맛을 내는 물질을 준비하여 제독(除毒)을 시키는 것이다.

85 구목(救目): 식초 같은 것을 눈에 발라 연기로 인한 독성을 제거하는 것이다.

86 익(盎): 분(盆)의 오기이다.

文盆[87]毋少四斗.
문 분　　무 소 사 두

큰 대야에 네 말 이상의 식초를 담가
두며

卽熏,
즉 훈

연기에 쐬면

以自臨醯上,
이 자 림 혜 상

스스로 식초 있는 곳에 가서

及以沺[88]目."
급 이 전 목

눈을 씻는다."

87　문분(文盆): 대분(大盆)의 오기이다.
88　전(沺): 세(洗)의 오기이다. '씻다'의 뜻이다.

비아부 제63편

(備蛾傅第六十三)

禽子再拜再拜曰:

금 자 재 배 재 배 왈

금골리가 묵자에게 재배하고 다시 재배하며 말했다.

"敢問適人强弱,

감 문 적 인 강 약

"감히 묻겠습니다. 적군이 강함을 믿고 약한 이를 능멸하여

遂以傅城[1],

수 이 부 성

마침내 개미 떼처럼 성을 기어오르게 하고

後上先斷[2],

후 상 선 단

성 위로 오르는데 뒤로 처지면 우선 목을 벰을

以爲洰[3]程,

이 위 법 정

군법으로 삼고

斬城[4]爲基,

참 성 위 기

성을 뚫어 공격의 발판으로 삼고

掘下爲室,

굴 하 위 실

성 밑을 뚫어 근거지로 삼아

前上不止,

전 상 부 지

앞쪽에서 올라오기를 멈추지 않고

---

1   부성(傅城): 의부공성(蟻附攻城)의 뜻으로, '개미 떼처럼 성벽에 기어올라 공격하게 하는 것'.
2   선단(先斷): 선단(先斷)은 선참(先斬)의 뜻으로 '우선 목을 벰'의 뜻.
3   법(洰): 법(法)자의 잘못.
4   참성(斬城): 참(斬)은 착(鑿)과 통하는 글자로 '구멍을 뚫다'의 뜻.

後射既疾,
_{후 사 기 질}

성의 후면에서 활을 빠르게 쏘아 대면

爲之奈何?"
_{위 지 내 하}

그것에 어떻게 대처해야 합니까?"

子墨子曰:
_{자 묵 자 왈}

묵자께서 말씀하셨다.

"子問蛾傳⁵之守邪?
_{자 문 아 부 지 수 사}

"그대는 성벽에 기어오르며 공격하는 것의 방어를 묻는 것인가?

蛾傳者,
_{아 부 자}

성벽에 기어오르게 하는 것은

將之忿者也.
_{장 지 분 자 야}

장수의 분노 때문이다.

守爲行臨⁶射之,
_{수 위 행 림 사 지}

방어군이 높은 성루에서 적군에게 활을 쏘고

校機⁷藉之,
_{교 기 자 지}

교기(校機)의 힘으로 활을 쏘면서

擢⁸之,
_{탁 지}

적군을 유인하여

太氾⁹迫之,
_{태 범 박 지}

불과 끓는 물로 적을 압박하고

燒荅¹⁰覆之,
_{소 답 복 지}

불붙인 '답(荅)'을 적군에게 퍼붓고

沙石雨之,
_{사 석 우 지}

모래와 돌을 비 오듯이 퍼부으면

然則蛾傳之攻敗矣.
_{연 즉 아 부 지 공 패 의}

성벽을 기어올라 공격함은 실패하리라.

---

5 아부(蛾傳): '의부(蟻附)'와 같은 의미이며, 개미떼처럼 성벽에 기어올라 적군을 공격하는 것이다.

6 행림(行臨): '높은 누대'나 '성루'.

7 교기(校機): 쇠뇌처럼 동시에 여러 대의 활을 쏘는 기계 장치.

8 탁(擢): 인(引)의 뜻으로 적군을 유인함.

9 태범(太氾): 화탕(火湯)의 오기. 불과 끓는 물.

10 소답(燒荅): 답(荅)은 대나무 다발을 묶어 놓은 것으로 불을 붙여 적을 공격하는 도구.

備蟻傅爲縣牌[11],
_{비 의 부 위 현 비}

성벽에 올라 공격하는 적을
방어하려면 현비(縣牌)를 만드는데

以木板厚二寸,
_{이 목 판 후 이 촌}

두께 두 치의 나무판에

前後三尺,
_{전 후 삼 척}

앞뒤 길이 세 자,

旁廣五尺,
_{방 광 오 척}

양 곁의 폭 다섯 자,

高五尺,
_{고 오 척}

높이 다섯 자로 하여

而折爲下磨車[12],
_{이 절 위 하 마 거}

하마거(下磨車)를 만들고

轉徑尺六寸.
_{전 경 척 륙 촌}

하마거 바퀴의 직경은 한 자 여섯 치로
한다.

令一人操二丈四方,
_{영 일 인 조 이 장 사 방}

한 병사가 이 장 네 자 길이의 창을
가지고 타게 하는데

刃其兩端,
_{인 기 량 단}

양 끝엔 창날을 세워

居縣牌中,
_{거 현 비 중}

현비에 타게 하며

以鐵鎖[13]敷縣[14]二[15]牌上衡,
_{이 철 쇄 부 현 이 비 상 형}

쇠사슬을 현비 가로대 위에 매달아

爲之機.
_{위 지 기}

그것을 공격 도구로 삼는다.

令有力四人下上之,
_{영 유 력 사 인 하 상 지}

힘센 네 명의 병사가
오르락내리락하게 하고

---

11 현비(縣牌): 도르래 장치를 이용하여 올리고 내리고 할 수 있는 수레이다. 방어하는 군사가 여
  기에 타고 적군을 공격함.

12 하마거(下磨車): 도르래 장치를 이용하여 오르내리게 한 수레.

13 철쇄(鐵鎖): 쇄(鎖)는 쇄(鎖)와 같다. 쇠사슬.

14 부현(敷縣): 이어 매달다.

15 이(二): 두 점이 중복된 것(:)을 이(二)로 잘못 표기한 듯하다. 앞의 글자와 같다는 표기이니 현
  (縣) 자이다.

弗離.
불 리

그 자리를 떠나지 않게 한다.

施縣㰍,
시 현 비

현비를 가설함에는

大數二十步一,
대 수 이 십 보 일

대부분 스무 걸음마다 하나씩
가설한다.

攻隊所在六步一.
공 대 소 재 륙 보 일

적의 공격로에는 여섯 걸음마다
하나씩 가설한다.

爲累[16],
위 루

망루를 만드는데

荅[17]廣從丈各[18]二尺,
답 광 종 장 각 이 척

답(荅)은 폭과 길이를 각 일 장 두 자로
하고

以木爲上衡,
이 목 위 상 형

나무로 위에 가로대 나무를 만들어

以麻索大徧之,[19]
이 마 삭 대 편 지

굵은 삼베 밧줄로 그것을 묶고

染其索塗中.
염 기 삭 도 중

밧줄은 진흙을 바르고

爲鐵鏁,
위 철 쇄

쇠사슬을 연결하고

鉤其兩端之縣.
구 기 량 단 지 현

그 양 끝에는 갈고리로 매달아 둔다.

客則蛾傳城,
객 즉 아 부 성

적군이 개미 떼처럼 기어올라 성을
공격하면

燒荅以覆之,
소 답 이 복 지

불붙인 짚단 묶음을 내던진다.

---

16 누(累): 누(壘)의 오기. 성의 높은 망루.
17 답(荅): 앞의 각주를 참고할 것. 화공(火攻)에 쓰이는 대나무 다발.
18 장각(丈各): (各丈)의 어순이 되어야 한다.
19 이마삭대편지(以麻索大徧之): 정확한 어순은 이대마삭편지(以大麻索徧之)이며 편(徧)은 편(編)과 같다.

連筳抄大[20]皆救之.
연시초대 개구지

나무 도리깨와 모래·불 등은 모두
적군의 공격을 방어한다.

以車兩走[21],
이 거 량 주

수레의 양쪽 바퀴에서

軸閒[22]廣大以圍,
축 한 광대 이 어

수레 굴대 사이의 폭과 크기는 한
아름인데

犯之,
범 지

그곳이 접촉되는 곳은

䤸[23]其兩端,
동 기 량 단

그 양쪽 끝을 예리하게 해서

以束輪,
이 속 륜

바퀴에 묶고

徧徧[24]塗其上.
편 편 도 기 상

그 위에는 진흙을 두루 바르고

室[25]中以楡若蒸,
실 중 이 유 약 증

그 속을 느릅나무 작은 가지들로
채우며

以棘爲旁,
이 극 위 방

나무 가시를 곁에 붙이는데

命曰'火捽',
명 왈 화 졸

그것을 '화졸(火捽)'이라고 부른다.

一曰'傳湯',
일 왈 전 탕

달리 '전탕(傳湯)'이라고도 부르는데

以當隊.
이 당 대

적군을 상대하는 무기이다.

客則乘隊,
객 즉 승 대

적군이 성을 올라오면

燒傳湯,
소 전 탕

전탕에 불을 붙여

---

20 연시초대(連筳抄大): 연시(連筳)는 도리깨 비슷한 모양의 몽둥이. 초대(抄大)는 사화(沙火)
    의 오기.
21 이거량주(以車兩走): 양주(兩走)는 '수레의 양쪽 바퀴'라는 뜻.
22 축한(軸閒): 한(閒)은 간(間)의 뜻이다. '수레 굴대의 사이'.
23 동(䤸): 동(䤴)과 같은 글자인데, '예리하다'의 뜻.
24 편편(徧徧): 두 번째의 편(徧) 자는 편(編)의 뜻이다.
25 실(室): 질(窒)과 같은 뜻의 글자로 '꽉 채우다'의 뜻.

斬維²⁶而下之,
참 유 이 하 지

묶인 줄을 끊어 성 밑에 떨어뜨리게 하고

令勇士隨而擊之,
영 용 사 수 이 격 지

용사들로 하여금 그 틈을 타 공격하게 하며,

以爲勇士前行,
이 위 용 사 전 행

용사들이 앞으로 공격하는 동안에

城上輒塞壞城²⁷.
성 상 첩 색 괴 성

성에서는 급히 무너진 성벽을 막는다.

城下足爲下說鑱杙²⁸,
성 하 족 위 하 설 참 익

성 밑에는 아래가 날카로운 쇠말뚝을 충분히 준비하는데

長五尺,
장 오 척

길이는 다섯 자에

大圍半以上,
대 어 반 이 상

크기는 한 아름 반 이상으로 하며

皆剟²⁹其末,
개 섬 기 말

모두 그 끝은 날카롭게 한다.

爲五行,
위 오 행

다섯 줄로 배열하는데

行閒³⁰廣三尺,
항 한 광 삼 척

줄의 간격은 폭을 석 자로 하고

貍³¹三尺,
매 삼 척

석 자 깊이로 묻고

大耳³²樹之.
대 이 수 지

개 이빨처럼 들쭉날쭉 배열한다.

爲連殳³³,
위 련 수

연수를 만드는데

---

26 참유(斬維): '줄을 끊다'의 뜻.

27 색괴성(塞壞城): '성벽의 파괴된 곳을 막는다'는 뜻.

28 설참익(說鑱杙): 설(說)은 예(銳)의 뜻. 참익(鑱杙)은 쇠말뚝의 뜻.

29 섬(剟): '예리하게'의 뜻.

30 한(閒): 간(間)의 뜻.

31 매(貍): 매(埋)와 통하는데, '묻다'라는 뜻이다.

32 대이(大耳): 견아(犬牙)의 오기. 개의 이빨처럼 들쭉날쭉하게 배열함.

長五尺, _{장 오 척}	길이는 다섯 자에
大十尺. _{대 십 척}	크기가 열 자이다.
挺長二尺, _{정 장 이 척}	몽둥이는 길이가 두 자,
大六寸. _{대 육 촌}	굵기가 여섯 치이다.
索長二尺. _{삭 장 이 척}	밧줄은 길이가 두 자이다.
椎, _추	쇠망치는
柄長二尺, _{병 장 이 척}	자루 길이가 두 자에
首長尺五寸. _{수 장 척 오 촌}	머리 길이는 한 자 다섯 치이다.
斧, _부	도끼는
柄長六尺, _{병 장 육 척}	자루 길이 여섯 자에
刃必利, _{인 필 리}	날은 반드시 예리하게 하는데
(皆葬³⁴其一後). _{개 예 기 일 후}	모두 한결같이 ~ 뒤에 둔다.
荅³⁵廣長二尺, _{답 광 장 이 척}	답은 폭과 길이 두 자이며
□□³⁶丈六尺, _{장 육 척}	□□이 일 장 여섯 자인데
垂前衡四寸, _{수 전 형 사 촌}	앞으로 늘어뜨린 가로대 나무는 네 치이며
兩端楼尺相覆, _{양 단 접 척 상 복}	양쪽 끝은 한 자 정도를 이어 붙여

33 연수(連弩): 『시경』「위풍」의 「백혜」의 주석에서 "수는 길이가 일 장 이 척에 날이 없다[弩, 長丈二而無刃]"고 하였다. 일종의 날 없는 창으로 연수(連弩)는 이것을 이어 붙인 무기이다.

34 예(葬): 어떤 글자인지 미상이다. '자루가 평평하다'고 해석한 경우도 있으나 명확하지 않다.

35 답(荅): 이 답(荅) 자는 화공(火攻)의 도구와는 다른 뜻이며 '탑루(塔樓)'의 뜻으로 생각된다.

36 □□: 이 두 글자는 원문에 결여되어 있다. 그러나 앞 단락이 답광장이척(荅廣丈二尺)이므로 아마 '기종(其從: 그 길이)'의 두 글자가 들어갈 것이다.

덮어놓고

勿令魚鱗三[37],
물령어린삼

물고기 비늘이나 긴 나무처럼 흩어
놓지 말며

著其後行[38],
저기후행

그 뒤쪽에 있는 가로대 나무는

中央木[39]繩一,
중앙목 승일

중앙에 굵은 밧줄 하나를 매어 놓는데

長二丈六尺,
장이장육척

길이는 이 장 여섯 자이다.

荅樓[40]不會者以堞塞[41],
답루 불회자이첩색

탑루의 비어 있는 곳은 판자를 덧대어
빈 곳을 막는데

數暴乾,
삭포건

자주 햇볕에 건조시키고

荅爲格,
답위격

탑루의 안쪽에 시렁을 만들어

令風上下.
영풍상하

아래위로 바람이 통하게 한다.

堞惡疑壞者,
첩악의괴자

성가퀴가 시설이 나빠 곧 무너질 것
같은 곳은

先貍木十尺一枚一.
선매목십척일매일

먼저 열 자 정도의 나무 하나를 탑루
하나마다 묻고 버티도록 한다.

節壞[42],
절괴

성가퀴가 곧 무너질 듯하면

鄧[43]植以押盧盧薄於木[44],
등 식이압려로박어목

나무를 쪼개어 두공을 만들어 나무에

---

37 어린삼(魚鱗三): 삼(三)은 삼(槮)과 통하는 글자이다. 삼(槮)은 『설문해자』에서 "삼은 나무가
   긴 것이다(槮, 木長也」라고 하였다.

38 행(行): 형(衡)의 뜻.

39 목(木): 대(大)의 오기.

40 답루(荅樓): 탑루(塔樓)와 같다. 높은 성루.

41 첩색(堞塞): 『광아』「석고」에서 "첩은 판이라는 뜻이다(堞, 板也」라고 하였다. 첩색(堞塞)은
   곧 나무판을 구멍 있는 곳에 덧대어 막는 것이다.

42 절괴(節壞): 절(節)은 즉(卽)의 뜻.

덧대어 지탱하도록 하는데

盧薄表⁴⁵八尺,
노 박 표   팔 척

두공은 길이는 여덟 자

廣七寸,
광 칠 촌

폭은 일곱 치로 하며

經尺一,
경 척 일

직경은 한 자 한 치로 하고

斁施一擊而下之,
삭 시 일 격 이 하 지

한번 때리면 아래로 내려가도록
설치하고

爲上下釫⁴⁶而斲之.
위 상 하 화   이 작 지

아래위에는 못으로 그것을
고정시킨다.

經一,⁴⁷
경 일

직경이 한 자인

鈞⁴⁸.
균

갈고리·

禾⁴⁹樓·
화   루

포개어 놓은 나무·

羅石.⁵⁰
나 석

포갠 돌과

縣荅, 植內毋植外.
현 답   식 내 무 식 외

현답 등을 안쪽에 매어 놓고 망루 밖에
두면 안 된다.

---

43 등(䦠): 착(斲)과 통하는 글자이다.

44 압려로박어목(押慮盧薄於木): 노박(盧薄)은 곧 박로(欂盧)를 말하며 박로(欂盧)란 기둥과
   대들보를 연결하는 부위로 '두공'이라고도 한다.

45 표(表): 무(袤) 자의 오기이다. 즉, '길이'.

46 화(釫): 정(釘)의 오기. 못을 박아 고정시키는 것.

47 경일(經一): 경일척(徑一尺)의 오기. '직경이 한 자'라는 것.

48 균(鈞): 구(鉤)의 오기이다.

49 화(禾): 목(木)의 오기이다.

50 나석(羅石): 나석(羅石)은 유(檞)의 오기. 유(檞)는 뇌(礧)와 통하는 글자.

杜格,[51] _{두 격}	두격은
貍四尺, _{매 사 척}	네 자의 깊이로 묻고
高者十丈, _{고 자 십 장}	높은 것은 십 장 길이인데
木長短相雜, _{목 장 단 상 잡}	길고 짧은 나무들을 서로 섞어 설치하되
兌其上, _{태 기 상}	나무 위쪽은 날카롭게 하고
而外內厚塗之. _{이 외 내 후 도 지}	나무의 안팎으로 진흙을 두텁게 발라 둔다.
爲前行行棧[52]·縣荅[53]. _{위 전 항 행 잔　현 답}	진격하면서 쓰는 행잔과 현답 등을 준비해 둔다.
隅爲樓, _{우 위 루}	성 모퉁이에는 망루를 만드는데
樓必曲裡[54]. _{누 필 곡 리}	망루는 반드시 여러 층으로 한다.
土五步一, _{토 오 보 일}	흙은 다섯 걸음마다 한 무더기씩 놓고
毋[55]其二十畾[56]. _{무 기 이 십 뢰}	흙 광주리는 이십 개 씩 준비한다.
爵穴[57]十尺一, _{작 혈 십 척 일}	작혈을 열 자마다 하나씩 뚫는데
下壤三尺, _{하 첩 삼 척}	아래쪽 성가퀴 세 자 되는 곳에 뚫으며

---

51 두격(杜格): 땅속에 나무 기둥들을 많이 파묻어 적군의 침입을 저지하는 일종의 장애물이다.

52 행잔(行棧): 여러 가지 용도로 쓰기 위해 준비해 둔 나무.

53 현답(縣荅): 현답(懸荅)과 같다. 불을 붙여 적군을 공격하기 위해 매달아 놓은 대나무 다발.

54 곡리(曲裡): 재중(再重)의 뜻이다.

55 무(毋): 묵자 특유의 어기사로 어(於)와 같은 의미로 쓰였다.

56 뇌(畾): 토롱(土籠), 곧 흙을 담는 삼태기 같은 것.

57 작혈(爵穴): 성가퀴 사이에 뚫은 구멍.

廣其外,
<small>광 기 외</small>

그 바깥쪽이 넓어지게 뚫는다.

轉脈[58]城上,
<small>전 용 성 상</small>

적군이 성으로 공격해 오면

樓及散[59]與池革盆[60].
<small>누 급 산 여 지 혁 분</small>

망루 및 산, 지(池), 혁분 등을 갖추어 놓는다.

若轉攻[61],
<small>약 전 공</small>

만약 적군이 공격의 방향을 바꾼다면

卒擊其後,
<small>졸 격 기 후</small>

급히 적군의 배후를 습격하는데

煖[62]失治,
<small>난 실 치</small>

늦게 행동하면 습격의 기회를 잃게 되니

車革[63]火.
<small>거 혁 화</small>

불이 붙은 수레로 신속히 공격해야 한다.

凡殺[64]蛾傅而攻者之法,
<small>범 살 아 부 이 공 자 지 법</small>

대개 성을 기어올라 공격하려는 적군을 막는 방법은

置薄[65]城外,
<small>치 박 성 외</small>

'박(薄)'을 성 밖에 설치하는데

去城十尺,
<small>거 성 십 척</small>

성에서 열 자 되는 곳에

薄厚十尺.
<small>박 후 십 척</small>

열 자 두께의 울타리를 만드는 것이다.

---

58 전용(轉脈): 용(脈)은 뜻을 잘 알 수 없는 글자로, 아마 성을 공격한다는 의미의 글자가 아닌지 추정해 본다.

59 산(散): 살(殺)과 같은 뜻으로 적군에게 던지는 무기.

60 지혁분(池革盆): 지(池)와 혁분(革盆) 등은 적군에게 화공을 펼치다가 화재가 나면 불을 끄기 위해 준비해 놓은 물을 담은 자루의 명칭이다.

61 전공(轉攻): 적군의 공격의 방향을 바꾸어서 공격하는 것.

62 난(煖): 완(緩)의 오기.

63 혁(革): 급(急) 자와 같다.

64 살(殺): 적군을 공격하는 것.

65 치박(置薄): 박(薄)은 성 밖에서 적군의 공격을 저지하기 위해 만들어 놓은 울타리이다.

伐操⁶⁶之法, _{벌 조 지 법}	울타리를 만드는 방법은
大小盡木斷之, _{대 소 진 목 단 지}	크고 작은 나무를 끊어야 하는데
以十尺爲斷, _{이 십 척 위 단}	열 자 길이로 끊어
離而深狸堅築之, _{이 이 심 리 견 축 지}	성에서 떨어진 곳에 깊이 묻어 견고하게 세우고
毋使可拔. _{무 사 가 발}	적군이 뽑을 수 없게 한다.
二十步一'殺'⁶⁷, _{이 십 보 일 쇄}	이십 보마다 '쇄(殺)'를 하나씩 시설하고
有壙⁶⁸, _{유 우}	쇄에는 격실을 두는데
厚十尺. _{후 십 척}	두께는 열 자로 한다.
殺有兩門, _{쇄 유 량 문}	쇄에는 두 개의 문을 시설하는데
門廣五步, _{문 광 오 보}	문의 폭은 다섯 걸음으로 하며
薄門板梯⁶⁹狸之, _{박 문 판 제 리 지}	울타리 문과 판자 사다리는 흙으로 묻는데
勿築⁷⁰, _{물 축}	판축 달구질을 하지 말고
令易拔. _{영 이 발}	쉽게 뺄 수 있게 한다.

---

66 조(操): 조(操)는 박(薄)의 오기.

67 쇄(殺): 울타리를 둘러싼 담 모양의 방어 시설.

68 우(壙): 격실(扈)과 통하며, 격(隔)의 뜻이다. 쇄(殺)의 내부에 칸막이로 구분한 격실이다. 무기와 병력 등을 숨겨 둔다.

69 박문판제(薄門板梯): 박문(薄門)은 '울타리의 문'이며, 판제(板梯)는 '판자로 만든 사다리'이다.

70 축(築): 축(築)은 토성을 쌓는 방법으로, 흙을 밟아 단단하게 달구질하는 것

城上希⁷¹薄門而置搗⁷².
성 상 희 박 문 이 치 도

성 위에서 울타리 문을 살펴보게 하고 팻말을 설치한다.

縣火,
현 화

현화(縣火)는

四尺一椅⁷³,
사 척 일 의

네 자마다 '의(椅)'를 하나씩 설치하고

五步一竈⁷⁴,
오 보 일 조

다섯 걸음마다 아궁이 하나씩을 설치하며

竈門有爐炭⁷⁵,
조 문 유 로 탄

아궁이 입구에는 숯불 피운 화로를 두고

傳令敵人盡入,
전 령 적 인 진 입

적군이 모두 쳐들어온다는 신호가 전해지면

車火燒門,
거 화 소 문

불로 입구를 불사르고

縣火次之,
현 화 차 지

현화를 차례대로 준비하며

出載⁷⁶而立,
출 재 이 립

수레를 끌어내어 세워 놓되

其廣終隊.
기 광 종 대

그 폭은 적군의 공격대와 맞춘다.

兩載之間一火,
양 재 지 간 일 화

두 수레의 사이에는 병사들이 횃불 하나씩을 들게 하고

皆立而待鼓音而然,
개 립 이 대 고 음 이 연

모두 서서 북소리를 신호로 하여

---

71 희(希): 희(睎)와 같으며 '살펴 보다'의 뜻.
72 도(搗): 갈(楬)과 같은 뜻으로 표시를 해 둔 나무 팻말 같은 것이다.
73 의(椅): 직(樴)의 뜻이다. 횃불을 매달기 위한 나무 말뚝과 갈고리 등으로 이루어진 장치이다.
74 조(竈): 적군에게 화공(火攻)을 준비하기 위한 아궁이.
75 노탄(爐炭): 숯불을 가득 피워 놓은 화로.
76 출재(出載): '수레를 꺼내 옴'의 뜻.

기다렸다가 신호를 하면

即俱發之.
즉 구 발 지

곧바로 모두 횃불을 던지게 한다.

敵人辟火[77]而復攻,
적 인 벽 화   이 부 공

적군이 화공을 피했다가 다시 공격을
해 오면

縣火復下,
현 화 부 하

현화를 다시 아래로 던진다면

敵人甚病[78].
적 인 심 병

적군은 심대한 타격을 입는다.

敵引哭而楡[79],
적 인 곡 이 유

적군이 군대를 인솔하여 달아나면

則令吾死士左右出穴門擊遺師,
즉 령 오 사 사 좌 우 출 혈 문 격 유 사

곧 우리 결사대 병력이 좌우의
혈문으로 출격하여 적군의 잔존
병력을 습격하게 하며

令賁士·主將皆聽城鼓之音而出,
영 분 사   주 장 개 청 성 고 지 음 이 출

용사와 지휘관은 모두 성 위의
북소리를 듣고 출격했다가

又聽城鼓之音而入.
우 청 성 고 지 음 이 입

다시 성 위의 북소리를 듣고
되돌아온다.

因素[80]出兵將施伏.
인 소   출 병 장 시 복

이어서 예전처럼 병사와 장수들을
내보내어 매복하게 한다.

夜半而城上四面鼓噪,
야 반 이 성 상 사 면 고 조

한밤중에 성 위에서 사방으로

---

77 벽화(辟火): 벽(辟)은 피(避)와 같다. 즉, '횃불 공격을 피하는 것'이다.
78 심병(甚病): '심한 타격을 입다'의 뜻.
79 인곡이유(引哭而楡): 곡(哭)은 사(師)의 오기, 유(楡)는 도(逃)의 가차자이다. 즉, '군대를 인솔하여 달아남'의 뜻.
80 소(素): 구(舊) 자와 같다.

시끄럽게 북소리를 내게 하면

敵人必或[81],
적 인 필 혹

적군은 반드시 의혹스러워하고

破軍殺將.
파 군 살 장

군대는 패배하고 장수는 죽을 것이다.

以白衣爲服,
이 백 의 위 복

아군은 흰옷을 입게 하고

以號相得."
이 호 상 득

신호에 맞추어 같이 행동하게 한다."

---

81 혹(或): 혹(惑) 자와 같다.

권 15

□□ 제64편 결편
(□□第六十四闕)

□□ 제65편 결편
(□□第六十五闕)

□□ 제66편 결편
(□□第六十六闕)

□□ 제67편 결편
(□□第六十七闕)

영적사 제68편
(迎敵祠第六十八)

敵以東方來,
<small>적 이 동 방 래</small>

동쪽 제단에서 신(神)을 맞이하는데

迎之東壇,
<small>영 지 동 단</small>

堂高八尺,
<small>당 고 팔 척</small>

제단 높이는 여덟 자에

堂密八.[1]
<small>당 밀 팔</small>

제단 깊이는 여덟 자,

年八十者八人主祭.
<small>연 팔 십 자 팔 인 주 제</small>

나이 팔십인 사람 여덟 명이 제사를
주관한다.

青旗,
<small>청 기</small>

청색 깃발은

青神[2]長八尺者八,
<small>청 신 장 팔 척 자 팔</small>

청색 방위의 신을 상징하며 길이 여덟
자 깃발 여덟 개를 사용하는데

弩八,
<small>노 팔</small>

쇠뇌 여덟 개를 가지고

八發而止.
<small>팔 발 이 지</small>

여덟 발을 쏘고 제사를 그친다.

將服必青,
<small>장 복 필 청</small>

장수는 반드시 푸른색 옷을 입고

---

1 당밀팔(堂密八): 당(堂)은 제단, 밀팔(密八)은 심팔척(深八尺)과 같다.
2 청신(青神): 고대 중국에는 오행의 방위가 있어 각 방위마다 신이 있다고 믿었다. 푸른색은 목
　(木)에 해당하고 방위는 동방(東方)이다.

其牲以雞.
기 생 이 계
제사의 희생물은 닭을 쓴다.

敵以南方來,
적 이 남 방 래
적군이 남쪽에서 침입해 오면

迎之南壇,
영 지 남 단
남쪽 제단에서 신을 맞이하는데

壇高七尺,
단 고 칠 척
제단 높이는 일곱 자에

堂密七,
당 밀 칠
제단 깊이는 일곱 자이며

年七十者七人主祭.
연 칠 십 자 칠 인 주 제
나이 칠십인 사람 일곱 명이 제사를 주관한다.

赤旗,
적 기
붉은색 깃발은

赤神[3]長七尺者七,
적 신 장 칠 척 자 칠
붉은색 방위의 신이며 길이 일곱 자의 깃발 일곱 개를 사용하고

弩七,
노 칠
쇠뇌 일곱 개를 가지고

七發而止.
칠 발 이 지
일곱 발을 쏘고 제사를 그친다.

將服必赤,
장 복 필 적
장수는 반드시 붉은색 옷을 입고

其牲以狗.
기 생 이 구
제사의 희생물은 개를 쓴다.

敵以西方來,
적 이 서 방 래
적군이 서쪽에서 침입해 오면

迎之西壇,
영 지 서 단
서쪽 제단에서 신을 맞이하는데

壇高九尺,
단 고 구 척
제단 높이는 아홉 자에

堂密九,
당 밀 구
제단 깊이는 아홉 자이고

年九十者九人主祭.
연 구 십 자 구 인 주 제
나이 구십인 사람 아홉 명이 제사를 주관한다.

---

3 적신(赤神): 마찬가지로 오행의 방위인데, 붉은색은 화(火)이며 남방(南方)을 상징한다.

白旗, <small>백 기</small>	흰색 깃발은
素神⁴長九尺者九, <small>소 신 장 구 척 자 구</small>	흰색 방위의 신인데 길이 아홉 자의 깃발 아홉 개를 사용하며
弩九, <small>노 구</small>	쇠뇌 아홉 개를 가지고
九發而止. <small>구 발 이 지</small>	아홉 발을 쏘아 제사를 그친다.
將服必白, <small>장 복 필 백</small>	장수는 반드시 흰옷을 입고
其牲以羊. <small>기 생 이 양</small>	제사의 희생물은 양으로 한다.
敵以北方來, <small>적 이 북 방 래</small>	적군이 북쪽에서 침입해 오면
迎之北壇, <small>영 지 북 단</small>	북쪽 제단에서 신을 맞이하는데
壇高六尺, <small>단 고 육 척</small>	제단 높이는 여섯 자이고
堂密六, <small>당 밀 육</small>	제단 깊이는 여섯 자이며
年六十者六人主祭. <small>연 육 십 자 육 인 주 제</small>	나이 육십인 사람 여섯 명이 제사를 주관한다.
黑旗, <small>흑 기</small>	검은색 깃발은
黑神⁵長六尺者六, <small>흑 신 장 육 척 자 육</small>	검은색 방위의 신이며 길이 여섯 자의 깃발 여섯 개를 사용하는데
弩六, <small>노 육</small>	쇠뇌 여섯 개를 가지고
六發而止. <small>육 발 이 지</small>	여섯 발을 쏘아 제사를 그친다.
將服必黑, <small>장 복 필 흑</small>	장수는 반드시 검은색 옷을 입고

---

4 소신(素神): 오행의 방위, 흰색은 금(金)이며 서방(西方)을 상징한다.
5 흑신(黑神): 오행의 방위, 검은색은 수(水)이며 북방(北方)을 상징한다.

其牲以彘.
기 생 이 체

제사의 희생물은 돼지를 사용한다.

從⁶外宅諸名大祠,
종 외 댁 제 명 대 사

성 밖의 건물과 저명한 사당은 성
안으로 옮기고

靈巫或禱焉,
영 무 혹 도 언

영험한 무당이 때때로 기도하게
하는데

給禱牲.
급 도 생

기도에 쓰이는 희생물을 공급해 준다.

凡望氣⁷,
범 망 기

대개 '망기(望氣)'에는

有大將氣,
유 대 장 기

대장의 기운·

有小將氣,
유 소 장 기

소장의 기운·

有往氣,
유 왕 기

지나가는 기운·

有來氣,
유 래 기

다가오는 기운·

有敗氣,
유 패 기

패전의 기운 등이 있는데

能得明此者可知成敗·吉凶.
능 득 명 차 자 가 지 성 패 길 흉

이런 것을 밝게 아는 자는 미래의
성패와 길흉을 알 수 있다.

擧巫·醫·卜有所,
거 무 의 복 유 소

무당·의사·점쟁이가 있는 곳에서

長⁸具藥,
장 구 약

그 우두머리는 약을 갖추게 하고

宮之,
궁 지

거처를 마련해 주며

善爲舍.
선 위 사

잘 지내도록 해 준다.

---

6 종(從): 사(徙)의 오기. '옮기다'의 뜻.
7 망기(望氣): 하늘의 현상이나 구름의 모양 등을 관찰해 다가올 미래를 예측하는 고대의 술수.
8 장(長): 무당과 의사, 점쟁이 등의 우두머리.

巫必近公社,
_{무 필 근 공 사}

무당은 반드시 사당 가까이에
거주하게 하고

必敬神之.
_{필 경 신 지}

반드시 신을 경건하게 섬기도록 한다.

巫卜以請守[9],
_{무 복 이 청 수}

무당과 점쟁이는 망기를 살핀 내용을
수비 장군에게 알리게 하며

守獨智巫卜望氣之請而已.
_{수 독 지 무 복 망 기 지 청 이 이}

수비 장군은 무당과 점쟁이가 망기한
내용을 혼자만 알고 있을 따름이다.

其出入爲流言,
_{기 출 입 위 류 언}

그들이 성내를 출입하며 유언비어를
만들고

驚駭恐吏民,
_{경 해 공 리 민}

관리와 백성들을 놀라게 하는지

謹微察之,
_{근 미 찰 지}

남몰래 감시하다가

斷,[10]
_단

참형을 내리며

罪不赦.
_{죄 불 사}

죄지은 자는 용서하지 않는다.

望氣舍近守官[11].
_{망 기 사 근 수 관}

망기를 살피는 건물은 수비 장군의
관청 가까이에 둔다.

牧[12]賢大夫及有方技者若工,
_{목 현 대 부 급 유 방 기 자 약 공}

현명한 대부와 술수가 뛰어난 자 등을
거두어 일을 하게 하고

弟[13]之.
_{제 지}

그들에게 녹봉을 준다.

---

9   이청수(以請守): 이청(以請)은 망기를 살핀 내용을 알리는 것, 수(守)는 '수비를 맡은 장수'의
    뜻이다.
10 단(斷): 참형(斬刑)과 같다.
11 수관(守官): 수비 장수의 관청.
12 목(牧): 수(收)와 같다.
13 제(弟): 질(秩)과 같다. '녹봉'의 뜻.

擧屠酤者,
거 도 고 자

백정과 술장사치를 뽑아

置廚給事,
치 주 급 사

군대의 주방에 두고 일을 하게 하고

弟之.
제 지

그들에게 녹봉을 준다.

凡守城之法,
범 수 성 지 법

대개 성을 지키는 방법은

縣師[14]受事,
현 사 수 사

'현사(縣師)'에게 일을 맡기는데

出葆[15],
출 보

현사는 성을 나가서

循溝防,
순 구 방

해자(도랑)의 방비를 둘러보고

築薦[16]通塗,
축 천 통 도

사방으로 통한 도로를 막게 하고

脩城.
수 성

성을 보수하게 한다.

百官共[17]財,
백 관 공 재

모든 관리는 재물을 제공하고

百工卽事,
백 공 즉 사

모든 기술자는 일을 하게 하며

司馬視城脩卒伍.
사 마 시 성 수 졸 오

사마(장군)는 성을 순시하고 병사의 대오를 정비한다.

設守門,
설 수 문

수문장을 두는데

二人掌右閹[18],
이 인 장 우 엄

두 사람은 오른쪽 성문을 관장하게 하고

---

14 현사(縣師): 고대에는 전쟁이 일어나면 현사(縣師)와 상사(上士)가 동원이나 군정에 관한 일을 맡았다고 한다.

15 보(葆): 성보(城堡), 곧, 성(城)의 의미이다.

16 천(薦): 천(荐)과 같다. 즉, 막는 것이다.

17 공(共): 공(供)과 같다.

18 엄(閹): 합(闔)과 같으며 성문을 의미한다.

二人掌左闔,
_{이 인 장 좌 엄}

두 사람은 왼쪽 성문을 관장하게 하며

四人掌閉,
_{사 인 장 폐}

네 사람이 열고 닫음을 책임지게 하고

百甲坐之.
_{백 갑 좌 지}

백 명의 갑사를 그곳에 둔다.

城上步一甲·一戟,
_{성 상 보 일 갑 일 극}

성 위에는 한 걸음 간격으로 갑사 한 사람·창을 든 용사 한 사람·

其贊三人.
_{기 찬 삼 인}

그들을 보좌하는 병사 세 사람 씩을 둔다.

五步有五長,
_{오 보 유 오 장}

다섯 걸음 간격으로 '오장(五長)'을 두고

十步有十長,
_{십 보 유 십 장}

열 걸음 간격으로 '십장(十長)'을 두며

百步有百長,
_{백 보 유 백 장}

백 걸음 간격으로 '백장(百長)'을 두고

旁有大率,
_{방 유 대 솔}

양 옆에는 '대솔(大率)'을 두며

中有大將,
_{중 유 대 장}

중앙에는 대장을 두는데

皆有司吏卒長.
_{개 유 사 리 졸 장}

모든 곳에 책임지는 관리와 병사들의 지휘관을 둔다.

城上當階,
_{성 상 당 계}

성 위의 계단이 있는 곳은

有司守之;
_{유 사 수 지}

책임을 지는 관리가 그곳을 지키게 한다.

移中[19]中處,
_{이 중 중 처}

많은 병사가 중앙에서 대기하다가

澤急而奏之[20].
_{택 급 이 주 지}

긴급한 일이 발생하면 그곳으로

---

19 이중(移中): 다졸(多卒)의 오기이다.

20 택급이주지(澤急而奏之): 택급(澤急)은 택급(擇急)과 같다. 주(奏)는 추향(趨向)의 뜻이다.

달려간다.

士皆有職.
사 개 유 직

용사들은 모두 맡은 임무가 있다.

城之外,
성 지 외

성의 바깥에

矢之所遝²¹,
시 지 소 답

화살이 닿는 거리에 있는

壞其牆,
괴 기 장

담벽은 무너뜨려

無以爲客菌²².
무 이 위 객 균

적군의 엄폐물이 되지 않게 한다.

三十里之內,
삼 십 리 지 내

성의 삼십 리 이내에 있는

薪·蒸·水²³皆入內.
신 증 수 개 입 내

큰 나뭇가지·중간 나뭇가지·작은
나뭇가지 등은 모두 성 안으로
가져온다.

狗·彘·豚·雞食其宍²⁴,
구 체 돈 계 식 기 육

개·새끼 돼지·돼지·닭 등 먹을 수 있는
고기는

斂其骸以爲醢腹²⁵,
염 기 해 이 위 해 복

모두 그 뼈까지 육장을 만들어 거두고

病者以起.
병 자 이 기

병자들도 일어나게 한다.

城之內,
성 지 내

성의 안에는

薪蒸廬室,
신 증 려 실

큰 가지와 작은 가지·초가집 등

矢之所遝,
시 지 소 답

화살이 미치는 거리에 있는 것은

---

21 답(遝): '이르다'의 뜻.
22 균(菌): 곤(梱)의 뜻으로 화살이 튕겨 나오는 것.
23 수(水): 목(木)의 오기이다.
24 육(宍): 육(肉)의 이체자이다.
25 해복(醢腹): 복(腹)은 이(胒)의 오기이다. 뼈가 붙어 있는 육장을 말함이다.

皆爲之塗菌.

개 위 지 도 균

모두 도로의 엄폐물로 만든다.

令命昏緯狗纂馬[26],

영 명 혼 위 구 찬 마

명령을 내려 야간에는 개를 묶어 놓고 말을 매어 놓되

掔緯.

견 위

단단하게 묶는다.

靜夜聞鼓聲而謲[27],

정 야 문 고 성 이 참

고요한 밤에는 북소리를 시끄럽게 두드려

所以閹客之氣也,

소 이 엄 객 지 기 야

적군의 사기를 억누르고

所以固民之意也,

소 이 고 민 지 의 야

백성들의 의지는 견고하게 한다.

故時謲則民不疾[28]矣.

고 시 참 즉 민 부 질 의

그러한 까닭으로 때때로 시끄럽게 북을 두드려 대면 백성들은 사기가 죽지 않는다.

祝·史乃告於四望[29]·山川·社稷先於戎[30],

축 사 내 고 어 사 망   산 천   사 직 선 어 융

축(祝)과 사(史)는 이에 사망(四望)·산천·사직의 신들에게 먼저 전쟁을 알리고

乃退.

내 퇴

곧 물러난다.

公素服誓于太廟, 曰:

공 소 복 서 우 태 묘 왈

왕은 흰옷을 입고 태묘에서 맹서하여

---

26 위구찬마(緯狗纂馬): 개를 매어 놓고 말을 묶어 두는 것.

27 참(謲): 조(噪)와 같다. 시끄럽게 하는 것.

28 질(疾): '사기가 가라앉는 것'의 뜻.

29 사망(四望): 오악(五嶽)과 사진(四鎭)과 사독(四瀆), 곧 큰 산과 강의 신령을 말함이다.

30 융(戎): 융(戎)은 전쟁이란 뜻이다.

말한다.

"其人爲不道,
_{기 인 위 부 도}

"아무개는 도리가 없으며

不脩義詳[31],
_{불 수 의 상}

의로움과 상서로움을 닦지 않고

唯乃是王.
_{유 내 시 왕}

오직 패왕을 자처하면서

曰: '予必懷[32]亡爾社稷,
_{왈　여 필 회　망 이 사 직}

말하기를, '나는 반드시 너희의 사직을 망하게 하고

滅爾百姓.'
_{멸 이 백 성}

너희 백성들을 멸망시키려고 한다'라고 하니

二參子[33]尙夜自廈,
_{이 삼 자　상 야 자 하}

여러분들은 바라건대 밤낮으로 힘써서

以勤寡人,
_{이 근 과 인}

과인을 부지런히 돕고

和心比力兼左右[34],
_{화 심 비 력 겸 좌 우}

마음과 힘을 합쳐 돕고

各死而守."
_{각 사 이 수}

각기 죽을힘으로 나라를 지키시오."

旣誓,
_{기 서}

맹서를 읽고 나서

公乃退食.
_{공 내 퇴 식}

왕은 곧 물러난다.

舍於中太廟之右,
_{사 어 중 태 묘 지 우}

왕은 중앙 태묘의 오른쪽에 자리하고

祝·史舍于社,
_{축　사 사 우 사}

축과 사는 사당에 자리하며

百官具御.
_{백 관 구 어}

모든 관리가 함께 자리한다.

乃斗[35]鼓于門,
_{내 두　고 우 문}

이어 올라오면 문에서 북을 두드리고

---

31 상(詳): 상(祥)의 오기이다.
32 회(懷): 사(思)와 같다.
33 이삼자(二參子): 이삼자(二三子)와 같다. '너희들, 여러분'의 뜻.
34 좌우(左右): 조(助)의 뜻이다.

右置旍,
_{우 치 기}
오른쪽에는 용을 그린 깃발을 두고

左置旌於隅練名.
_{좌 치 정 어 우 련 명}
왼쪽에는 부대 이름이 새겨진 깃발을 둔다.

射參發,
_{사 삼 발}
활을 세 번 쏘아

告勝,
_{고 승}
승리를 알리고

五兵咸備,
_{오 병 함 비}
다섯 가지 병기를 모두 갖추어 놓는다.

乃下,
_{내 하}
이에 관리들이 내려가고

出挨[36],
_{출 애}
나가서 기다리며

升望我郊.
_{승 망 아 교}
왕은 올라가서 우리 교외를 살펴본다.

乃命鼓,
_{내 명 고}
이에 북을 치게 하니

俄升役[37],
_{아 승 역}
잠깐 사이에 깃발이 올라가고

司馬射自門右,
_{사 마 사 자 문 우}
사마는 문 오른쪽에서 활을 쏘는데

蓬矢射之,
_{봉 시 사 지}
쑥대 깃 화살을 쏘고

茅[38]參發,
_{모 삼 발}
창 세 발을 던지고

弓弩繼之,
_{궁 노 계 지}
활과 쇠뇌를 계속 쏘며

校自門左,
_{교 자 문 좌}
장교는 문 왼쪽에서

先以揮[39],
_{선 이 휘}
먼저 불화살을 쏘고

---

35 내두(乃斗): 내승(乃升)과 같다.
36 출애(出挨): 출사(出俟)와 같다. '나와서 기다리다'의 뜻.
37 승역(升役): 승정(升旌)의 오기이다.
38 모(茅): 모(矛)의 오기이다.
39 휘(揮): 휘화(揮火), 곧 '불화살'의 뜻이다.

木石繼之.
목 석 계 지

나무와 돌을 계속 던진다.

祝·史·宗人⁴⁰告社,
축 사 종인 고 사

축과 사와 종인(宗人)은 사당에 알리고

覆之以甑.
복 지 이 증

그 내용을 적은 글을 시루로 덮는다.

---

40 종인(宗人): 제례를 주관하는 관리.

기치 제69편
(旗幟六十九)

守城之法,
_{수 성 지 법}
　　성을 지키는 방법에서

木爲蒼旗,[1]
_{목 위 창 기}
　　나무는 푸른색 깃발로 나타내고

火爲赤旗,
_{화 위 적 기}
　　불은 붉은색 깃발로 나타내며

薪樵爲黃旗,
_{신 초 위 황 기}
　　땔감 나무는 황색 깃발로 나타내고

石爲白旗,
_{석 위 백 기}
　　돌은 흰 깃발로 나타내며

水爲黑旗,
_{수 위 흑 기}
　　물은 검은색 깃발로 나타내고

食爲菌旗[2],
_{식 위 균 기}
　　식량은 꼭두서니 깃발로 나타내며

死士爲倉英[3]之旗,
_{사 사 위 창 영 지 기}
　　결사대는 푸른 물결 깃발로 나타내고

竟士爲雩旗,[4]
_{경 사 위 우 기}
　　호분의 용사는 호랑이 깃발로

1　목위창기(木爲蒼旗): 위창기(爲蒼旗)는 '푸른 깃발을 올려 신호하다'의 뜻이다.

2　균기(菌旗): 균(菌)은 천(茜)과 상통하는 글자이다. 『설문해자』에서 "천은 모수이다(茜, 茅蒐也)"라고 했는데 균(茜)은 꼭두서니라는 풀로, 붉게 물들이는 염료가 된다고 한다.

3　창영(倉英): 창랑(倉浪)의 오기로 생각된다. 즉, '푸른 물결'의 뜻.

4　경사위우기(竟士爲雩旗): 경사(竟士)는 호분(虎賁)의 오기로 생각된다. 중국 고대에는 임금을 경호하는 친위 부대를 호분이라 부르기도 했는데 따라서 '용사'라는 뜻이다. 우기(雩旗)는 호기(虎旗)의 오기로 생각되며, 호랑이가 그려진 호분 부대의 깃발을 의미한다.

나타내며

多卒爲雙兔之旗,
다 졸 위 쌍 토 지 기

보통 병사들은 쌍토끼 깃발로
나타내고

五尺童子[5]爲童旗,
오 척 동 자 위 동 기

열네 살 이하의 소년병은 아이 깃발로
나타내며

女子爲梯末[6]之旗,
여 자 위 제 말 지 기

여자 병사들은 어린 버드나무 깃발로
나타내고

弩爲狗旗,
노 위 구 기

쇠뇌 부대는 개를 그린 깃발로
나타내며

戟爲莊旗[7],
극 위 정 기

창을 든 병사들은 매 깃발로 나타내고

劍盾爲羽旗,
검 순 위 우 기

칼과 방패로 무장한 병사들은 새 깃털
깃발로 나타내며

車爲龍旗,
차 위 룡 기

전차는 용 깃발로 나타내고

騎爲鳥旗.
기 위 조 기

기마 부대는 새 깃발로 나타내는
것이다.

凡所求索旗名不在書者,
범 소 구 색 기 명 부 재 서 자

대개 찾고자 하는 깃발의 명칭이
책에는 없는 경우,

皆以其形名爲旗.
개 이 기 형 명 위 기

모두 그 형체의 이름을 깃발 명칭으로
삼는다.

5　오척동자(五尺童子): 「잡수」 편에 의하면, 열네 살 이하의 아이들을 오척동자(五尺童子)라
　　하였다.

6　제말(梯末): 제(梯)는 윤동양의 주장에 의하면 제(稊)와 같으며, 어린 버드나무 가지를 의미한
　　다고 한다. 『주역』의 '대과(大過) 괘에는 '마른 버드나무에 뿌리가 생긴다[枯楊生梯]'는 구절
　　이 있는데 이 제(梯) 자 역시 버드나무의 뿌리를 말하는 것으로 비슷한 의미라고 생각된다.

7　정기(莊旗): 정(莊)은 응(鷹)의 뜻이다.

城上擧旗,
성 상 거 기

성에서 해당 물자의 깃발을 올리면

備具之官[8]致財物,
비 구 지 관 치 재 물

군수품의 조달을 맡은 관리는 군수 물자를 수송하며

之足而下旗.
지 족 이 하 기

충분히 조달되면 깃발을 내린다.

凡守城之法,
범 수 성 지 법

대개 성을 지키는 방법은

石有積,
석 유 적

돌을 무더기로 쌓아 비축하고

樵薪有積,
초 신 유 적

땔나무도 가득 비축하며

菅茅[9]有積,
관 모 유 적

화공에 쓸 띠풀도 가득 비축해 놓고

藋葦[10]有積,
관 위 유 적

갈대도 가득 비축해 두며

木有積,
목 유 적

재목도 가득 비축하고

炭有積,
탄 유 적

숯도 가득 비축해 두며

沙有積,
사 유 적

모래도 가득 비축해 두고

松柏有積,[11]
송 백 유 적

소나무와 잣나무도 가득 비축해 두며

蓬艾有積,
봉 애 유 적

쑥대와 약쑥도 가득 비축해 두고

麻脂有積,
마 지 유 적

삼씨 기름도 가득 비축해 두며

金鐵[12]有積,
금 철 유 적

금전도 가득 비축해 두고

8　비구지관(備具之官): 군수 물자의 공급을 맡은 관리.
9　관모(菅茅): 띠풀의 종류로 화공을 할 때 쓰이는 것이다.
10　관위(藋葦): 겸가(蒹葭)와 같다. 갈대의 종류로 판단된다.
11　송백유적(松柏有積): 송진 등을 횃불용으로 비축해 두는 것으로 생각된다.
12　금철(金鐵): 금(金)은 전(錢)의 오기이다.

粟米有積,
_{속 미 유 적}

곡식도 가득 비축해 두며

井竈有處,
_{정 조 유 처}

우물과 취사장을 곳곳에 두고

重質有居,
_{중 질 유 거}

중요한 인질들이 머물 거처를
마련하며

五兵[13]各有旗,
_{오 병 각 유 기}

다섯 가지 병기에는 각기 깃발을
마련해 두고

節各有辨[14],
_{절 각 유 변}

부절은 각기 쪼개어 가지게 하며

法令各有貞[15],
_{법 령 각 유 정}

법령을 각기 정해 놓고

輕重分數各有請[16],
_{경 중 분 수 각 유 청}

가볍거나 무거운 책임을 각각
분담하여 성실히 이행하게 하고

主愼[17]道路者有經[18].
_{주 신 도 로 자 유 경}

도로를 주관하는 책임자는 해당
구역을 맡게 둔다.

亭尉[19]各爲幟,
_{정 위 각 위 치}

정장과 위장은 각각 깃발을 만드는데

竿長二丈五,
_{간 장 이 장 오}

깃대 길이는 이 장 다섯 자에

---

13 오병(五兵): 다섯 가지 병기에 대해서는 여러 가지 의견이 있으나 안사고의 주석을 인용해 보
면, 모(矛)·극(戟)·궁(弓)·검(劍)·과(戈) 등의 다섯 가지이다.

14 변(辨): (判)과 같은 뜻이다. 부절(符節)을 쪼개어 놓고 준비한다는 뜻이다. 부절은 군대의 동
원에 필요한 신분 인식표 같은 것이다. 장군과 조정의 책임자가 각기 절반씩의 부절을 가지고
있다가 군대 동원의 필요성이 생기면 조정에서 장군에게 출동 명령을 내릴 때, 사신이 절반의
부절을 가지고 와서 장군과 맞추어 보고 출동하게 한다.

15 정(貞): 정(定)과 통하며 미리 '결정하다'의 뜻.

16 청(請): 성(誠)과 통하는 글자이다.

17 신(愼): 순(循)과 같다. '순찰하다'의 뜻.

18 경(經): 계(界)와 같다. '순찰의 구역'의 뜻.

19 정위(亭尉): 정장(亭長)과 위장(尉長). 각 구역의 경비를 맡은 방어군 장교이다.

帛長丈五,
백 장 장 오

비단 길이는 일 장 다섯 자로 하고

廣半幅者大[20].
광 반 폭 자 대

폭은 절반 크기의 깃발 여섯 개를
만든다.

寇傅[21]攻前池外廉[22],
구 부   공 전 지 외 렴

적군이 개미 떼떼처럼 성에 올라
공격하기 전에 해자의 바깥쪽에
이르면

城上當隊鼓三,
성 상 당 대 고 삼

성 위에서 적군에 대항하는 부대에게
북을 세 번 두드리고

擧一幟;
거 일 치

깃발을 한 번 올린다.

到水中周[23],
도 수 중 주

적군이 해자 가운데의 모래톱에
이르면

鼓四,
고 사

북을 네 번 두드리고

擧二幟;
거 이 치

깃발을 두 번 올린다.

到藩,
도 번

적군이 울타리에 이르면

鼓五,
고 오

북을 다섯 번 두드리고

擧三幟;
거 삼 치

깃발을 세 번 올린다.

到馮垣[24],
도 풍 원

'풍원(馮垣)'에 적군이 이르면

鼓六,
고 육

북을 여섯 번 두드리고

---

20 대(大): 육(六)의 오기로 생각된다.
21 구부(寇傅): 구(寇)는 '적군'의 뜻. 부(傅)는 의부(蟻附)와 같다. 즉, 개미 떼처럼 성을 기어올라
   공격하는 것.
22 염(廉): 변(邊) 자와 같다.
23 수중주(水中周): 수중주(水中洲)와 같다. 해자의 가운데에 있는 모래톱.
24 풍원(馮垣): 성가퀴 밖에 있는 낮은 담.

擧四幟; 거 사 치	깃발을 네 번 올린다.
到女垣, 도 여 원	성가퀴에 적군이 이르면
鼓七, 고 칠	북을 일곱 번 두드리고
擧五幟; 거 오 치	깃발을 다섯 번 올린다.
到大城, 도 대 성	적군이 주성에 이르면
鼓八, 고 팔	북을 여덟 번 두드리고
擧六幟; 거 육 치	깃발을 여섯 번 올린다.
乘大城半以上, 승 대 성 반 이 상	적군이 주성을 절반 이상 올라오면
鼓無休. 고 무 휴	북을 끊임없이 두드린다.
夜以火, 야 이 화	야간에는 횃불을 가지고
如此數. 여 차 수	깃발을 대신하여 숫자대로 신호한다.
寇卻解, 구 각 해	적군이 퇴각하면서 포위가 풀리면
輒部幟如進數, 첩 부 치 여 진 수	곧바로 부대 깃발을 적군이 진격해 올 때의 수만큼 올리며
而無鼓. 이 무 고	북은 두드리지 않는다.
城爲隆,[25] 성 위 융	성의 방어 장수는 붉은색 깃발을 만드는데
長五十尺, 장 오 십 척	깃발 길이는 쉰 자로 하고
四面四門將長四十尺, 사 면 사 문 장 장 사 십 척	성의 사문 방어 장수는 마흔 자의

---

25 성위융(城爲隆): 성(城) 다음에 장(將)이 빠진 것으로 생각되며, 융(隆)은 강(絳)의 오기이다.

깃발을 준비하며

其次三十尺,
기 차 삼 십 척

그다음 서열의 장수는 서른 자의
깃발을 준비하고

其次二十五尺,
기 차 이 십 오 척

그다음 서열의 장수는 스물다섯 자의
깃발을 준비하며

其次二十尺,
기 차 이 십 척

그다음 가는 장수는 스무 자의 깃발을
준비하고

其次十五尺,
기 차 십 오 척

그다음 가는 장수는 열다섯 자의
깃발을 준비하며

高無下四²⁶十五尺.
고 무 하 사 십 오 척

그 길이는 열다섯 자보다 짧으면 안
된다.

城上吏卒置之背²⁷,
성 상 리 졸 치 지 배

성 위의 관리와 병사들은 등에 휘장을
붙이고

卒於頭上,
졸 어 두 상

병사들은 머리에 휘장을 붙이며

城下吏卒置之肩.
성 하 리 졸 치 지 견

성 아래의 관리와 병사들은 어깨에
휘장을 붙이며

左軍於左肩,
좌 군 어 좌 견

좌군은 왼쪽 어깨에 휘장을 붙이고

中軍置之胸.
중 군 치 지 흉

중군은 휘장을 가슴에 붙이며

各一鼓,
각 일 고

각 군은 한 개의 북을 가지고

中軍一三²⁸.
중 군 일 삼

중군 부대만 세 개의 북을 가지게

---

26 사(四): 사(四)는 잘못 끼어든 글자이다.
27 치지배(置之背): 배(背)는 등에 '휘장을 붙이다'의 뜻.

한다.

每鼓三·十擊之,
매 고 삼 십 격 지

매번 북을 세 번 내지 열 번까지 치도록
하며

諸有鼓之吏,
제 유 고 지 리

모든 북을 치는 관리는

謹以次應之,
근 이 차 응 지

신중하게 주어진 횟수대로 북을 치고

當應鼓而不應,
당 응 고 이 불 응

의당 북을 쳐야 하는데 북을 치지
않거나

不當應而應鼓,
부 당 응 이 응 고

북을 치지 말아야 하는데 북을 친다면

主者斬.
주 자 참

그 책임자에게 참형을 내린다.

道廣三十步,
도 광 삼 십 보

도로의 폭은 삼십 걸음으로 하는데

於城下夾階者,
어 성 하 협 계 자

성 아래에는 계단을 끼고 내려가게
하는데

各二,
각 이

각기 두 개의 우물을 두며

其井置鐵瓗[29].
기 정 치 철 권

그곳의 우물에 쇠 항아리를 둔다.

於道之外爲屛,
어 도 지 외 위 병

도로 밖에는 담을 만들고

三十步而爲之圜[30],
삼 십 보 이 위 지 환

삼십 걸음마다 야외 변소를
설치하는데

高丈.
고 장

높이는 일 장이다.

---

28 일삼(一三): 일(一)은 잘못 끼어든 글자이며 삭제해야 한다.
29 철권(鐵瓗): 권(瓗)은 옹(甕)의 뜻이다. 즉, '쇠 항아리'의 뜻.
30 환(圜): 환(圂)의 오기. '야외 변소'의 뜻.

爲民圂[31],	백성들을 위한 야외 변소도 만드는데
垣高二尺以上.	담의 높이는 두 자 이상으로 한다.
巷術[32]周道者,	골목 도로에서 이 도로로 순환하는 길은
必爲之門,	반드시 그곳에 출입문을 만들고
門二人守之,	두 사람이 문을 지키도록 하면서
非有信符[33],	신분증을 가지고 있지 않는 자는
勿行,	통행하지 못하게 하고
不從令者斬.	명령을 따르지 않는 자는 처형한다.
城中吏卒民男女,	성내에 있는 관리·병사·남녀 백성 등은
皆蒭[34]異衣章微[35],	모두 각기 다른 옷을 입고 휘장과 표지 등을 부착하여 구별하게 해서
令男女可知.	남녀 백성들로 하여금 알 수 있게 한다.
諸守牲格[36]者,	'생격(牲格)'을 지키는 자가

---

31 민환(民圂): 백성들이 쓰는 야외 변소를 말한다.

32 항술(巷術): 술(術)은 『설문해자』에서 "술은 고을에 있는 도로이다(術, 邑中道也)"라고 하였다.

33 신부(信符): 자신의 신분을 증명할 수 있는 증명서 같은 것으로 요즘의 신분증과 흡사하다.

34 연(蒭): 변(辨)의 오기이다.

35 장미(章微): 미(微)는 지(識)의 오기이다. 장지(章識)란 남녀 백성이 각기 다른 휘장과 표지 등을 옷에 붙이는 것이다.

三出卻適,
_{삼 출 각 적}

세 번이나 적군을 물리친다면

守以令召賜食前,
_{수 이 령 소 사 식 전}

성의 사령관은 그에게 음식을 내리도록 하고

予大旗,
_{여 대 기}

큰 깃발을 주고

暑百戶邑若他人財物,
_{서 백 호 읍 약 타 인 재 물}

백호의 식읍을 내려 관청을 만들게 하고 노획한 재물을 내려 주며

建旗其署,
_{건 기 기 서}

그의 부서에 깃발을 세우게 하며

令皆明白知之,
_{영 개 명 백 지 지}

모두가 분명히 알 수 있도록

曰某子旗.
_{왈 모 자 기}

'아무개의 깃발이다'라고 부르게 한다.

牲格內廣二十五步,
_{생 격 내 광 이 십 오 보}

생격의 내부는 그 폭을 스물다섯 걸음으로 하고

外廣十步,
_{외 광 십 보}

바깥의 폭은 열 걸음으로 하는데

表³⁷以地形爲度.
_{표 이 지 형 위 도}

그 길이는 지형에 따라 적절하게 정한다.

斬卒³⁸,
_{근 졸}

병사들을 잘 정돈시키고

中敎解前後左右,
_{중 교 해 전 후 좌 우}

군중에서 전후좌우의 명령과 신호 등을 교육시키며

卒勞者更休之.
_{졸 로 자 갱 휴 지}

병사 중 피로한 자들은 번갈아 쉬게 한다.

---

36 생격(牲格): 「비아부」 편에 나오는 두격(杜格)과 같다. 방어용 무기로 나무 목책 울타리 같은 것이다.

37 표(表): 무(袤)와 같다. 곧 '길이'의 뜻.

38 근졸(斬卒): 근(斬)은 늑(勒)의 오기이다. 늑졸(勒卒)은 '병사의 대오를 정돈하다'의 뜻.

호령 제70편

(號令第七十)

安國之道,
안 국 지 도

나라를 안전하게 하는 방법은

道[1]任地[2]始.
도 임 지 시

땅을 이용하는 것에서 시작된다.

地得其任則功成,
지 득 기 임 즉 공 성

땅을 적절하게 이용하면 공업이
이루어지고

地不得其任則勞而無功.
지 부 득 기 임 즉 로 이 무 공

땅을 적절하게 이용하지 못한다면
힘만 들고 공업을 이룰 수 없다.

人亦如此,
인 역 여 차

사람 역시 이와 마찬가지로

備不先具者無以安主,
비 불 선 구 자 무 이 안 주

미리 잘 준비하지 못한 자는 임금을
안전하게 할 수가 없으며

吏卒民多心不一者,
이 졸 민 다 심 불 일 자

관리·병사·백성들이 생각이 많아 의견
통일이 되지 않는 것은

皆在其將長.
개 재 기 장 장

모든 책임이 그들의 장수와
우두머리에게 있다.

---

1   도(道): 종(從)의 뜻이다. '~에서', '~로부터'의 뜻.

2   임지(任地): 땅을 그 용도에 맞게 쓰는 것. 임(任)은 소임(所任)의 뜻.

諸行賞罰及有治者,
제 행 상 벌 급 유 치 자

모든 상과 벌의 시행 및 군대를
다스리는 일 등은

必出於王公.
필 출 어 왕 공

반드시 왕공에게서 명령이 나오도록
해야 한다.

數使人行勞賜 · 守邊城關塞 · 備蠻夷之勞苦者,
삭 사 인 행 로 사   수 변 성 관 새   비 만 이 지 로 고 자

자주 사람을 시켜 변방과 변방의
요새를 지키며 오랑캐를 방비하는
노고를 다하는 사람들을 위로하는
물품들을 내리며

舉其守率[3]之財用有餘 · 不足,
거 기 수 솔 지 재 용 유 여   부 족

그 지키는 장수의 재정 경비의
충분함과 부족함을 살피게 하고

地形之當守邊者,
지 형 지 당 수 변 자

지형이 변방을 지키는 데 적당한지

其器備常多者.
기 기 비 상 다 자

그 무기와 장비 등은 늘 많은지 등을
살피게 한다.

邊縣邑視其樹木惡則少用,
변 현 읍 시 기 수 목 악 즉 소 용

변경의 현읍들이 그 나무의 상태가
열악하면 군대는 목재를 적게 쓰도록
하고

田不辟[4].
전 불 벽

변경의 논밭이 개간되어 있지 않으면

少食;
소 식

군대는 식량을 적게 먹도록 한다.

無大屋草蓋.
무 대 옥 초 개

변경에 큰 주택이 없고 초가집만
있으면

少用乘[5];
소 용 승

군대는 수레를 적게 타도록 한다.

---

3 수솔(守率): 수수(守帥)와 뜻이 통한다.
4 벽(辟): 벽(闢)과 상통하며 '개간하다'의 뜻.

多財, <small>다 재</small>	만약 재물이 풍족하다면
民好食. <small>민 호 식</small>	백성들도 잘 먹게 한다.
爲內牒[6], <small>위 내 첩</small>	성 안에는 '내첩(內堞)'과
內行棧[7], <small>내 행 잔</small>	'내행잔(內行棧)'을 마련하여
置器備其上, <small>치 기 비 기 상</small>	방어 무기 등을 그 위에 두며
城上吏·卒·養[8], <small>성 상 리 졸 양</small>	성내의 관리·병사·요리사 등은
皆爲舍道內, <small>개 위 사 도 내</small>	모두 성내의 도로에 머물게 하고
各當其隔部[9]. <small>각 당 기 격 부</small>	각기 그 마땅한 담당 구역을 지정해 준다.
養什二人, <small>양 십 이 인</small>	요리사(취사병)는 병사 열 명에 두 명꼴로 배치하고
爲符者曰養吏, <small>위 부 자 왈 양 리</small>	신분증을 만드는 사람을 '양리(養吏)'라고 부르는데
一人, <small>일 인</small>	한 명씩을
辨護諸門.[10] <small>변 호 제 문</small>	성내의 여러 문에 배치하여 출입하는

---

5 용상(用桑): 용승(用乘)의 오기이다. 승(乘)은 '수레를 타다'의 뜻.

6 내첩(內牒): 내첩(內堞)의 오기이다. '성내에 설치한 성가퀴'의 뜻이다.

7 내행잔(內行棧): 내행잔(內行棧)은 성내에 설치한 나무 시렁의 일종이다. 이곳에 무기 등 각 종 설비를 놓아둔다.

8 양(養): 시양(厮養)과 같다. 곧 요리사나 취사병을 의미한다.

9 격부(隔部): 관리나 병사나 장교 등이 각기 방어하는 구역으로 '담당하는 구역'의 뜻이다.

10 변호제문(辨護諸門): 변호(辨護)는 성을 출입하는 사람들의 신원을 검사하고 식별하는 행위를 말함이다. 본문에 양리(養吏)를 한 명 둔다고 하였는데 제문(諸門)이라 하였으므로 성문마다 양리를 한 명씩 배치하는 것으로 본다.

사람들을 식별하게 한다.

門者及有守禁者,
문 자 급 유 수 금 자
성문의 수비병과 경비병들은

皆無令無事者得稽留止其旁,
개 무 령 무 사 자 득 계 류 지 기 방
아무 명령도 없이 아무 일 없이 성문 곁에 머무르는 자들을 살피게 하고

不從令者戮.
부 종 령 자 륙
명령을 따르지 않는 자들은 사형에 처한다.

敵人但¹¹至,
적 인 단 지
적군이 장차 이르게 되면

千丈之城,
천 장 지 성
천 장(丈) 크기의 성은

必郭迎之,
필 곽 영 지
반드시 외곽의 성에 의지하면서 대적하는 것이

主人利.
주 인 리
지키는 병력에 유리하다.

不盡千丈者勿迎也.
부 진 천 장 자 물 영 야
천 장이 못 되는 성이라면 나가서 대적하지 않는다.

視敵之居曲¹²,
시 적 지 거 곡
적군의 부대를 살펴보고

衆少而應之,
중 소 이 응 지
적군의 수가 적으면 그들과 대적한다.

此守城之大體也.
차 수 성 지 대 체 야
이것이 성을 지키는 방법의 대략이다.

其不在此中者,
기 부 재 차 중 자
이러한 내용에 있지 않는 것은

皆心術與人事參之.
개 심 술 여 인 사 참 지
모두 병술과 인사를 참고하여 처리한다.

凡守城者,
범 수 성 자
대개 성을 방어하는 일은

---

11 단(但): 차(且)의 오기이다. '장차'의 뜻이다.
12 거곡(居曲): 곡(曲)은 부곡(部曲)의 뜻으로 적군의 '부대'라는 뜻이다.

以亟傷敵爲上,
<small>이 극 상 적 위 상</small>

신속하게 적군에게 치명상을 주는 것이 상책이며

其延日持久,
<small>기 연 일 지 구</small>

날짜를 끌고 오래 대치하다가

以待救之至,
<small>이 대 구 지 지</small>

적의 구원병이 이르게 하는 것은

明[13]於守者也,
<small>명 어 수 자 야</small>

방어하는 방법을 모르는 것이니

不[14]能此,
<small>불 능 차</small>

반드시 이 점을 능히 알아야

乃能守城.
<small>내 능 수 성</small>

곧 성을 방어할 수 있다.

守城之法,
<small>수 성 지 법</small>

성을 방어하는 방법은

敵去邑百里以上,
<small>적 거 읍 백 리 이 상</small>

적군이 성에서 백 리 이상의 거리에 있으면

城將如今[15],
<small>성 장 여 금</small>

성을 수비하는 장군은 명령을 내려

盡召五官及百長[16],
<small>진 소 오 관 급 백 장</small>

'오관(五官)'과 '백장(百長)' 등 모든 관리를 소집하고

以富人重室之親,
<small>이 부 인 중 실 지 친</small>

부자와 귀족의 가족들은

舍之官府,
<small>사 지 관 부</small>

관청에 머물게 하며

謹令信人[17]守衛之,
<small>근 령 신 인 수 위 지</small>

'신인(信人)'으로 하여금 그들을 지키게

---

13 명(明): 의당 불명(不明)이 되어야 한다. '병법에 밝지 못하다'는 뜻.

14 불(不): 필(必)의 오기이다.

15 여금(如今): 여령(如令)의 오기이다.

16 오관급백장(五官及百長): 오관(五官)은 도읍에 소속된 하급 관리들이며 백장(百長)은 각 부서 행정 책임자들을 말한다.

17 신인(信人): 성의 수비 대장을 가까이에서 보좌하는 부하이며, 요즘의 장군 부관 정도가 될 것이다.

하는데

謹密爲故.
근밀위고

기밀을 유지해야 하기 때문이다.

及傅城,
급부성

적군이 성을 공격하게 되면

守將營無下三百人,
수장영무하삼백인

방어하는 장수의 부대는 삼백 명
이하가 되면 안 되고

四面四門之將,
사면사문지장

성의 사방과 사문을 지키는 장수는

必選擇之有功勞之臣及死事之後重者[18],
필선택지유공로지신급사사지후중자

반드시 공로를 세운 대신 및 나라를
위해 죽은 이의 귀족 후손 중에서 뽑아

從卒各百人.
종졸각백인

따르는 병사 각 백 명을 소속시킨다.

門將幷守他門[19],
문장병수타문

성문을 맡은 장수는 아울러 여타
문들의 방어도 맡는데

他門之上必夾爲高樓,
타문지상필협위고루

여타 문 위에 반드시 높은 망루를 끼게
하고

使善射者居焉.
사선사자거언

활을 잘 쏘는 자들을 거처하게 한다.

女郭馮垣[20]一人一人守之,
여곽풍원　일인일인수지

'여곽(女郭)'과 '풍원(馮垣)' 등 외부
방어 시설에는 한 사람씩 보내어
지키게 하는데

使重室子.
사중실자

귀족 집안의 자제가 맡게 한다.

18　후중자(後重者): 후(後)는 '후손'의 뜻, 중자(重者)는 '귀족의 후손'이라는 뜻이다.

19　타문(他門): 성의 사문(四門) 이외에 성에 설치된 여타 문들을 말한다.

20　여곽풍원(女郭馮垣): 여곽(女郭)은 여장(女牆)과 같다. '성가퀴'의 뜻. 풍원(馮垣)은 성의 외
부에 있는 낮은 담벽이다.

五十步一擊²¹,　　　　　오십 걸음마다 하나의 격(擊)을 두고
오 십 보 일 격

因城中里爲八部,　　　　성내의 마을을 팔 부(部)로 나누고
인 성 중 리 위 팔 부

部一吏,　　　　　　　　부마다 관리 한 사람을 두며
부 일 리

吏各從四人,　　　　　　관리마다 각기 네 명의 병사가 따르게
이 각 종 사 인　　　　　하여

以行衝術²²及里中.　　　도로와 마을을 순찰하게 한다.
이 행 충 술 　 급 리 중

里中父老小²³不擧²⁴守之事及會計者,
이 중 부 로 소 　 불 거 　 수 지 사 급 회 계 자
　　　　　　　　　　　　마을의 '부로(父老)' 중에 방어나 회계
　　　　　　　　　　　　일을 맡지 않는 사람을 뽑아

分里以爲四部.　　　　　마을을 사 부로 나누게 하고
분 리 이 위 사 부

部一長,　　　　　　　　부마다 한 명의 책임자를 두어
부 일 장

以苟²⁵往來,　　　　　　왕래하는 사람들을 검문하게 하며
이 가 　 왕 래

不以時行,　　　　　　　정해진 시간이 아닌 때에 왕래하거나
불 이 시 행

行而有他異者,　　　　　왕래하면서 특이한 행동을 하는 자
행 이 유 타 이 자　　　　중에서

以得其姦.　　　　　　　그 간사한 짓을 하는 자들을
이 득 기 간　　　　　　　잡아들인다.

吏從卒四人以上有分²⁶者,　관리로 병사 네 명 이상을 거느리며
이 종 졸 사 인 이 상 유 분 　 자

---

21 격(擊): 격(隔)과 같다. 방어 시설의 일종이다.
22 충술(衝術): 충(衝)은 통도(通道)의 뜻이다. 즉 '도로'.
23 소(小): 잘못 끼어든 글자이니 삭제해야 한다.
24 거(擧): 여(與) 자의 오기이다.
25 가(苟): '검문하다'의 뜻.
26 분(分): 분(分)은 분수(分守)가 되어야 의미가 통한다.

방어 책임을 나누는 자는

大將必與爲信符,
_{대 장 필 여 위 신 부}

대장이 반드시 그에게 신분증을 준다.

大將使人行,
_{대 장 사 인 행}

대장은 장교를 보내어 순찰하게
하면서

守操信符,
_{수 조 신 부}

방어하는 자가 가진 신분증을
조사하게 하여

信不合及號不相應者,
_{신 불 합 급 호 불 상 응 자}

신분증이 합당하지 않거나 암호에
응답하지 못하는 자는

伯長²⁷以上輒止之,
_{백 장 이 상 첩 지 지}

백장(伯長) 이상의 지휘관이 바로 그를
제지하게 하고

以聞大將.
_{이 문 대 장}

그 사실을 대장에게 알리게 한다.

當止不止及從吏卒縱之,
_{당 지 부 지 급 종 리 졸 종 지}

의당 의심스러우면 제지해야 하는데
제지하지 않거나 관리와 병사의
임무를 따르지 않고 제멋대로 하는
자는

皆斬.
_{개 참}

모두 처형한다.

諸有罪自死罪以上,
_{제 유 죄 자 사 죄 이 상}

모든 죄지은 자 중에 사형 이상의 죄를
지은 자는

皆逯父母·妻子·同産²⁸.
_{개 답 부 모 처 자 동 산}

모두 부모와 처자와 형제들에게까지
죄가 미친다.

---

27 백장(伯長): 백장(百長)과 같다. 즉, '백 명을 지휘하는 장교'의 뜻이다.
28 동산(同産): '형제자매'의 뜻이다.

諸男子有守於城上者,
제 남 자 유 수 어 성 상 자

모든 남자 중에 성 위에서 방어를 하는 자들은

什六弩·四兵.
십 륙 노　사 병

열 명마다 여섯 개의 쇠뇌와 네 개의 병기를 주며

丁女子·老少,
정 녀 자　로 소

장년의 여자와 노인과 어린이 등은

人一矛.
인 일 모

사람마다 창 한 자루를 준다.

卒有驚事[29],
졸 유 경 사

갑자기 경계할 일이 생기면

中軍疾擊鼓者三,
중 군 질 격 고 자 삼

중군은 급히 북을 세 번 치고

城上道路·里中巷街,
성 상 도 로　리 중 항 가

성 안의 도로·마을의 골목길에

皆無得行,
개 무 득 행

모두 통행하지 못하게 하며

行者斬.
행 자 참

통행하는 자는 참형에 처한다.

女子到大軍,
여 자 도 대 군

여군이 부대의 본진에 이르면

令行者男子行左,
영 행 자 남 자 행 좌

통행을 함에 남자는 왼쪽으로 걸어가고

女子行右,
여 자 행 우

여자는 오른쪽으로 걸어가며

無幷行,
무 병 행

나란히 함께 걷지 않고

皆就其守,
개 취 기 수

모두 그 방어 지점으로 가야 하는데

不從令者斬.
부 종 령 자 참

명령을 따르지 않는 자는 참형에 처한다.

---

29 경사(驚事): 경사(警事)와 같다. '경계해야 할 일'의 뜻이다.

離守者三日而一[30]徇,
이 수 자 삼 일 이 일 순

방어 지점을 멋대로 삼 일 이상
이탈하면 처형하고 시체를
조리돌리는데

而所以備姦也.
이 소 이 비 간 야

이렇게 하여 간사한 짓에 대비하는
것이다.

里丟[31]與皆守[32]宿里門,
이 정 여 개 수 숙 리 문

'이정(里正)'은 모든 수비 인원과
더불어 마을 입구의 문에 숙직하는데

吏行[33]其部,
이 행 기 부

관리가 그 부를 순시하려고

至里門,
지 리 문

마을 입구의 문에 이르면

丟與開門內[34]吏,
정 여 개 문 내 리

이정은 함께 문을 열어 관리를
들어오게 하여

與行父老之守及窮巷幽閒[35]無人之處.
여 행 부 로 지 수 급 궁 항 유 한 무 인 지 처

노인들이 방어하는 곳·외진 골목이나
도랑·사람이 없는 곳까지 순시하게
한다.

姦民之所謀爲外心,
간 민 지 소 모 위 외 심

간악한 백성이 외부와 결탁할 마음을
품고 역모를 꾀한다면

罪車裂[36].
죄 거 열

거열형으로 처벌한다.

---

30 이일(而一): 이일(而一)은 잘못 끼어든 글자이니 의당 삭제해야 한다.

31 이정(里丟): 정(丟)은 정(正)과 같다. 이정은 마을의 책임자이니 요즘의 동장(洞長) 같은 것이다.

32 여개수(與皆守): 여수자(與守者)의 오기이다.

33 행(行): 여기서는 '순시하다'의 뜻.

34 내(內): 납(納)과 같다.

35 한(閒): 간(澗)과 같다. 즉, '도랑'이다.

36 거열(車裂): '거열형'은 고대의 사형제에서 가장 잔혹한 형벌의 하나이다. 죄수의 사지를 네 대의 수레와 묶어 갈기갈기 찢어 죽이는 형벌이다.

丐與父老及吏主部者, _{정 여 부 로 급 리 주 부 자}	이정과 부로 및 부를 책임지는 관리 등은
不得, _{부 득}	간악한 백성을 잡지 못하면
皆斬. _{개 참}	모두 참형에 처한다.
得之, _{득 지}	간악한 백성을 잡는다면
除, _제	그들의 죄를 면제하고
又賞之黃金, _{우 상 지 황 금}	또 황금을 상으로 내리는데
人二鎰[37]. _{인 이 일}	사람마다 사십팔 냥을 내린다.
大將使使人[38]行守, _{대 장 사 사 인 행 수}	수비 대장은 신인(信人)에게 방어 지역을 순시하게 하는데
長夜五循[39]行, _{장 야 오 순 행}	긴 밤에는 다섯 번 순시하게 하고
短夜三循行. _{단 야 삼 순 행}	짧은 밤에는 세 번 순시하게 한다.
四面之吏亦皆自行其守, _{사 면 지 리 역 개 자 행 기 수}	사방의 관리들도 또 자신이 맡은 방어 구역을 순시하는데
如大將之行, _{여 대 장 지 행}	수비 대장의 순시와 마찬가지로 하며
不從令者斬. _{부 종 령 자 참}	명령을 따르지 않는 자는 참형에 처한다.
諸竈必爲屛[40], _{제 조 필 위 병}	모든 취사장에는 반드시 '병(屛)'을

---

37 이일(二鎰): 일(鎰)은 무게 단위로 24냥에 해당된다. 따라서 이일(二鎰)은 48냥에 해당된다.
38 사인(使人): 사(使)는 신(信)과 같다. 신인(信人)은 대장을 보좌하는 지휘관이다.
39 순(循): '순시하다'의 뜻.
40 병(屛): 지붕 위에 설치한 일종의 담벽으로 화재를 예방하기 위한 것이다.

만드는데

火突41高,
_{화 돌 고}

연통은 높게 만들며

出屋四尺.
_{출 옥 사 척}

지붕 위로 네 자가 올라가게 한다.

愼無敢失火,
_{신 무 감 실 화}

신중히 하여 화재가 나지 않도록
하는데

失火者斬.
_{실 화 자 참}

화재를 내는 자는 참형에 처한다.

其端失火以爲事者,42
_{기 단 실 화 이 위 사 자}

화재를 기회로 하여 난리를 일으키는
자는

車裂.
_{거 열}

거열형에 처한다.

伍人不得,
_{오 인 부 득}

다섯 명의 대오가 범인을 잡지 못하면

斬;
_참

모두 참형에 처한다.

得之,
_{득 지}

범인을 잡는다면

除.
_제

그 죄가 면제된다.

救火者無敢讙譁43,
_{구 화 자 무 감 훤 화}

불을 끄는 자는 감히 시끄럽게
굴어서는 안 되며

及離守·絶44巷救火者斬.
_{급 리 수 절 항 구 화 자 참}

자신의 방어 구역을 떠나 골목을
시끄럽게 하면서 불을 끄려는 자는
참형에 처한다.

其正及父老有守此巷中部吏,
_{기 정 급 부 로 유 수 차 항 중 부 리}

그 지역의 '이정'과 방어 책임이 있는

---

41 화돌(火突): '연통'. 취사장의 연기가 빠져나가게 한다.
42 기단실화이위사자(其端失火以爲事者): 단(端)은 '발단으로 해서'의 뜻. 위사(爲事)는 위란
    사(爲亂事)의 뜻으로 '난리를 일으키는 것'이다.
43 훤화(讙譁): '시끄럽게 떠들다'의 뜻.
44 절(絶): 난(亂)과 같다. '시끄럽게 하는 것'.

'부로(父老)'와 이 골목의 '부리(部吏)'는

皆得救之,

개 득 구 지

모두 불을 꺼야 한다.

部吏亟令人謁之大將,

부 리 극 령 인 알 지 대 장

부리가 긴급하게 사람을 시켜 수비 대장에게 보고하면

大將使信人將左右救之,

대 장 사 신 인 장 좌 우 구 지

수비 대장은 신인으로 하여금 측근의 병력을 인솔하여 불을 끄게 하며

部吏失不言者斬.

부 리 실 불 언 자 참

부리가 실수로 화재를 보고하지 않는 자는 참형에 처한다.

諸女子有死罪及坐失火皆無有所失,

제 여 자 유 사 죄 급 좌 실 화 개 무 유 소 실

모든, 사형 죄를 받은 여군 및 화재에 연루된 자를 놓치는 일이 있어서는 안 되며

逮其以火爲亂事者如法,

체 기 이 화 위 란 사 자 여 법

불을 질러 난리를 일으키려는 자는 체포하여 법대로 처리하는데

圍城之重禁.

위 성 지 중 금

이런 것이 포위된 성의 중요한 금령이다.

敵人卒[45]而至,

적 인 졸 이 지

적군이 갑자기 공격해 오면

嚴令吏民無敢諠囂,

엄 령 리 민 무 감 훤 효

엄하게 군령을 내려 관리와 백성들이 감히 법석을 떨지 못하게 하며

三最[46]·幷行·相視·坐泣流涕·

삼 최　병 행　상 시　좌 읍 류 체

세 사람이 모이거나 나란히 길을 가거나 서로 쳐다보거나 앉아서

---

45 졸(卒): 졸(猝)과 통하는 글자이다.

46 삼최(三最): 최(最)는 취(聚)와 통하는 글자이다.

눈물을 흘리거나

若視擧手相探⁴⁷·相指·相呼·相麾⁴⁸
약 시 거 수 상 탐   상 지 상 호 상 휘

　　　　손짓을 하여 서로 소식을 전하거나
　　　　서로 손가락질을 하거나 서로
　　　　부르거나 서로 팔을 흔들거나

相踵·相投·相擊·相靡⁴⁹以身及衣,
상 종 상 투 상 격 상 미 이 신 급 의

　　　　서로 발을 구르거나 서로 물건을
　　　　던지거나 서로 치거나 몸과 옷을 서로
　　　　부비대거나

訟駁⁵⁰言語及非令也,
송 박 언 어 급 비 령 야

　　　　말다툼을 하거나 명령을 내리지
　　　　않았는데

而視敵動移者,
이 시 적 동 이 자,

　　　　적군이 움직이는 것을 보고 움직이는
　　　　자들은

斬.
참

　　　　참형을 내린다.

伍人不得,
오 인 부 득,

　　　　다섯 사람으로 이루어진 대오에서
　　　　이런 사람을 놓쳤다면

斬;
참

　　　　모두 참형에 처한다.

得之,
득 지,

　　　　이런 자를 잡았다면

除.
제

　　　　다른 사람은 면제된다.

伍人踰城歸敵,
오 인 유 성 귀 적,

　　　　다섯 명의 대오에서 성을 넘어가

---

47 거수상탐(擧手相探): 이 구절 바로 앞에 있는 시(視) 자는 삭제해야 되며, 거수상탐(擧手相探)은 손짓을 해서 소식을 알리는 행위를 말함이다.

48 상휘(相麾): 서로 팔을 흔드는 것이다.

49 상미(相靡): 미(靡)는 마(摩)와 뜻이 통하며 '서로 부비대다'의 뜻.

50 송박(訟駁): 박(駁)은 박(駁)의 오기이며 송박(訟駁)은 서로 '말씨름을 해 대다'의 뜻.

	적에게 투항하려 하는 자를
伍人不得, _{오 인 부 득}	대오 중에서 그를 잡지 못하면
斬; _참	모두 참형에 처한다.
與伯⁵¹歸敵, _{여 백 귀 적}	백 명의 대오에서 적에게 투항하는 자가 있으면
隊吏⁵²斬; _{대 리 참}	'대리(隊吏)'를 참형에 처한다.
與吏歸敵, _{여 리 귀 적}	대리와 함께 병사들이 적에게 투항한다면
隊將⁵³斬. _{대 장 참}	성문을 맡은 '대장(隊長)'을 참형에 처한다.
歸敵者, _{귀 적 자}	적에게 투항하는 자는
父母·妻子·同産皆車裂. _{부 모 처 자 동 산 개 거 열}	부모와 처자·형제자매까지 모두 거열형을 내린다.
先覺之, _{선 각 지}	미리 그것을 알려 주는 자는
除. _제	사형이 면제된다.
當術需⁵⁴敵離地, _{당 술 수 적 리 지}	적군의 대오를 만났는데 겁을 내며 방어 지역을 이탈하면
斬. _참	참형에 처한다.
伍人不得, _{오 인 부 득}	다섯 명의 대오에서 그자를 잡지

---

51 백(伯): 백(百)의 오기이다.
52 대리(隊吏): 백장(百長)의 뜻. 백 명을 지휘하는 장교의 뜻.
53 대장(隊將): 사방의 성문을 방어하는 장수.
54 술수(術需): 술(術)은 대(隊)의 오기이다. 수(需)는 나(懦)와 같다. '겁을 내다'의 뜻.

못하면

斬;
참

모두 참형에 처한다.

得之,
득 지

그자를 붙잡으면

除.
제

죽을죄가 면제된다.

其疾鬪卻敵於術[55],
기 질 투 각 적 어 술

그가 날쌔게 싸워 대오에서 적군을 퇴각시키고

敵下終不能復上,
적 하 종 불 능 부 상

적군이 후퇴하여 끝내 다시 공격할 수 없게 되면

疾鬪者隊二人,
질 투 자 수 이 인

날쌔게 싸운 자의 대오에서 두 명을 뽑아

賜上奉[56].
사 상 봉

최상의 녹봉을 하사한다.

而[57]勝圍,
이 승 위

가령 적의 포위 공격을 이겼다면

城周里以上,
성 주 리 이 상

둘레가 일 리 이상의 성은

封城將三十里地爲關內侯[58],
봉 성 장 삼 십 리 지 위 관 내 후

성의 수비 대장에게 삼십 리의 땅을 식읍으로 봉하고 관내후의 작위를 주며

輔將如令賜上卿[59],
보 장 여 령 사 상 경

그를 도운 장수들은 '상경(上卿)'의 벼슬을 내리고

---

55 술(術): 술(術)은 대(隊)의 오기이다.

56 상봉(上奉): 봉(奉)은 봉(俸)과 같다. '녹봉'의 뜻이다.

57 이(而): 여(如)와 같다. '가령'의 뜻.

58 관내후(關內侯): 큰 군공을 세운 사람에게 주는 작위의 명칭.

59 상경(上卿): 관내후보다 낮지만 역시 작위의 명칭이다.

丞及吏比於丞者,
_{승 급 리 차 어 승 자}

현승(縣丞)·현리(縣吏)와 동등한
벼슬을 하는 자들에게는

賜爵五大夫[60],
_{사 작 오 대 부}

오대부(五大夫)의 작위를 하사하고

官吏·豪傑與計堅守者,
_{관 리 호 걸 여 계 견 수 자}

관리·호걸·방어를 견고하게 하는
계책에 참여한 자,

十人[61]及城上吏比五官者,
_{십 인 급 성 상 리 비 오 관 자}

용사 및 성 위의 관리·오관의 벼슬과
동등한 자들에게

皆賜公乘[62].
_{개 사 공 승}

모두 '공승(公乘)'의 벼슬을 하사한다.

男子有守者,
_{남 자 유 수 자}

남자 병사로 방어에 참여한 자는

爵人二級,
_{작 인 이 급}

이 계급 특진을 시키고

女子賜錢五千,
_{여 자 사 전 오 천}

여군에게는 오천 전의 돈을 내리며

男女老小先分守者,
_{남 녀 노 소 선 분 수 자}

남녀노소로 정해진 임무 없이 방어에
참여한 자들은

人賜錢千,
_{인 사 전 천}

사람마다 일천 전의 돈을 하사한다.

復[63]之三歲,
_{복 지 삼 세}

삼 년 동안 부역을 면제하고

無有所與,
_{무 유 소 여}

잡다한 부역을 부과하지 않으며

不租稅.
_{부 조 세}

조세도 거두지 않는다.

此所以勸吏民堅守勝圍也.
_{차 소 이 권 리 민 견 수 승 위 야}

이런 것이 관리와 백성을 권면하여
견고하게 성을 지키며 포위에서 이기는

---

60 오대부(五大夫): 대부(大夫)와 같다. 오대부(五大夫)는 대부의 존칭이다.
61 십인(十人): 사인(士人)의 오기이다.
62 공승(公乘): 작위의 명칭이다.
63 복(復): 부역을 면제하는 것.

방법인 것이다.

吏卒侍大門中者,
이 졸 시 대 문 중 자

관리와 병사로 성문에서 서서 지키는
자는

曹⁶⁴無過二人.
조　　무 과 이 인

양쪽 가의 인원이 두 명을 넘지 않아야
한다.

勇敢爲前行,
용 감 위 전 항

용감한 자들을 앞줄에 배치하며

伍坐,
오 좌

다섯 명을 한 조로 배치하는데

令各知其左右前後.
영 각 지 기 좌 우 전 후

각자가 담당한 곳의 전후좌우를 잘
알아야 한다.

擅離署,
천 리 서

제멋대로 맡은 부서를 이탈하면

戮.
육

처형한다.

門尉⁶⁵晝三閱⁶⁶之,
문 위　　주 삼 열　　지

'문위(門尉)'는 낮에 세 번 성문을
검열하고

莫⁶⁷,
모

저녁이면

鼓擊·門閉·一閱,
고 격　문 폐　일 열

북을 치고 성문을 닫고 한 번
검열하는데

守時令人參之,
수 시 령 인 참 지

성의 수비 대장은 때때로 사람을
보내어 조사하게 하며

64　조(曹): 조(造)'와 같은 뜻이다. 여기서는 성문의 양쪽 가를 의미한다.

65　문위(門尉): 성문을 책임지는 장교.

66　열(閱): '검열하다'의 뜻.

67　모(莫): 모(暮)와 상통하는 글자이다.

上逋者名.
상 포 자 명

체포한 자들의 명단을 보고하게 한다.

鋪食[68]皆於署,
포 식 개 어 서

병사들은 저녁 식사를 모두 관청에서 하고

不得外食.
부 득 외 식

밖에서 식사하지 않도록 한다.

守必謹微察視謁者[69]·執盾[70]·中涓[71]及婦女侍前者,
수 필 근 미 찰 시 알 자 집 순 중 연 급 부 녀 시 전 자

수비 대장도 반드시 신중하게 알자·경호원·시중꾼 앞에서 시중드는 여인을 자세히 관찰하여

志意·顏色·使令·言語之請[72].
지 의 안 색 사 령 언 어 지 청

그들의 생각·얼굴빛·명령을 따르는 태도·말하는 태도 등의 실정을 잘 살핀다.

及上飮食,
급 상 음 식

음식물을 진상하면

必令人嘗[73],
필 령 인 상

반드시 사람으로 하여금 맛보게 하며

皆非請[74]也,
개 비 청 야

모든 것이 실정에 맞지 않으면

擊而請[75]故.
격 이 청 고

그들을 체포하게 해서 연유를 힐문한다.

守有所不說謁者·執盾·中涓及婦人侍前者,
수 유 소 불 열 알 자 집 순 중 연 급 부 인 시 전 자

---

68 포식(鋪食): 포(鋪)는 포(餔)와 같은 의미이며 저녁 신시(申時: 오후 3시~5시)에 먹는 식사를 의미한다.

69 알자(謁者): 방문객을 접대하고 장군의 소소한 일을 대행하는 사람으로 비서의 역할이다.

70 집순(執盾): '방패를 든 자'란 경호원을 의미한다. 즉 친위 대원이다.

71 중연(中涓): 장군의 관청에서 소소한 일을 담당하는 시중꾼을 말함이다.

72 청(請): 정(情)과 같은 글자로 '실정'의 뜻이다.

73 상(嘗): 상(嚐)과 같다.

74 비청(非請): 비정(非情)과 같다. '실정에 맞지 않으면'의 뜻이다.

75 격이청(擊而請): 격(擊)과 계(繫)는 상통하는 의미이다. 청(請)은 '힐문하다'의 뜻이다.

守曰斷之,
수 왈 단 지

수비 대장이 말하기를, "이자를 죽여라",

衝[76]之,
충 지

"저걸 치거라",

若縛之,
약 박 지

"이걸 묶어라" 등의 명령을 내리고

不如令,
불 여 령

명령대로 하지 않거나

及後縛者,
급 후 박 자

늦게 묶거나 하는 자들은

皆斷[77].
개 단

모두 처형한다.

必時素誡之.
필 시 소 계 지

반드시 때때로 평소에 그들이 경계하도록 해야 한다.

諸門下朝夕立若坐,
제 문 하 조 석 립 약 좌

여러 성문 아래에서 아침저녁으로 서거나 앉아서 경계하는 경우,

各令以年少長相次,
각 령 이 년 소 장 상 차

각기 나이의 많고 적음에 따라 차례대로

且夕就位,
단 석 취 위

아침저녁으로 자리에 나아가게 하며

先佑[78]有功有能,
선 우 유 공 유 능

먼저 공로가 있고 유능한 사람을 오른편에 앉게 하고

其餘皆以次立.
기 여 개 이 차 립

그 나머지 사람들은 모두 차례에 따라 서 있게 한다.

---

76 충(衝): 당(撞)과 뜻이 통한다.
77 단(斷): 참(斬)의 뜻이다.
78 우(佑): 우(右)와 같은 뜻이다.

五日官各上喜戲·居處不莊·好侵侮人者一[79].
오 일 관 각 상 희 극   거 처 부 장   호 침 모 인 자 일

닷새마다 관리는 장난치는 병사·
처하는 태도가 엄정하지 않은 병사·
다른 사람을 모욕하는 병사 등의
명단을 적어 위에 보고한다.

諸人士外使者來,
제 인 사 외 사 자 래

여러, 성 밖에 사자로 가는 사람들은

必令有所執將[80],
필 령 유 소 집 장

반드시 깃발과 부절 등을 가지고

出而還.
출 이 환

나갔다가 되돌아온다.

若行[81]縣,
약 행   현

만약 수비 대장이 현을 순찰하고자
하면

必使信人先戒舍室[82],
필 사 신 인 선 계 사 실

반드시 먼저 '신인'을 보내어 먼저
관사의 경비 상태를 조사하게 하고

乃出迎,
내 출 영

이어 관리들이 마중 나오게 하여

門[83]守乃入舍.
문   수 내 입 사

경비 상태를 검열하고 나서 관사에
들어간다.

爲人下者常司[84]上之,
위 인 하 자 상 사   상 지

다른 사람의 아래에 있는 사람은 늘
윗사람의 뜻을 살펴야 하며

隨而行,
수 이 행

그를 수행하여 순찰하며

---

79 일(一): 명(名)의 오기이다.
80 집장(執將): 신분 증명을 위한 물품으로 깃발과 부절 등이다.
81 행(行): 여기서는 '순찰하다'의 뜻이다.
82 사실(舍室): 성의 수비 대장이 휘하의 현을 순찰하면서 임시로 머무는 숙소, 즉 관사를 말한다.
83 문(門): 문(聞)과 같다. 보고를 듣는 것이니 여기서는 '검열하다'의 의미로도 볼 수 있겠다.
84 사(司): 사(伺)와 뜻이 통한다. '엿보다', '살피다'의 뜻이다.

松[85]不隨下,
<small>송 불 수 하</small>

아랫사람을 수행하여 따르면 안
되는데

必須□□[86]隨.
<small>필 수 수</small>

반드시 윗사람의 명령이 있어야
아랫사람을 수행하는 것이다.

客卒[87]守主人[88],
<small>객 졸 수 주 인</small>

외부에서 온 지원 병력은 성의 방어
병력을 지켜야 하며

及其爲守衛,
<small>급 기 위 수 위</small>

그들이 방어 임무에 참여하면

主人亦守客卒.
<small>위 인 역 수 객 졸</small>

방어 병력 또한 외부 지원 병력을 지켜
주어야 한다.

城中戌卒,
<small>성 중 술 졸</small>

성내의 경계 병력 중에서

其邑或以下寇[89],
<small>기 읍 혹 이 하 구</small>

그가 살던 마을이 이미 적군에게
점령되었다면

謹備之,
<small>근 비 지</small>

조심하여 그들의 행동에 대비해야
하는데

數錄[90]其署.
<small>삭 록 기 서</small>

자주 그들이 소속된 부서에서 명부를
조사한다.

同邑者,
<small>동 읍 자</small>

고향이 같은 병사를

弗令共所守.
<small>불 령 공 소 수</small>

함께 방어 임무에 투입하면 안 된다.

---

85 송(松): 종(從)의 오기이다.
86 □□: 장순일의 견해에 의하면 명이(命而)의 두 글자가 들어가야 한다고 하였다.
87 객졸(客卒): 성을 방어하기 위해 외부에서 지원한 병력을 말함이다.
88 주인(主人): 성을 지키는 방어 병력이다.
89 이하구(以下寇): 이하구(已下寇)와 같은 뜻이다. '이미 적군에게 점령되다'의 뜻이다.
90 삭록(數錄): '자주 명부를 조사하다'의 뜻.

與階門吏爲符[91], _{여 계 문 리 위 부}	계단과 성문을 맡는 관리는 부절을 검사하는데
符合, _{부 합}	드나드는 사람의 부절이 부합하면
入, _입	성으로 들어오게 하고
勞; _노	노고를 위로한다.
符不合, _{부 불 합}	만약 부절이 부합되지 않는다면
牧[92], _목	그를 체포하고
守言[93]. _{수 언}	수비 대장에게 보고한다.
若城上者, _{약 성 상 자}	만약 성 위를 방어하는 병사라면 부절이 부합되어도
衣服, _{의 복}	옷이나
他不如令者. _{타 불 여 령 자}	여타 행동 등이 금지 명령에 부합하지 않으면 체포한다.
宿鼓[94]在守大門中. _{숙 고 재 수 대 문 중}	야간 경계의 북은 방어하는 성의 대문에 둔다.
莫[95], _모	저녁에
令騎若使者操節 _{영 기 약 사 자 조 절}	말을 타고 사자로 나가는 사람은 부절을 지니게 하며

---

91 위부(爲符): 성에 출입하는 사람의 '신분증이 맞는지 검사하다'의 뜻.

92 목(牧): 신분증이 맞지 않는 자를 체포하는 것.

93 수언(守言): '수비 대장에게 보고하다'의 뜻.

94 숙고(宿鼓): 야간 경계를 위해 치는 북.

95 모(莫): 모(暮) 자와 상통하는 뜻을 가지고 있다.

閉城者,
_{폐 성 자}

성문을 닫는 일은

皆以執纛⁹⁶.
_{개 이 집 찰}

모두 관리가 담당한다.

昏鼓⁹⁷鼓十,
_{혼 고 고 십}

야간의 북이 열 번 울리면

諸門亭皆閉之.
_{제 문 정 개 폐 지}

모든 성문과 누정은 모두 문을 닫는다.

行者斷,
_{행 자 단}

만약 통행을 하는 자는 처형하는데

必撃⁹⁸問行故,
_{필 격 문 행 고}

반드시 체포하여 통행을 한 이유를 심문하며

乃行其罪.
_{내 행 기 죄}

이어서 그 죄에 따라 처벌한다.

晨見,
_{신 견}

아침이 되면

掌文鼓⁹⁹,
_{장 문 고}

큰북을 울려

縱行者,
_{종 행 자}

자유롭게 통행을 하도록 하는데

諸城門吏各入請籥,
_{제 성 문 리 각 입 청 약}

여러 성문의 관리들은 각기 열쇠를 청하러 가서 받아 가지고

開門已,
_{개 문 이}

성문을 열고 나면

輒復上籥.
_{첩 부 상 약}

곧바로 다시 상부에 열쇠를 반납한다.

有符節不用此令.
_{유 부 절 불 용 차 령}

부절을 가진 사신은 이 군령과 상관이 없다.

---

96 집찹(執纛): 참(纛)은 규(圭)와 같다. '집규(執圭)'는 '규를 든 사람'이라는 뜻이니 높은 관리를 의미하는 말이다.

97 혼고(昏鼓): 야간에 긴급히 두드리는 북소리. 이 경우의 북소리란 전쟁 직전의 상황과 같다. 요즘의 공습경보 같은 것이라 볼 수 있다.

98 격(撃): 계(繫)의 오기이다. '체포하다'의 뜻이다.

99 문고(文鼓): 분(鼖)과 같다. '큰 북'의 뜻.

寇至, _{구 지}	적군이 이르면
樓鼓五, _{누 고 오}	성루의 북을 다섯 번 치는데
有周鼓,¹⁰⁰ _{유 주 고}	주위에 있는 북과
雜小鼓乃應之. _{잡 소 고 내 응 지}	섞여 있는 작은 북들도 호응하여 두드린다.
小鼓五後從軍¹⁰¹, _{소 고 오 후 종 군}	작은 북이 다섯 번 울린 뒤에 소집에 응하는 자는
斷. _단	처형한다.
命必足畏, _{명 필 족 외}	명령이란 반드시 두려울 만해야 하고
賞必足利, _{상 필 족 리}	상이란 반드시 이롭다고 느낄 만해야 하니
令必行, _{영 필 행}	명령이란 반드시 실행되어야 하며
令出輒人隨, _{영 출 첩 인 수}	명령이 내려지면 곧바로 사람들이 따르도록 하고
省其可行·不行. _{성 기 가 행 · 불 행}	사람들이 실행할 것과 실행하지 말아야 할 것을 알도록 해야 한다.
號¹⁰², _호	암구호에는
夕有號, _{석 유 호}	저녁에 쓰는 암구호가 있는데

---

100 유주고(有周鼓): 유(有)는 우(又)의 오기이다. 주고(周鼓)는 '주위에 있는 북'의 뜻.

101 종군(從軍): 종군(從軍)이라는 말은 요즘의 '소집'이라는 말과 비슷하다. 전쟁이 일어남과 동시에 바로 소집이 이루어진다.

102 호(號): 호(號)는 적군의 침투를 방지하기 위해 아군끼리만 아는 비밀 구호를 정해 놓는 것이다. 검문을 하는 자가 간단한 한두 마디의 구령을 외치면 상대방이 이에 어울리는 한두 마디의 구호로 대답하게끔 하는 것이다.

失號,
실 호

암구호를 잊어버린 자는

斷.
단

처형한다.

爲守備程而署之曰某程,
위 수 비 정 이 서 지 왈 모 정

방어를 위한 규정집을 만들고 그
제목을 '아무개 규정'이라 부르고

置署街街衢階若門,
치 서 가 가 구 계 약 문

관청과 거리 계단과 성문마다 붙여
두고

令往來者皆視而放[103].
영 왕 래 자 개 시 이 방

왕래하는 자들이 모두 보고 따르도록
한다.

諸吏卒民有謀殺傷其將長者,
제 리 졸 민 유 모 살 상 기 장 장 자

여러 관리·병사·백성 중에서 그들의
장군과 우두머리를 살상하려는 음모를
꾸민 자들은

與謀反同罪,
여 모 반 동 죄

반역죄와 같은 죄로 다스리며

有能捕告,
유 능 포 고

이런 자를 붙잡거나 알린 자에게는

賜黃金二十斤,
사 황 금 이 십 근

황금 이십 근을 하사하고

謹罪.
근 죄

죄지은 자들은 엄격히 처벌된다.

非其分職而擅取之,
비 기 분 직 이 천 취 지

그 자신의 직분이 아닌데도 제멋대로
남의 직분을 빼앗거나

若非其所當治而擅治爲之,
약 비 기 소 당 치 이 천 치 위 지

만약 그 자신이 의당 치죄할 일이
아닌데 멋대로 죄인을 다스린다면

斷諸吏卒民,
단 제 리 졸 민

이런 죄를 저지른 모든 관리와 병사 및
백성들은 처형된다.

非其部界而擅入他部界,
비 기 부 계 이 천 입 타 부 계

그 자신의 '부계(담당 구역)'가 아닌데도

---

103 방(放): 방(倣)과 의미가 같다. '본받다'의 뜻이다.

| | 멋대로 타인의 부계에 침입하면 |

輒收,
_{첩 수}

곧바로 그를 체포하며

以屬都司空若侯,
_{이 속 도 사 공 약 후}

'도사공(都司空)'과 '약후(若侯)'에게
소속시켰다가

侯以聞守,
_{후 이 문 수}

약후 등이 수비 대장에게 보고하게
하며

不收而擅縱之,
_{불 수 이 천 종 지}

만약 체포하지 않고 멋대로 범인을
놓아준다면

斷.
_단

처형한다.

能捕得謀反·賣城·踰城敵者[104]一人,
_{능 포 득 모 반　매 성　유 성 적 자　일 인}

만약 반역을 꾀하거나 성을
팔아넘기려 하거나 적에게 투항하려는
자 한 명을 체포할 수 있다면

以令爲除死罪二人,
_{이 령 위 제 사 죄 이 인}

군령으로 사형당할 자 두 명을 구제할
수 있고

城旦[105]四人.
_{성 단　사 인}

성단 죄를 지은 자 네 명을 구제할 수
있다.

反城事[106]父母去者,
_{반 성 사　부 모 거 자}

성과 부모를 내버려 두고 달아나는
자는

去者之父母妻子.
_{거 자 지 부 모 처 자}

달아난 자의 부모처자도 같은 죄로
처벌된다.

---

104 유성적자(踰城敵者): 적(敵) 자의 앞에는 의당 귀(歸) 자가 들어가야 한다. '성을 뛰어넘어 적
    군에게 귀순하는 자'의 뜻이다.
105 성단(城旦): 성을 쌓거나 수리하는 데 동원되어 노역을 하는 것. 형벌의 일종이다.
106 사(事): 사(事)는 기(弃)의 오기이다.

悉舉民室材木,
_{실 거 민 실 재 목}

모든 민가의 재목·

瓦若藺石[107]數,
_{와 약 린 석 수}

기왓장과 던질 만한 돌의 숫자 등을
파악하여

署[108]長短小大,
_{서 장 단 소 대}

그 길이와 크기 등을 기록해 두어야
하며

當舉不舉,
_{당 거 불 거}

의당 이것들을 수집해야 하는데
수집하지 않으면

吏有罪.
_{이 유 죄}

해당 관리가 처벌을 받는다.

諸卒民居城上者,
_{제 졸 민 거 성 상 자}

성내에 거주하는 모든 병사·백성은

各葆[109]其左右,
_{각 보 기 좌 우}

각자가 좌우에 있는 사람들을
보증해야 하며

左右有罪而不智也,
_{좌 우 유 죄 이 부 지 야}

좌우에 있는 사람들이 죄를
지었는데도 알지 못한다면

其次伍有罪.
_{기 차 오 유 죄}

같은 대오의 나머지 사람들도
연좌된다.

若能身捕罪人若告之吏,
_{약 능 신 포 죄 인 약 고 지 리}

만약 몸소 죄인을 체포하거나 죄인을
고발한 관리가 있다면

皆構[110]之.
_{개 구 지}

모두 후한 상을 내린다.

若非伍而先知他伍之罪,
_{약 비 오 이 선 지 타 오 지 죄}

만약 자기의 대오가 아닌데도 다른
대오의 죄를 미리 알린다면

---

107 난석(藺石): '던질 만한 돌'의 뜻이다.
108 서(署): 여기서는 '숫자를 기록하다'의 뜻이다.
109 보(葆): 보(保) 자와 같으며 '보증하다'의 뜻이다.
110 구(構): 구(購) 자와 같으며 '상을 내리다'의 뜻이다.

皆倍其構賞. 개 배 기 구 상	모두 두 배의 후한 상을 받는다.
城外令¹¹¹任, 성 외 령 임	성 밖의 일은 현령이 책임을 지고
城內守¹¹²任. 성 내 수 임	성 안의 일은 태수가 책임을 진다.
令·丞·尉亡¹¹³, 영 승 위 망	현령·현승·현위의 부하들이 도망가면
得入當¹¹⁴, 득 입 당	달아난 숫자만큼 새로 병력이 보충되어야 하며
滿十人以上, 만 십 인 이 상	달아난 병사가 열 명 이상이면
令·丞·尉奪爵各二級; 영 승 위 탈 작 각 이 급	현령·현승·현위 등은 두 계급이 강등된다.
百人以上, 백 인 이 상	달아난 병사가 백 명 이상이면
令·丞·尉免¹¹⁵以卒戍. 영 승 위 면 이 졸 술	현령·현승·현위 등은 면직되고 성을 방어하는 병사로 강등된다.
諸¹¹⁶取當者, 제 취 당 자	새로운 병력의 보충을 요구하는 자는
必取寇虜, 필 취 구 로	반드시 적군의 포로를 달아난 숫자만큼 얻어야
乃聽之. 내 청 지	병력 보충이 허가된다.

---

111 영(令): 현령(縣令)의 뜻이다.
112 성내수(城內守): 수(守)는 태수(太守)의 뜻인데 성의 최고 행정 책임자로, 전쟁이 나면 성의
　　방어 사령관을 겸직한다.
113 망(亡): '달아나다'의 뜻이다.
114 당(當): 속(贖)과 같은 뜻이다. 달아난 병사의 숫자만큼 새로운 병력을 보충하는 것이다.
115 면(免): 직책에서 면직되는 것이다.
116 제(諸): 청(請)과 뜻이 상통한다.

募民欲財物粟米以¹¹⁷貿易凡器者,
모 민 욕 재 물 속 미 이　무 역 범 기 자

> 백성들의 재물과 곡식을 거두어
> 무기와 바꾸려 한다면

卒以賈予.¹¹⁸
졸 이 가 여

> 공정한 가격을 지불해야만 한다.

邑人知識昆弟¹¹⁹有罪,
읍 인 지 식 곤 제　유 죄

> 고을 사람 중에 잘 아는 사람이나 잘
> 아는 형제에게 죄가 있으면

雖不在縣中而欲爲贖,
수 부 재 현 중 이 욕 위 속

> 비록 그들이 현에 있지 않으나
> 대속하려고 하여

若以粟米·錢金·布帛·他財物免出者¹²⁰,
약 이 속 미　전 금　포 백　타 재 물 면 출 자

> 만약 곡식·돈·재물·비단·여타 재물
> 등으로 면죄 받는 자가 되려고 하면

令許之.
영 허 지

> 명령을 내려 그것을 허락한다.

傳言者十步一人,
전 언 자 십 보 일 인

> 말을 전하는 자를 열 걸음마다 하나씩
> 두는데,

稽留言¹²¹及乏傳者¹²²,
계 류 언　급 핍 전 자

> 전해야 할 말을 늦게 전하거나
> 빠뜨리고 전하는 자는

斷.
단

> 처형한다.

諸可以便事者,
제 가 이 편 사 자

> 모든, 곧바로 전할 일이 있는 자는

---

117 이(以): 의당 욕재물(欲財物)의 앞에 위치하여야 한다.

118 졸이가여(卒以賈予): 이평가여(以平賈予)의 오기이다. 가(賈)는 가(價)와 같으므로 곧 '공정한 가격을 지불하다'의 뜻이다.

119 지식곤제(知識昆弟): 지식(知識)은 서로 '잘 아는 사람'의 뜻이며, 곤제(昆弟)는 '형님·아우'의 뜻이다.

120 면출자(免出者): '죄를 면죄 받는 자'의 뜻이다.

121 계류언(稽留言): 전해야 하는 말을 늦게 전하는 것.

122 핍전자(乏傳者): 전해야 할 말을 빠뜨리는 것.

亟以疏傳言守.
극 이 소 전 언 수

긴급히 상소문으로 태수에게 전해야
한다.

吏卒民欲言事者,
이 졸 민 욕 언 사 자

관리·병사·백성 중에서 말하고자
하는 것이 있는 자는

亟爲傳言請之吏,
극 위 전 언 청 지 리

긴급하게 전할 말을 관리에게 전하며

稽留不言諸者,
계 류 불 언 제 자

늦게 전하거나 말을 전하지 않는 자는

斷.
단

처형한다.

縣各上其縣中豪傑若謀士·居大夫重厚[123]·口數多少.
현 각 상 기 현 중 호 걸 약 모 사 거 대 부 중 후   구 수 다 소

현에서는 각기 그 현의 호걸이나 책사
및 전직 대부의 재산 정도, 인원수가
얼마나 되는지 등을 조사해야 한다.

官府城下吏卒民家,
관 부 성 하 리 졸 민 가

관청·성 아래에 있는 관리와 백성의
집은

前後左右相傳保火.
전 후 좌 우 상 전 보 화

전후좌우로 연락하면서 화재를
막아야 한다.

火發自燔,
화 발 자 번

불이 나서 자기 집을 태우고

燔蔓延燔人,
번 만 연 번 인

불길이 번져 다른 집을 태우게 한
사람은

斷.
단

처형한다.

---

123 중후(重厚): 재산의 두터움, 곧 재산의 정도를 조사하는 것이다.

諸以衆彊凌弱少及强奸人婦女,
제 이 중 강 릉 약 소 급 강 간 인 부 녀

모든 사람 중에 여럿이 모인 힘으로
약하거나 어린 이를 능멸하거나
부녀자를 강간한 자와

以讙譁者,
이 훤 화 자

소란스럽게 한 자는

皆斷.
개 단

모두 처형한다.

諸城門若亭,
제 성 문 약 정

여러 성문과 누정에서는

謹侯視往來行者符,
근 후 시 왕 래 행 자 부

왕래하고 통행하는 자의 부절을
조사하는데

符傳[124]疑,
부 전 의

부절과 신표가 의심스럽거나

若無符皆詣縣廷[125]言,
약 무 부 개 예 현 정 언

만약 부절을 가지고 있지 않으면 모두
현의 관청에 데리고 가서

請[126]問其所使;
청 문 기 소 사

그를 보낸 자에 대해 심문한다.

其有符傳者,
기 유 부 전 자

그가 부절과 신표를 가진 자라면

善舍官府.
선 사 관 부

관청에서 잘 머물게 한다.

其有知識·兄弟欲見之,
기 유 지 식 형 제 욕 견 지

그가 성에 아는 사람과 아는 형제가
있어 만나려 한다면

爲召,
위 소

불러 주되

勿令里巷[127].
물 령 리 항

마을과 골목에서 만나지 않게 한다.

---

124 부전(符傳): 부(符)는 부절(符節)의 뜻. 전(傳)은 나무로 만든 신표(信標) 같은 것이다.
125 현정(縣廷): 현령이 판결을 내리는 곳으로 곧 현령의 관청이다.
126 청(請): 힐(詰) 자와 같은 뜻이다.

三老·守閭,
삼로 수려

'삼로'와 '마을의 방어 책임자'는

令厲繕夫爲答;
영려선부위답

숫돌과 화살 등을 수리하고 '답(答)'을 만들게 한다.

若他以事者微者[128],
약타이사자미자

만약 다른 일로 소집되어 온 자라면

不得入里中.
부득입리중

마을로 들어갈 수 없다.

三老不得入家人[129].
삼로부득입가인

삼로는 민가에 들어갈 수 없다.

傳令里中有以羽,
전령리중유이우

마을에 명령을 전하는 경우에는 새 깃으로 하는데

羽在三所差[130],
우재삼소차

새 깃 신표는 삼로의 거처에 두는데

家人各令其官中[131],
가인각령기관중

마을 사람들은 각기 자신의 집에 명령을 전하게 하며

失令,
실령

명령을 잊어버리거나

若稽留令者,
약계류령자

만약 명령을 늦게 전하는 자는

斷.
단

처형한다.

家有守者治食.
가유수자치식

방어하는 병사가 있는 집은 식사를 준비한다.

吏卒民無符節,
이졸민무부절

관리·병사·백성이 부절도 없이

而擅入里巷·官府,
이천입리항 관부

멋대로 마을의 골목·관청 등을 돌아다니는데

---

127 물령리항(勿令里巷): 물령입리항(勿令入里巷)의 오기이다.

128 미자(微者): 징자(徵者)의 오기이다.

129 가인(家人): 의당 인가(人家)의 어순이 되어야 한다.

130 삼소차(三所差): 삼로소(三老所)의 오기이다.

131 관중(官中): 궁중(宮中)의 오기이다. 궁(宮)은 가(家)의 뜻이다.

吏·三老·守閭者失苛止,
<small>이 삼로 수려자실가지</small>

관리·삼로·방어 책임자 등이 이를 꾸짖고 제지하지 못하면

皆斷.
<small>개 단</small>

모두 처형된다.

諸盜守器械·財物及相盜者,
<small>제 도 수 기 계 재 물 급 상 도 자</small>

모든 방어 무기와 재물을 훔치는 자, 도둑질을 도운 자 등은

直[132]一錢以上,
<small>직 일 전 이 상</small>

일 전 이상의 값어치가 되면

皆斷.
<small>개 단</small>

모두 처형한다.

吏卒民各自大書於傑[133],
<small>이 졸 민 각 자 대 서 어 걸</small>

관리·병사·백성들이 각자 팻말에 이름을 크게 쓰고

著之其署同[134],
<small>저 지 기 서 동</small>

그 해당 부서의 칸에 부착해 둔다.

守案其署,
<small>수 안 기 서</small>

방어 책임자는 그 부서를 검열하면서

擅入者,
<small>천 입 자</small>

멋대로 들어오는 자는

斷.
<small>단</small>

처형한다.

城上日臺發席蓐,
<small>성 상 일 대 발 석 욕</small>

성 위에는 날마다 한 번 서로의 좌석을 조사하고

令相錯發[135],
<small>영 상 착 발</small>

서로가 검열하게 해서

有匿不言人所挾藏在禁中者,
<small>유 닉 불 언 인 소 협 장 재 금 중 자</small>

은닉한 것을 말하지 않고 금지된 곳에 숨겨 두는 자는

---

132 직(直): 치(値)와 통하는 글자로 '값어치'의 뜻이다.

133 걸(傑): 갈(楬)과 통하는 글자이며, '팻말'의 뜻이다.

134 동(同): 격(隔)과 통하는 글자로 '칸'이라는 뜻.

135 착발(錯發): 서로 '검열하다'의 뜻.

斷. _단	처형된다.
吏卒民死者, _{이 졸 민 사 자}	관리·병사·백성 중 전사한 자는
輒召其人, _{첩 소 기 인}	곧 그 가족들을 불러
與次司空葬之, _{여 차 사 공 장 지}	'차사공(次司空)'과 더불어 장례 지내도록 하되
勿令得坐泣. _{물 령 득 좌 읍}	큰 소리로 울거나 하지 않도록 한다.
傷甚者令歸治病, _{상 심 자 령 귀 치 병}	부상이 심한 자는 집으로 되돌려 보내 병을 치료하게 하는데
家善養, _{가 선 양}	집에서 잘 요양하도록 하고
予醫給藥, _{여 의 급 약}	의사와 약을 보내주고
賜酒日二升·肉二斤, _{사 주 일 이 승 육 이 근}	날마다 술 두 되, 고기 두 근을 공급해 준다.
令吏數行閭, _{영 리 삭 행 려}	관리로 하여금 자주 그 집을 순시하도록 하여
視病有瘳, _{시 병 유 추}	병이 다 나았는지 살펴보게 하고
輒造事上. _{첩 조 사 상}	낫는 대로 곧 상관을 섬기도록 한다.
詐爲自賊傷以辟事[136]者, _{사 위 자 적 상 이 벽 사 자}	일부러 자해를 하여 부상을 입고 전쟁을 회피하려는 자는
族之. _{족 지}	삼족을 멸족시킨다.
事已, _{사 이}	전쟁이 끝나면

---

136 벽사(辟事): 벽(辟)자는 피(避)자와 뜻이 통하며 사(事)는 전쟁을 의미한다.

守使吏身行死傷家,
수 사 리 신 행 사 상 가

수비 대장은 관리로 하여금 죽거나 부상 당한 집을 찾아가

臨戶而悲哀之.
임 호 이 비 애 지

집 안으로 들어가 애도를 표하도록 한다.

寇去,
구 거

적군이 물러가고

事已,
사 이

전쟁이 끝나게 되면

塞禱.[137]
새 도

신령에게 제사를 드린다.

守以令益邑中豪傑力鬥諸有功者,
수 이 령 익 읍 중 호 걸 력 투 제 유 공 자

태수는 고을의 호걸과 힘껏 싸운 자 중에서 군공이 있는 자에게 상을 내리며

必身行死傷者家以弔哀之,
필 신 행 사 상 자 가 이 조 애 지

반드시 몸소 전사하거나 부상을 당한 집을 찾아가 애도를 표하며

身見死事之後.
신 견 사 사 지 후

몸소 전쟁에서 전사한 이의 후손을 만나 보아야 한다.

城圍罷,
성 위 파

성의 포위가 풀리게 되면

主亟發使者往勞,
주 극 발 사 자 왕 로

수비 대장은 급히 사자를 보내 사람들을 위로하며

舉有功及死傷者數使爵祿,
거 유 공 급 사 상 자 수 사 작 록

전공이 있는 자·죽거나 부상한 자의 숫자대로 작록을 내리고

守身尊寵,
수 신 존 총

태수가 몸소 존경을 표하고

---

137 새도(塞禱): 새도(賽禱)와 같다. 신령에게 제사 드리는 것이다.

明白貴之,
명 백 귀 지

명백하게 존중의 뜻을 전하여

令其怨結於敵.
영 기 원 결 어 적

그들의 원한이 적군에게 맺히도록
한다.

城上卒若吏各保其左右.
성 상 졸 약 리 각 보 기 좌 우

성 위의 병사와 관리는 각기 좌우에
있는 사람을 보증하게 한다.

若欲以城爲外謀者,
약 욕 이 성 위 외 모 자

만약 성에서 외부 세력과 음모를
꾸미는 자가 있으면

父母·妻子·同産皆斷.
부 모 처 자 동 산 개 단

그의 부모·처자·형제자매도 모두
처형된다.

左右知不捕告,
좌 우 지 불 포 고

좌우에서 알면서도 체포하거나 알리지
않는다면

皆與同罪.
개 여 동 죄

모두 같은 죄로 처벌된다.

城下里中家人皆相葆[138],
성 하 리 중 가 인 개 상 보

성 아래의 마을 사람들도 모두 서로
보증하게 하며

若城上之數.
약 성 상 지 수

그 보증 책임은 성 위의 인원수와 같다.

有能捕告之者,
유 능 포 고 지 자

이런 죄인을 체포하거나 알리는
사람이 있다면

封之以千家之邑;
봉 지 이 천 가 지 읍

그에게 일천 집의 식읍을 내리며

若非其左右及他伍捕告者,
약 비 기 좌 우 급 타 오 포 고 자

만약 자신의 좌우 대오가 아닌데도
여타 대오의 죄인을 체포하거나
알리는 사람이 있다면

---

138 보(葆): 보(保)와 같은 글자로 '보증하다'의 뜻.

封之二千家之邑.
봉 지 이 천 가 지 읍

그에게 이천 집의 식읍을 내린다.

城禁:
성 금

성의 금령은 다음과 같다.

使[139]·卒·民不欲寇[140]微職[141]和旌者,
사   졸 민 불 욕 구 미 직 화 정 자

관리·병사·백성들 중에 적군의 휘장과
표지 깃발 등을 모방하는 자들은

斷.
단

처형한다.

不從令者,
부 종 령 자

명령에 따르지 않는 자는

斷.
단

처형한다.

非擅[142]出令者,
비 천 출 령 자

멋대로 잘못된 명령을 내리는 자는

斷.
단

처형한다.

令失者,
영 실 자

명령을 실수한 자는

斷.
단

처형한다.

倚戟縣下城,
의 극 현 하 성

창에 의지해 매달려 성을 내려가거나

下不與衆等者,
하 불 여 중 등 자

성을 내려가며 뭇 병사들과 함께하지
않는 자는

斷.
단

처형한다.

無應而妄讙呼者,
무 응 이 망 환 호 자

명령에 응답하지 않고 망령되게
떠들고 외치는 자는

---

139 사(使): 이(吏)의 오기이다.
140 불욕구(不欲寇): 하효구(下效寇)의 오기이다.
141 미직(微職): 휘지(徽識)의 오기이다.
142 비천(非擅): 천비(擅非)의 어순이 되어야 한다.

斷. 단	처형한다.
總[143]失者, 총 실 자	죄인을 놓치는 실수를 하는 자는
斷. 단	처형한다.
譽客內毀者, 예 객 내 훼 자	적군은 칭찬하고 아군은 헐뜯는 자는
斷. 단	처형한다.
離署而聚語者, 이 서 이 취 어 자	자기 담당 부서를 떠나 모여서 떠드는 자는
斷. 단	처형한다.
聞城鼓聲而伍後上署者, 문 성 고 성 이 오 후 상 서 자	성에서 치는 북소리를 듣고도 대오의 뒤에 처져 나타나는 자는
斷. 단	처형한다.
人自大書版, 인 자 대 서 판	사람들은 스스로 이름을 큰 팻말에 써서
著之其署隔, 저 지 기 서 격	그것을 자신의 부서에 부착하며
守必自謀[144]其先後, 수 필 자 모 기 선 후	태수는 반드시 선후를 잘 헤아려 사람들을 배치하는데
非其署而妄入之者, 비 기 서 이 망 입 지 자	자기 부서가 아닌데도 망령되게 들어오는 자는
斷. 단	처형한다.
離署左右, 이 서 좌 우	자기 부서를 떠나 좌우의 사람들과

---

143 총(總): 종(縱)과 같다. '놓치다'의 뜻.

144 자모(自謀): 스스로 계책을 만든다는 것은 부서에 알맞게 사람들을 배치하는 것을 말한다.

共入他署,
공 입 타 서

함께 다른 부서에 가는데도

左右不捕,
좌 우 불 포

좌우의 사람들이 그를 체포하지 않고

挾私書,
협 사 서

사적인 편지를 끼고 다니며

行請謁及爲行書者,
행 청 알 급 위 행 서 자

청탁을 함께하거나 편지를 써 보내는
것,

釋守事而治私家事,
석 수 사 이 치 사 가 사

방어 임무는 팽개치고 자신의
집안일을 돌보는 것,

卒民相盜家室·嬰兒,
졸 민 상 도 가 실 영 아

병사·백성 등이 서로 남의 집
재물·남의 아이 등을 훔치는 일 등은

皆斷無赦.
개 단 무 사

모두 처형하고 용서하지 않는다.

人擧而藉之,
인 거 이 자 지

누군가의 천거를 받았다고 이를
기회로 하여

無符節而橫行軍中者,
무 부 절 이 횡 행 군 중 자

부절도 없이 부대 내를 멋대로 다니는
자는

斷.
단

처형한다.

客在城下,
객 재 성 하

적군이 성 아래에 있으면

因數易其署,
인 삭 역 기 서

자주 병사의 부서를 바꾸는데

而無易其養,
이 무 역 기 양

취사병의 부서는 바꿀 수 없다.

譽敵,
예 적

적군을 칭찬하거나

少以爲衆,
소 이 위 중

적군의 수가 적은데도 많다고
여기거나

亂以爲治,
난 이 위 치

적군이 무질서한데도 질서 정연하다고

여기거나

敵攻拙以爲巧者,
적 공 졸 이 위 교 자

적군의 공격이 졸렬한데도 교묘하다고
여기는 자 등은

斷.
단

처형한다.

客·主人無得相與言及相藉,
객 주 인 무 득 상 여 언 급 상 자

적군과 방어 병력이 서로 말을 하거나
서로 물건을 빌리면 안 되며

客射以書,
객 사 이 서

적군이 화살에 편지를 매어 쏘면

無得譽145,
무 득 예

주워서는 안 되며

外示內以善,
외 시 내 이 선

적군이 성 밖에서 성내를 향해 잘해 줄
것처럼 보여 주더라도

無得應,
무 득 응

응답해서는 안 되며

不從令者,
부 종 령 자

명령을 따르지 않는 자는

皆斷.
개 단

모두 처형한다.

禁無得擧矢書,
금 무 득 거 시 서

화살에 매단 적군의 편지를 줍지
않으며

若以書射寇,
약 이 서 사 구

만약 적군에게 편지를 매단 활을 쏘는
자가 있다면 금지하고

犯令者父母·妻子皆斷,
범 령 자 부 모 처 자 개 단

명령을 위반한 자는 그의 부모와
처자도 모두 처형하며

身梟城上.
신 효 성 상

그들의 시신은 성 위에 효수한다.

有能捕告之者,
유 능 포 고 지 자

죄인들을 체포하거나 미리 알리는

---

145 예(譽): 거(擧)의 오기이다.

자는

賞之黃金二十斤.
<small>상 지 황 금 이 십 근</small>

상으로 황금 이십 근을 내린다.

非時而行者,
<small>비 시 이 행 자</small>

정해진 때와 상관없이 통행할 수 있는 자는

唯守及搢太守之節而使者.
<small>유 수 급 삼 태 수 지 절 이 사 자</small>

오직 태수와 태수의 부절을 지닌 사자뿐이다.

守入臨城,
<small>수 입 림 성</small>

태수가 성으로 들어오게 되면

必謹問父老·吏大夫請[146]有怨仇讐不相解者,
<small>필 근 문 부 로　리 대 부 청　　유 원 구 수 불 상 해 자</small>

반드시 부로·대부 등 모든 원한과 복수심을 가져 서로 화해하지 않은 자를 조심스럽게 물어보고

召其人,
<small>소 기 인</small>

그런 사람들을 불러서

明白爲之解之.
<small>명 백 위 지 해 지</small>

분명하게 그들을 서로 화해시킨다.

守必自異其人而藉[147]之,
<small>수 필 자 이 기 인 이 자　지</small>

태수는 반드시 그런 사람들을 구별해 두고 명단을 기록해 두며

孤[148]之.
<small>고　지</small>

그들을 고립시킨다.

有以私怨害城若吏事者,
<small>유 이 사 원 해 성 약 리 사 자</small>

개인적인 원한으로 성에 피해를 주고 만약 관리들의 일에도 장애가 된다면

父母·妻子皆斷.
<small>부 모　처 자 개 단</small>

그 부모와 처자도 모두 처형한다.

---

146 청(請): 제(諸)의 오기이다.
147 자(藉): 적(籍) 자와 같다. 성명을 기록하는 것이다.
148 고(孤): '고립시키다'의 뜻이다.

其以城爲外謀者,
기 이 성 위 외 모 자

그들 중 성을 놓고 외부 세력과
결탁하여 음모를 꾸미는 자들은

三族.[149]
삼 족

삼족을 멸족시킨다.

有能得若捕告者,
유 능 득 약 포 고 자

만약 이런 죄인을 체포하거나 알리는
자들은

以其所守邑,
이 기 소 수 읍

그가 방어를 맡은 고을의

小大封之,
소 대 봉 지

크고 작음에 따라 식읍을 봉하는데

守還[150]授其印,
수 환   수 기 인

태수는 그에게 벼슬을 회복시키고
인수를 주어서

尊寵官之,
존 총 관 지

그의 관직을 존중하며

令吏大夫及卒民皆明知之.
영 리 대 부 급 졸 민 개 명 지 지

이대부(吏大夫)·병사·백성들에게
그를 잘 대우함을 분명히 알게 해야
한다.

豪傑之外多交諸侯者,
호 걸 지 외 다 교 제 후 자

호걸로 성 밖에서 제후와 많이
교제하는 자들은

常請[151]之,
상 청 지

늘 그를 초청하며

令上通知之,
영 상 통 지 지

윗사람이 그에 대해 잘 알도록 하고

善屬[152]之,
선 촉   지

그가 있는 곳의 관리들에게 잘
대우하도록 부탁하고

所居之吏
소 거 지 리

거주하는 곳의 관리는

---

149 삼족(三族): '삼족을 멸하다'의 뜻이다.
150 환(還): 복(復) 자와 같다. '회복시키다'의 뜻.
151 청(請): '초청하다', '대접하다'의 뜻이다.
152 선촉(善屬): '잘 대우해 주도록 부탁하다'의 뜻이다.

上數選¹⁵³具之,

상 삭 선　구 지

자주 음식을 보여 주도록 하며

令無得擅出入,

영 무 득 천 출 입

그가 마음대로 아무 곳이나 출입하지

못하게 하고

連質之.

연 질 지

그의 가족들은 인질로 한다.

術鄉長者·父老·豪傑之親戚·父母·妻子,

술 향 장 자　부 로　호 걸 지 친 척　부 모　처 자

고을의 유지·부로·호걸의

친척·부모·처자 등은

必尊寵之,

필 존 총 지

반드시 존중하여 대우하고

若貧人食不能自給食者,

약 빈 인 식 불 능 자 급 식 자

만약 그들이 가난하여 스스로 자급할

수 없다면

上食之.

상 식 지

위에서 그들에게 식량을 준다.

及武士父母親戚妻子,

급 무 사 부 모 친 척 처 자

용사들의 부모·친척·처자들에게는

皆時酒肉,

개 시 주 육

모두 때때로 술과 고기를 내리고

必敬之,

필 경 지

반드시 그들을 존중하되

舍之必近太守.

사 지 필 근 태 수

그들을 태수의 거처 가까이에 둔다.

守樓臨質宮¹⁵⁴而善周,

수 루 림 질 궁　이 선 주

태수의 누각은 인질 숙소가

내려다보이는 곳에 두루 방비가 되게

하고

必密塗樓,

필 밀 도 루

반드시 빈틈없이 진흙을 발라

令下無見上,

영 하 무 견 상

아래에서는 위를 볼 수 없으나

---

153 선(選): 선(饍)의 오기이다.

154 질궁(質宮): 인질들이 머무는 숙소의 뜻이다.

上見下,
_{상 견 하}

위에서는 아래를 볼 수 있고

下無知上有人無人.
_{하 무 지 상 유 인 무 인}

아래에서는 위에 사람이 있는지
없는지 알 수 없게 한다.

守之所親,
_{수 지 소 친}

태수(수비 대장)의 측근 인물로는

擧吏貞廉·忠信·無害[155]·可任事者,
_{거 리 정 렴 충 신 무 해   가 임 사 자}

청렴하고 충성심이 있고 다른 사람을
해치지 않으며 일을 맡길 만한 자를
뽑되

其飮食酒肉勿禁,
_{기 음 식 주 육 물 금}

그들이 먹고 마시거나 술과 고기를
먹는 것은 금지하지 않으나

錢金·布帛·財物各自守之,
_{전 금 포 백 재 물 각 자 수 지}

돈·비단·재물 등은 각자 스스로
지키게 하며

愼勿相盜.
_{신 물 상 도}

삼가 서로 남의 것을 훔치지 않도록
한다.

葆宮[156]之牆必三重,
_{보 궁   지 장 필 삼 중}

인질 숙소의 담장은 반드시 세 겹으로
하고

牆之垣,
_{장 지 원}

모든 담벽이 있는 곳은

守者皆累瓦釜牆上[157].
_{수 자 개 루 와 부 장 상}

방어하는 책임자가 깨진 기와나 깨진
솥을 담장 위에 놓아두게 한다.

---

155 무해(無害): '다른 사람에게 해를 미치지 않다'의 뜻이다.

156 보궁(葆宮): 인질이 거처하는 숙소를 말함이다.

157 누와부장상(累瓦釜牆上): 깨진 기와나 깨진 솥 등을 담장 위에 놓아두어 드나들기 어렵게
만드는 것. 요즘의 철조망 비슷한 용도로 생각된다.

門有吏,
<small>문 유 리</small>

출입문에는 관리를 두어

主¹⁵⁸者里門,
<small>주 자 리 문</small>

모든 마을의 문을

筦¹⁵⁹閉,
<small>관 폐</small>

열고 닫는 것을 관장하게 하며

必須太守之節.
<small>필 수 태 수 지 절</small>

반드시 태수의 부절을 가지도록 한다.

葆衛必取戌卒有重厚者.
<small>보 위 필 취 술 졸 유 중 후 자</small>

인질 숙소의 경비는 반드시 병사
중에서 충성스러운 자로 뽑으며

請擇吏之忠信者,
<small>청 택 리 지 충 신 자</small>

담당 관리는 충성스럽고 믿을 만한
자를 뽑는데

無害可任事者.
<small>무 해 가 임 사 자</small>

다른 사람에게 피해를 주지 않고 일을
맡길 만한 자여야 한다.

令將衛,
<small>영 장 위</small>

장수와 경계 병력은

自築十尺之垣,
<small>자 축 십 척 지 원</small>

열 자 되는 담을 쌓아

周還牆,
<small>주 환 장</small>

담벽으로 주위를 둘러싸도록 하며

門·閨者,
<small>문 규 자</small>

대문과 규문,

非¹⁶⁰令衛司馬門.
<small>비 령 위 사 마 문</small>

외문인 사마문 등을 지키도록 한다.

望氣者¹⁶¹舍必近太守,
<small>망 기 자 사 필 근 태 수</small>

망기술사(望氣術士)의 거처는 반드시
태수의 거처 가까운 곳에 두고

---

158 주(主): 제(諸)의 오기이다.
159 관(筦): 관(關)과 상통하는 글자이다. '관문'의 뜻.
160 비(非): 병(幷) 자의 오기이다.
161 망기자(望氣者): 하늘의 기운을 잘 살펴 미래를 예측하는 술사.

巫舍必近公社¹⁶²,
무사필근공사

무당의 거처는 반드시 사당 부근에
두며

必敬神之.
필경신지

반드시 신을 공경하도록 한다.

巫祝史與望氣者,
무축사여망기자

무당·무축·태사·망기술사 등은

必以善言告民,
필이선언고민

반드시 좋은 내용을 백성들에게
알리도록 하며

以請¹⁶³上報守,
이청   상보수

실제 상황은 태수에게만 알리도록
하여

守獨知其請而已.
수독지기청이이

태수 혼자서 그 실제 상황을 알고 있을
뿐이다.

無¹⁶⁴與望氣妄爲不善言驚恐民斷,
무 여망기망위불선언경공민단

무당과 망기술사 등이 망령되게
불길한 말로 백성들을 놀라게 하고
두렵게 한다면 처형하고

弗赦.
불사

용서하지 않는다.

度食不足,
도식부족

성의 식량이 부족하다고 여겨지면

食¹⁶⁵民各自占¹⁶⁶家五種¹⁶⁷石·升數,
식   민각자점   가오종   석승수

백성들에게 각자 집에 숨겨 놓은 다섯
종류의 곡식이 몇 석 또는 몇 되나

---

162 공사(公社): 토지 신에게 제사 지내는 사당이다.
163 청(請): 정(情)과 같은 뜻의 글자로 '실제 상황'이라는 뜻이다.
164 무(無): 무(巫)의 오기이다.
165 식(食): 영(令)의 오기이다.
166 점(占): 곡식을 헤아려 기록하는 것이다.

되는지를 조사하여

爲期,
위 기

날짜를 정해

其在薄害[168],
기 재 순 해

장부에 기록하게 하며

吏與雜眥[169].
이 여 잡 자

관리와 더불어 계산하게 한다.

期盡匿不占,
기 진 닉 부 점

정해진 기간이 지났는데도 기록하지
않고

占不悉,
점 부 실

기록 내용이 상세하지 않거나 하면

令吏卒散得[170],
영 리 졸 미 득

관리로 하여금 살펴보게 하고

皆斷.
개 단

어긋나면 모두 처형한다.

有能捕告,
유 능 포 고

이런 죄인을 체포하거나 알리는
자에게는

賜什三.
사 십 삼

몰수한 곡식의 10분의 3을 준다.

收粟米·布帛·錢金,
수 속 미 포 백 전 금

곡식·비단·돈 등을 몰수하거나

出內畜産,
출 내 축 산

가축 등을 출납하게 되면

皆爲平直其賈,
개 위 평 직 기 가

모두 그 값을 공평하게 치러야 하며

與主券人書之.
여 주 권 인 서 지

문서를 맡은 관리는 그것을 기록해
둔다.

事已,
사 이

전쟁이 끝나게 되면

---

167 오종(五種): 메기장·찰기장·콩·보리·쌀 등 다섯 종류의 곡식을 말한다.
168 순해(薄害): 박자(薄者)의 오기이다. 박(薄)은 부(簿)와 같으며 곧 '장부'의 뜻이다.
169 자(眥): 양(量)의 뜻이다.
170 미득(散得): 미(散)는 미(微)와 같다. 미득(微得)은 '살펴보고 안다'는 뜻이다.

皆各以其賈倍償之.
개 각 이 기 가 배 상 지

모든 물자에 대해 그 가격의 두 배로 배상해 준다.

又用其賈貴賤·多少賜爵,
우 용 기 가 귀 천 다 소 사 작

또 그 가격의 비싼 정도에 따라 크고 작은 작위를 내리며

欲爲吏者許之,
욕 위 리 자 허 지

관리가 되려고 하는 자는 그것을 허락한다.

其不欲爲吏,
기 불 욕 위 리

그가 관리가 되려 하지 않고

而欲以受賜賞爵祿,
이 욕 이 수 사 상 작 록

상과 작록을 받으려 하거나

若贖出親戚·所知罪人者,
약 속 출 친 척 소 지 죄 인 자

만약 친척이나 알고 있는 죄인의 죄를 대속하고자 한다면

以令許之.
이 령 허 지

법령에 근거하여 허가한다.

其受構賞者令葆宮見,
기 수 구 상 자 령 보 궁 견

그가 공로를 세운 자라면 인질의 숙소로 가서

以與其親.
이 여 기 친

그의 가족과 함께 살게 해 준다.

欲以復佐上者,
욕 이 부 좌 상 자

다시 윗사람을 섬기고 싶어 하는 자는

皆倍其爵賞.
개 배 기 작 상

그의 작위와 상을 배로 준다.

某縣某里某子家食口二人,
모 현 모 리 모 자 가 식 구 이 인

아무개 현·아무개 리 아무개의 자식이 식구가 두 명인데

積粟六百石,
적 속 육 백 석

모아 놓은 곡식이 육백 석이거나

某里某子家食口十人,
모 리 모 자 가 식 구 십 인

아무개 현·아무개 리 아무개의 자식이 식구가 열 명인데

積粟百石.
적 속 백 석

모아 놓은 곡식이 백 석이 있다면

出粟米有期日,
출 속 미 유 기 일

그들이 곡식을 내놓는데 기일을 정해
놓고

過期不出者王公有之,
과 기 불 출 자 왕 공 유 지

기일이 넘었는데도 내놓지 않는 자는
왕이 그것을 몰수하며

有能得若告之,
유 능 득 약 고 지

그러한 죄인을 잡거나 알려 주는
자에게는

賞之什三.
상 지 십 삼

몰수한 곡식의 10분의 3을 상으로
내린다.

愼無令民知吾粟米多少.
신 무 령 민 지 오 속 미 다 소

조심히 처리하여 백성들이 우리의
식량이 얼마나 있는지 알 수 없게 한다.

守入城,
수 입 성

태수가 성에 들어가면

先以候¹⁷¹爲始,
선 이 후 　 위 시

맨 먼저 첩자를 쓰는 일부터 시작하며

得,
득

첩자를 얻게 되면

輒宮養之,
첩 궁 양 지

곧바로 거처를 주고 교육시키며

勿令知吾守衛之備.
물 령 지 오 수 위 지 비

아군 방어의 대비 상황은 알지 못하게
한다.

候者爲異宮,
후 자 위 이 궁

첩자에게는 다른 집을 주고

父母·妻子皆同其宮,
부 모 　 처 자 개 동 기 궁

그의 부모와 처자는 모두 같은 집에
살게 해 주며

賜衣食酒肉,
사 의 식 주 육

옷·식량·술·고기 등을 하사하고

---

171 후(候): 후(侯)와 같으며 '척후병'의 뜻인데 여기서는 첩자를 의미한다.

信吏善待之. _{신 리 선 대 지}	믿을 만한 관리로 하여금 잘 보살피도록 한다.
候來若復, _{후 래 약 부}	첩자가 적진에 갔다가 다시 되돌아오면
就閒. _{취 한}	휴식하도록 한다.
守宮三難[172], _{수 궁 삼 난}	태수의 거처는 세 겹으로 담을 두르고
外環隅爲之樓, _{외 환 우 위 지 루}	외부의 담 구석에 망루를 세우고
內環爲樓, _{내 환 위 루}	내부에 두른 담에도 망루를 세우며
樓入葆宮丈五尺爲復道[173]. _{누 입 보 궁 장 오 척 위 복 도}	망루에서 첩자의 숙소로 통하는 일 장 다섯 자 높이의 복도를 만든다.
葆不得有室, _{보 부 득 유 실}	숙소에는 따로 방을 두지 않고
三日一發席蓐, _{삼 일 일 발 석 욕}	삼 일에 한 번 자리를 걷어 주며
略視之, _{약 시 지}	대강 감시를 하고
布茅宮中, _{포 모 궁 중}	집 안에는 띠풀을 깔아 두는데
厚三尺以上. _{후 삼 척 이 상}	그 두께는 세 자 이상이다.
發候, _{발 후}	첩자를 보냄에는
必使鄕邑忠信·善重士, _{필 사 향 읍 충 신 선 중 사}	반드시 고을에 있는 자들 가운데 충성스럽고 인품이 훌륭한 자 중에서 고르며
有親戚·妻子, _{유 친 척 처 자}	그의 친척과 처자가 있으면
厚奉資之. _{후 봉 자 지}	후하게 대우해 준다.

---

172 삼난(三難): 삼잡(三匝)의 오기이다. 세 겹으로 담을 두르는 것.

173 복도(復道): 복도(複道)와 같은 말이며 아래위층으로 긴 복도를 만드는 것이다.

必重發候,
필 중 발 후

반드시 거듭 첩자를 보내는 동안에는

爲養其親若妻子,
위 양 기 친 약 처 자

그의 가족, 처자 등을 돌보아 주며

爲異舍,
위 이 사

좋은 집에 머물게 하고

無與員174同所,
무 여 원   동 소

보통 사람과 같은 곳에 두지 않으며

給食之酒肉.
급 식 지 주 육

술과 고기를 공급해 준다.

遣他候,
견 타 후

다른 첩자를 보내는 경우에도

奉資之如前候.
봉 자 지 여 전 후

먼저 보낸 첩자와 똑같이 대우하도록
한다.

反,
반

첩자가 되돌아오면

相參審信,
상 잠 심 신

그가 살핀 자료 중 신빙할 만한 것을
고르고

厚賜之.
후 사 지

그에게 후한 상을 내린다.

候三發三信,
후 삼 발 삼 신

세 번 첩자를 보냈는데 세 번 믿을
만한 정보를 얻었다면

重賜之.
중 사 지

그에게 후한 상을 내린다.

不欲受賜而欲爲吏者,
불 욕 수 사 이 욕 위 리 자

첩자가 상을 원하지 않고 관리가
되고자 하면

許之二百石之吏,
허 지 이 백 석 지 리

이백 석의 관리가 되도록 하고

守珮授之印175.
수 패 수 지 인

태수는 그에게 허리에 차는 도장을
수여한다.

---

174 원(員): 중(衆)과 같은 뜻이며 '보통 사람'의 뜻이다.
175 수패수지인(守珮守之印): 수수지패인(守授之珮印)의 오기이다.

其不欲爲吏而欲受構賞祿,
기 불 욕 위 리 이 욕 수 구 상 록

그가 관리가 되기를 원하지 않고 상과 작록 받기를 원한다면

皆如前.
개 여 전

모두 앞에서 언급한 것처럼 해 준다.

有能入深至主國[176]者,
유 능 입 심 지 주 국 자

첩자가 적국의 수도 깊숙이 들어가

問之審信,
문 지 심 신

탐문한 것이 믿을 만한 내용이라면

賞之倍他候.
상 지 배 타 후

다른 첩자보다 두 배의 상을 내린다.

其不欲受賞,
기 불 욕 수 상

첩자가 상을 받기를 원하지 않고

而欲爲吏者,
이 욕 위 리 자

관리가 되기를 원한다면

許之三百石之吏.
허 지 삼 백 석 지 리

그에게 삼백 석의 관리가 되게 한다.

扞[177]士受賞賜者,
한 사 수 상 사 자

적군을 막은 용사로 상을 받는 자가 있으면

守必身自致之其親之其親之所,
수 필 신 자 치 지 기 친 지 기 친 지 소

태수는 반드시 몸소 그의 가족이 있는 곳으로 가서

見其見守之任.
견 기 견 수 지 임

그들을 만나 태수의 신임을 보여 준다.

其欲復以佐上者,
기 욕 부 이 좌 상 자

그가 다시 윗사람을 보좌하는 직책을 얻고자 한다면 그렇게 해 주고

其構賞·爵祿·罪人倍之.
기 구 상 작 록 죄 인 배 지

그가 상을 받고 작록을 받거나 죄인을 대속하는 것은 다른 사람의 두 배로 한다.

---

176 주국(主國): '나라의 수도'라는 뜻이다.
177 한(扞): '적을 막다'의 뜻이다.

出候無過十里,
출 후 무 과 십 리

척후를 나가게 되면 성에서 십 리를
벗어나지 않는 곳,

居高便所樹表,
거 고 편 소 수 표

높고 편편한 곳에 표지를 세우게 하고

表三人守之,
표 삼 인 수 지

세 명의 병사가 지키도록 하는데

比至城者三表,
비 지 성 자 삼 표

성에 이를 때까지의 사이에 세 개의
표지를 세우며

與城上燧燧[178]相望.
여 성 상 봉 수   상 망

성 위의 봉화대에서 잘 보이는 곳에
세운다.

晝則擧燧,
주 즉 거 봉

낮에는 봉화를 피우고

夜則擧火.
야 즉 거 화

야간에는 횃불로 신호한다.

聞寇所從來,
문 구 소 종 래

적군이 침입해 온다는 정보를 듣게
되면

審知寇形必攻,
심 지 구 형 필 공

적군의 공격이 반드시 공격할 곳을
살펴서

論小城不自守通者[179],
논 소 성 부 자 수 통 자

작은 성으로 스스로 지키기 어렵고 큰
성과 연락되지 않는 곳은

盡葆其老弱粟米畜産.
진 보 기 로 약 속 미 축 산

그 성의 노약자·곡식·가축 등을
보호하기 위해 이동시킨다.

遣卒候者無過五十人,
견 졸 후 자 무 과 오 십 인

척후로 보내는 병사들은 오십 명을
넘지 않게 하며

客至堞去之.
객 지 첩 거 지

적군이 성가퀴에 이르면

---

178 봉수(燧燧): 봉화대에서 불을 피워 연기를 내고 적군의 침입을 알리는 것이다.
179 불자수통자(不自守通者): 작은 성으로 '스스로 지키기 어렵고 큰 성과 연락이 안 되는 곳'을
말함이다.

愼無厭建[180].
신 무 염 건
신중히 하되 머뭇머뭇 지체해서는 안
된다.

候者曹無過三百人,
후 자 조 무 과 삼 백 인
척후병의 부서는 삼백 명을 넘지
않도록 하고

日暮出之,
일 모 출 지
날이 어두워지면 그들을 출동시켜

爲微職[181].
위 미 직
표지를 해 두게 한다.

空隊[182]·要塞[183],
공 대　　　요 새
텅 비어 인적 없는 곳·좁고 험한 길·

人之所往來者,
인 지 소 왕 래 자
사람이 왕래하는 곳 등은

令可□迹者,
영 가　적 자
적군의 흔적을 추적하게 하는데

無下里三人,
무 하 리 삼 인
한 조가 마을마다 내려가되 세 사람
이하가 되면 안 되며

平[184]而迹.
평　이 적
새벽부터 추적하게 한다.

各立其表,
각 립 기 표
척후병이 각자 표지를 세우면

城上應之.
성 상 응 지
성 위에서는 그것에 대응하여
방비한다.

候出越陳表[185],
후 출 월 진 표
척후병이 성을 나가 성의 경계 표지를
넘으면

遮[186]坐郭門之外內,
차　좌 곽 문 지 외 내
성곽 문의 안팎에서 방어하는 전초

---

180 엄건(厭建): 엄체(淹滯)의 오기이다. 주저주저하며 결단을 내리지 못하는 것이다.
181 미직(微職): 휘지(徽識)의 오기이다.
182 공대(空隊): 대(隊)는 수(隧)와 통하는 글자이다. 텅 비어 인적이 없는 곳이다.
183 요새(要塞): 지형이 좁고 험준한 곳이다.
184 평(平): 평(平)은 평명(平明)의 오기이다. '새벽'의 뜻이다.
185 진표(陳表): 전표(田表)와 같다. 성 외곽의 경계를 표시해 둔 것.
186 차(遮): 외곽의 성에서 방어를 맡는 척후 부대.

부대는

立其表.
입 기 표

그곳에 표지를 세운다.

令卒之半居門內,
영 졸 지 반 거 문 내

병사들의 절반은 성문 안에 머물게 하여

令其少多無可知也.
영 기 소 다 무 가 지 야

그들의 숫자가 많은지 적은지 적군이 알 수 없게 해야 한다.

即有驚[187],
즉 유 경

경계경보가 있고

見寇越陳去,
견 구 월 진 거

적군이 성의 경계를 넘어오게 되면

城上以麾[188]指之,
성 상 이 휘 　 지 지

성 위에는 깃발로 지휘를 하는데

迹坐擊音期,
적 좌 격 정 기

추적 부대도 북을 두드리고 깃발을 휘두르며

以戰備從麾所指.
이 전 비 종 휘 소 지

전쟁 준비는 깃발의 지휘를 따른다.

望見寇,
망 견 구

적군이 나타나는 것을 보면

擧一垂[189];
거 일 수

'우표(郵表)' 하나를 쳐든다.

入竟[190],
입 경

적군이 국경에 침입하면

擧二垂;
거 이 수

우표 두 개를 쳐든다.

狎[191]郭,
압 　 곽

성곽으로 근접하면

擧三垂;
거 삼 수

우표 세 개를 쳐든다.

---

187 경(驚): 경(警)과 같다.
188 휘(麾): 깃발을 들어 지휘하는 것.
189 수(垂): 우표(郵表)의 뜻이다. 경계가 되는 지역에 표시를 해 두는 일종의 장식물이다.
190 경(竟): 경(境)과 통하는 글자이다.
191 압(狎): 압(狎)은 근(近)과 통하는 글자이다.

入郭,
입 곽

외곽의 성에 침입하면

舉四垂;
거 사 수

우표 네 개를 쳐든다.

狎城,
압 성

주성에 근접하면

舉五垂.
거 오 수

우표 다섯 개를 쳐든다.

夜以火,
야 이 화

야간에는 횃불을 쳐드는데

皆如此.
개 여 차

우표를 쳐들 때와 같이 한다.

去郭百步,
거 곽 백 보

외부 성곽에서 백 보 거리 이내에 있는

牆垣·樹木小大盡伐除之.
장 원 수 목 소 대 진 벌 제 지

담장·크고 작은 나무들은 모두 베어
없앤다.

外空井,
외 공 정

성 밖의 비어 있는 우물은

盡窒之,
진 질 지

모두 메워

無令可得汲也.
무 령 가 득 급 야

물을 긷지 못하게 해야 한다.

外空窒盡發之[192],
외 공 질 진 발 지

성 밖의 비어 있는 집은 모두 부숴
버리고

木盡伐之.
목 진 벌 지

나무들은 모두 베어 버린다.

諸可以攻城者盡內[193]城中,
제 가 이 공 성 자 진 내 성 중

성을 공격할 수 있는 물건은 모두 성
안으로 들여오고

令其人各有以記之.
영 기 인 각 유 이 기 지

물건의 주인에게는 각기 그 수량과
가격 등을 기록하게 한다.

---

192 발지(發之): 집을 '부수다'의 뜻.
193 내(內): 납(納)의 오기이다.

事以¹⁹⁴,
사 이

전쟁이 끝나게 되면

各以其記取之.
각 이 기 기 취 지

물건의 주인은 각자 장부를 들고
물건을 받아 간다.

事爲之券¹⁹⁵,
사 위 지 권

전쟁 시의 채권에는

書其枚數.
서 기 매 수

그 물건의 수량을 기록해 둔다.

當遂¹⁹⁶材木不能盡內,
당 수 재 목 불 능 진 내

도로에 있는 나무들을 모두 성안으로
옮기지 못한다면

卽燒之,
즉 소 지

곧 불태워

無令客得而用之.
무 령 객 득 이 용 지

적군이 그 나무를 이용할 수 없게 해야
한다.

人自大書版,
인 자 대 서 판

사람들은 스스로 자기 이름을 큰
팻말에 써서

著之其署忠¹⁹⁷.
저 지 기 서 충

그것을 자신의 근무 부서에 부착한다.

有司出其所治,
유 사 출 기 소 치

일을 맡은 관리는 그의 담당 지역을
벗어나면

則從淫之法,
즉 종 음 지 법

곧 지나치게 행동하면 안 되는 군법을
어긴 것이니

其罪射¹⁹⁸.
기 죄 사

그의 죄는 '철형'에 해당한다.

---

194 사이(事已): 사이(事已)와 같다. 사(事)는 '전쟁'의 뜻.
195 권(券): 전시의 채권이나 문서.
196 수(遂): 수(隧)와 같다. 여기서는 '도로'의 뜻이다.
197 서충(署忠): 서중(署中)의 오기이다.
198 사(射): 철(臷)과 뜻이 상통한다. '철형'이란 활을 쏘아 귀를 뚫는 형벌이다.

務色謾正,[199] 무 색 만 정	뻐기는 얼굴로 옳은 사람을 무시하거나
淫囂不靜, 음 효 부 정	지나치게 시끄럽게 굴면서 조용하지 않거나
當路尼衆[200], 당 로 니 중	많은 사람의 길을 막거나
舍事後就, 사 사 후 취	전쟁에 임하지 않고 나중에 나타나거나
踰時不寧[201], 유 시 불 녕	임무를 늦게 처리하고 알리지 않거나 등등의 경우는
其罪射. 기 죄 사	그 죄가 철형에 해당한다.
讙囂駴[202]衆, 훤 효 해 중	시끄럽게 떠들면서 여러 사람을 놀라게 하면
其罪殺. 기 죄 살	그 죄는 사형에 해당된다.
非上不諫, 비 상 불 간	윗사람을 비난하면서 간언을 하지 않고
次主凶言,[203] 차 주 흉 언	임금에게 방자한 말을 하거나 불길한 말을 하면
其罪殺. 기 죄 살	그 죄는 사형에 해당된다.
無敢有樂器, 부 감 유 악 기	감히 악기·

---

199 무색만정(務色謾正): 무(務)는 긍(矜)의 오기이다. 긍색(矜色)은 '뻐기는 얼굴빛을 하다'의
   뜻, 만정(謾正)은 '옳은 사람을 무시하다'의 뜻이다.
200 니중(尼衆): 니(尼)는 지(止)의 뜻이며 중(衆)은 중인(衆人)의 뜻이다.
201 영(寧): '좋지 못한 일을 알리다'의 뜻이다.
202 해(駴): '놀라게 하다'의 뜻이다.
203 차주흉언(次主凶言): 차(次)는 자(恣)의 오기이며 흉언(凶言)은 '불길한 말'의 뜻이다.

樊騏[204]軍中,
폐기 군중

바둑·장기 등을 부대 내에 들여오면
안 되며,

有則其罪射.
유 즉 기 죄 사

그런 짓을 하면 그 죄는 철형에
해당된다.

非有司之令,
비 유 사 지 령

관청에서 명령하지 않았는데

無敢有車馳·人趨,
무 감 유 거 치 · 인 추

감히 수레를 몰거나 사람이 뛰어가면
안 되는데

有則其罪射.
유 즉 기 죄 사

그런 짓을 하는 자는 그 죄가 철형에
해당된다.

無敢散牛馬軍中,
무 감 산 우 마 군 중

감히 소와 말을 부대에서 풀어놓으면
안 되는데

有則其罪射.
유 즉 기 죄 사

그런 짓을 하는 자는 그 죄가 철형에
해당된다.

飮食不時,
음 식 불 시

식사 때가 아닌데 음식을 먹으면

其罪射.
기 죄 사

그 죄는 철형에 해당된다.

無敢歌哭於軍中,
무 감 가 곡 어 군 중

부대 내에서 감히 노래하거나 울면 안
되는데

有則其罪射.
유 즉 기 죄 사

그런 짓을 하는 자는 그 죄가 철형에
해당된다.

令各執罰盡殺,
영 각 집 벌 진 살

각기 처형을 맡은 관리는 죄인을 모두
처형하는데

有司見有罪而不誅,
유 사 견 유 죄 이 부 주

담당 관리로서 죄인이 있는데도

---

204 폐기(樊騏): 혁기(奕棋)의 오기이다.

	처형하지 않으면
同罰, 동 벌	함께 처벌된다.
若或逃之, 약 혹 도 지	만약 혹 달아난 병사가 있다면
亦殺. 역 살	또한 처형한다.
凡將率鬪其衆失法, 범 장 솔 투 기 중 실 법	대개 장수는 전투에서 부하들을 인솔하되 군법에 따르지 않는 자는
殺. 살	처형한다.
凡有司不使去卒[205]·吏民聞誓令, 범 유 사 불 사 거 졸　　　리 민 문 서 령	대개 담당 관리는 장교·병사·관리· 백성이 명령을 따르지 않는다면
代之服罪. 대 지 복 죄	그들을 대신하여 처벌된다.
凡戮人於市, 범 륙 인 어 시	대개 사람을 처형함은 저잣거리에서 하고
死上目行[206]. 사 상 목 행	삼 일 동안 시체를 조리돌린다.
謁者[207]侍[208]令門[209]外, 알 자　시　령 문　외	'알자(謁者)'는 영문 밖에서 명령을 기다리며
爲二曹, 위 이 조	두 개의 조로 나누어

---

205 거졸(去卒): 졸(卒)은 사(士)의 오기이다.
206 사상목행(死上目行): 사삼일순(死三日徇)의 오기이다.
207 알자(謁者): 태수의 측근에서 명령을 전달하는 자. 요즘으로 치자면 장군의 부관과 같은 역할
　　을 하는 자이다. 「호령」편 주 69 참조.
208 시(侍): 명령을 서서 기다린다는 뜻이다.
209 영문(令門): 군문(軍門)의 밖에 세운 문.

夾門坐,
협문좌

협문에 앉아 대기하며

鋪[210]食更,
포　식　경

저녁 식사를 하면 교대로 근무하여

無空.
무공

자리를 비울 수 없다.

門下謁者一長,
문하알자일장

성문 아래의 알자들은 한 명의
책임자를 두며

守數令入中,
수삭령입중

태수는 자주 들어오게 하여

視其亡者,
시기망자

도망간 자가 있는지 살피며

以督[211]門尉與其官長,
이독　문위여기관장

성문의 담당 장교와 각급 행정
책임자가 살펴보고

及亡者入中報.
급망자입중보

도망간 병사가 있으면 들어와
보고하게 한다.

四人夾令門內坐,
사인협령문내좌

네 사람은 영문 안에 앉아 있게 하고

二人夾散門[212]外坐.
이인협산문　외좌

두 사람은 측문 밖에 앉아 있게 한다.

客見,
객견

손님이 나타나면

持兵立前,
지병립전

무기를 잡고 그 앞에 서며

鋪食更,
포식경

저녁에 식사 때문에 교대하게 되면

上侍者名.
상시자명

시자의 명단을 위에 보고한다.

守室[213]下高樓,
수실　하고루

태수의 거처 아래에는 높은 망루를
지어

---

210 포(鋪): 포(鋪)의 오기이다. 저녁 신시 무렵에 하는 식사.
211 독(督): 찰(察)의 뜻이다.
212 산문(散門): 측문(側門)의 뜻이다.
213 수실(守室): 태수가 거처하는 장소.

候者望見乘車若騎卒,
_{후 자 망 견 승 거 약 기 졸}

척후병이 수레를 타고 오거나 말을 타고 오는 병사·

道²¹⁴外來者,
_{도 외 래 자}

성 밖에서 오는 사람·

及城中非常者,
_{급 성 경 비 상 자}

성내의 평범해 보이지 않는 자 등을 살펴보고

輒言之守.
_{첩 언 지 수}

곧바로 태수(수비 대장)에게 보고한다.

守以須²¹⁵城上候,
_{수 이 수 성 상 후}

태수는 성 위의 정보를 기다렸다가

城門及邑吏來告其事者,
_{성 문 급 읍 리 래 고 기 사 자}

성문 및 마을의 관리가 그 일에 대해 보고하면

以驗之,
_{이 험 지}

그것을 조사하게 한다.

樓下人受候者言,
_{누 하 인 수 후 자 언}

망루 아래의 병사가 척후병의 말을 들으면

以報守.
_{이 보 수}

태수에게 보고하게 한다.

中涓²¹⁶二人,
_{중 연 이 인}

'중연(中涓)'의 두 사람은

夾散門內坐,
_{협 산 문 내 좌}

측문 안에 앉아 있으며

門常閉,
_{문 상 폐}

문은 늘 닫아 두고

鋪食更.
_{포 식 경}

저녁 식사를 할 때는 교대하며

中涓一長者.
_{중 연 일 장 자}

중연은 한 명의 책임자를 둔다.

環守宮之術衢,
_{환 수 궁 지 술 구}

태수의 거처를 둘러싸고 있는

---

214 도(道): 종(從)의 오기이다.

215 수(須): 대(待)와 같다.

216 중연(中涓): 장군 휘하의 관리로 알자(謁者)와 비슷한 역할을 한다. 장군의 보좌관에 해당된다.

도로에는

置屯道,
_{치 둔 도}

'둔도(군용 도로)'를 설치하는데

各垣其兩旁,
_{각 원 기 량 방}

각 도로의 담장 양쪽 곁에는

高丈,
_{고 장}

높이 일 장의

爲埤堄[217],
_{위 비 예}

성가퀴를 만드는데

立初雞足置[218].
_{입 초 계 족 치}

닭발 모양의 성가퀴가 되지 않게 한다.

夾挾視葆食[219].
_{협 협 시 보 식}

인질의 숙소를 감시하는 병사는

而札書得,
_{이 찰 서 득}

왕래하는 편지를 얻게 되면

必謹案視參食[220]者,
_{필 근 안 시 참 식 자}

반드시 조심스럽게 검열해 보고

節[221]不法,
_{절 불 법}

법규에 맞지 않는 것이 있으면

正請[222]之.
_{정 청 지}

곧바로 그것을 심문한다.

屯陳[223]垣外,
_{둔 진 원 외}

담장 밖의 둔도와

術衢街皆樓,
_{술 구 가 개 루}

큰 도로에는 모두 망루를 설치하여

高臨里中,
_{고 림 리 중}

높은 곳에서 마을이 내려다보이게 하고

---

217 비예(埤堄): 성 위에 설치한 성가퀴의 일종.

218 입초계족치(立初雞足置): 물치립계족(勿置立雞足)의 오기이다. 계족(雞足)은 성벽 위로 닭발처럼 튀어나온 담을 의미한다.

219 협협시보식(夾挾視葆食): 졸협시보사(卒夾視葆舍)의 오기이다. 보사(葆舍)는 인질의 숙소이다.

220 참식(參食): 참험(參驗)의 오기이다.

221 절(節): 즉(卽)의 오기이다.

222 정청(正請): 지힐(止詰)의 오기이다.

223 둔진(屯陳): 둔도(屯道)와 같다.

樓一鼓聾竈.
누 일 고 롱 조

망루에는 북 하나와 이동식 취사장을 둔다.

即有物故,
즉 유 물 고

사고가 생긴다면

鼓,
고

북을 치는데

吏至而止.
이 지 이 지

담당 관리가 이르면 북 치기를 멈춘다.

夜以火指鼓所.
야 이 화 지 고 소

야간에는 횃불로 북을 대신하여 신호한다.

城下五十步一厠,
성 하 오 십 보 일 측

성 아래에는 오십 보마다 하나의 변소를 두는데

厠與上同圂.
측 여 상 동 혼

변소 규격은 앞에서 언급했던 야외 변소와 마찬가지로 한다.

請²²⁴有罪過而可無斷者,
청   유 죄 과 이 가 무 단 자

죄를 지었지만 처형할 정도가 되지 않는 자들에게는

令抒厠²²⁵利之.
영 서 측   리 지

변소를 청소하게 하여 잘 통하도록 한다.

---

224 청(請): 제(諸)의 오기이다.
225 서측(抒厠): '변소를 소제하다'의 뜻이다.

잡수 제71편

(雜守第七十一)

禽子問曰:
금 자 문 왈

금골리가 물었다.

"客衆而勇,
객 중 이 용

"적군이 대군을 모아 용감하게
진격하여

輕意[1]見威,
경 의 견 위

아군을 가볍게 보고 위력을 과시하여

以駭主人.
이 해 주 인

우리 군대를 놀라게 합니다.

薪土俱上,
신 토 구 상

나무와 흙들을 함께 가지고 와

以爲羊坅[2],
이 위 양 령

'양령(羊坅)'을 만들고

積土爲高,
적 토 위 고

흙을 쌓고 높여서

以臨民,
이 림 민

우리 백성들을 내려다보며

蒙櫓俱前,
몽 로 구 전

방패로 모두 몸을 가리고

遂屬[3]之城,
수 촉 지 성

드디어 성 앞에서 모두 모여

---

1 의(意): 의(意)는 경(竟)의 오기이다.
2 양령(羊坅): 양검(羊黔)과 같은 말이다. 성을 공격하기 위해 나무나 흙을 높이 쌓아 만든 임시의 토성 같은 것을 양령(羊坅)이라고 한다.
3 촉(屬): '모이다'의 뜻이다.

兵弩俱上, <small>병 노 구 상</small>	무기와 쇠뇌를 가지고 한꺼번에 공격해 오면
爲之奈何?" <small>위 지 내 하</small>	어떻게 대처해야 하겠습니까?"
子墨子曰: <small>자 묵 자 왈</small>	묵자께서 말씀하셨다.
"子問羊坽之守邪? <small>자 문 양 령 지 수 야</small>	"그대는 '양령'에 대한 방어 방법을 묻는 것인가?
羊坽者攻之拙者也, <small>양 령 자 공 지 졸 자 야</small>	양령이란 공격하는 자의 졸렬한 방법이니
足以勞卒, <small>족 이 로 졸</small>	족히 병사들을 피로하게 하며
不足以害城. <small>부 족 이 해 성</small>	성에 피해를 주기에는 부족한 방법이다.
羊坽之政,⁴ <small>양 령 지 정</small>	양령의 공격에 대처하려면
遠攻則遠害,⁵ <small>원 공 즉 원 해</small>	적군이 먼 곳에서 공격해 오면 먼 곳에서 방어하고
近城⁶則近害, <small>근 성 즉 근 해</small>	성 가까이에서 공격해 오면 성 가까이에서 방어하여
不至城. <small>부 지 성</small>	성에 적군이 이르지 않게 한다.
矢石無休, <small>시 석 무 휴</small>	화살과 돌을 끊임없이 날리고
左右趣⁷射, <small>좌 우 취 사</small>	좌우의 병사들도 급히 활을 쏘고

---

4 양령지정(羊坽之政): 정(政)은 공(攻)의 오기이다.

5 해(害): 어(禦)의 오기이다.

6 성(城): 공(攻)의 오기이다.

蘭[8]爲柱,
　난　위　주

울타리를 기둥으로 하여 적을 막아

後望以固.
후　망　이　고

후방의 부대가 우리의 견고함을
보도록 한다.

厲吾銳卒,
여　오　예　졸

우리 병사들의 예기를 격려하여

愼無使顧,
신　무　사　고

삼가 다른 것은 돌아보지도 않게 하고

守者重下,
수　자　중　하

방어군이 거듭 내려가 공격을 가하면

攻者輕去.
공　자　경　거

공격군은 가볍게 달아나게 된다.

養勇高奮,
양　용　고　분

용사들을 격려하면

民心百倍,
민　심　백　배

민심은 백 배로 강해지며

多執數少[9],
다　집　삭　소

많은 포로를 잡은 자에게 후한 상을
내리면

卒乃不怠.
졸　내　불　태

병사들이 이에 태만하지 않을 것이다.

作士[10]不休,
작　사　불　휴

적군이 끊임없이 흙을 쌓는데도

不能禁禦,
불　능　금　어

금지시키거나 방어할 수 없게 되어

遂屬之城,
수　촉　지　성

드디어 성에 가까이 붙었다면

以禦雲梯之法應之.
이　어　운　제　지　법　응　지

운제를 방어하는 법으로 대응해야
한다.

7　취(趣): '급히'의 뜻이다.
8　난(蘭): 성 바로 아래에 방어용으로 배치된 울타리를 말한다.
9　소(少): 상(賞)의 오기이다.
10　작사(作士): 작토(作土)의 오기이다.

凡待煙[11]·衝·雲梯·臨之法,
_{법 대 연 충 운 제 림 지 법}

대개 인(堙)·충거·운제·임(臨)의 법
등으로 공격해 오면

必應城以禦之,
_{필 응 성 이 어 지}

반드시 성의 상황에 따라 그것을
방어하고 대응해야 할 것이다.

曰[12]不足,
_{왈 부 족}

돌이 부족하다면

則以木檈之.
_{즉 이 목 곽 지}

나무를 사용해야 한다.

左百步,
_{좌 백 보}

성의 왼편 백 보

右百步,
_{우 백 보}

오른편 백 보에

繁下矢·石·沙·炭以雨之,
_{번 하 시 · 석 사 탄 이 우 지}

화살·돌·모래·숯 등을 벌여 놓고 비
내리듯 발사하면서

薪火·水湯以濟之.
_{신 화 수 탕 이 제 지}

횃불이나 끓는 물로 공격을 돕게 한다.

選厲銳卒,
_{선 려 예 졸}

사납고 예기가 있는 병사들을 뽑아

愼無使顧,
_{신 무 사 고}

삼가 여타 모든 것은 돌아보지 않게
하고

審賞行罰,
_{심 상 행 벌}

잘 살펴서 상을 주고 벌을 내리며

以靜爲故,
_{이 정 위 고}

침착하게 대응함을 원칙으로 삼고

從之以急,
_{종 지 이 급}

급히 대응해야 할 때에는 급히
대응하여

無使生慮,
_{무 사 생 려}

다른 생각을 하지 않게 한다.

恚痛高憤[13],
_{에 통 고 분}

용사들을 기르고 격려하면

---

11 연(堙): 연(堙)은 인(垔) 또는 인(堙)과 상통하는 글자이다. 적을 공격하기 위한 토산(土山)이
    란 뜻이다.
12 왈(曰): 석(石)의 오기이다.

民心百倍,
민 심 백 배

민심은 백 배나 사기가 오를 것이다.

多執數賞,
다 집 삭 상

포로를 많이 잡은 사람에게 자주 상을
내리면

卒乃不怠.
졸 내 불 태

병사들이 이에 태만하지 않을 것이다.

衝·臨·梯皆以衝衝之.
충 림 제개 이 충 충 지

적의 충거·임거·운제 공격 등에는
모두 충거로 적을 공격한다.

渠[14]長丈五尺,
거 장 장 오 척

'거(渠)'는 길이 일 장 다섯 자에

其埋者三尺,
기 매 자 삼 척

그 땅속에 묻힌 부분은 세 자이며

矢[15]長丈二尺.
시 장 장 이 척

받침대 길이는 일 장 두 자이고

渠廣丈六尺,
거 광 장 륙 척

거의 폭은 일 장 여섯 자이며

其弟[16]丈二尺,
기 제 장 이 척

그 사다리는 일 장 두 자의 길이이고

渠之垂者四尺.
거 지 수 자 사 척

거가 아래에 처진 부분은 네 자이다.

樹渠無傅葉五寸,
수 거 무 부 엽 오 촌

거를 세울 때는 성가퀴와 붙여서는 안
되고 다섯 치 정도 떨어지게 하며

梯渠[17]十丈一,
제 거 십 장 일

'제거(梯渠)'는 십 장마다 하나씩 두고

梯渠·荅大數,
제 거 답 대 수

제거·답의 대략적 숫자는

里二百五十八,
이 이 백 오 십 팔

일 리에 이백오십팔 보마다 설치하며

---

13 에통고분(恚痛高憤): 양용고분(養勇高奮)의 뜻으로 생각된다.

14 거(渠): 방어 시설의 하나이다.「비성문」편을 참고할 것.

15 시(矢): 부(夫)의 오기이다. 부(跗)와 통하는 글자로 받침대의 뜻이다.

16 제(弟): 제(梯)와 상통하는 글자이다.

17 제거(梯渠): 거(渠)에 부착되어 있는 사다리이다.

渠荅百二十九.
거 답 백 이 십 구

'거답(渠荅)'은 일 리에 백이십구
보마다 설치한다.

諸外道,
제 외 도

모든 성 밖의 도로는

可要塞以難寇,
가 요 새 이 난 구

적군을 막을 만하고 적군이 곤란한 곳,

其甚害者,
기 심 해 자

대단한 요충지가 되는 곳에

爲築三亭,
위 축 삼 정

세 개의 정자를 세우는데

亭三隅,
정 삼 우

정자는 삼각형 모양으로

織女之,
직 녀 지

직녀성의 세 별처럼 구축하여

令能相救.
영 능 상 구

서로 구원할 수 있게끔 한다.

諸距阜・山林・溝瀆・丘陵・
제 거 부 산 림 구 독 구 릉

모든 언덕・산림・강물・구릉・

阡陌・郭門若閻術,
천 맥 곽 문 약 염 술

논밭 길・성문・마을 도로 등에서

可要塞及爲微職,
가 요 새 급 위 미 직

요충지가 될 만한 곳은 휘장과 표지를
붙여

可以迹知往來者少多,
가 이 적 지 왕 래 자 소 다

왕래하는 사람이 많은 곳인지 적은
곳인지,

及所伏藏之處.
급 소 복 장 지 처

몸을 숨길 만한 곳이 있는지 등을 알
수 있게 한다.

葆民[18],
보 민

보호를 받게 된 백성들은

---

18 보민(葆民): 보민(保民)과 뜻이 같다. 성 밖에서 성내로 이주하여 보호를 받게 된 백성을 말한
다. 피난민의 개념이라고 할 수 있겠다.

先擧城中官府·民宅·室署,
선거성중관부 민택 실서

우선적으로 성내의 관청·민가·행정 부서 등에 배치하는데

大小,
대 소

그 크기에 따라 알맞게 배치하며

葆者或欲從兄弟·知識者許之.
보자혹욕종형제 지식자허지

보호민이 성내의 형제나 아는 사람을 따르겠다고 하면 허가해 준다.

外宅粟米·畜産·財物
외택속미 축산 재물

성 밖의 곡식·가축·재물 등

諸可以佐城者,
제가이좌성자

성을 도울 수 있는 물자들은

送入城中,
송입성중

성 안으로 수송한다.

事卽急,
사 즉 급

사태가 긴급해지면

則使積門內.
즉사적문내

곧바로 성문 안에 쌓아 놓도록 한다.

民獻粟米·布帛·金錢·牛馬·畜産,
민헌속미 포백 금전 우마 축산

백성들이 바치는 곡식·비단·돈·소와 말·가축 등은

皆爲置平賈,
개 위 치 평 가

모두 공정한 가격으로 주며

與主券書之.
여 주 권 서 지

주관하는 관리는 그들에게 숫자를 기록한 채권을 준다.

使人各得其所長,
사 인 각 득 기 소 장

사람들에게 그가 잘하는 것을 하도록 한다면

天下事當.
천 하 사 당

천하의 일은 타당하게 처리될 것이다.

鈞其分職,
균 기 분 직

사람들이 고르게 직분을 가질 수 있다면

天下事得. _{천 하 사 득}	천하의 일은 성과를 얻을 것이다.
皆其所喜, _{개 기 소 희}	사람들 모두가 기뻐하는 일을 한다면
天下事備. _{천 하 사 비}	천하의 일은 완전하게 갖추어질 것이다.
强弱有數, _{강 약 유 수}	사람의 강하고 약함을 잘 헤아려 처리하면
天下事具矣. _{천 하 사 구 의}	천하의 일이 잘 갖추어질 것이다.
築郵亭[19]者圜之, _{축 우 정 자 환 지}	'우정(郵亭)'을 구축하고 담을 두르는데
高三丈以上, _{고 삼 장 이 상}	그 높이는 삼 장 이상으로 하고
令侍殺[20]. _{영 시 쇄}	담장은 비스듬하게 만든다.
爲辟梯[21], _{위 비 제}	'비제(辟梯)'를 만드는데
梯兩臂長三尺[22], _{제 량 비 장 삼 척}	사다리 양팔의 길이는 세 자이며
連門[23]三尺, _{연 문 삼 척}	'연판(連版)' 길이는 세 자이고
報[24]以繩連之. _{보 이 승 련 지}	연판은 밧줄로 연결해 놓는다.
槧再雜,[25] _{참 재 잡}	참호를 두 겹으로 둘러 파고

---

19 우정(郵亭): 전쟁 같은 긴급 상황이 발생할 때, 봉화를 피워 긴급 소식을 전하는 곳이다. 봉수
    대와 파수대 같은 기능을 하는 곳이다.

20 시쇄(侍殺): 의쇄(倚殺)의 오기이다. 담장을 비스듬하게 만드는 것이다.

21 비제(辟梯): 비제(臂梯)와 같다. 양팔이 펼쳐진 모양의 사다리이다.

22 삼척(三尺): 삼장(三丈)의 오기이다.

23 연문(連門): 연판(連版)의 오기이다.

24 보(報): 판(版)의 오기이다.

25 참재잡(槧再雜): 참(槧)은 참(塹)의 뜻으로 '참호를 파는 것'이다. 잡(雜)은 잡(帀)과 같으며 둘
    러싸는 것이다.

爲縣梁²⁶.
위 현 량

현량을 만든다.

聾竈²⁷,
농 조

우정에는 이동용 취사장과

亭一鼓.
정 일 고

북 하나씩을 둔다.

寇烽·驚烽·亂烽²⁸,
구 봉 경 봉 난 봉

봉화에는 구봉(寇烽)·경봉(驚烽)·
난봉(亂烽) 등이 있는데

傳火以次應之,
전 화 이 차 응 지

봉화를 피워 차례대로 소식을 전하고

至主國止,
지 주 국 지

나라의 수도에 전달되어야 그만두며

其事急者,
기 사 급 자

그 일이 긴급할 경우

引而上下之.
인 이 상 하 지

봉화를 당겨 아래위로 움직이게 한다.

烽火以²⁹擧,
봉 화 이 거

봉화를 피우고 나서는

輒五鼓傳,
첩 오 고 전

곧바로 북을 다섯 번 쳐 소식을 전하며

又以火屬之,
우 이 화 촉 지

다시 계속 봉화가 이어지게 해서

言寇所從來者少多,
언 구 소 종 래 자 소 다

침입해 온 적군이 많은지 적은지를
헤아리게 하는데

且弇還,
단 엄 환

지체해서는 안 되며

去來屬次烽勿罷.
거 래 속 차 봉 물 파

적군의 왕래에 따라 차례대로 봉화를
피우고 그치지 않는다.

---

26 현량(縣梁): 적교(吊橋)의 뜻이다. 위아래로 움직일 수 있게 한 다리.

27 농조(聾竈): 농(聾)은 농(嚨), 이동용 취사장을 의미한다.

28 구봉·경봉·난봉(寇烽·驚烽·亂烽): 봉화를 피울 때의 단계이다. 구봉(寇烽)은 적군이 나타날 때의 봉화이다. 경봉(驚烽)은 경봉(警烽)의 뜻인데, 적군이 근접해 오는 경우 피우는 봉화이다. 난봉(亂烽)은 적군이 곧 공격할 것이라는 신호이다.

29 이(以): 이(已)와 상통한다. '봉화 피우기가 끝나면'의 뜻이다.

望見寇,
_{망 견 구}

적군이 나타난 것을 보면

擧一烽;
_{거 일 봉}

한 개의 봉화를 피운다.

入境,
_{입 경}

적군이 국경에 들어오면

擧二烽;
_{거 이 봉}

두 개의 봉화를 피운다.

射妻,[30]
_{사 처}

적군이 요충지를 공격하면

擧三烽一藍;[31]
_{거 삼 봉 일 람}

세 개의 봉화를 피우고 북을 한 번
두드린다.

郭會,
_{곽 회}

적군이 외부 성에 모이면

擧四烽二藍;
_{거 사 봉 이 람}

네 개의 봉화를 피우고 북을 두 번
두드린다.

城會,
_{성 회}

적군이 성에 모이면

擧五烽五藍;
_{거 오 봉 오 람}

다섯 개의 봉화를 피우고 북을 다섯 번
두드린다.

夜以火,
_{야 이 화}

밤에는 횃불로 신호하며

如此數.
_{여 차 수}

봉화 피울 때와 숫자가 같게 한다.

守烽者事急.
_{수 봉 자 사 급}

봉화를 지키는 자는 일을 시급하게
처리해야 한다.

候無過五十,
_{후 무 과 오 십}

척후병의 숫자는 오십 명이 넘으면 안
되는데

---

30 사처(射妻): 사요(射要)의 오기이다. '요충지를 공격하다'의 뜻이다.
31 남(藍): 남(藍)은 고(鼓)의 오기이다.

寇至葉[32], 구 지 엽	적군이 성가퀴에 이르면
隨去之, 수 거 지	곧 그들을 철수시키며
唯弇逮.[33] 유 엄 체	지체해서는 안 된다.
日暮出之, 일 모 출 지	날이 저물면 척후병을 출동시키되
令皆爲微職[34]. 영 개 위 미 직	모두 휘장과 표지를 부착하게 한다.
距阜·山林·皆令可以迹, 거 부 산 림 개 령 가 이 적	큰 언덕·산림 등을 모두 추적할 수 있는데
平明而迹, 평 명 이 적	새벽에 추적을 시작하고
無迹[35], 무 적	추적병은 한 마을에 세 명 이하로 가면 안 된다.
各立其表, 각 립 기 표	각자가 자신의 위치에 표지판을 세우는데
下城之應. 하 성 지 응	성에서 아래를 보고 대응하도록 한다.
候出置田表[36], 후 출 치 전 표	척후병이 마을의 경계를 벗어나면
斥坐郭內外立旗幟, 척 좌 곽 내 외 립 기 치	성곽의 척후병은 성곽 안팎에 깃발을 세우고
卒半在內, 졸 반 재 내	병사의 절반은 성안에 머물게 하여
令多少無可知. 영 다 소 무 가 지	얼마의 병력이 있는지 알 수 없게 한다.

---

32 엽(葉): 첩(堞)의 오기이다. 성가퀴.

33 유엄체(唯弇逮): 「호령」편에 의하면, '유엄(唯弇)'은 '무염(毋厭)'의 오기라고 한다. 따라서 무염체(毋厭逮)는 '지체하지 않는다'의 뜻으로 볼 수 있다.

34 미직(微職): 휘지(徽識)의 오기이다.

35 무적(無迹): 적자무하리삼인(迹者下里三人)의 오기이다.

36 전표(田表): 마을이나 그 지역의 위치를 표시한 이정표.

卽有驚[37],　　　　　　긴급한 경보가 있으면
_{즉 유 경}

擧孔表[38],　　　　　　외부의 표지판을 들어 올리고
_{거 공 표}

見寇,　　　　　　　　적군이 나타나면
_{견 구}

擧牧表[39].　　　　　　다음의 표지판을 들어 올린다.
_{거 목 표}

城上以麾指之,　　　　성 위에서는 깃발을 휘둘러
_{성 상 이 휘 지 지}　지휘하는데

斥步[40]鼓整旗,　　　　척후병이 북을 치고 깃발을 정돈하면
_{척 보　고 정 기}

旗[41]以備戰從麾所指.　성에서는 이를 보고 깃발로 전쟁을
_{기　이 비 전 종 휘 소 지}　지휘한다.

田者男子以戰備從斥,　농민 중에서 남자들은 전쟁 대비를
_{전 자 남 자 이 전 비 종 척}　위해 척후병의 지시를 따르며

女子亟走入.　　　　　여자들은 신속히 성안으로 들어간다.
_{여 자 극 주 입}

卽見放[42],　　　　　　적군이 나타나면
_{즉 견 방}

到傳到城止.　　　　　북을 쳐서 전하는데 성에 연락이
_{도 전 도 성 지}　되어야 그친다.

守表者三人,　　　　　표지판을 지키는 세 명의 병사는
_{수 표 자 삼 인}

更立捶表[43]而望.　　　서로 번갈아 가며 우표를 세우고
_{경 립 추 표　이 망}　적군을 살핀다.

---

37 경(驚): 경(警)과 같은 뜻이다.

38 공표(孔表): 외표(外表)의 오기이다.

39 목표(牧表): 차표(次表)의 오기이다.

40 척보(斥步): 척좌(斥坐)의 오기이다. '척후병이 있는 곳'의 뜻이다.

41 기(旗): 잘못 끼어든 글자로 의당 삭제해야 한다.

42 방(放): 구(寇)의 오기이다.

43 추표(捶表): 우표(郵表)의 오기이다.

守數令騎若吏行旁視,⁴⁴
수 삭 령 기 약 리 행 방 시

성의 수비 대장은 자주 기병과 관리를
보내어 두루 살피게 하고

有以知爲⁴⁵所爲.
유 이 지 위   소 위

그들이 하는 행동을 잘 알고 있어야
한다.

其曹一鼓,
기 조 일 고

그 초소에는 북을 하나씩 두고

望見寇,
망 견 구

적군이 나타나는 것을 보면

鼓傳到城止.
고 전 도 성 지

북을 쳐 성에 연락을 전한 뒤에야
그친다.

斗食,⁴⁶
두 식

하루에 한 말의 밥을 먹는다면

終歲三十六石;
종 세 삼 십 륙 석

일 년에 서른여섯 섬의 곡식이 든다.

參食,⁴⁷
삼 식

하루에 하루치의 3분의 2를 먹는다면

終歲二十四石;
종 세 이 십 사 석

일 년에 스물네 섬의 곡식이 든다.

四食,⁴⁸
사 식

하루에 하루치의 4분의 2를 먹는다면

終歲十八石;
종 세 십 팔 석

일 년에 열여덟 섬의 곡식이 든다.

五食,⁴⁹
오 식

하루에 하루치의 5분의 2를 먹는다면

終歲十四石四斗;
종 세 십 사 석 사 두

일 년에 열네 섬 네 말의 곡식이 든다.

---

44 방시(旁視): 편시(偏視)의 뜻과 같다.

45 위(爲): 기(其)의 오기이다.

46 두식(斗食): '하루에 한 말의 밥을 먹다'의 뜻이다.

47 삼식(參食): 이하 식량을 소비하는 데 대한 분수 계산은 청대 학자 유월의 견해를 참고하였다.
    삼식(參食)은 하루치의 3분의 2를 먹는 것이다.

48 사식(四食): 하루치의 4분의 2를 먹는 것.

49 오식(五食): 하루치의 5분의 2를 먹는 것.

六食,[50]
육 식

하루에 하루치의 6분의 2를 먹는다면

終歲十二石.
종 세 십 이 석

일 년에 열두 섬의 곡식이 든다.

斗食食五升,
두 식 식 오 승

하루 닷 말의 식사에서 한 끼는 닷 되를 먹는 것이고

參食食參升小半,
삼 식 식 삼 승 소 반

3분의 2 식사에서 한 끼는 세 되고 한 되의 절반을 먹는 것이다.

四食食二升半,
사 식 식 이 승 반

4분의 2 식사에서 한 끼는 두 되고 되의 절반을 먹는 것이다.

五食食二升,
오 식 식 이 승

5분의 2 식사에서 한 끼는 두 되를 먹는 것이다.

六食食一升大半,
육 식 식 일 승 대 반

6분의 2 식사에서 한 끼는 한 되고 한 되의 절반을 먹는 것이다.

日再食.
일 재 식

한 끼란 하루에 두 번 먹을 때의 한 끼이다.

救死之時,
구 사 지 시

죽음의 위기에서 구해야 할 때는

日二升者二十日,
일 이 승 자 이 십 일

하루 두 되 먹는 것을 스무 날 해야 하며

日三升者三十日,
일 삼 승 자 삼 십 일

하루 세 되 먹는 것을 삼십 일 해야 하고

日四升者四十日,
일 사 승 자 사 십 일

하루 네 되 먹는 것을 사십 일 해야 하니

如是,
여 시

이와 같이 한다면

---

50 육식(六食): 하루치의 6분의 2를 먹는 것

而民免於九十日之約[51]矣.
이 민 면 어 구 십 일 지 약　　의

백성들은 구십 일 동안의 위태로움을 면할 수 있다.

寇近,
구 근

적군이 접근해 오면

亟收諸雜鄉[52]金器,
극 수 제 잡 향　　금 기

긴급히 소개(疏開)되는 고을의 금속 도구와

若銅鐵及他可以左守事者.
약 동 철 급 타 가 이 좌 수 사 자

구리·쇠 등 및 기타 성에 도움 될 만한 것들은 수집된다.

先舉縣官室居·官府不急者,
선 거 현 관 실 거　관 부 불 급 자

먼저 현의 관리 관사나 관청에서 긴요하지 않은 물자,

材之大小長短及凡數,
재 지 대 소 장 단 급 범 수

재목 중 크고 작은 것·길고 짧은 것들은 대강의 숫자를 파악하고

卽急先發.
즉 급 선 발

곧 급히 우선적으로 징발한다.

寇薄,[53]
구 박

적군이 닥치는 상황이 되면

發屋,
발 옥

민가는 부수고

伐木,
벌 목

나무는 벌채하여

雖有請謁,
수 유 청 알

비록 주민들이 간청하더라도

勿聽.
물 청

들어주지 않는다.

入柴,
입 시

땔나무들이 들어오면

勿積魚鱗簪,
물 적 어 린 잠

물고기 비늘처럼 무질서하게 쌓지

---

51 약(約); '위태로움'의 뜻이다.

52 잡향(雜鄉): 이향(離鄉)과 같다. 방어가 되기 어려운 지역의 주민들을 이주시키는 것.

53 구박(寇薄): 박(薄)은 '근접하다'의 뜻이다.

않으며

當隊[54],
당대

적의 땅굴 공격에 대응해서

令易取也.
영 이 취 야

쉽게 꺼낼 수 있게 해야 한다.

材木不能盡入者,
재 목 불 능 진 입 자

재목 중 모두 다 가져올 수 없는
것들은

燔之,
번 지

다 불태워서

無令寇得用之.
무 령 구 득 용 지

적군이 그것을 얻어 쓰지 못하게 한다.

積木,
적 목

나무를 쌓을 때는

各以長短大小惡美形相從,
각 이 장 단 대 소 악 미 형 상 종

각각 길고 짧은 것·크고 작은
것·잘생긴 것과 못생긴 것 등 형태에
따라 가지런히 하여

城四面外各積其內,
성 사 면 외 각 적 기 내

성내 사방 밖에서 안쪽으로 쌓아
나가고

諸木大者皆以爲關鼻,
제 목 대 자 개 이 위 관 비

모든 나무 중 규격이 큰 것들은 구멍을
뚫고 줄로 연결하여

乃積聚之.
내 적 취 지

가지런하게 쌓는다.

城守[55]司馬以上,
성 수 사 마 이 상

성의 태수는 사마(司馬) 이상의
관리들의

父母·昆弟·妻子,
부 모 곤 제 처 자

부모·형제·처자 등을

---

54 당대(當隊): 대(隊)는 수(隧)의 뜻이다. '적의 땅굴 공격에 대응하여'의 뜻이다.

55 성수(城守): 성의 태수. 태수는 수비 대장을 겸하기 때문에 성수(城守)라 한 것이다.

有質在主所[56], 유 질 재 주 소	태수의 거처에 인질로 두어야
乃可以堅守. 내 가 이 견 수	곧 경고하게 방어할 수가 있다.
署都司空, 서 도 사 공	도사공의 벼슬은
大城四人, 대 성 사 인	큰 성에는 네 사람이 있어야 하고
候二人; 후 이 인	후(候)는 두 사람이 있어야 하며
縣候面一;[57] 현 후 면 일	현후는 사방에 한 명씩 둔다.
亭尉·次司空, 정 위 차 사 공	정위·차사공은
亭一人, 정 일 인	정(亭)마다 한 명씩 둔다.
吏侍守所者財[58]足. 이 시 수 소 자 재 족	이러한 숫자이면 관리로 방어 책임이 있는 자의 수는 충분하다.
廉信, 염 신	청렴하고 믿을 만하며
父母·昆弟·妻子有[59]在葆宮[60]中者, 부 모 곤 제 처 자 유 재 보 궁 중 자	부모·형제·처자를 인질 숙소에 둔 자는
乃得爲侍吏. 내 득 위 시 리	태수의 측근 관리가 될 수 있다.
諸吏必有質, 제 리 필 유 질	모든 관리는 반드시 인질을 두게 하는데
乃得任事. 내 득 임 사	이렇게 해야 일을 맡길 수 있다.

---

56 주소(主所): 태수가 거처하는 곳.
57 현후면일(縣候面一): 현후(縣候)는 성의 방어 책임자인데 사방에 한 명씩 둔다는 뜻이다.
58 재(財): 재(才)의 오기이다. '겨우'의 뜻이다.
59 유(有): 우(又)의 오기이다.
60 보궁(葆宮): 보궁(保宮)과 같은데 인질들이 머무는 숙소이다.

守大門者二人,
수 대 문 자 이 인

성의 대문을 지키는 자는 두 사람으로
하고

夾門而立,
협 문 이 립

대문을 끼고 지키게 하며

令行者趨其外.
영 행 자 추 기 외

대문을 통행하는 자들은 빨리 밖으로
나가게 한다.

各四戟,
각 사 극

또 각 네 명의 병사가 창을 들고

夾門立,
협 문 립

대문을 끼고 서 있게 하는데

而其人坐其下.
이 기 인 좌 기 하

나머지 인원은 성문 아래에 위치하게
한다.

吏日五閱之,
이 일 오 열 지

관리는 하루에 다섯 번 그들을
검열하며

上逋者名.
상 포 자 명

달아난 자들의 명단은 상부에
보고한다.

池外廉[61]有要有害,
지 외 렴   유 요 유 해

해자 밖의 가에 요충지가 될 만한
곳에는

必爲疑人[62],
필 위 의 인

반드시 의인(疑人)을 만들어 둔다.

令往來行夜者射之,
영 왕 래 행 야 자 사 지

야간에 해자를 통행하는 자는 활을
쏘는데

謀[63]其疏者.
모   기 소 자

그것을 소홀히 한 자는 처벌된다.

---

61 염(廉): 변(邊)과 뜻이 통하는 글자이다.

62 의인(疑人): 사람 모양으로 만든 허수아비로 밀짚 인형 같은 것이다. 주간에는 분간이 되겠지
만 야간에는 경계병으로 오인할 것이다.

63 모(謀): 주(誅) 자의 오기이다.

牆外水中,
장 외 수 중

성벽 밖 해자의 물속에

爲竹箭,
위 죽 전

대나무 화살을 설치하는데

箭尺廣二步,
전 척 광 이 보

대화살은 한 자 길이인데 두 걸음마다
설치한다.

箭下於水五寸,
전 하 어 수 오 촌

대화살은 물보다 다섯 치 아래에 두며

雜長短,
잡 장 단

길고 짧은 것을 섞어 둔다.

前外廉三行,
전 외 렴 삼 행

성 앞 바깥 해자에는 세 줄로 대화살을
배치하는데

外外鄉[64],
외 외 향

바깥쪽은 바깥을 향하도록 하고

內亦內鄉.
내 역 내 향

안쪽은 안쪽을 향하도록 한다.

三十步一弩廬[65],
삼 십 보 일 노 려

삼십 걸음마다 쇠뇌 초소를 두는데

廬廣十尺,
여 광 십 척

초소의 폭은 열 자로 하고

袤丈二尺.
무 장 이 척

길이는 일 장 두 자로 한다.

隊有急,
대 유 급

아군에게 긴급한 일이 생기면

極[66]發其近者往佐,
극 발 기 근 자 왕 좌

시급히 근방으로 가서 아군을 도우며

其次襲[67]其處.
기 차 습 기 처

그다음에도 계속 아군을 돕는다.

守節出入,
수 절 출 입

태수의 부절을 가지고 출입하면

---

64 향(鄉): 향(向)의 뜻이다.
65 노려(弩廬): 쇠뇌 장치를 가진 병사가 근무하는 초소.
66 극(極): 극(亟)과 뜻이 통한다.
67 습(襲): 계(繼)의 뜻이다.

使主節[68]必疏書[69],
사 주 절 필 소 서

부절을 관장하는 관리는 반드시 그의
신상을 기록하고

署其情[70],
서 기 정

그 임무에 대한 내용을 적는데

令若其事,
영 약 기 사

그가 하는 임무와 같아야 하며

而須其還報以劍驗[71]之.
이 수 기 환 보 이 검 험 지

반드시 그가 임무에서 되돌아와
보고하면 그것을 검증하게 한다.

節出,
절 출

부절을 가지고 나가면

使所出門者,
사 소 출 문 자

성 밖의 출입을 담당하는 자는

輒言節出時摻者[72]名.
첩 언 절 출 시 삼 자 명

부절을 가지고 나갈 때 곧 가진 자의
성명을 기록한다.

百步一隊[73].
백 보 일 대

백 걸음마다 하나의 땅굴을 둔다.

閣通守舍,
각 통 수 사

작은 문이 태수의 방까지 연결되도록
하되

相錯穿室.
상 착 천 실

통로를 복잡하게 하여 집무실에
연결한다.

治復道,
지 복 도

겹 도로를 만들며

爲築墉[74],
위 축 용

담장을 구축해 두고

---

68 주절(主節): 태수의 부절을 관장하는 관리.

69 소서(疏書): 부절을 가지고 가는 자에 대한 신상 기록.

70 기정(其情): 부절을 가지고 가는 자의 임무 등에 대해 기록하는 것.

71 검험(劍驗): 참험(參驗)의 오기. 검증하는 것.

72 삼자(摻者): 조자(操者)의 뜻과 같다. 부절을 가진 자의 뜻이다.

73 대(隊): 수(隧)의 뜻이다.

74 용(墉): 장(牆)의 뜻과 같다.

墉善其上.
용 선 기 상

담장은 그 위를 잘 성비한다.

取疏⁷⁵,
취 소

채소들을 모음에는

令民家有三年畜⁷⁶蔬食,
영 민 가 유 삼 년 축 소 식

민가에 삼 년치 채소와 식량을
비축하게 하여

以備湛旱⁷⁷,
이 비 잠 한

긴 장마·가뭄 및

歲不爲.⁷⁸
세 불 위

흉년 든 해에 대비하게 한다.

常令邊縣豫種畜芫·芸·烏喙·袾葉⁷⁹.
상 령 변 현 예 종 축 원 운 오 훼 주 엽

늘 변방의 고을에 물고기 잡는 독초인
원·운과 역시 독초인 오훼·주연 등을
미리 재배하게 한다.

外宅溝井可窴⁸⁰,
외 택 구 정 가 전

성 외의 주택 구역 도랑과 우물은 메꿀
수 있는 것은

塞;
색

메꾼다.

不可,
불 가

메꿀 수 없는 곳은

置此其中.
치 차 기 중

이러한 독초를 그 속에 넣는다.

安則示以危,
안 즉 시 이 위

적군에게 안전해 보이는 곳은 위험한

---

75 취소(取疏): 취소(聚蔬)의 뜻이다. '채소를 비축하다'의 뜻이다.

76 축(畜): 축(蓄)의 뜻이다.

77 잠한(湛旱): 장마와 가뭄.

78 세불위(歲不爲): '한 해 농사가 잘되지 않다'의 뜻.

79 원·운·오훼·주엽(芫·芸·烏喙·袾葉): 원(芫)은 물고기를 잡는 데 쓰는 독풀이다. 운(芸)은
   '망초(芒草)'라고도 하는데 역시 물고기를 잡는 데 쓰는 독풀이다. 오훼(烏喙)는 '오두(烏頭)'
   라고도 하며 역시 독풀이다. 주(袾)는 '산초(山椒)'라고도 부르며 독풀의 종류이다,

80 전(窴): 전(塡)과 뜻이 통하는 글자이다.

곳이고

危示以安.
위시이안

위험해 보이는 곳은 안전함을 보여
준다.

寇至,
구 지

적군이 이르면

諸門戶令皆鑿而類⁸¹竅之,
제 문 호 령 개 착 이 류   규 지

모든 문에 구멍을 뚫고 그 구멍 위로
덮개를 덮는데

各爲二類,
각 위 이 류

각각 두 개의 덮개를 만들어

一鑿而屬繩,
일 착 이 촉 승

한쪽 구멍에는 밧줄을 연결하는데

繩長四尺,
승 장 사 척

밧줄 길이는 네 자에

大如指.
대 여 지

크기는 손가락 굵기이다.

寇至,
구 지

적군이 이르면

先殺牛·羊·雞·狗·烏⁸²·鴈,
선 살 우 양 계 구 오   안

먼저 소·양·닭·개·오리·기러기 등을
모두 죽여

收其皮革·筋·角·脂·胹⁸³·羽.
수 기 피 혁 근 각 지 뇌 우

그 가죽·근육·뿔·지방·뇌수·깃털
등을 모아 놓는다.

彘皆剝之.
체 개 박 지

돼지는 가죽을 벗겨 놓는다.

吏楸·桐·卤⁸⁴,
이 담 동 복

가래나무·오동나무·밤나무 등의
목재를 사용하여

---

81 유(類): 멱(冪)과 뜻이 통한다. '덮개'의 뜻이다.

82 오(烏): 아마 부(鳧)의 뜻으로 생각된다.

83 뇌(胹): '뇌수'의 뜻이다.

84 이담·동·복(吏楸·桐·卤): 사주·동·률(使楸·桐·栗)의 오기로 생각된다.

爲鐵錍,
위 철 비

쇠도끼를 만들고

厚簡爲衡枉.
후 간 위 형 왕

두꺼운 시렁에 세로로 기둥을 낸다.

事急,
사 급

사태가 긴급해지면

卒不可遠,
졸 불 가 원

병사들을 멀리로 보내지 못하므로

令掘外宅林.
영 굴 외 택 림

병사들로 하여금 성 밖의 주택에서
나무를 가져오게 한다.

謀多少,
모 다 소

얼마의 나무가 들든 간에

若治城[85]□爲擊,
약 치 성　　위 격

만약 성 위의 '격'을 만들려 하면

三隅之.
삼 우 지

삼각형으로 만든다.

重五斤已上諸林木,
중 오 근 이 상 제 림 목

무게 다섯 근 되는 여러 목재들을

渥水中,
악 수 중

물속에 담글 때에는

無過一栚.
무 과 일 패

뗏목 하나 이상 담그지 않는다.

塗茅屋若積薪者,
도 모 옥 약 적 신 자

초가집이나 나무를 쌓은 곳에는
진흙을 바르는데

厚五寸已上.
후 오 촌 이 상

두께 다섯 치 이상으로 한다.

吏各擧其步界中財物,
이 각 거 기 보 계 중 재 물

관리들은 각자가 자신의 담당
구역에서 재물을 수집하여

可以左守者上.
가 이 좌 수 자 상

성의 방어에 도움이 될 수 있게 한다.

有讒人,
유 참 인

남을 헐뜯기 좋아하는 사람도 있고

---

85 성(城): 성(城) 자 다음에 상(上)자가 빠진 듯하다.

有利人, _{유 리 인}	남을 이롭게 해 주는 사람도 있으며
有惡人, _{유 악 인}	악한 사람도 있고
有善人, _{유 선 인}	착한 사람도 있으며
有長人; _{유 장 인}	재능이 뛰어난 사람도 있다.
有謀士, _{유 모 사}	계책이 뛰어난 사람도 있으며
有勇士, _{유 용 사}	용감한 사람도 있고
有巧士, _{유 교 사}	교묘한 재주가 있는 사람도 있고
有使士; _{유 사 사}	외교 재능이 뛰어난 사람도 있다.
有內人⁸⁶者, _{유 내 인 자}	나라 안의 정치를 할 만한 사람도 있고
有外人⁸⁷者, _{유 외 인 자}	나라 밖 외교에 뛰어난 사람도 있으며
有善人者, _{유 선 인 자}	남을 잘 대해 주는 사람이 있는가 하면
有善門人者, _{유 선 문 인 자}	남과 잘 다투는 사람도 있는데
守必察其所以然者, _{수 필 찰 기 소 이 연 자}	태수는 반드시 그가 그러한 원인을 잘 살펴서
應名, _{응 명}	명성과 실제가 상응해야만
乃內⁸⁸之. _{내 내 지}	그를 용납하여 쓴다.
民相惡, _{민 상 오}	백성들이 서로 미워하거나

---

86 내인(內人): 국내의 정치에 뛰어난 자.
87 외인(外人): 국외의 외교에 뛰어난 자.
88 내(內): 납(納)과 의미가 통한다.

若議吏,
_{약 의 리}

만약 관리를 비판한다면

吏所解,
_{이 소 해}

관리가 오해를 풀어 주고

皆札書藏之,
_{개 찰 서 장 지}

모든 내용을 서찰에 기록해 두며

以須告者之至以參驗之.
_{이 수 고 자 지 지 이 참 험 지}

반드시 누군가가 고소를 하게 되면
참조하여 살펴본다.

睨者小[89]五尺,
_{예 자 소　　오 척}

14세 이하의 소년은 키가 다섯 자에
불과하여

不可卒者,
_{불 가 졸 자}

병사로 징집할 수 없고

爲署吏,
_{위 서 리}

관청의 하급 서리로 부리거나

令給事官府若舍.
_{영 급 사 관 부 약 사}

관청 관사의 시중드는 일을 하게 한다.

藺石·厲矢·諸材·器用,
_{인 석　여 시　제 재　기 용}

던지는 돌·예리한 화살·목재들·
갖가지 도구 등등은

皆謹部,
_{개 근 부}

삼가 모든 부서가 신중히 하여

各有積分數.
_{각 유 적 분 수}

각기 필요한 만큼만 쌓아 둔다.

爲解車[90]以枱[91],
_{위 해 거　이 이}

'해거(解車)'는 가래나무로 만드는데

城矢[92]以軺車,
_{성 의　이 초 거}

화살을 싣는 것은 '초거(軺車)'로 하며

輪軲,
_{윤 고}

초거의 수레 폭은

---

89 예자소(睨者小): 제소예(諸小睨)의 오기로 생각된다. 예(睨)는 14세 이하의 어린아이라는 뜻
이다.

90 해거(解車): 다음에 나오는 초거(軺車)와 같은 의미이다.

91 이(枱): 재(梓)의 오기이다. '가래나무'의 뜻이다.

92 성의(城矢): 재시(載矢)의 오기이다.

廣十尺, 광 십 척	폭이 열 자이고
轅長丈, 원 장 장	끌채 길이는 일 장이고
爲三幅[93], 위 삼 폭	네 개의 수레바퀴가 있으며
廣六尺. 광 륙 척	그 폭은 여섯 자이다.
爲板箱, 위 판 상	수레 몸통은
長與轅等, 장 여 원 등	길이가 끌채와 같은데
高四尺, 고 사 척	높이가 네 자이며
善蓋上治中, 선 개 상 치 중	위에 수레 덮개를 잘 설치하고
令可載矢." 영 가 재 시	화살을 실을 수 있도록 해야 한다."

子墨子曰: 자 묵 자 왈	묵자께서 말씀하셨다.
"凡不守者有五: 범 불 수 자 유 오	"성을 방어할 수 없는 조건이 다섯 가지가 있다.
城大人少, 성 대 인 소	성은 큰데 인구가 적으면
一不守也; 일 불 수 야	첫째로 지킬 수 없는 조건이 된다.
城小人衆, 성 소 인 중	성은 작은데 사람이 많으면
二不守也; 이 불 수 야	둘째로 지킬 수 없는 조건이 된다.
人衆食寡, 인 중 식 과	인구는 많은데 식량이 부족하면
三不守也; 삼 불 수 야	셋째로 지킬 수 없는 조건이 된다.

---

93 삼폭(三幅): 사륜(四輪)의 오기이다.

市去城遠,
_{시 거 성 원}

시장이 성에서 멀리 있으면

四不守也;
_{사 불 수 야}

넷째로 지킬 수 없는 조건이 된다.

畜積在外,
_{축 적 재 외}

축적된 재물이 성 밖에 있고

富人在虛,
_{부 인 재 허}

부자들이 시골에 있으면

五不守也.
_{오 불 수 야}

다섯째로 지킬 수 없는 조건이 된다.

率萬家而城方三里."
_{솔 만 가 이 성 방 삼 리}

일만 집안을 통솔하더라도 성의 사방은 삼 리에 불과하다."

해제

『묵자』, 난세 극복과 이상 세계를 위한 실천서

최 환

一. 묵자라는 사람에 대해

1. 묵자의 성명

선진(先秦) 저작인 『맹자(孟子)』·『장자(莊子)』·『순자(荀子)』·『한비자(韓非子)』를 보면, 그를 '묵적(墨翟)'이라고도 칭하며 '묵자(墨子)'라고도 칭하였다. 한대(漢代) 사마천(司馬遷)의 『사기(史記)』 「맹자순경열전(孟子荀卿列傳)」에 "묵적은 송나라 대부로 성(城) 방어를 잘하고 절용을 주장하였다[墨翟, 宋之大夫, 善守禦, 爲節用]"라고 소개하며 묵자의 절용과 전쟁을 반대하는 사상을 부각시켰다. 한대 이후부터 학자들은 묵자의 성은 墨이고 이름은 翟이라고 주장하였다.

다시 선진 전적(典籍)의 관련 칭호의 비교 관점에서 보면, 『장자』 「천하(天下)」에서 '묵적(墨翟)'과 '금골리(禽滑厘)'를 병렬하여 묘사하였는데, 당대(唐代) 성현영(成玄英)의 소(疏)에서 "금골리는 성이 금이고 자가 골리로, 묵적의 제자이다[禽滑厘, 姓禽字滑厘, 墨翟弟子也]"라고 하였다. 『묵자』 중에도 그를 '자금자(子禽子)'라고 칭하였다. 금골리의 성이 금(禽)이며 『장자』 「천하」에서 두 사람을 병렬하였으니, 묵자의 성은 묵(墨)이고 이름은 적(翟)임을 미루어 알 수 있다. 이 밖에 『여씨춘추(呂氏春秋)』 「박지(博志)」에서는 '공구(孔丘)'와 '묵적(墨翟)'을 병렬하여 묘사하였는데, 공구의 성이 공(孔)이

고 이름이 구(丘)라는 사실로 볼 때 묵적도 당연히 성이 묵(墨)이고 이름이 적(翟)임을 알 수 있다. 또한 『순자』「비십이자(非十二子)」에서도 '묵적(墨翟)'과 '송견(宋鈃)'을 병렬하여 묘사하였는데, 이것 역시 증거가 될 수 있다.

게다가 『묵자』 안에 묵자 자신을 '적(翟)'으로 칭한 곳이 있다. 이를테면 「경주(耕柱)」 편의 "子墨子曰: '且翟聞之……'", 「귀의(貴義)」 편의 "子墨子曰: '翟上無君上之事, ……'", 「공맹(公孟)」 편의 "子墨子曰: '今翟曾無稱於孔子乎?'", 「노문(魯問)」 편의 "子墨子曰: '翟嘗計之矣'"이 바로 그것이다.

2. 묵자의 관적(貫籍)

『여씨춘추』「신대람(愼大覽)」 고유주(高誘注)에서 "묵자는 이름이 적으로, 노나라 사람이다〔墨子名翟, 魯人也〕"라고 하였다. 『순자』「수신(修身)」 양경주(楊倞注)에서도 "묵적은 노나라 사람이다〔墨翟, 魯人〕"라고 하였다. 이러한 기재들로부터 보면 묵자가 노나라 사람임을 알 수 있다. 그러나 또 어떤 문헌에서는 송(宋)나라 사람으로 기재되어 있는데, 이를테면 갈홍(葛洪)의 『신선전(神仙傳)』에서는 묵자를 송나라 사람으로 여겼다. 『소명문선(昭明文選)』「장적부(長笛賦)」 이선주(李善注)에서도 "묵적은 송나라 사람이다〔墨翟, 宋人也〕"라고 하였다. 또한 어떤 문헌에서는 묵자를 초(楚)나라 사람이라고 하였는데, 이를테면 청대(淸代)의 필원(畢沅)은 『묵자주(墨子注)』「서(序)」에서 이전 사람은 묵자를 노나라 사람이라고 여겼는데 마땅히 초나라의 노양〔魯陽: 지금의 하남성(河南省) 노산현(魯山縣)〕 사람이라고 하였다. 손이양(孫詒讓)은 필원의 견해는 고서와 부합되지 않으며, 묵자는 초나라 사람이 아니고 노나라 사람이라고 하였다. 또한 그는 묵자가 일찍이 송나라 대부를 역임하였기 때문에 송나라 사람으로 오인되었다고도 하였다. 엄령봉(嚴靈峰)은 그의 『묵자간편(墨子簡編)』에서 "묵자는 이름이 적이고 성은 묵씨로, 노나라 사람이다. 혹자는 송나라 사람이라고 한다〔墨子名翟, 姓墨氏, 魯人; 或曰宋人〕"라고 하였다. 그러나 그 후의 묵학(墨學) 연구자들, 이를테면 설보륜(薛保綸)·주장요(周長耀)·이어숙(李漁叔)·풍성영(馮成榮)·채인후(蔡仁厚)·왕동진(王冬珍)·진문매(陳問梅) 등은 모두 묵자는 노나라 사람이라고 인정하였다.

이렇듯 여러 견해가 있음을 알 수 있는데, 묵자는 도대체 어디 사람인가? 양향규(楊向奎)는 『중국 고대 사회와 고대 사상 연구(中國古代社會與古代思想硏究)』라는 책에서 묵적의 원적(原籍)은 송나라인데, 후에 노나라에서 장기 거주하였다고 지적하였다. 장지한(張知寒)은 「묵자 관적의 새로운 탐구(墨子里籍新探)」라는 문장에서 묵적은 지금의 산동성(山東省) 등주시(滕州市) 사람이라고 주장하였는데, 그 내용은 다음과 같다. 등주시 동남쪽에 목이정(目夷亭)이라는 곳이 있는데, 송나라 공자(公子) 목이(目夷)의 봉지(封地)이자 또한 옛 나라 이름이다. 목이는 또 음(音)이 전이(轉移)되어 묵대(墨臺)가 되었다. 묵적은 묵대씨(墨臺氏)의 후예이며 또한 목이씨(目夷氏)의 후예이다. 목이라는 땅은 최초에는 소주국(小邾國)에 속하였으므로 묵적은 실제로 소주국 사람이다. 그리고 소주국은 송나라의 부속국(附屬國)이었기에 묵적은 송나라 사람으로 여겨졌다. 춘추 말기에 소주국은 노나라가 점령하고 있었기에 묵적은 노나라 사람이 되었다.

여기서 우리는 묵자의 관적 문제가 그의 생졸 시기와 관련되어 있음을 알 수 있다. 만약 묵자의 출생 시기를 춘추 말기 혹은 전국 초기로 확정한다면, 그는 곧 노나라 사람이 된다.

3. 묵자의 생졸 시기

청대 학자 손이양은 현존하는 『묵자』 53편의 내용에 근거하여 그 시기를 추론하였다. 그는 묵자의 공수반(公輸盤(盤은 般 또는 班이라고도 함))·노양문자(魯陽文子)와의 문답, 제(齊)나라 태공(太公)과 강공(康公)과의 일, 오기(吳起)의 죽음 등 역사적 사건으로부터 그 시기를 추론한 결과, 묵자는 자사(子思)와 거의 같은 시기 사람이나 자사보다는 뒤에 태어났다고 하였다. 자사는 노(魯)나라 애공(哀公) 2년 또는 주(周)나라 경왕(敬王) 27년에 태어났다. 그래서 전목(錢穆)과 채인후는 『묵가철학(墨家哲學)』에서 묵적의 생졸년을 주나라 경왕 40년에서 주나라 안왕(安王) 11년 사이라고 정하였는데, 대략 공자(孔子)와 맹자(孟子) 사이이다. 손이양의 고증에 근거하면 묵적의 생졸년은 대략 주나라 정왕(定王) 초년(初年)에서 주나라 안왕 때까지로, 대략 기원전 468년에서 기원전 378년 사이이다.

사실 사마천 시대에 이미 명확하게 묵자의 생졸년을 지적해 내지 못하였는데, 『사기』 「맹자순경열전」에는 "어떤 사람은 공자와 동시대라고 말하고, 어떤 사람은 그 뒤라고 말한다(或曰幷孔子時, 或曰在其後)"라고 하였다. 반고(班固)의 『한서(漢書)』 「예문지(藝文志)」에는 "공자 뒤에 태어난 사람이다 (在孔子後)"라고 하였다.

우리는 묵자와 공·맹의 관계로부터 비교적 정확한 생졸년의 범위를 얻을 수 있다. 공자는 살았을 때 묵적을 언급한 적이 없었는데, 이로부터 묵적의 활동 연대가 공자의 뒤임을 확정할 수 있다. 이 밖에 우리는 『묵자』 안에서 맹자를 언급한 적이 없었음을 알 수 있는데, 맹자가 일찍이 사방을 주유(周遊)할 때 묵적의 학설을 대단히 격렬히 공격한 적이 있었으나 묵적은 오히려 그를 언급하지 않았다. 이로부터 묵적의 활동 연대가 맹자보다 빠르다는 사실을 추측할 수 있다. 그래서 묵적은 공자(기원전 551년-기원전 479년) 뒤에 태어나 맹자(기원전 372년-기원전 289년) 출생 전에 죽었을 가능성이 매우 높다. 지금까지 나온 묵적의 생졸년에 대한 여러 설을 종합하면 묵적은 대략 기원전 470년 이전에 태어나 기원전 393년 이후에 죽었다고 할 수 있다.

4. 묵자의 신분과 배경

적지 않은 학자는 묵자가 노동자 계층에서 태어났다고 했다. 『묵자』 「귀의」에는 묵자가 자신이 '천인(賤人)'임을 결코 부정하지 않은 사실이 기재되어 있으며, 『한비자』 「외저설좌상(外儲說左上)」에는 묵자가 날 수 있는 나무 솔개(木鳶)를 만들었다는 사실이 기재되어 있다. 또한 『묵자』 「공수(公輸)」에는 묵자가 성을 수비할 수 있는 기계(器械)를 만들었는데, 유명한 장인(匠人)인 공수반조차도 그와 비교할 수 없었다고 하였다. 이러한 기재들로부터 당시 묵자는 기술이 매우 뛰어난 장인이었음을 알 수 있다.

이 밖에도 『묵자』 「노문」과 『장자』 「천하」 등의 기재에 의거하면 묵자의 생활은 대단히 청빈(淸貧)하였다고 하였으니, 즉 야채(野菜)를 먹고 물을 마

시고 살았으며 거친 무명으로 짠 짧은 옷을 입었고 새끼를 허리띠로 사용하였으며 거처는 일정하지 않았다고 하였다.『회남자(淮南子)』「수무훈(修務訓)」에서는 "공자에게는 검은 굴뚝이 없었으며, 묵자에게는 따뜻한 자리가 없었다〔孔子無黔突, 墨子無暖席〕"라고 하였다. 이상의 기재들로부터 묵자는 장인 출신으로 노동자 혹은 수공업자의 생활을 했으며, 아울러 매우 청빈하였음을 알 수 있다.

그러나 기타 전적의 기재에서 드러난 묵자의 형상은 오히려 이상의 기술과는 크게 다르다.『여씨춘추』「당염(當染)」에는 묵자가 일찍이 노나라에 머물던 동주(東周)의 사관(史官)인 사각(史角)의 후인(後人)에게 주례(周禮)를 배운 적이 있음을 기재하고 있다.『회남자』「요략훈(要略訓)」에서는 "묵자는 유가(儒家)의 학문을 배웠으며 공자의 학술을 익혔다〔墨子學儒者之業, 習孔子之術〕"라고 하였다. 묵자가 유가와의 관계가 밀접하며 한 사람의 학자였음을 알 수 있다. 이 밖에『묵자』「명귀 하(明鬼下)」에서 묵자는 일찍이 주(周)·연(燕)·송(宋)·제(齊)나라 등의『춘추(春秋)』를 읽었다고 스스로 말하였는데, 이로부터 그가 책을 많이 읽는 사람이었음을 알 수 있다. 또한『묵자』「귀의」에는 묵자가 위(衛)나라로 가면서 수레에 많은 책을 싣고 갔다는 사실이 기재되어 있다. 이상의 기재들로부터 묵자가 육체 노동자가 아니고 한 사람의 선비였음을 알 수 있다.

상술한 자료들을 종합해 보면, 묵적은 노동 계급의 장인 출신으로 학습과 실천을 통해 스스로 일가(一家)의 학문을 만들어 '겸애(兼愛)'와 '비공(非攻)' 등의 사상을 주장하였는데, 결과적으로 많은 제자가 따르는 스승이 되었다. 나아가 자신의 원래 출신 계급인 노동자 신분을 넘어설 수 있었다. 마치 그가『묵자』「상현 상(尙賢上)」에서 "관리는 영원히 존귀할 수 없었으며 백성들 역시 영원히 비천할 수 없었으니, 능력이 있으면 등용되었고 능력이 없으면 그 직위에서 해임되었다〔官無常貴, 而民無終賤, 有能則舉之, 無能則下之〕"라고 주장한 것과 같다.

二.『묵자』라는 책에 대해

『묵자』의 저자는 묵적 및 그 제자들이다. 왜냐하면 책 안에는 '자묵자왈 (子墨子曰)'이라는 말이 매우 많이 출현하는데, 이는 곧 묵자 제자들이 선생 님이 말한 내용을 기록한 것이 분명하기 때문이다. 또한『묵변(墨辯)』중의 많은 내용들이 전국(戰國) 말기의 명가(名家)의 논제와 상응하는 것으로 보 아 후기 묵가(墨家) 제자의 사상임을 알 수 있다.『한서』「예문지」에서는『묵 자』71편(篇)을 저록(著錄)하고 있는데, 필원은『묵자주』「서」에서 "송대에 9 편이 망실(亡失)되어 62편이 되었다.『중흥관각서목』을 보면, 실제로 63편으 로 되어 있다. 또 10편이 망실되어 53편이 되었는데, 이게 바로 현재본이다 〔宋亡九篇, 爲六十二篇. 見『中興館閣書目』, 實六十三篇. 又亡十篇, 爲五十三 篇, 卽今本也〕"라고 하였다. 현재 단지 53편만 남아 있으니 이미 18편이 망실 되었음을 알 수 있다. 그중의 「절용(節用)」·「절장(節葬)」·「명귀(明鬼)」·「비악 (非樂)」·「비유(非儒)」5종에 각각 빠진 부분이 있는데, 모두 8편이 된다. 그 렇다면 아직 10편이 더 있는데 그 편목(篇目)을 알 수 없다.

임계유(任繼愈)·이광흥(李廣興) 주편(主編)의『묵자대전(墨子大典)』에 수록된 주본(注本)을 보면, 명대(明代)에는『묵자』〔명 가정(嘉靖) 32년 당요 신(唐堯臣) 각본(刻本), 15권〕 등 14종이 있고, 청대에는『묵자와 묵자(墨子 與墨者)』〔청 마숙(馬驌) 지음, 청 강희(康熙) 9년 각본, 1권〕 등 20종이 있다. 그 중에서 손이양이 여러 주석가의 성과를 집대성한『묵자간고(墨子間詁)』가 지금까지 여전히 비교적 양호한 원문 판본으로 인정받고 있다. 손이양은 명 정통(正統)『도장(道藏)』본『묵자』를 필원의 교본(校本), 명 오관(吳寬)의 사본(寫本), 고광기(顧廣圻)의 교본, 일각본(日刻本) 등과 상호 교감(校勘)하 고, 필원·소시학(蘇時學)·왕념손(王念孫)·왕인지(王引之)·장혜언(張惠 言)·홍이선(洪頤煊)·유월(兪樾)·대망(戴望) 등의 성과를 참고하고 종합하 여『묵자간고』라는 대작을 완성하였다. 유월은『묵자』「서」에서 이 책에 대 하여 "묵자가 태어난 이래로 이러한 책은 없었다〔自有墨子以來, 未有此書〕" 라고 하였다.

현존하는 53편의 내용을 다섯 가지 유형으로 분류하면 다음과 같다.

첫째, 「친사(親士)」·「수신(修身)」·「소염(所染)」·「법의(法儀)」·「칠환(七患)」·「사과(辭過)」·「삼변(三辯)」(모두 7편). 필원은 「친사」·「수신」 편 중에는 '子墨子曰'이 없는 것으로 보아 이 두 편은 아마도 묵적 자신이 지은 것일 거라고 여겼다. 서희연(徐希燕)은 『묵학 연구(墨學研究) ─ 묵자학설의 현대적 해석(墨子學說的現代銓釋)』에서 이 7편은 기본적으로 여전히 묵가의 사상을 반영하고 있지만, 우리는 마땅히 그것을 묵자의 초기 사상으로 봐야 하며 그가 유가 학설에서 벗어난 후 얼마 되지 않는 시간에 내놓은 것으로, 묵자의 초기 강학(講學) 시 제자들의 기록이라고 주장하였다. 이 7편의 내용은 상현·천지(天志)·절용·비악 등의 주장과 관련되어 있다. 「법의」 편은 묵자학설의 강령(綱領)이자 입론(立論)의 근거와 표준이다.

둘째, 「상현」·「상동(尙同)」·「겸애」·「비공」·「절용」·「절장」·「천지」·「명귀」·「비악」·「비명(非命)」·「비유」. 이들 각각에 모두 상·중·하 3편이 갖추어져 있다면 마땅히 33편이 되어야 하나, 8편이 빠져 있고 「비유」는 원래 '중'편이 없기 때문에 지금은 단지 24편만이 있다. 양계초(梁啓超)는 이것들은 묵학의 대강목(大綱目)으로 묵가학파의 주요 대표작이라고 여겼다. 「비공」·「비유」를 제외하고 그 나머지 각 편은 모두 '자묵자왈(子墨子曰)'이 출현하는데, 이것들은 곧 묵자 문인(門人) 및 제자들이 기록한 것이다. 지금 학자들은 대부분 이 두 번째 유형을 『묵자』의 정화(精華)로 간주하였다. 서희연은 이 편들은 묵자 사상의 정화이며 마땅히 묵자 본인이 지은 것이거나 혹은 묵자가 그 책에 근거하여 강학할 때 제자들의 완전한 기록으로, 단지 「비명」·「비악」 편에는 제자들의 의견이 얼마간 들어 있다고 주장하였다. 이와 같은 관점이 『묵자사상 연구(墨子思想研究)』라는 책에서도 보이는데, 이 책의 저자 호자종(胡子宗)·이권흥(李權興) 등은 이것들은 묵자 사상의 진실한 기록이며 묵자 사상을 연구하는 가장 근본적인 자료라고 하였다. 일반적으로 「비유」를 제외한 나머지 열 개의 이론을 '묵자 십론(十論)'이라고도 한다.

셋째, 「경 상(經上)」·「경 하(經下)」·「경설 상(經說上)」·「경설 하(經說下)」·「대취(大取)」·「소취(小取)」(모두 6편). 동진(東晉)의 노승(魯勝)이 일찍이 『묵변주(墨辯注)』를 지었는데, 그는 그 책 서문에서 묵자가 『묵변』을 지었으며 그것은 「경 상」·「경 하」·「경설 상」·「경설 하」 4편이라고 하였다. 난조보(欒調甫)의 『묵학 연구(墨學硏究)』에서는 『묵변』은 묵자 및 그 후학들이 지은 것으로, 「경 상」·「경 하」는 묵자 자신이 지은 것이고 나머지 4편은 묵가 후학들이 지은 것이라고 하였다. 이어숙은 『묵자금주금역(墨子今注今譯)』의 「묵학도론(墨學導論)」 중에서 「대취」와 「소취」 2편은 모두 묵가의 중요한 저작으로, 그것과 묵경(墨經) 상하 4편은 묵자 자신이 지은 것이 아니면 적어도 묵자 생전(生前)이나 혹은 조금 뒤의 제자들이 기록하여 이루어진 것이라고 하였다. 이 6편을 합하여 『묵경』 혹은 『묵변』이라고 칭하며, 그것은 후기 묵가가 지었다. 그중에서 「경 상」은 인간의 인지·사유·윤리의 많은 개념 범주에 대해 정의를 내리고 분류를 하였다. 「경 하」에서는 광학(光學)·역학(力學) 등 과학의 원칙·정리(定理)를 열거하였다. 「경설 상」·「경설 하」는 「경 상」·「경 하」에 대해 진일보하여 해석하였을 뿐만 아니라 또한 예를 들어 설명하였다. 「대취」에서는 사랑(愛)과 이익(利) 문제를 토론하였으며, 「소취」에서는 변설(辯說) 이론의 목적·작용·방법·규칙 등의 문제를 탐구하였다.

넷째, 「경주」·「귀의」·「공맹」·「노문」·「공수」(모두 5편). 양계초는 이 5편은 묵자의 언행을 기록한 것으로, 그의 문인이나 후학들이 기술한 것이라 하였다. 호적(胡適)은 『중국고대철학사(中國古代哲學史)』에서 이 5편은 묵가 후인들이 묵자 일생 동안의 언행을 모은 것으로 유가의 『논어(論語)』와 같으며, 그중의 많은 자료는 둘째 유형의 내용보다 더 중요하다고 하였다. 방수초(方授楚)도 『묵학원류(墨學源流)』에서 이것들은 묵가의 후학들이 묵자 일생 동안의 언론을 기록한 것이며 체재는 『논어』와 비슷하여 '묵자언행록(墨子言行錄)'으로 간주하여 읽어도 된다고 하였다. 기본적으로 학계에서는 이 넷째 유형의 중요성을 긍정하고 있으며, 묵학 연구의 중요한 소재로 간주하고 있다.

다섯째, 「비성문(備城門)」·「비고임(備高臨)」·「비제(備梯)」·「비수(備水)」·「비돌(備突)」·「비혈(備穴)」·「비아부(備蛾傳)」·「영적사(迎敵祠)」·「기치(旗幟)」·「호령(號令)」·「잡수(雜守)」(모두 11편). 이 11편은 묵가의 병법(兵法)에 속하는데, 묵자는 침략적인 불의의 전쟁을 반대하였기 때문에 전하는 병법은 모두 방어 전법(防禦戰法)이며, 방어하는 일들을 기술하였다. 그중에서 「비성문」·「비고임」·「비제」·「비혈」·「비아부」·「잡수」 6편은 곧 묵자가 금활리(禽滑厘)에게 방어 전법을 말하는 것으로, '자묵자왈(子墨子曰)'이라는 말이 있는 것으로 보아 묵자 문인이나 금활리의 제자가 기술하였는데, 주로 묵자가 제자인 금활리에게 성을 지키는 방법을 가르치는 내용으로 되어 있다.

三. 묵가의 영향

묵학은 일찍이 선진 시기 '현학(顯學)' 중의 하나였는데, 당시에는 묵학에 대한 "언론이 천하에 가득하였다(言盈天下)". 이를테면 『한비자』 「현학(顯學)」에서 "세상에 잘 알려진 학파는 유가와 묵가이다. 유가의 시조는 공구이며, 묵가의 시조는 묵적이다(世之顯學, 儒·墨也. 儒之所至, 孔丘也. 墨之所至, 墨翟也)"라고 말한 것과 같은 것이다. 묵가 학설은 당시에 광범위하고 깊은 영향을 끼쳤으나, 그 후에 날로 쇠락하였는데 그 원인은 우선 묵가 사상과 통치 계급과의 이익 충돌이 갈수록 심해졌기 때문이었다. 이를테면 『한비자』 「오두(五蠹)」에서 "유가는 글로써 법을 어지럽게 하고, 협객들은 무력으로써 금령(禁令)을 범하였다. 그러나 임금은 그들을 모두 예우하였는데, 이것이 정치가 어지러워진 까닭이다(儒以文亂法, 俠以武犯禁, 而人主兼禮之, 此所以亂也)"라고 하였는데, 여기서 협객들은 곧 묵가를 가리킨다. 한비자는 당시 많은 국군(國君)들이 유가와 묵가를 예우한 행동은 법치를 파괴하는 것이라고 비판하였다. 그래서 진(秦)·한(漢)나라는 천하를 통일한 후에 묵가 영향 하의 협의(俠義) 단체와 개인을 압박하는 데 온 힘을 기울였다. 그다음, 묵가는 유가만큼 행운이 따르지 않았다는 것이다. 공자 뒤에는 맹자나 순자 등 유명한 사상가들이 있었으나, 묵자 뒤에는 뛰어난 계승자가 없었다. 한나라 무제(武帝)가 동중서(董仲舒)의 "제자백가(諸子百家)를 물리치고 오로지 유가만을 존숭한다(罷黜百家, 獨尊儒術)"는 의론을 채택한 결과, 묵학을 천백 년 동안 침체의 늪에 빠지게 하였다. 그러나 민간에서는 묵가 정신이 중단되지 않았을 뿐만 아니라 역사상 여전히 그 정신을 이어 가고 있다. 위정통(韋政通)은 『묵학과 현대문화·협의정신(墨學與現代文化·俠義精神)』 중에서 묵가는 후에 일종의 협의의 전통을 형성하였는데, 바로 이 협의 전통 때문에 중화 문화가 경직화(硬直化)되지 않았다고 주장하였다.

오늘날 많은 서양 한학가(漢學家)들, 이를테면 A. C. Graham, Christoph Harbsmeier, Chad Hansen 등은 묵학 연구에 관심을 가졌으며, 기타 David L. Hall, Roger T. Ames는 일찍이 묵가 부흥 문제를 토론한 적이 있는데 그들은 『중국철학 사유의 문화적 탐구(漢哲學思維的文化探源)』에서 "16세기 때 후기 묵학에 대한 재발견은 결코 이러한 형식적 이성주의(理性主義)가 중요한 입장을 취하는 데 기회를 제공할 수 없었다. 실제적으로 19세기와 20세기에 이르러서는 단지 서구의 도전에 대해 반응하기 위해 묵가가 다시 한번 비교적 진지하게 연구되어진다."라고 지적하였다. 아편전쟁(阿片戰爭) 후 서학동점(西學東漸)의 물결이 일고 있을 때 유월은 손이양의 『묵자간고』에 대해 그 책의 서문에서 국내를 안정시킨 다음에 외적을 진압할 수 있는 법보(法寶)를 찾았다고 경탄(驚歎)했다. 양계초도 일찍이 『자묵자학설(子墨子學說)』에서 오늘날 중국을 구하려면 "그것은 묵학뿐이다(厥惟墨學)"라고 하였다. 서대강(舒大剛)은 공평함을 숭상하고 실용을 중시하는 묵가 학설은 J. Dewey의 '실용주의'와 서로 부합한다고 지적하였다. 이 때문에 호적과 양계초 모두 묵학의 부흥을 주창하였다. 묵적이 창조한 묵가의 '천하의 이익을 일으키고(興天下之利)', '두루 서로 사랑하고 서로 이롭게 하는(兼相愛, 交相利)' 등의 사상은 오늘날 지구촌의 세계인들에게도 에너지 절약, 환경 보호, 평화 공존 등의 방면에서 여전히 적극적인 의의를 지닌다고 할 수 있다.

*이상은 이현중 도독·역주(李賢中 導讀·譯注), 『묵자(墨子)』[북경: 중신출판사(北京: 中信出版社), 2015] 중의 '『묵자』 도독(『墨子』 導讀)'을 직접 참고하였음.

『묵자』편장 개요

편장 별로 본 묵가의 주요 사상은 다음과 같다.

1. 친사(親士)

이 편에서의 정치 주장은 군주는 재간과 고상한 도덕적 품성을 지닌 현인(賢人)을 가까이해야 하며 아울러 그들을 임용해야 한다는 것이다. 즉, 국가에 대한 어진 선비의 중요성을 제기하고 있다.

묵자는 어진 선비를 가까이할 수 있는지의 여부가 국가의 존망에 관련되는 대사(大事)라고 여겼다. 아울러 제(齊)나라 환공(桓公), 진(晉)나라 문공(文公)과 월왕(越王) 구천(勾踐)이 어진 선비를 잘 활용하여 일대의 패주가된 예와 하(夏)나라 걸왕(桀王), 상(商)나라 주왕(紂王)이 어진 선비의 보좌가 없었던 결과로 살육을 당한 예를 들어 군주의 '친사'와 '용사(用士)'의 중요성을 천명하였다.

여기서는 또 한 나라의 군주에게는 직언과 간언을 하는 신하가 있어야만 그 나라를 보전할 수 있으며, 아울러 그 신하가 자신의 책임을 감당하지 못하면 물러나야 한다고 주장하였다.

2. 수신(修身)

이 편에서는 군자의 수양(修養)의 필요성과 수양의 준칙(準則)에 대해서 언급하였다.

천하의 어진 선비가 되기 위해서는 자신의 도덕적 수양에 힘써야 한다고 하면서, "가난할 때 청렴함을 나타내고 부유할 때 의로움을 나타내며 산 자에 대해서는 자애로움을 나타내고 죽은 자에 대해서는 슬픔을 나타내 야 함〔貧則見廉, 富則見義, 生則見愛, 死則見哀〕"을 '군자의 도리〔君子之道〕' 라고 하면서 수양의 준칙으로 삼고 있다.

아울러 군자는 시비를 분명하게 구분해야 하고 말하는 데에는 신뢰가 있어야 하며 자신의 공을 자랑하지 않아야만 비로소 그 명성을 얻을 수 있 다고 하였다. 반면 이익을 중요하게 생각한다면 천하의 어진 선비가 될 수 없다고 주장하였다.

3. 소염(所染)

이 편에서는 실의 염색을 예로 들어 군주와 제후의 인재 선발의 중요성 에 대해 설명하고 있다. 동시에 일반 선비들의 좋은 친구 선택의 중요성에 대해서도 언급하고 있다.

묵자는 실을 "푸른 물감으로 물들이면 푸른색으로 되고, 노란 물감으로 물들이면 노란색이 되니, 넣는 물감이 바뀌면 그 색깔 또한 변한다〔染於蒼 則蒼, 染於黃則黃, 所入者變, 其色亦變〕"라고 하였고, 이와 같은 이치로 군주 와 제후 그리고 선비도 신하나 친구를 어떤 사람으로 선택하느냐에 따라 그 영향('所染')을 받게 된다는 것이다. 묵자는 사업의 성패와 국가의 흥망 은 모두 이러한 영향과 직접적으로 관련이 있다고 믿었다. 특히 여기서는 많은 역사적 사실을 예증으로 들어 정반(正反) 두 방면('所染當'과 '所染不 當')이 초래하는 상반된 결과에 대해 반복해서 설명하였다.

아울러 군주가 올바른 도리를 행함은 인재를 선택하는 데 신중하여 그 인재로부터 합당한 영향을 받았기 때문이라고 주장하였다.

4. 법의(法儀)

여기서의 '法儀'는 즉 '법도(法度)', '준칙(準則)'의 의미이다. 묵자는 군주나 제후가 치국(治國)을 함에 있어 반드시 하늘을 법도로 삼아야 한다고 하면서 "하늘이 원하는 것이면 하고, 하늘이 원하지 않는 것이면 멈춘다〔天之所欲則爲之, 天之所不欲則止〕"고 하였다. 이는 곧 하늘의 뜻(天意)을 따르는 것으로, "사람들이 서로 사랑하고 서로 이롭게 함〔人之相愛相利〕"은 하늘이 원하는 것이며, "사람들이 서로 미워하고 서로 해롭게 함〔人之相惡相賊〕"은 하늘이 원하지 않는 것이다. 하늘은 "모든 사람을 두루 사랑하고 모든 사람을 두루 이롭게 한다〔兼而愛之, 兼而利之〕"고 하였다. 그래서 하늘은 다른 사람을 사랑하고 이롭게 하는 사람에게 반드시 복을 내리며, 다른 사람을 미워하고 해롭게 하는 사람에게 반드시 화를 내린다고 하였다.

이 편에서도 고대의 성군과 폭군으로 정반 두 방면의 예를 들고 있는데, 전자는 사람들을 사랑하고 이롭게 하는 하늘의 뜻을 따랐기에 복(福)을 입어 치국을 할 수 있었으나, 후자는 그 반대의 결과를 낳았다고 하였다.

5. 칠환(七患)

이 편은 국방, 외교, 내정, 재정, 군주, 신민(臣民), 식량 등 방면에서 국가에 위기를 조성할 수 있는 일곱 가지 환난(患難)에 대해 논술하고 있다.

그 일곱 가지 환난의 구체적인 내용은 다음과 같다. 첫째, 성 지키는 것을 중요시하지 않으면서 궁실(宮室)을 크게 짓는 것. 둘째, 이웃 나라와 불화하여 적이 이르러도 와서 구원해 주지 않는 것. 셋째, 백성들 힘〔民力〕을 남용하고 국고를 탕진하는 것, 넷째, 벼슬하는 사람들이 봉록만 지키고 감히 간언(諫言)하지 못하는 것. 다섯 째, 군주가 전횡을 일삼으며 나라 방비를 하지 않는 것. 여섯째, 신임하는 신하가 충성심이 없거나 충성스러운 신하가 신임을 얻지 못하는 것. 일곱째, 상벌이 불분명하고 사람과 식량이 모자라는 것.

더 나아가 국가가 환난을 다스리는 근본적인 방법으로 생산을 증가하고 재정을 절약하는 것을 들고 있다. 그중에서 식량의 비축은 가장 중요한 것으로, 국가와 백성들의 생사존망과 직접적인 관련이 있다고 하였다.

아울러 당시 통치자들이 백성들의 힘과 나라의 재화(財貨)를 소진하며 사치스러운 생활을 영위하여 국가 위기를 조성하는 것에 대해 엄정하게 비판하였다.

6. 사과(辭過)

이 편은 궁실, 의복, 음식, 배와 수레, 축첩 등 다섯 가지 방면에서의 절검(節儉)의 중요성을 중점적으로 언급하고 있다.

묵자는 "성인들은 검약하고 절제하지만, 소인들은 사치하고 방종한다(聖人之所儉節也, 小人之所淫佚也)"고 하면서 "검약하고 절제하면 그 나라는 창성하며, 사치하고 방종하면 그 나라는 멸망한다(儉節則昌, 淫佚則亡)"고 주장하였다. 그는 고금(古今)의 대조(對照) 형식을 사용하여 당시 통치자의 사치하고 방탕한 생활에 대해 단호하게 비판하였다. 아울러 이러한 사치하고 방탕한 자들은 백성들에게 많은 재물을 징수하여 그들을 굶주림과 추위를 동시에 겪는 곤경에 처하게 한다고 하였다.

손이양(孫詒讓)은 "이 편은 「절용」 편의 내용과 대략 같다. 『군서치요(群書治要)』에서 인용하면서 「칠환」 편에 넣었다. 이것은 아마 뒷사람이 함부로 나눈 것 같다. 고본(古本)이 아니다(此篇與「節用」篇文意略同. 『群書治要』引, 幷入「七患」篇. 此疑後人妄分. 非古本也)"라고 하였다. 장순일(張純一)은 "「절용」 편은 단지 상·중 두 편만 존재하고 하편이 빠져 있다. 이 편에서 말하는 궁실, 의복, 음식, 배와 수레, 축첩의 내용은 「절용」 상·중 두 편과 같으니, 아마 「절용」 하편인 것 같다(「節用」僅存上中二篇, 缺下篇. 此篇言宮室衣服飲食舟車蓄私與上中二篇, 疑「節用」下篇)"라고 하였다.

7. 삼변(三辯)

이 편에서는 묵자와 정번(程繁)의 음악에 대한 대화를 통해서 묵자의 음악에 대한 태도를 나타내고 있다. 간단히 말하면, 음악은 세상에 무익한 것이라는 주장이다.

그는 한 나라의 음악이 번잡할수록 그 나라 군주의 치적은 적었다는 논리를 내세워 음악은 천하를 다스리는 데 사용할 수 없다고까지 하였다. 그래서 성군은 번다한 음악을 간소화하며 아울러 그가 사용하는 음악의 수량은 적었다고 하였다. 이와 같은 묵자의 주장은 당시 통치자들이 음악으로 인해 야기하는 폐해가 얼마나 심했는지를 간접적으로 파악할 수 있게 한다.

이 편의 편명(篇名)을 '삼변'이라고 하였으나, 실제로는 문장에서 언급한 내용과 부합하지 않는다. 그 내용으로부터 추론하면 아마도 「비악(非樂)」편의 일부가 아닌가 싶다. 원래의 「삼변」 편은 아마 망일(亡逸)되었을지도 모른다.

8. 상현(尙賢)

'상현'은 현명하고 재능 있는 사람들을 숭상한다는 의미로, 묵자의 중요한 정치사상이다.

묵자는 재능과 고상한 도덕적 품격을 인재를 선발하고 관리를 임용하는 중요한 표준으로 여겼다. 그는 또 '상현'을 '정치의 근본(政之本)'으로 삼으면서 오로지 '상현'이야말로 국가를 부강하게 할 수 있으며, 백성들을 많아지게 할 수 있고, 정치를 깨끗하게 할 수 있으며, 사회를 안정시킬 수 있다고 주장하였다. 묵자는 당시 왕공대인들이 현명한 사람들을 숭상하고 능력 있는 사람들을 임용하여 정치를 하지 못했기 때문에 "나라는 부유해지지 않고 오히려 가난해지고 백성들은 많아지지 않고 오히려 적어지며 형사(刑事)와 정무(政務)는 잘 다스려지지 않고 오히려 어지러워진다(不得富而得貧, 不得衆而得寡, 不得治而得亂)"고 하였다. 그래서 현명하고 재능 있는 사람들은 "나라의 보배이자 사직의 조력자(國家之珍, 社稷之佐)"라는 결론을 얻었다. 묵자는 더 나아가 그러한 사람들이 "심후한 덕행과 뛰어난 언담과 넓은 학식(厚乎德行, 辯乎言談, 博乎道術)"을 갖추고 있다면, 왕공대인과의 관계와 신분의 귀천에 상관없이 그들을 선발하여 그들에게 중임을 맡겨야 하며, 또 그들을 "부유하게 해 주고 귀하게 해 주며 존경해 주고 칭찬해 주어야(富之, 貴之, 敬之, 譽之)" 한다고 하였다. 동시에 묵자는 덕이 없고 재능이 없는 사람들을 관리에서 배제해야 한다고 주장하였는데, 이는 바로 "관리는 영원히 존귀할 수 없었으며 백성들 역시 영원히 비천할 수 없었으니, 능력이 있으면 등용되었고 능력이 없으면 그 직위에서 해임되었다(官無常貴, 而民無終賤, 有能則擧之, 無能則下之)"라는 말에서 잘 구현되고 있다.

묵자의 '상현' 사상의 제기는 당시에 있어서 세습 귀족의 특권 사상에 대한 도전으로, 진보적인 의미를 지닌다고 평가할 수 있다. 이 사상은 당연히 오늘날 정치상의 인재 선발에 적용할 수 있을 것이다.

9. 상동(尙同)

'상동(尙同)'은 '上同(상동)'과 같다. 즉, 사람들의 의견은 마땅히 상급(上級)자와 통일되어야 하며, 아울러 최종적으로 하늘과도 같아야 한다는 주장이다. 이는 묵자가 당시 국가 혼란에 대하여 제기한 난세를 안정시키려는 뜻이 담긴 중요한 정치사상이다.

묵자는 '상동' 사상을 '정치의 근본(政之本)' 내지 '다스림의 요령(治要)'로 삼았다. 그는 사회가 근본적으로 다스려지고 국가의 혼란과 하늘의 징벌을 피하려면 각 계층 사람들의 모든 의견이 각각 그들의 상급자와 통일되어야 하며, 종국에는 천자(天子)의 의견은 하늘의 뜻(天志)과 통일되어야 한다고 주장하였다. 왜냐하면 상급자들은 정확한 언행과 인간됨의 규범을 대표하기 때문이다. 천하가 혼란한 까닭은 하늘의 뜻에 부합하는 훌륭한 지도자가 의견을 통일하지 않았기 때문이다. 이리하여 사람들은 시비를 명확하게 분별할 수 없게 되어 금수(禽獸)와 같이 서로 해치게 되었다는 것이다. 그러나 묵자는 상급자의 의견을 맹목적으로 따르는 것에 대해서는 반대하였는데, "위에서 과오가 있으면 그것을 올바르게 간(諫)하라(上有過則規諫之)"라고 하였다.

결과적으로 묵자는 이 편을 통해 천하의 의견 통일의 중요성을 강조하면서 그것이 실현되지 않을 때에는 천하도 다스려지지 않는다고 주장하였다. 더 나아가 하늘과의 의견 통일은 하늘이 내리는 재난을 멈출 수 있다고도 하였다.

여기서 묵자는 이러한 지도자들을 마땅히 '어진 사람(仁人)'과 '현명한 사람(賢者)'이 맡아야 한다고 하였는데, 이 주장은 위의 '상현' 사상과 본질적으로 일치한다고 할 수 있다. 이것 역시 당시 귀족 통치에 대한 비판이다.

10. 겸애(兼愛)

'겸애'는 묵가학파의 가장 대표적인 이론 중의 하나이다. '겸애' 사상의 본질은 천하의 사람들이 서로 친하게 지내고 서로 사랑하면서 다른 사람을 자신처럼 사랑하라고 요구한 것이다. 사랑에는 차등이 없으며 지역 및 지위의 제약을 받지 않는다는 것이다.

묵자는 천하의 사람들이 '서로 사랑하지 않는 것(不相愛)'이 사회 혼란의 근본 원인이라고 여겼으며, 바로 이러한 원인으로 가정은 어지러워지고 국가 간에는 서로 공벌(攻伐)하는 현상이 일어난다고 주장하였다. 또한 천하의 사람들이 서로 사랑하지 않으면 "강한 자는 반드시 약한 자를 제압할 것이고, 부유한 자는 반드시 가난한 자를 업신여길 것이며, 귀한 자는 반드시 천한 자에게 오만하게 굴 것이고, 사기꾼은 반드시 어리석은 자를 속이게 될 것이다(强必執弱, 富必侮貧, 貴必敖賤, 詐必欺愚)"라고 하였다. 그래서 오로지 천하의 사람들이 "두루 서로 사랑하고 서로 이롭게 하는 것(兼相愛, 交相利)"이야말로 사회를 안정시킬 수 있다고 믿었다.

더 나아가 묵자는 '겸상애(兼相愛)' 방식을 통해 '교상리(交相利)'의 적극적인 효과에 도달하는 것을 바라면서, 오로지 이와 같이 되어야만 비로소 도적이 일어나지 않고 천하가 태평하며 사회가 안정되고 모든 예의가 갖추어진다고 하였다. 아울러 이와 같은 '겸상애, 교상리(兼相愛, 交相利)'를 "성군의 법도이며 천하를 다스리는 도리(聖王之法, 天下之治道)"라고까지 하였다.

그의 이러한 '겸애' 사상은 당시 귀족들의 상하등급 관념에 반항하는 적극적인 의의를 지니고 있지만, 당시의 사회 혼란 현상이 정치적 이해관계(利害關係) 때문에 일어난 사실을 감안하면 그의 '겸애' 사상은 추상적이며 이상적인 색채를 지니고 있어 실현이 거의 불가능하다고 할 수 있다. 이를테면 부자(父子) 관계나 군주와 백성 관계 역시 이러한 주장으로 해결하고자 했는데, 이는 당연히 실현 불가능하였다.

11. 비공(非攻)

'비공'은 '전쟁을 반대한다'는 의미로, 묵가학파의 중요한 이론이다. 묵가는 당시 제후 간의 겸병 전쟁(兼幷 戰爭)에 대해 반전 이론(反戰 理論)을 제기하였다. 그는 전쟁은 승전국이나 패전국 할 것 없이 모두 막대한 손해를 입는다고 여겼다. 이 때문에 전쟁은 '성군의 도(聖王之道)'에도 부합되지 않을 뿐만 아니라, '국가 백성들의 이익(國家百姓之利)'에도 부합되지 않는다고 주장하였다.

다른 사람의 물건을 훔치거나 심지어 무고한 사람들을 함부로 죽이는 불의한 행위에 대하여 천하의 군자들은 모두 꾸짖고 성토할 줄 안다. 그러나 다른 나라를 공격하는 불의의 행위에 대해서 그들은 크게 찬양한다. 묵자는 이 편에서 대량의 예를 들어 정의와 불의, 백과 흑을 분명히 구별할 줄 모르는 군자들의 어리석은 생각에 대해 엄중하게 비판하였다.

여기서 주목할 만한 것은 묵자의 전쟁에 대한 독특한 견해이다. 그는 강대국이 약소국을 침범하고 대국이 소국을 속이는 불의의 전쟁을 '공(攻)'이라 칭하고, 이것은 나라와 백성들에게 반드시 끝없는 재난을 가져올 거라고 여겼다. 그래서 묵자는 이러한 전쟁을 결연히 반대했다. 반면 포학하고 백성들에게 해를 끼치는 군주에 대한 토벌 전쟁(討伐 戰爭), 이를테면 탕왕(湯王)의 걸왕(桀王) 정벌이나 무왕(武王)의 주왕(紂王) 정벌의 궁극적인 목표는 사회를 안정시키는 데에 있다고 여겼다. '주(誅)'는 본질상에서 '공'과 확연히 다른 것으로, 묵자는 적극적으로 '주'를 찬동했다.

결론적으로, 묵자는 "빈번하게 전쟁을 한다면 이것은 실로 천하의 큰 해이다(當若繁爲攻伐, 此實天下之巨害也)"라고 하면서, "지금 인의를 행하고 도덕적으로 훌륭한 사람을 구하여〔今欲爲仁義, 求爲上士〕” 성군의 도와 국가 백성들의 이익과는 거리가 먼 전쟁을 반대하지 않을 수 없다고 주장하였다.

12. 절용(節用)

'절용'은 묵자가 당시 '국가 가난(國家貧)'의 사회 현상에 대해 제기한 주장으로, 묵가학파의 중요한 이론이다.

묵자는 고대 성인은 정치를 함에 있어 궁실, 의복, 음식, 배와 수레를 단지 적당히 사용하면 되었다고 여겼다. 그런데 당시 통치자들은 오히려 이러한 방면에서 사치가 극에 달하고 백성들의 재산을 낭비하였으니, 그들의 음일(淫佚)하고 향락적인 욕망을 폭로하였다. 그들은 이러한 목적에 도달하기 위해 백성들로부터 세금을 많이 거두어들이고 재산을 빼앗을 수밖에 없었으니, 백성들은 추위에 떨고 굶주리게 되며 국가는 위험에 빠지게 된다고 하였다.

그래서 묵자는 실용에 이익이 되지 않거나 백성들에게 이익을 가져올 수 없는 조치들은 모두 취소해야만 한다고 주장하였다. 즉 "비용만 증가시키고 백성들에게 이익을 증가시키지 않는 것들은 성군들이 모두 만들지 않았다〔諸加費不加於民利者, 聖王弗爲〕"라고 하였다. 그래서 그는 이 편에서 기물(器物), 음식, 의복, 상장(喪葬), 배와 수레 등 방면에서 절검(節儉)을 제창하고, "검약하고 절제하면 그 나라는 창성하며, 사치하고 방종하면 그 나라는 멸망한다〔儉節則昌, 淫佚則亡〕."는 도리를 통치 계급에게 분명하게 전달하고 있다.

13. 절장(節葬)

'절장'은 당시 통치 계급에 속하는 사람들이 '많은 돈을 들여 장사 지내고 오랫동안 상(喪)을 입는 것〔厚葬久喪〕'에 대해 반대하는 주장으로, 묵가학파의 중요한 이론이다. 이는 당연히 절검을 주장한 앞의 '절용' 이론과 일

맥상통한다고 할 수 있다.

묵자는 '후장구상(厚葬久喪)'은 사회의 재부(財富)를 낭비할 뿐만 아니라 살아 있는 사람들에게도 무거운 부담을 지우면서 고대 성군의 전통에도 부합하지 않는다고 하였다. 또한 그는 나라와 백성의 이해관계로부터 출발하여 그것의 시비득실(是非得失)을 판명하였다. 이를 좀 더 구체적으로 살펴보면, 그는 당시 통치자들이 죽은 사람에 대해 "관과 외관을 반드시 여러 겹으로 해야 하고, 매장은 반드시 깊게 해야 하며, 옷과 이불은 반드시 많아야 하고, 관과 외곽의 장식은 반드시 화려해야 하며, 봉분은 반드시 커야 한다〔棺槨必重, 葬埋必厚, 衣衾必多, 文繡必繁, 丘隴必巨〕"라고 하면서, 또한 많은 진귀한 기물들을 죽은 사람과 함께 매장한다고 비판하였다. 심지어 천자는 살인까지 하여 순장도 서슴지 않는데, "많으면 수백 명이나 되며 적어도 수십 명은 되어〔衆者數百, 寡者數十〕" 인구 증가에 좋지 않은 영향을 끼친다고 주장하였다. 이 밖에도 오랜 시간 동안의 거상(居喪) 과정은 사람들로 하여금 생업에 종사할 수 없게 하니, 국가는 빈곤해지며 국고는 텅 비게 될 것이라고도 하였다.

끝으로 묵자는 상례의 절제를 통해 "위로는 성군의 도에 부합되도록 해야 하며, 아래로는 국가와 백성들의 이익에 부합되도록 해야 한다〔上欲中聖王之道, 下欲中國家百姓之利〕"라고 결론을 내렸다.

14. 천지(天志)

'천지'는 '하늘의 의지'라는 의미로, 묵가학파의 중요한 이론이다. 또한 이것은 묵자의 '겸애', '비공' 이론을 조성하는 중요한 부분이라고 할 수 있다.

'정의로움(義)'에 대한 주장은 묵자가 줄곧 견지해 온 것으로, 그는 이 편에서 '하늘의 의지'를 빌려 '정의로움'을 검증하는 준칙으로 삼았다. '정의로움'은 하늘이 좋아하는 것으로, 하늘의 의지는 곧 "큰 나라의 지위에 처해 작은 나라를 공격하지 않고, 큰 식읍(食邑)의 지위에 처해 작은 식읍을 빼앗지 않으며, 강한 자는 약한 자를 겁탈(劫奪)하지 않고, 귀한 자는 천한 자에게 오만하지 않으며, 사기 치는 자는 어리석은 자를 기만하지 않는다〔處

大國不攻小國, 處大家不纂小家, 强者不劫弱, 貴者不傲賤, 多詐者不欺愚)"는 사실과 "사람들이 힘이 있으면 서로 도와주고 도리를 알고 있으면 서로 가르쳐 주며 재산이 있으면 서로 나누어 주기(人之有力相營, 有道相敎, 有財相分)"를 희망한다. '천지'의 주장은 주로 당시 각 제후국들이 "침략, 공벌하여 합병하려고 하며(侵陵攻伐兼幷)", "물, 불, 독약, 무기로써 서로를 해치는(以水火毒藥兵刃以相賊害)" 현상에 대해 제기한 것으로, 사회가 최종적으로 빈곤과 위험에 빠지는 상황으로부터 벗어나려는 기도(企圖)라고 할 수 있다.

이 편에서 묵자는 폭군의 멸망을 하늘이 그들을 비난하여 그렇게 한 것이며, 성군의 업적을 하늘이 그들에게 상(賞)을 준 것이라고 하였다. 묵자의 목적은 통치자들이 "사람들을 사랑하고 이롭게 하며(愛人利人)" 또한 '정의로움'으로 사람들을 따르게 함으로써 "형법과 정치는 잘 다스려지고 만백성들은 화목해지며 국가는 부유해지고 재물은 충분해질 것이니, 백성들은 모두 따뜻하게 옷을 입고 배부르게 먹을 수 있으며 편안하여 걱정이 없는(刑政治, 萬民和, 國家富, 財用足, 百姓皆得煖衣飽食, 便寧無憂)" 이상 사회(理想 社會)를 이루는 것이었다.

15. 명귀(明鬼)

'명귀'는 묵자가 귀신이 실제로 있음을 천명한 이론으로, 묵가학파의 중요한 이론이다. 묵자는 이 편에서 귀신의 존재를 인정하였을 뿐만 아니라, 귀신은 "현명한 사람에게 상 주고 포악한 사람에게 벌줄 수 있다(能賞賢而罰暴)"고 주장하였다.

묵자의 입장에서는 사람들이 귀신의 존재나 귀신이 상과 벌을 줄 수 있다는 사실을 믿지 않는 것이 천하의 대란을 일으키는 관건이라는 것이다. 바꾸어 말하면, 묵자는 당시 사회의 지극한 혼란 현상에 직면하여 귀신을 빌려 사람들을 다스리려 하였는데, 사람들이 '귀신의 명찰(明察)(鬼神之明)'을 경외(敬畏)하여 사악함을 바로잡고 바른 삶을 살기를 바랐다.

그래서 묵자는 역사상의 성군의 일, 선왕의 책이나 관련된 기재를 인용하여 귀신의 존재와 영험함을 증명하였을 뿐만 아니라, 귀신 상벌의 표준과 귀신을 존경해야 하는 이유 그리고 귀신의 강대한 위력(威力)이나 제재력(制裁力)에 대해서도 설명하였다. 아울러 이러한 사실들로써 "천하의 이익을 일으키고, 천하의 해악을 없애는〔興天下之利, 除天下之害〕" '성군의 도〔聖王之道〕'로 삼았다.

묵자는, 하늘과 귀신은 위로는 천자, 아래로는 백성들에 이르기까지 모든 사람을 공정하게 대한다고 여겼다. 천자의 포악무도함이든 보통 사람의 나쁜 짓이든 상관없이 모두 가차 없이 귀신의 징벌을 받아야 한다고 주장하였다. 심지어 "부귀하거나 세력이 강하거나 용맹하거나 힘이 강하거나 견고한 갑옷과 예리한 병기〔富貴衆强, 勇力强武, 堅甲利兵〕"를 지닌 사람이라도 귀신의 징벌을 막을 수 없다. "만민의 이익을 일으키고 해악을 없애기 위해〔爲萬民興利除害〕", 귀신은 폭군을 반드시 고대의 폭군인 하(夏)나라 걸왕(桀王)이나 은(殷)나라 주왕(紂王)과 같은 비참한 지경에 빠뜨리게 한다고 하였다.

묵자 '명귀' 이론의 목적은 주로 초자연적인 권위를 빌려 당시 통치 집단의 잔인하고 포악한 통치를 제한함으로써 그들의 정치를 정의로운 방향으로 나아가게 하는 데 있었다.

16. 비악(非樂)

'비악'은 '음악 활동에 종사하는 것을 반대한다〔爲樂非也〕'는 의미로, 묵가학파의 중요한 이론이다.

묵자는 모든 일은 마땅히 나라와 백성들의 이익을 위해 해야 하는데, 당시 통치자들은 자신들의 향락을 위해 가무나 여색에 빠져 나라를 돌보지 않는 반면, 수많은 백성들은 오히려 자신들의 가장 기본적인 생존 조건을 위해 온갖 고난을 겪으며 힘겹게 살아간다고 하였다. 묵자는 "백성들에게는 세 가지 우환이 있으니, 굶주리는 자가 먹을 수 없고 추위에 떠는 자가 입을 수 없으며 고생하는 자가 쉴 수 없는 것이다. 이 세 가지가 백성들의 가장 큰 우환이다〔民有三患: 飢者不得食, 寒者不得衣, 勞者不得息, 三者民之

巨患也)"라고 분명히 밝히고 있는데, 이는 백성들의 가장 기본적인 생존 조건을 말하는 것이다. 통치자들의 향락은 "백성들이 입고 먹는 데 드는 비용을 손상시키고 빼앗는(虧奪民衣食之財)" 결과를 초래하는데, 이는 곧 백성들의 희생이 따를 수밖에 없다는 뜻이다. 이렇듯, 묵자가 백성들의 기본적인 생존 조건을 도외시하는 통치 계급의 향락을 위한 음악 활동을 반대한 것은 당연하다고 할 수 있다. 악기를 제조함에 있어 백성들의 세금을 쓰지 않을 수 없으며, 동시에 남녀 청년들을 음악 활동에 종사하게 하는 것은 노동력의 낭비이자 백성들의 생산 활동을 황폐화시킬 수도 있다고 여겼다. 아울러 왕공대인 및 각급 정부 관원들이 모두 가무 활동에 참여한다면 자신들이 맡은 일을 소홀히 할 수밖에 없다고도 하였다.

묵자는 또 이 편에서 역사적 사실을 들어 음악 활동에 종사하는 것이 성군의 일에 부합되지 않으며 만민의 이익과 맞지 않음을 증명하기도 하였다.

묵자의 '비악' 이론은 모든 음악 활동을 사회에 도움이 되지 않는 부정적인 것으로 보고 완전히 금지하였는데, 이는 인간의 정신생활을 완전히 부정한 것인 동시에 편향적인 사고의 결과로서 묵자 사상의 한계를 드러낸 것이라고 하지 않을 수 없다.

17. 비명(非命)

'비명'은 '운명론을 반대한다'는 의미로, 묵가학파의 중요한 이론이다. '비명' 이론의 주요 내용은 곧 국가의 흥망(興亡)이나 개인의 영욕(榮辱)은 운명이 안배하는 것이 아니라 그 자신의 역량으로 결정된다는 것이다.

묵자는 일의 성패 여부는 전적으로 인간의 노력 여부에 달려 있지 운명과는 상관없다고 여겼다. 운명론은 천하의 큰 해악으로, 사람들로 하여금 노력해서 생산에 종사하게 하고 나라를 다스리게 할 수 없게 하며, 아울러 자신을 방종하도록 하고 소극적인 면으로 나아가도록 한다. 그는 운명론은 단지 폭군들과 악인들의 변명에 불과하며 모든 흉악함과 해악의 근원이자 '포악한 사람의 도(暴人之道)'라고 하였다.

이 편에서 묵자는 언론(言論)을 검증하기 위한 이른바 '삼표법(三表法)'인

'세 가지 표준'을 제기하였는데, 즉 "본원을 탐구함이 있어야 하고 원인을 고찰함이 있어야 하며 실천에 응용함이 있어야 한다〔有本之者, 有原之者, 有用之者〕"는 것이다. '옛날 성군의 일〔古者聖王之事〕'인 역사로부터 본원을 탐구하고, '백성들의 귀와 눈으로 듣고 본 사실〔百姓耳目之實〕'인 사회 실정(實情)으로부터 원인을 고찰하며, 실천 중에 언론을 검증해야 한다고 하였다. 묵자는 이 세 가지 원칙으로 운명론의 잘못을 명확하게 분석하였으며, 역사와 현실의 많은 사례로써 운명론자의 터무니없는 말을 반박하였다.

결론적으로 나라와 백성들을 잘못되게 하는 운명론에 의지해서는 안 된다는 것인데, 이 편 마지막에서 묵자는 "운명은 폭군들이 만든 것이며 궁한 사람들이 얘기한 것이지 어진 사람들의 말이 아니다〔命者, 暴王所作, 窮人所術, 非仁者之言也〕"라고 강조하였다.

18. 비유(非儒)

'비유(非儒)는 '유가(儒家)를 반대한다'는 의미로, 묵가의 유가에 대한 비판 내지 비난의 내용이다. 이 편에서는 공자로 대표되는 유가 사상에 대한 비판을 통해 유(儒)·묵(墨) 양대 학파의 사상 및 의식상에서의 분기와 투쟁을 반영하고 있다.

묵자의 유가에 대한 비판은 주로 상례와 혼례상의 '친소존비(親疏尊卑)'의 차별, '완고하게 운명이 있다고 주장하는〔强執有命〕' 것, '번거로운 예악〔繁飾禮樂〕', 옛것을 중시해야 어질다고 주장하는 것, 처세의 태도 등에 집중하고 있다. 유가에 대한 이러한 비판은 『묵자』의 다른 편장(篇章)에서도 어렵지 않게 볼 수 있는데, 당시 사회 현실에 비추어 보면 비교적 적극적인 지적이라고 할 수 있다. 그러나 공자와 그 제자에 대한 일부 전문(傳聞)은 역사 사실과 부합하지 않는다.

19. 경(經) / 경설(經說)

'묵경(墨經)'〔'묵변(墨辯)'이라고도 함〕에는 광의와 협의의 구분이 있다. 광

의의 '묵경'은 「경상」·「경하」·「경설상」·「경설하」·「대취」·「소취」 6편의 총칭(總稱)을 가리킨다. 진대(晉代)의 노승(魯勝)이 지은 『묵변주(墨辯注)』에서 앞 4편을 '변경(辯經)'이라 칭하였으며 후세 학자는 그것을 '묵경'이라 칭하였는데, 이것이 곧 협의의 '묵경'이다. '묵경'은 『묵자』 책 중에서, 구조 배열이 독특하고 내용이 풍부하고 깊은 데다 문장이 오묘하고 어려우며 잘못된 곳도 있어 해석하기 어려워 제가(諸家)의 의견이 분분하니, 연구하기가 가장 어려운 부분이다. 지금까지의 비교적 공인된 견해는 『묵경』은 묵자가 창작한 변론학(辯論學)이나 그중에는 묵가 학파 후학들의 견해도 포함돼 있으며 또한 그들이 묵자의 기초 위에서 보충하였을 가능성도 있다는 것이다. 『묵경』 중에 언급된 내용은 지극히 광범위한데, 담계보(譚戒甫)는 그것을 열두 가지 유형으로 나눈 바 있다.

20. 대취(大取)

묵가 후학들이 지은 저작 중의 하나로 『묵경』의 여론(餘論)에 속하며, 이 편에서는 주로 묵가의 겸애학설에 대해 천명하였다. 편명 '대취'는 겸애 중의 큰 이익(大利)이라고 할 수 있는 '의로움(義)'을 취(取)했다는 뜻이다. 이 편에서는 묵가가 겸애주의를 취한 최대 원인이 바로 천하를 사랑하고 이롭게 하려는 데 있음을 표명하였다. 이 편의 적지 않은 단락은 비유의 방법으로 묵가의 기본적인 주장을 논하였는데, '의로움'·'겸애'·'절용'·'절장' 등 많은 방면에 미치고 있다.

21. 소취(小取)

이 편도 『묵경』의 여론으로, 묵가 후학들이 지은 저작 중의 하나이다. 묵가는 겸애를 제창하였는데, '대취'는 '겸애' 중의 '대도(大道)'를 취했다는 의미이다. '소취'는 이 '대도'를 추진하기 위해 변론에 대해 전문적으로 서술하였다. 본편은 묵가의 논리 체계를 네 부분으로 개괄하였다. 첫째 부분은 '변론'의 총론으로, '변론'의 작용과 어떻게 '변론'을 입론(立論)하는지, 변론자가 응당 지켜야 할 원칙에 대해 논하였다. 둘째 부분은 변론의 각종 방식에 대해 논하였다. 셋째 부분은 '벽(辟)'·'모(侔)'·'원(援)'·'추(推)'라는 네 가지 방식 중의 논리적 요구와 논리적 착오에 대해 논하였다. 넷째 부분은 주로 모식추론(侔式推論) 중의 정반(正反) 상황에 대해 논하였다. 이러한 내용은 중국 고대의 비교적 완벽한 논리학 대강(大綱)이자 체계로서 대단히 큰 이론적 의의와 과학적 가치를 지니고 있다.

22. 경주(耕柱)

이 편은 어록체(語錄體) 형식으로, 묵자와 그의 제자 및 타인과의 대화를 기록하였다. '의로움'을 얘기하는 내용이 가장 많다. 하지만 각 단락의 사상 내용이 서로 연관되지는 않는다. 묵자는 의로움은 천하의 훌륭한 보물로, 의로움을 행하게 되면 나라를 안정시킬 수 있고 백성들에게 이익을 줄 수 있다고 여겼다. 그래서 묵자는 한결같이 의로움을 행하는 것을 지지하였다. 그는 의로움을 저버리고 봉록(俸祿)을 좇는 사람을 반대하면서, 모든 사람이 각기 능력에 따라 일하고 노력하여 의로움을 행하면 의로움의 목표에 어렵지 않게 도달할 수 있다고 여겼다.

23. 귀의(貴義)

편명인 '귀의(貴義)' 두 자가 이 편의 주제를 드러내고 있다. 아울러 첫 구절인 "온갖 일 중에서 의보다 더 귀한 것은 없다[萬事莫貴於義]"는 이 편의 중심 사상을 진일보하여 설명하였다. 또한 이어서 대량의 편폭으로 '의'에 대해 자세히 해석하였다. 비록 여전히 어록체의 산만한 형식이나 대부분이 '귀의'와 관련이 있다. 기타 몇 편이 대부분 인명을 편명으로 삼은 사실과 구별되는데, 이는 곧 이 편의 중심 사상을 두드러지도록 하기 위해서다.

24. 공맹(公孟)

전반부는 유가 인물인 공맹자(公孟子)와의 변론으로 되어 있다. 그래서 편명이 이 편의 첫 두 글자로부터 왔다고는 하지만 전편(全篇) 내용의 개괄로도 간주할 수 있다. 이 편에서 유가를 비판하고 반박하는 관점은 앞에서도 이미 여러 차례 언급되었다. 당연히 그러한 편목(篇目)들은 모두 묵가 자신의 입론이 되겠지만, 이 편은 유·묵 두 학파의 격렬한 쟁론을 기록하였다. 많은 부분이 앞의 문장들에 비해 뛰어나고 신선하다.

25. 노문(魯問)

이 편은 묵자가 제후·제자 등과 나눈 대화를 기록하였는데, 전편(全篇)의 대화 대부분은 묵자의 십론과 관련되어 있다. 그중에서 비교적 중요한 내용은 다음과 같다. 묵자가 제후에게 유세하면서 가장 먼저 제기하는 "반드시 중요한 일을 선택하여 그 일을 하는 것[必擇務而從事]", '겸애'와 '비공', '의'의 중요성 등이 바로 그것이다. 이러한 내용들은 모두 국가의 부강, 천하의 안녕, 백성들의 안거낙업(安居樂業)을 향한 묵자의 이상을 체현해 내었다.

26. 공수(公輸)

공벌(攻伐)을 반대하고 약소국을 돕는 것은 묵자가 시종 견지한 신조였는데, 초(楚)나라의 송(宋)나라 공벌을 멈추게 한 이야기 또한 그의 이러한 주장을 생동감 있게 재현하였다. 묵자는 공수반(公輸般)과 초나라 왕을 설복시키기 위해 어려움을 두려워하지 않고 제나라로부터 열흘 낮 열흘 밤을 걸어서 초나라에 이르렀다. 그는 먼저 공수반과 초나라 왕의 불의를 지적하고 그들의 공벌이 더 이상 떳떳하지 않도록 하였다. 동시에 또한 있을지도 모를 뜻밖의 일을 방지하기 위해 묵자는 공수반과 실력을 교량(較量)하여 그의 음모를 좌절시켰다. 그뿐만 아니라 적극적으로 송나라를 도와 방어 준비를 잘하도록 하여 초나라의 송나라 공벌에 대한 생각을 철저하게 사라지도록 하였다.

27. 비성문(備城門)

전국시대(戰國時代)에는 겸병(兼幷) 전쟁이 대단히 격렬하였다. 묵자는 이러한 사회 현실에 직면하여 정의롭지 않은 전쟁에 대해 깊이 증오하고 마음 아파하는 한편, 스스로의 방어 능력을 강화하는 것의 중요성을 인식하여 점차적으로 자신의 군사 사상을 형성하게 되었다. 묵자의 군사 사상은 『묵자』의 성(城) 수비 관련 11편에 집중되어 있다. 이 편은 그중 첫 번째인데, 묵자와 제자의 일문일답 방식으로 성지(城池)의 조성(造成)과 전술의 운용으로부터 각종 무기의 규격 등에 이르기까지 일일이 소개하였으며 묵자의 성문 수비 전술의 각종 방식과 그것에 상응하는 인원 조직과 무기 배치에 대해서도 자세하게 설명하였다. 결론적으로 이 편은 묵자의 수비 전략으로 적을 방어하여 승리로 이끄는 담략(膽略: 담력과 지략)과 재지(才智: 재주와 지혜)를 통해 묵자의 '겸애'·'비공' 사상을 부각시키고 있다.

28. 비고림(備高臨)

우리는 묵자가 초나라의 송나라 공벌을 멈추게 한 이야기 중에서 묵자가 최후의 승리를 얻은 이유를 어렵지 않게 볼 수 있다. 그것은 한 방면으로는 그가 자신의 지혜로써 공수반과 초나라 왕을 설복시켰기 때문이며, 더 중요한 것은 묵자가 송나라에게 방어 준비를 잘하도록 하여 초나라 왕의 송나라 공벌에 대한 생각을 사라지도록 했기 때문이다. 사실, 수비 전략으로 적을 방어하는 것은 묵자의 중요한 군사 사상이다. 이 편 중에서 적이 "흙을 쌓아 산을 만들어 우리 성에 임하는〔積土爲山, 以臨吾城〕" 공성(攻城) 방식에 어떻게 대처해야 하는가라는 물음에 묵자는 곧 두 종류의 효과 있는 방어 방법을 제시하였다. 첫째는 성 위에 대성(臺城), 즉 행성(行城)을 쌓아 높은 곳에서 굽어보며 적을 압박하는 방법이며, 둘째는 성 위에 기계의 힘으로 강한 화살을 발사하는 노거(弩車: 쇠뇌 수레)를 장치하고 그 위에서 화살을 빽빽하게 발사하여 적을 죽이는 방법이다.

29. 비제(備梯)

이 편에서 묵자는 적의 운제(雲梯: 높은 사다리) 공격을 어떻게 방어하는지에 대해 상세하게 설명하였다. 묵자가 설명하는 주요 방법은 성 위에 행성을 짓는 것, 성 바깥에 울타리를 치는 것, 불로 타격하는 것 등이다.

30. 비수(備水)

주로 적의 수공(水攻)을 어떻게 물리치는지에 대해 설명하였다. 만약 성의 지세가 바깥보다 안이 낮고 성 안의 지면이 쉽게 물을 저장할 수 있으면, 적은 이 유리한 조건을 활용해 매우 자연스럽게 둑을 쌓고 물을 끌어들여 성안으로 보내는 방식으로 공격할 것이다. 적의 수공에 대해 묵자는 두 가지 효과 있는 대응 조치를 제시하였다. 첫째, 성안에 도랑을 내어 물을 배출하는 것. 둘째, 밤에 성 위의 쇠뇌기의 협조 아래 병사들에게 성 바깥으로 나가 둑을 부숴 버리게 함으로써 성안의 수몰 포위를 깨뜨리는 것. 이 편 중의 일부 숫자는 앞뒤 모순이 되는데, 아마 후인들의 주석과 원문이 서로 섞인 때문일 것이다.

31. 비돌(備突)

주로 성벽의 돌문(突門)으로 공격해 들어오는 적을 방비하는 전술 방법을 설명하였다. 앞뒤로 탈문(脫文)이 있는 것 같다.

32. 비혈(備穴)

주로 땅굴을 파고 공격해 들어오는 적을 방비하는 전술 방법을 설명하였다. 주요 방법으로 성안에 깊은 도랑을 파서 적의 땅굴을 끊어 버리는 것, 수비 역시 땅굴을 파서 그 땅굴 속으로 적을 맞아 격퇴하는 것, 땅굴에서 불과 연기로 적을 태우는 것 등이 있다. 이 밖에 각종 공구·무기의 배치 및 방호(防護) 조치에 대해서도 자세하게 서술하였다.

33. 비아부(備蛾傳)

처음에 금골리(禽滑釐)가 묵자에게 '아부(蛾傳)'를 방어하는 방법을 구하는 내용이 나온다. 이른바 '아부'는 바로 적들이 개미 떼처럼 몰려와 죽을 힘을 다해 성을 기어올라 와 싸움하는 것을 가리킨다. 이 문제에 대해 묵자는 그 방어 방법은 바로 높은 곳에서 굽어보면서 모든 무기를 사용하여 성을 기어오르는 적을 살상(殺傷)하는 것이라 지적하였는데, 여기서 묵자는 화공(火攻)을 특별히 강조하였다. 아울러 이 편에서는 '전탕(傳湯)'·'화졸(火捽)'·'소답(燒荅)' 등 화구(火具)의 제작 및 그 작용에 대해서도 구체적으로 소개하였다.

34. 영적사(迎敵祠)

주로 수비하는 쪽에서 적을 맞이하기 전의 각종 제사와 맹서 의식에 대해 설명하였다. 그리고 군대 안의 종교 활동 및 각종 종교 관련 인원의 관리 원칙 등에 대해서도 서술하였다. 이를테면 각종 제사의 규칙, 무사(巫師)·복사(卜師)에 대한 태도, 맹서 의식과 관련된 방어 병력 배치 문제 등등이다. "凡守城之法"에서 "故時謑則民不疾矣"까지의 내용은 이 편의 내용과 관련이 없다. 아마도 다른 편장으로부터 잘못 끼어들어 온 것 같다.

35. 기치(旗幟)

주로 성을 수비할 때 깃발을 이용하여 연락하는 각종 방법에 대해 설명하였다. 사물이 다르면 깃발도 달랐다. 사람의 등급에 따라 사용하는 깃발의 색깔과 크기 역시 다르다. 여기서 '기(旗)'는 성 위와 성 아래의 군수 공급을 연락하는 것이며, 또한 '기'로써 적의 진퇴를 지시하는 표징(表徵)으로 삼았다. '치(幟), '지(識)'라고도 함)'는 성을 수비할 때 관리·사졸·남녀를 구분하는 등급·성질·성별의 표지(標識)를 가리킨다. 이 편에서도 내용과 무관한 일부 단락이 잘못 끼어들어 온 것 같다.

36. 호령(號令)

묵자의 성지(城池) 수비 방법 내용 중에서 하나의 중요한 편장이라 할 수 있다. '호령'에서 '호(號)'는 군대 안의 각종 연락 신호를 가리키는데, 이를테면 격고(擊鼓)·입표(立表)·봉화(烽火)·암호구령(暗號口令)·휘장표지(徽章標識)와 같은 것이다. '영(令)'은 군대 안의 각종 금령(禁令)과 상벌조례를 일컫는데, 위로는 성을 지키는 장수(將帥)·현령(縣令)·현위(縣尉)·삼로(三老)·대부(大夫)로부터 아래로는 일반 수령(守令)·사졸·백성에 이르기까지 일정한 법령 제약을 받지 않는 자가 없었다. 이 편은 이에 대해 매우 자세하게 설명하였는데, 당시 군법을 연구하는 데 중요한 자료가 아닐 수 없다. 이 편을 통해 묵자의 완벽하고 치밀한 수비 방법을 행위 규범이라는 각도에서 더 완전하게 파악할 수 있다.

37. 잡수(雜守)

이 편의 편명을 '잡수'라고 하였는데, 이는 앞의 각 편장에 대한 보충으로 많은 내용이 앞의 몇몇 편장과 겹친다. 이 편은 주로 각종 구체적인 수비 전술 외에도 그것의 다른 방법과 주의 사항 등에 대해 설명하였다. 편말에서 묵자가 말한 '성을 못 지키는 다섯 가지(五不守)'는 앞에서 기술한 각 편장의 총결로, 「비성문」의 첫 단락과 호응함으로써 성 수비 관련 편장들의 일체감을 드러냈다.

참고 문헌

김학주 역저(金學主 譯著), 『신완역 묵자(新完譯 墨子)』(상·하), 서울: 명문당(明文堂), 2003

뇌일동 저(雷一東 著), 『묵경교해(墨經校解)』, 제남: 제로서사(濟南: 齊魯書社), 2006

담가건·손중원 주역(譚家健·孫中原 注譯), 『묵자금주금역(墨子今注今譯)』, 북경: 상무인서관(北京: 商務印書館), 2009

방수초 저(方授楚 著), 『묵학원류(墨學源流)』, 대북: 대만중화서국(臺北: 臺灣中華書局), 1979

손이양 찬(孫詒讓 撰), 『정본묵자한고(定本墨子閒詁)』(상·하책), 대북: 세계서국(臺北: 世界書局), 1980(10판)

손이해·견장송 역주(孫以楷·甄長松 譯注), 『묵자전역(墨子全譯)』, 성도: 파촉서사(成都: 巴蜀書社), 2000

왕유안·손탁채·곽진단 편저(王裕安·孫卓彩·郭震旦 編著), 『묵자대사전(墨子大詞典)』, 제남: 산동대학출판사(濟南: 山東大學出版社), 2006

왕환표 찬(王煥鑣 撰), 『묵자집고(墨子集詁)』(상·하책), 상해: 상해고적출판사, 2005

이생룡 주역(李生龍 注譯) / 이진흥 교열(李振興 校閱), 『신역묵자독본(新譯墨子讀本)』, 대북: 삼민서국(臺北: 三民書局), 2000(초판2쇄)

이어숙 주역(李漁叔 註譯), 『묵자금주금역(墨子今註今譯)』, 대북: 대만상무인서관(臺北: 臺灣商務印書館), 2002(초판9쇄)

이현중 도독·역주(李賢中 導讀·譯注), 『묵자(墨子)』, 북경: 중신출판사(北京: 中信出版社), 2015

주재주·제서단 역주(周才珠·齊瑞端 譯注), 『묵자전역(墨子全譯)』, 귀양: 귀주인민출판사(貴陽: 貴州人民出版社), 1995

진고용 저(陳高傭 著), 『묵변금해(墨辯今解)』, 북경: 상무인서관(北京: 商務印書館), 2016

필원 교주(畢沅 校注) / 오욱민 교점(吳旭民 校點), 『묵자(墨子)』, 상해: 상해고적출판사(上海: 上海古籍出版社), 2014

묵자 연보

기원전 470년 주(周) 원왕(元王) 6년	묵자 대략 이 이전 출생.
기원전 465년 주 정정왕(貞定王) 4년	공상과(公尙過)가 월왕(越王) 설득. 월왕이 공상과에게 노(魯)나라에서 묵자를 맞이하도록 했으며, 옛 오(吳)나라 땅을 떼어 묵자에게 봉해 주려고 함. 묵자는 받지 않았음. 아마 구천(句踐) 말년의 일인 듯함.
기원전 464년 주 정정왕 5년	공수반(公輸般)이 초(楚)나라에 가서 배 싸움에 쓸 병기들을 만들어 자주 월나라 사람을 패배시킴. 묵자와 배 싸움할 때 끌어당기는 병기[鉤]와 밀어내는 병기[强]에 대해 논함.
기원전 455년 주 정정왕 14년	정(鄭)나라 사람들이 3세에 걸쳐 자신의 왕들을 죽임. 애공(哀公)도 그런 왕 중의 한 사람임.
기원전 454년 주 정정왕 15년	지백(智伯)이 중행씨(中行氏)·범씨(范氏)를 공격하여 삼가(三家)를 병합하여 일가(一家)를 이룸.
기원전 453년 주 정정왕 16년	지백이 진(晉)에서 조양자(趙襄子)를 포위하자 조씨(趙氏)와 한(韓)나라와 위(魏)나라가 지백을 공격하여 크게 패배시킴.

기원전 447년 주 정정왕 22년	채(蔡)나라가 오나라와 월나라 사이에서 망함.
기원전 445년 주 정정왕 24년	공수반이 운제(雲梯)를 만들어 송(宋)나라를 공격하려 하자, 묵자가 영(郢)에 이르러 초나라 왕을 만나 설득하니 송을 공격하지 않았음. 마땅히 혜왕(惠王)이 기(杞)를 멸한 후임.
기원전 439년 주 고왕(考王) 2년	묵자가 초나라 혜왕을 뵙고자 했으나 혜왕은 노환을 이유로 사양함. 혜왕이 서사(書社)를 묵자에게 봉해 주려고 했으나, 묵자는 받지 않고 돌아감.
기원전 423년 주 위열왕(威烈王) 3년	유공(幽公)이 피살됨. 정나라 사람들이 3세에 걸쳐 자신의 왕들을 죽인 사건 중의 한 왕일 수 있음.
기원전 412년 주 위열왕 14년	제나라 항자중(項子仲)이 노나라 땅을 세 번 침략하였음. 이것은 아마 그중의 한 번임.
기원전 411년 주 위열왕 15년	도(都)를 취한 것은 아마도 세 번 침략한 사건 중의 한 번임. 묵자가 제나라 태왕(太王)을 뵌 것은 마땅히 이 후임.
기원전 409년 주 위열왕 17년	노나라 임금이 묵자에게 제나라가 자신들을 공격할까 두렵다고 말하였음. 이 임금이 목공(穆公)일 수 있음.
기원전 408년 주 위열왕 18년	성(郕)을 취한 것은 아마도 세 번 침략한 사건 중의 하나임.
기원전 404년 주 위열왕 22년	제나라 강공이 음악과 춤을 부흥시킴. 아마 강공 초기의 일인 듯.
기원전 393년 주 안왕(安王) 9년	묵자 대략 이 이후 죽음.

방수초 저(方授楚 著), 『묵학원류(墨學源流)』, 대북: 대만중화서국(臺北: 臺灣中華書局), 1979년 참조.

찾아보기